江蘇寧滬高速公路股份有限公司

總經理：蔡家範

上海至南京高速公路位于長江三角洲經濟發達地區，連接上海、蘇州、無錫、常州、鎮江、南京六個大中城市。主綫長 274. 08 公里，其中江蘇段 248. 21 公里，另有鎮江汽車專用一級公路支綫 10. 25 公里。高速公路主綫設計車速爲 120 公里/小時，路基寬 26 米，中間分隔帶寬 3 米，設雙向四車道。江蘇段工程建設已于 1992 年全綫開工，全綫定于 1996 年 10 月 1 日建成通車。屆時，從南京到上海約需 3 個小時。

江蘇寧滬高速公路股份有限公司經省政府批準，省工商行政管理局注冊登記，于 1992 年 8 月 1 日成立。公司現有注冊資金及總股本 19. 16 億元，其中國有股 7. 99 億元，社會法人股 11. 16 億元，先后兩期向社會公開募集共 5 億法人股，1994 年國務院又將公司列爲國內唯一一家基本建設社會募集股份制試點單位，允許在建設期間內采取股本融資和債務融資相結合的方式籌集建設資金，同意在 1995 年向社會發行 1 億社會公衆股票。

丹陽運河大橋

公司除提高沿綫通訊、監控、收費服務水平外，還將發展配套的客運、加油、廣告、餐飲、旅游、倉儲等第三產業。公司最終目標辦成一個在國內外有一定影響的現代化企業。

地址：南京市升州路 16 **號**

電話：2201049　**郵編：**210001

高速公路施工現場

左右，目前已形成年產摩托車 120 萬輛、獵槍彈 1500 萬發以上的生產能力。1994 年，產銷摩托車 85.5 萬輛，主營業務收入 402393 萬元，利稅總額 88200 萬元，稅后利潤 27976.32 萬元，每股稅后利潤 1.36 元。1995 年 1—6 月，利稅總額 56828 萬元，稅后利潤 14936.84 萬元，每股

形成了工藝手段完備的生產體系。公司建成了遍布全國的「經銷、維修、配件、信息、廣告五位一體」的營銷體系，擁有 300 余家摩托車營銷中心和 1200 多個分點，在國外設立了摩托車出口代理公司，嘉陵摩托車出口 30 多個國家和地區。

一位。

法人代表：郝振堃，公司董事長兼總裁，高級會計師、全國優秀企業家、中國經營管理大師、全國勞動模範、全國「五一」勞動獎章獲得者、中國軍轉民「十佳」企業家、全國政協委員，享受國家政府津貼的高級專家。

公司生產的各種摩托車

JH70 車獲國家銀質獎

新開發的 JD90 型摩托車

獲 1995 年度國家級新產品稱號的 JH145B 車

地址：中國重慶雙碑
電話：(0811)5311991(總機)
傳真：5315845 5310718
郵編：630032

中國嘉陵工業股份有限公司(集團)

公司獲獎證書

公司獲得的榮譽稱號

中國嘉陵工業股份有限公司(集團)是1987年11月由國營嘉陵機器廠整體改組而成立的股份制企業,公司總股本20603.08萬元,其中國家股15403.08萬元由中國兵器工業總公司持有,社會個人股5200萬元。現有員工12000多人,總資產183896萬元,淨資產97667萬元,每股淨資產4.74元;主要產品有「嘉陵」系列摩托車和「嘉陵」獵槍彈。公司1979年開發生產嘉陵摩托車,已發展成為我國最大的摩托車生產基地和出口創匯基地,各項經濟技術指標和生產技術、企業管理均居全國同行業首位。公司已累計產銷摩托車6種排量30余個車型450多萬輛,占全國摩托車保有量的四分之一稅后利潤0.725元,全年摩托車產量將突破100萬輛大關。

公司1980年首創了我國摩托車經濟聯合體,1987年發展成為中國嘉陵集團,聯結了全國300多家協作成員企業,是我國摩托車行業最大的企業集團和國家56家試點企業集團之一,自1981年起,與日本本田公司開展長期的技術、貿易合作,引進日本、美國、德國、意大利、比利時等國家和地區的生產技術和先進設備,建成了國內第一、具有國際水平的摩托車發動機、化油器、冲壓、焊接、涂漆、壓鑄、磁電機、摩托車總裝、獵槍彈制造等生產線和CAD/CAM設計制造中心及摩托車質量檢測中心,

公司產品質量穩定可靠,獲得了中國摩托車之王、全國優秀企業(金馬獎)、國家一級企業、全國質量效益先進企業、國家級企業技術進步獎、中國名牌企業、全國用戶滿意企業、全國思想政治工作優秀企業等近百項榮譽稱號;公司資信等級為AAA級;連續七年躋身全國500家最大工業企業行業,1994年位居第80位;在全國最大300家股份制企業中排名(工業交通類)第12位。嘉陵摩托車和獵槍彈是中國名牌產品。CJ50、JH70型摩托車和12號獵槍彈獲國家優質產品銀質獎,嘉陵摩托車是「全國消費者購物首選優質產品」、「全國用戶滿意產品」,在「全國產品競爭力排行榜」中居國內同類產品第

公司董事長兼總裁:郝振莘

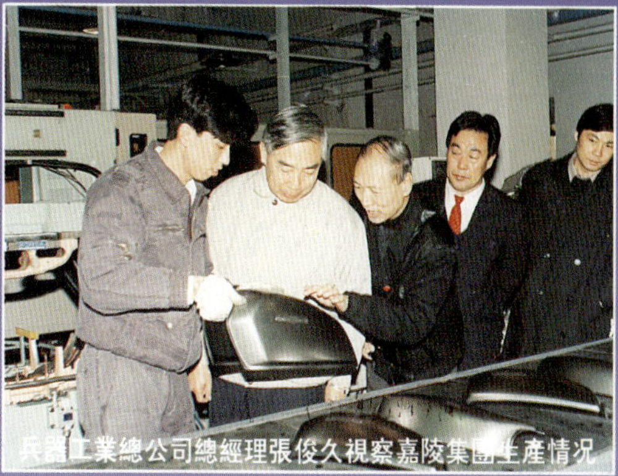
兵器工業總公司總經理張俊久視察嘉陵集團生產情況

和77.6%。按總股本8688萬股計，每股稅后利潤1.20元，每股淨資產5.38元，淨資產收益率達29.78%。公司1994年度財務情況良好。截止1994年底，公司的資產負債率從1993年的0.53降為0.32，流動比率、速動比率分別為1.74和0.97，較1993年都有大幅度提高。這表明公司的長期償債能力和短期償債能力均大大增強，經營風險相對降低。

瀘州老窖金爵士豪華特曲酒

公司董事長兼總經理：郭來虎

地址：四川省瀘州市桂花街46號

電話：(0830) 226262 226265 (總機)

電傳：(0830) 232508 電掛：0096

郵編：646000

公司羅漢現代化釀酒基地全景

瀘州老窖股份有限公司

1915年在美國舊金山所獲巴拿馬太平洋萬國博覽會金獎

前國家主席楊尚昆先生在公司視察

瀘州老窖股份有限公司是由原瀘州老窖酒廠獨家發起改制的，是國家釀酒工業大型骨干企業，是全國百家明星企業之一。公司股票于1994年5月9日獲準在深圳上市交易。

至1994年底，公司總股本8888萬股，其中國家股6500萬股，占總股本的74.82%，社會公衆股2188萬股（含内部職工股2.34萬股），占總股本的25.18%。國家股的持有者瀘州市國有資産管理局是公司第一大股東。

公司現任法人代表為董事長兼總經理郭來虎先生。

公司1994年共實現營業收入31933.73萬元，利潤總額12318萬元，税后利潤10461萬元，分別比1993年增長40.9%、53.5%

四百年老窖址（該窖池始建于1573年，是全國釀酒行業唯一一處省級文物保護單位）

公司所產部份產品

武漢證券交易中心

總經理：梁全坤

繁忙的交易大廳

武漢證券交易中心在湖北省、武漢市人民銀行及理事會的領導下，已發展成為除上海、深圳證交所以外最大的證券集中交易場所，在全國證券市場發展中起着越來越重要的作用。1994年會員數量增加到563家，分布在全國29個省、市、自治區，基本形成全國性會員網絡；證券交易量上升到4436億元；證券交易大廳發展到3個廳，交易席位已達704個；完成了主機由容錯XA/R300向XA/R330的更新換代，建成了較為安全可靠的衛星通訊系統。同時在管理上成立了托管中心，加強風險控制。

主機房一角

現代通訊接收設備

海南港澳國際信托投資有限公司

證券部

公司干部職工們研討業務

公司投資興建的港澳國際大廈

港澳證券辦公大樓外景

港澳信托證券部是經中國人民銀行海南省分行批準，成立于 1991 年 6 月 29 日，是海南省非銀行金融機構較早成立的證券部。并在上海、深圳、北京、三亞、成都、沈陽、杭州等地設立了營業部。主要業務有代理發行各種有價證券，自營和代理證券買賣，代理支付和代收證券的本息紅利，證券鑒證　登記過戶，證券代保管，證券投資咨詢及其他證券業務。1992 年 10 月 9 日，公司策劃海南國際房地產公司改制為海南港澳實業股份有限公司，參與了海南證券報價交易中心和海南股票內部交易中心的有關推薦工作，公司 1993 年推薦了海國投實業股份有限公司到 STAQ 系統上市，三亞東方實業股份有限公司到 NET 系統上市，并作為主承銷商代理浙江港澳新型建材股份有限公司的股權證發行工作。1994 年 6 月公司承銷了海南金盤實業股份有限公司的社會公衆股發行。公司成為全國主要證券交易所（中心）的會員。至 1994 年底，公司共代理買賣地產投資券、基金投資券 2 億元，股票 214 億元。1995 年 4 月，公司作為副主承銷商代理珠江 B 股在海南的發行工作取得了圓滿成功。

繁忙的營業櫃臺

公告

的近律師行在香港的四位資深合伙人

中國證券業年鑒編輯部已聘定的近律師行擔任本刊物的法律顧問，負責本刊物在中華人民共和國境外的法律事宜。一切有關批準全部或部分復制本刊物的請求或其他關于本刊物法律事宜的查詢，應向的近律師行的香港辦事處提出，地址爲香港中環歷山大廈三至六樓。

的近律師行是一家歷史悠久及著名的國際性律師事務所，提供廣泛的服務。的近律師行原本由香港的近律師行、美國格杰律師事務所和澳大利亞施維律師行聯營，并已聯營多年。三間律師行在亞太地區（在當地法規容許之下）采用一個共同的名稱——的近律師行（Deacons Graham & James），是其成功關系的進一步發展，可向客户提供不受邊界或語言限制的法律服務。

的近律師行最初在香港成立，代表當地衆多主要公司和個人客户，并擁有龐大的海外客户基礎。的近律師行透過這個網絡，在亞洲、澳大利亞、美國和歐洲設有超過三十五個辦事處，聘用逾一千名律師。

的近律師行的香港業務範圍包括：銀行及財務、中國貿易及投資、商業、建築及仲裁、地産、能源、清算、知識産權、訴訟、項目融資、船務及航空、税務及信托、通訊、貿易融資及遺産事務。

Deacons Graham & James

的近律師行

香港
歷山大廈三至六樓
電話：(852) 2825 9211
傳真：(852) 2810 0431
聯絡人：張永財律師

的近律師行廣州辦事處
中國廣州
環市東路 371 至 375 號
廣州世界貿易中心大廈
北塔十四樓 1405 室
電話：001－8620－7781178
傳真：002－8620－7789618
聯絡人：黎庭康律師

中国证券业年鉴

1995

（中文版·总第三期）

中国证券业年鉴编辑委员会

武汉证券交易中心协办

（京）新登字 110 号

图书在版编目(CIP)数据

中国证券业年鉴　1995/辛业江等主编。—北京：新华出版社，　1995.12
ISBN　7—5011—3044—2

Ⅰ.中…　Ⅱ.辛…　Ⅲ.证券交易—年鉴—中国—1995　Ⅳ.F832.5—54

中国版本图书馆 CIP 数据核字(95)第 22763 号

中國證劵業年鑒

1995

（中文版·总第三期）

中国证券业年鉴编辑委员会编

※

新华出版社出版发行
新华书店经销
中国证券业年鉴激光照排中心植字
天时印刷(深圳)有限公司承印

※

开本：850×1168mm　1/16　印张：38　插页：266　字数：1800 千字
1995 年 10 月第一版　　1995 年 10 月第一次印刷
印数：00001—15000 册
ISBN　7—5011—3044—2/F·433
广告许可证：中国广告联合总公司注册号 10000003—2
定价：人民币 220 元　港币 210 元

编辑说明

《中国证券业年鉴》是一部综合的史料性年刊，创刊于1993年，每年出版一次，从1995年起，同时出版中文版和英文版，国内外公开发行。《年鉴》主要反映上一年中国证券、期货、批发、基金、产权市场及企业制度建设和发展方面的情况和最新动态，供海内外有关机关、社团、学校、研究部门、企事业单位及社会各界人士进一步了解和研究参考使用，为推动中国证券业的规范化和国际化、建设有中国特色的社会主义市场经济服务。

《中国证券业年鉴》(1995·中文版·总第三期)共分19编，重点反映1994年全国的金融证券市场发展情况，系统介绍证券经营管理机构、社会中介机构的职能及股份制企业的业绩。全书内容设置图片新闻、专论、证券市场、期货市场、批发市场、基金市场、产权市场、证券管理与交易机构、社会中介机构、证券经营机构、上市股份公司、非上市股份公司、证券业新闻出版、理论研究、科技教育、社会团体、市场统计资料、大事记、政策与法规、企事业单位选介等部分。另有彩色和黑白插页图片650幅。

《中国证券业年鉴》按部类分编，采用编、章、节、目、段五个层次的结构形式，不同层次的标题在字体、字号和版式设计方面都有明显的区别。其中全书出现最多的"目"一级标题统一用黑体字加【 】表示，内容较多的"目"的文内则用楷体表示"段"一级的标题。在编辑过程中尽可能将内容条目化。

《中国证券业年鉴》(1995·中文版)基本上保持了上一期的内容和体例的连续性，同时新增了批发市场、产权市场、证券业科技教育、社会团体等方面的情况。《年鉴》中的理论研究和政策法规部分收录和反映了截止1995年6月底最新动态和内容，并增加了证券业试点阶段的理论研究内容的份量，将社会中介机构单列成一编。《年鉴》的资料直接来源于公司的公告或报告、国务院及有关省市部门提供的材料，保证了《年鉴》的权威性和准确性，但由于中国证券业和企业股份制改革仍处于试点阶段和发展初期，《年鉴》在内容、数据、标准等方面与客观要求都有一定差距，加上各地区的发展不平衡以及我们的水平有限，难免出现一些疏漏，敬请读者谅解和指正。

《中国证券业年鉴》由新华出版社、中国证券报社、海南开发促进会、海南证券投资培训中心等单位联合主办，并由中国证券业年鉴编辑部编辑、新华出版社出版发行。在编辑出版过程中得到了证券界有关领导、专家以及北京、上海、广东、海南、湖北、四川、山东、深圳、武汉等省市的有关部门的指导和支持，在此我们表示最诚挚的感谢。

中国证券业年鉴编辑部

中国证券业年鉴编辑部联系地址

北京：北京市宣武门西大街57号新华通讯社报刊楼8楼
联系人：戴阿弟　邮编：100803
海南：海口市海府大道59号省政府办公大楼14楼1401室
联系人：耶白堤　邮编：570204
广东：广州市东山区合群三马路省委大院4号楼247室
联系人：钟焕明　邮编：510082
湖北：武汉市汉口万松园路18号
联系人：胡敏锋　邮编：430022
深圳：深圳市华丽路翠华花园24幢6楼B座
联系人：张　涛　邮编：518003

目　录

第四编　中国批发市场

第五编　中国基金市场

第六编　中国产权市场

第七编　证券管理与交易机构

第八编　中介机构

第九编　证券经营机构

第十编　上市股份公司

第十一编 非上市股份公司

第十二编 证券业新闻出版

第十三编 证券业理论研究

第十四编 证券业科技教育

第十五编 证券业社会团体

第十六编 市场统计资料

第十七编 证券业大事记

第十八编　政策与法规

第十九编　中国企业单位选介

插页目录

公司企业单位

金融证券机构

银行性金融机构

信用社机构

证券公司

信托投资公司

中介机构

■ **资产评估机构**

期货经营机构

■ **期货经营机构**

经济管理机构

■ **经济管理机**

其他类机构

■ **其他类机构**

圖片新聞

上海為了建成國際金融貿易中心，大力發展有中國特色的期貨事業。
圖為中共中央總書記、國家主席江澤民視察上海金屬交易所。

中共中央政治局常委、國務院總理李鵬視察深圳證券交易所。

隨着中國律師制度改革，許多境外律師事務所紛紛進入中國。圖為中共中央政治局常委、國務院副總理朱鎔基會見美國著名律師康永華先生。

上海南京是中國長江三角洲的中心城市，寧滬高速公路的建成將推動中國經濟的發展。圖為中共中央政治局委員、國務院副總理鄒家華為高速公路開工典禮揭牌。

四川省積極探索企業體制改革，搞活大中型企業。
圖為中共中央政治局委員、國務院副總理吳邦國視察中國嘉陵集團。

圖片新聞

四川省是中國股份制企業發展較活躍的地區之一。
圖為原國家主席楊尚昆了解瀘州老窖股份有限公司生產情況。

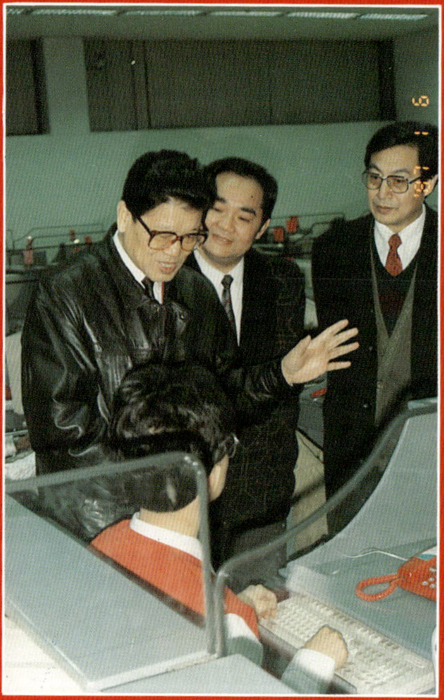

湖北省股份制企業改革和金融證券市場快速發展，逐步形成中國區域性經濟中心。圖為中共中央政治局委員、國務委員、國家經濟體制改革委員會主任李鐵映視察武漢證券交易中心。

廣東省是中國較早開展證券期貨業務的省份之一，近幾年期貨事業穩步發展。圖為中共中央政治局委員、廣東省委書記謝非了解證券期貨市場發展情況。

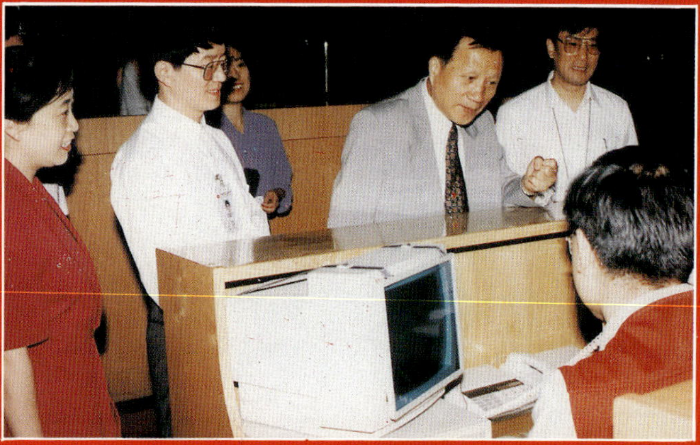

國務院證券委員會副主任、中國證券監督管理委員會主席周道炯在上海商品交易所調查研究。

海南省積極探索現代企業制度建設，加大企業股份制改革力度，促進了特區經濟的快速發展。圖為海南省委書記、省長阮崇武考察海南金輪實業股份公司建設情況。

海南省常務副省長汪嘯風（中）深入企業考察現代企業制度建設情況。

圖片新聞

全國人大常委會通過《中華人民共和國中國人民銀行法》，自 1996 年起施行。

中國證券市場的國際化進程加快，增強了對境外投資者的吸引力。圖為美國摩根士丹利投資銀行亞洲部主席韋仕華先生與武漢證券交易中心領導交流合作意向。

中國最大的摩托車生產基地—中國嘉陵工業股份有限公司總裝生產綫。

上海證券交易所創辦以來，市場規模擴大，會員數量增加，逐步成為中國證券市場的重要交易場所。圖為交易所的第二交易大廳。

隨着中國證券市場的穩步發展，證券商不斷提高管理和服務水平，圖為港澳證券開展的優質服務月活動。

由深圳證券交易所等單位主辦的證券市場發展懇談會，代表就有關理論和實踐問題展開熱烈討論。圖為代表留影。

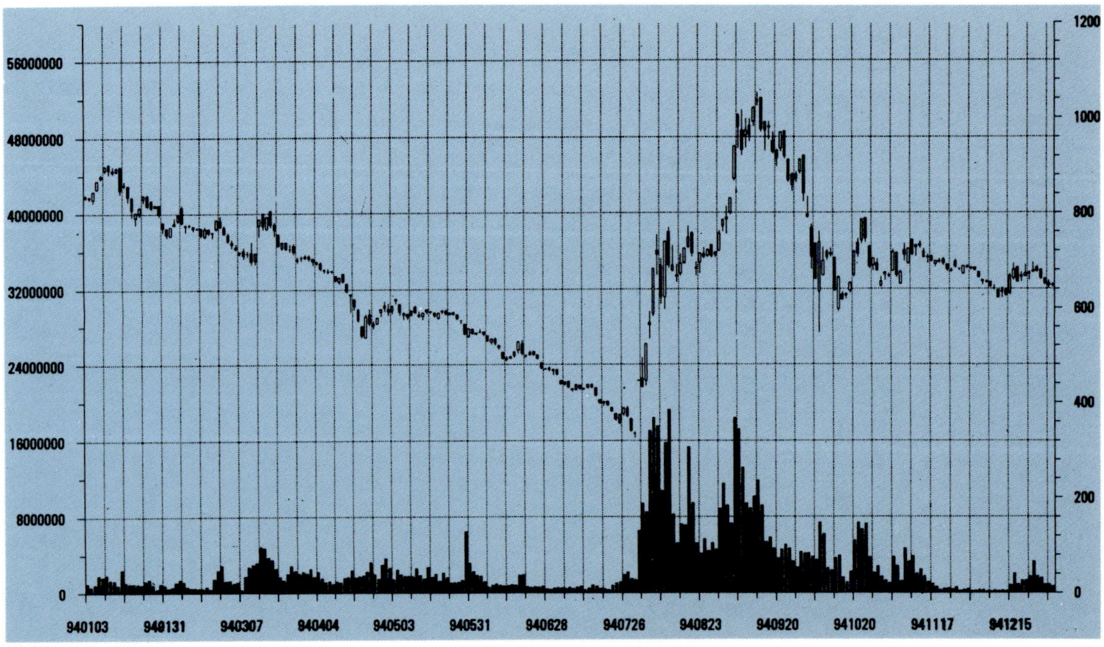

1994年上海綜合指數走勢圖

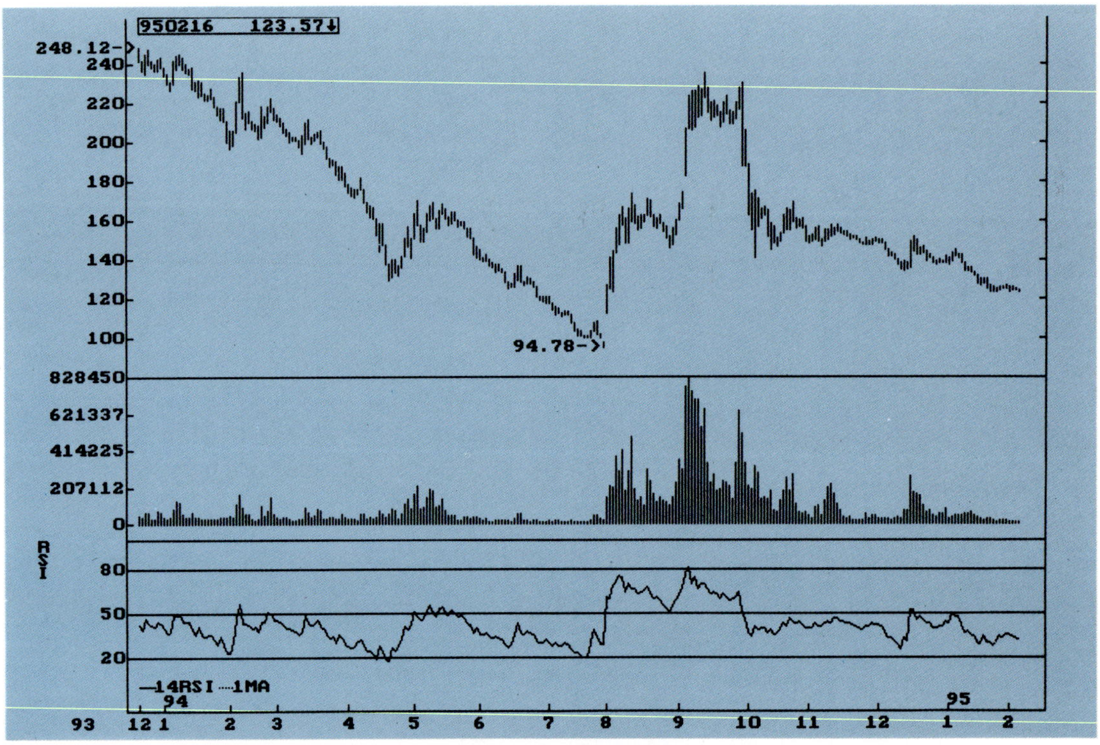

1994年深圳綜合指數走勢圖

湘財證券

XIANGCAI SECURITIES

湖南湘財證券有限公司

總裁：陳學榮

創立于1993年的湘財證券，在過去兩年中，秉持“以文化營造企業，以思維構造卓越”的經營理念，勇于拓展證券市場，取得了令人矚目的業績。其综合交易量穩居湖南省證券商前列，并成爲省内推薦上市公司最多的證券商之一。

知識與資本結合；商業行爲與政府行爲結合；金融資本與産業資本結合—這是湘財證券在激烈的市場變革中形成的市場觀念，他們將以此爲支點啓動湘財證券更宏遠的事業藍圖。

湖南湘財證券有限公司于1995年10月獲中國人民銀行總行批復，成爲全國大型證券公司。公司注册資本1億元人民幣，業務範圍爲：發行和代理發行各種有價證券；自營和代理買賣各種有價證券；有價證券的代保管、鑒證和過户；代理還本付息、分紅派息等權益分派業務；證券抵押融資業務；基金和資産管理業務；企業重組、收購兼并業務；投資咨詢、財務顧問業務；期貨經紀和金融期貨自營業務；外幣證券業務及人總行批準的其它業務。

證券交易大廳

辦公大樓外景

地址：湖南省長沙市韶山路附20號
電話：(0731)4451488　4452729
傳真：(0731)4415126
郵編：410011

湘 財 證 券 深

證券一枝花
湘財發萬家

總經理：李春來

副總經理：歐亞非

先進高效的服務設施

公司招牌

地址：深圳市福華路 15 號華海大廈 2 樓
電話：3609898　傳真：(0755)3600695
郵編：518033

圳　業　務　部

湘財證券深圳業務部于1993年11月27日開業時，成交排名位居深圳證券商第360位，時至1994年底，湘財證券交易總額已名列第15位，資產總額排名第8位。一年躍過三百位。

繁忙的交易大廳

人才優勢：業務部現有職員35人中85%以上具有大專以上學歷，其中高級技術職稱5人，中級職稱12人，初級職稱16人，博士2人，碩士4人。

設備優勢：率先安裝了128K高速通訊衛星接收系統，成爲上海异地第一家可以在深圳爲股民提供成交即時自動回報的券商，并擁有先進的光盤儲存股民資料。

服務優勢：爲廣大客户提供良好的信息服務，每天開市前爲客户免費提供當天的1—2份報紙，同時在三個地方設專欄公布“華鼎”、“沂光”、“太極”信息和剪報信息資料，每天收市進行解盤分析。

信譽優勢：自成立以來，特別注重自身的信譽與形象，注重員工職業道德教育，注重專業素質的提高，注重内部的各項規章制度的建立與落實，使之具有今天的“三公”經營風氣與實事求是的工作作風。

湘財的宗旨：誠信、高效、公正！

湘財的目標：最先進的設施、最優越的條件、最佳的服務、最好的信譽、最好的效益！湘財證券明日更輝煌！

深圳大東財務顧問公司

恬靜幽雅的辦公環境

深圳大東財務顧問公司成立于1994年5月，是實力雄厚的深圳市大東國際投資(集團)股份有限公司的全資子公司，注册資金5000萬元。大東財務擁有一批經驗豐富、素質精良的高級專業人才，主要業務範圍是：

企業改造：企業改制、改組策劃，企業財務體系安排，推行現代企業制度和現代企業管理方法。

資產重組與經營：企業收購、兼并、合并、分立等資産重組策劃，資産委托經營。

招商引資：國内外引資、融資和資産套現咨詢及代理，國内外上市策劃。

投資經營：證券、期貨、外匯投資，風險套利和戰略性股權投資，實業投資。

先進高效的服務設施

董事長、總經理:黃友權

大東
國際投資(集團)
股份有限公司

大東國際投資(集團)股份有限公司是由深圳市大東實業股份有限公司增資擴股重新注册而成,注册資金7800萬元。總資産11億元,淨資産6.9億元。業務範圍涵蓋房地産、中國策略投資、高精工業、國際酒店業、全國性大百貨連鎖商業、金融、貿易和文化傳播等諸多領域,在深圳、粵東、華東、華北、東北和海内外均分别設有總部,下屬子公司20余家。大東集團正朝着"以房地産爲龍頭,以金融業爲支柱、積極拓展其他行業"的多元化、現代化、集團化的跨國公司的方向邁進。

蘇州國際大酒店,座落在蘇州市中心地帶,氣勢恢弘

百佳購物俱樂部,中國第一家倉儲式平價連鎖店,分店遍布全國

深圳大東商廈,由美國專業設計公司設計,別具一格

上海大東中心,歐式品味,高尚的建築群,座落在上海市繁華金融區

中國農業銀行

海南省信托投資公司

中國農業銀行海南省信托投資公司于1988年2月經人民銀行海南省分行批準設立，是隸屬于中國農業銀行海南省分行的全民所有制金融企業。注册資本金為人民幣5000萬元整，下設辦公室、業務部、證券部、計財部、營業部等職能部門。現有人員50名，其中高級職稱5名，中級職稱及大專以上學歷占公司總人數的78%。經營範圍：企業存款、資金拆借、發行債券、代理發行股票、信托投資、金融租賃、信托貸款、委托貸款、委托投資、房地產投資、票據貼現、信用、見證、經濟咨詢及相關性服務。

公司自成立以來，信誠“團結、廉潔、奉獻”的企業精神，强化内部管理，建立起分層授權中心責任制的管理體系，立足金融基業，走與產業資本相結合的道路，大力拓展信托新型業務，促進企業股份制改造進程，服務海南大特區經濟。幾年來，公司共對7家規範化股份制企業參股、控股，以投資、租賃、委托貸款等形式融資支持旅游服務業、工農商業、房地產等領域。公司證券部做為海南首批深圳證券交易所异地會員，上海證交所异地會員，代理買賣在深、滬證交所上市的債券、股票及各類期貨業務。到目前為止，公司正逐步向規範化企業穩步發展，資產總額達2.7億多人民幣，累計創税后利潤4000萬元。為海南大特區經濟的發展做出了應有的貢獻。

注册會計師是依法取得注册會計師證書并接受委托從事審計和會計咨詢、會計服務的執業人員。國務院財政部門和省、自治區、直轄市人民政府財政部門，依法對注册會計師、會計師事務所和注册會計師協會進行監督和指導。

一、注册會計師的業務範圍：業務範圍主要包括審計、會計咨詢、會計業務，具體爲：審查企業會計報表，出具審計報告；驗證企業資本，出具驗資報告；辦理企業合并、分立、清算事宜中的審計業務、出具有關報告；法律、行政法規規定的其他審計業務，辦理財務會計咨詢、會計事務處理等業務。

二、會計師事務所：事務所是依法設立并承辦注册會計師業務的機構。實行自收自支、獨立核算、依法納税。它是注册會計師的工作機構，注册會計師只有加入會計師事務所才能執業。會計師事務所分爲合伙會計師事務所和有限責任會計師事務所兩種類型。會計師事務所由財政部和各省直轄市財政廳（局）審批和管理。

辦公大樓外景

海南省注册會計師協會

海南省財政税務廳副廳長
海南省注册會計師協會會長 高級經濟師周元友

三、注册會計師協會：協會是由注册會計師組成的社會團體。它是聯系政府機關和注册會計師的橋梁和紐帶。負有對會計師事務所注册會計師進行自我教育和自我管理的責任。并依法擬訂注册會計師執業準則、規則。維護職業權益、解決同行糾紛、保持和提高專業水平等。同時，在各級財政部門的領導下，對注册會計師、會計師事務所進行具體的指導和監督。

四、海南省注册會計師事業概況：海南省注册會計師事業始于1988年建省之初，至1994年，已發展有24家會計師事務所，注册會計師137人，執業人員415人。全省注册會計師事業是健康發展的。

五、海南省注册會計師協會機構設置情况：

名譽會長：海南省財政税務廳廳長、經濟學博士、高級經濟師劉桂蘇

會長：海南省財政税務廳副廳長、高級經濟師周元友

副會長：海南省財政税務廳會計處處長、高級會計師吳坤炎

副會長：海南省財政税務廳會計處副處長、經濟師鄧天林

秘書長：吳坤炎（兼）

常務理事：劉桂蘇、周元友、唐南椿、劉遠晉、吳坤炎、鄧天林、姚李秋、沈中民、黄玉珍、吳齊淵、杜智勇、王祿光

協會下設四部一室：注册部、業務標準部、培訓部、財務部、辦公室

海南省財政税務廳副廳長、海南省注册會計師協會會長、高級經濟師周元友

總經理：郭玉芹

中國光大國際信托投資公司

海南證券業務部

中國光大國際信托投資公司是國務院所屬中國光大（集團）總公司直接領導下的股份制非銀行金融機構，現有資産110多億元。總部設在北京，并在上海、海南、廣東、深圳、珠海以及香港、澳門、新加坡等地設立了代表處和辦事處。公司是中國證券市場研究設計中心的發起單位之一，并榮任常任理事。公司還榮任由國内58家金融機構組成的國債承銷團第一副主干事，且是湖北證券公司的第二大股東，上海、深圳交易所會員，并在北京、上海、海南、廣州、深圳、成都等地設立了證券業務部，形成了遍布全國的證券網絡。

中國光大國際信托投資公司海南證券業務部位于海口市金貿區仙樂花園首層，公司注册資金3000萬元人民幣，擁有營業面積達1600平方米，目前海南最大的證券營業廳和一流的設備，通過使用X. 25通訊、超大屏幕行情顯示、電話自動委托、點對點通訊、雙向衛星、超級自助終端等高新技術，光大股民可以通過櫃臺委托、電話委托、自助終端委托、遠程終端委托等多種委托方式進行交易，并實時查詢成交回報。現有專業人才20多人。

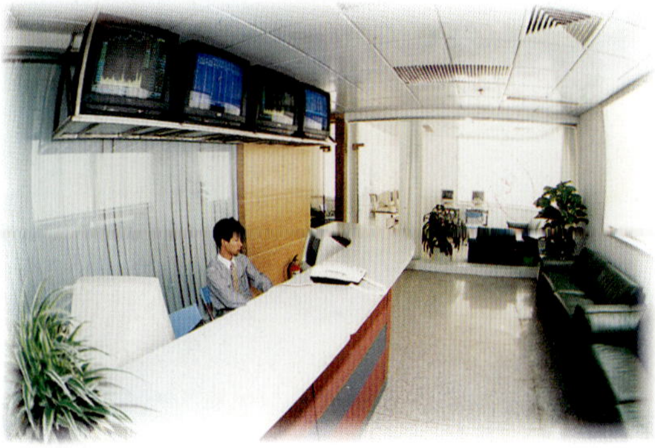

營業部外景

豪華的營業室

總經理：郭玉芹
地址：海口市金貿區國貿大道仙樂花園首層
電話：8550148

中國外匯交易中心廣州分中心

中國外匯交易中心廣州分中心于1994年4月28日正式加入全國外匯交易系統聯網運作，是覆蓋廣東全省、辦理省内銀行間外匯買賣和調劑外匯代理買賣的唯一合法機構。廣州外匯交易中心交易大廳面積爲440平方米，設交易席位96個，是華南地區最大的外匯交易市場。交易大廳配置2×9米室内大型彩色電子顯示屏，實時顯示外匯交易市場行情。系統硬件采用美國優利公司的U6000/65小型機爲主機，利用郵電部公共分組交換數據通訊網和衛星進行交易數據通信，實現了天地并網、數話兼容，并采用目前世界上最先進的雙機熱備份技術，系統安全可靠。截止95年4月28日，廣州分中心共開場247次，外匯交易額累計達724042萬美元，僅次于北京、上海，位居全國第三。目前，廣州分中心已發展會員單位20家，其中，專業銀行8家，外資銀行8家，商業銀行、股份制銀行、區域銀行和非銀行金融機構各1家。

外匯交易現場

主任：曾寶泉
副主任：孔祥貴
地址：廣州市廣州大道中628號
電話：(020)7591005　傳真：7590982
郵編：510080

China Foreign Exchange Trade System
Guang Zhou Branch

交易大廳

康永華律師

美國康永華律師事務所

康永華律師與美國克林頓總統在一起

美國康永華律師事務所(LAW OFFICES OF FREDERICK W. HONG)于1977年在美國成立。創辦人康永華律師多年前從香港旅居美國,是加利福尼亞州(California)的執業律師。康律師亦是美中關系全國委員會理事,國際糾紛仲裁委員會美國特任委員及洛杉磯—廣州友好城市協會會長。事務所是1993年9月經中華人民共和國司法部批準在廣州成立及開業的第一間外國律師事務所。該所總部設在美國洛杉磯(Los Angeles),與美國各大城市的律師行均有聯系。

事務所專辦的法律業務:

★爲中國企業及當事人提供美國及國際商事法律的咨詢;

★爲中國企業及當事人辦理涉外的有關投資、金融、證券、期貨、信托、貸款、租賃、商貿、專利、商標注册、房地産等非訴訟法律事務;

★爲中國公司在海外證券發行上市提供法律服務;

★爲美國公司及當事人來中國投資提供咨詢及法律服務。

★爲中國企業代辦境外公司組建,并協助辦理各種赴美簽證;

★擔任中國當事人在美國民事、經濟、行政案件的代理人,參加訴訟或仲裁;

LAW OFFICES OF FREDERICK W. HONG GUANGZHOU OFFICE

Suite 721. Garden Tower

368 Huanshi Dong Lu

Guangzhou. 510064. China

Tel:(020)3338999Ext 721

(020)3841625

Fax:(020)3841625

美國康永華律師事務所 廣州辦事處

廣州市環市東路368號花園大廈721室

電話:(020)3338999轉721

(020)3841625

傳真:(020)3841625

郵編:510064

朱鎔基副總理接見康永華律師
Chinese Vice Premier Zhu Rong Ji received Mr. Hong.

总经理：员瑞恒　先生

華夏證券深圳公司

華夏證券深圳公司成立于1993年7月，是中國華夏證券有限公司之全資附屬機構。公司注册資本爲陸仟萬元人民幣。在總公司的授權下，經營範圍涵蓋海内外各類證券業務及相關的綜合性投資業務，與總公司遍布全國的分支機構形成了高效、快捷、靈活的華夏證券網絡。公司成立以來發展迅速，目前業務範圍已遍及全國，信譽卓著、成績斐然。

公司位于深圳市振華路8號的華夏證券大樓，擁有全國最大的證券交易營業部，設備全部采用美國原裝産品，目前交易業務量和市場占有率均居深圳券商前列。上海證券交易所設于本公司的交易通訊站是深圳券商與上海股市的數據交換中心，該站爲改善深圳投資者操作上海股市證券的交易速度和投資條件起到了至關重要的作用。此外，本公司正在積極籌建上海證券交易所深圳結算中心。

華夏證券深圳公司擁有實力雄厚的發行承銷隊伍，93年承銷及推薦上市的總規模超過3.8億元人民幣。

华夏证券有限公司深圳公司外景

華夏證券深圳公司擁有一批業務精深的高級分析人員，對宏觀經濟動態、證券市場行情和上市企業狀況進行研究分析，並出版《華夏證券市場早報》、《華夏證券研究》、《華夏證券季刊》，還協助國家計委和經貿委編輯出版在海内外均有廣泛影響的月刊《中國投資與建設》。

華夏證券深圳公司以其嚴格規範的管理模式和對投資者盡心盡力盡責的服務宗旨，成爲深圳證券業最具影響的證券商之一。

华夏证券有限公司深圳公司职工活动室

地址：深圳市振华路8号华夏证券大楼
电话：3361111 (转)　　传真：3321525
邮编：518031

華夏證券深圳公司

发展銀行

深圳发展银行是一家独立经营、自负盈亏的股分制商业银行，也是我国唯一发行公众股票并公开上市的银行。

深圳发展银行在对原特区内6家农村信用社进行股份制改造的基础上，于1987年12月28日正式成立。1987年5月10日，深圳发展银行人民币普通股（每股面值20元）以自由认购的形式首次向社会公开发售。1988年4月7日，深圳发展银行普通股票在深圳证券公司首家挂牌上市。1988年~1989年为筹集外汇业务资金，两次发行了港币优先股17万多股，吸收股金1,700万港元。

截止1994年12月31日，本行共有普通股431068638股。股东近18万名。主要大股东有：(1)深圳市投资管理公司；(2)深圳国际信托投资公司；(3)深圳社会劳动保险公司；(4)中电深圳工贸公司；(5)深圳城建集团等。

深圳发展银行除经营人民币业务和证券、房地产、信托、租赁等业务外，经国家外汇管理局批准从1988年起经营外汇业务。经营外汇业务种类达12种。

深圳发展银行在管理上严格按照股份制的组织形式建立相应的管理体制。设置了股东大会、董事会、监事会和总经理室，实行董事会领导下的总经理负责制。

七年多来，深圳发展银行在股份制规范化运作和内部管理机制方面进行了积极大胆的探索，取得了显著成效，引起了社会各界的关注，为股份制改革和金融改革提供了新鲜经验。

深圳发展银行有81个营业机构，其中分行1个，支行16个，办事处4个，分理处60个，在北京设有代表处，全行共有1400馀名员工。截止1994年12月末，全行各项存款馀额120亿元，比1987年增长30倍；各项贷款馀额89.7亿元，比1987年增长26倍；总资产已达154亿元。1994年全行实现利润4.14亿元，人均创利30.2万元。

深圳发展银行几年来一直守法纳税，是我市的纳税大户，1991年被市政府授予“守法纳税大户”，1992年是我市纳税大户第一名，1993年我行纳税额在全市排名第三，为我市的经济发展及进一步的改革开放作出了应有的贡献。

深圳发展银行在坚持巩固发展银行传统业务的同时，还积极开拓多元化业务。除大力发展信托、租赁、证券业务外，还积极参与物业投资。几年来已以股权形式投资了若干企业，主要有全资附属的深圳发展银行广州分行，深圳发展银行房地产公司；控股的海南南华金融公司，香港深业投资发展有限公司，深圳（莫斯科）股份有限公司。

随着我国改革开放的进一步深入，深圳发银行正积极将业务推进内地、推向海外，努力扩大业务辐射面，办成一个适应市场经济发展的、现代化、多元化、集团化、国际化的新型商业银行。

设备先进的银行证券部

投資期貨，從選用完善、快速、穩定的信息系統開始一

金融家

國際金融信息實時系統

讓您成為金融市場風雲人物！

“金融家國際金融信息實時系統”在國内推出二年以來，由于系統不斷更新增强、信息内容不斷增加及完善及時的售后服務，在國内銷售突破 1000 套，市場占有率名列第一。我們不以銷售量第一爲滿足，我們將更精益求精，堅持讓客户永遠滿意的信念，回饋廣大客户的支持與愛護。

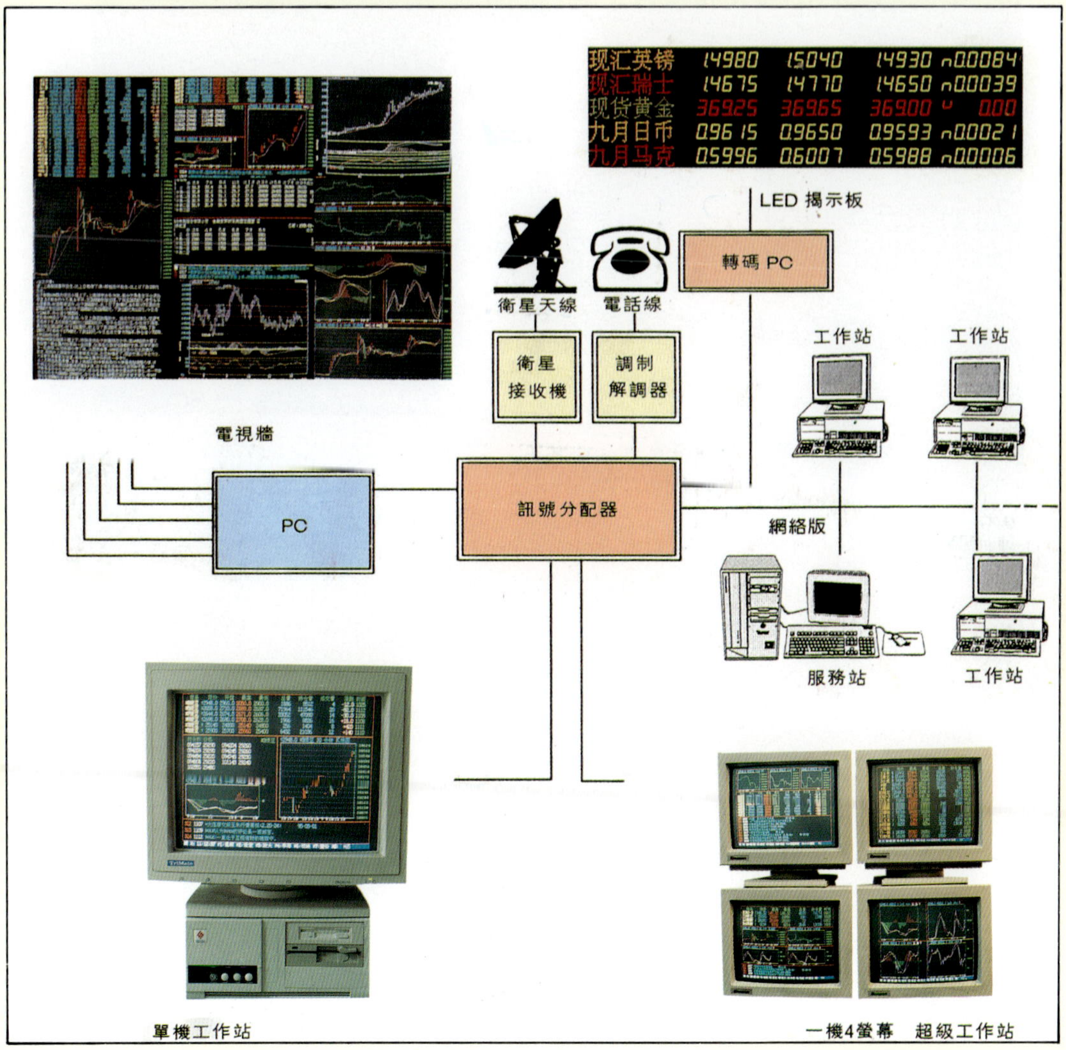

系統功能特色摘要

- 一套软件同时接收各家交易所信息，降低硬件成本。
- 盘中实时及盘后技术分析系统整合一套系统，同时可作短、中、长线投资分析研判。
- 搭配独家专利 VGA 4CARD，首创单机多萤幕多功能、唯一具有超级工作站与电视墙功能。
- 系统设定采全开放式，抬头、视窗格式及字型、颜色、页数（100 页）、自选商品任君选择。
- 分时图可作 1～99 分钟选择及图上查价功能。
- 可作价格、时间多段预警设定、倒数功能及线上列印。
- 自动循环播报功能及图形自动接续功能。
- 可线上中英文切换之国际金融信息实时系统。
- 提供主要货币交叉汇率报价及双座标走势图。
- 各种商品皆可选择 K 线、竹线、Tick 走势图及图上划线分析。
- 提供 MACD、KD、BiAS、RSi、%R 等即时技术分析指标，并可划趋势线。
- 提供超强完整之切线、平行线、上下甘氏角度线、阻速线。
- 系统可储存无限笔之完整历史资料，线图最完整。
- 系统可累积 1000 条中英文新闻与评论，有助查询研判。

金融家產品　任君選擇

●單機工作站：

價格低廉，對經紀商及個人投資者均適用。

●超級工作站：

一臺電腦帶四只顯示器，同時呈現不同畫面，全面滿足經紀商的需要。

●電視牆：

一臺電腦控制 8－32 臺顯示器，同時呈現不同畫面，效果宏大。

●網絡版軟件：

可任意擴充工作站數量。

●LED 顯示屏：

清晰醒目，適用交易大户。

快速的信息與市場同步，讓您掌握先機，創造財富！

準確的投資研判，有賴專業而完整的系統功能與設備！

穩定合法的信息與通訊網絡，傳輸費用最經濟，品質最可靠！

豐富而完善的信息内容，讓您完全掌握市場脈動！

海南省福海

造福海南

集團公司法人代表、董事長：林一紅女士

海南省福海集團有限公司是具有獨立法人資格的大型獨資企業，注册資金 5000 萬元人民幣，公司立足海南、輻射全國、面向世界，致力于房地產、旅游娛樂、建築裝飾、商業貿易、項目投資等產業發展，并與國內外

法人代表、董事長：林一紅
電話：8655618　8653598
地址：海口市濱海大道海口港福海大樓

公司領導與分公司經理研究發展規劃

福海集團辦公大樓外景

集團有限公司

集團公司總裁:張友亮先生

再創輝煌

客戶合作開拓、沿海地區及內陸各中心城市的銷售市場。

公司下屬企業海南張一有限公司將重點投資開發新海福海海洋公園,占地98畝,總投資3億元。

總裁:張友亮

電話:8656618　8656318

傳真:8656608

公司貨運碼頭

集團下屬企業海口市福海商行 電話:8653598 6227482

深圳經濟特區審計師事務所

SHENZHEN S.E.Z CERTIFIED PUBLIC AUDITORS

深圳經濟特區審計師事務所是經深圳市人民政府批準，在深圳市注册的法人單位。該所宗旨是適應社會主義市場經濟發展和改革開放的需要，以優質服務和良好信譽取信于客戶和社會；嚴格遵守國家法律、法規，吸納較高素質的從業人員，依法客觀、公正地承辦各種複雜的會計、審計和咨詢業務，采用並推廣國外先進的審計技術和管理方法，逐步向現代化、國際化發展。

該所主要業務包括：接受國家機關、企業、事業單位和個人委托，承辦財務收支、經濟效益、經濟責任的查證；經濟案件的鑒證；注册資金的驗證和年檢；基建工程概、預、決算的編製和驗證；資產評估及清理債權債務；代理建帳、建製及代理申報納稅；擔任審計、會計、稅務及經濟管理的常年顧問；經濟管理的咨詢服務；培訓審計、財務會計和其他經濟管理人員以及其他委托審計等業務。

該所下設總師室、督導部、審計部、資產評估部、驗資部、咨詢培訓部及行政辦公室，現有中國注册會計師、中國注册審計師40多名，高級經濟、會計、審計師、高級建築、機械工程師多名，以及一批熟悉國際會計、審計標準及現代化管理知識的中青年骨干。該所內部管理、隊伍建設和經營環境不斷完善，已全面拓展驗資、年檢、資產評估、重點工程建設審計等社會審計業務；積極參與企業股份製改造，並獲得國家審計署批準承辦中央企業審計查證業務和深圳市資產綜合評估資格，取得較好的經濟效益和顯著的社會效益。1993年被評定爲“中國百強事務所”第46位。

所长：吕润波

深圳市注册会计师协会理事　中国注册会计师

地址：深圳市深南中路統建辦公樓東1棟14層

郵編：518031　傳眞：3240086

機構電話

總審計師室	3206457	審計部	3240087
評估部	3206450	驗資部	3206453
督導部	3206457		
咨詢培訓部	3206453	行政部	3206452

總裁：陳　儒

深圳投资基金管理公司

SHENZHEN INVESTMENT FUND MANAGEMENT CO., LTD.

深圳投資基金管理公司是我國第一家專業從事基金設立與管理及經營投資業務的非銀行金融機構，于一九九二年十月八日正式注册成立。

作爲中國首家專業性投資基金管理公司，公司在國內投資基金領域率先進行了大膽探索，于一九九二年底成功地向全社會公開發行了目前中國大陸規模最大的以謀求長期淨資產增值的封閉式投資基金——天驥投資基金，發行規模達5.81億元人民幣。一九九四年三月，“天驥基金”在深圳證交所的成功上市，成爲深圳證交所首批挂牌基金且當年淨資產增值即達48%，並成爲當年度唯一一家以現金形式分紅的掛牌基金。九五年在整體經濟宏觀形勢緊縮的情況下，每基金單位淨資產仍達到1.50元，是國内最具投資潛力的基金之一。

深圳投資基金管理遵循“團結、進取、開拓、創新”的企業精神，奉行“穩健、安全、誠信、效率”的經營觀念，公司擁有一大批具有多年金融、證券及投資經驗、年輕精干的優秀人才。總裁陳儒先生是我國投資基金業第一代開拓者，在金融基金理論與實踐上成果卓著。

目前，深圳投資基金管理公司正朝著“立足深圳，服務全國，走向世界，創一流資産管理公司”的目標邁進，已成爲深圳特區金融百花園里的一朵奇葩。

公司地址：中國深圳市振華路深紡大廈C座東側七層

電話：(0755)3211891　3214993

傳眞：(0755)3211892

郵編：518031

廣東廣發基金管理公司

公司是以受托或代理方式經營管理各類投資基金資產的金融機構，具有法人地位的經濟實體。注冊資本1000萬元，經營範圍包括發起和設立境内外各類人民幣基金；基金資產經理；基金轉讓；證券投資及咨詢；物業投資；主管機關批準的其它業務。

公司是廣東發展銀行獨資設立的資產管理專營機構，實行基金管理委員會領導下的總經理員責制。分設綜合部、投資部、財務部、技術分析部、投資咨詢部等職能部門，基金管理人員中有：陳雲賢，經濟學博士，現為廣東發展銀行行長助理、廣東廣發證券公司總經理，具有證券及基金投資之較深造詣和豐富的投資管理經驗。王鴻茂，經濟學碩士，現為廣東發展銀行基金業務部總經理，廣東廣發基金管理公司法人代表。在銀行從事多年的投資、貸款、證券、基金等業務，具有基金經營管理與投資的豐富經驗。

公司依照國家有關政策和法規，以維護投資者利益為根本原則，通過多元化的投資方式和途經，使基金投資分散風險，綜合收益，穩定回報，促進基金資產的增值。對所管理的第一期廣發投資基金，第二期廣發投資基金分設專戶管理，分別獨立核算。公司是目前全國唯一一家同時管理兩個以上基金的資產管理機構，其管理的廣發基金(1)和廣發基金(2)分別通過證券交易聯網在上海證券交易所和深圳證券交易所進行交易。

地址：廣州市環市中路313號惠州大廈15樓
電話：3504636　**郵編：**510095

負萬衆所托　　聚萬千之金

珠海海鷗基金

海鷗基金致力于投資證券、房地産、企業股權及經濟特區的高科技項目。

進行更多樣的投資組合
實現更穩健的成長收益

珠海海鷗投資基金是經中國人民銀行廣東省分行和中國人民銀行珠海分行批準設立的珠海經濟特區第一家投資基金，由珠海國際信托投資公司等聯合發起設立，于93年11月26日向社會公開發行，規模爲5000萬個單位。屬封閉式契約型，封閉期限爲10年。1993年12月30日經中國人民銀行廣東省分行批準成立珠海海鷗投資基金部，作爲海鷗基金的投資管理機構，取得獨立法人資格。基金信托人爲珠海人壽保險股份有限公司。

94年3月3日，海鷗基金在南方證券交易中心挂牌上市，同年3月14日，成爲廣東省首批可以在上交所交易的基金。在基金信用等級評估中被評爲AA一級。1994年，海鷗基金除證券市場投資外，在化工産品、建材、注塑等行業投資。1994年海鷗基金共實現利潤13356617.34元，實現資本增值26.7%，每基金單位派0.18元。

基金的信用評級報告

基金參與投資的工業企業

基金參與投資的工業項目

地址：珠海市香洲人民西路珠信證券大廈
電話：(0756)2276963　郵編：519000

深圳市住宅工程开发股份有限公司

公司董事长、
法人代表：李育国

公司成立于1985年，前身为深圳市政府基础工作组房建科，是隶属深圳市城建开发集团公司的国营企业。经广东省建委批准具有一级城建综合开发权。1990年经市政府批准改组为股份制企业。

公司自成立以来，坚持以房地产开发为主，多元化发展的经营策略。先后开发建设了包括市政府公产房在内的市内十三个住宅小区和二十余栋高层商住大厦，累积开发建筑面积250万平方米。同时兼有电子通讯产品生产，铝合金门窗、防火、防盗门生产安装业务。现下属全资企业四家，合资企业三家，具有一定的经济实力和知名度。

94年在严峻的经济形势下，公司全体员工团结奋斗取得了较好的经营业绩。全年完成房地产开发投资7220万元，实业项目投资1013万元，开工建筑面积14.27万平方米，竣工建筑面积8.016万平方米，工程质量优良率90%以上，全年实现利润1615万元。

截止到94年底，总股本3026万元，固定资产3316万元，股东权益6044万元，股本构成中国家股2513万元，占83.6%，由城建开发集团持有，法人股27万元，占0.90%，由城建丰汇公司和城建房管公司持有，内部职工股467.94万股，占15.46%。现任法人代表、董事长李育国，执行董事、总经理杨明焕。

十年的经营发展我们积累了丰富的经验，培养造就了一支懂技术，会管理、善经营的员工队伍，具有了雄厚的财力基础和较强的抗险应变能力，展望未来，我们充满信心，相信有党的改革开放政策，有各级领导的支持，通过全体员工的团结奋斗，住宅公司必将能不断发展而成为一家多元化、集团式的公众公司。

公司开发建设的台湾花园高层商住楼

公司开发建设的深圳市滨河住宅小区

公司地址：深圳市红岭南路金华街一号城建大厦一楼
电　　话：2248785　2249702
邮　　编：518010

廣東證券公司

公司是由廣東省內 14 家金融、財政機構及企業參股組建的股份制金融企業。主要業務範圍有:代理證券發行、證券買賣和證券自營、受托辦理證券登記和過戶、代理證券還本付息和支付紅利,辦理證券代保管、鑒證、貼現和抵押貸款,辦理證券投資咨詢及實業投資等。公司在廣州市區設有海珠中、東風東、天河、沙河、荔灣營業部,在上海、深圳各設 1 個業務部。在省內其他地區設立了 15 個營業處。公司已開通了深、滬股、NET、STAQ、南方證券交易中心系統證券買賣。多個交易系統共用一個保證金帳戶,實現异地代理深、滬股電腦自動報盤和成交回報,各營業部全部實現了證券買賣自動操作,公司還開通了代理國債期貨買賣業務。

法定代表人、總經理:鐘偉華

法定代表人:鐘偉華(董事、總經理)
地址:廣州市東風東路 703 號
電話:7784699　7789015
傳真:7784506　**郵編:**510080

公司辦公大樓外景

公司廣州市下屬營業部

東風東營業部
地址:廣州市東風東路 703 號
電話:7665052　7666000—3201

海珠中營業部
地址:廣州市海珠中路 89 號
電話:8859286　8859483

天河營業部
地址:廣州市天河南一路 18 號
電話:5518800　7508345

沙河營業部
地址:廣州市廣州大道 513 號
電話:7709044　7709164

荔灣營業部
地址:廣州市中山七路 347 號 2 樓
電話:8731402　8731403

海南國際租賃股份有限公司

公司是海南較早批準的規範化股份制企業之一,于 1993 年 1 月成立。公司注册資本爲 6000 萬元人民幣,主要從事房地産開發經營及動産不動産投資開發、租賃,并進行企業生産所需的設備、原材料和産品的進出口經營業務。以租賃業爲根本,積極參與大型工業項目的建設,正在操作的工業項目有"大口徑預應力壓力管"生産及爲邊遠地區提供能源的基礎工業等。房地産開發項目包括獨資或合資開發的國租大廈、洛杉機城、阿波羅城、東水港開發區、夏威夷企業家度假村等。

名譽董事長:顧遠揚
董　事　長:馬　勇
副董事長:吴　旭
總　經　理:韓　明
地址:海南省海口市國貿大道 CMEC 大廈 5 樓東區
電話:(0898)8538051　8538053
傳真:(0898)8538059

總經理:韓明

寬敞明亮的辦公場所

第一编

专　论

58/77

专　论

国民经济和社会发展概况

国家统计局

1994年，全国各族人民按照“抓住机遇、深化改革、扩大开放、促进发展、保持稳定”的方针。我国财税、金融、外汇、外贸、价格、流通等改革迈出重大步伐，国民经济持续快速增长，人民生活继续改善，各项社会事业进一步发展。初步统计，全年国内生产总值45800亿元，比上年增长百分之十一点八。其中第一产业增加值8231亿元，增长百分之三点五；第二产业增加值21259亿元，增长百分之十七点四；第三产业增加值14310亿元，增长百分之八点七。经济发展中的主要问题是：市场价格涨幅过高；农业发展滞后；部分国有企业生产经营仍面临较多困难。

农　业

*农业生产战胜严重自然灾害取得较好收成。*主要农产品产量中，粮食有所减产，棉花生产扭转减产趋势呈恢复性增长，油料生产创历史新纪录，蔬菜水果生产又获丰收，糖料、麻类和烤烟产量下降。与快速发展的国民经济和不断提高的人民生活相比，农业生产发展滞后问题更加突出。

主要农产品产量如下：

	1994年	比上年增长%
粮食	44450万吨	－2.5
其中：谷物	39397万砘	－2.8
油料	1984万吨	10.0
其中：花生	964万吨	14.4
油菜籽	746万吨	7.5
棉花	425万吨	13.6
黄红麻	38万吨	－44.1
甘蔗	6086万吨	－5.2
甜菜	1253万吨	4.0
烤烟	195万吨	－35.2
茶叶	58万吨	－2.9
水果	3478万吨	15.5

*林业生产建设稳步发展，造林质量不断提高。*全年完成造林面积5900千公顷，国家林业重点工程建设步伐加快；森林防火、病虫害防治和资源管理保护工作继续加强，森林覆盖率提高到百分之十三点九。

畜牧业生产全面增长，肉、禽、蛋、奶等畜产品产量增加。

主要畜产品产量和牲畜存栏头数如下：

	1994年	比上年增长%
肉类	4300万吨	11.9
其中：猪牛羊肉	3670万吨	13.8
牛奶	530万吨	6.2
绵羊毛	26万吨	6.2
蚕茧	83万吨	10.2
猪年末存栏数	41218万头	4.9
羊年末存栏数	23959万只	10.2
大牲畜年末存栏数	15032万头	7.5

*渔业生产持续发展。*全年水产品总产量2098万吨，比上年增长百分之十五点一。其中，淡水产品产量890万吨，增长百分之十九点一；海水产品产量1208万吨，增长百分之十二点三。

*农业生产条件继续改善。*年末全国农业机械总动力33685万千瓦，比上年末增长百分之五点九；大中型拖拉机69万台，减少百分之四点六；小型和手扶拖拉机821万台，增长百分之四点一；农用载重汽车76万辆，增长百分之九点九；化肥施用量(折纯)3313万吨，增长百分之五点一；农村用电量1511亿千瓦小时，增长百分之二十一点四。农田水利建设进一步加强，农田有效灌溉面积增加。

工业和建筑业

*工业生产继续高速增长。*全年完成工业畜值18359亿元，比上年增长百分之十八。在全部工业中，国有企业增长百分之五点五(如包括国有控股企业，增长百分之六点八)；集体企业增长百分之二十一点四，其中乡办企业增长百分之二十七点三；中外合资、合作经营和外资企业增长百分之二十八。大中型企业增长百分之十二，保持了稳定增长的势头。

*轻工业增长快于重工业。*全年轻工业完成增加值7668亿元，比上年增长百分之十九点六；重工业完成增加值10691亿元，增长百分之十六点五。主要工业产品产量有升有降。

主要工业产品产量如下：

	1994年	比上年增长%
化学纤维	269万吨	13.3
纱	470万吨	－6.3
布	200亿米	－1.5
机制纸及纸板	2000万吨	4.5
糖	581.9万吨	－24.6
原盐	2974.6万吨	1.1
卷烟	3421.3万箱	1.4
合成洗涤剂	196.4万吨	4.3
彩色电视机	1689.5万部	17.7
家用洗衣机	1096.4万台	22.4

家用电冰箱	764.5 万台	28.1
能源生产总量（折标准燃料）	11.2 亿吨	4.7
原煤	12.1 亿吨	5.3
原油	1.46 亿吨	1.6
发电量	9200 亿千瓦时	9.6
钢	9153.2 万吨	2.2
钢材	8003.6 万吨	3.7
十种有色金属	375.2 万吨	7.5
水泥	4.05 亿吨	10.1
木材	6100 万立方米	－4.5
硫酸	1494.7 万吨	11.8
纯碱	568.4 万吨	6.3
化肥（折 100%）	2276 万吨	16.3
	26.8 万吨	4.4
发电设备	1706.9 万千瓦	15.9
金属切削机床	19.2 万台	－26.8
汽车	140.2 万辆	8.0
拖拉机	4.6 万台	21.8

工业经济效益有所提高。全年工业企业经济效益综合指数为 97.0，比上年提高 0.4 个百分点。但工业产品库存积压增多，企业亏损面较大，相互拖欠较严重，工业经济效益总体水平仍有待进一步提高。

建筑业生产经营持续稳定发展。全年工业企业增加值 2900 亿元，比上年增长百分之十二。国有建筑业企业房屋建筑施工面积为 3.7 亿平方米，增长百分之十五点一；房屋建筑竣工面积为 1.2 亿平方米，与上年基本持平；全员劳动生产率为 8968 元，实际提高百分之二十一点五；人均创利税超过 1660 元，但亏损面略有上升。

地质勘查取得新成果。全年新发现或新证实为工业矿床的主要矿产地 150 处；取得重大新进展的勘查矿区 58 处；提供可供建设利用的重要地质报告 790 份，有 30 种矿产新增加了探明储量，其中：煤矿 82 亿吨，铜矿 120 万吨，硫铁矿 5330 万吨，磷矿 9061 万吨；投入地质勘查工作费用 159 亿元；完成机械岩心钻探工作量 384 万米。

固定资产投资

固定资产投资得到一定控制。全年全社会完成固定资产投资 15926 亿元，比上年增长百分之二十七点八（扣除价格因素，实际工作量增长百分之十五点八），增幅比上年回落 30.8 个百分点，其中国有单位（包括国有单位与境外合资、联营及股份制投资，下同）投资 11354 亿元，增长百分之三十四点二；集体经济项目投资 2758 亿元，增长百分之二十三点六；城乡居民个人投资 1814 亿元，增长百分之二十二点九；国有单位投资项目中，基本建设投资 6287 亿元，增长百分之三十五点三；更新改造投资 2842 亿元，增长百分之二十九点六；房地产投资 1796 亿元，增长百分之四十一点三；其他投资 429 亿元，增长百分之二十四点八。中央项目完成投资 3544 亿元，增长百分之三十点七；地方项目完成投资 6015 亿元，增长百分之三十四点五。

全年基本建设、更新改造新开工 5 万元以上项目 76492 个，比上年减少 1768 个，但固定资产投资在建总规模仍然偏大，年末在建的基本建设和更新改造项目计划总投资为 30574 亿元，比上年增长百分之三十一点四。

投资结构继续改善。国有单位投资中，能源工业投资所占比重由百分之二十点七上升到百分之二十一点八；原材料工业投资所占比重为百分之十一点九，与上年持平；邮电通信业投资所占比重由百分之四上升到百分之五点三；但农业投资比重继续下降，仅占百分之一点九，比上年下降 0.3 个百分点；运输业投资所占比重由上年的百分之十六点二下降到百分之十五点四。

重点建设取得新进展。列入国家计划的 151 个重点建设项目，全年完成投资 1051 亿元，超额完成了年度计划，其中有 72 个项目和单项工程建成投产。全国建成投产的大中型基本建设项目 137 个，限额以上更新改造项目 244 个。

全国基本建设新增加的主要生产能力有：煤炭开采 477 万吨，发电机组容量 1527 万千瓦，石油开采 1545 万吨、天然气开采 11.34 亿立方米（含更新改造和其他投资增加的能力），炼铁 81 万吨，汽车制造 9.22 万辆，化肥 48 万吨，木材采运 14.8 万立方米，新建铁路正线交付运营里程 278.6 公里，增建铁路复线交付运营里程 1342 公里，沿海港口吞吐能力 2580 万吨，市内电话机装机容量 1622 万门，长途光缆 3 万延长公里。新建微波电路 1 万公里，新建高速公路 493 公里等。

交通和邮电

交通运输生产持续增长。全年完成增加值 2247 亿元，比上年增长百分之六。但运输能力与需求不平衡状况依然存在。

运输生产完成情况如下：

	1994 年	比上年增长%
货物周转量	33275 亿吨公里	9.1
铁路	12462 亿吨公里	4.4
公路	4481 亿吨公里	10.1
水运	15704 亿吨公里	13.9
民航	19.5 亿吨公里	17.4
管道	6.08 亿吨公里	持平
旅客周转量	8492 亿人公里	8.1
铁路	3637 亿人公里	4.4
公路	4147 亿人公里	12.0
水运	175 亿人公里	－10.8
民航	533 亿人公里	11.6
沿海主要港口货物吞吐量	7.3 亿吨	6.2
其中：外贸货物吞吐量	2.7 亿吨	11.1

邮电通信业保持高速增长。全年完成邮电业务总量 693 亿元，增长百分之五十点二；新发展城乡电话用户突破 1000 万户，全国电话普及率达到百分之三点二。公众通信能力继续增强，局用交换机容量达到 4878 万门，长途交换机容量达到 220 万路端。全网技术水平明显提高，长途传输数字化比重达百分之八十。市话交换程控化比重达百分之九十七。分组交换网，公共数字数据网，已具备现阶段国民经济信息所需要的通信能力。新增邮路 2.9 万公里，邮政业务计算机管理水平有了新的提高。

国内贸易和市场物价

国内消费品市场繁荣活跃。全年社会消费品零售总额 16053 亿元，比上年增长百分之三十一点二，扣除价格因素，实际增长百分之七点八。其中城市 9555 亿元，增长百分之三十三点二；农村 6498 亿元，增长百分之二十八点四。

分经济类型看，非国有商业更为活跃，在消费品零售总额中的比重由上年的百分之六十点三上升到百分之六十六点三，而国有商业则由上年的百分之三十九点七下降到百分之三十三点七。

生产资料市场平稳。全年社会生产资料销售总额为22980亿元，比上年增长百分之二十一点二，扣除价格因素实际增长百分之十二。

由于前两年社会需求增长过快、货币超经济发行的滞后影响，部分农产品因灾减产，加上国家政策性调价和一些影响物价的宏观改革措施出台，使市场价格大幅度上升，成为经济生活中的突出问题。

各类价格比上年上涨幅度(%)

1.居民消费价格	24.1
其中：城市	25.0
35个大中城市	24.8
农村	23.4
其中：食品	31.8
粮食	50.7
肉禽及其制品	41.6
食用植物油	64.1
蛋品	15.0
水产品	20.3
鲜菜	38.2
衣着	17.1
家庭设备及用品	12.0
医疗保健用品	11.7
交通和通讯工具	7.8
娱乐教育文化用品	12.5
居住商品	21.3
服务项目	25.7
2.商品零售价格	21.7
其中：城市	20.9
35个大中城市	20.7
农村	22.9
3.农业生产资料零售价格	21.6
4.农产品收购价格	39.9
5.工业品出厂价格	19.5

对外经济

对外贸易发展迅速。据海关统计，全年出口总额1210亿美元，比上年增长百分之三十一点九；进口总额1157亿美元，增长百分之十一点二。进出口商品结构进一步改善，出口中机电产品比重由上年的百分之二十四点七上升到百分之二十六点四；国内紧缺的原材料及机械运输设备类进口扩大。外商投资企业出口继续大幅度上升，全年出口额347亿美元，增长百分之三十七点六，占出口总额的比重由上年的百分之二十七点五提高到百分之二十八点七。

实际利用外资继续增长。全年实际使用外资458亿美元，比上年增长百分之十七点六。其中外商直接投资338亿美元，增长百分之二十二点八。到1994年末，已注册的外商投资企业达20.6万户，比上年增加4万户。

对外经济技术合作取得较大发展。全年对外承包工程和劳务合作新签合同金额79.9亿美元，比上年增长百分之十七点五；完成营业额59.7亿美元，增长百分之三十一点五。

国际旅游业取得好成绩。全年来我国旅游、访问、从事商务以及各项活动的外国、台湾、港澳和华侨旅游者达4368万人次，比上年增长百分之五点二；全国旅游外汇收入73.23亿美元，比上年有较大增长。

金融和保险业

金融形势基本稳定。存款增长较快，用于支持国家重点建设项目、产业结构的调整、有市场和有效益的国有企业以及国家重要物资的进口和储备等方面的贷款增多。

年末国家银行各项存款余额为29328亿元，比上年末增加7940亿元，增长百分之三十七点一，其中企业存款余额为11467亿元，比上年末增加2735亿元，增长百分之三十一点三；各项贷款余额为31603亿元，比上年末增加5161亿元，增长百分之十九点五；其中短期货款余额为23428亿元，增长百分之十九点三；中长期货款余额为7173亿元，增长百分之二十。年末市场现金流通量为7289亿元，比上年增长百分之二十四点三，当年现金发行量为1424亿元；广义货币(M2)比上年增长百分之三十四点四。年末城乡居民储蓄存款余额达21519亿元，比上年末增加6315亿元，增长百分之四十一点五。国家外汇储备大幅度增加，年末国家现汇结存为516亿美元，比年初增加304亿美元。

保险事业有较大的发展。全年全国承保总额11735亿元，比上年增长百分之三十点一，保险收入498亿元，比上年增长百分之二十二点七，其中，财产保险费收入336亿元，人身险保费收入162亿元。财产险赔款金额195亿元，人身险给付金额101亿元。

科学、教育、文化和卫生、体育

科技队伍扩大。年末国有企事业单位共有各类专业技术人员2658万人，比上年末增长百分之二点四。全国县级以上国有独立研究开发机构5860个，高等院校办科研机构3000个，大中型工业企业办科研机构11656个；从事科技活动人员241.5万人，其中科学家和工程师152.9万人。

科技经费投入增加。全年全国科技机构、高等院校和大中型工业企业等单位用于科技活动的经费支出为630亿元。其中研究与发展经费支出222亿元，增长百分之十三点三，相当于国内生产总值的百分之零点五。

科技事业取得新的进展。全年全国共取得省部级以上重大科技成果2.6万项。主要科技成果有：原子级操纵和原子级加工居世界前列、国家计算机与网络设施(NCFC)实现国内国际联网、培育出270个农作物新品种、研制成时速160公里的准高速机车和东风4E型重内燃机车。国家自然科学基金资助科学项目3537项，资助金额3.1亿元。新建成国家重点实验室1个，国家工程研究中心15个，国家工业试验基地6个，国家级企业技术中心60个。全年国家组织完成了100项技术开发、新技术推广、消化吸收、工业性试验项目，完成了17套重大技术装备的研制并经鉴定验收交付使用。

质量检测、标准化建设、专利申请和天气预报服务进一步完善。年末全国共有产品质量监测机构3000个。其中国家检测中心234个。全年制定、修订各类国家标准1414个。全年共受理国内外专利申请7.8万件，授权专利4.3万件。全国共建立了超短波天气警报服务系统发射台1894个。测绘部门测绘各种比例尺地图67761幅，公开出版地图893种。

技术市场更加活跃。全年全国共签订技术合同21.2万份，成交金额228.8亿元。1994年参加“产、学、研”合作的单位 33997 个，设立合作开发项目 12844 项，参加人数 45.4 万人。

各类教育事业取得新的进展。全国招收研究生 5.1 万人，比上年增加 0.9 万人；在学研究生 12.8 万人，增加 2.1 万人。普通高等学校招收本、专科学生 90 万人，下降百分之二点六；在校学生 279.9 万人，增加 26.4 万人。中等职业技术教育继续发展。各类中等职业技术学校在校学生 844.6 万人（含技工学校学生 182.2 万人），占高中阶段在校学生总数 1509 万人的百分之五十六。

普及九年义务教育进一步发展。全国初中在校学生 4317 万人，小学在校学生 1.3 亿人。小学学龄儿童入学率达百分之九十八点四；小学毕业生升学率由上年的百分之八十一点八提高到百分之八十六点六。普通初中和小学学生辍学率分别为百分之五点一和百分之一点八五。中、小学办学条件继续得到改善。

成人高等学历教育高速发展，多种形式的技术培训蓬勃展开。成人高等学校招收本、专科学生（包括电大、函授及夜大招生的普通班学员）101.7 万人，比上年增长百分之十七点九；在校学生 235.2 万人，增长百分之二十六点三；成人中等专业学校在校学生 221.4 万人，增加 14.6 万人；成人技术培训学校培训学员 6625 万人次；成人中、小学在校学生 761.5 万人；全年共扫除文盲 486.2 万人。

文化事业稳步发展。年末全国共有艺术表演团体 2681 个，文化馆 2875 个，公共图书馆 2597 个，博物馆 1140 个，档案馆 3585 个，广播电台 1108 座，中、短波广播发射台和转播台 748 座，电视台 764 座，一千瓦以上电视发射台和转播台 1123 座。广播人口覆盖率百分之七十七点四，电视人口覆盖率百分之八十三点三。各类电影放映单位 10.9 万个。全年生产电影故事片 148 部，发行各种新片（长片）213 部，有 16 部（次）影片在国际电影节上获奖。全国性和省级报纸全年出版 186.7 亿份，各类杂志出版 22.5 亿册，图书出版 59.3 亿册（张）。

医疗卫生条件继续改善。年末全国医院共有病床 283.2 万张，比上年增长百分之一点三。专业卫生技术人员 419.9 万人，增长百分之二。其中医生 188.2 万人（含中、西医师 142.5 万人），增长百分之二点八；护师、护士 109.4 万人，增长百分之三点六。

体育事业取得显著成就。在国内外重大比赛中，我国运动员获得 79 个世界冠军；26 人 4 队 72 次创 41 项世界纪录，24 人 5 队 44 次创 37 项亚洲纪录，73 人 21 队 131 次创 89 项全国纪录。在第 12 届亚运会上，我国运动员取得的金牌和奖牌总数列第一位。群众体育在全民健身计划的指导下，更加有序地发展，有百分之八十七的在校学生达到《国家体育锻炼标准》。

人口与人民生活

计划生育工作取得积极成效。全年人口出生率为千分之十七点七，死亡率为千分之六点四九，自然增长率为千分之十一点二一，年末全国人口为 119850 万人，比上年末增加 1333 万人。

居民收入稳定增长。全年城镇居民人均生活费收入为 3179 元，比上年增长百分之三十六，扣除价格因素，实际增长百分之八点八。农村居民人均纯收入 1220 元，比上年增长百分之三十二，扣除价格因素，实际增长百分之五。但地区之间、城乡之间的收入差距扩大，一部分居民实际收入水平下降。

劳动就业工作稳步发展。各类职业介绍所发展到 1.7 万多家，全年城镇新增就业人员 715 万人。年末城镇失业人数 480 万人，失业率百分之二点九。年末全国城镇职工 15100 万人，比上年末增加 250 万人。城镇私营企业从业人员和个体劳动者 1322 万人，增加 206 万人。乡镇企业从业人员 1.2 亿人，增加 722 万人。乡村私营企业从业人员和个体劳动者 2438 万人，增加 242 万人。

社会保险制度改革取得新进展。全国有 9500 多万职工参加了失业保险，8000 多万企业职工参加了基本养老保险，1850 多万离退休人员参加了社会统筹。各地劳动部门为 180 多万失业人员提供了失业救济，帮助 106 万职工实现了再就业。

职工工资水平提高较快。全国城镇职工工资总额 6650 亿元，比上年增长百分之三十五；职工平均工资 4510 元，增长百分之三十四；扣除价格因素，实际增长分别为百分之八和百分之七点二。

城乡居住条件继续改善。全年城镇新建住宅 2 亿平方米，农村新建住宅 5.8 亿平方米。

社会福利事业日益发展。年末全国各类社会福利院床位达 94 万张，收养 73 万人；全年城乡各种社会救济对象得到国家救济的达 4300 万人次。全国已有百分之三十二的乡镇建立了农村社会保障网络；城镇社会服务网络也有较大发展，已建立起各种社区服务设施 10.1 万个。

环境保护事业进一步发展。年末全国环境保护系统共有 8.5 万人，各级环境监测站 2306 个，环境监测人员 3.4 万人。全国自然保护区达 763 个，其中国家级自然保护区 90 个，自然保护区总面积 6618 万公顷，占国土总面积的百分之六点八。年末制定的各类环境保护标准已达 325 项。在全国 647 个城市中建成了 3134 个烟尘控制区，面积达 11588 平方公里；在 573 个城市中建成了 1928 个环境噪声达标区，面积达 4683 平方公里。全年完成环境污染限期治理项目 6285 个，总投资 26.2 亿元。

注：

1. 本公报各项统计数据为初步统计数，未包括台湾省和香港、澳门地区。

2. 公报中国内生产总值和各产业增加值指标绝对数按现价计算，增长速度按可比价格计算。

一九九五年二月二十八日

关于建立现代企业制度的有关问题

李铁映

企业改革是经济体制的中心环节。特别是国有大中型企业的改革是当前深化改革的关键。

党的十四届三中全会指出，建立现代企业制度是国有企业改革的方向。目前，国务院正在组织一批国有大中型企业，按照社会主义市场经济的要求进行建立现代企业制度的试点。试点的目的是为了探索路子，积累经验，逐步形成一套实施办法，搞活国有经济。这里，我重点谈一谈建立现代企业制度的几个有关问题。

建立现代企业制度是企业改革实践的继续和深化

在改革开放的15年里，我们始终把增强国有企业特别是国有大中型企业的活力，作为经济体制改革的中心环节。回顾企业改革的历程，大致可以划分为3个阶段。

*第一阶段：从1978年12月到1984年9月，这是企业改革的起步阶段。*企业改革试点的基本思路是，改变高度集中的计划经济管理体制，通过扩权让利，即扩大企业自主权，赋予国有企业更多的财力，增强企业活力。这期间，试行了利润留成制度和两步利改税等。1984年5月，国务院颁布了《关于进一步扩大国营工业企业自主权的暂行规定》，扩大了企业十个方面的自主权，增加了企业活力。

*第二阶段，从1984年10月到1991年12月，这是企业改革的全面展开阶段。*这一阶段企业改革的基本思路是，实行政企职责分开，所有权和经营权适当分离，明确国有企业是自主经营、自负盈亏的经济组织，并在这个基础上建立多种形式的经营责任制。改革的主要措施是，国有企业实行厂长（经理）责任制，对大多数国有企业实行承包经营责任制，对一些小型国有企业实行租赁经营，并在少数企业中开始了股份制和企业集团的改革试点。1988年4月颁布了《中华人民共和国全民所有制工业企业法》，首次明确了国有企业的法律地位。

*第三阶段：以1992年初小平同志视察南方发表重要谈话为标志，企业改革由政策调整转向制度创新，逐步进入建立适应社会主义市场经济体制需要的现代企业制度的新阶段。*国家先后制定了《全民所有制工业企业转换经营机制条例》、《国有资产监管条例》和《公司法》等法律法规。1993年11月，党的十四届三中全会通过的《关于建立社会主义市场经济体制若干问题的决定》明确提出，国有企业的改革将按照建立社会主义市场经济体制的总体目标要求进行，把国有企业塑造为面向国际国内两个市场的独立法人实体和市场竞争主体。企业在市场中生存发展，公平竞争，优胜劣汰。从根本上解决在市场经济中公有制的微观实现形式，国有企业组织制度。这个问题解决了，就确立了社会主义市场经济中的微观主体。

经过15年的探索和实践，企业改革取得了显著成就。企业改革的目标和方向愈来愈明确；企业改革的理论不断发展、成熟；指导企业改革的思路有了实质性的突破；创造了国有企业转换经营机制的多种形式；法律、法规不断完善；国有企业的面貌发生了深刻变化，涌现出一批活力较强、具有示范和带动作用的国有大中型企业。

企业改革为国民经济的持续快速健康发展做出了巨大贡献。从1979年到1993年的15年间，按不变价格计算，国民生产总值平均每年增长9.3%。我国成为当今世界经济增长速度最快的国家之一。

国有企业特别是国有大中型企业是国民经济的支柱，经过45年的发展，形成了中国经济的独特优势，并带动和促进了其他经济成份的发展。特别是近15年来，国有经济获得巨大发展。它支撑了整个经济的发展，支撑了改革开放事业，支撑了整个社会的稳定。

国有企业在国民经济中起着基础、骨干和先导作用，并已形成门类各异的国有工业体系，是我国能源、交通、通信、主要原材料和工业技术装备的主要提供者。从1978年到1993年，国有企业提供发电装机容量共15500多万千瓦，成品钢材6.5亿吨，石油19.4亿吨，煤炭137亿吨。截至1993年底，我国现有独立核算的国有工业企业7.16万个，占全部工业企业的19%，其中国有大中型企业1.47万个，占全部工业企业的4%。但国有企业工业总产值占全部工业企业的53%，国有大中型企业占44%；国有企业固定资产净值占全部工业企业的75%，国有大中型企业占62%；国有企业实现利税占全部工业企业的66%，国有大中型企业占59%。近10年，我国财政收入从800多亿元增加到5000多亿元，国有企业功不可没。国有企业实力不断增强，使国有资产不断增加。1988年以来，国有资产每年增长18%，1993年底已达到3.6万亿。

15年企业改革的成就是显著的。同时，我们也清醒地看到，国有企业面临的困难和问题依然很多。其中主要是：企业作为独立法人实体的地位尚未完全确立；企业特别是大中型企业经营机制仍不能适应市场竞争的需要；企业经济和社会负担较重；企业经济效益低的局面没有从根本上扭转。这些困难和问题，原因是多方面的，也是经济体制深层次矛盾尚未解决的表现。要解决这些矛盾，必须进一步深化企业改革，着力进行企业制度的创新，并通过一系列配套改革，逐步建立起产权清晰、权责明确、政企分开、管理科学的现代企业制度。

建立现代企业制度的指导思想和基本框架

建立现代企业制度是15年来企业改革实践的继续和深化，是社会主义市场经济理论的丰富和发展。建立现代企业制度要以邓小平建设有中国特色社会主义理论作为指导思想，目的是找到公有制与市场经济有机结合的微观实现形式，找到国有经济在市场经济条件下有效的企业组织制度。这种企业制度就是要把企业塑造成能适应社会化大生产的要求，符合社会主义市场经济的要求，面向国际、国内两个市场的法人实体和市场竞争主体。在积极探索建立现代企业制度的过程中：

*一定要坚持以公有制为主体。*建立现代企业制度，形成新的产权组织形式，既要为各种经济成份平等参与市场竞争创造条件，又要发挥公有制的优势，使之不断壮大，保证国有经济在国民经济中的主导地位。

一定要坚持制度创新。建立新的企业制度和运行机制，不能简单地换“牌子”、戴“帽子”，而是要大胆创新，勇于探索。要把我国企业改革的成功经验和创新做法与国际惯例和成熟经验结合起来，创建富有生机和活力的企业制度。

一定要坚持实践的原则。实践是检验真理的唯一标准。创建现代企业制度的主体是企业和企业家，要尊重群众的首创精神。建立现代企业制度不可能是一种模式，要不断总结经验，不断实践创新。

一定要坚持配套改革。建立新的企业制度不是孤立的工作，要从解决国有企业存在的现实问题入手，在经济、社会各方面进行综合配套改革。当前特别要抓好政府职能转变、健全市场秩序和社会保障制度改革。

现代企业制度就是最大限度发展和解放生产力的企业制度。

建立现代企业制度是从适应计划体制需要的企业制度，转变为适应社会主义市场经济体制需要的企业制度。其核心是经营机制的转变和企业制度的创新，实质是调整生产关系以适应生产力发展的需要。现代企业制度不仅仅是企业内部组织管理制度或仅涉及某一方面的单项制度，而是涵盖企业全部经营活动的制度体系。

国有企业建立现代企业制度，就是要理顺企业产权关系，建立健全企业法人制度。产权问题实质上是所有制的实现形式问题。因此，努力探索和逐步建立健全符合社会主义市场经济要求的国有企业产权制度，是国有企业建立现代企业制度的基础性、关键性工作。公司制是企业财产组织制度的典型形式。企业改革要按社会主义市场经济体制的要求，解决和规范企业与出资人、企业与政府、企业与市场、企业与社会、企业与企业、企业与职工、企业内党、政、工等方面的一系列基本关系。要真正调动企业和职工积极性，真正做到产权清晰、权责明确、政企分开、管理科学。

建立现代企业制度有利于多种企业组织形式的改革和发展。由于经济水平和产业性质不同，企业的具体组织形态必然是多样的。现代企业制度是所有企业改革的方向。建立现代企业制度要以公司制为典型形式。试点是为了探索建立现代企业制度的路子。改革的试点，既有公司制试点，也有其它类型企业组织形式的改革试点。目前，构建现代企业制度基本框架着重从9个方面积极地进行探索。

1. 建立产权清晰的企业法人制度。产权清晰、权责明确是企业法人制度的核心。企业中的国有资产所有权属于国家。企业拥有全部法人财产权。实行现代企业制度的企业，应该是出资者(及其代表)、经营者、生产者主要以产权关系为纽带而有机结合的完整经济实体。企业以全部法人财产独立享有民事权利，承担民事责任，依法自主经营、自负盈亏，对出资者承担资产(资本)保值增值的责任。国有资产的出资者及其他出资者，均按持股比例依法享有股东权益，包括资产受益、重大决策和选择管理者等权利，以出资额为限以对企业债务承担有限责任。出资者不直接参与企业的具体经营活动，不直接支配法人财产，对其拥有的产权可以依法转让。

2. 建立政企分开的国有资产管理和运营体制。政企分开的关键，就是政府的社会经济管理职能和国有资产所有者职能分开。企业中的国有资产实行国家统一所有、政府分级监管、企业自主经营的体制。国家授权投资的机构作为国有资产投资主体，依法对企业中的国有资产行使出资者职能，对所持股企业不再行使政府行政管理职能。有关部门则依法对企业中的国有资产保值增值实行监督。政府依法对全社会的经济活动实行管理。企业与政府机构不再存在行政隶属关系，企业不再套用行政级别，真正实现政企分开。政府对企业依法自主经营所需的各项自主权，如生产经营决策权、产品定价销售权、进出口权、投资决策权、资产处置权等，都要完全交给企业。

3. 建立新的企业财产组织形式。企业财产组织形式不是单一的。一般讲，生产某些特殊产品的企业或者属于特定行业的企业可改组国有独资公司；大部分企业改组为有限责任公司；具备条件的改组为股份有限公司，其中上市的股份有限公司只能是少数。全国性行业总公司逐步改组为国家控股公司，除特殊行业外，一般不搞一家公司的全行业垄断；有企业集团实行母子公司的体制；国有小型企业可以改组为股份合作制企业。

4. 建立科学规范的企业内部组织领导制度。要根据效率、效益优先的原则建立决策机构、执行机构、监督机构。这些机构相互独立、权责明确、相互制约、相互配合。进行公司制改组的企业，要建立由股东会、董事会、监事会和经理层组成的公司内部组织结构，各司其职，有效行使决策、监督和执行权。关键是明确划分董事会、董事长与经理的职责权力，要避免变相回到老体制。股东会或股东大会是公司的权力机构。董事会是公司的经营决策机构。经理依照公司章程和董事会授权，统一负责公司的经营和管理。经理由董事会聘任或解聘，对董事会负责。监事会对董事和经理行为实施监督。

5. 建立新的企业用工和分配制度。取消企业管理人员的国家干部身份，打破不同所有制员工之间的身份界限，建立企业与员工双向选择的用工制度。经理、副经理等高级管理人员实行聘任制，其他员工实行劳动合同制。但政府要积极创造再就业的机会和条件。政府对企业工资总量实行间接控制，制定最低工资标准，对企业工资水平的确定情况进行监督、检查。企业按国家有关政策规定，自主确定工资水平和内部分配方式。

6. 建立严格规范的企业财务会计制度。全面实行《企业财务通则》和《企业会计准则》及国家有关法规。企业必须建立严格的财务会计制度。科学设置财务会计机构，公司财务实行内部监督和外部监督相结合。上市公司要严格执行公开披露财务信息的制度。

7. 建立系统科学的企业管理制度。科学管理是现代企业的重要特征。其目的是依靠科技和制度的力量，充分发挥企业内部各类资源的最大配置效益，增强企业的活力和竞争力。企业的组织、领导体制、劳动分配制度和财务会计制度是管理问题。企业的技术标准、产品质量、市场营销、职工培训、安全生产、环境保护等制度也是管理问题，都是企业科学管理的基础性工作。要建立和强化一整套科学的规章制度，在企业内部建立不断提高劳动生产率、不断更新改造、不断追求科技进步的机制。不同的行业和企业，不同的技术水平，管理体制必然各具特色。但是，系统工程、信息化、全面质量管理都是不可缺少的。管理是一门科学。企业管理必须科学才能更大地发挥企业的生产力。

8. 发挥党组织的政治核心作用。企业的基层党组织要按照党章和国家的法规紧紧围绕企业改革和生产经营开展党的活动，发挥政治核心作用，保证监督党和国家的方针政策在本企业的贯彻执行。企业党组织要支持企业经营者依法行使职权，完善责任制，积极参与在企业制度改革和提高企业效益等方面的重大决策。公司党组织负责人要积极学习企业经营，具备条件的可按有关规定的程序进入董事会和监事会，与公司的董事、监事、经理交叉任职。公司党组织的工作机构和专职党务工作人员的数量，本着精干、高效的原则设置。要积极探索在新形势下的工作方法和活动方式，依靠强有力的思想政治工作，调动各方面的积极性。

9. *建立健全企业民主管理制度*。民主管理是我国企业的特点，全心全意依靠工人阶级，是社会主义性质的体现。要积极探索、研究、创造适应现代企业制度的企业民主管理的具体内容和形式。要支持职工参加企业民主管理，维护职工的合法权益，更好地发挥职工的国家主人翁作用，发挥职工的积极性和创造性。经过民主选举产生的职工代表可参加公司的监事会和一些有限责任公司的董事会。

建立现代企业制度必须解决好企业面临的几个重要问题

国有企业面临的现实问题，大部分是计划经济体制下形成并长期积累下来的，改革过程也出现了一些新的问题。统筹解决这些问题，是建立现代企业制度的打基础工作。解决这些问题本身就是重大改革，也是在建立新的体制。

解决国有企业历史债务负担过重问题。国有企业的债务负担问题是一个在特定条件下所形成的特有问题。国有企业债务是多元的，产生的原因是多方面的，因此不应也不可能一律豁免或冲销。要结合国有资产管理与经营体制和国家投融资体制改革，进行资产、债务的重组。该破产的企业要破产，其资产清理中首先要解决职工安置问题。要从实际出发，合理解决非企业自身原因造成的沉重历史债务，核实资本金，要建立严格的资本金保值增值责任制度，落实企业的自负盈亏责任，逐步根除目前经济生活中长期存在的“赖帐机制”。

解决企业中富余人员的分流问题。企业富余人员的产生既有经济体制因素，也有社会因素及其他多种因素。历史形成的“过度就业”造成了企业的冗员。这是企业发展和改革的一大难点与重点。富余职工不分流出来，劳动生产率很难提高，企业也难于成为真正的经营实体和竞争主体。一些企业实行的厂内待业、再就业培训和开发新产业增加就业等办法，特别是大力发展了第三产业，缓解了企业富余人员过多的矛盾，是有效的，可以推广。但从根本上解决这个问题，要靠加快经济发展，改革企业制度。当前的关键，是加快社会保障制度改革，培育劳动力市场。对职工要强化培训，竞争上岗。要注意调动各方面的积极性。改革措施要分步过渡，分期到位，逐步实现。

解决企业办社会的问题。把企业的后勤服务和社区服务职能从企业分离出去，是企业真正成为独立法人实体和市场竞争主体的一个基本要求。这一过程是渐进的。待分离的单位和职能，有的可由政府或社区服务机构承接；有的可改为独立核算、自负盈亏的企业法人；有的可改为非盈利的事业法人，通过政府资助、社会赞助和有偿服务等方式弥补开支。企业是经济法人，但有社会责任。在市场经济条件下，企业主要通过依法纳税、提供产品、创造就业岗位等体现了对社会发展的贡献。此外，企业还必须承担国家法定的一些社会责任和义务。企业赞助一些社会公益事业和其他有益活动，必须是自愿的。

解决国有企业的养老和医疗费用支出过重的问题。国有企业长期没有或很少进行保险资金积累，形成目前养老和医疗费用支出负担过重的状况，在市场竞争中处于不利地位。这需要由国家、社会和企业共同努力，通过加快社会保障制度改革来解决。要坚持社会统筹和个人帐户相结合的原则。当前具备条件的企业，不要等，不要靠，要采取有效形式，加快改革进程。

解决国有企业建造职工住房负担过重问题。国有企业长期以来实行的为职工建房分房的实物分配办法，挤占了企业大量生产资金，牵扯了大量精力，不仅影响了企业生产经营效率的提高，而且制约了劳动力的合理流动。要通过住房制度改革，实行住房商品化、管理社会化的新制度来解决这个问题。

建立现代企业制度必须配套改革

15 年企业改革的实践证明，转换企业经营机制，使企业真正成为市场竞争的主体，靠企业改革的单项突进是不可能成功的。企业改革不能孤立地进行，必须加快进行相关体制的配套改革。

加快政府职能转变和机构改革，建立有效的经济管理和国有产权经营管理制度是政企分开的关键。履行社会经济管理职能的各部门按照精简、统一、效能的原则，转变职能，精简机构。政府由管理微观经济活动转为管理宏观经济活动，由直接调控为主转为间接调控为主，由部门管理转为行业管理。国有资源要能优化配置，不断增值。国有产权不流动造成的企业低效益，与国有资产在流动中由于不规范原因导致的流失，本质上是一样的，都表现为国家所有者权益的损失。履行国有资产所有者职能的部门和机构，要分别行使国有资产的管理职能和经营职能。国有产权逐步由原来的实物形态管理，转向价值形态的管理和经营。要打破地区和部门的分割，促进企业间的产权流动和结构优化，促进国有资产经营的高效率和高效益。

加快价格改革和市场体系建设。除少数自然垄断型行业的产品和服务仍由国家定价外，多数产品和服务的价格逐步放开。建立符合价值规律、反映市场供求变化的价格形成机制。价格信号要能较为准确地反映市场供求关系，引导资源的合理配置。健全市场体系，尽快建立统一、开放、竞争、有序的商品和生产要素市场体系。大力发展以资本市场为重点的生产要素市场，包括金融市场、劳动力市场、技术市场、产权市场、信息市场、房地产市场等。抓紧市场制度和市场法规建设，实现市场运行的规范化和法制化。加快发展市场中介组织，建立市场自律运行机制。建立现代企业制度，并不保证所有企业都不垮台，只盈不亏。企业有生有死是正常的，优胜劣汰符合市场经济的规律。采取企业破产、兼并等多种形式，实现企业资产的优化重组，有利于形成企业的优胜劣汰机制。

加快建立社会保障制度，建立统一的社会保障管理机构。尽快建立以养老、失业保险为重点，包括养老、失业、医疗和工伤等保险在内的社会保障制度。社会保障行政管理和社会保险基金经营要分开，由社会保险组织经办社会保险业务。社会保险基金的所有权属于投保者，是“保命钱”，不得以任何方式被挤占。社会保险业务的经办者只是经营者，其收益属所有者。养老和医疗保险费由单位和个人共同负担，实行社会统筹和个人帐户相结合。失业保险费由企业按职工工资总额一定比例统一筹交。企业解除劳动合同裁减的职工，由就业服务体系提供再就业服务，由社会保险机构提供失业救济。

加快建立健全社会化服务体系。社会化服务体系是生产力发展、社会分工进一步细化和生产的社会化所提出的必然要求。计划经济时政府包揽的一些社会服务，要在市场经济中逐步交由社会服务单位承办。社会化服务体系为生产经营所提供的服务大致可分为三类：一是由政府直接施行的强制性的社会服务。如工商登记和计量、标准、审计、环保、检疫等部门提供的服务。二是由市场中介组织接受企业和其他当事人

委托所提供的服务。如会计师事务所、律师事务所、信息咨询机构等提供的服务。三是由企业自愿参加与组成的民间组织所提供的服务或行业协会等提供的服务。这些都是当前需要大力发展的。

深化企业改革,还必须有宏观管理体制改革的配合。今年的财政、税收、金融、计划投资、外资管理体制等方面出台的重大改革措施,为推进微观改革创造了一定的宏观环境和条件。现代企业制度的试点工作要求进一步加快宏观改革,建立和完善灵敏、高效的间接调控体系。建立现代企业制度也是不断完善和强化经济法律法规体系的过程。要及时总结经验,成熟的制度用法律法规的形式固定下来。

建立现代企业制度,是一项前所未有的复杂系统工程,是企业改革面临的一场攻坚战。企业改革始终是经济体制改革的中心环节。没有新的充满活力的国有企业制度,就没有新的经济体制。"论事易,做事难;做事易,成事难"。当前,各级政府必须高度重视建立现代企业制度问题,加强领导,精心组织试点。在试点中要加强调查研究,不断总结经验,切实解决出现的新问题。制度创新的第一线实践者是企业家,要举办各类培训班,组织企业家系统学习社会主义市场经济理论和现代企业制度的法律规章。各级政府要创造条件,积极鼓励和支持企业进行大胆探索。

我们坚信,在邓小平建设有中国特色社会主义理论指导下,经过长期不懈的努力,一定能够创建出公有制为主体的现代企业制度,一定能够建立社会主义市场经济体制,一定能够实现社会主义现代化建设的宏伟目标。

(作者:中共中央政治局委员、国务委员、
国家经济体制改革委员会主任)

以规范化为重心　开创证券期货市场新局面

周道炯

根据国务院证券委第五次会议精神,结合我国证券、期货市场处于试验阶段的特点,确定今年的工作方针是:证券、期货市场监管工作必须紧密围绕抑制通货膨胀,配合企业改革,坚持先试点后推广、宁肯慢务求好的原则。加大监管力度,规范市场行为,抑制过度投机,在稳定中求发展。今年证券、期货市场监管工作,除继续严格控制新股发行与上市节奏,以及规范发行市场外,还必须抓好以下几项主要工作:

加大监管力度　规范市场行为

(1)要加强执法工作。今年,证券、期货市场法制建设的重点是执法,要做到有法必依,执法必严,违法必究。对严重违规和屡教不改者,要清除出场。充分发挥各级证券、期货市场监管部门、自律性组织以及市场参与者等方面的积极性,上下同心协力,做好监管工作。国务院证券委和中国证监会将授予地方监管部门必要的权限,使其更好地担负起监管的责任。

(2)逐步理顺证券、期货交易所管理体制,发挥交易所自律性监管的作用。

(3)建立和完善证券业、期货业协会,进一步发挥行业自律性组织的作用。尽快建立中国期货业协会,年内完成中国证券业协会的换届工作,并由国务院证券委统一归口管理。充分发挥其行业公会自律管理、人才培训、资格考试和认定、对外交往、保护投资者权益、调解证券、期货交易纠纷等功能。

(4)规范证券公司的经营活动,逐步实行分类管理。依法对证券商进行资格审查,分类管理,颁发承销或自营业务的资格证书,严格区分自营业务与代理业务,规避经营风险。

(5)加大对上市公司监管力度,规范上市公司行为。上市公司质量是证券市场的基石。今年重点制定上市公司示范章程,树立一批规范化运作的上市公司样板。培训上市公司高级管理人员,并形成制度,使他们熟悉和执行上市公司必须遵守的法规和管理制度。对上市公司的违规行为要坚决予以处罚,并通过新闻媒介曝光。

(6)注意培养专业的投资者队伍,积极推进投资基金试点,加强对投资基金的监管,改善股市资金结构。

(7)清理整顿全国现有证券交易中心、登记公司及其他变相柜台交易场所,制定全国统一标准和管理办法,严格审查,不合格的予以取消,促进市场规范化发展。

巩固整顿成果　进一步规范期货市场

今年期货市场监管工作的重点是巩固成果,严格控制,加强立法,规范运作。

(1)期货交易所承担着一线监管的重任。没有交易所的规范化运作,就无规范化市场可言。鉴于交易所现行体制不利于规范化管理。要求各期货交易所在六个月内完成由现行体制到会员制的转变工作。各期货交易所要严格执行中国证监会审核批准的交易所章程和交易规则,不得擅自修改。要加强对会员和客户的管理,建立交易大户申报和最大持仓量限额制度,防止操纵市场的过度投机,对多次违法违规者,实行市场禁入制度。

(2)经清理整顿保留的期货经纪公司和符合条件的非期货经纪公司会员,由证监会颁发期货经纪业务许可证。清理整顿结束后,未取得许可证继续从事期货经纪业务者视为非法,要坚决取缔。同时,对期货经纪公司的分支机构也要整顿,严格条件,经审核符合条件的,颁发期货经纪业务许可证,不符合的,限期撤销。

(3)目前,绝大多数期货经纪公司已停止了外盘期货业务,但仍有少数公司继续进行非法交易,特别是进行非法外汇期货和外汇按金交易,证监会要会同外汇管理、工商、公安等部门给予打击。对少数确需在国际市场上进行套期保值的全国性公司,将由中国证监会会同国家外汇管理部门严格审核后颁发境外期货业务许可证。

(4)关于国债期货市场的清场收尾工作,要求各地方证券、期货监管部门和各交易所继续做好善后工作,确保市场和社会的稳定。

(5)要加强对金融衍生产品的研究。目前,国际上金融衍生产品不断增加,有些地方和部门不顾条件,不计后果,盲目仿效,风险很大。为了避免因衍生产品交易不当带来的负面效应,未经国务院证券委批准,不得试点。

抓住有利时机　积极开辟海外市场

要继续做好B股试点工作，选择一批条件好，发展潜力大的国有企业到海外上市。

（1）经批准到海外上市的企业，要积极创造条件，中国证监会将根据国际市场情况，成熟一家，推出一家。在具体操作过程中要加强与证监会的联系，建立请示报告制度，确保海外上市工作顺利进行。同时，要继续选择部分经营管理好、发展潜力大的国有企业到海外上市。在巩固香港、美国市场的基础上，逐步开辟新的市场，增加新的筹资渠道。

（2）组织国内企业到海外上市是项政策性很强的工作，要有计划、有步骤地进行。根据国务院规定，中国企业不管采取什么形式到海外上市，必须经国务院证券委员会批准，地方政府一律无权审批。对于越权批准的海外上市企业，要进行清理，上报国务院证券委和中国证监会。

（3）继续搞好人民币特种股票（B股）的试点工作。今年B股试点将从上海、深圳两市扩大到有条件的地区。中国证监会将会同有关部门，在国务院证券委确定的B股规模内，视国际市场情况，陆续推出一些高质量的企业发行B股。另外，还可选择少数企业进行第二上市的试点。

（4）中国证监会今年将申请加入证管会国际组织，这将有利于加强同国际证券、期货监管部门之间的交流与合作，增进相互了解，提高监管水平。

大兴调查研究之风　加强制度和廉政建设

各级证券、期货监管部门要转变工作作风，深入调查研究，加强制度建设和廉政建设。

（1）在社会主义条件下，由于上市公司股权的复杂性和证券、期货市场本身的高风险性，加之法规不健全，加大了市场监管的难度。需要各级监管部门花大力气深入实际的调查研究，对证券、期货交易场所、上市公司、证券公司、期货经纪公司以及其它中介机构进行典型解剖，检查各项法规的执行情况，制定相应的改进措施，不断提高监管质量和效率。同时，要加强证券、期货市场的中长期发展规划的研究，不断增强工作的自觉性和主动性。

（2）要加强市场信息管理，做好市场统计和分析工作，把握市场脉搏，及时发现问题，解决问题。凡涉及国务院证券委、中国证监会的重大政策的报导要与证监会核实后才能发表，以防误导市场。

（3）证券、期货市场管理的核心是要维护市场公开、公平和公正的原则，这对各级证券、期货监管部门工作人员的素质提出了很高要求。证券、期货监管人员要做全行业的表率，绝不允许搞钱权交易。各级监管部门要在各级党组织和政府领导下，抓好制度建设，健全和完善各类规章制度，改进工作作风，规范工作秩序，提高干部的思想水平和业务素质。

（4）证券、期货监管部门，要认真学习和领会中纪委、国务院反腐败工作精神，结合本单位实际情况，制定反腐倡廉的具体措施，严格执行，定期检查。全体工作人员都要按照国务院领导同志的指示：一要依法办事，执法从严，二要铁面无私，不讲情面，踏踏实实做好监管工作。努力开创证券、期货市场新局面。　　（作者：中国证券监督管理委员会主席）

制止期货市场盲目发展　保证试点工作健康进行

刘鸿儒

这次会议是中国证监会召开的期货市场监管工作座谈会。全国30个省、自治区、直辖市和计划单列市的期货市场监管部门负责同志，国务院10个部委有关负责同志和一部分专家参加了这次会议。国务院法制局、总后生产部和新闻单位的同志也出席了会议。会议的主要内容是统一思想，贯彻落实国办发[1994]69号文件《国务院办公厅转发国务院证券委员会关于坚决制止期货市场盲目发展若干意见请示的通知》的精神，同时也抽出一定时间讨论证监会起草的关于期货市场的四个管理办法。

1993年12月份，我们在深圳召开了部分省市期货市场监管工作座谈会。这个座谈会上大家就如何贯彻国务院77号文件进行了认真讨论，各部门和地方的同志都提了很好的意见。会议以后，我们又组织力量对期货市场进行了比较全面的调查研究。1994年4月，针对当前期货市场中存在的突出的问题，国务院办公厅颁发了52号文件。在大量调查研究和认真总结经验的基础上，我们起草了贯彻国务院77号文件的实施意见。最近经国务院批准，国务院办公厅转发了国务院证券委员会《关于坚决制止期货市场盲目发展若干意见的请示》。国务院77号文件对制止期货市场的盲目发展、规范整顿期货市场作了原则规定，国务院办公厅69号文件又提出了具体的实施意见。这两个文件对于保证我国期货市场试点工作的健康发展，具有十分重要的意义。

正确认识我国现阶段的期货市场

党的十四大提出，我国经济体制改革的目标是逐步建立社会主义市场经济体制。近几年来，生产资料市场、金融市场、劳动力市场、房地产市场、技术市场和信息市场都有了较大的发展，期货市场作为新兴的市场组织形式，也有了初步发展，开始引人注目地出现在我国的经济生活中。

如何看待我国期货市场的发展？我认为，在我国发展期货市场是市场经济发展的客观需要，是改革开放深入发展的必然产物。自1848年芝加哥期货交易所成立到今天，期货市场已经有近150年的历史，以其特有的回避风险和发现价格的功能，在经济的发展中，日益显示出不可替代的作用。期货市场是市场经济体系中的一个组成部分，我国要逐步建立社会主义市场经济体制，就要按照党的十四届三中全会《决定》“严格规范少数商品期货市场试点”的要求，研究探索建立和发展期货市场的问题。

自1990年7月国务院批准在郑州建立粮食批发市场以来，有关部门和地方政府对发展期货市场的积极性很高，相继批准成立了一批期货交易所，冠以“商品交易所”、“期货交易所”字样的期货市场，全国已达40多家，其中1993年12月31

日以前开业的有33家。这33家交易所共有会员2337家,代理客户超过3万家,上市品种为七大类50多个,1993年全年的交易总额已达7150亿元,日均交易额为42亿元。1994年1—4月交易总额达3900亿元,日均交易额为110亿元。

在期货交易所发展的同时,期货经纪公司也有了较快的发展,据统计,各地批准成立的期货经纪公司已超过300家,申请在国家工商局重新登记的公司有284家,其中中外合资公司50家。国家工商局已对144家内资经纪公司进行了重新登记,还有50家合资公司和90家内资公司尚没有办理重新登记手续。

已建立的交易所和经纪公司中有一部分起点比较高、运作比较规范,硬件和软件都比较先进,交易规则符合国际市场惯例。有的交易所形成的价格已经成为我国生产、流通领域的重要参考价格,对生产、流通企业起到了一定的指导作用。一些企业开始关注期货市场的价格,并逐步学会了利用期货市场进行套期保值,回避生产经营中的风险。期货市场在我国经济发展中初步显示出了积极作用。

同时,也应该看到,期货市场的发展需具备一定的条件,如法律、法规、各类人才、交易经验及人们的风险意识等,这些条件我们还不完全具备,相关的市场环境和市场机制有待于进一完善。因此可以说,我们目前尚不具备全面发展期货市场的条件,期货市场只能通过试点,积累经验,按照"规范起步,加强立法,一切经过试验和严格控制"的原则稳步发展。目前,期货市场出现了一些问题,需要规范整顿。规范整顿是为了更好的发展,放任自流反而会使它夭折。因此,必须加强国家对它的管理,使期货市场在国家宏观管理下健康发展。

前一段时间,在期货市场管理方面,有关部门和地方政府都做了大量工作,积累了一些经验,如国家工商局、外汇管理局、人民银行颁布了一些有关期货市场的管理办法和规定。这对今后期货市场的健康发展奠定了良好的基础。我们也希望有关方面继续发挥各自的优势,在今后的工作中搞好协调,相互配合,和我们一起共同抓好期货市场的试点工作。

我国期货市场存在的主要问题

目前、我国期市场主要存在以下几个问题:

*一是期货交易所数量过多,交易品种重复。*近两年来,由于对期货交易所缺乏统一的集中管理,许多地方竞相兴建交易所,期货交易所发展过多过快。1993年初,全国只有7家交易所。到年底,已有33家鸣锣开业。国务院[1993]77号文件下达后,仍有一些交易所相继开业,1994年以来又有几家交易所开业。据了解,目前全世界商品交易所共有40多家,我国期货市场刚刚起步,在不到两年的时间里,就相继成立了40多家交易所。这些交易所的上市品种也重复雷同,一些不符合期货特点的商品也列为期货交易品种。仅铜、铝等有色金属品种就在9家交易所上市场交易。有的城市的两家交易所交易的品种完全相同。还有的交易所近在咫尺,却同时做同一品种的期货交易。

*二是部分交易所和期货经纪公司运作不够规范。*有的交易所风险管理制度不健全,无法有效地控制交易风险;会员自营与代理不分,难以保证其交易的公平性;交易规则存在缺陷,对不规范的交易行为缺乏有效的约束等等。有的经纪公司交易记录不完整,风险说明书含糊其辞,与客户的契约责任不明确,没有建立对客户资格的审核制度,聘用的经纪人员经短期培训就匆匆上岗。由于有的经纪公司管理不规范,人员素质较低,给客户造成了很大的损失,产生了很多经济纠纷。

*三是盲目开展境外期货交易。*境外期货交易存在的问题比较突出。在给各级工商管理部门登记注册的近300家期货经纪公司中,2/3以上从事境外期货交易,而且大都从事投机业务。这些公司不是境外交易所的会员,只能通过外商代理,有的要经过几级代理,不少客户的委托单根本到不了境外交易所,欺诈现象屡有发生。有的公司外汇来源也不正当,采取各种手段非法套汇。

*四是地下交易盛行。*一些以骗钱为目的的地下期货经纪公司在东南沿海一带活动十分猖獗,目前又有"西进北上"的迹象。这些公司不在工商管理部门注册登记,既没有固定的场所,也没有必要的资金和设备,私下开展期货交易,并且大都从事境外交易。最近,又有一些地方出现了一批期货咨询服务公司,非法从事期货交易代理,诱导客户把资金投向国外,引发了一些经济纠纷和社会问题。

期货市场的盲目发展和其自身不规范的问题,不仅影响了期货市场功能和作用的发挥,而且某些交易所和经纪公司不规范的交易行为还影响国家宏观调控政策的落实,存在着很大的隐患。因此,对我国期货市场进行一次全面的规范整顿,已经成为保证我国期货市场试点工作健康发展的迫切需要。

搞好我国期货市场试点工作

国务院办公厅69号文件提出了贯彻国务院77号文件的具体措施。下面我就贯彻落实国办69号文件的问题谈几点意见。

(一)关于期货交易所的整顿问题

关于期货交易所的整顿,当前要做好三个方面的工作:

*第一,确定少数交易所试点,扶持其规范发展。*国办69号文件规定了审核交易所的七项条件,确定试点交易所要严格按这些条件办。按照文件精神,对1993年12月底前开业的33家交易所,根据条件划分两类。少数交易所由证监会组织专家进行论证后,从严审核,上报国务院批准进行试点。大部分交易所按批发市场进行管理,不再冠以"交易所"的名称,不得进行期货合约买卖。

1994年3—4月份。我们与国务院10个有关部门和一些专家共同组成了5个调研小组,分赴华北、东北、华东、中南、华南和西南6个地区,对已经开业的33家交易所进行了实地调查,广泛听取了地方政府、行政主管部门、交易所会员及客户代表的意见。回就后,各小组进行了汇报讨论。审定期货交易所试点的工作现在正在抓紧进行。

*第二,从严审定上市品种。*从严审定上市品种,是整顿期货交易所的重要内容,要和选定试点交易所同步进行。我国目前有七大类50多个品种进行期货交易,和国外相比明显偏多。在发达国家,一个期货品种上市,要经过一两年的论证和主管部门的批准,在香港要经过港督的批准。而我国的交易所自己就能决定上市品种,要坚决改变这种各行其是的做法。1994年4月,国务院办公厅发出了52号文件,要求各交易所今后一律不得自行决定上市新的期货品种,新品种上市要经充分的论证后,报中国证券监督管理委员会审批。有关部门和地方政府以及交易所要认真贯彻国务院文件精神,不得自行推出期货品种进行交易。

*第三,做好工作,实现平稳过渡。*整顿期货交易所涉及面广,政策性强,要充分考虑已开业的33家期货交易所的管理水平、运作情况和合理布局,还要考虑平稳过渡。具体操作上可考虑以下几种情况:一是完全符合试点条件的交易所,可上

报国务院批准试点。二是有的交易所运作比较规范，规章制度健全，设备比较先进，在国内有一定影响，只是上市品种不够合理，可由当地政府和主管部门组织合并，上报国务院批准试点。合并不能走形式，要真正做到统一机构、统一结算、统一财务。合并也要符合条件，并不是所有交易所合并后都能作为试点交易所，目前不批准异地合并的试点交易所。三是未列入试点的交易所，其中有少数条件较好的，原则上可允许他们并入试点交易所。并入工作要在当地政府和主管部门主持下提出方案，经证监会批准。四是转为现货批发市场，现有交易所大部分是从现货批发市场转化而来，从事标准化期货合约交易的时间较短，交易量较小，退回现货市场有一定基础。允许他们继续以非标准化远期合同的形式进行交易，但是严禁非法倒卖合同，转手抬价。

（二）关于境外期货交易的问题。

这次国务院办公厅文件进一步明确各项期货经纪公司均不得从事境外期货业务。近几年，我国的境外期货交易发展过快，现有的期货经纪公司中，80%都从事境外期货交易，主要是参与境外期货市场的投机业务，付出了很大的代价。在目前情况下，国内客户参与境外期货市场投机，获利的机会微乎其微，使国家外汇白白流失。以国内有限的外汇资金去参与境外期货市场的投机，对我国市场经济的发展并无积极作用。因此，在期货市场试点阶段，应严格控制境外期货交易。事实上，由于境外期货交易风险极大，许多国家和地区对这项活动的管理都是十分严格的。日本期货业自50年代恢复以后，主要从事国内商品期货业务。直到近几年，法律法规比较完善后，才开展有限的境外期货交易。台湾在80年代初，针对境外期货交易的混乱状况，曾明令禁止境外期货交易。1990年以后，通过立法，才逐步有条件的开展境外期货交易。这次取消各期货经纪公司外盘业务的决定，符合我国的实际情况，对保证我国期货市场试点工作的顺利进行，具有重要的意义，我们要坚决贯彻执行。目前，做外盘的期货经纪公司要切实做到有令即行、有禁即止。各级地方政府要迅速采取有效措施，防止不法分子将客户保证金转到境外或携款外逃，认真做好善后工作。

关于这项工作，有几个问题需要说明：

一是对境外期货业务，也采取平稳过渡的办法。已经开展境外期货交易的经纪公司不得再接收新客户新订单，正在交易的合约，允许其在合约到期前平仓或在交割日交割。

二是国务院77号文件下发前已设有期货经营机构的全国性公司，经证监会重新核批准，可为本系统在境外期货市场进行套期保值业务。外汇指定银行和国家外汇管理局批准经营外汇业务的非银行金融机构，经国家外汇管理局和证监会审核批准可利用境外外汇期货业务进行套期保值。从事各种境外期货业务必须取得证监会颁发的境外期货业务许可证，并在证监会指定的国外交易所进行交易，交易品种须经证监会认可。

三是要加强与有关国家和地区的监管合作。1993年6月，中国证监会与香港证监会签署了证券市场的监管合作备忘录。1994年4月，又同美国证管会签署了监管合作备忘录。实践证明，这是保障我国证券市场健康发展的有效措施。根据这个经验，证监会将与指定的期货交易所所在国家和地区的期货市场监管机构，建立工作联系，进行监管合作。

（三）关于金融期货的问题。

各交易所要以商品期货交易为主。根据中国人发银行《关于严格控制开办金融期货业务的紧急通知》（银发[1993]321号），对开办金融期货业务要严格控制；一律不得开展国内股票指数和其他各类指数的期货业务；从事人民币对外币的汇率期货业务的管理办法，由国家外汇管理局商证监会另行规定，规定下发前，任何机构不得开办该项业务，经证监会商财政部批准后，少数交易所可开展国债期货交易试点。

（四）关于期货经纪公司的审核问题。

已经国家工商局重新登记注册的144家经纪公司不再由证监会审核，其中从事外盘业务的，要直接到国家工商局变更营业范围，但这些公司要按要求将有关材料报证监会备案。对已上报国家工商局但尚未重新登记注册的经纪公司和期货兼营机构，先经省、自治区、直辖市及计划单列市一级人民政府期货市场监管部门初审，报证监会复审后，到国家工商局登记注册。证监会将在适当时候向社会公布期货经纪公司名单。试点交易所内的非经纪公司会员的代理业务问题，另行制定解决办法。

根据我国的实际情况和各个方面的意见，国办69号文件要求对中外合资的期货经纪公司原则上不予重新登记注册。这类公司除了按法定程序办理注销手续，还可通过不同形式转为全资中资公司，然后按规定程序申请国内期货市场的代理业务。

（五）关于打击非法期货交易的问题。

非法期货交易问题突出，危害极大，必须坚决予以严厉打击。各种非法期货经纪活动不仅损害了广大投资者的利益，而且严重干扰了我们国家正常的经济秩序，败坏了期货市场的名声。近年来，在打击非法期货交易方面，许多部门和地方做了大量工作。国办69号文件明确了非法期货交易的界限，并规定了处罚措施，为我们更有效地打击非法期货交易提供了依据。

工商行政管理部门在全国有3千多个机构，3万多个网点，60万人的队伍。对那些以各种名义从事非法期货经纪业务的机构和个人，各级工商行政管理部门要会同有关部门严肃查处，坚决取缔。外汇管理部门具有严密的组织机构、成熟的管理手段和大量外汇管理方面的专业人员，要采取有效措施认真查处期货交易中的非法套汇活动。

（六）关于期货市场的规范化管理问题。

借鉴国外期货市场管理的成功经验，我国期货市场的试点要逐步建立起三层次的监管体制：一是交易所的自建性管理。各试点交易所要加强自身管理和对会员的管理；尽快制定或完善交易和管理规则，报证监会审核后实施；二是行业性自律管理。这次会议后，要尽快把期货协会组建起来。期货协会要接受证监会的指导、监督，协助证监会搞好期货行业的自律性管理工作，对行业内发生的各类纠纷进行调解，根据证监会授权负责对期货从业人员的培训和资格认定工作；三是政府监管。政府监管主要是通过立法和执法来实现。国家的期货市场法律、条例的出台，尚有一段时间。在法律条例出台之前，我们起草了《期货交易管理暂行办法》、《期货经营机构管理暂行办法》、《期货从业人员管理暂行办法》、《境外期货交易管理暂行办法》，提交这次会议请大家讨论，以后还要征求交易所和经纪公司的意见。修改完善后，按程序报批下发，使我们业已开始的期货市场试点工作有法可依，有章可循。

关于党政机关开办期货经纪公司和从严控制国有企业、事业单位参与期货交易的问题，涉及党政机关廉政和防止国有资产流失，非常重要。国办69号文件对此做了明确规定，各地要认真贯彻执行。军队系统的期货经纪机构建议由中央军委或其授权部门按国办69号文件要求规范整顿。

期货市场在我国是个新兴事物，对其试点和监管，我们都没有经验。为了加强对期货市场监管工作的领导，经国务院同意，建立了由国务院证券委牵头，有关部门参加的期货监管联席办公会议制度。重要问题我们都召开联席办公会议与有关部门研究协商。国办59号文件要求各地方政府要密切配合证监会加强对期货市场的监管。关于证监会与地方期货监管机构的职责，需要进一步研究和明确。当前规范整顿期货市场的一些具体工作，如调解纠纷、查处案件、打击非法交易等，要更多地依靠地方政府来解决。大家回去以后，要把会议精神向当地人民政府汇报，组织好传达，并提出贯彻落实意见。今后，遇有重大问题要多和我们沟通。重要案件的查处，要向我们报告。我们也将与地方监管部门保持经常性联系，有重要事情，与地方人民政府协商。

（作者：原中国证券监督管理委员会主席）

推动产权的流动　实现国有资产的增值

洪　虎

建设社会主义的中心任务是发展社会生产力。国有经济是国民经济中的主导力量，是社会主义制度经济基础的重要组成部分。国有经济的活力是社会主义优于资本主义的决定性因素。

国有资产可分为经营性和非经营性两类。经营性国有资产是国有经济的载体。经营性国有资产的分布和结构，整体的运营效率和效益，决定国有经济的活力和影响力。

随着改革的深化，以公有制经济为主体，以国有经济为主导，多种经济成份并存，共同发展的所有制格局已初步形成。随着投资主体多元化的发展，同种经济成份的不同利益主体和不同经济成份的各种利益主体，共同投资合办企业越来越多，企业财产的组织形式日益多样化。国有经济的实现形式也发生了很大变化。过去，国有经济的实现形式只有国有企业这种单一的形式。现在包括国家在内的出资者共同投资设立的企业，成为国有经济的一种新的实现形式。随着产权的流动和重组，财产按份共有的经济单位将越来越多。在这种情况下，如何维护国家权益，正确地推动国有资产产权的流动和重组，实现国有资产结构的优化，提高国有经济的活力，就成为一个十分重要的研究课题。

生产资料国家所有的经济含义

物质资料分为生产资料和消费资料两类。生产资料所有制是社会生产关系的基础。马克思主义认为，无产阶级在夺取政权后，在国家还存在的条件下，生产资料尚不能直接转归全社会所有，而是"首先把生产资料变为国家财产"(《马克思恩格斯选集》第3卷第320页)，在一定阶段内使社会所有制采取国家所有制的形式。八届全国人大一次会议通过的《宪法修正案》就明确了"国有经济，即社会主义全民所有制经济"。

国家所有的生产资料集中分布在企业之中，而企业资产又以法人财产的形式出现。企业资产是企业拥有或者控制的能以货币计量的经济资源，它由两部分构成：一是部分企业的投资人(以下简称出资者)注入企业的资本及其增殖部分，称之为所有者权益(即企业的投资人享有所有权的企业净资产)；另一部分是企业作为债务人从债权人处得到的以负债形式体现的资产。用公式表现为：企业资产(法人财产)＝所有者权益＋负债。从国家财产的全民所有制性质和企业法人财产的构成关系看，生产资料国家所有的含义有以下几点：

1、国家所有是全体国民(包括企业职工在内)的共同共有，而不是按份共有。国有资产的所有权是统一的，不可分割的，不能把国家所有的财产分为地方所有、部门所有或者企业所有。

2、国家对投资入企业的国有资产形成的所有权益享有所有权，即对企业的净资产享有所有权。不是对企业的全部法人财产享有所有权。

3、国家所有的是以价值形态体现的属于国家的资本及其增殖部分，不是对企业中实物形态资产的所有权。

4、国家依据对国有资产形成的所有权益享有所有权，可以以出资者的身份依法参与企业的重大决策，但不能直接支配企业的法人财产。

5、国家不能随意抽回企业中的国有资本，企业也不能退还国家注入企业的资本，但国家可以依法转让自己的资本权益，并获取应得的收益，国家向非国有经济的出资者有偿转让资本权益后，即失去对该部分资本的所有权，但同时获得了对等价物—有偿转让投入的所有权。在等价有偿转让中，如果转让收入全部用于国有资本的再投入，国家所有的资本权益不会发生损失。

国家资产的所有权与产权

财产所有权是一种民事权利，"是指所有人依法对自己的财产享有占有、使用、收益和处分的权利"(《民法通则》第七十一条)。国有资产即国家享有所有权的资产，它主要是由国家的投资行为产生的。对成千上万个企业注入国有资本，不可能由代表国家的一个机构集中统一完成，需要通过众多的国家投资主体分别实现。现实的情况是，县以上的各级政府都有安排财政预算投资形成国有资产的职能，投资主体多元化已成为现实。"谁投资，谁受益"的原则也已确立。当前需要在调整职能和合作分工的基础上，使众多的投资主体成为从事国有资产运营的权利、利益和责任的统一体，在国家确定其运营的资本数额之内，代表国家享有企业投资人的权利和义务。党的十四届三中全会通过的《决定》表述的资产受益、重大决策和选择管理者等权利，以及只以投入企业的资本额对企业的债务承担有限责任，是出资者应享有的权利和应承担的责任。在建立严格的国有资产经营责任制后，还可以考虑把国有资产权益的转让及收益权，法人终止时，清偿债务后企业剩余资产的获得权，也授予出资者行使。这种由国家授权的投资机构或者授权的部门行使的、建立在国有资本基础上的、对其投资的企业享有的企业投资人的财产权利称之为国有资产的产权。

产权有如下特征：

1、是出资者享有的权利；

2、是由投资行为(向企业注入资本)产生的权利；

3、是对投入企业的资本的一种财产权利；

4、是依法确立并受法律保护的权利；

5、是由资本体现的一种权益，这种权益可以分割、组合和转让；

6、是依法可以影响企业法人财产权的权利；

7、是可获取投资收益的权利。

一般来说，出资者是用属于自己的资产进行投资，因此，企业资本的所有者与企业的出资者是同一主体。而国家授权的出资者，是使用属于国有的资产进行投资的具体机构，因此，国有资本的所有者和实施具体投资行为的出资者不是同一主体。国有资本的所有权和注入国家资本体现的出资者的产权是可以分开的，即国家享有国有资本的所有权，国家授权的投资机构或者授权的部门享有注入国家资本体现的出资者的产权。在成千上万的国有企业中，国有资本的所有权是集中统一的，而企业的产权是分散的、多元化的。

把国有资产的所有权与产权分开，确立在国有经济内部有众多的有相对利益的产权主体，有利于国有资产的产权进入市场，实现产权的流动和重组。这样，既维护了国有资产所有权的完整性、统一性，又能使国有资产实现结构优化。这是国有经济与市场经济相结合的重要切入点。

国有资产产权转让和重组的必要性

社会主义市场经济的本质要求，就是使市场在国家的宏观调控下对资源的配置起基础性的作用。投入经济运行的资源主要集中在企业中，表现为各种生产要素。要使市场对资源的配置起基础性的作用，就要使各种生产要素进入市场，通过市场来调节。资本是一种重要的生产要素，需要在市场上流动并实现优化配置，资本流动和重组的重要形式是产权的流动和重组。通过产权的流动和重组可以推动和实现资本的流动和重组。

国有资产的产权流动和重组、是合理配置国有资源、优化国有资本结构的重要途径。优化国有资本结构，就可以带动调整国有经济的布局和产业结构、产品结构以及企业组织结构，从整体上提高国有资本运行的效率和效益，增强整个国有经济的活力。

通过有序地组织国有资产的产权流动和重组，正确选择企业财产的组织形式，利用国有资本的控股作用，可以更好地发挥国有经济的主导作用，扩大国有经济的影响范围。

通过合理地组织国有资产的产权流动和重组，可以盘活存量国有资产、并以此为突破口，解决当前国有企业人多、投入少的矛盾。通过资产债务的重组，探索解决国有企业债务负担、社会包袱问题的途径，加快国有企业建立现代企业制度的进程，增强国有企业的活力。

在国有经济内部进行的产权活动和重组，可以调整中央、地方和政府部门的财产关系及利益关系，有利于协调中央和地方的关系，有利于调动“两个积极”，搞活国有经济。

在建立社会主义市场经济体制中，国有资产的产权进入市场进行转让和重组，对于发育资本市场、产权市场具有极为重要的意义。国家授权的投资机构或者国家授权的部门是国有产权交易的主体，企业作为投资者也是其投资的企业产权主体，这些产权主体也就是产权交易市场的主体。有了它们的积极参与，产权市场才能发育起来。

产权流动的原则和基础工作

国有资产产权流动有两种方式，一是划转，二是转让。划转是国家依法调整授权关系，变动国有资产出资者，从而调整国有资本权益所属关系的行为，这只能在国有经济内部进行；转让是国有资产出资者按照有偿的原则出让国有资本权益的行为，这既可在国有经济内部进行也可跨越国有经济范围进行。这两种方式在建立社会主义市场经济体制中都应当保留。

国有资产产权重组，从企业来看是出资者组成结构的调整或者是改变为多个出资者，或者是改变多个出资者的构成。产权重组带来资本权益共享关系的变化，存量国有资产的产权重组，涉及资本权益的转移；增量国有资产的产权重组，不涉入资本权益的转移。

国有资产产权的流动和重组，必须坚持以下原则：要切实维护国家的权益，实现国有资产保值、增殖；要有利于国有资产的结构优化和合理配置；要有利于发挥国有经济的主导作用；要充分运用市场机制，盘活存量国有资产；要依法规范地进行。

在国有资产产权转让过程中，还要坚持依法有偿转让，资产必须经过评估，转让价格由市场确定，转让的收入必须用于国有资本的再投入的原则。

进行国有资产的产权转让时，必须对注入国有资本的企业进行清产核资，核实企业法人财产占用量，界定产权，确立国有资本的出资者，评估资产，划分开经营性资产和非经营性资产，清理债权债务，处理好历史遗留的债务负担，把资产核算真正转到适应市场经济要求的财务会计制度上来。同时，要建立国有资产经营责任制，明确国有资本的出资者和国有资本的使用者的权利、义务和责任。要做好完善国有资产产权流动和重组的立法工作，发展资产评估和财务审计等市场中介组织，培育、健全产权交易市场，建立国有资产考核监督体系等工作。

建立国有资产的运营体系

建立国有资产的运营体系是实现产权流动和重组的组织保证。改革的目标是要建立起一个具有中国特色的，适应市场经济需要的，国家权益得到维护，所有者、出资者和企业法人权责明确，产权转让灵活，资产实现增殖，企业充满活力的国有资产运营体系。

运营体系的建立应遵循以下原则：

1、坚持国家所有权，维护国家权益。在目前阶段，全民所有制应采取国家所有的形式。企业中的国有资产所有权属于国家。国家依法保护国有资产的所有权。国有资产的所有权是统一的，作为权利主体是不能分割的。国务院代表国家行使国有资产的所有权。国务院依法管理全国的国有资产，依法确立和调整国有资产的出资者；依法管理国有资产的投资收益；批准国有资产重大产权转让。

2、政资职能分开。要把政府的行政职能和国有资产所有权的职能分开，由不同的部门和机构分别行使。政府的行政职能覆盖全社会，按行政区划和管理的分工，由政府分级行使其职能；所有权职能仅限于国有经济。在政资职能分开的基础上实行税利分流，收税是政府行政职能的体现，政府要依法征税；获取利润是所有权职能的体现，出资者应依法享有投资收益权。

3、政企分开。政府行使社会经济管理职能，企业（经济组织）从事国有资本和国有资产的经营。政府是社会管理者，企业是被管理者，政府对无论什么经济成份出资设立的企业实行一视同仁的管理。企业是法人，不是行政机构，在民事活动中的地位平等，不再承担政府的行政职能。企业与它的出资者之间是资产联结关系，不是行政隶属关系。

4、国有资产的管理与运营职能分开。管理国有资产是政府管理经济的职能,需要由政府的职能部门采用行政的办法来实现,是针对全部国有资产的;国有资产的运营即国有资产的配置和使用是经济组织的一种财产职能,是仅针对经营性国有资产的。国有资产的运营是由出资者和其投资的企业共同完成的,即出资者和其投资的企业共同承担国有资产的保值增殖的责任。

5、国家的所有权与出资者的产权分开。企业中的国有资产的所有权属于国家,即法人财产中由国有资本构成的企业净资产的所有权属于国家,国有资本体现的出资者的产权,属于国家授权投资的机构或者授权的部门。出资者可以依法有偿转让自己的产权,转让的收入要用于国有资本的再投入,这就又形成了新的属于国家所有的企业净资产。

6、企业出资者的产权与企业法人财产权分开。产权是出资者享有的权利。企业法人财产权是企业法人依法对法人财产享有的独立支配的权利,出资者可以通过参加企业的权力机构依法参与企业的重大决策,但不能直接支配企业法人财产。企业法人财产权受法律保护,企业依法独立经营。

建立国有资产运营体系是基本思路是,在坚持国有资产统一管理的前提下,按照目前国有企业的财政隶属关系(不是行政隶属关系),各级政府构造若干国有资产投资控股公司、资产经营公司等国家授权的行使企业出资者职能的机构,理顺它们与下属企业的产权关系,同时解脱企业与原主管部门的行政隶属关系,按照建立现代企业制度的要求,落实企业的法人财产权,企业产权通过市场进行转让和重组,实现优化国有资产结构搞活国有经济的要求。

国有资产的运营是分工运营。即按财政隶属关系(这是目前实际可行的选择)实行分工运营。地级市以上的各级政府可以设立若干个行使出资者职能的投资机构,县级市视经营性国有资产的数量,有的可设一、二个综合性的投资机构,有的和县一样,不设机构,可把企业的财产关系划转到上一级政府去,纳入上一级政府的运营系统。

投资机构可以由现有的机构改设,全国性的行业总公司可以改为控股公司,现有的投资公司可以改为投资控股公司,大型企业集团的母公司可以改为经营控股公司等等。也可新设一些投资机构。它们都应是国有独资公司。

国有资产经营体系的建立应当有领导、有步骤地进行。在国家国有资产产权管理体制改革总体方案确定之前,各省、自治区、直辖市可以进行探索、试点,但应事先报国务院批准。

国有资产运营体系的建立要有总体规划,要进行系统设计,不能各自为政,各搞一套。要先立法,建立规范和规则,通过法定授权的方式明确出资者的权利、义务和责任,建立资产经营责任制。

国有资本以及国有资本体现的资本权益都是可以而且应当进入市场进行流动,坚持正确的原则和规范的做法,国有资产的产权转让不仅不会造成国有资产的流失,反而会实现保值、增值,带来结构优化、配置合理、总体运营效率和效益的提高。 (作者:国家经济体制改革委员会副主任)

我国国有资产管理的现状及改革方向

张佑才

《国有企业财产监督管理条例》(以下简称《监管条例》)已经正式颁布了,这是我国经济生活中的一件大事。《监管条例》的颁布与实施,对进一步转换国有企业经营机制,加强国有资产管理,加速建立国有资产管理新体制,有着十分重要的意义。

国有资产不断发展

随着国民经济的不断发展和改革开放的不断深化,我国国有资产不断壮大。截止 1992 年底全国国有资产总量达到 30697 亿元,其中经营性国有资产 22101 亿元,占资产总量的 72%;非经营性国有资产 8596 亿元,占资产总量的 28%。“六五”期间,我国国有资产年平均递增 7%以上,“七五”期间,年平均递增 14%以上,1988 年以来,年平均递增 18%以上。国有资产在发展社会主义市场经济中发挥着主导作用,也是国家财政收入的主要源泉。截止 1993 年,据对全国预算内 19.98 万户国有企业统计,实现税金 1939.04 亿元,实现利润 1589.74 亿元。

我国国有资产存在的问题

为了充分发挥国有经济的主导作用,提高国有资产的运营效益,各级国有资产管理部门积极探索,勇于开拓,在推进国有企业改革,促进国有资产合理流动和有效经营,维护国有资产所有者权益,防止国有资产流失等方面做了大量工作,取得了一定成效,为建立与社会主义市场经济相适应的国有资产管理体制打下了一定的基础。但是,目前我国国有资产管理还存在一些问题,主要表现为:国有资产产权关系尚未理顺,产权管理和经营体制并不健全,政府没有摆脱对企业的无限责任,企业也未成为真正的市场竞争主体,国有资产经营效益不够理想。特别是在产权变动中,国有资产流失问题比较突出:一是在中外合资企业中,对中方资产未按规定进行评估,使中方资产作价过低,造成国有资产的流失;二是在国有企业股份制改造中国家股与其他股同股不同权,同股不同利,国家股不配股等造成国有股权益流失;三是在企业承包经营中受利益机制推动,短期行为严重,吃国有资产老本,造成虚盈实亏,分配向个人倾斜,侵犯国家所有者权益,国有企业亏损、潜亏严重,造成国有资产流失;四是国有资产占用单位经营管理不善,造成毁损浪费和资源性资产流失;五是不规范的产权交易造成国有资产的流失。

造成国有资产流失的主要原因是国有资产管理体制改革滞后;国有资产管理基础工作薄弱;国有资产管理法制建设滞后;国有资产产权意识淡薄,等等。

由此可见,防止国有资产流失,确保国有资产所有者权益,已经成为全社会的共同任务和国有资产管理部门的当务之急。为此,国有资产管理部门已经并正在进一步采取措施,例如,经过广泛宣传,增强全社会的产权意识和对国有资产的关切度;加快国有资产管理体制的改革,积极探索国有资产监督和经营的形式、途径;加强国有资产产权管理中资产评估、清产核资、产权界定和产权登记等基础工作;研究和制定国有资产保值增值考核指标体系以及加快国有资产法规建设等。《监管条例》的适时出台,为探索建立一种既使企业经营权得到保护,又使国有资产的所有者权益不受侵犯的管理制度,加强国有资产管理,防止国有资产流失创造了条件和提供了契机。

建立国有资产管理新体制

《国有企业财产监督管理条例》是加强国有资产管理的一个重要法规,我们一定要抓好贯彻实施工作。国有资产管理部门在贯彻实施中,必须按照《中共中央关于建立社会主义市场经济体制若干问题的决定》(以下简称《决定》)精神,加快建立国有资产管理的新体制。

《决定》全面勾画了国有资产管理新体制的基本轮廓,明确提出了"国家统一所有,政府分级监管,企业自主经营"的体制。我们理解,这个新体制主要内容是:

1.坚持国家统一所有,政府分级监管。一方面需要在国有资产所有权上,确保国家所有的完整性和统一性,绝不允许搞任何形式的部门所有、地方所有或企业所有,更不允许化大公为小公,化小公为个人;另一方面,在国有资产管理上,实行各级政府分级监管,按照《决定》的要求,中央和省、自治区、直辖市两级政府需加强专司国有资产管理的机构,对分工监管的国有资产负起监管职责,健全制度,从各方面堵塞漏洞,维护国有资产所有者的权益,防止国有资产流失,确保国有资产保值增值。

2.坚持政府的社会管理职能和国有资产所有者职能分开的原则。国有资产所有者管理的对象是国有企业所有者的权益,管理的目标是促进国有资产保值增值,管理的方式是价值形态的管理。国有资产所有者综合管理职能应由专司国有资产管理的机构行使,但在目前国有资产管理新体制尚未完全建立的情况下,需要发挥专业经济部门的监督作用,切实负起监督检查国有资产保值增值的职责。

3.坚持建立以明晰产权关系为基础,以企业法人财产权为核心的现代企业制度。现代企业制度的一个核心内容就是通过落实企业法人财产权,实现国有资产的保值增值。企业法人财产权包括了所有者权益和企业负债形成的全部资产,企业对其全部法人财产享有独立支配、自主经营的权利。明确了企业法人财产权后,国家作为所有者对企业实际上体现为股东的地位,除投资收益、重大决策和选择管理者外,不能再对企业财产行使其他权利。《监管条例》关于企业法人财产权的规定,是建立规范的产权制度的一个重大进步,对于实现所有权和经营权的分离,完整地落实经营权有着十分重要的意义。

4.将国有资产的投资收益和产权转让收入纳入国家国有资产经营预算,确保国家资本金的积累与壮大。国有资产的投资收益和产权转让收入属于国家资本金权益,必须专项用于国家资本金的滚动积累和发展壮大,一般不得用于非生产性支出,也不能用于平衡经常性预算。对此,《监管条例》已作出相应规定,各级国有资产管理部门必须切实加强对国有资产产权收益的管理,按照建立政府国有资产经营预算的要求,把国有资产产权收益纳入政府复式预算中的国有资产经营预算,由国家转投于急需重点扶持的国有大中型企业。

强化国有资产基础管理工作

当前,必须进一步做好清产核资、产权界定、资产评估、产权登记、建立国有资产保值增值指标体系和资产统计报告制度等国有资产基础管理工作,为国有企业稳步地向现代企业制度转变和建立国有资产管理新体制创造了条件。主要工作是:

1.有计划、有步骤地推进清产核资工作。清产核资的目的,一是为建立现代企业制度和国有资产产权管理打基础,二是在摸清全国家底的基础上推进国有资本结构优化和组织结构合理调整,三是要在国家可能负担的范围内解除企业的部分历史包袱。1993年全国有9401户大中型企业参加了清产核资试点,清查结果:资产总值为8724亿元,其中负债5460亿元,占总资产的63%,所有者权益3264亿元,占37%;清查出资产盘盈90亿元,资产盘亏损失和资金挂帐为567亿元,占企业所有者权益的17%;对试点企业资产价值清理重估,重估后资产升值额为1800亿元,升值42%;界定集体企业占用的国有资产18亿元,清理了241亿元的企业对外投资。通过清查,对国有资产现状及其管理中的问题有了初步了解。今年我们要在1993年试点工作基础上完成对15万户国有企业的清产核资工作。

2.加强产权界定和产权纠纷的处理工作。产权界定的实质是界定不同产权主体的责任和权利,产权界定工作应遵循"谁投资,谁拥有产权"的原则进行。当前重点要抓好国有企业股份制改造、企业转让、兼并等产权变动,中外合资、合作及企业联营、地方出售有中央投资的企业之前的产权界定工作,以维护国有资产所有者权益,防止国有资产的流失。对由于产权界定不清以及历史遗留等因素发生的产权纠纷,要依法进行公正调处。为此,国家国有资产管理局已成立国有资产产权纠纷调处委员会,专职负责此项工作。

3.改进和完善产权登记工作。产权登记是掌握企业国有资产增减情况、国有资产价值总量和分布状况的必要手段,也是企业合法占用国有资产必须履行的法律手续,此项工作必须进一步加强。当前各级国有资产管理部门急需在总结经验的基础上,改进和完善产权登记办法,包括进一步明确产权登记的法律责任,对不进行产权登记或登记不实的现象,依情节不同,行使行政处罚权,以保证产权登记工作的顺利进行。

4.加强和规范资产评估管理工作。资产评估是保证产权公平交易的重要条件。截止1993年底各级国有资产管理部门已批准资产评估立项2.51万项,经审核确认的评估项目2.23万项,确认帐面价值4017亿元,帐面净值3553亿元,评估价值5290亿元,评估后价值比评估前帐面净值净增1737亿元,平均升值率为49%。目前全国已有1620家具有资产评估资格的机构,从业人员达2.68万人。当前要继续认真贯彻国务院91号令,加强对资产评估工作的统一管理,规范评估行为。必须重申国有企业在发生兼并、转让、出售、联营、承包、租赁等产权变动行为,以及与外商合资、合作,实行股份制改造或公司化改造等经营变化时,必须进行资产评估。对包括土地使用权、房地产权以及技术、商誉等无形资产在内的企业资产评估,要坚持统一管理、规范动作的原则,实行专职管理,防止政出多门,人为分割。坚决纠正行政干预资产评估工作等问题。

5.制定并完善国有资产保值增值考核指标体系,强化国有资产经营效益的考核监督。要在调查研究的基础上,研究制定以资本增值与安全为核心的国有资产保值增值指标体系和该指标体系的考核程序与方法,建立严格的国有资产经营效益责任制。在实施考核监督中要注意发挥社会中介性机构的作用。

6.建立健全与企业制度改革相适应的国有资产统计报告

制度。国有资产统计报告专门反映国有资产在一定期间的运行状况，是《国有企业财产监督管理条例》赋予国有资产管理部门的一项重要职责。国有企业和有关专业经济部门应及时向国有资产管理部门汇总报告本企业和本部门国有资产运行状况，并使之成为一项经常性的制度。国家国有资产管理部门将定期向社会公布国有资产的总体状况、结构、分布及经营效益等情况，为各级政府决策提供依据。

（作者：财政部副部长、国家国有资产管理局局长）

转变政府职能　深化国企改革

易振球

改革已经历了十多年，但自1994年以来，改革似乎又碰到了一些障碍和困难，人们对改革有各种各样的说法。现在是改革的一个关键阶段，对当前经济发展和改革形势进行分析很有必要。

加强和完善宏观调控措施

1994年下半年以来的通胀是结构性通胀，不是总量失控的通胀，但采取的措施仍是针对总量失控的控制办法，用了很多行政手段来控制物价，一些矛盾没有得到解决，且给下一阶段的改革发展造成更大的困难。1995年上半年从全国及广东省的情况来看，主要是靠出口拉动保持了经济的增长势头。但由于国家欠出口退税，以及出口退税率的降低，下半年出口肯定要下降，整个工业生产情况就会滑坡。从广东这个出口大省来看，这一点感受较深。现在许多基础性产品销售疲软，产品积压，不启动这方面需求，经济下滑的可能性很大，会导致国家财政更加困难，没有钱去加强对农业的投入和补贴，这样国家要保持物价平稳难度就更大。不能全面放松银根，但要改变调控的方式和力度，要把资金用在增加有效供给上。

转变政府职能

自1994年以来，改革遇到了比较大的障碍和困难。改革已到了非常关键的阶段，只有坚定信心，跨出转向市场经济最难的一步，才能逐步向顺畅的经济循环过渡。但如果现在犹豫不决，被一些不正确的议论所阻扰，宏观上的不稳定因素不能及时排除，就会造成更严重的通胀。我认为造成改革迟缓的原因，一是思想不统一，总是被一些不符合十四届三中全会决定的议论所干扰。“三中全会决定”对整个市场经济体制改革的思路、目标、方向阐述得非常清楚，但近一年干扰很大，影响到地方各级领导的思想。二是现在的改革已触动旧体制的核心部分，改革要求政府各职能部门将资源配置权交给市场，但有些部门还是牢牢地掌握在手里，造成改革协调难度加大。三是旧体制及十几年改革中某些问题上走了些弯路积累下来的问题比较多，这些问题的解决需要支付一定的改革成本，而单靠政府已无法承担，如企业的高负债、社会保障的低积累等，要靠全社会包括群众来共同支付改革成本，但要做到这一点，难度是非常大的。

企业改革要统一思想

一是必须把我们的思想统一到邓小平同志建设有中国特色社会主义的理论上，统一到十四届三中全会决定上，统一到江泽民总书记关于国有企业改革的重要讲话的精神上。近一年，可以说处在改革的第三次大争论中。第一次大争论是要不要搞商品经济；第二次大争论是要不要搞市场经济；第三次也就是这次争论是改革要不要触动到所有制。这一争论是回避不了的，否则无法统一思想。实际上各地的改革正在回答这一问题。只要符合上面提到的“三个统一”，就应该大胆地试，大胆地闯，大胆地干。

二是现代企业制度建设中要把政府职能转换放在重要位置。所谓现代企业制度的核心是两点，一是企业法人财产权，二是有限责任。建立现代企业制度进展之所以缓慢，其中一个原因是鉴别法人财产权问题没有很好解决。现在国有资产如何处置还没有形成一办法，一个一个地去试点，只能是事倍功半，贻误时机。国有企业改革，首先要在转换政府机构职能上有突破。广东省在制订九五计划时提出要把政府职能转换和机构改革作为国有企业改革的重点，解决政资分离，达到政企分开，建立国有资产新型的经营管理体制。如果这一问题不解决，各个部门都想当投资主体，那么国有企业改革就不可能有质的突破。在国有资产的经营管理上，应该实行全民所有，政资分开，分级代理，监管合一的管理办法，各级政府、各个部门不是所有者，只不过是人民群众的代理人。

三是抓国有企业改革，要走改组、调整的路子。要将国有资本从竞争性的与国计民生关系不大的企业中变现出来，集中到少数关键的大企业中去，提高国有资本的运行效益。广东顺德市在这方面作了有益探索，他们通过一年多的改革，有883家企业实行了转制，占镇以上国有集体企业总数的86%，市属的国有独资公司和国家控股企业只剩十几家，但资本总量并没有萎缩。

四是企业改革是一项系统工程，不是某一个职能部门的事，也不是某一个职能部门能承担和完成得了的，需要一个综合协调机制。而现在这种综合协调机制正在削弱，这是不利于改革的进一步深化的。

（作者：广东省经济体制改革委员会主任）

美国证券市场考察报告

梁全坤

闻名遐迩的纽约证交所

纽约证交所的交易大厅有两个足球场那么大，里面分布着十四个螃蟹状的交易站，每个交易站又伸出十八个左右的触角，称为交易小站。每个交易小站内有专家经纪人若干，负责十只左右股票的买卖，与之相对应的是经纪人站在交易站的外面。当经纪人接到场外买卖的委托后，就通过口叫、手势和递单的方法，通知站内的专家经纪人，由专家经纪人输入电脑撮合系统成交。纽约证交所是世界上交易气氛最浓、交投最活跃的市场之一。它的会员、上市公司、挂牌证券品种、每日成交量都雄居世界第一。美国证交所交易厅两面成坡形的看台，下面是长方形的交易场地。看台上的会员公司的代表从电话和电脑中接到客户的委托后，用手势或口头告诉场内十几米以至更远的经纪人，也有经纪人用对讲机和带有小屏幕的通讯机与看台和场外联系。

在美国还有太平洋证券交易所、芝加哥证券交易所、费城证券交易所和波士顿证券交易所。人们一般把纽约证券交易所和美国证券交易所称为全国性的证券交易所，把其他四个称为区域性的证券交易所，这样的格局，在一百多年以前就形成了。它们反映了美国证券市场的历史，也代表着美国现代证券市场的主体。美国的地域与中国差不多大，只是东西长，南北短，六个区域性的证交所分布在东部、中部和西部，我们中国能不能也有一个以上交所为中心，东西南北中各有一个小的交易所的格局呢？

场内网络和场外网络

美国称 ITS 为市场间交易系统，也就是纽约证交所等六个证交所之间的电子连网。ITS 和 NASDAQ 既有相似之处，又有不同之处。相同之处是它们是电子网络系统。不同之处一是 ITS 服务于几个交易所，NASDAQ 服务于全国的券商；二是 ITS 是纯粹的电子网络，而 NASDAQ 还是会员制的有自身的市场管理运行体制。ITS 产生的原因，一是美国在 70 年代制定了一个使投资者公平获得证券买卖行情的法律，以保证全国各地的客户都能以最好的价格进行买卖。这就需要一个能把所有的交易所交易报单统一在一个窗口的报价信息系统。二是美国的股票多数是在双边和多边的交易所同时上市。这就是在证券交易技术上统一报单的需求。ITS 的作用是非常明显的：

（1）它与 NASDAQ 一起增强了美国证券市场的透明度，体现了为客户提供最优价格的服务宗旨。

（2）ITS 自己没有撮合成交的功能，成交还是在各个证交所进行，从而保证了证交所独立的地位。

（3）ITS 的成立为美国实现统一证券市场目标打下坚实的基础，为促进美国证券市场的稳定和发展，作出了贡献。

（4）促进了证交所业务之间的业务合作，由于有了 ITS，双边和多边的上市股票更加多了起来。证交所之间的业务联网更加密切。目前纽约、美国、太平洋三家证交所已经携手进行联合营业。

（5）为发展中国家提供了市场间进行联网的实践经验。如我国有两个交易所，还有几个证交中心，尽管它们的规模、交易对象不同，但都是独立的证券市场。这些市场间要不要联网，如何去联网，我们完全可以从美国的经验中获得益处。

专家交易系统与撮合交易系统

美国的证交所，都是以纽约证交所的运行模式为样板的，即专家市场运行模式，也称拍卖市场运行模式，还可称为交易站运行模式。这种模式与中国的电脑撮合运行模式有很大的不同。它的特征主要表现在：

（1）单元特征。美国的证交所上市股票多在千种以上，专家运行模式把它们化整为零，分成若干小单元，减轻了对电脑撮合功能的要求，比较安全稳定。而我国的撮合系统是小股交投笔数多，对中央处理机压力大。我国股市时而出现死机的现象就是这种压力的反映。

（2）专家特征。一个单元的股票在一个相应的交易站交易，由固定的专门人员负责这些股票的交易。在这些专门人员的周围，又有一批相对固定的做这些股票的经纪人，在经纪人的背后，还有相对固定的客户。形成了一个专家经纪人、经纪人、客户的群体。他们对在单元上市的股票非常熟悉，对上市公司的经营状况了如指掌。专家经纪人、经纪人和客户之间也非常熟悉，这就大大地增加了市场的透明度，加强了市场的安全和稳定性。这与我国股票市场券商不知道股民的底，股民也不知道券商怎么做的现象形成一个鲜明的对照。

（3）做市特征。美国的证券法给专家经纪人很大的权利，也要求他们履行重要的义务，专家不能把自己的利益置于公众报单之上，只有在没有买单的情况下，有义务充当买方，在没有卖单的情况下，有义务充当卖方。他们运用自己雄厚的资本，进行反市场风向成交。从而达到平衡供求，稳定市场，又保持股价有限度地上下浮动的流动性的目的。

（4）专业特征。就市场运行而言，美国的证交所不同于中国还明显地表现在它仅仅充当证券配对成交专业户的角色。资金的清算，全部交由美国证券清算银行（NSCC）办理，而证券交割又全部交由信用托管公司，进行实物券或帐面交割。纽约和美国证交所都没有自己的计算机中心，交易所的数据处理事务完全由设在别处的数据处理公司负责，从而大大减轻了交易所的压力。而我国的证交所要做全部的工作。

芝加哥的金融期货市场

芝加哥期货交易所交易由拍卖人与经纪人以拍卖或标购的方式进行，用手势和语言表示。芝加哥期货交易所 1972 年首创金融期货市场，揭开了世界证券市场的新篇章；1985 年创新推出了期货选择权交易以及其他衍生证券市场，把证券市场推向了新的高度。美国金融期货市场的期货合约主要是以美国公债期货合约为主。它的诞生，为投资者创造了套期保值的利率风险管理机制。对稳定经济提供保障，从而加快了美国公债向国内外发行，特别是吸引外国投资者进入美国无风险利率市场起到了巨大的推动作用。

（作者：武汉证券交易中心总经理）

世界证券市场与中国证券市场的发展趋势

孙晓刚

世界证券市场的发展趋势

从八十年代中期开始，各国在证券市场的结构与制度上进行适应潮流的改革。其改革方向可分为两类，一类是证券市场效率的改进，一类是投资人保护措施的增强。世界各国国内证券市场的改革与发展，已经使其国际金融证券业务中的很多方面从国内市场中逐步分离出来，使得其国内证券市场本身的深度与效率都得以不断提高。所谓深度是指证券在交易量、机构投资人及国际性证券交易的迅速成长；而广度则是金融资产的证券化及衍生证券的发展等。由于这种金融证券市场全球化的发展趋向，以及国内证券金融市场进一步走向国际化，使得在九十年代初期形成了"世界证券市场"概念，而主要发达国家(美、日、欧等)的国内证券市场与国际证券市场的相互依赖，相互交融也得以不断增强。九十年代以来，国际资金的供应与需求以及各种债权债务关系都越来越表现为全球性，资本流动跨越国界，国内、国际证券市场的参与者之间日趋密切，错综复杂的资本借贷行为通过世界信贷与世界证券市场得以进行统一，国际证券市场在进入九十年代中期时大致形成。

世界证券市场在当前表现为：发展异常迅速，规模日愈扩大，结构不断调整等特点：在世界证券市场中，国内证券市场占有绝对优势，国际证券市场则处于从属地位，但国际证券市场的发展潜力及增长速度高于国内证券市场；世界证券市场融资余额已经达到了相当的规模；世界证券市场的融资有币种结构多样化的取向，但币种选择多为声誉卓著的国际储备货币，美、日、德三国货币计值的融资额占有相当大的比例；债券融资在世界证券市场融资中占有主导地位，而票据融资处于明显劣势；在世界证券市场融资者中，主要发达国家占有明显的优势地位。未来国际证券市场发展，将随着机构投资人的成长，造成新证券的需求不断增加，跨国性的证券交易量的增加，加强了国际证券的流动性，使证券更能反应其真实价值。

上述特点也在一定程度上决定了世界证券市场在各种因素作用之下形成某些发展趋势。(1)世界证券市场的融资规模在九十年代后期将以较高的发展速度递增，估计在8—10%或以上。(2)机构投资者将不断增加。随着市场规模的扩大，愈来愈多的小额投资人将其资金转向集资投资型的证券，即如证券投资信托公司所发行的受益凭证。(3)国内证券市场将与国际证券市场融合为一个统一的世界证券市场，世界债券市场仍将占有明显的优势地位。(4)金融衍生产品得以发展。金融期货、选择权、远期利率合约等证券的发展，为现货市场的交易提供良好的避险条件。(5)世界证券市场中的主要融资者仍然是发达国家，而东亚新兴工业国将会逐步争取到较高的融资地位。(6)资产证券化。不动产贷款、信用卡应收帐款、汽车贷款等资产科目改变为证券形式，售予投资人，开启了银行放款资金来源的新途径。(7)世界证券市场融资仍将以美元、日元、德国马克为主要币种，欧洲统一货币在下世纪初可能会占一席之地。(8)金融市场全球一体化将会形成，各主要国家金融市场的业务操作在一天24小时不间断地进行。

重要证券市场的发展趋势

美国证券市场　1987年10月美国股市经历大暴跌以后，随着美国经济在八十年代末逐渐好转，股市也大有起色。不论是1990年日本股市大暴跌，还是1991年波斯湾战争爆发，美国股市没有下跌，反而走入一条上升通道，1991年4月17日，道琼斯指数突破了3000点。九十年代初，美国经济开始向好，股市也呈现稳步上升态势。为加快经济复苏的步伐，美国联邦储备局曾多次降低贴现率，使证券市场表现得十分繁荣。到1995年中，更是冲上了4700点的新高，升势表现得非常强劲(虽然联邦储备局多次加息)，预计美国股市在未来一两年内还会有较好的表现。但是由于受到日本、欧洲严峻经济形势的影响，使得世界经济增长缓慢，也会对美国经济产生不利影响，进而抑制股市上扬，如果美国能够积极介入到东亚、东南亚日愈蓬勃的经济中，分到较大份额的话，也将会给证券市场注入新的活力。

日本证券市场　八十年代日本泡沫经济发展到顶峰以后，在九十年代初开始走向破灭、衰退，自从1990年以来，日本的经济增长呈逐年下降的趋势，九十年代的前5年，日本经济丝毫没有走出低谷的明显迹象。1992年日本股市大暴跌以来，虽然1993、1994年稍微有所回升，但并未摆脱低迷。1995年初阪神大地震使得日经指数跌落在15000多点上徘徊。日本证券市场仍有发展的机遇，其证券市场依然是世界上最重要的证券市场，而且，亚洲国家和地区经济的蓬勃发展和新兴证券市场的崛起，都将促进占有地利的日本证券市场的复苏和发展。

香港证券市场　香港联合交易所于1986年由四家交易所合并而成，采取会员制。至1994年4月，股市资本额达到2600亿美元，上市证券数目共477个。股市资本额相当集中，前10大上市企业资本额约占市场总额的50%，其中又以房地产业占40%，其次为银行25%、电讯24%、综合11%。九十年代初特别是1993年，香港股市升势凌厉，年底以11888.39收市，比之1992年增长115.67%。其后，以美、日为代表的外资撤走使得香港股市倍受冲击，但仍然维持在9000点以上的水平。进入九十年代，香港股票市场的高速发展，除了几十年来香港股市注重加强股市内外部制度建设因素外，还有与中国大陆联系日趋密切等特殊机遇。随着回归日趋临近，香港与大陆的经济联系会更加紧密，香港证券市场的走势和发展最终取决于中国大陆经济的发展状况和宏观政策。只要大陆政治稳定、经济发展，进一步改革开放，香港证券市场在过渡期及回归后进一步发展将是大势所趋。

马来西亚证券市场　马来西亚股票交易可追溯到1870年，由数家橡胶及锡产公司之间的交易开始。在1930年开始成立正式组织—新加坡股票经纪人协会。在1965年新加坡脱离马来西亚联邦，马来西亚于1973年单独成立吉隆坡股票交易所，在1989年以前，两国企业均有在对方交易所挂牌上市，1989年，马来西亚财政部决定在新加坡股票交易所挂牌上市的182家公司必须终止上市，吉隆坡交易所业务才算独立。马来西亚于1993年3月，成立证券委员会负责处理新股上市、企业购并等事宜，股市秩序的监督与维护则是交易所及央行之职责。在电子交易方面，马来西亚在1989年采用即时讯息披露系统，1992年采用自动交易撮合系统，提高了交易效率，减少了错帐。近几年来，机构投资人得到了快速发展。为了活跃股市，开放资金市场，允许设立全资的外国基金管理公司进行马来西亚以外的投资活动。

中国证券市场发展趋势

从八十年代开始，中国证券市场经过了近十年的发展历程，从目前来看，中国国内证券市场的发展程度(以及人民币非自由兑换等因素)还不足以对国际证券市场以及周边地区的股票市场产生影响。至1994年底，在深、沪两交易所的证券市场总资本金达到435亿美元，大体相当于阿根廷和印尼股票市场的资本金，占由国际金融公司监管的所有新兴股票市场资本金的2.4%。政府债券的发行量1994年达到1130亿元人民币，预计1995年达到1500亿元人民币，随着证券市场的发展，中国政府对国外资本市场的利用将不断增加，1994年国外债券发行筹措资金41亿美元，而1989—1991年这一数字为4亿美元。1993年中到1994年末，中国企业在香港上市的股票发行额达24亿美元。此外，华能电力公司和山东华能公司在纽约证券交易所发行了美国银行证券存单。中国证券市场将在完善国内市场的基础上，逐步与国际市场接轨，加快国际化进程，成为国际资本市场的一个重要组成部分。自1991年11月中国第一只B股向海外投资者发行至1994年底，中国有58家企业发行了B股。在巩固香港、美国市场的基础上，逐步开辟新加坡、东京、澳洲及欧洲等新市场，继续选择优质国有企业到海外上市，国内市场将向海外投资者进一步开放，在规范化的前提下，允许组建中外投资基金、中外证券公司，开放B股国内市场。但是，中国证券市场在迅猛发展中仍有较大的阻力，亟待解决的问题不容忽视。

*银行信贷与证券业的关系。*中国政府试图建立起银行与证券业间的适当关系。目前，企业通过发行证券而筹措的资金与其银行总贷款之比从1987年的不到1%增到1993年的10%。在未来较长的时间内，银行仍然是企业外部融资的主要来源，即企业资金来源主要是靠间接融资。银行业与证券业关系的另一方面是利用银行信贷来为证券活动融资的问题。直到1993年初，银行参与证券市场的关系较为密切，因为大多数证券公司是银行的附属机构，银行风险增大。基于这种担心和现实中出现的问题，政府制订了规定，将银行业与证券业完全分离，银行必须与其证券机构彻底脱钩。而根本解决问题的出路在于改革金融体制，加快银行商业化进程，建立中外合资的基金管理公司，发展一批类似国外投资银行的金融机构，逐步实现企业从间接融资向直接融资的转变。

*法规建设。*中国证券市场从开始就缺乏政府对市场发展的相关战略及适宜的法规结构。这几年来，中国证券市场发展较快，上市公司已达296家，参与股票交易的人数直接或间接达到2000万。但证券市场还很不成熟，表现为一个政策和消息的市场，人为操纵性较强，内幕交易，公司自己炒自己的股票等问题严重，存在这些问题的根本原因之一，是缺乏较为完善的法规。因此，要确保证券市场的健康发展，就必须加快证券市场一系列法规的出台步伐，特别是《证券法》的出台，从根本上解决证券市场中存在的问题。《证券法》的早日出台，势必会对中国证券市场的健康发展起到极大的促进作用。

(作者:深圳证券结算公司常务副总经理)

搞好外币债券的发行　促进证券业国际化

徐耀炜　曾昭武

国际债券市场的发展趋势

国际债券市场是国际资本市场的重要组成部分，国际债券发行始于本世纪初。进入80年代，国际债券市场活跃，发行规模逐步扩大，客观上形成国际资本市场证券化、以发行债券为主体形式。1983年，国际债券发行总额达到730亿美元，首次超过了国际银行640亿美元的银行贷款额。1986年，国际债券发行占融资总额的71%，国际银行贷款占29%。随着世界经济发展，一些发达国家出现储蓄过剩的状况，大量的货币资本涌向证券投资，促进了国际债券市场的发展，同时，一些发达国家的外债市场趋向国际化、自由化。70年代以来，一些发达国家如美国、日本及欧洲几个发达国家先后改进金融管理体制和外汇管制，颁发实行有关放松债券发行的法律和制度，同时采取了相应措施鼓励债券投资，对借款者起到了极大的吸引作用，一些发达国家的大型金融机构为避免风险而减少银团贷款，力求增加债券投资。1989年有关国际金融机构、债权债务国提出的"布雷迪方案"，措施之一便是采取多种形式的债务资本化和债权转移，包括债务转换股权、债务证券化等。

从我国经济发展现状来看，资金特别是海外资金的有效筹集与利用显得越来越重要。由于我国资金需求和用款项目具有不同的特点，既要优先使用国际金融机构或政府渠道的低利率贷款和受到政府补贴的出口信贷，也要利用国际资本市场的资金。原则上，期限较短的资金用国际资本市场上的贷款方式筹集较为有利，而期限较长的资金用发行债券方式筹集更为合适，这是因为：债券发行的利率(发行浮动利率债券除外)一般略低于贷款利率；发行债券的资金来源广，债权人分散，发行者可完全自主地使用筹得的资金。而商业贷款要求按期偿还，贷款的使用常受到不同程度的限制和干预；债券偿还办法灵活，发行者处于主动地位；债券筹资方式的用款期限相对长；发行债券可提高发行者国际声誉，能取得在较优惠的条件下连续发行的机会。

为了有效地运用发行外币债券筹措资金，充分利用世界上美国、瑞士、德国和日本等四个最大的债券市场，中国国际信托投资公司于1982年在日本东京债券市场首次发行了100亿日元武士私募债券，发行条件是利率8.7%，期限12年，宽限期5年过后，每年还款8%，最后一年一次还清。筹到的资金用来在日本购轻纺、石化和基础化工设备及国家急需的建筑材料。1983年福建投资企业公司也在日本发行了武士私募债券，总金额为50亿日元，利率为8.5%，期限10年。1985年中国银行在东京债券市场首次发行了武士公募债券，信誉评级为AAA。广东国际信托投资公司也先后两次在东京债券市场发行了武士公募债券，特别是1992年7月发行的第二次武士公募债券，获得了较好的经济效益。

国际资本市场中外币债券的发行。

日本东京资本市场是国际资本市场的重要部分，武士债券是其发展较快的债券。

武士债券发行特点：武士债券是指非日本居民在东京资本市场，根据日本法律和发行程序，公开发行日元计价，而由日本证券公司和银行支持与承销之债券。一个显著特征就是全部为无担保发行，原则上只作资信评级。其发行者主要为超国家组织、主权国家、地方政府、外国国有事业及多国籍企业等。发行者于发行债券时，有义务编制公开说明书，公开其财务状况，符合规定条件的武士公募债券，可以在东京证券交易所上市。武士债券于1970年由亚洲开发银行首次发行。由于日元国际化和自由化的发展，其发行额不断增大，特别是由于1983年11月的日美日元美元委员会磋商决定促进日元自由化进程，1984年4月以后放宽了发行资格条件以及扩大每种债券的发行额，发行规模足已和美国的洋基债券市场相抗衡。武士债券市场快速发展主要原因是：发行债券之资金成本低于日元贷款；借款人在市场筹措资金，可提高机构或企业之知名度，并易于筹得大额资金；武士债券收益率比日本国内债券高；武士债券的流动性越来越好；发行债券时，通常由数家包销商组成干事团并购入债券，再售予广泛的投资大众。武士债券通常由野村、大和、日兴及山一等四家主要证券公司包销60—70%的债券，余额则由50多家规模较小的证券公司包销。实际上受托银团会自动收购债券发行额的25%，以减轻干事团的财务负担。发行时，还须先决定发行额中的一部分，由受托银团购入。此外，主干事证券公司于武士债券发行时，会让所有的包销商，就其包销数量报出价格，而且主干事证券公司亦参与报价。但由于主干事银行的意见，具有决定性的影响力，因而可能发生经由此定价制度所决定的价格，无法被市场投资者接受现象，所以需要有实力雄厚的受托银团支持。

广东国际信托投资公司发行武士公募债券的实践。1992年7月，为完成广东省计委向广信公司下达的年内筹资1.2亿美元境外借款指标及有关要求，同时为满足广信公司年内偿还外债本息的实际需要，广信公司继1986年之后在日本东京债券市场成功地发行了第二次武士公募债券，使发行者、投资方、包销商三者都满意。债券的票面利率为6.3%，到期收益率为6.273%，发行条件比2个月前发行的上海市投资信托公司第二次公募武士债券票面利率为6.4%、到期收益率为6.321%要优惠一些。认购活跃，各证券公司都以降0.1至0.3日元的价格向日本的投资者销售（降价在销售手续费0.65日元内扣除），没有出现把认购的债券卖回给主干事公司的现象。并且各证券公司都在条件公布后很短的时间内预约销售完毕。大和证券公司预留了30亿日元的债券专门向1000个以上的个人投资者销售，达到市场挂牌交易的基本要求，增强了日本投资者的信心。

发行成功的主要原因有：发债前的可行性研究工作准备充分，在各有关部门的支持指导下，广信公司成立了发债工作小组，从多方面加强了与日本金融界的联系，对日本债券、金融市场进行了深入了解和分析，对市场情况作出合理的评估和预测；较好地选择了主干事公司和主受托银行，根据各家证券公司和银行报价情况及其诚意与能力，最后选择了日本大和证券公司为主干事，樱花银行为主受托银行；确定票面利率与发行价格；采取了货币与利率调期的货币swap运作方式，在债券交割日，广信公司与主受托行樱花银行办理了货币调期和利率调期，将150亿日元债券调期成1.21亿美元，利率调期为美元固定利率7.54%，5年期。

发行外币债券应注意的问题

1、*分散发行市场，争取有利的发行条件*。发行债券如过分集中于某一市场，会影响发行者充分利用国际证券公司之间的竞争，无益于争取有利的发行条件，我国已多次在日本发行了武士债券，在取得了一定经验以后，今后应分散发行市场，考虑进入欧洲债券市场。

2、*合理搭配发行债券的币种，减少外汇风险*。发行债券，引进外资，要努力降低筹资成本。影响筹资成本的因素除固定的发行费用外，最主要的就是债券票面货币汇价变动的风险。

3、*根据利率变化趋势，决定债券计息方式与偿还年限*。掌握利率的变动趋势是决定债券计息方式的主要依据，如预计未来某种货币的利率具有下降趋势，则发行债券可争取采用浮动利率，以减轻未来支付利息的负担；如情况相反则争取采用固定利率。利率的变动趋势也是确定偿还年限的依据。

4、*正确选择主干事及主受托银行，看准发行时机，争取降低发行费用*。在筹划债券发行过程中，要注意选定经验丰富，资力雄厚，信用好，业务联系广泛并且收费低廉的外国证券公司和银行作为主干事及主受托。

5、*培训干部，归口管理*。做好债券发行工作，必需培养一支熟悉国际金融知识，了解债券业务的干部队伍。另外债券发行关系到国家外汇平衡问题，各单位、各部门都不得各行其事，自找承购对象，在国外任意发行。必须严格执行统一归口的原则，由国家指定的专门机构审批发行计划。

（作者：广东国际信托投资公司国际金融部总经理
广东广信期货经纪有限公司）

茂名市司法局

司法局是主管全市司法行政工作的政府機關，同時負有預防、打擊和懲罰罪犯的重任，又是司法機關。目前，下設監獄管理、基層司法、公證律師、普法、宣傳、法學教育等職能科室，直屬單位有五個律師所：市律師事務所、市對外經濟律師事務所、市經濟貿易律師事務所、市順達律師事務所、市商務合作律師事務所，市公證處、茂名監獄，此外，還設有辦公室政治處、資料室等辦事機構，有干警400多人。

近年來，全市司法行政干警在局黨組的領導下，艱苦奮斗，廉潔奉公，司法行政事業得到了突飛猛進的發展，公證律師隊伍由弱到強，并培養出一批少有名氣的公證員、律師，承辦了一大批刑事、民事、經濟、行政案件，贏得群衆的贊譽和社會的好評。監獄工作卓有成效，達到了"關得下，管得好，跑不了"的要求，造就了一批又一批社會有用之才，重新犯罪率下降到萬分之二左右，為維護社會穩定作出了貢獻。普法工作屢受中央、省的表彰，"一五"、"二五"普法工作受到司法部、中宣部的嘉獎。此外，基層司法工作始終走在全省前列，創全省二個"第一"：第一個達標鄉鎮法律服務所、第一個達標縣。

全市司法行政干警在以鄭法局長為首的局黨組領導下，正以矯健的姿態開創工作新局面。目前，市局及各縣(市、區)局的基礎設施、裝備建設已初具規模，干警的政治素質和業務素質也得到了極大的提高。

局長：鄭法
地址：茂名市人民北路15號司法大樓
電話：(0668)2287259　2285277

栏 目 协 办

海南港澳国际信托投资有限公司证券部

第二编

中国证券市场

80/81

中国证券市场

全国证券市场

1994年国家实行宏观调控政策，出台了财税、外汇、金融、外贸等方面的改革措施，国民经济持续、快速发展，中国证券业也在积极稳定地探索和发展。市场规模扩大，股份制企业发展迅速，市场法制建设加强，国际化进程加快。

【股份制企业】 至1994年底，全国规范的股份制企业2.58万家，其中股份有限公司1.51万家，有限责任公司1.07万家。从行业分布看，工业类股份制企业占总数48.03%，商业类占31.42%。全国城镇股份制合作企业13.57万家，农村乡镇股份合作制企业285.33万家。全国股东人数3800万。

【社会公众股市场】 至1994年底，全国上市公司291家，上市股份总额638.93亿股，股票市价总值3687.83亿元，股票成交总额8127.75亿元。深沪两市场上市券种数目468个，其中A股287个，B股58个，基金20个，权证19个，1994年各类成交累计28501.61亿元。至1994年底，15家企业到香港上市，筹资22.5亿美元，2家企业到美国上市，筹资9.6亿美元，发行B股的58家企业筹资24.5亿美元，共计56.6亿美元。1994年H股成交量10.29亿股，8月8日，H股指数也正式发布。

【法人股市场】 全国除了STAQ、NET系统法人股交易外，还有南方证券交易中心、海南证券交易中心等地方性法人股交易市场。1994年在STAQ系统上市的法人股8只，NET系统上市的7只，成交量8.06亿股，成交金额20.37亿元，其中STAQ系统成交量6.42亿股，成交金额17.5亿元，NET系统成交量1.64亿股，成交金额为2.87亿元。

【国债市场】 1994年是中国国债市场发展较快的一年，进行了发行体制和发行方式的改革。

发行市场 中国从1981年恢复国债发行，至1994年底累计发行国债3300亿元，其中1994年发行1028.9亿元。1994年1月25日首批50亿半年期的无纸化国债通过上海证券交易所电脑网络推出。这是中国国债发行方式的改革，实现了一、二级市场的统一。2月1—4日，第二批100亿元一年期国债无纸化发行顺利，从2月7日开始计息，年利率为11.98%，其间国债一级自营商发挥了主要作用。4—6月份，开始了国债二、三年期770亿的发行，工行、农行、建行、中行和交行等专业银行与财政部签订承销协议，承购包销三年期国债500亿，另外二年期270亿国债通过各地销售网点发售，并规定购买者可用91年国库券和89年特种债券提前调换，同时每年增加1个百分点的利息。至6月30日，共发行国债1025亿元，其中半年期50亿元，一年期83亿元，二年期273亿元，三年期600亿元，五年期特种定向国债20亿元。7月1日起，财政部决定在不增加国债发行总规模的情况下，将年初发行的半年期国债和部分专业银行持有的一年期国债转为三年期国债，至7月31日，1994年国库券的发行工作园满完成。

【证券机构】 1994年，中国证券市场初步形成以上海、深圳证券交易所为中心的全国性证券交易市场体系，以武汉证券交易中心、沈阳证券交易中心、天津证券交易中心、四川证券交易中心、南方证券交易中心为中心的区域性债券、基金交易市场体系。至1994年底全国设立了证券公司91家，证券兼营机构400家，从事证券业务的会计师事务所74家，律师事务所172家，资产评估机构82家。深沪证交所的会员总数1046个，注册投资者1100万户。

【H股市场】 至1994年底，中国国企H股共有15只在香港上市，H股市价总值161.43亿港元，1994年有9只H股在香港上市，包括仪征化纤、天津渤海化工、东方电机、洛阳玻璃、庆铃汽车、海兴轮船、镇海炼化、成都电缆及哈尔滨动力，共集资97.91亿港元。H股上市企业业绩不俗，但市场表现欠佳，指数滑落53%，1994年第三季度曾强劲反弹36%，但受市场大市的阴跌影响，全年H股不振，年底上市的镇海炼化、成都电缆、哈尔滨动力上市首日均跌破招股价。

【法制建设】 1994年中国证券市场在积极稳妥的发展中，加强市场规范化和法制建设。全国人大、国务院以及国家证券管理机关先后颁布了《公司法》、《股票发行与交易管理暂行条例》，以及国家有关部门颁布了相关的政策和法规。从法律和制度上保障了证券市场的健康发展，加强对市场的监督和风险控制，查处了操纵市场、内幕交易等违法案件，保护了投资者的利益。 （柳军）

上海证券市场

【概况】 上海证券市场在1994年市场规模、规范化建设、国际化进程等方面都有较大的发展，逐步确立全国性市场的地位。

市场规模 到1994年底上海证券市场上市券种数目256个，其中A股169个，B股34个，债券19个，国债期货13个，国债回购5个，基金12个，权证4个。上市公司171家，其中异地公司78家。上市股本总额417.34亿股，股票市价总值2597.36亿元。1994年各类成交量累计25421.1亿元，其中股票成交量5735.22亿元，债券445.6亿元，国债期货19053.83亿元，国债回购63.16亿元，基金117.4亿元，权证5.89亿元。1994年上交所开辟7个交易大厅，拥有席位3721多个，会员550个，其中异地会员501家。注册投资者600万户。同时在试行国债公开业务方面，推出国债、国债期货和国债回购交易等三项业务，并设专场，品种由开始的6个增加到20多个。

规范化建设 为了保护投资者利益，上海市根据国家颁布的有关方面的政策和法规，先后制订了《关于上海证券市场信息传播的若干规定》，取消了信息例会制度，执行信息即时披露，并加强了对公司领导持股、信用交易、联手造市、国债期货风险等方面的监控。

【国际化进程加快】 至1994年底，上海证券市场上市B股34只，比上年增加12只，上市总股份31.25亿股，市价总值116.59亿元，全年成交量108.49亿元。上海B股市场开户的国际投资者2万多人，在上海证交所券商直接进场交易的56

个专用交易席位中有36个为境外证券商拥有。上交所还先后设立了与A股系统相分离的自成体系的B股电脑自动报盘系统和独立执行B股登记保管和结算职责的运作体系。1994年上海大众出租汽车公司将1000万法人股转换为1000万B股,开辟了法人股上市的新途径。同时日本国政府同意上交所的申请将上交所指定为外国有价证券市场。1994年上海除了上海石化等企业赴港发行H股外,又成功地发行规模较大的上海二纺机股份有限公司、上海氯碱化工股份有限公司、上海轮胎橡胶(集团)股份有限公司等3只B股股票,并采用存托凭证(ADR)形式安排在美国纽约上市。同时上海申银证券公司、万国证券公司等有影响的证券公司在纽约、伦敦和香港等地设立证券经营机构。

【交易市场】 1994年上海股市经历了市场扩容寻支撑、大势反弹创新高、指数下调找平衡等三种形态的转换。根据全年指数图形分析可分为三个阶段。

1月3日—7月29日,市场扩容寻支撑。1994年1月3日沪市开盘837.7点。此后大盘在新股供给的压力下,一路走低,先后跌破800点位和重要支撑位777点。至3月12日,"四不"政策宣布,股市强劲反弹,3月14日股指直升71点。但因扰市场的根本问题并未解决,同时国家调控力度加强,1000亿国债开始发行。4月初市场买气不足,综合指数快速下滑,连拉9根阴线,市场又跌穿700点和600点大关,成交量萎缩,最后阴跌至7月29日收盘333.91点。

8月1日—9月13日,大势反弹创新高。7月30日,中国证监会发布三大政策。市场人气重聚,8月1日上证指数跳空60.94点高开,全日劲升111.72点,报收445.63点。其间8月5日、8月10日、9月5日当日股指上升分别达120.27点,117.98点、110.43点,成交量屡创天量,突破百亿元大关,其中9月6日成交157.5亿元。此后股指小幅震荡盘上,9月13日创下1052点的历史最高点位,报收1033点。

9月14日—12月30日,指数下调找平衡。9月下旬,股指高位盘整,逐渐下调。其中未见国庆节的利好消息,9月30日指数跌121.9点,并现市场急躁和疯狂,10月7日,市场大起大落,指数振幅高达214.5点,同时央行不断提高贴现率,投资者对上市公司的业绩持谨慎态度,以及对T+1制度的预期和对T+0制度的留恋,也有几次上升波浪,终因人气不足,11月以后,交投清淡,投机性减少,大盘在600—700之间作箱形整理。致使年K线首次拉出阴线。 (古悦)

深圳证券市场

【概况】 1994年是深圳证券市场稳步发展的一年,在市场规模、法制建设、基础设施等方面都有进一步的完善和发展。

市场规模　到1994年底,深圳证券市场上市券种数目212个,其中A股118只,B股24只,债券47只,基金8只,权证15只。上市公司120家,发行股本总计2205911万股,股票市价总值10904870.14万元。1994年全年成交额30805088.65万元,其中股票成交额23925549.53万元,基金2401560.75万元,债券336445.49万元。1994年深圳证券交易所会员数从1993年的426家增加到496家,B股特别席位11个,证券从业人员近5000人,注册投资者500万户。

法制建设　1994年深圳证券市场逐步形成了以国家政策法规为主、深圳地方政策法规为辅的证券市场法律体系。在市场监管、证券案件处理、市场行为规范等方面做到有法可依。同时加强证券交易、登记结算、信息发布等方面的制度及规范化建设。

交易机制　深交所实行有形市场与无形市场相结,在上海、成都、广州等地设立了通讯服务中心,并与全国13个交易中心实行了联网。同时放宽了行情揭示范围,修正了席位管理制度,制定了有关联网和清算办法。

【交易市场】 1994年深圳股市的总趋势是调整向下,反弹无力,交投清淡,处于低迷状态运行。1994年深圳综合指数1月3日开盘238.27点,12月30日收盘140.63点,全年252个交易日,综合指数下跌97.64点。从1994年深圳股市走势的图形看,股市走势大致分为三个阶段。

1月3日—7月29日,市场低迷向下。1994年初大盘继续承1993年的走势,开盘报238.27点,交投不活。行情低迷引起管理层关注,2月22日深交所发布公告暂停新股上市,市场反映热烈,当日深指跳高,连涨三天,由205点上升到233点,成交金额增加到每日10亿元以上,呈价升量增之势。之后由于上海股市继续新股上市拖累大势,偶尔有个股行情,但最终没有扭转行情。3月12日,中国证监会宣布新政策:即55亿新股上半年不上市,今年不征收股票转让所得税,公股、个人股年内不并轨及上市公司不得乱配股。深市出现反弹行情。但新政策并没有解决投资者关心的新股上市、国有股、法人股上市流通等根本性问题,具有明显临时性色彩。使得深市阴云不散,盘跌不止,直到7月底,创下综合指数94点的历史新低。

8月1日—9月28日,市场表现反弹劲升行情。由于股市长期低迷,出现投资者亏损、券商经营困难、新股发行不了问题。据此中国证监会8月1日推出了暂停新股上市、吸收国外投资基金进入A股市场、向有较好信誉券商融资等政策。市场反映强烈,8月1日开盘综合指数跳空16点,收盘126.77点,较上一交易日上涨30%多。行情持续,价量配合,8月18日综合指数收报167.65点。之后出现获利盘和解套盘的打压,市场呈现调整盘下状况,但下挡阻力较大,8月29日综指报收147.46点,现出此波行情的底点。经过一段多空换位的调整,大市又稳步拾级而上,上升到9月13日综合指收报225.13点,其间冲高235点,成交量成倍增加,创下日成交82亿元的纪录。之后出现综合指数在210—220点之间小幅波动的调整行情。到9月28日综合指收报225.72点。

9月29日至12月30日,市场盘软下跌。由于推出政策并未有实质性进展,除了暂停新股外,都没有得到兑现,市场投资热情渐退,利空传言涌出。综指跳水直泻,到10月17日收报148.09点,此后综合指数一直在160点至140点之间波动,并逐渐下降,间或有个股行情活跃。但始终阴跌气候,12月30日收盘报140.63点,全年指数跌幅41%。

【B股市场】 1994年B股市场走势基本与A股走势相同。1月3日收盘142.39点,此后一直阴跌,到7月29日收盘报99.67点。由于此间推出了救市新政策,一路拉阳线,直到9月28日收122.38点高位,之后又呈现牛皮下降形态,年末12月30日收盘86.66点。全年B股交易242个交易日,成交金额162026万元,比上年减少37.19%,指数下降39.4%。

(陶文)

海口市經濟合作局

海口市經濟合作局主要負責全市對外經濟合作的牽頭、規劃、組織、協調與管理工作，組織全市招商引資工作編制和實施計劃，重點外引內聯在建項目跟踪協調服務，參與制訂全市利用外國資金貸款項目計劃，并對利用外國資金貸款項目的審查上報，負責外商投資企業、項目的審批設立、督促、管理、協調服務。對國內地、市級以下政府、企事業單位駐海口辦事處的設立進行審批、年審登記，同時對外引內聯企業，駐海口辦事處進行協調、管理、服務。

1992年在全國率先實行先批公司后上項目，改項目審批制爲登記制。在審批手續上，實行“一條龍”服務體系。這項舉措實施后第一個月，就吸引了1億美元和4億人民幣的項目投資。同時切實轉變職能，開展招商活動。今年僅臺灣金融機構就一性簽約投資我市八大項目，投資總額達60億元人民幣。與此同時，抓好外引內聯項目與企業的跟踪落實和協調服務，建立“引進項目跟踪服務制”，今年又建立了重點項目協調例會制度，由市領導親自爲重點項目和企業解決實際困難。同時在局內部大大簡化辦事程序，提高辦事透明度和辦事效率。

建省七年間，全市“三資”企業已發展到5600多家，內聯企業1萬多家，累計合同利用外資70.2億美元，外商實際投資入20.6億美元；合同利用內資212.6億人民幣，實際投入179.7億元人民幣。投資商主要來自香港、新加坡、泰國、日本、美國等49個國家和地區以及國內29個省、市、自治區，投資領域遍及電子、輕工、化工、建材、交通、電訊、能源、種養、房地產、賓館服務、旅游、高科技產品開發等20多個行業。

瓊海市國家税務局

局長：張傳仁

瓊海市國家税務局于1994年9月成立，內設股、室、工會8個，稽查分局1個，直屬企業税務所1個，負責全市4800户國營、集體、涉外企業和個體工商業户的中央級庫税收征收管理工作。

該市國税局自組建以來，認真貫徹國務院關于分税制財税管理體制改革精神，建立健全各項税收征管制度，抓好納税輔導、税務登記、納税申報、評税定税、票證管理、税務稽查，確保新税制的貫徹實施；充分利用中央給予海南的優惠政策，積極扶持企業發展生產，廣辟税源，增加收入；搞好干部隊伍建設和廉政建設。1994年各項工作成績顯著，增值税收入2421萬元，創歷史最高水平。榮獲市工作先進單位、紀檢監察工作先進單位和省貫徹新税制先進單位光榮稱號。

第三编

中国期货市场

84/93

中国期货市场

全国期货市场

【概况】 1994年是中国期货市场稳步发展、规范化的一年。国务院加强了对期货行业的领导，清理整顿了期货交易所和经纪公司，规范了交易品种和交易规则。

期货交易机构 1994年，根据国务院有关规定，撤消或合并了部分交易所，重新组建。1994年下半年经国务院同意，陆续批准15家期货交易所作为试点，包括北京商品交易所、上海金属交易所、上海粮油商品交易所、沈阳商品交易所、大连商品交易所、苏州商品交易所、郑州商品交易所、广东联合期货交易所、深圳有色金属期货联合交易所、海南中商期货交易所、重庆商品交易所、天津联合交易所、长春联合交易所、上海商品交易所、成都联合期货交易所。就交易所的结构看，由中央政府部门和地方政府部门联合组建的事业法人型。由企业和有关政府部门组建的企业法人型的交易所，有企业联合投资成立的以有限责任公司形式注册的非盈利性法人单位。各交易所均与路透社或美联社进行信息发布合作，有的直接进入路透社的网络系统，还通过中国卫星通讯系统，向国内发布信息。

期货经纪机构 1994年下半年开始清理整顿，除了一些全国性的进出口企业，各期货经纪公司均不得从事境外期货业务，所有期货经纪公司进行重新登记，其中中外合资、外商独资的期货经纪公司在有关涉外期货法规发布前，暂不予重新登记注册，经重新审核不予登记的各种期货经纪机构，一律停办期货经纪业务。

交易品种和标准合约 经中国证监会批准的15家试点期货交易所的上市交易品种有6大类27种。包括(1)农副产品类：玉米、小麦、大豆、绿豆、红豆、豆柏、芝麻、花生仁、棕榈油、冷冻猪肉。(2)金属类：铜、铝、铅、锌、镍、锡。(3)林产品类：胶合板、标准木材、天然橡胶。(4)建材与化工类：水泥、聚丙烯、聚已烯。(5)纤维产品类：生丝、干茧、棉纱、聚脂切片。(6)金融类：国债。其中交易较活跃、成交量较大的品种有国债、铜、铝、绿豆、大豆、棕榈油、胶合板。而且各交易所上市的主要品种各有侧重，郑州商品交易所主要品种有小麦、玉米、绿豆和豆柏；上海金属交易所有铜、铝；北京商品交易所有国债、绿豆、胶合板；深圳有色金属联合期货交易所有铝、铜；广东联合期货交易所有铝、铜、国债；重庆商品交易所有铜；上海商品交易所有橡胶、胶合板、化工产品；天津联合期货交易所有红小豆、铜、铝。各交易所基本上是上市交易标准化期货合约，但是标准合约条款及交易制度方面各有差别。交易所共推出的标准合约近50个。国家有关部门暂停了钢材、煤炭、食糖、石油产品、大米及食用油等交易品种，同时中国证监会对交易所的上市品种、合约设计及其交易规则进行了审定。

【国债期货】 国债期货交易于1992年12月由上海证券交易所推出，开始交易不活跃。上海证交所对国债期货交易的运作机制、合约设计等进行了规范化处理，1994年11月份之前，国债期货合约是按照市场上流通的国债券对应设计的，合约到期也是用对应基础券进行交割，是一种远期合约形式。从11月份起，上海证交所规定，凡是市场上流通的国债券都可以用来交收某一到期的国债期货合约，通过价格换算系数的折算，保证基础券种与非基础券种的市场价值的一致性。主要的国债期货市场有上海证券交易所、深圳证券交易所、武汉证券交易中心、广东联合期货交易所、北京商品交易所等。

【法制建设】 1994年国务院证券委员会完成了中国证监会期货部的组建，对期货市场试点工作统一指导、规划、协调、监管。国务院及地方有关部门制定颁布了有关期货市场的政策和法规。1994年11月8日，国务院证券委发布了《期货经营机构从业人员管理暂行办法》，上海市人民政府1994年12月5日颁发了《上海市期货市场管理规定》以及河南省人大常委会1994年4月28日通过了《河南省期货市场管理条例(试行)》。1994年5月30日，国务院重申暂停审批新的期货经纪机构，规定期货经纪公司均不得从事境外期货业务。1994年7月2日，国家工商行政管理局重申外资、中外合资期货经纪公司原则上不予重新登记注册。1994年9月12日，中国证监会发文，通知已持外盘订单可在交割日前平仓或在交割日进行实物交割，但期货经纪公司不得接受新订单。同时国务院有关部门决定暂停某些期货品种的交易，并对期货经纪公司重新登记注册。有关部门加强了对市场违法活动的打击和案件的查处。

【存在问题】 1994年在期货市场清理整顿之前主要存在的问题：期货交易所数量过多，交易品种重复；部分交易所和期货经纪公司运作不规范，自营与代理不分，风险管理不健全；盲目开展境外期货交易；地下交易盛行，不经登记注册，私下开展期货交易；管理体制不顺。 （齐远）

上海期货市场

上海期货市场经过清理整顿，现有期货交易机构有上海金属交易所、上海商品交易所、上海粮油商品交易所及上海证券交易所，开展交易的种类有金属类、农副产品类、金融类、建材化工类等。

【上海粮油期货】 1994年在上海粮油商品交易所的180个交易日中，各品种期货合约共成交4756万手，折合粮油2.38亿吨，交易金额5309亿元。日最高交易量达81.6万手，合408万吨粮食，金额达88.7亿元。会员单位有72家，覆盖着全国主要粮产区。

交易市场 1994年上海粮油期货市场的热门交易品种是粳米和大豆，表现在市场上的反映形成阶段性。1994年初至1994年10月。在此阶段形成了粳米期市的空头市场和多头市场。从1994年初到2月底构成粳米的多头行情，粳米R410从1993年底的每吨1640元上升到2月7日的每吨2235元，走出的行情，上升迅猛。从2月底到4月底走出粳米的空头市场，由国家对粮食价格实施宏观调控，粳米R412从每吨2417元的高价下降到4月27日的每吨1975元。从5月初至年底，形成了粳米的又一轮多头行情。粳米R503从4月

底的最低价格每吨 2035 元，有波动地盘升到 12 月底的最高价每吨 2830 元。其间 6 月 10 日国家开始调整粮食购销价格，在行情的启动阶段，交易量放大。1994 年 9 月初至年底，形成大豆箱型波动。此间粳米期货合约暂停交易，投资者纷纷转向大豆期货合约。并且在上升遇阻后在大约每吨 100 元的差价区域内成箱体形态。大豆 S505 的波动范围在 2380—2480 区间，走出价格上升有阻力，下行也有支撑的交易行情。

【上海金属期货】 上海金属期货交易场所是上海金属期货交易所。1994 年交易所在市场建设、管理规范化、活跃市场等方面取得了较好发展。

管理规范化　交易所于 1994 年 3 月 25 日宣布即将终止铜、铝中远期合约交易，由于交割运输不方便等因素，3 月 28 日取消了生铁品种交易，这样交易品种全部为有色金属。同时在风险控制方面，于 4 月 1 日起对铜、铝、铅、锌、锡、镍等 6 个品种全部实行涨、跌停扳制度。并分别于 6 月 21 日和 10 月 27 日将铜、铝的涨、跌停扳由原来的 3%改为 2%。为了维持公平、公正的原则，防止市场操作，交易所采取了“增收交割月份持仓合约保证金”、“限制持仓数量”、“实行保值交易操作”等规章制度。

交易市场　1994 年交易所的主要交易品种铜、铝等有色金属价格总体上扬。12 月份铜价平均为 27010 元，比年初上涨 27.6%；铝价 17650 元，比年初上涨 32.5%。最高日成交金额超过 100 亿元。交易所取消了铅、锌、锡、镍等 4 个品种的远期交易合约，于 11 月 1 日推出这 4 个品种的标准合约。有色金属标准合约有 6 种。从 1994 年交易所行情走势图分析，铜、铝的走势大致分为三个阶段：第一阶段，1994 年 1 月 3 日—4 月 8 日，回挡调整，蓄势待发。铜市在承接 1993 年 10 月行情急升的惯性及其后的调整，加之工矿企业第一季度生产的淡季，铜市行情持续回吐消化。三月期铜的价格从 1993 年 12 月 30 日的 20700 元回落到 1994 年 1 月 10 日的 19340 元，而后国家储备局有意抑制通货膨胀，虽然随后铜市在国际行情的带动下有所上升，但达到 20500 元即告结束。2 月份上海市开始执行征收期货交易费、实行增值退税等制度，市场观望气氛为主，成交量连创新低。中央银行公布了储蓄保值贴补率，并强调继续紧缩金融政策，3 月铜市一路下滑，在 19190 元点位停止。此后中长线投资者看好国际市场走稳、国内市场反弹，开始吸纳建仓，走出盘整向上行情。同时铝市呈现价量逐级上升之势。不过总的市场仍处低迷态势。第二阶段：1994 年 4 月 11 日—10 月 24 日。持续向上行情。4 月份国家开始清理整顿期货市场，在第二季度工矿企业的生产投入及市场启动，铜市突破阻力位，显示牛市行情起步。铜价在 21000 元、22000 元价位上拾级而上，8 月 29 日刷新 1993 年最高价位 22900 元，直逼交易所历史最高位 23500 元。此时在国际行情的带动下，多方将铜抬升至 26000 元。市场出现火爆气氛。同时铝市在我国南方市场的启动下也走出低谷，连越 13000 元、14000 元、15000 元三大关，成交量同步放大。10 月 18 日创下 313050 吨的交易新纪录。第三阶段：1994 年 10 月 25 日—12 月 30 日，市场高位震荡。由于国际铜市价格居高与国内铜市的巨额差价，引发行情再次启动，11 月 3 日铜市创下 29550 元的历史最高价位。但在随后的几个交易日中，行情在涨停扳后连续出现 4 个跌停扳，直到 11 月 9 日止跌企稳。此后铜市虽然在国际铜市的影响下重返 29000 元价位，但市场人气不足，铜价逐步下调，持续的牛市行情暂告段落。而铝市同期价格也连跨 17000 元、18000 元、19000 元的台阶，于 11 月 2 日创 19240 元历史最高价位，而后也随铜市下滑，在 18500—19000 元价位之间徘徊波动。

广东期货市场

【概况】 广东是全国最早开展期货交易试点的省份之一，无论在数量上或规模上，广东期货市场都处于全国前列。我国第一个期货交易所—深圳有色金属交易所于 1992 年 1 月开业；我国第一家期货经纪公司—广东万通期货经纪公司于 1992 年 9 月在广州成立；全国第一个地方性期货市场行政管理法规—《广东省期货市场管理规定》于 1993 年 8 月颁布实施；全国第一个省级期货监督管理委员会—广东省期货监督管理委员会于 1993 年 9 月成立。1994 年，广东期货市场是清理、整顿、规范、发展的一年。

期货机构　截至 1994 年 12 月，广东共有经国务院批准的试点期货交易所 2 家：广东联合期货交易所和深圳有色金属期货联合交易所；经省有关部门初审上报国家有关部门重新审核登记的期货经纪公司 101 家，占全国期货经纪公司总数三分之一；经纪公司注册资金各家均在 1000 万元以上，从业人员总数约 6000 名。

广东期货市场 1994 年的一件大事是顺利完成了期货交易所的合并和定点工作。原深圳期货联合交易所与深圳有色金属交易所合并为深圳有色金属期货联合交易所。原华南商品期货交易所和广州商品期货交易所合并组成广东联合期货交易所。10 月份，国务院批准确定 11 家试点期货交易所包括广东的这两家联合交易所。广东联交所立足于建设高起点、规范化、现代化的期货市场，参照国际惯例，实行会员制、保证金制、标准合约制、统一结算制，按照公开、公平、公正的原则开展期货交易。自 9 月 1 日正式成立至年底的 4 个月时间里，广东联合期货交易所日成交额连创新高。11 月 4 日的日成交额首次突破 10 亿元，12 月 20 日又突破 100 亿元大关。日成交额的迅速增长使广东联交所在全国 11 家试点交易所中的位置日渐突出。

交易市场　合并前，华南商品期货交易所的上市品种有橡胶、石油、谷物、食油、食糖等；广州商品期货交易所的上市品种则有石油制品、食糖、金属和国债 4 大类。合并后，广东联合交易所的上市品种有国债、铝、铜、石油、食糖、籼米、豆粕等，其中，国债是交易量最大的品种。国债期货交易的成功启动，使广东联合交易所日成交额连连突破，在短时间内步入全国期货交易所三强之列。自 8 月 1 日正式并帐至年底，该交易所总成交量达 1089976 手，总成交金额 1529.45 亿元。

1994 年广东期货市场的一个重大变化是坚决停止了境外期货业务。原先许多经纪公司主要代理外盘业务，其品种主要有：恒生指数、标准普尔 500 种股票指数、日经指数、外汇、大豆、小麦、木材等。国务院 69 号文下达之后，省政府办公厅转发了省期货市场领导小组《关于加强我省期货市场管理的意见》，省期货监督管理委员会、外汇管理局、工商管理局联合发布了《关于进一步整顿期货市场的通告》。此外，省外管局还下发了《关于停止外汇期货交易试点的通知》，取消了原批准的 12 家经纪公司的试点资格。经过整顿的期货经纪公司逐渐把业务转向国内期货市场，许多较为规范化的经纪公司均申请成为国内各主要交易所的会员。至 94 年底，广东的期货经纪公司在各交易所参与交易的品种主要有：油制品、白糖、国债、钢材、生铁、绿豆、胶合板、铝、铜、棕榈油、可可、咖啡等。

通讯信息系统　根据期货交易对信息传播与接收的要求，期货交易所建立了广泛的信息传播网，开通使用了路透社、美联社、中国广播卫星公司、广东图文电视、北京世华、霸才等即时行情传播网络。此外，国内贸易部信息中心的萨德兰资讯网络、国家信息中心的全国证券市场信息采集网、深圳光兆信息公司的信息网络等亦正在建立。在设置覆盖面极广的信息传输网的同时交易所积极发展和动员用户安装信息接收终端。目前，大部分期货公司安装有路透社和美联社终端。广东联合期货交易所有 50 家本地会员安装了图文电视接收机，有 21 家异地会员装了中广卫接收终端，还有一些会员通过霸才、世华等信息网收看联交所行情。

【监管与法规】 广东省期货市场管理领导小组是统管全省期货市场的最高机构。领导小组对全省期货市场进行统一的规划，协调管理。其主要职责有：组织起草有关期货市场的地方性法规和行政规章；审查期货经营机构的设立资格及变更申请；审定期货交易的上市品种；审批期货交易所拟订的章程和交易规则；处理期货交易中出现的重大事件等。在全国统一的期货交易法规尚未出台的情况下，广东省政府颁布了《广东省期货市场管理规定》。随后，为进一步加强对期货市场的管理，健全期货管理体系，省政府成立了广东省期货监督管理委员会，作为广东省常设的期货市场监管机构。省期监会的主要职责是根据省期货市场管理领导小组的授权，拟定有关期货交易的法规、规章，并负责监督执行；对期货交易所和经纪公司的业务活动实施监督；调解期货交易纠纷，对违反期货交易规则的行为进行调查并提出处理意见等。广东省在全国率先建立了一套期货监管体系，省期货专管机构与工商、外汇管理部门相互配合，共同对全省的期货市场实行监管，有效地遏制了期货市场的盲目发展。同时还对期货市场进行了多次整顿，对违法经营的期货经纪公司进行清理。这对规范广东期货市场，打击地下经纪活动，保护客户利益起到了重要的作用。

【存在问题】 期货交易纠纷较多，管理人员和经纪人素质不高，各公司和客户签署的合约不够标准，法律漏洞多；一些经纪人未经客户同意擅自入单，造成纠纷，影响期货市场的健康发展。有的期货经纪公司通过高许诺、低手续费、给回扣及各种不法手段拉拢客户，又采取“对赌”“吃点”等手段损害客户利益。期货经纪公司做金融期货多，做商品期货少；个人、散户入市多、企业入市少。这种状况不利于广东期货市场基本功能的发挥。

（侯芯冰）

期货交易机构

上海商品交易所

【概况】 交易所是经中国证监会审核并报国务院批准，在原上海石油交易所、上海建筑材料交易所、上海农业生产资料交易所和上海化工商品交易所的基础上联合组建，成立于1995年1月16日。交易所实行会员制，交易所的注册资金由会员认购，会员资格及席位可以有偿转让。会员大会是交易所的权力机构，理事会是会员大会的执行机构，交易所还设立监事会及会员资格审查委员会、价格委员会、规则委员会、交易行为管理委员会、调解委员会和预决算委员会。理事长是法定代表人。交易所总裁：钟福棠。

交易所设立清算公司，专门为交易提供清算服务和履约财力担保。清算公司以有限责任公司形式注册登记，并以其全部资产和所管理的风险基金对交易所所有成交的合约提供强有力的信用保障。

【业务范围】 交易所上市的主要品种有橡胶、聚氯乙烯、高压聚乙烯、聚丙烯、低压聚乙烯、棉纱、生丝、干茧、胶合板、规格木材等。交易所采用无纸化交易。至1994年底交易所拥有会员217家，交易席位255个。

上海金属交易所

【概况】 交易所是由原物资部和上海市政府共同成立的非盈利性机构，于1992年5月28日成立。1994年10月被国务院批准为首批全国11家试点期货交易所之一。1994年加强了风险管理，并与有关单位合作开发和改进了“期货经纪公司管理系统”和“动态行情接收显示系统”。

【业务范围】 主要品种有铜、铝、铅、锌、锡、镍。1994年交易所的交易量稳步增长，6种有色金属全部推出合约交易。铜、铝标准合约发展较好，增加了注册产品。全年252个交易日，共成交有色金属3274万吨，成交金额6820.8亿元，日均交易量27.02亿元，在有色金属中远期合约交易停止后，11月份推出了铅、锌、锡、镍的标准合约。实物交割率1.45%，实物交割总量为25.3万吨。会员单位62家。

上海粮油商品交易所

【概况】 交易所是由国内贸易部和上海市人民政府主办和领导，于1993年6月30日开业。设立上海粮油商品交易所管理委员会实施对交易所的管理和监督。内设交易部、交割部、结算部、工程部、信息部、研究部、人事部和办公室等职能部门。公司实行交易头寸限额制、大户报告制、价格涨停扳制、保证金制、日结算制，设有多个交割仓库。

【业务范围】 上市品种有：红小豆、玉米、白砂糖、绿豆、大豆油、籼米、粳米、大豆、菜籽油、白小麦、红小麦等11个品种。1994年交易所共成交期货合约4756万手，折合粮油2.38亿吨，交易金额5309亿元，其中日交易量最高达到81.6万手，折合粮油408万吨，日交易金额为88.7亿元。会员单位72家，分布于18个省、市、自治区。

深圳有色金属期货联合交易所

【概况】 交易所是经中国证监会1994年10月10日批准，由深圳有色金属交易所、深圳期货联合交易所合并的，是首批试点期货交易所之一。交易所1994年加强会员管理和服务，修改完善标准合约，开发新品种，实现人机结合的电脑辅助交易的自动撮合系统。完善规范化管理制度，形成了交易所管理暂行规定、章程、交易规则和会员管理制度、风险管理制度、实物交割结算管理制度、期货经纪商管理制度等。总裁：郑元亨。

【业务范围】 1994年，交易所金属交易池交易额1581.7亿元，其中铝911.8亿元，金属量855万吨，实物交割总金属量为10.9万吨，合约执行率为100%，全年交易总量中实物交割率为2.57%。综合交易池交易额53.2亿元，实物交割总量15175吨，实物交割率为0.71%，期货合约执行率为100%。国债交易额32.1亿元。交易所会员遍及25个省、市、自治区和港澳地区。其中金属交易会员137家，综合交易会员100多家。1994年并开发了新的信息产品，异地终端电话用户40家，卫星用户20家。

广东联合期货交易所

【概况】 交易所是在华南商品交易所和广州商品期货交易所的基础上合并而成，是国家试点交易所之一。广东发展银行、广东省华侨信托投资公司、广发期货清算公司承担交易所的清算、结算业务。交易所理事长：陈云贤，总裁：舒扬。

【业务范围】 交易所会员243家，其中油品会员94家，食糖会员110家，金属会员91家，国债会员126家。上市品种有油品、食糖、金属、国债期货。1994年9月1日—12月31日，交易所总成交量1021320手，总成交金额1493.47亿元，日均成交17.57亿元。1994年国债成交928930手，合计1304.58亿元。

苏州商品交易所

【概况】 交易所成立于1991年6月22日，是由原物资部、国家体改委、国务院发展研究中心共同组建的非盈利性的会员制事业法人。会员大会是交易所最高权力机构，理事会是会员大会的执行机构，实行理事会领导下的总裁负责制。注册资本500万元人民币，总裁：唐志新。

【业务范围】 交易品种以黑色金属为主。1994年交易所的交易系统由原来的一价位的竞价方式变为复合式的动盘交易。现有会员184家，其中经纪公司50家。1994年总成交金额为7221亿元，履约率为100%，交割率为0.6%。同时采用了逐日盯市盈亏结算制，实现了实时清算，将净态保证金体系改为动态保证金监控体系，建立了涨跌板、大户报告、持仓限额制度，以及结算基金和风险基金制度。

北京商品交易所

【概况】 交易所是经北京市政府批准组建的大型综合性期货交易所，于1993年11月18日正式开业，具有较好的交易、结算及风险控制系统和先进的通讯系统，实时交易行情通过路透社、美联社、中国通信广播卫星和中信国安公司向会员单位及各地传递。交易所董事长：乔刚。

【业务范围】 交易所上市交易品种有农产品、金属、能源化工、国债等4大类，20多个品种，包括玉米、大豆、菜籽油、小麦、铜、铝、线材、聚氯乙烯、进口烟片胶、国库券等标准化合约，其中玉米、大豆、菜籽油、国库券交易较活跃。会员遍布全国27个省市。1994年交易所上市品种成交合约4100万手，成交金额7200亿元，日均成交金额30亿元，最高日成交金额178亿元。

大连商品交易所

【概况】 交易所成立于1993年2月28日，是由大连物产集团、大连北良有限公司、大连粮食进出口接运总公司、大连石油集团、大连证券交易中心等10家单位共同发起，交易所设有交易部、交割部、结算部、信息部、技术部、综合部、社会发展部等职能部门。交易所制定了会员审查制度、客户培训制度、代理业务管理制度、涨跌停扳制度、每日结算制度、持仓量限额制度、大户报告制度、强制平仓制度，卖方优先与多次交割、风险处理制度等交易管理制度。注册资金5900万元人民币，公司董事长：陈政高，总裁：姜丽华。

【业务范围】 主要上市品种有大米、玉米、大豆等粮食期货。交易所会员有67家，主要为粮油贸易及加工企业、经纪公司和金融企业。1994年交易所成交金额1200亿元。1994年交易所在规范管理和风险控制上采取了一系列措施，严格划分自营帐户和代理帐户，选定了一批定点仓库。交易所交易系统采用美国HP公司9000系列G40小型机作为主机服务器，G30小型机作为备份机，操作系统采用HP.UX平台，内部使用Informix数据库，在网络技术上采纳了Clivent/Server(客户机/服务器)方式，在会员前台采用Windows界面。同时与路透社、道琼德励财经咨询有限公司、中国通讯广播卫星公司等单位实行卫星双向联网。

海南中商期货交易所

【概况】 1994年10月经国务院同意，交易所作为国家试点期货交易所，实行董事会领导下的总裁负责制，内设有办公室、行政部、交易部、市场部、电脑部、信息部、法规部、结算部、交割部。并设有上海、天津、杭州和湛江等城市的地区部。董事长兼总经理：张庶平。

【业务范围】 主要上市品种有棕榈油、天然橡胶、胶合板、红小豆、白砂糖、国债等期货合约。1994年成交量为4814448手，总成交金额为1259.6亿元。其中棕榈成交1826134手，成交金额为596.7103亿元。交易所独创了现金交割制度，作为实物交割的辅助手段。

天津联合交易所

【概况】 交易所是经中国证监会审核并报国务院批准，在原天津金属交易所、北洋(天津)商品交易所和天津商品交易所的基础上联合组建。交易所实行会员制，执行理事会领导下的总裁负责制。交易所实行严格的保证金制度、每日无负债结算制度、交易寸头限制制度、大户报告制度和每日价格最大幅度限制制度等。交易由计算机系统按价格优先和时间优先的原则自动撮合成交，自动结算。总裁：翟文斌

【业务范围】 交易所的交易品种有铜、铝、铅、锌、锡、镍、硅、生铁、国债、胶合板、纯碱、红小豆、大豆、小麦、玉米等21个品种。交易所设专业会员和全权会员，凡注册资金在500万元人民币以上，具有独立法人资格，商业信誉良好的企业，经理事会审核批准可成为会员。

长春联合商品交易所

【概况】 交易所是由国内大中型企业共同出资组建的不以盈利为目的的法人事业单位。1994年12月28日中国证监会批准交易所为试点期货交易所。交易所实行董事局领导下的总裁负责制，内设交易部、结算部、交割部、信息部、技术部、市场开发部、综合部等职能部门。董事长兼总裁：杨烈欣。

【业务范围】 交易所有会员150家。上市的品种有：农副产品即玉米、大米、大豆、红小豆、豆粕、大豆油、小麦；林产品即胶合板；金融期货即国库券以及石化产品、有色金属。主要交易品种是玉米期货，另外独特的品种有运输升贴水期货。1994年成交金额700亿元，日成交额近2亿元，实物交割率为4.22%。

重庆商品交易所

【概况】 交易所是由国家国内贸易部和重庆市政府主办的非盈利性事业法人机构，于1994年4月18日开业。交易所实行会员制，会员大会是交易所的最高权力机构，理事会是经营管理的决策机构，监事会负责对交易所的有关工作进行监察。实行理事会领导下的总裁负责制，总裁是交易所的法定代表人，由理事会聘任。交易所设有交易管理委员会、会员资格审查委员会、仲裁委员会。内设交易部、交割部、结算部、信息部、综合部、发展研究部。总裁：夏峰。

【业务范围】 主要开展生产资料、生活资料、金融期货交易，上市品种有铜、铝、铅、锌、锡、镍、胶合板、生猪、国库券等。1994年成交580亿元，最高日成交超过5亿元，实物交割率2%。交易所已同全国同类市场信息联网，并安装了广播卫星通讯数据接收系统、国内贸易部萨德岚卫星广播网、中国分组交换公用数据网及电视实时报价系统。

郑州商品交易所

【公司概况】 1990年10月12日，由原商业部和河南省政府主办的郑州粮食批发市场开业，1993年5月28日批发市场同时启用郑州商品交易所名称。交易所实行集中交易、公开竞价、会员制、保证金制、头寸限制、价幅限制、对冲交易、逐日盯市等期货交易的规范化制度。交易所总裁：李经谋

【业务范围】 交易所到1994年底，共有会员168家，遍及20个省市自治区的粮油、外贸、金融、工业、物资等行业。1993年5月28日至1994年底，共成交小麦、玉米、大豆、绿豆、芝麻、粳米、花生仁、豆粕、红小豆、国库券标准化合约1540万张，交

易额3900多亿元，其中1994年共成交期货合约14184864张，成交金额3474亿元。上市品种由1993年的5个增加到14个，品种范围由粮油产品扩大到农产品、工业品、金融等领域。同时交易所的规范化进一步提高，在交易中严格实行持仓限制，在结算中，严格结算准备金制度、保证金制度，实行每日结算。在河北唐山、山东齐河等地新设5个定点交割仓库，交割履约率100%。

期货交易机构名录

北京商品交易所
上海粮油商品交易所
大连商品交易所
郑州商品交易所
深圳有色金属期货联合交易所
重庆商品交易所
长春联合商品交易所
成都联合期货交易所
上海金属交易所
沈阳商品交易所
苏州商品交易所
广东联合期货交易所
海南中商期货交易所
天津联合期货交易所
上海商品交易所

期货经营机构

深圳财经期货经纪有限公司

【公司概况】 公司是中检实业发展总公司的下属企业，于1993年3月在深圳成立，通过中国证监会的重新确认。公司实行董事会领导下的总经理负责制，内设机构有期货交易部、期货市场部、结算部、信息部、金融部、投资管理部、证券部、上海营业部、技术工程部、总经理办公室、财务部、行政人事部等。公司董事长：石泽锐。

【业务范围】 公司主要代理客户从事商品期货合约的交易，并提供市场分析、结算、交割、信息、咨询、培训等服务。公司是上海商品交易所、上海粮油交易所、海南中商期货交易所等交易所会员。公司租用美联社卫星终端、图表机、信息机与国内各交易所联网。

江西瑞奇期货经纪有限公司

【公司概况】 公司是经江西省股份制改革联审小组办公室批准成立，由中国证监会核发期货代理业务许可证，在国家工商行政管理局登记注册的股份有限责任公司。主要股东单位有江西新余钢铁有限公司、江西铜业公司、江西省国际信托投资公司、中国银行江西信托投资公司等8家企业。于1993年4月正式成立，公司下设交易信息部、财务结算部、发展部、综合管理部、总经理办公室。还成立了工贸公司承担起交割部和现货部职责。还成立了证券部。注册资本1600万元，总经理：李汉国。

【业务范围】 主要开展客户代理业务，代理客户在国内期货交易所进行交易和商品实物交割，并代客户进行资金帐户管理，提供期货交易信息、咨询服务、培训。兼营与期货业务有关的现货交易，提供股票、债券的交易信息及其他投资金融业务。已是北京商品交易所、郑州商品交易所、苏州商品交易所、海南中商期货交易所、上海金属交易所、上海商品交易所、上海证券交易所等的会员单位。公司拥有营业交易大厅2000平方米，信息终端100多台，拥有60条国际国内程控电话通讯线路和100多门程控电话，装备了英国路透社、中国广播卫星网、钱龙软件系统和国家信息中心的SIC系统，与各交易所直接联网。

广东省广发期货清算公司

【公司概况】 公司是经广东省政府批准，中国人民银行广东省分行同意从事商品期货清算业务，由广东发展银行、广东华侨信托投资公司、中国银行广州分行、广东联合期货交易所联合组建。公司实行董事会领导下总经理负责制，下设清算部、稽核部、电脑部、财务部、办公室等。公司注册资金1亿元人民币，总经理：吴蓬生。

【业务范围】 公司主要开展对期货等交易及交割交收负责清算，提供有价证券的集中保管和代保管、期货市场清算价格和市场信息、咨询、培训及清算技术开发和推广、清算业务范围的抵押担保等服务，公司期货交易履约率达100%。

海南中亚期货经纪有限公司

【公司概况】 公司是三亚中亚信托投资公司的全资子公司，成立于1991年12月，获得中国证监会颁发的期货经纪业务许可证。公司内设总裁室、事业拓展部、营业部、信息资料研究部、电脑结算部、财务部和办公室等。员工110名，其中专业经纪人80名。公司注册资金1200万元人民币，公司总裁：陈法科。

【业务范围】 主要从事国内期货经纪业务，已成为北京、郑州、苏州、大连、广东、深圳、上海、海南等商品期货交易所的会员单位。公司并作为全国期货行业联席会12名主席团成员之一，海南期货行业协会的首届理事长

广东广信期货经纪有限公司

【公司概况】 公司是广东省国际信托投资公司属下的全资公司，具有独立法人资格，于1994年10月正式营业。公司实行管理委员会领导下的总经理负责制，下设交易部、市场拓展部、业务部、财务部、综合部等。公司注册资本1000万元人民币，公司总经理：徐耀炜。

【业务范围】 公司主要业务有国内商品期货外，兼营代理买卖外币有价证券。并运用卫星、信息高速公路等设备和路透社、美联社等财经信息专线，能及时反馈客户下单凭证及相关信息。

广东金创期货经纪有限公司

【公司概况】 公司是经中国证监会和国家工商局批准的专业期货公司，由中国华能集团广州华能经济技术开发公司、金鹏国际期货经纪有限公司、中国金汇黄金物资总公司等5家单位共同组建。公司内设机构有业务部、客户服务部、交易部、结算部、财务部、行政部、投资部、研究部、资讯部、金融部、金属部、农产品部等。公司注册资本2000万元人民币，公司董事长：常清，总裁（法人代表）：吴滨。

【业务范围】 公司主营国内期货代理，兼营期货投资情报、信息咨询服务、期货业务培训。主要代理品种有国债、铜、铝、汽油、柴油、棕榈油、天然橡胶、胶合板、线材、白砂糖、绿豆、大豆、玉米等。公司1994年客户保证金收入4000万元，成交金额100亿元。公司在广州、上海、深圳、海南等交易所拥有交易席位和营业部。

广州银通期货经纪有限公司

【公司概况】 公司是经国家工商局和中国证监会核准成立的专业期货经纪公司，实行董事会领导下的总经理负责制。内设

机构有研究发展部、市场部、运作部、财务部、办公室等。公司总经理:冠南南。

【业务范围】 主要开展期货交易代理业务。已开通了深圳有色金属交易所、上海金属交易所、郑州商品交易所、广东联合期货交易所的交易业务。并以有色金属期货业务为主,开展农副产品、建材等交易业务。还配置了报价及图表信息参考系统。

广州天鑫期货经纪有限公司

【公司概况】 公司是广州军区后勤部天河企业管理局属下的期货专业公司,于1993年9月正式开业。公司注册资本1000万元人民币。公司总经理:甄华山

【业务范围】 公司主要从事国内期货业务,营业面积430多平方米,开辟有多条中继线、国际直拨线,各种通讯畅通。

上海黄海期货经纪有限公司

【公司概况】 公司创建于1993年3月,并于1994年11月24日获得中国证监会颁发的期货经营业务许可证。公司实行董事会领导下的总经理负责制,内设运作部、信息工程部、财务结算部、投资管理部、劳动人事部和总经理办公室。公司总经理:宋苏成。

【业务范围】 公司是上海粮油商品交易所、上海金属交易所、上海商品交易所、上海证券交易所等6家交易所的全权会员。主要代理客户从事农副产品、能源化工、金属和金融方面的期货交易。1994年交易金额800亿元。

上海东安期货经纪有限公司

【公司概况】 公司的前身为内贸部直属企业东方物产集团公司的期货经纪业务部。公司内设交易部、财务结算部、工程开发部、信息研究部及办公室等。并与有关单位合作设立了期货二级代理业务。是上海粮油商品交易所和上海证券交易所的会员单位。

【业务范围】 主要开展期货代理业务,以粮油期货为基础。粮油品种1993年半年即成交16.6万手,总成交金额18.5亿元,1994年全年成交63.4万手,成交金额70.67亿元。公司从1994年9月起还新增了国债期货交易业务。

上海新宇期货经纪有限公司

【公司概况】 公司是经国家工商行政管理局注册登记的专业期货公司。公司董事会是决策管理机构,内设总经理室、业务管理部、信息研究部、企业发展部。已是上海证券交易所、上海商品交易所、郑州商品交易所、海南中商期货交易所的会员单位。开设有上海长宁、南京、河南郑州等三个营业部和多个二级代理点。公司总经理:江正寅。

【业务范围】 主要开展期货代理业务,以粮油、国债、农付产品等品种期货为主。1994年公司平均日代理额约为1.16亿元,代理总额超过220亿元。

上海百事顺期货经纪有限公司

【公司概况】 公司是经国家工商行政管理局核准登记的专业期货经纪公司,取得了中国证监会颁发的期货经纪业务许可证。于1993年4月1日开业。注册资金2000万元。公司下设客户发展部、交易部、金融部、信息部、结算部、办公室等。公司总经理:范德民。

【业务范围】 公司为中国黑色金属材料总公司的全资公司,拥有上海金属交易所、上海商品交易所、上海证券交易所、苏州商品交易所、深圳有色金属期货联合交易所的席位资格或全权代表。主要业务是代客进行各种期货品种的买卖,开展咨询服务和培训。

上海鑫泰期货经纪有限公司

【公司概况】 公司是经中国证监会批准,国家工商行政管理局登记的专业期货经纪公司,是由上海市有色金属总公司与中国有色金属工业财务公司合资组建的。公司内设代理交易部、结算财务部、综合信息部。公司总裁:郑曦。

【业务范围】 公司是上海金属交易所、北京商品交易所、上海商品交易所、苏州商品交易所等交易所的会员单位,代理委托商品期货、金融期货等交易业务。

佛山保利期货经纪有限公司

【公司概况】 公司是由中国保利集团佛山公司创办的全民所有制企业,成立于1993年2月,公司开通了美联社的通讯信息及各交易所的信息终端。公司设有交易部、财务部、办公室等内设机构。公司注册资金1000万元,公司董事长:王龙炳,总经理:工金本。

【业务范围】 公司取得了郑州商品交易所、广东联合期货交易所、深圳有色金属期货交易所全权会员资格。开办了金融类、金属类、农副产品等类品种。

珠海市鑫光期货经纪有限公司

【公司概况】 公司是由珠海鑫光集团股份有限公司创办的,成立于1993年4月30日。公司下设营业部、结算部、技术信息部、财务部、总经理办公室等。公司制定了公司制度、交易制度、结算制度、经纪人制度等。公司总经理:徐成勇。

【业务范围】 公司有深圳有色金属交易所、广东联合期货交易所开展一级代理业务资格。主要代理品种有金属类、天然胶等类。

浙江足佳期货经纪有限公司

【公司概况】 公司于1993年创建,1994年11月获中国证监会和国家工商行政管理局批准和登记。公司员工115名,其中专业经纪人36名。设有国内各交易所的卫星系统。公司注册资金1000万元,公司总经理:沈玉兴。

【业务范围】 公司主要代理的品种有铜、铝、铅、锌、进口胶合板、大豆、生丝、干茧、棕榈油、天然胶、绿豆、羊毛、国债等类。并取得上海证券交易所、郑州商品交易所、海南中商期货交易所、天津联合交易所的全权会员资格,代理客户220家。公司1994年成交金额达250亿元。

浙江金马期货经纪有限公司

【公司概况】 公司是1993年4月12日经浙江省萧山市人民

政府批准以浙江金马集团公司为主组建的专业公司。1994 年 9 月 18 日经国家工商行政管理局注册登记。股东会是公司的权力机构，实行总经理负责制。公司注册资金 2000 万元人民币，董事长兼总经理：谭永兴。

【业务范围】 主要业务为国内商品期货代理，兼营期货培训、咨询。是北京商品交易所、郑州商品交易所、大连商品交易所等 14 家交易所的会员。主要代理品种有线材、国债、有色金属、粮食、棉花、油料等 50 多个品种。

浙江远通期货经纪有限公司

【公司概况】 公司是经浙江省政府批准，国家工商行政管理局注册的有限责任公司，由中国农村发展信托投资公司浙江办事处、浙江省物资产业（集团）总公司、浙江省工商事务中心等组建，于 1993 年 4 月成立。公司下设交易部、财务结算部、市场开发部、信息部、综合管理部及各地分支机构。注册资金 3000 万元人民币，总经理：王建和。

【业务范围】 主要业务有：接受客户的委托，代理客户进行期货买卖；根据客户要求，提供商品期货投资的市场及信息咨询服务；开展培训业务。并为国家十多家期货交易所的全权会员。为客户代理的期货交易品种有建材、有色金属、粮油、农资、化工、国债等七大类。

浙江金达期货经纪有限公司

【公司概况】 公司是经国家工商行政管理局重新核准登记注册的专业期货公司，是浙江省金属材料公司的全资子公司。于 1993 年 12 月 28 日开业。公司内设：交易部、财务结算部、综合信息部、工程开发部、代理管理部、华东部、华北部、华南部等职能部门。公司注册资金 1000 万元，总经理：孟伟林。

【业务范围】 公司主营代理客户进行期货交易，是上海金属交易所、北京商品交易所、郑州商品交易所等十多家交易所、市场的全权会员。主要经营的品种有金属类、农副产品及其制品类、能源化工类、金融类。1993 年公司年成交额 72 亿元，1994 年成交额超过 600 亿元。有 500 多家企事业单位委托交易。

青岛市双龙期货经纪有限公司

【公司概况】 公司是经青岛市证券监督管理委员会批准，于 1992 年 12 月 7 日在青岛市工商行政管理局注册成立，1994 年 11 月 11 日经中国证监会批准，国家工商局颁发执照的全民所有制公司。注册资金 1068 万元人民币。

【业务范围】 主要业务为代理买卖国内期货交易所的期货合约，成为北京商品交易所的全权会员资格，并可代理客户参与郑州商品交易所、上海金属交易所、海南中商期货交易所等的期货交易。代理的期货合约品种有国债、绿豆、胶合板、铜、铝、天然胶、白砂糖、棕榈油、大豆、玉米等品种。

河北际通期货经纪有限公司

【公司概况】 公司是由石家庄商品交易所转建的专业期货经纪公司，经中国证监会批准，在国家工商行政管理局登记。公司设有综合管理部、研究发展部、信息技术部、交易业务部、市场运作部和财务结算部。公司注册资本 1555 万元，公司总裁：许清，

【业务范围】 公司专营代理业务，代理客户在国内各期货交易所进行交易。并为会员提供结算、交割、咨询、信息、培训等服务。公司是郑州商品交易所的正式会员。公司租用中国通讯广播卫星公司和北京世华国际金融信息有限公司等实时行情报价系统及河北省经济动态网信息系统，安装有建功技术分析软件系统。

陕西五矿期货经纪有限公司

【公司概况】 公司是经国家工商行政管理局批准的股份制企业法人，于 1993 年 12 月 20 日正式成立。公司下设交易部、财务部、信息部、开发部等，分管市场开发、信息研究、代理交易、财务结算、资金管理等项工作。经纪人员中有 2 人具有美国期货经纪人资格，3 人具有国家工商行政管理局批准的国内期货经纪人资格。公司总经理：党永新。

【业务范围】 公司是上海金属交易所、深圳有色金属期货联合交易所、郑州商品交易所的全权会员。公司拥有快捷的通讯设备、先进的计算机网络以及路透社实时终端系统、VAST 卫星信息系统、国内主要经济、金融信息网等。公司 1994 年在上海金属交易所成交的有色金属期货合约总额 220 亿元。

陕西长安期货经纪有限公司

【公司概况】 公司成立于 1993 年 4 月 6 日，是由西安飞机工业集团公司组建，经陕西省航空工业局批准，陕西省工商行政管理局核准登记。公司注册资金 1000 万元，董事长：周忠义，总经理：王国暄。

【业务范围】 公司为北京商品交易所、郑州商品交易所的会员。专营代理业务，可代理的品种有农产品、金属、能源化工、金融等四大类。

苏州通宝期货经纪有限公司

【公司概况】 公司是由苏州物资集团股份有限公司与苏州物资贸易中心合资组建的，是北京商品交易所、苏州商品交易所、上海证券交易所、深圳证券交易所等交易所的会员单位。公司内设办公室、国贸交易部、商品交易部、市场部、资讯部、工程信息中心、证券交易营业部。公司总经理：徐为什。

【业务范围】 主要业务为受托代理股票、国债、商品期货交易，开展培训、咨询、服务等。

新疆新兴期货经纪有限公司

【公司概况】 公司是经中国证监会批准，国家工商行政管理局重新登记的专业期货经纪公司。公司开通了美联社德励财经资讯系统、世华建功分析系统等，自办了《每日快讯》、《每周剪报》等资料。公司实行总裁负责制。下设经纪部、交易部、资讯部、财务部、市场开发部、办公室等职能部门。公司总裁：解文滨。

【业务范围】 公司 1994 年 6 月停止国外期货经纪业务，7 月开办国内期货经纪业务。公司是北京商品交易所全权会员、上海证券交易所特别会员，并通过代理开办上海金属交易所、海

南中商期货交易所、大连商品交易所等期货业务。主要代理品种有金融类、金属类、农副产品及制品类、能源化工类、建材类等。

齐鲁期货经纪有限公司

【公司概况】 公司是由齐鲁商品交易所转建,由山东省物资集团总公司、山东省国际信托投资公司、济南钢铁厂等16家企业共同投资、经中国证监会批准的专业期货公司。公司实行董事会领导下的总裁负责制,下设综合部、企划部、交易部、结算部、技术部、信息部等。公司总裁:王国强。

【业务范围】主要业务机构有客户代理中心和远程交易中心。已成为郑州商品交易所、上海粮油商品交易所、广东联合期货交易所等7家国家试点交易所的会员。北京商品交易所、山东远程交易中心使交易者可通过异地同步交易系统端站输入指令,直接参与交易所有上市期货合约集中竞价交易。

期货经营机构名录

广东金创期货经纪有限公司
深圳财经期货经纪有限公司
珠海市鑫光期货经纪有限公司
广东星汉期货经纪有限公司
广东金利期货经纪有限公司
深圳海达期货经纪有限公司
广州永通期货经纪有限公司
广东省寰球国际期货经纪有限公司
广州珠江期货经纪有限公司
上海黄海期货经纪有限公司
上海振茂期货经纪有限公司
上海新宇期货经纪有限公司
上海宏光期货经纪有限公司
上海金源期货经纪有限公司
上海南都期货经纪有限公司
上海百事顺期货经纪有限公司
湖北华泰国际期货经纪有限公司
江西瑞奇期货经纪有限公司
成都南洋国际期货经纪有限公司
重庆星河国际期货经纪有限公司
四川和正期货经纪有限公司
四川嘉陵期货经纪有限公司
陕西五矿期货经纪有限公司
浙江中盛期货经纪有限公司
浙江省新世纪期货经纪有限公司
宁波金盆期货经纪有限公司
中国国际期货经纪有限公司
金鹏国际期货经纪有限公司
信贸国际期货经纪有限公司
江苏东华国际期货经纪有限公司
无锡市金万达期货经纪有限公司
天津通联期货经纪有限公司
青岛海尔期货经纪有限公司
山东鲁银期货经纪有限公司
广东万通期货经纪有限公司
汕头亿峰期货经纪有限公司
东莞通达期货经纪有限公司
东莞市银星期货经纪有限公司
惠州万丰期货经纪有限公司
广州保利期货经纪有限公司
深圳中期国际期货经纪有限公司
广州银通期货经纪有限公司
广州新世界期货经纪有限公司
上海东方期货经纪有限公司
上海良茂期货经纪有限公司
上海中诚期货经纪有限公司
上海永大期货经纪有限公司
上海金城期货经纪有限公司
上海中金期货经纪有限公司
上海众生国际期货经纪有限公司
武汉市江海国际期货经纪有限公司
四川兴鑫期货经纪有限公司
乐山市银海期货经纪有限公司
成都瑞达期货经纪有限公司
成都大业期货经纪有限公司
陕西省长安期货经纪有限公司
浙江金马期货经纪有限公司
浙江金达期货经纪有限公司
浙江远通期货经纪有限公司
宁波信物期货经纪有限公司
中包期货经纪有限公司
北京天星国际期货经纪有限公司
燕兴期货经纪有限公司
南京中期国际期货经纪有限公司
苏州中辰期货经纪有限公司
济南华易期货经纪有限公司
青岛国大期货经纪有限公司

陽東明珠——白沙鎮

鎮委書記:曾昭培　鎮長:黃暘

白沙位于陽江市西郊8公里處,總面積83.3平方公里,人口3.88萬,距一類口岸陽江港15公里,至南國旅游勝地、全國著名漁港閘坡30公里。是廣湛一級公路、廣湛高速公路與沿海高速公路的交匯點,又是陽江港連接三茂鐵路的陽江鐵路的重點站。1994年全鎮工農業總產值達1.5億元,工業總產值達1.02億元。人均收入達1680元。

白沙鎮山水兼優,物產豐富,是陽江市糧油、糖、肉、蛋、禽、林、果之主要產區之一。本着"穩定農業、主攻工業"的原則,大力發展"三高"農業,推行"一村一品。一戶一園"的農業生產模式。工業方面,生產的勞保鞋、皮鞋已銷往全國各地,新近投產的賓館用品廠的產品,已銷往本省及廣西、海南各大賓館。服裝、電器等一批企業已相繼投產,還有20多家企業正抓緊施工。

白沙鎮境內礦產十分豐富,已發現的礦藏有12種,境內的羅琴山及其山下的石河水庫,風景十分秀麗。鎮委鎮府十分重視改善投資環境,近年來投入巨資搞基礎設施建設。規劃三個開發區,總面積23萬平方米,投資2000萬元建造的金沙商業大道、銀沙工業大道已相繼竣工;已開通1500門程控電話,日供水量2000立方米的自來水廠首期工程已竣工。

第四编

中国批发市场

96/97

中国批发市场

南方有色金属交易市场

【概况】 南方有色金属交易市场是经广东省政府同意，由中国有色金属工业广州公司和南海市政府共同发起，联合16家单位组建的专业生产资料现货批发市场，是非盈利性的企业法人，于1993年9月20日开业。其宗旨是竭诚为广大的有色金属生产厂、加工企业和经营商服务，促进有色金属交易的规范化和国际化。市场交易时间为周一至周五。交易市场董事长：冯秋明，法人代表、总裁：林德保。

【业务范围】 交易市场主要任务是为交易者提供现代化交易场所和先进的交易手段，提供全方位的交易信息，组织有色金属产品集中规范化的现货交易，交易市场上市的商品品种有铝、铜、铅、锌、镍、锡、钴等有色冶炼产品，并将陆续推出锌精矿、铜精矿、氧化铝、无氧铜杆和普通纯铝板等品种上市。1994年交易市场交易额突破1000亿元。

广东商品交易市场

【概况】 交易市场是由冶金工业部、广东省人民政府共同组建的综合性商品交易市场。1993年8月8日正式开张营业。市场实行会员制，下设有交易部、结算部、交割部、信息部、研究发展部和办公室。市场总裁：傅杰。

【业务范围】 市场经营的范围有：金属类、轻化能源类、农副产品类、金融类。除进行即期现货交易外，还上市线材、冷扎薄钢板、中板、胶合板等品种的远期合同交易。在市场风险控制方面，建立资金保障系统、交易监督和交收保障系统、会员资信评价系统和客户保护系统。在技术装备上，使用美国DEC进口的两台小型计算机系统对交易过程进行控制和管理，配备IDD电话、交易实时行情通过亚太1号广播通信卫星向会员单位同步传递，并建立几十个卫星地面接受小站，在广州、上海、天津、武汉等城市建立了交收仓库，交收履约率100%。在管理上实行保证金制度、逐日盯市制度、每日价格涨停扳限额制度、日交易规模和最高持仓量控制制度、代理客户交易管理制度、统一结算制度、风险基金制度等。市场现有会员68家，分布在全国30多个城市和地区。

北洋（天津）钢材批发交易市场

【概况】 北洋（天津）钢材批发交易市场由国内贸易部、冶金部和天津市政府共同组建，于1994年5月18日正式开业。市场实行会员制、保证金制、统一结算制。为了拓展交易范围，增强服务功能，完善市场机制，实行竞价批发、拍卖（招标）、挂牌竞价等交易方式，全部由计算机处理完成。市场理事长：卢尚汉，总裁：汪文贤。

【业务范围】 市场主要业务有组织钢材近、远期及即期现货的批发和调剂，衔接供求，合理配置资源。并经过资信审查，有176家企业成为市场的全权会员和网络会员。交易规模不断扩大，日成交额在10亿元人民币以上。为了方便交易的实物交收，市场在中国各大中心城市、主要集散地设立了交割配送仓库。

武汉商品批发交易市场

【概况】 武汉商品批发交易市场是由武汉市人民政府和武汉钢铁（集团）公司共同组建，于1993年2月8日成立，10月12日开市。批发交易市场实行会员制、委托代理制、保证金制和统一结算制，下设交易部、结算部、信息部、综合部。市场总裁：李裕荣。

【业务范围】 主要上市品种有：冷板、热板、线材、一号铜、高级基础铝。开办有金属材料即期、近期和远期现货合同交易。利用计算机系统，按照价格优先、时间优先的竞价原则自动撮合。现有会员51家，其中流通企业27家，各行业部委供销机构12家，生产加工企业5家，综合商贸集团6家，专业期货经纪公司1家。

无锡粮油中心批发市场

【概况】 批发市场是由国内贸易部批准，由无锡市政府组建的大型粮油中心批发市场。市场由国内贸易部、江苏省政府、无锡市政府等有关领导组成的管理委员会的监督和管理。设立有商务、结算、信息和储运中心。市场注册资金5000万元。

【业务范围】 市场主要组织开展粮油集中竞价交易及批发、协商交易。市场占地20公顷，竞价交易场地500平方米，交易席位100个，并采用先进的计算机网络和卫星通讯设施。

中国北方木材批发市场

【概况】 中国北方木材批发市场是由黑龙江省政府主办，于1992年5月20日正式营运。员工95%以上具有大专文化水平，50%具有中高级专业职称。

【业务范围】 主要业务有组织木材批发交易，提供交易场所，收集、整理、储存、发布信息，办理运输和结算。经营品种有原木、锯木、各种木制成品、半成品、人造板、林副产品、代木品以及边贸、外贸进口木材。市场拥有500平方米的交易大厅，安装有13.4平方米的LED电子显示屏，以及微机、直拨电话、卫星通讯设备，实现了业务、运输、财务之间的微机联网操作。

批发交易市场名录

南方有色金属交易市场
天津石化交易中心
天津纺织原材料交易市场
北洋(天津)钢材批发市场
黑龙江省粮油批发交易市场
哈尔滨综合生产资料市场
郑州农业生产资料批发市场
郑州农副产品批发交易市场
中国机电交易市场
中原纺织纱布交易市场
西北石油物资交易市场
北京国家木材和林产品交易市场
天津钢铁炉料交易市场
天津化工物资交易市场
中国北方木材批发市场
大庆石油化工市场
湖北省粮食批发市场
郑州建材批发交易市场
郑州农业机械交易市场
郑州煤炭交易市场
广西食糖批发市场
山东淄博建材批发市场

湛江市官渡鎮

官渡鎮屬湛江市坡頭區管轄，距湛江市區僅18公里，毗鄰遂溪、廉江和吳川，全鎮面積86平方公里，人口4.5萬人。1994年全鎮工農業總產值3.2億元，其中鄉鎮企業總產值2.5億元，社會總產值3.9億元。

官渡鎮是省重點工業衛星鎮，投資環境得天獨厚，廣湛公路干綫横穿鎮中，各管區、村莊有公路相連接。正在籌建中的廣湛高速公路和茂湛鐵路從鎮西經過，并設有高速公路出入口和鐵路貨、客運站。鎮三面臨海，擁有12.6公里長的海岸綫。商貿住宅和工業小區占地面積6平方公里，是置地置房，投資辦工業的理想場所。官渡鎮海灘涂7500多畝，潮汐明顯，微生物極其豐富。現已發展成粤西地區最大的養蚝育蚝苗基地。目前，全鎮養蚝面積已達6000多畝。年産值3000萬元以上。全鎮現有大小石場15個，年開采加工量30萬立方米。官渡鎮盛産水果。水果年産量9000噸以上，品種以香蕉、紅江橙、芒果、龍眼爲主。鎮内旅游景點多，鎮西有著名的石門古埠，鎮中有聳入雲天的筆架嶺。還有沿海的海天水景。

改革開放10多年來，官渡鎮的鄉鎮企業發展迅速，官渡水泥廠生産的"渡海牌"硅酸鹽水泥是廣東省優質産品，年産量12萬噸。半球集團燈具工業公司是廣東省先進企業。

鎮委書記：趙康生

鎮政府辦公大樓外景

包裝材料廠車間一角

第五编

中国基金市场

100/105

中国基金市场

【概况】 1994年是中国基金市场稳步发展的一年，并逐步形成有中国特色的基金行业。

市场规模 至1994年底，全国共有基金56只。1993年8月20日淄博基金在上交所上市，1994年3月沈阳证券交易中心、南方证券交易中心与上交所联网，8家沈阳基金、3家广东基金在上交所挂牌。1994年3月21日深圳4家基金在深交所上市，此后南方证交中心7家基金中有4家在深交所上市。至1994年底，在上交所上市基金12只，上市总额6.62亿元，市价总值11.42亿元，1994年成交额117.4亿元。深交所上市基金8只，上市总额18.35亿元，市价总值24.19亿元，1994年成交额240.15亿元。此外在天津证券交易中心上市基金有9只，武汉11只，大连7只，四川4只。逐步形成全国性基金市场。

管理加强 1994年，为了配合宏观调控措施，控制全国信用总量，一律不批准成立新的基金，原有的基金也不能通过送配基金单位形式扩大规模。同时对基金二级市场进行了整顿。国务院并明确，人民银行是投资基金的审批管理机关，申请设立和发行投资基金，成立基金管理公司，一律由中国人民银行总行审批。

【交易市场】 1994年基金市场的变化也在股市中有所表现，两者的关联程度进一步加强。从全国各地的基金市场的走势及图形分析，1994年基金交易市场的形态可分为三个阶段。1月3日—7月29日，市场持续阴跌。年初山东淄博基金下降不止，2月末价为2.47元，从3月7日沈阳证交中心与上海证交所联网，受沈阳基金的拖累，价格大幅下降，沈阳基金联网后也逐步盘跌，其后深圳证交所与南方证交中心联网因素也使各交易中心上市的基金价格波动盘下。到7月末，基金也随同股市一样，跌到最低点，有的跌破净资产值。8月1日—9月9日，市场牛气冲天。国家有关证券管理部门宣布有关政策措施和信息。其中有关基金方面是试办中外合作基金管理公司、发展国内投资共同基金和吸引外国基金投资国内A股市场。各地基金全面上升，淄博基金由0.93元上升到9月6日的3.8元的创纪录价位，沈阳基金月平均涨幅达到63.15%，深圳证交所的基金上扬幅度高达81.1%。9月12日—12月30日市场盘整回落。随着股市上冲乏力，基金大势回落，价位窄幅波动。但至11月初有关养老保险基金可能入市的消息又使基金市场气候转暖，价格回升。此后基金市场走出与深沪股市相反的行情，与权证一起成为年终市场热炒焦点，基金价格稳中有升。

【存在问题】 从1991年有关省市开始设立基金以来，我国基金业稳步发展，但是在基金管理法制建设方面比较薄弱，基金长期存在的规范化问题难以解决。基金行业管理比较落后，设立和操作不规范。在中国投资基金创新方面还有待进一步努力和加强，要在开发货币基金、破产基金、国债基金、创业基金、中外合作基金等方面有所探索和试点。

上市基金

深圳天骥投资基金

【基金概况】 基金是1992年11月28日向社会公开发行。于1994年3月21日在深圳证券交易所上市，期限10年，属契约型封闭式。基金总规模581476000个单位，基金经理人为深圳投资基金管理公司，信托人为中国工商银行深圳市信托投资公司。

【经营业绩】 基金主要开展证券投资、房地产、项目投资等。在投资组合中，证券投资占41.91%，项目投资30.91%，房地产投资16.85%，货币资金及其他资产10.33%。1994年度基金收入73673572.32元，其中证券及房地产投资收入6720876.87元，股利收入18860973.41元，利息收入18453257.87元。其他投资收益29638464.17元。基金净收益58820103.652元，基金净资产873852399.31元。

【财务状况】 天骥基金的资产全部为自有资产，1994年度根据市场状况增加了货币资金的持有量及项目投资的比例，有较强的偿债能力，资产结构合理。1994年基金单位净资产1.5元。

深圳蓝天基金

【基金概况】 基金是经中国人民银行深圳特区分行批准，于1993年2月25日正式成立，由深圳蓝天基金管理公司和中国人民建设银行深圳市分行共同发起的封闭式投资信托基金。基金总规模379157000个单位。

【经营业绩】 主要开展证券投资、房地产、股权投资等业务，在基金投资组合中，证券投资占44.89%，房地产投资占35.04%，货币资金及应收款占10.17%，项目投资占6.79%，股权投资3.11%。基金收入42849530.68元，其中证券及房地产收入35008061.07元，股利收入7682100.80元，利息收入1465233.64元。基金净资产548015238.57元。

【财务状况】 1994年基金单位收益0.089元，每单位净资产1.48元。

广东华信投资基金

【基金概况】 基金是经中国人民银行广东省分行批准，由广东华侨信托投资公司发起成立的契约型封闭式单位信托基金。封闭期限8年，发行总规模11800万个基金单位。并于1993年12月31日在深圳证交所和南方证券交易中心各上市5900万基金单位。

【经营业绩】 主要开展实业与股权、房地产、证券、货币等方面的投资业务，在投资组合中分别占5.44%、46.55%、35.24%、12.77%。1994年度，基金实现经营收入3322.74万元，其中房地产投资收入1168.25万元，证券投资(含国债)收入824.95万元，股权与实业投资收入399.49万元，其他投资收入930.05万元。实现净收益3013.7万元，年末可分配利润2732.72万元。

【财务状况】 1994年度基金单位收益0.255元，单位净资产1.28元，单位基金可分配利润0.232元。

广东广信投资基金

【基金概况】 基金是经中国人民银行广东省分行批准，由广东省国际信托投资公司发起设立，发行总规模12875.4万基金单位，基金为契约型封闭式。并于1994年3月3日在南方证券交易中心上市，于3月14日与上海证券交易所联网。

【经营业绩】 主要投资范围为股票、债券、金融票据、期权、期货、房地产等项目。在投资组合中证券占30.6%，实业占55%，货币占8.2%，其他占6.2%。1994年度经营收入1636.89万元，其中实业投资收入2390.57万元，证券投资收入－871.23万元，利息收入117.55万元。实现净收益1271.11万元，资产总额16823.69万元。

【财务状况】 单位基金净收益0.1元，净资产收益率8.5%，单位基金收益1.16元。

南方投资基金

【基金概况】 基金是由广东省南方金融服务总公司发起设立的，属封闭式契约型，期限8年，发行总规模22630万基金单位，并于1994年3月3日于南方证券交易中心上市。

【经营业绩】 主要开展货币、应收帐款、证券投资、项目投资、信托投资、股权投资、其他投资等业务。在投资组合中分别占12.22%、2.16%、14.96%、40.33%、6.7%、1.84%、21.79%。1994年度基金实现经营收入1725.34万元，其中项目投资收入1358.36万元，信托投资收入480万元，证券投资收入－1353.29万元，其他投资收入972.57万元，利息收入267.69万元。实现净收益1170.54万元，资产总额29833.82万元。

【财务状况】 单位基金净收益0.05元，净资产收益率5.17%，单位基金收益1.15元。

广东证券投资基金

【基金概况】 基金是由广东证券公司发起的，封闭期限8年，发行总规模11700万基金单位。并于1994年3月3日于南方证券交易中心上市。

【经营业绩】 主要开展证券、实业、货币、其他等项目投资业务。在投资组合中分别占10.7%、68.4%、12.9%、8%。1994年度基金实现经营收入2992.55万元，其中实现净收益2740.9万元，资产总计14457.95万元。

【财务状况】 单位基金净收益0.23元，净资产收益率18.5%，单位基金收益1.24元。

广东广发第一期投资基金

【基金概况】 基金是经中国人民银行广东省分行批准，由广东发展银行发起设立，发行总规模6000万基金单位，基金为封闭式。期限8年，于1993年8月28日在南方证券交易中心上市，1994年3月14日与上海证券交易所联网。

【经营业绩】 1994年度，在投资组合中证券占40%、货币占10%、其他占50%。经营收入1470.24万元，其中实业投资收入887.66万元、证券投资收入398.55万元，其他投资收入184.04万元。实现净收益1140万元，资产总计7140万元。

【财务状况】 单位基金净收益0.23元，净资产收益率19%。

广东广发第二期投资基金

【基金概况】 基金是经中国人民银行广东省分行批准，由广东发展银行发起设立的封闭式单位信托基金，于1993年12月16日成立。总规模5300万基金单位，期限8年，于1994年3月18日于南方证券交易中心上市，并与深圳证券交易所联网。

【经营业绩】 基金主要开展证券投资、实业投资等业务。1994年度投资收入12046090元，其中实业投资收入10163501.61元，证券投资收入1194708.11元，其他投资收入687880.28元。资产总额6440万元，净收益10447527.67元。

【财务状况】 单位基金净收益0.22元，净资产收益率21.5%，单位基金净资产1.22元。

广证93年国库券受益券

【基金概况】 受益券是经中国人民银行广东省分行批准，由广东证券公司发起，于1994年3月28日向社会公开发行，认购者以等额面值的1993年五年期实物国库券认购。发行总规模12000万个受益单位，其中发起人认购1200万个受益单位，属契约型封闭式，期限与5年期国库券相同。经理人为广东证券公司基金部、信托人为中国人民建设银行广东省信托投资公司。受益券于1994年12月6日在南方证券交易中心挂牌交易，可流通数量10800万个受益单位。

【经营业绩】 经理人将变现国库券所获资金主要投资于国债一级、二级市场、股票、债券、期货及房地产。并保证受益人最少获得比1993年期国库券票面利率高出一个百分点(即16.86%)的年收益率。受益券经营所得超过固定收益部分，在扣除管理费、经理人业绩报酬及其他应付费用后可分配收益，每年进行一次收益分配，但国库券本金及1993年国库券利息，将于本受益券期满时一次性返回受益人。

珠海海鸥投资基金

【基金概况】 基金是1993年9月经中国人民银行广东省分行和珠海市分行批准发行，发行规模5000万元，其中发起人持有500万个单位，社会公众持有4500万个单位。期限10年，为封闭契约型，于1994年3月3日在南方证券交易中心上市，并于1994年3月14日与上海证券交易所联网。

【经营业绩】 基金主要进行证券、实业、金融等方面投资。1994年底基金资产总额72006389.34万元。在基金投资组合中证券投资占31.48%，实业投资占38%，货币投资10.57%，其他投资占19.95%。基金营业收入8722136.57元，证券投资收入4774592.36元，利息收入2364601.62元。收益总额13356617.34元。

【财务状况】 单位基金净收益0.27元，净资产收益率22.27%，单位基金净资产1.20元。

天津开信基金

【基金概况】 基金是经中国人民银行天津分行批准，由天津北方国际信托投资公司发起设立的。基金总规模5600万单位，属无限期封闭式投资基金。于1992年12月31日在天津证券交易中心上市。

【经营业绩】 主要投资于房地产、证券市场、股权投资等。1994年度经营收入16838051.84元，其中证券收入11327114.72元，投资收入2893821.67元。资产总额84149970.96元，其中基金净资产总额为83629277.81元。投资资产68636877.91元，占资产总额81.56%，其余18.44%为银行存款及其它资产。在投资资产中，证券投资占37.5%，资金市场投资43.7%，房地产投资占13.9%，项目投资4.9%。基金净收益15059271.71元。

【财务状况】 1994年单位基金收益0.2689元，单位基金净资产1.49元，本年度实现可分配利润15059229.06元，加上年未分配收益42.65元，基金红利实际分配金额14560000元，余下499271.71元转入下一年度，分红率为26%。

辽宁金星受益基金

【基金概况】 基金是经中国人民银行辽宁省分行批准，由锦州市金星信托投资股份有限公司发起设立的，总规模为4000万人民币，封闭期限为15年。并于天津证券交易中心上市交易。

【经营业绩】 主要投资于大中型企业和金融企业。投资葫芦岛锌厂的改造工程、辽宁华卫制药厂、锦州同达工贸公司、工行珠江三角洲信托联合公司等企业。1994年经营收入7285571.91元，其中利息收入7189304.87元，存款利息收入96267.04元。资产总额47732980.23元，税前净收益6672154.34元。

【财务状况】 1994年单位基金净资产1.18元，单位基金收益0.1715元。向投资者分配红利总额6800000元，分红率为17%，余额60950.06元转入下一年度分配。

江西中盛投资基金

【基金概况】 基金是经中国人民银行江西省分行批准，由中国银行江西信托咨询公司设立的投资受益凭证，基金总额为2000万元，期限10年，为契约式封闭型。1993年5月13日经批准转为无偿还期。在武汉证券交易中心上市交易。

【经营业绩】 主要开展实业投资、证券投资、银行存款等业务。1994年度基金收入5573836.77元，其中投资收入4569450元，证券投资收入224140元，利息收入782246.77元。基金资产总额38012254.29元，基金净收入4770684.73元。

【财务状况】 1994年度基金收益率16.85%，分配红利总额4814161.83元。每股基金派送现金0.17元。

赣中受益基金

【基金概况】 基金是经中国人民银行江西省分行批准，由中国银行江西信托咨询公司发起设立的，基金为封闭式无限期契约型，总规模1994年初为2226万元，1993年度红利分配送2配8，至1994年底基金总规模为4452万元。于1993年12月30日在天津证券交易中心上市交易。

【经营业绩】 主要投资于证券、房地产、金融资产等。至1994年12月31日，赣中受益基金资产总额56134187.75元，其中投资资产47036332.30元，占83.8%，其余为基金现金资产和其他资产。基金投资组合中长期投资350万元，短期投资43536332.30元。(其中证券投资11536332.30元，占总投资资产的24.6%)。基金实现收入8231962.09元，其中投资收入7034191.67元，证券投资收入541080元，利息收入656690.42元，基金净收益7499683.09元。

【财务状况】 单位基金收益0.168元，单位基金净资产1.21元，收益率16.8%。1994年度分配红利总额7123200元，分红率16%，余额376483.09元转下一年度分配。

天津创业基金

【基金概况】 基金是经中国人民银行天津市分行批准，由天津信托投资公司于1992年12月1日向社会公开发行，基金总规模1亿个基金单位，为不定期封闭式。流通量为9220万个单位，于1993年2月8日在天津证券交易中心上市。

【经营业绩】 主要开展金融保险投资、证券投资、房地产等业务，1994年底资产总额131354256.61元。投资资产113800000元，其中实业投资7846万元，股权投资2975万元，委托放款200万元，证券投资359万元。基金经营收入16009816.64元，其中房地产收入7675503.35元，工业项目收入5000000元，证券投资收入3613328元，股权投资收入4540000元，利息收入180985.29元，基金净收益15082725.97元。

【财务状况】 1994年度单位基金净收益0.151元，单位基金净资产1.3元，净资产收益率15.08%。

秦皇岛海湾基金

【基金概况】 基金是由秦皇岛市信托投资公司和秦皇岛开发区投资开发公司发起的，期限8年，属封闭式公司型。发行规模3800万元，上市总量3420万元，于1994年4月18日在天津证券交易中心上市。

【经营业绩】 基金主要投资于证券投资、房地产、高科技、工业等方面。建设了天津和平温泉花园工程、新型镍氢电池项目、国家“三金”工程的电子产品及生物制药项目。1994年底基金总资产51353100.3元，其中基金投资资产35833412.66元。在投资资产中，证券投资占31.36%，房地产投资占46.3%，工业项目投资占22.4%。基金营业收入10744937.49元，其中利息收入1016043.59元，投资收入9728893.9元。收益总额9525264.42元。

【财务状况】 1994年度单位基金收益0.2507元，单位基金净资产1.2507元。单位基金红利0.25元。

淄博乡镇企业投资基金

【基金概况】 基金的经理人为山东淄博投资基金管理公司，托管人为中国农业银行淄博分行，发行规模为10000万份，基金为公司型封闭式。期限8年。主要持股人有中国农村发展信托投资公司、淄博市信托投资公司、交通银行淄博分行、山东证券公司等。

【经营业绩】 1994年在投资组合中证券占20.63%、实业占58.83%、货币及其它占20.54%，经营收入2556万元，其中实业投资收入1618万元，证券投资收入435万元，利息收入32万元，其他投资收入471万元。实现净收益2170万元，资产总计12692.08万元。

【财务状况】 单位基金收益0.217元，净资产收益率18.3%，单位基金净资产1.237元。

南京信托投资受益基金

【基金概况】 基金是经中国人民银行南京分行批准发行的浮动利率信托投资受益债券，期限9年，总规模3000万元。后经批准更名为信托投资受益基金。在武汉证券交易中心上市。

【经营业绩】 主要业务有房地产、证券金融等投资业务。1994年度基金收入5701239.63元，其中房地产投资收入4372154.21元，证券投资收入800000元，利息收入529085.42元，基金净收益5121265.77元，基金资产总额35390537.83元。

【财务状况】 1994年度基金单位净资产1.17元，单位基金净收益0.17元，分红率17%。

沈阳农信投资受益债券

【基金概况】 受益债券1994年底总份额3861万份，属契约型，期限15年。债券主要持有人为中国工商银行沈阳市风险投资股份有限公司。经理人为中国农业银行沈阳市信托投资公司。受益债券于1992年6月29日在沈阳证券交易中心上市交易，1994年3月下旬与上海证券交易所联网交易。

【经营业绩】 受益债券对收益商、科技附加值大、效益显著的投资项目给予投入。1994年底受益债券资金投放总额4034万元，其中对计算机、打印机项目投资1000万元人民币，出租汽车业投入200万元，合资企业投资1100万元，企业项目投资1561万元。1994年度受益债券投资收入7362451.34元，其中实业投资收入7274万元，利息收入88万元，净收益6623353.25元，资产总额46600455.63元。

【财务状况】 1994年受益债券所有者权益45276478.32元，单位受益债券收益0.172元，单位受益债券净资产1.14元。

君安93年国库券再投资受益券

【基金概况】 受益券是经中国人民银行深圳特区分行批准，于1993年12月28日成立，国内法人机构和个人以93年五年期国库券认购，经理人将该国库券变现进行再投资并保证受益券持有人每年最低收益率15.86%的一种受益凭证。基金总规模2亿个基金单位，期限5年。经理人为君安证券有限公司，信托人为中国农业银行深圳信托投资公司。

【经营业绩】 主要开展房地产、工业、金融证券等方面投资。在投资组合中，投资上市股票占84.31%，委托投资占9.43%，债券投资占14.14%，银行存款占10.47%。1994年度基金总收入39118871.38元，其中利息收入14886368.58元，证券投资收益24232502.8元。实现净收益36107871.38元，净资产 212110144.76 元。

【财务状况】 1994 年基金单位收益 0.181 元，单位基金净资产 1.06 元。

深圳南山风险投资基金

【基金概况】 基金是由南方证券有限公司、中国人民建设银行信托投资公司、中国光大银行、中国农村发展信托投资公司、深圳市南山区投资管理公司、中国平安保险公司等共同发起和设立，属封闭式公司型。基金总规模 10935.9 万个单位，其中发起人认购 3400 万个单位，社会机构和公众认购 7539.9 万个单位。期限 10 年。

【经营业绩】 主要业务范围有基金的发行、投资与管理、证券及股权投资，办理受益凭证的认购、转让、购回等。在投资组合中，证券投资 32.36%，房地产投资 27.81%，股权投资 13.78%，货币资金及应收款 20.05%，自用固定资产 6%。1994 年度基金收益 16113879.66 元，其中短期投资收益 8404384.83 元，长期投资收益 6624231.19 元，其他收入 370411.99 元，利息收入 714851.65 元。基金净资产 144142319.14 元。

【财务状况】 1994 年基金单位净资产 1.32 元，每单位可分配收益 0.096 元。

海南富岛投资基金

【基金概况】 基金是经中国人民银行海南省分行批准，于 1992 年 5 月设立，基金总规模 1.6 亿基金单位，基金期限为 20 年。基金经理人海南省证券公司，托管人为交通银行海南分行。

【经营业绩】 基金主要投资于有价证券、股权、房地产等领域。在投资组合中，房地产投资占 43.2%，股权投资 14.2%，货币资金 9.2%，证券投资 5.2%，其他投资 28.2%。1994 年度基金收入 8923107.22 元，其中有价证券投资收益－9188750.11 元，房地产投资收益 16726657.33 元，股权投资收益 1385200 元。基金净资产 173513843.21 元。

【财务状况】 1994 年基金单位收益 0.04 元，单位基金可分配利润 0.062 元。

黑龙江龙江投资基金

【基金概况】 基金是经中国人民银行黑龙江省分行批准的封闭式契约型投资基金，由黑龙江省证券公司、中国光大银行黑龙江分行和中国农业银行黑龙江省分行信托投资公司发起，于 1993 年 12 月 14 日设立，有效存续期为 8 年，发行总规模 8000 万个基金单位，其中可流通量为 7200 万个基金单位。于 1994 年 3 月 30 日于天津证券交易中心上市。

【经营业绩】 主要投资范围有股票、债券、存款、实业项目等方面。至 1994 年 12 月 31 日，基金总资产 107384009.32 元。投资资产 94817033.30 元，占总额的 88.3%，其中 11.7%为银行存款及其他资产。在投资资产中，有价证券(包括股票、国债及其他有价证券)投资占 49.52%，房地产投资占 8.43%，实业项目投资占 9.38%，信托投资占 32.01%，其他投资占 0.66%。1994 年经营收入 21659984.71 元，收益总额 19384009.32 元。

【财务状况】 单位基金收益 0.2423 元，净资产收益率 19.5%，单位基金净资产 1.24 元。

黑龙江兴龙投资基金

【基金概况】 基金是经中国人民银行黑龙江省分行批准，由黑龙江省国际信托投资公司发起的。

【经营业绩】 主要开展证券业、房地产、实业等投资。1994 年底，基金投资总额 9837.3 万元，其中证券业投资 1028 万元，房地产业投资 800 万元，实业投资 5244 万元，其他投资 1076 万元。经营收入 20723030.01 元，其中证券投资收入 2640932 元，房地产投资收入 1282558 元，实业投资收入 13573744.72 元，其他投资收入 3225795.29 元。基金资产总额 100459129.7 元。经营收益 19715799.71 元。

【财务状况】 1994 年基金单位净资产 1.242 元，每基金单位红利 0.242 元。

黑龙江大庆投资基金

【基金概况】 基金是经中国人民银行黑龙江省分行批准，由大庆投资基金管理部管理。

【经营业绩】 基金重点用于石油开发、石油化工和高新技术开发产业。1994 年底，基金资产总额 101879655.97 元，其中投资资产 99720000 元。在投资资产中，用于大庆石油管理局所属企业的石油开发项目 4972 万元，用于中国石化总公司大庆三十万吨乙烯化工项目 2000 万元和大庆市政府所属石油化工企业 2500 万元，用于大庆高新技术开发产业项目 500 万元。基金收益总额 19528380 元。

【财务状况】 1994 年基金单位净资产 1.2385 元，单位基金收益 0.2385 元，净资产收益率 19.26%。

黑龙江龙银投资基金

【基金概况】 基金是经中国人民银行黑龙江省分行批准，由中国银行黑龙江省国际信托投资公司发起的。

【经营业绩】 基金主要开展证券投资、实业投资等。在投资资产组合中，有价证券投资占 14.63%，房地产投资 11.67%，对工业企业项目投资 48.89%，与金融机构合作投资占 24.81%。1994 年度经营收入 13821867.41 元，其中投资收入 13668733 元，手续费收入 29666.67 元，金融系统往来收入 123467.74 元。基金资产总额 74694159.44 元，净收益 12624743.5 元。

【财务状况】 1994 年基金单位净资产 1.2104 元，单位基金收益 0.2104 元，净资产收益率 17.38%。

黑龙江北疆投资基金

【基金概况】 基金是经中国人民银行黑龙江省分行批准，由中国工商银行黑龙江省信托投资公司发起的。

【经营业绩】 基金开展证券投资、房地产投资、货币投资等业务。1994 年基金资产总额 83390635.19 元，其中证券投资 20200000 元，房地产投资 8000000 元，短期投资 45257966.41 元，货币投资 8595570.92 元，其他投资 1337097.86 元。基金经营收入 11824209.74 元，其中投资收入 9657599.07 元，证券收入 824933.24 元，其它收入 1341677.43 元。收益总额

11068744.25 万元。

【财务状况】 1994 年基金单位净资产 1.154 元，单位基金收益 0.185 元。

黑龙江广源投资基金

【基金概况】 基金是经中国人民银行黑龙江省分行批准，由哈尔滨国际信托投资公司发起的，募集基金总规模 7000 万个单位。

【经营业绩】 基金开展证券投资、房地产投资、实业投资等业务。1994 年底，基金资产总额 81804538.3 元，其中长期投资占 79.45％，短期投资 12.93％，现金及银行存款占 7.61％。基金经营收入 11814547.18 元，其中利息收入 279306.67 元，投资收益 10869000 元，金融企业收入 666240.51 元。基金净收益 11119242 元。

【财务状况】 1994 年基金单位净资产 1.1602 元，单位基金净收益 0.1602 元，基金年分红率 21.07％。

海口市社會保障局

局長:唐才惠

海口市社會保障局成立于 1992 年 1 月,現有 7 科室、2 個公司,干部職工 114 名,負責全市從業人員養老、工傷、醫療保險的業務管理工作。目前我市參保單位已達 4086 家,從業人員 100557 人。我市退休人員按足額領取退休金,保障他們的晚年生活,工傷人員得到合理的醫治和賠償,保障了他們的合法權益,醫療保險將從今年下半年開始實施。一個全方位、多層次、一體化的社會保障體系將在我市建立起來。

地址:海口市南航路 2 號勞動局内

電話:6773179　**郵編**:570206

現代化的社會保障處理系統

瓊山市人民醫院

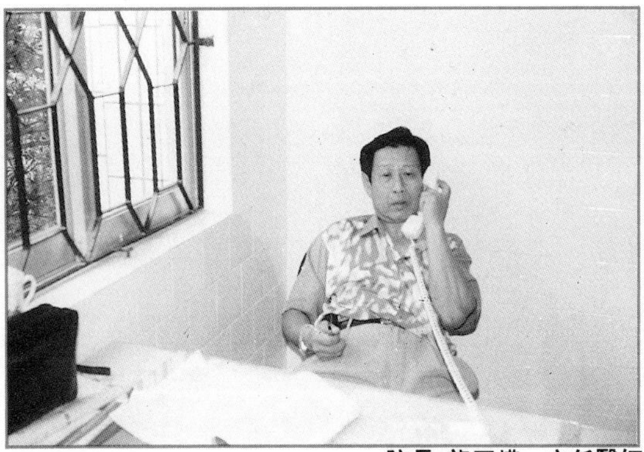

院長:龍田塔　主任醫師

醫院大樓

公園式院内環境

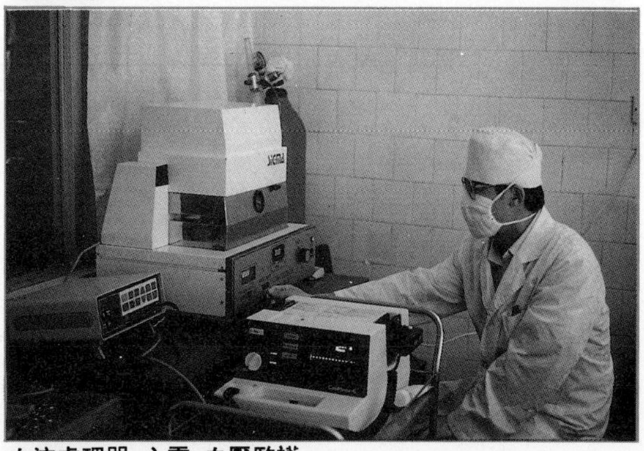

血液處理器、心電、血壓監護

第六编

中国产权市场

108/110

中国产权市场

【概况】 按照国家国有资产管理局的解释，产权是指财产所有权以及与财产所有权有关的财产权，即是由所有权派生的经营权，不包括债权。中国的产权交易起始于1984年，企业间开始展开兼并活动，最早出现在广州、武汉、西安。

交易市场 至1990年全国共有6226户企业兼并6906户企业，实现存量资金转移82.5亿元，减少亏损企业4095户，减少亏损金额5.22亿元。1990年至1994年全国有近2000企业被兼并，共转移资产存量41.9亿元，转移债务248亿元。上海市至1994年底，共有508家企业被兼并，涉及化工、机电、冶金、汽车等行业，盘活固定资产56.17亿元人民币。收购、拍卖、控股逐步发展成为产权交易的主要市场形式。1993年9月3日至10月6日，中国宝安集团股份有限公司通过上海证券交易所购得18%的上海延中实业股份有限公司股票，成为第一大股东。1994年浙江康恩贝公司通过受让法人股和国家股，取得了浙江凤凰股份有限公司51.01%的控股权。海南恒通置业有限公司购入上海棱光股份公司的35%的股份。

交易机构 1988年，中国首家产权交易机构武汉产权交易中心成立。至1994年底经国家经济体制改革委员会和国家国有资产管理局批准设立的产权交易机构174家，分布在全国26个省市自治区，逐步形成以深圳、武汉、青岛、郑州、成都、西安、海南等地为主的区域性产权交易市场格局，交易活动较为规范。

【产权评估】 1994年全国各级国有资产管理部门共批准资产评估立项37822项，经审核确认的评估项目33889项，确认项目资产的帐面净值5120.01亿元，评估价值7542.54亿元。其中以股份制改造为目的的资产评估项目7364项，确认6389项，被评资产的帐面净值2837.13亿元，评估值3683.68亿元；中外合资合作项目的资产评估项目5890项，确认5018项，评估资产帐面净值990.48亿元，评估值1796.1亿元。至1994年底，全国共有2394家社会公证性中介机构获得国家国有资产评估资格，其中经中国证监会、国家国有资产管理局批准的97家资产评估机构获得从事证券业务资产评估资格。全国从事资产评估业务的人员38754人。

【法制建设】 从中国产权市场形成之后，国务院及其有关部门就分别就产权交易、国有资产的管理等方面先后制定了各种法规和规章。国务院已发布了《国有资产评估管理办法》、《国有企业财务监督管理条例》两个行政法规，国家国有资产管理局发布或会同有关部门发布的部门规章主要有《国有资产产权及纠纷处理暂行办法》、《国有资产产权登记管理试行办法》、《企业集团国有资产授权经营实施办法》、《企业兼并暂行办》、《国有资产收益收缴管理办法》、《行政事业单位国有资产管理办法》、《集体企业国有资产产权界定暂行办法》、《境外国有资产管理暂行办法》等，逐步形成产权管理的法规体系。

（柳诚）

产权交易机构

上海城乡产权交易所

【概况】 交易所是经上海市政府批准，由上海市农业委员会、上海市经济体制改革委员会、上海市工商行政管理局、上海市郊县工业管理局等单位发起组建。成立于1994年4月20日，交易所实行会员制，分经纪会员、公司会员、信息会员三种，经纪会员可进场从事产权交易代理业务和自营业务，公司会员可从事产权交易自营业务，信息会员可优先得到交易所发布的产权交易信息和相关政策。交易所内设信息部、交易部、结算部、法律部、海外部、办公室、产权研究中心等职能部门。

【业务范围】 交易所与会员单位、全国大中城市的产权交易市场实行联网，为企业产权收购兼并实施信息配对和多种转让方式的系列配套服务，与国际产权交易相衔接。交易所计算机系统采用多媒体微机局域网络。交易所企业产权交易程序是：1.登记。需转让产权的企业，应先填写《企业产权上市申报书》或《产权出让意向登记表》，需要有偿兼并和收购企业的单位也应先填写《产权收购意向登记表》。2.挂牌。登记后经交易所审核同意，输入电脑信息系统并以公告形式挂牌上市交易。3.洽谈。企业产权转让出让方与受让方双方经交易所信息配对后，由经纪会员会同转让双方进行洽谈，或公司会员与转让方进行洽谈。4.交易。会员通过交易所撮合成交，以协议、招标、拍卖、竞价等方式进行交易。5.鉴约。6.交割。7.变更。由中介机构会同出让方和受让方依法办理有关工商税务等相应变更登记手续。

浙江企业产权交易所

【概况】 交易所是经浙江省政府批准于1995年4月18日成立的产权交易中介机构，实行会员制。向交易所提出申请的经纪会员，资本金在500万元以上并具备一定的业务素质，经交易所资质评定后报工商行政管理部门注册，或经产权交易所认可增加产权经营内容，均可成为交易所经纪会员，产权经纪会员主要从事委托代理、自营产权的交易业务。产权交易所下设交易部、信息咨询部、资产评估部、国际业务部、律师事务部、拍卖部、财务结算部、企业部、办公室。产权交易所的信息网覆盖全省各地市的产权交易机构，并与国内11个省市产权交易中心联网。

【业务范围】 交易范围有：有形资产、无形资产、净资产等。办理企业的产权转让、兼并、调剂、融资租赁、拍卖等服务项目，产权交易内容包括整体产权、部分部权、股权均可向交易所申请经批准后挂牌上市交易。

四川省产权交易所

【概况】 交易所是经四川省经济委员会批准，由四川资产经营公司、四川物资集团公司、四川资产评估事务所等8个单位发起，于1993年6月8日成立。注册资金660万元。董事长：黄先辉，总经理：吴永建。

【业务范围】 交易所主要开展企业兼并、产权转让、资产调剂、资产拍卖、融资租赁以及股份制咨询、财务会计咨询、资产评估、信息中介服务、人才培训等业务，代办企业固定资产、流动资产、商标权、专用技术等有形和无形产权的交易，代办资产评估、过户手续、产权法律鉴证等。

河南省产权交易中心

【概况】 交易中心是经河南省政府批准成立的全民事业单位，隶属河南省财政厅、河南省国有资产管理局。交易中心下设综合部、产权交易部、产权法律咨询部等，下属河南省产权资产评估有限公司、河南资产调剂租赁公司等。

【业务范围】 主要业务是受政府和企业委托，为各类所有制企业和个人的整体和部分产权出售、拍卖、兼并、合资、联营、租赁、嫁接、资产调剂、信息咨询传递提供中介服务，为现代企业制度改革、企业进行公司化、集团化和股份制改造提供政策咨询、方案设计、运作程序、操作技术、资产评估等方面的综合服务，以及依照国家有关法律、法规，对各类资产提供调查和产权界定等法律服务。

青海省产权交易中心

【概况】 青海省产权交易中心成立于1994年2月18日，是以从事国有资产产权交易为主的自收自支的事业单位，挂靠青海省国有资产管理局。中心下设资产评估部、产权交易部、信息咨询部。

【业务范围】 本着"优化组织，自愿互利，有偿转让，依法办事"的原则，为全民、集体、中外合资合作、独资等企业的兼并、联合、参股、拍卖、租赁经营、招标、资产抵押、经济担保、破产清理、资产评估、闲置资产调剂等经济活动提供有偿服务。中心成为政府国有资产管理部门与国有企业之间的中介组织。

广州产权交易服务中心

【概况】 公司直属广州联合交易股份有限公司领导，受交易服务中心理事会的指导和监督，并由广州市国有资产管理局进行业务管理，是广州各类产权交易的合法的规范化场所，是广州市属国有资产整体或部分产权（非上市企业股权）交易的唯一合法场所。中心内设信息策划部、企业部、交易部、综合部、清算部、财务部、办公室等。采取各方洽谈协议式交易，以企业产权整体转让为主的人工竞价拍卖式交易，以企业产权分割转让为主的电脑自动撮合式交易。

【业务范围】 主要办理国家政策允许的产权转让、企业兼并、拍卖、收购、法人产权及股权转让等各种形式的产权交易。组织信息咨询、企业策划、推介展示、资产评估、法律咨询、司法公证、社会保险及产权经纪人培训等产权交易的配套服务。

深圳产权交易所

【概况】 交易所是经深圳市政府批准的企业和事业单位产权交易的中介机构和产权交易合法性、规范化的见证机构。内设业务部门有：咨询服务部、资产评估部、产权交易一部、产权交易二部。

【业务范围】 主要开展的业务有：为产权交易提供整体或部分资产评估，为抵押贷款、经济担保、企业租赁、保险理赔、财产拍卖、设备租赁等活动进行单项或专项资产评估；对外联络有关产权交易事项，接受客户在交易所挂牌的委托以及政策法律、程序方面的咨询，负责深圳市市属国有企业及其他企业的产权和股权交易，为客户代理工商变更等有关手续。

海南经济特区产权交易中心

【概况】 产权交易中心是经海南省证券委员会批准，海南省工商行政管理局注册登记的产权交易机构。中心以有限责任公司形式设立，业务运行实行会员制度，受理境内外法人和自然人提出的各种形式的产权交易事宜。中心总经理：燕翔。

【业务范围】 中心的产权交易程序是：1. 登记。交易买卖方须委托中心会员代理向中心申报登记，并提供有关资料。2. 组织洽谈或由会员代理竞价招标。3. 产权买卖双方签订意向协议。4. 资产评估。国有资产须经国有资产管理部门进行产权界定和评估确认。5. 由中心办理成交确认。6. 办理产权变更有关手续。交易采取协议交易和公开拍卖（或招标）等方式进行，以出资购卖、承担债务、以货易货形式实现交易。交易中心并于1994年4月8日举办了海南经济特区产权交易大会。

第七编

证券管理与交易机构

112/120

特邀编委：刘师茂　李天相　杜智勇　肖　微
陈晓枫　傅　洋　雷楚雄　戴耀庚

证券管理机构

国家管理机构

国务院证券委员会

【概况】 为了加强证券市场的宏观管理，统一协调股票、债券、国债等有关政策，促使证券市场健康发展，1992年10月国务院决定撤消原国务院证券管理办公会议，成立国务院证券委员会，证券委是国家对证券市场进行统一宏观管理的主管机构，下设办公室负责日常工作，由国务院办公厅代管。国务院证券委的委员单位有：中国人民银行、国家体改委、国家计委、财政部、经贸委、监察部、最高人民法院、最高人民检察院、国家工商局、税务局、国有资产管理局、国家外汇管理局、国务院法制局等单位。

【职能】 主要职责：负责组织拟订有关证券市场的法律、法规草案；研究制定有关证券市场的方针政策和规章；制定证券市场发展规划和提出计划建议；指导协调、监督和检查各地区、各有关部门与证券市场有关的各项工作；归口管理中国证券监督管理委员会。同时还承担一些具体工作：统一安排和审批国内企业到海外公开发行股票和上市；审核申请设立证券交易所，报国务院批准；备案各类证券机构；备案各类上市公司；配合国家计委下达证券市场的年度规模；研究制订证券市场发展战略和规划；组织投资基金证券、可转换证券、信托受益证券等新品种的试点。

中国证券监督管理委员会

【概况】 中国证监会是国务院直属事业单位，是国务院证券委员会的监管执行机构，依照法律、法规的规定对证券市场、期货市场进行监督和管理。证监会内设办公室、发行部、交易部、机构部、上市公司部、法律部、稽查部、研究信息部、海外上市部、国际部、期货部、人事部、首席会计师办公室。

【职能】 主要职责是：根据国务院和证券委的授权，起草证券、期货法规，拟定证券、期货市场的管理规则和实施细则；依法对有价证券的发行、上市、交易及其相关活动进行监管；配合有关部门审批设立证券经营机构，对证券经营机构和证券清算、交割、保管、过户、托管、登记机构的业务活动进行监管，审查确认上述机构人员的从业资格；会同有关部门制定市场中介组织及从业人员从事证券、期货业务的资格标准、业务规则和行为准则，核发资格证书，对其业务活动和从业行为进行监管；依法对证券交易场所、证券业协会的业务活动进行监管；根据证券委授权对期货交易所、期货经纪机构的设立进行审核，对其活动进行监管；依法对向社会公开发行股票的公司实施监管；依法对境内企业直接或间接向境外发行具有股票性质、功能的证券以及在境外上市活动进行监管；依据有关法律、法规的规定，根据证券委授权，会同有关部门对违反证券、期货法律、法规及其实施细则和有关规则的行为进行调查、处罚；会同有关部门管理证券、期货市场信息，研究分析证券市场、期货市场发展形势和问题，根据证券委的要求，拟定证券、期货市场发展规划和战略；组织、参与证券业、期货业对外交往和合作活动；办理国务院和证券委交办的其他事项。

中国人民银行

【概况】 人民银行是国务院领导下独立执行货币政策的中央银行。设有18个职能司局：办公厅、计划资金司、政策研究室、条法司、调查统计司、银行司、保险司、非银行金融机构司、金融市管理司、稽核监督局、支付与科技司、国际司、外资金融机构管理司、货币金银司、会计司、国库司、人事司、教育司。

【职能】 主要职责是：制订货币政策、信贷利率政策、汇率政策和储蓄政策，编制信贷计划，运用货币政策和法律、行政手段，保证各项金融政策的实施，保持货币稳定，维护金融安全有效地运行；制订基本金融法规、条例和有关金融业务规章制度，经批准后负责组织实施；对全社会的信贷活动进行调查、统计、分析预测，对全社会的信用总量和结构进行调节。负责对社会公布金融信息；审批、协调、稽核、监督各类金融机构和保险机构等；制订其设立、变更和终止的标准，制定和审核其金融业务的基本规章制度，核准金融机构的业务范围，颁发经营业务许可证；审批和归口管理证券机构，参与审批中央企业债券，审批并组织发行金融债券等；负责人民币的印制、发行、管理，调节货币流通；负责国家外汇、金银储备的管理和监督；负责监测、登记、统计全国的对外负债，按照国家计划协调、审批我国对外借用商业贷款和向国外发行债券；调节国际收支；监督管理资金市场、拆借市场、黄金市场、有关票据市场和保险市场等。制定金融市场管理规则，保证市场正常运行，实行公开市场业务操作；经理国库，编制国库会计报表、监督国库收支，代理政府债券的发行和还本付息；领导和管理金融机构之间的资金清算，建立和健全全国金融系统的清算体系。领导和管理金融科技工作；管理人民银行系统的人事、劳动工资和教育培训工作等；根据国务院授权，代表政府从事有关国际金融活动；承办国务院交办的其他事项；根据国务院规定，管理国家外汇管理局。

国家外汇管理局

【概况】 国家外汇管理局是行使国家外汇管理职能的机构。内设机构有6个职能司(室)：办公室、政策法规司、国际收支司、管理检查司、外资司、外汇储备司

【职能】 主要职责是：会同有关部门拟定国家外汇管理的方针、政策、法规和相应的实施细则并组织实施，研究提出我国

外汇管理体制改革的方案，检查处理违反国家外汇管理法规的案件；参与编制国家外汇收支计划、利用外资计划，编制地方非贸易外汇收支计划并组织实施，负责编制国际收支平衡表；拟定国家外汇储备政策和经营原则，集中管理国家外汇储备和抵押外汇；拟定人民币汇率政策，公布、调整人民币的汇率，拟定各种货币对美元的统一折算率，监管汇率和外汇同业拆借利率；按国务院有关分工的规定会同有关部门拟定贸易、非贸易外汇管理办法并监督执行，对收汇、结汇、付汇、台帐、外币兑换进行监督、检查、统计，制订境内机构现汇帐户管理办法并审批现汇帐户；拟定全国对外负债的登记、统计、监测管理办法并组织实施，对外债的使用进行监督检查，根据国家计划监督审查在境内外发行外币有价证券和借用国际商业贷款的金融条件及外汇担保，管理短期外债；从外汇平衡角度参与有关部门审批外商投资项目的工作，负责对外商投资企业和人员、外国驻华机构和人员的外汇管理，负责境外投资的外汇管理；负责金融机构经营外汇业务的审批，对其经营活动进行监督检查；拟定外汇市场的管理政策和办法并监督执行；按照国家宏观调控目标，调节供求，平抑汇价；参与有关国际金融活动；承办国务院及中国人民银行交办的其他事项。

国家计划委员会

【概况】 国家计委是国务院管理国民经济和社会发展的综合部门。内设22个职能司：办公厅、政策研究室、长期规划和产业政策司、国民经济综合司、国土地区司、科学技术司、固定资产投资司、国外资金利用司、财政金融司、重点建设司、交通能源司、原材料和资源综合利用司、机电轻纺司、农村经济司、市场与价格调控司、价格管理司、价格监督检查司、对外经济贸易司、社会发展司、国防司、外事司、人事司。

【职能】 主要职责是：研究提出国民经济和社会发展的战略目标和重大方针政策，组织编制全国国民经济和社会发展（包括国防建设）的长期规划、中期计划和年度计划，以及基础产业、支柱产业等专项发展规划，全国有价证券发行计划和关系国计民生的重要农产品、工业消费品和生产资料的储备计划；作好社会总需求和总供给以及全社会资金（包括财政预算内外、银行信贷、非国有企业和个人资金及外资）等重要经济总量的综合平衡和重大比例关系的协调；会同有关部门研究制订国家产业政策，并协调和监督其实施，引导和促进产业结构的合理化；组织制订国土开发、整治、保护的总体规划，以及区域经济发展规划、资源节约和综合利用规划，扶助“老、少、边、穷”地区经济开发计划，搞好全国生产力的合理布局；指导、促进全国市场体系的建立，组织制订全国性、重点区域性的批发市场、期货市场、重点要素市场的发展规划、总体布局与重大调控政策；指导、监督重要物资的国家订货、储备和投放；监控物价总水平，负责制订和调整国家管理的重要商品价格与重要收费标准，负责全国物价的监督、检查，指导地方和部门的物价工作；合理确定固定资产投资总规模及资金来源、资金投向；研究提出投资和建设领域的重大方针政策；安排国家重点建设项目计划，审批大中型及限额以上基本建设项目；会同有关部门和地区做好基本建设中年度计划实施及重大项目的组织协调工作，确定和指导国家长期投资资金（包括国家基本建设基金、国家专项建设基金、国家政策性固定资产投资贷款、国家投资债券和外资等）的投向。对国家经贸委审批的限额以上技术改造项目进行会签；会同国家科委和有关部门组织研究制订中长期和年度科技发展计划，提出科技发展的方向、重点及相应的政策措施；组织制订重大科技项目攻关计划和重大科研基础设施建设计划，推动科技成果商品化并转化为生产力；搞好宏观经济的预测、监测和分析研究，综合协调财政、信贷、利率、价格、税率、工资、汇率等经济杠杆，以及国家直接掌握的投资、外汇、国外贷款、国家储备等经济手段，并通过法规和政策协调、信息指导、咨询服务等途径，保证规划、计划和产业政策的实施；研究提出我国对外贸易、经济合作和利用国外资金的战略和方针政策，提出我国利用外资的总规模和投向；审批大中型及限额以上外资项目；研究国防建设和社会事业（包括教育、文化、卫生、体育、广播影视、旅游、劳动工资、人口、民政、政法、社会保障等）发展中的重大问题，并协调好它们同经济发展的相互促进关系；会同有关部门研究制订计划、投资体制改革方案并组织实施，参与研究制订整个经济体制改革方案；组织或参与计划工作和市场运行法律、法规以及综合性经济法规的起草、审查和协调工作；承办国务院交办的其他事项；

财政部

【概况】 财政部是国务院综合管理国家财政收支、主管财税政策、实施财政监督、参与对国民经济进行宏观调控的职能部门。内设19个职能司即：办公厅、综合与改革司、预算司、地方司、工业交通司、商贸金融司、税政司、外汇外事司、世界银行司、文教行政司、社会保障司、农业司（农业税征收管理局）、国债司、基本建设司、会计司、条法司、国际合作司、财政监督司（财政部财政、税务、财务大检查办公室）、人事教育司。

【职能】 主要职责是：制订和执行国家财政、税收的方针、政策及其他有关政策，指导全国财政工作；制订全国财政、预算、税收、非贸易外汇收支、财务、会计方面的法令、条例和基本建设财务管理制度；代表我国政府会同有关部门进行涉外财政、税收、债务的国际谈判和拟定协议、协定草案；根据国民经济和社会发展战略，制订国家财政发展战略和中长期财政计划，制订年度国家预算草案，执行全国人大批准的国家预算，监督地方预算的执行，审编年度国家决算，对社会财力进行综合平衡；参与宏观经济的决策和管理，参与基建投资、劳动工资、物价、经济贸易、外汇、科技、教育、住房、社会保险等改革，会同有关部门制定职工待业保险基金和职工退休养老基金的财务制度，并加强资金使用的宏观调控和监督；运用财政、税收、补贴等经济杠杆，以及中央财政直接掌握的资金和外汇，对国民经济运行和国民收入分配进行有效的调控；负责组织制订税法和税收条例、决定、规定及有关实施细则，制订税种的增减和税目税率的调整等法规性文件，制订国际税收协议和协定的范本，制订减免税规定，审订对国家预算影响较大的临时和特案减免税；审核和上报税制改革方案；代表我国政府进行涉外税收的国际谈判和草签涉外税收的协议或协定；根据国民经济发展计划和国家预算的安排，确定税收收入计划；管理和监督全国各项财政收入，组织和监督国家预算的执行，制订和组织执行中央与地方、国家与企业的分配政策，制定和组织执行《企业财务通则》和分行业的财务制度；管理国家基本建设拨款，管理国家直接分配的挖潜改造资金和新产品试制费；办理和监督由国家财政承担的全国经济贸易、农业支出、行政和公共支出、社会保障支出；管理全国非贸易外汇收支计划和有关的国际收支，制定相应的财务制度；制定需要全国统一规定的开支标准和增加支出的政策；统一管理全国基本建设的财务制度；参与研究制订国家金融、保险、国家债务和证券政策，管理和监督我国政府的国内外债务;管理世界银行对我国的贷款,并负责谈判和签订贷款协定;受国务院委托在国际金融市场筹资;管理和指导全国会计工作,保障会计人员依法行使职权,查处会计人员违犯财经纪律的案件,研究和建立符合社会主义市场经济需要的会计工作运行机制;负责制订会计工作的各种法规;制定和组织执行《企业会计准则》和分行业的会计制度;指导和监督全国注册会计师和会计师事务所的业务,审批外国会计公司常驻我国代表机构的设置;监督各地区的财政收支和各部门的财务活动,检查财政税收政策、法令和财务会计制度的执行情况,对违犯财经纪律的事项进行检查和处理;制定财政科学研究计划和财政教育规划,组织全国财政干部的培训;负责财政宣传和财政信息工作;承办国务院交办的其他事项;根据国务院的规定,管理国家国有资产管理局。

国家国有资产管理局

【概况】 国家国有资产管理局是专司国有资产管理的职能机构,主要任务是对中华人民共和国境内外的国有资产进行综合管理。内设6个职能司即:办公室、政策法规司、产权登记与资产统计司、企业司、行政事业资源司、地方司。

【职能】 主要职责是:会同有关部门制订国有资产管理的政策、法律、法规及规章制度,经批准后组织实施,检查、监督执行情况,对违法事件依法进行行政处罚;负责国有资产的清产核资、产权界定、处理产权纠纷、进行产权登记、资产汇总报表等基础性管理工作,建立健全国有资产管理信息系统,培育和发展国有资产产权交易市场并进行监督管理;会同有关部门按照分级监管的体制决定或批准企业国有资产的经营形式和国有企业的设立、合并、分立、终止、拍卖,审批产权变动和财务处理的重大问题,组织清算和监缴被撤销、被解散企业的国有资产。会同有关部门管理在境外的国有资产;对国家投资的分配和国有资产重大投入项目提出意见和建设,并对投资效益进行重点跟踪监测;参与研究国有企业税后利润和国家股权收益的分配方案并监缴国有资产产权收益;会同有关部门制订考核国有资产保值增值的指标体系,监督、考核和评价企业国有资产的资产负债、经营损益等财务状况及经营效益状况。选派本局代表参加有关监事会、董事会等产权管理组织;会同有关部门研究制订国有资源性资产管理和行政事业单位国有资产管理的制度和方法,参与处理重大产权纠纷;制订国有资产评估的法规和管理制度并监督检查执行情况,对资产评估机构进行资格审查、颁发评估资格证书并对其进行管理和监督,决定重要评估项目的立项并负责确认评估结果;指导和监督各专业经济管理部门和地方国有资产管理机构的工作,推动国有资产管理体制改革试点;制订国有资产管理人员的教育培训规划,组织、指导规划的实施;承办国务院及财政部交办的其他事项。

国家经济贸易委员会

【概况】 国家经贸委是国务院管理国民经济和协调当前经济运行的综合部门。内设16个职能司(局)和3个办公室即:办公厅、研究室、综合司、经济运行局、经济政策协调司、财政金融司、企业司、技术改造司、技术与装备司、市场流通司、对外经济贸易司、资源节约综合利用司、经济法规司、培训司、外事司、人事司、国家机电产品进出口办公室、国家口岸办公室、国务院关税税则委员会办公室。

【职能】 主要职责是:参与国民经济发展战略目标的研究、制订以及中长期规划的编制工作,根据中长期规划提出的总量控制指标搞好需求总量的平衡与衔接,会同有关部门组织编制、下达和监督实施工交、商贸等年度经济运行调控方案;对宏观经济进行分析、监测、预测,会同有关部门综合管理和运用经济运行调控手段,对经济运行进行调控,协调解决经济运行中的重大问题;组织协调重大的抗灾和工业企业的安全生产工作;调度当年准备物资,必要时提出调整动用国家储备物资和国家战略储备物资的建议;参与制订和实施国家产业政策总体规划及产业结构政策和产业区域政策;会同有关部门制订、协调国家有关经济政策,主要是产业组织政策、产业技术政策以及工交商贸专项产业政策,并组织实施和督促检查;组织制订工交、内外贸以及商品市场建设方面的综合性经济法规和政策,并组织实施和监督检查;指导市场的培育、建设和发展,协调监督市场建设和运行中的有关问题;负责企业工作,组织制订和实施企业改革方案,协调解决企业改革中的问题;指导企业管理,组织指导企业法制工作;指导生产、流通部门的行业管理,联系有关行业协会工作;组织审批除金融、外贸以外的全国性公司(企业集团);指导和推动企业资源节约和综合利用工作,负责全国经济管理干部和企业干部的培训工作;归口管理企业技术进步工作,组织编制、下达和实施技术改造投资(包括国家外汇、外汇贷款、利用外资)、技术引进及消化吸收、新技术和新产品开发推广以及重大技术装备国产化的规划和年度计划,审批限额以上技术改造项目;协调内外贸的平衡与衔接,会同有关部门研究提出国家进出口商品结构的政策措施,并负责组织实施和检查;负责组织、指导现有企业利用外资工作,会同有关部门提出企业利用外资的投向;掌握国内外经济信息,为国家经济决策和企业、社会服务;负责质量和技术政策方面的宏观管理工作;负责管理国家机电产品进出口工作,组织协调全国机电产品招标工作;归口管理口岸工作;承办国务院关税税则委员会的日常工作;承办国务院交办的其他事项;根据国务院的规定,管理国家技术监督局、国家建材局、国家医药局和国家烟草专卖局。

国家经济体制改革委员会

【概况】 国家体改委是国务院综合管理全国经济体制改革工作的职能部门。内设9个职能司即:办公厅、政策法规司、综合规划和试点司、宏观调控体制司、生产体制司、市场流通体制司、分配和社会保障体制司、农村经济体制司、国外经济体制司。

【职能】 主要职责是:根据建立社会主义市场经济体制的改革目标,组织有关部门和地区研究制订全国经济体制改革中长期总体规划和年度综合改革实施方案,指导有关部门和地区制订本部门、本地区的经济体制改革规划,参与制订有关部门专项改革方案;协调经济体制改革规划、方案制订和实施中的衔接配套问题,检查规划、方案的执行情况,及时向国务院报告经济体制改革中的情况、问题和提出建议;组织制订企业综合配套改革的法规、政策和方案,组织企业的重要改革试点,指导和推动各地区、各部门、各行业深化企业改革,转换企业经营机制,逐步建立现代企业制度,推进企业集团的发展,促进企业组织结构优化;指导和协调地区、部门、行业进行经济体制改革试点,会同有关部门组织重要的改革试点,总结推广试点经验;协调农村经济体制的配套改革,负责城市、农村经济体制改革的衔接工作，会同有关部门指导和推进县级综合改革；参与制订有关综合性经济法规，组织制订有关企业的经济法规，研究与经济体制改革有关的法制建设问题；组织研究经济体制改革理论、配合有关部门进行经济体制改革宣传，组织经济体制改革干部的培训工作；调查研究国外经济体制的沿革和发展趋势，组织开展有关经济体制研究、人才培训、改革信息的国际合作交流活动；承办党中央、国务院交办的其他事项。

司法部

【概况】 司法部是国务院主管全国司法行政工作的职能部门。内设12个职能司局即：办公厅、监狱管理局、劳动教养工作管理局、法学教育司、法制宣传司、律师司、公证司、基层工作司、外事司、司法协助局、法制司、计财司。

【职能】 主要职责是：制订司法行政工作的方针、政策、法规，编制司法行政工作的中长期规划、年度计划并监督实施；监督和指导全国监狱执行刑罚、改造罪犯的工作，管理部直属监狱；监督和指导全国的劳动教养工作；制订全国法制宣传教育和普及法律常识规划并组织实施，指导各地区、各行业的依法治理工作，指导对外法制宣传工作；监督和指导全国的律师工作和法律顾问工作，综合管理社会法律服务机构和在华设立的外国（境外）律师机构；监督和指导全国公证机构和公证业务活动，负责委托港澳地区公证律师办理公证事务；指导全国的人民调解和司法助理员工作；管理部直属的高等政法院校，指导全国的中等、高等法学教育工作和法学理论研究工作，组织参加联合国有关预防犯罪领域的会议和活动，承办联合国有关对口部门的往来业务，组织参加国际有关人权问题的法律研讨和交流活动，开展政府间的法律交流与合作；参加与外国签订司法协助协定的谈判，负责国际司法协助协定执行的有关事宜；参与国家立法工作，参与制订有关港澳台地区的法规，组织司法领域人权问题研究；监督大型监狱、劳动教养场所国有资产的保值增值，管理直属单位的国有资产；指导全国司法行政系统的队伍建设和思想政治工作，协助省、自治区、直辖市管理司法厅（局）领导干部；承办国务院交办的其他事项。

国家工商行政管理局

【概况】 国家工商局是国务院主管市场监督管理和行政执法的职能部门。内设10个职能司局即：办公室、人事司、宣传教育与国际合作司、法制司、公平交易局、企业注册局、商标局、市场监督管理司、个体私营经济监督管理司、广告监督管理司。

【职能】 主要职责是：研究制订工商行政管理的方针、政策和有关法规，制定、发布工商行政管理的规章、制度；主管全国工商企业和从事生产经营活动的事业单位、社会团体、公民个人的登记注册工作，核发有关证照，依法确认其企业法人资格或合法经营地位。依法监督检查登记注册单位的登记注册行为。依法核定登记注册单位的名称；依法监督检查市场主体交易活动，查处垄断和不正当竞争、侵犯消费者权益和其他市场交易违法违章案件。依法或经国务院授权，组织开展全国性的市场监督与行政执法活动；依法监督管理经济合同，指导合同仲裁机构的工作；依法对国内外商标申请实行统一注册和管理，认定驰名商标，查处商标侵权行为，保护注册商标专用权，认可商标代理机构并指导其工作。依法对商标评审案件作出终局决定或裁定；监督管理消费品市场、生产资料市场，参与监督管理金融、劳动力、房地产、技术、信息等生产要素市场和期货市场。参与市场体系的培育、发展，参与论证、规划全国市场布局，开展各类交易市场登记及统计工作；依法监督管理个体工商户、个人合伙和私营企业，规范其经营行为，引导个体、私营经济健康发展；依法监督管理广告发布与广告经营活动。指导广告业发展；完成国务院交办的其他事项。

审计署

【概况】 审计署对国务院各部门和地方各级人民政府的财政收支，对国家的财政金融机构和企事业组织的财务收支，进行审计监督。内设14个职能司即：办公厅、综合司、法规司、财政审计司、金融审计司、行政事业审计司、工业交通审计司、商贸审计司、固定资产投资审计司、农业审计司、外资运用审计司、审计管理司、人事教育司、外事司。

【职能】 主要职责是：组织领导全国的审计工作，研究制订审计法规和审计工作的方针、政策，确定工作重点，制定审计业务规章制度，组织某些行业和专项资金审计；直接进行下列审计：1.国务院各部门和接受中央财政拨款单位的财政、财务收支及其资金使用效益。2.国务院各部门和省级人民政府预算外财政资金的收支及其使用效益。3.国家金融机构信贷计划的执行及其结果。4.国务院管理的经济实体和部委归口管理、财务单列经济实体的盈亏真实和国有资产的保值增值。5.国家重点建设项目的资金来源、使用情况和经济效益。6.省、自治区、直辖市和计划单列市的财政收支。7.国务院各部门、经济实体、专业银行和省、自治区、直辖市、计划单列市借用的国外资金和使用的国外援助资金。8.国家计划、金融部门对社会集资和债券发行的审批情况。组织驻国务院各部门和驻地方派出机构，对国务院各部门、经济实体所属的企事业组织（包括有国有资产的中外合资经营企业、中外合作经营企业、国内联营企业和其他企业），国家金融机构的分支机构，国家重点建设项目等进行审计；处理地方被审计单位对省级审计机关审计决定的申诉；协同地方办理省级审计机关负责人的任免事项；对审计中发现宏观管理方面的问题，进行专题审计并向国务院反映情况，提出建设；指导和监督注册审计师协会和审计事务所；指导内部审计工作；组织开展审计领域的国际交流活动；承办国务院交办的其他事项。

国家税务总局

【概况】 国家税务总局是国务院主管国家税务工作的职能机构。内设12个职能司即：办公厅、政策法规司、流转税管理一司、流转税管理二司、所得税管理司、地方税务司、涉外税务管理司、进出口税收管理司、征收管理司、计划财务司、国际交流合作司、人事司。

【职能】 主要职责是：贯彻执行税收工作的方针、政策，参与拟定有关的税收法规及其实施细则，制订贯彻中央统一税收政策的某些具体政策和税收业务的规章制度并组织实施，建立和完善符合社会主义市场经济要求的税制体系；强化税收的宏观调控功能，研究税负总水平，提出体现国家产业政策、理顺分配关系和规范分配方式等政策建议；参与研究合理划分中央和地方的税收管理权限及改革税收管理体制，制定征收管理制度，建立科学、严密、有效的税收征管体系，强化税收执法职能。对省、自治区、直辖市地方税务局在税收政策、业务上进行指导和协调，在贯彻执行税收政策、法规方面进行监督检查；负责中央税、共享税及国家指定的税种和基金的征收管理，根据国民经济发展计划和国家预算安排的要求，编制税收长远规划和年度税收计划，努力完成税收任务；开展国际间税收方面的交流合作，参与研究拟定涉外税收的政策、法规和对外谈判及草签有关税收的协定。管理国家海洋石油税收；管理进出口商品的工商税收及出口退税工作；统一管理国家税务局系统的机构、编制和经费。管理国家税务总局省级分局正副局长，对省级地方税务局局长任免提出意见。制订本系统的人事、劳动工资管理制度和办法；负责税务队伍的教育培训工作、思想政治工作、精神文明建设工作以及国家税务局系统的监察、审计工作。管理直属税务院校；研究税收理论和税收政策，分析经济信息，掌握税收动态，组织税收宣传工作，开展税务咨询工作；承办国务院交办的其他事项。

地方管理机构

上海市证券管理办公室

【概况】 上海市证券管理办公室是上海市政府授权机构，接受国务院证券委的指导、协调和监督，是对上海证券市场进行统一宏观管理的主管机构。委员会主要由上海市计委、银行、财政、监察、外资委、工商局、国资局、审计局、证交所等有关部门的负责人组成

【职能】 上海市证券管理委员会主要职能是：贯彻国家有关证券市场的法律、法规；组织拟订上海市有关证券市场的地方性法规和政府规章的草案；研究制订有关调控证券市场的政策措施；加强对上海证券市场的统一领导和宏观管理，促进证券市场的健康发展；制订和组织实施上海证券市场的发展规划和年度计划；协调和推进全市股份有限公司的设立和经营机制的转换；监督和指导证券市场行为的规范化和法制化；统一协调股票、债券等有价证券发行交易的有关事项；指导、协调、监督和检查全市各有关部门与证券市场有关的各项工作；开展国内外有关证券市场管理和发展的联系和交流；归口管理上海证券交易所。

上海市证券管理办公室是上海证管理委下设的负责处理委员会日常工作的办公机构，又是对上海证券市场进行管理、监督的行政职能机构。主要职责是拟订有关上海证券市场管理的寺方性法规、政府规章以及布人民政府批准发布的规范性文件的草案；对全市各有关部门和证券经营机构、证券中介服务机构、上海证券交易所制订的有关证券市场管理等文件、规划进行合法性审查；根据国家下达的规模，提出上海市证券发行计划，审批股票等有价证券发行的申请；受理审批股份有限公司将法定公积金转增资本或以红利转增资本以及增资扩股时向原股东配售股份的申请；实施对证券发行、交易以及向社会公开发行股票的公司管理和监督；汇总整理证券市场信息，会同有关部门进行证券统计；指导和推进证券从业人员的业务培训工作；开展国内外的交流和合作；指导和管理上海市证券争议仲裁机构的工作等。

深圳市证券管理办公室

【概况】 根据深圳市委、市政府批准成立了深圳市证券管理委员会，是对全市证券市场进行宏观管理的机构，对深圳市委市政府负责，接受国家证券管理部门的领导，实行委员制，由14人组成，分别为市长和分管副市长及市证券委办公室、计划局、体改办、人民银行特区分行、财政局、工商局、证券交易所等单位领导和专家。证监会下设办公室，并于1993年4月挂牌办公，为市属局级事业单位。

【职能】 证管办内设5个部。行政部：负责证管办的日常行政事务和后勤服务。政策法规部：负责证券管理法规或规章的调研、草拟、修订工作，负责内部交流、新闻发布及统计工作。公司审查部：根据年度发行计划和产业政策，对深圳市申请上市的公司实行资格审查。稽查部：负责接受证券机构和证券市场的举报投诉，对重大违纪事件进行调查并提出处理意见，对社会中介组织从事的证券业务实行资格审查和监督。市场业务部：负责对证券交易所、登记公司、证券经营机构的证券业务的审查、协调和监管。

四川省证券监督管理委员会

【概况】 四川省证券监督管理委员会是由四川省政府批准成立的，证监会主任由省长兼任，13个厅局的领导任委员。证监委办公室设在省体改委内，由省体改委主任兼任办公室主任。

【职能】 四川省证监委的主要职能是：对全省股份制试点和证券市场的发展实施统一领导，制定和组织实施中长期规划和年度计划；制定全省股份制试点及证券市场建设的地方性政策和规章；根据国家分配四川公开发行股票额度，决定公司的选点和推荐工作；决定四川省证券经营机构及证券交易场所建设的重大事项；向国家体改委、国务院证券委、中国证监会申报、转报各项材料等。

海南省证券管理办公室

【概况】 海南省证券管理办公室是由原海南省证券委员会办公室改编的，属海南省政府直属事业单位，履行政府授予的有关行政管理职责。

【职能】 主要职能是贯彻执行国家有关证券、期货、产权交易等方面的方针、政策及法规；拟订并组织实施海南省证券、期货、产权交易等方面的政策法规和发展规划；负责审批公司改制方案，并对股份制企业实施监管，负责审核、监督和管理有价证券的发行、上市与交易；负责证券交易机构的审核报批；负责监督管理证券经营机构、证券结算、保管、过户登记机构、投资基金经营机构及证券从业人员的业务活动；与有关部门共同监督管理会计、审计、律师等事务所及资产评估等中介机构从事与证券有关的业务活动；负责期货交易和经纪机构的审核报批和期货市场的监督管理；负责产权交易市场的统一监管和产权交易机构的审批；研究分析证券、期货、产权交易市场形势，并提出解决问题的对策；负责证券、期货、产权交易等方面的宣传、培训和信息发布等。

办公室内设综合处、政策法规处、公司监管处、证券市场监管处、期货市场监管处、产权交易监管处、证券机构监管处，具体负责相应的监督管理及日常工作。

广东省期货监督管理委员会

【概况】 1993年9月，广东省政府为进一步加强对期货市场的管理，建立健全期货管理体系，决定成立广东省期货监督管理委员会，作为广东省常设的期货市场监管机构。广东省期监会直接受广东省期货市场管理领导小组指导、监督检查和管理。

【职能】 主要职责是：根据广东省期货市场管理领导小组的授权，拟定有关期货交易的法规，制定有关期货交易的规章，并负责监督执行；对期货交易所和期货经纪公司的业务活动实施监督；调解期货交易中发生的纠纷；对违反期货交易法规的行为进行调查并提出处理意见。1993年12月，广东省期监会、外管局、工商局联合发布了《关于清理和规范期货经纪机构的通告》。

海南省国家税务局

【概况】 海南省国家税务局是海南省主管国家税务工作的职能机构，是国家税务总局在海南省的派出机构。海南省国家税务局下设10个处室：办公室、人事处、教育处、监察处、流转税处、所得税处、涉外税处、征管处、进出口退税处、计财处。4个直属单位：税务稽查分局、出口退税分局、机关服务中心、国税税收研究发展中心。

【职能】 海南省国家税务局主要职责是：贯彻执行国家税收工作的方针、政策，以及有关的税收法律、法规及其实施细则；根据中央和地方的税收管理权限及改革税收管理体制，制定征收管理制度，建立科学、严密、有效的税收征管体系，强化税收执法职能。对地方税务局在税收政策、业务上进行指导和协调，在贯彻执行税收政策、法规方面进行监督检查；负责中央税、共享税及国家指定的税种、基金和其他项目的征收管理，根据海南省国民经济发展计划和地方财政预算安排的要求，编制税收长远规划和年度税收计划，努力完成税收任务；贯彻执行涉外税收的政策、法规和有关税收的协定；管理进出口商品的税收及出口退税工作；统一管理全省国家税务系统的机构、编制和经费。管理市县级国家税务局正副局长，对市县级地方税务局局长任免提出意见。制订本系统的人事、劳动、工资管理制度和办法；负责税务队伍的教育培训工作、思想政治工作、精神文明建设、廉政建设工作以及全省国家税务局系统的监察、审计工作；研究税收理论和税收政策，分析经济信息，掌握税收动态，组织税收宣传工作，开展税务咨询工作；承办国家税务总局和省委、省政府交办的其他事项。

地方管理机构名录

北京市证券监督管理委员会
陕西省证券委员会
广西壮族自治区证券委员会
贵州省证券委员会
湖南省证券管理委员会
武汉市证券管理办公室

证券交易机构

上海证券交易所

【概况】 交易所是经国务院授权中国人民银行批准的会员制非盈利性事业法人。于1990年12月19日正式开业。交易所的组织机构为会员大会、理事会、监事会、总经理及各职能部门。交易所最高权力机构是会员大会;会员大会决定交易所的各项重要决策,负责制定和修改交易所章程,吸收和开除会员,选举理事会。理事会是交易所会员大会的执行机构,理事长为最高行政负责人,主持召开会员大会,决定总经理人选,审查总经理的报告。理事会由9人组成,其中理事长、副理事长、总经理为常务理事。总经理主持交易所的日常管理工作和业务。交易所下设有综合部、交易部、管理部、清算部、工程部、调研部、行政部。

会员增加 交易所规定专营经纪业务的会员资本金不少于100万元人民币,兼营自营业务与经纪业务的会员资本金不得少于1000万元人民币。1994年底,交易所开辟了7个交易大厅,拥有3721个席位,会员单位550个,比上年增加会员单位69个。注册投资者600万户,机构投资者也大幅增加。

运行机制 电脑自动交易:买卖指令通过场内电脑终端申报输入,计算机按照价格优先、时间优先的原则自动配对撮合成交。实行中央清算:交易成交后统一由交易所办理清算交割,并配中央集中保管系统,清算交割实行净额交收,资金和证券的交收全部通过帐户划转完成,A股交割时间1994年为T+0,同时在电脑撮合成交完成同步进行股票过户。

【业务范围】 交易所主要办理的业务有:提供证券集中交易的场所和设施;组织管理上市证券的交易活动;办理上市证券交易的清算交割;提供上市证券的过户和集中保管服务;提供证券市场的信息服务、国家证券主管机关许可或委托的其他业务。

交易市场 交易所上市品种有A股、B股、债券、国债、国债期货、国债回购、基金、权证等8类,254个品种,1994年交易所各类证券成交总额25421.1亿元,其中A股成交5626.73亿元,国债期货成交19053.83亿元,基金成交117.4亿元。上市公司171家,比上年增加64家。同时交易所与全国20家证券交易中心双向联网成功。

信息传播 证券行情即时通过电脑联网传递至全国各地的营业网点,并有电话查询系统,同时广播、电视台、报纸、杂志等媒介予以公告,并与美联社、路透社联网发布,并兴建交易所专用的卫星和光纤数据传输通讯网络。 (古悦)

深圳证券交易所

【概况】 1994年,深圳证券交易所在政府主管部门的领导和支持下,在市场规模、运作规范、基础设施建设和管理服务方面取得了进一步的发展。

【市场规模扩大】 *上市数量增加* 至1994年底,深交所上市公司120家,比上年增加43家;上市证券212种,比上年增加107种。上市基金8只,认股权证9只,转换债券1只,A股权证6只,国债期货品种19个,市场衍生品种共43个。1994年深圳证券交易成交总额3080亿元,比上年增加123.5%;股票成交量353.69亿股,比上年增长368.59%;国债期货成交量12.94亿元。

会员增加 1994年深交所会员总数496家,比上年增加70家;席位数619个,比上年增长77.9%。

【市场运作规范】 深交所改革了会员席位管理制度,降低了会员席位费;同时加强了通讯端口的管理;调低了投资者交易手续费率;放宽了行情揭示范围,投资者可以看到成交价上下3个价位的叫买价和叫卖价;推出了标准行情揭示系统;在市场管理方面制定了有关与交易中心联网的清算办法,制定了国债现货、期货交易和回购交易规则。精心设计首创利用深交所交易系统完成了海南金盘股票的竞价发行工作及粤宏远股票的定价发行工作,另外在资金清算方面也做了进一步的规范服务。1994年深交所组织举办了8期出市代表及清算员培训,培训人员2000多名。

【基础设施更新】 1994年深交所在北京、上海、成都、广州分别设立了通讯服务中心,并与全国13个证券交易中心联网,同时建成单向卫星小站500个,双向卫星小站239个。电脑撮合系统经过3次较大的扩容,撮合能力提高到每天200多万笔。集合竞价后电脑撮合方式由连续竞价撮合产生多个成交价改为分盘撮合产生一个成交价。交易所实现了一级清算无纸化,点对点通讯系统中委托、成交、清算系统全面优化,改造了电脑软件和交易系统,完成了广东地区分给网联网工作及通讯中心、培训中心建设,并建立了FAX信息网。

【国际化进程加快】 1994年底,上市B股24只,比上年增加4家,B股特别席位11个,B股特别经纪商100家。降低了B股交易费,简化了交易清算程序,实现了与香港渣打证券公司的直接联网,委托单直接报入电脑撮合系统。策划参与了深圳特区房地产公司ADR、招商港务公司SDR的实施和南玻B股可转换债券的发行。

【管理服务加强】 深交所加强了对会员、交易席位、上市公司等方面监督管理,对内部职工也实行了考评定级制度,加强交易所的财产管理和安全保卫工作。搞好《证券时报》的出版发行工作。 (柳文)

武汉证券交易中心

【概况】 1994年,中心克服重重困难,业务取得长足发展,加强交易管理和风险控制,完善内部规章制度。中心在省市人行及理事会的领导下,在广大会员单位的支持下,取得了较大成绩。

会员增加 1994年底,会员数量563家,比上年增加323家,分布在全国29个省、市自治区、直辖市,一个全国性的会员网络基本形成。

交易市场 1994年证券交易量由1993年的508亿元上升到4436亿元,增长8.7倍,其中国债现券回购2107亿元,

基金2.5亿元，国债期货2327亿元。证券交易大厅由1个厅发展到3个厅，交易席位已达704个。

设施优良 主机完成由容错XA/R300向XA/R330的更新换代，该系统是美国容错电脑公司九十年代最新产品，中心已研制完成两套大型交易软件，一套以美国软件技术公司为基础，主要适用于股票、基金的交易，一套由中心独立开发，主要用于国债交易。建成较为安全可靠的卫星通讯系统，平均每5秒钟即可发送一次行情和成交回报，最大可满足200万笔日成交量的通讯要求。1994年底，已建单向卫星端站150个，双向卫星通讯站1个。

【业务范围】 中心大力发展会员，壮大中心实力。中心1993年有选择地批准了一些国债服务部成为会员，对活跃国债交易起了促进作用。1994年，为了推动国债期货业务，中心又吸收部分期货经纪公司成为中心的国债期货特别会员，同时对已经进场的会员进行清理，有四家会员将自己的席位转包给其它机构经营。对这四家会员，中心已经暂停其交易资格。

增加上市品种，适时推出期货交易。1994年8月，中心推出了国债期货交易。在期货交易上，制定了一整套加强管理、防范风险的办法，形成了武证交独有的电脑风险控制系统。

成立托管中心，切实制止国债卖空。为活跃国债现券交易，切实制止国债的卖空行为，中心1994年6月成立了武汉有价证券托管中心。托管中心在武汉设立托管总库，在全国设立了30个分库，各地会员可以就近选择托管地点，也可将国债直接存入总库。托管中心托管的实物券已经超过20亿元。托管中心的成立，切实杜绝了国债的卖空行为。

成立监控部，加强交易风险控制。1994年，中心在控制交易风险，保证交易安全方面做了大量工作，在会员、交易员、资金、帐务、交易五个方面对风险管理作了比较系统的规定。对会员管理主要规定：①严禁将席位转包给其它单位和个人使用，一经查出，一律取消该席位；②对会员进行评级，分别进行管理；③对会员的席位进行统一归口管理。对交易员管理主要有以下规定：①每个席位的授权交易员不得超过3个，其中一人必须是公司正式职工；②一个交易员一年只能接受两个单位的授权；③严禁交易员与商贸公司、房地产公司及工商企业发生业务往来关系，一经查出，即予以永久除名。对资金管理主要规定：①现券回购交易实行足额保证金制度，凡清算帐户余额不足的，一律不准交易；②资金只能划回公司本部；③资金只能投向证券市场，不能挪作他用。对帐户管理主要规定：①要求交易员按时建立交易台帐；②中心按月将成交明细、资金对帐单寄往公司本部，与本部记录进行核对。对交易管理主要规定：①对回购规模进行严格控制；②将回购净额与铺底券按10%的比例挂钩；③回购交易的最长期限不得超过4个月；对回购交易按一定比例提取风险基金。

天津证券交易中心

【概况】 天津证券交易中心1994年取得稳步发展，逐步形成基金和债券的重要交易市场。交易中心的计算机交易系统基本建成，上市基金交易全部采用计算机自动配对撮合竞价方式自动成交，自动过户，实现无纸化操作。同时建立了中央清算交割制度，证交中心与各地证券商的一级清算采取T+0，证券商与客户的二级清算采取T+1。通讯网拥有电话专线联网和金融数据通信网，并将着手筹建双向卫星通信系统。

【业务范围】 1994年证券交易中心市场初具规模。上市证券品种76种，其中基金9种、国债58种、金融债券、企业债券9种。1994年各类证券累计成交581.57亿元。中心会员数269家，遍布全国27个省市自治区。同时证交中心还建立了一套地方性规则，先后颁布了《天津证券上市管理办法》、《天津证券交易市场业务规则》、《天津基金上市操作细则》、《天津国债期货交易试行规则》、《天津债券回购与期券交易业务细则》等16种规则或规章，并建立了信息发布制度，凡是证券市场重大事项均通过新闻媒介传播。

沈阳证券交易中心

【概况】 沈阳证券交易中心由中国人民银行辽宁省分行、沈阳市分行联合组建，1992年4月28日正式营业。中心实行会员制，注册资本金为4000万元人民币，全部由会员出资。目前中心共有会员95家，来自全国各地。中心有两个交易大厅，共设交易席位268个，已开通席位149个。

【业务范围】 中心成立之初上市的有价证券为：国债、地方企业债投资基金及受益债。从1993年起，交易品种主要是投资基金和受益债。其中当地的有6只（农信受益、富民、通发、兴沈、公众、万利投资基金），异地的有3只（汕头的银海投资基金、江西的久盛投资基金、汕头粤东受益债），基金、受益债上市总规模为5.27亿。1994年3月7日，中心与上海证券交易所联网，1994年12月14日与深圳证券交易所联网。中心的会员可以在中心市场从事上交所、深交所的股票、基金、国债现货、国债期货交易。交易中心证券登记部为中心全资附属机构，直接对社会办理证券登记、过户、代保管、证券鉴证、支付证券本息红利业务，同时还办理上交所、深交所证券登记、托管、过户、查询、挂失支付红利等业务。

【法制建设】 交易中心根据国家有关政策、法规及市场运作情况，借鉴深、沪两个交易所的做法，先后制定和修订了“交易市场业务规则”、“会员管理暂行办法”、“交易员管理办法”、“记名式投资基金、受益债券上市操作实施细则”、“基金交易帐户管理细则”、“国债期货业务试行办法”及“证券回购业务试行办法”等，保证了市场运作不断完善、规范，同时为提高从业人员业务水平，中心还组织了6期交易员培训班和3期券商柜台业务人员培训班，培训对象达1000人，为市场的规范操作培养了人才。

南方证券交易中心

【概况】 南方证券交易中心于1993年5月经广东省人民银行批准建立，是不以盈利为目的的非银行金融机构。南方证券交易中心采用会员制形式，会员大会是交易中心的最高权力机构，理事会是交易中心的日常决策机构，监事会是交易中心的监督机构。实行理事会领导下的总经理负责制。交易中心职能部门有业务发展部、国债部、交易交收部、电脑工程部、财务部和综合部，正式员工有16人，其中大专以上学历有13人。

【业务范围】 主要业务有：为会员提供报价、清算、交割服务，组织证券的拍卖、投标，提供证券市场的投资咨询和信息服务。中心的业务幅射广东全省和广州地区。中心共有会员115家，18个上市品种（其中7只基金、9只法人股、2只受益券），并于1993年12月实现了与深沪两交易所股票、国债联网交易；1994年3月，实现与深沪两交易所基金的双向联网交易；至1995年4月止，各类品种累计成交量达550亿元。目前，在中心开通交易席位的有157个，其中本中心的席位40个；沪深交易所股票交易席位95个；国债特别席位22个。为了保证高质量的服务，中心的主机系统采用美国惠普公司的HP9000/8000－830小型计算机，双机热备份方式运作，应用系统采用CLIEN－SERVER(客户－服务器)结构，在小型机上运行交易撮合进程、查询服务进程，使用TCP/IP协议实现前端机与小型机，小型机与行情发送机之间的通讯。

四川证券交易中心

【概况】 1994年，四川证券交易中心在交易范围、基础设施建设等方面取得较大发展。交易中心克服资金、人力、通讯条件等方面的困难，不断完善设施，建成了登记、交易、清算一体化的运作体系。9月中心实现了本地交易的无纸化进程，先后开通了深沪证交所的卫星双向联网。

【业务范围】 交易中心1994年新增交易席位120个，证券交易范围扩展到四川的主要城市，交易网络延伸至贵阳、遵义等地，初步形成辐射西南的证券市场网络体系。至1994年底，中心累计开户31万户，其中1994年新开户12.5万户，比上年增长68%。1994年交易中心证券交易金额达268亿元，其中股票、基金交易金额为143亿元，国债13.5亿元。证券交易量为1993年23亿元交易量的13倍。

海南证券交易中心

【概况】 海南证券交易中心是中国人民银行海南省分行、海南省证券管理办公室领导下的会员制非盈利性事业法人，成立于1992年1月20日，交易中心实行理事会领导下的总经理负责制。中心的会员由经过考核的证券商组成，会员大会是交易中心的最高权力机构，理事会是交易中心的决策机构。交易中心内部机构设置有办公室、稽核部、登记部、结算部、电脑工程部、财会部。中心法定代表人：燕翔。

【业务范围】 *交易市场* 中心从成立之初的8家会员发展到37家会员，投资者20万人。成立三年来累计687个交易日，累计成交金额300亿元。中心曾挂牌的券种共25种，包括国债、企业债券、企业短期融资券、可转换债券、投资基金券、房产投资券、地产投资券以及权证，后两种券种为海南特有上市券种。中心成立之初，交易方式采取上板竞价，以手工记帐为主。1992年10月，开始启用电脑系统。这套电脑系统功能主要包括交易、结算、登记和行情信息等各个方面。其中交易和结算以两台小型机为主机，对证券商会员以远程通讯的方式作信息传输；而登记子系统则建立了一套小型机工作站。系统软件采用UNIX系统，应用软件的开发实现了对交易中心业务系统的综合处理。

登记清算业务 中心登记部成立于1992年4月，负责办理海南证券的发行登记、托管、异地上市的托管、清算和过户等业务，为海南投资人提供开设证券帐户、实物券托管、成交清算、过户确认、挂失、抵押回购等证券登记和分红派息等项服务；以及办理海南投资人在海南委托证券商买卖异地交易所的上市证券的登记、异地托管、转托管等业务。交易中心已与上交所、深交所联网，海南投资者可直接通过海南分会场实现资金三级清算，降低异地资金清算风险，也方便了异地证券商资金的及时调拨，提高了资金清算效率。

中国外汇交易中心

【概况】 中国外汇交易中心是中国人民银行领导下的独立核算的非盈利性事业单位。于1994年4月4日正式营运，总中心在国内有关城市设立分中心，由总中心负责领导和管理各分中心的业务工作。交易中心设有先进的外汇交易系统，建有分布式数据库管理系统、卫星通讯专用网、国家公共数据分组交换网和局域网。

【业务范围】 交易中心运用现代化通讯网络与电子计算机联网，为包括中资、外资、中外合资的各金融机构提供外汇集中交易系统，组织外汇交易品种的上市买卖，办理外汇交易的清算交割，提供外汇市场的信息服务，办理主管机关许可或委托的其他业务。凡在中国境内营业的金融机构之间的外汇交易，均须通过中国外汇交易中心提供的外汇交易系统进行。交易中心实行分别报价、计算机撮合成交的市场运行原则，撮后成交按照价格优先、时间优先的原则进行，交易中心实行统一清算办法和清算基金制度，保证人民币与外汇资金的安全和正常周转。

证券交易机构名录

南方证券交易中心
中国证券交易自动报价系统
湖南证券交易中心
海南证券交易中心
安徽证券交易中心
江苏证券交易中心
沈阳证券交易中心
西安证券交易中心
浙江证券交易中心
广西证券交易中心
青岛证券交易中心
中国电子交易系统
重庆证券交易中心
北京证券交易中心
山东证券交易中心
大连证券交易中心
四川证券交易中心
福建证券交易中心
天津证券交易中心
汕头证券交易中心

富有中國民族特色的賓館正門牌坊
東方宾館
翠園宮
寶石廣場
廣州市東方賓館股份有限公司
寶石酒吧
豪華瑰麗的翠園宮宴會大廳
地址：廣州市流花路 120 號
電話：(020)6669900
傳真：(020)6662775
郵編：510016
賓館内占地近一萬平方米的大花園，花大掩映，緑草如茵，間似假山荷池，連似回廊曲榭，極富中國園林特色

海南
鴻達實業股份有限公司

公司法人代表：葉永松

鴻達實業是經海南省證券委員會批準，由海南鴻達房地產綜合開發總公司、海南會海工業總公司、海南民源現代農業發展股份有限公司、海南匯通國際信托投資公司、海南友發房地產有限公司等5家企業發起，于1994年9月正式創立的股份制企業。公司總股本8000萬元。

經營業務範圍：發展教育事業，興辦鴻達學校；開發旅游資源，興建五星級旅游賓館及旅游度假村；進行房地產綜合開發；以港口碼頭爲依托，開展海陸運輸、倉儲服務、油碼頭、海洋漁業加工貿易；利用海南獨特的自然資源，進行農業綜合開發；發展高新科技産業，拓展金融證券投資和國際貿易業務。作爲軍辦企業控股的公司在資源、人才、政策等方面具有很大的優勢。公司將充分利用這些優勢，本着“積極穩妥、高效求實”的企業精神，采取現代化管理手段，在三至五年内，將鴻達實業建成一個跨行業、跨地區、多元化、集團化、規範化的大型股份制企業。

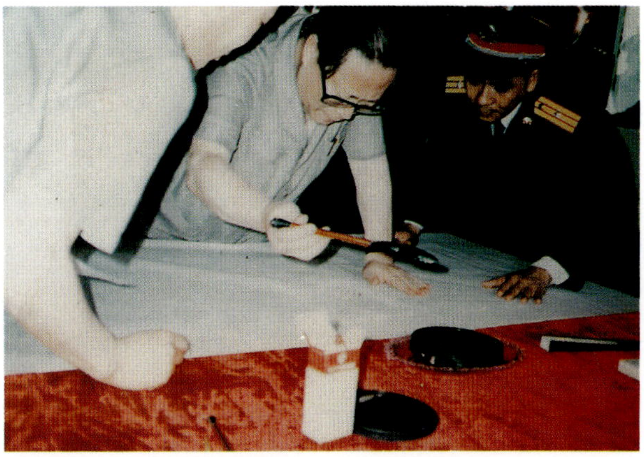

親切關懷—公司法人代表葉永松與江總書記在一起

地址：海口市海秀路49號
電話：6751878　郵編：570206

東莞市電化實業集團公司是一個集發電、化工、輕工、房地產、消防、商貿、服務業于一體的混合型經濟實體，目前總面積 35 萬平方米，固定資產 10 億多元，擁有電化集團總部開發區、進寶工業區、金欖工業區等三大開發板塊，屬下企業 26 家，職工 1300 多人，薈萃各類專門技術人才 130 多人。

本集團控股企業：東莞電化實業股份有限公司和進寶建築材料公司。東莞電化實業股份有限公司是 1993 年 4 月 5 日經廣東省府批準組建，7 月 20 日正式創立的由國家、法人和內部職工混合持股的內部股份公司，總股本 2. 5 億股，其中國家股 50 萬股，法人股 1. 995 億股(包括定向的法人股 3473. 13 萬股、內部職工股 5000 萬股)。

本集團全資企業：東莞市發電廠、東莞電化消防安全公

總經理：葉旺

東莞市電化實業集團公司

Dongguan City Power & Chemical Industry Group Ltd.

屬下的[illegible]工業區發電三廠主廠房

[illegible]電廠進口的 10 萬千瓦發電機組

屬下化園式的金欖工業區

司、東莞市東鴻房地產開發公司、東莞市博文廣告發展有限公司、電化汽車油漆調色中心、香港裕金發展有限公司。

松散聯營企業：雅迪裝飾工程公司、明興裝修設計工程公司。

本集團以市場為導向，以電力、化工為主開展多種經營。工業產品有電力(近 20 萬千瓦)、高檔油漆、防火涂料、內外牆建築涂料等水性涂料、防腐涂料、粘合劑、塑料裝飾型材、高壓電纜原料、化學試劑、乳膠手套、紙包裝制品等系列共數百個品種。

本集團以強烈的質量意識和雄厚實力，熱切歡迎各界人士垂詢洽談，攜手合作。

董事長兼總經理：葉旺

副董事長兼副總經理：黃愛清

地址：東莞市運河東二路 7 號

電話總機：2461466　2462457

電話：25471135

傳真：28582689

駐香港商貿機構：裕金發展有限公司

直綫電話：2459304

電掛：5671　**郵編：**511700

公司總裁饒曉凡

海南省省委副書記、省人大主任杜青林、省工業廳彭慶海廳長來公司了解工廠生產情况

公司總裁饒曉凡向廣州軍區副司令員周瑜書介紹工廠建設情况

HAINAN

海南

海南金輪實業股份有限公司前身爲海南興海國際錦綸制品有限公司，于1991年成立，1993年6月經海南省證券委批準，在原公司基礎上進行股份制改組，由南方工貿海南實業公司、香港迪南發展有限公司、海南國際投資有限公司和海南國華工貿發展有限公司共同發起設立的規範化股份制企業。

公司投資建設的“海口錦綸浸膠簾子布廠”和“海口錦綸絲廠”是海南省“八五”重點建設項目。工程于1992年正式動工興建，1994年8月建設完成。整個工程占地250畝，總建築面積7萬多平方米，年産錦綸66浸膠簾子布7000噸、錦綸66高彈力民用絲600噸。兩廠擁有先進的生產設備和工藝技術，整套生產設備從意大利、德國、瑞士等國家引進，按國際同行業九十年代

GOLDEN WHEEL INDUSTRIAL CO. LTD.

金輪實業股份有限公司

織布生產

捻綫生產

生產水平組合配套，生產過程實現自動化控制，整套裝置具有占地少、勞動强度低、自動化程度高等優點，具備九十年代國際領先水平。公司主要生產兩大類産品：一是錦綸 66 簾子布系列，産品具有强度高、耐冲擊、耐高溫、耐疲勞等優點，是生産各種優質汽車輪胎的高等級骨架材料；二是錦綸 66 民用絲系列，産品具有强力高，着色性、回彈性好，穿着舒適等優點，是生産高級絲襪、絲織面料等民用絲織品的基礎材料。

兩廠的建成投産，促進了海南工業的發展，爲充分利用海南的自然資源，發展橡膠工業及汽車配套工業奠定了基礎。

地址：海南省海口市港澳工業區興海路

電話：(0898)8660400　8667320

傳真：(0898)8667319　**郵編**：570314

工廠廠區全景

公司廠區

高速綫材廠一角

港務原料廠生產綫

新建的 2500 立方米煉鐵高爐

位于合肥市金寨路上的國禎總部

安徽
國禎能源股份有限公司

董事長兼總經理：李煒

安徽省體改委領導與李煒總經理在親切交談

安徽國禎能源股份有限公司是經安徽省經濟體制改革委員會批準，由全省電力系統30家供電局、發電廠共同入股，于1994年6月18日組建的大型規範化股份制企業，也是全省首家法人股股權挂牌試點企業。公司4813萬法人股股權已于1995年8月28日在安徽證券交易中心挂牌交易。公司遵循國家的產業政策，依照市場的需求走勢，形成了以熱電工業為基礎的多角化經營格局，内容涉及熱電、高新技術產業、房地產開發、非銀行金融產業、裝璜、貿易等產業領域。

熱電產業：在建項目有國禎阜陽熱電廠，裝機容量3萬KW。可實現利税3000萬元，計劃96年4月投產。國禎合肥高新技術產業開發區熱電廠，裝機3000KW，可實現利税300多萬元，計劃96年底并網發電。另有國禎阜陽制藥廠熱電站，裝機1500KW，現已投產發電，每年利税200多萬元。

高新技術產業：目前支柱項目，一是新型電度表廠，利用國家專利技術生產單相、三相、磁推式、預付費電度表，可年產各類電度表20萬只，二是中美合資高級復合材料項目，生產拉擠成型玻璃鋼復合材料，年產量可達500—1000噸。三是自動變光電焊帽。

房地產開發：現已形成資產儲備3000多萬元，擁有地產945畝，房產近2萬平方米。近期主要開發中低檔商品房。

非銀行金融產業：現已投資500多萬元，主要從事股票買賣、設備租賃等業務，年實現利潤200多萬元。

總經理：李煒
總經理助理：段迎賓
地址：合肥市金寨路118號絲綢大廈3樓
電話：332822 電挂：5996

廣州廣船國際股份有限公司

GUANGZHOU SHIPYARD INTERNATIONAL COMPANY LIMITED

26300 噸運木船下水

董事長:任福煒

廣船國際是我國八大船廠之一的廣州造船廠經國家批準以唯一發起人設立方式設立的股份有限公司。公司于 1993 年 5 月 28 日創立,7 月在香港發行 1.5 億股 H 股股票,籌集資金 3 億多港元,并于 8 月在香港聯合交易所上市,9 月在廣州發行 1.26 億多股 A 股股票,籌集資金 6 億多元人民幣,于 10 月底在上海證券交易所上市。

本公司現有員工 5478 人,其中高中級技術人員 1300 人,是華南最大的現代化造船綜合企業,國内最大的集裝箱生產出口基地,連續 6 年創利居全國同行業之首,1986 年獲國家一級計量合格單位,1988 年獲國家二級企業稱號,1991 年獲國家質量效益型企業稱號,1992 年在全國最大五百家企業中排行第 173 位。1993 年被質量萬里行組委會推薦為全國"百家產品質量優秀企業"之一。公司作為國家重點機電產品出口基地,每年為國家創匯 7000 多萬美元。

公司實行"以船為本,多種經營"的經營方針,除造船之外,還制造集裝箱、修船、化工壓力容器,以及與造船有關的多種行業的機電產品,現時可建造每艘載重噸位達 4 萬噸的船舶,每年造船的載重噸位約 15 萬噸,集裝箱年生產能力可達 3.6 萬標準箱。公司還建設折船廠,拆卸 10 萬至 40 萬噸的舊船以及合作組建船隊。

法人代表:任福煒　　電話:8891712　傳真:8891575

地址:廣州市芳村大道 2 號　　郵編:510382

海南電業
股份有限公司

海南電業股份有限公司創立于1995年5月，是經海南省人民政府批準，我國第一家專營電網的股份制企業。總股本為9.8億元人民幣，其主要宗旨是：將公司建成經營供用電的現代電力企業，保證海南經濟建設和人民生活用電需求，使公司獲得良好的社會效益和經濟效益，并為各股東獲得合理回報。電業股份的創立，標志着海南省的電力工業隨着改革的不斷深入，通過建立現代企業制度適應社會主義市場經濟的要求，進入了一個新的階段。

公司將主營全省電網的建設、經營、供電、服務，兼營設備制造、機電產品的批發零售、工程設計、施工、咨詢、房地產開發、進出口貿易、商業、旅游。公司的經營方式為投資、生產、批發零售、服務等。公司將參照現代企業的管理辦法，借鑒中外股份制企業的成功經驗，建立起高效運轉并有自身特色的經營管理體制，對全省電網將實行統一調度，分級管理，建立全省統一的大電網，提高電網的安全可靠性和電網的經濟效益，力爭到1997年使全省的售電量達到54億千瓦時，使全省的網損、綫損指標下降3%，220KV變電容量達102萬KVA，220KV輸電綫達1026公里，并投資開發一批第三產業項目。

海南電業股份公司願與國內外各界朋友精誠合作，共創海南電力事業的輝煌明天。

董事長：許曉民
總經理：齊雨田
地址：海口市海府路34號
電話：5343312（總機）

海南壹方
實業發展總公司

總經理：肖祥源

公司衷心地感謝社會各界人士的熱忱支持，并真誠地歡迎海內外朋友與之友好合作，共同發展。

豪華的辦公室一角　公司接待室

海南壹方實業發展總公司是一家綜合性發展中的企業，具有較強的經濟實力，經營涉及工業、農業、旅游、進出口貿易、金融證券、建築工程、醫療保健等許多領域，與十幾個國家和地區有貿易往來，在廣東、香港設有分支機構，在建工程項目有瓊山市貨運大道，三亞市的商品批發市場及購物城等。同時已開業的文昌東郊椰林萬源度假村和海口市長壽長樂宮會為您提供滿意的服務并給您帶來好運。

公司的宗旨是：興一方實業　富一方龍土

公司的精神是：務實、穩健　敬業、高效

總經理：徐錦人

海南恒源信托投資股份有限公司

海南恒源信托投資股份有限公司是由中國人民建設銀行海南信托投資公司聯合建設銀行總行和北京、福建、江西等建行信托投資公司及海南富南國際信托投資公司、海南珠江實業股份有限公司等10多家實力雄厚的金融公司和企業集團作為發起人，于1992年12月28日創立。公司總股本1.84億元人民幣。公司除經營傳統的人民幣信托、委托存款貸款和銀行結算業務外，還開展了發行和代理發行股票、債券、有價證券的貼現和買賣，融資租賃和典當業務。并開拓了房地產投資、貿易、旅游及經濟咨詢和資產評估等業務，初步形成了以傳統業務為依托，以證券投資業務為重點，金融與實業并舉的發展格局。

公司將以其先進的服務設施，先進的服務手段，卓著的金融信譽為廣大新老客戶提供優質、全面、便捷的服務。

地址：海南省海口市南寶路恒源大廈

電話：(0898)6765628　6700274

傳真：(0898)6765928　　**郵編**：570206

公司辦公大樓

證券營業大廳

營業大廳

深圳市
鴻基(集團)股份有限公司

董事長兼總經理:邱瑞亨

公司始建于1950年,1989年8月經市政府批準改組爲股份有限(内部)公司,1993年12月又經市政府批準改組爲公衆公司。公司股份由集體股、法人股和公衆股組成,總股本11212.78萬股,其中集體股4821.36萬股,定向法人股1570萬股,公衆股4821.42萬股。

本集團公司是以客貨運輸爲主導、工業商貿爲后盾、物業地産爲支柱,集交、工、商、貿、房地産業于一體的綜合性的經濟實體。屬下有全資企業16家、内引外聯企業10家,現有員工3000多人,擁有客貨營運車輛995輛、標準工業廠房及多功能綜合樓6.8萬平方米,經營場地13.8萬平方米,總資産8.8億元,淨資産4.3億元。在全國500家最大服務業企業公路運輸業中排列第六名。連續多年被評爲全國集體運輸行業的先進單位、廣東省先進集體、深圳市首居優秀企業、模範企業、全省交通系統兩個文明建設先進單位、深圳市重合同守信用企業。

本公司以股東權益爲核心,以"團結、務實、創新、奉獻"爲企業精神,以"服務第一、質量第一、安全第一、信譽第一"爲企業宗旨,以"辦一流企業、上一流水平、創一流效益、作一流貢獻"爲企業目標。

奔馳在廣東城鄉的的士車隊

董事長兼總經理:邱瑞亨

地址:深圳市羅湖區曬布路2號4樓

電話:2237470　2237468轉各部室

傳真:(0755)2253235　電挂2289

郵編:518001

正在興建中的鴻基商業大廈

在北美投資發展的加拿大溫哥華商業住宅樓

深圳經濟特區
房地產(集團)股份有限公司

采用最新技術裝修的深圳機場候機樓

總投資6.5億元、長13.3公里的汕頭海灣大橋

深房集團于1980年1月8日建立，與深圳經濟特區同年誕生，是特區房地產業中組建最早、規模最大、實力最强的上市公司。開創了中國房地產業的七個率先的先河，即率先開創了國有土地的有償使用，并引進外資；率先按國際慣例實行工程設計與施工的公開招標；率先推行商品樓宇銷售的銀行按揭貸款；率先采取對大廈、住宅區實行全方位的一體化管理；率先參與國有土地市場化進程并奪得中國首次公開拍賣土地使用權；率先涉足香港和海外開拓經營房地產；率先在深圳上市公司中首家在美國上市 **ADR** 成功。

公司1994年底，總資産由4部舊單車發展到51.3億元，淨資産22.7億元，上繳税利6.7億元。員工從6人發展到6500人。完成投資額36億元人民幣，已竣工面積爲220萬平方米。開拓區域除香港、美國、加拿大、澳大利亞外，在國内已拓展到北京、上海、西安、武漢、沈陽、哈爾濱、成都、廣州、汕頭、江門等十大城市。經營範圍從單一的房地産開發經營，發展到以房地產業爲主導，物業投資爲基礎，集能源、交通、酒店、商貿、建材等行業于一體的跨地區、跨行業、跨國界的目前深圳最大的上市集團公司。1993年獲得國家建設部頒發的“綜合開發一級公司”和“全國支教功勛企業”，廣東省頒發的“全省光榮納税大户”，“深圳市一類二級企業”。1994年7月被評爲“深圳市最大房地産企業第1名”、“深圳市盈利企業第2名”，被國家建設部、國家統計局評爲“首居中國房地產綜合效益百强企業”。1994年被國家評爲中國上市公司綜合實力百强第8名、被深圳市評爲1994年度企業集團綜合實力第4名、最大房地産企業第1名。

地址：深圳市人民南路房地產大廈五、六、七樓
電話：(0755)2339255　**傳真**：(0755)2339200
郵編：518001

廣東電力發展股份有限公司

公司創立于1992年11月，是目前廣東省最大的上市股份公司之一。至1995年6月30日止，總股份為81645萬股。公司是由廣東省電力集團公司、建設銀行廣東省信托投資公司、廣東省電力開發公司、廣東國際信托投資公司、廣東發展銀行等股東通過對沙角A電廠(一期，3×20萬千瓦燃煤機組)進行股份制改造創立的。

公司成立以來一直堅持“辦電為主，多元發展”的經營方針和“長短綫投資并舉”的投資策略，開展電力項目投資。其中：湛江電廠(一期)2×30萬千瓦(公司占50%以上的權益)、梅縣B電廠2×12.5萬千瓦(公司占40%的權益)及占25%權益的江坑水電站、70%的茂名先驅電廠、55%的濱沙電廠。目前，公司擁有權益并已投產的發電裝機容量為90.45萬千瓦，尚在建設中和計劃中的發電裝機容量分別為55萬千瓦和32.5萬千瓦。僅1994年度公司用于電力項目投資就達5.17億元。廣東電力A股和B股均已在深交所上市，并且成為深圳B股市場規模最大的股票。

願與海内外各界人士携手合作，共創宏圖大業。

沙角A電廠(一期)已投入商業運行的三臺20萬千瓦 發電機組

梅縣B電廠計劃于1996年初正式投產

湛江發電廠(一期)第一臺發電機組已進入商業運行

法人代表：吴希榮　　**總經理：蘇德鉅**

地址：廣州市梅花路75**號**21**樓**

電話：(8620)7767888—22108**或**22113

郵編：510600

海口市電子工業總公司

公司成立于 1974 年，是海南首家電子行業公司，下屬有 7 家無綫電制造企業、1 家二級房地産開發實業公司及楚樂宮酒店、賓館、商場等二十幾家企業。公司技術力量雄厚，中高級專業技術人員占總職員的 20%。主要産品有：彩色與黑白電視機、收錄機、人造水晶、石英晶體振蕩器、DC/DC 直流變壓器、P/T 脈冲轉换器、Filter 濾波器、溫度補償振蕩器、中頻變壓器、綫圈電感元件等。石英晶振榮獲廣東省優質産品稱號，全部銷往國外。準備在未來五年投入的新産品和項目有：軟啓閉開關、Autoway 中文系統、SMT 電子元件表面貼裝綫、高頻晶片與晶振、Video CD－OK 機、片狀阻容元件、鐳射二級管、防輻射手提電話、LCD 液晶顯示器、CCD 光電轉换器、數字通訊設備等。

此外，正在籌劃中的海口電子信息産品基地，計劃占地 3.5 平方公里，含全出口電子加工的 OEM、ODM 工廠群、世界各國電子街、電子商貿、電子娛樂等。目前公司的二級房地産實業公司主要投資房地産、經營商場、寫字樓、商住樓和各種建築材料。

法人代表：羅昌照
國家級突出貢獻專家、高級經濟師、工程師

優雅的辦公環境

總經理：羅昌照
地址：海口市海府大道 56 號
電話：(0898)5339553　**傳真**：(0898)5333052
郵編：570203

海南省電路板總廠（國營）
海南南洋電子實業有限公司（合資）

總廠（公司）是海南省唯一一家含生産科研一體化的全方位板上技術專業廠家，整體設計總投資 2.8 億元，分五期工程（含三個中心）進行：生産剛性 1—24 層電路板，生産柔性 1—10 層電路板；以 SMT 爲手段，生産、加工各類計算機、航空、航天、檢測等高、中、低頻插件板；主機板的生産廠及綜合性檢測中心；包括綜合性計算機設計研制開發整機工程中心；市場戰略研制中心。

目前生産的單雙面印制電路板，産品全部達國家標準并獲美國“UL”認證，全部出口美國、新加坡、香港、臺灣、歐洲等地，産品均可做到客户免檢。有兩個由國務院頒布的國家級項目，并獲中華人民共和國出口産品質量保證榮譽稱號。有兩項産品填補國内空白。

總經理：羅昌照
地址：海南省海口市南寶路 57 號電子大廈
電話：(0898)6772845　**傳真**：(0898)6764399
郵編：570206

董事局主席、總裁：吳　旭

旭龍集團
SUNRISING DRAGON

海南旭龍集團股份有限公司

HAINAN SUN RISING DRAGON GROUP CO. ,LTD

海南旭龍集團股份有限公司是由海南吳氏物業發展有限公司、海南少數民族物業發展總公司、海南海深國際工程開發總公司、海南華悦大酒店有限公司、海南省國營桂林洋農場、海口市新埠島開發建設總公司、海口市長秀開發建設總公司、海南省信托投資公司等 8 家股東單位發起設立的，總股本達 3 億元人民幣的大型規範化股份公司。旭龍集團秉承運作高起點、管理高水準、人才高素質、投資高回報的經營原則，憑借科學現代的管理手段和以人爲本的管理理念，依仗股東雄厚實力和人才密集之優勢，立志在旅游業、金融、高新技術產品開發、基礎設施建設、交通能源、房地產等領域精心經營，全力開拓。

旭龍集團計劃投資人民幣 14 億元開發興建的吳氏國際廣場，主樓高 58 層，建築面積 24 萬平方米，將是全國單項體量最大的建築，該項目已完成設計報建，前期準備工作逐步展開，預計工期五年左右。投資 1 億多元興建的全國最大的綜合旅游娛樂設施——海南新溫泉娛樂城已全面開工，95 年年中將投入使用。由集團控股的武漢、合肥分公司即將開業。

“開拓繁盛未來，全賴穩健根基”，旭龍集團立志實業，多元經營，順應經濟潮流，靠攏國際市場。力爭以實干的精神，穩健的拓展，孜孜的追求躋身于全球跨國集團的行列。

吳氏國際廣場

接待前臺

優雅的工作環境

海南新溫泉娛樂城

地址：海南省海口市南航路 2 號海深國際大廈 7 樓
電話：6765983　6766057　傳真：0898—6708948
郵編：570206

廣東省金屬材料公司

公司辦公大樓外景

公司是廣東主營金屬材料的大型國有企業，躋身于中國物資流通百强企業和全國 500 家最大服務企業之列。公司實力雄厚，擁有資產 1.5 億元，自有流動資金 7000 多萬元，金屬材料年銷售額超 10 億元，并擁有廣州吉山、清遠源潭兩個大型綜合中轉倉庫，總占地面積 22 萬平方米，年吞吐量達 200 多萬噸。公司信譽好，多次榮獲“特級信用企業”和“重合同守信用企業”的稱號。

自 1992 年以來，公司先后加入深圳有色金屬交易所、天津聯合期貨交易所、廣東聯合期貨交易所、廣東鋼材交易市場、南方有色金屬交易市場、華中商品中心批發市場，并成爲正式會員。公司設有期貨交易大廳，專門從事期貨自營和代理業務，成交額僅 1994 年突破 90 億元，發展代理客户近百家。公司率先在全省金屬材料公司系統將計算機運用于業務、財務、信息管理中，接通了省信息中心和國内貿易部的生產流通信息網絡，并通過衛星接收全國交易所即時交易價格行情，促進省内外同行信息交流。

公司堅持“信譽第一、用户至上”的宗旨，竭誠歡迎廣大客商前來洽談業務，共謀發展。

公司交易大廳

倉庫場地一角

地址：廣州市廣仁路 4 號

郵編： 510030

傳真電話： 3340741

茂名石化實華股份有限公司

總經理:蔡賢武

董事長:李文成
總經理:蔡賢武
地址:廣東省茂名市官渡路 162 號
郵編:525000　電挂:9035
電話:(0668)2284094　2276176
傳真:(0668)2281965

公司新辦公大樓外景

該公司以茂名石化公司為發起人,于 1988 年 10 月經茂名市工商行政管理局注册登記設立的股份制企業。1993 年底被國家體改委批準為規範化的股份制試點企業。

該公司依托茂名石化公司豐富的石油化工資源,以發展石油化工產品為主業,兼營精細化工和塑料加工等三大生產門類。現有全資下屬企業六家,控股和參股企業十二家。該公司集生產、銷售、服務于一體,主要產品有聚丙烯、溶劑油、脱臭丁烷氣、新型民用液化氣、潤滑油等系列產品,產品適銷對路,取得較好的經濟效益。該公司現有股本 5031 萬元,1995 年 1—9 月實現利潤總額 3216 萬元,預計全年可完成利潤 4250 萬元,股本利潤率為 0.84%,是茂名市的明星企業之一。

海南省銀海計算機公司

總經理:孫業經

海南省銀海計算機公司是中國工商銀行海南省分行全資附屬企業,注册資本 760 萬元,公司主營計算機系統工程及配套設備的開發、咨詢、培訓、維修、生產、銷售和租賃;兼營電子元器件、電子材料、辦公自動化設備、冷凍設備、家用電器等業務。公司宗旨是為全社會金融業務電子化、網絡化、自動化建設服務,為全社會經濟與技術發展服務,公司堅持用戶至上、服務第一、高質、高效、終身負責的經營方針。公司擁有 3500 平方米(8 層)科技大樓一座。

本公司一直承擔海南省工商銀行全省電子化建設及工商銀行系統一百多名計算機專業人員的使用和管理工作,負責價值四仟多萬元的二臺 IBM 大型計算機和 300 多套微機設備的應用開發工作,已為海南省工商銀行成功地開發了全省儲蓄通存通兑網絡系統、ATM、POS 電子貨幣、電話銀行、辦公自動化等金融應用系統,確保了工商銀行電子化建設在全省金融業中的領先地位。

總經理(法人代表):孫業經(高級工程師、海南省計算機學會副理事長、海南省通信學會副理事長)

公司辦公大樓

地址:海南省海口市海甸二東路 23 號
電話:6268435　6268418　6268419　6268436
郵編:570208

公司董事長兼總經理：謝榮章

惠陽市成興實業有限公司1991年經廣東省惠陽市工商行政管理局注册成立，公司創建以來已投入大批資金與港商合作在大亞灣興建了商住綜合樓及住宅小區等項目。公司屬下的成興貿易商場，專營五金交電、家用百貨、化工原料、裝飾材料、電綫電纜、燈飾燈具等批發業務。1993年公司將業務範圍發展到海南，經海口市工商行政管理局批準注册成立了海口紅江南實業有限公司，在海口市水産碼頭、秀英港批發市場均設有批發部經營烟酒、副食、飲料、日雜、百貨等商品批發。并獨家代理廣州市紅崗調味廠、中山嘉樂食品有限公司（中外合資）生産的調味品與隆都面系列産品。目前公司已在秀英港批發市場投資興建大批倉庫及住宅區。另外正準備在秀英開發商住樓，在市區興建紅江南購物廣場及紅江南大酒店。

本公司希望與各地生産啤酒、副食、飲料、日雜、百貨等廠家合作、歡迎外商及省外各大企業投資與合作。

法人代表、董事長、總經理：謝榮章
廣東地址：惠陽市淡水深汕公路邊
電話：(0752)9092363　3375858
海南地址：海口市秀英港批發市場
第二期56—61號
電話：(0898)8653238　9183255
傳真：(0898)8653588

惠陽市成興實業有限公司
海口紅江南實業有限公司

廣東省
三茂鐵路總公司

公司于1987年5月經省政府批準成立。主營鐵路客、貨運輸，服務單位21個，車站36個，員工7850人；鐵路運輸以外的建築工程勘測設計、施工、旅游、廣告等行業單位19個，員工945人。三茂鐵路地處廣東省西部，東起三水市，西至茂名市，全長357公里，1990年底全綫貫通，1991年與國家鐵路聯網正式運營，全綫設計運輸能力1000萬噸，現已達到1300萬噸，企業總資産已達36億元（人民幣），年創利2億元。三茂鐵路北連京廣鐵路，東接廣深、廣梅汕至華東鐵路。

在1994年中國500家最大服務企業及行業企業評價中，公司榮列服務業交通郵電業第51位。姚明禮總經理獲鐵道部授予“火車頭”獎章，1994年評選為廣東省勞動模範，1995年被國務院授予“全國勞動模範”光榮稱號。

國務院副總理鄒家華視察三茂鐵路公司時，與姚明禮總經理親切握手

地址：廣州市環市東路374號
電話：3869340　傳真：3811457
郵編：510060

總公司辦公大樓

堅盛公司

公司門牌

海南堅盛房地產有限公司是 1993 年 5 月經國家工商行政管理局批準成立的具有法人資格的外商獨資企業，注冊資金 200 萬美元，海口堅盛典當拍賣投資公司是 1994 年經海口市工商局、海口市公安局、中國人民銀行海口市分行批準成立的，注冊資金 1000 萬元人民幣，為各企業、私人等提供房產、汽車等抵押貸款服務。海南三亞堅盛旅業發展投資有限公司是 1995 年經三亞市工商局批準成立的，注冊資金為 1000 萬元人民幣。主營旅游服務、石油批發、零售、農牧業開發等項目。

堅盛公司成立兩年多來，逐步發展成為一個以房地產、金融、旅游、能源、農牧業開發、酒店、娛樂等綜合性實體公司。公司竭誠希望國內外新老客商前來洽談投資、貿易等方面的業務。

地址：海口市沿江四東路錦藝別墅 A—08 號

電話：(0898)6260984　　郵編：570208

公司總經理：劉　鍵

豪華寬敞的辦公場所

(中國)海南改革發展投資有限公司

公司原名爲(中國)海南改革發展基金投資管理有限公司，中國(海南)改革發展研究院爲主要發起人，由海南新鑫發展有限公司、海南大華地產基礎工程有限公司、海南浩遠農業發展有限公司、海南航空旅業開發股份有限公司等 8 家出資組成，成立于 1993 年 8 月。控股公司的投資項目分布在高科技産業、金融貿易、旅游成片開發、房地産工程、股份制企業改造和咨詢等領域。公司注册資金 2100 萬元，下設項目部、科技開發部、金融企劃部、財務部和總經理辦公室 6 個職能部門。在美國建立了美國綠城國際有限公司。投資購買下美國康涅狄納州的格蘭隆城商業中心。公司選擇了用于醫療、保健、衛生等方面的海洋生物制品項目，公司擁有中國著名找水專家肖楠森教授的“新構造找水理論與方法”，尤精于在所謂無水或少水地區尋找水源。公司還投資參與海南農業現代研究所的熱帶水果種植項目，涉足了熱帶水果種苗繁育、管理和名優果樹的種植栽培，去年種苗的銷售情况良好。

地址：海南省海口市海甸島沿江五路南希别墅 A2 棟

電話：(0898)6256774　　傳真：(0898)6256811

郵編：570208

總經理：曾　飛

辦公樓全景

海南精信資訊有限公司

HAINAN JINGXIN INFORMATION CO., LTD

精信不出門
通曉天下事

公司是由專業從事資訊服務、信息傳播、數據通信、計算機網絡及系統集成等業務的高新技術公司。公司建立的SCA無綫數據廣播和有綫電訊信息服務網，每日提供國内外金融、證券、政策、經濟、貿易、商品、供求等最新信息數百萬字，同時提供滬、深、瓊等地股市實時行情和技術分析，爲廣大客户提供了先進、實用、優質、價廉的信息服務。

總經理(法人代表):郭奠新

地址:海南省海口市濱海大道
19號開總大廈三樓西廳
電話:6216916　6216925　6216921
傳真:6231375　郵編:570105

資訊信息中心

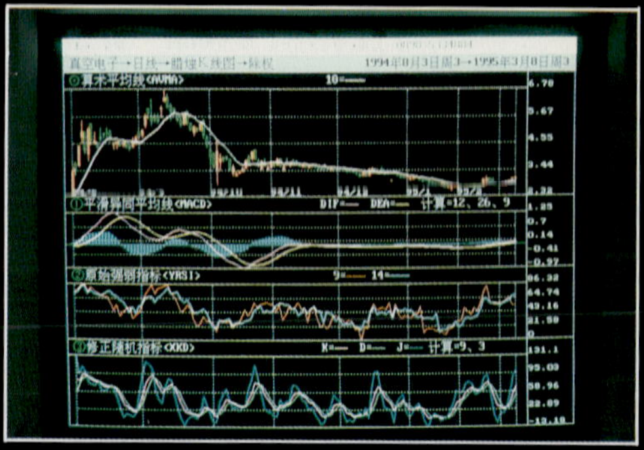

實時股市行情分析

寶茂國際投資有限公司

公司是以海南華藝房地產限公司、海南井田實業貿易公司為基礎在香港注冊的公司。主要從事轉口貿易、招商引資、房地產開發、旅游、技術合作等業務。公司已籌集資金4.5億元人民幣。分別在中國的海南、湖北等地進行旅游、渡假、房地產、商業貿易等項目進行投資。同時公司還在中國的武漢、北京、上海、江西等地成立辦事機構。在現有的28名職工中，大專以上文化程度占80%，中級以上職稱8人。公司實行總經理領導下的部門負責制。員工之間進行了承包責任制。

籌建的大廈模型

公司總經理:胡世源

開發小區規劃圖

董事長:劉德遠

青島啤酒股份有限公司

青島啤酒——中國啤酒唯一馳名商標
青島啤酒——中國歷史最悠久的啤酒
青島啤酒——中國出口量最大的啤酒
青島啤酒——獲國家質量金獎最多的啤酒
青島啤酒——國外最具代表性、最受歡迎的中國產品
青島啤酒——中國民族工業的瑰寶

深圳市凱虹實業股份有限公司

金龍工業城外觀

深圳市凱虹實業股份有限公司是一家以實業開發爲主,多元化經營的股份制企業,其前身是深圳市南山區屬大型國營企業,創建于1986年9月。1993年3月,經深圳市人民政府批準,在南山區國營企業中率先進行了規範化股份制改組。本公司主要從事工業區開發物業管理,工業投資及商貿。擁有兩個大型工業區,控股、參股企業15家,資産總額達2億元。本公司連續多年被評爲"深圳市先進企業"。

隨着股份制改組的深入,目前正着力調整産業結構,建立現代企業制度,力爭把公司建設成爲一個以先進工業爲基礎,以房地産、物業管理爲支柱,商貿及證券協調發展的實力雄厚的外向型企業集團。

地址:深圳市南頭南新路大新大廈7樓
電話:(0755)6667039　6666648
傳真:(0755)6667039　**郵編**:518052

深圳市振業股份有限公司

董事長:張　寶

總經理:張清泉

深圳市振業股份有限公司今天以“發展速度迅猛、經濟效益顯著、社會信譽較好、股票投資價值甚高”的社會評價,樹立起企業形象;明天將繼續鋭意改革、奮力開拓,創造更加輝煌的事業。

熱情、誠懇地希望得到社會各界的鼎力支持與合作。

地址:深圳市紅荔路四川大廈 7 樓
電話:(0755)3345781　3360198
傳真:(0755)3345781　郵編:518028

汕頭鰻聯股份有限公司

公司經廣東省人民政府批準,于 1995 年 2 月成立,首期總股本 2.1 億元。公司是以鰻魚養殖、加工出口爲主業,產品全部出口日本,是汕頭市三高創匯農業的龍頭骨干企業,公司的出口產品金龍牌烤鰻被日本客户稱爲“代表當今中國烤鰻的最高質量水準”,日本的大榮、生協等著名商社均將金龍牌烤鰻當作招牌商品,供不應求。該產品榮獲首居中國農業博覽會金獎以及其他多項金獎。1993 年和 1994 年公司的出口創匯均達到 3000 萬美元,稅利分别爲 7050 萬元和 6100 萬元,股本利潤率分别爲 26.3%和 23.1%;1995 年上半年出口創匯超過 2000 萬美元。

公司創立大會

公司興辦的工業項目

地址:汕頭市珠池路中段
電話:(0754)8266020　傳真:(0754)8266166
電挂:7665　郵編:515041

總經理:陳傳實

恒運企業集團

法人代表:陳傳實
地址:廣州經濟技術開發區西基工業區西基路
電話:2211505　傳真:(020)2215658
電掛:9596　郵編:510730

公司是由廣州經濟技術開發區工業發展總公司、廣州經濟技術開發區國際信托投資公司、廣州經濟技術開發區黄電實業總公司3家法人單位合資設立。經廣東省證券委批準,1993年10月向社會公開發行股票,1994年1月6日公司股票在深圳證交所挂牌。

公司以生產、銷售電力及熱力為主,并進行其他業務的投資與服務,公司改組后經濟效益良好,1993年盈利為2244萬元,1994年為4078.6萬元;資產總額1993年為2.42億元,1994年為2.83億元。公司目前組成了新的經營領導班子,確立了以集團形式的運轉機構和體制,現已擁有控股企業3家:即廣州恒運熱電B廠,廣州經濟技術開發區工業進出口貿易公司,廣州經濟技術開發區電力燃料公司;參股企業2家:即廣州恒運熱電C廠,廣州美特容器有限公司。

公司廠區一角

雲南白藥實業股份有限公司

公司是雲南第一家A股股票上市公司,已發展成為符合GMP要求、以生產中成藥為主的大型企業。公司現有職工636人,其中各類專業技術人員159人,資產總額2億余元,生產性固定資產原值6000多萬元,淨資產1.84億元,公司從德國、日本引進了高壓氣相、液相色譜儀,紫外分光光度計,薄層掃描儀、多導生理儀、生化分析等先進的設備儀器。公司是全國30家重點考核的中成藥生產企業和雲南省100家大中型骨干企業,1989年晉升為國家二級企業,1990年榮獲全國先進集體稱號,同年獲得國家中醫藥管理局"中藥優秀企業管理獎",最近被國務院發展研究中心、國家統計局工交統計司評為1994年度中國醫藥制造業最佳經濟效益企業第40名,雲南最大工業企業第100位,雲南省最佳經濟效益工業企業第18名。

公司注冊商標為"雲豐牌",產品以雲南白藥系列和田七系列為主,有60余個品種,7種劑型。雲豐牌雲南白藥連續三屆被國家評為質量金質獎產品,雲豐牌田七花精為國家中醫藥局優質產品,雲豐牌三七冠心寧、宫血寧膠囊、白藥精、生田七片、百寶丹、雲南白藥酊為省優產品。

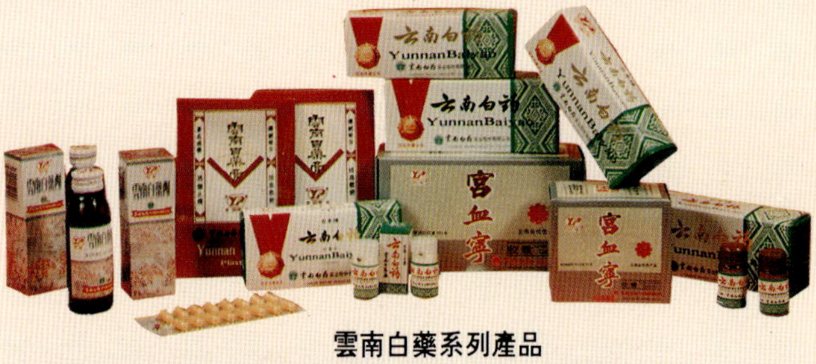

雲南白藥系列產品

花園式廠區一角

地址:雲南省昆明市西坎路51號　電話:(0871)4141591

廣西桂冠電力股份有限公司

公司是一家建設和管理大中型水電站的股份制企業，經廣西區政府批準，由廣西電力工業局、中國工商銀行廣西分行信托投資公司、廣西建設投資開發公司和中國太平洋保險公司南寧分公司聯合發起，采取募集方式設立，1992 年 9 月 4 日正式營業。公司總股本金爲 169608.91 萬元。擁有一座 40 萬千瓦的大化水電廠和一座在建的 19.2 萬千瓦的百龍灘水電站，預計 1995 年底第一臺機組投産發電。目前公司正着手惡灘水電站二期擴建工程(4×14 萬千瓦)的前期準備工作。自治區人民政府批準了百龍灘水電站按還本付息定價的電價原則，上網電量由主網包購包銷，電價平攤的銷售原則，還承諾了税收的優惠政策，公司發展前景廣闊。

法人代表、董事長：羅宏格
總經理、董事：沈文亨
地址：廣西南寧市民主路 6 號
電力大廈附樓 5 樓
電話：2887271　5861123—2520
傳真：5860661　電挂：1001
郵編：5300[illegible]

大化水電廠一期工程裝機容量 4×10 萬千瓦，4 臺機組全部運行

在建中的百龍灘水電站

海南瓊陵實業股份有限公司

公司是經海南省證券委員會批準，由海南瓊陵實業公司改組，聯合安徽銅陵化學工業集團公司、合肥科技開發銀行興科房地產開發公司共同發起，并以定向募集方式設立的股份有限公司。公司旨在充分利用海南的優惠政策和地理優勢，爲振興和發展海南經濟做貢獻，實現多元化經營的産業政策，最大限度地實現公司利潤，保障全體股東的合法權益。

公司的經營範圍包括：房地産開發、機電産品、有色金屬、化工原料及産品、紡織品、土特産品的進出口、旅游服務、小汽車出租、汽車維修及金融投資等。

地址：海南省海口市海府大道 12 號亞希大廈 8 樓
郵編：570001

增城市化工集團股份有限公司

增城市化工集團股份有限公司于 1993 年 9 月由原國有企業增城化工總廠改組設立的股份制企業，股本總額 8000 萬元。現屬下分廠有 13 間，職工近 2000 人。集經營化肥、生物農藥、食品制造、水泥及水泥制品、房地產開發、商品房建設銷售、醫藥半成品、針織布、整染布、印花、雨傘、印刷、塑膠電子、機械加工；兼營煤炭、鋼材、石油制品及内外貿易于一體的綜合性企業。"信譽第一、顧客第一、質量第一"是公司一貫堅持的宗旨，願與國内外工商界朋友建立聯系，發展多種貿易和合作關系。

公司辦公樓外景

董事長、總經理：何鏡欽
地址：廣東省增城市石灘鎮
電話：2923284　傳真：2922552

海南君合旅游股份有限公司

公司是經海南省證券委員會批準成立的，由海南華生企業發展有限公司、海南南華金融公司、海口嘉美汽車配件有限公司、海南省旅游總公司、北海銀河股份有限公司等單位發起。公司總股本 5000 萬元。

公司開發的項目有狩獵場：項目位于臨高角附近，占地約 2500 畝，項目總投資 2500 萬元。狩獵度假村：項目位于臨高角，占地約 2000 畝。臨高碎石廠：位于臨高狩獵場一側，地塊石床豐富，花崗岩石材質量好。洋浦磚廠和商業一條街以及那大君和大酒店項目。

總經理：李新國

工作人員認真處理業務

總經理：李新國
地址：海口市南華大廈 5 樓
電話：6703785　郵編：570125

廣西大塘糖業股份有限公司

公司廠區外景

公司車間一角

董事長兼總經理:劉　衛

地址:廣西邕寧縣大塘鎮

電話:(07812)4717445 **轉糖廠**

郵編:530232

大塘糖業股份有限公司是經廣西區人民政府批準,于 1995 年 3 月 17 日在區內注册成立的股份制企業,公司是由邕寧縣明陽糖廠、邕寧縣蒲廟糖廠、邕寧縣伶俐糖廠、邕寧縣糖業公司、邕寧縣財政局等企事業單位組成,注册資金為 3000 萬元人民幣,總股本中法人股占 5000 萬股,社會股 200 萬股,内部職工股 200 萬股,主要經營範圍有:甘蔗白砂糖、赤砂糖的生產、銷售及其付產品一桔水和蔗渣的銷售,對外承接運輸業務、機械加工業務、汽車修理業務、飲食服務等。糖廠生產能力為日榨 3000 噸,年產白砂糖 3.6 萬噸,總產値 1.2 億元,創利 1700 萬元。針對目前食糖國際性偏緊的事實,公司提出大力發展食糖原料一甘蔗的方針,從資金、技術上給農民大力支持,調撥專項資金進行蔗區道路的修整,預計在 3 年時間内,本蔗區將發展到產蔗 40 萬噸的水平,到時公司將實現工業總產值 2 億,創利 3000 萬元。

增城荔華股份有限公司

公司常務副董事長、總經理:
馮國良

公司是由廣深鐵路總公司、廣深鐵路對外服務公司、廣州鐵路車務綜合服務公司、增城市汽車工業發展總公司、增城市地方公路橋梁建設公司、增城市三江鎮開發公司共同發起組建的,是以鐵路貨物運輸、倉儲爲主、工貿結合、多元化經營的集團公司。其下屬有貨場公司、運輸服務公司、汽車運輸公司、商業貿易公司、工業公司、建築工程公司、房地產開發公司、能源開發公司、飲食服務公司、廣告公司和旅游公司等 11 個分公司。

荔華股份有限公司經濟開發區,位于增城市三江鎮(廣深鐵路旁)占地面積 2500 多畝,處在鐵路、公路、水路交通要道,交通便利,四通八達。貨場公司是荔華股份有限公司的龍頭企業,它擁有占地面積達 450 畝的貨場,建有 2.4 萬平方米的標準貨倉,4 萬平方米的露天堆放場,起重能力達 36 噸,貨物年吞吐量達 250 萬噸。辨理全國鐵路各地的整車、零提、笨重物品、集裝箱及危險品貨物的發、到運輸業務,并配有汽車運輸公司爲其裝卸運輸服務。公司擁有各種噸位的汽車、平板車、叉車和裝卸機具,可代辨貨物包裝、加固、捆扎,出租倉儲、蓬布、集裝箱業務,爲客户辨理貨物運輸一條龍服務。荔華酒店擁有 100 多套客房,設有豪華、標準、普通客户。另設有餐廳、歌舞廳可爲客提供優質、周到的旅業、飲食、娛樂服務,并可爲客户代售車、船、飛機票服務。

荔華股份有限公司的企業精神是:艱苦創業、開拓奮進、一流服務、高速度、高質量、高效益,爲經濟騰飛作貢獻。

董事長:鄒伯興

總經理:馮國良

地址:廣東省增城市三江鎮三江鐵路貨場

電話:(020)2915320　2915664　2915449

傳真:(020)2915777　**郵編:**511325

公司廠區

国讯在崛起中腾飞

广东省国讯通信技术发展总公司

广东省国讯通信技术发展总公司是国讯通信集团骨干企业，公司自成立以来，不断致力发展广州无线通信事业，屡创辉煌。短短的两年时间内，相继开通了三个中文经济信息台98060, 98061, 98051及五个数码台98062, 98063, 98019, 98035, 98052和99016, 99017, 99018, 99019自动台等国讯传呼台，并创办了96822电话信息台，成为广州市人民生活的信息伴侣。国讯台是目前广州电信联办台中用户最多的传呼台，我台优质的服务尤其突出，被评为94年广州地区最佳传呼台，受到行业管理部门及同行的充分肯定倍受赞誉。国讯通信，在崛起腾飞。展望未来，国讯公司将一如既往为广大用户提供高质的现代通信服务。

國訊通信

地址：广州市中山三路33号之十
电话：3828938　3828886

国讯广告/广州贝思制作分色有限公司（020）6578290

海南省文昌企業（集團）投資公司

公司是經過三年多的創業開拓而發展起來的具有法人資格的集體所有制企業。集團公司下有8個直屬子公司。在國內外各大城市有辦事處5個。三年來，公司前後與國內外20多家單位進行聯營、合作、科研試制、技術轉讓等業務往來，引進了香港、日本、臺灣等國家和地區的資金和技術，已組成初具規模、功能比較齊全的開發投資集團。公司以經濟效益為基礎、市場為導向、開展科技開發、實業投資、新產品研制、旅游、房地產、工貿、進出口貿易等多項業務，逐步向集團化、多元化、國際化的企業目標邁進。

公司熱情歡迎海內外企業家、實業家前來考察、投資合作。我們將以靈活多樣的合作方式，高效周到的優質服務，攜手共創合作開發的美好前景。

右起為：公司總裁符傳勝同全國人大副委員長王光英、文昌縣委書記、縣長朱明國合影

全國人大常委會副委員長王光英到公司視察

海南電纜廠

工廠大門

電纜廠是在中港合資經營的文星電纜廠的基礎上建立的全民所有制企業，現已擁有電綫廠、電纜廠、通信電纜廠三個廠區，是海南省規模最大的電綫電纜生產廠家。1985年6月8日投產，引進國外先進設備，固定資產1.5億元，年產值3億元，年出口創滙800萬美元，工廠總人數500名。

本廠能够按照中國"GB"、美國"UL"、英國"BS"、國際"IEC"標準生產塑料絶緣電綫、電力電纜、通信電纜、控制電纜、信號電纜、電源插頭等7大類156個規格，并獲得《中國電工產品認證合格證書》、《出口產品質量許可證》、《國家二級計量合格證書》以及美國"UL"標準認可證。產品銷往12個國家及地區，國內銷往30個省市。前后榮獲93年全國星火計劃成果金獎、93中國新科技成果、專利技術、專利產品博覽會金獎、海南省科技進步獎、全國出口創滙先進單位、全國外商投資明星企業、全國用戶滿意企業、全國外商投資企業貸款最佳信用客戶、中華人民共和國海關信譽良好企業，步入"中國500家最大電器機械及器材制造企業"行列，利稅總指標屬369位。

花園式廠區一角

海南省財信總公司

公司經海省政府批準，成立于1992年8月28日，為省財稅廳直屬全民所有制企業，具有法人資格。注册資金2000萬元人民幣。公司主要經營活動：農業開發、進出口貿易、房地產開發、旅游項目開發、外引內聯和"三來一補"業務等。

公司在瓊山市石山風景名勝區、桂林洋、文昌縣銅鼓嶺旅游開發區、萬寧縣石梅灣旅游區、三亞市國家旅游度假區、儋州市藍洋温泉旅游度假開發區等地都擁有開發用地；在海口、瓊山市有部分商品房；在澄邁縣有農、林場各一個，開發潛力很大。

竭誠歡迎國內外各界有識之士光臨惠顧，真誠合作。

總經理(法人代表)：李家福
地址：海口市龍昆南路龍泉大廈四樓
電話：6750922　6750696　6750478
傳真：(0898)6750922
郵編：570206　電挂：1486

總經理：李家福

公司干部職工一起學習討論

新陂——粵東寶地中的一塊熱土

興寧市新陂鎮地處興寧附城，距市區 1．5 公里，毗鄰五華縣，總面積 51 平方公里，人口 5 萬多。廣梅汕鐵路途經該鎮，鐵路貨運站座落該鎮轄區，國道縣道并網相聯，規劃中的“興柘”準高速公路穿境而過。

新陂鎮有總庫容量為 800 萬立方米的 5 座大中型水庫和一個日供水量為 2000 立方米的自來水廠。市屬 11 萬伏的高壓變電站設在該鎮，鎮屬 2 個供電所被梅州市驗收為標準化供電所。還有儲量較大，品位較高的石膏礦和石質較好的花崗岩石亟待開發。興建的位于廣梅汕鐵路興寧貨運站和新老國道交匯口占地 3000 平方米的 8 層新興商業大廈可投入使用。新陂鎮 1992 年列為梅州“沿海經濟開放區”和被省政府批準為“重點工業衛星鎮”，成為“寶中之寶”。歡迎海內外有識之士前來投資設業。

地址：興寧市興葉路 1 號新陂鎮人民政府
電話：（0753）3877368　3877218
傳真：（0753）3877378　**郵編**：514526

新陂鎮黨政辦公大樓

新興商業大廈

海南寶島企業公司

總經理：楊先文

海南寶島企業公司是省政府批準經省工商局注册的集房地產、證券、股票、典當、拍賣、進出口、建築裝飾、商業貿易食品為一體的綜合性公司。下屬企業有：東海花園開發公司、東方典當拍賣公司、鑫寶廢舊機電拆解公司、先鋒舊貨商場、鑫寶通裝飾工程公司、東方海產品開發公司。寶島企業公司是海南南洋船務股份公司的發起人，又是海南華凱實業股份公司、海南物業股份公司、海南賽格股份公司及海南恒源股份公司的股東和主要股東。寶島企業奉行至誠至信、始終如一的原則，竭誠服務于社會。

公司有關領導研究計劃

茂名永業（集團）股份有限公司

茂名永業（集團）股份有限公司經廣東省人民政府批準，于1992年12月30日由原茂名市化工一廠改組設立。公司下轄炭黑廠、余熱發電站、精細化工廠、白炭黑廠等四個分廠和油品加工、鐵路儲運、石油氣經營等6個分公司。占地18萬平方米，曾榮獲國家二級企業稱號，經濟效益顯著，是中國500家最大化工企業之一。

經營範圍：主營炭黑、包裝袋、石油化工產品、鐵路儲運、房産開發。兼營輕工具、化工類、橡膠及制品、機械設備、儀器儀表、工農具等商品的出口和經營機械、設備、儀器儀表、石油化工、輕工業品、五金工業用生產原料等商品進口業務；本公司進口商品的内銷和出口商品轉内銷。

公司的拳頭產品橡膠工業用炭黑，現生產能力1.5萬噸，在建中的3萬噸/年新工藝炭黑節能技改工程將于97年初竣工投産，屆時，可生產5個系列數10個炭黑品種，成爲中國華南地區最大的炭黑生產、出口基地。資金信用等級是三A級；環星牌N330炭黑是部優産品，出口免檢；擁有2條自備鐵路專綫；是全國環保先進企業。

廣東省省長朱森林視察公司

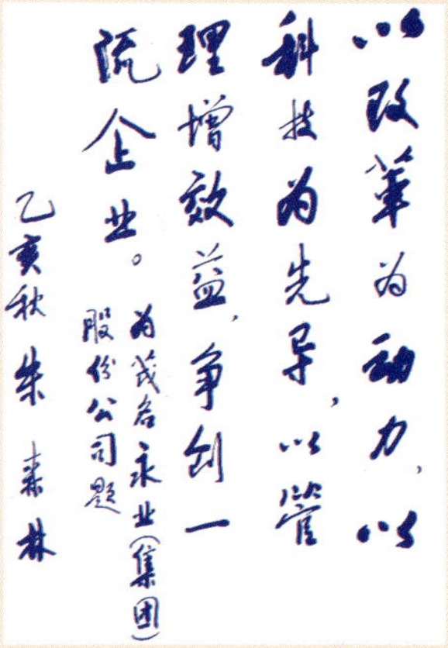

廣東省省長朱森林為公司題辭

董事長兼總經理：李崇業
地址：廣東省茂名市環市西路61號
總機：(0668)2327411　2327412
傳真：(0668)2326412
郵編：525024　電挂：7526

栏目协办

安永华明会计师事务所

第八编

中介机构

154/163

会计审计师事务所

安永华明会计师事务所

【概况】 事务所是经中国财政部批准，于 1992 年在北京成立之合资会计师事务所。安永华明总部设于北京，事务所人员包括从海外来华的资深人员和在当地聘用的中国注册会计师共 200 人，全部有大学以上学历及在国际著名会计师事务所接受过长期培训。

【业务范围】 主要经营业务包括查帐、验资、清算、可行研究、账务处理、财务分析、纳税计划、公司股份制改造及证券投资咨询以至 A、B 股的发行，更协助中国企业在国内外上市及相关的人员培训等。

湖北中南会计师事务所

【概况】 事务所是经湖北省财政厅批准，由中南财经大学武汉校友会发起组建的，具有法人资格，取得了国家国有资产管理局颁发的资产评估资格证书。事务所实行董事会领导下的主任会计师负责制，下设涉外业务部、国内业务部、资产评估部、咨询业务部、行政办公室等机构。事务所法人代表、主任会计师：胡道润。

【业务范围】 依法独立承办的业务范围有：审查有关财务会计资料，出具审计报告；验证企业资本，出具验资报告；办理企业合并、分立、清算事宜中的审计业务；承办股份制试点企业的有关审计、验证业务；办理资产评估业务及有关验证；提供专业管理咨询，编审有关证明文件和经济文件；提供其他有关会计咨询服务和代办纳税服务。

湖北建达会计师事务所

【概况】 事务所是经湖北省财政厅批准成立具有法人资格的全民所有制事业单位。是由原湖北会计师事务所第三分所改名的。事务所所长：刘师茂。

【业务范围】 主要业务有审查企业财务报表、验证企业资产，承办项目可行性研究、承办企业的合并、分立、清算、离任等审计业务，参与经济纠纷的调解、协助鉴别经济案件证据，担任常年会计顾问，提供财税咨询服务，培训财会人员及有关业务。

上海大华会计师事务所

【概况】 事务所是由上海财经大学发起，于 1985 年设立的，1993 年经国家财政部、国家国有资产管理局批准为执行证券业务的会计师事务所和资产评估机构。事务所实行董事会领导下的主任负责制。内设有查帐验证业务部、资产评估业务部、电算服务部、培训部等业务部门，并在深圳设有深圳大华会计师事务所。事务所董事长：娄尔行。

【业务范围】 事务所的主要业务有为客户办理验资、查帐、经济项目可行性研究、提供财务会计税务的咨询服务，以及会计电算化业务，进行企业的资产评估，并为股份制企业提供全方位的服务，即改制前的资产评估、会计报表的检查验证、盈利预测的审核、投入资本的验证等。

羊城会计师事务所

【概况】 事务所成立于 1984 年 4 月，具有依法独立承办注册会计师业务的法人资格，1993 年，经中国证监会、财政部、国家国有资产管理局批准，获得从事证券业务审计和资产评估的资格。内设办公室、审计一部、二部、三部、资产评估部、咨询部等。法定代表人：陈雄溢。

【业务范围】 主要开展会计审计、咨询顾问、资产评估、税务及会计代理、电算化业务、培训等业务。与国内外多家会计师事务所建立了信息、人才交流和业务合作网络，还与广东国际大酒店、广州广船国际股份有限公司多家三资企业和上市公司建立了业务合作关系。

广州会计师事务所

【概况】 事务所于 1981 年 2 月经广东省人民政府批准成立，具有从事证券业务资格和资产评估业务资格。1982 年 11 月事务所在深圳经济特区设立了分所，1993 年 8 月经广东省财政厅批准，分所改名为深圳广州会计师事务所，具有法人资格。事务所现有注册会计师 20 多人，其中具有从事证券业务资格 14 名。事务所法人代表：池家骥。

【业务范围】 主要业务有会计咨询、会计服务业务，包括设计财务制度、担任会计顾问、提供咨询、代理纳税申报和记帐、培训财务人员等。资产评估业务包括，承办资产拍卖、转让，企业兼并、出售、联营、股份经营，企业清算、资产抵押、企业租赁的资产评估等。审计业务包括，审查企业会计报表、验证资本及其他有关业务。

广州华穗会计师事务所

【概况】 事务所是 1992 年 11 月经广东省财政厅批准，广州市工商行政管理局注册的法人单位。下设机构有业务部、资产评估部、办公室等。事务所法定代表人：叶关育。

【业务范围】 依法承办注册会计师业务和资产评估业务。开展审查会计财务资料、验证企业投入资本、提供财税咨询、设计会计制度、担任会计税务顾问、接受项目投资可行性研究、培训财务人员及其他委托代理业务。

广东诚信审计师事务所

【概况】 广东诚信审计师事务所隶属于广东省司法厅。事务所“诚心待客，信誉为本”。进一步发挥优势，并充分借助社会各种专业力量，在介于政府与企业、企业与主管部门、投资者与经营者的经济活动中，以独立、客观、公正、严谨、廉洁和保密的原则，维护委托者的经济利益。

【业务范围】 对外服务以来，在协同律师、公证及经济检查部门完成经济纠纷和经济案件查证，资产清查，基建及投资项目预、结算审计和经营者离任审计等方面已经形成了自己的特点。

汕头市审计师事务所

【概况】 事务所是经广东省审计厅批准，于1987年成立的具有法人资格的事业单位。内设办公室、审计业务一、二、三部、资产评估部、基建工程审计部、税务代理部、代理记帐部、金凤业务部；下设经委分所。事务所所长：翁水木。

【业务范围】 主要业务范围有：办理审计查证和会计报告审签事项；企业注册资金的验证与年检；清产核资、资产评估；基建工程预决算及其审计验证；经济案件鉴定事项；建帐建制、代理记帐、税务代理；开展经济管理和会计咨询；外汇及外债年检审计；及培训人员等。

南海会计师事务所

【概况】 事务所是经广东省财政厅批准，于1990年1月成立，具有法定业务资格的会计专业服务机构。内设有总经理办公室、资产评估部、咨询部、业务一部、业务二部、业务三部和办公室等。从业人员33人，其中：注册会计师10人，高级、中级工程师0人。法人代表：叶锦棠。

【业务范围】 主要办理：查帐验证业务；验证企业投入资本；评估企业资产；办理企业合并解散、清算、经济纠纷事项；提供会计业务咨询、担任会计顾问；培训财务会计人员等业务。以公正、求实、竭诚为客户提供优质服务。

韶关市审计师事务所

【概况】 事务所是经广东省审计厅、韶关市审计局批准，于1987年2月成立的社会审计组织，具有独立的法人资格。内设机构有查证、咨询、顾问、资产评估部、验资年检部和办公室等14部4室。现有工作人员40人，其中注册审计师32人。事务所所长：曾新胜。

【业务范围】 事务所依法承办各项审计查证、资产评估、注册资本验证、经济案件鉴证、基建工程预决算审计及担任常年审计咨询顾问、培训财务人员、企业兼并和清产核资审计等。

石湾会计师事务所

【概况】 事务所是经广东省财政厅批准成立，具有独立法人资格的社会中介服务机构。内设审计、验资业务部、资产评估部、代理记帐部、培训咨询部、办公室、电脑室、所长室等，从业人员26人，其中注册会计师13人，已取得注册会计师资格3人，取得高级职称5人。所长：梁转好。

【概况】 主要业务有为客户承办查帐验证，出具查帐报告；验证投入资本，出具验资报告；办理资产评估，出具评估报告；为谈判商订各项经济合同、协议等文件提供专业咨询；担任常年财务会计顾问；提供税务咨询服务；代理纳税申报等有关税务事项；设计财务制度；参与企业清算及产权交易等事项；培训财务会计专业人员。

海南会计师事务所

【概况】 事务所是1989年6月批准成立的具有法人资格的全民所有制单位。下设内资部、外资部、资产评估部、行政秘书部等机构，取得了证券业务资格。拥有专业人员40人，其中注册会计师11人。事务所法人代表：黄玉珍。

【业务范围】 主要业务有验资、查帐、资产评估、财税咨询、财会顾问、培训财会人员、代理申报纳税、辅导作帐以及其他有关业务。服务的股份制企业有20多家，包括上市公司和基金。

海南大正会计师事务所

【概况】 事务所是1992年6月经海南省财政税务厅批准成立，具有资产评估资格。经国家国有资产管理局和中国证监会核准从事证券业务资产评估资格。现有从业人员39人，其中注册会计师11人。

【业务范围】 公司依法独立承办验证、审计、资产评估、税务代理以及担任常年财务顾问、推广会计电算化等业务。主要客户有海南汇通国际信托投资公司、赛格国际信托投资公司、海南高速公路股份有限公司、青海三普药业股份有限公司等。

海南华夏审计师事务所

【概况】 事务所是经海南省审计厅批准，具有法人资格的社会中介组织。拥有专业人员21人。事务所法人代表兼总经理：黄循明。

【业务范围】 事务所依法承办的业务有审计业务，包括审查企业会计报表，出具审计报告；验证企业资本，出具验资报告；办理企业合并、分立、清算中的审计业务；以及工程预决算、清理债权债务、资产评估、培训咨询、税务代理等业务。

广西会计师事务所

【概况】 事务所成立于1985年3月，隶属广西区财政厅。内设机构有涉外业务一、二部，国内业务一、二部，资产评估部、综合管理部和电脑室等。下设分支机构有南宁桂邕分所、百色分所、第一分部、第三分部、第四分部、南宁开发区办事处等9个机构。从业人员共103人，其中注册会计师39人。所长：杨中权。

【业务范围】 主要业务有验资、查帐、清算、经济预测、预决算审核、设计财会制度、担任财务会计顾问、培训财会人员、资产评估等。

南宁会计师事务所

【概况】 事务所于1985年12月经广西区财政厅批准，具有独立法人资格的事业单位。下设机构有：验资部、查帐部、税务代办部、资产评估部、办公室，并设有江南办事处、朝阳办事处。所长：苏志权。

【业务范围】 事务所除开展注册会计师业务外，还办理企业合并、分立、清算事宜中的审计业务，出具有关报告；参与调解经济纠纷、协助鉴别经济案件证据；设计财务会计制度、担任会计顾问、培训咨询等业务。

广西审计师事务所

【概况】 事务所成立于1987年,具有法人资格的社会审计组织。内设职能部门有工交部、商贸部、验资部、评估部、税务代理咨询部、办公室。

【业务范围】 事务所依法承接业务范围有企业财务年度收支审计、年报审计查证、经济纠纷案件鉴定、债权债务清理、注册资金验证和年检、资产评估、税务代理咨询、投资项目预决算审计、辅导建帐建制、担任常年顾问、培训审计、财务、会计人员等。

北海中华会计师事务所

【概况】 北海会计师事务所成立于1985年,1993年经批准加入中华会计师事务所群体,成为北海中华会计师事务所。内设有证券业务部、涉外业务部、国内业务部、资产评估部、基建服务部、电脑部、财务咨询业务部等部门,在南宁、防城港、合浦等地设有分所或办事处。所长:班文绍。

【业务范围】 主要业务有出具审计、验资、资产评估报告;对公开发行和交易股票的企业、机构和场所进行财务审计、咨询及其相关服务;提供计算机软硬件服务,完成各种工业控制、网络系统项目、开发企业财务软件;代客编审基建预算、结算;代理税务申报;培训财会人员;提供各种咨询服务。

梧州会计师事务所

【概况】 事务所是1985年经广西区财政厅批准成立,依法独立承办业务的社会中介机构。内设机构有审验一部、审验二部、资产评估部、税务代理部、咨询服务部、财会培训部、顾问室、办公室、电脑室等部门,并设立了河东办事处、苍梧县办事处、防城港市业务联络处。所长:黎永江。

【业务范围】 事务所法定业务有承办外商投资企业、股份制企业、国内企事业单位的审计业务、审查企业会计报表、出具审计报告;验证企业资本、出具验资报告;办理企业合并、分立、清算事宜中的审计业务以及设计会计制度,担任会计顾问,提供会计管理咨询;代理纳税申报、代理记帐,提供税务咨询;办理有关资产评估、投资项目评估和可行性研究;培训会计审计和财务管理人员。

湖南会计师事务所

【概况】 事务所成立于1985年2月,1992年12月和1993年6月,经财政部、中国证监会、国家国有资产管理局批准确认成为从事证券业务中财务审计与资产评估双重资格的会计师事务所。从业人员共80余人,其中注册会计师38人。内设审计一部、审计二部、审计三部、管理咨询部、资产评估部、综合部等6个部及5个业务分部。

【业务范围】 除外商投资企业、股份制企业、国内企事业单位的查帐验证、会计咨询、资产评估外,还拓展了企业的破产清算,企业收购、兼并,境外发行B股等评估与审计业务。

会计审计事务所名录

北京会计师事务所
中信永道会计师事务所
江苏省会计师事务所
成都会计师事务所
辽宁会计师事务所
深圳中华会计师事务所
深圳市金鹏会计师事务所
厦门会计师事务所
中华会计师事务所
立信会计师事务所
中洲会计师事务所
大连会计师事务所
山东会计师事务所
浙江钱江会计师事务所
浙江会计师事务所
毕马威华振会计师事务所
天津会计师事务所
安徽省会计师事务所
武汉中华会计师事务所
贵阳会计师事务所
福州会计师事务所
深圳南山会计师事务所
北京会计师事务所深圳分所
深圳蛇口信德会计事务所
中信会计师事务所
吉林会计师事务所
厦门大学会计师事务所
重庆市会计师事务所
云南会计师事务所
蛇口中华会计师事务所
沈阳会计师事务所
大连中华会计师事务所
上海会计师事务所
陕西岳华会计师事务所
湖北大信会计师事务所
深圳大华会计师事务所
汕头会计师事务所
湖南省会计师事务所
福建华兴会计师事务所
深圳大公会计师事务所
南京会计师事务所
昆明市会计师事务所
哈尔滨会计师事务所
海南中洲会计师事务所
深圳中洲会计师事务所
深圳一飞会计师事务所

深圳深华会计师事务所
深圳万商会计师事务所
深圳宝安会计师事务所
深圳皇嘉会计师事务所
深圳公平会计师事务所
深圳兴蒙会计师事务所
深圳北成会计师事务所
安达信华强会计师事务所
哈尔滨市审计事务所
深圳市审计师事务所
上海杨浦审计师事务所
黑龙江注册审计师事务所
武汉市审计事务所
上海东华审计事务所
天津审计事务所
湖南省审计师事务所
江苏省审计师事务所
上海黄浦审计师事务所
吉林省审计事务所
山东济南审计师事务所
深圳市罗湖审计师事务所
河南省审计师事务所
湖北省审计事务所
福建省审计师事务所
华信审计事务所
河南郑州审计师事务所
江苏徐州市审计师事务所
北京丰台审计事务所
上海大同审计师事务所
上海普陀审计师事务所
乌鲁木齐市审计师事务所
山东淄博审计师事务所
海南省审计师事务所
河南洛阳市审计师事务所
上海浦东审计师事务所
甘肃省审计事务所
福建福州审计师事务所
武汉华中审计事务所
成都市审计事务所
深圳市民孚审计师事务所
浙江金华市审计师事务所
上海新闵审计师事务所
山东滨州审计师事务所
兰州市审计事务所
深圳华通审计师事务所
芜湖市审计事务所
上海上工审计师事务所
江西南昌审计师事务所
山东青岛市审计师事务所
黑龙江龙华审计事务所
浙江宁波审计师事务所
九江市审计事务所
山东聊城地区审计师事务所

深圳长城会计师事务所
深圳中庆会计师事务所
深圳立诚会计师事务所
深圳民和会计师事务所
深圳深信会计师事务所
深圳兴粤会计师事务所
深圳深龙会计师事务所

广州市审计师事务所
中国审计事务所
上海公信审计师事务所
上海市审计师事务所
西安市审计事务所
华西审计事务所
广东审计师事务所
山东审计师事务所
上海市徐汇审计师事务所
上海公正审计师事务所
深圳市福田审计师事务所
南京市审计师事务所
陕西省审计事务所
新疆审计师事务所
贵州省审计师事务所
辽宁鞍山市审计师事务所
湖北黄石审计事务所
长春市审计师事务所
山西省审计事务所
浙江湖州市审计师事务所
中州审计事务所
北京中机审计事务所
深圳经济特区审计师事务所
河北省审计事务所
兴华(辽宁)审计事务所
湖北襄樊市审计事务所
安徽省审计师事务所
湖北鄂州市审计事务所
江苏常州市审计师事务所
株洲市审计师事务所
山东烟台市审计师事务所
吉林市审计师事务所
上海司法审计师事务所
成都市青羊审计事务所
云南省审计事务所
长沙市审计事务所
江西省审计师事务所
福建泉州审计师事务所
深圳市南山信恒审计师事务所
山东潍坊市审计师事务所
福建漳州审计师事务所
深圳市蛇口审计师事务所
山东东管市审计师事务所
北海市审计事务所
上海长宁审计师事务所

律师事务所

经纶律师事务所

【概况】 事务所是一家合作制综合性律师事务所，成立于1994年3月。有合伙人5名，专职律师21名，其中取得法学硕士学位的6名，法学学士学位的7名。

【业务范围】 事务所主要擅长海事海商、知识产权、国际金融、贸易及房地产开发等法律业务。还可受聘担任常年法律顾问，为大型投资项目提供法律可行性研究、法律文书起草、翻译，开展专项事实调查、代办各类行政登记注册手续、追偿债务等。

广东广信律师事务所

【概况】 事务所是广东省首批成立的综合性合伙制律师中介机构，成立于1993年2月。内设机构有国际投资商务部、证券金融部、房地产部、经济诉讼部、知识产权部、粤信公证办事处等。事务所主任：薛云华。

【业务范围】 事务所取得了从事证券法律业务的资格，并从事其他各类法律事务。担任100多家企业的常年法律顾问，并为广东电力发展股份有限公司、广州恒运热电股份有限公司等多家上市公司或股份制企业出具了法律意见书。

广州市对外经济律师事务所

【概况】 事务所是专门从事涉外法律服务机构，拥有先进的文字处理和通讯设备，有专职律师21人，兼职律师31人。事务所主任：马辉。

【业务范围】 主要业务有担任常年和专项法律顾问；办理企业的股份制改组、股票发行与上市、各类公司的设立、重组、终止、合并、收购等法律业务；代理房地产开发法律服务；代理工商登记、专利注册及其他知识产权登记的法律服务；担任诉讼和仲裁当事人的代理人；草拟审查各种法律文书及见证。

广州永森律师事务所

【概况】 事务所成立于1994年7月28日，是经广东省司法厅和广州市司法局研究批准，作为试点，由个人申办设立的事务所。现有律师10名，其中高级律师3名。事务所法人代表：胡永森。

【业务范围】 主要业务有涉外非诉讼业务、国际投资、国际金融和国际民事法律业务，并接办《律师工作暂行条例》规定的和国际惯例应有的其他法律业务。

吴少鹏律师事务所

【概况】 事务所于1984年在香港成立。经中华人民共和国司法部批准，于1992年获准在广州设立办事处。主任律师吴少鹏现任香港区事顾问，亦是中国委托公证人和国际公证师。

【业务范围】 主要业务范围包括：房地产、融资、移民、追债、公司商务、股票债券、民事法律、知识产权、引进投资、资信调查、国际商事法律及诉讼等，并建立了中国法律事务部。

华申律师事务所

【概况】 事务所是经海南省司法厅批准成立的省级合伙制律师事务所，实行国际规范化的服务制度，受理案件采用报送资料、制作代理计划书，业务收费实行计时与胜诉收费制度。同时实行律师过错赔偿制度。现有律师30多人，其中合伙律师7名。均来自中国最大的经济、金融中心和工业城市—上海，具有法学硕士、学士以上学历和十年以上律师执业经验。事务所主任：吴万进。

【业务范围】 主要承办金融证券、国际招商投资、房地产、海商海事等方面的专项法律服务事务。提供制定公司章程文件、出具法律意见书、资信调查、担任企业或项目法律顾问、文书见证、中介代理等专项法律服务。事务所代理及承办的案件有巴拿马 pamoma 轮拍卖偿债(优先权)案等著名案件。并担任了海南万国发展总公司、香港华晨投资(集团)公司、美国LEADER公司等60余家中外企业和投资项目的常年法律顾问。

诚坦律师事务所

【概况】 事务所是经海南省司法厅批准成立的合伙制律师事务所，与有关部门建立了广泛的联系和协作，同时与国外律师事务所建立业务协作关系。事务所主任：陈洪娟。

【业务范围】 主要业务有受聘担任境内外法人和个人常年法律顾问，提供法律咨询服务；代理工商登记、保险、技术转让、商标注册、专利申请等中介服务；参与重大项目的谈判、起草法律文书、见证、出具法律意见书；代理土地批租、抵押贷款、房地产、金融证券等法律事务，代理有关案件的调解、仲裁和诉讼等。

华合律师事务所

【概况】 事务所成立于1992年，具有全国从事证券法律业务的资格。事务所在全面开展国内法律业务的同时，正积极参与国际上的法律业务活动，已同美国、日本、香港等地的律师建立了业务合作关系。

【业务范围】 主要范围有：担任企事业单位的常年和专项法律顾问；担任民事、经济、行政案件的代理人参与诉讼和仲裁；代理公司组建、投资证券股票、信托贷款、房地产经营活动中非诉讼法律事务；办理其他法律事务。事务所现有法律顾问单位80余家，参与了海南新大洲摩托车股份有限公司等5家公司的股票公开发行上市和配股策划，出具了法律意见书和工作报告。

君合律师事务所

【概况】 事务所成立于1989年,下属有上海、海口、三亚等分所,还在美国设立了美国纽约君合律师事务所。律师由最初的5人发展到40多人。

【业务范围】 主要业务有:公司的设立、转让、拍卖、破产、清算业务,金融证券业务,外国投资业务,房地产、知识产权、国内国际贸易、诉讼与仲裁等方面。接受委托参与项目谈判,起草法律文件,办理见证,调解或仲裁经济纠纷,提任常年法律顾问等。

康达律师事务所

【概况】 事务所成立于1988年,是一个综合性律师事务所,下设海南、深圳、上海、西安等分所。拥有专业人员40多名,有6名从事证券业务的律师。

【业务范围】 主要业务是为客户提供经济商事方面的诉讼与非诉讼法律服务。业务覆盖内地各省市及香港和台湾地区,并为新加坡、日本、法国、美国等国家的公司提供法律服务。并承办北京人机和佛山陶瓷集团到香港上市业务和内地公司股份制改造及A股上市业务。

湖北公明律师事务所

【概况】 事务所又名湖北省第一律师事务所,成立于1984年10月。内设机构有金融证券部、知识产权部、商贸法律事务部、税务代理部、涉外经济事务部、综合法律事务部等。现有律师20人,其中中高级律师5名。事务所取得从事证券法律业务资格。事务所法人代表:秦前坤。

【业务范围】 主要业务有担任常年法律顾问,为企业的合并、分立、清算、破产等进行见证和出具法律意见书,调解经济纠纷、金融证券、投资业务、房地产、知识产权、国内外贸易、诉讼与仲裁等方面的业务。

武汉市金融商务律师事务所

【概况】 事务所是经湖北省司法厅批准成立以金融、商贸法律服务为主的律师事务所,拥有一批通晓法律和具有实践经验的高中级律师。事务所主任:刘元耀。

【业务范围】 主要业务有担任常年或专项法律顾问,担任当事人的代理人,参与诉讼与仲裁,为公司的改组、合并、分立、拍卖、清算、破产、股票债券发行等提供法律服务,办理有关投资、贸易、登记、信托、保险、注册、专利等活动中的非诉讼事务以及其他有关业务。

湖北省第七律师事务所

【概况】 事务所是经湖北省司法厅批准的,由武汉大学主办的律师服务机构。下设综合服务部、房地产法律服务部、金融法律服务部、产权交易及企业兼并服务部、涉外法律服务部、证券业务部、非诉讼法律服务部等机构。事务所主任:陈晓枫。

【业务范围】 事务所依法规定开展各类法律业务。并由武汉大学法学院组成的业务骨干,拥有精通英、德、日、俄、法等专业外语人才,与美国凯曼克、加拿大怀特及香港中国法律服务中心互为代理机构。

湖南省第一律师事务所

【概况】 事务所成立于1983年,1993年6月取得司法部、中国证监会核准的从事证券法律业务的资格。设有知识产权部、证券事务部、国际招商法律事务部、侨务商务部、新闻法律事务部等机构。事务所主任:康笃华。

【业务范围】 主要开展各种传统和新型的律师业务,专职律师都取得劳动仲裁员和从事涉外律师业务资格。可从事知识产权、证券、国际招商等方面的法律业务。

律师事务所名录

中国律师事务中心
北京海问律师事务所
北京市京融律师事务所
上海市第二律师事务所
上海市对外经济律师事务所
大连市联合律师事务所
云南海合律师事务所
厦门对外经济律师事务所
四川省投资与证券律师事务所
北京金杜律师事务所
深圳市律师事务所
北京市国证律师事务所
山东省律师事务所
吉林省律师事务所
湖南省金融经济律师事务所
天津市对外经济律师事务所
广州市律师事务所
北京通商律师事务所
北京经纬律师事务所
北京市中银律师事务所
江苏省对外经济律师事务所
四川省经济律师事务所
深圳金融房地产律师事务所
深圳振昌律师事务所
沈阳市商贸金融律师事务所
上海市浦东涉外律师事务所
山东省对外律师事务所
浙江省经济律师事务所
深圳市富源律师事务所
广东证券律师事务所
深圳信达律师事务所
福建省对外经济律师事务所
天津金融律师事务所
北京天平律师事务所

上海联合律师事务所
福建侨务经济律师事务所
雷础雄律师事务所
深圳国际商务律师事务所
方园律师事务所
中国环球律师事务所
北京市对外经济律师事务所
广东省南方律师事务所

南京经济律师事务所
海口市对外经济律师事务所
深圳特区经济贸易律师事务所
深圳市对外经济律师事务所
中信律师事务所
海南君合律师事务所
广东省对外经济律师事务所
成都市第三律师律师事务所

资产评估机构

中评资产评估事务所

【概况】 事务所是经国家国有资产管理局批准，国资局资产评估中心核准评估资格的社会公证性中介服务机构，可对国有企业、集体、私营企业、中外合资、合作经营企业以及境内外的其他各类企业和行政事业单位进行整体资产评估和单项资产评估。事务所总经理：袁东英。

【业务范围】 开展业务的内容包括：新设立企业的资产评估、合资合作、兼并改制的资产评估；单项资产的拍卖、出租、承包等评估业务；技改项目的资产评估；自然资源、房地产、土地及其他有形资产、无形资产的评估等。

广东资产评估公司

【概况】 公司成立于1993年4月，前身是广州会计师事务所资产评估部。1990年11月经广东省国有资产管理办公室批准获得资产评估资格。1993年5月3日取得从事证券业务资产评估资格。机构设置有总经理室、评估一部、评估二部、咨询服务部、工程技术部、行政秘书部等。公司总经理：金耀观。

【业务范围】 公司主营对企业股份制、公司制改造，公众股、法人股上市、与外商合资、合作经营、联营及组建集团公司，资产抵押、租赁、承包经营、企业兼并、清算、产权转让、拍卖、出售资产等资产评估业务。兼营资产项目咨询、专业培训等服务。在进行资产评估的单位中属中外合资的14家，属股份制改造的86家，其中已上市的公司10家。

海南省资产评估事务所

【概况】 事务所是经海南省财税厅批准，于1991年4月成立，具有资产评估资格和证券业务评估资格。内设机构有评估部、财务部、行政部等。现有员工17人，其中专职人员12人，具有高中级职称11人。

【业务范围】 主营业务有各类组织的综合性资产评估、各类单位资产评估（包括房地产、机器设备、流动资产和无形资产）。兼营业务有验资、财务咨询及项目可行性评估。已评估的上市公司和基金有琼能源、琼港澳、琼海虹、琼民源、琼海药和富岛基金。

南宁市资产评估事务所

【概况】 事务所是经南宁市政府批准，于1990年7月成立。内设机构有流动资产评估部、固定资产评估部、无形资产评估部、综合管理部、价格信息部、微机操作室等。1993年10月经中国证监会、国家国有资产管理局确认具有证券业务资产评估资格。事务所所长：吴双。

【业务范围】 主要业务有企事业单位的股份制改造、兼并、联营、租赁、中外合资、固定资产、无形资产的评估；股份公司公开发行股票和上市的证券业务资产评估；企业破产清算、抵押贷款、资产出售、拍卖等资产评估。

北海市资产评估事务所

【概况】 事务所成立于1990年，是经国家国有资产管理局颁发的评估资格证的专业评估机构，为中国资产评估协会会员，事务所注册资金33万元人民币，法人代表：叶洪坤。

【业务范围】 事务所经营范围有：承担境内外资产拍卖、转让、兼并、出售、股份经营、中外合资、合作、清算、抵押、担保、租赁中的固定资产、流动资产、无形资产的评估；企业验资、审计；项目可行性分析及咨询等。

厦门资产评估事务所

【概况】 事务所成立于1993年5月，经中国证监会和国家国有资产管理局批准具有从事证券业务资产评估资格，具有高中级专业技术人员。

【业务范围】 主要业务有接受委托承办包括企业股份制改造和股票上市、合资、合作、拍卖、兼并、联营、清算等各类整体和单项资产评估业务和相关的经济咨询服务。1993年事务所对厦门特区18家实行股份制企业中的13家进行了资产评估，上市公司的资产评估项目全部通过。

上海新世纪投资服务公司

【概况】 公司是经中国人民银行上海市分行批准的投资服务专业机构，是上海市成立较早的咨询服务、资产评估机构。

【业务范围】 公司主营债券评估、为投资者提供证券投资咨询及信息服务，为发行者提供证券发行及上市咨询服务，兼营证券投资业务培训等。同时开展股份制组建辅导、投资项目评估、国外业务代理、财务顾问等业务，并进行有关专业人员培训，专题研讨，编辑书刊。

评估机构名录

中发国际资产评估公司	北京德威评估公司
苏州资产评估公司	吉林省国有资产评估事务所

四川省资产评估事务所
深圳资产评估事务所
深圳市投资管理公司
广州资产评估公司
西安正衡资产评估公司
哈尔滨市资产评估中心
吉林市资产评估事务所
陕西资产评估公司
北京中正资产评估公司
绍兴资产评估事务所
厦门大学资产评估事务所
厦门资产评估事务所
广东资产评估公司
福建省资产评估中心
武汉资产评估公司
哈尔滨市资产评估事务所
亚太资产评估事务所
宁夏资产评估公司
常州市资产评估事务所
上海财税咨询服务公司

信用评级及证券咨询机构

上海远东资信评估公司

【概况】 公司是经中国人民银行上海市分行批准，于1982年2月成立。公司的最高决策机构是董事会，董事会由上海社会科学院院部、世界经济研究所、部门经济研究所、法学研究所、社会经济法律咨询中心有关方面的负责人组成。公司实行自主经营、独立核算、董事会领导下的总经理负责制。公司下设资信评估委员会，负责审定企业发行债券、融资券的资信等级，内设有资信评估部、资产评估部、信息咨询部、投资部、编辑部、期货期权研究中心及办公室等部门。公司董事长：姚锡棠，总经理：姚廷纲。

【业务范围】 主营评估各类有价证券、企业资产、企业资信等级，兼营与主营业务有关的咨询、培训。公司制定了业务操作程序和规章，企业提出评估申请，评估公司与申请评估企业签订资信评估协议书，评估公司进行评估和资信等级的决定，通知企业资信等级结论及复评。

深圳市资信评估公司

【概况】 公司是由深圳市九家金融机构发起、于1993年3月经深圳市人民政府批准成立的专门进行信用评级的股份制中介机构，受中国人民银行深圳经济特区分行领导。公司现设有资信评估一部、资信评估二部、资信评估三部、信息咨询部、专家委员会以及评审委员会等机构。

【业务范围】 公司主要从事工商企业的资信等级评估。为配合深圳市银行业实施资产风险监管，公司在成立以来的两年多里，对深圳市500多家企业进行了资信评估，其中包括半数以上深圳本地股票上市公司。出版了中国第一册资信评估年鉴。目前，根据中国人民银行深圳经济特区分行有关文件要求，组织实施的资信评估工作已在深圳市银行贷款企业中全面铺开。

海南中诚信证券评估有限公司

【公司概况】 公司是经中国人民银行海南省分行批准，由中国诚信证券评估有限公司、海南港澳国际信托投资公司、海南华侨投资股份有限公司、海南证券交易中心等单位联合发起的股份制非银行金融机构，成立于1993年7月7日，注册资本1800万元，公司董事长：王志刚，总经理：于力杰。

【业务范围】 公司主要从事以证券投资风险评估为主的证券投资咨询业务、企业改组、融资等咨询业务。具体开展：企业、金融机构的资信评级；有价证券信用等级评定；股票发行与上市公司的可行性报告、资产评估报告及有关材料的验查和评估；各种金融工具的研究、设计；开展人员培训和国际交流等。

湖南证券投资咨询公司

【公司概况】 公司是湖南省内首家具有独立法人地位的专业证券咨询机构，注册资金500万元。公司总经理、法人代表由原南京东南大学证券投资研究所所长、湖南省证券业协会副秘书长刘郎教授担任。公司在股份制改组、证券投资与投资咨询、证券从业人员培训、证券电脑工程开发等方面取得了长足进步，并得到了政府主管部门社会各界的大力支持。国家体改委副主任洪虎亲临指导，董辅 礽、江平、萧灼基等13位政府官员和知名学者应邀担任本公司高级顾问。

【业务范围】 一、股份制改组：为企业股份制改组、公司设立与规范运作提供全套服务并进行转制辅导。

二、证券从业人员培训：对证券从业人员、证券期货经纪人、股份公司高级管理人员培训业务，并进行考核和认证。面向社会举办证券期货投资讲座。

三、证券电脑工程开发：主要从事证券营业部计算机、网络工程的策划、设计、安装、调试与维护，开发证券电脑软件。

四、证券投资与投资咨询：分析研究证券期货市场，编发《湘证咨询每日传真》；提供经纪人服务，为社会公众提供证券信息服务。

惠州永通管道燃氣股份有限公司

點燃都市文明之火

公司董事長:羅天生

公司總經理:葉國強

1993年1月9日,經市政府批準,由惠州市燃料工業總公司、惠州市實業開發總公司、惠州市建築工程公司共同發起創建的惠州永通管道燃氣股份有限公司應運而生。

惠州市供氣面積爲120平方公里,整體市區管道燃氣工程,從規劃設計、施工安裝,到使用管理,堅持運用現代高科技的手段,按照先進的安全技術規範標準,由持有相應資質證書的專業隊伍組織實施,從美國引進的熱水循環式氣化器和關鍵設備,與計算機管理監控檢測系統配套,建成一個自動化的管理體系,確保運作高效、安全。目前市區内3個小區大部分用户已首批實現燃氣管道化。使管道燃氣這一跨世紀的大工程邁出了可喜的一步。

目前,公司在建的一幢面積1.46萬平方米,高13層的永通大廈,一幢面積1.2萬平方米,高9層的位于橋西氣化站内的調度中心大樓已投入使用。公司固定資産淨值1億多元。

地址:廣東省惠州市麥地路花邊嶺26號
電話:(0752)2271571　2271572
郵編:516001

公司是經交通部、廣東省和深圳市政府批準，在深圳市注册的廣東省首家股份制海運企業，注册資金 11550 萬元人民幣。公司主要從事以廣東省爲主的國内沿海和近洋國際外貿運輸，并向聯營、合營及多元化經營方向發展。目前總運力已達 11 萬多噸，其中 3 艘 3 萬多噸（文深、廣順、廣南）投入了廣東南北煤碳運輸，1 艘 7500 噸廣運輪航行于東南亞近洋外貿運輸，2 艘 500 噸集裝箱船經營廣州和陽江地區至港澳地區的集裝箱外貿運輸。二年多來，取得了良好的經濟效益和社會效益。1994 年營業收入 6150 萬元，營運利潤 1700 多萬元，94 年未淨資産總額 15013 萬元。公司并被推選爲中國船東協會理事會的常務理事。

下屬公司有深圳慶海貿易公司，從事國内貿易和進出口業務；廣東（增城）銀海房地産開發有限公司從事房地産綜合開發業務；陽江市陽海集裝箱運輸聯營公司，經營陽江至港澳地區集裝箱航綫運輸。

地址：**深圳市嘉賓路** 25 **號大院航運綜合樓** 302 **室**
電話：(0755)5584072　**傳真**：(0755)5584071
郵編：518001
廣州公司地址：**廣州市寺右新馬路寺右北一街三巷** 9 **號工業大廈 A 座** 4 **樓**
電話：(020)7395619　**傳真**：(020)7370654
郵編：510600

海南國際海運股份有限公司

公司是由海南省輪船公司規範化改造成立的股份制企業，主營：國際、國内海上貨物運輸、車客渡運輸、集裝箱運輸；兼營：國際、國内船代、貨代、房地産開發、修船、拆船、倉儲等業務。海南省輪船公司，經過五年多來的艱苦創業，發展到目前擁有 9000 噸至 2 萬噸級散貨船 5 艘，總運力達 81815 噸。船舶航行于西班牙、比利時、荷蘭、法國、澳大利亞及東南亞等 20 多個國家和地區的 50 多個港口。并在亞洲、歐洲、澳洲等地建立了 90 多個代理網點，并在香港和廣州設立了分支機構。

公司先后創立了海南海翔國際船舶代理公司、海南海翔房地産開發總公司、中邦船務（香港）有限公司、廣州貨運部等 4 家直屬企業，設立了分公司海南國際海運船務公司。公司經營方式靈活，一貫堅持“拓展海運、造福海南”的企業宗旨和“客户第一，信譽第一，質量第一，安全第一”的服務宗旨，深得國内外客户的信賴和好評。歡迎海内外朋友來公司洽談投資、合作。

董事長：**潘正明**　**總裁**：**鄭育泉**
地址：**海口市海秀大道67號銓寶大厦12樓**
電話：(0898) 6796198　6795059
電傳：490238　**HNIMC CN**
傳真：(0898) 6796968　**郵編**：570206

寧波城隍廟
實業股份有限公司

巍峨聳立的城隍廟新商城。

公司于 1992 年改組爲股份制企業，現已成爲一家享有良好聲譽的上市公司。公司現有員工近 1000 名，下屬 13 家分公司和 3 家合資企業，主營國内外貿易、生産加工、房地産、旅游服務和倉儲運輸等。1992 年至 94 年，連續三年被國内貿易部、國家統計局評爲"全國百家最大規模零售商店"稱號，并獲得"中國百家榜上有名股份制企業"、"全國百家無假冒僞劣商品單位"、"94 年度中國最大 300 家股份制企業"等榮譽稱號。

公司的寧波城隍廟商城，經過擴建，現總建築面積達 2.5 萬平方米，繼承了老城隍廟古樸典雅的風格，内部則采用一流的現代化設施。老廟、新樓和兩者之間的國泰街共同形成充滿濃鬱地方特色、古今合璧、商文共榮的大型商業建築樓宇。

海南農墾熱帶作物
開發股份有限公司

公司是以房地產、旅游為龍頭，熱帶作物開發為基礎的股份有限公司，注册資金為八千萬元，現公司經營的項目有：

1、開發種植面積三千多畝的熱帶作物；

2、多功能海口隆肯商業廣場；

3、投資興建海口市農墾城緑海花園商住房；

4、儋州市藍洋皇家溫泉渡假村；

5、興隆東和溫泉渡假村。

歡迎海内外企商、金融商以合資、合作方式開發經營。

董事長(法人代表)：王法仁

總經理：莫均榮

地址：海口市海秀大道 13 號國際鴻運大酒店附樓五樓

電話：6716796　6716793

郵編：570206

董事長:黃德正

海南
神州實業股份有限公司

黃德正董事長陪同美國拉斯維加斯市里維爾拉酒店集團有限公司董事長懷思特曼(中)考察神州半島

公司是由海南金陵經濟發展總公司、天津市工商銀行信托投資公司等省内外16家公司發起組建的。省政協委員、著名企業家黃德正出任公司董事長,募集股本總額4.8億元人民幣。在海南神州半島風景名勝區内興建海南神州國際俱樂部。在海口興建海南國際工商大廈。

地址:海口市海甸島沿江四東路釣魚臺別墅C5A、B幢
電話:6255356　6255393　**傳真**:5353379

花都市路橋工程發展公司

花都市路橋工程發展公司,于1992年3月經花都市人民政府批準成立,是一家獨立核算、自負盈虧的全民所有制企業,現在擁有全市公路收費站八個職工450人,每日收入23萬元人民幣。公司具備各種大中型現代化的施工機械設備,有健全的工程質量檢查制度和組織機構,去年我公司如期完成了我市56公里長的花都大道一級超二級公路的工程,建成的炭步大橋從進場施工至完成通車只用了11個月的時間。現在赤泥大橋、新華跨鐵路立交橋正在施工中,建成之后將為花都市的建橋鋪路歷史寫下輝煌的一頁。公司除投資公路開發,承造公路橋梁建設外,兼營房地產開發、石場開采(金獅石場)、停車場、加油站、汽車維修等業務。

總經理:羅寶麟

公司自行設計、投資和施工的炭步大橋

栏目协办

中国农业银行海南省信托投资公司

第九编

证券经营机构

170/176

证券公司

南方证券有限公司

【公司概况】 中国南方证券有限公司是经中国人民银行批准，由中国工商银行、中国农业银行、中国银行、中国人民建设银行、交通银行和中国人民保险公司联合发起组建的跨行业、跨部门、跨系统、跨地区的全国性证券公司。公司于1992年12月21日正式成立，总部设在深圳经济特区，注册资产10亿元人民币。

【业务范围】 自成立以来，南方证券的各项业务都取得了长足发展，仅在1994年，公司累计承销各类有价证券20.6亿元人民币，其中股票19.7亿元；全年A、B股交易总额达471亿元，其中A股469亿元人民币。公司在全国各地的证券营业部已达32个，对海外证券市场的开拓也在积极进行。到1994年底，公司总资产达70.7亿元人民币，位居全国证券商第二位。

华夏证券有限公司

【公司概况】 公司是经中国人民银行批准，由中国工商银行总行牵头，国家专业银行、税务部门、国家专业投资公司、非银行金融机构、国家大型企业等40多家单位合资组建的股份制金融企业，成立于1992年10月8日，公司注册资本10亿元人民币。

【业务范围】 主营承销、自营、代理有价证券的买卖；有价证券的代保管、鉴证、过户；代理还本付息和分红派息；办理投资基金业务；外币及境外证券业务；投资咨询信息服务；向国有商业银行和其他金融机构贷款和融资及其他批准的业务。

国泰证券有限公司

【公司概况】 公司是经中国人民银行批准的全国三大证券公司之一，由国家专业银行共同发起，于1992年10月5日成立。公司内设综合管理部、发行部、交易部、国际业务部、计划财务部、基金部、研究部、电脑部。公司注册资金10亿元人民币，董事长：金建栋，总经理：胡泰利。

【业务范围】 主营承销、自营、代理有价证券及其买卖业务。是上海证交所、深圳证交所、STAQ系统、NET系统正式会员，同时与境外证券公司、会计师事务所、律师事务所进行交流与合作。1994年国泰证券公司交易额970亿元。

上海申银证券股份有限公司

【公司概况】 公司是于1992年由申银证券公司改制为股份有限公司，由上海及外省市52家企业参股。注册资本6亿元。公司形成由总裁室直接管理各总部、分公司及直属机构，各总部、分公司及直属机构管理各自的下属机构的两级管理体系。公司成立党委、团委、经审委员会、工会等组织机构。公司总裁：阚治东。

【业务范围】 公司1994年6月主承销的"哈岁宝"股票在率先通过证交所交易系统竞价发行成功，12月与江苏仪征化纤公司达成A股承销协议，同时开创了国际业务新品种，公司主承销的氯碱B股配股权证在上海证交所挂牌上市。承销了大众出租公司法人股转B股的业务。申银证券（香港）有限公司获香港证监会和香港联交所批准获得香港注册交易商和投资顾问资格。公司在全国各地的营业机构44家，交易席位108个。公司1994年度业务总量16974303万元，股票发行量1123500万元，证券交易量为15852402万元，利润总额27772万元。另外公司成立证券研究所，编辑出版有《申银股市日报》、《股票年报》等资料刊物。

海通证券有限公司

【公司概况】 公司前身是由交通银行总行和中国人民银行批准于1988年9月22日成立的上海海通证券公司。1994年9月28日改制为有限责任公司。公司注册资本10亿元人民币，公司董事长兼总经理：李惠珍

【业务范围】 公司主要开展代理企业发行股票、债券，证券交易、参与企业股份制改造和咨询服务等。1994年公司业务量为786.6亿元，比上年增长150.13%，其中交易量为762.8亿元，较上年增长164.45%，发行量为23.8亿元，创利1.6亿元，比上年增长191.11%。

广东证券公司

【公司概况】 公司是由广东省内14家财政金融机构及企业参股组建的。下设有广州市区5个营业部、上海、深圳各设1个业务部，在省内各地15个营业处。公司总经理：钟伟华。

【业务范围】 主要业务范围有：代理证券发行、买卖及自营、受托办理证券登记和过户、代理证券还本付息和支付红利、办理证券代保管、鉴证、贴现和抵押贷款、办理证券投资咨询及实业投资等。已开通深、沪股、NET、STAQ、南方证交中心系统证券买卖。实现多个交易系统共一个保证金帐户，证券买卖自动操作。

广州证券公司

【公司概况】 公司是经中国人民银行总行批准，于1988年3月28日成立，于1989年11月政策性停业，至1991年7月8日复业。公司下设总经理办公室、人事行政部、计划财务部、发行咨询部、证券交易部、电脑部、研究拓展部及5个市级营业部和3个县级营业部。注册资本1000万元人民币。总经理：劳建光。

【业务范围】 主营有价证券的发行、买卖代理和自营、代理证券的本息偿付和红利的支付等业务。已取得深圳、上海证交所和全国证券交易自动报价中心、中国证券交易系统会员资格。

作为主承销商承销了东方宾馆等3家公司股票，为广东电力等3家股票的分承销商，推荐了5家公司股票分别在深、沪交易所及中证交系统上市，参与了琼珠江B股的分销工作。至1994年年底，公司共代理发行120家企业债券（其中总代理30多家）。

大鹏证券有限公司

【公司概况】 公司是经中国人民银行批准成立的全国性非银行金融机构，由中汇外汇咨询公司、中国金币总公司、深圳兆富投资发展公司等股东共同发起成立，于1993年10月28日正式营业。注册资本5亿元人民币。法人代表：徐卫国。

【业务范围】 公司主要经营范围：发行和代理发行各种有价证券；自营和代理买卖各种有价证券；有价证券的代保管、鉴证和过户；代理还本付息、分红派息等权益分派业务；证券抵押融资业务；基金和资产管理业务；企业重组、收购与兼并业务；投资咨询、财务顾问业务；期货经纪和金融期货自营业务；外币证券业务；中国人民银行批准的其他业务。1994年各类有价证券代客买卖成交量突破100亿元，各类期货代客买卖成交量突破300亿元。公司一级市场各类证券承销金额22亿多元，担当主承销商、分销商和上市推荐人的项目有：云南白药实业股份有限公司A股、广东肇庆星湖味精股份有限公司A股、深圳世纪星源股份有限公司A股、深圳南山热电股份有限公司B股、海南珠江实业股份有限公司B股、深圳蓝天基金等。此外，公司的债券承销总额达2亿元。

珠海证券有限公司

【公司概况】 公司是一家主营证券业务的股份制非银行金融机构，1992年6月经中国人民银行批准正式成立。

【业务范围】 公司具备上海证交所、深圳证交所以及STAQ、NET、武汉、南方、沈阳、天津等证券交易中心的正式会员资格，可代理沪深A、B股的承销、上市推荐、交易和全国各大证券市场的交易业务；在上海、深圳、北京、武汉、沈阳、天津等地设有业务部或代表处，在珠海设有5个营业网点；在珠海率先启用双向卫星传递沪、深股市即时行情，采用电脑自动报盘、撤单和成交即时回传系统以及电话自动委托、触摸屏、小键盘等系统。在一级市场上，先后参与了珠海市10家公司的股份制改造和规范化工作，代理发行股票总额占珠海股票发行总量的68%；作为主承销商和上市推荐人，成功地完成了丽珠、华电两公司新股公开发行和推荐上市工作，特别是丽珠新股的公开发行，作为广东省新股发行模式的首家试点。积极参与并圆满完成了仪征化纤A股、闽灿坤B股、粤丽珠B股和琼珠江B股的承销工作。在二级市场上，93年全年证券成交量达65亿元，94年全年成交总量达547亿元。

湘财证券深圳业务部

【公司概况】 深圳业务部于1993年11月27日开业，分设有散户交易大厅、8个大户室、2个中户室、经纪人室等。现有职员35人，其中高中级职称17人。总经理：李春来。

【业务范围】 主要开展深、沪A股、国债现期货交易、证券咨询服务，具有上市推荐人资格，被批准为B股交易特许经纪商。电脑系统由两个NETWARE局域网构成，采用HUB星形结构，安装了180台网络工作站。交易系统由深圳的点对点、上海的128K高速通讯卫星接收系统、100条内外线（中继）电话委托查询和40台磁卡自动系统及15台柜台交易系统组成。分析系统有钱龙、建功行情动态、静态分析系统。

海南省证券公司

【公司概况】 公司是经中国人民银行总行批准于1988年10月成立。1990年3月经批准改组为全民股份制企业。主要股东有上海万国证券公司、海南华银国际信托投资公司、海南汇通国际信托投资公司、海南赛格国际信托投资公司、海南港澳国际信托投资公司等。公司内设总经理室、经理室、发展部、发行部、交易管理部、融资部、基金部、财务部、电脑部、保卫部。并作为深沪证交所、STAQ系统、NET系统会员单位，另有营业部、专户室等。公司注册资金3000万元。公司总经理：文哲

【业务范围】 主要业务包括代理各种有价证券的发行和还本付息，办理各种有价证券的自营和代理买卖，办理各种有价证券的鉴证、代保管，接受委托代收证券本息和红利，办理证券的登记和过户，证券投资及咨询等。在1993年全国证券商信用评级中，被评为AA＋级。并为海南大部分上市公司的主承销商和上市推荐人。

广西证券公司

【公司概况】 公司是1988年7月经中国人民银行总行批准成立的具有法人资格的经济实体。公司下设深圳、上海、北京、南京等4个直属营业部及广西境内5个营业部。公司注册资金9200万元人民币，总经理：霍庆基

【业务范围】 主要业务为从事证券业务。公司1993年完成业务总量86.72亿元，其中股票交易额83.2亿元，1994年完成业务总量117亿元，其中A股交易额为116亿元。公司1994年底，资产总额达3.09亿元。

山东证券公司

【公司概况】 公司是由原山东省证券公司、深圳君安证券有限公司等共同出资组建，于1994年4月成立。经山东省政府批准成为大型二类企业。

【业务范围】 公司是深圳证券交易所、上海证券交易所、STAQ、NET、武汉证券交易中心、山东证券交易中心、山东企业产权交易所等机构的正式会员，主要开展代理企业发行股票、债券、证券交易等业务，并作为山东江泉陶瓷股份有限公司、济南轻骑、青岛啤酒、济南百货、淄博基金等公司的主承销和分销商。公司1994年先后在济南、上海、深圳、青岛、莱芜、东营、临沂等地设立了营业部，证券交易量达112.3亿元。独家包销了二年期国债1个亿，总资产6.1亿元。

安徽省证券公司

【公司概况】 公司是经中国人民银行总行批准成立，由原为中国人民银行安徽省分行的全资附属公司改组为全民股份制企业，具有独立的法人资格。注册资金1.7亿元人民币。公司实行董事会领导下的总经理负责制。公司内设总经理办公室、发行部、交易部、计划财务部、基金管理部等。公司董事长：宋

明，总经理：汪永平。

【业务范围】 公司下设20个营业部，即深圳、上海、合肥一部、二部及省内16个地市各设一个营业部。公司并作为安徽美菱的副主承销商和上市推荐人，策划了皖美菱、皖皖能、安徽马钢的上市及皖美菱配股权证的发行工作。

辽宁省证券公司

【公司概况】 公司是经中国人民银行批准的，成立于1988年5月。是中国证券业协会常务理事单位，是上海证交所、深圳证交所理事单位和会员，是STAQ系统、NET系统、沈阳证券交易中心、天津证券交易中心的会员。公司在沈阳有两个营业部，在上海、大连、本溪有业务部，在深圳设有代表处。公司法人代表：邵第荣。

【业务范围】 公司主要业务有承销各类有价证券、自营、代理证券买卖及证券代保管、投资咨询等。公司1991—94年代理发行证券112740万元。

云南证券有限公司

【公司概况】 公司是经云南省体制改革委员会批准，由云南省证券公司改制的于1993年7月1日成立。公司下设办公室、财务部、发行交易部、资金部、投资部及昆明、上海营业部及深圳代表处等。公司总经理：陆海莺。

【业务范围】 公司主要业务有代理证券发行业务、自营代理证券买卖业务、代理证券还本付息和红利的支付业务，证券的代保管、鉴证、贴现和抵押贷款，证券投资及相关业务。

福建兴业证券公司

【公司概况】 公司是经中国人民银行总行批准，在原福建兴业银行证券业务部基础上组建的。公司在深圳、上海设立了业务部，同时在福建设立了3个办事处，5个支公司。公司注册资本1亿元，公司总经理：蓝荣。

【业务范围】 主要业务有代理发行及买卖有价证券，提供有关咨询服务等，公司是上交所、深交所、NET系统、STAQ系统的会员。公司1992年主承销代理厦门汽车公司股票的发行，1993年推荐福建福联、福耀公司股票到上交所上市，主承销并推荐上市的有福州东百、福建水泥、闽东电机股票，担任福建股票认购申请表发行团主干事，1994年参加了仪征化纤A股承销团。公司在深圳、上海设立了业务部。

武汉证券公司

【公司概况】 公司是经中国人民银行总行批准，于1988年3月正式开业的专业化股份制金融企业。公司实行董事会领导下的总经理负责制，公司在武汉设有7个股票营业部和7个债券营业部，在上海、深圳、沙市、黄石设有营业部。公司董事长：李麦秋，总经理：李永宽

【业务范围】 主要业务项目有：承销发行企业股票，代理买卖上市公司股票，代理发行和承销企业债券，代理和自营证券买卖，代理证券的还本付息和红利派发，受理证券鉴证和代保管，以及其他有关业务。公司成功地推荐了武汉商场、武汉长印、武汉凤凰等公司的股票上市。

中国光大银行深圳证券业务部

【公司概况】 证券业务部是经中国人民银行深圳分行批准，由中国光大银行全资组建的证券经营机构。下设发行部、投资部、财务部、办公室、交易一部、交易二部。注册资金1070万元人民币，总经理：叶琳。

【业务范围】 主要业务包括：承销有价证券，包括B股，代理和自营有价证券的买卖，有价证券的代保管和鉴证业务，受托代收证券本息红利及代客办理过户手续，证券投资及咨询业等。业务部是深、沪证交所、STAQ、NET系统会员。1994年度A股成交金额74亿元，国债及期货1亿元，承销A股1000万股，1994年业务部实现利润1100万元。

证券公司名录

深圳特区证券公司
君安证券有限公司
深圳长城证券有限公司
国泰证券有限公司
广发证券公司
浙江省证券公司
河南省证券公司
湖北证券公司
福建兴业银行深圳证券业务部
上海万国证券公司
上海海通证券公司
黑龙江省证券公司
宁波证券公司
青岛万通证券有限公司公司
山东证券公司
哈尔滨证券公司
深圳国投证券有限公司
招银证券公司
华夏证券有限公司
珠海证券有限公司
湖南证券股份有限公司
西安证券公司
武汉证券公司
广西证券公司
江西省证券公司
上海申银证券公司
江苏省证券公司
大连证券公司
常州证券公司
沈阳证券公司
山西证券公司
云南证券公司

信托投资公司

中国旅游国际信托投资有限公司

【公司概况】 公司是经中国人民银行总行批准，由国家旅游局行政主管的全国性非银行金融机构，于1994年11月正式开业。公司注册资金2.3亿元。

【业务范围】 公司主要从事本币信托存款贷款、投资业务；委托存贷款、投资业务；房地产投资业务；有价证券业务；金融租赁业务；代理业务；经济担保和见证业务；经济咨询业务；外汇信托存贷款、投资业务；外汇借款、投资、担保业务；发行或代理发行外币有价证券；买卖或代理买卖外币有价证券；外汇资信调查、咨询、见证业务，以及中国人民银行和国家外汇管理局批准经营的其他金融业务。

赛格国际信托投资公司

【公司概况】 公司是经中国人民银行海南省分行批准成立的全民(股份制)非银行金融机构。成立于1988年12月，注册资金1亿元人民币。公司总经理：李建民。

【业务范围】 公司主要开展信托、投资、证券等业务，1993年累计信托存款80亿元，累计发放贷款13亿元，资产总额达到22亿元人民币，全年实现利润2010万元。同时对基础设施建设、旅游、高科技、城市公用事业等项目进行投资，公司有全资、控股企业26家，参股企业10家。赛格公司证券部已成为海南证券交易中心、STAQS、NETS、上海证券交易所、深圳证券交易所，以及天津、武汉、重庆等地交易中心的会员。继海口证券部之后，公司在上海、深圳、武汉、天津、北京等地的证券部也相继成立并投入运营，1993年股票交易额达到80亿元。

海南港澳国际信托投资公司

【公司概况】 港澳信托证券部是经中国人民银行海南省分行批准，成立于1991年6月29日。是海南省非银行金融机构中较早成立的证券部。并在上海、深圳、北京、三亚、成都、沈阳、杭州等地设立了营业部。

【业务范围】 主要业务有代理发行各种有价证券，自营和代理证券买卖，代理支付和代收证券的本息红利，证券鉴证、登记过户，证券代保管，证券投资咨询及其他证券业务。1992年10月9日，公司策划海南国际房地产公司改制为海南港澳实业股份有限公司，参与了海南证券报价交易中心和海南股票内部交易中心的有关推荐工作，公司1993年推荐了海国投实业股份有限公司到STAQ系统上市，三亚东方实业股份有限公司到NET系统上市，并作为主承销商代理浙江港澳新型建材股份有限公司的股权证发行工作。1994年6月公司承销了海南金盘实业股份有限公司的社会公众股发行。公司成为全国主要证券交易所(中心)的会员。至1994年底，公司共代理买卖地产投资券、基金投资券2亿元，股票214亿元。1995年4月，公司作为副主承销商代理珠江B股在海南的发行工作取得了园满成功。

中国农业银行海南省信托投资公司

【公司概况】 公司是经中国人民银行海南省分行批准成立于1988年2月。公司下设办公室、业务部、证券部、计财部、营业部等，注册资金5000万元人民币。

【业务范围】 主要经营范围有企业存款、资金拆借、发行债券、代理发行股票、信托投资、金融租赁、信托贷款、委托贷款、委托投资、房地产投资、票据贴现、信用、见证、经济咨询及相关性服务。几年来共对7家规范性股份制企业参股、控股，公司证券部为深交所、上交所会员。

海南省国际信托投资公司

【公司概况】 公司是海南省政府全额出资的省属非银行金融机构，是国务院确定的对外融资窗口之一。1994年、1995年取得日本评级研究所评定A＋的信用等级。公司总经理：彭振明。

【业务范围】 公司主要业务有代理证券发行及买卖、参与国库券的承销团及其他有关金融证券业务。1990年公司设立证券部，证券部发行过公司1993年8000万亚洲美元债券和1994年145亿日元武士债券。并对各地证券营业部进行装备。1994年底公司总资产42亿元。

海南汇通国际信托投资公司证券部

【公司概况】 公司证券部是经中国人民银行海南省分行批准，1991年3月成立。公司证券部下设有发行部、交易部、海外业务部、基金部、咨询部、投资策划部、财务部、电脑部、办公室等。并有海口、上海、深圳、北京、武汉等5个营业部。经理：徐英

【业务范围】 开展的业务有有价证券承销发行；代理、自营各种有价证券的买卖；参与企业股份制改组、股票公开发行的承销、推荐上市、投资咨询策划等。证券部1991年包销国库券500万元，1992年为国库券承销团主要成员，1993年二级市场交易量85亿元，1994年交易额达150亿元，至1994年底，证券部总资产6亿元，净资产5600万元。证券部还是深、沪交易所、武汉、沈阳、重庆、天津等证交中心以及NET、STAQ系统的会员。

广东粤财信托投资公司

【公司概况】 公司成立于1984年12月19日，具有独立法人资格的国有金融企业，注册资金5亿元，公司法人代表：孙亚余

【业务范围】 主要经营业务有：信托存款、贷款、投资；委托存款、贷款、投资；有价证券的发行与代理发行、自营和委托买

卖、委托代保管及证券投资等;融资性租赁;代理收付;经济担保、信用见证;经济咨询及其他经批准的金融业务,公司下属企业有广东粤财实业发展公司、广东粤财物业发展公司、广东地产公司、产权交易中心等,并在广州、上海、深圳设证券营业部。公司1994年实现利润9500万元,总资产40亿元。

潮州市信托投资公司

【公司概况】 公司是1987年经中国人民银行批准成立的国有金融机构,是中国证券业协会理事,中国国债协会会员。

【业务范围】 主要经营人民币、外汇业务。公司是深圳、上海证交所会员,创立8年来,累计投放贷款32.5亿元,发行和代理发行融资券筹资2.96亿元,证券交易额265亿元,承销国债3亿元,累计创税利1.2亿元,资产总额10亿多元。公司有全资附属企业6家,合资合作企业6家,投资参股企业8家。

广东省南海国际信托投资公司

【公司概况】 公司是经中国人民银行总行批准,于1987年8月成立,隶属南海市人民政府。公司证券交易部下设有5个营业部,装有各种分析系统和委托查询系统。公司注册资金1亿元人民币,2000万美元。公司董事长兼总经理:梁广来。

【业务范围】 公司主要经营人民币,此外经国家外汇管理局批准,开办了外汇信托存、贷款;外汇信托投资;外汇借款,外汇投资;外汇放款,贸易、非贸易结算;外汇担保;资信调查、咨询以及有关证券业务。

广西信托投资公司证券部

【公司概况】 广西信托投资公司是经中国人民银行批准成立的,注册资金10亿元人民币。公司证券部成立于1988年,在南宁、桂林、深圳、上海等地设有5个营业部。

【业务范围】 主要开展代理有价证券的发行和买卖业务。证券部代理国库券买卖成交额达2.5亿元,代理企业发行债券4000万元,1994年公司证券部代理股票买卖交易额86亿元。

信托投资公司名录

中国银行深圳国际信托咨询公司
建设银行深圳市信托投资公司
深圳租赁有限公司
三亚中亚信托投资公司
建行广东省信托投资公司
湖南省信托投资公司
农行浙江省信托投资公司
农行河南省信托投资公司
农行武汉市信托投资公司
中行江西信托咨询公司
建设银行大连市信托投资公司
吉林省国际信托投资公司
安徽国际信托投资公司
天津信托投资公司
中国农业银行深圳信托投资公司
工行珠江三角洲金融信托联合公司
海南省信托投资公司
珠海国际信托投资公司
广东国际信托投资公司
湖南省国际信托投资公司
浙江省国际信托投资公司
四川省农村信托投资公司
厦门国际信托投资公司
黑龙江省国际信托投资公司
陕西省国际信托投资公司
北京京华信托投资公司
建行沈阳信托投资股份有限公司

证券登记公司

深圳证券登记有限公司

【公司概况】 1994年登记公司在业务发展、技术、设备改造、规范运作、理论研究等方面都有进一步的发展。1994年共完成12万投资者开户,11家新股登记工作,35家内部股份公司发行登记和派息分红工作,并办理了转托管和推广磁卡业务。并顺利完成了所有上市品种的清算业务。

【技术设备改造】 证券登记机构通讯网络系统成功地从原微机拨号MODEM转移到基于双向卫星网和分组交换网的BCS上,解决了异地登记机构的数据通讯。同时与各地结算会员的通讯联网软件的开发已完成。还成功地开发了B股中央结算系统以及证券商终端的B—COM软件,实现了委托、交收指令的远程收发。转托管业务由传真数据改为电子数据。

【规范运作】 1994年加强了上市公司股份的管理,实行在深挂牌的上市公司股份全额托管,内部职工股进入清算系统运作。同时实行了内部业务稽核制度,成立了公司内部业务稽核和风险控制专门机构,建立了科学的股份记帐制度及证券登记业务对帐稽核制度。

【理论研究】 公司编辑出版了《证券与结算》周刊50期,并及时编发各种统计资料、市场研究报告、业务发展情况汇报等。对各种新品种、新课题展开超前研究。 (柳文)

广东南方证券登记公司

【公司概况】 公司是非盈利性的证券登记、清算、存管机构,是上海、深圳证券中央登记结算公司的结算(存管)会员,是广东南方证券交易中心的一级清算中心。

【业务范围】 办理证券登记;记名证券的转让登记;办理证券帐户卡、有价证券的托管、股票买卖的清算过户;代理有价证券的分红派息或还本付息;办理证券帐户资料的查询、更改、挂失;证券咨询业务;代理有价证券的保管。

武汉有价证券托管中心

【公司概况】 武汉有价证券托管中心是武汉证券交易中心的下属机构,它依托武汉特有的地位优势及证券集散地的作用。服务宗旨是:为国债的发行和转让市场服务,为执行国务院有关部委国债先托管、后交易的决定服务,为各地银行、证券商和其他金融机构服务。公司总经理:夏军

【业务范围】 主要开展国库券的免费代保管,金融债券、投资债券、公司债券的代保管;重要文件、有价证券和物品(如合同、协议、遗嘱、土地使用权证书、房属所有权证书、珠宝、钻石、贵重金属及制品等)的保管箱代保管;证券的委托中转、代理押运、证券的销毁等业务。

武汉证券登记中心

【公司概况】 登记中心是经中国人民银行湖北省分行批准设立的有价证券法定登记机构,已成为深沪中央证券登记结算公司的结算会员和北京NET系统及深、沪交易所国债实物券存管会员。中心总经理:徐世明。

【业务范围】 主要业务有经批准的公开发行及公开发行的证券登记;上市及非上市记名证券的转让登记;代理有价证券的分红派息;有价证券的代保管;证券业务的咨询服务。建立了与深圳证券交易所之间的双向卫星通讯系统。

汕头证券登记公司

【公司概况】 汕头证券登记公司是汕头经济特区唯一的证券登记机构,是深圳证券登记公司在汕头特区的代理机构和上海证券中心登记结算公司的异地会员。公司现营业面积1200多平方米和先进电脑处理网络三套,能够同时处理深圳、上海,以及汕头本地的股份清算和沪市资金清算等业务,公司的证券业务处理全部实现了电脑化和无纸化。基本具备了为汕头经济特区证券市场的高效、准确、安全,规范化运作服务的软硬件环境。法定代表人:辜少健。

【业务范围】 公司自成立以来,已协助汕头电力股份公司到深交所上市、协助汕头南方商贸法人股到南方证券交易中心上市,同时对上述两家上市公司实行了股份的集中托管、登记;公司担负着汕头特区定向募集的内部股份公司股份的募集登记、托管、分红派息等业务;并为本地股民交易异地上市证券提供了开户、托管、转托管、交易股份的清算、股份查询、股份挂失、债券代保管、权益分派、证券信息咨询等一系列服务。

南海证券登记公司

【公司概况】 公司是1992年10月22日经中国人民银行广东省分行批准成立的。内设机构有总经理办公室、业务部、财务部、存管清算部、登记部、电脑部等。公司总经理:高小龙。

【业务范围】 公司主要业务范围有经批准公开发行或非公开发行的证券登记;记名证券的转让登记;代理有价证券的保管;代理有价证券的还本付息或分红派息;证券咨询服务及其他有关业务。公司为南海市4家证券商完成了深圳各种股份的清算、转托管、证券帐户卡开户等业务,办理了上海证券帐户卡开户、挂失、股票查询、国库券的存管库等工作。并为市内6家内部股份公司进行股份托管登记及分红派息等业务。

韶关证券登记公司

【公司概况】 公司是经中国人民银行批准,于1993年4月13日成立。公司是深圳证券登记有限公司的异地会员和上海中央登记结算公司的结算会员。公司下设有登记部、清算部、财务部、综合部、电脑部。现有工作人员21人。公司法人代表:李关明。

【业务范围】 公司主要业务有经批准公开发行及非公开发行

的证券登记;记名证券的转让登记;代理有价证券的还本付息或分红派息;证券登记咨询业务;公司成立后就为地方的内部股份公司办理股份登记、托管、分红派息,同时配合深、沪两交易所做好开户、查询、挂失及股份清算工作。

登记公司名录

珠海证券登记公司
重庆证券登记公司
广东潮州市证券登记公司
广西证券登记公司
江门证券登记公司
安徽省证券登记公司
肇庆证券登记公司
甘肃证券登记公司
山东证券登记公司
宁波证券登记公司
江西证券登记公司
茂名证券登记公司
新疆证券登记公司
青海证券登记公司
无锡证券登记公司
贵州证券登记公司
河源市证券登记公司
佛山证券登记公司
西安证券登记公司
河南证券登记公司
青岛证券登记公司
江苏省证券登记公司
黑龙江省证券登记公司
湛江证券登记公司
北京证券登记公司
云南证券登记公司
中山证券登记公司
东莞证券登记公司
广州证券登记公司
河北省证券登记公司
苏州证券登记公司
常州证券登记公司
徐州证券登记公司
上海证券中央结算中心

国债一级自营商名录

中国工商银行
中国人民建设银行
交通银行
中信实业银行
华夏银行
福建兴业银行
深圳发展银行
中国农业银行
中国银行
中国光大银行
中国投资银行
上海浦东发展银行
招商银行

中国国际信托投资公司
中国农村发展信托投资公司
中国经济开发信托投资公司
中国民族国际信托投资公司
中国农业银行信托投资公司
中国工商银行信托投资公司
中国人保信托投资公司
赛格国际信托投资公司
华夏证券有限公司
南方证券有限公司
海通证券有限公司
浙江省证券公司
武汉证券公司
广东广发证券公司
江苏省证券公司
哈尔滨财政证券公司
江苏省金信证券公司
河南财政证券公司
天津市证券公司
中国光大国际信托投资公司
中国工商银行信托投资公司
中国人民建设银行上海市信托投资公司
中国人民建设银行哈尔滨信托投资公司
中国人民建设银行信托投资公司
中国农业银行上海市信托投资公司
中国人民建设银行浙江省信托投资公司
辽宁省国际信托投资公司
国泰证券有限公司
上海万国证券公司
上海申银证券公司
上海财政证券公司
深圳国投证券有限公司
湖南省证券公司
北京市财政证券公司
辽宁东方证券公司
浙江财政证券公司
陕西开源证券公司

珠海經濟特區
富華集團股份有限公司

本集團的前身是1987年8月建成投產的富華滌綸絲廠,1989年3月,作為珠海首家股份制試點企業,實現由國營向股份機制轉換,同時向社會公開發行股票,1991年12月進行第二次擴股集資、調整股權結構,1993年3月26日,經中國證券監督管理委員會批準,股票在深圳證券交易所正式挂牌上市,成為廣東省首家上市公司。

1992年下半年,本集團確立了向集團化、大型化、多元化發展的方針,開始調整產業結構,即由單一化纖紡織業向房地產、金融、投資、貿易、機電、印務、廣告以及高新技術產業拓展,相繼在華南、西南、華東和美國、香港等地區、國家建立了子公司及辦事處,業務範圍遍及全國,截止1994年12月31日,本集團已擁有全資或控股企業二十四家,參股十二家企業和公司,初步實現集團規模。

展望未來,本集團將充分依靠特區優勢和自身特點,力爭在二年內實現大型工業企業目標,躋身全國工業企業一百強之列,提高經濟效益,為股東謀取更高的回報。

珠海華電股份有限公司

珠海華電股份有限公司是經珠海市和廣東省政府批準，于1992年10月由全民所有制企業改組成立的股份有限公司。經國家和廣東省有關部門批準，公司公衆股已于1993年10月在深圳認購發行，并于1994年1月3日于深圳證券交易所挂牌上市。

本公司前身為珠海經濟特區電力開發(集團)公司前山發電廠，創建于1985年。1988年投產發電，該廠設備先進，管理嚴格。目前本公司正在興建新的電廠—洪灣、洪屏柴油機發電廠，裝機總量為11.2萬千瓦，將于1995年上半年并網發電。屆時本公司下屬電廠裝機容量占珠海市裝機容量的53.74%，成為珠海市大型骨干企業。

本公司經營宗旨：堅持以電力生產為主，綜合經營，全面發展，確保社會效益，企業效益和股東利益的統一。除經營和建設電廠外，公司先后組建了華電船務公司、華電房產開發公司、華電横琴房產開發公司、華電裝飾材料有限公司、華電印務有限公司、華電投資公司，大力開拓各類業務，形成了集團化、多元化的跨行業、跨地區發展格局，企業實力和活力迅速增強，成為經營業務豐富、技術管理先進、融資投資活躍，效率效益一流的現代化企業。

經過幾年的穩步發展，本公司已在珠海市經濟發展中占有舉足輕重的地位。截止1994年底，本公司已售電13.56億千瓦時。創造社會效益108.5億元人民幣，利税9.09億元人民幣。

地址：珠海九洲大道官村大樓三樓
電話：(0756)3338838
傳真：(0756)3353529

佛山證券公司

佛山證券公司是1993年2月經中國人民銀行總行批準建立的全民性質的股份制企業，專門從事證券經營活動的金融機構。公司主要業務範圍包括：(1)承銷、包銷、代理證券發行；(2)自營、代理證券買賣；(3)代理證券還本付息和紅利支付；(4)接受委托代發證券本息和紅利；(5)證券的代保管與證券的鑒證；(6)接受各種有價證券的設計和印刷；(7)證券的投資咨詢；(8)經中國人民銀行批準的其他業務。

1993年11月23日，佛山證券公司交易部正式經營股市業務，在深圳證券交易所、上海證券交易所、武漢證券交易中心、天津證券交易中心設有席位。1995年2月28日，增設佛山證券公司華泰營業部。建立起10多個交易櫃臺，20多平方米彩色顯示屏幕，60門内外綫電話自動委托系統，30臺性能先進的磁卡自動交易系統，自動查詢系統，錢龍軟件分析系統及多套觸摸屏系統并開通了雙向衛星傳送系統。交易部開户人數增至3000多人，年成交量18億元。公司現有職員40人。

公司辦公樓

寬敞的交易大廳

W·I·CARR
Indosuez Capital

法國東方匯理銀行集團
惠信亞洲有限公司
惠嘉（遠東）有限公司
致意

香港辦事處
香港中環
交易廣場一期四十九樓
電話:(852)28207728

北京辦事處
北京建國門外大街 19 **號**
國際大廈 1401 **室**
電話:(10)5918364

上海辦事處
上海市漢口路 300 **號**
上海解放日報大廈 2503 **室**
電話:(21)3512438

深圳市安信財務顧問有限公司

公司成立于1993年4月1日，主要從事財務核算及體系設計、資產重組安排設計、企業上市策劃、咨詢及推薦服務等經營業務。1993年6月，經深圳證券交易所和中國人民銀行深圳特區分行批準并經中國證監會確認獲得上市推薦人資格。公司資產總值3億多元，現有從事投資、房地產、證券服務、期貨理財、計算機網絡、物業咨詢等行業的下屬子公司10多家，安信財務擁有一批較高專業水平和豐富實踐經驗的財務、證券、法律、期貨、產權等方面的人才，員工本科以上學歷占總數的83%。

安信財務遵循依法、客觀、公正的經營原則和客户至上、優質高效的服務宗旨，曾經成功地兼并了威海經濟技術開發區國際合作公司和大連經濟技術開發區新世界集團公司。安信財務是瓊珠江、甬中元、渝開發等7家上市公司的大股東；也是廈門龍舟實業股份有限公司第一大股東，及大連熱電集團股份有限公司第二大股東；成功的策劃了多家股份制企業上市，同時是多家上市公司的財務顧問，還曾首次成功推出了海南金盤股票競價認購方案。取得了北京商品交易所、廣州聯合商品期貨交易所、上海糧油商品交易所、深圳有色金屬交易所的會員資格和深圳證券交易所特別席位。93年被深圳市人民政府評爲深圳市守法納税大户。94年被中國工商銀行深圳分行評爲企業信用AAA級企業。

安信財務本着"求實、開拓、團結、貢獻"的企業精神和靈活高效的工作作風，發展前景喜人，願與海内外各界人士攜手合作，共創宏圖大業。

公司接待前臺

法人代表、總經理：厲偉
地址：深圳市福田區新世紀酒店14層
電話：(0755) 3326846　傳真：3355405
郵編：518031

公司接待前臺

先進的操作室

公司前身是中國寶安集團屬下專業從事期貨投資業務的深圳安信財務顧問公司的期貨部,1995 年 3 月 18 日成立,注册資金爲 1000 萬元,股權結構中深圳安信財務顧問有限公司和深圳市鷺亞投資公司各占 98%和 2%。目前擁有北京商品交易所、廣東聯合期貨交易所、深圳有色金屬期貨聯合交易所、武漢證券交易中心以及上海糧油交易所的席位并獲得代理許可證。此外,近期正在申請鄭州商品交易所和蘇州商品交易所的會員席位。自公司成立以來,主要從事國債期貨交易,累計成交額 300 億以上。公司與南寧交行深圳證券部合作開通股票業務,并努力進入商品期貨交易領域。近期全面開展從事商品交易,在綠豆(北京、鄭州)、玉米(大連)、棕櫚液油(海南)、大豆(上海)、膠合板(蘇州)等商品上都有一定的交易量,其中綠豆期貨累計交易量近十萬口合約,目前主要集中在北商所。

在深圳擁有 600 多平方米的交易場所,裝備了數套路透社信息報價分析系統、宏匯證券報價分析系統和新加坡華勤結算系統。公司對期貨自營和代理業務均進行了嚴格的規範化管理。同時十分重視信息和研究工作,與各大證券商及期貨經紀公司建立了良好信息往來關系,每日出版《理財快訊》,其專業水平爲當地同業稱道,并在《上海證券報》、《證券時報》等報刊專欄撰寫國債及商品期貨評論。

電話:(0755)3239879　3239869

廣東
證券公司
陽江營業處

營業處辦公樓

廣東證券公司陽江營業處是廣東省陽江市目前唯一的專營證券業務的金融機構。于 1992 年經中國人民銀行批準成立，在廣東省陽江市注册登記。經營範圍包括：發行和代理發行有價證券業務；自營、承購、包銷和代理有價證券買賣業務；辦理有價證券的轉讓、貼現和抵押貸款業務；代理有價證券的還本付息、分紅和保管鑒證業務；代客設計和印刷各種有價證券；受托辦理證券的登記和過户，提供有價證券的金融咨詢服務等。

地址：廣東省陽江市吉祥西路 21－25 號

電話：(0662)3239400　3239417　3239420

傳真：(0662)3211245　**郵編**：529500

寬敞的營業大廳

第十编

上市股份公司

184/228

上交所上市股份公司

青岛啤酒股份有限公司

【公司概况】 公司的前身是青岛啤酒厂,始建于1903年,是中国最早的啤酒生产厂家。1993年6月16日公司在中国注册登记成立,93年6月公司在香港发行了H种股票并于7月15日上市,8月在国内发行A种股票并于8月27日在上海证交所上市。公司1994年底总股份90000万股,其中国家股39982万股,法人股5333万股,公众股A股34685万股,H股44685万股。主要股东有国有资产管理局、香港中央结算(登记)有限公司等。公司董事长:刘德远,总经理:邵瑞奇。

【经营业绩】 公司新产品有全麦芽12°啤酒、全麦芽纯生啤、黑啤酒等。1994年公司完成啤酒产量31万吨。主要关联企业有青岛啤酒实业开发公司、青岛啤酒广发实业公司、江苏省糖烟酒总公司中丹销售公司等。1994年度主营业务收入1113379000元,净利润165757000元,资产总额2698116000元。

【财务状况】 1994年公司每股净资产2.17元,股本收益率18.42%,净资产收益率8.67%。

上海延中实业股份有限公司

【公司概况】 公司1994年底总股份7200万股,其中法人股1942.76万股,公众股5257.24万股。主要股东有宝安上海公司、铜寿康社、湖南振信、汉星公司等。公司董事长:何彬,总经理:秦国梁。

【经营业绩】 关联企业有上海延中办公用品实业公司、上海延中塑料模具厂、上海巨成实业公司、上海延中饮用水有限公司、宁波天龙动力机械厂等。1994年度主营业务收入5240.38万元,净利润2711.4万元,资产总额42960.62万元。

【财务状况】 1994年公司股本收益率41%,每股净资产3.08元,净资产收益率17%。

上海真空电子器件股份有限公司

【公司概况】 公司1994年底总股份40233.97万股,其中国家股18018.11万股,法人股394.02万股,公众股A股9721.8万股,B股12100万股。主要股东有国家持股、泰尔布顿中国基金、维克维京有限公司、上海国际信托投资公司、费德里特新兴市场基金、上海申银证券公司等。公司董事长:顾培柱,总经理:张锻。

【经营业绩】 公司主营真空电子器件及配件、应用产品、工程承包及第三产业。关联企业有上海永新彩色显像管有限公司、上海海达房产经营公司、上海海昌国际贸易公司、上海家齐工贸实业公司、上海海宝玻璃厂等。1994年度主营业务收入226122.52万元,净利润9112.08万元,资产总额374644.66万元。

【财务状况】 1994年公司股本收益率23.54%,每股净资产2.41元,净资产收益率9.67%。

上海兴业房产股份有限公司

【公司概况】 公司1994年底总股份6400万股,其中法人股1665.6万股,公众股4734.4万股。主要股东有上海纺织住宅开发总公司、上海徐汇区城市建设开发总公司、交通银行上海市分行、中华企业股份有限公司、上海房地产经营公司等。公司董事长:唐相道,总经理:曹光骝。

【经营业绩】 关联企业有上海兴星房地产公司、大同证券上海普陀路营业部、浙江临安青山热电厂、江阴江南钢厂等。1994年度主营业务收入69687306.97万元,净利润21459636.71万元,资产总额289915911.78万元。

【财务状况】 1994年公司股本收益率41.27%,每股净资产3.72元,净资产收益率10.66上%。

上海二纺机股份有限公司

【公司概况】 公司1994年底总股份42558.2万股,其中国家股19710.2万股,公众股A股5348万股,B股17500万股。主要股东有国家持股。公司董事长兼总经理:郑克钦。

【经营业绩】 公司主营纺织机械及相关的电子产品和机械、进出口业务、技术服务等。1994年度主营业务收入52171.35万元,净利润8915.86万元,资产总额188385.48万元。

【财务状况】 1994年公司股本收益率20.95%,每股净资产2.56元,净资产收益率8.34%。

上海轻工机械股份有限公司

【公司概况】 公司1994年底总股份17516万股,其中国家股15516万股,公众股2000万股。主要股东有国家持股。公司董事长:赵再定,总经理:史仁良。

【经营业绩】 关联企业有远东塑料厂、上海阿仁科机械有限公司、上海亿利达塑料机械有限公司、镇江国泰新型装饰材料公司、上海东申矿泉水公司等。1994年度主营业务收入29347.3万元,净利润2267.55万元,资产总额54189.52万元。

【财务状况】 1994年公司股本收益率12.95%,每股净资产1.59元,净资产收益率8.46%。

上海嘉丰股份有限公司

【公司概况】 公司1994年底总股份78849156股,其中国家股58892720股,法人股1916800股,公众股18039870股。主要股东有国家持股、上投信托、广东上证、中国人民保险公司上海分公司投资经营部等。公司董事长:程介禄,总经理:孙再华。

【经营业绩】 公司主营纺织产品、日用百货、服装、鞋帽、五金交电等。关联企业有上海嘉丰房地产经营公司、上海嘉丰工贸实业公司、上海嘉丰汇润贸易公司、海南嘉丰发展有限公司等。1994 年度主营业务收入 231691751.04 元，净利润 13955274.29 元，资产总额 484853140.85 元。

【财务状况】 1994 年公司股本收益率 17.7%，每股净资产 2.07 元，净资产收益率 9.22%。

上海联合实业股份有限公司

【公司概况】 公司 1994 年底总股份 96355440 股，其中法人股 47488560 股，公众股 A 股 17165040 股，B 股 31701840 股。主要股东有上海纺织工业经营开发公司、香港联沪毛纺织有限公司、上海爱建股份有限公司等。公司董事长：丁力，总经理：唐仑千。

【经营业绩】 关联企业有上海联合毛纺织有限公司、上海联川毛纺织有限公司、上海百乐毛纺织有限公司、上海联合高级时装有限公司、上海联合制衣有限公司等。1994 年度主营业务收入 32023.7 万元，净利润 3273 万元，资产总额 48602.2 万元。

【财务状况】 1994 年公司股本收益率 36.5%，每股净资产 1.73 元，净资产收益率 21.22%。

上海异型钢管股份有限公司

【公司概况】 公司 1994 年底总股份 61433160 股，其中国家股 30825960 股，公众股 30607200 股。主要股东有国家持股、国泰证券公司、莘庄公司、华能实业公司等。公司董事长：万梦兰，总经理：蔡国华。

【经营业绩】 公司所属浦东分厂试生产。关联企业有上海异钢房地产发展公司、上海天天快餐配膳中心、上海异钢实业公司、上海异钢腾飞电脑文字有限公司等。1994 年度主营业务收入 100639904.99 元，净利润 12178035.41 元，资产总额 190818218.02 元。

【财务状况】 1994 年公司股本收益率 20.99%，每股净资产 1.88 元，净资产收益率 11.16%。

金杯汽车股份有限公司

【公司概况】 公司 1994 年底总股份 97181.13 万股，其中国家股 56938.41 万股，法人股 12242.72 万股，公众股 28000 万股。主要股东有沈阳资产经营有限公司、沈阳汽车工业股权投资有限公司等。公司董事长：何忠彬，总经理：张沛雨。

【经营业绩】 公司主要关联企业有金杯通用汽车有限公司、沈阳金杯客车制造有限公司、沈阳金杯特种泵制造有限公司、金杯汽车大厦、金杯汽车财务公司等。1994 年度主营业务收入 2454587900 元，净利润 2447000 元，资产总额 5785184800 元。

【财务状况】 1994 年度公司每股净资产 1.83 元，股本收益率 0.25%，净资产收益率 0.14%。

中国纺织机械股份有限公司

【公司概况】 公司 1994 年底总股份 324628668 股，其中国家股 171748668 股，法人股 20280000 股，公众股 A 股 23400000 股，B 股 109200000 股。主要股东有国家持股、申银证券公司、上海豫园旅游商城股份有限公司、上海双鹿电器股份有限公司等。公司董事长：黄关从，总经理：郑伯华。

【经营业绩】 关联企业有上海中纺机工贸实业公司、上海中纺机综合服务公司、上海中纺机快餐服务公司、上海中纺机房地产经营开发公司、上海中纺机建筑装璜公司等。1994 年度主营业务收入 312183960 元，净利润 31052620 元，资产总额 1231590370 元。

【财务状况】 1994 年公司股本收益率 9.57%，每股净资产 1.84 元，净资产收益率 5.34%。

上海大众出租汽车股份有限公司

【公司概况】 公司 1994 年底总股本 12599 万股，其中国家股 5599 万股，社会公众股 A 股 1000 万股，B 股 6000 万股。主要股东为国家持股。公司董事长兼总经理：杨国平。

【经营业绩】 公司主要下属公司有上海大众房地产开发经营公司、上海大众旅游公司、上海大众管道公司、上海大众工贸公司、上海大众物资公司等。1994 年度主营业务收入 30133.3 万元，净利润 8219.4 万元，资产总额 67655.3 万元。

【财务状况】 1994 年公司股本收益率 85.24%，每股净资产 3.46 元，净资产收益率 18.84%。向老股东配股每股 0.3 股，国家股股东拥有的 1679.7 万股配股权以每股 0.2 元人民币转让，其中 1600 万股给 A 股股东，剩余的 79.7 万股仍由国家股拥有并配股，由国家股转让出的配股增加的股份 1995 年内按有关规定暂不上市流通。

中国第一铅笔股份有限公司

【公司概况】 公司 1994 年底总股份 11534.95 万股，其中国家股 3817.57 万股，法人股 1117.38 万股，公众股 A 股 1100 万股，B 股 5500 万股。主要股东有交通银行上海分行、上海建业投资信托基金等。公司董事长兼总经理：胡书刚。

【经营业绩】 公司主营铅笔、化妆笔、活动铅笔、铅芯、笔类文化用品和笔类化妆品、以及笔类表面处理材料、包装材料、化妆笔类延伸品。1994 年度主营业务收入 14188.46 万元，净利润 3862.3 万元，资产总额 44212.77 万元。

【财务状况】 1994 年公司股本收益率 33.5%，每股净资产 2.53 元，净资产收益率 16.17%。

上海永生制笔股份有限公司

【公司概况】 公司 1994 年底总股份 9724.96 万股，其中国家股 5284.96 万股，法人股 840 万股，公众股 A 股 600 万股，B 股 3000 万股。主要股东有国家持股、浙江省张磻溪文教基金会等。公司董事长兼总经理：胡建评。

【经营业绩】 关联企业有永生文教用品有限公司、永生制笔股份有限公司肖泾分厂、永生房产经营公司、永生办公自动化有限公司、永生联合销售公司等。1994 年度主营业务收入 205134168.42 元，净利润 29529197.97 元，资产总额 485730713.92 元。

【财务状况】 1994 年公司股本收益率 30.36%，每股净资产 3.32 元，净资产收益率 9.31%。

上海胶带股份有限公司

【公司概况】 公司1994年底总股份9101.4528万股，其中国家股4481.4528万股，法人股660万股，公众股A股660万股，B股3300万股。主要股东有上海宝山钢铁总厂、川沙顾路工贸公司等。公司董事长：张涛，总经理：钱恩惠。

【经营业绩】 主营运输带、传送带、三角带等各类胶带与橡胶制品的开发、生产、销售及化工原料、化工产品的经营，兼营餐饮、商业等第三产业及设备制造等。1994年度主营业务收入14536.5万元，净利润826万元，资产总额34777.9万元。

【财务状况】 1994年公司股本收益率9.4%，每股净资产2.1元，净资产收益率4.42%。

上海丰华园珠笔股份有限公司

【公司概况】 公司1994年底总股份84426428股，其中国家股51118016股，法人股20348412股，公众股12960000股。主要股东有国家持股、上海龙头股份有限公司、上海国际信托投资公司、上海万国证券公司、中国纺织机械股份有限公司等。公司董事长兼总经理：蔡瑞兴。

【经营业绩】 公司主营园珠笔等各类产品及有关设备、技术、文化用品等。关联企业有上海华强房地产公司、上海丰华商厦、上海华扬酒家、上海华开实业公司、上海华丽绿地建设公司。1994年度主营业务收入15195.11万元，净利润2798.68万元，资产总额38360.33万元。

【财务状况】 1994年公司股本收益率33.1%，每股净资产2.72元，净资产收益率12.21%。

上海第一食品商店股份有限公司

【公司概况】 公司1994年底总股份5216.53万股，其中国家股1394.86万股，法人股2139.75万股，公众股1681.92万股。主要股东有上海市糖业烟酒(集团)公司、上海市商业投资公司、上海华联商厦股份有限公司、上海投资信托公司等。公司董事长兼总经理：叶明华。

【经营业绩】 关联企业有上海福特商用机器公司、上海市第一食品国际贸易有限公司、上海欣欣礼仪礼品公司、上海丘比特食品有限公司等。1994年度主营业务收入31012.15万元，净利润1735.35万元，资产总额20867.11万元。

【财务状况】 1994年公司股本收益率33.27%，每股净资产2.8元，净资产收益率12.35%。

上海联华合纤股份有限公司

【公司概况】 公司1994年底总股份13932.9万股，其中法人股10182.9万股，公众股A股750万股，B股3000万股。主要股东有香港佳运集团、上海化学纤维公司、中信兴业信托投资公司、上海国际信托投资公司、中国银行上海信托咨询公司、上海纺织工业经营开发公司等。公司董事长：梅寿椿，总经理：相凤祁。

【经营业绩】 公司开展生产、加工和销售聚脂切片、合成纤维及其深加工产品、投资兴办企业。关联企业有上海联海房地产有限公司。1994年度主营业务收入163297959.81元，净利润42422609.28元，资产总额417803032.48元。

【财务状况】 1994年公司股本收益率30.45%，每股净资产2.04元，净资产收益率15.13%。

上海氯碱化工股份有限公司

【公司概况】 公司1994年底总股份96238.27万股，其中国家股50538.07万股，法人股9800万股，社会公众股A股2300.2万股，B股33600万股。主要股东有上海市国有资产管理委员会、上海申银证券公司等。公司董事长兼总经理：徐荣一。

【经营业绩】 公司主要下属企业有上海氯碱化工股份有限公司聚氯乙烯厂、电化厂、粒料厂、机械厂、上海华南宾馆等。1994年度主营业务收入177852.3万元，净利润20068.6万元，资产总额466992.1万元。

【财务状况】 1994年公司股本收益率20.85%，每股净资产2.81元，净资产收益率7.83%。

上海冰箱压缩机股份有限公司

【公司概况】 公司1994年底总股份16991.26股，其中国家股7991.26万股，法人股3000万股，公众股A股1000万股，B股5000万股。主要股东有国家持股、中国工商银行上海市浦东分行、上海久事公司、上海信托投资公司等。公司董事长：朱蜀东，总经理：包衢来。

【经营业绩】 关联企业有上海日立电器有限公司、上海金旋房地产开发经营公司、上海金旋铸造厂、上海浦江发动机配件公司。1994年度主营业务收入246965989元，净利润69556419元，资产总额743899165元。

【财务状况】 1994年公司股本收益率40.94%，每股净资产3.18元，净资产收益率12.88%。

上海市联农股份有限公司

【公司概况】 公司1994年底总股份57140432股，其中法人股41540430股，公众股15600000股。主要股东有上海市锦绿发展总公司、上海联农房产公司、上海展览中心友谊实业公司、上海市牛奶公司等。公司董事长兼总经理：郭聪聪。

【经营业绩】 关联企业有上海市联农房产公司、运通工贸公司、浦东发展公司、创造仪器公司、经贸发展公司、国际事业公司、海南兄弟海运有限公司等。1994年度主营业务收入12236.3万元，净利润2128.7万元，资产总额41146万元。

【财务状况】 1994年公司股本收益率37.25%，每股净资产3.79元，净资产收益率11.031%。

上海金陵股份有限公司

【公司概况】 公司1994年底总股份74044100股，其中法人股60784100股，公众股13260000股。主要股东有原金陵无线电厂、严桥工业公司、上海双鹿电器股份有限公司、上海龙头股份有限公司、上海冰箱压缩机股份有限公司等。公司董事长：佘宝庆，总经理：徐伟梧。

【经营业绩】 关联企业有上海金陵电子设备公司、上海金陵房地产开发公司、上海金陵广告分公司、上海金陵旅游社、上海金陵出租汽车服务公司等。1994 年度主营业务收入 200510540.57 元，净利润 23845671.98 元，资产总额 374845873.09 元。

【财务状况】 1994 年公司股本收益率 35.63%，每股净资产 2.32 元，净资产收益率 13.9%。

上海嘉宝实业(集团)股份有限公司

【公司概况】 公司 1994 年底总股份 153751128 股，其中法人股 129751128 股，公众股 24000000 股。主要股东有上海南翔经济发展公司、嘉定徐行经济实业公司、嘉定嘉西工业总公司、嘉定曹王经济发展总公司等。公司董事长：叶祖成，总经理：卢万兴。

【经营业绩】 主营灯头、食品、贸易、房地产、水陆工程、电容器、包装等。关联企业有上海嘉嘉国际贸易公司、上海嘉利嘉工贸公司、上海嘉宝奇伊房地产公司、宝鸡灯头分公司等。1994 年度主营业务收入 450697212.89 元，净利润 51757986.1 元，资产总额 844174071.5 元。

【财务状况】 1994 年公司股本收益率 37%，每股净资产 2.58 元，净资产收益率 13.94%。

上海轮胎橡胶(集团)股份有限公司

【公司概况】 公司 1994 年底总股份 808607020 股，其中国家股 561607020 股，法人股 5200000 股，公众股 A 股 20800000 股，B 股 221000000 股。主要股东有国家持股等。公司董事长兼总经理：宋壮飞。

【经营业绩】 公司以股权置换方式吸收兼并江苏轮胎厂。关联企业有上海欣业发展公司、上海中亚化工技术总汇、厦门回力工贸公司、海南回力工贸公司、东海橡胶厂等。1994 年度主营业务收入 2100550724 元，净利润 109755676 元，资产总额 4611088639 元。

【财务状况】 1994 年公司股本收益率 13.57%，每股净资产 2.73 元，净资产收益率 5%。

上海复华实业股份有限公司

【公司概况】 公司 1994 年底总股份 58756840 股，其中国家股 4747600 股，法人股 27012390 股，公众股 26996850 股。主要股东有复旦大学、上海国有资产管理办公室、上海市煤气第二管理处。公司董事长：杨福家，总经理：陈苏阳。

【经营业绩】 公司主要关联企业有上海复华实业总公司、上海复华科技开发总公司、深圳复华科技实业公司、上海复华房地产经营公司等。1994 年度主营业务收入 141828837.6 元，净利润 26808919.12 元，资产总额 257074968 元。

【财务状况】 1994 年公司股本收益率 46%，每股净资产 3.25 元，净资产收益率 14%。

上海水仙电器股份有限公司

【公司概况】 公司 1994 年底总股份 21491 万股，其中法人股 9895.6 万股，公众股 A 股 1595.4 万股，B 股 10000 万股。主要股东有上海纳赛斯投资发展中心、上海二轻实业总公司、中国纺织机械股份有限公司等。公司董事长：徐汉兴，总经理：陈毓民。

【经营业绩】 关联企业有上海水仙物产贸易发展公司、上海水仙房地产经营开发公司、上海民兴电器商行、上海水仙国际贸易有限公司、水仙电器苏州模具制造公司等。1994 年度主营业务收入 970648240.84 元，净利润 56943737.41 元，资产总额 939078851 元。

【财务状况】 1994 年公司股本收益率 26.5%，每股净资产 2.35 元，净资产收益率 14.93%。

上海申达股份有限公司

【公司概况】 公司 1994 年底总股份 18307.536 万股，其中国家股 12186 万股，法人股 3817.536 万股，公众股 2304 万股。主要股东有国家持股、中国华诚财务公司、珠海恒通集团有限公司、上海市投资信托公司、上海市龙头股份有限公司等。公司董事长：刘宗泰，总经理：张惠民。

【经营业绩】 公司收购了上海第 14 织布厂。关联企业有上海申达贸易实业有限公司、上海申达商业发展公司、上海申达投资发展公司、上海申达工业原料公司、上海申福制衣有限公司等。1994 年度主营业务收入 1287665213.51 元，净利润 41208146.82 元，资产总额 869830331.1 元。

【财务状况】 1994 年公司股本收益率 22.51%，每股净资产 1.7438 元，净资产收益率 13.45%。

上海电器股份有限公司

【公司概况】 公司 1994 年底总股份 51796.55 万股，其中国家股 43380.72 万股，法人股 3315.83 万股，公众股 5100 万股。主要股东有国家持股、上海申银证券公司、上海投资信托公司证券投资信托部、工行上海信托投资公司、北京通利达广告有限公司等。公司董事长兼总经理：唐子平。

【经营业绩】 关联企业有上海电器股份有限公司装备工程公司、实业公司、电器世界商厦、工贸公司、出租汽车公司、服务总公司等。1994 年度主营业务收入 1430928571.49 元，净利润 53742696.75 元，资产总额 2267164652.08 元。

【财务状况】 1994 年公司股本收益率 10.37%，每股净资产 1.59 元，净资产收益率 6.73%。

上海新世界股份有限公司

【公司概况】 公司 1994 年底总股份 5096.6 万股，其中国家股 2516 万股，法人股 948.6 万股，公众股 1632 万股。主要股东有国家持股、上海万国证券公司、新世界干览羊毛衫厂等。公司董事长：侯鹤良，总经理：徐家平。

【经营业绩】 公司兴建的新世界商厦完成地下二层并建至地面六层。关联企业有丽华公司、崂山商厦、新世界房地产公司、新世界进出口公司等。1994 年度主营业务收入 265095884.93 元，净利润 22199684.84 元，资产总额 610552917.46 元。

【财务状况】 1994 年公司股本收益率 54.85%，每股净资产 3.12 元，净资产收益率 13.96%。

上海棱光实业股份有限公司

【公司概况】 公司 1994 年底总股份 52726440 股，其中国家股 10606440 股，法人股 24960000 股，公众股 17160000 股。主要股东有恒通集团、上海建材集团、上海煤气二管处、珠海众友职工互助会等。公司董事长：杨博，总经理：张少杰。

【经营业绩】 公司持有南京商城物业购置(期权)可转换凭证面值 1000 万元，并与深圳龙发房地产开发经营公司合作开发深圳上水径恒通工业城项目等。1994 年度主营业务收入 27785929.87 元，净利润 12585507.63 元，资产总额 199901651.9 元。

【财务状况】 1994 年公司股本收益率 24%，每股净资产 2.04 元，净资产收益率 15%。

上海龙头(十七棉)股份有限公司

【公司概况】 公司 1994 年底总股份 225255240 股，其中国家股 155367840 股，法人股 42887400 股，公众股 27000000 股。主要股东有国家持股、上海国际信托投资公司、中北证券公司、上海丰华股份有限公司、上海金陵股份有限公司、上海申达股份有限公司等。公司董事长：马灿贞，总经理：郑伟康。

【经营业绩】 关联企业有龙头房地产开发公司、龙头实业总公司、龙头国际贸易公司等。1994 年度主营业务收入 503912132.14 元，净利润 21782296.95 元，资产总额 487134974.39 元。

【财务状况】 1994 年公司股本收益率 10.24%，每股净资产 1.68 元，净资产收益率 5.92%。

上海市第一百货商店股份有限公司

【公司概况】 公司 1994 年底总股份 198238992 股，其中国家股 88512320 股，法人股 61886672 股，公众股 47840000 股。主要股东有上海市国有资产管理办公室、深圳贸易公司、上海万国证券公司、东莞利登时装有限公司、上海申银证券公司等。公司董事长兼总经理：吴正林。

【经营业绩】 公司购入原上海针织品总公司、上海纺织品总公司所属部分产权。关联企业有第一百货淮海店、中百大酒店、第一百货贸易发展公司、第一百货商业实业公司、第一百货太仓店、康姆司商用计算机公司等。1994 年度主营业务收入 1961778854.15 元，净利润 96181018.86 元，资产总额 1251822951.65 元。

【财务状况】 1994 年公司股本收益率 53.68%，每股净资产 4.59 元，净资产收益率 10.99%。

上海华联商厦股份有限公司

【公司概况】 公司 1994 年底总股份 176575275 股，其中国家股 63705000 股，法人股 68920275 股，公众股 43950000 股。主要股东有上海市国有资产管理办公室、上海市妇女用品商店、中国糖业酒类集团公司、上投公司证券投资信托部、上海申银证券投资信托部、上海妇联生活服务部、交通银行上海分行等。公司董事长兼总经理：张达夫。

【经营业绩】 公司下属的上海华联商厦二期扩建工程完工开业，并联营合建中友大厦。关联企业有上海华联商厦、上海华联超市公司、上海市妇女用品商店、上海润华有限公司、上海华联商厦国际贸易有限公司、上海华联商厦广告公司等。1994 年度主营业务收入 892528630 元，净利润 41818780 元，资产总额 1118472960 元。

【财务状况】 1994 年公司股本收益率 27.5%，每股净资产 4.4 元，净资产收益率 5.53%。

上海双鹿电器股份有限公司

【公司概况】 公司 1994 年底总股份 13822.8 万股，其中法人股 12622.8 万股，公众股 1200 万股。主要股东有上海双联联社、上海二轻实业总公司、上海国际信托投资公司等。公司董事长：严镇博，总经理：陈德忠。

【经营业绩】 公司下属企业有双鹿电器股份有限公司电冰箱二厂、双鹿房地产经营公司、新时代投资经营公司等。1994 年度主营业务收入 532496043.77 元，净利润 42126299.33 元，资产总额 765538872.58 元。

【财务状况】 1994 年公司股本收益率(加权)32.75%，每股净资产 2.84 元，净资产收益率 11.17%。

上海海鸟电子股份有限公司

【公司概况】 公司 1994 年底总股份 50050448 股，其中法人股 27202448 股，公众股 22848000 股。主要股东有上海华成无线电厂、香港新利创力有限公司、香港美泰国际有限公司。公司董事长：盛志春，总经理：中原福盛。

【经营业绩】 公司位于浦东张江工业区新建厂房基本完成，生产流水线安装营运，并协议联合开发建筑面积 2.2 万平方米的海鸟大厦。公司关联企业有上海海鸟工贸公司、上海浦东海成实业发展公司等。1994 年度主营业务收入 138334131 元，税后利润 10744700 元，资产总额 167907613 元。

【财务状况】 1994 年公司股本收益率 35.02%，每股净资产 2.78 元，净资产收益率 10.55%。

上海浦东大众出租汽车股份有限公司

【公司概况】 公司 1994 年底总股份 5967 万股，其中法人股 3315 万股，公众股 2652 万股。主要股东有上海大众出租汽车股份有限公司、上海申华实业股份有限公司、上海市煤气公司、交通银行浦东分行等。公司董事长：杨国平，总经理：缪林标。

【经营业绩】 公司主营出租汽车服务、汽车维修、汽车配件销售等。1994 年扩大了业务规模，开通了 2 条专线车、2 条长途客运线，筹建 1 个汽车修理厂和房地产公司等。1994 年度主营业务收入 5064.92 万元，净利润 2635.47 万元，资产总额 22543.8 万元。

【财务状况】 1994 年公司股本收益率 44.17%，每股净资产 3.36 元，净资产收益率 17.37%。

上海三爱富新材料股份有限公司

【公司概况】 公司 1994 年底总股份 7440 万股，其中法人股 4560 万股，公众股 2880 万股。主要股东有蔡路纺织公司、顾路公司、投资信托公司、海口联诚公司等。公司董事长兼总经理：滕名广。

【经营业绩】 公司主营有机氟及其制品、化工产品、设备。兼营在国内外开展技术咨询、服务维修等。1994 年度主营业务收入 13696.42 万元,净利润 712.21 万元,资产总额 22663.9 万元。

【财务状况】 1994 年公司股本收益率 9.57%,每股净资产 2.01 元,净资产收益率 4.75%。

上海广电股份有限公司

【公司概况】 公司 1994 年底总股份 50849.94 万股,其中国家股 39384.43 万股,法人股 6897.11 万股,公众股 4568.4 万股。主要股东有国家持股、上海万国证券公司、上海市宋庆龄基金会、上海市爱建股份有限公司、上海市养老保险事业管理中心等。公司董事长兼总经理:徐为熄。

【经营业绩】 公司与美国休斯、日本健伍公司成立合资企业 5 家,形成家电类、通信类、电脑等产业。关联企业有上海广电房地产开发经营公司、上海广电股份有限公司浦东分公司、上海广电通信设备有限公司、上海广联物业有限公司、上海夏普电器有限公司、上海休斯网络系统有限公司等。1994 年度主营业务收入 389046 万元,净利润 10842 万元,资产总额 452136 万元。

【财务状况】 1994 年公司股本收益率 21.3%,每股净资产 1.99 元,净资产收益率 10.82%。

上海黄浦房地产股份有限公司

【公司概况】 公司 1994 年底总股份 170310315 股,其中国家股 67138005 股,法人股 79380435 股,公众股 23791875 股。主要股东有黄浦区建筑材料公司、上海新黄浦集团公司等。公司董事长兼总经理:于在志。

【经营业绩】 公司主营房地产、旧房改造、建筑装潢等。主要关联企业有黄浦房地产物资经营公司、海南黄浦房地产股份有限公司、美华建筑装饰公司、金厦广告公司等。1994 年度主营业务收入 373832167.53 元,税后利润 85512970.3 元,资产总额 1160320123.33 元。

【财务状况】 1994 年公司股本收益率 50%,每股净资产 3.12 元,净资产收益率 16.11%。

上海金桥出口加工区开发股份有限公司

【公司概况】 公司 1994 年底总股份 48800 万股,其中国家股 24000 万股,法人股 3000 万股,公众股 A 股 7500 万股,B 股 14300 万股。主要股东有上海市财政局、上海国际信托投资公司等。公司董事长兼总经理:朱晓明。

【经营业绩】 公司主要关联企业有上海浦东金股贸易实业公司、上海广安房地产公司、上海市金桥联合投资开发公司等。1994 年度主营业务收入 994780650.09 元,净利润 207267483.54 元,资产总额 4256369190.13 元。

【财务状况】 1994 年公司股本收益率(加权)46.34%,每股净资产 2.34 元,净资产收益率 21.14%。

上海国脉通信股份有限公司

【公司概况】 公司 1994 年底总股份 19629 万股,其中法人股 17334 万股,公众股 2295 万股。主要股东有上海市邮电管理局、上海市电话局、上海市邮政局邮购服务公司、中国邮电工会上海市委员会、上海市长途电信综合开发公司等。公司董事长:程锡元,总经理:张健。

【经营业绩】 关联企业有上海八达通信设备配套有限公司、上海万达国脉通信科技有限公司、深圳脉航电讯实业有限公司、上海国脉联合有限公司等。1994 年度主营业务收入 562638809.69 元,净利润 129177193.73 元,资产总额 841729127.39 元。

【财务状况】 1994 年公司股本收益率 74.04%,每股净资产 3.15 元,净资产收益率 22.9%。

上海众城实业股份有限公司

【公司概况】 公司 1994 年底总股份 13348.8 万股,其中法人股 11188.8 万股,公众股 2160 万股。主要股东有上海市陆家嘴金融贸易区开发股份有限公司、上海国际信托投资公司、建行上海市信托投资公司、中房上海房地产开发总公司等。公司董事长:王安德,总经理:葛惠忠。

【经营业绩】 公司主要关联企业有上海众城外高桥发展有限公司、上海众城大酒家、上海众城俱乐部等。1994 年度主营业务收入 15689.85 万元,税后利润 6510.1 万元,资产总额 39399.05 万元。

【财务状况】 1994 年公司股本收益率 48.77%,每股净资产 2.06 元,净资产收益率 29.48%。

上海申能股份有限公司

【公司概况】 公司 1994 年底总股份 240273.67 万股,其中国家股 206309.67 万股,法人股 25000 万股,公众股 8964 万股。主要股东有国家持股、国泰证券股份有限公司、上海国际信托投资公司等。公司董事长:鲍友德,总经理:陈光华。

【经营业绩】 公司关联企业有上海申能建设租赁发展公司、上海申能星火热电厂、上海申能联合发展公司等。1994 年度经营收入 67738.77 万元,税后利润 48915.37 万元,资产总额 714321.05 万元。

【财务状况】 1994 年公司股本收益率 20.36%,每股净资产 1.58 元,净资产收益率 13.29%。

上海爱建股份有限公司

【公司概况】 公司 1994 年底总股份 18000 万股,其中法人股 8040 万股,公众股 9960 万股。主要股东有上海工商界爱国建设特种基金、上海国际信托投资公司、上海市工商业联合会、久事公司、交通银行上海分行等。公司董事长:刘靖基,总经理:王仁中。

【经营业绩】 关联企业有爱建信托投资公司、爱建进出口公司、爱建(香港)有限公司、爱建建筑设计院、爱建房产有限公司、爱建电子技术有限公司等。1994 年度主营业务收入 510066630.28 元,净利润 134012339.27 元,资产总额 1080038285.59 元。

【财务状况】 1994 年公司股本收益率 78.83%,每股净资产 3.68 元,净资产收益率 22.24%。

乐山电力股份有限公司

【公司概况】 公司1994年底总股份6974万股，其中国家股1952.84万股，法人股1901.16万股，公众股3120万股。主要股东有国家持股、峨眉铁合金(集团)股份有限公司、峨眉山盐化工业(集团)股份有限公司、成都华冠实业股份有限公司等。公司董事长：黄玉林，总经理：刘虎廷。

【经营业绩】 关联企业有峨边大堡电厂、乐山金粟火电厂、王通给排水设备厂等。1994年度主营业务收入40269965.94元，净利润16257740.97元，资产总额314824939.71元。

【财务状况】 1994年公司股本收益率23.91%，每股净资产2.25元，净资产收益率10.38%。

上海望春花实业股份有限公司

【公司概况】 公司1994年底总股份6783.68万股，其中法人股5283.68万股，公众股1500万股。主要股东有上海鑫达实业总公司、上海农行信托投资公司、长宁区长宁五金经营部、上海电视一厂等。公司董事长兼总经理：李培佩。

【经营业绩】 公司关联企业有上海望春花房地产开发经营公司、上海望春花汽车服务公司、上海望春花贸易商行、中国望春花(俄罗斯)分公司等。1994年度主营业务收入175874873.08元，税后利润31372426.22元，资产总额281017009.38元。

【财务状况】 1994年公司股本收益率46.25%，每股净资产2.51元，净资产收益率18.46%。

上海国嘉实业股份有限公司

【公司概况】 公司1994年底总股份6507万股，其中法人股5407万股，公众股1100万股。主要股东有中信集团公司、香港大成公司、无锡恒达公司、喜来登大酒店、深圳三龙公司等。公司董事长：贺争，总经理：吴军。

【经营业绩】 关联企业有上海国嘉光电有限公司、上海国嘉房地产有限公司、上海国嘉发展有限公司、上海福安药业有限公司等。1994年度主营业务收入26664533.9元，净利润10585917.36元，资产总额273837256.3元。

【财务状况】 1994年公司股本收益率16.27%，每股净资产2.45元，净资产收益率8.38%。

上海新亚快餐股份有限公司

【公司概况】 公司1994年底总股份53516750股，其中国家股25040000股，法人股7476750股，公众股21000000股。主要股东有新亚(集团)股份有限公司、二纺机股份有限公司、嘉宝实业股份有限公司、市出租汽车公司、申达实业股份有限公司、万国证券公司等。公司董事长：陈红军，总经理：王远荣。

【经营业绩】 关联企业有新亚快餐第一连锁店、新亚快餐经贸公司、新亚快餐食品研究中心、浙江新亚快餐有限公司、新亚商务大厦有限公司等。1994年度主营业务收入56283335.6元，净利润5139123.01元，资产总额88096537.34元。

【财务状况】 1994年公司股本收益率14.2%，每股净资产1.27元，净资产收益率9.83%。

上海外高桥保税区开发股份有限公司

【公司概况】 公司1994年底总股份36500万股，其中国家股24000万股，法人股3000万股，公众股A股1000万股，B股8500万股。主要股东有上海市外高桥保税区开发公司、上海国际信托投资公司等。公司董事长兼总经理：阮延华。

【经营业绩】 关联企业有上海外高桥保税区联合发展有限公司、上海外高桥飞宏商业发展有限公司、上海外高桥公寓管理有限公司、苏州保宏房地产有限公司等。1994年度主营业务收入750864336.36元，净利润221064533.24元，资产总额3489525276.19元。

【财务状况】 1994年公司股本收益率43.4%，每股净资产2元，净资产收益率22.62%。

上海市原水股份有限公司

【公司概况】 公司1994年底总股份84738.76万股，其中国家股48993.01万股，法人股26247.03万股，公众股9498.72万股。主要股东有上海市国有资产管理办公室、申银证券公司、建行上海信托投资公司、上海万国证券公司等。公司董事长：芮友仁，总经理：包承忠。

【经营业绩】 公司主要关联企业有上海原水房地产开发经营公司、上海原水工贸公司、上海巴士实业股份有限公司等。1994年度主营业务收入364292075.45元，净利润204957762.04元，资产总额1902195329.3元。

【财务状况】 1994年公司股本收益率24.19%，每股净资产2.03元，净资产收益率11.91%。

上海新锦江大酒店股份有限公司

【公司概况】 公司1994年底总股份31658.06万股，其中法人股20015.06万股，公众股A股2400万股，B股9243万股。主要股东有上海市锦江(集团)公司、上海市国际信托投资公司等。公司董事长：钱学中，总经理：董剑珍。

【经营业绩】 公司主营旅馆、客房、中西餐厅、俱乐部、商场等。1994年度主营业务收入27155.2万元，税后利润6924.1万元，资产总额158930.6万元。

【财务状况】 1994年公司股本收益率21.9%，每股净资产4.48元，净资产收益率4.89%。

上海飞乐音响股份有限公司

【公司概况】 公司1994年底总股份52000000股，其中法人股13322651股，公众股38677349股。主要股东有上海飞乐股份有限公司、上海飞乐电声经营公司、海南中山旅业股份有限公司等。公司董事长：秦其斌，总经理：周金广。

【经营业绩】 关联企业有上海飞乐音响公司第二经营部、上海通乐实业有限公司、上海飞乐房地产开发经营公司、上海大和飞乐出租汽车公司等。1994年度主营业务收入92744747.09元，净利润13008191.19元，资产总额123615490.32元。

【财务状况】 1994年公司股本收益率37.7%，每股净资产2.27元，净资产收益率16.2%。

上海爱使股份有限公司

【公司概况】 公司1994年底总股份5616万股，公众股5616万股。主要股东有辽宁国发(集团)股份有限公司、辽宁创业集团、国泰证券有限公司沈阳分公司、沈阳飞龙集团、建行沈阳市信托投资公司等。公司董事长：赵坤兴，总经理：郁为军。

【经营业绩】 公司组建了房地产公司、台山爱使大厦有限公司、玻璃公司。同时爱使大厦竣工。关联企业有上海爱使销售分公司、上海爱使汽车服务公司、上海爱使金饰行、上海爱使副食品公司等。1994年度主营业务收入60708465.42元，净利润11832894.65元，资产总额180763644.13元。

【财务状况】 1994年公司股本收益率31.76%，每股净资产2.77元，净资产收益率11.37%。

上海申华实业股份有限公司

【公司概况】 公司1994年底总股份7020万股，其中法人股1305万股，公众股5715万股。主要股东有上海申华工贸发展总公司、深圳万科企业股份有限公司、上海浦东新区建设安装总公司等。公司董事长：瞿建国，总经理：董云雄。

【经营业绩】 公司主要关联企业有上海申华客运公司、上海浦华出租汽车公司、上海申华客运川沙站、上海申华汽车修理厂等。1994年度主营业务收入12074.9万元，税后利润3238.25元，资产总额40804.6万元。

【财务状况】 1994年公司股本收益率46%，每股净资产4.2元，净资产收益率14.2%。

上海飞乐股份有限公司

【公司概况】 公司1994年底总股份12672.24万股，其中国家股3288.615万股，法人股1686.13万股，公众股7697.495万股。主要股东有上海市国有资产管理办公室、仪电国资公司、电声经营公司等。公司董事长：秦葆禄，总经理：秦其斌。

【经营业绩】 公司主要下属企业有飞乐电声经营公司、飞乐工贸实业公司、飞乐装潢实业公司、飞乐电子信息设备公司、飞乐园综合服务公司。1994年度主营业务收入265741948.29元，净利润33429520.81元，资产总额562837826.78元。

【财务状况】 1994年公司股本收益率34.56%，每股净资产2.69元，净资产收益率11.34%。

上海豫园旅游商城股份有限公司

【公司概况】 公司1994年底总股份200902389股，其中国家股23157578股，法人股140717119股，公众股37027692股。主要股东有豫园旅游服务公司、国家持股、上海市商业建设总公司、豫园商场、上海市旅游公司等。公司董事长：区福荣，总经理：程秉海。

【经营业绩】 豫园改扩建一期工程1994年9月竣工开业，国际购物中心年内实现部分销售。关联企业有老城隍庙金银珠宝公司、百货公司、小商品公司、豫园商厦、老城隍庙饮食公司、食品公司、工艺品公司、物资公司、豫城房地产经营开发公司等。1994年度主营业务收入1237928056.52元，净利润71980511.17元，资产总额1568676893.6元。

【财务状况】 1994年公司股本收益率40%，每股净资产3.99元，净资产收益率9.31%。

浙江省凤凰化工股份有限公司

【公司概况】 公司1994年底总股份77682038股，其中国家股3295380股，法人股31920000股，公众股42466658股。主要股东有浙江康恩贝集团股份有限公司、兰溪市财政局、浙江上证等。公司董事长：胡季强，总经理：赵喜明。

【经营业绩】 关联企业有日用化学分公司、合成化学分公司、经贸分公司、房地产分公司、杭州分公司、上海分公司等。1994年度主营业务收入153099403元，净利润7896346元，资产总额301598570元。

【财务状况】 1994年公司股本收益率14%，每股净资产1.73元，净资产收益率6.86%。

北京市天桥百货股份有限公司

【公司概况】 公司1994年底总股份76318933股，其中国家股8441613股，法人股28810390股，公众股39066930股。主要股东有北京市住宅建设(集团)总公司、工商行北京信托投资公司、中国宝安集团股份有限公司、北京电影公司等。公司董事长：周自武，总经理：任世安。

【经营业绩】 关联企业有福建石狮新桥大酒店、北京天德尔儿童服装有限公司、北京天桥博文养食有限公司、北京天灵开发实业公司等。1994年度主营业务收入289647913.65元，净利润15389700.13元，资产总额241643275.01元。

【财务状况】 1994年公司股本收益率20.16%，每股净资产2.57元，净资产收益率9.5%。

北京市天龙股份有限公司

【公司概况】 公司1994年底总股份9034.52万股，其中国家股306.4万股，法人股4096.12万股，公众股4632万股。主要股东有崇文天龙公司、北京市供销合作总社、农行北京市分行信托投资公司、北京市崇文区商业网点开发公司等。公司董事长兼总经理：李冀中。

【经营业绩】 关联企业有益利不锈钢商行、天惠电子有限公司、龙源金属再生制品有限公司、津龙房地产开发公司、天兴印刷材料有限公司、天利礼品有限公司等。1994年度主营业务收入222826614.35元，净利润25420280.95元，资产总额428698185.01元。

【财务状况】 1994年公司股本收益率30.69%，每股净资产2.61元，净资产收益率13.89%。

福建省福联股份有限公司

【公司概况】 公司1994年底总股份103227245股，其中法人股76697445股，公众股26529800股。主要股东有福建省纺织工业公司、福建华兴实业公司、中国纺织物资总公司、厦门化学纤维厂等。公司董事长：胡仪倡，总经理：林秋平。

【经营业绩】 公司主营销售针、纺织品、百货、五金交电、化工、农业和工业生产资料、建筑材料、陶瓷制品、工艺美术品及其相关的进出口业务。兼营来料加工、来样加工、补偿贸易、纺织技术咨询等。1994 年度主营业务收入 66591.7 万元，净利润 1334.13 万元，资产总额 33598.19 万元。

【财务状况】 1994 年公司股本收益率 12.9%，每股净资产 1.66 元，净资产收益率 7.8%。

福建耀华玻璃工业股份有限公司

【公司概况】 公司 1994 年底总股份 14172.345 万股，其中法人股 3903.075 万股，外资股 6355.485 万股，社会公众股(A股)3913.785 万股。主要股东有香港三益发展有限公司、香港贵信公司、香港港华发展有限公司、闽辉大厦有限公司等。公司董事局主席：王宝光，总经理：曹德旺。

【经营业绩】 公司主要关联企业有福建省万达汽车玻璃工业有限公司、福建省耀华汽车配件有限公司、福耀(香港)有限公司。1994 年度主营业务收入 228149076.11 元，净利润 86060686.03 元，资产总额 493170159.8 元。

【财务状况】 1994 年公司股本收益率(加权)68.31%，每股净资产 2.11 元，净资产收益率 32.98%。

上海南洋国际实业股份有限公司

【公司概况】 公司 1994 年底总股份 85717967.5 股，其中国家股 5951000 股，法人股 65741967.5 股，公众股 14025000 股。主要股东有上海交通大学、上海市国资局、上海万国证券公司等。公司董事长：翁史烈，总经理：施福升。

【经营业绩】 公司转让所有六通机电技术等子公司置换租赁闵行高新工业园区等地块。关联企业有上海交大机电总厂、上海交大医疗器械研制中心、上海南洋信息与控制工程公司等。1994 年度主营业务收入 158327864.67 元，税后利润 21997453.23 元，资产总额 360819631.66 元。

【财务状况】 1994 年公司股本收益率 26.67%，每股净资产 3.12 元，净资产收益率 8.46%。

上海浦东强生出租汽车股份有限公司

【公司概况】 公司 1994 年底总股份 7020 万股，其中法人股 3564 万股，公众股 3456 万股。主要股东有上海市出租汽车公司、上海上投实业公司、陆家嘴金融贸易开发股份有限公司、建设银行上海信投资公司等。公司董事长：张同恩，总经理：章时耀。

【经营业绩】 公司主营汽车出租、小公共汽车班线营运以及汽车配件、日用百货、仪器仪表、五金机械、机电设备等。1994 年度主营业务收入 7511.3 万元，净利润 2296.2 万元，资产总额 25992.1 万元。

【财务状况】 1994 年公司股本收益率 32.71%，每股净资产 3.17 元，净资产收益率 13.09%。

上海陆家嘴金融贸易区开发股份有限公司

【公司概况】 公司 1994 年底总股份 73300 万股，其中国家股 44000 万股，法人股 3000 万股，公众股 A 股 6300 万股，B 股 20000 万股。主要股东有上海市陆家嘴金融贸易区开发公司、上海国际信托投资公司等。公司董事长兼总经理：王安德。

【经营业绩】 关联企业有上海御桥发展有限公司、上海陆家嘴房地产开发有限公司、上海陆家嘴金融贸易区联合发展有限公司、上海大光明建筑装饰工程有限公司等。1994 年度主营业务收入 136491.32 万元，净利润 42686.81 万元，资产总额 523200.06 万元。

【财务状况】 1994 年公司股本收益率 58.24%，每股净资产 2.64 元，净资产收益率 22.02%。

黑龙江哈尔滨医药股份有限公司

【公司概况】 公司 1994 年底总股份 25264 万股，其中国家股 13564 股，公众股 11700 万股。主要股东有哈尔滨医药集团等。公司董事长兼总经理：阎喜锦。

【经营业绩】 公司主营医药、医疗器械、制药机械制造、化工原料、化工产品等。1994 年度主营业务收入 175454.8 万元，净利润 10091 万元，资产总额 234778.6 万元。

【财务状况】 1994 年公司股本收益率 40%，每股净资产 2.51 元，净资产收益率 15.9%。

上海沪昌特殊钢股份有限公司

【公司概况】 公司 1994 年底总股份 48006.8 万股，其中国家股 21561.8 万股，法人股 19095 万股，公众股 7350 万股。主要股东有上海市国有资产管理办公室、上海市第五钢铁厂、上海万国证券公司、上海金属材料总公司等。公司董事长：侯树庭，总经理：侯德根。

【经营业绩】 关联企业有富昌实业公司、沪环导卫有限公司、兴昌特殊钢经济发展公司、沪昌酒楼、盛昌汽车修配厂、沪昌国际贸易公司等。1994 年度主营业务收入 318131596.58 元，净利润 81514591.83 元，资产总额 858800506.34 元。

【财务状况】 1994 年公司股本收益率 19%，每股净资产 1.79 元，净资产收益率 10.38%。

西南药业股份有限公司

【公司概况】 公司 1994 年底总股份 7593.38 万股，其中国家股 4741.38 万股，法人股 100 万股，公众股 2752 万股。主要股东有国家持股、汕头南北制药厂等。公司董事长兼总经理：张逸屏。

【经营业绩】 公司主营原料药、中西药制剂加工销售等。关联企业有汕头经济特区金西药业公司、西南药业股份公司汕头分公司等。1994 年度主营业务收入 155393707.41 元，税后利润 19572393.19 元，资产总额 259788925.21 元。

【财务状况】 1994 年公司股本收益率 25.78%，每股净资产 1.86 元，净资产收益率 13.87%。

无锡市太极股份有限公司

【公司概况】 公司 1994 年底总股份 232080480 股，其中国家股 55056840 股，法人股 93023640 股，公众股 84000000 股。主要股东有无锡市国有资产管理办公室、中国新技术创业投资公司、无锡市国有资产投资开发总公司、江苏省证券公司、中国烟草物资公司等。公司董事长：吴志清，总经理：袁耀国。

【经营业绩】 关联企业有太极物资贸易公司、太极广厦房屋建筑开发公司、太极物业开发公司、太极物产公司、太极化工纺织原料公司、太极化纤技术工程公司等。1994年度主营业务收入311122051.17元，净利润56566656.67元，资产总额1098275370.58元。

【财务状况】 1994年公司股本收益率25.81%，每股净资产2.42元，净资产收益率10.62%。

浙江尖峰集团股份有限公司

【公司概况】 公司1994年底总股份124543072股，其中国家股51717592股，法人股33675480股，公众股39150000股。主要股东有金华市资产经营公司、深圳天骥投资基金、金华县赤松乡工业公司、金华市工贸区开发有限公司、金华市利民化工厂等。公司董事长：杜自弘，法人代表、总经理：傅得清。

【经营业绩】 公司取得了对金华黄山大仙有限公司的控股权，收购了金华市味精厂的所有权。关联企业有浙江企业经济技术开发公司、上海通宇房地产开发公司、尖峰集团丽水水泥有限公司、浙江省水泥制品厂等。1994年度主营业务收入190556840元，净利润36423770元，资产总额330566350元。

【财务状况】 1994年公司股本收益率33.62%，每股净资产2.09元，净资产收益率17.05%。

鞍山合成(集团)股份有限公司

【公司概况】 公司1994年底总股份12026.3万股，其中国家股4326.3万股，社会公众股7700万股。主要股东有国家股东。公司董事长：柳奇武，总经理：吴野松。

【经营业绩】 主要参股企业有凯维腾纺织印染有限公司、鞍山市丝织印染厂、合成房地产开发公司等。1994年度主营业务收入78172930元，净利润8894872.7元，资产总额276691509.23元。

【财务状况】 1994年公司股本收益率7.4%，每股净资产1.31元，净资产收益率7.39%。

东北华联股份有限公司

【公司概况】 公司1994年底总股份133650862股，其中国家股20050513股，法人股31646269股，公众股81954080股。主要股东有海南万通企业(集团)有限公司、吉林省国有资产管理局、辽源市国有资产管理局、太原兆和投资发展有限公司、广州市经贸实业投资公司等。公司董事长：王功权，总经理：贾庆云。

【经营业绩】 公司主营商业零售及批发、生产资料、饮食服务、金银首饰、化工产品等。关联企业有长春华联商厦、长春第二华联商厦、东北华联集团实业总公司、吉林省华联房地产开发公司等。1994年度主营业务收入488108208.85元，净利润4023614.93元，资产总额548058120.27元。

【财务状况】 1994年公司股本收益率3%，每股净资产2.59元，净资产收益率1.23%。

杭州天目山药业股份有限公司

【公司概况】 公司1994年底总股份6930万股，其中法人股4158万股，公众股2772万股。主要股东有杭州天目山药厂、临安县内燃机配件厂、临安天目山医药包装品厂、深圳天元实业有限公司、深圳中农信贸易发展公司等。公司董事长兼总经理：钱永涛。

【经营业绩】 公司收购天工商厦、间接投资杭昱公路玲珑段开发、增加了印刷电路扳、PU合成革、商贸等经营项目。关联企业有临安手表螺钉厂、临安天工商贸大厦、临安印刷电路有限公司、天环皮塑有限公司等。1994年度主营业务收入52303679.8元，净利润15478919.13元，资产总额192120930.02元。

【财务状况】 1994年公司股本收益率33%，每股净资产2.46元，净资产收益率13.39%。

四川广华化纤股份有限公司

【公司概况】 公司1994年底总股份13780.53万股，其中国家股5780.53万股，公众股8000万股。主要股东有国家持股等。公司董事长：李其富，总经理：林明金。

【经营业绩】关联企业有广嘉化纤有限公司、广华科技开发有限公司、浙江绍兴羊毛衫厂、干华高坪识谱厂等。1994年度主营业务收入194374918.35元，净利润14698045.65元，资产总额373775573.83元。

【财务状况】 1994年公司股本收益率10.86%，每股净资产1.77元，净资产收益率7.21%。

成都量具刃具股份有限公司

【公司概况】 公司1994年底总股份10072.22万股，其中国家股4282.22万股，法人股1650万股，公众股4140万股。主要股东有成都市国有资产管理局、四川国际经济技术合作股份有限公司、重庆特殊钢公司、上海机电设备总公司等。公司董事长：刘国定，总经理：夏义宝。

【经营业绩】 关联企业有成都出租汽车公司、长城实业公司、四川明日集团、成量联营螺纹刀具工厂、成渝机联销售公司等。1994年度主营业务收入141065626.11元，净利润18704012.59元，资产总额494753139.14元。

【财务状况】 1994年公司股本收益率18.57%，每股净资产2.4元，净资产收益率7.74%。

峨眉铁合金(集团)股份有限公司

【公司概况】 公司1994年底总股份19367.75万股，其中国家股10507.75万股，法人股1100万股，公众股7760万股。主要股东有国家持股、峨眉铁合金综合服务开发公司、中国工商银行四川省分行信托投资公司等。公司董事长：于占河，总经理：谢心敏。

【经营业绩】 关联企业有昆明峨铁工贸公司、海口峨铁工贸公司、成都峨铁工贸公司、峨铁公司建筑安装公司、峨眉山亚洲铁合金有限公司等。1994年度主营业务收入33900.1万元，净利润4219.3万元，资产总额97205.1万元。

【财务状况】 1994年公司股本收益率21.79%，每股净资产2.11元，净资产收益率13.14%。

中华企业股份有限公司

【公司概况】 公司1994年底总股份7863.19万股，其中国家股 5863.19 万股，法人股 493.4 万股，公众股 1506.6 万股。主要股东有国家持股、上海古北新区发展公司、上海爱建股份有限公司等。公司董事长兼总经理：盛建新。

【经营业绩】 公司主要关联企业有上海中企材料设备经营公司、上海国泰房地产发展有限公司、上海华业房地产发展有限公司、宁波华山小庄等。1994 年度主营业务收入 176853784.73 元，税后利润 69890452.45 元，资产总额 792736725.02 元。

【财务状况】 1994 年公司股本收益率 88.88%，每股净资产 3.9 元，净资产收益率 22.8%。

上海钢铁汽车运输股份有限公司

【公司概况】 公司 1994 年底总股份 5083.84 万股，其中国家股 3583.84 万股，法人股 500 万股，公众股 1000 万股。主要股东有国家持股、上海第九百货股份有限公司、上海物贸中心股份有限公司、上海时装股份有限公司、上海第一钢铁厂等。公司董事长：张宁，总经理：俞福昌。

【经营业绩】 关联企业有上海康捷实业公司、上海钢运第一汽车修理厂、上海钢运房地产开发经营公司、上海长江汽车运输服务公司等。1994 年度主营业务收入 11001.4 万元，净利润 1033.8 万元，资产总额 18231.4 万元。

【财务状况】 1994 年公司股本收益率 20.34%，每股净资产 2.45 元，净资产收益率 8.63%。

浙江中汇（集团）股份有限公司

【公司概况】 公司 1994 年底总股份 10859 万股，其中国家股 4064 万股，法人股 2695 万股，公众股 4100 万股。主要股东有国家持股、中国华诚财务公司、中国纺织物资总公司、浙江财政证券公司、杭州兴达物资贸易公司等。公司董事长：陈协庆，总经理：应土歌。

【经营业绩】 关联企业有浙江中汇房地产开发公司、浙江中汇实业公司、浙江中汇纺织服装公司、浙江中汇非织造布厂、深圳联达时装有限公司。1994 年度主营业务收入 1153436409.95 元，净利润 35587980.79 元，资产总额 600482047.95 元。

【财务状况】 1994 年公司股本收益率 32.77%，每股净资产 2 元，净资产收益率 17.47%。

四川金顶（集团）股份有限公司

【公司概况】 公司 1994 年底总股份 23266 万股，其中国家股 13116 万股，法人股 550 万股，公众股 9600 万股。主要股东有乐山市国有资产管理局、上海万国证券公司、乐山供电局、西昌铁路分局等。公司董事长兼总经理：白德华。

【经营业绩】 关联企业有四川金顶（集团）青白江水泥厂、四川金明水泥厂、峨眉协和水泥有限公司、四川金汉卫生浴具有限公司、烟台金河水泥有限公司。1994 年度主营业务收入 292161081.84 元，净利润 142773425.94 元，资产总额 837042356.8 元。

【财务状况】 1994 年公司股本收益率 61%，每股净资产 2.7 元，净资产收益率 31.43%。

上海凤凰自行车股份有限公司

【公司概况】 公司 1994 年底总股份 35175.97 万股，其中国家股 22175.97 万股，法人股 1000 万股，公众股 A 股 2000 万股，B 股 10000 万股。主要股东有国家持股。公司董事长兼总经理：周金根。

【经营业绩】 关联企业有上海凤凰自行车股份有限公司销售公司、上海凤凰大酒店、上海巨凤自行车有限公司、上海交通凤凰自行车联销公司。1994 年度主营业务收入 1740521745.98 元，净利润 117658585.42 元，资产总额 1936262492.43 元。

【财务状况】 1994 年公司股本收益率 33.45%，每股净资产 3.41 元，净资产收益率 10.34%。

上海邮电通信设备股份有限公司

【公司概况】 公司 1994 年底总股份 14659.872 万股，其中国家股 6189.872 万股，法人股 1170 万股，公众股 A 股 1300 万股，B 股 6000 万股。主要股东有国家持股、海通证券有限公司、深圳万科企业股份有限公司、深圳经济特区证券公司等。公司董事长：李永林，总经理：章应铎。

【经营业绩】 公司于 1994 年 9 月 30 日发行人民币特种股票 6000 万股，发行价为 0.396 美元。关联企业有上海海通实业发展总公司、上海时化通信设备制造有限公司、上海天山通信电子有限公司、上海邮通海王收款机有限公司、中美电话电报通信设备有限公司。1994 年度主营业务收入 187661779.63 元，净利润 49001833.06 元，资产总额 634183693.08 元。

【财务状况】 1994 年公司股本收益率 33.43%，每股净资产 2.96 元，净资产收益率 15.55%。

武汉长印（集团）股份有限公司

【公司概况】 公司 1994 年底总股份 108708480 股，其中国家股 30396480 股，法人股 21612000 股，公众股 56700000 股。主要股东有武汉市国有资产管理办公室、北京京华信托投资公司、深圳万科企业股份有限公司、中国农业银行武汉市信托投资公司、中国工商银行武汉市信托投资公司等。公司董事长兼总经理：李东。

【经营业绩】 关联企业有武汉印刷厂、武汉长印房地产开发公司、武汉塑料彩印厂、武汉佳特机电有限公司、武汉斯特彩色制版有限公司、武汉长利制衣洗染有限公司等。1994 年度主营业务收入 107228015.9 元，净利润 25223541.17 元，资产总额 482549381.1 元。

【财务状况】 1994 年公司股本收益率 32.91%，每股净资产 2.98 元，净资产收益率 8.94%。

南京新街口百货商店股份有限公司

【公司概况】 公司 1994 年底总股份 15494.07 万股，其中国家股 4819.26 万股，法人股 2004.81 万股，公众股 8670 万股。主要股东有国家持股、南京咨询信息公司、南京市商业网点建设办公室、中轻南友进出口上海经理部、江苏省财税信息中心、深圳天久实业有限公司等。公司董事长：李韶华，总经理：姜愉斌。

【经营业绩】 关联企业有芜湖新百大厦、无锡华新商场、南京新永现代办公用品中心、北京中贸联有限公司、南京新电商场。1994 年度主营业务收入 102889.9 万元，净利润 4937.9 万元，资产总额 73794.1 万元。

【财务状况】 1994 年公司股本收益率 44.11%,每股净资产 2.66 元,净资产收益率 14.64%。

宁波华联集团股份有限公司

【公司概况】 公司于 1992 年由原宁波市五金交电化工批发公司为主发起设立,1993 年 9 月向社会公开发行股票,并于同年 10 月 25 在上交所上市交易,公司 1994 年底总股份 15327.2 万股,其中国家股 3281.2 万股,法人股 5131.36 万股,公众股 6914.64 万股。主要股东有中国工商银行宁波市信托投资公司、上海申银证券公司、交通银行宁波分行、中国糖业酒类公司、宁波市工商银行劳动服务公司、中国华能浙江公司。公司董事长:沈炜卿,法人代表、总经理:王家兴。

【经营业绩】 公司取得了进出口经营权。关联企业有宁波华联商厦、宁波华联集团五金机械公司、宁波华联集团化工原料公司、宁波华联房地产开发公司、宁波华联旅游汽车出租公司。1994 年度主营业务收入 754356700 元,净利润 41045500 元,资产总额 840932400 元。

【财务状况】 1994 年公司股本收益率 34.92%,每股净资产 3.61 元,净资产收益率 8.42%。

广州珠江实业开发股份有限公司

【公司概况】 公司 1994 年 2 月 23 日举行的股东大会实行向全体股东每 10 股送 5 股另派现金 1 元,从而使原总股本 90074654 元变为 94 年底总股本 135111981 元,中国家股 9236197.5 元,法人股 61750783.5 元,社会公众股 64125000 元。1994 年末已在上交所流通股份为 42750000 元,职工股于 1994 年 5 月 6 日全部上市。主要股东有广州珠江实业总公司和广州市国有资产管理办公室。公司董事长:董明训,总经理:谢汉秋。

【经营业绩】 1994 年度主营业务收入 41926.79 万元,净利润 10591.61 万元,资产总额 81136.14 万元。

【财务状况】 1994 年公司股本收益率(加权)88.2%,每股净资产 3.16 元,净资产收益率 26%。

广州广船国际股份有限公司

【公司概况】 公司 1994 年底总股份 49467.76 万股,其中国家股 21080.01 万股,社会公众股 A 股 12647.95 万股,H 股 15739.8 万股。主要股东有中国船舶工业总公司、HKSCC Nominees Limited 等。公司董事长兼总经理:任福伟。

【经营业绩】 公司全年造船完工吨位 18.88 万载重吨,销售各类集装箱 35760TEU,制造并销售玻璃钢船 50 艘,完成了广东南洋三山西桥钢结构工程和虎门大桥锚锭装置制作。主要下属公司有广州广船国际集装箱厂、广州金帆广告装饰工程公司等。1994 年度主营业务收入 1530074000 元,净利润 157342000 元,资产总额 2575137000 元。

【财务状况】 1994 年公司股本收益率 31.81%,每股净资产 2.56 元,净资产收益率 12.75%。

厦门汽车股份有限公司

【公司概况】 公司前身厦门汽车工业公司创建于 1988 年 6 月,公司系由原公司股份制改建于 1992 年 12 月 23 日正式设立,公司股票于 1993 年 11 月 8 日在上交所上市交易。1994 年底总股份 8417.64 万股,其中国家股 2498.64 万股,法人股 2719 万股,公众股 3200 万股。主要股东有厦门市财政局、海南新进工业开发有限公司、海南嘉隆旅游开发有限公司、海口荣成咨询服务有限公司、厦门民兴工业有限公司等。公司董事长:黄培予,总经理:张友山。

【经营业绩】 公司增加经营粮油食品、香料香精、工艺品的出口业务。关联企业有厦门汽车工业销售公司、厦门长龙贸易公司、厦门象屿保税区厦汽出口公司、厦门汽车保税品公司、厦门汽车工业物资公司。1994 年度主营业务收入 48676.3 万元,净利润 2010.1 万元,资产总额 60206.6 万元。

【财务状况】 1994 年公司股本收益率 29.97%,每股净资产 2.39 元,净资产收益率 13.35%。1994 年送配股 10 派 1.4 元。

厦门国贸泰达股份有限公司

【公司概况】 公司 1994 年底总股份 5503.3 万股,其中法人股 3908.3 万股,公众股 1595 万股。主要股东有厦门国贸集团股份有限公司、深圳蛇口旭日投资发展公司、深圳天昆投资发展有限公司、深圳蛇口利宝投资贸易公司、海口亚晨企业公司等。公司董事长:王铁男,总经理:唐忠民。

【经营业绩】 关联企业有厦门国泰广告企划有限公司、厦门象屿保税区国泰进出口贸易有限公司、厦门泰达房地产有限公司等。1994 年度主营业务收入 50519153.02 元,净利润 3207941.04 元,资产总额 183030521.70 元。

【财务状况】 1994 年公司股本收益率 6.26%,每股净资产 1.45 元,净资产收益率 4.123%。

上海石油化工股份有限公司

【公司概况】 公司是由上海石油化工总厂作为唯一发起人以发起方式设立的股份有限公司,于 1993 年 6 月 29 日在上海注册登记成立,并于 1993 年 6 月 30 日改制为社会公开募集公司。公司于 1993 年 7 月和 9 月分别在香港、纽约、上海、深圳发行 H 股和 A 股,H 股股票于 1993 年 7 月 26 日在香港联合交易所有限公司挂牌上市,公司 H 股之 ADR 也于 1993 年 7 月 26 日在纽约证券交易所挂牌上市;A 股股票于 1993 年 11 月 8 日在上海证券交易所挂牌上市。公司 1994 年底总股份 655000 万股,其中国家股 400000 万股,法人股 15000 万股,社会公众股 72000 万股,外资股 H 股 168000 万股。主要股东有中国石油化工总公司、HKSCC NOMINEES LIMITED 等。公司董事长:王基铭,总经理:吴亦新。

【经营业绩】 公司主要关联企业有上海石化市场经营开发公司、上海石化联营开发公司、深圳金山聚酯有限公司、上海金山联合实业公司等。1994 年度主营业务收入 9464256000 元,净利润 1493466000 元,较上年增加了 71.64%;每股盈利为人民币 0.232 元,资产总额 15837550000 元。

【财务状况】 1994 年公司股本收益率(加权)23.2%,每股净资产 1.41 元,净资产收益率 17.54%。

上海三毛纺织股份有限公司

【公司概况】 公司 1994 年底总股份 9958.83 万股,其中国家股 4908.83 万股，法人股 750 万股，公众股 A 股 1000 万股，B 股 3300 万股。主要股东有国家持股、上海浦东发展银行等。公司董事长兼总经理：苏皎秋。

【经营业绩】 关联企业有上海鑫鑫物业公司、上海三龙贸易公司、上海三联纺织印染公司、吴江申吴毛纺织实业公司、上海三信工贸公司等。1994 年度主营业务收入 165020511 元，净利润 33057974 元，资产总额 415031339 元。

【财务状况】 1994 年公司股本收益率 33.19%，每股净资产 2.765 元，净资产收益率 12.77%。

青岛海尔电冰箱股份有限公司

【公司概况】 公司 1994 年底总股份 221000000 股，其中法人股 144095575 股，公众股 76904425 股。主要股东有海尔集团公司、青岛二轻联社等。公司董事长：张瑞敏，总经理：杨绵绵。

【经营业绩】 公司 OEC 管理受到国务院领导的肯定。并通过法律手段维护了公司的专利权，制止了有关公司的仿造侵权行为。1994 年度主营业务收入 926420148.77 元，净利润 96403905.93 元，资产总额 806615076.4 元。

【财务状况】 1994 年公司股本收益率 47.26%，每股净资产 3.01 元，净资产收益率 15.6%。

自贡东新电碳股份有限公司

【公司概况】 公司 1994 年底总股份 5831.54 万股，其中国家股 1840.19 万股，法人股 1831.35 万股，公众股 2160 万股。主要股东有自贡市国有资产管理局、四川省信托投资公司、中国银行四川省分行国际信托投资公司、自贡市银河贸易公司、东方电器集团财务公司等。公司董事长兼总经理：沈梦周。

【经营业绩】 公司与美国公司合资组建凯迪碳素有限公司。关联企业有东新电碳都江堰分厂、东新包装制品厂、自贡市碳素厂等。1994 年度主营业务收入 87015984 元，净利润 23230587 元，资产总额 229031450 元。

【财务状况】 1994 年公司股本收益率 40.67%，每股净资产 2.27 元，净资产收益率 18.6%。

上海亚通股份有限公司

【公司概况】 公司 1994 年底总股份 5015.84 万股，其中国家股 3215.84 万股，法人股 800 万股，公众股 1000 万股。主要股东有国家持股、上海吴桥旅游用品公司、深圳蓝天基金公司、无锡军湖商行、上海崇明财政证券公司等。公司董事长兼总经理：季利平。

【经营业绩】 关联企业有上海亚通出租汽车公司、上海亚通高速客轮公司、上海光亚汽车运输公司、上海环亚建筑装潢公司、上海崇海汽渡公司等。1994 年度主营业务收入 38481300.91 元，净利润 10753651.48 元，资产总额 145553378.27 元。

【财务状况】 1994 年公司股本收益率 21.43%，每股净资产 1.93 元，净资产收益率 11.76%。

福州东街口百货大楼股份有限公司

【公司概况】 公司 1994 年底总股份 7268.8 万股，其中国家股 3634.4 万股，法人股 682 万股，公众股 2952.4 万股。主要股东有福州市财政局、福州华昌制衣有限公司、福州市信托投资公司、福建中闽实业公司、福州市房地产开发总公司等。公司董事长：黄善华，总经理：陈明魁。

【经营业绩】 关联企业有福州东百广告信息公司、泉州车东 24 小时便利商场、福州百华房地产开发有限公司、福州乔治制衣有限公司等。1994 年度主营业务收入 272904324.76 元，净利润 22995128.52 元，资产总额 196911805.44 元。

【财务状况】 1994 年公司股本收益率 32.9%，每股净资产 2.05 元，净资产收益率 15.43%。

大连商场股份有限公司

【公司概况】 公司 1994 年底总股份 12197.5 万股，其中国家股 5397.5 万股，法人股 850 万股，公众股 5950 万股。主要股东有大连市国有资产管理局、大连国际信托投资公司、工商银行大连信托投资公司等。公司董事长兼总经理：牛钢。

【经营业绩】 公司主要关联企业有大连现代商用电脑有限公司、大连金首饰铸模有限公司等。1994 年度主营业务收入 953624152.14 元，税后利润 58001680.84 元，资产总额 440864482.47 元。

【财务状况】 1994 年公司股本收益率（加权）55.12%，每股净资产 2.28 元，净资产收益率 20.86%。

上海大江（集团）股份有限公司

【公司概况】 公司 1994 年底总股份 49435.28 万股，其中法人股 4435.28 万股，公众股 A 股 1500 万股，B 股 3500 万股。主要股东有泰国正大集团正大上海有限公司、上海市松江县饲料公司、上海市松江县畜禽公司等。公司董事长兼总经理：杜述古。

【经营业绩】 公司开展家畜、家禽、水产的良种、饲料及其添加剂、食品加工及产品内外销业务。关联企业有上海大江（集团）股份有限公司饲料厂、种禽场、孵化厂、快餐公司、上海大江复合氨基酸厂、常州大江畜禽饲料公司、湖州大江有限公司等。1994 年度主营业务收入 2035193508.22 元，净利润 180943246.52 元，资产总额 1933888581.39 元。

【财务状况】 1994 年公司股本收益率 36.68%，每股净资产 2.15 元，净资产收益率 18.64%。

豪盛（福建）股份有限公司

【公司概况】 公司 1994 年底总股份 18712.8 万股，其中法人股 13462.8 万股，公众股 5250 万股。主要股东有豪盛石琳（香港）有限公司、泉州市经济开发公司、泉州市区经济发展公司等。公司董事长：谢必荣，总经理：谢炳煌。

【经营业绩】 公司生产与经营商级釉石质增地砖、马赛克及原材料、窑业机械设备。关联企业有豪盛（山东）有限公司等。1994 年度主营业务收入 134251792.14 元，净利润 63520829.22 元，资产总额 531919378.54 元。

【财务状况】 1994 年公司股本收益率 33.95%，每股净资产 2.04 元，净资产收益率 18.04%。

长春汽车城百货集团股份有限公司

【公司概况】 公司 1994 年底总股份 86089688 股，其中国家股33357228股，法人股14752460股，公众股34793000股，内部职工股3187000股。主要股东有长春市汽车城商业总公司、深圳万科企业股份有限公司、吉林省国际信托投资公司、深圳赛格达声股份有限公司等。公司董事长兼总经理：曹和平。

【经营业绩】 关联企业有长春车百欧亚商都、长春市朝鲜旅游商店、长厦贸易公司、长春车百进口汽车配件分公司等。1994年度主营业务收入167741746.83元，净利润19890097.34元，资产总额235540010.94元。

【财务状况】 1994年公司股本收益率24.01%，每股净资产2.12元，净资产收益率11.54%。

济南轻骑摩托车股份有限公司

【公司概况】 公司1994年底总股份17760万股，其中国家股11200万股，法人股1060万股，公众股5500万股。主要股东有国家持股、青岛同泰橡胶厂、北京纸箱厂、广东中南铝合金厂、济阳机动车配件厂等。公司董事长兼总经理：张家岭。

【经营业绩】 公司主营摩托车及零配件的设计、开发、生产、销售以及摩托车技术咨询、服务、引进、转让等。公司内部职工股550万股于1994年8月3日上市。1994年度主营业务收入1732001396元，净利润108719318元，资产总额993092491元。

【财务状况】 1994年公司股本收益率61.22%，每股净资产3.73元，净资产收益率17.7%。

辽源得亨股份有限公司

【公司概况】 公司1994年底总股份83884162股，其中国家股26134162股，法人股19750000股，公众股38000000股。主要股东有辽源市国有资产管理局、上海二纺机股份有限公司、哈尔滨阿城纺织器材厂、吉林省信托投资公司、吉林省国际经济技术合作公司等。公司董事长兼总经理：刘志杰。

【经营业绩】 关联企业有得亨金融投资发展有限公司、得亨经贸公司、得亨综合服务公司、得亨出租汽车公司、北京房地产公司等。1994年度主营业务收入8934.7万元，净利润1766.6万元，资产总额29687.6万元。

【财务状况】 1994年公司股本收益率20.65%，每股净资产2.42元，净资产收益率8.96%。

天津环球磁卡股份有限公司

【公司概况】 公司是由天津环球磁卡公司作为独立发起人于1993年11月29日成立的，公司股票于1993年12月6日在上交所上市交易。公司1994年底总股份72933469股，其中国家股33033469股，法人股13800000股，公众股26100000股。主要股东有国家持股、天津芙莱实业公司、天津市证券公司、天津市国际信托投资公司、交通银行天津分行等。公司董事长：赵学智，总经理：姜肃敌。

【经营业绩】 关联企业有人民印刷厂维修服务部、人民印刷复合包装厂、人民印刷厂储运服务部、人民印刷厂材料经营部等。1994年度主营业务收入91968569.53元，净利润17949605.61元，资产总额237612685.83元。

【财务状况】 1994年公司股本收益率24.61%，每股净资产2.61元，净资产收益率9.9%。1994年送配股10派2元。

华新水泥股份有限公司

【公司概况】 公司1994年1月28日发行B股8700万股。至1994年12月31日止，公司总股本25140万股，其中国家股9152.69万股，法人股2487.31万股，社会公众股(A股)4800万股，外资股(B股)8700万股。主要股东有华新水泥集团公司，主要参股企业有黄石金利包装有限公司、汕头经济特区华新工贸有限公司等。公司董事长兼总经理：傅本一。

【经营业绩】 主要业务经营有：公司水泥熟料新型干法生产点火成功，同时新建另一条新型干法生产线获国家经贸委批准，与中国长江三峡工程开发总公司鉴订水泥定点供应协议并成为三峡工程的主要水泥供应商，公司取得了进出口经营权。1994年度主营业务收入27926.4万元，税后利润6025万元，资产总额87108万元。

【财务状况】 1994年公司股本收益率(加权数)0.37，每股净资产2.03元，净资产收益率14.39%。

福建水泥股份有限公司

【公司概况】 公司1994年底总股份18780万股，其中国家股13195万股，法人股285万股，公众股5300万股。主要股东有国家持股、福建省青山纸业股份有限公司、福建兴业证券公司等。公司董事长兼总经理：陈福民。

【经营业绩】 公司收购常州金源房地产开发有限公司10%的股本。主要关联企业有三明新型建材总厂、常州金源房地产开发公司、福建省泉州建福公司、莆田建福水泥联营公司等。1994年度主营业务收入382753470元，税后利润89731910元，资产总额555735970元。

【财务状况】 1994年公司股本收益率47.78%，每股净资产2.13元，净资产收益率22.67%。

河北威远实业股份有限公司

【公司概况】 公司1994年底总股份6290.2万股，其中国家股3050.2万股，公众股3240万股。主要股东中前十名股东均为个人持股等。公司董事长：龚玉良，总经理：张相华。

【经营业绩】 关联企业有河北威远实业股份有限公司建材一厂、建材二厂、高压开关厂、贸易公司、专利公司、信息工程公司、房地产公司等。1994年度主营业务收入4496.8万元，净利润457.6万元，资产总额20353.4万元。

【财务状况】 1994年公司股本收益率7.81%，每股净资产2.47元，净资产收益率2.97%。

成都工益冶金股份有限公司

【公司概况】 公司1994年底总股份9741.6万股，其中国家股3601.2万股，法人股144万股，公众股5996.4万股。主要股东有成都无缝钢管厂等。公司董事长：刘文廷，总经理：陈大富。

【经营业绩】 关联企业有三益炼钢厂、成都锦江工益贸易部、工益酒家、龙益堆焊厂等。1994年度主营业务收入310052227.74元，净利润25266927.68元，资产总额372019985.82元。

【财务状况】 1994 年公司股本收益率 28.3%，每股净资产 2.31 元，净资产收益率 11.32%。

江苏悦达股份有限公司

【公司概况】 公司 1994 年底总股份 10255 万股，其中国家股 3319.4 万股，法人股 4176.2 万股，公众股 1971 万股。主要股东有江苏悦达实业集团、盐城市国有资产管理局等。公司董事长兼总经理：胡友林。

【经营业绩】 关联企业有煤炭总公司、汽车总厂、拖拉机厂、物资贸易中心、房地产开发公司、石油化工公司、威达电器有限公司、家达制网有限公司等。1994 年度主营业务收入 97055 万元，净利润 4896 万元，资产总额 59010 万元。

【财务状况】 1994 年公司股本收益率 60.76%，每股净资产 2.88 元，净资产收益率 18.1%。

昆明机床股份有限公司

【公司概况】 公司 1994 年底总股份 245007400 股，其中国家股 102397700 股，法人股 17609700 股，公众股 A 股 60000000 股，H 股 65000000 股。主要股东有云南省人民政府、香港中央结算(代理人)有限公司、昆明精华公司等。公司董事长兼总经理：郭进远。

【经营业绩】 公司 1994 年设立销售办事处，形成 60 个销售网点，开发了 6 种新产品，共生产 24 种 311 台机床产品。公司自行研制的两种新产品的图纸设计工作基本完成。主要关联企业有云南省澄江机床附件有限责任公司。1994 年度主营业务收入 53300000 元，净利润 37992000 元，资产总额 687561000 元。

【财务状况】 1994 年公司股本收益率 16%，每股净资产 2.32 元，净资产收益率 7%。

济南百货大楼股份有限公司

【公司概况】 公司 1994 年底总股份 6918 万股，其中国家股 2325 万股，法人股 468 万股，公众股 4125 万股。主要股东有济南市国有资产管理局、建行山东信托济南办事处、济南市高新技术开发建设总公司、山东国际信托投资公司等。公司董事长兼总经理：刘传俊。

【经营业绩】 关联企业有大新家电商场、解放路商店、中原商店、家电维修中心、贸易公司、物资设备公司等。1994 年度主营业务收入 202709870.06 元，净利润 10470069.72 元，资产总额 218803116.15 元。

【财务状况】 1994 年公司股本收益率 16.04%，每股净资产 2.34 元，净资产收益率 6.16%。

马鞍山钢铁股份有限公司

【公司概况】 公司 1994 年底总股份 645530 万股，其中国家股 403456 万股，法人股 8781 万股，公众股 A 股 60000 万股，H 股 173293 万股。主要股东有马鞍山马钢总公司、HKSCC Nominees Limited 等。公司董事长：杭永益，总经理：李宗泌。

【经营业绩】 公司开发了 16 个钢号新产品及薄壁角钢、矿用支护钢等，连铸坯产量 95 万吨，完成了 2500 立方米的高炉。出口钢材、钢坯 11 万吨。关联企业有中国冶金进出口马钢公司、马钢公司冶金建材门市部等。1994 年度主营业务收入 6076487775 元，净利润 749405439 元，资产总额 18033889168 元。

【财务状况】 1994 年公司股本收益率 12%，每股净资产 1.85 元，净资产收益率 7%。

山西杏花村汾酒厂股份有限公司

【公司概况】 公司 1994 年底总股份 37640 万股，其中国家股 29840 万股，法人股 2800 万股，公众股 5000 万股。主要股东有汾酒(集团)公司、山西太原糖酒副食采供站、义泉涌酒股份有限公司等。公司董事长：常贵明，总经理：郭双威。

【经营业绩】 公司关联企业有汾酒(集团)公司、汾酒进出口公司、酒都宾馆、汾酒大厦等。1994 年度主营业务收入 465912594.66 元，净利润 96382375.45 元，资产总额 1057569506.85 元。

【财务状况】 1994 年公司股本收益率 25.61%，每股净资产 1.93 元，净资产收益率 14.2%。

神马实业股份有限公司

【公司概况】 公司 1994 年底总股份 26400 万股，其中国家股 19800 万股，公众股 6600 万股。主要股东有中国神马帘子布(集团)公司等。公司董事长兼总经理：宋春迎。

【经营业绩】 公司主营帘子布、工业用布、化学纤维及制品、帘子布原辅材料、第三产业开发等。关联企业有平顶山神马地毯丝有限公司等。1994 年度主营业务收入 441673816.81 元，净利润 71483902.11 元，资产总额 1041087741.24 元。

【财务状况】 1994 年公司股本收益率 30.4%，每股净资产 2.93 元，净资产收益率 9.49%。

东方集团股份有限公司

【公司概况】 公司 1994 年底总股份 10500 万股，其中法人股 300 万股，公众股 7500 万股。主要股东有东方企业集团。公司董事长兼总经理：张宏伟。

【经营业绩】 公司主营国际工程承包、进出口业务、交通、旅游服务、房地产、建筑业、食品、医疗设备等产品的开发与生产。关联企业有东方国际公司、东方城建公司、东方经贸公司、东方医院等。1994 年度主营业务收入 133749630 元，净利润 41205745 元，资产总额 690415082 元。

【财务状况】 1994 年公司股本收益率 39.24%，每股净资产 4.12 元，净资产收益率 10.04%。

华北制药股份有限公司

【公司概况】 公司股票于 1994 年 1 月 14 日于上海证交所上市交易。公司 1994 年底股份总额 697822090 股，其中国家股 491779100 股，社会公众股 206042990 股。主要股东有华北制药厂、大川置业、中农信公司等。公司董事长兼总经理：陈贤丰。

【经营业绩】 公司主要进行制药生产。下属参股公司有河北维尔康制药有限公司、河北威可达制药有限公司等。1994 年度主营业务收入(不含税)114238万元,税后利润20755万元,资产总额185278.9万元。

【财务状况】 1994年公司股本收益率(加权法)30.57%,每股净资产1.68元,净资产收益率18.74%。

鞍山第一工程机械股份有限公司

【公司概况】 公司1994年底总股份21500万股,其中国家股6688.6万股,法人股6511.4万股,公众股6650万股,内部职工股1650万股。主要股东有鞍山市国有资产管理局、鞍山铸钢厂、海南华通股份有限公司、鞍山市宏达房屋开发公司等。公司董事长:刘士福,总经理:关福纯。

【经营业绩】 公司主营工程机械、拖拉机、钢材加工、电镀、钢窗门制造等。1994年度主营业务收入332186900元,净利润41119100元,资产总额1218767000元。

【财务状况】 1994年公司股本收益率19.13%,每股净资产2.32元,净资产收益率8.46%。

杭州解放百货商店股份有限公司

【公司概况】 公司1994年底总股份11372.4万股,其中国家股3980.6万股,法人股2860万股,公众股4531.8万股。主要股东有杭州市国有资产管理局、浙江省商业财务公司、杭州三汇贸易公司、杭州工银贸易公司、浙江财会咨询服务所等。公司董事长兼总经理:胡崇杏。

【经营业绩】 关联企业有杭州解百广告分公司、杭州解百装潢分公司、杭州新利商用机器有限公司、杭州凯俪时装有限公司等。1994年度主营业务收入892671706元,净利润68072109元,资产总额379071625元。

【财务状况】 1994年公司股本收益率64.85%,每股净资产2.61元,净资产收益率24.7%。

厦门工程机械股份有限公司

【公司概况】 公司1994年底总股份21963.2万股,其中国家股16363.2万股,公众股5600万股。主要股东有厦门市财政局等。公司董事长:熊光敏,总经理:李荣玉。

【经营业绩】 关联企业有北京厦门工程机械销售公司、中国华大工程机械集团公司、重庆恒达钢业股份有限公司、上海东方建设机械租赁有限公司等。1994年度主营业务收入60653.8万元,净利润8788.6万元,资产总额70300.3万元。

【财务状况】 1994年公司股本收益率44.23%,每股净资产2.73元,净资产收益率15.94%。

鞍山市信托投资股份有限公司

【公司概况】 公司1994年底总股份13747万股,其中国家股3382万股,法人股2865万股,公众股7500万股。主要股东有中国第三冶金建设公司、辽阳石油化纤公司鞍山炼油厂、工行鞍山市分行等。公司董事长兼总经理:高小兵。

【经营业绩】 公司主要关联企业有宏信咨询服务有限公司、鞍山市金山实业股份有限公司、鞍山市五环实业股份有限公司等。1994年度主营业务收入101053141.02元,净利润50255048.67元,资产总额1240871186.01元。

【财务状况】 1994年公司股本收益率(加权)38.9%,每股净资产2.35元,净资产收益率19.32%。

上海良华实业股份有限公司

【公司概况】 公司1994年底总股份75016347股,其中法人股64796347股,公众股10220000股。主要股东有上海市粮油贸易公司、上海市粮食储运公司、上海市油脂公司、上海市面粉公司、中国粮油贸易公司等。公司董事长:孙自立,总经理:施建侯。

【经营业绩】 关联企业有良华储运有限公司、良华家具厂、良华百货商场、中申实业有限公司等。1994年度主营业务收入7137.36万元,净利润437.67万元,资产总额21015.09万元。

【财务状况】 1994年公司股本收益率5.83%,每股净资产1.59元,净资产收益率3.93%。

上海永久自行车股份有限公司

【公司概况】 公司1994年底总股份23100.82万股,其中国家股14800.82万股,法人股1000万股,公众股A股1300万股,B股6000万股。主要股东有国家持股。内部职工股260万股,于8月24日上市。公司董事长兼总经理:陶国强。

【经营业绩】 关联企业有亚洲自行车有限公司、上海永胜自行车有限公司、上海永久助力自行车有限公司、上海永士机械有限公司等。1994年度主营业务收入835290251.79元,净利润29061511.53元,资产总额1212646288.38元。

【财务状况】 1994年公司股本收益率12.58%,每股净资产2.4936元,净资产收益率5.18%。

上海耀华皮尔金顿玻璃股份有限公司

【公司概况】 公司1994年底总股份39000万股,其中法人股26500万股,公众股A股2500万股,B股10000万股。主要股东有中国建材技术装备总公司、中国银行上海信托投资公司、上海耀华玻璃厂、皮尔金顿国际控股有限公司、联合发展(香港)有限公司等。公司董事长:陈祖仁,总经理:张三福。

【经营业绩】 关联企业有长春皮尔金顿安全玻璃有限公司、武汉耀华皮尔金顿安全玻璃有限公司等。1994年度主营业务收入628236889.46元,净利润253203758.3元,资产总额1616381995.19元。

【财务状况】 1994年公司股本收益率64.92%,每股净资产3.47元,净资产收益率20.64%。

上海隧道工程股份有限公司

【公司概况】 公司1994年底总股份8432.67万股,其中国家股5532.67万股,法人股900万股,公众股2000万股。主要股东有国家持股、上海辉固岩土工程技术股份有限公司、深圳蓝天基金管理公司、上海万国证券公司基金部等。公司董事长:姜先赋,总经理:程骁。

【经营业绩】 关联企业有隧峰房地产开发公司、信义餐饮有限公司、防水材料厂、伟盟建筑材料有限公司、上海对外建设公司等。1994年度主营业务收入570570422.47元,净利润27107441.92元,资产总额442377858.94元。

【财务状况】 1994年公司股本收益率32.15%，每股净资产2.51元，净资产收益率13.71%。

天津劝业场股份有限公司

【公司概况】 公司1994年底总股份141997949股，其中国家股45353000股，法人股36027384股，公众股60617565股。主要股东有天津环海公司、天津市证券公司、建行大连市信托投资公司。公司董事长：李志诚，总经理：韩文彬。

【经营业绩】 公司主要下属企业有劝业新产品开发公司、开发区华贸实业公司、劝业联合发展公司等。1994年度主营业务收入710938281元，净利润29871864.62元，资产总额391708728元。

【财务状况】 1994年公司股本收益率(加权)24.13%，每股净资产1.88元，净资产收益率13.37%。

上海物资贸易中心股份有限公司

【公司概况】 公司1994年底总股份18987.25万股，其中国家股12087.25万股，法人股900万股，公众股A股1000万股，B股5000万股。主要股东有国家持股、上海金属交易所、广西玉柴机器集团公司等。公司董事长：曹新华，总经理：俞省明。

【经营业绩】 公司合作投资上海火车站不夜城附近兴建上海物资中心商厦。关联企业有上海物贸大厦、上海汽车贸易中心物资经营公司、上海浦东汽车销售公司、上海物资商务公司、上海物资外贸联营公司等。1994年度主营业务收入99374.3万元，净利润3201.7万元，资产总额79032.2万元。

【财务状况】 1994年公司股本收益率17.6%，每股净资产1.92元，净资产收益率8.8%。

上海万象(集团)股份有限公司

【公司概况】 公司1994年底总股份5000万股，其中国家股3000万股，法人股750万股，公众股1250万股。主要股东有国家持股、上海国际信托投资公司、浦东新区国有资产投资管理公司、黄浦区国有资产经营公司等。公司董事长兼总经理：于文娟。

【经营业绩】 公司关联企业有上海万象百货公司、上海卧室用品公司、上海恒源祥绒线公司、华东不锈钢制品公司、万象浦东实业公司等。1994年度主营业务收入339830039.65元(含税)，税后利润18132160.75元，资产总额306249990.83元。

【财务状况】 1994年公司股本收益率36.26%，每股净资产2.9974元，净资产收益率12.1%。

上海益民百货股份有限公司

【公司概况】 公司1994年底总股份5033.44万股，其中国家股3763.44万股，公众股1270万股。主要股东有富臣公司、京西公司、中联物资公司等。公司董事长兼总经理：罗传钧。

【经营业绩】 公司主要下属企业有上海床上用品公司、益民房地产经营公司、上海培斯培实业公司，参股黛丽斯益民百货公司。1994年度主营业务收入372671900.09元(不含税)，净利润27858054.58元，资产总额318423386.76元。

【财务状况】 1994年公司股本收益率55.35%，每股净资产3.32元，净资产收益率18.186%。

上海时装股份有限公司

【公司概况】 公司1994年底总股份5000万股，其中国家股3000万股，法人股750万股，公众股1250万股。主要股东有上海友谊华侨股份有限公司、上海第九百货商店股份有限公司、上海永久自行车股份有限公司、宁波杉杉股份有限公司等。公司董事长兼总经理：钱树仁。

【经营业绩】 公司主营服装鞋帽、服饰系列配套商品、日用百货、工艺美术品、五金交电、文教用品、广告设计制作及发布等。公司兴建的“上海服饰大厦”竣工。1994年度主营业务收入42023.16万元，净利润2071.33万元，资产总额22503.63万元。

【财务状况】 1994年公司股本收益率41.4%，每股净资产3.27元，净资产收益率13.54%。

上海兰生股份有限公司

【公司概况】 公司1994年底总股份14163.04万股，其中国家股10613.04万股，公众股3550万股。主要股东有国家持股、建行虹口支行、农行信托等。公司董事长兼总经理：张兰生。

【经营业绩】 公司参与投资兰生大厦，上海市政府批准成立上海兰生(集团)公司对兰生股份公司中的国家股行使经营管理权。关联企业有上海前进进出口有限公司、上海贸海联营公司、上海爱生箱包厂等。1994年度主营业务收入1939930904.84元，税后利润66471689.11元，资产总额1673733605.41元。

【财务状况】 1994年公司股本收益率46.93%，每股净资产3.25元，净资产收益率15.55%。

上海友谊华侨股份有限公司

【公司概况】 公司1994年底总股份8500万股，其中国家股3000万股，法人股496.95万股，公众股A股1003.05万股，B股4000万股。主要股东有国家持股、上海时装股份有限公司、上海市国际信托投资公司等。公司董事长：吕勇明，总经理：蒋禹照。

【经营业绩】 关联企业有上海浦东友谊商店、上海扬浦友谊商店、上海友谊商店服装厂、上海如意酒家、上海华侨商店、上海虹桥友谊商城有限公司等。1994年度主营业务收入353196000元，净利润26070040元，资产总额629424170元。

【财务状况】 1994年公司股本收益率30.67%，每股净资产3.98元，净资产收益率7.7%。

成都人民商场股份有限公司

【公司概况】 公司创立于1993年12月30日，至1994年底公司总股本85500000股，其中国家股55004411股，法人股8095589股，个人股(流通股)21500000股。主要股东有成都市国有资产管理局、深圳中华自行车(集团)股份有限公司、蓝天基金等。公司董事长兼总经理：吕根旭。

【经营业绩】 主要参股企业有成都顺和餐饮娱乐有限公司、成都人民商场服饰床上用品公司等。1994年度主营业务收入688025957元，净利润34361171元，资产总额335742210元。

【财务状况】 1994年公司股本收益率40.19%，每股净资产2.62元，净资产收益率16.72%。

哈尔滨天鹅实业股份有限公司

【公司概况】 公司1994年底总股份9930万股，其中国家股7430万股，公众股2500万股。主要股东有哈尔滨建筑材料工业(集团)公司等。公司董事长兼总经理：丁洪利。

【经营业绩】 公司投资的劈离砖生产线开车调试，开展技术改造等。关联企业有哈尔滨水泥厂、哈尔滨天鹅实业股份有限公司房地产开发分公司、建材经贸分公司等。1994年度主营业务收入275919098.27元，净利润31254030.32元，资产总额607133300.81元。

【财务状况】 1994年公司股本收益率32.15%，每股净资产4.08元，净资产收益率9.95%。

宁波城隍庙实业股份有限公司

【公司概况】 公司创建于1982年，1992年改组为股份制企业，是以宁波市郡庙企业总公司为主体，联合中国农业银行宁波市信托投资公司、宁波钢铁厂、宁波旅游总公司等12家单位共同发起组建，并于94年2月24日正式在上海证券交易所挂牌上市。公司1994年底总股份5070万股，其中法人股3348.6万股，公众股1721.4万股。主要股东有宁波市郡庙企业总公司、农行宁波市信托投资公司、宁波海曙市场建设公司、宁波海发实业公司等。公司董事长兼总经理：陈吉伦。

【经营业绩】 公司主要关联企业有宁波国泰房地产有限公司、宁波国泰建材有限责任公司等。1994年度主营业务收入318555062.96元，税后利润17998972.36元，资产总额237399360.65元。

【财务状况】 1994年公司股本收益率36.26%，每股净资产2.8元，净资产收益率17.21%。

上海东方明珠股份有限公司

【公司概况】 公司1994年底总股份43084.772万股，其中法人股39084.772万股，公众股4000万股。主要股东有上海广播电视发展总公司、上海人民广播电台、上海万国证券公司等。公司董事长兼总经理：盛亚飞。

【经营业绩】 公司关联企业有东方明珠传输公司、东方明珠房地产公司、东方明珠国际广告公司、东方明珠北苑实业公司等。1994年度主营业务收入270429336.07元，税后利润74875707.39元，资产总额1387897056.58元。

【财务状况】 1994年公司股本收益率17.95%，每股净资产1.74元，净资产收益率10.01%。

上海商业网点发展实业股份有限公司

【公司概况】 公司1994年底总股份69705980股，其中法人股54905980股，公众股14800000股。主要股东有上海商业网点发展公司、上海内外联综合商社、上海新亚(集团)股份有限公司、交通银行上海分行等。公司董事长兼总经理：韩士章。

【经营业绩】 公司主营商业网点用房开发建设、利用、转让、网点用房维修、装潢和设施更新、房产经营、建材、装潢材料、有色金属等。1994年度主营业务收入122530240元，净利润24780820元，资产总额723828740元。

【财务状况】 1994年公司股本收益率35.55%，每股净资产3.68元，净资产收益率15.06%。

上海凌桥自来水股份有限公司

【公司概况】 公司1994年底总股份18200万股，其中国家股12000万股，法人股3800万股，公众股2400万股。主要股东有上海自来水公司、上海城市建设投资开发总公司、上海申银证券公司、南洋制衣公司等。公司董事长：徐国祥，总经理：徐文标。

【经营业绩】 公司主营自来水、给水专用设备、给水设计、水厂建设和排管施工工程等。1994年度主营业务收入5730.2万元，净利润3258.65万元，资产总额25060.2万元。

【财务状况】 1994年公司股本收益率17.9%，每股净资产1.32元，净资产收益率14.51%。

上海上菱电器股份有限公司

【公司概况】 公司1994年底总股份27365.09万股，其中国家股17665.09万股，法人股900万股，公众股A股1800万股，B股7000万股。主要股东有国家持股、上海钢管股份有限公司等。公司董事长：顾惠龙，总经理：葛文宾。

【经营业绩】 关联企业有上海上菱电冰箱技术维修中心、上海上菱电器经销部、上海美声电器有限公司、上海上菱新事业发展总公司、上海宝山万里制绳厂等。1994年度主营业务收入1434156472.33元，净利润162366571.99元，资产总额1445864927.84元。

【财务状况】 1994年公司股本收益率60.61%，每股净资产3.95元，净资产收益率15.04%。

上海界龙实业股份有限公司

【公司概况】 公司1994年底总股份5000万股，其中法人股3750万股，公众股1250万股。主要股东有上海界龙发展总公司、上海海通证券有限公司、上海市农行信托投资公司等。公司董事长兼总经理：费钧德。

【经营业绩】 公司主要关联企业有上海外贸界龙彩印厂、上海界龙金属拉丝厂、上海远东钢丝针布厂界龙联营厂、上海现代印刷纸品有限公司等。1994年度主营业务收入167088611.76元，税后利润18546090.57元，资产总额279877051.93元。

【财务状况】 1994年公司股本收益率37.09%，每股净资产2.78元，净资产收益率14.28%。

上海市农垦农工商综合商社股份有限公司

【公司概况】 公司1994年底总股份5018.84万股，其中国家股3758.84万股，公众股1260万股。主要股东有国家持股。公司职工股于1994年8月30日上市。公司董事长：陆美华，总经理：汪正纲。

【经营业绩】 关联企业有上海市农工商商贸中心、上海农工商工贸总公司、上海农工商商业总公司、上海新亚自行车公司、上海市东艺广告公司、上海市农垦绿化工程公司等。1994年度主营业务收入1453196645.51元，净利润21243257.77元，资产总额1005449932.34元。

【财务状况】 1994年公司股本收益率42.32%，每股净资产2.82元，净资产收益率16.24%。

上海市第九百货商店股份有限公司

【公司概况】 公司1994年底总股份5000万股，其中国家股3000万股，法人股750万股，公众股1250万股。主要股东有国家持股、上海申银证券公司、上海时装股份有限公司、上海友谊华侨股份有限公司、上海上菱电器股份有限公司等。公司董事长：黄富贵，总经理：乐富根。

【经营业绩】 关联企业有九百浦东实业公司、卢湾商厦、常州金龙商场、宝隆商厦、百乐门针织制衣厂等。1994年度主营业务收入359367284.6元，净利润19166372.71元，资产总额248213009.46元。

【财务状况】 1994年公司股本收益率38.33%，每股净资产3.27元，净资产收益率12.46%。

四川长虹电器股份有限公司

【公司概况】 公司1994年底总股份23781.876万股，其中法人股17785.032万股，个人股5996.844万股。主要股东有国营长虹机器厂、绵阳市金建服务公司等。公司董事长兼总经理：倪润峰。

【经营业绩】 公司主要参股企业有四川长虹新艺电工有限公司和中国联合通信公司。1994年度主营业务收入4273980823.51元，净利润707222988.03元，资产总额3111988525.47元。

【财务状况】 1994年公司股本收益率（加权法）324.4%，每股净资产7.18元，净资产收益率48.03%。

绍兴市百货大楼股份有限公司

【公司概况】 公司1994年底总股份69370924.43股，其中国家股3957914.43股，法人股37546850股，公众股27866160股。主要股东有绍兴市财务开发公司、绍兴市国有资产管理办公室、绍兴市房地产开发公司、萧山市商业城经纬贸易公司、上海中桥投资股份有限公司等。公司董事长兼总经理：傅阿云。

【经营业绩】 关联企业有绍兴市百大宾馆、绍兴市百大时装公司、绍兴市劳动防护用品公司等。1994年度主营业务收入176891630元，净利润16267310元，资产总额134082760元。

【财务状况】 1994年公司股本收益率27.03%，每股净资产1.66元，净资产收益率17.44%。

上海柴油机股份有限公司

【公司概况】 公司1994年底总股份32942.44万股，其中国家股20142.44万股，公众股A股1800万股，B股11000万股。主要股东有上海东风机械（集团）总公司等。公司董事长：陈龙兴，总经理：蒋珍珍。

【经营业绩】 关联企业有上海东风柴油机销售公司、上柴公司物资供应公司、上柴公司洋泾油嘴油泵厂、上柴公司金山缸套厂、上海大发工贸公司、上海神农设备工程公司等。1994年度主营业务收入998580770.87元，净利润187038947.97元，资产总额1862832540.37元。

【财务状况】 1994年公司股本收益率56.78%，每股净资产3.77元，净资产收益率16.26%。

上海中西药业股份有限公司

【公司概况】 公司1994年底总股份5000万股，其中国家股3080.49万股，法人股669.51万股，公众股1250万股。主要股东有国家持股、浦东新区星火联合发展总公司、上海斯米克机电陶瓷有限公司、上海医药对外经济技术公司、上海石化总厂安检公司等。公司董事长兼总经理：王海钧。

【经营业绩】 关联企业有上海中西药业浦东公司、上海中西芦潮港制药厂、上海中西药物包装厂、上海中西新冈制药厂等。1994年度主营业务收入243258992.24元，净利润19692652.88元，资产总额479973552.32元。

【财务状况】 1994年公司股本收益率39.39%，每股净资产3.3元，净资产收益率12.7%。

上海工业缝纫机股份有限公司

【公司概况】 公司1994年底总股份19420.49万股，其中国家股9720.49万股，法人股1000万股，社会公众股A股1200万股，B股7500万股。主要股东有国家持股。公司董事长兼总经理：倪永刚。

【经营业绩】 公司主要下属企业有上海工业缝纫机销售总公司、上海工业缝纫机技术开发公司、上海上工森光物资贸易公司等。1994年度主营业务收入633300171.37元（不含税），净利润51149103.76元，资产总额1231405713.07元。

【财务状况】 1994年公司股本收益率26.34%，每股净资产3.38元，净资产收益率10.18%。

上海英雄股份有限公司

【公司概况】 公司1994年底总股份11001.18万股，其中国家股5821.18万股，法人股680万股，公众股A股1000万股，B股3500万股。主要股东有上海国有资产管理局、HKSBCSB S/A OPPENHEIMERAND CD，INC等。公司董事长兼总经理：赵松生。

【经营业绩】 关联企业有上海金笔厂、上海英雄礼品公司、上海英雄电脑绘图仪器用品公司、上海英雄联合销售公司、上海奥斐钟表有限公司等。1994年度主营业务收入247265029.01元，净利润51095077.73元，资产总额575661256.27元。

【财务状况】 1994年公司股本收益率46.45%，每股净资产3.03元，净资产收益率16.62%。

上海钢管股份有限公司

【公司概况】 公司1994年底总股份23840.37万股，其中国家股13640.37万股,法人股1000万股,公众股A股1200万股,B股8000万股。主要股东有国家持股。公司董事长兼总经理:龚洪林。

【经营业绩】 公司受让了上海星火冶金器材厂。关联企业有宝山钢管镀锌厂、淞南焊管分厂、宝山无缝钢管厂、海南宏鑫实业贸易公司、上管企业开发总公司等。1994年度主营业务收入581888249.34元,净利润19118008.32元,资产总额1143456045.33元。

【财务状况】 1994年公司股本收益率8.62%,每股净资产2.59元,净资产收益率4.08%。

上海同济科技实业股份有限公司

【公司概况】 公司1994年底总股份5008.57万股,其中国家股490.9万股,法人股3217.67万股,公众股1300万股。主要股东有同济大学、上海市国有资产管理办公室等。公司董事长:顾国维,总经理:张纪衡。

【经营业绩】 公司主要关联企业有同济大学建筑设计研究院、上海同济建筑总公司、上海同济室内设计工程公司、上海同济大学工程建设监理公司等。1994年度主营业务收入120363475.96元,税后利润30114025.64元,资产总额220858120.8元。

【财务状况】 1994年公司股本收益率60%,每股净资产3.14元,净资产收益率21.16%。

重庆万里蓄电池股份有限公司

【公司概况】 公司1994年底总股份6200万股,其中国家股3410万股,公众股2790万股。主要股东有国家持股。公司董事长兼总经理:张净。

【经营业绩】 公司主营各类铅蓄电池及零部件,兼营五金交电、金属材料、橡塑制品、化工产品、化工原料、建材等。1994年度主营业务收入132274801.69元,净利润19625808.04元,资产总额248622538.5元。

【财务状况】 1994年公司股本收益率33.76%,每股净资产2.73元,净资产收益率15.14%。

上海自动化仪表股份有限公司

【公司概况】 公司1994年底总股份26086.1万股,其中国家股15886.1万股,法人股1000万股,公众股2200万股。主要股东有上海仪电国资公司、上海万国证券公司等。公司董事长兼总经理:周永清。

【经营业绩】 公司主营自动化成套设备、仪表控制装置、仪器仪表及元器件、工业控制计算机及进出口业务、机电产品等。1994年内鉴订了四项土地开发合同。1994年度主营业务收入70539.9万元,净利润5594.5万元,资产总额151172.4万元。

【财务状况】 1994年公司股本收益率21.45%,每股净资产2.29元,净资产收益率11.22%。

上海四药股份有限公司

【公司概况】 公司1994年底总股份5796.66万股,其中国家股4296.66万股,公众股1500万股。主要股东有上海市国有资产管理办公室等。公司董事长:葛绍圻,总经理:罗英宏。

【经营业绩】 公司主营原料药、医药制剂、营养保健品、制药机械、技术咨询服务等。1994年度主营业务收入241250299元,净利润20599933元,资产总额421756401元。

【财务状况】 1994年公司股本收益率35.54%,每股净资产3.39元,净资产收益率10.48%。

上海华东电脑股份有限公司

【公司概况】 公司1994年底总股份5000万股,其中国家股126.2万股,法人股3623.8万股,公众股1250万股。主要股东有华东计算技术研究所、上海华兴贸易公司、万科企业股份有限公司、建行上海市信托投资公司等。公司董事长兼总经理:马定贤。

【经营业绩】 关联企业有上海华东电子技术服务公司、上海华东磁记录电子公司、上海华东计算机系统工程公司、上海华普信息技术有限公司、上海启明软件有限公司等。1994年度主营业务收入214109251.79元,净利润7495216.91元,资产总额179945288.05元。

【财务状况】 1994年公司股本收益率14.99%,每股净资产2.12元,净资产收益率7.35%。

中国四川国际合作股份有限公司

【公司概况】 公司1994年底总股份8000万股,其中国家股6000万股,公众股2000万股。主要股东有四川省国有资产管理局等。公司董事长兼总经理:陈克浩。

【经营业绩】 关联企业有四川出国人员物资供应公司、中川国际公司实业投资公司、中国国际公司北海公司、四川国际合作房地产公司、四川国际航空服务公司、四川国际劳务技术合作公司等。1994年度主营业务收入413214068.77元,净利润41358455.37元,资产总额934562607.58元。

【财务状况】 1994年公司股本收益率55.14%,每股净资产3.73元,净资产收益率17.56%。

北满特殊钢股份有限公司

【公司概况】 公司1994年底总股份44000万股,其中国家股28300万股,法人股2100万股,公众股13600万股。主要股东有国家持股、广东太阳神(集团)有限公司、广东佛山华南投资实业总公司、长春第一汽车制造厂等。公司董事长兼总经理:范广举。

【经营业绩】 关联企业有北亚实业(集团)股份有限公司、交通银行齐齐哈尔支行、黑龙江省对外投资(集团)股份有限公司、齐齐哈尔市证券有限公司等。1994年度主营业务收入1606603249.36元,净利润145250215.69.元,资产总额2756488420.53元。

【财务状况】 1994年公司股本收益率34.18%,每股净资产2.7元,净资产收益率14.36%。

江苏春兰制冷设备股份有限公司

【公司概况】 公司于1994年3月22日创立,至1994年底总股本12000万股,其中法人股9000万股,社会公众股3000万股。主要股东有江苏春兰制冷设备有限公司、金申物资公司等。公司董事长兼总经理:张鸿志。

【经营业绩】 主要参股企业有西安庆安冷机有限公司、江苏春兰机械制造有限公司。1994年度主营业务收入1554972253.94元,净利润195722000元,资产总额865378793.16元。

【财务状况】 1994年公司股本收益率163.1%,每股净资产4.38元,净资产收益率54.5%。

北京旅行车股份有限公司

【公司概况】 公司1994年底总股份16008万股,其中国家股209.9万股,法人股10499.2万股,公众股5298.9万股。主要股东有北京市司达旅行车有限公司、北京南郊农场旧宫分场、北京市汽车工业总公司等。公司董事长:王金权,总经理:李荣毓。

【经营业绩】 公司扩建开发中型旅行车项目获国家计委批准,合资组建北京五十铃客车公司。关联企业有北京万元投资咨询公司、北京旅行车股份有限公司改装车公司、北京朝代车体有限公司等。1994年度主营业务收入290469520.34元,净利润8262934.5元,资产总额507627327.71元。

【财务状况】 1994年公司股本收益率(加权)5.63%,每股净资产2.04元,净资产收益率2.53%。

长春百货大楼集团股份有限公司

【公司概况】 公司1994年底总股份11100万股,其中国家股3626.4万股,法人股2853.6万股,公众股4620万股。主要股东有中国平安保险公司证券部、吉林省信托投资公司、南方证券有限公司、长春市信托投资公司、吉林省送变电工程公司等。公司董事长兼总经理:范世良。

【经营业绩】 公司主营百货业、五金、交电、工艺美术、通讯器材、房地产、汽车营运等。公司新增营业面积1.5万平方米,关联企业有长春百货大楼股份有限公司建筑公司、长春市幕墙装饰玻璃经销公司、长春市金汇百货经销公司等。1994年度主营业务收入34841.5万元,净利润2632.9万元,资产总额30155.5万元。

【财务状况】 1994年公司股本收益率25.44%,每股净资产2.39元,净资产收益率13.76%。

宁波中百股份有限公司

【公司概况】 公司1994年底总股份53500000股,其中国家股18533300股,法人股17098900股,公众股17867800股。主要股东有宁波经济技术开发联合股份有限公司、镇海炼油化工股份有限公司、中国百货纺织品公司等。公司董事长兼总经理:林秀云。

【经营业绩】 公司主营百货、五金交电、工艺美术品、食品以及金属 、建筑等材料、娱乐广告等。1994年公司兼并了五家商店。1994年度主营业务收入38589.17万元,净利润1873.16万元,资产总额29134.54万元。

【财务状况】 1994年公司股本收益率35.01%,每股净资产3.56元,净资产收益率13.7%。

山东渤海集团股份有限公司

【公司概况】 公司1994年底总股份6894.7万股,其中国家股1000万股,法人股2033.7万股,公众股3861万股。主要股东有国家持股、潍坊纯碱公司、长新石林公司、山东广告公司、周材仁达公司等。公司董事长兼总经理:李甫田。

【经营业绩】 公司在北京西客站南广场征地1.4公顷。关联企业有长清热电厂、山东渤海大酒店、济南长新石材有限公司、山东晓宝轻质建材有限公司、山东渤海广告礼品公司等。1994年度主营业务收入25556244元,净利润15575888元,资产总额231699542元。

【财务状况】 1994年公司股本收益率24.43%,每股净资产2.32元,净资产收益率9.76%。

北京王府井百货大楼(集团)股份有限公司

【公司概况】 公司1994年底总股份15112.5万股,其中国家股6750万股,法人股1337.5万股,公众股5000万股,内部职工股2025万股。主要股东有北京市国有资产经营公司、交通银行北京分行、深圳万科企业股份有限公司、中国宝安(集团)股份有限公司、工商银行北京信托投资公司等。公司董事长:郭传周,总经理:郑万河。

【经营业绩】 公司王府井大厦拆迁工作接近尾声、成都王府井商城项目已完成三通一平,关联企业有北京王府丽人制衣公司、北京新商广告发展公司、北京宏业房地产开发公司、北京百货大楼集团海口公司等。1994年度主营业务收入1461554370.61元,净利润81805161.45元,资产总额945824927.08元。

【财务状况】 1994年公司股本收益率54.13%,每股净资产4.98元,净资产收益率15.68%。

北人印刷机械股份有限公司

【公司概况】 公司1994年底总股份40000万股,其中法人股25000万股,公众股A股5000万股,H股10000万股。主要股东有中国北人集团、HKSCC NOMINEES LIMITED、YIP LING FUNG PHILIP等。公司董事长兼总经理:朱谈林。

【经营业绩】 公司完成单双色胶印机270台,引进500吨闭式单点压力机,新开发的四色胶印机产量15台。关联企业有北人太和印机铸造厂、北人集团公司运输公司、辰光财务有限公司等。1994年度主营业务收入426049527.71元,净利润102603181.53元,资产总额1027223690.71元。

【财务状况】 1994年公司股本收益率26.77%,每股净资产2.27元,净资产收益率13.88%。

北京城乡贸易中心股份有限公司

【公司概况】 公司1994年底总股份19000万股,其中法人股12400万股,公众股6600万股。主要股东有北京郊区旅游实业开发公司、深圳万科企业股份有限公司、北京海兴实业有限公司、中国人民建设银行北京市信托投资公司、北京国际信托投资公司等。公司董事长：王少更，总经理：周和平。

【经营业绩】 公司投资兴建公主坟地铁连通公司商场地下通道，大兴商品生产基地，合资生产的卡梦达手表正常运转，公司二期工程动工。关联企业有洋浦合平实业有限公司、北京承平企业发展中心、北京卡梦达表业有限公司等。1994年度主营业务收入133114.87万元，净利润8451.34万元，资产总额90352.26万元。

【财务状况】 1994年公司股本收益率48.76%，每股净资产3.62元，净资产收益率16.48%。

南通机床股份有限公司

【公司概况】 公司1994年底总股份61959987.5股，其中国家股30247221.94股，法人股10057265.56股，公众股21655500股。主要股东有国家持股、南通市文峰经济开发总公司、南通市芦泾实业有限公司等。公司董事长兼总经理：孔杏林。

【经营业绩】 关联企业有美国南通机床维修服务公司、南通竹友装饰品有限公司、南通多福机械有限公司、南通燕东铸造有限公司等。1994年度主营业务收入16031.21万元，净利润1738.88万元，资产总额45457.89万元。

【财务状况】 1994年公司股本收益率31.45%，每股净资产2.33元，净资产收益率12.06%。

内蒙古蒙电华能热电股份有限公司

【公司概况】 公司1994年底总股份41200万股，其中国家股5500万股，法人股30700万股，公众股5000万股。主要股东有内蒙古电力总公司、华能发电公司、华能内蒙发电公司、国家持股等。公司董事长：乌力吉，总经理：耿志庆。

【经营业绩】 公司主营火力发电、供热及与供电、供热有关的业务。关联企业有海渤湾电力股份有限公司等。1994年度主营业务收入345258201元，净利润71115796元，资产总额1003016075元。

【财务状况】 1994年公司股本收益率17.26%，每股净资产2.08元，净资产收益率8.3%。1994年送配股10派1.4元。

哈尔滨岁宝热电股份有限公司

【公司概况】 公司1994年底总股份8621万股，其中国家股3018万股，法人股3103万股，公众股2500万股。主要股东有哈尔滨石油化学工业（集团）公司、岁宝集团（深圳）实业有限公司、阿城市热电厂等。公司董事长：杨祥波，总经理：洪启后。

【经营业绩】 公司主营热力、电力及配套工程及其相关产品的生产和销售等。并对公司的外网汽管道进行改造。公司扩建工程前期准备工作基本结束。1994年度主营业务收入10812.3万元，净利润1541万元，资产总额30991.4万元。

【财务状况】 1994年公司股本收益率24.35%，每股净资产2.66元，净资产收益率9.18%。

百大集团（杭州）股份有限公司

【公司概况】 公司1994年底总股份9828万股，其中国家股3450万股，法人股2728万股，公众股3650万股。主要股东有杭州市财政局、浙江省证券公司、浙江省商业（集团）总公司、浙江余杭县石油煤炭公司等。公司董事长兼总经理：董伟平。

【经营业绩】 公司开展百货、五金交电、食品、工艺美术品、广告制作、汽车配件等。关联企业有杭州市广告艺术公司、杭州八达生产资料公司、杭州八达市场信息服务公司、上海百大实业公司等。1994年度主营业务收入812406800元，净利润48216410元，资产总额481708390元。

【财务状况】 1994年公司股本收益率57.61，每股净资产3.43元，净资产收益率19.95%。

广东肇庆星湖味精股份有限公司

【公司概况】 公司1994年底总股份5418.8万股，其中国家股3030.8万股，公众股2388万股。主要股东有肇庆市国有资产管理局等。公司董事长兼总经理：黄增麟。

【经营业绩】 公司总投资2000万元的年产120吨L—脯氨酸项目完成投资1400万元，投资1600万元用于肌苷产品的扩产，年生产能力从350吨提高到500吨。关联企业有肇庆市味精厂、星湖生物化学制药厂、新兴石龙山矿泉水厂等。1994年度主营业务收入269603518.06元，净利润25199920.03元，资产总额322772346.86元。

【财务状况】 1994年公司股本收益率56.5%，每股净资产3.11元，净资产收益率19.76%。

通化东宝药业股份有限公司

【公司概况】 公司1994年底总股份7776万股，其中法人股4320万股，社会公众股2160万股，内部职工股1296万股。主要股东有东宝集团公司、五达工贸公司、白雪山制药厂等。公司董事长兼总经理：李一奎。

【经营业绩】 主要下属企业有威海制药厂，并投资购置10万平方米土地使用权，用于生产扩建。1994年度主营业务收入131649093.16元，净利润48401743.74元，资产总额266518485.64元。

【财务状况】 1994年公司股本收益率（加权法）76.32%，每股净资产3.12元，净资产收益率27.10%。

广东梅雁企业（集团）股份有限公司

【公司概况】 公司1994年底总股份6440万股，其中法人股3864万股，内部职工股966万股，公众股1610万股。主要股东有梅县梅雁经济发展总公司、梅县蛋鸡场、工行广东省信托投资公司等。公司董事长兼总经理：杨钦欢。

【经营业绩】 公司主要关联企业有梅县南华汽车配件有限公司、珠海力佳液压件有限公司等。1994年度主营业务收入198177632.39元，税后利润48518718.11元，资产总额381860008.19元。

【财务状况】 1994年公司股本收益率92.79%，每股净资产4.48元，净资产收益率20.85%。

仪征化纤股份有限公司

【公司概况】 公司成立于1993年12月31日，是经国家体改委批准由仪征化纤工业联合公司发起的。公司总股份36亿股，其中法人股24亿股，H股10亿股、A股2亿股。主要A股股东有工行河北信托公司、兴业证券公司等。公司董事长：吴文英，总经理：任传俊。

【经营业绩】 主营范围有化纤、化工产品及原辅材料与纺织机械生产及自产产品销售；纺织技术开发与自营产品的运输及技术服务。1994年度主营业务收入6216835000元，税后利润851657000元，资产总额10275380000元。

【财务状况】 1994年公司股本净利率26.8%，每股净资产1.83元，净资产收益率13.67%。

中山火炬高新技术实业股份有限公司

【公司概况】 公司1994年底总股份11100万股，其中法人股6640万股，社会公众股2800万股，内部职工股1660万股。主要股东有中山火炬高新技术产业（集团）公司、中国人民建设银行信托投资公司、中山市信托投资公司等。公司董事长：宫玉亭，总经理：肖易。

【经营业绩】 公司主要下属企业有中山市中山高科技区房地产公司、中山市火炬高新技术贸易总公司、中山市高科技陶瓷材料公司等。1994年度主营业务收入321013120.1元，净利润84820332.86元，资产总额1232072750.29元。

【财务状况】 1994年公司股本收益率（加权）0.97，每股净资产5.96元，净资产收益率15.91%。

上海中国国际旅行社股份有限公司

【公司概况】 公司1994年底总股份120505700股，其中国家股60505700股，公众股B股60000000股。主要股东有国家持股、中国纺织机械股份有限公司、上海永久自行车股份有限公司等。公司董事长兼总经理：宋超麒。

【经营业绩】 公司开展国际国内旅游业务、托运、汽车配件、广告、房地产开发、信息咨询等。关联企业有上海旅游公司、上海国旅房地产经营公司、上海国旅广告公司、上海国旅观光旅行社、上海阳光大酒店等。1994年度主营业务收入14053.5万元，净利润1597.4万元，资产总额52425.9万元。

【财务状况】 1994年公司股本收益率13.3%，每股净资产2.62元，净资产收益率5.2%。

上海海欣股份有限公司

【公司概况】 公司1994年底总股份14117.521万股，其中发起人股9167.521万股，公众股A股1100万股，B股3850万股。主要股东有上海洞泾工业公司、上海玩具进出口公司、上海开隆投资开发公司、香港申海有限公司、香港福欣实业有限公司等。公司董事长：何关善，总经理：袁永林。

【经营业绩】 关联企业有佳士达纺织公司、上海海欣（香港）国际投资有限公司、上海海发玩具有限公司、上海海欣化纤有限公司、上海海欣电子有限公司等。1994年度主营业务收入381836507元，净利润73784518元，资产总额536721495元。

【财务状况】 1994年公司股本收益率56.1%，每股净资产3.13元，净资产收益率16.7%。

黄河机电股份有限公司

【公司概况】 公司1994年底总股份111286700股，其中法人股64941300股，公众股46345400股。主要股东有国营黄河机器制造厂、深圳万科企业股份有限公司等。公司董事长兼总经理：马金泉。

【经营业绩】 关联企业有西安黄河房地产开发公司、深圳黄河电子制冷设备公司、江苏黄河钮士威电器有限公司、上海黄河电子工业联合公司等。1994年度主营业务收入65365万元，净利润397万元，资产总额90685万元。

【财务状况】 1994年公司股本收益率5%，每股净资产3.42元，净资产收益率1.2%。

上海新亚（集团）股份有限公司

【公司概况】 公司1994年底总股份33564.15万股，其中国家股16364.15万股，法人股6000万股，职工股1200万股，公众股B股10000万股。主要股东有国家持股、上海国际信托投资公司、上海久事公司、上海轮胎橡胶（集团）股份有限公司、上海市城市建设投资开发总公司、交通银行上海分行等。公司董事长：张俊杰，总经理：何义钊。

【经营业绩】 公司经营范围有宾馆、餐饮，食品生产及连锁经营、旅游、国内贸易、物业管理、商务咨询、技术培训、工程设计等。新亚长城大酒店、新亚广场大酒店、新亚广场美食街结构封顶等。关联企业有新亚大酒店、新城饭店、东亚饭店、新亚集团上海美食世界、上海新亚国际旅游公司等。1994年度主营业务收入51945.9万元，净利润6061.6万元，资产总额152514.3万元。

【财务状况】 1994年公司股本收益率25.05%，每股净资产2.24元，净资产收益率10.75%。

中国嘉陵工业股份有限公司

【公司概况】 公司是1987年11月由国营嘉陵机器厂整体改组而成立的股份制企业，公司总股本20603.08万股，其中国家股15403.08万股，社会公众股5200万股。公司董事长兼总裁：郝振堃。

【经营业绩】 公司主要产品有嘉陵系列摩托车和嘉陵猎枪弹，是中国最大的摩托车生产基地和出口创汇基地。1994年产销摩托车85.5万辆，主营业务收入402393万元，税后利润27976.32万元，资产总额183896万元。

【财务状况】 公司每股净资产4.74元，每股税后利润1.36元。

深交所上市股份公司

深圳发展银行

【公司概况】 深圳发展银行是在对原特区内6家农村信用社进行股份制改造的基础上，于1987年12月28日正式成立。1987年5月10日，银行人民币普通股以自由认购方式首次向社会公开发售。1988年4月7日，银行普通股股票在深圳特区证券公司首家挂牌上市。1994年底总股本431068638股，其中国家股34593728股，法人股99103276股，内部职工股300155股，公众股297071479股。主要股东有深圳市投资管理公司、深圳市国际信托投资公司、深圳市社会保险管理局等。公司董事长、法人代表：俞永民，总经理：贺云。

【经营业绩】 主要业务有存款、贷款、投资租赁、证券业务、物业建设等。1994年末存款余额(含外汇)120.63亿元人民币。国际业务发展较快，新增国外代理行20家。在深圳市内设有76个营业机构，其中总行营业部1个，支行15个，分理处60个；在广州设有广州分行及4个办事处；在北京设有代表处，投资企业主要有深圳发展银行房地产公司、海南南华金融公司、深业投资发展(香港)有限公司、深圳莫斯科股份有限公司等。全行共有员工1400多人。1994年度主营业务收入139028万元，税后利润35033万元，资产总额1548841万元。

【财务状况】 1994年公司每股净资产3.84元，每股收益(加权法)0.86元，净资产收益率24.92%。

万科企业股份有限公司

【公司概况】 公司早期是以"深圳现代科教仪器展销中心"命名的一家致力于专业摄录像器材进出口业务的全民所有制企业，后因业务需要更名为"深圳现代企业有限公司"。1988年经股份制改组为中国大陆首批公开上市的企业之一。发起人为深圳现代企业有限公司、仁达国际(香港)有限公司、冠都有限公司、联大实业有限公司。公司1994年底总股份242955336股，其中法人股53485856股，职工集体股7263075股，公众股A股136289405股，B股55917000股。主要股东有深圳新一代实业有限公司、中国平安保险公司、深圳市投资管理公司等。公司董事长兼总经理：王石。

【经营业绩】 公司全年竣工面积26.04万平方米，在建房地产项目16个，开工面积95.08万平方米，土地储备172.2万平方米。增持万佳百货股份有限公司权益从35%增至60%。主要关联企业有深圳万科房地产有限公司、上海万科房地产有限公司、北京万科企业股份有限公司、深圳万科财务顾问有限公司、深圳万科文化传播有限公司等。1994年度主营业务收入1227544063.55元，税后利润173367919.72元，资产总额2675187627.11元。

【财务状况】 1994年度公司每股净资产4.48元，每股收益(加权)0.71元，净资产收益率17.18%。

金田实业(集团)股份有限公司

【公司概况】 公司1994年底总股份204790543股，其中国家股8523955股，法人股38636978股，内部职工股50000股，公众股A股106026275股，B股51553335股。主要股东有深圳农行信托投资公司。公司董事局主席：黄汉清，总经理：蔡名熙。

【经营业绩】 公司纺织企业的规模效益显著，大上海国际花园按时交付使用，并开展进出口贸易、小汽车出租等。主要关联企业有上海金田实业(华东)有限公司、成都金田实业(华西)有限公司、深圳市金田纺织服装有限公司等。1994年度主营业务收入1072384200.98元，税后利润131418374.74元，资产总额2480283552.37元。

【财务状况】 1994年公司每股净资产4.8元，每股收益(加权)0.67元，净资产收益率14.73%。

深圳蛇口安达实业股份有限公司

【公司概况】 公司1994年底总股份76342400股，其中法人股38472200股，公众股37870200股。主要股东有蛇口工业区、招商港务公司等。公司董事长：熊栋梁，总经理：过永鲁。

【经营业绩】 公司1994年货物运力达4747吨，客运出租小汽车达250辆，并开展投资房地产等业务。关联企业有深圳安达投资发展有限公司、深圳安达国际储运有限公司、安达汽车修理厂等。1994年度主营业务收入205131739.55元，税后利润29372400元，资产总额891480074.92元。

【财务状况】 1994年公司每股净资产3.31元，每股收益(摊薄)0.38元，每股红利0.19元，净资产收益率12.1%。

深圳世纪星源股份有限公司

【公司概况】 公司1994年底总股份210000000股，其中法人股110423833股，公众股99576167股。主要股东有香港中国投资有限公司、深圳市城建开发(集团)公司、深圳有色金属财务公司等。公司董事长：张洪志，总经理：丁凡。

【经营业绩】 公司在清理的基础上，对公司总部及下属 二级企业进行整顿，并对深圳东港和酒店管理等项目进行收购型开发。主要关联企业有深圳世纪星源物业发展有限公司、深圳福华染织企业有限公司、深圳国际商务有限公司等。1994年度主营业务收入300204685.22元，税后利润67841463.36元，资产总额1113737126.83元。

【财务状况】 1994年公司每股净资产2.342元，每股收益(加权)0.532元，净资产收益率21.18%。

深圳市振业股份有限公司

【公司概况】 公司是1989年5月成立的股份制企业，属省级房地产单位。1992年4月27日公司股票在深交所上市。公司1994年底总股份90715769股，其中法人股34264434股，公众股56451335股。主要股东有深圳市建设集团公司、深圳市长城房地产股份有限公司、深圳市建筑机械动力公司等。公司董事长:张宝,总经理:张清泉。

【经营业绩】 公司下属全资公司有6家,控股参股公司有7家。公司全年开工面积14.5万平方米,竣工面积8万平方米,其中4万平方米的宝丽大厦已于6月30日竣工验收;4.8万平方米的振业大厦于95年元月封顶,95年底竣工。关联企业有深圳市建设(集团)公司金属结构厂、深圳市振业股份有限公司设备材料供应站、深圳市振业物业开发公司、秦皇岛开发区振业发展公司等。1994年度主营业务收入135919185.29元,税后利润57682979.12元,资产总额502427319.36元。

【财务状况】 1994年公司每股净资产3.83元,每股收益0.64元,净资产收益率17.98%。1994年10送3派1元。

深圳赛格达声股份有限公司

【公司概况】 公司1994年底总股份73637778股,其中国家股24275997股,法人股8561287股,公众股40800494股。主要股东有深圳赛格集团公司、赛格财务公司等。公司董事长:张万章,总经理:蓝天辅。

【经营业绩】 公司1994年生产各类音响5.3万套,激光唱机2万台。成功收购了凯悦大酒店。关联企业有深圳凯悦酒店有限公司、深圳富达电子有限公司、上海达声实业有限公司等。1994年度主营业务收入106841454.68元,税后利润26728546.99元,资产总额456664437.21元。

【财务状况】 1994年公司每股净资产3.64元,每股收益(加权)0.405元,每股红利0.2元,净资产收益率11.51%。

深圳锦兴实业股份有限公司

【公司概况】 公司1994年底总股份51505740股,其中国家股20602296股,集体股6224723股,内部职工股20776股,公众股24657945股。主要股东有深圳天俊实业股份有限公司及其职工集体。公司董事长:郭计景,总经理:蔡颖。

【经营业绩】 公司抓住仓储业务和进出口业务,合资兴建兴贸大厦,兴办的长岭皮花岗岩石板材场开工。关联企业有深圳丽景装饰工程有限公司、深圳沙咀养殖有限公司、合浦锦兴房地产公司。1994年度主营业务收入57545912.93元,税后利润7597433.39元,资产总额256263877.64元。

【财务状况】 1994年公司每股净资产3.143元,每股收益(加权)0.17元,净资产收益率12.67%。

中国宝安集团股份有限公司

【公司概况】 公司1994年底总股份64301.58万股,其中国家股16817.17万股,法人股11865.01股,内部职工股52.73万股,公众股35566.67万股。主要股东有龙岗区投资管理公司、宝安区投资管理公司等。公司董事局主席兼总经理:陈政立。

【经营业绩】 公司房地产业有深圳的洪湖花园一期工程和美莲花园已封顶,上海宝安大厦已封顶,完成了对浙江宁波橡胶厂和大连新世界集团公司的兼并,并开展贸易、文化产业等。主要关联企业有中国宝安集团北京实业公司、海南实业公司、上海实业公司等。1994年度主营业务收入1012807089.85元,税后利润432558948.18元,资产总额5244665379元。

【财务状况】 1994年公司每股净资产3.03元,每股收益(加权)0.67元,净资产收益率24.74%。

深圳市物业发展(集团)股份有限公司

【公司概况】 公司1994年底总股份447767914股,其中国家股267560094股,法人股53885000股,内部职工股114655股,公众股A股75415345股,B股50792820股。主要股东有深圳市投资管理公司、中国平安保险公司等。公司董事长:陈义林,总经理:李宇明。

【经营业绩】 公司开展房地产、商业贸易、房屋租赁及管理、饮食服务等业务。关联企业有深圳物业工程开发公司、深圳市皇岗建设发展有限公司、深圳市国贸物业管理公司、深圳市国贸投资公司等。1994年度营业务收入717902880元,税后利润257714943元,资产总额3799416746元。

【财务状况】 1994年公司每股净资产2.82元,每股收益(加权)0.58元,每股红利0.29元,净资产收益率22.25%。

中国南玻集团股份有限公司

【公司概况】 公司1994年底总股份251626163股,其中法人股(包括外资法人股)153719837股,职工内部股249000股,公众股A股47253002股,B股50404324。主要股东有深圳市建材工业(集团)公司、中国北方工业公司深圳公司、招商局(玻璃工业)控股有限公司、广东国际信托投资公司等。公司董事长:江波,总经理:曾南。

【经营业绩】 公司1994年镀膜玻璃产量113万平方米,镀银镜产量80万平方米。并完成了宏达大面积夹层玻璃项目、积层片式电感项目等。主要关联企业有深圳南星玻璃加工有限公司、深圳南玻财务顾问有限公司、海南南玻实业发展有限公司等。1994年度主营业务收入671563144.66元,税后利润16114.37万元,资产总额1347382872.93元。

【财务状况】 1994年公司每股净资产3.7元,每股收益0.64元,净资产收益率18.62%。

深圳市石油化工(集团)股份有限公司

【公司概况】 公司1994年底总股份252795816股,其中国家股137122128股,法人股45603688股,内部职工股99000股,公众股A股42671000股,B股27300000股。主要股东有深圳市投资管理公司、中国平安保险公司、招商银行证券公司等。公司董事长兼总经理:陈涌庆。

【经营业绩】 公司全年空调器销售11万台。并开展石油贸易和房地产,建筑面积3.28万平方米的大地花园已封顶。主要关联企业有深圳市石化蓝波实业公司、深圳市石化塑胶化工实业公司、深圳市石化丽星容器有限公司、深圳市石化大地房地产公司等。1994年度主营业务收入2279082651.89元,税后利润135660339.35元,资产总额2531925940.24元。

【财务状况】 1994年公司每股净资产2.72元,每股收益(加权)0.537元,净资产收益率21.4%。

深圳华源实业股份有限公司

【公司概况】 公司1994年底总股份71717400股,其中法人股35541120股,内部职工股388000股,公众股35788280股。

主要股东有香港资源集团有限公司、深圳经济特区发展公司、机电部第三十三研究所。公司董事长兼总经理:张建强。

【经营业绩】 公司主要产品为电脑软磁盘,生产各类软磁盘1.32亿片。关联企业有深圳华源实业销售有限公司、深圳万胜办公自动化有限公司、深圳华源实业投资有限公司。1994年度主营业务收入438684686.97元,税后利润28022404.72元,资产总额636494180.21元。

【财务状况】 1994年公司每股净资产3.09元,每股收益0.39元,净资产收益率13.16%。

深圳中浩(集团)股份有限公司

【公司概况】 公司是1992年5月8日创立,1992年6月25日,公司人民币A种股票和B种股票正式在深圳证券交易所挂牌上市。截止1994年底总股份157213420股,其中国家股20263204股,法人股88847616股,内部职工股98000股,公众股A股26164600股,B股21840000股,流通股48004600股。主要股东有深圳市投资管理公司、中国食品工业总公司、深圳赛格集团公司和三联集团有限公司。法人代表、公司董事长:李若明,常务副董事长、总经理:刘继忠。

【经营业绩】 公司是以食品、饮料、包装、家具、化工和电子等工业为基础,以房地产开发为支柱,商贸进出口、酒店酒楼娱乐业和证券金融业协调发展的大型综合性企业集团。公司纸板纸箱年产量10万吨,西式肉类产品4579吨,竣工的有中鼎城市花园、布吉中浩工业城等。关联企业有深圳盛达实业发展公司、中淡实业开发公司、深圳赛格声美电器有限公司等。1994年度主营业务收入220252721.76元,税后利润16325297.37元,资产总额1453035442.88元。

【财务状况】 1994年公司每股净资产2.31元,每股收益0.1038元,每股红利0.1元,净资产收益率4.55%。

深圳康佳电子(集团)股份有限公司

【公司概况】 公司是原国家外资委批准成立的全国首家中外合资电子企业,1991年8月经深圳市政府批准改组为股份有限公司,1992年3月27日,康佳A、B股股票在深交所上市。公司1994年底总股份281209724股,其中法人股182975669股,内部职工股53500股,公众股A股61000250股,B股37180305股。主要股东有华侨城经济发展总公司、港华电子集团有限公司等。公司董事局主席:任克雷,总经理:陈伟荣。

【经营业绩】 公司全年整机产量170万台。并加强高科技开发力度,优化产品结构。关联企业有康佳技术开发中心、康佳精密模具厂、康佳通讯设备厂、康佳胶塑厂等。1994年度主营业务收入238677759.64元,税后利润226708820.69元,资产总额1907231695.91元。

【财务状况】 1994年公司每股净资产2.72元,每股收益0.81元,净资产收益率34.26%。

深圳中华自行车(集团)股份有限公司

【公司概况】 公司是由深圳中华自行车有限公司改制的,于1992年3月31日上市交易。公司1994年底总股份399527503股,其中法人股186716963股,内部职工股259600股,公众股A股63700400股,B股148850540股。主要股东有深圳莱英达集团公司、香港大寰自行车有限公司。公司董事长:范惠明,总经理:施展熊。

【经营业绩】 公司1994年销售自行车166万辆,其中出口120万辆,并兴建有中华花园、自行车零件厂等。关联企业有中华复合材料制品(深圳)有限公司、深圳中华自行车北京分公司、杭州中江实业有限公司等。1994年度主营业务收入1610472700.46元,税后利润137208585.84元,资产总额2939942184.66元。

【财务状况】 1994年公司每股净资产3.24元,每股收益(加权)0.35元,净资产收益率10.61%。

深圳中冠纺织印染股份有限公司

【公司概况】 公司1994年底总股份153765777股,其中法人股111173777股,内部职工肌250000股,公众股A股18142000股,B股24200000股。主要股东有深圳华联纺织(集团)有限公司、深圳市纺织(集团)股份有限公司等。公司董事长:田志俊,总经理:石律德。

【经营业绩】 公司进口日本阔幅高速连染机,并开展多元化投资,关联企业有中冠印染(香港)有限公司、中冠印染(日本)株式会社等。1994年度主营业务收入418451464.67元,税后利润37743476.43元,资产总额432165361.18元。

【财务状况】 1994年公司每股净资产2.1元,每股收益0.245元,每股红利0.16元,净资产收益率12.07%。

深圳市深宝实业股份有限公司

【公司概况】 公司1994年底总股份129848650股,其中国家股76344650股,法人股8250000股,内部职工股48110股,公众股A股23425890股,B股21780000股。主要股东有深圳市投资管理公司、中国平安保险公司等。公司董事长:梁礼廷,总经理:李美生。

【经营业绩】 公司的主导产品百事可乐系列汽水,研制生产深宝柠乐汽水等10多个新品种。公司关联企业有饮乐汽水厂、华宝香精工业有限公司、珠江冷冻食品厂等。1994年度主营业务收入263050245.51元,税后利润-6790305.42元,资产总额434511111.22元。

【财务状况】 1994年公司每股净资产1.52元,每股收益-0.05元,净资产收益率-3.29%。

深圳华发电子股份有限公司

【公司概况】 公司1994年底总股份21233.3万股,其中法人股15389万股,内部职工股29.75万股,公众股A股3229.55万股,B股2585万股。主要股东有中国振华电子工业集团公司、深圳赛格集团公司、香港陆氏实业有限公司等。公司董事长:刘绳祖,总经理:陆擎天。

【经营业绩】 公司1994年华发电子城建成及生产线和设备物资调试完成。主要关联企业有香港陆氏实业股份有限公司、陆氏实业(蛇口)有限公司等。1994年度主营业务收入339801227.72元,税后利润45708606.29元,资产总额441051272.1元。

【财务状况】 1994年公司每股净资产1.57元,每股收益0.22元,净资产收益率14.22%。

深圳开发科技股份有限公司

【公司概况】 公司1994年底总股份189593750股，其中法人股157500000股，内部职工股446500股，公众股31647250股。主要股东有中国电子信息产业集团公司、博旭有限公司、国营建南机器厂等。公司董事长：王之，总裁：谭文鋕。

【经营业绩】 公司全年出口磁头产品1250万只，扳卡类产品也有良好进展。主要关联企业有深圳粤银实业股份有限公司、成都科达通讯设备开发有限公司、深圳金王冠电子公司等。1994年度主营业务收入701343303.6元，税后利润53404210.24元，资产总额861815513.51元。

【财务状况】 1994年公司每股净资产2.3元，每股收益0.28元，每股红利0.15元，净资产收益率12.91%。

深圳赤湾港航股份有限公司

【公司概况】 公司1994年底总股份34151.7万股，其中法人股24691.7万股，内部职工股56.4万股，公众股A股5003.6万股，B股4400万股。主要股东有中国南山开发(集团)股份有限公司、Deutsche Bank Capital MKL (Asia) Ltd－China Fund等。公司董事长：袁庚，总经理：傅育宁。

【经营业绩】 公司全年散杂货吞吐量620万吨，7号泊位建成投产，新建7号、8号库投产，并开展房地产经营业务。主要下属企业有赤湾港集装箱公司、赤湾轮船运输公司、赤湾货运公司。1994年度主营业务收入350320005.79元，税后利润112479608.37元，资产总额1010181201.26元。

【财务状况】 1994年公司每股净资产2.2元，每股收益0.329元，每股红利0.197元，净资产收益率15.8%。

深圳天地实业股份有限公司

【公司概况】 公司1994年底总股份91200000股，其中国家股60840000股，内部职工股158370股，公众股30201630股。主要股东有深圳市建设(集团)公司。公司董事长：刘更申，总经理：陈德伦。

【经营业绩】 公司主要开展工业、房地产、物业和仓储等，主要项目有天地石矿公司、良材混凝土公司、江源散装水泥等。关联企业有深圳市石材公司、深圳市美奇化工有限公司、深圳市天地仓储公司等。1994年度主营业务收入75896687.37元，税后利润45828155.29元，资产总额378689937.56元。

【财务状况】 1994年公司每股净资产2.6元，每股收益(加权)0.5元，净资产收益率21.26%。

蛇口招商港务股份有限公司

【公司概况】 公司1994年底总股份25200万股，其中法人股15960万股，内部职工股61.4万股，公众股A股3178.6万股，B股6000万股。主要股东有招商局蛇口工业区有限公司、招商局仓码运输有限公司等。公司董事长：顾立基，总经理：周为民。

【经营业绩】 公司1994年货物吞吐量948.8万吨，集装箱量31600标箱，客流量306.5万人次，关联企业有深圳蛇口招港实业发展有限公司、招商(江门朝连)投资有限公司、上海招商港务投资实业公司等。1994年度主营业务收入324118476.73元，税后利润106406836.6元，资产总额1145166731.72元。

【财务状况】 1994年公司每股净资产2.44元，每股收益0.42元，净资产收益率18.7%。

深圳市特力(集团)股份有限公司

【公司概况】 公司发起人是深圳市投资管理公司。于1993年6月21日在深交所上市交易。公司1994年底总股份200256000股，其中国家股145080000股，内部职工股128550股，公众股A股31047450股，B股24000000股。主要股东有深圳市投资管理公司等。公司董事长：方时茂，总经理：王兵。

【经营业绩】 公司1994年包装印刷机械设备397台，电脑周边设备24万件，厨具、炉具1489台。全年施工面积16万平方米，竣工面积7.6万平方米。特力大厦工程顺利。主要关联企业有深圳市机械工贸公司、深圳市新永通实业有限公司、深圳市万通实业公司。1994年度主营业务收入495071556.37元，税后利润50808628.73元，资产总额1173009798.11元。

【财务状况】 1994年公司每股净资产2.37元，每股收益(加权)0.25元，每股红利0.15元，净资产收益率11%。

深圳飞亚达(集团)股份有限公司

【公司概况】 公司1994年底总股份9150万股，其中法人股5025万股，内部职工股29.1万股，公众股A股1845.9万股，B股2250万股。主要股东有中国航空技术进出口深圳公司、中国平安(香港)公司、TANDER CHINA INVESTMENT CO.,LTD等。公司董事长：刘景范，总经理：门腾善。

【经营业绩】 主要产品有飞亚达表及相关产品，关联企业有深圳飞达表业有限公司、深圳天福电子有限公司、深圳飞国新技术开发总公司等。1994年度主营业务收入281731409元，税后利润74074628元，资产总额384116365元。

【财务状况】 1994年公司每股净资产2.72元，每股收益0.73元，净资产收益率30.17%。

深圳能源投资股份有限公司

【公司概况】 公司1994年底总股份35200万股，其中国家股23397万股，法人股1760万股，公众股10017.5万股，内部职工股25.5万股。主要股东有深圳市能源总公司、深圳佳德高新技术开发公司、广东省电力发展股份有限公司等。公司董事长：劳德荣，总经理：林腾龙。

【经营业绩】 主营电力、能源、投资等。公司主体企业深圳妈湾电力有限公司总发电量24.57亿千瓦时。关联企业有全岗电力有限公司、深圳长安电力有限公司等。1994年度主营业务收入114504.27万元，净利润12532.05万元，资产总额530448.77万元。

【财务状况】 1994年公司股本收益率35.6%，每股净资产2.31元，净资产收益15.75%

深圳市益力矿泉水股份有限公司

【公司概况】 公司1994年底总股份11550万股，其中国家股5005万股，法人股2145万股，公众股2173.7万股，内部职工股26.3万股。主要股东有深圳市投资管理公司、深圳宝安区石岩镇经济发展总公司、深圳宝安区石岩镇上屋经济发展公司等。公司董事长:赵必元,总经理:蔡泽兴。

【经营业绩】 公司主要从事矿泉水生产和经营。关联企业有深圳益力鹏源饮品有限公司、深圳益力新塑料有限公司、深圳益力密码锁有限公司、深圳益力玻璃有限公司等。1994年度主营业务收入12889.61万元,净利润3602.18万元,资产总额37976.46万元。

【财务状况】 1994年度公司股本收益率31%元,每股净资产2.8元,净资产收益率11.16%。

深圳经济特区房地产(集团)股份有限公司

【公司概况】 公司建立于1980年1月8日,A、B股分别于1993年9月15日、1994年1月10日在深交所上市交易。公司1994年底总股份84305万股,其中国家股61985万股,内部职工股27.18万股,公众股A股12320万股,B股10000万股。主要股东有深圳市投资管理公司。公司董事长:黄秉泉,总经理:骆锦星。

【经营业绩】 公司1994年完成竣工面积16.5万平方米,物业出租面积12.6万平方米,投资参股松山电厂、昆山调峰电厂。关联企业有深圳市南洋大酒店、深圳市荣华机电工程公司、深房集团宝安开发公司、香港新峰置业有限公司等。1994年度主营业务收入157406万元,税后利润44964万元,资产总额513020万元。

【财务状况】 1994年公司每股净资产2.69元,每股收益0.53元,净资产收益率21.21%。1994年10送2派1元。

深圳市莱英达集团股份有限公司

【公司概况】 公司1994年底总股份26220万股,其中国家股17400万股,法人股1560万股,内部职工股11.4万股,公众股A股3648.6万股,B股3600万股。主要股东有深圳市投资管理公司等。公司董事长:范惠明,总经理:胡誉衡。

【经营业绩】 公司全年生产啤酒8.2万吨,胶合板12平方米,刨花板3.5万平方米,印刷品8.8亿印,纸制品产量1214万平方米,油墨3281吨,搪瓷制品1141.5吨,石英表21.4万只,饮水器10万只,单片玻璃23.3万平方米。工业项目有太阳管道和美特容器等92项,房地产项目有英达花园、龙岗住宅等。主要关联企业有深圳市琼股工业公司、深圳市金星印刷工贸公司、深圳轻工进出口公司、深圳市造纸公司等。1994年度主营业务收入594500597.82元,税后利润117311056.74元,资产总额1678102781.6元。

【财务状况】 1994年公司每股净资产2.76元,每股收益0.447元,净资产收益率17.28%。

深圳宝恒(集团)股份有限公司

【公司概况】 公司1994年底总股份22000万股,其中法人股15950万股,内部职工股32万股,公众股6018万股。主要股东有深圳市宝安区投资管理公司等。公司董事长:潘秩庆,总经理:谢甲雄。

【经营业绩】 公司主要关联企业有宝安湖滨大酒店、深圳宝恒装饰有限公司、华高置业有限公司、深圳宝恒物业管理有限公司、深圳宝恒贸易有限公司等。1994年度主营业务收入321435842.29元,税后利润104518505.76元,资产总额1275329812.04元。

【财务状况】 1994年公司每股净资产3.98元,每股收益(加权)0.48元,净资产收益率12.57%。

深圳桑达实业股份有限公司

【公司概况】 公司1994年底总股份118919999股,其中国家股85919999股,公众股32789000股,内部职工股211000股。主要股东有深圳桑达电子总公司、深圳龙岗区工业发展总公司。公司董事长:白保安,总经理:华龙兴。

【经营业绩】 公司主营电子工业产品、高新技术产品。开发桑达HJD—1000A数字程控局用交换机等3种新品种,房地产竣工面积26684平方米,收购了原桑达电子总公司所属在国内外8间分公司。1994年度主营业务收入27680.31万元,税后利润3594.02万元,资产总额50827.64万元。

【财务状况】 1994年度公司股本收益率30%,每股净资产2.21元,净资产收益率14.51%。

深圳新都酒店股份有限公司

【公司概况】 公司1994年底总股份25200万股,其中法人股21000万股,内部职工股20.9万股,公众股4179.1万股。主要股东有中国银行信托咨询公司、香港建辉投资有限公司、深圳贵州经济贸易公司等。公司董事长:张炳文,总经理:黄振汉。

【经营业绩】 公司新增了一些投资项目。1994年度主营业务收入172711814.2元,税后利润47238205.86元,资产总额758428036.71元。

【财务状况】 1994年公司每股净资产1.88元,每股收益(加权)0.19元,每股红利0.13元,净资产收益率10.26%。

深圳市华宝(集团)股份有限公司

【公司概况】 公司1994年底总股份197800000股,其中国家股84905006股,法人股59074994股,内部职工股300385股,公众股53519615股。主要股东有深圳市宝安区投资管理公司、中国牧工商总公司等。公司董事长兼总经理:麦汉波。

【经营业绩】 公司1994年种养业出口活鸡较上年增长28.44%,生产饲料、编织袋等工业品,出口品种也发展到轻工、粮油、陶瓷、百货等。关联企业有深圳市华宝(集团)进出口公司、深圳市华宝实业公司、深圳市华宝鸡场等。1994年度主营业务收入640568699.22元,税后利润56666060.2元,资产总额1551328203.71元。

【财务状况】 1994年公司每股净资产3.191元,每股收益0.2865元,每股红利0.2元,净资产收益率9.15%。

中国科健股份有限公司

【公司概况】 公司1994年底总股份8104万股,其中法人股6604万股,内部职工股10.24股,公众股1489.76万股。主要股东有深圳科健实业有限公司。公司董事长：侯自强，总经理：李士才。

【经营业绩】 公司推出了新型开放式永久磁体、核磁共振成像系统、系列监护仪等。关联企业有深圳安科高技术有限公司、上海科健实业公司、深圳科布克生物工程有限公司等。1994年度主营业务收入110074658.62元，税后利润15179812.74元，资产总额432347048.53元。

【财务状况】 1994年公司每股净资产2.14元，每股收益(加权)0.187元，净资产收益率8.74%。

深圳惠中化纤实业股份有限公司

【公司概况】 公司1994年底总股份11935万股，其中国家股8525万股，法人股110万股，公众股3000万股。主要股东有华联纺织(集团)有限公司、深圳宝恒(集团)股份有限公司等。公司董事长：周和文，总经理：赵文章。

【经营业绩】 公司1994年长丝产量6541吨。主要关联企业有深圳惠冠降解树脂有限公司、深圳惠达纸品厂等。1994年度主营业务收入132921994元，税后利润10345250元，资产总额270647112元。

【财务状况】 1994年公司每股净资产1.86元，每股收益(加权)0.089元，净资产收益率5.94%。

深圳南山热电股份有限公司

【公司概况】 公司1994年底总股份18000万股，其中法人股12600万股，内部职工股200万股，公众股A股1500万股，B股3700万股。主要股东有深圳市南山电子工业发展公司、香港南海洋行(国际)有限公司、华能南方开发公司等。公司董事长：黄祥其，总经理：鲁景程。

【经营业绩】 公司1994年共发电90026.46万千瓦时，完成了有关燃机联合循环余热利用工程的设计和土建施工及部分安装。关联企业有深圳协孚供油有限公司、深圳成鹏工贸有限公司、深圳三峡工贸有限公司等。1994年度主营业务收入616958390.73元，税后利润99841370.64元，资产总额1076285580.98元。

【财务状况】 1994年公司每股净资产3.51元，每股收益(加权)0.69元，净资产收益率21.25%。

深圳大通实业股份有限公司

【公司概况】 公司1994年底总股份6840万股，其中国家股564万股，法人股5076万股，内部职工股200万股，公众股1000万股。主要股东有香港益通投资有限公司、广东华侨信托投资公司、运通电子(深圳)实业有限公司等。公司董事长：温惜今，总经理：陈传永。

【经营业绩】 公司主导产品电解电容器产量比上年增长17.53%，新建食品厂房8990平方米竣工投产。关联企业有韶关全通实业有限公司、深圳辉通无线电专用设备有限公司、深圳力光电子有限公司等。1994年度主营业务收入136686518.07元，税后利润24222740.29元，资产总额253621946.48元。

【财务状况】 1994年公司每股净资产2.35元，每股收益0.35元，每股红利0.24元，净资产收益率15.07%。

中国国际海运集装箱股份有限公司

【公司概况】 公司1994年底总股份8900万股，其中法人股5824万股，公众股A股1776万股，B股1300万股。主要股东有中国远洋运输总公司、招商局集团有限公司、宝隆洋行(香港)有限公司等。公司董事长：周祺芳，总经理：麦伯良。

【经营业绩】 公司全年集装箱总产量为70147TEU。完成了南京金鹏大厦主体工程，建筑面积7136平方米的金城花园封顶。关联企业有中国国际海运集装箱(香港)有限公司、南京金鹏房地产开发有限公司、大连集装箱制造有限公司等。1994年度主营业务收入1341967854.15元，税后利润93486720.03元，资产总额1241516287.86元。

【财务状况】 1994年公司每股净资产4.87元，每股收益1.05元，净资产收益率32.78%。

深圳市鸿基(集团)股份有限公司

【公司概况】 公司成立于1950年，1989年改组为内部股份公司，1993年改组为公众上市公司，1994年8月深鸿基股票在深交所上市交易。公司1994年底总股份11212.78万股，其中发起人法人股4821.36万股，定向法人股1570万股，公众股4821.42万股。主要股东有深圳市鸿基集团工会基金、中国太平洋保险公司深圳分公司等。公司董事长兼总经理：邱瑞亨。

【经营业绩】 公司是以交通运输为主导，工业商贸为后盾，物业地产为支柱，集交、工、商、贸、房地产于一体的多元化经济实体。公司新增出租车250辆及营运货车17辆，联营生产了液压式无声压桩机、自动化控制装置和卫星接收天线系列，同时参与了物业、股权投资及房地产开发。主要关联企业有深圳市迅达运输企业公司、深圳市深运工贸企业公司等。1994年度主营业务收入244040031.2元，税后利润75906950.32元，资产总额880299196.79元。

【财务状况】 1994年公司每股净资产3.83元，每股收益(加权)0.737元，每股红利0.508元，净资产收益率17.66%。1994年发起人股、定向法人股每10股送2股派3元人民币现金；公众股每10股送3股派2元人民币现金。

深圳市长城地产股份有限公司

【公司概况】 公司1994年底总股份5630万股，其中国家股4000万股，内部职工股330万股，公众股1300万股。主要股东有深圳市建设集团公司、深圳特区证券发展部、太原兆和投资有限公司等。公司董事长：卓崇勋，总经理：郭宪民。

【经营业绩】 公司全年房地产施工面积447280平方米，竣工面积81455平方米。公司拥有仓库、厂房等自有物业近8万平方米。并开展股权投资。主要关联企业有深圳市长城商场、深圳市长城工程公司、深圳市长盛实业公司等。1994年度主营业务收入354513356.93元，税后利润97898792.1元，资产总额840248244.21元。

【财务状况】 1994年公司每股净资产7.7元，每股收益(加权)2.34元，每股红利1.078元，净资产收益率32.62%。

深圳南光(集团)股份有限公司

【公司概况】 公司1994年底总股份9100万股，其中法人股

7072 万股，内部职工股 358 万股，公众股 1670 万股。主要股东有中国航空技术进出口深圳公司、上海新亚(集团)联营公司、中国新时代科技发展公司等。公司董事长：李志正，总经理：孙绍昆。

【经营业绩】 公司主要开展旅游服务、物业租赁、商贸、高新技术等。关联企业有深圳南光旅游发展公司、深圳南光物业管理公司、深圳南光工贸发展公司等。1994 年度主营业务收入 282808513. 35 元，税后利润 58126814. 04 元，资产总额 660580637. 67 元。

【财务状况】 1994 年公司每股净资产 4 元，每股收益(加权)0. 73 元，每股红利 0. 5 元，净资产收益率 25. 6%。

深圳市纺织(集团)股份有限公司

【公司概况】 公司 1994 年底总股份 12380 万股，其中国家股 8200 万股，内部职工股 380 万股，公众股 A 股 1300 万股，B 股 2500 万股。主要股东有深圳市投资管理公司、DAEWOO SECURITIES CO. ,LTD 等。公司董事长：张应学，总经理：管同科。

【经营业绩】 公司产品品种 300 多个，年产系列多用被 2. 4 万套，袜类 2660 万双，织带 34 万罗，服装 22 万件，并经营保税生产资料，并管理深房大厦。主要关联企业有深圳市纺织工业进出口公司、深圳市丽斯针织有限公司、深圳市华强宾馆等。1994 年度主营业务收入 282551074. 49 元，税后利润 33948486. 1 元，资产总额 693043051. 35 元。

【财务状况】 1994 年公司每股净资产 3. 22 元，每股收益(加权)0. 34 元，每股红利 0. 15 元，净资产收益率 12. 64%。

深圳南油物业发展股份有限公司

【公司概况】 公司 1994 年底总股份 6760 万股，其中法人股 3549 万股，内部职工股 1170 万股，公众股 2041 万股。主要股东有深圳南油(集团)有限公司。公司董事长：廖汉标，总经理：周珠江。

【经营业绩】 公司 1994 年施工面积 25 万平方米，销售楼宇面积 3. 5 万平方米。另外荟芳园通过验收，太子山庄多层住宅也已开工建设。主要关联企业有深圳南油物业管理公司、深圳鸿业工程监理公司、深圳南油酒店、深圳南油装饰工程公司等。1994 年度主营业务收入 202270108. 25 元，税后利润 31497709. 55 元，资产总额 522103111. 26 元。

【财务状况】 1994 年公司每股净资产 3. 31 元，每股收益(加权)0. 55 元，每股红利 0. 36 元，净资产收益率 21. 57%。

深圳中侨发展股份有限公司

【公司概况】 公司 1994 年底总股份 7000 万股，其中法人股 5400 万股，内部职工股 400 万股，公众股 1200 万股。主要股东有深圳中侨实业有限公司。公司董事长：周兴文，总经理：董永强。

【经营业绩】 公司建筑面积分别为 2. 5 万平方米及 4. 4 万平方米的深港花园、西湖花园竣工。投资参股了印染和玩具公司。参股的年产 2000 吨超细纤维涤纶项目投产。主要关联企业有深圳中侨物业发展有限公司、深圳中侨化纤纺织有限公司、深圳中侨印染联合有限公司等。1994 年度主营业务收入 240586634. 42 元，税后利润 43341669. 7 元，资产总额 722010544. 6 元。

【财务状况】 1994 年公司每股净资产 2. 92 元，每股收益(加权)0. 73 元，每股红利 0. 45 元，净资产收益率 32. 3%。

深圳康达尔(集团)股份有限公司

【公司概况】 公司 1994 年底总股份 8280 万股，其中国家股 6100 万股，内部职工股 380 万股，公众股 1800 万股。主要股东有深圳市龙岗投资管理公司。公司董事长：曾汉山，总经理：欧锡钊。

【经营业绩】 公司养鸡、饲料、食品加工等产业稳步发展，在黑龙江办了肉鸡屠宰厂、收购了龙岗区运输公司、完善凤凰工业区的配套。主要关联企业有深圳康达尔(集团)养鸡公司、饲料公司、食品公司、运输公司、房地产公司等。1994 年度主营业务收入 532318874. 18 元，税后利润 29960655. 35 元，资产总额 792692955. 96 元。

【财务状况】 1994 年公司每股净资产 3. 55 元，每股收益(加权)0. 439 元，净资产收益率 10. 2%。

深圳市万山实业股份有限公司

【公司概况】 公司是深圳市城建材料设备公司改制的，至 1995 年 3 月 16 日止，公司总股本 5435. 6 万股，其中国家股 34875498 股，法人股 414000 股，社会公众股 19066502 股(其中可流通股份 14000000 股)。主要股东有深圳市城建开发(集团)公司、工行深圳市分行证券业务部、工行深圳市信托公司等。公司董事长：肖锦彬，总经理：任德宏。

【经营业绩】 主要开展房地产、工业、物业管理等业务。主要物业有水贝工业区、布吉大芬村住宅区等。1994 年度主营业务收入 12455111. 69 元，税后利润 9920319. 42 元，资产总额 382157639. 83 元。

【财务状况】 1994 年公司流动比率 0. 56，速动比率 0. 56，资产报酬率 8. 58%，资本报酬率 18. 55%，纯利率 0. 48。

深圳天马微电子股份有限公司

【公司概况】 公司经深圳市政府 1994 年 4 月 13 日批准，在原深圳天马微电子公司的基础上改制的。公司总股份 7550 万股，其中国家股 1290 万股，法人股 5160 万股，内部职工股 100 万股，公众股 1000 万股。主要股东有中航技深圳公司、深圳市投资管理公司等。公司股票于 1995 年 3 月 15 日在深交所上市。公司董事长：刘景范，总经理：汪斌。

【经营业绩】 公司主营各类液晶显示器及相关材料、设备和产品，关联企业有深圳天骏微电子有限公司、深圳蛇口天惠净化有限公司、深圳天马液晶研究开发中心。1994 年度主营业务收入 172102849. 21 元，税后利润 29126642. 61 元，资产总额 300166955. 25 元。

【财务状况】 1994 年公司每股净资产 1. 89 元，每股收益 0. 45 元，净资产收益率 24. 42%。

武商集团股份有限公司

【公司概况】 公司 1994 年底总股本 252072539 股，其中国家股 83029341 股，法人股 83339352 股，内部职工股 105000 股，公众股 85598846 股。主要股东有武汉国有资产管理局、中国宝安集团股份有限公司、武汉证券公司、长江经济联合发展股份有限公司等。公司董事长兼总经理：毛冬声。

【经营业绩】 公司主要项目有武汉广场、国际批发中心和阳光城项目、东舜花园项目。并开展连锁业务，有武商超市公司、东方快车快餐连锁店、加盟店连锁、百货连锁店等。1994 年度主营业务收入 1335413114.22 元，税后利润 136516058.16 元，资产总额 1277615595.8 元。

【财务状况】 1994 年公司每股净资产 3.6 元，每股收益 0.54 元，净资产收益率 15.73%。

海南新能源股份有限公司

【公司概况】 公司 1994 年底总股份 148255727 股，其中法人股 93818578 股，内部职工股 160300 股，公众股 54276849 股。主要股东有中国农业银行海南省信托投资公司、海南新安房地产有限公司、海口新宇环境艺术装饰有限公司、海南省证券公司等。公司董事长兼总经理：陈宇健。

【经营业绩】 公司主要开展房地产、证券投资及商贸等。海南万国商城项目完成建筑面积 13 万平方米，海口欢乐广场宾馆已装修完毕，旅游开发区完成建筑面积 4 万平方米，三亚万国旅游城完成销售。主要关联企业有海南新能源股份有限公司成都分公司、北京朝日科贸发展公司等。1994 年度主营业务收入 49456805.2 元，税后利润－26055460.38 元，资产总额 884231420.18 元。

【财务状况】 1994 年公司每股净资产 2.15 元，每股收益(加权)－0.21 元，净资产收益率－8.38%。

海南海虹企业股份有限公司

【公司概况】 公司 1994 年底总股份 195000000 股，其中法人股 131545894 股，内部职工股 117000 股，公众股 63337105 股。主要股东有海南省开发建设总公司、中国纺织工业对外经济技术合作公司等。公司董事长：秦钢，总经理：施继孝。

【经营业绩】 公司生产涤纶长丝 4451.6 吨，兴建海南超细纤维厂，兼并湖南省洞庭湖水泥厂等。关联企业有海南化学纤维厂、海南超细纤维厂、海南纸筒管厂、海南纸箱包装厂等。1994 年度主营业务收入 93290667.86 元，税后利润 9251465.91 元，资产总额 142258481.52 元。

【财务状况】 1994 年公司每股净资产 1.0244 元，每股收益(加权)0.0925 元，每股红利 0.0684 元，净资产收益率 9.03%。

海南港澳实业股份有限公司

【公司概况】 公司 1994 年底总股份 272506631 股，其中法人股 204379978 股，内部职工股 119000 股，公众股 68007658 股。主要股东有海南港澳国际信托投资公司、海国投工业开发股份有限公司等。公司董事长：李耀祺，总经理：张澄光。

【经营业绩】 公司 1994 年竣工面积 6.2 万平方米，筹备成立了旅行社和星级酒店。标准件厂已投产。关联企业有海南港澳房地产交易有限公司、海南港澳物业管理有限公司、海南港澳实业工业开发公司等。1994 年度主营业务收入 138928785.78 元，税后利润 56345629.04 元，资产总额 831098636.09 元。

【财务状况】 1994 年公司每股净资产 2.22 元，每股收益(加权)0.21 元，净资产收益率 10%。

海南珠江实业股份有限公司

【公司概况】 公司 1994 年底总股份 278392000 股，其中法人股 179778240 股，内部职工股 178000 股，公众股 98435760 股。主要股东有广州珠江实业发展公司、海南省建行信托投资公司、广州珠江外资建筑海南分院等。公司董事长：董明训，总经理：林瑞骏。

【经营业绩】 公司建筑面积 10 万平方米的珠江广场竣工，三亚珠江花园酒店已封顶，珠江管桩厂已投产。关联企业有海南珠江实业股份有限公司洋浦公司、海南珠江物业管理服务有限公司、海南珠江管桩有限公司等。1994 年度主营业务收入 358872498.8 元，税后利润 169316126.39 元，资产总额 1112735908.08 元。

【财务状况】 1994 年公司每股净资产 2.47 元，每股收益 0.61 元，净资产收益率 27.8%。

四川峨眉山盐化工业(集团)股份有限公司

【公司概况】 公司 1994 年底总股份 197348165 股，其中国家股 64505437 股，法人股 32450727 股，职工股 52987 股，公众股 10392000 股。主要股东有乐山市国有资产管理局、中国宝安集团股份有限公司、深圳天骥投资基金。

【经营业绩】 公司全年生产井矿盐 47.91 万吨、水泥 41411 万吨，纯碱 31521 万吨、氯化铵 30460 万吨。并开展股权投资、房地产投资等。主要关联企业有四川峨嵋山盐化集团金山塑编厂、深圳蜀穗实业有限公司等。1994 年度主营业务收入 225286706.09 元，税后利润 34454016.33 元，资产总额 840076494.15 元。

【财务状况】 1994 年公司每股净资产 2 元，每股收益 0.175 元，每股红利 0.12 元，净资产收益率 8.97%。

珠海经济特区富华集团股份有限公司

【公司概况】 公司 1994 年底总股份 344997420 股，其中法人股 14939400 股，内部职工股 230800 股，公众股 195327220 股。主要股东有珠海市纺织集团公司、珠海经济特区房地产开发总公司等。公司董事局主席兼总裁：闫前。

【经营业绩】 公司开展房地产、金融投资、实业等。完成商品房建筑面积 28043 平方米，生产涤纶长丝 3920.39 吨，聚脂切片 2926.95 吨。主要关联企业有富华化纤公司、富华房地产公司、富华财务公司、富华投资公司等。1994 年度主营业务收入 158853039 元，税后利润 91391818.16 元，资产总额 1337650590.64 元。

【财务状况】 1994 年公司每股净资产 3.55 元，每股收益 0.27 元，净资产收益率 7.61%。

海南民源现代农业发展股份有限公司

【公司概况】 公司 1994 年底总股份 430434000 股，其中法人股 286262100 股，内部职工股 118000 股，公众股 144053900 股。主要股东有民源海南公司、美亭管委会、海南省证券公司等。公司董事长：马玉和，总经理：戴品光。

【经营业绩】 公司引水灌溉工程竣工、开发兰花等花卉苗种、生产砌块 93 万块，水泥构件 9620 件，并开展房地产业、交通运输业。主要关联企业有海南美亭组培基因育苗工厂、美亭花木公司、美亭特种水产养殖场等。1994 年度主营业务收入 25688878.07 元，税后利润 72962676.53 元，资产总额 1355355488.84 元。

【财务状况】 1994 年公司每股净资产 2.59 元，每股收益(加权)0.19 元，每股红利 0.14 元，净资产收益率 7.28%。

四川天歌集团股份有限公司

【公司概况】 公司 1994 年底总股份 130415280 股，其中法人股 60062400 股，内部职工股 39000 股，公众股 70313880 股。主要股东有南充羽绒制品厂、工行南充市分行、农行南充市分行等。公司董事长兼总裁：何军。

【经营业绩】 公司主要产品是羽绒及服装产品，1994 年共生产各类服装及床用制品 120.21 万件，并从事物业、电子、机械、食品等业务，上海天歌大厦建设顺利。主要关联企业有深圳金海轻纺有限公司、海南四海工贸综合公司、四川天歌进出口公司等。1994 年度主营业务收入 217749263.69 元，税后利润 35518636.55 元，资产总额 520031068.17 元。

【财务状况】 1994 年公司每股净资产 2.65 元，每股收益 0.27 元，净资产收益率 10.38%。

四川金路股份有限公司

【公司概况】 至 1994 年 12 月 31 日公司总股本 10305.36 万股，其中国家股 1700 万股，法人股 2620.16 股，公众股 5977.535 万股。主要股东有德阳市国有资产管理局、深圳蛇口利宝贸易公司、四川金城实业发展公司等。公司董事长兼总经理：夏克勤。

【经营业绩】 主要产品有 PVC 树脂、烧碱、塑料制品、长毛绒、纺织面料等工业产品。1994 年度主营业务收入 32494.72 万元，税后利润 4178.2 万元，资产总额 51678.97 万元。

【财务状况】 1994 年公司每股净资产 2.75 元，每股收益(摊薄法)0.41 元，净资产收益率 15.84%。

沈阳物资开发股份有限公司

【公司概况】 公司 1994 年底总股份 9633.67 万股，其中国家股 2034.88 万股、法人股 3035.79 万股，内部职工股 3.55 万股，公众股 4559.45 万股。主要股东有沈阳市资产经营公司、沈阳市供销合作总社、沈阳市物资回收总公司等。公司董事长兼总经理：王林华。

【经营业绩】 公司开展证券、股权投资、黄金首饰、对外贸易、旅游等业务，主要关联企业有特种钢材经销公司、不锈钢材经销公司、报废汽车回收公司等。1994 年度主营业务收入 524869728.33 元，税后利润 21333202.17 元，资产总额 690198106.12 元。

【财务状况】 1994 年公司每股净资产 3.18 元，每股收益(加权)0.23 元，净资产收益率 7.06%。

珠海经济特区丽珠医药集团股份有限公司

【公司概况】 公司 1994 年底总股份 184421800 股，其中法人股 63840000 股，内部职工股 230000 股，公众股 A 股 56353800 股，B 股 63998000 股。主要股东有澳门南粤(集团)有限公司、珠海市信用合作联社、广东省制药工业公司、珠海市医药总公司等。公司董事长：陈华中，总经理：徐孝先。

【经营业绩】 公司主要产品丽珠得乐系列胃药，另外加强了新产品的开发推广。主要关联企业有丽珠制药厂、丽珠保健品厂、丽珠试剂厂、丽珠财务顾问有限公司、丽珠广告有限公司等。1994 年度主营业务收入 600070106.99 元，税后利润 101107544.84 元，资产总额 870122308.98 元。

【财务状况】 1994 年公司每股净资产 3.35 元，每股收益 0.55 元，净资产收益率 17.36%。

重庆房地产开发股份有限公司

【公司概况】 公司 1994 年底总股份 9041.76 万股，其中国家股 4298.4 万股，法人股 1416.96 万股，公众股 3317.6 万股，内部职工股 8.8 万股。主要股东有重庆市国有资产管理局、深圳市安信投资发展公司等。公司董事长兼总经理：官忠富。

【经营业绩】 主营商品房屋、土地开发、房屋租赁、建筑工程设计等。1994 年竣工面积 53386 平方米。1994 年度主营业务收入 8292.77 万元，净利润 1482.75 万元，资产总额 27180.43 万元。

【财务状况】 1994 年度公司股本收益率 16.4%，每股净资产 1.63 元，净资产收益率 10.6%。

重庆渝港太铂粉股份有限公司

【公司概况】 公司 1994 年底总股份 130005200 股，其中国家股 37282600 股，外资股 37282600 股，内部职工股 7000 股，公众股 55433000 股。主要股东有重庆市国有资产管理局、香港中渝实业有限公司等。公司董事长：周国柱，总经理：张松桥。

【经营业绩】 公司主要产品产量为工业硫酸 48333 吨，硫酸二甲酯 2572 吨。关联企业有重庆山川化工有限公司、重庆讯钛实业开发总公司等。1994 年度主营业务收入 28209730.72 元，税后利润 11460731.99 元，资产总额 741846726.81 元。

【财务状况】 1994 年公司每股净资产 1.26 元，每股收益 0.09 元，净资产收益率 7%。

西安解放百货股份有限公司

【公司概况】 公司 1994 年底总股份 60783000 股，其中国家股 9764795 股，法人股 34136125 股，内部职工股 40550 股，公众股 16841530 股。主要股东有西安市国有资产管理局、深圳蓝天基金管理公司、西安商业科技开发公司等。公司董事长兼总经理：赵擎宇。

【经营业绩】 公司搞好开元商城的建设，充分利用现有营业场所。主要关联企业有西安开元商城有限公司、西安花园饭店、西安市新声乐器专业商店。1994 年度主营业务收入

12672940.83 元，税后利润 8610658.72 元，资产总额 295852582.51 元。

【财务状况】 1994 年公司每股净资产 2.27 元，每股收益(加权)0.15 元，每股红利 0.12 元，净资产收益率 6.67%。

宁波中元股份有限公司

【公司概况】 公司 1994 年底总股份 8516987 股，其中国家股 16985883 股，法人股 42150198 股，内部职工股 33500 股，公众股 26447406 股。主要股东有宁波市财政局、深圳蓝天基金管理公司、宁波东方电脑设备有限公司等。公司董事长兼总经理：虞一新。

【经营业绩】 公司全年销售各档冷轧管机 40 台/855 吨，精密无缝管销售 3870 吨。并成立房地产公司和研究所，兼并了宁波无线电厂等。主要关联企业有宁波机床总厂、宁波中元电控设备厂、昆山华利钢管厂等。1994 年度主营业务收入 55688259.31 元，税后利润 13891332.57 元，资产总额 245907197.22 元。

【财务状况】 1994 年公司每股净资产 2.1 元，每股收益 0.16 元，净资产收益率 8.73%。

江苏三山实业股份有限公司

【公司概况】 公司 1994 年底总股份 121584000 股，其中法人股 58584000 股，内部职工股 21600 股，公众股 62978400 股。主要股东有海南泛华实业有限公司、西北开发投资基金、昆山三山纺织集团公司等。公司董事长：张昌华，总经理：任新生。

【经营业绩】 公司 1994 年生产涤纶长丝 5394 吨，在苏州工业园区旁购地 1300 亩。并开展贸易、金融投资、娱乐服务等业务。关联企业有苏州利华有限公司、苏昆化纤实业公司等。1994 年度主营业务收入 82020631.85 元，税后利润 18417131.11 元，资产总额 283191321.56 元。

【财务状况】 1994 年公司每股净资产 1.87 元，每股收益(加权)0.15 元，每股红利 0.13 元，净资产收益率 8.46%。

成都动力配件股份有限公司

【公司概况】 公司 1994 年底总股份 53821200 股，其中国家股 28114000 股，法人股 8000000 股，公众股 17707200 股。主要股东有成都市国有资产管理局、四川天歌轻工(集团)股份有限公司、天骥投资基金管理公司等。公司董事长兼总经理：周天勤。

【经营业绩】 公司生产各型气缸套 126.86 万只，各型活塞 272.5 万只，兴建了铸造厂，搬迁和重组了铝活塞铸造厂。1994 年度主营业务收入 96525283.12 元，税后利润 8258657.61 元，资产总额 203469784.28 元。

【财务状况】 1994 年公司每股净资产 2.275 元，每股收益(加权)0.153 元，净资产收益率 6.64%。

武汉凤凰股份有限公司

【公司概况】 公司 1994 年底总股份 18087.636 万股，其中法人股 9192.12 万股，内部职工股 10.20 万股，公众股 8885.316 万股。主要股东有中国石化武汉石油化工厂、中国工商银行武汉市信托投资公司、中国人民建设银行武汉市信托投资公司等。公司董事长兼总经理：孙君贵。

【经营业绩】 公司主要产品聚丙烯完成产量 2.364 万吨，气分装置加工液化气 10.091 万吨，以及气体回收等，重油催化裂化联合装置建设顺利。1994 年度主营业务收入(不含税) 219685339.18 元，税后利润 102406375.85 元，资产总额 540250527.15 元。

【财务状况】 1994 年公司每股净资产 2.54 元，每股收益(摊薄)0.57 元，净资产收益率 24.68%。

合肥美菱股份有限公司

【公司概况】 公司 1994 年底总股份 13035 万股，其中国家股 7050 万股，法人股 1500 万股，内部职工股 450 万股，社会公众股 4035 万股。主要股东有合肥美菱集团公司。公司董事长兼总经理：张巨声。

【经营业绩】 主要产品有美菱电冰箱，空调器。1994 年共生产销售电冰箱(冰柜)690743 台，空调器 31498 台。主营业务收入(含税)140677 万元，税后利润 10923 万元，资产总额 85049 万元。

【财务状况】 1994 年公司每股净资产 3.51 元，每股收益(加权法)0.84 元，每股红利 0.67 元，净资产收益率 26.23%。

广州白云山制药股份有限公司

【公司概况】 公司 1994 年底总股份 28800 万股，其中法人股 18000 万股，内部职工股 1800 万股，公众股 9000 万股。主要股东有广州市国有资产管理办公室等。公司董事长兼总经理：贝兆汉。

【经营业绩】 公司医药业科研项目共开发 91 项。建立了白云山投资发展公司，房地产方面有越秀南路项目、珠江新城项目、友联大厦、天河珠村项目等。主要关联企业有广州白云山集团财务公司。1994 年度主营业务收入 551075700.62 元，税后利润 86174741.07 元，资产总额 1694067061.02 元。

【财务状况】 1994 年公司每股净资产 2.4 元，每股收益 0.3 元，净资产收益率 13.04%。

广州市浪奇实业股份有限公司

【公司概况】 公司 1994 年底总股份 138168069 股，其中国家股 83088069 股，内部职工股 12000000 股，公众股 43080000 股。主要股东有广州市国有资产管理局等。公司董事长兼总经理：陈超麒。

【经营业绩】 公司合资生产的洗衣粉产量 10.3 万吨，液体洗涤剂产量 22891 吨。年产千吨精甘油技改项目投产，并开展多种经营等。主要关联企业有广州保税区浪奇投资公司、湛江浪奇实业有限公司、广州金海浪包装有限公司等。1994 年度主营业务收入 646190235.68 元，税后利润 54182233.76 元，资产总额 525601426.8 元。

【财务状况】 1994 年公司每股净资产 2.3 元，每股收益(加权)0.39 元，净资产收益率 18.02%。

广州东方宾馆股份有限公司

【公司概况】 公司前身是广州东方宾馆，于 1961 年 10 月建成开业。1993 年 9 月,经广州市人民政府批准,以广州市东方酒店集团为发起人,经中国证监会批准公司转为社会募集公司,于 1993 年 11 月 18 日在深交所上市交易。公司 1994 年底总股份 123742153 股,其中国家股 27699907 股,法人股 50622246 股,内部职工股 92800000 股,公众股 36140000 股。主要股东有广州市国有资产管理办公室、广州市东方酒店集团等。公司董事长兼总经理:陈汝锋。

【经营业绩】 主营旅游酒店业。公司积极开展促销宣传,创新美食,灵活经营。主要关联企业有广州市商业进出口贸易股份有限公司、广州保税区瑞丰实业有限公司、广州东方祥贵饮食美容有限公司、广州联合交易股份有限公司、广州东方房地产开发有限责任公司等。1994 年度主营业务收入 229750486.4 元,税后利润 55528969.08 元,资产总额 530035431.9 元。

【财务状况】 1994 年公司每股净资产 3.51 元,每股收益(加权)0.45 元,每股红利 0.31 元,净资产收益率 13%。

南京天龙股份有限公司

【公司概况】 公司 1994 年底总股份 67849787 股,其中国家股 33889787 股,法人股 6000000 股,内部职工股 19800 股,公众股 27940200 股。主要股东有南京国有资产管理局、中国平安保险公司、南京市信贷咨询公司等。公司董事长兼总经理:崔兴盛。

【经营业绩】 公司 1994 年生产油漆 15088 吨,销售 15032 吨。主要关联企业有南京造漆厂、天龙印铁包装品厂、天龙综合经营公司、天龙房地产开发公司等。1994 年度主营业务收入 128250470 元,税后利润 2797330 元,资产总额 263735627 元。

【财务状况】 1994 年公司每股净资产 1.8 元,每股收益 0.041 元,净资产收益率 2.43%。

厦门海发投资实业股份有限公司

【公司概况】 公司 1994 年底总股份 63195600 股,其中法人股 42445000 股,内部职工股 73000 股,公众股 20677600 股,主要股东有厦门市鑫旺经济开发公司、太原兆和投资发展有限公司、哈尔滨竞有经济贸易发展公司等。公司董事长兼总经理:张金龙。

【经营业绩】 公司开展水产品转口贸易、高科技产业等。主要关联企业有厦门市海洋酒店、厦门海发渔工贸公司、厦门海洋科技开发公司等。1994 年度主营业务收入 41911753.82 元,税后利润 5678450.79 元,资产总额 150906079.32 元。

【财务状况】 1994 年公司每股净资产 1.9 元,每股收益(加权)0.11 元每股红利 0.08 元,净资产收益率 6.18%。

广东美的集团股份有限公司

【公司概况】 公司 1994 年底总股份 18216 万股,其中法人股 9563.4 万股,内部职工股 2049.3 万股,公众股 6603.3 万股。主要股东有顺德市北窖经济发展总公司、广东国际信托投资公司基金部、顺德市对外经济实业发展公司等。公司董事长兼总经理:何享健。

【经营业绩】 公司主要产品产量空调器为 27.1 万台,风扇 539 万台。年产 50 万台的电饭煲厂投产。主要关联企业有顺德市美的家用电器公司、顺德美的房产公司等。1994 年度主营业务收入 1482685091.41 元,税后利润 120954447.13 元,资产总额 2420004208.57 元。

【财务状况】 1994 年公司每股净资产 3.68 元,每股收益 0.66 元,净资产收益率 19.62%。

广西柳工机械股份有限公司

【公司概况】 公司 1994 年底总股份 25500 万股,其中国家股 18000 万股,内部职工股 2.66 万股,公众股 7497.34 万股。主要股东有柳州工程机械企业集团公司等。公司董事长兼总经理:张沛。

【经营业绩】 公司 1994 年装载机产量 2044 台,完成了 15 种新产品开发和生产。关联企业有上海柳工机械有限公司、广西柳工机械股份有限公司进出口分公司等。1994 年度主营业务收入 568644188 元,税后利润 37623352 元,资产总额 912086929 元。

【财务状况】 1994 年公司每股净资产 2.31 元,每股收益 0.147 元,每股红利 0.139 元,净资产收益率 0.35%。

广东美雅集团股份有限公司

【公司概况】 公司 1994 年底总股份 198766800 股,其中国家股 61414400 股,法人股 47952400 股,内部职工股 19200000 股,社会公众股 70200000 股。主要股东有鹤山市国有资产管理办公室、广东省华侨信托投资公司鹤山办事处等。公司董事长兼总经理:李澄海。

【经营业绩】 公司全年生产毛毯 443 万条,睛纶洋毛绒线 1.43 万吨,毛条 1.45 万吨。主要关联企业有鹤山市经编毛毯厂、鹤山市床上用品厂、鹤山市美雅房地产公司等。1994 年度主营业务收入(不含税)721172964.27 元,税后利润 143770371.78 元,资产总额 1574423405.28 元。

【财务状况】 1994 年公司每股净资产 4.49 元,每股收益 0.72 元,净资产收益率 17.39%。

大连冷冻机股份有限公司

【公司概况】 公司 1994 年底总股份 11055 万股,其中国家股 5355 万股,法人股 2100 万股,内部职工股 10.25 万股,公众股 3589.75 万股。主要股东有大冷冰山集团公司、吉林省九州开发公司等。公司董事长兼总经理:张和。

【经营业绩】 公司主要产品有空调、冷库等,开发了蜂鸟冷水机组、丰封闭螺杆冷水机组等 20 项新产品,创建了 6 个合资企业。关联企业有大冷经贸公司、大冷经销公司、大冷制冷设备安装公司等。1994 年度主营业务收入 351085002.53 元,税后利润 40302304.19 元,资产总额 654926424.58 元。

【财务状况】 1994 年公司每股净资产 2.56 元,每股收益(摊薄)0.365 元,每股红利 0.303 元,净资产收益率 15.04%。

广州恒运热电股份有限公司

【公司概况】 公司 1994 年底总股份 15192 万股,其中法人股 9666 万股,内部职工股 960 万股,公众股 4566 万股。主要股东有广州经济技术开发区工业发展总公司、广州经济技术开发区国际信托投资公司等。公司董事长：陈传实，总经理：刘进培。

【经营业绩】 公司全年本厂发电 15419 万千瓦时，供热 36187 吨，B 厂发电 19018 千瓦时。关联企业有广州恒运热电 B 厂、广州恒运热电 C 厂等。1994 年度主营业务收入 56472909.53 元，税后利润 38500435.06 元，资产总额 283281880.44 元。

【财务状况】 1994 年公司每股净资产 1.805 元，每股收益(加权)0.33 元，每股红利 0.22 元，净资产收益率 15.6%。

珠海华电股份有限公司

【公司概况】 公司 1994 年底总股份 194108648 股，其中国家股 72454000 股，法人股 52402075 股，内部职工股 6500000 股，公众股 62752573 股。主要股东有珠海经济特区电力开发(集团)公司、珠光公司、国际银行家(珠海)俱乐部等。公司董事长兼总经理：李治强。

【经营业绩】 公司全年发电量 2.7353 亿千瓦时，并完成燃油运输量 19.403 万吨，还组建了华电装饰材料有限公司。主要关联企业有珠海华电前山柴油机发电厂、珠海华电房地产开发公司、华电服务公司、华电印务公司等。1994 年度主营业务收入 148563322.79 元，税后利润 68899951.57 元，资产总额 1292634796.23 元。

【财务状况】 1994 年公司每股净资产 3.32 元，每股收益 0.32 元，每股红利 0.25 元，净资产收益率 11.9%。

广东万家乐股份有限公司

【公司概况】 公司 1994 年底总股份 575680000 股，其中法人股 371974300 股，内部职工股 104304000 股，公众股 99401600 股。主要股东有广东万家乐集团公司等。公司董事长兼总经理：李振华。

【经营业绩】 公司生产的燃气热水器产量达 125 万台，并成立了财务公司，燃气具配套、通讯电缆、建筑装饰玻璃项目相继投产。主要关联企业有广东顺德塑料厂、顺德市彩印纸箱厂、广东万家乐集团财务公司等。1994 年度主营业务收入 1513547483 元，税后利润 161747900 元，资产总额 2175591265 元。

【财务状况】 1994 年公司每股净资产 1.95 元，每股收益(加权)0.26 元，净资产收益率 14.4%。

汕头电力发展股份有限公司

【公司概况】 公司 1994 年底总股份 16548.8 万股，其中国家股 6600 万股，法人股 3320 万股，内部职工股 1550 万股，社会公众股 5078.8 万股。主要股东有汕头市电力开发公司、建行汕头市信托投资公司、工行汕头市信托投资公司等。公司董事长兼总经理：林奕炯。

【经营业绩】 公司主体厂热电一厂发电量 6858.1 万千瓦时，供热 16226 吨。并开展华能汕头电厂项目建设以及建筑装饰和布料进口。主要关联企业有热电一厂、汕头培特物业公司、澄海兴业厂房开发有限公司、汕头保税区培特贸易发展公司等。1994 年度主营业务收入 43013261.32 元，税后利润 38306761.87 元，资产总额 541062890.11 元。

【财务状况】 1994 年公司每股净资产 3.25 元，每股收益(加权)0.23 元，每股红利 0.2 元，净资产收益率 7.34%。

猴王股份有限公司

【公司概况】 公司 1994 年底总股份 191182000 股，其中国家股 72352000 股，法人股 23630000 股，内部职工股 41000 股，公众股 95159000 股。主要股东有宜昌市国有资产管理局等。公司董事长兼总经理：易继纯。

【经营业绩】 公司开发新品种 28 项，并开展贸易、建筑、物业、旅游、运输、造船等产业。主要关联企业有宜昌电焊条厂、猴王宜昌焊丝厂、猴王建设总公司、猴王造船总公司、猴王原材料总公司等。1994 年度主营业务收入 349962709 元，税后利润 52955275 元，资产总额 842051634 元。

【财务状况】 1994 年公司每股净资产 1.96 元，每股收益(摊薄)0.28 元，每股红利 0.23 元，净资产收益率 15.05%。

闽东电机(集团)股份有限公司

【公司概况】 公司 1994 年底总股份 11000 万股，其中国家股 4429 万股，法人股 3217 万股，内部职工股 3.7 万股，公众股 3349.9 万股。主要股东有国家持股、闽东电机家属厂、工行福建省信托投资公司等。公司董事长兼总经理：陈洁人。

【经营业绩】 公司共开发新产品 36 项。并与日本合作生产小型汽油发电机组，公司第三产业发展良好。主要下属企业有闽东电机厂、发电设备厂、闽东电机电泵厂、特种电机厂、第一冲压厂。1994 年度主营业务收入 413387082.33 元，税后利润 31301812.98 元，资产总额 490977019.49 元。

【财务状况】 1994 年公司每股净资产 1.79 元，每股收益 0.28 元，每股红利 0.18 元，净资产收益率 16.8%。

天津立达国际商场股份有限公司

【公司概况】 公司 1994 年底总股份 137970980 股，其中法人股 87690200 股，公众股 50233480 股，内部职工股 47300 股。主要股东有天津立达(集团)公司、天津环球磁卡股份有限公司、沈阳京联证券交易营业部等。公司董事长：葛子平，总经理：谷岭。

【经营业绩】 主营商业、进口、国际间小额贸易和邮购业务。兴建吉利大厦，进行丙区扩建工程。1994 年度主营业务收入 49041.69 万元，净利润 2936.86 万元，资产总额 68089.47 万元。

【财务状况】 1994 年度公司股本收益率 21%，每股净资产 2.01 元，净资产收益率 10.71%。

云南白药实业股份有限公司

【公司概况】 公司是以云南白药厂为基础，与云南省国际信托投资公司和联江国际贸易有限公司联合发起改组的，公众股于 1993 年 12 月 15 日在深圳证券交易所上市，公司 1994 年底总股份 8800 万股，其中国家股 4400 万股，法人股 2200 万股，内部职工股 1.88 万股，公众股 2198.12 万股。主要股东有云南省医药总公司、云南省国际信托投资公司、联江国际贸易有限公司、中国宝安集团股份有限公司等。公司董事长兼总经理:秦百平。

【经营业绩】 公司主要产品有云南白药系列及田七系列两大类产品,有7种剂型,60余种不同规格。并扩大现有产品生产能力、兴建综合车间项目。1994年度主营业务收入(不含税)59465065.16元,税后利润2380270.43元,资产总额200830533.05元。

【财务状况】 1994年公司每股净资产2.09元,每股收益(加权)0.27元,净资产收益率13.7%。

广东电力发展股份有限公司

【公司概况】 公司1994年底总股份72045股,其中国家股42750万股,法人股19440万股,内部职工股9.5万股,公众股9845.5万股。主要股东有广东省电力集团公司、建行广东省信托投资公司、广东省电力开发公司等。公司董事长:吴希荣,总经理:苏德钜。

【经营业绩】 主营建设、经营电站、输变电工程。1994年完成电厂投资5.17亿元,保证了湛江电厂1号机组(30万千瓦)和江坑水电站于12月份并网发电。公司全年发电量38.23亿千瓦时,并加强和完善了沙角A电厂的经营管理。主要关联企业有沙角A电厂、湛江电厂、梅县电厂、茂名先驱电厂等。1994年度主营业务收入107101万元,实现利润总额43590万元,其中投资收益4495万元,税后利润37092万元,资产总额280547万元。

【财务状况】 1994年公司每股净资产3.81元,每股收益0.514元,每股红利0.39元,净资产收益率14.24%。

贵州中天(集团)股份有限公司

【公司概况】 公司是以中国房地产开发集团贵阳总公司、中国光大银行、深圳安达实业股份有限公司、北海元亨物业有限公司为发起人,以募集设立的方式进行股份制改组,并于1994年1月8日注册成立,公司股票于同年2月2日在深交所上市交易。公司1994年底总股份64218053股,其中国家股30218053股,法人股14000000股,内部职工股105000股,社会公众股19895000股。主要股东有贵阳市国有资产管理局、中国宝安集团股份有限公司等。公司董事长兼总经理:鲁石。

【经营业绩】 公司主导业务房地产,工程施工面积30.46万平方米,工程竣工面积8.49万平方米,新征土地29.52万平方米,销售房地产3.6万平方米。同时开展建筑安装、建筑设计、保健制药、文化酒店等。1994年度主营业务收入8154.9万元,税后利润2022万元,资产总额36321.4万元。

【财务状况】 1994年公司每股净资产2.54元,每股收益(加权)0.31元,净资产收益率13.39%。

佛山电器照明股份有限公司

【公司概况】 公司1994年底总股份11575.5万股,其中国家股4339.5万股,法人股2605.5万股,内部职工股1157万股,公众股3473.5万股。主要股东有佛山市国有资产管理局等。公司董事长兼总经理:钟信才。

【经营业绩】 公司全年灯泡总产量比上年增产37.94%,重点开发高科技产品,新产品有汽车卤钨灯、摩托车卤钨灯等。1994年度主营业务收入(不含税)49668万元,税后利润14574万元,资产总额88818万元。

【财务状况】 1994年公司每股净资产5.73元,每股收益(加权)1.26元,净资产收益率24.3%。

TCL通讯设备股份有限公司

【公司概况】 公司1994年底总股份14240万股,其中法人股8544万股,内部职工股21.9万股,公众股5674.1万股。主要股东有TCL通讯设备(香港)有限公司、惠州市邮电通信发展公司、惠州经贸投资公司等。公司董事长:张济时,总经理:黎健生。

【经营业绩】 公司开发入网新型电话机8种,与日本电气香港有限公司合资,生产销售NEC数字传呼机等移动通讯产品,并合作生产经营各种电话机、传真机、程控交换机等。主要关联企业有TCL东讯通讯工业有限公司、惠州万里达模具注塑有限公司等。1994年度主营业务收入(含税)66611.9万元,税后利润9021.45万元,资产总额53959.29万元。

【财务状况】 1994年公司每股净资产1.91元,每股收益(加权)0.63元,每股红利0.348元,净资产收益率29.75%。

安徽皖能股份有限公司

【公司概况】 公司1994年底总股份55000万股,其中法人股48500万股,内部职工股6.4万股,公众股6993.6万股。主要股东有安徽省电力开发总公司、安徽省农业投资公司、安徽省能源物资供销公司等。公司董事长兼总经理:张绍仓。

【经营业绩】 公司主营电力生产,总装机容量达62.5万千瓦,全年发电39.65亿千瓦时。1994年度主营业务收入971403987.2元,税后利润239363323.11元,资产总额1407921197.26元。

【财务状况】 1994年公司每股净资产2.39元,每股收益0.431元,每股红利0.366元,净资产收益率19.86%。

白鸽(集团)股份有限公司

【公司概况】 公司1994年底总股份17850万股,其中国家股11550万股,公众股6300万股。主要股东有郑州国资局等。公司董事长兼总经理:郝延忠。

【经营业绩】 公司1994年生产磨料25797吨,普通磨具10953吨、超硬材料与制品592763克拉,砂布砂纸3329923平方米。关联企业有郑州白鸽(集团)物业发展公司、深圳白鸽磨料磨具公司、威海阳光实业贸易公司等。1994年度主营业务收入397893970.44元,税后利润44368420.73元,资产总额865764791.51元。

【财务状况】 1994年公司每股净资产2.03元,每股收益(加权)0.25元,净资产收益率12.48%。

吉林制药股份有限公司

【公司概况】 公司1994年底总股份11046万股,其中国家股2605万股,法人股3535万股,内部职工股3.94万股,公众股4902.06万股。主要股东有吉林市国有资产管理局、深圳投资基金管理公司、深圳经济特区房地产公司等。公司董事长兼总经理:马井田。

【经营业绩】 公司主要产品有退热冰、阿斯匹林、工业水杨酸、片剂、丸剂等。关联企业有吉林吉辉药业有限公司。1994年度主营业务收入143186526.4元,税后利润23498076.06元,资产总额341024480.24元。

【财务状况】 1994年公司每股净资产2.39元,每股收益(加权)0.21元,每股红利0.14元,净资产收益率9.08%。

吉林轻工集团股份有限公司

【公司概况】 公司前身为吉林省轻工业进出口公司。1992年根据吉林省经济体制改革委员会、吉林省国有资产管理局批准进行股份制改造。1993年10月转为社会募集公司,同年12月15日在深交所上市交易。发起人有吉林省国有资产管理局、海南顺丰股份有限公司、交通银行长春分行、吉林省国际信托投资公司、中国宝安集团股份有限公司。公司1994年底总股份138634696股,其中国家股15960000股,法人股60340000股,内部职工股358000股,公众股61526696股。主要股东有深圳投资基金管理公司、海南顺兴房地产开发公司、海南顺风股份有限公司等。公司董事长:万殿卿,总经理:王铁男。

【经营业绩】 公司1994年生产不锈钢炊具、餐具42万件(套),长春辐照实业有限公司筹备完毕。在长春收购了嘉美制罐厂地厂房。1994年度主营业务收入144332945.4元,税后利润30710559.66元,资产总额451404115.93元。

【财务状况】 1994年公司每股净资产1.86元,每股收益(加权)0.24元,每股红利0.1元,净资产收益率11.87%。

福建省福发股份有限公司

【公司概况】 公司1994年底总股份5322万股,其中国家股3122万股,内部职工股6.01万股,社会公众股2193.99万股。主要股东有福州市财政局。公司董事长兼总经理:陈园相。

【经营业绩】 公司全年共开发27项新产品,进行了发展E系列发电机及特殊用途机组的技改项目,完成续建三跨同步发电机车间工程。1994年度主营业务收入(不含税)104263493.39元,税后利润16699284.9元,资产总额196280834.25元。

【财务状况】 1994年公司每股净资产2.02元,每股收益0.31元,净资产收益率16.83%。

长沙中意集团股份有限公司

【公司概况】 公司1994年底总股份201070000股,其中国家股96870000股,法人股25000000股,内部职工股129200股,公众股79070800股。主要股东有长沙市国有资产管理局、长沙市国有资产经营公司等。公司董事长兼总经理:邓文全。

【经营业绩】 公司全年完成主导家电产品电冰箱、空调器、冷柜产量34.31万台,房地产、进出口、商业贸易发展正常。关联企业有长沙中意电器进出口公司、长沙中意商业开发公司、中意房地产公司等。1994年度主营业务收入553322167.98元(不含税),税后利润44873046.2元,资产总额920583162.08元。

【财务状况】 1994年公司每股净资产2.15元,每股收益0.223元,净资产收益率10.38%。

株洲火炬火花塞股份有限公司

【公司概况】 公司1994年底总股份8840万股,其中国家股3740万股,内部职工股10万股,公众股5090万股。主要股东有株洲市国有资产管理局等。公司董事长兼总经理:刘勇舸。

【经营业绩】 公司主导产品火花塞产量比上年增长8.6%,引进了美国火花塞全自动装配线和国内配套设施。关联企业有特种陶瓷厂、物资分公司、零部件联营厂、深圳火炬火花塞工贸公司等。1994年度主营业务收入117297512.53元,税后利润10916354.41元,资产总额296014221.07元。

【财务状况】 1994年公司每股净资产2.03元,每股收益(加权)0.15元,每股红利0.08元,净资产收益率6.99%。

江铃汽车股份有限公司

【公司概况】 公司1994年底总股份519214000股,其中国家股353240000股,法人股48374000股,内部职工股112320股,公众股117487680股。主要股东有江铃汽车集团公司、上海汽车工业总公司、中国宝安集团股份有限公司等。公司董事长:孙敏,总经理:江亚东。

【经营业绩】 公司生产汽车20150辆,重点进行技术改造和引进。主要关联企业有南昌江铃五十铃汽车有限公司、江铃汽车集团进出口公司、江铃汽车运输公司等。1994年度主营业务收入1928717983.41元,税后利润117235421.12元,资产总额3941915278.18元。

【财务状况】 1994年公司每股净资产1.96元,每股收益(加权)0.23元,净资产收益率11.73%。

苏州物资集团股份有限公司

【公司概况】 公司1994年底总股份8100万股,其中法人股4500万股,内部职工股18.76万股,公众股3581.24万股。主要股东有苏州物资贸易中心、中国物资开发投资总公司等。公司董事长:顾衡如,总经理:张华明。

【经营业绩】 公司完成建筑面积1.8万平方米的万盛大厦,1.6万平方米的狮山住宅小区、3.6万平方米的狮山花园接近竣工。集团财务公司自94年3月成立以来发放货款2.18亿元,设立了财务公司证券部。主要下属企业有海南海通(集团)公司、苏州物资集团汽车修理总公司、苏州通产房地产开发公司。1994年度主营业务收入(不含税)546804398.18元,税后利润32508056.05元,资产总额842345465.56元。

【财务状况】 1994年公司每股净资产2.82元,每股收益(摊薄)0.401元,每股红利0.342元,净资产收益率14.99%。

甘肃长风宝安实业股份有限公司

【公司概况】 公司于1993年12月16日在原国营长风机器厂股份制改组的基础上,由长风机器厂、中国宝安集团股份有限公司、甘肃电子集团物业公司三家联合发起募集设立。1994年底总股份13475万股,其中国家股5610万股,法人股2705万股,内部职工股3.377万股,公众股5056.623万股。主要股东有甘肃电子集团公司、中国宝安集团股份有限公司、甘肃电子集团物业公司等。公司董事长:徐永新,总经理:徐嘉庆。

【经营业绩】 公司生产洗衣机、电视机、电冰箱 59.38 万台，出口洗衣机、电冰箱 29855 台。1994 年度主营业务收入 274225304.57 元(不含税)，税后利润 20109245.68 元，资产总额 561071701.15 元。

【财务状况】 1994 年公司每股净资产 2.02 元，每股收益(加权)0.15 元，每股红利 0.12 元，净资产收益率 7.66%。1994 年 10 送 1 派 0.4 元。

湖北沙隆达股份有限公司

【公司概况】 公司前身为沙市农药厂。公司 1994 年底总股份 11398.8 万股，其中国家股 5966.34 万股，内部职工股 6.5 万股，公众股 5425.96 万股。主要股东有荆沙市国资局、江陵县国资局、深圳昌盛纸业公司等。公司董事长兼总经理：罗海章。

【经营业绩】 公司 1994 年农药产量 10825.33 吨、销售农药 15762.94 吨、完成了金属阳极电槽的安装投运及技术改造等项目。主要关联企业有江陵农药厂、江汉制药厂、沙市达利实业公司等。1994 年度主营业务收入 3320402343 元，税后利润 34196261 元，资产总额 469037007 元。

【财务状况】 1994 年公司每股净资产 2.13 元，每股收益(加权)0.3 元，净资产收益率 14.79%。

山东泰山石化股份有限公司

【公司概况】 公司 1994 年底总股份 16959.2 万股，其中国家股 6559.2 万股，内部职工股 5.78 万股，公众股 10394.22 万股。主要股东有山东省国有资产管理局、银信投资公司、南方证券公司等。公司董事长：谷焕章，总经理：赵奎发。

【经营业绩】 公司 1994 年石油购销 61.6 万吨，青岛房地产开发建筑面积 2.8 万平方米。主要关联企业有青岛泰山房地产开发有限公司。1994 年度主营业务收入 552660942.05 元，税后利润 76739076.76 元，资产总额 770079720.35 元。

【财务状况】 1994 年公司每股净资产 3.73 元，每股收益(加权)0.49 元，每股红利 0.36 元，净资产收益率 15.31%。

贵州凯涤股份有限公司

【公司概况】 公司 1994 年底总股份 74388800 股，其中法人股 54388800 股，内部职工股 172200 股，公众股 19827800 股。主要股东有贵州省凯里涤纶厂、广东省南海市建设工贸总公司等。公司董事长兼总经理：王声云。

【经营业绩】 公司全年生产涤纶花丝 2170 吨，并调整产品结构。主要关联企业有贵州凯南化纤有限公司、贵州新兴织布印染有限公司、贵阳川山矿冶工具公司等。1994 年度主营业务收入 37153754 元，税后利润 12651479 元，资产总额 145842926 元。

【财务状况】 1994 年公司每股净资产 1.95 元，每股收益(加权)0.17 元，每股红利 0.14 元，净资产收益率 8.73%。

海南南洋船务实业股份有限公司

【公司概况】 公司 1994 年底总股份 12000 万股，其中国家股 372.7835 万股，法人股 6827.2165 万股，内部职工股 1500 万股，公众股 3300 万股。主要股东有海南省海运总公司、海南省财政税务厅等。公司董事长：齐放，总经理：唐开兴。

【经营业绩】 公司全年完成货运量 70.17 万吨，从德国和日本引进货轮和油轮，并完成海口南洋石油供应中心基地建设等。关联企业有海南南洋船务海运公司、海南南洋船务石油化工公司、海南南洋船务房地产公司等。1994 年度主营业务收入 232818719.01 元，税后利润 42043027.87 元，资产总额 443332425.1 元。

【财务状况】 1994 年公司每股净资产 2.43 元，每股收益(加权)0.37 元，净资产收益率 19.65%。

广夏(银川)实业股份有限公司

【公司概况】 公司 1994 年底总股份 74000000 股，其中法人股 44000000 股，内部职工股 145800 股，公众股 29854200 股。主要股东有香港中昌国际有限公司、宁夏伊斯兰国际信托投资公司、美国金河实业有限公司等。公司法人代表：陈川。

【经营业绩】 公司业务由软磁盘生产拓展到日用化工、酒店旅业、汽车贸易、房地产开发等。关联企业有广夏(银川)磁技术有限公司、广夏微型软盘有限公司、广夏录像器材有限公司、广夏房地产开发公司等。1994 年度主营业务收入 106346014.99 元，税后利润 21813000 元，资产总额 395630896.99 元。

【财务状况】 1994 年公司每股净资产 2.83 元，每股收益(加权)0.295 元，净资产收益率 15.52%。

沈阳房天股份有限公司

【公司概况】 公司原名沈阳市房产经理公司，组建于 1976 年 6 月，1988 年 7 月转制为企业，1992 年 6 月进行股份制改造，1994 年 5 月 9 日在深交所上市交易。公司 1994 年底总股本股 8600 万，其中国家股 3484.25 万股，法人股 2015.75 万股，内部职工股 1.8 万股，公众股 3098.2 万股。主要股东有沈阳资产经营有限公司、广东中山市大兴实业有限公司、万科企业股份有限公司等。公司董事长兼总经理：杨大勇。

【经营业绩】 公司是以城市综合物业管理和供热供水为基础产业，以房产开发为龙头，兼营锅炉水电安装，建筑设计，建筑施工，室内外装修，工业品生产，证券、产权及股权投资等业务。在各地房地产开工建筑面积 38.99 万平方米，竣工面积 23.25 万平方米，以及证券投资业务。1994 年度主营业务收入 143271169.46 元，净利润 29482814.08 元，资产总额 656939356.11 元。

【财务状况】 1994 年公司每股净资产 2.4 元，每股收益(加权)0.34 元，每股红利 0.29 元，净资产收益率 17.39%。1994 年国家股、法人股 10 派 2.9 元，个人股 10 送 2 派 0.9 元。

万向钱潮股份有限公司

【公司概况】 公司 1994 年底总股份 109000888 股，其中法人股 79000888 股，内部职工股 450000 股，公众股 29550000 股。主要股东有万向集团公司等。公司董事长兼总经理：鲁冠球。

【经营业绩】 公司 1994 年共生产万向节总成 738.83 万套，新建轴承碗磨加工厂房。1994 年度主营业务收入 186430480 元，税后利润 40519772 元，资产总额 284018754 元。

【财务状况】 1994 年公司每股净资产 2.24 元，每股收益 0.

37 元，每股红利 0.3 元，净资产收益率 17.26%。

昆明百货大楼（集团）股份有限公司

【公司概况】 公司 1994 年底总股份 120000000 股，其中法人股 72000000 股，内部职工股 101400 股，公众股 47898600 股。主要股东有昆明百货大楼、昆明市县乡企业开发公司等。公司董事长兼总经理：吴新元。

【经营业绩】 公司在百货大楼本部、昆明友谊商店及昆明华侨商店的基础上，新增了昆都商城、金城商厦、专卖店等。并积极开展多种经营等。关联企业有昆明百货大楼房地产开发经营公司、华侨友谊公司等。1994 年度主营业务收入 401400871.02 元，税后利润 29779846.53 元，资产总额 380119928.18 元。

【财务状况】 1994 年公司每股净资产 2.04 元，每股收益（加权）0.248 元，每股红利 0.2 元，净资产收益率 12.15%。

长岭（集团）股份有限公司

【公司概况】 公司 1994 年底总股份 18761.7 万股，其中国家股 6056 万股，法人股 2471.5 万股，内部职工股 9 万股，社会公众股 10225.2 万股。主要股东有陕西省国有资产管理局、工行陕西省信托投资公司等。公司董事长兼总经理：王大中。

【经营业绩】 公司完成电冰箱产量 12 个品种 53.7 万台，纺织电子产品完成 7 个品种 540 套，家用空调生产 4 个品种 21389 台，变压器生产销售 24.16 万台，同时进行技术改造和扩建生产能力。主要关联企业有陕西启源电子有限公司、陕西省长安风险投资有限公司金桥分公司等。1994 年度主营业务收入 1020451165 元，税后利润 88698201 元，资产总额 1005952851 元。

【财务状况】 1994 年公司每股净资产 2.41 元，每股收益（摊薄）0.47 元，每股红利 0.26 元，净资产收益率 28.25%。

新疆宏源信托投资股份有限公司

【公司概况】 公司 1994 年底总股份 17500 万股，其中法人股 12500 万股，内部职工股 29.1 万股，公众股 4970.9 万股。主要股东有建行新疆分行、建行新疆分行融资中心、新疆电力公司、中国宝安集团股份有限公司等。公司董事长：陈月霞，总经理：韩新林。

【经营业绩】 公司信托、委托存款余额为 29256 万元，逾期货款回收率 67.74%，并开展国债代保管业务，参与乌鲁木齐石化总厂第二炼油装置项目、兴建宏源大厦等。1994 年度主营业务收入 66886436.56 元，税后利润 53310927.57 元，资产总额 1283674775.64 元。

【财务状况】 1994 年公司每股净资产 2.114 元，每股收益 0.305 元，每股红利 0.26 元，净资产收益率 15.46%。

陕西省国际信托投资股份有限公司

【公司概况】 公司是经中国人民银行总行批准，通过社会募集组建成立的股份制非银行金融机构。1994 年公司股本总额 137530114 股，其中国家股 68530114 股，法人股 15000000 股，内部职工股 134000 股，社会公众股 53866000 股。主要股东有陕西省财政厅、交通厅、深圳市深华工贸总公司等。公司董事长：孙武学。

【经营业绩】 现有全资附属企业 14 个，参股企业 6 家。主要业务有金融信托、证券业、房地产业等方面。1994 年底，公司信托、委托存款余额为 72871 万元，全年股票交易额 87.3 亿元，房地产新开工面积 51250 平方米。主营业务收入 26071.5 万元，税后利润 7194.2 万元，资产总额 161454.2 万元。

【财务状况】 1994 年公司每股净资产 1.63 元，每股红利 0.4277 元，净资产收益率 35%。

西安民生集团股份有限公司

【公司概况】 公司 1994 年底总股份 105846316 股，其中国家股 36158150 股，法人股 8915766 股，内部职工股 65000 股，社会公众股 60707400 股。主要股东有西安市国有资产管理局、西安民生劳动服务公司等。公司法人代表：詹军道。

【经营业绩】 公司主营百货业，兼并的原古都大厦经改造装修成民生大酒店交付使用，开发总建筑面积 11824 平方米的商品房基本售完，并开展进出口业务，完成公司二期扩建工程。主要下属企业有西安民生大酒店、西安民生储运分公司、西安民生广告装饰分公司、西安民生旅游出租汽车分公司、深圳恒民贸易公司等。1994 年度主营业务收入 466123355.49 元，税后利润 34503172.68 元，资产总额 498631264.69 元。

【财务状况】 1994 年公司每股净资产 2.39 元，每股收益 0.33 元，每股红利 0.26 元，净资产收益率 13.64%。

重庆三峡油漆股份有限公司

【公司概况】 公司是由重庆油漆厂于 1992 年 5 月经重庆市经济体制改革委员会批准改制成立，公司 1994 年底总股份 70407500 股，其中国家股 37777500 股，内部职工股 69500 股，社会公众股 32560500 股。主要股东有重庆市国有资产管理局、深圳重庆农行等。公司董事长兼总经理：陈光辉。

【经营业绩】 公司 1994 年生产油漆 43683 吨，比上年增加 11.86%。1994 年度主营业务收入 334832849.96 元，税后利润 18301121.84 元，资产总额 262552815.07 元。

【财务状况】 1994 年公司每股净资产 1.89 元，每股收益 0.26 元，净资产收益率 18.22%。

海南海药实业股份有限公司

【公司概况】 公司 1994 年底总股份 142500000 股，其中国家股 47988900 股，法人股 42011100 股，内部职工股 97200 股，公众股 52402800 股。主要股东有海口市财政局、正大国际财务有限公司、工行海南省信托投资公司等。公司董事长兼总经理：韩宇东。

【经营业绩】 公司海药工业园新药厂完成土建工程，并完成新药报批等。主要关联企业有海口市制药厂、海南海工房地产开发公司、海南海药保健品公司等。1994 年度主营业务收入 177179052.19 元，税后利润 63824195.5 元，资产总额 787463143.83 元。

【财务状况】 1994 年公司每股净资产 3.27 元，每股收益（加权）0.47 元，每股红利 0.179 元，净资产收益率 17.3%。

海南海德纺织实业股份有限公司

【公司概况】 公司1994年底总股份8400万股，其中法人股5040万股，内部职工股900万股，社会公众股2460万股。主要股东有海口市经济技术开发总公司、海口市对外经济发展公司、广东华宝集团公司等。公司董事长兼总经理：刘声奇。

【经营业绩】 公司1994年完成产品产量7213.7吨，完成了年产3700吨差别化细旦丝技改项目等。关联企业有海南海德房地产开发公司、海口保税区海德贸易有限公司、海南海德矿泉水饮料有限公司等。1994年度主营业务收入126321306.37元，税后利润31355392.21元，资产总额477034319.31元。

【财务状况】 1994年公司每股净资产3.06元，每股收益(加权)0.398元，净资产收益率15.57%。

四川泸州老窖股份有限公司

【公司概况】 公司由原泸州老窖酒厂独家发起改制而来，是国家酿酒工业大型骨干企业，公司股票于1994年5月9日在深交所上市交易。1994年底总股份86880000股，其中国家股65000000股，内部职工股23400股，社会公众股21856600股。主要股东为泸州市国有资产管理局。公司董事长兼总经理：郭来虎。

【经营业绩】 公司主要产品老窖曲酒，总产量达14362吨。新建现代化包装中心，及技术改造和扩建。主要下属企业有泸州老窖生物工程有限公司、泸州老窖大酒店、深圳市泸州老窖娱乐城等。1994年度主营业务收入319337270.25元，税后利润104610539.8元，资产总额686802071.04元。

【财务状况】 1994年公司每股净资产5.28元，每股收益(加权法)1.28元，每股红利0.9元，净资产收益率29.78%。

长城特殊钢股份有限公司

【公司概况】 公司1994年底总股份620155000股，其中国家股389155000股，法人股132000000股，内部职工股21000股，公众股98979000股。主要股东有四川省冶金工业厅、天骥投资基金、深圳平安实业投资公司等。公司董事长兼总经理：刘立中。

【经营业绩】 公司1994年生产特殊钢51.26万吨，钢材48.66万吨。关联企业有长钢进出口公司、长城冶金实业公司、长钢广汉实业公司、长钢德阳实业公司等。1994年度主营业务收入208031.42万元，税后利润17165.02万元，资产总额364521.15万元。

【财务状况】 1994年公司每股净资产1.63元，每股收益(摊薄)0.28元，净资产收益率17.74%。

常柴股份有限公司

【公司概况】 公司1994年底总股份12000万股，其中国家股8000万股，法人股1000万股，内部职工股300万股，社会公众股2700万股。主要股东有常州市国有资产管理局等。公司董事长兼总经理：沈铁平。

【经营业绩】 公司全年生产柴油机70万台，顺利通过ISO9000系列国际标准的复查，并成功地开发出6只新产品。主要关联企业有常柴银川柴油机股份有限公司。1994年度主营业务收入(不含税)1060836713.62元，税后利润38754103.42元，资产总额632530833.5元。

【财务状况】 1994年公司每股净资产2.68元，每股收益(加权)0.363元，每股红利0.258元，净资产收益率16.85%。

海南新大洲摩托车股份有限公司

【公司概况】 公司1994年底总股份11200万股，其中法人股6720万股，内部职工股7.14万股，社会公众股4472.86万股。主要股东有中国轻骑集团、海南国营桂林洋农场、工行海南省信托投资公司等。公司董事长：张家岭，总裁：赵序宏。

【经营业绩】 公司摩托车产量10万辆，设立了经销网点320个，服务网点150个，成立摩托车研究所。1994年度主营业务收入482691064.42元，税后利润55833625.64元，资产总额598359695.92元。

【财务状况】 1994年公司每股净资产2.89元，每股收益(加权)0.51元，每股红利0.324元，净资产收益率17.25%。

海南金盘实业股份有限公司

【公司概况】 公司1994年底总股份138393920股，其中国家股53358723.19股，法人股29356412.81股，内部职工股14770560股，公众股40908224股。主要股东有海口市财政局、工商银行海南省信托投资公司等。公司董事局主度兼总裁：唐苏宁。

【经营业绩】 公司主要项目有210万平方米的仿花岗岩墙地砖厂，100万平方米的彩色石英砂地板厂，年产3万吨天然矿泉水厂。完善了开发区基础建设。主要关联企业有海口市工业开发进出口贸易公司、海口市工业建材发展公司、海口金盘饮料公司等。1994年度主营业务收入168488844.12元，税后利润69058560.88元，资产总额776829750.91元。

【财务状况】 1994年公司每股净资产3.04元，每股收益(加权)0.65元，净资产收益率22.58%。

东莞宏远工业区股份有限公司

【公司概况】 公司1994年底总股份12960万股，其中法人股6345万股，内部职工股3375万股，社会公众股3240万股。主要股东有东莞市篁村经济联合社、东莞市城宝综合贸易公司广东华信置业股份有限公司、广东华侨信托投资公司等。公司董事长兼总经理：陈林。

【经营业绩】 主要业务有搞好原有工业区的经营管理、房地产开发，完成两个新工业区的基础工程建设和项目建设，推出了偏头痛宁胶囊、康泉等几个专利药品。主要关联企业有东莞市宏远房地产开发公司、东莞市宏远电器工业公司等。1994年度主营业务收入384767672.27元，税后利润89228787.86元，资产总额1351481367.94元。

【财务状况】 1994年公司每股净资产6.26元，每股收益(加权)0.8元，净资产收益率16.36%。

江门甘蔗化工厂(集团)股份有限公司

【公司概况】 公司1994年底总股份7998万股，其中国家股

3034.1万股，法人股2252.44万股，内部职工股711.46万股，公众股2000万股。主要股东有江门市国有资产管理局等。公司董事局主席兼总裁：张铭熙。

【经营业绩】 公司主产品有浆板、机制纸、食糖、药用酵母、食用酒精等。并开展多元化经营。引进废纸脱墨生产技术、新建的高强度凹螺纹钢生产线试产成功。主要关联企业有江门市长润造纸有限公司、海南中商期货交易所、广东联合期货交易所。1994年度主营业务收入318292645.88元，税后利润58978783.57元，资产总额692679303.21元。

【财务状况】 1994年公司每股净资产6.35元，每股收益（加权）0.86元，每股红利0.59元，净资产收益率14.18%。

青海百货股份有限公司

【公司概况】 公司前身为青海省百货公司，始建于1952年，1993年青海省百货公司整体改组并联合国内8家法人单位发起设立，于1994年5月7日经青海省经济体制改革办公室批准，8月11日获中国证监会复审通过，发行面值为1元的人民币普通股股票1500万股，发行价格每股3.5元，公司总股本51666355股，其中国家股20666355股，法人股16000000股，个人股15000000股。主要股东有青海省国有资产管理局、深圳蛇口天通实业有限公司、珠海神驰股份有限公司、海南海虹企业股份有限公司等。公司注册资本5166万元，公司董事长兼总经理：张德雷。

【经营业绩】 主营百货、文化用品、服装鞋帽、针纺织品、五交化工、家用电器、通讯器材、金银饰品、家俱土特产、烟酒副食、旅游饮食饭店、仓储运输等，1994年度主营业务收入8653万元，税后利润663万元，资产总额11144万元。

【财务状况】 1994年1—10月流动比率1.51，资产负债率61.15%，应收帐款周转率2.53%，资本利润率23.65%。1994年法人股、国家股10派1.5元。

深圳本鲁克斯实业股份有限公司

【公司概况】 公司1994年底总股份50000000股，其中法人股35800000，内部职工股1200000股，社会公众股B股13000000股。主要股东有蛇口汉盛电子有限公司、香港佳利精密制造有限公司、武汉华兴电子有限公司等。公司董事长：赵从钊，总经理：黄先锋。

【经营业绩】 公司主要产品有：3.5英寸计算器磁盘、微型录音带、监视器和盒式录音带盒。完成了2090平方米新厂房装修，在武汉天河机场附近买地102亩。1994年度主营业务收入222636913.46元，税后利润13730224.14元，资产总额174286067.62元。

【财务状况】 1994年公司每股净资产2.24元，每股收益0.27元。

厦门灿坤实业股份有限公司

【公司概况】 公司1994年底总股份14800万股，其中法人股10800万股，公众股B股4000万股。公司董事长：吴灿坤。

【经营业绩】 公司新厂房、设备投入启用，灿坤学院正式开办，增设销售据点。1994年度主营业务收入571870000元，税后利润65807000元，资产总额604747000元。

【财务状况】 1994年公司每股净资产2.79元，纯利率11.51%，净资产收益率15.95%。

深圳北方摩托车股份有限公司

【公司概况】 公司是由中国北方工业深圳公司和建设工业（集团）公司通过发起设立的方式在深圳联合组建的一家社会公众股份公司。建设工业（集团）公司和中国北方公司是中国兵器工业总公司属下的两个集团公司。公司董事长兼总经理：陈子升。

【经营业绩】 公司主要生产摩托车。建设工业集团公司把与摩托车相关的资产投入股份公司，占总股本的71.15%，中国北方工业深圳公司将其合资企业南方模具厂经营性资产投入股份公司，占总股本的3.75%。另外发行1.2亿B股。

深圳市国际企业股份有限公司

【公司概况】 公司前身是在深圳市国际商场基础上成立的深圳市国际企业有限公司，1995年9月获准发行5000万股B股。总股份为133403600股，其中发起人股29191200股，中国境内法人股15246800股，境外法人股20616800股，个人股68348800股（包括将发行可流通B股5000万股）。公司董事长：李锦全，总经理：宋胜军。

【经营业绩】 主营综合百货、进出口贸易和房地产开发，兼营工业投资、物业管理等。公司拥有深圳市国际商场、深圳龙岗国际商场、深圳上步国际商场、哈尔滨（深圳）国际商场、长沙（深圳）国际商场等连锁店，公司进出口业务以远洋贸易为主，1994年出口创汇769万美元，其中远洋贸易占79.3%。房地产业务通过占50%权益的融发投资有限公司进行，发展中物业主要为国企大厦等。

【财务状况】 资产负债率69.47%，应收帐款周转率25.39次，净资产报酬率23.63%，纯利率12.68%。1994年每10股派1.5元。

法人股上市股份公司

广东省惠州金叶股份有限公司

【公司概况】 公司1994年底总股份86850889股，其中发起人股53850889股，社会法人股20000000股，内部职工股13000000股。主要股东有惠州市综合贸易发展公司、中国烟草总公司广东省公司、惠州市金信贸易公司等。公司董事长兼总经理：冯覃双。

【经营业绩】 公司开展酒店经营，已建成或在建商品房共3万平方米。主要关联企业有金源科技开发有限公司。1994年度主营业务收入62546000元，税后利润7075000元，资产总额187323000元。

【财务状况】 1994年度公司每股净资产1.51元，每股收益0.08元，净资产收益率5.4%。

清远金穗股份有限公司

【公司概况】 公司1994年底总股份20000万股，其中发起人股8300万股，社会法人股11700万股。主要股东有清远市粮油饲料总公司、清远市财务发展公司、清远市建设财务公司等。公司法人代表：冯家政。

【经营业绩】 公司全年粮油购销总量8万吨，完成了面粉车间、食品车间共5000平方米的厂房的土建和机械设备引进。还有高科技医疗中心等。主要关联企业有清远市面粉厂、清远市奥佳兴面粉有限公司、清远市金穗储运公司等。1994年度主营业务收入107713359元，税后利润25868475元，资产总额336499000元。

【财务状况】 1994年度公司每股净资产1.42元，每股收益0.13元，净资产收益率0.09。

广东清远八达股份有限公司

【公司概况】 公司1994年底总股份108037940股，其中发起人股3875994股，社会法人股69278000股。公司法人代表：沈学志。

【经营业绩】 公司合作开发了春无极甘露，开发八达商贸城，主要关联企业有广东清远八达春无极保健品有限公司、清远市波力奇精细化工有限公司等。1994年度主营业务收入19175897元，税后利润14146460.81元，资产总额204099000元。

【财务状况】 1994年度公司每股净资产1.56元，每股收益0.13元，净资产收益率8.4%。

汕头经济特区南方商贸股份有限公司

【公司概况】 公司1994年底总股份19000万股，其中发起人股11300万股，社会法人股3900万股，内部职工股3800万股。公司法人代表：徐小豹。

【经营业绩】 公司创办了南方明珠娱乐有限公司，合作开发了国新花园。主要关联企业有汕头经济特区南方贸易公司、南方期货经纪有限公司、新津河外商俱乐部等。1994年度主营业务收入14393760元，税后利润17739650元，资产总额305302640元。

【财务状况】 1994年度公司每股净资产1.22元，每股收益0.09元，净资产收益率7.64%。

广东省南海实业股份有限公司

【公司概况】 公司1994年底总股份13900万股，其中发起人股5500万股，社会法人股8400万股。主要股东有南海市公路建设公司、南海市财务公司、南海市土地资源开发总公司等。公司董事长兼总经理：梁永学。

【经营业绩】 公司合作组建了广东省拍卖行南海分行、广东烟草市场等。开发了龙城商住区等。主要关联企业有南海市桂江公路建设公司、南海市有色金属市场有限公司、海通期货经纪有限公司等。1994年度主营业务收入202149000元，税后利润81374000元，资产总额1009881000元。

【财务状况】 1994年度公司每股净资产2.84元，每股收益0.59元，净资产收益率20.6%。

中山市华都实业股份有限公司

【公司概况】 公司1994年底总股份20250万股，其中发起人股7700万股，社会法人股8500万股，内部职工股4050万股。公司法人代表：杨仕根。

【经营业绩】 公司组建了中山华都贸易公司，参股两家针织漂染厂，裕华花园广场平顶，兴办两家酒楼等。1994年度主营业务收入153235560元，税后利润14332470元，资产总额373487100元。

【财务状况】 1994年度公司每股净资产1.11元，每股收益0.07元，净资产收益率6.12%。

广东北江实业股份有限公司

【公司概况】 公司1994年底总股份11000万股，其中法人股10685万股，内部职工股315万股。主要股东有韶关市国有资产管理办公室、建设银行广东省信托投资公司、韶财信托投资公司等。公司法人代表：钟伟成。

【经营业绩】 公司回转窑水泥生产线投产，并开展多种经营业务。主要关联企业有韶关水泥厂、广东江北实业运输公司、广东江北实业石材公司等。1994年度主营业务收入7619.5万元，税后利润1176.3万元，资产总额24320.7万元。

【财务状况】 1994年度公司每股净资产1.6元，股本收益10.69%，净资产收益率6.68%。

广东新会涤纶厂股份有限公司

【公司概况】 公司1994年底总股份199000000股，其中发起人股148200000股，社会法人股367939500股，内部职工股14060500股。主要股东有广东新会涤纶厂集团公司、中国银行广州信托咨询公司、建行广东省信托投资公司等。公司董事长兼总经理：梁国祯。

【经营业绩】 公司主要产品涤纶长丝产量21636.38吨、牛仔布产量370.53万米，低筒管产量1054.22万个。开发了异收缩丝、高收缩丝的弹力丝、天绒丝等新产品。1994年度主营业务收入389272000元，税后利润68767000元，资产总额1468925000元。

【财务状况】 1994年度公司每股净资产3.56元，每股收益0.33元，净资产收益率9.19%。

广东嘉士利集团股份有限公司

【公司概况】 公司1994年底总股份68259600股，法人股63310300股，内部职工股4949300股。公司法人代表：颜荣科。

【经营业绩】 公司引进异型威化生产线。主要关联企业有广东国际印铁制罐有限公司、广东国际容器有限公司等。1994年度主营业务收入228307835元，税后利润15966571元，资产总额366287000元。

【财务状况】 1994年度公司每股净资产2.41元，每股收益0.2339元，净资产收益率9.69%。

广东广建集团股份有限公司

【公司概况】 公司1994年底总股份16991.4万股，其中国家股1362.12万股，法人股14859.27万股，内部职工股770万股。主要股东有韶关市国有资产管理局、梅州市长江实业公司、梅州市巨龙实业公司、韶关市燃料公司等。公司董事长兼总经理：杨禾生。

【经营业绩】 公司年产12万吨的梅州广建水泥厂投产，参股的粤北豪发铝型材厂投产，建筑面积5万多平方米的南苑新村竣工，向阳小区商住楼近尾声。1994年公司主营业务收入64176568.43元，税后利润6884243.55元，资产总额409298287.95元。

【财务状况】 1994年度公司每股净资产1.15元，每股收益0.0405元，净资产收益率3.52%。

清远建北(集团)股份有限公司

【公司概况】 公司1994年底总股份37898万股，其中发起人股13838万股，法人股19044万股，内部职工股5016万股。主要股东有广东建北企业集团公司、万宝集团公司、北京国融企业开发有限公司等。公司董事长：黄乃林，总经理：刘民志。

【经营业绩】 公司关联企业有清远市热电厂、新北江(清远)柴油发电厂、伟业(清远)印刷制品有限公司、广东建北集团冶金有色矿产公司等。1994年度公司主营业务收入103008116元，税后利润15005119元，资产总额745174082元。

【财务状况】 1994年度公司每股净资产1.4372元，每股收益0.0395元，净资产收益率2.75%。

海南国际科技工业园股份有限公司

【公司概况】 公司1994年底总股份24500万股，其中法人股21000万股，内部职工股3500万股。主要股东有海南省高科技有限公司、海南国际(海外)投资有限公司、海南新产业投资有限公司等。公司董事局主席：刘须钦，总经理：王金瑞。

【经营业绩】 公司园区竣工面积2.58万平方米，新开工建筑面积5600平方米，共安排31个高科技项目入园，并引进项目“天王制药”和“管理者系统”。主要关联企业有海南国际天地房地产公司、海南国际科技投资发展公司等。1994年度主营业务收入38172104.78元，税后利润25263974.45元，资产总额430001377.82元。

【财务状况】 1994年度公司每股净资产1.19元，每股收益0.1元，净资产收益率8.7%。

海南海盛船务实业股份有限公司

【公司概况】 公司1994年底总股份12500万股，其中法人股10000万股，内部职工股2500万股。主要股东有广州海运(集团)、中国太平洋保险公司海南分公司、海南银通房地产开发公司、海南银通产业有限公司等。公司总经理：黎文范。

【经营业绩】 公司购置一艘3.5万吨级散货船、三亚海盛大酒店批准为涉外酒店。并投资兴建马村海盛船务燃油码头。关联企业有海盛房地产开发公司、海盛贸易有限公司、海南高速公路股份有限公司等。1994年度主营业务收入151691889.43元，税后利润37148295.36元，资产总额357443769.83元。

【财务状况】 1994年公司资本收益率29.72%，资产报酬率15.16%，流动比率1.26，带速支比率1.23。

广东湛江供销社企业集团股份有限公司

【公司概况】 公司1994年底总股份12000万股，其中发起人股6000万股，定向法人股5400万股，内部职工股600万股。主要股东有湛江供销社企业集团发展总公司、湛江市环宇开发公司、湛江市粤发公司等。公司董事长兼总经理：冯杰。

【经营业绩】 公司组织2000多吨水果直销俄罗斯，并出口轻工、轻纺及农产品等。完成了建筑面积1.8万平方米的湛江供销商业城首期工程。1994年度主营业务收入65285万元，税后利润1868.2万元，资产总额53273.4万元。

【财务状况】 1994年度公司每股净资产1.38元，每股收益0.156元，净资产收益率11.3%。

海南中兴实业发展股份有限公司

【公司概况】 公司1994年底总股份36000万股，其中发起人股13820万股，社会流通法人股16180万股，内部职工股6000万股。主要股东有中国兴南(集团)公司、海南中兴房地产综合开发公司、北海现代国际租赁公司等。公司董事长：王刚。

【经营业绩】 公司1994年引进亚行贷款2700万美元，进行椰子种植综合加工利用项目，反季节瓜菜项目，踏良小区公寓楼封顶,中兴大厦2次装饰,海甸花园和北海明珠城已部分出售。1994年度主营业务收入9492954元,税后利润70155960.57元,资产总额675261575.38元。

【财务状况】 1994年度公司每股净资产1.43元,每股收益0.22元,净资产收益率13.6%。

广州电力发展股份有限公司

【公司概况】 公司1994年底总股份40000万股,其中发起人股26640万股,内部职工股2000万股,社会流通法人股8000万股,未流通法人股3360万股。主要股东有广州发展集团公司、广州珠江电力工程公司、中国工商银行广州市信托投资公司等。公司董事长:杨丹地,总经理:陈大卫。

【经营业绩】 公司主要从事电力工业项目投资、建设和生产经营管理及相关项目投资开发与经营。项目有珠电二期工程,广州员村热电厂等。1994年度主营业务收入13713742.88元,税后利润32688826.9元,资产总额1339532819.46元。

【财务状况】 1994年度公司每股净资产1.04元,每股收益0.08元,股东权益比率31.28%。

三亚东方实业股份有限公司

【公司概况】 公司1994年底主要股东有三亚鹿回头实业发展公司、海南晶裕物业发展有限公司、海南港澳实业股份有限公司、三亚中亚信托投资有限公司、沈阳融资中心等。公司总经理:翟力平。

【经营业绩】 公司完成旅游公寓建筑面积2.6万平方米,以及迷你公寓和银海大酒店等。1994年度主营业务收入61638160元,净利润977074元,资产总额549654297元。

【财务状况】 1994年度公司每股净资产1.72元,每股收益0.003元,净资产收益率0.2%。

海口椰岛股份有限公司

【公司概况】 公司1994年底总股份12000万股,其中国家股5039万股,法人股4561万股,内部职工股2400万股。主要股东有海口市财政局、海口市房地产投资开发公司、工行海口市分行劳动服务公司等。公司董事长兼总经理:张春昌。

【经营业绩】 公司主要下属企业有北海椰岛房地产开发公司、重庆椰岛房地产开发公司、海口市椰岛房地产开发公司等。1994年度主营业务收入116486501.95元,税后利润5645084.93元,资产总额203150798.04元。

【财务状况】 1994年度公司每股收益(摊薄法)0.047元,每股净资产1.125元,每股红利0.04元,净资产收益率4.18%。

恒通集团股份有限公司

【公司概况】 公司是经国家工商行政管理局批准,由珠海经济特区恒通置业股份有限公司更名的。公司1994年底总股份194795590.8股。主要股东有中国国际信托投资公司、宝山钢铁(集团)公司、珠海底总股份194795590.8股。主要股东有中国国际信托投资公司、宝山钢铁(集团)公司、珠海市众友职工互助会等。公司董事长:杨博。

【经营业绩】 公司在上海、江苏开展地产投资,开通了深圳机场至香港客运航线,并开展电子仪表、生物工程制药、服务、文化传播等产业。公司于1994年4月28日以协议收购国家股形式收购了上海棱光实业股份有限公司的12000万股普通股。1994年度营业收入488955236元,税后利润38627760元,资产总额1662187074元。

【财务状况】 1994年公司分红基金19479559.08元,每10股派现金1元。

海南华凯实业股份有限公司

【公司概况】 公司1994年底总股份192000000股,其中发起人股76194960股,流通法人股87005040股,内部职工股28800000股。主要股东有深圳市建筑材料工业集团公司、深圳市新粤西集团公司、海南省农垦开发总公司等。公司法人代表:陈小雄。

【经营业绩】 公司建筑面积8000多平方米的文龙大厦基本完工,美凯利卫浴工业项目9月份投产。主要关联企业有海口华凯物业旅业发展公司、海口凯丽宾馆、海南华凯贸易有限公司等。1994年度营业收入59766842.88元,税后利润14230378.93元,资产总额436373386.12元。

【财务状况】 1994年公司每股净资产1.78元,每股净收益0.074元,净资产收益率4.15%。

杭州大自然实业股份有限公司

【公司概况】 公司是于1992年4月20日经浙江省政府经济体制改革办公室批准,由杭州大自然音像公司、杭州磁带厂及浙江文艺音像出版社共同发起的。公司1994年底总股份85600600股,其中国家股11615600股,发起人法人股927500股,社会法人股57000000股,内部职工股7710000股。

【经营业绩】 公司逐步形成仪表电子业、机械制造业、房地产业、精细化工业等四大产业群体。开发生产高频头、频道转换器、播控设备、高中低压真空电子管等产品。1994年度主营业务收入60880243.74元,利润总额20195326.74元,资产总额191770356.28元。

【财务状况】 1994年公司每股收益0.236元(含税),净资产收益率13%(含税),每股权益1.82元。

海国投实业股份有限公司

【公司概况】 公司是经海南省股份制试点领导小组办公室1993年3月14日批准,同意将海南国际投资股份有限公司分立为海国投投资股份有限公司和海南国际实业股份有限公司,后又分别更名为海国投工业开发股份有限公司和海国投实业股份有限公司。公司1994年底总股份451320323股。主要股东有海国投集团有限公司、三亚市二轻金属材料公司、交通银行海南分行等。

【经营业绩】 公司对海南国际兴发制衣厂实行部分承包经营,及时转让海南国际鞋业制品厂,开发安居工程项目,完成货运总量10779TEU。主要关联企业有海南远航船务有限公司、海南国际集装箱储运公司等。1994年度主营业务收入26150043.24元,税后利润66253300万元,资产总额743064323元。

【财务状况】 1994年公司每股净资产1.3元,每股溢利0.

1468 元，净资产收益率 11.25%。

长白计算机股份有限公司

【公司概况】 公司 1994 年底主要股东有三亚市吉亚信托投资股份有限公司、长白计算机集团公司、福建晋江青阳联友服装厂、华夏证券有限公司等。公司董事长：祝福勋。

【经营业绩】 公司进行了工业用计算机生产技术与设备改造项目、汉字打印机生产制造技术设备二期改造工程、计算机软件开发技术及环境建设等三项技术改造项目。并引进国外仪器设备 86 台套、国内仪器设备 74 台套。同时开展合资合作项目。1994 年度主营业务收入 230338949.86 元，利润总额 30164979.46 元，资产总额 516860781.5 元。

【财务状况】 1994 年度公司红利 727.2 万元，每股红利 0.06 元。

北京双合盛五星啤酒三环股份有限公司

【公司概况】 公司 1994 年底总股份 166734590 股，其中发起人法人股 120534590 股，定向募集法人股 39600000 股，内部职工股 6600000 股，公司法人代表：赵纯，总经理：席林红。

【经营业绩】 公司 1994 的年完成啤酒总产量 101192 吨，完成了对外合作的洽谈和合资申办工作。合资企业有北京三环亚太啤酒有限公司。1994 年度营业收入 177772300 元，税后利润 2768700 元，资产总额 301808222.89 元。

【财务状况】 1994 年度公司每股净资产 1.06 元，每股收益 0.017 元，净资产收益率 1.57%。

南京中央商场股份有限公司

【公司概况】 公司 1994 年底总股份 59903400 股，其中国家股 33766900 股，社会法人股 22000000 股，内部职工股 4136400 股。主要股东有国家持股、深圳市深宝实业股份有限公司、交通银行南京分行、天津港保税区信德贸易发展公司等。公司法定代表人：陆广陵。

【经营业绩】 公司主要关联企业有南京中央大酒楼、南京中央商业批发公司、南京中央商场快餐经营服务公司等。1994 年度主营业务收入 73026800 元，税后利润 23891000 元，资产总额 266087000 元。

【财务状况】 1994 年公司每股净资产 2.14 元，净资产收益率 18.59%，股本净利率 39.78%。

海南省航空公司

【公司概况】 公司 1994 年总股份 300120000 股，其中国家股 16008662 股，法人股 224111337 股，内部职工股 60000000 股。主要股东有国家持股、中国光大国际信托投资公司、海南东亚房地产公司等。公司董事长兼总裁：陈峰。

【经营业绩】 公司 1994 年共飞行 10913 小时，总飞行班次 6472 次，旅客运输量 61 万人次，货邮运输量 3700 吨，总周转量 5766 万吨公里。1994 年度主营营业收入 388985466.79 元，税后利润 87162089.69 元，资产总额 1556291465.15 元。

【财务状况】 1994 年公司每股净资产 1.33 元，每股收益 0.29 元，净资产收益率 21.78%。

長沙市信托投資公司

公司是經中國人民銀行批準，以原湖南省信托投資公司長沙市分公司爲基礎組建的市屬非銀行金融機構。1985年7月經長沙市人民政府批準創立。十年來，公司累計向全市300多家工商企業投放資金10.23億元，營業收入6572萬元，實現利潤4846萬元，上繳利税及能源交通基金2330萬元。公司由單一的貸款業務發展到信托存、貸款，委托存、貸款，證券交易，投資，銀行結算等。公司員工40余人。公司先后投放近1億元資金用于城市重點工程建設。公司先后投放8億多元資金，支持了我市20多家大中型企業的發展。公司累計投放1億多元資金，支持大型商業企業的建設。

優良的效益出自强有力的管理機制。首先，狠抓内部管理，建立健全各項管理制度。第二，狠抓服務質量，以優質的服務贏得客户的信賴。第三，深化勞動人事制度改革，實行中層干部聘任制和新員工招聘制。第四，完善財務管理。公司1993、1994年被評爲湖南省信托投資系統先進集體，在國務院發展研究中心等十二家權威機構組成的全國所有服務業企業評比中，我公司榮獲"1994年中國500家最大服務業—信托投資業第278位"。

地址：湖南省長沙市中山路6號
電話：(0731)4441154　4441153
郵編：410005

中層以上干部共商興業大計

全體員工合影

珠海市
城市信用合作社聯合社

珠海市城市信用合作社聯合社是經中國人民銀行批準成立的一家股份制金融機構。聯社由中國人民銀行珠海分行授權對全市城市信用社實行統一的行業歸口領導和管理，以管理服務為宗旨，以促進全市城市信用社健康發展為目標，根據國家的金融方針、政策和法律、法令開展自營業務。為今后過渡到城市合作商業銀行創造條件，奠定基礎；為更好地支持珠海地方經濟、特別是"兩小經濟"的發展，為珠海經濟特區抓住機遇、再創新優勢發揮應有的作用。

法人代表、主任：賈石國

地址：珠海市香洲紫荊路聯社大樓

電話：2252420　2254410　2254420

傳真：2253132

陕西省
國際信托投資
股份有限公司

1994年1月10日，陝國投股票在深交所上市；中共陝西省委常委、常務副省長徐山林和公司前任董事長兼總經理馮袤雲先生出席股票上市新聞發布會。

法人代表、董事長：孫武學

陝國投總部，該酒店是公司下屬企業之一

經營範圍：信托存貸款、投資；委托存貸款、投資；房地產投資；有價證券；金融租賃；代理財產保管與處理；代理收付；經濟擔保和信用見證；經濟咨詢。兼營中國人民銀行和國家外匯管理局批準的其他金融業務。

公司證券營業部交易大廳

地址：西安市環城東路南段8號
電話：(029)3230252　3239457　3239304
傳真：(029)3239456　電挂：5816
郵編：710048

珠海證券有限公司

總經理：羅義來

證券交易大廳

地址：珠海市吉大海濱南路金信大廈附樓
電話：(0756)3338327　3338866
傳真：(0756)3337461

廣東省南方金融服務總公司

南方證券登記公司辦公大樓

南方金融服務總公司屬下主要證券機構有廣東南方證券交易中心、廣東南方證券登記公司、南金證券部。

廣東南方證券交易中心是不以盈利爲目的的會員制非銀行金融機構，爲會員提供報價、清算、交割服務，組織證券的拍賣、投標，提供證券市場的投資咨詢和信息服務。目前，擁有省内外112家會員，上市交易品種有7只基金、2只受益券、9只法人股及數個國債品種。中心先后于1993年和1994年實現了與上交所和深交所電腦聯網，累計成交金額達600億元。

廣東南方證券登記公司是非盈利性的證券登記、清算、存管機構，是上海、深圳證券中央登記結算公司的結算(存管)會員，是廣東南方證交中心的一級清算中心。主要業務範圍：辦理證券登記、記名證券的轉讓登記；辦理證券帳户卡、有價證券的托管、股票買賣的清算過户；代理有價證券的分紅派息或還本付息；辦理證券帳户資料的查詢、更改、挂失；證券咨詢業務；代理有價證券的保管。

南金證券部目前在廣州市濱江西、東華東設立了兩個營業點，代理深圳、上海證交所、南方證交中心、廣東聯交所國債現貨、回購和股票買賣，配置了衛星和DDN及X.25網傳輸行情及報盤，并設有100多對電話中繼綫及自動終端等先進設備，方便股民交易及操作。截至1995年上半年，股票交易額17億元，代理發行企業債券6.66億元，兑付債券2.5億元，代發行股票、基金11只，代理發行法人股1只，推薦上市2家。

法人代表：丘光
地址：廣州市中山一路7號
郵編：510600　**電話**：7371225

南方證交中心交易大廳

南金證券部

廣東證券公司基金部是經中國人民銀行廣東省分行批準設立經營金融業務的非銀行金融機構。該部是獨立核算，自負盈虧的一級法人。現在主要負責經營管理廣證投資基金和廣證93年國庫券受益券兩個品種。

廣證投資基金是經中國人民銀行廣東省分行批準，于1993年向社會公開發行，總規劃11700萬基金單位，基金爲契約型封閉式，封閉期限8年，經批準最長不超過15年。本基金發起人是廣東證券公司，經理人是廣東證券公司基金部，信托人是中國工商銀行廣東信托投資公司。于1993年12月31日在深圳證券交易所上市。并于1994年3月3日在南方證券交易中心挂牌交易。

廣證93年國庫券受益券是1994年3月經中國人民銀行廣東省分行批準設立，于1994年3月28日至5月28日向社會公開發行，發行總規模爲12000萬個受益單位，發起人認購1200萬單位。該受益券已于1994年12月6日在南方證券交易中心挂牌交易，可流通數量爲10800萬個受益單位，簡稱"廣證受益"，證券編碼5101。

廣東證券公司基金部

法定代表人：胡學光
地址：廣州市東風東路703號14樓
電話：(020)7784508　傳真：7784506
郵編：510080

基金部經理：胡學光

基金經理人論證投資項目

證券交易員分析股市走勢

廣信投資基金

公司辦公大樓外景

基金性質:契約型、封閉式、綜合性投資基金
發行總額:12875.4 萬元人民幣
發起人:廣東國際信托投資公司(廣信公司)
信托人:中國人民建設銀行廣東省信托投資公司
經理人:廣東國際信托投資公司基金部
法定地址:廣州市環市東路 339 號廣東國際大廈 17 樓
電話:(020)3311014　3318640
傳真:3311013　郵編:510098
經理人顧問:厲以寧教授、董輔 礽教授　張元元教授

主要管理人員簡介:

凌偉增:男,42 歲,經濟師,現任廣信公司的副總經理兼基金部法人代表,廣州中山大學本科畢業,曾在廣信公司香港分支機構工作多年,并在日本野村證券公司研修,現分管廣信公司的國際金融、證券、基金、計劃和財務工作。

林金騰:男,37 歲,會計師,現任廣信公司副總會計師兼基金部經理,大學本科畢業。英國會計師公會學生會員,曾在香港安永會計師事務所工作。

吴尚武:男,31 歲,經濟師 ,國際金融碩士,畢業于中國人民銀行總行研究生部,現任廣信基金部證券投資部經理。

蘇祖耀:男,32 歲,經濟師,律師,國際私法博士,畢業于武漢大學國際私法專業,曾在香港的 Sinclair Roche 律師行工作。

發起人簡介:

廣東國際信托投資公司是廣東省政府唯一直接全資擁有的國有金融企業,它擁有美國穆迪公司和標準普爾公司分别評定 Baa2 和 BBB 的國際信用級别,以及日本公社債研究所評定的 A+信用級别,是全國第一家進入歐美資金市場發行債券的省級金融機構,其通過投資、貸款、租賃、擔保等形式參與沙角電廠、廣東電力股份公司、廣深高速公路、珠江隧道、三茂鐵路、廣梅汕鐵路、九江大橋、澳門國際機場、廣東國際大廈、江灣新城、大連富麗華酒店、深圳國商大廈、珠海度假村、北京京廣中心、廣信花地灣住宅區、深圳笋崗倉庫、廣信麥當勞、健力寶、維佳飲料、藍帶啤酒、佛山佛斯弟摩托車、南方玻璃、佛山陶瓷、萬家樂、中山威力洗衣機、廣州標志汽車、深圳證券交易所、廣東發展銀行、廣東華僑信托投資公司、廣東證券公司、中聯國際租賃公司等企業的融資。廣信公司在投資及其管理方面有豐富的經驗和出類拔萃的能力,擁有一大批熟悉國內外法規和慣例,富有經驗的專業人才,以及良好的信譽。

行長:黃宗聲

汕頭交行重建于1990年2月,是粵東地區第一家全國性股份制商業銀行。重建5年來,穩健經營、開拓創新,堅持商業銀行的辦行方向,奉行"一流的服務質量、一流的工作效率、一流的銀行信譽"的辦行宗旨,不斷向廣大客戶提供優質的金融服務。到目前為止,我們形成了比較全面的,以本外幣存、貸、匯為主體,信用卡、咨詢等業務相補充和相配套的業務體系。

到1994年底,資產總額33.5億元人民幣,五年平均增長85.5%;人民幣各項存款余額22.5億元,五年平均增長91.2%;國際結算業務量達到6.6億美元,在交行系統各家分支行中名列第五;各項貸款余額14.65億元,五年平均遞增63.1%;五年累計發放貸款90.8億元,有力地支持了汕頭地區的經濟建設。1992年我們由支行改稱分行;1995年2月,又晉升為交通銀行總行的直屬行。五年來,汕頭交行經歷了從無到有、從小到大的創建過程,初步形成社會主義商業銀行的基本框架。

銀行要加強上門服務、咨詢服務,推出新的代收代付、預約服務等新方式;不斷提高銀行業務處理的電子化程度,安裝自動櫃員機,提供全天候的二十四小時服務。

總經理：朱熹豪

海南華銀國際信托投資公司

華銀公司創建于1988年9月，是由海南省人行批準的由多家機構出資建立的有限責任股份公司，公司注冊資本5000萬元。華銀公司實行董事會領導下的總經理員責制，堅持“規範經營、求實創新、穩步發展”的經營策略，經過7年的艱苦努力，已經形成了以證券投資，傳統信托投資業務并舉的大型集團化公司。

華銀公司是上海證券交易所首批25家會員之一，并先后成為深交所、武漢證券交易中心、STAQ系統、天津證券交易中心的會員，公司利用這一優勢，不斷在二級市場上擴展服務項目，充實信息咨詢，提高服務質量，在全國各地投資數千萬元建立了上海、南京、哈爾濱、沈陽、武漢、海口6個營業部，代理各類股票，有價證券交易量達百億元。華銀公司通過參股多家專業證券公司，拓展新的交易品種，在B股、H股、期貨交易、產權交易、企業兼并與收購上進行新的嘗試。

地址：海口市龍昆北路華銀大廈12層
電話：6761133　**傳真**：6713235
郵編：570105

公司辦公大樓遠景

中國農村發展信托投資公司廣東辦事處
中國農村發展信托投資南方公司

中國農村發展信托投資公司是由國務院批準成立的以金融爲主，兼實業投資、房地産開發、進出口貿易的綜合性大型聯合企業，是全國農口唯一實行企業化經營的非銀行金融機構，是世界銀行向我國政府提供的中國農村部門調整貸款的唯一執行機構和法定提款。

中國農村發展信托投資公司廣東辦事處、中國農村發展信托投資南方公司是中農信公司在廣東的辦事機構和區域性子公司，是經中國人民銀行廣東省分行批準的全民所有制非銀行金融機構。公司成立于1988年10月，爲國有大型一類企業。公司主要經營範圍：代理信托存貸款、投資，委托存貸款、投資，代理有價證券、金融租賃、財産保管與處理、收付業務，經濟咨詢；代理境内外外匯信托存款、放款、外匯信托投資，代理以自有外匯資金進行外匯投資、國際融資租賃及外匯擔保和見證業務等。公司六年來，累計在廣東投資60余億元人民幣，截至1994年，公司資産規模已達20億元。

中農信廣東證券部是經中國人民銀行廣東省分行批準成立的全民所有制金融機構。中農信廣東證券部已取得深圳證券交易所和上海證券交易所的交易席位；是武漢證券交易中心、天津證券交易中心、全國證券交易自動報價系統和廣州證券交易服務中心的會員；是廣東證券業協會和廣州證券業協會的理事單位。

公司地址：廣州市廣州大道中227號華景大廈4樓

電話：(020) 7393688　7769888－858

傳真：(020) 7391698　郵編：510600

證券部地址：廣州市廣州大道北118號8樓

電話：7588898　7588828

傳真：7588138　郵編：510075

田紀雲副委員長聽取中農信廣東辦事處主任、中農信南方公司總經理趙愛周的工作匯報

公司營業大廳

東莞證券

法人代表:何炎坤

東莞證券有限公司是經中國人民銀行總行批準成立的非銀行金融機構,是東莞地區唯一一家具獨立法人地位的證券商。主要業務範圍包括代理證券發行、證券自營、代理證券買賣和證券還本付利息、證券業務咨詢等。

1993年6月底東莞證券有限公司率先在東莞地區代理買賣深交所和上交所上市股票,其中代理深交所上市股票買賣交易一直名列全國同行前列。在股份公司組建、法人股上市推薦、公衆股發行承銷、國債和地方企業債券的代理發行、到期本息兑付等其它業務都有長足的發展。公司擁有深、滬證券交易所、南方證券交易中心、武漢證券交易中心會員資格及交易席位,同時擁有全國15家商品期貨交易所代理買賣資格。公司營業網點分布莞城、篁村、石龍及深圳市,初步實現了以莞城爲中心,網點向全市主要鎮區輻射的完善交易網絡。現在,公司已擁有資産總額近億元。

東莞證券有限公司作爲全國同行新崛起的一支异軍,特别重視經營硬件和軟件的建設,每個交易大堂彩色大型電子顯示屏,櫃臺交易,自動工作站和室内電話交易系統一應俱備,天上衛星、地下專綫通訊系統和分布式電腦交易網絡爲客户提供了安全、可靠、準確、快捷的服務。每日由專業信息公司提供的即時信息和各大證券報刊雜志應有盡有,保證了客户從各個側面了解市場動態,掌握投資脈搏。現在,公司已制定了完善的管理制度,内設置總經理室、證券交易部、證券發行部、證券投資部、債券業務部、電腦部、計財部、資金部、辦公室等9個部門。一支擁有100多人的證券專業隊伍中,具有大中專以上學歷的占80%,經濟師、會計師、工程師也有一批。我們相信,這支具有朝氣活力的年輕隊伍,將爲東莞證券的發展起到積極促進作用。

有限公司

舒適安靜的辦公環境

即將開通的期貨交易大廳

寬敞明亮的交易大廳

大戶室

法人代表：何炎坤

東莞證券有限公司
地址：東莞市莞太路勝和大廈
電話：(0769)2413065
傳真：2412090
郵編：511715

東莞證券石龍營業部
地址：石龍鎮西湖區商品樓D座
電話：(0769)6624090

東莞證券梨川營業部
地址：莞城區烟草公司一樓
電話：(0769)2220181

東莞證券深圳營業部
地址：深圳市華強南路華陽街鵬福樓三樓
電話：(0755)3207139

海南匯通國際信托投資公司證券部

總經理：徐英

匯通公司是海南較早致力于證券業務的金融機構之一，1991年3月，經海南省人民銀行批準成立了證券部，專營證券業務，公司撥入證券部資本金5500萬元。證券部業務範圍：代理企業債券發行；有價證券承銷包銷；代理客戶各種有價證券的買賣，參與企業股份制改組和A、B股票公開發行的承銷、推薦上市、投資咨詢策劃等多項業務。1991年證券部參與國庫券承購包銷工作，包銷量500萬元；1992年作為國庫券承銷團主要成員之一；證券部成功代理發行了海南鞍鋼實業總公司債券1500萬元和海臺地產有限公司企業債券1000萬元；1993年代理海南中城地產總公司發行債券3000萬元，海臺三期債券3000萬元。1992年初，成功設計并推出了新型證券投資工具—海臺仙樂花園房產投資券6600萬元，1993年又首次成功推出了海南三亞地產券2億元，這兩種債券先后在海南證券報價中心上市交易，豐富了海南證券交易品種，證券部還承銷了包括海南第一招商股份有限公司、海南華能股份有限公司等十幾家企業的定向募集發行工作，累計承銷金額達30億元，擔任了海南海藥公司的副主承銷及上市推薦人、海南新大洲公司上市推薦人、海德公司分銷商等。并取得了吉林、遼寧、鄭州等外省市企業公開發行的主、副承銷承諾。

寬敞的營業大廳

匯通證券為深圳、上海證交所，武漢、沈陽、天津、重慶等證交中心以及STAQ及NET系統會員。今年，匯通證券被批準成海南第一家擁有承銷代理B股業務的券商，并已在上海營業部、海口營業部積極推廣B股的交易。匯通證券目前下轄海口、深圳、上海、北京、武漢五大證券營業部，擁有電話委托、數據報盤、電腦觸摸屏、行情查詢、自助終端等先進的電腦交易設備。1993年，匯通證券全年二級市場交易總量超過85億元，1994年累計交易額達150億元。至1994年底累計承銷發行股票30億元，代理交易量300億元。現擁有員工200余人，大學本科以上占90%，主要以金融專業為主。公司證券部1993年實現營業收入5600萬元，純利2600萬元，1994年實現營業收入8408萬元，純利3380萬元。1993年5月，中國誠信證券評估公司評定公司證券商信用級AA級；1993年，長城資信評估有限公司評定公司證券商信用級AA+級。

總經理:藍榮

福建興業證券公司

公司是經中國人民銀行總行批準,在原福建興業銀行證券業務部基礎上組建的具有法人資格的專業證券公司,注册資本1億元。公司是中國證券業協會首批會員和理事單位,爲上海、深圳證交所、NET系統、STAQ系統會員。1992年,主承銷代理廈門汽車股份有限公司公開發行股票;1993年,推薦福建福聯、福耀公司股票到上海證交所上市;主承銷了福建省1993年公開發行股票的5家公司中的福州東百、福建水泥、閩東電機股票并推薦上市,擔任了福建省1993年股票認購申請表發行團主干事;1994年,主承銷代理發行福州東百、福建福發股票配股,參加了儀征化纖A股承銷團。截止1995年第一季度,累計承銷發行各類證券14.46億元。辦理各類交易3158.71億元,其中,股票委托交易155.38億元,債券交易3003.33億元。

據中國證券業協會統計,公司1994年的股票交易總額、利潤總額、資産總額等三項指標均躋身全國券商經營業績排行榜20强之列。其中,經濟效益居證券同行業全國第六。公司目前已在上海、深圳設立了業務部,在福州設立了天騖、華林、倉山辦事處,在廈門、泉州、漳州、南平、三明設立了支公司,形成立足福州、深入滬深、輻射全省的證券經營網絡。興業證券將始終以"客户至上"的宗旨,竭誠爲廣大投資者提供高效、優質的服務。

法人代表、總經理:藍榮
地址:福州市湖東路169號天騖大廈
電話:7543114　**郵編:**350001

公司總經理藍榮(前排右二)在1994年首批國庫券發行承銷簽約儀式上

福州天騖營業部交易大廳

中國光大銀行
海南證券業務部

總經理：周　朋

中國光大銀行業務輻射海内外衆多的地區，光大證券網絡已遍布北京、上海、深圳、海口、廣州、重慶、武漢、香港、新加坡等地。

中國光大銀行海南證券業務部是中國光大銀行的直屬機構，主要業務範圍：代理發行各種有價證券；自營及代理深、滬國債期貨與現貨買賣；自營及代理深、滬交易所股票買賣；證券回購；證券鑒證、過户；證券投資咨詢；證券代保管。并具有先進的設備、雙向衛星通信、多樣委托手段、信息網絡聯通各大證券交易機構以及豐富的信息資料。

地址：海南省海口市金貿區世貿東路

海南世界貿易中心 D、E 座首層

電話：8520681　**傳真**：8520711

郵編：570125

辦公大樓外景

寬敞的營業大廳

先進計算機房

中國國泰證券有限公司

海口營業部

法人代表、總經理：吴雙豐

中國國泰證券有限公司是經人民銀行總行批準，于 1992 年 10 月正式成立的全國性股份制證券公司，爲全國三大證券公司之一，注册資本 10 億元，三年來，已發展成爲機構遍布全國，員工逾千人，資産逾 50 億的國内最大證券公司之一。中國國泰證券有限公司海口營業部是總公司在海南的獨家分支機構，由總公司與海南省建行共同籌資組建，注册資本 2100 萬元，于 1993 年 3 月在海口注册，爲獨立法人。

海口營業部宗旨：開拓進取，高效務實。主要業務範圍：承銷有價證券；自營買賣和代理買賣有價證券；有價證券的代保管、鑒證、過户、代理還本付息和分紅派息；發行和代理發行債券；有價證券抵押、貼現；開展基金業務，包括基金的發起、組織、保管、委托和代理支付受益憑證的收益金、償還金及解約金；參加證券交易所，從事證券交易規定的經紀人業務；對有價證券發行者進行財産、信譽等級的評估；提供與證券業有關的投資咨詢業務的信息服務；外幣及境外證券業務；向國有商業銀行和其他金融機構借款和融資；經營與證券業務有關的投資業務；經中國人民銀行和國家外匯管理局批準的其他業務。

國泰海口營業部特點：

1. 硬件設施優良：與深交所爲雙向衛星通信系統，與上交所爲衛星行情顯示、開通了 80 對外綫的電話委托業務；

2. 交易席位多：爲深交所、上交所、STAQ 系統、天津、武漢、中商等交易中心的會員，交易品種齊全；

3. 服務意識强：一切爲客户着想是國泰證券有限公司的業務經營方針。海口營業部全部實行保證金制度，但不設最低限額，開户的股民均可同時成爲電話委托和磁卡委托的用户；同時，配有多種行情分析系統，隨時提供高質咨詢服務；

4. 地理位置優越：交易場所位于交通便利的濱海大道天福酒店，擁有 600 平方米的營業大廳，大户室爲酒店式布局，環境優雅。

營業部辦公大樓

營業櫃臺

法人代表、總經理:吳瑞榮

潮州市信托投資公司是1987年經中國人民銀行批準成立的國有金融機構。經營人民幣和外匯業務。創立8年來,累計投放貸款32.5億元;發行和代理發行融資券籌集資金2.96億元;證券交易額265億元;承銷國債3億元;累計創税利1.2億元;目前總資産達10億多元,是成立時的40倍。公司證券交易額、利潤總額在全國信托投資公司排名中分别列第10位和第6位。公司是中國證券業協會理事、中國國債協會會員、深、滬交易所會員。目前全資附屬企業有6家,合資合作企業6家,投資參股企業8家。

廣東省潮州市信托投資公司

地址:廣東省潮州市潮楓路金融信托大廈
電話:(0768)2268889 2265913
傳真:(0768)2262081

公司上海證券業務部夜景

公司廣州證券業務部

投資興建的潮州最高建築—金融信托大廈外貌

合作開辦的珠江股市臺直播室

總經理:敬宏

中經信深圳證券業務部

中經信深圳證券業務部于 1993 年 6 月 18 日正式開業,業務部配有:先進精良的電腦設備,寬敞明亮的交易大廳,爲投資者提供一流的投資環境,全面開通滬、深 A 股,深 B 股,國債現貨、回購,國債期貨業務以及國債代保管與清算業務,積極籌備國内商品期貨業務。多元化的業務範圍,爲投資者提供全方位服務;電話委托交易系統、自助委托交易系統、櫃臺委托交易系統、經紀人制度,爲投資者提供多種方便靈活的交易方式;完善的情報系統、先進的分析軟件、準確的投資咨詢服務,爲投資者提供科學的決策依托。

業務部營業處

自動委托交易廳

總經理:敬宏
副總經理:孟向晨
地址:深圳市深南中路紅嶺大廈首層西段
電話:(0755)2249247 2275201
傳真:(0755)2272077
郵編:518046

佛山國際
信托投資公司

公司董事长兼总经理谢志坤（左三）、董事兼副总经理洪克忠（左二）、董事兼副总经理梁达明（左四）董事兼副总经理林奕辉（左一）在一起商讨发展大计

佛山國際信托投資公司，原名佛山市信托投資總公司，成立于 1984 年 6 月，是佛山市人民政府直接領導的，經中國人民銀行批準，經營人民幣及外匯金融業務的非銀行金融機構。公司實行董事會領導下的總經理員責制，具有法人資格，注冊資金 2 億元人民幣。公司成立以來，采取多種形式，積極在境內外籌措人民幣及外匯資金，以投資、貸款、融資租賃、擔保等方式，有效地支持佛山市的交通、能源、紡織、陶瓷、電子等行業的基礎設施建設和原材料、出口產品的生產以及房地產、旅游業、高新技術的開發，取得了良好的經濟效益和社會效益。公司還參與中國平安保險公司佛山辦事處股份，投身保險事業。公司在香港、澳門設立了辦事機構，形成了境內外相互依托、以金融業務為支撑、經營其他業務的現代經營發展新格局。1992 年開辦證券業務以來，代理買賣深、滬 A 股、B 股和國債期貨，公司的證券業務迅速發展，服務設施、服務質量不斷改善和提高。1993 年公司被國家證監會批準為公衆股票承銷商，成為佛山市目前唯一取得公衆股票承銷商資格的證券經營單位。曾成功的為佛山電器照明股份有限公司主承銷公衆股票和分銷粵美的、粵美雅 A 股等。近幾年來證券交易業務在佛山市名列前茅。

公司辦公大樓全景

公司在互惠的基礎上，先后與境內外 40 多家金融機構和外資銀行建立了良好的業務合作關系。目前公司的資產總額超過 12 億元人民幣，利用外資超過 1 億美元。公司三次被設在西班牙馬德里的《國際貿易》雜志編輯部和先導者協會授予國際最佳公司獎，1992 年和 1994 年兩次被國務院發展研究中心《管理世界》中國企業評價中心及 10 家部委聯合評定為中國 500 家最大服務業企業之一。

地址：**廣東省佛山市汾江南路** 99 **號**

電話：(0757)3321127　**傳真**：(0757)3327814

活躍的證券交易業務

江門證券公司鶴山營業部

江門證券公司是經中國人民銀行總行批準設立,面向全國經營證券的專營機構,是上海、深圳證交所的會員。其鶴山營業部是位于鶴山市沙坪鎮内。本地擁有良好的交通環境和在深交所上市的“粤美雅A股”。

裝修豪華。寬敞舒適的交易大廳達1000平方米,設立了“廣東第一屏”的全方位、多功能的電視顯示屏牆,四間專户大包房和四間超級貴賓室。1994年僅深圳股市交易額達10億多,曾創出日成交5500筆,日成交額4300萬元。

設備先進。采用高效快捷的衛星雙向傳送,跑道暢通。客户可使用磁卡和觸摸屏等自助委托系統,操作直觀方便。并提供即時行情走勢技術分析,并配備了64條中繼綫電話委托。

服務資訊周全。員工素質優良,服務熱情周到,并定期舉辦股市沙龍講座,邀請股市專家,名流大户參加,是最理想的信息交流場所。

先進的行情顯示系統

電話委托系統

寬敞的交易櫃臺

豪華貴賓室

總經理:陳靈

地址:廣東鶴山市沙坪鎮前進路16**號**

電話:(0750)8880391　8880209

8880396(**傳真**)　8892580(**貴賓室**)

郵編:529700

海南融資中心

總經理:賈曉峰

地址:海南省海口市濱海大道華信路華信大廈 15 樓
電話:6787261 **傳真**:6787224
郵編:570005

海南融資中心是由中國人民銀行海南省分行牽頭組辦,海南省各專業銀行、交通銀行入股參加的具有獨立法人資格的金融機構,1993 年 6 月 10 日,經中國人民銀行海南省分行批準成立。

業務範圍爲代理自營全國跨地區、跨系統的同業拆借和票據融資,管理會員基金,提供市場信息。辦理融資咨詢業務,受人民銀行委托辦理中央銀行市場調控與融資有關業務,辦理經人民銀行批準及委托的其它業務。中心下設業務部、財務部和辦公室,中心董事長喻柏漢,現任總經理賈曉峰,中心成立一年來,根據人民銀行的有關政策和規定,積極拓展業務,與省内外的金融機構建立了穩定的業務聯系,目前海南融資中心拆借余額達 14 億元,一家程度上緩解了海南省資金緊張狀況,保證了全省各金融機構的正常支付。隨着金融體制改革的不斷深化,海南融資中心將按照市場原則進行規範化管理,并在中央銀行宏觀金融政策指導下,發展票據融資,短期貼現等一系列新業務,參與金融宏觀管理,竭誠爲金融界提供優質、快捷的服務。

公司門牌

精誠團結的集體

中亞證券營業門面外景

中亞證券

寬敞的交易大廳

豪華舒適的大戶室

中亞信托投資公司是1987年經海南省人民銀行批準設立的非銀行金融機構，注册資本1.5億元人民幣，外匯注册資本750萬美元。1994年，公司以其雄厚的綜合實力躋身"中國500家大型服務企業"的行列。

中亞證券是公司證券、期貨業務的統稱，在三亞、海口、上海、深圳、天津、成都等地設立了6家證券業務部，并在海口擁有一家大型期貨代理公司—中亞期貨經紀有限公司。中亞證券擁有上海、深圳交易所、武漢、天津、海南、四川、安徽、**STAQ** 等交易中心及北京、鄭州、蘇州、大連、廣東聯合、海南中商等六大商品交易所的會員資格及獨立的交易席位。

無論從投資規模、業務量、盈利能力還是員工隊伍的整體素質，中亞證券都居于海南信托業券商前列。并在國內證券界獲得良好聲譽。

中亞證券營業機構

機構	地　址	電話	負責人
三亞營業部	三亞市河東路10號	271983	張　健
海口營業部	海口市金貿區王府別墅B座	8510822	王躍華
上海業務部	上海市靜安區新閘路1950號	2714286	祝懷謹
深圳業務部	深圳市華富路華康包裝大廈	3223376	耿　波
天津業務部	天津市南開區東馬路130號	7343972	王少波
成都業務部	成都市紅星中路一段20號	6758198	李　驁
中亞期貨公司	海口市匯通大廈10層	8533139	陳法科

珠海農行信托證券部

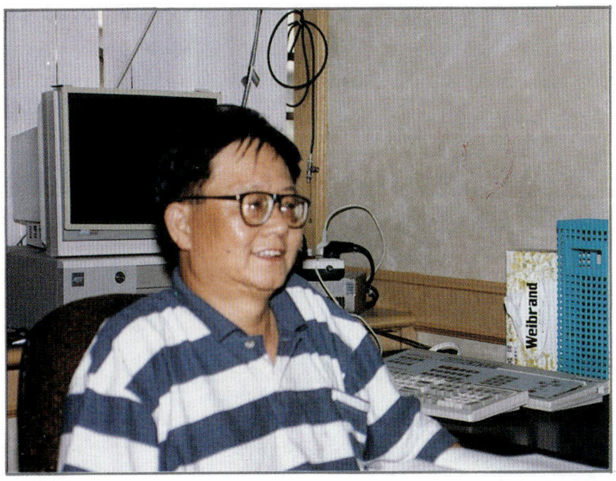

總經理：王道秉

中國農業銀行廣東省信托投資公司證券交易（珠海）營業部（簡稱珠海農行信托證券部）是由中國農業銀行珠海分行與廣東省信托投資公司共同創辦，總投資 2800 萬元，注册資金 1000 萬元，于 1994 年 3 月 28 日正式開業。營業面積 1500 平方米，是珠海市首家利用 DDN 網直接進入深交所、上交所競價系統進行自動場外報盤的券商，系深交所、南方證交中心、武漢證交中心的會員單位，現有高級職稱 1 人，中級職稱 8 人，90％以上具有大專以上學歷，其先進的設備，一流的交易條件及卓著的投資咨詢服務享譽珠海，聞名廣東，其規模與實力目前已跨入珠海市三大券商的行列，深 A 股成交量多次躋身深交所全國前 50 名之列。滬 A 股成交額在南方證交中心 115 家會員中也多次名列前茅。

總經理：王道秉（高級經濟師）
地址：廣東省珠海市吉大景山路銀暉大廈
電話：（0756）3354328　3354188　3354778
傳真：（0756）3354328　**郵編**：519015
委托查詢電話：（0756）3354988　3354788

證券部專戶交易室

交易大廳

業務部門面

中國光大銀行深圳證券業務部

經理:葉琳

中國光大銀行深圳證券業務部是經中國人民銀行深圳分行批準,由中國光大銀行全資組建的證券經營機構,于 1993 年 9 月正式開業,注册資本 1070 萬元。目前已開通的業務有:深、滬 A、B 股交易,深滬國債現貨、回購及國債期貨業務,是深圳證券商中經營證券業務品種比較齊全的單位之一。計劃開辦北商所、武漢證交中心及南方證交中心等市場的國債期貨業務。

"追求卓越、提供優質高效服務、創造一流股票并推向市場"是全體員工所恪守的業務宗旨。屬下的營業部本着"高效、準確、安全、優質"的服務宗旨爲廣大投資者提供完善的服務。大屏幕顯示行情,擁有錢龍、建功、宏匯即時分析系統。聘請著名分析人士定期進行分析講解,并免費提供報紙資料和咨詢報告。

地址:深圳市華強北路華強電子工業總公司三號樓 1 樓

電話:3327876　3327879

設備齊全的大戶室

華信投資基金

廣東華僑信托投資公司基金部總經理:尹文健

華信投資基金是經中國人民銀行廣東省分行批準設立的契約型封閉式投資基金,于1993年12月16日正式成立,有效存續期限8年。經廣東省證監會批準,基金于1994年3月3日在南方證券交易中心上市交易,于1994年3月14日與深圳證券交易所聯網交易,基金上市總額11800萬個單位。

基金的發起人為廣東華僑信托投資公司,是廣東省三大金融機構之一,屬股份制法人非銀行金融機構,注册資本4.5億元人民幣,到1993年底總資産44.5億元人民幣。基金的信托人為中國銀行廣東省分行。基金經理人為廣東華僑信托投資公司投資基金部,是中國人民銀行廣東省分行批準設立的具有獨立法人資格的非銀行金融機構。

基金部領導在研究工作

基金部工作人員在認真工作

華信基金贊助社會公益事業廣州賽馬會授獎大會領獎

海口市振東城市信用社

法人代表、總經理:王秉均

信用社是1986年經中國人民銀行海南省分行批准成立的海南省第一家城市集體股份制金融機構。1994年底又經批准首次擴股,貨幣資本金增至1040萬元,實力更加雄厚。信用社擴股后提出了“人才興社”的口號,將一批富有開拓精神、德才兼備的碩士生、大學畢業生充實到各重要部門和崗位上。在激烈競爭的市場環境中,以人才求生存,以人才求發展,擁有大、中專學歷及高、中、初級職稱者已占全社員工的70%。“管理取勝”是擴股后信用社提出的又一口號,不斷推出各項新的管理制度,規範運作行為,力求從管理中取勝,從管理中要效益。信用社還積極提高業務技術能力和更新業務設備。5個營業部已經全面實現業務處理電腦化,并成為海南省城市信用社首家加入全國電子聯行的信用社。

“躍馬揚鞭,振東信社”。目前,振東城市信用社總資產規模已達25000萬元,各項經濟指標的考核也均居全省城市信用社的前列。振東城市信用社正以嶄新的面貌躍上更高一級臺階,為海南經濟的騰飛作出更大的貢獻。

總部地址:海口市人民大道31號振信大廈

電話:6261854　6261845

辦公大樓全景

寬敞的營業廳

中國農業銀行保亭縣支行

營業櫃臺

行長:王文和

辦公大樓全景

行長(法人代表、經濟師):王文和　　副行長(經濟師):郭少雲　　電話:669239

先進的電腦處理系統

中國農業銀行保亭黎族苗族自治縣支行于1979年9月恢復,下設15個股(室)、10個營業所(部)、三個儲蓄所,現有銀行職員128人,代辦員31人,其中具備中級職稱14人,初級職稱25人。支行認真貫徹國家農村金融方針政策,積極籌集閑散資金,本着"信譽至上、謁誠服務、高效廉潔、文明辦行"的宗旨。繼續拓展業務領域,辦理人民幣和外幣存款、貸款、現金、轉 帳結算及其他金融業務,機構網點分布全縣各鄉鎮。支行服務手段先進,服務質量優良,管理嚴謹,資金雄厚。目前,全縣實現三級電腦聯網,開通保興、城鎮、營業部、新星、加茂等所電腦儲蓄,并辦理全省電腦通存通兑儲蓄和對公業務,各項業務突飛猛進,截至1994年底,各項存款余額達9448萬元,其中:儲蓄存款余額7475萬元。

支行積極支持保亭山區經濟建設,至1994年底,各項貸款余額11408萬元,支持了六個國營農場及一個縣農場發展橡膠和茶葉生產,年實現干膠總產達9000噸,茶葉340噸,支持農村種植民營橡膠12萬畝,年干膠產量3500噸。積極支持鄉鎮企業經濟發展,重點支持當地小水電站和橡膠加工生產。此外,還積極支持農業綜合開發,有效地促進山區經濟發展,逐步形成以熱帶作物橡膠為龍頭,農、工、商、加工一條龍的立體經濟新格局,取得良好的社會效益和經濟效益。

支行將不斷進取,勇于開拓,強化管理,改進服務手段,闊步向商業銀行機制轉換,更好地為廣大顧客提供方便、快捷、安全的服務,為保亭民族地區的經濟騰飛,百尺竿頭,更上新臺階。

广東省汕頭市

建融城市信用合作社

法定代表人、主任：陳文亮
地址：汕頭市紅領巾路 52 號
電話：(0754)8545569　8541571
郵編：515031

國家AAA級信用單位

存款、貸款、結算、個人儲蓄

代理經中國人民銀行批準的證券業務

代辦保險及其它代收代付業務

辦理經中國人民銀行批準的其它金融業務

法人代表、總經理：袁建祥

汕頭經濟特區國際信托投資公司

公司門牌

公司是經中國人民銀行和國家外匯管理局批準的具有人民幣和外幣經營權的全民所有制非銀行金融機構，具有獨立法人地位的經濟實體，注冊資本為人民幣 1 億元。公司自 1986 年成立以來，以重信譽、講效率、誠服務為宗旨，積極開展外引內聯，大膽拓寬經營渠道，使公司的各項業務得到穩步發展。目前，公司主要從事信托存貸、款、委托存貸款、投資、租賃、有價證券、票據交換、國際結算等業務。公司的組織機構 7 部 1 室，現有下屬公司 6 家，中外合資和股份制公司各 2 家，形成了以金融業務為主體，貿易、房地產和實業投資業務綜合發展的多元化格局。

在業務發展的同時，公司通過引進人才，崗前培訓等形式提高職工隊伍的思想和業務素質，目前公司共有黨員 16 名，團員 23 名，黨團員占總人數的 80%；有大中文化程度以上職工 36 名，占職工人數的 74%；有各種職稱的職工 29 名，占職工總人數的 57%，其中高級職稱人員 1 名，中級職稱人員 4 名。從 1992 年起連續 3 年稅前利潤超千萬元，且一年上一個新臺階，公司總資產達到 8 億元，為搞活金融、發展經濟、加快汕頭經濟特區的發展做出貢獻，94 年被評為中國 500 家最大信托投資企業之一。

公司周年喜慶

地址：廣東省汕頭市金砂東路汕頭航空大廈 10 樓　電話：(0754)8892766　8892755

辦公大樓外景

中國農業銀行文昌縣支行

行長(經濟師):林明敏　地址:文昌縣文城鎮文建街 9 號　電話:3222258　郵編:571300

中國農業銀行文昌縣支行是以經營農村金融業務為主,城鄉金融業務相結合,人民幣與外幣業務相結合,為農、工、商以及外向型經濟提供多功能服務的國家專業銀行;是一家機構遍布全縣城鄉,服務手段先進,服務質量優良,管理嚴謹,資金力量雄厚的縣級金融機構。人民幣存、貸款余額分別達 6.4 億元和 4.7 億元。電腦儲蓄點逐年增加,通存通兑的電腦聯網點已在文城、清瀾的轄屬單位開辦。

支行技術力量雄厚,在干部職工中,大、中專生占 62%,有 36 人已獲中級職稱,82 人已獲助理級職稱,31 人已獲員夾職稱。曾多次分別獲得全省農行系統會計出納業務技術比賽團體第一名、第三名。

支行堅持"信譽至上、謁誠服務、高效廉潔、文明辦行"的企業精神,將一如既往地和經濟各界攜手合作,共同發展業務和經濟,為促進城鄉經濟超常規發展做貢獻。

行長:林明敏

現代化的辦公設備

海南國際
租賃有限公司證券部

公司證券部是經中國人民銀行海南省分行批準設立的證券經營機構,主要從事證券發行業務;自營、代理股票債券買賣業務;有價證券的代保管和鑒證業務;證券咨詢業務等。它隸屬于海南國際租賃有限公司,公司成立于 1991 年 6 月,注冊資本 15000 萬元,現資産規模 211968 萬元,公司資本雄厚,實力強勁。公司證券部現下設海口營業部和上海營業部,并在深圳設立代表處。

公司證券部海口營業部位于海口市機場西路 3 號亞美一、六層,總營業面積 1000 多平方米。營業部下設交易部、發行部、投資部、電腦部、財務部等部門。從業人員 40 人,其中 60%大學本科以上畢業,40%大專畢業。1994 年 6 月開業,開業不久,就闖入深交所會員成交額排名榜前 20 名。海口營業部電腦設備先進,最近全面更新了電腦運行系統,運用先進的光纖網絡技術,康柏 586 服務器,采用安全的星型網絡結構,使電腦運行速度快,安全性高。同時,擁有 32 對中繼綫,并采用雙向衛星通信,櫃臺委托、電腦委托、自助終端委托、熱自助等多種委托形式,確保深交所和上交所兩個席位 4 條跑道暢通無阻。

公司證券部信息靈通,具有多種獲取信息渠道。不但電腦備有巨靈信息軟件、BEST 商用信息、深圳證券衛星資訊系統、上海證券交易所信息中心信息庫、龍虎榜等信息,同時,證券部建立了深圳、上海、北京、天津等地的信息網,保證為投資者提供快速的即付信息和完整準確的歷史資料查詢。分析軟件采用錢龍動態分析和靜態分析系統,技術分析、委托下單、資料查詢進行直接切換,操作方便快速。并進行上市公司跟踪資料搜集,每日為投資者提供新大陸等信息資料,每周舉辦股評為投資者解盤。

董事長兼總經理：梁廣來

公司地址：廣東省南海市桂城南新五路南糧大廈 9—11 樓
電　　話：總機(0757)6331188　　電掛：1830
傳　　真：6225572　　郵編：528200

NANHAI INTERNATIONAL TRUST & INVESTMENT COMPANY OF GUANGDONG PROVINCE

廣東省南海國際信托投資公司

廣東省南海國際信托投資公司是經中國人民銀行總行批準成立的全民所有制非銀行金融機構，隸屬南海市人民政府領導，公司注冊資金人民幣 1 億元，美金 2000 萬元，自 1987 年 8 月成立，至 1994 年 12 月，公司資產總額已超過人民幣 23.5 億元，公司經營業績良好。

多年來，公司本着“為加速南海市經濟建設，發揮信托職能作用，提高人民物質文化生活水平服務”的宗旨，通過多種渠道吸收社會閑置資金，以信托、租賃委托等形式支持了南海一大批工商企業；運用見證和擔保手段，幫助企業籌措資金。特別是在南海市進行產業結構調整過程中，公司在能源、交通、原材料的開發方面，為籌集建設資金，做了大量的工作，有效地支持了南海市的經濟騰飛，同時通過證券交易和證券發行，為南海市提供了一個寬敞的個人投資環境，開拓了南海市的證券交易市場。

公司除經營人民幣之外，還經國家外匯管理局批準，開辦了外匯信托存、貸款；外匯信托投資；外匯借款，外匯投資；外匯放款；貿易、非貿易結算；外匯擔保；資信調查、咨詢等業務。

南海國投證券交易部下設五個營業部，各種分析系統和委托查詢系統齊備，自成立以來，不斷吸收消化當今世界證券市場經營的先進經驗，深、滬股票交易均通過 DDN 綫路與交易所撮合系統直接聯網，是目前最先進最快捷的委托報盤方式，并開辦 NET 系統股票交易業務，同時，適時為企業發行債券，集聚社會資財，解決生產建設資金的不足。

南海國投證券部全體員工將百尺竿頭，更進一步，為南海經濟騰飛再創新貢獻。

電　　傳：425031 NITIC　CN
證券部地址：廣東省佛山市市東下路 69 號
電　　話：(0757)6339618
傳　　真：(0757)6339893
電　　挂：1830　　郵編：528200

證券交易部

黃岐證券交易部

中國農業銀行廣州市白雲支行

白雲支行行長、信用聯社主任：趙鶴鳴

中國農業銀行廣州市白雲支行、白雲區信用聯社是以辦理農村金融業務爲主，城市與農村業務、國際與國内業務結合，爲社會提供多功能、全方位服務的金融機構。現有營業網點245個。1994年底行、社各項存款余額74.2億元，各項貸款余額49.3億元，外幣存款余額3277萬美元，外幣貸款余額1360萬美元，外幣結算余額19200萬美元。

農行白雲支行、信用聯社資金實力雄厚、服務周到，準確快捷，熱誠歡迎企業單位、"三資"企業、私營企業和個體户前來辦理人民幣、外幣存款、貸款、結算業務，歡迎參加人民幣、外幣儲蓄存、取款，歡迎使用信用卡辦理存款、取款、結算業務。

法人代表：趙鶴鳴
地址：廣州市沿江東路421號之二
電話：(020)3800742　3805054
郵編：510100

行社領導成員在研究工作(從左起)黨委副書記宋健平、副行長麥偉忠、行長、聯社主任趙鶴鳴、副行長許斌、聯社副主任肖炳發

由白雲農行、信用社支持發展起來的江村家禽項目

廣源辦事處開業當天即景

聯社外景

汕頭經濟特區城市信用聯社

聯社證券交易部

法人代表.張桂忠
地址:汕頭市大華路 73 號
電話:(0754)8279901
傳真:(0754)8453226
郵編:515031
聯社證券交易營業部
地址:汕頭市中山路 167 號
電話:(0754)8437136　8271049
傳真:(0754)8437131
郵編:515031

信用聯社是經人民銀行廣東省分行批準成立的股份制金融機構,于 1992 年 9 月成立,截至 1995 年 6 月,聯社各項存款余額 8.8 億元,各項貸款余額 5.5 億元,存款戶 20450 戶,日平均業務量 3168 筆,累計現金收付 33 億元,現金淨回籠 4 億元,資產總額 13.2 億元。全社 200 名員工,平均年齡 26 歲,大中專以上文化程度占 80%,領導班子及主要業務骨干都具備大專以上文化程度。

聯社下設三個營業部,一個證券交易營業部,營業場地 3000 多平方米,辦公、營業全部電腦化管理,93 年、94 年連續兩年被評為"納税光榮戶",被中銀全國資信評估委員會審定為 AAA 級城市信用社。聯社在辦好傳統的存貸業務的基礎上,積極拓展證券領域,自 93 年經省人民銀行批準成立證券營業部以來,共代理發行各類債券、基金券、股權證 2 億多元,聯社證券部大戶每人一室,配置匯金智慧型超級工作站,寬敞的散戶大廳配備大型電子顯示屏,12 臺自助小鍵盤,32 條委托電話綫,配置雙向衛星及 DDM 點對點通訊系統傳遞深滬兩地股票即時行情及交易數據。

寬敞的證券交易大廳

汕頭證券股份有限公司

總經理：吳小輝

汕頭證券股份有限公司是經中國人民銀行批準成立的由 11 家金融機構組建的股份制金融企業，實行董事會領導下的總經理負責制，公司法定代表人、總經理：吳小輝。

公司内設綜合業務部、基金投資部、營業管理部、計財部、稽核部、電腦部和辦公室六部一室。下屬機構有中信營業部、長平營業部、上海業務部、潮陽營業部等。公司主要業務範圍：代理發行或承銷有價證券；自營和代理買賣有價證券；有價證券的代保管、鑒證、過戶、代理還本付息或分紅派息；對企業辦理有價證券抵押貸款；基金業務；與證券業務有關的投資業務；經人民銀行批準的其它業務。

公司自 1993 年 1 月 8 日開業以來，先后開通了深圳、上海、大連、廣州、北京、天津、武漢异地股票證券交易業務，還在上海、深圳開設證券業務部，創辦了全資附屬企業金券投資開發公司、金券經貿發展公司、金券裝飾工程公司和合作企業金券城市信用社。形成以證券業為主，集金融、房地產、商貿、實業多元經營于一體的新格局，並已在特區未來中心規劃建設汕頭證券大廈。

營業部外景

中國
農業銀行
中山分行

行長：駱定強　高級經濟師

海口市大信城市信用社是一家經中國人民銀行海南省分行批準設立的股份制金融企業，實行自主經營、自負盈虧、獨立核算的經營管理體制。信用社的最高權力機構為理事會，并實行理事會領導下的主任負責制。信用社下設營業部、信貸部、計劃部、保衛部、總監室、辦公室，并在金融花園、解放西路、中山路、海秀路、機場東路等設有五個營業所。大信十分重視各類專門人才，現有金融研究生 7 名，本科生 20 余名，中專生 31 名。

大信人經過艱苦開拓，其業務活動已履蓋辦理存款、貸款、結算、個人儲蓄、代辦保險及其它代收代付業務等領域。截止 1994 年底，本社總資產負債已達 4.4 億元。有力地支持了特區兩小經濟的發展，為特區經濟建設做出了貢獻。大信注重用現代技術來武裝金融業，對公、儲蓄、國庫券兑付業務等全部實行了微機管理。

大信的宗旨是立足金融，服務大衆，至誠至信。信用評級為“AAA”，為海南之最。

辦公大樓外景

工作人員認真處理公務

寬敞的營業大廳

大信注重金融安全正規化，圖為押鈔小組整裝待發

海口市
大信城市信用社

惠州市橋西城市信用合作社

惠州市橋西城市信用社是經中國人民銀行廣東省分行批準成立的惠州市首家城市信用社，成立于1988年，辦理居民儲蓄存款，企事業單位存款、貸款、結算和代理證券業務及中國人民銀行批準的其他業務。在上級領導支持和干部職工的共同努力下，信用社由9人增加到74人，其中大中專文化程度24人。由63萬元股金起家，發展到擁有各項存款30537萬元，貸款16167萬元，固定資産900萬元，有400多平方米的辦公大樓和營業部，設立了8個分支機構，各項業務處理都已實現電子化，是惠州市第一家采用電腦事后監督的城市信用社。

信用社牢固樹立四個觀念：服務社會、服務經濟、服務基層、服務群衆；信奉四個第一：顧客第一、信譽第一、安全第一、效益第一。竭誠爲社會各界提供高效、優質、文明的金融服務，并願意與各界同仁攜手并進，共創偉業。

信用社辦公樓外景

中山北營業部

寬敞的營業大廳

信用社所屬營業機構聯系電話：

下埔儲蓄所：2106140	紅花湖儲蓄所：2274593
塘尾街儲蓄所：2220341	華僑新村營業部：2272678
上排營業部：2268446	花邊嶺營業部：2270779
麥地儲蓄所：2263504	中山北營業部：2241530

法人代表：黃礦仔

地址：惠州市水門路94號

電話：(0752)2228440　2210794　2209296

郵編：516001

合作社負責人:徐景山

南海市城區
城市信用合作社

南海市城區城市信用合作社于 1992 年 12 月經中國人民銀行廣東省分行批準成立,具有法人地位,實行自主經營,獨立核算,自負盈虧、自擔風險的金融機構。自成立以來,在人民銀行的指導下,根據當地經濟發展的特點,有重點地積極支持當地集體、個體經濟的發展,爲南海市連續兩年成爲全國綜合實力百强前三名起到拾遺補缺的作用。

業務範圍:

- 辦理城鎮集體企業和個體工商户及實行承包租賃的小型國營企業的存、貸款,結算業務;
- 辦理城鎮個人儲蓄存款業務;
- 代理經中國人民銀行批準的證券業務;
- 代辦保險及其他代收付業務;
- 辦理經中國人民銀行批準的其他金融業務。

南海市城區城市信用合作社實行主任負責制,下設主任室、資金計劃部、儲蓄部、電腦部、營業部。

地址:廣東省南海市桂城區南興三路聯合交易大樓

電話:(0757)6334492　6334491

傳真:(0757)6334491

郵編:528200

信用社營業處

公司辦公樓外景

廣東
華僑信托投資公司
中山辦事處

營業大廳

廣東華僑信托投資公司中山辦事處(簡稱中山市華僑信托投資公司)是經中國人民銀行核準,由中山市政府和當地金融機構共同出資依法注册的國有股份制金融機構,以籌集和融通僑資爲主,從事金融業務和實業投資。

中山市華僑信托投資公司自1993年1月成立以來,堅持"顧客第一、信譽第一"的宗旨,廣交天下朋友,大力開拓融資渠道,發揮"僑"字優勢,業務遍及全國各地和海内外。現已擁有總資産15.5億元,居全省同類機構之首。中山市華僑信托投資公司資金主要投資中山市重點建設項目,效益顯著,資信度高,實行原幣支付,絶無風險,參加華僑信托投資公司投資是廣大海外客户謀求最佳經濟效益的有效投資途徑。

業務經營範圍:委托、信托存款和貸款;房地産開發經營;商業貿易及商業信托;工商企業外引内聯;擔保、經營咨詢。

總經理:古禄勝

地址:中山市華柏路33號

電話:8847802　8847350

傳真:8847351

郵編:528403

總經理：勞建光

廣州證券公司

公司成立于 1988 年 3 月 28 日，注册資本 1000 萬元。1994 年 7 月，公司榮登中國證券業協會編排的“交易總額前二十强證券公司”及“利潤總額前二十强證券公司”之列。94 年 11 月，在國務院發展研究中心、國務院研究室、中國人民銀行總行、國家經貿委等 12 個部委聯合舉辦的 1994 年中國 500 家服務企業及行業企業評價中榮列中國 500 家最大服務企業及證券業第 39 位。

地址：廣州市沿江東路 451 號廣東湖濱賓館 3 樓
電話：3868888－3036　**傳真**：3868888－3036
郵編：510100

中共中央政治局委員、廣東省委書記謝非（前排右二）視察公司

公司營業部外景

廣西證券公司

廣西證券公司是 1988 年 7 月經中國人民銀行總行批準成立具有法人資格的經濟實體。注册資金 9200 萬元人民幣，截止 1994 年底，資產總額達到 3.09 億元。公司下設深圳、上海、北京、南寧等 4 個直屬營業部，另在廣西境內設立柳州、桂林、梧州、北海、玉林 5 個營業部，是廣西最大的、也是唯一專門從事證券業務的金融機構。是全國第一個在深圳開辦證券營業部的异地證券商，也是全國第一個實現异地電腦直接輸盤的證券商。

近幾年來，公司的各項業務發展很快，1993 年完成業務總量 86.72 億元，比上年增長 8 倍多，其中股票交易額 83.2 億元，在全國近 400 家證券商中，深股交易量排名第 9 位，成爲深十大券商之一，在异地券商中深股交易量名列第一，1993 年 12 月經北京長城資信評估公司評定公司信用等級爲 AA 級。1994 年完成業務總量 117 億元。其中 A 股交易額爲 116 億元，名列全國 500 家最大的服務業企業證券業第 19 位。1994 年深圳業務部在深交所首次深圳“十佳”證券商評比中被評爲“十佳”券商第 5 位，被深圳股民譽爲“散户之家”。中國證券業協會公布的 1994 年底全國證券排名榜榮列全國 20 强券商排第 15 位。

寬敞的營業大廳

法人代表、總經理：霍慶基
地址：廣西壮族自治區南寧市教育路 7—1 號
郵編：530022　**電話**：(0771)5871849
傳真：(0771)5861083

辦公大樓外景

海南省國際信托投資公司

座落于海口市南寶路的公司證券交易營業大廳

總經理、法人代表:彭振明

公司是海南省政府全額出資的省屬非銀行金融機構,是國務院確定的全國十大對外融資窗口之一。至1994年底,公司的資產總值達42億元。1994年、1995年連續兩年取得日本評級研究所評定A+的信用評級。

1990年,公司設立證券部,是海南眾多金融機構中最早開展證券業務的公司之一。證券部發行過公司1993年8000萬亞洲美元債券和1994年145億日元武士債。1991年及1992年參加了國家財政部組織的國庫券承銷團并名列前10名。同時作為承銷商,曾代理了數家企業債券和股份公司股票的發行。1995年起證券部實行獨立核算,下設綜合發行科、資金財務科、市場科、海口證券營業部。1995年公司對海口、深圳、上海證券營業部進行了全面裝修,配置了先進的電腦設備和軟件系統。

總經理、法人代表:彭振明
地址:海口市濱海大道13號國信大廈首層、20—22層
電話:6236498　傳真:6236669
電傳:490163 HITIC CN
證券部負責人:張焦偉
證券部地址:海口市南寶路國托大廈1樓
電話:6777281　6777298
郵編:570206

武漢證券登記中心

武漢證券登記中心是經中國人民銀行湖北省、武漢市分行批準設立的湖北、武漢地區唯一的一家有價證券法定登記機構,是深、滬中央證券登記結算公司的結算會員和北京NET系統及深、滬交易所國債實物券存管會員,同時為武漢市內部股櫃臺交易提供上櫃股票的登記、托管、過戶清算等相關服務。

武漢證券登記中心的業務範圍為:經批準公開發行及非公開發行的證券登記;上市及非上市記名證券的轉讓登記;代理有價證券的分紅派息;有價證券的代保管;證券業務的咨詢服務等。

總經理:徐世明
地址:武漢市臺北路151號
郵編:130015
電話:(027)5791986
傳真:(027)5807661

總經理:徐世明

圖為中心中層以上干部召開工作例會

位于臺北路151號的武漢證券登記中心

總經理：李永寬

武漢證券公司

武漢證券公司是經中國人民銀行總行批準，于1988年3月5日正式開業的專業化股份制金融企業，公司實行董事會領導下的總經理負責制。公司董事長由高級經濟師、招商銀行常務副行長李麥秋先生擔任，副董事長由金融研究員、中國證券業協會常務理事趙自明先生擔任，總經理由深圳證券交易所常務理事、上海證券交易所理事李永寬先生擔任。公司主要業務項目爲：承銷發行企業股票（含A股和B股）；代理買賣上市公司股票；代理發行和承購包銷企業債券；代理和自營證券買賣；代理證券的還本付息和紅利派發；受理證券鑒證和代保管；開發證券投資和其它證券業務。

代理發行企業股票

公司股票交易大廳場景

廣西信托投資公司證券部

廣西信托投資公司是經中國人民銀行批準成立，隸屬于廣西壯族自治區人民政府的國有非銀行金融企業。注册資本金為10億人民幣，截止1994年底，公司總資產達23.7億元。1990年起公司跨入了中國500家最大服務企業行列。

公司的主要金融業務部門—證券部于1988年成立，目前公司證券部在南寧、桂林、深圳、上海等地設有5個證券營業部。幾年來，公司證券部經營國庫券買賣成交額達2.5億元，代理區內20多家企業發行債券4000多萬元。1993年公司開始代理股票買賣業務，已累計成交103億元，僅1994年全年的成交額就達86億元。公司深圳證券營業部自1993年9月開業以來，僅在短短的一年時間里成交量就突破50億元，在1994年深圳證券業協會的排名中，以56億元的成交量名列第8位。

廣西信托證券業務在穩步發展，規範經營的方針指導下，將繼續以"求實、高效"的敬業精神，努力開拓新的業務領域。

公司證券部第一副經理：周培

公司證券部地址：廣西南寧市星湖路17號
第一副經理：周培
電話：(0771)2802641　郵編：530022

深圳業務部：
深圳市翠竹路竹苑金福大廈A座14C、14D
經理：車克
電話：(0755)5629888　郵編：518003

上海業務部：上海市黃浦路177號
經理：劉俊
電話：(021)3561199　郵編：200080

海口市
財政證券公司

總經理、法人代表:丘鵬

地址:海南省海口市沿江一西路 2 號

海口市財政證券公司是根據財政部(88)財綜字第 43 號文"關于轉發《開放國庫券轉讓市場試點方案》的通知"規定海口市爲第二批試點城市精神,于 1988 年經海口市人民政府批準,并經海口市工商行政管理局核發營業執照成立的。本公司從成立至今,始終堅持國務院、財政部關于國債中介業務的統一部署,不以盈利爲目的,爲群衆服務,爲國債發行服務,促進國庫券的順利發行,爲活躍國庫券交易市場,平抑交易價格,穩定債券市場,進行國債交易中介業務,爲維護國債的信譽,保護投資人的利益,配合有關部門打擊非法交易國債活動。

本公司爲全民所有制事業單位,獨立核算、自主經營、自負盈虧、獨立法人。注册資金爲人民幣:1500 萬元,均由市財政部門撥給。

公司經營範圍:有價證券交易、中介業務、承銷有價證券、有價證券咨詢、代理發行國債股票及國債交易、辨理國債兑付、國債代保管業務及人民銀行批準的經營範圍。

總經理、法人代表:丘鵬

南海
證券登記公司

公司是于 1992 年 12 月 22 日經中國人民銀行廣東省分行批準成立的,主要職責包括證券登記、過戶、托管、股份清算、國庫券存管及内部股的分紅派息工作。公司設置的部門有:總經理辦公室、業務部、財務部、存管清算部、登記部及電腦部。

公司自 1993 年 3 月 2 日正式開業以來,為南海市 4 家證券商完成了深圳各種股份的清算、轉托管、證券帳戶卡開戶等業務,辦理了上海證券帳戶卡開戶、挂失、股票查詢和國庫券的存管庫等業務,目前已為市内 6 家内部股份公司進行股份托管登記及分紅派息等業務。1994 年改善了與深圳證券登記有限公司和本市證券商的通訊設備,建立了 X.25 DCS 的通訊系統。

總經理:高小龍

地址:廣東省南海市南興三路

電話:(0757)6334501　6225903

深圳市南山區投資管理公司

總經理：邵湘華

公司是南山區政府直屬的區屬國有資產管理部門，注冊資金18500萬元。公司的經營範圍是產權管理，向企業參股和做周轉性投資，提供貸款擔保，征收國有企業税後利潤和資產占用費，以及政府授權的其他業務。公司對區屬企業國有資產行使投資、管理、監督、服務等職能。公司通過嚴格的規章制度，加強對企業產權代表的管理、企業財務管理、企業重大投資項目的審批管理等，并建立了完善的企業監督制約機制，以保證國有資產的安全增值。目前，投資管理公司已擁有區直屬企業60家，總資產達30億元，淨資產7億元。公司獲得深圳市資信評估公司頒發的1994年度AAA信用等級證書。

隨着經濟體制改革的深入發展，南山區投資管理公司在國有資產管理方面必將邁出更具開拓性的步伐。

[redacted]

汕頭證券登記公司

SHANTOU SECURITES REGISTRAS CO.

粤東地區規模最大、設備最完善、業務處理量最多的
區域性證券登記機構

地址：汕頭經濟特區練江路工業大廈F3座2樓

電話：(0754)8365054　傳真：(0754)8367403

法人代表、總經理：辜少健

公司營業大廳

信用社營業部

汕頭特區金券城市信用社
汕頭證券公司長平營業部

法人代表、主任:謝一平
地址:汕頭市長平路 63 **號**
電　話:(0754) 8612889
8612899
傳真:(0754)8620191
郵編:515041

繁忙的櫃臺業務

寬敞的證券交易大廳

汕頭特區金券城市信用社、汕頭證券公司長平營業部是汕頭證券股份有限公司屬下企業,信用社經營範圍:辦理城市集體企業、個體工商戶存款、貸款結算和個人儲蓄存款業務;代理保險及其他代收代付業務;代理經中國人民銀行批準的證券業務及其他金融業務。

長平營業部配備大屏幕行情顯示和先進的技術分析系統。同時開通深、滬股市、大連基金市場及南方證交中心市場,即將開通 STAQ、NET 法人股市場。開通衛星行情接收系統,成交回報即時準確,提供及時信息咨詢,每天專電傳真"證券要聞"。本公司各營業部實現聯網。同時啟用電話委托系統。受理融資、融券(國庫券、基金)業務。

汕頭市職工城市信用社

信用社創建于 1988 年 8 月 18 日,是經中國人民銀行汕頭分行批準成立的股份制集體金融機構。主要業務是辦理城市集體、個體工商戶的存款、貸款、結算,辦理城市居民儲蓄及經人民銀行批準的證券和其它代收代付金融業務。七年來,信用社樹立"存款立社、信用為本、文明待客"宗旨,不斷拓展金融服務領域。1994 年底,存款余額已超 2 億元。職信社多次被授予"納稅光榮戶"、"先進企業"、"先進黨支部"等稱號,連續被評為安全單位。1993 年被評定為廣東省 AAA 級城市信用社,1994 年中銀全國資信評估委員會資信評定為 AAA 級。職信社現有員工近 100 人,其中初、中級技術職稱的專業人員占 30%以上。

法定代表人:鄭奕圃
地址:汕頭市南海路 1 **號**
電話:8276225
天山營業部地址:天山路紫雲莊北商場　　電話:8892605
文化宮儲蓄所地址:利安路北段　　電話:8284230
中山一橫路儲蓄所地址:中山一橫路美昌苑 1 **座　　電話:**8287274
水仙園儲蓄所地址:龍眼北路水仙園 6 **幢　　電話:**8304710

中國人民建設銀行屯昌縣支行

行長：王琳
副行長：陳德玉　黃永忠
地址：海南省屯昌縣屯昌鎮昌盛路
電話：（08095）812999
電挂：44005　郵編：571600

行領導研究工作

中國人民建設銀行屯昌縣支行成立于1979年，下設10個股室，1個辦事處，4個儲蓄所，1個儲蓄專櫃，現擁有職工總人數80人。

十六年來，該行以"服務社會，發展建行"為宗旨，堅持深入改革，不斷擴大業務領域，重點支持地方重點項目建設，如屯昌縣水泥廠、屯昌縣昌盛路、解放路改造工程建設，屯昌縣水晶加工廠、屯昌縣洪達賓館等項目建設，至94年12月末，該行各項存款5858萬元，各項貸款4000萬元；該行成立的房產信貸部大力支持了屯昌縣的住房改革。

惠州證券公司

總經理：楊建蘭
地址：廣東省惠州市麥地南路華僑新村F幢
電話：0752—2277263　郵編：516001

惠州證券公司是1988年6月經中國人民銀行廣東省分行批準成立的經營證券業務的全民所有制金融企業，并經中國人民銀行總行核準換發了總行頒發的《經營金融業務許可證》。公司主要經營業務：代理證券發行；自營和代理證券買賣；代理證券的還本付息和紅利的支付；辦理證券的代保管和證券的鑒證；接受委托代收證券本息和紅利；證券貼現和證券抵押貸款；接受委托辦理證券的登記和過戶；證券投資咨詢等；人民銀行批準的其它業務。

公司實行總經理員責制，下設投資發展部、業務部、財務部、電腦部、辦公室、下埔營業部、麥地營業部、駐深辦事處，駐廣州代表處。擁有研究生、大、中專以上證券、財會、金融、電子、法律等各種專業人員45名，占公司總人數的90%。公司先后成為深交所、上交所及南方證券交易中心會員，同時作為主銷商，成功發行并推薦惠州TCL股票上市。1994年公司有價證券交易量達到168944萬元，其中：深圳A股交易額163516萬元，上海A股交易額5281萬元，南證交交易額104萬元，債券交易額43萬元，兌付有價證券75萬元，接受證券投資咨詢11520人次。

明亮寬敞的交易大廳

自助終端：行情、委托、技術分析集于一身

湖南
證券投資咨詢公司

公司是湖南省內首家具有獨立法人地位的專業證券咨詢機構，注册資金500萬元。公司總經理、法人代表由原南京東南大學證券投資研究所所長、湖南省證券業協會副秘書長劉郎教授擔任。公司在股份制改組、證券投資與投資咨詢、證券從業人員培訓、證券電腦工程開發等方面取得了長足進步，并得到了政府主管部門、社會各界的大力支持。國家體改委副主任洪虎親臨指導，董輔礽、江平、蕭灼基等13位政府官員和知名學者應邀擔任本公司高級顧問。

業務範圍：

一、股份制改組：爲企業股份制改組、公司設立與規範運作提供全套服務，并進行轉制輔導。

二、證券從業人員培訓：對證券從業人員、證券期貨經紀人、股份公司高級管理人員培訓業務，并進行考核和認證。面向社會舉辦證券期貨投資講座。

三、證券電腦工程開發：主要從事證券營業部計算機、網絡工程的策劃、設計、安裝、調試與維護，開發證券電腦軟件。

四、證券投資與投資咨詢：分析研究證券期貨市場，編發《湘證咨詢每日傳真》；提供經紀人服務，爲社會公衆提供信息服務。

國家體改委副主任洪虎親切接見湘證咨詢總經理劉郎教授并聽取工作匯報

地址：長沙市芙蓉北路11號湖南證券大廈4樓
電話：(0731) 4311206　4311917
傳真：4311445　**郵編：**410008

廣東證券公司
荔灣營業部

廣東證券公司荔灣營業部是由廣東證券公司和廣州金融高等專科學校聯合經營的，于1994年7月8日正式開通股票業務，具有獨立的法人資格和經營金融業務許可證。主要經營股票、有價證券、投資等金融業務。

本部營業大廳500多平方米，裝有8部自動委托電腦，所有股民都可自己動手輸單，委托電話有150多對外綫和衆多的內綫。裝有全市獨有的一次性全部顯示深圳、上海股市行情及走勢的電視牆，和匯金第三代股市分析系統。逢星期三晚上八點半到十點半組織由資深專家主持的股市沙龍爲股民提供技術分析，參考股評和政策咨詢。全市首家推出免收上海股票買賣通訊費，全市首家采用上海自動報盤，上海股票買賣方便快捷。因業務發展需要，新近重新裝修的大戶室、專戶室豪華、舒適。

總經理、法人代表：古學彬
副總經理：張寶泉　鐘文輝
營業部地址：廣州市中山七路347號2樓
電話：8931403　8931400　8931356
傳真：8931402　**郵編：**510170

操作方便的電腦系統

營業部門面

中國人民保險公司廣西分公司

證券交易營業部

公司證券交易營業部是于 1993 年 4 月經中國人民銀行廣西分行批準成立的證券經營機構，是上海證交所和深圳證交所的會員，并同時代理兩地股票交易買賣業務。擁有功能齊全的電腦設備，采用先進的雙向衛星通訊技術和 NOVELL/SFT Ⅲ 三級容錯電腦網絡系統，具有跑道暢通、信息快捷、安全穩定可靠的特點。交易大廳配有大屏幕顯示的各種錢龍技術指標，兩個大戶室配有人手一機，可同時進行行情分析、買賣委托、撤單、查詢等，買賣股票極為方便。

本部位于南寧市中心，交通便利，環境優雅，確實投資難得之地。我部全體員工願以一流的服務，一流的效率，一流的質量與您共創美好的未來。

地址：南寧市民族大道 45 **號金融大廈** C **座** 1 **樓**
電話：2815563　2815561　**郵編：**530012
電話委托：2802778

證券部交易大廳

證券部大戶室

湖北恆昌城市信用合作社

總經理：張海泉（高級經濟師）

湖北恆昌城市信用合作社于 1994 年 1 月成立并開業。經過全社員工的共同努力，一年多來各項業務發展較快。目前，信用社已開辦了對租賃承包的國營中、小工商企業、集、個體企業的存貸款，居民儲蓄，證券回購，代理證券買賣，代保管和保管箱租賃等業務，至 1995 年 6 月底，信用社總資產達 2 億多元，為湖北經濟的發展作出了一定的努力。在改革開放不斷深化的進程中，信用社將引入競爭機制，完善各項管理，發展信用社多功能作用，有效地籌集社會閑散資金，為進一步支持湖北經濟的發展作出新貢獻。

法人代表、總經理：張海泉（高級經濟師）
地址：武漢市漢口沿江大道 102 **號**
電話：2848569　**郵編：**430014

信用社營業處外景

第十一编

非上市股份公司

282/287

非上市股份公司

天安中国投资有限公司

【公司概况】 公司于1986年在香港注册上市,1994年已发行及缴足股本879002737股,每股帐面资产净值达港币1.70元。主要股东有新鸿基有限公司、华润投资开发有限公司、中国银行港澳管理处。董事会主席由新鸿基证券有限公司主席冯房祥先生兼任。

【业务范围】 公司业务主要集中在国内房地产开发,同时也参与中国贸易、酒店经营、饮食业及工业项目。至1994年底已完成楼面面积超过42万平方米,近几年的年平均销售面积超过10万平方米,而发展中及可供发展的楼面面积则达280万平方米。现时天安在国内的项目共有36个,这些项目分布在北京、天津、上海、广州、深圳、南京、无锡、常州、厦门、宁波、西安、东莞、惠州、南海、南通15个城市,此外,公司还拥有多间酒店和写字楼的权益,如深圳的深圳天安国际大厦、北京天安大厦、上海联谊大厦、天津国际大厦、广州越秀天安大厦、西安钟楼饭店、武汉天安大酒店。1994年的国内房地产业处于调整期,但公司的销售业绩仍令人满意,共售出楼面面积11万平方米,其中商住、工业楼宇各占一半。

天安(广州)投资有限公司是天安中国投资有限公司在广州设立的一间独资公司,天安中国投资有限公司在广州的项目有越秀天安大厦、安富花园等,同时在海珠大广场B座、广州西湖商业大厦项目中也拥有部分权益。南海桃园高尔夫花园是公司近期全力投入的一个项目,它由900亩的别墅用地及9个洞的高尔夫练习场组成,高尔夫会所将于1995年内投入使用。

广州人造革股份有限公司

【公司概况】 公司经广州市体改委批准,创立于1994年8月26日,同年10月28日挂牌正式运作。公司注册资本总额为1600万元人民币。发行总股本为1600万股。其中国家股为1560万股,内部股为40万股。公司董事长兼总经理:卢瑞芝

【业务范围】 加工人造革及塑料薄膜,兼营国内商业及物资供销业。主要产品有,用压延法和离型纸法生产的各种用途的人造革产品

广东海运股份有限公司

【公司概况】 公司是经交通部、广东省和深圳市政府批准,由广东省航运、金融、公路、电力、港口、外贸和石油等不同行业共22家企业发起,于1992年8月28日成立,注册资金11550万元。董事长:蔡元桂,总经理:汪雨庆。

【业务范围】 从事广东省为主的近远洋外贸运输、国内沿海货物运输、货物代理、船舶租赁、船舶物料供应、国内贸易、进出口贸易、房地产经营开发。1994年未净资产总额1.5亿元,预计1995年实现利润2300万元。

海南君合旅游实业股份有限公司

【公司概况】 公司总股本5000万股,其中发起人股2350万股,法人股2650万股。主要股东有海南华生企业发展有限公司、海南南华金融公司、海口嘉美汽车配件有限公司、海南省旅游总公司、北海银河股份有限公司等。公司总经理:李新国。

【业务范围】 公司主要经营工业、房地产、旅游开发、贸易、证券投资等。主要项目有狩猎场、狩猎度假村、临高碎石厂、洋浦砖厂、洋浦商业一条街等项目。

海南国际租赁股份有限公司

【公司概况】 公司经海南省股份制试点领导小组批准,于1993年1月成立,注册资金6000万元人民币,主要股东为海南国泰实业发展总公司、海南国际经济技术合作公司、海南省国际信托投资公司等。公司设办公室、租赁部、证券部、法律部、财务部。公司董事长:马勇,总经理:韩明。

【业务范围】 主营房地产开发经营、动产不动产的租赁业务,生产设备,原材料,国内商业贸易及进出口业务。主要房产项目有国租大厦、洛杉机城、阿波罗城、夏威夷企业家度假村、东水港开发区等,并致力于发展大型工业项目。

上海蒙申股份有限公司

【公司概况】 公司是由蒙古自治区政府组建的股份制企业。公司总股份1050万股,其中国家股300万股,法人股750万股,公司法定代表人:张仲良。

【业务范围】 公司主要经营范围有金属材料、煤炭、汽车、轻纺化工、粮油、土特畜产品、原油、成品油及其副产品,兼营高新技术开发应用、包装装潢、家用电器、咨询服务等。主要项目有蒙申大厦。

上海新静安房地产股份有限公司

【公司概况】 公司是由静安区城建开发总公司、上海新城房产企业公司、静安区市政建设公司联合发起的,于1992年7月18日设立。公司注册资本4800万元。公司董事长:胡克敏,总经理:靳洪福。

【业务范围】 公司主要从事房地产与经营。主要项目有在南京西路、江宁路、北京西路等处开发建设高级公寓、写字楼、商业设施10多万平方米。还与香港太平协和集团合作改造静安区西部的棚户危房基地永源浜地块。

上海房地产开发经营股份有限公司

【公司概况】 公司是由上海市房产经营公司、香港金莱斯投

资有限公司和中国投资银行上海市分行组建的中外合资的股份制企业。公司总股份 18000 万股，其中发起人单位认购 17500 万股，内部职工股 500 万股，公司董事长：宁戈，总经理：徐林宝。

【业务范围】 主要经营范围有房地产投资和经营、房地产咨询、中介和代理、物业管理和经营、承接建筑、绿化、装潢等工程。主要项目有获得虹挢路 6 号地块的有偿使用权，皇朝别墅项目等。

长江经济联合发展（集团）股份有限公司

【公司概况】 公司是由上海、南京、武汉、重庆等沿江 31 个城市政府、交通银行总行、沿江大中型企业共同创立的跨地区、跨行业的股份制集团公司，于 1992 年 9 月 28 日开业。公司注册资本 65000 万元。公司董事长：顾传训，总经理：胡欣然。

【业务范围】 主要经营范围有房地产开发、进出口贸易、境内外投资、商业物资、仓储、运输、旅游、经济信息咨询服务。主要项目有在宁波兴建长发集团宁波商城、苏州商厦、长发大厦。公司通过全资、控股等方式组建了 3 个区域性公司及 15 家经济实体。

上海巴士实业股份有限公司

【公司概况】 公司是由上海市公共交通总公司、上海市出租汽车公司、大众出租汽车股份有限公司等 14 家单位联合发起，于 1992 年 9 月设立。公司总股份 3000 万股，其中法人股 2700 万股，内部职工股 300 万股，公司董事长：黎干生，总经理：王力群。

【业务范围】 主要经营范围有市郊、郊县及埠际公共交通客运、出租汽车客运，兼营汽车配件、车辆维修、驾驶业务培训等。公司开辟有大巴专线、双层专线、中巴专线。

上海长江口商城股份有限公司

【公司概况】 公司是经上海市政府财贸办和体改办于 1992 年 12 月 28 日批准组建的，由宝山区糖业烟酒公司、百货公司、五金交电公司、医疗药材公司等改制，由上海申银证券公司、上海市商业投资公司等公司参与发起的。公司注册资本 6288 万元。公司董事长：黄宗良。

【业务范围】 主要经营范围有商业及物资供销业、药材医药业、金融证券业、房地产业、服务业、他储运输业、科技服务业等。

上海开开实业股份有限公司

【公司概况】 公司是经上海市政府财贸办公室、上海市经济体制改革办公室批准的，于 1993 年 3 月 18 日创立。公司法定代表人：江玉森。

【业务范围】 主要业务范围有衬衫、羊毛衫、日用百货、针棉织品、服装鞋帽、交电商品等。主要产品有开开牌衬衫。项目有建筑面积 5.9 万平方米的开开第二商厦，建筑面积 9500 平方米的开开第一商厦等。

上海永乐股份有限公司

【公司概况】 公司是经上海市政府批准，由上海市电影发行放映公司发起设立的。公司总股份 10364.4 万股，其中国家股 7773.3 万股，法人股 1872.6 万股，内部职工股 718 万股，公司董事长兼总经理：吴孟辰。

【业务范围】 主要业务范围有电影发行放映、影视制作、出版、发行和放映，影视器材生产销售，兼营广告、餐饮、旅馆、食品加工、房产、旅游等。在国家授权范围内开展影视产品对外贸易等。

上海永业房地产股份有限公司

【公司概况】 公司是经上海市政府建设委员会批准，由卢湾区房产经营公司、卢湾区建筑材料公司、上海美达建筑装潢工程公司等发起组建的。公司总股份 3988 万股，其中发起人股 3688 万股，内部职工股 300 万股，公司董事长：王仲明，总经理：吴永华。

【业务范围】 主要业务范围有房地产开发经营、物业管理，兼营广告业、汽车服务业、建筑材料、金属材料、家用电器、日用百货、工程设计及承包、建筑装饰等。

上海新亚（集团）股份有限公司

【公司概况】 公司是经上海市政府批准的，由上海新亚（集团）联营公司改组的，于 1993 年 6 月 9 日成立。公司总股份 23564.15 万股，其中国家股 16364.15 万股，法人股 6000 万股，内部职工股 1200 万股，公司董事长：张俊杰，总经理：何义钊。

【业务范围】 主要业务范围有饮食服务，公司第一期建设项目包括 3 个四星级宾馆全部完成并投入营业，新建项目有位于新客站的 2 个宾馆一条食街，还有新亚汤臣大酒店、新亚之光大酒店、新亚大酒楼辅楼等。

上海恒通实业股份有限公司

【公司概况】 公司是由上海恒通实业有限公司、上海海通证券公司、上海东方实业公司共同发起，于 1993 年 4 月 7 日创立。公司总股份 2483.75 万股，其中国家股 500 万股，法人股 1590.5 万股，内部职工股 393.25 万股，公司董事长：翁昌懋。

【业务范围】 公司主营高科技、物业投资、文化艺术工程、电子元器件、机电产品、医疗设备、五金交电、金属材料、化工原料、纺织品等，兼营服装、日用百货、工艺美术品等。公司主要产品有计算机外设磁头、各类磁记录产品、光电子器件、信息处理、控制设备等。

上海民丰实业股份有限公司

【公司概况】 公司是由上海市经委、上海市体改办批准，由上海民丰纺织印染有限公司改制的，于 1993 年 6 月创立。公司总股份 8424.18 万股，其中发起人股 7124.18 万股，社会法人股 1000 万股，内部职工股 300 万股，公司董事长：郑逢时，总经理：谢裕中。

【业务范围】 主营纺织印染加工、纺织行业的信息咨询、技术设计服务。公司转移主体生产到效县,而后实施综合开发。

上海大世界股份有限公司

【公司概况】 上海大世界创建于1917年,是上海的综合性娱乐场所。公司总股份4532.8万股,其中国家股1254.8万股,发起人股778万股,法人股2000万股,内部职工股500万股,公司董事长兼总经理:杨启祥。

【业务范围】 公司主营文艺演出、时装表演、游艺、文化艺术与体育培训、卡拉OK、舞厅、游戏机等,兼营日用百货、工艺美术品、五金交电、文化办公用品、服装鞋帽、针纺织品、建筑材料、机电设备、玩具等。公司同时不断开拓了旅游出租业务、信息寻呼业务、房地产经营业务等。

北京市华远房地产股份有限公司

【公司概况】 公司1994年底总股份78125万股,其中社会法人股34500万股,外资普通股40625万股,职工股3000万股,主要股东有坚实发展有限公司、北京市华远集团公司、中国光大国际信托投资公司、中国银行北京信托咨询公司等。公司董事长兼总经理:任志强。

【业务范围】 公司1994年房地产开复工面积103.71万平方米,竣工16.46万平方米,主要项目有华南大厦、华东大厦、西罗园住宅小区等。1994年主营业务收入609219104.44元,税后利润271171962.8元,资产总额2445433043.61元。

【财务状况】 1994年公司流动比率2.89,资本利润率25.83%,每股收益0.347元,净资产收益率17.31%

北京兴业实业股份有限公司

【公司概况】 公司是由北京燕山石油化工公司兴业技术开发公司、北京国投节能公司、北京海淀实华包装装备技术开发公司、北京华星环境工程有限公司等共同发起组建,成立于1994年6月30日。公司注册资本5000万元。公司董事长兼总经理:赵金钟。

【业务范围】 公司主营节能、环保、包装成套设备、石油化工单元设备、机械自动化设备、电子产品、自控产品、计算机软硬件、通讯设备、石油化工产品、精细化工产品、塑料制品的技术开发、技术服务、转让、培训、咨询及相关的工艺设计、设备安装、调试、维修等。主要产品有玻璃钢制品、润滑油、粒料、粉料、块料、液体全自动或半自动包装码垛成套设备及单机、污水处理系统成套技术设备、电子产品等。

北京大唐发电股份有限公司

【公司概况】 公司是经国家体改委批准,国家工商局注册登记,于1994年12月13日成立的,注册资本373218万元。法定代表人:焦亿安。

【业务范围】 主要业务为电力生产、销售;电力设备的制造、检修;电力项目的开发、设计、建设;电力生产、建设所需的物资的销售;电力技术服务。

成都银利实业贸易股份有限公司

【公司概况】 公司是经成都市体改委批准,由成都火车站商场、成都市青羊区财政信托投资公司、广州迪生集团阳光连锁店有限公司、四川省信托投资公司等6家单位发起设立,注册资本5800万元。

【业务范围】 主要从事商贸流通,开展实业和股权投资,主要项目有位于成都市西玉龙街青羊大厦大型商场以及位于成都市火车北站府河市场西侧的银利商厦。

海南国邦企业股份有限公司

【公司概况】 公司的主要股东有海南怡通国际投资有限公司、海南石油设备总公司、北京城市建设开发集团总公司等。公司首期股本12000万股,面值发行。1993年2月27日经批准以1:3溢价增募3000股法人股,并在海南证券交易中心参加法人股流通。至1994年12月31日公司总股本15000万股,其中法人股12600万股,内部职工股2400万股。公司董事长兼总经理:丰博。

【业务范围】 主要业务有化工工业、金融、房地产、贸易、旅游等方面。1994年营业收入50131302元,税后利润20531101元,资产总额277972401元,每股收益0.14元,净资产收益率9%。

广东清远金泰印染股份有限公司

【公司概况】 公司是经广东省经济体制改革委员会批准,于1994年6月设立,由广东金泰企业集团公司发起。公司总股份13500万股,其中发起人股7263.3万股。

【业务范围】 主营纯棉、涤棉、麻类等品种的漂白、染色、印染梭织布的生产和销售。主要项目有化纤印染生产线,增加和完善公司的生产线的辅助设备及辅助设施。

浙江现代实业股份有限公司

【公司概况】 公司是经浙江省股份制试点工作协调小组批准,由浙江现代不锈钢型材制品有限公司、杭州工商信托投资股份有限公司、杭州现代娱乐城等3家单位共同发起。公司总股份6640万股,其中发起人股3100万股,社会法人股3540万股,公司法人代表:章鹏飞。

【业务范围】 公司主营不锈钢系列产品,铝型材等建材装饰材料,有色金属材料。兼营工艺美术品、服装、化工原料及化工产品、五金制品、日用百货、电子产品、塑料制品、建筑装饰、旅游服务等。主要项目有扩大不锈钢型材加工能力和不锈钢制品生产能力、增加商业零售企业等。

汽亚海陆运输股份有限公司

【公司概况】 公司是由五环(集团)股份有限公司、连云港威达实业集团公司、陕西省交通厅航运管理局、郑州铁路实业总公司、海南海欣实业投资有限公司等7家单位共同发起设立。公司总股份10000万股,其中发起人认购4600万股,社会法人股5150万股,内部职工股250万股。

【业务范围】 公司主营海洋运输、内河运输、铁路运输、公路运输、仓储、货物代理、船舶代理、修船拆船、工业加工,兼营贸易、房地产开发、旅游、技术推广、信息咨询和证券投资。主要项目有购进万吨级散装船一艘、高技术项目、泛亚国贸大厦、组建集装箱运输公司等。

河北沧州化学工业股份有限公司

【公司概况】 公司是经河北省经济体制改革委员会批准，由化工厂独家发起的规范化股份制企业。化工厂是国家大二型企业、河北省氯碱基地。公司董事长兼总经理：周振德。

【业务范围】 公司主营烧碱、树脂、液氯、盐酸、AC发泡剂的生产与销售。兼营进出口业务、化学建材和房地产开发等。主要产品烧碱和树脂年产能力分别为5万吨和3万吨。各主要生产工艺已全部采用微机自控。

广东省轻工进出口集团股份有限公司

【公司概况】 公司是经广东省经济体制改革委员会批准，由广东省工业品进出口（集团）公司、广州市浪奇实业股份有限公司、广东国际信托投资公司等发起设立。公司总股本12868万股，其中发起人股9136万股，法人股3732万股。

【业务范围】 公司主营进出口业务，兼营仓储、运输、广告、房地产及其他项目投资等。主要项目有轻工城项目、投入鹤山市雅瑶网业有限公司、投入南海里水复合墙板有限公司和粤轻电脑磁蝶厂有限公司。

中国有色金属对外工程股份有限公司

【公司概况】 公司是经国家经济体制改革委员会批准，由中国有色金属工业对外工程公司、江西铜业公司、大冶有色金属公司、北京君安证券营业部等10家单位发起设立的。公司总股本8500万股，其中发起人股6400万股，社会法人股2100万股。

【业务范围】 公司主营承包国内外工程、及所需设备、材料的出口、国外有色工程的咨询、勘测和设计。兼营展览会、仓储运输、汽车修理、室内装修、代理报关、商检等。主要项目有泰国铅锑合金冶炼厂、西班牙中国娱乐城、威海世界贸易中心等。

华油天然气股份有限公司

【公司概况】 公司是经国家经济体制改革委员会批准，由华油四川实业发展总公司、华油实业开发总公司、四川石油管理局、中国光大国际信托投资公司、中国四川国际合作股份有限公司等11家单位共同发起设立的。公司总股本6000万股，其中发起人认购5300万股，社会法人股700万股，。

【业务范围】 公司主营压缩天然气加气站及附属加油站的设计、建设和经营管理；压缩天然气汽车的改装、维修；压缩天然气及有关设备配件、钢瓶的生产销售；压缩天然气的技术培训、咨询、有关工程承包等。主要项目有CNG充气站的建设、CNG充气专用钢瓶的研制开发、CNG汽车改装维修、CNG汽车配件制造厂的建设和天然气钻采等项目。

杭州西湖发展股份有限公司

【公司概况】 公司是经浙江省股份制试点工作协调小组批准，由浙江中泰房地产开发有限公司、上海京华工贸公司、海南美海龙物业有限公司、浙江广通实业有限公司等10家企业发起，于1994年6月6日成立。公司总股份10000万股，其中发起人认购3500万股，社会法人股6500万股。

【业务范围】 公司主要开展旅游资源开发、酒店管理、工业投资、股权投资、房地产开发与经营、物业管理、国内国际贸易、交通运输、金融投资与咨询、餐饮娱乐、广告等。主要开发项目有西湖灵山旅游风景开发区、组建报业集团、兴建西湖旅游大厦、投资富春湾旅游度假村。

桂林威达（集团）股份有限公司

【公司概况】 公司是经广西体制改革委员会批准，由桂林威达仪器仪表办公设备集团公司改组的。总股本10000万股，其中国家股4116万股，集体股719万股，法人股4915万股，内部职工股250万股。

【业务范围】 公司主营复印机、传真机、电工仪器仪表、光学仪器、舰用控制仪器、汽车配件等。主要项目有兴建复印机配套流水线、开发新型涡卷式压缩机的空调器等。

天津北方建筑材料商贸股份有限公司

【公司概况】 公司是由天津克瑞思（集团）有限公司、天津美纶股份有限公司、中国洛阳浮法玻璃集团公司、中国建筑材料企业管理协会、中国统计信息咨询服务中心等15家股东组成。公司总股份10000万股。公司董事长：林厦，总经理：王月。

【业务范围】 公司主营各种建筑材料、装饰装修材料、建筑五金水暖器材、建筑装修机具、家具厨具、电工通讯器材、家用电器、照明器材、建筑消防器材、园艺设施、栽培植物等家具设施。同时兼营装饰装修工程、加工包装、商品展览、场地租赁、仓储运输、商贸信息、服务以及餐饮娱乐等。

桂林刘三姐集团股份有限公司

【公司概况】 公司是由桂林刘三姐集团公司发起设立的。公司总股份6890万股，其中国家股2410万股，法人股4308万股，内部职工股172万股。

【业务范围】 公司主营文化、旅游、商贸、工业等业务，主要产品有兽药、保健食品、化妆品、床上用品、服装、建材等。主要项目有改造桂林第三制药厂的红霉素生产线、进行房地产开发、兴建刘三姐乐园等。

广东清远联通股份有限公司

【公司概况】 公司是于1994年3月30日经广东省经济体制改革委员会批准，由清远市银联贸易发展公司和清远市华远技术市场开发总公司共同发起，在两家公司所属全资附属企业清远扶贫区银联实业开发公司和清远扶贫三元房地产开发公司进行改组的基础上设立的。

【业务范围】 公司主营房地产开发、金融、证券、科技市场发展业务，兼营建材、化工、机械、电子、纺织产品、日用百货、家用电器等。主要项目有兴建扶贫区内的银联大厦、引进镀膜玻璃生产线、建设精密玻璃薄板生产线、合作兴建科技城。

昆山金桥实业股份有限公司

【公司概况】 公司是经江苏省体制改革委员会批准设立的。

公司总股份 10000 万股，其中发起人股 5000 万股，社会法人股 4750 万股，内部职工股 250 万股。主要股东有中国经济开发信托投资公司、中国乡镇企业投资开发有限公司、中国五金制品进出口公司、中国国际旅行社总社等 7 家企业。

【业务范围】 公司主要投资的项目有：上海中国皇冠国际俱乐部，设在昆山市淀山湖西岸，距上海大观园 3 公里处。中国乡镇企业产品出口加工示范区，选在昆山市巴城，主要为亚州新加坡工业园的开发和建设服务。苏南乡镇企业基金，促进苏南乡镇企业的产权改革和资源配置，加快地区金融业的发展。

山东兰陵美酒股份有限公司

【公司概况】 公司是经山东省体制改革委员会批准，由山东兰陵美酒厂改组设立的。公司总股份 8000 万股，其中国家股 3200 万股，法人股 4600 万股，内部职工股 200 万股。

【业务范围】 公司主要经营饮料酒的生产、批发、销售，兼营项目有 6000KW 热电厂工程和锅炉改造工程，年产 3 万吨玉米酒精及 DDOS 蛋白饲料工程。

深圳通海生物工程投资股份有限公司

【公司概况】 公司于 1988 年 8 月由深圳市拉链厂改制成立的，1992 年 11 月增资扩股，股本达到 3000 万股，投资开始向生物工程高科技产业倾斜。1994 年 8 月再次增资扩股达到 5040 万股，其中法人股 3780 万股，私人股 1260 万股。公司董事长兼总经理：徐风。

【业务范围】 投资控股及兴办了 3 家生物工程公司，1 家生物食品公司。主要产品有狂犬疫苗、腮腺炎疫苗、白蛋白、乙肝、丙肝、爱滋病诊断试剂、阿婆炖品系列罐装汤料食品、包装机械和包装材料。1994 年销售额 4862.5 万元，税后利润 745 万元。1994 年流动比率 0.8，应收帐款周转率 2.74 次，资本金利润率 24%，94 年每股送红利 0.2 元。

广西桂能电力股份有限公司

【公司概况】 公司是经广西区体改委批准以定向募集方式设立的，由梧州地区电业公司、国家能源投资公司、广西龙水金矿、广西建设投资开发公司、广西水利电力实业开发公司等 6 家企业发起。公司总股份 1.6 亿股，其中发起人法人股 12200 万股，社会法人股 600 万股，内部职工股 3200 万股，公司总经理：金沈瑜。

【业务范围】 主营投资开发建设和经营管理水电站、火电厂、输变电工程，兼营有关的项目，兴办高科技、宾馆、饮食、娱乐业、电力技术咨询服务等。

海南南山电力股份有限公司

【公司概况】 公司系海南省证券委员会批准的海南首家电力股份制企业，由海南省电力公司、三亚城乡建设土地开发总公司、中国航空工业总公司、中行海口信托咨询公司、湖北三环发展股份有限公司共同发起，创立于 1993 年 7 月 28 日。公司总股本 4.5 亿元人民币，其经营企业南山电厂一期工程从美国 TPM 公司引进两台 5 万千瓦 FT8 双联燃气轮发电机组均已建成投产。公司董事长：许晓民，总经理：王修。

【业务范围】 主营发电、供电、电力工程开发、房地产开发与经营、旅游业开发、高科技产业开发、石油、建筑材料，兼营五金工具、交电商业、饮食服务、装饰工程、铝合金加工、进出口业务。

深圳市凯虹实业股份有限公司

【公司概况】 公司是由南山区区属国营企业凯虹实业公司于 1993 年 3 月经规范化股份制改组设立的。主要股东有南山区投资管理公司、广东发展银行广发投资公司、中国银行深圳国际信托咨询公司等，公司总股份 6063 万股，其中国家股 2821 万股。公司董事长：周道清，法人代表、总经理：周瑞堂。

【业务范围】 从事工业区开发及配套建设、物业管理、工业及高新技术投资以及国内国际贸易。94 年营业额为 2109 万元，税后利润为 1739 万元，资产总额为 18403 万元。资产负债率 39%，流动比率 1.08 倍，应收帐款周转率 1.1 次，资本报酬率 30%，纯利率 82.5%，94 年每股税后利润为 0.29 元。

茂名石化实华股份有限公司

【公司概况】 公司于 1988 年 10 月成立，1993 年 12 月被国家体改委批准为规范化的股份制试点企业。主要股东有发起人茂名石油化工公司，茂名金华财务公司等。总股份 5031 万股，其中国有法人股 813.6 万股，定向法人股 2497.26 万股，公众股 1707.34 万股，内部职工股 12.8 万股。公司董事长：李文成，总经理：蔡贤武。

【业务范围】 生产经营聚丙烯及其制品、石油化工产品、水泥、机械制造、铝型材、技术经济咨询服务、投资经营化工综合利用实业、第三产业。营业额 20153.3 万元，税后利润 3256.17 万元，资产总额 24491.1 万元。

【财务状况】 资产负债率 52.48%，流动比率 99%，应收帐款周转率 7.62 次，资本报酬率 27.98%。1994 年 10 派 6.2 元。

非上市股份公司名录(选登)

广东珠江电器股份有限公司
顺德大明实业股份有限公司
南海实业投资股份有限公司
广东高明峰江股份有限公司
广东阳春凌宵集团股份有限公司
湛江金地股份有限公司
湛江电器工业集团股份有限公司
广东万家乐集团股份有限公司
广东华宝集团股份有限公司
广东南海海北开发集团股份有限公司
广东健力宝集团股份有限公司
湛江物华股份有限公司
广东华威饼业股份有限公司
广东三星企业股份有限公司

广东半球实业股份有限公司
茂名石化实华股份有限公司
茂名银厦置业股份有限公司
肇庆南华自行车集团股份有限公司
惠州中企联股份有限公司
东莞通达实业股份有限公司
广东嘉士利集团股份有限公司
广东新会涤纶厂股份有限公司
佛山兴华集团股份有限公司
佛山石湾陶瓷工业集团股份有限公司
佛山佛陶集团股份有限公司
顺德裕华实业集团股份有限公司
广东南油船舶股份有限公司
珠海中珠置业股份有限公司
珠海华丰食品工业(集团)股份有限公司
珠海江南船艇股份有限公司
汕头广联房地产开发股份有限公司
汕头宏业发展股份有限公司
广东明珠实业股份有限公司
广东亿能电力设备股份有限公司
广东河源华冠股份有限公司
广东梅州绦纶集团股份有限公司
深圳市平山实业股份有限公司
深圳市百旺实业股份有限公司
深圳市大嵌实业股份有限公司
深圳市常源实业股份有限公司
深圳市莲塘实业股份有限公司
深圳市罗湖区小梅沙股份有限公司
深圳市蛇口龙电实业股份有限公司
广东海运股份有限公司
广东华粤房地产股份有限公司
广东天贸(集团)股份有限公司
广东恒昌实业股份有限公司
海南万国商城股份有限公司
海南白云山实业股份有限公司
海南大东海旅游中心股份有限公司
海南民福物业股份有限公司
海南华侨旅业股份有限公司
海南泰华旅业股份有限公司
四川长城特殊钢股份有限公司
武汉道博实业股份有限公司
海南中商旅业股份有限公司
海南高速公路股份有限公司
海南海斯实业股份有限公司
海南太平洋石油实业股份有限公司
海南石梅湾旅游开发股份有限公司
海南临海实业股份有限公司
海口力神企业股份有限公司
海南东方文化艺术股份有限公司
海南新大陆投资股份有限公司
海南兴业聚脂股份有限公司
海南石化煤气股份有限公司
山东国泰(集团)股份有限公司
海南南中国航运股份有限公司

广东湛化企业集团股份有限公司
茂名信宜开源股份有限公司
肇庆市蓝带集团股份有限公司
惠州嘉富股份有限公司
东莞赛格实业股份有限公司
东莞自来水股份有限公司
广东开平铝业集团股份有限公司
广东江门电机股份有限公司
佛山通宝股份有限公司
佛山南方印染股份有限公司
顺德电力开发股份有限公司
广东佛开高速公路股份有限公司
广东银海集团股份有限公司
珠海红丰建材股份有限公司
珠海中富股份有限公司
汕头经济特区南方商贸股份有限公司
汕头航空股份有限公司
广东力士通机械股份有限公司
汕头经济特区建业发展股份有限公司
广东河源达康股份有限公司
广东河源大华股份有限公司
惠州通达市场开发股份有限公司
深圳龙井实业股份有限公司
深圳市珠兴实业股份有限公司
深圳市福光实业股份有限公司
深圳市麻嵌实业股份有限公司
深圳市鑫群实业股份有限公司
深圳市沙头角区居委群利股份有限公司
深圳市三洲田实业股份有限公司
深圳市大梅沙股份有限公司
深圳市东辉实业股份有限公司
广东金山实业股份有限公司
海南三亚置业股份有限公司
海南珠江建设股份有限公司
海南金川(香水湾)股份有限公司
海南三亚东方旅业股份有限公司
中国机械设备海南股份有限公司
海南国际招商股份有限公司
珠海恒通置业股份有限公司
山东潍坊华光电子(集团)股份有限公司
海南深海投资股份有限公司
海南天崖海角股份有限公司
海南五环城股份有限公司
海南阳光城开发股份有限公司
海南银泰置业股份有限公司
海南金轮实业股份有限公司
海南国际海运股份有限公司
海南南希实业股份有限公司
海南顺丰股份有限公司
海南东方租赁投资股份有限公司
海南恒源信托投资股份有限公司
中国东北亚铁路港口集团股份有限公司
山东银龙股份有限公司
海南物业股份有限公司

廣東國際信托投資公司證券部

成立于1992年的廣東國際信托投資公司證券部，是廣州首批證券經營機構之一。先后擔任了廣東美的、廣東電力的分銷和上市推薦人，代理了廣東美雅等十幾家企業的公衆股發行工作，發起并設立了廣信基金，代理發行了十幾家企業債券，還幫助廣東輕工進出口公司等企業進行股份制改造。

廣信證券部在廣州設有江灣、三寓、國際大廈3個營業部，在深圳、上海分别設有營業部，在普寧設有代理點；是深交所、上交所、STAQ、NETS、南方證交中心和武漢證交中心的會員，擁有廣州最大的專户廳；擁有200多對電話委托綫；還爲客户提供了電話委托、觸摸屏、小鍵盤、條形碼查詢、錢龍、建功分析軟件等自助委托系統。另外，首先推出了"萬訊通可視圖文交易系統"和"紅精靈"交易系統。

證券交易營業部門面

專戶營業廳

地址：廣州市沿江中路298號廣信江灣大酒店首層
電話：3815798　**郵編：**510100

散戶交易廳

安徽省證券公司深圳業務部

安徽省證券公司深圳證券業務部是經人行深圳經濟特區分行批準，于1993年正式成立，是安徽省證券公司的全額獨資子公司。開業以來，在積極配合總公司發行“皖美菱”、“皖皖能”同時，大力改善自身的硬件及軟件設施。

硬件方面：營業面積600多平方米，其中包括5間大戶室約200多平方米，內設30多個專位，一個散戶大廳約200平方米。擁有“建功”、“錢龍”兩套股市即時分析系統，方便快速的自助式委托系統，及目前深市最先進的熱自助式委托系統。軟件方面：擁有優秀的服務人員及經紀人員，業務部還加強管理，以優質的服務迎接每一位股民。

我部作為异地駐深證券商，將在今后依靠良好的信譽，優質的服務，嚴格的管理，現代化的設施，為廣大股民創造良好的投資場所。

地址：深圳市振興路上步工業區405棟一層
電話：3242200　**傳真**：3242191
郵編：518028

廣州國際信托投資公司證券部

金橋業務部外景

金橋證券部大堂

證券部成立于1993年12月。主要經營：代理發行各種有價證券；自營和代理證券買賣；代理支付和代收證券本息紅利；證券鑒證；登記過戶；證券代保管；證券投資咨詢；經人民銀行批準的其他的證券業務。證券部累計發行各種有價證券7億多元，在廣州證券市場中位居前列。1994年5月總代理發行廣州電力法人股，并在北京NET系統上市獲得成功，成為廣州市第一個上市股票；1994年9月總代理發行廣州市1993年新股認購申請表再獲成功，深得社會各界的好評。證券部又是深圳證券交易所、上海證券交易所和NET系統、南方證券交易中心的會員，在廣州、上海、天津、武漢、深圳分別設有證券營業機構。

法人代表：許　智
廣州東廟前西營業部電話：7753234　7764278
五羊金橋營業部電話：7382183　7382217
濱江營業部電話：4324168　4325328

中国农业发展银行海南省分行

主要負責人:林鴻英　高級經濟師

地址:海口市濱海大道 26 號農行大廈九、十層
電話:(0898)6791440　傳真:6791610
郵編:570105

農發行是國家政策性金融機構,主要任務是籌集農業政策性信貸資金,承擔國家規定的農業政策性金融業務,代理財政性支農資金的撥付,爲農業和農村經濟發展服務。其現階段的主要業務是辦理糧食、油料等主要農副產品的國家專項儲備貸款;辦理扶貧貼息和農業綜合開發貸款;辦理開户企事業單位的存款與結算業務等。目前,農發行的主要業務委托農業銀行代理。

分行將本着"團結、進取、廉潔、務實、創新"的行業精神不斷開拓進取,竭誠爲大特區農業和農村經濟發展服務。

副行長林萬里同志(右)深入企業檢查工作

海口市信托投資公司

1995 年 6 月,總經理吴應佑考察美國經濟時留影

公司成立于 1987 年 12 月,是經中國人民銀行批準成立的非銀行金融機構。具有獨立法人地位。公司現有職工 29 人,其中具有大、中專以上學歷的占 66%,現設總經理、副總經理室及信貸部、財務部、計劃資金部、投資開發部和辦公室。

經營業務範圍主要包括:信托存貸款、投資業務;委托存貸款、投資業務;有價證券業務;金融租賃業務;代理財產保管與處理業務;代理收付業務;經濟擔保和信用見證業務;經濟咨詢業務;中國人民銀行批準經營的其它金融業務等。截至 1994 年底,累計信托存款 2068 萬元,委托存款 4376 萬元,信托貸款 17206 萬元,委托貸款 4364 萬元,投資 8083 萬元,租賃 300 萬元。

總經理:王儉　高級經濟師

廣州市科技城市信用社

總經理:王　儉(高級經濟師)
付總經理:張正元(經濟師)
地址:廣州市天河黄埔大道 81 號
電話:(020)7580308　7500047
電掛:8471　郵編:510620

信用社系經中國人民銀行廣州分行批準成立,于 1994 年 2 月 1 日開業,歸口廣州市城市信用合作聯社領導管理。

該社的宗旨是:實現金融與科技産業相結合,爲科技團體、民科企業、其他集體、私營、個體、中外合資企業、及城市居民服務,支持廣州科技産業及其他各項建設事業的發展。信用社資産總額逾 2 億元,累計發放各種貸款近億元,其中約百分之五十用于扶持科技産業。下屬職能機構有會計出納部、證券儲蓄部、信貸部、計劃資金部、稽核部和辦公室。今年三月經批準新開設環市東路營業部(水蔭路 11 號)。

信用社辦公樓

中國人民建設銀行瓊山市支行

辦公大樓全景

干部職工學習研討

瓊山市支行成立于 1978 年 11 月 11 日,主要辦理固定資産拔款、管理基建支出預决算、管理基建、建築業和城市開發建設企業財務、辦理銀行結算業務,各種存款業務;發放固定資産、流動資金貸款,私人住宅存貸款和居民儲蓄業務;政府委托的政策性房改金融業務和城鎮住房制度改革的一切金融業務;代理發行債券、股票、參與投資、融資、租賃和承辦信用鑒證業務;外匯存款、貸款、結算、見證、擔保、征信調查和咨詢業務,匯款、本票、支票和票據承兑業務;既受理華僑、港澳臺同胞委托管理投資、合資、捐資業務,有價證券轉讓、保管、貼現業務。目前,該行職工人數發展到 154 人,設置 19 個機構,其中辦事處、所、櫃有 9 個,到 1994 年底止,全行一般性存款余額達 63362 萬元,發放貸款余額達 28812 萬元。

第十二编

证券业新闻出版

294/296

证券业新闻出版

中国证券监督管理委员会根据《国务院关于进一步加强证券市场宏观管理的通知》中有关加强证券市场管理的精神，按照专业性、及时性及覆盖面等方面的要求指定公开披露上市公司信息的刊物，并发出了《关于股票公开发行与上市公司信息披露有关事项的通知》，要求公开发行股票的公司，在证监会指定的刊物上刊登招股说明书概要、上市公告书概要、中期报告摘要、年度报告摘要、收购通告书、股票发售办法、承销期的起止时间、发售网点的地址、交款时间和办法以及公司认为应披露的重大事件报告。

中国证监会要求凡上市公司或其承销机构要求刊登的信息，指定的刊物必须准确无误地按照原文刊登；公司披露的信息，关系到证券市场稳定，指定的刊物工作人员中有机会接触到尚未公开的信息，必须严守机密。

中国证监会授权刊登上市公司信息披露的指定报刊有：中国证券报、金融时报、上海证券报、证券时报、证券市场周刊、经济日报、中国日报、中国改革报。

中国证券报

《中国证券报》是由新华通讯社主办，创刊于1993年1月3日，1994年1月1日改为证券专业日报，是中国证监会授权刊登上市公司信息披露的指定报纸。每天出对开八版，每周6刊，国内统一刊号：CN11—0207。社长兼总编：任正德。

报社主要业务部门有编辑部、广告部、发行部、行政部等，并在上海、深圳、沈阳、海口、武汉、成都、福建等地建立了记者站，在济南、太原、厦门、呼和浩特、郑州、杭州、长沙、三峡等地设立了联络站。报社下属华鼎财经资讯股份有限公司、新证广告公司等。报纸的主要版面有：要闻版、市场版、理论版、市场行情版、公告副刊版和国际版等，主要栏目有：证券要闻、证券漫议、专家访谈、热门股看板、每日股评、个股点评、公司传真、中介之窗、系列报道、连载、证券文摘、他山石、股市快讯、股市茶座、国债日评、期市概况。

报纸通过先进的卫星传版技术，在北京、上海、广州、海口、武汉、成都、沈阳、西安、南京、长春、南宁、宜昌等地同时印刷，通过邮局发行全国各地及海外。并将于1996年1月推出《中国证券报》电子版。

金融时报

《金融时报》是由中国人民银行、中国工商银行、中国农业银行、中国银行、中国人民建设银行、中国人民保险公司、交通银行和中信实业银行联合创办的综合性经济类报纸，是中国人民银行授权公布重要金融统计资料和中国证监会授权刊登上市公司披露信息的指定报纸。于1987年5月1日创刊，国内外公开发行，每天出八版，国内统一刊号CN11－0011。

《金融时报》的主要内容有：报道党和国家的经济金融方针政策，传播国内外经济、金融、贸易信息、股份制改革等动态、刊登证券市场分析和股票、外汇、黄金、期货等每日行情，介绍各种投资技巧，披露上市公司招股说明书、上市公告书、中期财务报告、年终业绩报告等信息。主要版面有综合要闻版、市场新闻版、市场分析版、行情版等，栏目有：要闻简报、信息快递、市场观察、市场手记、市场日评、中介服务、投资与理财、理论探讨、地方经济等。

报纸通过卫星传版技术，在北京、上海、西安、成都、长沙、广州、哈尔滨、武汉、海口、济南、昆明、沈阳等地设有分印点。并在各地设有32个记者站。

国有资产管理

《国有资产管理》杂志是由国家国有资产管理局主办的综合性机关刊物，创刊于1991年7月，杂志为月刊，每月23日出版，每期64页，大16开，国内统一刊号CN11—2798/F。

杂志开设的栏目有：专家论坛、工作研究、股份制改造、法规制度、资产评估、清产核资、理论探讨、改革与实践、国有资产管理百科等。主要内容为宣传国家有关国有资产管理工作的方针、政策，公布有关法规制度，交流各地区、各部门和国营企业国有资产管理工作的情况和经验，发表有关国有资产管理的科学理论研究文章。

证券市场周刊

《证券市场周刊》是由中国证券市场研究设计中心主办，是中国证监会授权刊登上市公司信息披露的指定刊物。每周1期，每期48页码。国内统一刊号CN11—3043/F。

周刊主要业务部门有编辑部、发行部、广告部、行政办公室等。并在各地设立了记者站或联络处。主要栏目有：要闻、特搞、股市周评、法人股周评、看图测市、股市分析、股市札记、交易所信息、公司动态、股市纵横、技术分析、投资策略、问题探讨、股市文学、公告报告。

周刊在上海、广州、成都、北京设立分印点，同时发行到全国各地及有关国家和地区。

上海证券报

由新华社上海分社主办的《上海证券报》，创刊于1993年1月2日。它是经中国新闻出版署批准出版、证监会指定刊登上市公司财务报告以及其它有关行业资料、公告的证券业务报纸、国内外公开发行。创刊初期每周1期4版，自1993年10月1日起，发展到每周5期，每期八版；与上海证券交易所每周进行五个交易日同步出版。在北京、深圳、福州、沈阳、合肥、武汉等主要城市设有办事处和记者站，并在全国17个中心城市建立代印点，通过上海证券交易所的卫星传输系统，传送每期的报纸版面，与上海同时间发行。

上海证券报主要栏目有：证券信息、证券和金融投资理论知识、个人和机构理财指南文章等。主要版面安排：证券与金融、要闻一版和二版综合新闻以及六、七版的证券、金融行情信息较固定外,其余各版常见的栏目有:投资天地、证券市场、海外证券、证券论坛、证券法苑、走势图、数据库、证券小说连载、股市百家言、公司三色桥、券商龙门阵、证券文摘、读者来信等。具有独家特色的是每期出现在该报头版上的"录以备忘"小专栏,以三言两语的形式提醒读者注意当日的证券市场重要动向。此外,还有二版上的"历史上的今天"小专栏,向读者提示上年今日的上证指数达到的最高或最低记录和有关历史事件,为投资者提供决策参考。

该报社务委员会实行社长领导下总编负责制,下设常务副总编、总编助理和总编室主任等。总编室包括新闻部、市场部、研究部、综合部以及广告部、电脑室等。

证券时报

证券时报社成立于 1993 年 11 月,为实行企业化管理的事业单位,报社注册资本 500 万元,法定地址:深圳市罗湖区红岭中路国际信托投资大厦 15 楼,法定代表人:武凤仪。报社主要经营范围:编辑、出版、发行《证券时报》;发布各类广告(含外商来华广告);承办分类广告;资料翻译、信息咨询;销售新闻出版所需的技术设备、文化用品、印刷用品、纸制品、通讯器材。

由报社编辑出版的《证券时报》于 1993 年 11 月 27 日创刊,该报为中国证券监督管理委员会上市公司信息披露指定报刊,面向国内外公开发行。目前《证券时报》为周五刊,每期八版。除在深圳印刷外,还通过卫星传版系统,在北京、上海、武汉、成都、海口、沈阳、西安建立了分印点。

证券时报社目前内部的机构设置为:社长办公室、总编室、新闻部、公司部、市场部、专刊部、资料信息部、广告部、发行部、电脑部等 10 个部门。

中国期货周刊

《中国期货》周刊是由国家国内贸易部主管,由中国国际期货经纪有限公司、中国期货市场咨询中心、上海金属交易所、郑州商品交易所、深圳有色金属期货联合交易所、北京商品交易所、中国国防军工物资供应总公司、华理经济文化发展公司联合主办。创刊于 1994 年 3 月,1994 年 7 月改为周刊,原来的月刊成为周刊的月末版。国内统一刊号 CN11—3455/F。社长兼主编:田源,总编辑:卢建。

周刊的主要内容有:报道党和国家的有关期货的政策方针,传播期货市场知识和期货市场的动态,刊登期货市场的行情及其分析图解,介绍各种投资技巧及各地期货交易所、经纪公司等机构,并对世界期货市场发展形势进行分析和评述。周刊的主要栏目有:特稿、专论、期货与法、经济走势、问题研究、知识长廊、交易所专页、经纪商专页、客户之窗、环球期货、市场纵横、动态、人物、技术天地、一周述评、国债市场等。

期货导报

《期货导报》是经国家新闻出版署批准,由郑州商品交易所主办的,于 1994 年 5 月 28 日试刊,正式创刊于 1994 年 9 月 26 日,为周三刊对开报纸,国内统一刊号:CN41—0032,社长兼总编辑:王献立。

《导报》的主要内容以新闻为主,报道期货市场、现货市场及相关的政治、经济动态,突出反映国家的期货和现货管理政策及重大事件;刊发国内外期货、现货行情,对主要交易所的代表品种或热门品种作出图表技术分析,并对国内外期货市场和金融股市投资热点进行报道和分析,对世界经济进行评述,介绍有影响的期货交易所、批发市场、经纪公司等;并围绕期货市场的建设、法规建设、规范化管理等进行理论研究和探讨。并设有国际副刊、知识副刊、生活副刊。主要栏目有:热点追踪、有问有答、每周一评、专访、每期市场圈点、系列报道、市场行情、图表分析、传奇人物、人物通讯、经纪人手记、期市百态、知识讲座、运作技巧等。报社下设有编辑部、咨询部、发行部、广告部等职能部门。

特区证券报

《特区证券报》为向国内外公开发行的金融证券类专业报纸,对开八版,周二刊,国内统一刊号为 CN46—0020。该报主办单位为海南日报社和海南证券交易中心。报纸创刊号出版于 1993 年 3 月 6 日。《特区证券报》前身为《特区证券周刊》(国内统一刊号 CN46—1035/F),从 1992 年 12 月 6 日到 1993 年 2 月 27 日杂志共试刊五期。该杂志 1992 年 9 月 22 日由国家新闻出版署下文批准发行。经国家新闻出版署新出版批准,改为报纸后,周刊不再出版。1993 年 5 月 30 日,海南省证券委员会正式下文指定该报为海南省刊登披露证券信息的报纸。

主要业务部门为编辑部(编辑、组版),通联部(采访、外联),另设有发行部、广告部和办公室。报社员工共 25 人。其中经济学硕士 3 人,大学本科 5 人,大专 6 人,中专 5 人,其余 6 人。报纸主要栏目包括:股市周评,深沪交易所最新公告,大户沙龙,一周要闻,券商说市,期货天地,深、沪、琼、NETS、STAQS 行情周报等。《特区证券报》实行自办发行,发行地区以海南为主,兼及北京、上海、深圳、西安、成都、武汉、福州、北海等。

(胡晖　冯家雄)

证券市场导报

由深圳证券交易所主办,创办于 1991 年 7 月,1993 年 7 月向国内外公开发行。并由双月刊改为月刊,为标准大 16 开,每期 64 页,目录、图表中英文对照,文章也附有英文内容概要。

栏目设置主要有:证券理论研究,关于证券市场发展、上市公司运作及证券商经营管理等方面研究;宏观形势分析,报道国内外经济现状和发展趋势及其对证券市场的影响与作用;政策与法规,报道我国金融领域以及企业界与证券市场有关的政策、法规的制定与调整;海外股市,报道世界主要股市的状况与发展,以及对中国股市的影响;证券投资,介绍国内外的证券投资理论、投资技巧和精选实例;信息资料,提供证券市场的统计资料,上市公司和证券商的动态、背景资料。

证券市场研究周刊

《证券市场研究》杂志是由上海社会科学院主办的上海第一家公开发行的证券类专业周刊,于 1991 年 12 月 19 日问世。这份 32 开、每期出版 32 页、面向海内外的杂志。

"及时、准确、全面、客观"的办刊八字方针,反映了该刊为证券商、证券投资者、证券市场管理者提供各种信息服务的宗旨。通过每周上海、深圳股市分析综述、经济分析、行情透视、热点讨论、技术分析、股市研究、财务分析、证券法苑、个股分析，以及 NET 和 STAQ 法人股市场分析等十多种栏目，全方位、多角度地对经济、金融、证券诸方面的理论与实践问题，展开探讨和研究。

上海社会科学院荟萃了经济研究、金融研究、证券研究、法律研究的一批专家，组成组稿及编辑审核班子。同时，还邀请政府有关部门的领导、专家为特约撰稿人，由他们不定期地通过该刊传递当局的政策和方针，为证券市场的发展提供较多的信息来源。此外还组织上海、北京、深圳证券市场、NET、STAQ 法人股市场的行家、分析家来介绍全国各地证券市场的发展的最新动态。

中国证券业年鉴

《中国证券业年鉴》是一部全面反映中国证券、期货、基金、产权市场、批发市场及企业体制改革的发展和动态的大型综合性年刊。创刊于 1993 年，为了推动中国证券业的规范化和国际化，1995 年将同时出版中文版和英文版。

《中国证券业年鉴》(1995 · 中文版 · 总第三期)(1995 · 英文版 · 总第一期)共有十八编，重点反映 1994 年中国证券期货金融市场发展情况，系统介绍各类经营管理机构的职能和股份制企业的业绩。主要内容设置：图片新闻、专论、证券市场、期货市场、基金市场、产权市场、证券管理与交易机构、社会中介机构、证券经营机构、上市股份公司、非上市股份公司、证券业新闻出版、证券业理论研究、证券业科技教育、证券业社会团体、市场统计资料、证券业大事记、政策与法规、工商企业选介等。

中国证券业年鉴的组织机构设有顾问委员会、编辑委员会、编辑部，由各地有关部门的领导和专家组成。编辑部具体负责组稿、编辑、广告设计、照排等事务，并在北京、深圳、海南、武汉、广州设有办事处或联络处。

珠江股市台

珠江股市台是利用 FM 副讯道技术开办的，以提供证券信息服务为主的专业性电台，1993 年 4 月 28 日正式开播，每天播出 12 个小时，通过转播履盖珠江三角洲地区。听众可通过该台监制生产的 FM—SCA 专用收音机收听广播。

珠江股市台发挥广播传播快捷的优势，根据股民的需要设置了即时股市行情、股市综述、投资者热线、深沪股市分析、股市大家谈等节目。通过与深沪直接联网的即时电脑传输系统和广泛的信息网络，第一时间报道最新的股市信息，并且特邀北京、上海、广州、深圳等地知名股市分析专家作为节目嘉宾，股民可以通过电话与之交流和征询有关问题。开播两年以来，已经成为上市公司、证券界和广大股民获取证券信息的重要渠道。珠江股市台还发挥联系证券监管部门、证交所、上市公司、证券商以及股民之间的桥梁作用，经常围绕证券市场的热点和股民关心的问题，组织各类研讨会和咨询活动。

财经快报

《财经快报》(原《股市快报》)创刊于 1993 年 12 月 28 日，是广东省一级的证券专业报纸。《财经快报》利用与沪、深股市直接联网的电脑即时传输系统以及广泛的信息网络及时、准确地为股民提供最新的股市消息和其他服务。1994 年《财经快报》较好地发挥新闻传媒的正确舆论导向作用，在股市扩容压力较大，股民情绪不稳的情况下，深交所采取了暂缓新股上市的措施，独家采访了中国证监会负责人，发表了《暂缓新股上市权在证交所》的报道，对苏三山被收购、养老基金入市等谣传及时组织了采访报道，澄清了真相。此外中国证监会关于股市稳定和发展的三大政策等一批重要消息都第一时间报道。这些报道对于股市的稳定健康发展起到了积极作用。在广东省内其发行量在同类报纸中一直名列前茅。

《财经快报》每周出六期，设有财经要闻、沪深股日评、个股分析、大户室手记、上市公司巡礼、股市风云、证券商之窗、股市百态以及其他有关股市方面的栏目，每天早上股市开市前，该报就可以到达珠江三角洲的各主要城市。《财经快报》由《股市快报》改名后从四开四版改为对开四版，在坚持以证券、金融内容为主的同时，增加了其他财经信息。

部分证券业报刊名录

中国证券报
中国日报
证券市场周刊
股市导报
湖南证券报
中国证券市场年报
上市公司半月刊
金融时报
经济日报
中国改革报
证券研究
武汉证券
股市动态分析

第十三编

证券业理论研究

300/338

出版专著

中国金融分析与预测

《分析与预测》共有三大部分，即金融形势与金融调控、金融组织、金融市场等。主要内容反映货币、信贷形势与政策，利率及人民币汇率走势，金融法规建设及金融监管，通货膨胀趋势分析，介绍了专业银行商业化、合作银行、投资基金、信托业、非银行金融机构及外资金融机构情况、发展趋势、展望与评价。分析了证券市场运行特点及趋势，阐述了期货市场的规范发展与趋势以及保险市场的现状、问题及对策，最后介绍了我国利用外资的情况、政策分析与对策。

北京市场经济研究所组织编写，肖灼基主编，中华工商联合出版社出版。

1995年国民经济和社会发展报告

《报告》(中国计划白皮书)包括综合经济篇、产业经济篇、对外经济篇、科技和社会发展篇及体制改革篇。内容有：介绍和评价了1994年我国经济、社会发展和各项重大改革的进展情况，预测展望了1995年的国际、国内经济环境和宏观经济走势以及各主要产业市场运行态势，阐释了本年度的国家计划目标、宏观调控政策和改革部署。体现了社会主义市场经济条件下计划工作的宏观性、战略性、政策性、导向性、权威性的特点。

陈锦华主编。

股份制与现代市场经济

《股份制与现代市场经济》内容有：联系当前经济发展的具体情况，详细阐述了市场经济与通货膨胀、产权改革、国有股流动问题、证券市场的规范化、完善B股市场的对策、证券市场与吸引外资、稳定股市的主要方式以及《证券法》起草中的有关情况等方面的内容。

厉以宁著，江苏人民出版社出版。

中国金融展望

《展望》主要由宏观篇、专题篇、统计篇三部分组成。共包括22篇文章和18份统计表，内容有货币供应量统计与分析，分析了1994年货币供应量增长较快的原因和1995年影响货币供应量增长变化的诸种因素，并就如何协调人民币汇率目标与货币供应量调控目标之间的关系提出具体设想。新增加了人民币汇率走势分析，外资金融机构发展、支付系统建设和产业结构变动等方面的内容。

中国人民银行编著。

股份公司文件写作

《写作》主要是介绍股份公司各种文件的写作，侧重介绍文件应有的内容及写作注意事项，并有例文及解说。内容包括设立股份公司的申请书、可行性研究报告、公司章程、发起人协议书、招股说明书、上市公告书、中期报告、年度报告、股票认购申请表发售通告等文件的写作和范例。并附《中华人民共和国公司法》。

辛业江编著，海南国际新闻出版中心出版。

金融资产管理

《金融资产管理》的主要内容有：具体介绍了当前西方金融市场上最常见的40多种金融产品，全面深入地分析了它们的特点，探讨了金融产品对企业和投资者的利弊，以及这些金融产品的风险和收益，研讨了基础分析中常用的经济金融变量以及这些变量对证券市场的影响，收集和整理了其他有关资料。

林义相著，北京大学出版社出版。

中国基金上市与交易

《上市与交易》主要内容有论述了我国投资基金发展战略及基金上市的意义和程序，介绍了沈阳证券交易中心、大连证券交易中心、武汉证券交易中心等市场情况及基金交易规则，阐述了基金价格的确定等问题，并说明了上市公告书应包括的内容以及定期报告与日常介绍分析材料，全面回顾和评价了我国投资基金发展情况。书中并附录了美国投资公司法、顾问法原文，及日本投资信托法的英文内容。

欧阳卫民编著，中国国际广播出版社出版。

中国企业产权交易指南

《指南》主要内容包括企业兼并、收购、租赁、承包、合资合营、拍卖、跨国兼并、收购(外商对中国企业的兼并、收购、中国企业到国外投资进行兼并、收购)上市公司的兼并、收购，产权交易中心资产评估、价格确定、价款结算、人员安置以及兼并的形式和法律程序等问题，附有有关企业产权交易方面的法规，全书30万字。

国家国有资产管理局科研所编，经济科学出版社出版。

中国企业与证券的资信评估

《资信评估》的主要内容有理论上阐明资产评估在市场机制中的意义与作用；评细介绍了资信评估的概念、评估方法、评估内容及评估机构；介绍了我国资信评估业的产生、发展与现状；阐述了我国证券评估、企业信誉评估的内容、方法、信用级别和指标体系；对某些有争论的问题也进行了探讨，并附录了债券信用评级计分表、企业信用评级计分表。

吴晶妹编著，中信出版社出版。

建立现代企业制度丛书

《丛书》共有5册，包括《现代企业经营行为规范》、《企业宣言—现代企业产权制度》等。详细介绍了现代企业产权制度、设立及组织形式、机构、模式的选择等；介绍了现代企业的行为即融资、商标、广告、票据、质量、保险、环保行为的规范、经济技术合同的制度规范等；说明了企业人、财、物、知识产权的权利制度、市场经济下社会大生产中现代企业内部和外部、企业与社会、出资人、政府、其他企业、自身员工之间的新型生产关系等。

中国国际广播出版社出版。

上海股市搏击技巧

《技巧》主要内容：系统介绍了股票投资的预备知识、上海股市的经济和行业分析、对沪股上市公司的分析、对投资者的分析、股票投资的对象分析、研判沪股行情态势的技术分析、沪市股票价格走势形态分析、沪股的风险和防范、股票投资综合技巧，以及沪市股票买卖时机的选择等方面。并附有上交所上市公司的股票简介。

周俊生主编，中国纺织大学出版社出版。

期货市场法律问题初探

《初探》系《中国法学丛书》中的一部，主要内容有：分析我国期货市场现状及其法制现状，期货管理委员会及期货协会、期货贸易规则、期货交易所及其会员的法律地位、期货合同与期货市场风险基金管理制度、期货争议仲裁与期货犯罪等。并附录了译出的美国《商品期货交易法》。

张国炎著，世界图书出版社出版。

中国公司法实务全书

《全书》的主要内容有对《公司法》的基础理论、各项知识、操作方法的阐述，介绍了有关公司的设立、运作及公司的经营管理、财务会计、公司的合并、分立、破产解散和清算、公司的法律责任、股份有限公司的股票、债券发行和转让、股份制试点经验等，并附有现行必备的公司法律、法规、章程和大量的范例及运用图式，以及有关的专业名词解释，重点介绍了有关国外的公司法。

中国物价出版社出版。

证券学教程

《教程》从股票投资和债券投资、股票市场和交易方式、金融创新和投资组合等方面，阐述了证券融资活动的运动规律，着重介绍了股票行情的分析工具和对股市进行基本分析、技术分析的方法，并对证券市场的监督管理、亚洲证券市场进行介绍，分析了我国证券市场的发展趋势及特点。

宋运肇主编，复旦大学出版社出版。

现代企业制度实用大全

《大全》主要内容包括现代企业制度产生、发展、演变的过程，现代企业制度的基本理论、特征、组织形式以及我国国有大中型企业改制操作的程序和方式。共分有30篇：概论、公司产权制度、股份公司、集团公司、跨国公司、公司战略、公司经营机制、公司组织制度、公司人事制度、公司生产组织运作制度、公司统计、公司财务、公司会计、公司审计、公司税收、公司工资制度、要素市场、公司营销、公司信息制度、企业家、公司文化、公司员工社会保障制度、公司资产与信用评估、公司股票、公司债券、公司重整、公司法制化运作、外国公司制度、港台公司制度、公司法规与政策等。

潘洪萱、夏大慰、李则兆主编，复旦大学出版社出版。

股票年报

《年报》的主要内容有：上海证券市场的回顾与展望、上海证券综合走势图、A股B股股价表走势图，反映上市公司的基本情况、股本结构、财务状况、主要持股股东、价量图、价量表等情况，并系统介绍了B股的价量图表。附录上海证券交易所、深圳证券交易所债券、股票委托买卖收费标准，上海申银证券公司所属分公司、营业部、国库券代理点等资料。

阚治东主编，上海科学技术文献出版社出版。

上海证券交易所上市公司大全

《大全》内容反映了截止1994年4月30日在上交所上市的158家上市公司的基本情况。全书共分五篇。主要内容以上市公司的历史数据为基础，通过资料、图表、统计、定量分析，揭示了各上市公司的股本结构、盈利与风险概况，以及投资的现实与潜在收益等，详细介绍了上海证券市场的产生、现状及1994年的运行态势，对沪市公司基本面指标进行了综合分析，通过对市场价格、获利能力、经营能力、偿债能力、资产、资本结构、发展能力的比较研究，提供了上海股市整体状况的投资价值，并在资本市场和定量风险分析的基础上，比较了沪市版块股票和个股的收益风险率及投资价值。

余昌力主编。

外汇风险管理实务

《管理实务》主要内容有：论述了外汇业务中交易风险、会计折算风险、筹资风险、国际结算风险及国家风险等几类风险的表现形式、成因及经济影响，综合九十年代西方国家已有的经验和技巧，提出了不同当事人应当采取的风险防范策略。对银行、非银行金融机构及一般企业如何利用外汇风险问题从汇率变动角度进行了微观分析。同时系统地介绍了相关的理论知识。

陶湘主编。

从国有企业到境外上市公司

《从国有企业到境外上市公司》主要内容：主要说明中国国有企业改制重组直至赴海外上市的一系列具体问题。介绍了国有企业改组的主要工作、程序和阶段及相关组织机构，分析了中介机构的作用和选择、企业重组步骤和模式、资产评估和财务审计、股权结构与股价确定、股票全球发行与上市的渠道与组织等实务。由日本大和证券株式会社编著。

大和证券主编，中国社会科学出版社出版。

1995年中国：经济形势分析与预测

《1995年中国：经济形势与预测》主要内容有：分行业分专题分析1994年中国经济形势，预测1995年的经济形势，并论述了中国股市建设问题，指出中国股票市场1994年取得了可喜的成绩，但目前仍处于试点阶段，企业股份制试点有待规范化，上市公司质量需要提高，全国统一的交易市场体系尚未形成，证券市场监督体系尚待理顺，必须改善投资者结构。

刘国光主编，中国社会科学出版社出版。

控股公司组织管理

《组织管理》的主要内容有：介绍了外国13家国有或私营控股公司的建立、发展、组织、管理、改革情况，并归纳出国外控股公司的不同类型及其对我国的有益借鉴和启示，探讨了组建和发展我国国有控股公司的改革思路。并附录有部分控股公司的公司章程、监事会章程、董事会章程及其他有关政策文件。

中国社会科学出版社出版。

股份制与国有股权管理（录像片）

电视讲座录像片的主要内容：系统论述了国有企业股份制改组及现代企业制度的有关问题，即关于国有企业股份制改组、股份制概述、股份公司的组织机构；股票的发行、交易与市场管理；国外股份公司简介；国有企业股份制改组的主要环节；国有企业股份制改组时的资产评估；股份制改组过程中的会计处理；国有股权的设置和运作；国有股权代表的委派与管理；国有股权收益管理；国有企业股份制改组中的难点问题及解决对策。

中国国有资产管理学会编辑，电力工业部电化教育中心制作。

中国期货概览

《概览》主要内容有：介绍了中国期货市场发展和经营概况，收集了中央和地方有关期货管理、期货法规建设的重要文件；选登了期货界人士及有关报刊论述国内外期货业方面的重要文章；刊登了全国部分交易所和经纪公司的有关情况；简要介绍了我国期货业教育、科研、出版机构。

中国期货杂志社编写，中国物资出版社出版。

现代期货大典

《大典》主要内容有期货交易总论、主要商品期货交易、金融期货交易、期货交易技巧、世界各国期货交易所及结算所、国际期货市场及其管理、国内外有关期货交易法规选编及附录有NFA经纪人全套考试资料。国家体改委、国务院发展研究中心、中国国际期货经纪有限公司等单位专家学者编纂而成。

田源主编，石油工业出版社出版。

研究论文

关于宏观经济问题

银行企业化的十大矛盾

梁全坤

银行在企业化改革进程中有十大矛盾，该文探讨了解决这十大矛盾的办法。(1)通过把单一银行利润目标改为综合利润目标，解决企业资金越周转慢，银行越增收利息等状况。(2)通过使企业成为自主经营、自负盈亏的市场主体，改变企业依附银行的状况。(3)通过实行利率市场化使银行的企业化具备前提条件。(4)杜绝不合理的行政干预是银行企业化的必备条件。(5)通过下放总行权力，使基层银行具有资金权、财务管理权。(6)通过建立独立而强大的金融稽核系统使企业化后的银行能够服从金融宏观调控职能。(7)制定银行法、票据法、企业法，使企业化的银行遵守利率政策和结算纪律。(8)通过调整财政与银行的关系，使银行的经营成果与利润留成挂勾。(9)央行对专业银行的管理要逐步由信贷计划控制过渡到利用再贴现手段和利率手段。(10)银行企业化需要大量年轻的专业人才。

中国通货膨胀的成因控制及效应

谷书堂　王光伟

从1985年到1994年的近10年里，中国已经发生三次大的通货膨胀，而且一次比一次严重。投资需求扩张是直接诱因。最重要的深层次问题之一是农业在资源分配中一直处于不利地位，造成农业供给薄弱；之二是国有经济内部资源存量难以再配置。

一、中国通胀的直接诱因及本次通胀与以前通胀在财政、金融背景方面的差别。在本次通胀持续的过程中，我国的财政、金融体制都发生了重大变化，首先是财政与银行实现了分离，货币的财政发行已不再可能，二是银行逐步推行资产负债管理。

二、短期内抑制通胀措施的效应。既然我国的通胀皆以投资扩张为直接诱因，因此在短期中采取的最直接措施自然是控制需求。对本次通胀的治理，短期内的措施仍是控制基建规模和紧缩信贷。

三、通胀得以持续存在的原因。1，外汇体制改革与进出口因素。由于中国1994年1月进行了外汇体制改革，主要内容是实行了汇率并轨和结汇、售汇制度，除了外商投资企业外，企业出口后获得外汇收入均要立刻向外汇指定银行结汇。这样从机制上说，过去企业资产中以外汇或外汇额度代表的部分都必须转化为人民币资产，这就增大了对人民币的需求。结汇使企业具有更大的人民币购买力，而出口活动的蓬勃发展也使与出口经济活动有关的投资、货款大增。2，外资大量流入引发了配套人民币的大量投入。3，国营企业以资源存量调节机制迟迟未能建立，使许多无效益和低效益的信贷投放在宏观调控时也仍持续存在。4，农业基础在各次投资扩张过程中日趋薄弱，使这次通胀呈现出明显的阶段性：即第一阶段以投资需求拉起为特征，第二阶段则以农副产品供给疲弱为特点。

(1995年2月25日《特区证券报》)

关于我国商业银行发展的思考

王明权

建立按市场规则运作的商业银行体系，是我国金融创新的一个重要课题。要建立现代意义上的规范的能与国际惯例接轨的商业银行。现代意义上的商业银行是把资金使用权当作商品买卖，以盈利为主要目标之一，以存、放、汇为主业，它以各种形式的金融创新为手段，全方位经营各种银行和非银行金融业务的金融企业。这种商业银行是一种性质明确、产权清晰，在法律上真正能自主经营、自负盈亏，以利润为主要目标之一，经营业务全方位展开的经济法人实体。商业银行是中央银行货币政策传导机制的主要渠道，中央银行通过商业银行来增减与控制货币供应量。商业银行通过资金的商业化经营，引导社会经济资源的合理配置，在市场性融资体系中将会起到基础性决定性作用。

强化管理，提高资产质量，走集约化经营之路。把国有专业银行办成真正的商业银行，进一步完善和发展现有商业银行，是我国今后深化金融体制改革的主要内容之一。为确保交通银行经营目标和方针的贯彻实施，具体要求是，追求利润持续稳定增长，合理配置资金、规模、人力、机构等经济资源，进一步健全机构建设。

注意银行商业化的进程与其他方面改革的相互配套和衔接，努力创造良好的外部环境。要进一步转变行政管理职能，解决好行政管理部门与银行的关系。要解决好中央银行与商业银行的关系。要确立市场经济条件的投融资体制。要加快建立现代企业制度，建立健全社会保障制度，使银行和企业真正摆脱各种社会和行政职能，轻装走向市场。

(1995年5月16日《人民日报》)

抓住主要环节确保我国经济健康发展

邱晓华　万东华

1995年经济的走势将主要取决于改革、发展、稳定诸关系的协调处理程度，而其中最关健的又在于经济增长速度和物价调控力度的把握上。二者关系处理上的不同，会出现以下三种可能性：第一种是由于各地抓机遇、求发展的愿望仍很强烈，出现经济增长持续高位上运行和物价涨幅居高不下的“双高"现象；第二种是急于把物价压到调控目标以内，采取多方位、大力度紧缩措施，结果出现物价回落幅度不大，而经济增长速度却急剧滑落的"滞胀"局面；第三种是在正确处理各种经济关系、合理把握宏观调控力度的基础上，实现经济增长适度减缓、物价涨幅明显回落的"双减"现象。具体而言，在新的一年要注意把握好以下几个方面：

（一）正确把握经济运行趋势，消除不稳定因素。根据宏观监测预警模型和未来经济发展的多种因素综合判断，目前我国经济仍处于改革开放以来的第四个经济波动周期的中后期阶段。1995年的经济发展总体上已过了高峰期，但还将在一个快速区间运行，受各种不稳定因素的影响也较大。

（二）正确把握调控重点，进一步提高经济运行质量。当前市场物价涨幅过高，其背后的深层原因在于经济运行速度快但质量还不高。首先要狠抓中央关于大力加强农业的多项措施的落实。其次要大力整顿企业结算纪律。第三，改革重要商品流通体制，形成公开、公平竞争的市场机制。

（三）正确把握宏观调控力度，促进经济正常循环。1995年宏观调控力度应重点放在固定资产投资和货币供应量两个关键因素上。

（四）正确把握深化改革力度，及时解决改革过程中遇到的新问题、新情况。积极而稳妥地推进国有企业改革，一要区分不同企业特点，分类推进；二要把企业改革和其他改革综合配套，协调进行；三要适当收缩一部分国有国营领域。

（1995年3月27日《中国期货》）

怎样认识和治理当前的通货膨胀

赵海宽

关于我国当前的通货膨胀，有几个问题还需要讨论。

如何估计当前的通货膨胀

1979年以来，我国已先后出现四次通货膨胀。同前三次（1980年第一次，1985年第二次，1988年到1989年第三次）相比，当前的通货膨胀比较严重：1，物价涨幅较大。全国零售物价年上涨率，1980年为6%，1985年为8.8%，1988年、1989年分别为18.5%和17.8%，而去年则为21.7%。2，持续时间较长。1980年和1985年两次通货膨胀时间均比较短，1988年到1989年那次稍长，而当前的通货膨胀，从1993年3月物价涨幅加大为两位数起，到现在已过去两年时间，物价涨幅尚无明显的回落。

固定资产投资规模过大是不是通货膨胀的主要原因之一

关于产生当前通货膨胀的直接原因，经济界多数人认为，是固定资产投资规模过大，消费基金增长过快，部分农副产品一度供应紧张和人民银行外汇占款增加较多等。另一部分人认为，当前固定资产投资规模不算太大，不是产生通货膨胀的原因。坚持后一种观点的主要理由是，近年来的固定资产投资，如果扣除货币贬值因素，实际投资的增幅是不大的。这种观点实际上是值得商榷的。首先，不能颠倒通货膨胀的因果关系。其次，如果不考虑国际收支状况，全国的积累资金（主要表现为固定资产投资）和消费基金规模，是以国民收入为最大限度的，它的实际价值，不可能超过国民收入。其次，全国零售物价上涨率同固定资产投资增长不是对应的经济范畴。

在经济体制转轨时期通货膨胀能否避免

在建立社会主义市场经济体制过程中，即在经济体制转轨时期，通货膨胀能不能避免？这首先要看怎样理解通货膨胀这个概念。有一种观点认为，凡出现物价总水平上涨，币值下跌不管幅度多大，均为通货膨胀。然而我国经济界多数人是按照另一种观点理解通货膨胀的，这就是，只要把物价水平上涨率控制在居民可以承受的范围之内，就算币值基本稳定，不存在通货膨胀，而所谓居民可以承受的物价水平上涨率，根据国内外的经验，应该为1—3%，最高不超过4%。

怎样治理当前的通货膨胀

坚决把经济发展速度控制在合理的程度之内。我国出现当前这次通货膨胀的基本原因是经济发展过热，连续几年保持经济超高速发展。增加短缺商品的供应。继续严格控制固定资产投资和消费基金增长。加强对商品市场和物价的管理。

（1995年5月2日《人民日报》）

论税务管理的社会化

施青军

税收事业是全社会的事业，要调动全社会的力量来护税、办税，实现税务管理的社会化。税务管理的社会化内容包括五个方面：普遍建立纳税申报制度，由纳税人在规定的期限内向税务机关主动申报纳税；实行代扣、代缴制度，由扣缴义务人依法向纳税义务人代扣税款并向国库代缴税款；推行税务代理制度，即实行由社会中介代理办税的制度；建立有关部门协税与护税的制度，有关部门主要包括工商、银行、海关、司法等部门；建立举报奖惩制度。

一、普遍建立纳税申报制度。依法纳税是每个公民应尽的义务，纳税人依照税法规定，按时主动向税务机关申报纳税是公民的权利与义务相结合的体现，也是纳税人自觉履行纳税义务的基本形式。依法治税是税收管理的本质要求，而纳税人主动依法纳税则是实现依法治税的基本前提。取消专管员管户制度，建立纳税人主动申报制度，以实现税务管理的社会化，是加强税收征管，实现以法治税的必然要求。在规定的期限内，由纳税人向税务机关主动申报纳税，也是国际上普遍采取的做法。海口市税务局自1993年大力推行税收征管改革以来，纳税户的自动申报率已由原来的15%迅速上升到了95%以上。

二、实行代扣代缴制度。实行由扣缴义务人依法向纳税义务人代扣或代收税款并向国库代缴税款的制度，这是一种就税收的源泉进行控制管理和课税的征收方法。由于扣缴义务人相对于众多的纳税义务人更便于控制和管理，因此确定扣缴义务人使其依法代扣（代收）代缴规定税款，可以使税务机关更有效地加强税收征管，并且简化征税手续。代扣代缴制度是税务管理社会化的一个重要内容，对于严格税务征管有着重要的意义。

三、推行税务代理制度。实行纳税人主动申报制度和扣缴义务人代扣代缴税款制度，离不开推行税务代理制度。纳税人主动申报制度不仅在形式上要求纳税义务人自去税务机关申报纳税，而且要求他们必须对申报的内容负责。扣缴义务人如果没有按照税法规定履行代扣代缴义务，也要受到税务机关的处罚。这样，纳税义务人和扣缴义务人为了维护其合法的利益不受损失，就需要委托诸如注册会计师等税务方面的专家为其办理有关纳税事宜，并为其出谋划策，进行合法节税，避免纳税人不必要的罚款损失。税务代理，是税务管理社会化的主要标志之一。由于税务代理制度的推行，形成了征税机关、社会中介、纳税人之间既相互配合、又相互制约的新的税收征管体制，推行税务代理，必须要有一个关于税务代理的法律规范。税务代理机构与税务机关之间没有行政隶属关系，只有业务联系，处于同国家税务机关平等的法律地位。税务代理机构与纳税人的法律地位也是平等的，因此税务代理只能是自愿地进行。税务代理是一种法律行为，在税务代理过程中，委托人和代理人都各有各自的法律责任。

四、建立纳税与护税制度。建立工商、银行、公检法、海关等有关部门的协税护税制度，有助于组成社会护税网络，强化税收执法的力度。工商部门掌握有企业的营业核准权利和管理着企业的经营活动，银行则掌握着企业的资金收支与往来情况。税务部门要对企业征税，首先需要全面掌握上述有关企业的各种信息。在我国缺乏来自银行的资金往来申报，这里也正是我国税务管理的一个薄弱环节。其次，税务部门要对偷漏税企业进行处罚，责令其停业或者强行扣款入库，封存企业帐户，均必须要求工商部门和银行的有力配合。公、检、法、海关与税务机关一样都是国家的执法机关，它们之间必须能够相互配合。

五、建立举报奖惩制度。要实现税务管理的全面社会化，还必须建立全社会的举报奖惩制度。税收代表着全体人民的利益，因此不仅依法纳税是每个公民的应尽义务，而且检举揭发那些偷税漏税的不法单位和个人，也是每个公民义不容辞的责任。同时应对主动举报者给予奖励。

实现税务管理的社会化，是征管改革的必由之路，是依法治税的必然要求。同时要与实现税务管理的现代化(即计算机化)结合起来，把税务管理的社会化建立在先进的计算机化管理的基础上。

要为注册会计师营造良好的执业环境

郑学宗

1995年4月21日，深圳注册会计师协会与深圳市社会审计协会联合成立了深圳市注册会计师协会，告别了长期以来社会审计行业分割的历史，在全国率先实现了社会审计行业的统一管理。但是，在社会审计行业长期分割的历史过程中，由于社会审计由两个不同的部门管理，执行不同的专业标准，造成社会审计行业的不正当竞争。深圳市政府采取了有力措施，首先将社会审计行业实行统一管理，然后对注册会计师行业进行清理整顿和改制，以期为注册会计师独立、客观、公正执业创造良好的内部环境。另方面，社会必须为注册会计师营造一个良好的执业外部环境，这是注册会计师事业发展必须解决的一个重要问题。

一是要为注册会计师创造一个公平的社会环境。公平是指人们的权利与义务，作用与地位，行为与报应之间相互适应的关系。但是，目前注册会计师的现状是：首先权利与义务不平等。注册会计师的权利大，出具的审计报告对政府、银行、社会公众具有法律证明效力，因此，注册会计师应有义务为社会提供客观、真实的审计报告并对此承担法律责任。其次作用大、地位低。注册会计师的社会地位普遍较低。再次行为与报应不对等。注册会计师是一种要求有很高的专业知识和丰实的审计经验、并且风险很大的职业，随时都有可能承担法律责任。但是，高投资、高风险却没有高收入，要改变注册会计师目前这种状况，首先，必须改革注册会计师行业的收入分配制度，实现高收费、高报酬，使注册会计师在经济上独立起来。其次要建立责任赔偿机制，建议人民法院专门开设注册会计师法庭，对出具虚假报告的注册会计师，由法院直接追究其赔偿责任，使注册会计师潜在的审计风险变成现实的审计风险。再次要广泛宣传注册会计师职业，尊重注册会计师。

二是要维护注册会计师的合法权益，为注册会计师开拓广阔的市场。目前我国注册会计师队伍不断壮大，但注册会计师的业务减少，主要原因是注册会计师已有的法定业务比较狭窄。解决的途径：一是注册会计师发展要与市场需求相适应，要根据市场经济发展水平决定注册会计师的发展规模，要有长远规则。二是要扩大注册会计师的业务市场，把国有企业年度报告、企业兼并、联合纳入注册会计师的法定审计范围，企业的重大投资活动也需经注册会计师审计。

再造特区金融优势

马尉华

经过十多年的改革开放，特区金融在体制、市场机制作用、居民金融意识等方面创造了明显的优势。特区金融优势的创造要从内部挖潜、金融环境的优化、金融国际化的拓展三个方面入手。

(一)挖掘特区金融的内部潜力，要从体制创新、结构调整上下功夫。首先，要加快特区金融的商业化进程。推进专业银行的商业化进程是挖掘信贷资金潜力，加速信贷资金周转的关键措施。其次，要强调特区金融的规模化经营。无论是从金融监管要求出发，还是从提高特区金融组织的竞争能力，提高规模经济效益出发，都存在着对这些金融机构进行组织改造、优化组合的问题。第三，要进一步完善信贷管理制度。信贷管理制度要从贷前、贷中、贷后三个环节把贷款发放、贷款收回中的责、权、利关系有机地结合起来，形成一种相互制约、相互激励的良性循环机制。第四，要调整信贷投向结构。从特区经济的市场化特征出发，信贷投向主要由市场回报率决定，市场在信贷资金的配置中起着基础性作用。

(二)优化金融环境，必须规范金融行为，强化金融监管，还必须完善特区金融结构，增强特区金融功能。完善特区金融结构是指金融机构、金融业务、金融工具的组合结构要能满足特区经济发展的功能和速度要求。加强金融的法制建设也是优化特区金融环境的一个重要内容。

(三)特区金融走向国际化，必须按照国际金融惯例加强和改革自身的金融管理。在大部分特区，以及特区中大部分金融机构，资产负债比例管理并没有全面推行，即使推行了，也没有真正调整到规定的比例要求上来。特区金融走向国际化，还必须对外开放特区金融市场。按照《关贸总协定》的“对等条件”和“国民待遇”原则，特区金融市场要扩大对外开放度，其中最关键的是要放宽对外资银行的人民币业务限制。

(1995年5月10日《海南日报》)

外汇储备超常规增长

陶　湘

外汇储备是一国对外支付的官方储备资产之一。如果外汇储备过多，则必然引起两个后果：一、说明这部分资金没有很好地为本国所利用，相反为外国所利用，二是外汇储备过多，必然引起本国货币投放量的增加，从而造成通货膨胀和物价上涨。相反如果外汇储备过少，也会引起两个后果，一是该国对外支付发生困难。二是对该国的货币信誉有损。国际货币基金组织认为以三个月至六个月的月平均进口值为外汇储备适度量。

我国的情况是，1992年初国家外汇储备为217亿美元，1993年初为193亿美元，1994年为212亿美元，到1995年初达到516亿美元，如此超常规的外汇储备增长无疑对1994年我国通货膨胀率居高不下，起了一个不可忽视的作用。1994年资本项目之所以引起大量流入，初步分析其原因如下：1，外商来华投资的增加，引起我国外汇储备增加和人民币投放量的增加。一般来说，如果外商来华投资，资金到位后外商资金用于购买国外设备，不会引起外汇储备增加及人民币投放，如果资金一部分用于投资企业三通一平，厂房建设，其结果必然会使外汇储备增加，人民币投放量增加。2，我国外债余额的增加。3，1994年我国有些企业的股票在外国和香港上市，其股票上市所筹集的资金最终也会引起外汇储备和人民币投放增加。4，我国一些企业与机构风闻1994年外汇管理体制将进行改革，有意地在1993年推迟收汇提前付汇。

（1995年4月4日《中国证券报》）

关于企业体制问题

企业财务公司可走银行参股的道路

梁全坤

企业财务公司对提高企业资金使用效益、降低资金使用成本起到了一定作用，但金融功能较弱，而银行对银行内外的资金周转慢却在寻找改革思路。因此，银行向企业财务公司参股是解决上述问题的有效途径。这是因为它①可淡化财务公司与企业的行政隶属关系，强化财务公司的金融机构性质。②提高财务公司的资信程度及融资能力。③有利于财务公司走向资金市场。④有利于推进专业银行企业化。⑤促进财务公司强化管理，提高公司员工的金融业务素质。

（1988年第1期《金融体制改革》）

关于国有企业改革和发展的几个问题

吕　东

一、发展国有企业必须坚定不移。国有企业，特别是国有大中型企业，是公有经济的基础，也是实现共同富裕的保证。它在国民经济中起着骨干作用和主导作用。国有企业的发展，为我国的改革开放提供了重要的经济条件和财政支撑。我国要坚持党的基本路线，建设有中国特色的社会主义，就必须推进国有企业的发展与改革。

二、对国有企业的发展必须有个整体的战略考虑。需要确定一个较长时期的国有企业发展战略。它大体上包括三个内容：(1)要确定国有企业发展的范围，主要集中在控制国民经济命脉的产业和行业，比如邮电、交通、港口、供水、供电等公用和基础设施；矿山、煤炭、石油、电力、钢铁等基础工业；重型机械、汽车等支柱产业；军工和需要巨额投资的高新技术产业；还应包括金融、保险业等。(2)必须提高国有企业的科学技术水平。(3)国有企业要发挥其投资强度和技术、人才集中的优势，迅速形成规模经济，发展企业集团。

三、国有企业的发展要解决的几个问题。1，高度重视人才的发挥和使用，造就一支宏大的企业家队伍。从当前情况看，必须进一步理顺企业领导体制。让企业家进入市场。2，加强企业资本金注入，解决企业过度负债问题。不少国有企业已经资不抵债，有的到了被挖空的境地。解决这个问题，首先可以考虑把“拨改贷”形成的历史旧债，有区别有选择地转为企业的国有资本金。其次可以结合国有企业公司化改组，探索把企业债务转变为银行对企业持股的有效途径。最后，对有些不良债务，运用破产手段进行解决。3，要解决国有企业冗员过多和社会负担过重的问题。对企业的富余人员，由政府和企业共同承担，分步解决。国家应逐步建立起覆盖全社会的社会保障体系，在职工养老、医疗、待遇等方面，实现国家、企业、劳动者个人共同承担保险责任。

（1994年12月《中国工业经济研究》）

关于国有企业改革的若干问题

马洪　刘世锦

一、国有经济在社会主义市场经济中的地位和作用。改革以来，我们在逐步改革计划经济管理体制的同时，在所有制方面推行以公有制为主体、多种经济成份并存的新政策，这个新政策是改革以来我国市场经济的发展和经济繁荣的最重要的条件之一。具体的说，需要国有经济进入的领域包括：(1)具有显著外部性，即自身效益不一定好，但社会效益明显的领域，如基础科研和教育、国防、环保部门以及某些大型交通运输和水利设施工程。(2)自然垄断部门。(3)信息严重不对称部门，如部分金融和医药部门。(4)某些基础产业、支柱产业和幼稚产业。

二、如何正确认识国有产权制度改革。在逐步建立和完善的社会主义新体制中，包括国有经济在内的公有制经济具有不可替代的重要作用，在国民经济发展中还是要占据主体地位。就国有制改革而言，应主要解决好如下几个问题：第一，要确定的人和机构对国有资产切实负起责任。在新的历史条件下，如何形成一种有效的国有资产分权管理制度，既能调动地方和企业的管理经营国有资产的积极性，又不致于形成新的地区割据。现有两种方案可以考虑：一是在中央和地方各级政府之间合理划分产权；一是最终所有权归国务院，管理经营权以及相应的收益权长期稳定地归地方政府。第二，要加强国有资产的流动性。应当制订相应的规章制度，规范国有资产的交易行为。提高国有资产的货币化和证券化水平。第三，在国有资产经营中引入积极的竞争。

三、加快推进国有企业的体制转轨。国有企业体制转轨的目标从总体上说是实行现代企业制度。在需要国有经济进入的行业中，应当根据不同行业的特点，选择不同的具体企业组织形式。从前一段推行现代企业制度的情况看，主要的障碍来自于以往计划经济时期遗留下来的多年来一直未能解决的一系列深层难点问题，一个难点是大量富余人员的安置，另一难点是与安置富余人员相联系的建立社会保障制度问题。再一个难点是企业沉重债务负担的解脱。

（1995年1月《中国工业经济》）

现代企业制度的两阶段论

张承耀

产权制度改革的方向是确立法人财产权和出资者的出资

权。笔者主张对现代企业制度进行阶段性划分，以其深化这方面的认识。

1，国营企业法人化。我国国营企业虽然进行了各种各样的改革，但是并不具备法人的基本条件，即没有独立的资产。同时国家对企业经营债务仍然承担无限责任，国家从资产所有者变成资本所有者即出资者。大企业本身具有低效率的可能，划小核算单位是提高经济效益的重要途径。

2、个人企业法人化。必须在某些领域鼓励私营企业的发展，民间企业的不发达阻碍了国有企业改革的进展，摆在我们面前的任务不仅仅是国营企业的法人化，也包括个人企业的法人化，二者都是非常重要的。

3、部门车间法人化。在既有企业法人化改组的过程中，还会出现原来不是企业的机构或组织变成新的企业的情况。首先是一些政府部门的企业化。从企业来看，一些车间完全可能独立出来。

4、稳定股东法人化。股份有限公司特别是股票上市公司的股东中，稳定股东主要体现股权的支配性，流动股东主要体现股权的收益性。关于稳定股东可以看出“法人化”倾向。个人大股东法人化。国家大股东法人化。

5、流动股东法人化。普通个人并不适合于作普通股东，群众投资的总趋势是间接化和法人化。如合作社，信托投资，共同基金，生命保险公司。

实现企业法人化即承认企业法人财产权只不过是现代企业制度的初级阶段，高级阶段是股东(出资者)法人化，国家产权不明晰是全部产权不明确的根源，也是国有资产流失的根本原因。特别是组建商业银行和养老保险的社会化，使银行和保险公司成为长期投资主体。总之企业法人化与股东法人化是中国企业制度改革的方向。

(1994 年 12 月 20 日《中国证券报》)

关于证券市场问题

中国增设交易所的十项原因

梁全坤

我国地域广阔，人口众多。地区间经济情况差距较大，全国仅设两家证券交易所是不够的，中国增设交易所的原因。①有利于交易所的人口密度和地域蜜度更为合理；②有利于上市公司分布结构趋于合理，③有利于资金在全国的合理配置，④有利于交易所的层次结构合理化；⑤有利于改革开放向内地推进；⑥顺应我国证券市场的发展趋势；⑦有利于改变股票转让市场滞后于股票发行市场的情况；⑧有利于更为有效的管理股票市场；⑨有利于防止证券集中交易场所设立过多过滥；(10)有利于繁荣债券市场。

(1994 年 1 月 24 日《工商时报》)

我国股票内幕交易法律管制浅析

彭清正　阮防

作为虚拟资本的股票，与生产中实际运用的真实资本分别在股票市场和生产领域按照不同的供求关系运动，形成不同的价格。股票的价格极易受人为因素的影响，为遵循股票市场内在的经济规律，维护股票市场的正常运作，保护投资者的利益，世界各国都把“公开、公正、公平”原则确立为证券立法的基本原则。而内幕交易严重破坏了该原则在股票市场的贯彻实施，所以各国立法都对内幕交易严加禁止。1993 年国务院发布的《股票发行与交易管理暂行条例》(以下简称《条例》)以及国务院证券委员会发布的《禁止证券欺诈行为暂行办法》(以下简称《办法》)对内幕交易诸方面作了具体明确的规定，从而建立起我国股票内幕交易管制的法律制度。

一、内幕交易的种类

在如何认定内幕交易行为这个问题上，各国的规定不一。美国 1988 年制定的《内部人交易与证券欺诈执行法》认为，只要内幕人员在从事证券交易时知道内幕信息，都应该受惩罚。我国在对内幕交易行为的认定上，则以行为人的主观目的和利用内幕信息为构成要件。按照《办法》第三条的规定，在实践中，此种界定方式缺乏可操作性，给内幕交易的认定带来一定困难，因为行为人的主观意图是较难证实的。

各国立法在规定内幕交易的种类上，都把以下两种情况列入内幕交易的范畴：一是内幕人员利用内幕信息自己或建议他人进行证券买卖；二是内幕人员向他人泄露内幕信息，使他人基于该信息进行证券买卖。《办法》第四条列举的内幕交易行为包括“非内幕人员通过不正当的手段或者其他途径获得内幕信息，并根据该信息买卖证券或者建议他人买卖证券”这种情况，即非内幕人员若利用内幕信息进行证券买卖，也属内幕交易。《办法》第四条第四项用“其他内幕交易行为”这一不确定性条款拓宽了内幕交易的种类，只要是行为人以获取利益或者减少损失为目的，利用内幕信息进行证券发行、交易活动，无论其表现形式如何，皆为内幕交易，以此来涵盖各种新型内幕交易行为。

二、内幕信息的界定

内幕交易的产生，是以内幕信息的存在为基础的。界定内幕信息，对于判断股票是否为内幕交易至关重要。关于内幕信息的概念，从《条例》和《办法》的解释来看，内幕信息由三个基本要件构成：①信息已为内幕人员掌握知悉。②信息尚未以合法的方式向社会公众公开。信息的公布，需具备两个条件，一是有权公开内幕信息的人有公开的积极行为，即从使一般投资人都能知悉该信息的目的出发，将该信息予以传播的行为；二是信息已处于公开的状态，即该信息处于为大多数人所能知悉的情况下，相关公司股价已产生波动，反映出股票市场对该信息的感受。只有具备这两个条件时，该信息才能视为已经公开。③信息是能引起股票市场价格很大变化的重大信息。信息能否引起股票市场价格重大变动成为决定该信息是否为内幕信息的必要条件。

三、内幕人员的范围

从一般意义来讲，内幕人员是指通过与某一公司进行业务联系和经营某一公司的证券而掌握内幕信息的人。但在内幕人员界定问题上，各国法律规定大相径庭。法国规定内幕人员的范围是指直接了解有关公司的财务、经济、商业状况的所有人士，包括从内幕人员处获得内幕信息的亲属、朋友等。对内幕人员予以详细的分类。套用证券法理论可将其概括为二类，第一类是公司内幕人员。包括发行人或与发行人有密切联系的公司的董事、监事、高级管理人员及其他通过履行职务可以获得内幕信息的职员；第二类是市场内幕人员，包括发行人聘请的律师、会计师、资产评估人员、投资顾问、证券经营机构的管理人员、业务人员和有关新闻媒介人员及编排印刷人员；第三类是政府管理内幕人员，包括证券监督部门和证券交易场所的工作人员、发行人的主管部门和审批机关的工作人员，以及工商、税务等有关经济管理机关的工作人员等。其他可能通过合法途径接触到内幕信息的人员均是内幕人员。但在我国，法人虽能成为内幕交易的主体，却未能列入内幕人员的范围，这一点，则不同于美国等一些国家，这些国家认为法人本身也属于内幕人员之列。

四、内幕交易的防范

为制止内幕交易的发生，必须在法律上采取预防措施。我国《条例》和《办法》也从几个方面建立起防范内幕交易的法律制度。1.禁止某些内幕人员，主要是政府管理内幕人员持有、买卖股票。但这个禁区的范围划得太宽，对防范内幕交易缺乏实用性。2.内幕人员股票交易公示制度。将内幕人员持股情况公开，内幕交易就极易曝光。所以许多国家法律都规定内幕人员负有公开其持股情况的义务，以此来遏制内幕交易行为。3禁止内幕人员从事短线交易。4.公众举报制度。

五、内幕交易的法律责任

鉴于内幕交易主体的多样性和内幕交易行为的复杂性。我国的《条例》和《办法》规定对内幕交易可以追究行政责任、民事责任、刑事责任。①行政责任。单处或者并处警告、没收非法所得、罚款、停止或者取消其发行证券资格。②发事责任。给他人造成损失的，应当承担民事赔偿责任。③刑事责任。《条例》和《办法》只是笼统规定，构成犯罪的，依法追究刑事责任。从法律意义上来讲，追究内幕交易行为人的刑事责任，是防范和制裁内幕交易最有力的手段。鉴于目前证券法在立法程序和立法技巧方面的问题，对此应通过立法和司法解释予以补充，以弥补目前关于内幕交易刑事制裁之不足。

上海证券市场国际化问题

沈　沛

一、上海证券市场国际化的基本要求

上海证券市场要走向世界，成为国际性证券市场，需达到以下几点要求：开放型市场，即国外资本可以自由进出，国外公司可以申请上市，在统一市场中是对国外投资者、证券机构开放的市场。规范化市场，以完备的法律体系主导证券市场运作与管理的市场，是充分体现公开、公平、公正原则的市场，是运行相对平稳、管理严密有序的市场。中心市场，即在国内具有中心地位、起主导作用的市场。现代化市场，即以现代化通讯技术和设备武装的有形市场和无形市场兼容的市场。调控体系健全的市场。

二、上海证券市场的现实差距

上海证券市场发展很快，概括起来有三大特点：一是市场规模迅速扩张。二是证券品种多元化、类别化。上市证券包括A股、B股、权证、国家债券、企业债券、基金等多个品种。三是全国性市场的地位进一步突出。但从证券市场国际化的要求来说，上海证券市场还存在着差距，主要表现是：半封闭半开放型的市场。A股及债券市场面向国内投资者，B股市场面向国外投资者，两个市场是分开的、独立的。规范程度不够的市场。主要是法规不健全，管理不够适应，服务体系不配套。中心地位不够突出的市场。我国证券市场发育是分层次、分类别的，既有全国性市场，也有区域性市场，既有A、B股市场，也有法人股市场，还有债券市场、基金市场。间接调控比较薄弱的市场。

三、上海证券市场国际化的主要策略

第一，加快上海证券市场的一体化进程。简单的说要使各类证券市场联结于一个市场之中，构成一个完整的市场，这是发展开放型和国际化证券市场的基础。二是要逐步统一法人股、个人股市场，逐步解决国有股流通问题。总之法人股、国有股流通是证券市场国际化的重要问题。第二，加快外汇体制改革，逐步实现人民币可自由兑换。第三，加快全国联网，确立中心市场的地位。第四，加快证券市场法规建设，完善证券市场的系统管理。第五，加快证券市场调控体系建设，完善间接调控手段。

（1994 年 10 月《财贸经济》）

周边市对上海 A 股的影响

汤闽新

所谓周边市，大意是指某一个市场的周围对其有一定影响的市场。对于上海股市来说，深圳股市、债券市场、法人股市场、基金市场、外汇市场、物资期货市场等都是周边市。研究股市的投资环境，其中一个重要的方面，就是研究市场状况。

深圳股市：尽管上海股市与深圳股市的内在的市场特性有所不同，但在综合指数上的表现往往是上海股市上杨，深圳股市也跟着上升，或深圳股市飚升，上海股市也随之急升。如把 1994 年下半年以后的沪深股市的综合指数的分时走势图复合起来看，几乎相差无几。

国债市场：过去国债市场对股市的影响只是国债发行情况对股市有影响。但从 1994 年的第四季度后，国债期货和现券市场对股市产生了巨大的影响，对上海股市起到了严重的抽血作用。

B 股市场：由于种种原因，已有相当一部分境内投资者通过各种渠道已逐渐地进入了 B 股市场，同时由于一些 B 股投资者的市场和政策的信息渠道较为畅通，对市场和政策的研究比较深刻，所以市场反应的灵敏度也较高。

香港股市：香港股市的恒生指数与沪深股市一样，1994 年都拉了一根大阴线。两者之间大有关系。1，香港股市指数的暴涨暴跌对深圳股市产生直接的情绪影响，而深圳股市又再影响上海股市的股票投资者的投资情绪。2，在香港上市的有马钢、石化等一批大陆企业的股票上市挂牌，这些 H 股股票在香港市场的表现对上海股市具有一定的影响。3，由于沪深股市中有相当数量的港台资金以各种身份和名义参与了投资与炒作。

要研究股市的大势不仅要研究国家的政策方针，研究宏观经济形势和企业发展状况，而且要深入研究市场面的变化因素。

（1995 年 1 月 25 日《上海证券报》）

规范化：上市公司的首要任务

范福春

实现上市公司的规范化运作，既是市场经济和社会化大生产的客观要求，又是企业自身发展的基础。

按照《公司法》规定，完善法人治理结构。科学完善的公司法人治理结构，是实现出资者的所有权与企业法人财产权的分离，使公司规范运作和稳定发展的基础和保证。根据权力机构、决策机构、执行机构和监督机构相互独立、权责明确、相互制衡、相互协调的原则，实现股东大会、董事会、监事会和经理层的科学分工，做到各司其职，各尽其责，各展其能。

高级管理人员要切实转变观念。一是法制观念，市场经济是法制经济。二是市场观念，公司必须牢固树立向全体股东和广大投资者负责的观念。三是经营观念，正确的经营观念还表现在恰当处理发展主营业务与多元化经营的关系上。四是管理观念，通过强化管理，实现由粗放经营向集约经营的转变。五是民主观念，关键是靠上市公司的经营管理阶层，即以经理为首的经营管理人员增强民主观念，完善以人为中心的管理。六是改革观念。

尽快明确国有股权的投资主体。改变目前上市公司中国有股权产权主体不清的状态，是影响上市公司规范运作的重要因素。

强化中介机构的敬业精神和约束机制。上市公司的规范运作与中介机构的规范行为是密切相关，相辅相成的，必须通过强化体制、法律的、道德的多种约束，使中介机构能够客观、公正、独立地发挥作用，承担责任。

上市公司的规范化建设和规范化运作，是以市场环境的规范化、股东行为的规范化、法人治理结构的规范化、政府管理方式的规范化、中介机构的规范化和法律法规不断完善为基础的，是上述规范行为的集合。因此是一个复杂的系统工程和一个发展过程。

（1995年1月20日《证券时报》）

强化公司秘书制度建设

马广奇

公司秘书作为国外现代公司制度的重要组成部分，已走向成熟化和法制化。公司秘书是股份公司法定的高级行政职位，履行着十分重要的职责。一般说来，股份公司包括股份有限公司和有限责任公司必须设立公司秘书，公司股票上市时，公司秘书情况也是证券交易所审核的一个重要方面。各国法律对公司秘书职责有不同的规定。一般来说，主要包括以下方面：1，重要会议的召集和记录。2，法定资料的保管与修订。3，公司股份管理。4，重要文件的起草与修订。5，发布公司信息。6，处理与有关方面的关系。7，负责保管公司公章、董事会章，若为上市公司，还保管公司的证券印章。

在我国，公司秘书的重要性尚未为人们所认识，实践中离国际惯例相差甚远。主要表现在：1，认识上存在误解和偏差。2，实践中不重视公司秘书制度建设。3，法律上没有任何关于公司秘书的规定。但是向国际惯例看齐，加强和规范公司秘书制度建设无疑是个大方向。1，加强对公司秘书的宣传。2，制定临时性规定，完善现有股份有限公司的公司秘书制度。3，修订《公司法》，将公司秘书制度建设纳入法制轨道。4，成立公司秘书行业协会。

（1995年5月15日《证券时报》）

国债利率全面市场化改革的探讨

冯恩新

国债发行十四年来，其利率一直是参照银行存款利率，并以此存款利率高出1—2个百分点的水平确定，而且一直实行票面固定利率制。这种利率机制弊端将日益暴露，可能的突出表现会造成国债的利率偏离金融市场的利率水平。在二级市场上可能会影响公开市场业务的开展及国债衍生市场和衍生工具如回购、再回收业务的有效作用的充分发挥。不利于形成一个合理而富有弹性的期率结构。不利于整个金融市场利率市场化的稳步实现。

改革国债发行体制，逐步引入竞价招标的发行方式，使国债利率接近市场水平。过去我国的国债发行基本上以行政手段为主。因此今后实现国债全面市场化改革的环节之一是发行体制的改革。竞价招标根据不同的投标方式分为竞争和非竞争性投标；价格投标和利率投标；多种认购条件和单一认购条件的投标等三种。这三种方式中，投资者都是基于对国债的利率、价格的判断来确定认购数量的，因此它具有利率和价格不确定性。由一级自营商根据对国债利率走势预测决定承销国债的数量或交易国债情况。

改革国债结构，使长、中、短期券有机结合而形成稳定的期率结构。在一些经济发达的资本主义国家，多把国债利率特别是短期国债利率作为资本市场和货币市场的利率标准。而且往往通过按一定比例发行中、长、短期国债来实现其稳定的期率结构。

偿试发行浮动利率债券，浮动利率债券有多种形式，如有规定上限不规定下限的债券，有可允许发行者转换为固定利率的债券等。这种债券由于利率既与银行利率的变动挂钩又与社会一般物价水平挂钩，所以其利率波动的风险在借、贷双方之间可以合理分摊。其实我国银行已经实行了利率与物价变动挂钩的制度。

采用本息公开分期支付利息方式显示投资国债的利率优势。今后随着无纸化国债发行量的增加，从操作性上看，国债本息分开分期支付利息既是可行的，也能减轻总付高峰时的财政压力，同时将利息转化为资金的价格，使投资者也能定期收到投资收益，产生投资安全感。在二级市场上则使国债交易价格仅代表利率波动后的本金价值，有利于二级市场上价格的稳定及显示投资国债的收益优势和利率优势。

（1995年1月18日《中国证券报》）

国债市场的反通胀设计

张永生

国债市场与通货膨胀有着较密切的关系。要大力发展我国的国债市场，就必须对其进行合理的反通货膨胀设计。

国债市场对通胀的诱因

从国债的发行看。表现为对各专业银行采取承购包销的国债发行方式，不论其发售情况如何，资金都一律按预先规定的比例上划，挤占了专业银行的信贷计划。迫使中央银行向专业银行增加贷款，扩大货币流通量。由于国债的融资性，使得货币流通的速度加快，故而对通货膨胀会产生一定的影响。从国债资金的偿还看，由于我国目前面临着偿债高峰，加之国债发行机制欠缺，对通货膨胀会起到一定的推动作用。

如何进行反通胀设计

国债发行虽然对经济成长有一定的推动作用，但这种推动作用的大小，和经济运行所处的周期形态是紧密相连的。必须根据经济所处的周期来发行国债，即“冷时”多发，“热”时少发。一部分国债发行时依然采取以旧换新的方法。中央银行在确定商业银行信贷规模时，应列出一块资金专门用于购买国债。国债市场规模的扩大，应该选择通货膨胀水平较低的年份。高通货膨胀的形势不利于国债发行规模的扩大，其原因在于风险太大。目前国债市场应以扩大二级市场为主,中央银行的公开市场操作主要是在二级市场上进行的。规范现有的国债二级市场。

(1995 年 1 月 18 日《中国证券报》)

国债发行体制还需重大改革

谢 平

以面向个人为主改为面向机构为主

国债持有应以个人为主,还是以机构为主,是目前决策国债发行体制的最大分歧点。笔者只想说明以下几个观点:第一,个人购买国债,并不是出于爱国之心,而是一种为谋取收益的投资选择。第二,个人购买国债,并不会影响银行的资金总来源。财政的国债收入总是全额转为财政存款、企业事业单位存款或现金。第三,个人购买量少,发行成本高。第四,个人直接持有实物券国债(不记名),不利于今后我国个人金融资产实名制推行。

改实物券发行为全部无纸化发行

我国的国债发行长期偏好实物券形式,花费了大量的宣传和组织费用,实物券印刷、防伪、长途调运和调拨费用。国债二级市场上出现的一系列卖空、欺诈、交割缓慢、托管混乱等问题都与实物券有关。无纸化国债无论债券或资金都以帐户形式出现,发行成本低,程序方便,到款迅速。无纸化发行可为二级市场提供极大方便,可以实现券款同步交割。

国债种类要统一规范　期限要多样化

我国一直针对不同的国债投资者设计不同种类的国债,如特种债券、财政债券、定向债券等。国债就其本质(风险度)而言是无差别的,所不同的只是期限,国债利率因期限不同而不同。在国债品种统一规范的前提下,国债期限应该多样化,以适合不同的投资者需求。当前应增加短期(6 个月和一年)国债和长期(5 年以上)国债的发行量。

改集中发行为定期滚动发行

随着国债发行量的增加,把发行期集中在几个月的方式就不行了。一是与财政均衡支出不适应。二是短期大量发行国债,势必对货币市场资金流向和市场利率造成冲击。三是超出投资者的资金实力,势必要以提高国债利率或借助行政摊派力量发行,有损于国债的信誉。按照国债的不同期限和市场状况,定期批量滚动发行,使每月、每季都有不同期限的国债发行和上市。

实行拍卖发行　促进国债发行利率市场化

现有的承购包销制度仍含有较大的行政强迫性质,它是由财政部单方确定承销价格,国债票面利率固定,承销价格不得低于票面值,承销商先分销后交款。公开拍卖发行使发行者(财政部)与最初承销商直接见面,买卖集中,市场公开、公平、公正,能迅速形成最优发行市场价格。国债的公开拍卖发行就是在国债一级市场放开利率,此举成为我国整个金融体系利率市场化的突破口。

(1995 年 1 月 17 日《中国证券报》)

人民币汇率改革与股票市场

姚 铮

在计划经济下我国长期实行计划单一汇率。1982 年试行汇率计划内部的双轨制,1985 年开始实现外汇额度留存制度。1988 年设立外汇调剂市场,允许外汇额度在企业之间买卖,形成了调剂汇率。1994 年 1 月 1 日起,人民币汇率并轨,实行市场基础上的单一浮动汇率。人民币汇率制度进入了逐步向自由兑换货币的时期,人民币汇率随外汇市场供求关系的变动而波动。汇率的变动会对宏观经济、股票市场资金流入量、上市公司的盈利产生影响,最终表现为股票价格的变动。

一、外汇汇率上涨对股市的影响

外汇汇率上涨对股市的影响主要有以下三个方面。首先,外汇汇率的上升会对我国经济造成一定的通货膨胀压力。由于投资股票也是一种货币保值的途径,物价指数与股价指数可能会呈现正相关的态势。但是过高的通货膨胀率会迫使政府在财政、货币政策上采取双紧的政策,经济增长的减缓、资金的游离会对股市产生极为不利的影响。其次,外汇汇率的上升,有可能导致社会上一部分资金从股市中游离出来,转移到外汇市场上去。第三,外汇汇率的上升必将影响上市公司的生产成本、销售价格和销售额,从而导致企业的净现金流量增加或减少。另外外汇汇率上涨后,会对 B 股的股价产生不利的影响,因为上市公司发放的红利以较高的外汇汇率折算成外币,减少了投资者的实际利得。

二、新汇率制下的股市

1994 年 1 月 1 日起我国开始实行新的外汇管理体制,建立以市场供求为基础的、单一的、有管理的浮动汇率制。由于汇率双轨制等因素的存在,A、B 股实际上是在两个相对独立的系统中运行。因此同一上市公司的两种股票都无法同价,人民币汇率并轨将促使 A、B 股按其内在的价值作双向调整。实行新汇率制度以后允许外商投资企业保留现汇帐户,企业既可将创汇收入保留现汇,也可办理结汇手续,便于企业规避汇率风险和提高资金使用效率。汇率并轨也有利于外资直接进入中国证券市场,吸引更多的海外投资机构进入中国股市。

三、人民币自由兑换后的股市

人民币汇率并轨只是汇率改革的第一步,汇率改革的第二步是实现非贸易外汇的自由兑换,汇率改革的第三步是使人民币成为国际货币。人民币自由兑换,外汇汇率将进一步上涨,A、B、H 股将完全并轨。

(1994 年第 6 期《经济理论与经济管理》)

法人股流动模式分析

汤仁荣

一、利用外资搞活上市公司法人股

利用外资的模式又可分为以下三种类型。1,持牌拍卖。我们可以向海外投资者提供上市公司较为详尽的资料,同时由中介组织机构组织持有法人股的单位向海外投资者进行拍卖。2,法人股转 B 股。能否考虑让那些符合发行 B 股的企业,在未发行 B 股时,也可以直接将法人股转为 B 股。3,法人股转 ADR。我们可以设计让法人股变成 ADR 的发行基础,直接向海外市场推出,使上市公司法人股通过 ADR 直接面向海外投资者。

二、有限制的流动转让

所谓有限制的流动转让是指:其一转让是在有限的范围内;其二转让对象非个人化,限制在法人机构内进行。这种有限制的流动转让模式可分为三种类型。1,利用现有交易场所,转让上市公司法人股。2,组织产权交易。3,建立柜台交易系统。建立一个全新的上市公司法人股柜台交易系统,通过柜台的协议价格直接成交。

三、股权转化为债券或基金

股权转化是指上市公司法人股本身并不上市，而是通过帐，转化为其他形式的证券上市交易。1，建立投资管理公司，收购上市公司法人股。2，建立基金管理公司，收购上市公司法人股。

四、阶段性的流动

阶段性的流动是法人股流动的短期模式。1，股权抵押。作为股权的法人股是一种重要的金融资产，作为投资者取得这种资产后可以向银行作为抵押取得所需的短期流动资金。2，法人股回购。它是指购买法人股的企事业单位把已经购入的法人股按一定价格在市场上出售，在出售的同时，又以固定价格承诺在一定期限以后购卖回。

五、缩小法人股股份

缩小法人股股份是指根据一些特殊的情况和公司的实际需要来缩减法人股股权。1，收缩股份。收缩股份就是上市公司的总体股份减少。这种方式特别适用于上市公司之间的相互参股的上市公司。2，法人股转职工股。具体设想是由上市公司根据职工数量和实际状况用公益金收回发行在外的本公司法人股，由发行公司建立职工托管基金，向法人股股东协议购买后分给职工。

（1995年2月7日《中国证券报》）

严格上市公司财务信息披露制度

李会太

一、上市公司会计报表信息应符合要求。1，形式上的要求。首先报表格式应由国家权威机构统一规定。其次是项目分类要统一规定，最后是表内未能详尽提供的重要资料，应利用附注或附表形式加以说明。2，内容上要求。主要表现在应向报表使用者提供哪些信息资料。上市公司的报表信息除包括一般财务报表的信息内容外，能够提供反映公司未来走势的信息资料。3，质量上的要求。质量要求主要是真实性、相关性、可比性、一致性、及时性、明晰性和重要性。4 程序上的要求。

二、会计报表信息披露固有的缺陷。1，会计报表信息质量受会计人员工作水平的制约。2，会计报表信息披露受企业内部环境的影响。3，会计报表信息受历史成本原则、权责发生制原则、重要性原则和谨慎性原则实行执行差异的影响。4，会计报表信息披露在时间上存在缺陷。5，会计报表信息披露仅限于能以货币表现的价值量指标。对报表使用者有价值的信息也需要包括实物数量，以及那些无法量化的质量信息。6，会计报表信息披露受制度的统一性与信息使用者多元化之间矛盾的影响。

三、上市公司会计报表信息披露中存在的问题。1，有关上市公司会计报表信息披露的制度规定政出多门，相互矛盾，上市公司无所适从。2，上市公司会计报表信息缺乏质量保证，对指导投资和经营决策，加强宏观管理，促进证券市场和股份公司健康发展，具有不可低估的消极作用。

四、完善和规范上市公司报表信息披露。1，对上市公司的报表披露制定高度统一的法规。2，加强上市公司会计人员的培训和考核。3，改善上市公司外部环境，建立信息咨询与理财分析、资信评级等机构。4，提倡上市公司除编制国家统一报表外，编制并公布包括其他补充信息的报表或财务报告书。

（1995年4月14日《中国证券报》）

关于期货市场问题

中国期货市场的回顾与展望

李汉国

一、历史回顾：中国期货市场的发展历程

中国期货市场的产生，可追朔至清末民国初，1891年外国人在上海设立上海股份公所，这是中国境内最早的交易所；1906年，成立了上海众公所，随后，又设立了上海取行所股份公司，从事证券、棉纱和其他物品的买卖。但由中国人创办的交易所是1918年北洋政府农商部批准的上海股票商业公会，该公会可以进行股票交易和物品的（如面粉）的现货和期货交易，1918年6月，北平证券交易所成立；1920年7月，上海证券物品交易所正式营业。尔后，大大小小的数百家的交易所一哄而起，但不到一年，又悄然匿迹。新中国成立后，长期以来实行高度集中的计划经济，排斥了一切与市场经济相关的经济活动和组织形式。八十年代初我国开始经济体制改革，期货市场作为市场体系的重要组成部分引起人们的关注和重视。

第一阶段：研究和试验。1987年，中央领导同志指示有关部门要研究引进国外期货机制问题。李鹏总理在1988年3月的政府工作报告中指出：要研究国外期货制度，解决我国农民卖粮难的问题。1988年国务院发展研究中心和国家体改委等部门联合成立了中国期货市场研究工作小组，并于1989年1月10日写出了《关于结合国情试办期货市场的报告》，该报告就试办期货市场的预期效应、上市品种、开放期货市场的地区及开放期货市场的政策和法规等问题提出了设计方案。至此，我国期货市场进入筹建和试验阶段。1990年12月10日，我国第一个以引进期货市场机制为目标的全国性粮食批发市场——郑州粮食批发市场正式开业。批发市场以现货交易方式运行，同时引进了会员制、保证金制等部分期货机制，为期货市场的建设进行了卓有成效的试验。

第二阶段：起步和扩张。除郑州粮食批发市场外，全国各地相继成立了许多区域性的粮食批发市场。很快地，从1991年初至1992年上半年，上市品种从农产品转向生产资料，交易规则明显转向规范化和集中交易。1992年1月，我国第一家完全按期货市场规则运转的期货交易所—深圳有色金属交易所正式开业，上市品种为铜、铝、锌、锡、镍等有色金属，交易方式为集中交易、公开叫价，实行了会员制和保证金制，实行统一结算，制订了交易所的章程和交易规则。1992年5月，上海金属交易所成立。上海金属交易所属非营业性的全民所有制事业法人，实行会员制。1992年9月，中国第一家期货经纪公司—广东万通期货经纪有限公司开业。从1993年起至1994年5月止，各地竞相开办交易所，成立期货经纪公司。至1994年5月，各地开办的期货交易所的市场有40多家，上市品种有50多个，有近500家期货经纪公司开业，其中绝大多数从事境外期货代理业务。代理客户30000多家。由于缺乏必要的期货法规和市场监控措施，中国期货市场的过快和盲目发展。

第三阶段：整顿和试点。1994年5月30日，国务院转发了国务院证券委员会《关于坚决制止期货市场盲目发展若干意见的请示》。明确规定所有的期货交易所都必须经过中国证监会的审核批准,禁止成立新的期货经纪公司,已成立的期货经纪公司必须重新办理申请许可手续。期货经纪公司停止一切境外期货代理业务,严格控制国有企事业单位参与期货交易等等。经国务院授权,中国证监会批准了15家期货交易所继续进行试点,并先后停止了白糖、菜籽油、粳米、线材和成品油等品种的期货交易。先后对300家左右的期货经纪公司发给了期货业务经营许可证。中国期货市场从跳跃性发展阶段正逐渐过渡到稳步发展阶段。

二、现状扫描:中国期货市场存在的问题及其思考

应该肯定,初步发展的期货市场已在我国市场体系中发挥了积极作用,有些上市品种的交易为全国同类产品的交易提供了基准价格,许多企业利用期货市场进行套期保值,转移价格风险,同时在提高市场组织化程度和推动我国市场的国际化进程发挥了较大的作用。但已经显露出许多问题,存在较大的风险。投机过度,导致期货价格与现货价格严重背离。品种少,导致期货市场的容量过小,15家交易所从事为数不多的品种(如绿豆、胶合板)交易,就难免发生过度投机现象。社会游资过多,导致期货市场资金过于集中。交易所数量过多,导致交易品种的重复上市,加之各交易所的交易规则、标准合约不尽相同,导致同一品种在同一时间其价格走势不尽相同或相近的现象,从而削弱了期货市场的应有功能和市场的流动性。发展速度过快,导致市场管理法规的严重滞后。

三、前景展望:中国期货市场的发展趋势

建立社会主义市场经济体系,不但需要繁荣现货市场,而且需要建立和发展期货市场,期货市场也必须与国际市场接轨。中国期货市场将在较长时间内处于试点阶段。期货市场是现货市场充分发展和规范运作的基础上产生和发展的。目前,我国大规模发展期货市场的条件尚未成熟,市场机制作用的范围仍比较狭窄。我国期货市场的功能将进一步发展,勿庸置疑,中国期货市场将重点调整市场规范和发展的关系。期货市场的规范化将大大增加市场的流动性,使期货市场包括商品的套期保值有坚实的现货基础,从而促使期货市场发现价格和避免价格风险的功能得到更好地体现。期货上市品种结构将逐步调整。在试点阶段,中国期货市场宜以解决商品流通为目标,恢复和开设市场容量较大的上市品种。随着市场的规范化和国际化,逐步推出金融商品和金融衍生品作为期货市场的上市品种。期货市场的分布将更趋科学和合理。以政府、行业、市场三位一体的管理和监督体系将在较短时期内形成。政府监管部门明确为中国证监会。行业性自律性监管机构为即将成立的中国期货业协会,市场自律性管理是指期货交易所和期货经纪公司(或兼营机构)的一种自我约束性管理。这种三位一体的监管体系将有力地促进市场的规范化和健康发展。同时期货交易法规将更加完善。

期货市场发展战略及运行机制的思考

牛江涛

一、关于中国期货市场的总体发展战略问题

中国期货市场一起步就呈现为跨跃式的发展特点。1992年广东万通期货经纪公司挂牌经营标志着中国期货市场的萌生。随之在南方沿海开放城市广东、深圳、上海等地期货公司迅速蔓延,形成九十年代以来期货热潮。交易所不到两年时间发展到四十多家。根据中国期货市场跨跃性的发展特点和市场经济改革的不同进程,我认为可将中国期货市场发育完善及试点格局作如下战略布置:(1)以北京为中心幅射的北方大部分地区主要发展国内期货交易市场。(2)以广东为中心幅射的少数沿海地区市场体系较为完善,外贸业务量日益增大,应当内外盘结合,开展部分外盘试点。(3)以上海为中心幅射的中原一带,以内盘为主,少量试点外盘。发展内盘期货,逐步开拓外盘期货,应是目前中国期货市场发展的总体战略。有计划地开展外盘期货试点,其一,可以积累国际期货业务经验,熟悉国际市场经济体制环境,创造与国际市场惯例接轨的必要条件。其二,鼓励和扶植外贸企业与公司进行套期保值业务,减少市场动荡带来的不必要损失。其三,可以为中国复关做好必要的市场准备与操作准备,进入九十年代,国际间贸易大约60%要进入期货市场。发展内盘期货,需要稳步开拓。必须认识到:在现代市场经济体系中,期货市场具有高层次性、运作复杂性、标准规范性以及高度信用性。期货市场体系构建不同于一般的市场体系构建,需要加强宏观引导和战略布局。目前从宏观战略上应控制三个环节:(1)规模控制。发展期货市场,在起步发育阶段,不易规模过大,数量过多。国家对现有的期货公司进行严格注册登记,重新审查和确定交易所的数量。(2)模式控制。期货市场交易分为两类:一是套期保值,二是风险投机。套期保值是企业公司为回避现货市场价格波动风险而在期货市场进行的反方向对冲行为。套期保值,回避价格风险是期货市场的基本功能。但是,发展套期保值业务离不开风险投机交易。期货市场风险投机,则是根据期货市场价格波动而进行的一种投资获利行为。套期保值与风险投机二者构成一个整体,共同发挥期货市场的功能。(3)经营方式控制。开办各类商品期货交易所以及期货经纪公司应由中方自已投资控股、经营管理,以中方投资经营为主。

二、关于期货市场运行机制的问题

运行机制主要解决技术操作与规范运行问题。根据三年实践,中国期货市场应规范和完善运作机制。

1、期货市场运作中整体联动机制。所谓整体联动机制是指客户投资行为、中介机构代理与交易所交易操作之间相互配套的整个运作机制。国家应确定国内15所交易所的期货公司会员与非期货公司会员席位的合理比例,现在非期货经纪公司会员占75%以上,因此首先,期货公司会员应占多数比例。其次,非期货公司会员只可自营,不能代理客户交易。

2、期货市场运作中的自律机制。所谓自律机制是指期货市场运作中各投资主体、中介机构、期货交易所按照期货交易规则和客观规范的自我约束机制。自律机制应包括三个方面:一是交易所会员自营机构以及期货经纪公司的投资客户交易行为的自律。二是经纪公司中介代理、交易行为的自律。三是期货交易所在完成交易过程中的自律。

3、期货市场运作中的监控机制。首先是政府的监督管理机制。国家证监会应成为整个期货市场运作中监督管理的权威机构。同时需要银行、外管局、工商局等部门的监管配合。其次是宏观调控机制。在监管基础上,政府需要适时对期货市场运行进行宏观调控。最后是期货市场主体与政府政策之间的沟通机制。有必要建立起中国期货市场运行中一种沟通机制:期货经纪公司及中介机构—行会或协会—国家证监会—国家高层决策机构。了解中国期货市场发展、发育和运行状况。建立期货业协会是构成这一沟通机制的关键环节。

广东期货市场发展战略取向

曾昭武

广东地区虽然已初步形成了一个布局合理、监管严格、现货期货市场相互补充的期货市场体系，但要获得进一步的发展，必须结合本地区的经济特点，创出本地特色。

广东期货市场可以有自己的特色

把期货市场搞出自己的特色来，广东是具备条件的。首先是国家的支持。其次是，广东市场经济已发育成熟，期货市场也已建立发展起来。第三是广东可享有期货市场发展的后发效应。借鉴香港、新加坡及美国等期货市场先进经验，少走弯路。第四是1997年香港、1999年澳门主权回归祖国后，随着粤港澳金融市场的融合，三地的期货市场将贯通，

广东期货市场发展战略中两个重要问题

1. 建立完善省内三层次的分级监控及自律体系。第一层次：在国家摸索建立一套完整的管理体系的同时，广东应先行一步完善广东期货市场管理领导小组和期货监督管理委员会的管理机制。第二层次：率先建立广东期货协会。协会主要由所有国家证监会批准试点或重新登记的省内各期货交易所、结算所及期货经纪公司组成，属民间自律团体，由期监会授权制定一套完整的章程及法规对所有的会员进行行为规范。第三层次：是各期货交易所、结算所及经纪公司的自律性管理。

2. 设计出富有特色且有大量市场需求的期货合约。这是广东期货市场发展战略取向中另一个重要问题。在这方面，广东是有成功的经验可以借鉴的。最典型的是作为亚洲四小龙的新加坡与香港，两者均为国际金融中心之一，她们根据本身经济发展以第三产业特别是金融业为主的特色，相继推出了金融类期货合约，获得了巨大的成功。

我国的股票市场经过几年来的高速发展，已初步建立起来并已具备了一定的规模，正处于不断完善化的过程中。从中国股市的宏观面上来分析，适时推出股票指数期货合约对我国股市的完善化、规范化发展是十分必要的。将增加股市一个套期保值的投资工具，从而改变股票现货市场单纯投机的弊病，减少单边市的风险，活跃股市的双向投资，推动我国股市的进一步发展，同时促使我国金融期货市场的建立与发展。

由广联所设计我国上证股票指数期货合约和深证股票指数期货合约，并争取获得国家证监会的批准与支持，在广联所上市交易，成为广东期货市场的主要经营品种。

总之，广东期货市场由于它所处的经济环境及地理位置等方面原因决定了广东如果不能设计推出金融类，包括股票指数、利率类及外汇类期货合约，广东的期货市场将难有大的作为。特别是广东这类以发展第三产业为主导的经济类型，如果能在设计推出金融类期货合约上占有一席之地，未来的粤港经济大三角必将进一步促进广东期货市场的发展，并与发展潜力无可限量的上海期货市场一道交相辉映，成为中国期货市场发展的重要推进器。广东期货市场将来成就如何，广东能否成为依托粤港澳经济大三角，幅射全国，具有世界影响力的华南金融中心，将在很大程度上有赖于广东期货市场能否设计出金融类期货合约。当然，此外广东也可适当地推出除籼米、豆粕外一些本地生产较多而社会需求量又较大的商品期货合约，如花生、花生油等等，毕竟品种分类齐全也是一地区期货市场实力的象征。

进一步完善国债期货市场

高　坚

继上海证券交易所开展国债期货交易后，有的商品交易所也推出了国债期货业务，市场呈现出证券交易所与商品交易所都有国债期货交易、而以证券交易所交易为主的格局。

为了适应证券期货市场发展的形势，上海证券交易所改进了国债期货合约的设计与到期交收制度。上交所从1994年11月份规定，凡是市场上流通的国债券都可以用来交收某一到期的国债期货合约，通过价格换算系数的折算，保证基础券种与非基础券种市场价值的一致。可以说，这是国债期货合约标准化方向的迈进。由于我国国债期货市场刚开始试点，尚有许多不尽如人意的地方，需要进一步完善。

1. *网点过于分散*。由于国家尚未公布统一的管理办法，有些交易所擅自开展国债期货交易。网点铺得过多，与现货市场所给定的基础很不符。

2. *对国债期货交易的认识有待进一步端正*。应当从投资意识上将国债期货交易与一般的远期合约交易区别开来。国债期货杠杆交易的内在属性决定了进入交割期的券款交割量是有一定限度的，它不能超过可流通的国债券量，否则就无法交割。而远期合约交易则属于赊买或赊卖。其次应当正确认识和处理好国债期货与现货的关系。国债期货是在国债现货市场基础上产生的一种派生交易方式，最终是由现货交易决定的。

3. *国债期货市场的风险管理有待加强*。根据现存的问题，建议采取如下措施：a. 主管部门应当对各交易所国债期货交易的保证金要求作出统一规定，至少规定一个最低限额。在目前现券量比较少的情况下，可以要求空方的保证金采取交纳债券的形式。到规定的交易日必须达到一定份额。否则由交易所强行平仓。b. 应根据国债市场运行的实际情况，对国债期货交易价格升降幅度作出统一规定，防止价格起伏过大，增加风险。c. 会员公司自营或代理的某一客户对某一国债期货合约品种在合约月份的净持仓量超过同一品种同方向总持仓量的一定份额时，或者其持仓量超过规定的最高持仓量时，必须向交易所报告其交易意向和有关交易情况并获得许可，以防止操纵市场行为的产生。d. 交易所应健全有关监测制度，完善技术监测系统。　　（1995年1月30日《中国期货》）

谈期货交易风险的法律控制

陈益民

是否具有健全的风险控制机制，是决定期货市场能否成为完善的风险处理场所。

期货交易风险控制必须依靠法律手段

期货市场是个风险市场，风险主要有(1)套期保值带来的风险。套期保值的目的是回避价格风险，它可以使套期保值者在价格作不利变动时减少损失，但由于基差的变动，市场的流动性影响，在价格作有利变动时减少盈利。(2)投机图利带来的风险。在期货交易中，投资者只需交纳5—10%的保证金，而实际的盈亏水平可能远远大于所交的保证金。(3)行情变动带来的风险。此外还有投资者不履约、操纵价格、内幕交易、欺诈客户等行为给期货交易带来极大的风险。因此期货交易能否正常进行，取决于期货交易管理者能否控制以至消除期货交易过程中由客观及主观因素引起的风险。

期货交易风险法律控制的主要内容

依法对期货交易风险加以控制，首先要建立期货市场活动主体层层间承担风险责任的法律制度。期货市场的主体包括期货市场的经营管理者、期货交易投资者，都必须对期货交易的风险承担相应的法律责任。交易所应承担会员不履约或破产引起的风险，会员单位则承担客户引起的风险。期货交易过程中要求会员对客户风险负有无限责任。从法律上规定会

员应履行的特定义务，一是客户资信审查义务；二是风险揭示义务；三是确保客户委托关系正式建立的义务；四是规范客户参与交易行为的义务。从法律角度看，要求立法规定会员参加交易的法律资格。政府对交易所分担风险责任主要体现于政府对期货交易所的规范化管理的督促及政府对交易所自律性管理的加强。政府应充分授权期货交易所对风险依法控制，树立期货交易所对风险控制的权威性，同时成立相应的仲裁制度。其次实行保证金制度和每日结算制度。再次，规定系统的法律监督制。主要内容包括对会员资信的监督、限仓制、限价制、强制平仓制度、经济赔偿、征购拍卖、风险基金。

（1995 年 2 月 27 日《中国期货》）

关于国债期货交易制的思考

郭士英

自 1993 年 10 月上证所向社会推出国债期货交易以来。其所设合约主要是 92－3、92－5 和 93－3 国债期货合约，且各合约的交收均采用合约标的物的实券交收办法。上证所的具体做法是：从 1995 年 9 月交收品种开始，设立以 1992 年 5 年期国债为基础券种，以 3 月、6 月、9 月、12 月为交收月份的“单一期货”品种。现有 1995 年 9 月以前交收的非基础券种国债期货品种仍继续挂牌交易，但到期不再继续开设。从 1994 年 12 月份交收开始，对各期货品种实行任一年份任一期限的国债混合交收的办法。根据混合交收券种和基础券种在期券最后交易日之前 5 个交易日（含最后一个交易日）的现货市场加权平均价（保留到小数点后两位），确定出非基础券种对基础券种的实际交收折算系数 C（精确到小数点后两位）。C＝基础券现货市场 5 日加权平均价÷非基础交收券现市 5 日加权平均价。由此确定：非基础券交收数量＝基础券交收合约量×C。由于折算系数只精确到小数点后 2 位数，所核出的非基础券交收价值并非完全等于基础券交收额。上证所为此规定，由折算率带来的差额由空方再用现金方式补足。实行混合交收后，多方仍以买入价格计算的持仓合约价值额交款给交易所，交易所再按空方实际交收各券种数量的比例，划给不同的多方。期货商对其客户办理实物交收同样按比例进行。

实行混合交收办法也有明显的局限：(1)用 92－5 国债作基础券并不就能使国债期货合约更趋标准化或更合乎国际传统。因为这种“标准化”注定只能是一时的，受到基础券兑付期的局限。(2)混合交收是采用基础券交易制的先决条件。从目前国债流通市场来看，现券价格的变化并非不存在投机因素，故以现货价格作为混合交收折算率的唯一标准并不十分成熟。(3)由于我国国债的实际收益水平和价格波动同时受到利率、通胀率、保值补贴率等因素影响。这就容易造成目前现券市场收益率与该国债到期的实际收益率的较大差距。

由于国债品种的逐步多样化和保值贴补的规定限制。国债必将分成两个主要大类，一是保值券，二是不保值券。选择基础券交易制既要有保值基础券也要有非保值基础券。既如此，国债期货现有交易制就可以实行自然替换。因为几乎每一年度都有面临终期兑付的国债。

（1995 年 2 月 27 日《中国期货》）

中国期货市场走向国际刍议

吴振华

根据目前的国情和国内期货市场发展实践，我们认为，实现中国期货市场的国际化宜分三步走。

第一步，在加强国内外期货业学习交流的同时，开放境外期货保值业务，进行少量专业化期货经纪公司参与国际市场竞争的试点，摸索经验，培养人才，促进民族期货产业的发展。

第二步，通过二、三年的境外期货业务试点之后，在国内期货市场也进一步发展和完善，中国也加入了关贸总协定后，可以考虑将国内期货市场更紧密地同国际市场联系起来。允许国内客户委托具有境外期货业务权的国内期货经纪公司从事一部分境外期货投机业务；允许境外企业委托境内期货经纪公司在境内期货交所从事期货贸易；允许经过批准的少量的境外期货经纪公司（或与境内机构合资设立的期货经纪公司）作为境内交易所的会员；境内外期货交易所在技术、交易品种、管理经验等方面开展合作；国家有关期货监管机构、行业协会、立法机构同国外相应机构开展业务交流与合作。在期货信息、软件、交易技巧、人才培训及其他专业领域开展紧密型合作。

第三步，根据国内期货市场的发展情况和国家宏观方针政策，在适当时机实行全面开放，实现中国期货市场的国际化，从而为中国经济全面走向世界提供风险管理工具。

（1995 年 3 月 27 日《中国期货》）

由 327 事件引发的几点思考

涂　建

国债期货 327 事件的发生引发出对中国期货市场的几点反思。

一、证券市场自身监管、应变机制的完善。327 事件暴露了我国期货市场在监管的两个层次上待解决的问题：一是证券交易所机构自身应当而且必须具有完善的预警和监控功能。二是在整个期货市场这个层次上，应具有一套较完善而能适合我国证券市场的监管体系。

二、如何引导和保护年轻的中国期货市场，同时又保障各种投资者的合法利益。建立一个符合“三公”原则、管理有序、充满市场活力并和国际惯例接轨的期货市场是中国证券界人士早已达成的共识。但是如果对尚处于发展初期的中国期货市场，采取过于刻扳而不恰当的管理措施，使期货市场缺少适度的投机和活跃的市场气氛，根据利益比较原则，机构大户将由此退出期货市场，新兴的期货市场有可能最终萎缩。期货市场发展的停滞将可能影响整个金融市场改革与发展进程。

三、期货市场管理机构的权威性问题。327 事件再一次暴露出我国期货市场管理的薄弱性。说明在我国的期货市场发展中，迫切需要一个坚强有力、协调统一的管理部门来进行有效的管理。

四、期货市场整体利益和局部利益的调整与协调。由于分布在各地期货交易所是由地方政府（或其他一些组织）投资开设的，在开设证券交易机构所能带来的地方利益（如增加税收、有利于形成地区性金融中心等）的驱动下，一些地方往往较少考虑市场应有的整体布局和利益，地区与地区之间也常常在吸引投资者和增加交易总量上进行竞争。应考虑将各地交易所的设立、管理纳入中央政府的统一审批、监管之下，而其所得也应统一由中央用来发展全国的期货市场。

五、问题解决了吗。327 事件的最终处理结果仍未明了。从形式看有关方面已经采取了涨跌停板制，国债期货的交易保证金也先后增加了 10%，但是市场上的过度投机并未消失。

（1995年4月4日《中国证券报》）

关于基金市场问题

华信模式：分红新思路

原 野

华信基金分红方案公布后，引起了广大投资者的普遍关注，市场人士纷纷撰文讨论，称其为华信模式。本文拟对该模式所提出的可选择性方案的价值和意义作进一步的探讨。

华信基金于4月28日公布1994年度分红方案，具体表述为：按基金单位面值20%的比例进行分配，基金持有人可自由选择现金或红利基金单位。这种模式至少具有以下几方面的意义：(1)创造出了一条新的分红思路，解决了目前证券界在送红股和送红利之间无休止的争论。就理论角度而言，投资者(股东)有权根据自己的判断和投资意向选择现金红利或红股(基金)单位。然而在现实经济制度条件下，由于股东持股数量的不同，大小股东所具备的保障自身利益的能力是不同的。大股东或经营管理机构往往能够根据持股数量以及其他方面的优势，争取到有利于自身利益的方案，而小股东即便占多数也由于其分散性而无法真正表达自己的意志。如何既能保障大股东的利益，同时让中小股东也能充分实现自已的意志，这的确是一个理论和操作上的难题。华信分红模式恰恰是解决该难题的一大创举。众所周知，国内上市公司由于种种原因在公股与个人股东的分红方式上形成了送现金红利和红股的差异，从而陷入困境，国家国资局近期发出紧急通知，反复申明，为防止国有资产流失，坚决反对在分红及送配股方面公股与个人股东不平等的现象。国家股东可通过政策规定保护其利益，那么个人股东是否也需要在承认多数原则的情况下实现自已的权利呢？华信分红模式的推出，合情合理地平衡了大小股东的利益需要。如果该模式能够实施和推广，那么上述矛盾和冲突就可迎刃而解。(2)华信分红模式有利于市场资源的合理配置，使市场按优化原则自我调整。股份制改革的一个根本目的就是实现市场资源的合理配置，有限的资金应向管理水平较高、使用效益突出的方向流动。实施可选择性的分红办法，就能使市场资金按自身规律对证券品种进行筛选，投资者自然愿意投向收益高、潜力大、管理水平高的公司(基金)，而且进一步在分红派息的过程中根据自己的判断获取红利，或者继续将红利转化股本金再投资，由此实现市场资金合理配置和自我调节的目的。(3)检验投资者对市场的信心。中国股市正处于一个阶段性的调整时期，投资者信心遭到较长期的一连串的打击，脆弱而不稳定，华信基金实施可选择性分红方案，将促使投资者重新对证券市场的发展前景进行思考和掂量，对中期和眼前利益进行比较，从而能够检验投资者对市场的信心程度，一般而言，所谓可选择性需在一定的时间空间内才能得以实现，如果投资者对市场中长期发展前景有信心，那么势必选择基金单位，将红利转换为基金以期增值；如果对市场中长期走势没有信心，那么势必刺激投资者“落袋为安”的心理。(4)尝试一种新的分红途径。沪市在红利分配的方式上采用挂牌兑付的办法，而华信基金通过可选择性的原则在深市创造出了一种更为灵活的模式，单从可选择性的最后实现途径而言，华信基金可委托某券商作为全国唯一的买方，以每单位0.20元的价格买回红利选权，持有人卖回红利选权，即可实现红利兑付，如果到挂牌期限结束之日尚未买出红利选权，那么自动转折成基金单位。此种办法一方面解决了以往红利发放繁琐的手续，另方面由于上市基金(公司)须预付分红基金以及市场单向卖空风险金，可从事实上显示出上市公司或基金的真正实力，增强投资者对该公司或基金的信任感。

当然，如果摆脱单纯分红方式的局限，从更深层次的角度分析，华信基金推出的可选择性分红方案，还具有更广阔的理论想象空间和探索意义。

第一，可选择权可在股票券种中广泛推广运用，以便在投资者关心的分红方案上拓展股东权益，从而促进市场的规范化。

第二，可选择性本身具有市场价值。按照规范性原则，上市公司或封闭式基金只有股东或基金单位持有人才有红利或红股“选择权”只有拥有选权，才有资格将红利转化为股本(基金单位)，增持份额、继续投资。这意味着“可选权”本身具有市场价值，能够而且完全应该在市场上进行转让，股东或基金受益人有权将红利选权按照市场应有的价值转让给其他的投资者。

第三，对中国投资基金的发展道路也是一次意义深远的探索。中国经济背景与西方有很大差别，在西方，投资基金多数为开放式的，而中国基金目前均为封闭式，在现有体制和宏观调控环境下，简单地直接采取开放式基金的条件显然还不成熟。但是，这并不意味着封闭式基金不应向开放式发展。事实上，按照国际惯例发展开放式基金是必由之路。如何既符合国际惯例，同时又根据中国的实际情况发展投资基金，这是每个基金管理人都面临的重大课题。笔者认为，按资源配置优化原则和适度规模原则，可从两方面对中国投资基金的发展进行探索：(1)选择效益突出、业绩优秀、管理水平高的基金管理机构作为创办开放式基金的基础；(2)现有的优秀基金通过可选择性的分配原则(如华信模式)，使持有人在自愿的基础上能将红利自由兑付或转化为基金单位，作为优秀基金向开放式基金过渡的基础。中国投资基金需要发展，但也并非可以无限制地扩大基金单位或创造出难以计数的小规模基金。如果在现有基金管理机构的基础上促进已有基金的发展，这本身是一个重要方向。华信基金分红模式的推出是朝着这个方向发展的积极尝试。否则按照现有基金规模，如果除去必要成本外，溢利部分按年度分配掉，那么基金自身就无法获得发展，投资基金无疑将缺乏自我发展的机制，缺乏内在的向上增长的动力。

华信模式的理论意义尚有许多方方面面需待挖掘，尤其是“选权”本身对活跃市场具有重大促进作用。

略论投资基金的法规管理

张为群

从国际惯例来看，约束调整投资基金行为的法律主要是《信托法》、《公司法》、《投资基金管理法》等。

对于投资基金发起人、经理人和受托人的资格及其相互关系的管理。各地证券交易所、交易中心也分别制定了一些基金上市、交易管理的规定，这些规定对发起人、经理人和受托人的资格从资本实力和从业人员的素质上作了定性规定，这些规定都较浮泛，具体实施中许多基金都不规范。出于基金的信誉和投资经验考虑，发起人应该是具有法人地位的金融机构。但目前有的事业单位、非法人证券部也参与报批队伍，此外托管人对证券托管业务的不熟悉，常常出现结算清算方面的问题。所以对投资基金当事人的资格进行严格审查是当前我国立法执法的关健。另一个需要关注的问题是必须理顺投资基金当事人，特别是经理人和受托人之间的关系。经理人负责基金资产运用，受托人负责资产保管，两者在财务上，人事上是完全独立的。

对于投资基金型式的管理和引导。我国《公司法》业已施行，公司型基金遵循的规范与普通公司是一致的，所以设立公司型基金已有了坚实的法律基础。契约型基金是以信托契约为纽带建立的。现在我国应以发展公司型基金为主。此外从封闭式基金的上市情况看，今后宜发展开放式基金，基于净资产值报价，允许投资人随时申购赎回基金证券。

对投资基金内部运作的外部规范。1，制定统一的基金信息定期完整披露规则。除了公示信息外，基金的主管各局应建立各基金的统一档案。2，严格界定基金投资方向范围。从当前我国投资基金组合状况来看，今后宜以上市交易的证券为基金的主要投资对象。如果大部分从事房地产、股权和实业投资，使基金证券的流动性降低，现金分配困难。按国际惯例，依投资范围不同可把投资基金分为成长基金、收入基金和平衡基金。3，加强对基金经理人佣金的管理。当基金经理人索取过高的管理费或滥用基金证券持有人权益时，基金证券持有人和经理人之间应该存在一种有效的讨价还价机制（Bargaining Procedure）对之进行约束。在规范投资基金业的过程中，不仅要依靠以央行、证监会为主体的立法监督系统，还要尽快建立投资基金业协会，加强业内交流自律。

（1995 年 2 月 22 日《上海证券报》）

投资基金：现状及发展策略

尹苹　丁英

我国初涉及基金投资始于 1987 年。1992 年中国首批属于自己的基金才陆续在广州、天津、沈阳、海南等地推出。1992 年 6 月深圳率先在全国公布了《深圳投资信托基金管理暂行规定》，使基金的运行有了法律依据。但就当前中国基金运作情况看，尚存在一些问题，主要表现在，1，基金运作行为不规范，基金操作债券化。任何成熟的共同基金市场，共同基金管理公司均在严格的监管机制下运作。但目前我国 40 多个基金中，有许多基金只有经理人没有信托人，或者说经理人和信托人合二为一。2，基金法规体系不健全，地区发展不平衡。目前我国在基金运作上没有一部全国统一的法规，导致相当数量的投资基金在设立、发行、交易管理、分红和财务报表等主要环节均出现了许多漏洞。另外目前大部分投资基金集中于沿海地区和经济发达城市。3，基金投资空间有限，基金抗风险能力不强。由于中国投资基金管理办法尚未出台，不少基金的投资没有一定的限制，投资的方向主要是一些利润丰厚的项目，追求短期效益。与国家的产业政策相矛盾，难以做到投资的合理化组合，致使基金抗风险能力降低。4，信息披露缺乏及时性和透明度，投资人的监督权利被忽视。按照惯例，基金经理人应每月向主管机关和新闻媒介发布其经基金托管人确认的基金资产净值及投资状况，使基金及基金经理人置于有关法规、守则及投资者的监督之下。

鉴于上述情况，笔者认为应采取如下对策。1，大力发展开放型基金。从目前世界共同基金现状看，开放型占主导趋势，其原因是由于此种基金形式可以使投资者随时赎回基金，也可以随时吸收投资者的新投资，且操作透明度高，克服了封闭型基金随行就市的投机因素。2，建立和健全投资基金市场和经营机构。国际上投资基金的组成和运作是建立在经营与保管分离的基础上。3，规范投资基金行为，建立和健全基金法规。一方面应抓紧制定和完善《投资基金管理法》、《投资公司法》等法律法规体系，另一方面要建立基金行业协会，加强基金行业的业务交流和自律管理。4，发展和完善金融市场体系，创良好的投资氛围。

（1995 年 3 月 10 日《证券时报》）

论投资基金的生存环境建设

张为群

证券市场是投资基金的基本生存环境。

一、投资基金的吸引力来自证券市场。经济学家把金融市场分为两块，一块是以银行为中介的资金借贷市场，称之为间接金融市场，另一块则是通过工商企业直接向大众发行证券筹资的直接金融市场。基金证券在安全性、收益性和流动性综合考评中要比银行存款好。由于基金通过证券组合手段消除非系统性风险，所以在一般市场条件下其安全是有保障的。

二、我国证券市场对发展投资基金带来的制约。上市公司对于全国工商企业的代表能力较小，不能反映整个国民经济的运行状况。同时由于上市公司的数量较少，各公司股票价格的相关系数较大，也就是说股票价格同涨同跌的现象较为严重。债券市场除了资本市场中的国库票据、国库公债和公司债外，还包括货币市场中的国库券、商业票据以及银行可转换定期存单等。种类十分丰富，但是目前我国债券市场上交易的品种却不多。对于以证券市场为主要投资对象的投资基金的发展就带来较大的制约；主要表现在：1，投资基金组合对象的有限性。2，投资基金资产组合的无效性。3，投资基金证券的流动性较小。4，投资基金内部管理惰性大。

三、发展完善我国证券市场的思路。1，扩大我国证券市场的规模，证券市场的扩容应从国债市场开始，配之以灵活的交易衍生工具，如期货、回购、期权等。2，丰富我国证券市场的品种。

（1995 年 5 月 12 日《上海证券报》）

组建银行风险偿债基金

林志远

组建风险偿债基金的目的。设立银行风险偿债基金的唯一目的是补贴因为企业改组、改制和改造所产生的直接银行亏损。具体做法是由专业银行、中央和地方财政共同筹集资金，委托专门的机构按每一个企业完成改制所造成的银行损失逐项审定，按比例补贴。专门的机构应该是独立的和信誉卓著的基金管理公司或财务管理公司。必须完全独立于政府机构、银行和改制中的企业。

基金的筹措方式设计。基金的筹措初步设想是：首先由专业银行、中央和地方政府的有关部门以及一些代表企业共同协商，确定基金的总额。其中 20％由各专业银行共同出资，基金的 5％由中央财政补贴，由地方财政出资 25％，可以允许地方财政发售地方债券来筹集这笔资金，基金的 50％可以出售

企业产权和股权的方式来筹集。可以规范对每家银行出售企业产权和股权的收入，抽取3—5%缴入银行风险偿债基金，直到50%的基金总额全部缴足为止，另一方案是规定改制后的企业必须出售3—5%的产权或股权，以所获的收入缴入基金，直到50%的基金额满为止。由专业银行共同出资也有两种方案可以选择：由所在地区的四家专业银行的分行协议出资，或按资产总额比例出资。

*风险偿债基金的组织与管理。*基金的组织设立在国家经贸委和国家计划确认的企业改革试点城市，由每个城市的政府财政牵头，组织有关方面参加，经协商统一后即可设立。当地的中央银行分行作为银行监管当局，当地的证管办作为产权交易的监管当局。基金的管理首先由出资各方协商统一后联合制定一个章程，然后委托专门的基金管理公司负责日常的筹资管理和开支审定。

*风险偿债基金对宏观经济的影响。*设立银行风险偿债基金，完全不影响现行的货币发行、银行存款、利率和汇率政策等，因而不存在加剧通胀的可能。企业改革和产权交易完全是存量资源的调整。

（1995年2月23日《中国证券报》）

投资基金的法律分析

商文江

*投资基金的法律性质。*投资基金作为旨在投资的现金组合，在设立过程中就须明确所适用的法律或者法律条款。就已经出现的基金法律形式归纳，其性质不外乎两种：公司型与非公司型。"公司型基金"说明基金本身为一公司，在法律上具有独立的人格；"非公司型基金"则说明某基金本身在法律上无独立的人格，但值得注意的是，这两种性质的基金各自所适用的法律或者法律条款，并不简单地与其法律性质相对应。现在我国"投资基金"这一概念包含了"投资公司"。

投资基金的法律成因。"公司型投资基金"（投资公司）是一种特别类型的公司，据以设立一般公司的"公司章程"对"投资公司"而言，是不充分的设立法律文件。鉴于我国"投资基金"概念结构，"投资基金"结构中"独立保管人"的设置也应适用于"投资公司"这种基金类型，换言之，设立"投资公司"还需制作旨在设立资产保管关系的"信托契约"，只有这样，投资公司股东的利益才能得到有效的保护。当然，如果"投资公司"采用"一般有限公司"形式，投资基金主管机关可以视具体情形决定是否要求设立"独立的资产保管人"及提高相应的"信托契约"，决定的标准是该公司的所有人与该公司资产经理人是否合一。对于"非公司型投资基金"而言，由于无法在不违背信托法理的前提下解决"经理人"在"信托契约、信托关系"中的法律地位问题，就需要在"信托契约"之外寻求其法律地位的解决。

*投资基金的法律结构。*非公司型。这种型态投资基金的结构由两种各自发生但相互关联的法律关系共同组成。第一种法律关系是发生于"投资人"与"管理公司"之间的委托关系。第二层法律关系是发生于"投资人"与"保管机构"之间的信托关系。公司型。这种型态投资基金的结构也由两种各自发生但互相关联的法律关系共同组成。第一种法律关系发生于"投资人"和"董事会"之间的委托关系。第二种法律关系是发生于"投资人"和"保管机构"之间的信托关系。可见，"公司型投资基金"的结构已与现行《公司法》所规定的公司结构不一致。

（1995年2月10日《中国证券报》）

关于产权市场问题

国有企业股份制改造的理论思考

杨瑞龙

本文主张在对国有企业进行分类的基础上，对宜保持国有制性质的企业就不应按照盈利的法人企业制度规范进行改造，其主要功能是解决市场失灵问题及贯彻某些社会目标，对宜完全进入市场的竞争性国有企业应选择在非国有化的前提下向法人企业制度过渡的改革思路。

国有产权的属性及与市场经济相兼容的可能性。1，国有产权的属性。国有产权是指国家依法享有国有企业财产的排他性权利，产权归属的唯一性，产权经营的代理性，权利配置遵循等级规则，使用权的排他性，产权的不可分性，收益归属的确定性，剩余索取权的不可转让性。2，国有产权模糊的含义。国有产权屡受损害而得不到有效制止显然与国有产权的内在规定性有关。行政权对所有权的损害，政府难以运用"退出权"来保护国有产权，剩余索取权具有不可转让性。3，国有产权与市场经济相兼容的可能障碍。国有产权与市场经济的冲突集中体现在以下两个方面：一是所有权主体的非人格化资本行为与要求企业以盈利为目标经营国有资产之间的冲突。二是剩余索取权的不可转让性与要求企业产权具有可交易性之间的冲突。

国有制条件下多级代理的可行性考察。1，寻找代理与模拟资本制度。由资产局授次级代理人经营国有资产。2，多级代理与法人资产制度的建立。法人资产制度的建立至少应满足以下条件：股东符合人格化资本假说；股权分散化；股份的可转让性；有限责任原则的确立；最优化激励约束机制的设置等。3，多级代理的成本与收益比较。

国有制条件下多级代理的可能后果。1，国有资产流失的不可避免性。2，多级代理下国有产权保护的两难选择。

（1995年4月15日《特区证券报》）

产权运营机构亟待规范

谢次昌

国有资产运营机构是政府对企业国有资产行使出资者权利的中介机构，是理顺国家所有权内部产权关系的一个中心环节。自从1992年国家国有资产管理局决定对一汽等八家企业集团实行国有资产授权经营试点以来，还新成立一些国有资产经营公司或将一些专业经济部门和行业性总公司改组为国有资产经营公司。

关于产权运营机构的性质和类型

产权运营机构应该是国家授权对一部分国有资产具体行使资产受益、重大决策、选择管理者等出资者权利的特殊企业法人。产权运营机构要行使国有资产出资者权利,必须有国家授权。只有代表国家行使出资者权利的国有控股公司才是产权运营机构。作为产权运营机构的国有控股公司既然具有这种性质,它必须是国家独资设立的,不能有两个以上的投资主体。产权运营机构既然是企业法人,就不能再行使政府的社会经济管理职能。作为产权运营机构的国有控股公司可以分为两种类型,一种是纯粹的控股公司,指本公司不从事直接的生产经营活动,称为投资控股公司,另一种是混合的控股公司,指本公司主要通过股份持有控制子公司,又直接进行一部分生产经营活动的公司,称为经营控股公司。

关于产权运营机构的权利和义务

产权运营机构的权利是政府以国有资产所有者身份授予的,政府设立产权运营机构的目的是为了实现政企分开、社会经济管理职能和国有资产所有者职能分开,实现国有资产的保值增值。这就要求产权运营机构必须对自己的授权者承担以下义务:确保授权运营和投资形成范围内的国有资产的安全和增值,根据国家规定,上交应上缴的产权收益。

关于产权运营机构的组织框架

产权运营机构是国家独资设立,国家是唯一的股东,没有必要在产权运营机构中设股东会,董事会就是行使和承担产权运营机构权利和义务的机构。为了保证母子公司之间协调地进行活动,让一些主要子公司的法定代表人参加董事会,或让母公司的董事兼任主要子公司的法定代表人。

关于产权运营机构的财务管理

1,关于国家资本金和法人资本金的划分问题。产权运营机构的注册资本额应当是其当时全资子公司、控股子公司、参股子公司以及自身实际占有国有资产净额的总和。产权运营机构的资本金为国家资本金。2,关于缴纳所得税和上交产权收益的问题,比较规范的做法应该是由产权运营机构对全资子公司统一计交所得税,即将全资子公司之间的盈利和亏损折抵后,作为产权运营机构的收益统一计交所得税。3,关于产权运营机构与国有资产经营预算的关系问题。产权运营机构应作为国有资产经营预算的预算单位。4,关于产权运营机构本身的经费开支问题。

(1994 年第 11 期《国有资产管理》)

国有资产管理体制改革的两个问题

刘溶沧

(一)加快国有资产管理体制改革步伐,尽快建立产权清晰、责任明确、运转有效的资产监管体制,是深化我国经济体制改革的当务之急。

1、产权制度的创新,特别是明确的产权界定,是国有企业转机建制,真正实现政企分离的一个基础性、关键性环节。产权关系模糊,缺乏法人实体和市场竞争主体地位的微观基础,同样会对政府职能和宏观经济调控模式的转变,产生严重的干扰和制约。

2、尽快建立产权清晰、责任明确的国有资产监管体制,是进行国有企业公司制改造的重要前提条件。

3、只有切实解决产权制度问题,加快国有资产监管体制的改革步伐,才能从根本上解决近些年来日渐突出的大量国有资产流失问题。

4、这是加快财税体制、金融体制、投资体制改革步伐的客观需要。

(二)加快国有资产管理体制改革步伐亟待解决的几个现实问题。

1、必须加快国有企业,特别是大中型国有企业清产核资、资产评估和核定国有资本金的步伐,以尽快界定产权。清理债权债务,核实企业的资本金数量及其归属,以及法人财产占有量,这是一项最为紧要的基础性工作。

2、以建立资本制度为突破口,对国有企业资产实行彻底的价值化管理。管理的内容和目标就是实现国有资产的保值和增值。

3、在清产核资、界定产权归属,并实行价值化管理的基础上,对国有资产进行新的分类监管。原则上可分为两大类:国有行政性资产和经营性资产。第一类资产以服务国家行政管理需要为目的,因此原则上是不流动、不转让的。而第二类资产则是可以而且应该流动的,以保值增值为基本要求。

4、逐步建立健全规范化的产权交易市场。从而为各类企业兼并、转让、拍卖、处置闲置资产等产权转移活动,提供媒介场所,促进产权的商品化、市场化进程。

5、国有资产所有权具体由谁来代表,必须落到实处,真正解决长期以来产权虚置的现象。

6、加快相关的立法进程,如国有资产监管法、公司法等。

(1994 年第 4 期《国有资产管理》)

省级政府应加强对国有资产的管理

高　勇

国有资产是维系社会主义公有制的现实财产和经济基础。在现实经济体制和管理中的组织形式是国家所有、政府分级管理。

当前国有资产流失的主要形式和成因分析

国有企业亏损是国有资产流失的主要形式。调查表明,因潜亏造成的国有资产流失占多种流失形式的首位。潜亏主要表现为企业经营过程中出现的各种亏损挂帐和待处理财产损失。企业经营决策失误和内部管理不善造成国有资产流失。一些企业上新项目缺乏必要的可行性论证,国有资产闲置浪费同时一些企业的财务管理混乱。低估国有资产造成国有资产流失。这种情况在中外合资合作企业中表现较为突出,其主要形式是不按规定对投入合资企业的中方和外方资产进行规范化资产评估,造成中方资产价值低估,而外方资产高估。企业的无形资产更是如此。产权转让和股份制改造过程中造成的国有资产流失。在企业兼并等产权转移过程中,一些企业在兼并前未对被兼并企业评估、验资,被兼并企业债权债务不清,兼并后变成债务,致使兼并企业增加支出,国有资产流失。有的上市公司采用高比例配股,导致国家无力认购,其配股权被放弃给个人股东或法人股东无偿享有,稀释了国家股权。

省级政府对国有资产实施管理的特殊作用

对国有资产实施监管是省级政府的重要职责,省级政府也有能力发挥对国有资的的监管职能。能组织省区国有资产的有效运营,能够在国有资产形态的不断变化和产权转让中,通过法律的、行政的和经济的手段,对其实施有效的监管和调控,使国有资产保值、增值。

(1995 年 4 月 13 日《人民日报》)

湖北省国有资产管理刍议

陶德雄

湖北省国有资产总量构成及特点

湖北省国有资产总量在不断增加。1994年底国有资产（不含资源性资产和中央在鄂单位、部队国有资产）总额844.8亿元，比上年增长18.8%。分部门构成情况是：1.企业7952户占用国有资产496.4亿元（占总资产存量的58.8%）比上年增长17.6%。其中国有企业7588户，占用国有资产412.9亿元，国有控股企业194户，占用国有资产61.9亿元。2.建设单位汇编建设项目1922个，占用国有资产54.9亿元（占资产总存量的6.5%）比上年增长60.9%。3.行政事业单位55290户，占用国有资产293.5亿元（占资产总存量的34.7%）比上年增长15%。

通过国有资产有关统计数据分析，反映出我省国有资产存量及构成具有的特点：

（1）国有资产存量结构基本合理。从增长速度来看，企业国有资产增长速度高于行政事业单位国有资产增长速度；建设单位国有资产占6.5%，增长速度61%，这说明我省94年国有资产的投资有较大的增加。从国有资产存量构成比例来看，经营性国有资产占大头，存量结构基本合理。（2）大中城市及省直的国有资产占全省的主导地位。1994年武汉市、省直单位占用的国有资产增长26.1%，资产存量总额达429.3亿元，占全省国有资产总量的50.9%，超过了各地市州国有资产总量之和。（3）国有资产产业分布、行业分布、区域分布与我省的产业政策、资源优势基本协调。国有资产区域分布相对集中于长江经济带，以武汉为中心的沿江城市国有资产占全省国有资产的60%以上。第三产业国有资产增长速度明显高于第一、第二产业，国有资产分布变动趋势体现了巩固第一、第二产业，大力发展第三产业的思路。从国有资产部门分布来看，国有资产相对集中于我省的五大支柱行业：冶金、机械、化工、轻工、纺织。（4）大中型企业是国有经济的主导力量。国有企业和国有控股企业净资产1000万元以上的企业557户，仅占总户数的7.3%，占有国有资产达到国有企业和国有控股企业国有资产的80.3%以上，实现利润总额49亿，是整个国有企业及国有控股企业实现利润总额的1.32倍。（5）股份企业获利能力明显高于产权单一的国有企业。94年全省国有控股企业194户，相当于国有企业户数7588户的2.5%，实现利润14.9亿元，相当于国有企业22.2亿元的67.1%。资产利润率6%，相当于国有企业的6倍，净资产收益率12%，相当于国有企业的4倍。（6）产权单一化的传统格局有所改变。国有控股企业由上年的79户发展到194户，国有资产由上年的34.8亿元发展到61.9亿元，国家参股的“三资”企业也不断增加。94年全省新批外资企业1418家，实际利用外资总额8.4亿美元。

二、目前我省国有资产营运中存在的主要问题

（1）国有资产营运效益低。主要表现在三个方面：一是投入产出率低，以全省国有工业生产企业为例，即每百元资产仅能实现工业产值47.73元，资产利润率2.4%，国有资产利润率9.1%；二是亏损额高、亏损面广，1994年国有企业7588户中亏损企业占总户数的43.5%，比上年上升了3.49个百分点；亏损额23.5亿元，比上年增亏2.9亿元。（2）国有企业债务包袱沉重，国有资产安全状况日益恶化。一是1994年国有企业平均负债率达79.6%，纺织、物资、商业、粮食、外贸等行业负债率在90%以上，其中外贸行业资产负债率高达105.86%，实际上全行业资不抵债。二是1994年底全省国有企业负债总额达1589.6亿元，各种利息支出124.5亿元，相当于年实现利润的22.2亿的8倍。三是仅凭报表统计，1994年底全省国有企业待处理流动资产损失41亿元，当年未分配利润为负73亿元，这些数据实际上是企业的潜亏和挂帐损失帐面反映。（3）相当一部分企业资不抵债，成为空壳企业。到1994年底，全省国有企业中资不抵债企业达1229户，占国有企业总户数的16.2%，资不抵债额为31.9亿元。（4）流动资产占用规模过大，企业资金运用不尽合理。94年全省国有企业占用流动资产1216.5亿元，占企业全部资产的60%以上，比上年增加180.9亿元，增长17.4%；其中存货达到404.6亿元，占流动资产总额的33.3%。（5）国有资产闲置浪费比较普遍。全省国有企业未使用和不需用闲置固定资产16.4亿元，占全部固定资产的2%以上。（6）行政事业单位的国有资产管理偏松。1994年底全省行政事业单位占有国有资产293亿元，占全省国有资产总量的34.7%。对这样巨额的国有资产，国家缺乏强有力的管理手段和严格的监控制度。造成国有资产运营效益低的一个主要原因是国有资产管理体制不完善、不健全。一是国有资产产权意识薄。二是国有资产多头管理。三是国有资产运营体制不顺。四是国有资产基础管理薄弱。

三、国有资产管理面临的任务

湖北省国有资产管理当前面临的任务主要有以下几个方面：

（1）理顺企业产权关系，加快产权制度改革。通过清产核资、界定产权、核实资本金、明晰企业的产权关系。企业拥有法人财产权。国家在企业中的产权（股权）由国家授权机构或国家授权的部门作为国有资产的投资主体，对其实施产权管理，不得直接参与企业的具体经营活动。（2）强化国有企业改革中的产权监督管理。在深化企业改革中，做好向企业选派产权代表和监事会的工作，在部分国有企业中开展经常性的国有资产经营效益跟踪监测工作。进一步扩大国有资产授权经营试点。狠抓国有企业股份制和公司化改造中的国有股权管理，积极发展以资产为纽带的企业集团，支持地方政府推进小型国有工商企业拍卖、兼并、租赁、承包和国有民营。（3）规范产权交易活动，促进资源合理配置。积极开展闲置资产调剂利用及资产拍卖业务等项工作，加快产权交易的建设，加强产权转让收入的监督管理。（4）加强国有资产管理基础工作。建立健全国有资产存量统计、产权登记、产权界定、产权纠纷调处等管理制度。（5）加强行政事业单位资产、资源性资产和境外及跨地区国有资产管理。要防止机构改革中的国有资产流失，要认真抓好住房制度改革中的国有资产管理。同时，要抓紧制定和完善非经营性资产转经营性资产管理办法。还要按照国家统一要求，加强对资源性资产和境外国有资产的管理。（6）加强国有资产产权收益管理。（7）进一步加强和规范资产评估管理工作。

要加快组建国有产权运营机构

刘国良

所谓国有产权运营机构是指介于政府和基层企业之间的、经营政府授权范围内的国有产权并且有较强经济实力的企业法人。从国外来看，国有产权运营机构大都是由政府所有权代表部门组建或依法建立的100%政府持股公司。加快组建国有产权运营机构对于搞好我国国有资产管理是十分必要的。

第一，组建国有产权运营机构有利于实现政企分开。在政府与企业之间以产权关系设立国有产权运营机构，首先使政府行使社会管理职能部门由于与国有企业无产权关系而避免了直接行政干预，同时政府行使所有权管理的部门也不能对基层企业进行直接的干预，这一特点决定了政府所有权管理部门对国有产权运营机构实施产权管理。

第二，建立国有产权运营机构，可为国有经济参与市场竞争创造有利条件。在社会主义市场经济条件下，国有经济与其他经济成分一起构成市场主体，并以平等的身份参与市场竞争。建立国有产权运营机构，不仅可以较好理顺产权关系而且还可以通过灵活的资本运作方式，利用集中的优势在市场竞争中处于有利地位。

第三，采取国有产权运营机构形式，灵活运营国有资本，可以有效地调整产业结构，实现资源的优化配置。在实行国有产权运营机构的条件下，国有资本主要表现为股票投资，因此在股票市场机制完善的条件下，国家可以通过产权运营机构对企业股票的购进与抛出，较快地使国有资本在不同行业之间转移，实现产业结构的调整。由上可知，为适应国有企业向现代企业制度转变的需要，我国应加快建立一批介于政府和企业之间的，具有企业性质的国有产权运营机构，以承担起代表国家持股和按市场经济要求运作的国有股权，并对国有资产负起保值和增值的责任。

（1995 年 4 月 4 日《人民日报》）

加强国有产权交易市场的培育和管理

张冀湘

培育和发展国有企业产权交易市场并对其实施监督管理是国有资产管理局的一项重要的产权管理工作。根据目前人们的认识状况，我认为以下四个问题是值得注意的。

一、要注重对多层次产权交易市场的一体化管理

对于企业产权交易市场，从广义层次看，产权交易市场是指社会全部企业产权交易关系的总和；从狭义层次看，它是指人们从事企业产权交易活动的具体场所。值得注意的是，企业产权交易方式及其市场的发展是以企业产权制度为基础的。依据企业财产组织形式的不同我们可以归纳出我国社会主义市场经济条件下的三种类型企业产权交易方式以及相应三个不同层次的产权交易市场；其一是企业股票的上市交易。这是仅限于上市公司范围的产权交易方式，其交易对象是上市公司的股票。其二是企业股票的柜台交易，或称之为“场外交易”或“店头交易”。这是适用于已公开发行股票但未取得证券交易所内交易资格、未上市的股份公司的一种产权交易方式。其三是企业产权的非股票交易，即企业产权交易。另外目前各地国有资产管理部门还组织了一类以闲置设备调剂为主要内容的资产交易活动，作为所属产权交易市场的一项重要工作。

二、要充分发挥产权交易市场在国有资产重组中的积极作用

与国外企业产权交易市场相比，我国目前产权交易市场发展的一个重要特点是：非股权企业产权交易活动占居重要地位。在国有企业建立现代企业制度，并不意味着要将每一个企业都改为公司，而是要结合企业公司化改造实行国有资产重组。

三、要加快培育各种类型的产权经营主体

产权交易市场的主体是从事企业产权经营活动的企业。为此我认为政府应该采取多种有效措施，积极培育和促进各种类型产权经营机构的发展。其主要途径可以有以下四个方面：1.通过企业集团国有资产授权经营改革，加快国有资本的集中。2.配合国有企业股份制改造，建立一批以促进国有资产经营规模与结构合理化为主要任务的国有资产经营公司。3.实行国有资产“增量”管理企业化，建立一批以促进国家产业政策实施为目的的投资型国有控股公司。4.配合国有资产重组战略的实施，建立一批以稳定社会经济运行为主要任务的重组型国有控股公司。

四、要注重规范与完善国有企业产权交易中介机构

在积极探索对多层次产权交易市场一体化监督管理的同时，应重点抓好产权交易市场的培育和管理工作，在这方面应注意处理好以下几个方面的关系：1.服务目标与盈利目标的关系。2.服务功能与监督功能的关系。3.本地交易与联网交易的关系。4.产权交易与资产交易的关系。5.市场管理机构与市场操作机构的关系。

（1994 年第 9 期《国有资产管理》）

浅谈资产评估机构名称的规范化

王诚军

由于我国资产评估行业兴起不久，资产评估机构的发展具有先兼职进行资产评估，后专职进行资产评估的特点，有关评估法规未能对资产评估机构特别是专职资产评估机构的名称作出统一规定。笔者认为很有必要对专职资产评估机构的名称进行规范化。并且有以下几点意义：1，统一规范资评估机构的名称是适应我国资产评估行业发展的需要，有利于促进资产评估行业正规、健康地发展。2，从业机构名称的规范化也是衡量一个行业尤其是公正性行业发展成熟与否的重要标志。3，规范资产评估从业机构的名称，也是实行注册评估师制度，推动我国资产评估行业进一步向纵深发展的必要前提基础。4，统一规范资产评估机构的名称也有利于与律师、会计师等公正行业相呼应。

我国目前专职资产评估机构名称多为评估中心、评估公司、评估事务所。首先评估机构不宜命为评估中心，因为这种名称与评估管理机关相重，最容易引起误解。笔者认为现在也不宜采用资产评估公司作为资产评估机构的专门名词。这首先牵涉到资产评估机构的法律责任形式即资产评估机构是实行有限责任制或是实行无限责任制。在理论上和各国实践中，倾向于认定资产评估机构等公正性中介机构负无限责任，不能实行有限责任制。同资产评估中心、资产评估公司等名称相比，采用资产评估事务所命名资产评估机构是较为合适的。一方面评估事务所比较中性化，不直接反映出机构的法律责任形式，避免了与法律、法规的潜在冲突。

规范资产评估机构的名称是资产评估行业发展过程中的一项重要工作，首先，统一认识，引导评估机构特别是新设立的评估机构自觉使用规范化的名称。其次资产评估管理部门应在适当的时候规定新成立的资产评估机构采用资产评估事务所为名称。

（1994 年第 3 期《国有资产管理》）

会议研讨

关于宏观经济问题

全国物价大检查工作会议

时间:1994 年 5 月 31 日

主办:国家计划委员会

与会的国务院有关部门及各省市的有关负责人。国家计委负责人指出,随着各项宏观调控和价格调控措施的落实,随着物价检查工作的开展,物价总水平上涨过猛的势头也开始趋缓。部分省市已落实了粮食风险基金,实行明码标价制度,查处了价格违法事件。并指出重点检查的内容,第一是粮食、棉花生活必需品,第二是化肥、农村用电、钢材或成品油等主要生产资料,第三是基本服务收费。要充分发挥舆论监督作用。

经济运行综合协调会议

时间:1994 年 6 月 1 日

主办:国家经济贸易委员会

与会的有国务院各主管部门负责人。会议决定建立经济运行综合协调会议制度,对经济运行进行及时调控,并贯彻为企业服务方针搞好综合协调服务。国家经贸委负责人指出,国有企业为改革和发展事业已经并将继续做出重大贡献,随着新体制的逐步建立,国有企业要进一步搞好企业的转机建制工作,认真抓好破产试点、清理拖欠、补充自有资金、限产压库、扭亏增盈和企业管理等工作。

新体制下的金融调控问题专家座谈会

时间:1994 年 12 月

主办:国家统计局统计科学研究所

与会的有国务院有关部门及科研机构的专家学者。会议围绕金融形势、汇率并轨对金融宏观调控的影响,货币政策与当前通货膨胀的关系等问题进行了充分探讨和交统。代表认为,今年物价上涨幅度过高,全年社会商品零售价格和居民消费价格上涨幅度将超过计划控制范围,主要原因是固定资产投资规模过大,农副产品价格调整措施出台所造成的。对于今后的金融宏观调控工作,应切实贯彻中央经济工作会议的精神,把抑制通货膨胀放在首要的位置,把信贷规模和基建规模控制下来。

全国工商行政管理工作会议

时间:1995 年 1 月 10 日

主办:国家工商行政管理局

与会的有各省市自治区及国务院有关部门的代表,会议要求各级工商部门深化已经推出的企业登记制度改革,重点支持国有企业改革,建立规范统一的企业登记管理制度,并强化注册后的监管。积极支持国有企业的改组和建制,参与现代企业制度的试点工作,组织实施有关公司规范化方面的法律法规,会同有关部门严格审查企业咨询代理机构、验资机构、土地评估机构、国有资产评估机构的资格。另外工商部门要改变企业登记管理的"多轨制",对公司以外的企业尽快采用与公司登记管理相同的办法。

全国金融工作会议

时间:1995 年 1 月 10 日

主办:中国人民银行

与会的有各省市自治区及国务院有关部门的负责人。会议的主要内容是认真贯彻执行党的十四届三中全会和中央经济工作会议精神,总结 1994 年金融工作,研究部署 1995 年金融工作方针政策和任务。有关方面负责人指出,1995 年金融工作要实行适度从紧的货币政策,进一步强化金融监管,坚持分业经营管理,进一步推进商业银行改革,实行信贷管理责任制,改善金融服务,坚决抑制通货膨胀,加快金融改革步伐,继续巩固和完善出台的改革措施。

全国外汇管理工作会议

时间:1995 年 1 月 20 日

主办:国家外汇管理局

与会的有各省市自治区的外汇管理局长及国务院有关部门的代表。国家外汇管理局负责人在会上做了讲话,并指出,1995 年要进一步加强对银行结售汇业务的管理,防止资本性收付混入经常项目下结售汇,要督促外汇指定银行严格对进口付汇有关凭证的审核,进一步放宽对非贸易非经营性用汇的限制,加强对资本项目管理,严格控制外债规模,做好对外担保的审批工作,未经批准,境内机构不得为境外机构以我国境内项目为名义在外融资提供担保。并强调完善外汇市场的各项法规,规范外汇市场的运作,健全汇率生成和调控机制。增加外汇交易品种,加强人民币汇率机制的研究。

中国市场经济论坛第二十次研讨会

时间:1995 年 2 月

主办:北京开达经济专家咨询中心,中国社科院经济研究所与会的有专家学者及各地有关代表。许多学者认为，通货膨胀与物价上涨不能划等号。当前的通货膨胀是以消费扩张为主调的结构性通货膨胀，首先物价上涨主要是消费品价格上涨，消费品价格上涨主要是农副产品价格上涨，一般消费品价格上涨不大。但也有的同志认为，物价上涨就是通货膨胀。去年以来的通货膨胀除结构性特点外还有物价涨幅一直居高不下，在区域分布上，物价上涨幅度农村高于城市，内陆高于沿海。与会者认为形成通膨的原因有，从总供给角度看，商品有效供给能力较弱，结构失调。从总需求看，社会总需求规模过大，特别是消费基金增长过快。1994 年政府出台的改革措施和调价力度大。我国正处于经济体制转轨时期，物价上涨有其必然性。同时与会者也提出了建议和对策，如扩大农业投入，控制基金膨胀，调整投资结构，稳定汇率，增加进口。

全国企业管理工作会议

时间：1995 年 2 月 20 日

主办：国家经济贸易委员会

与会的有各省市自治区及国务院有关部门的代表。国家经贸委负责人在会上提出，搞好企业管理最重要的是要处理好深化改革和加强管理的关系，要处理好政府指导企业管理和企业加强管理之间的关系。政府可通过法规规范企业行为，为企业提供服务和咨询。要处理好严格管理与充分发挥职工积极性的关系。处理好落实企业自主权与建立自我约束机制关系。处理好管理基础工作与管理创新的关系。并指出企业管理方面的 4 条重要经验：即制定正确的经营战略；建立科学的管理体系；选择适当的管理方法；提高自我发展能力。同时企业管理还存在着诸如经营观念陈旧、管理纪律松驰、基础工作薄弱、急功近利、不讲信誉、决策能力低等问题。

全国金融稽核监督工作会议

时间：1995 年 3 月

主办：中国人民银行

与会的有各省市银行、国务院有关部门的代表。会上人行领导指出，全国金融监督工作将有针对性开展以固定资产贷款、信贷资产质量、分业经营情况和证券回购业务为重点的专项稽核的基础工作，运用多种方式开展稽核监督，改善稽核手段，健全稽核法规，强化风险稽核，开展非现场监督，同时逐步拓宽稽核监督领域。

中法 BOT 投资方式研讨会

时间：1995 年 4 月 4 日

主办：中国经济体制改革研究会、法国驻华大使馆

与会的有国家建设部、国内外有关专家学者，会议就如何有效引导和利用社会民间资金，投资于国家基础设施产业进行了研讨。BOT 投资方式就是政府公共管理机构与民间企业结合，把公用事业建设工程的特许经营权给予民间企业，并通过法律、合同等方式明确双方职责。

中国国际经济论坛会议

时间：1995 年 4 月 10 日

主办：国家体改委、国际先驱论坛报

与会的有国务院有关部委领导及国际大企业集团代表。国家体改委领导讲话指出，中国经济体制发生了根本性变化，市场机制开始发挥基础性作用，社会主义市场经济法律体系正不断完善。1995 年改革的重点是推进以建立现代企业制度为目标的国有企业改革，并配套进行社会保障制度改革，巩固和完善宏观管理体改措施，培育市场体系。要进一步规范股份制企业，加强企业内部经营管理，组建企业集团，加大国有小企业的改革力度，探索公有制的多种实现形式，并对长期亏损、扭亏无望的企业依法破产，尽快建立个人纳税申报制度。

中国与全球投资者：机会与挑战

时间：1995 年 4 月 12 日

主办：百富勤投资集团公司

与会的有国务院有关部门、中外专家学者代表。财政部有关代表指出，为提高效率，计划建立面向中小投资者的国债基金，以降低发行成本。目前国债发行的期限品种不适应国债市场的发展，在市场基础设施建设方面，结算、托管不够发达，实物券的印刷、保管、运输等成本大。今后国债市场发展方向是增加期限品种，在适当时机采用招标方式竞价发行，逐渐增加无券国债数量，建立全国国债清算、托管公司。

全国社会保险工作会议

时间：1995 年 4 月 13 日

主办：国家劳动部

与会的有各省市自治区及国务院有关部门的代表。会议提出，把现行失业救济金发放标准调整为按各地法定最低工资的 70—80％发放。失业保险待遇的给付期限，按职工失业前工作时间长短划分不同挡次，最长不超过 24 个月。期满仍不能就业的人员，可按规定享受社会救济。会议还提出，失业保险基金由国家、单位、个人三方合理负担。用人单位要以职工人数为基数，按不超过当地职工年平均工资 1％的比例缴纳，个人不超过 0.5％的比例缴纳。还要求加强失业保险基金监管，要严厉查处各种违法行为。

全国市场流通工作座谈会

时间：1995 年 4 月

主办：国家计划委员会

会议指出，国家将深化粮、棉、化肥等重要商品流通体制改革，搞好购销调存和宏观调控工作，并整顿市场流通秩序。主要加强市场法规建设，严格市场管理，调整和理顺价格，制止牟取暴利行为，发挥国合商业的主渠道作用，抓紧建设批发市场，完善商品市场体系，打破条块分割，促进大市场大流通。并指出，加快培育我国社会主义市场体系。在国家统一规划的指导下，大力推进市场建设与发展，实现城乡市场紧密结合，国内国际市场互接互补。

全国金融法制工作会议

时间：1995 年 4 月 17 日

主办：中国人民银行

与会的人行领导指出，要建立适应社会主义市场经济需要的金融法制及其运行机制，就必须要有完善和健全的金融法律体系来保障。还要严肃金融执法监督检查，重点检查各金融机构和人发银行分支机构制定和执行的业务规章制度以及其他规范性文件的合法性、适当性、及时性，大力开展金融法律咨询服务和宣传培训工作。

反通货膨胀理论与对策理论研讨会

时间：1995 年 5 月

主办：中国社会科学院财贸经济研究所、《财贸经济》编辑部

与会的有各地有关部门的代表及专家学者。就当前通货膨胀的特点、成因、走势和对策进行了认真的探讨。专家认为从 1993 年至今的新一轮通货膨胀的特点是，从整体特征看，具有来势猛、涨幅高、持继久的特点；经历了先生产资料价格后消费品价格轮番上涨的过程，明显地表现出地区传递的特点。许多学者认为投资规模过大、社会总需求增长过快是这一轮通货膨胀形成的根本原因。并提出了治理的对策，首先要统一认识，认清通胀的危害性，抓总量平衡，强化价格管理，充分发挥粮食储备、物资储备、风险调节基金等经济调控手段的作用，进一步深化体制改革，研究开放经济条件下外资、外汇以及相关问题。

信托立法高级研讨会

时间：1995 年 5 月

主办：天津市

与会代表就信托业自身的定性、信托业在金融业中的定位、信托立法的体系和框架、信托业的监管体制等问题展开讨论，并就《中华人民共和国信托法》（草案）第二稿中的一些具体问题进行磋商。有的代表指出，中国社会主义市场经济中缺乏明确的信托市场，要使信托业与银行业、保险业、证券业一起成为金融业的四大支柱，就必须确立其地位，使之有特定的服务领域和专业优势，并就清楚界定信托及信托业的概念，明确受益人的权益，以及增设的一些禁止性规定等具体意见。

城市合作金融研讨会

时间：1995 年 5 月

主办：广州金融学会、广州城市信用合作联社

与会代表认为，要重新认识城市信用合作社，不能认为合作金融便是集体所有制的金融企业。城市合作金融应走多元化发展的路子，同时要规范和发展多元化城市合作金融。城市合作金融大致分为三个层次，即城市合作储金会或基金会、城市信用社和城市合作银行。并指出城市合作银行的运作模式应采取股份合作制，坚持合作制方向的股份制商业银行，可以实行一级法人制或二级法人制。在组建合作银行时，信用社以股东的身份向合作银行入股，或是信用社的所有者以股东的身份将信用社作为资产向合作银行入股，或是由合作银行向信用社参股，将信用社改造成为有限责任公司等。

宏观经济与国债期货高级研讨会

时间：1995 年 5 月 6 日

主办：国家统计局城市社会经济调查总队、中国证券报社

与会的国家统计局、人民银行、各地券商、企业代表。就宏观经济形势、通货膨胀走势、保值贴补、国债期货市场的风险控制等问题展开专题讨论。有关代表指出，整体经济的稳定增长趋势增强，是国家宏观经济政策效应作用和经济周期效应作用的结果。并指出，经济增速回落基本进入宏观调控的预定范围，需要保持相对稳定，不宜再收缩，市场物价涨幅尚未回到比较理想的状态。同时要防止六个方面倾向：一是经济增长的平均数掩盖了不平衡性，二是市场物价涨幅反弹，三是农业不能获得好收成，四是汇率波动过大，五是资金流向不合理，六是企业改革一哄而起。

中国经济增长与通货膨胀国际研讨会

时间：1995 年 5 月 10 日

主办：中国人民银行

与会的有人行、国家计委、体改委、统计局以及专家学者代表。有关部门领导指出，为了实施适度从紧的货币政策，将根据不同时期的实际情况适当进行调整外，还将改进货币政策，同时更多地使用间接调控为主的货币政策工具，特别是试办中央银行的公开市场业务。1995 年适度从紧，可以基本达到稳定货币的目标，对需要支持的企业和项目，银行仍然要给予支持。在过渡时期，除要调节货币总量外，还承担着调节经济结构的任务。

中国西南地区金融改革开放国际研讨会

时间：1995 年 6 月

主办：亚洲开发银行、中国人民银行、国务院发展研究中心

与会的有国务院有关部门及西南省市的有关单位负责人。有关部门负责人指出，国家选择一批外向型经济比较发达的省会和经济中心城市向外资金融机构开放。外资金融机构已发展成为我国引进外资的一条重要渠道。外资金融机构有的设有分行、代表处、营业机构、财务公司、保险公司等。到 1995 年 5 月底，共有 33 个国家和地区的外资金融机构在中国 20 个城市设立 417 个代表处，14 个国家和地区的外资金融机构在中国 13 个城市和地区设立了 123 家营业机构，其中外国银行分行 104 家，外资银行 5 家，中外合资银行 5 家，中外合资和外资独资的财务公司 5 家，保险公司分公司 4 家。

国际融资与企业发展研讨会

时间：1995 年 6 月

主办：广东省证监会、美林集团

与会的有股份制企业、券商及中介机构代表。会议就中国企业如何进入海外证券市场、海外投资者关心的热点话题以及海外上市的财务披露等问题进行了研讨。美林集团代表介绍指出，境外投资者除了考虑投资回报问题外，还把风险控制作为重要的指标，金融衍生工具目前虽然在中国情形不好，但从国际资本市场看，如果加强管理、监控有力，衍生工具仍然是降低风险、分散风险的有效方法。德励会计师行的代表就中国企业到海外上市前后的会计及财务披露问题进行了实例讲

解和介绍。

全国审计工作座谈会

时间:1995 年 6 月 27 日

主办:国家审计署

与会的有国务院有关部门的领导代表。审计署负责人指出,审计机关开展同级财政审计将进入实际操作阶段。审计的内容有:一是财政部门向各部门和单位批复预算的情况以及预算执行中的调整情况,二是财政部门拨付本级预算支出资金的情况,三是各部门和单位对来自财政部门的各项拨款的管理和使用情况,四是财税部门征税和收缴其他收入的情况,五是有上缴预算收入的部门、单位应缴预算收入的解缴情况,六是预算外资金管理使用情况和财政信用资金、周转金、财政部门管理使用的各种专项基金及其收支情况。

收入分配体制国际研讨会

时间:1995 年 6 月 27 日

主办:国家财政部

与会的有各地及国务院有关部委代表以及专家学者。有关负责同志指出,财税改革的主要任务是完善和规范分税制,明确规范中央和地方之间的事权和财权。实行国民待遇,完善征税制度,将逐步统一内外资企业之间,不同地区之间的税制,进一步完善以增值税为主体的流转税体系,改革关税和进出口环节税收制度,完善地方税体系,逐步建立遗产与赠与税、证券交易税、社会保险税等税种。建立规范的政府和国有企业利润的分配制度。进一步完善复式预算,逐步将国家预算划分为政府公共预算、国有资产经营预算、社会保障预算。

关于企业体制问题

中国国有企业改革国际研讨会

时间:1994 年 10 月 24 日

主办:中国经济体制改革研究会

与会的有国家有关部门、科研机构的专家学者等。代表认为,从整个改革的全局看,国企改革滞后已经影响到整个改革的进程,影响了整个经济体制的转轨。同时国企改革已从调整利益分配关系发展到调整产权关系入手,进行宏观配套改革。在产权的实现形式上,应该通过公司制来解决问题,通过产权市场化,加强国有资产的管理体制改革,转变政府职能,把国有资产的所有者职能与政府的一般社会管理职能分开,把国有资产的所有者的管理职能与运营职能分开。

国有企业制度创新国际研讨会

时间:1995 年 1 月 10 日

主办:国家体改委、日本山一证券公司

与会的有国务院有关部门及国内外的专家学者。体改委有关负责人指出,中国国有企业改革的主要内容是,以建立现代企业制度为目标,切实打好基础;积极创造条件,努力构建框架。并指出了几项重要工作是,现代企业制度的基础工作;推进企业股份制改组;进行现代企业制度的试点;鼓励各种形式的合资、联合、兼并、转产改造等方法;促进国有存量资产流动,推动企业组织结构调整,解决企业过渡负债问题。

现代企业制度试点
实施方案培训研讨班

时间:1995 年 1 月

主办:国家经济贸易委员会

与会的有各省、市、自治区、部门主管试点工作负责人。并就现代企业制度有关问题达成共识。1、国有资产的投资主体问题。国有资产的管理和运营及投资主体在试点企业应当明确。2、规范化的法人治理结构问题。企业要建立权力机构、决策机构、执行机构、监督机构及其各自的权力、职责应当明确具定。3、调整企业资产负债结构问题。相当多的企业资产负债结构不合理,需要有多渠道调整资产负债结构思路。4、减轻企业办社会职能的问题。在分离、分流上要实现突破,减轻企业负担,这是企业转制的必要条件。

企业股份制改造与国际
证券市场选择研讨会

时间:1995 年 3 月

主办:国家体改委

与会的有国务院有关部门及各券商、企业代表。国家体改委代表指出,中国经济体制改革的核心问题是企业改革,中国国有企业改组为境外上市公司对中国经济发展具有重要意义,一是进入国际资本市场,募集到一批生产建设资金,开辟了中国企业通过证券市场向国际化发展的新途径,二是企业经过规范化的股份制改造,从体制上解决了企业发展的难点和问题,三是开始按国际规范进行管理和运作,在国际市场树立了中国上市公司的良好形象,为中国企业建立现代企业制度起到了带头和示范作用。

国有企业体制构造国际研讨会

时间:1995 年 3 月 14 日

主办:联合国开发计划署、中国国际经济技术交流中心、上海市经委

与会的有政府部门、企业代表。有关代表指出,上海市建立现代企业制度试点工作将在产权结构多元化、落实资产责任制、处理好国有企业改制改组改造三者关系以及转变政府职能等方面重点探索。并将允许国有企业转让产权,对老的城镇集体企业也要明确其产权界定问题。加快国有资产的授权经营,明确投资主体,建立规范的法人治理结构,逐步落实董事会与总经理分设及其决策权划分,逐步形成一套以净资产增值率为主的指标考核体系。同时要抓住改制的契机,运用改

组的手段达到改造的目的。

深化国有企业改革问题理论研讨会

时间:1995年4月

主办:中央党校科研部、函授学院

与会的有80位专家学者。就当前国有企业改革面临的问题、难点及对策进行了深入的研讨。与会同志认为:国有企业改革必须着眼于搞活整个国民经济,而不是着眼于搞活一个企业,这应该作为我们的改革战略。有的学者指出,国有企业改革的目的很多,当前的直接目的是为了解决社会主义怎样和市场经济统一的问题,实质是使公有制与市场经济有机结合。另外国有企业改革既有统一性,又有差别性,不要一刀切。有些同志指出,现代企业制度最本质的特征应当是有限责任,即公司以其拥有的法人财产承担有限责任,这是正确产权观的立足点。

全国试点企业集团工作会议

时间:1995年4月6日

主办:国家经贸委、国家计委、国家体改委

与会的有国务院有关部委及试点企业集团的代表。国务院有关领导指出,要抓住大公司、大集团,把住国民经济命脉,以较少国有资本,调动并控制更多的资本,达到改善宏观调控、深化企业改革的目的。试点集团要重视自身发展战略的研究,通过市场规则使国有资产保值,多方面开拓融资投资的渠道,实现规模经营。与会的有关部委领导指出,企业集团是现代市场经济意义上的以产权为纽带的法人联合体。并就试点具体工作提出了意见,要在明确产权关系、转换经营机制、转变政府职能等方面加强工作。

全国财政工交企业工作会议

时间:1995年4月17日

主办:国家财政部

与会的有各省、市、自治区及国务院有关部门代表。财政部领导指出,当前财政部门帮助企业解决困难的首要任务是要抓好现有政策的完善和落实,要检查企业"两则"、"两制"的执行情况。同时要加强对企业资金的使用和监督,帮助企业搞好资金规划,在财政资金安排上,要坚持效益为先的原则。财政部研究制定国家财政支持鼓励企业技术进步和支持企业技术改造的有关财政财务政策。财政部还准备提高企业法定盈余公积金提取比例,监督企业把折旧提足。

城市综合改革试点
和现代企业制度试点工作会议

时间:1995年4月

主办:国家经济体制改革委员会

与会的有各试点城市、企业及国务院有关部门的代表。会议总结了前一阶段的试点工作,探讨了试点中存在的一些困难和问题,研究和部署了下一步城市综合改革和现代企业制度试点工作。国家体改委领导指出,各项改革要有超前性和示范性,要勇于对一些涉及深层次问题的领域进行探索,形成新的经济增长点。国有企业的改革要树立两个新观念,一是从整体上搞活国有经济,二是加大结构调整的力度。现代企业制度试点的理论依据是十四届三中全会《决定》,法律依据主要是《公司法》。

中国股份制改革与发展高级研讨会

时间:1995年5月5日

主办:中国经济体制改革研究会、中国证券报社

与会的有股份制企业、国家体改委、国家计委、中国人民银行的领导代表。有关部门领导就当前宏观经济形势、企业改革、产业政策等问题作专题演讲,有的代表指出,从国有企业的地位和作用,目前面临的困难和改革的进程来说国有企业改革已到非改不可了。并指出,为了避免产权流动中国有资产流失,要加强科学评估通过市场定价,在流动过程中注意国家产业政策,防止产生新的垄断。有的代表指出,将要进行的五项金融体制改革措施,即在5个城市开始组建城市合作银行、开展以国债为工具的公开市场操作,对4家国有商业银行进一步改革,完善外汇改革,改革保险体制。

关于证券市场问题

防止证券交易差错研讨会

时间:1994年12月

主办:北京证券业协会

与会的有政府有关部门及券商代表。会议认为,随着我国证券业的迅速发展,防止证券交易过程中可能出现的各种差错已成为急待解决的重要课题,出现交易差错上升的趋势的原因,主要有:新股民增加、券商数量增加、股市波动大、深沪证交所成立时间短,交易制度有待完善。因此必须采取相应的措施,加强券商的法制观念,健全和完善防止交易差错的各项规章制度,券商要更新服务手段,加强从业人员的培训。

有价证券信息统计工作年会

时间:1994年12月12日

主办:中国证监会

与会的有国务院有关部门以及上海、深圳证交所的代表。会议就有价证券统计工作、建立标准统计报表制度和指标体系可行性进行了布置和研讨,有关代表指出,有价证券作为直接融资的一个重要手段,加强这方面的统计并建立规范化制度是为国家宏观决策、加强宏观调控效果的需要。完善信息工作要从两方面着手:第一,信息部门提供数据要准确并反映市场全貌及动态变化,应逐步在证券业统计中引入比较分析法。第二:要做好证券统计工作要人民银行、财政部、计委、体改

委、统计局等方面的共同协作。

上市公司研讨会

时间:1995 年 1 月

主办:上海社科院证券投资咨询中心

与会的有上市公司、《证券市场研究》杂志和《上市公司》杂志的代表。代表总结了去年的运作和经营情况,并围绕将要召开的股东大会和怎样制定分配预案,尤其对如何维护上市公司市场形象,在新的一年里如何经营决策等方面的探讨,并指出,今年企业运作的主要困难是资金短缺,所以开辟新的筹资渠道、搞好资金运作是上市公司新的一年面临的新任务。

国债市场发展高级研讨会

时间:1995 年 1 月

主办:财政部国债司、武汉证券交易中心

与会的有深交所、武汉证交中心、上交所、各大券商的代表。财政部代表指出伴随着我国财政金融体制改革的深化,国债市场有比较大的发展,并在证券市场乃至国民经济中起着很大作用,而且为广大投资者提供了良好的投资工具,在谈到国债市场的发展趋势和规划时指出,一是要继续丰富期限品种结构,二是要继续探索市场化的发行方式,包括完善国债一级自营商制度及国债承销体制,探索招标甚至拍卖的方式发行,三是充分发挥各集中性证券交易场所在国债发行中的作用,四是开发和健全国债派生交易方式,包括国债的回购交易,研究国债基金操作形式等,五是完善国债市场的基础服务系统,筹建全国国债托管结算中心。

全国证券商管理研讨会

时间:1995 年 1 月 12 日

主办:北京标准股份制咨询公司、珠海证券业协会

与会的有各地券商代表、著名学者和政府领导。研讨了证券商管理的规律和特点,并就加强券商的自身建设、拓展业务、券商在中国资本市场中起的作用、券商的财务清算管理及投资银行新业务等问题进行广泛的交流,会议指出,针对目前券商之间日趋严重的不正当竞争,证券行业要加强自律管理、规范券商行为。证券行业的发展正逐步从粗放经营向集约化经营、从小规模分散经营向规模经营、从低层次向高层次转变。

第二届海峡两岸证券暨期货法制研讨会

时间:1995 年 1 月 12 日

主办:中国证券业协会、台湾辅仁大学

与会的有台湾及大陆的有关学者及有关人士。会议代表就证券及期货市场的法律制度、店头交易市场、信用交易制度、有价证券发行及辅导制度等问题展开探讨。代表认为,1994 年中国证券市场发展迅速,已形成了债券市场为主、股票市场为辅的局面,并指出,大陆证券市场特别是股票市场仍处于试点阶段,法规不完善,管理体制不健全,市场的发展不能只求速度,不讲效果。同时发展要与管理能力相适应,以保护投资者特别是中小投资者的利益。

信用评级与证券市场监管问题

时间:1995 年 3 月 11 日

主办:上海证券报社、中国证券评估杂志社

与会的有全国人大财经委、国务院有关部委及专家学者代表。与会者认为,成熟的证券市场需要完善的监管体系。信用评级通过向投资者揭示所投资对象的风险程度,帮助投资者在风险与收益比较中作出选择。并指出,早期风险预报系统的建立,不仅是对证券市场监管的重要环节,而且成为政府部门对证券市场及金融机构监管的重要组成部分。要充分发挥评级在自律性监管,尤其是证券交易所对其会员的监管中的作用。代表并就信用评级与证券市场的监管关系、我国证券经营机构的监管模式、从我国近期国债期货市场的波动及其与券商经营的风险关系等方面的问题进行探讨。

拟赴境外上市公司财会工作研讨会

时间:1995 年 4 月

主办:中国股份公司联合会(筹)

与会代表有境外上市公司及专家代表。与会代表认为,在改制设立股份公司和股票发行上市的过程中,许多问题是财务会计要符合我国的会计准则和股份制试点企业的会计制度,又符合境外上市地会计准则的要求,同时又能尽量使会计处理方法简便易行,有利于企业股份制改造和股票发行上市。同时有的代表指出,境外上市的试点不经实践往往对问题认识不足,已经上市的公司在实践中做了有关的探索,还没有完成到境外上市的企业应吸收经验,争取主动。

第四次全国证券登记机构工作会议

时间:1995 年 4 月 3 日

主办:深圳证券登记有限公司

与会的有各地登记机构及云南省政府有关代表。深圳登记公司的代表指出,中国证券登记机构是会长期存在下去的,在目前市场规模不大,竞争激烈的情况下,地方登记机构与当地证券中心合并是市场规范化安全发展的要求。一方面要降低成本,开拓新业务,增加竞争性,另一方面要加强风险控制。有关方面的代表就风险控制的明细问题,提高业务运作效率、改善服务质量等问题作了专题发言。

江苏上市公司与股份制试点研讨会

时间:1995 年 4 月 8 日

主办:江苏省体改委、新华社江苏分社

与会的有江苏省有关部门及部分专家学者代表。代表探讨了江苏省股份制试点的进一步发展,总结了江苏上市公司的经验,并就江苏省试点工作的总体思路、阶段部署和长远目标进行了交流研讨,提出了上市公司创造业绩和树立良好形象的途径。

有关代表指出:股份制试点要做好三项工作,第一是要把股份制企业的试点统一到建立现代企业制度的目标上来;第二是继续抓好《公司法》的配套;第三是要引导内部职工股向

规范化发展，使内部职工股真正起到具有凝聚力和向心力的作用。

国债市场研讨会

时间：1995 年 4 月 15 日

主办：复旦大学金融与期货研究所

与会的有国家统计局、深沪证交所、复旦大学、上海财经大学及有关券商代表。会议代表就宏观经济发展对国债市场的影响、国债现市与期市的政策法规与市场管理、国债现市与期市的投资策略与风险控制、今年国债市场预测、中国国债发行模式等问题进行了探讨。

证券纠纷防范与处理法律研讨会

时间：1995 年 4 月 25 日

主办：中国证券业协会

与会的有政府部门及券商代表、专家学者等。与会者认为解决证券纠纷一靠加快证券立法，二靠提高人们法制观念。证券纠纷多集中在证券透支交易引起的纠纷、券商工作失误引起的股票交易纠纷以及电脑故障造成的交易纠纷等几大类，有关专家认为，根据现行的证券管理法规，信用交易、透支是一种无效的民事行为，不受法的保护，如报盘员错报等原因，给投资者和券商带来巨大的经济损失，应采取协商、调解、仲裁及诉讼的解决途径。

B 股走势研讨会

时间：1995 年 4 月 26 日

主办：证券时报、香港商报、股市动态分析杂志社

与会的有深交所以及券商代表。会议就 B 股市场的现状、发展措施及珠江 B 股投资价值进行了广泛的研讨。有的代表指出，B 股的产生和发展对中国股市有着积极的影响，开辟了吸引外资特别是以基金形式存在的国际游资的新途径，同时 B 股市场逐渐得到国际市场的认可。B 股上市公司二级市场的市盈率大都在 5 至 6 倍之间，投资价值很大。由于 B 股上市富于离岸市场及国内宏观经济形势影响，造成 B 股成交量不大。深交所的代表指出，深交所将致力于改变以往的 B 股上市规模小、容量不大的状况，改善 B 股交易界面，增加透明度，强化 B 股中央结算系统。

全国国债发行工作座谈会

时间：1995 年 5 月

主办：财政部国债司

与会的有各省市的国债发行机构代表。代表认为，由于凭证式国库券享有保值贴补率，今年上半年 1200 亿国债发行任务肯定能够完成，为完成全年的发行任务打下了基础。也指出了发行工作的不足之处，如国债可流通部分比往年减少，不利于国债的流动，有可能增加国债期货市场的风险，无纸化国债的取消增加了实物交割的成本和手续，发行品种还较单一等。有的代表还就如何完善国债发行工作提出，今后国债发行应主要面对机构，在时间上采取滚动发行方式，不要过于集中，增加国债品种，成立国债基金。

证券稽查工作碰头会

时间：1995 年 5 月 9 日

主办：中国证监会

与会的有中国证监会、深沪证管办、交易所的代表。有关领导指出，有关单位要加大监管力度，要解剖一批上市公司、证券公司和其他中介机构，从中找出有代表性的问题和解决的办法，对问题严重的要通过媒体曝光。中国证券市场要在巩固成绩的基础上进一步发展就必须加强立法、加强监管、严格规范市场。近几年在司法、公安、银行等有关部门和单位的积极配合下，作了大量稽查工作。并要求证券监管人员要依法办事，通过碰头会形式，沟通信息、交流经验、齐心协力搞好稽查工作。会议原则上每季度一次，在京、沪、深等地轮流举行。

股份公司经理与财会主管高级研讨班

时间：1995 年 5 月 15 日

主办：中华财务会计咨询公司、普华国际会计公司

与会的有股份公司总会计师及财会主管等单位代表。财政部负责人指出，企业主管部门及企业本身必须充分认识到社会主义市场经济条件下加强财务管理的重要性，要树立起以财务管理为中心来推动企业科学管理的观念。财会工作是国民经济的基础工作，全面掌握相关知识，借鉴国外的先进经验，是加速企业改革和企业发展所必需的。培训班重点讲授企业财务管理、资金管理、企业境外上市等知识。

广州证券市场发展战略高级研讨会

时间：1995 年 5 月 15 日

主办：广州市计委、广州证券委、广州市证券业协会

与会的有证券管理部门、深交所、香港联交所、券商代表等。代表指出，广州证券市场应充分发挥广州经济实力雄厚的优势，形成债市特别是企业债市特色，加强与深圳证券市场的合作，积极兴办各类投资基金，培育机构投资者，加快证券市场的国际化步伐。关于规范化建设，有的代表指出，要健全各项法规，形成证监会、人民银行、交易所相互间强有力的监控系统，在技术上加强前端交易防范系统建设，以控制交易风险。

海外上市企业董事长（总经理）研讨会

时间：1995 年 5 月 26 日

主办：中国证监会

与会的有国务院有关部门的领导及海外上市公司的代表。与会的中国证监会领导指出，海外上市公司应从三个方面进一步做好工作，海外上市公司应进一步强化作为国际性上市公司的意识，努力按照国际资本市场的要求，加强自身监管力度和自我约束。海外上市公司应加强企业内部经营管理，努力提高经济效益。海外上市公司应继续做好信息披露工作，加强企业与海外投资者的沟通。今年将在加强规范的前提下继续推进国有企业海外上市试点工作，选择上市，并逐步开辟新的市场。

股份公司董事会秘书培训班

时间:1995 年 5 月 29 日

主办:中国经济体制改革研究会、中国青年金融证券培训中心、南方金融证券培训中心

与会的有各省市的股份公司董事会秘书代表。培训班得到了香港公司秘书公会的支持和帮助。课程主要包括董事会秘书的职责和权限、董事会秘书的地位和知识结构、股份公司的合理组织与运作、股份公司运作中容易产生的矛盾及处理技巧、股份公司运作中的法律、会计问题等内容。

深圳证券技术支持系统规范化研讨会

时间:1995 年 6 月 23 日

主办:深圳证券交易所、深圳证券登记有限公司

与会的有深交所、登记公司、通讯公司的工程技术人员及有关领导。代表对支持深圳证券市场运行的三个部分即证券商柜台系统、深交所交易系统和登记公司结算系统等进行了整体评估和分析。对当前深、沪两种不同交易/清算模式的技术内涵展开了讨论。并介绍了深交所有关计算机系统升级工程前期工作情况,将推出的交易所内存撮合软件与现有的硬盘的撮合软件相比较,新软件在三个方面做了改动:分盘撮合改为逐笔撮合;撮合单位由手改为股;零股专场交易改为实时零股交易;撮合处理能力成倍增长。有关登记清算系统升级后达到对 200 万笔的成交的清算能力。

关于期货市场问题

中国期货市场规范化发展研讨会

时间:1994 年 4 月 2 日

主办:中国期货杂志社、中国(深圳)物资工贸集团公司、中期深圳国际期货经纪有限公司

与会的有广东省期监会、深圳市贸易发展局及有关期货机构代表。代表认为当前我国期货市场存在的问题较多,国务院为坚决制止期货市场盲目发展,确保试点工作健康进行所作的试点,是非常必要的和及时的。另外中国期货市场规范化应包含三方面内容:一是监管体系的规范化,在这方面国外的监管模式有可借鉴之处;二是法制的规范化,应尽快颁发期货法;三是期货市场运作的规范化。同时期货行业的自律十分重要。

中国期货市场国际研讨会

时间:1994 年 11 月 15 日

主办:国务院发展研究中心、中国期货市场咨询中心

与会的代表有来自美国、英国、日本、新加坡及香港等地区的期货专家和我国期货有关方面的负责人,共同讨论了期货市场风险控制的理论和实践。有关期货主管部门代表指出,我国期货市场是社会主义市场体系的必要组成部分,必须坚持严格管理的原则,经过整顿,国内期货市场基本上制止了盲目发展的势头,开始向规范化方向发展。

中国期货市场研讨会

时间:1994 年 12 月 29 日

主办:广东期货监督管理委员会、中国期货杂志社

与会的有期货交易所和经纪公司等单位的代表。与会者认为,交易所、经纪公司、结算机构和会员是期货市场的四个组成部分。充分发挥经纪公司的作用就能大大提高期货交易的效率,促进期货市场管理和交易行为的规范化,增进整个期货市场的风险控制效果。同时,要改善交易所的会员结构,适当增加经纪公司的名额,也要加强经纪公司的自身的建设。

中国期货市场展望高级研讨会

时间:1994 年 12 月

主办:中国社会科学院经济学博士发展研究中心、北京正安投资咨询公司

与会的有专家学者及期货界的有关人士。会议认为,在过去的一年内,中国期货市场有了长足的发展,全国试点期货交易所的确定,期货经纪公司的整顿,期货交易品种及范围的调整等,都标志着我国期货业进入了稳步发展的阶段,同时要正视期货市场发展过程中存在的问题,在认识上转变观念,积极慎重地促进期货市场的发展,吸取国际上期货市场发展的经验教训,推动我国期货市场的规范化、法制化和国际化。

建材期货研讨会

时间:1995 年 3 月 4 日

主办:郑州商品交易所

会议回顾了我国期货市场的发展情况、现状,并探讨了建材期货交易前景及 1995 年胶合板走势。有的代表指出:我国期货业的发展逐步形成自己的特色,正处于由试点阶段向常规发展过渡的时期,业内人士应加强自律管理,交易所和经纪公司应大力发展套期保值业务。全国木材流通协会的代表介绍了胶合板的一般知识和市场供求情况,上海建材交易所的同志介绍了建材期货交易的经验。

期货学术研讨会

时间:1995 年 3 月 28 日

主办:上海粮油商品交易所

与会的有上海有关方面的人士,并邀请美国斯坦福大学教授派克、威廉斯、罗斯高组成的研究小组,就期货市场的垄断、合约条款的设计、交割地选择和控制交易头寸等问题作专题演讲。专家们还就我国期货市场发展、管理等问题交换意

见。

中国农产品期货研讨会

时间:1995 年 4 月

主办:中国证券报社、中国期货市场咨询中心

与会的有政府有关部门、交易所、期货经纪公司及专家学者代表。代表共同分析了我国农产品期货的发展状况。代表认为,农产品期货的出现是农产品现货市场要求获得稳定发展的产物。目前我国农产品期货市场还处于试点模索阶段,农产期货交易中投机比重过大。同时要大力倡导套期保值,强化风险控制,规范运作,适度发展。农产品期货市场的发展在于保值者的人数和比例。要在不断完善现货机制的同时,推广套期保值。

期货法研讨班

时间:1995 年 5 月 16 日

主办:高级人民法院经济审判庭、中国高级法官培训中心

与会的有 19 个省市的各级法院的审判人员、有关期货经纪公司、专业律师代表。有关代表指出:当前法院系统在期货纠纷审判方面主要是清算前一时期期货市场发生的纠纷,对此类纠纷的处理要体现依法处理,尊重当事人合法约定,公开、公平、公正,诚实信用,等价有偿,风险、利益与过错、责任相一致的原则。并结合我国期货业的现状和实际,学习了有关理论知识,分析了此类纠纷的特点。指出,期货交易纠纷案件范围的界定主要指期货交易者在交易所买卖标准化合约的过程中所发生的纠纷。法院审理将以民法通则、经济合同法和民事诉讼法的相关规定以及国务院和有关部门下达的关于期货交易规范性文件为依据。

中国期货市场风险防范与监控研讨会

时间:1995 年 6 月 8 日

主办:中国社会科学院金融研究中心、广东省广发期货清算公司

与会的有期货公司的代表及有关专家学者。代表认为,目前期货市场发展中的首要问题是加强风险防范与监管,采取有效措施,使期货市场有利于国民经济的发展。并指出证券市场的过度投机行为对宏观经济有许多负面影响。金融期货不宜过早发展。大户操作是造成市场风险的主要因素之一。同时要构建合理的市场结构,实行会员制,使会员对市场负责,开设期货品种要注意有利于解决宏观经济问题,促进国民经济的发展。会上广发清算公司总经理吴蓬生作了题为《期市风险核心——资金清算制的专业化管理途径》的中心发言。

全国证券期货监管工作会议

时间:1995 年 6 月 15 日

主办:中国证券监督管理委员会

与会的有各省市、计划单列市的证券、期货监管部门、交易所负责同志。中国证监会负责人在会上作了重要讲话。并指出,证券期货市场仍然处于试点阶段,还是个不成熟的市场。证券期货监管工作方针是必须紧紧围绕抑制通货膨胀,配合企业制度改革,坚持先试点后推广,宁肯慢务求好的原则,加大监管力度,规范市场行为,抑制过度投机,在稳定中求发展。同时指出,证券期货市场的发展必须服从于国民经济的全局,强化对证券公司、期货经纪公司规范要求和监管,加强从业人员的培训,逐步理顺证券、期货交易中心的管理体制,积极推进投资基金的试点,建立和完善证券业、期货业协会,严格把好上市和监管关。1994 年确定的 55 亿股票发行规模,近期一次下达,可跨年使用,分期分批审批,均衡上市,继续做好 B 股试点工作。今年选择企业公开发行股票和上市要重点支持能源、交通、通讯、原材料等基础性和高新技术产业,从严控制一般加工工业和商业企业、暂不考虑金融、房地产等行业。从今年起上海、深圳新股发行与上市必须严格执行全国统一的发行审核条件和审批程序,报中国证监会复审。

第三届全国期货交易所联席会

时间:1995 年 6 月 22 日

主办:深圳有色金属期货联合交易所、全国期货交易所联席会联络处

与会的有中国证监会有关负责同志及试点期货交易所的负责人。会议指出,作为期货行业的第一个自律性组织,联席会在加强交易所之间的交流,提高交易所的管理水平和协助证监会进行监管方面做有效的工作。会议确定联席会工作的重点是进一步贯彻全国证券期货监管工作会议精神,按照证监会的总体部署,切实做好各交易所的信息交流服务工作、国际联络工作、行业自律管理工作等。联席会将在建立"市场禁止进入制度"方面发挥作用,致力于探讨期货合约的标准化、仓单市场的建设、从业人员的培训等工作。

关于基金市场问题

境外直接投资基金国际研讨会

时间:1994 年 12 月 12 日

主办:北京

与会的有国务院有关部门及各地代表。国家经贸委有关负责人指出,对外开放是中国的基本国策,中国政府陆续改革了外贸管理体制、大幅降低关税、取消汇率双轨制、实行人民币经常项目下有条件的兑换、逐渐放开对外商投资于服务贸易领域的限制等。国有企业的改革把企业改制、改组、改造有机结合起来,这为外商投资现有企业进行技术改造提供良好机遇,境外基金能以直接投资的方式进入现有企业。

中国基金业高级研讨会

时间:1995 年 1 月 4 日

主办:中国证券报社

与会的有国内基金管理公司、部分专家学者的代表。就中

国基金业的发展、经验及未来发展开展讨论。代表认为，我国基金业在短时间内较易成功地借鉴运用了国外证券市场的金融工具，但由于内外部环境的变化，也加大了基金业的风险程度，因此还必须提高基金管理人员的素质，加强经营管理，迅速建立起有效的法律法规监管，培养大众投资意识。同时基金管理应建立在一套科学、灵活的决策与管理机制之上。从而培育我国基金市场。

上市基金年度报告工作会议

时间:1995 年 1 月 16 日

主办:上海证券交易所、南方证券交易中心、沈阳证券交易中心

与会的有国内上市基金及上证所、南方、沈阳两个证交中心的代表。代表就如何确定基金年度报告的格式与内容、基金年度的运作管理以及信息披露等一系列问题进行了讨论。淄博基金管理人在会上做了经验介绍，上交所有关方面的领导就代表提出的问题作了解答。与会代表并共同讨论了基金管理规范化等方面的问题。

江苏投资基金研讨会

时间:1995 年 1 月

主办:江苏省经济学会、江苏省金融学会

参与主办的单位有南京大学经济系和江苏鑫苏经济发展公司等单位，与会的代表有来自政府有关部门及学术界、金融证券界以及香港百富勤证券投资有限公司、香港东骥投资有限公司的等单位。代表就创立并发展江苏投资基金，形成江苏经济发展的资金支持系统等问题进行了研讨交流。代表认为要积极探索江苏投资基金业的发展和管理，规范基金市场行为。香港有关方面的专家应邀做了专题报告。代表指出了投资基金不规范的表现有，缺乏宏观指导和法规条例，基金运用的非规范化，投资基金内部的分权制衡机制不规范，忽视了保障投资者权益问题。

关于产权市场问题

贯彻国有企业财产监督管理条例工作会议

时间:1994 年 1 月 17 日

主办:国家国有资产管理局

与会的有各省、市、自治区国有资产管理部门及国务院有关部门的领导代表。会议指出，贯彻监督管理条例，首先要处理好统一所有权和分级分工管理的关系，必须确保国有资产的国家所有权的统一性和完整性。但要加强国有资产的管理，就要实行分级分工管辖的制度，这种管辖只是所有权内部的关系，即中央政府与地方政府之间的分工。其次要处理好综合管理与分工管理的关系，国家国有资产管理局是专司国有资产管理的职能机构，主要任务是对境内外的国有资产进行综合管理，分工监管职能分别同国务院授权的监督机构来行使。要加强协调好这关系就要建立统一的国有资产管理工作指导体系，确立授权监督程序，建立密切的联系报告制度。

四川省产权理论研讨会

时间:1994 年 2 月 1 日

主办:四川省产权交易所、西南财经大学

与会的有四川省体改委、国资局、西南财大、省社会科学院及有关企业的代表。会议讨论了产权定义、现代企业制度的意义、怎样推进国有企业产权制度改革等问题。并提出产权市场是社会主义市场体系构成的一个重要部分，它的存在是实现国有资产价值形态流动的必要条件。产权市场的功能就是通过企业产权转让调整资产存量，交易范围就是企业的产权即财产所有权、或是整体产权或部分产权。并提出了搞活企业产权交易的思路。

产权交易市场工作座谈会

时间:1994 年 4 月 19 日

主办:国家国有资产管理局

与会的有有关省、市、自治区及计划单列市的资产局负责人、产权交易机构负责人，会议讨论了国有资产产权的合理流动与优化配置、防止国有资产在产权交易中流失、社会主义市场经济条件下产权交易市场的功能、作用、监督与管理等方面的问题，会议还讨论修改了“国有资产产权交易市场管理试行办法”、“出售国有企业产权管理办法”及“国家国有资产管理局产权交易信息咨询网络组建方案”等有关文件，还交流了各地开展产权交易的工作和经验。

国有资产管理工作座谈会

时间:1994 年 7 月 10 日

主办:国家国有资产管理局

国家国有资产管理局分别召开了东北华北、西南西北、华东、中南四个区域性国有资产管理工作座谈会。与会的有部分省市政府领导，各地国有资产管理局和财政厅(局)的领导。有关领导指出，要深化企业改革必须搞好国有资产管理体制改革和建设。各地在产权管理、探索国有资产管理体制改革方面进行顺利。会议代表还对国家国有资产管理局起草的《国有资产管理体制改革与近期工作纲要》进行了热烈的讨论。

商业企业产权制度改革理论研讨会

时间:1994 年 8 月 25 日

主办:中国商业经济学会、国内贸易部经济研究中心、中国人民大学贸易经济系、中国社会科学院财贸经济研究所

与会的有研究机构、大专院校、政府及企业有关代表。代

表就产权与所有权、商业企业产权制度的特殊性、改革的必要性、改革的内涵和目标、改革的形式等问题展开讨论。有的提出，商业企业产权关系的特点是产权关系具有多元化、资产构成具有差异性、资产布局具有分散性。商业企业产权改革的内涵包括出资人所有权和法人产权，改革目标是国有资产实现国家统一所有，政府分级监管、企业自主经营，要实现管理内容价值化、管理机构专职化、产权交易市场化、产权运营独立化。形式选择方案有公司制、国有民营、或私人独资或合伙制等。

全国清产核资工作会议

时间：1995 年 1 月 12 日

主办：国家财政部

与会的有各省、市、自治区及国务院有关部门负责人。会议对全国清产核资工作做了安排，并提出了工作的主要范围：进行清查资产和清理债权债务、界定产权、重估资产价值、核定企业法人财产占用量、核实国家资本金。对象是国有企业和实行企业管理的事业单位、境外机构和企业、尚未进行财产清查登记的行政事业单位、拥有实际控制权的国内联营、合资等企业或实行企业管理的事业单位及由各级行政、事业单位投资兴办的具有法人资格的各种经济实体。

全国国有资源性资产管理工作会议

时间：1995 年 3 月

主办：国家国有资产管理局

与会的有各省、市、自治区及国务院有关部门的代表。国资局的负责人指出，国有资源的利用将由事业型向经营型转变，使资源的开发出让进入市场。并提出，加强资源管理有两个核心内容：一是明晰产权，二是培育市场。摸索资源性资产的产权界定和登记办法；建立实物量帐户及相应的统计、分析和报告制度，建立资源性生产基准价格与标准价格体系，开展资源资产价值评估方法研究，研究并制定资源性资产开发、运作效益考核指标体系与考核办法，并建立相应的信息采集、分析系统，研究并制定资源性资产的产权出让、转让与产权交易收益管理办法、条例、规范市场行为等。

全国企业产权流动与重组实务研讨会

时间：1995 年 3 月

主办：中国经济体制改革研究会

与会的有国家有关部门及企业代表。体改研究会的有关代表指出，国有企业改革必须根据实际情况，分类进行改造或创新。第一个层次是下决心调整国有企业存量结构、优化国有企业结构。结构调整的方法之一是通过对一批资不抵债、长期亏损的国有企业下决心让它破产或停产。另外把小企业通过租卖的办法，变成民营企业或非国有企业。第二层次就是对国有大中型企业，进行制度创新，可以按现代企业制度的路子改革，对于一般的国有中型企业可把增量部分吸收多方入股，存量部分转移一部分给其他方面，如外资、乡镇企业等。代表并就大中型企业的改组形式及其改革的难点等问题进行讨论。

企业产权流动与现代企业制度研讨会

时间：1995 年 3 月 20 日

主办：上海证券报社、海通证券有限公司

与会的有上海市体改、国有资产管理的有关部门、研究机构、大中型企业、社会中介机构的代表。有关专家指出，建立现代企业制度，目的就是为了搞活国有资产。产权流动是发现企业价值、优化企业资源配置和实现企业有序化的有效途径。通过产权流动，具有扩张冲动的优秀企业将能以快速或较小的成本方式占有更大的市场，进行行业渗透，同时实现内部资产的最优配置。产权流动规范化需要培育国有资产经营主体，培育国有资产的资方代理人，培育投资银行、会计师及律师事务所，培育产权交易市场等中介机构。并就现代企业制度实施中的困难与问题、产权流动中的资产评估问题展开讨论。

国有资产产权登记管理工作会议

时间：1995 年 4 月 11 日

主办：国家国有资产管理局

与会的有各省市有关领导及国务院和上海市的有关部门代表。会议就建立国有资产分析报告制度进行布置。国有资产分析报告制度包括国有资产统计分析报告制度、国有资产经营分析报告制度和国有资产产权变动分析报告制度三项内容。统计分析报告是关于全部国有资产整体状况分析的书面文件；经营分析报告是对企业中国有资产营运状况、发展趋势及监督管理等情况进行分析总结的书面文件；产权变动分析报告是反映企业国有产权变动状况和国家资本金流向情况，综合分析、评价产权变动对国有资产配置、营运和发展趋势影响的书面文件。

文章索引

关于宏观经济问题

董辅礽　　1995 年 2 月 8 日《上海证券报》
关于市场经济中的无序问题
董辅礽　　1995 年 2 月 15 日《上海证券报》
论公司管理层报酬的揭示
刘绍庭　　1995 年 2 月 17 日《上海证券报》
信贷政策改革与发展方向
尚福林　　1995 年 2 月 26 日《上海证券报》
略论短缺与通货膨胀
朱钟棣　　1995 年 3 月 3 日《上海证券报》
城市合作银行的本质特征是合作制
刘光弟　　1995 年 3 月 10 日《上海证券报》
城市合作社宜采取有限责任公司形式
杜平　王明立　1995 年 3 月 10 日《上海证券报》
中国通货膨胀的特点及其治理
陆德明　　1995 年 3 月 17 日《上海证券报》
中国中央银行的独立性
谢平　　1995 年 4 月 5 日《上海证券报》
1995 年上半年宏观经济形势分析与预测
国家信息中心经济预测部
1995 年 4 月 19 日《上海证券报》
规范和推动信托业的发展
文维虎　　1995 年 6 月 23 日《中国证券报》
关于建立和完善中国保险市场的几个问题
刘茂山　　1995 年 1 月 2 日《金融时报》
中国彩票市场及其监管
欧阳卫民　　1995 年 1 月 20 日《金融时报》
资产负债管理与银行产权制度改革
姚维平　　1995 年 1 月 23 日《金融时报》
组建政策性银行的几个问题
罗精奋　　1994 年 4 月 1 日《人民日报》
企业(证券)信誉评级模式
蔡中传　　1995 年 3 月 7 日《金融时报》
建立以基础货币管理为中心的间接调控体系
张汉桥　　1995 年 4 月 9 日《金融时报》
财政投融资的作用与意义
陈菁　　1995 年 5 月 4 日《金融时报》
公开市场业务及其面对的问题
谢平　　1995 年 5 月 17 日《金融时报》
我国利率改革的突破口
郭建伟　　1995 年 6 月 1 日《金融时报》
浅议资信评估机构的从业资格
李守军　　1995 年 6 月 2 日《金融时报》

关于企业体制问题

企业财务公司可走银行参股的道路
梁全坤　　1988 年 2 月《工商时报》
中国企业改革的回顾与展望
吴天林　　1994 年第 1 期《经济理论与经济管理》
论我国企业会计制度改革
阎金锷　宋常
1994 年第 1 期《经济理论与经济管理》
公有制企业推行公司制的探讨
董双印　　1994 年第 2 期《经济理论与经济管理》
试论建立现代国有企业制度
李玲娥　　1994 年第 6 期《经济理论与经济管理》
铁路股份制改革与发行境外股票
许晓峰　　1994 年第 5 期《经济理论与经济管理》
股份制改造中存在的几个问题及其对策
李健生　　1994 年第 6 期《国有资产管理》
依法规范股份公司
王守仁　　1995 年 2 月 10 日《中国证券报》
商业股份制企业转换经营机制的现状和对策
余厚康　王建华　1995 年第 1 期《国有资产管理》
现代企业制度建设对证券市场的影响
杨德林　　1995 年 5 月 24 日《证券时报》
潜亏:国有企业改革的难题
张文青　　1995 年 5 月 9 日《中国证券报》
经营者市场化:现代企业制度的重要基石
刘启华　　1995 年 5 月 23 日《中国证券报》
股份制与大企业集团战略
钱大卫　　1995 年 5 月 26 日《中国证券报》
关于现代企业制度基本特征的三点思考
吴顺宝　　1994 年 10 月《财经研究》
论现代企业制度
吴敬琏　　1994 年 2 月《财经研究》
建立现代企业制度与会计改革
汤云为　　1994 年 2 月《财经研究》
论建立现代企业制度与国有企业改革
马洪　　1994 年 6 月《财经研究》
现代企业制度下的财会管理模式
陈元燮　　1995 年 1 月《财贸经济》
现代企业制度:难题与转轨方式
刘世锦　　1994 年第 4 期《管理世界》
国有企业走向现代企业制度的基本问题
方民生　　1994 年第 4 期《浙江社会科学》
论现代企业制度
吕有晨　　1994 年第 4 期《社会科学战线》
我国现代企业制度逆向生长的障碍
胡培兆　　1994 年第 7 期《经济研究》
中国企业体制改革的现状与背景
郭克沙　　1994 年第 7 期《财经问题研究》
现代企业制度与对外承包企业改革
傅玉成　　1994 年第 7 期《国际经济合作》
现阶段我国企业集团内部结构的实态概述
李朴民　　1994 年第 8 期《经济纵横》
现代企业制度是社会主义市场经济的基本制度
高尚全　　1994 年第 1 期《改革》
美国现代企业制度考察
杨启先　　1994 年第 1 期《改革》
把握实质是推行现代企业制度的关键
唐丰义　　1994 年第 3 期《改革》
依靠制度创新塑造合理市场主体

关于证券市场问题

袁柏南　1995年1月25日《证券时报》
完善国债的宏观调控功能
于建国　1995年5月30日《证券时报》
公开市场业务与国债市场
高文武　1995年5月23日《中国证券报》
国债发行规模的分析与预测
郑凯琳　1995年5月26日《中国证券报》
外资进入中国证券市场的几个问题
孙文武　1995年5月31日《中国证券报》
试析我国股市的主要弊端及对策
刘菊生　1994年7月《财经研究》
中国证券市场的发展及其国际化趋势
刘鸿儒　1994年第7期《国际经济合作》
关于我国证券市场发展中亟待解决的几个重要问题
魏加宁　1994年第128期《经济研究参考》
论上海证券市场的国际化
沈沛　1994年第5期《改革》
H股香港上市透析
李㯦喆　1994年第5期《改革》
我国国债管理与通货膨胀
张定杰　鲁伟铭　1995年1月4日《上海证券报》
国债:九五证券市场的核心
杨大楷　1995年1月20日《上海证券报》
对实行职工持股制度的几点思考
陈海红　1995年1月26日《上海证券报》
中国的股票市场及其宏观调控
吴晓求　1995年2月8日《上海证券报》
券商须辩证处理的几个关系
蔡义峰　1995年2月9日《上海证券报》
95宏观背景下的证券市场
孙健等　1995年2月12日《上海证券报》
B股市场建设中值得注意的问题
汤闽新　1995年2月16日《上海证券报》
加强上市公司信息披露的规范化
强纪英　1995年2月26日《上海证券报》
A、B股指关联性中的异动现象
刘绍庭　1995年3月3日《上海证券报》
香港H股市场分析报告
赵小平　1995年3月4日《上海证券报》
股市风险能否测量
朱元　1995年3月8日《上海证券报》
上海股市震荡特征的成因分析
泰德　1995年4月16日《上海证券报》
试论上市公司购并非上市公司
徐明　1995年5月5日《上海证券报》
试论股份有限公司股东大会与董事会之关系
杨平　1995年5月31日《上海证券报》
论B股信息披露的法律环境及其完善
徐维西　吕富强　1995年6月2日《上海证券报》
关于规范国债回购市场的八点建议
袁东　1995年6月14日《上海证券报》
保持适度的国债发行规模
柯尤　1995年6月14日《上海证券报》
全面认识股市的作用
高鲁　1994年12月20日《中国证券报》
股票市场机制的发挥与保护
顾乃康　1995年6月3日《中国证券报》
券高应健全风险管理体系
林义相　1995年6月23日《中国证券报》
B股公司信息披露亟待改进
海明　1995年6月24日《中国证券报》
证券市场对现代市场经济的推动作用
汪良忠　1995年6月5日《证券时报》
完善股份制应允许国家股上市转让
闫彬　1995年1月7日《金融时报》
证券管理部是股份制企业的重要职能部门
杜予华　1995年1月18日《金融时报》
证券商立法问题初探
陈沁　1995年2月7日《金融时报》
我国股票境外上市的模式选择
潘浩良　1995年2月7日《金融时报》
证券市场中的律师业务
王伟东　1995年3月31日《金融时报》
我国证券市场投资风险的特性
汤仁荣　1995年4月20日《金融时报》
可转股债券及其在中国的试验
贝多广　索莉晖　1995年5月4日《金融时报》
我国股市中长期发展的若干设想
何孝星　1995年5月11日《金融时报》
完善证券结算体系　促时市场规范发展
屠光绍　欧阳泽华　1995年5月24日《金融时报》
完善我国证券市场有效途径
郑新友　1995年5月26日《金融时报》

关于期货市场问题

运用国债期货为投资保值
王恰德　1994年8月22日《中国期货》
利率与国债期市价格
袁东　1994年9月5日《中国期货》
国债期货风险因素分析
袁东　1994年9月19日《中国期货》
套期保值交易激励机制的构想
鲍建平　1994年9月19日《中国期货》
关于期货市场的税收问题
熊泽胜　1994年10月10日《中国期货》
如何认识国债的保值贴补
徐公刚　1994年11月7日《中国期货》
期货市场与宏观调控
赵文广　1994年11月14日《中国期货》
发展定点仓库网络　规范我国期货市场
刘五一等　1994年11月21日《中国期货》
论锁单操作中的几个误区
陈凯　1994年11月21日《中国期货》

论商品交易所建在商品产区的重要性
王学勤等 1994年12月12日《中国期货》
论我国期货合约会计
史伟 1994年12月19日《中国期货》
商品期货价格趋势的力学测算
方景新 1994年12月19日《中国期货》
论我国期货市场的理论培育和发展
徐向华 1994年5月《财经研究》
我国期货市场发展的合理预期
彭星闾 宋华 1994年6月《财经研究》
对我国期货市场发展的回顾与思考
秦启岭 1994年第4期《财经理论与实践》
全国期货市场合理规划
葛云虎 1994年第6期《经济理论与经济管理》
美国的期货市场
黄泰岩 1994年第6期《经济理论与经济管理》
开展套期保值业务的难点及对策
刘晓雨 1995年1月2日《中国期货》
经纪人如何开发客户
王荣宝 1995年1月2日《中国期货》
试论期货业自律
刘立忠 1995年1月9日《中国期货》
扩大二级代理 发展期货市场
陈凯 1995年1月9日《中国期货》
期市中的基本分析和技术分析
费革胜 1995年1月16日《中国期货》
交易所的风险管理有待加强
耿亮 1995年1月23日《中国期货》
建立我国金融期货市场的必要性及对策
钱小安 1995年1月30日《中国期货》
正确认识商品期货的地位与作用
赵杰等 1995年1月30日《中国期货》
期货市场的风险决定
汪炜 1995年1月30日《中国期货》
对期货交易与通货膨胀关系的思考
沈建新 1995年1月30日《中国期货》
期货品种规范化三议
李达 1995年1月30日《中国期货》
推出场外交易 促进套期保值
王之言 1995年2月13日《中国期货》
我国股指期货交易初探
费革胜 1995年2月20日《中国期货》
我国期货市场建设与监管中的法律问题
陈荣 1995年3月13日《中国期货》
期货市场必须在严格规范下试点
杜岩 1995年3月27日《中国期货》
努力提高期货市场的质量
李经谋 1995年3月27日《中国期货》
中国期货市场管理和立法道路
常清 1995年3月27日《中国期货》
我国粮食期货品种的前景分析
马承霈 乔均 1995年3月27日《中国期货》
对完善我国期货市场的思考
白钦先 1995年3月27日《中国期货》
期货交易风险管理的实证分析
管焱彬 1995年3月27日《中国期货》
借鉴国外经验 加强期货风险管理
姚成海 1995年1月27日《中国证券报》
期市与通货膨胀关系浅析
李革 1995年2月23日《中国证券报》
期货交易透支行为的法律责任
史云 1995年3月3日《中国证券报》
由“327风波”引发的思考
王军 1995年3月22日《中国证券报》
指数期货及其风险分析
李达 1995年3月24日《中国证券报》
科学地设计国债期货保证金制度
夏江尤 初明强 1995年3月24日《中国证券报》
国债期货价格:结构性不平衡及其突破
陈铮 杨一平 1995年4月6日《中国证券报》
发展期货市场应解决好五大问题
范莉 1995年4月7日《中国证券报》
外汇期货代理合同的无效及其处理
李扬 1995年4月11日《中国证券报》
对当前国债期货市场若干问题的思考
曹海 1995年3月11日《证券时报》
国债期市投机过度的原因及对策
何志刚 1995年5月16日《证券时报》
中国需要发展农产品期货市场
唐柏飞 1995年5月17日《中国证券报》
期货交易价格的两种分析方法
戚良 1994年第8期《价格理论与实践》
中国期货市场:实现由远期交易向期货交易的转换
胡俞越 1994年第5期《改革》
金融期货市场的发展及其经济作用
潘英丽 1995年4月14日《上海证券报》
国债期货市场的问题与思考
赵小平 1995年5月3日《上海证券报》
深沪两地国债期货业务规则比较分析
叶振华 1995年1月12日《金融时报》
必须严格规范期货市场
石雨 1994年1月28日《人民日报》
期货交易的结算、交割与风险管理
左沃生 1995年3月5日《金融时报》
期货欺诈行为的认定
卞传山 1995年3月17日《金融时报》
建立规范的国债期货市场
王利华 1995年4月23日《金融时报》
发展我国国债期货交易的设想
方平 1995年5月7日《金融时报》
我国国债期货市场的反思
陈霄汉 1995年6月4日《金融时报》

关于基金市场问题

关于产权市场问题

江門
證券登記有限公司

江門證券登記有限公司經江門市政府同意,1992年12月報經中國人民銀行廣東省分行批準成立的證券登記機構,是上海、深圳中央登記結算公司的結算會員。二年多來公司業務得到全面發展。現已開展股東開戶、清算過戶、轉托管、分紅派息、證券代保管、查詢、挂失、修改及内部股份的登記托管等一系列服務。公司成立以來遵照證券市場的有關管理法規和運作規則,爲江門地區證券市場的專業化、規範化管理發揮了顯著的作用,促進了江門地區證券市場的普及和發展。

業務範圍:經批準公開發行及非公開發行的證券登記;記名證券的轉讓;代理有價證券保管;代理有價證券的還本付息或分紅派息;證券咨詢服務;中國人民銀行批準的其他業務。

法定代表人:黄厚慶

地址:廣東省江門市西區大道55號
電話:(0750)3523693　3523698
傳真:(0750)3523785　**郵編**:529000

僑源城市信用社

信用社辦公大樓

信用社是經中國人民銀行海南省分行批準成立的獨立核算、自主經營、自負盈虧,具有法人地位的股份制金融機構,于1991年8月28日開業。

業務範圍:1.國營中小型企業、城市集體企業、私人企業、個體工商户存款、貸款和結算業務。2.城市居民儲蓄業務。3.代理證券發行與交易業務。4.代理保險、代收代付業務。5.辦理經中國人民銀行批準的其他金融業務。

地址:瓊海市人民路70號
電話:2823136　2827157
傳真:2823136　**郵編**:571400

海南海托
商務咨詢公司

總經理:張玲媛

公司是經海南省工商行政管理局登記注册的具有法人資格,隸屬于海南海托國際融通公司,是香港安全綫(移民)顧問集團海南的總代理,公司成立以來開展了多項咨詢服務。服務項目包括:商務咨詢、投資代理服務;代辦公司工商注册、税務登記、海關注册、年檢、政府批文、批準證書;代辦國内企業和個人在海外注册公司;代辦新加坡、馬來西亞、泰國、港澳、南韓、澳洲、歐洲等國家和地區護照及簽證。

專業咨詢辦理:

美國:投資移民;親屬擔保移民;L－1簽證;L－1連L－2簽證;

加拿大:投資移民;企業移民;自雇移民;應聘移民;獨立移民;親屬擔保移民。

洪都拉斯:永久居民;投資移民。

澳大利亞:永久居民;留學簽證。

地址:海口市金貿區銀島大廈11層

電話:(0898)8536293　8532624　8531575　8532625

傳真:(0898)8537310　8536293　**郵編**:570125

廣東注册審計師協會

會長:黃造華

廣東省具有資產評估資格的審計師事務所

序號	名　稱	法人代表	地　址	電　話	郵　编
1	廣東審計師事務所	廖蔭環	廣州市廣州大道北 390 號	020－5514547	510075
2	廣東光明審計師事務所	方　正	廣州市德政中路德政新街 20 號二樓	020－3371029	510030
3	廣州市天河審計師事務所	蘇慕平	廣州天河路天河區政府辦公樓 221 室	020－5512734	510630
4	汕頭市審計師事務所	翁水木	汕頭市外馬路 261 號六樓	0754－8554950	515041
5	韶關市審計師事務所	曾新勝	韶關市武江北路第 49 幢	0751－8775764	512026
6	惠州市審計師事務所	劉奕光	惠州市市府大院 3 號樓一樓	0752－2229744	516012
7	中山市審計師事務所	胡靜戈	中山市石岐柏苑新村芙蓉閣七幢	0760－313725	528403
8	汕尾市審計師事務所	沈澤雄	汕尾市園林小區商業街 11 號	07647－325471	516600
9	河源市審計師事務所	謝逢振	河源市沿江路市政府大院	07623－333335	517000
10	惠來縣審計師事務所	陳雋淡	惠來縣惠城鎮環城西路總工會前樓 206 室	07645－686851	515200

經廣東省、廣州市國有資產管理局批準，全省有 10 家審計師事務所具有從事資產評估資格。這些審計師事務所可依據《國有資產評估管理辦法》和有關規定，獨立承辦資產拍賣、轉讓；企業兼并、出售、聯營、股份經營；與外國公司、企業和其他經濟組織或者個人開辦中外合資、合作經營企業；企業清算；依照國家有關規定需要進行資產評估的其他情形的資產評估業務。

會計師們分析討論業務

海南
會計師事務所

法人代表:黃玉珍

事務所于1989年6月批準籌建,是挂靠海南省財稅廳具有法人資格的全民所有制單位。有專職員工40人,其中注冊會計師11人,其他業務人員均具有大專以上學歷或會計師、助理會計師職稱,并聘請高級經濟師陳榜波、古仿林,高級會計師唐南椿,主任教授李成章為高級顧問。本所設內資部、外資部、資產評估部、行政秘書部等部門。1991年6月經省財稅廳批準取得資產評估資格。1993年6月經國家財政部、證監會批準具有從事證券業務資格。目前經本所服務的股份制企業有20余家,包括海南珠江、海南新大洲、海南南洋船務、海國投實業、海南華凱、海南富島投資基金等上市公司或基金。

本所恪守獨立、客觀、公正的原則,在遵守國家政策、法令的前提下,努力為客戶提供高效優質的服務,并嚴格為客戶保守秘密,維護客戶合法權益,收費合理,在社會上贏得了較好的聲譽。

業務範圍:驗資、查帳、資產評估、財稅咨詢、財會顧問、培訓財會人員、代理申報納稅、輔導作帳以及其他有關財務方面的服務。

地址:海口市義龍路五號寧海大廈3樓

電 話:6775738 6777076 6767298 6767288 6761529

廣東省

清遠市律師事務所

副主任:鄺慶剛律師　　副主任:侯偉萍律師

廣東省清遠市律師事務所是清遠市成立最早的、最大的綜合性律師事務所，現有豐富工作經驗的老律師和中青年執業律師 12 名，該所以熱誠的態度，認真負責的工作精神為客戶提供優質高效的法律服務，贏得了當事人信任和有關部門的好評，多年來被評為先進單位。經過多年的努力，現已發展成為內部組織健全，業務素質較高，服務範圍較廣，并配備現代化通訊、交通和辦公設備的新型律師事務所。

業務範圍：

1、擔任行政機關、企、事業單位和公民個人的常年法律顧問。

2、代理經濟、民事、行政案件的訴訟、仲裁、調解活動。

3、擔任刑事案件被告人的辯護人。

4、參與談判、調解活動，制作、修改、審查各類商務合同，企業章程等法律文件或出具法律意見書。

5、見證各類民事、商務法律行為和其他法律事實。

6、提供法律咨詢，代擬訴訟文書和其他法律事務文書。

7、法律法規規定律師可以代理的其他法律事務。

地址:廣東省清遠市清城區龍船塘 6 號

電話:(0763)3330342　3335349

郵編:511500

海南仕林證券咨詢有限公司

總經理:蔣建國

地址:海口市濱海大道19號開總大廈3樓
電話:6215509　郵編:570105

海南仕林證券咨詢有限公司,系在海南省工商行政管理局注冊的企業。公司以“公正誠信、開拓進取、追求卓越”為宗旨,堅持“服務市場、服務企業、共同發展”的原則,現已同海南各界建立了良好的合作關系,并成為海南產權交易中心的首期會員。

公司下設機構:辦公室、金融證券部、產權交易部、投資管理部、發展策劃部、編輯部、財務部、計算機室。

辦公室一角

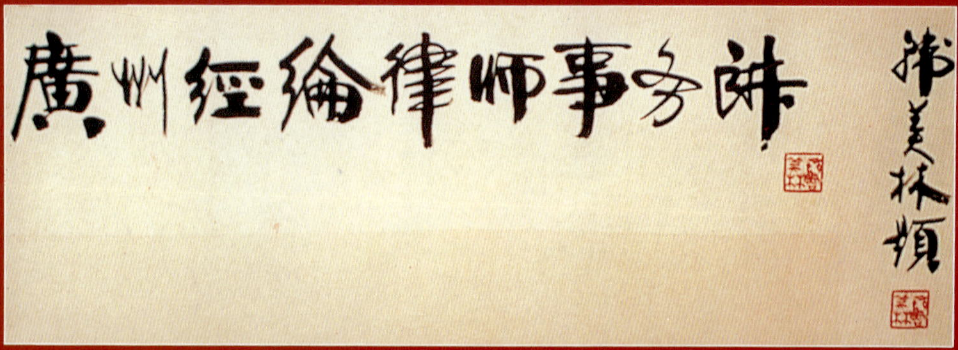

事務所成立于 1994 年 3 月，是廣州市第一家按照國際通行的合伙制形式組成的律師事務所，也是目前廣州市規模最大的綜合性律師事務所之一。現有合伙人 5 名，系由一批文化素質高，專業知識豐富的中青年律師組成。在 21 名專職律師中，其中取得法學碩士學位的 6 名；法學學士學位的 7 名。該所尤為擅長海事海商、知識産權、國際金融、貿易及房地産開發等法律業務。該所的律師所承辦的案件，有多宗案例被《最高人民法院公報》及其他法制刊物刊載。并斥巨資購買了近 400 平方米的高級寫字樓，先進的辦公設備、通訊設備和交通工具，本所與美國、香港、澳門多家律師行建立了穩定的業務合作關系。

本所的宗旨：樹立敬業重德精神，創辦一流的律師事務所，培養一流的律師人才，爭取一流的服務質量，追求一流的社會效益。

總部：廣東省廣州市麓景路廣信商業中心 9 樓
電話：(020)3321210　3501923　3501925
傳真：(020)3321220　郵編：510050
國際法律部：廣東省廣州市倉邊路 27—33 號富豪酒店 807 房
電話：(020)3338238—807 或 1508
傳真：(020)3338968　郵編：510030

事務所國際法律部

事務所部分合伙人

廣東資產評估公司

公司成立于 1993 年 4 月,前身是廣州會計師事務所資產評估部。1990 年 11 月經廣東省國有資產管理辦公室批準,獲得資產評估資格,開展各項資產的評估業務。1993 年 5 月 3 日經國家國有資產管理局、中國證監會批準,確認具有從事證券業務資產評估的資格。

業務範圍:主營對企業股份制、公司制改造,公衆股、法人股上市,與外商合資、合作經營,聯營及組建集團公司,資產抵押、租賃、承包經營、企業兼并、清算、產權轉讓、拍賣、出售資產等的資產評估業務。兼營資產項目咨詢、專業培訓等服務。

機構人員:公司是廣東省財政廳屬下的二級單位,經濟獨立核算,自負盈虧。設置總經理室、評估一部、評估二部、咨詢服務部、工程技術部、行政秘書部等職能部門。

主要業績:開展資產評估業務四年多來,截至 1995 年 6 月,先后完成了股份制改造、公衆股、法人股上市的企業、中外合資、合作企業、聯營及組建集團公司、資產抵押、企業兼并等近 231 個項目、帳面資產總值 445 億元的評估工作,評估淨資產值共 199 億元,比評估前帳面淨資產增值 74 億元,增幅 55.46%。在已進行資產評估的單位中,屬于中外合資的有 14 家;屬于股份制改造的企業有 86 家;其中:已上市的有珠海麗珠醫藥集團股份有限公司、東莞宏遠實業(集團)股份有限公司、廣東梅雁企業集團股份有限公司等 10 家。同時,許多經營規模較大、知名度較高的企業集團,如廣東發展銀行(全系統)、廣東省物資總公司(全系統)、廣東健力寶集團股份有限公司、中國平安保險公司、韶關發電廠、白雲賓館、廣東三星企業(集團)股份有限公司等都委托我公司進行資產評估。

法定代表人:金耀觀
地址:廣州市環市東路 322 號 11 樓
電話:總經理室:(020)3840775
行秘部:3802985
評估一部:3840774
評估二部:3840773
郵編:510050

成立十周年員工合影

廣西會計師事務所

所長:楊中權
地址:廣西南寧市桃源路 82 號
電話:(0771)2809110　2811395
郵編:530021　　**電挂**:0056

事務所于 1985 年 3 月注册登記開業,隸屬廣西區財政廳,是廣西成立最早,注册會計師最多的會計師事務所。事務所有南寧桂邕分所、百色分所、第一分部、第三分部、第四分部、南寧開發區辦事處、南寧涉外税務咨詢部、北海辦事處和防城港辦事處等 9 個分支機構。全所現有從業人員 103 人,其中注册會計師 39 人,形成了一支以會計專業爲主,兼有經濟、金融、物價、工程、機械等方面人才的員工隊伍。其中所本部具有高級技術職稱的 12 人,中級技術職稱的 18 人。所本部設立涉外業務一、二部,國内業務一、二部,資産評估部、綜合管理部和電腦室等 7 個部門。

業務範圍:驗資、查帳、清算、經濟預測、預決算審核、設計財務會計制度,擔任財務會計顧問,培訓財會人員及資産評估,其他有關財務方面的服務工作。服務的企業主要有:廣西國際信托投資公司、廣西信托投資公司、廣西桂冠電力股份有限公司、廣西交通投資股份有限公司、廣西珠寶集團股份有限公司等。

熱忱歡迎各單位、企業、個人委托業務,本所全體員工將竭誠爲您提供最佳的服務。

所長楊中權(左一)、
副所長戴耀民在事務所十周年慶祝會上

區財政廳副廳長劉銘達在事務所十周年慶祝會上

事務所舉辦的財會班

公司門牌

羊城會計師事務所

法定代表人、總經理:陳雄溢

事務所是依法獨立承辦注冊會計師業務的法人單位,成立于1984年4月,承辦會計、審計、咨詢、評估、會計稅務代理、會計電算化等業務。本所擁有高、中級職稱或在美國、新加坡、澳洲、香港等國家和地區接受專業培訓的注冊會計師40多名,并配備具有高、中級職稱的工程技術人員十幾名,還吸收了一批朝氣蓬勃既具有專業理論知識,又富有實踐經驗的會計、審計、財務、稅務、電腦、翻譯等專業人員。

本所承辦業務是以國家法律法規為依據,恪守獨立、客觀、公正、實事求是的原則,切實維護委托人的合法權益。1993年,經中國證監會、財政部、國家國有資產管理局批準,本所獲證券業務審計和資產評估雙重資格。并與國內外國行和廣大客戶建立了良好的合作關系,與國外著名的會計師公司、評估公司進行項目合作,并相互派員進行人才、技術交流,與國內多家會計師事務所建立了信息、人才交流和業務合作網絡,還與廣東國際大酒店、花園酒店、中國大酒店、廣州鋼鐵股份有限公司、廣東省高速公路發展股份有限公司、廣州汽車集團、廣州珠江電廠、廣州寶潔有限公司等三資企業和廣州廣船國際股份有限公司、廣州浪奇實業股份有限公司、廣州白雲山制藥股份有限公司　廣州珠江實業開發股份有限公司、廣州東方賓館股份有限公司、廣州恆運熱電股份有限公司、深圳南山熱電股份有限公司等上市公司建立了良好的業務合作關系。

地址:廣州市大德路187號9樓
電話:3324195(總經理室)
3338016(辦公室)
傳真:3338016　**郵編**:510120
駐廣州東方賓館辦事處:東方賓館1243室
電話:6669900—1243

寬敞的辦公場所

法人代表：池家驥
中國注冊會計師、高級會計師、
會計師協會理事

廣州會計師事務所

深圳廣州會計師事務所

廣州會計師事務所于 1981 年 2 月經廣東省政府批準成立，是廣東省最早成立的會計事務所。經批準具有從事證券業務資格和資產評估業務資格。1982 年 11 月，本所在深圳經濟特區設立了分所，1993 年 8 月經廣東省財政廳批準，改名為深圳廣州會計師事務所，成為獨立法人。承辦客戶委托業務，切實維護客戶的合法權益。本所現擁有注冊會計師 20 多名，其中具有從事證券業務資格的 14 名，高級會計師(副教授)5 名，經濟學碩士 6 名，中級職稱 32 名。全所現有員工近 90 人，職齡員工占八成。

會計業務：設計財務制度，擔任會計顧問，提供會計、財務、稅務和經濟管理咨詢；代理納稅申報，代理記帳；代辦申請注冊登記，協助擬定合同、章程和其他經濟文件；培訓財務會計人員；投資項目的經濟可行性研究并出具評價報告；其他會計咨詢業務。

資產評估業務：承辦資產拍賣、轉讓，企業兼并、出售、聯營、股份經營，企業實行中外合資、合作經營，企業清算，資產抵押及經濟擔保，企業租賃的資產評估業務。

審計業務：審查企業會計報表，出具審計報告；驗證企業資本，出具驗資報告；辦理企業合并、分立、清算事宜中的審計業務，出具有關的報告；法律、行政法規規定的其他審計業務。

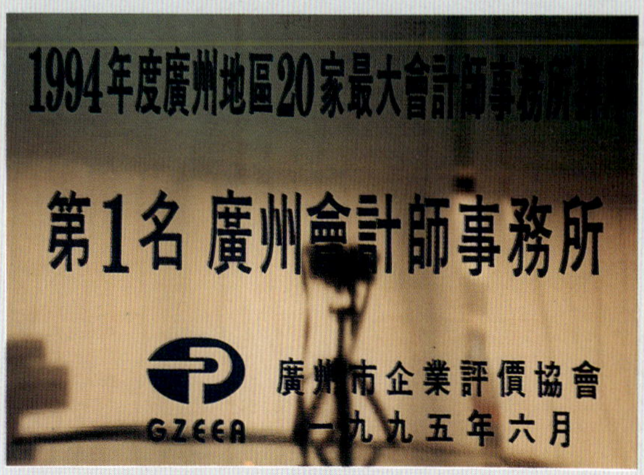

地址：廣州市環市東路 322 號東梯 3 樓
郵編：510060 **電話**：3800722
傳真：3800977

事務所門牌

廣州市律師事務所

事務所主要律師在研究工作

廣州市律師事務所是一家綜合性律師事務所，成立于 1956 年，1993 年 3 月 22 日經司法部和中國證監會首批確認具有從事證券法律業務資格。現有注册律師 58 人，其中專職律師 19 名，兼職律師 22 名，特邀律師 17 名，還有律師助理 5 名。專職律師中具有從事證券法律業務資格的律師有 5 名。事務所受理的主要證券業務有：擔任廣州證券公司的專項法律顧問，爲廣州珠江實業股份有限公司及廣州浪奇實業股份公司的股票發行與上市提供法律服務，并以承銷商律師名義出具法律意見書；爲廣東興發鋁型材集團公司股份制改組、廣州世界大觀園股份有限公司的組建提供專項法律服務，出具法律意見書；擔任作爲承銷商的廣州越銀財務公司的專項法律顧問，爲廣州南華西企業集團股份有限公司的設立、內部改組及股票發行上市準備工作，以及爲廣鋼股份有限公司股票的發行、上市準備工作提供法律服務；擔任中山市金沙實業股份有限公司的法人股上市專項法律顧問，并出具法律意見書；以及受理其他有關方面的案件。

地址：廣州市小北路 113 號華宇樓 8 樓
電話：(020)3332168　3303174

事務所主要合伙人

江海律師事務所

地址:海口市華海路華銀大廈 13 層

電話:(0898)6787247　6713180

傳真:(0898)6787246

郵編:570105

事務所系由原武漢大學江海法律咨詢服務公司改制而成的一家合伙律師事務所。該所本着勤免盡職、開拓進取的宗旨,在投資、金融證券、房地產、貿易以及企業的設立重組、兼并收購、轉讓清算等領域,爲國内外企事業單位、機關、團體、個人提供優質高效的訴訟或非訴訟法律服務,在海南法律服務界、司法界、企業界享有盛譽。

整體素質高、業務基礎雄厚,是江海所的鮮明特色。該所現有專職、兼職律師,均畢業于全國重點法律院系,取得學士、碩士、博士學位,有的曾在高等院校、司法部門從事多年的法學教育、審判工作,擁有副教授、講師職稱。還以武漢大學等著名高等學府爲依托,聘請部分學者、專家擔任顧問,同國内外多家律師事務所建立業務協作網絡。

寬敞的接待廳

執業律師們在研究案例

辦公樓外景一角

佛山市禪山會計師事務所

事務所是在 1988 年成立，經省財政廳、省國有資產管理辦公室批準，具有會計師事務所證書和資產評估資格的全民所有制事業單位。業務範圍：驗證企業的投入資本，出具驗資報告書；審查會計帳目、會計報表，出具查帳報告書；辦理企業的資產評估；辦理企業解散、破產和清算財產事項；辦理承包期滿離任、移交的財產的審核；爲企業設計會計、財務制度、管理細則，提供會計、財務、税務等經濟管理的咨詢服務；受托調解經濟糾紛，協助企業鑒别經濟案件的證據資料；受托擬訂企業章程、合同、協議、契約和投資經濟效益，以及可行性分析研究報告等；培訓財會人員；擔任委托人常年會計顧問。現有工作人員 58 人，其中取得中、高級技術職稱的 33 人，事務所堅持客觀、公正、獨立、實事求是的原則，信守合同，講求效率。先后爲企業驗資、查帳 1100 多項，爲廣東佛陶、電器照明、興華商場、塑料皮革公司等 160 多户企業辦理資產評估，爲 5000 多户内資企業辦理了資金信用鑒證，爲 100 多户企業擔任會計顧問，還爲國内和外商投資企業培訓財會人員 1300 多人次。

法人代表、所長：肖清　中國注册會計師

地址：廣東省佛山市蓮花路 8 號

電話：2229654

事務所部分員責人研究計劃

湖北中南會計師事務所

法人代表、主任會計師：胡道潤

總經濟師：林麗容　高級經濟師

由中南財經大學武漢校友會發起組建的湖北中南會計師事務所經湖北省財政廳批準、湖北省工商行政管理局注册，具有法人資格，并獲國家國有資產管理局頒發評估資格證書，為依法獨立承辦注册會計師業務的中介機構。

業務範圍：審查會計財務資料，出具審計報告；驗證企業資本，出具驗資報告；辦理企業合并、分立、清算事宜中的審計業務；承辦股份制試點企業的有關審計、驗證業務；辦理資產評估業務；承辦國家法律、行政法規規定的其他審計業務；提供專業管理咨詢，編審可行性研究報告、合同、章程，出具有關證明文件；制定有關財務、會計規章制度，編制有關財務、會計業務資料和其他專業文件；接受委托擔任常年會計顧問，培訓財務、會計專業人員；代辦納稅申報和其他有關財務、會計咨詢等業務。

組織機構：

事務所實行董事會領導下的主任會計師員責制，

其主要領導成員：

名譽董事長：林興識、王文儒

董事長：馮傳武

常務副董事長：夏康裕

主任會計師：胡道潤

總經濟師：林麗容

副主任會計師：何純楫

事務所下設涉外業務部、國內業務部、資產評估部、咨詢業務部、行政辦公室。

地址：武漢市解放公園路38號3號樓3樓

電話：2869634　2869635　　傳真：2429118　郵編：430010

事務所是經國家批準依法獨立承辦税務代理業務、注册會計師業務和資産評估業務的法人單位。向來以辨事公正，實事求是，認真負責，維護國家和業務委托人的合法權益為職責。現擁有注册會計師10多名，高級會計師、高級建築工程師、高級機械工程師、高級講師近10名；會計師、經濟師、建築工程師、機械工程師、電腦工程師、翻譯以及電腦專業人員共40多名，能為社會提供高質量的服務。

法人代表、總經理：顏焯焜　中國注册會計師

廣州市税務咨詢事務所

注册會計師、工程師們研究工作

電腦專業人員進行業務操作

業務範圍

一、接受税務機關委托，代理各項税務事務業務；

二、接愛納税人委托，辨事税務登記，變更税務登記和注銷税務登記；辨事發票領購手續；辨事納税申報；辨事繳納税款和申請退税；制作涉税文書；審查納税情况；申請税務行政復議或税務行政訴訟等；

三、擔任税務、財務會計常年顧問，提供税務、財務、會計、經濟管理咨詢；

四、設計財務、會計制度，承辨規定範圍的工商企業、單位和個人的委托代理記帳業務；

五、審查會計帳目、會計報表和其它財務資料，出具查帳報告書；

六、驗證企業的投入資本，出具驗資報告書；

七、評估企業資産(固定資産、流動資産、無形資産等)，出具資産評估報告書；協助企業清産核資；

八、參與辨理企業解散、破産的清算事項；

九、培訓財務會計人員、企業辨税人員；

十、其它税務咨詢，財務會計咨詢業務及查帳驗證事項。

地址：廣州市正南路2號
電話：(020)3335722　3357755
傳真：(020)3357936　**郵編**：510030

北海中華會計師事務所
北海會計師事務所

對北海鴻泰物業公司價值20多億的別墅群進行資產評估

北海會計師事務所成立于1985年,1993年經批準加入中華會計師事務所群體,成為北海中華會計師事務所。經中國證監會和財政部批準,取得證券業務執業資格,是廣西第一家取得從事證券業務資格的會計師事務所,內設證券業務部、涉外業務部、國內業務部、資產評估部、基建服務部、電腦部、財會咨詢業務部等部門,在南寧、防城港、合浦等地設有分所或辦事處。全所員工83人,其中有15名注冊會計師。

業務範圍:(1)出具審計報告、驗資報告、資產評估報告,及有關審計業務的相關報告;(2)對公開發行和交易股票的企業、機構和場所進行財務審計、咨詢及其他相關服務;(3)提供計算機軟硬件服務,完成各種工業控制、網絡系統項目,開發企業財務軟件;(4)代客戶編審基建預算、結算;(5)代理稅務申報;(6)培訓財會人員;(7)提供各種財會咨詢服務,

竭誠為各單位、企業、個人提供獨立、公正、客觀的服務。

領導班子在研討房地產企業基建工程預決算完成工程圖

圖為本所對之進行財務審計咨詢的廣西證券公司

所長班文紹利用電腦設計會計業務程序軟件

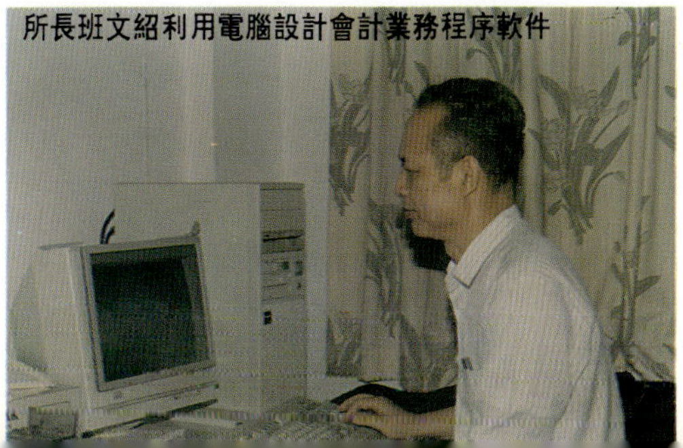

所長:班文紹

主任會計師:余瑞林

地址:廣西北海市北部灣西路市財政局一樓

電話:(0779)3033328　3057652　3051362

傳真:(0779)3034625　郵編:536000

所領導及部門經理在一起研究工作

廣西梧州會計師事務所

事務所是 1985 年經廣西區財政廳批準成立，并在梧州市工商行政管理局登記注册，依法獨立承辦業務的社會中介機構，有包括會計、經濟、工程、教學系列的 30 余名專業技術人員，其中高級職稱 7 人，中級職稱 18 人。所內具有注册會計師資格的 15 人，其中執業注册會計師 11 人，執業注册會計師中 64% 為中青年中國注册會計師。內設機構：審驗一部、審驗二部、資産評估部、稅務代理部、咨詢服務部、財會培訓部、顧問室、辦公室、電腦室、河東辦事處、蒼梧縣辦事處、防城港市業務聯絡處。

業務範圍有法定業務：承辦外商投資企業、股份制企業、國內企事業等單位的審計業務、審查企業會計報表、出具審計報告；驗證企業資本、出具驗資報告；辦理企業合并、分立、清算事宜中的業務，出具有關的報告；法律、行政法規規定的其他業務。其他業務：設計會計制度，擔任會計顧問，提供會計管理咨詢；代理納稅申報，代理記帳，提供稅務咨詢；代理申請工商登記，擬訂合同、章程和其他業務文件；辦理投資評估、資産評估和項目可行性研究中的有關業務；培訓會計審計和財務管理人員。

事務所恪守客觀、公正、實事求是的原則，以質量求生存、以信譽求發展，竭誠為廣大客戶服務。本所全體員工將一如既往地以優質、高效、方便、快捷的服務伴您走向成功的未來！

所長(法人代表)黎永江，全國首批經統一考試被批準的中國注冊會計師。多次接受安永、永道等國際會計公司培訓，具有多年執業經驗。

地址：廣西梧州市新興一路 196 號前座 3 樓
電話：(0774)3831188　3838811
傳真：3839480　**郵編**：543002

韶關市審計師事務所

事務所是經廣東省審計廳、韶關市審計局和韶關市編委批準，于1987年2月成立的社會審計組織，具有法人資格，依法獨立承辦各項業務。下設查證咨詢、顧問、資產評估部、驗資年檢部和辦公室等14部4室，并有一支實力雄厚的社會審計隊伍，現有工作人員40人，其中注册審計師32人，具有審計、會計、工程等高級職稱的有8人，中級職稱的有24人。

服務項目：擔任常年顧問；驗證注册資本；各類資產評估；企業解體清算；各類清產核資；企業兼并審計；年度報表驗證；經濟案件鑒證；財務收支審計；經理、廠長離任審計；承包兑現審計；工資獎金分配審計；代理建帳建制；清理債權債務；稅務代理服務；抵押貸款審計；涉外經濟審計；基建技改預決算審計；培訓財務人員；外債專項審計。

電腦室一角

法人代表：曾新勝　所長

事務所主要領導研究工作

辦公大樓

地址：韶關市武江北路第49棟6樓
郵編：512026　電話：8762002　8775764

中山市經濟律師事務所

主任：劉志均　高級律師

中山市經濟律師事務所（ZHONG SHAN BUSINESS & TRADE LAW OFFICES）是中山市率先創辦以提供國內外經濟貿易、金融、證券、房地産、企業股份制改組、公司上市、知識産權等訴訟及非訴訟法律服務爲主的律師機構。是中山市人民政府等政府部門、社會團體、金融機構以及境內外大中型工商企業的常年法律顧問，已與港澳、美國、新加坡等多家海外知名律師行建立廣泛而多層次的業務聯系。

主任爲劉志均高級律師，市政協法制委員會副主任，市政府常年法律顧問，系廣東省律師協會理事及專業委員會主任之一和中山市律協常務理事，1958 年中南政法學院法律系本科畢業，爲中國恢復律師制度后中山市律師行業的創始者之一，也是珠江三角洲中山市、東莞市、順德市、南海市至今唯一的一級律師，曾在國內外出版、發表專著、刑、民、經、非等非訴訟和訴訟案件和法律顧問各類論文，其中《爲外商在境内開發房地産業提供法律服務初探》一文獲全國涉外法律服務研討會論文一等奬；其他專職律師亦絶大部分爲國家重點大學法學院系本科或以上畢業生，具有堅實的理論知識和豐富的律師實務經驗，并能以中英文提供全方位的法律服務。

主任：劉志均　高級（一級）律師

主任助理：袁達松律師

律師：鄭　軍、林少杰、關　勇、高育紅、李樹堅、梁　鏘、麥德培、周振雲、蔡澤強、李叙球、梁連新、鄭惠良、梁建強、黄浩楓、黄英康、梁煜明

律師工作人員：劉月儀、譚國雄、卓曼紅

地址：中山市石岐華柏路十三號（司法局 2 樓）

電話：（0760）8822787　8845784　8820863

傳真：8820608

精誠團結的集體

辦公大樓外景

中元律師事務所

主任：張翅　律師

事務所是1994年12月29日經廣東省司法廳批準成立的一家合伙制律師事務所，也是中山市規模最大的律師事務所。中元律師事務所由張翅、黄東偉、程禹斌、凌焕彬、梁毅航、梁頌英六位合伙律師創辦，并聘有十數位合約律師，下設金融投資事務、房地產開發、股份證券、訴訟仲裁、刑事辯護、知識産權等部，是一所綜合性的、中山地區獨家取得從事證券法律業務資格的律師事務所，有五位合伙律師已獲國家及廣東證監、司法部門授予從事證券法律業務資格，曾先后為遼寧××鋼鐵集團公司等15家公司改組、兼并，20家有限公司、上市公司境外籌資、收購及中外合資、合作項目的談判、投資策劃等提供了優質、高效的法律服務。

中元律師事務所秉承"雪中送炭錦添花"的宗旨，奉行"嚴謹細致，認真負責"的準則，藉國際化的機制、現代化的設施、規範化的管理、專業化的技巧，立足中山，依托全國，面向海外，為廣大當事人提供全方位、高層次的法律服務，竭誠維護委托人的合法權益。

地址：廣東中山市興中道18號海外大廈8樓（總部）
廣東中山市孫文東路27號一、二樓（分部）
電話：8300883（六綫）　8840701（三綫）
傳真：8300777　郵編：528403

精誠團結的集體

寬敞的辦公環境

主任:譚倫

僑務律師事務所

地址:海南省海口市海府横路 8 號樓 401 室
電話:(0898)5360756　傳真:(0898)5333274
聯系人:莊燕

事務所是經司法行政主管部門批準注册的合伙制法律中介服務機構。事務所主任譚倫先后在海南中級人民法院、海南司法局、四川省高級人民法院、成都科技大學經濟科技法研究所、海南省人大財經工委,從事司法工作、法律教學科研與地方立法工作,是一位具有 38 年法律工作實踐經驗的經濟法副教授,1993 年 8 月創辦了僑務律師事務所,并為專職執業律師。注冊專職律師蘇鵬,阮繼涌,鄭國臣,萬明等人,均是法律本科畢業,從事多年法律服務工作,具有豐富實踐經驗的執業律師。

主要業務範圍有:訴訟代理;商務代理;代理策劃并參予企業股份制改造;代理并參予企業兼并,合并,破產等的清算程序的法律服務;代理申辦出入境手續;代理對項目作法律意見進行法律簽證;擔任法律顧問。擔任法律顧問單位有:通什市人民政府、海南工商行政管理局、海南日報社、海南華僑賓館、海口市物資總公司及美國 **SSI** 公司、美國 **IPS** 公司等 20 余家單位。

事務所執業律師在研討案例

佛山市華法律師事務所

法人代表：周榮熾　主任

事務所是于 1994 年 11 月經廣東省司法廳批準成立的大型律師事務所。開業以來，堅持以忠實于國家和客戶利益為宗旨，贏得了社會和公衆的信譽。本所主任周榮熾和副主任陳紫蕓均具有法律本科大學專業知識，分别擁有十年和八年的律師執業史，並先后赴日本、新西蘭、香港等國家地區學習實踐，並持有經司法部、中國證監會頒發的從事證券法律業務資格證書。現有的 12 名專職律師均具有法律資格和執業證書。

事務所可為企業提供股份制改造、股票上市及證券發行、房地產、金融融資、移民投資、經濟訴訟及仲裁、民事法律、刑事辯護、公司商務等法律服務項目。並與加拿大、日本、香港及國内北京、天津、大連、江蘇、蘇州、江西、山東等十六個省市的律師事務所建立了業務合作關系。

地址：廣東省佛山市汾江南路唐園東一街 13 號 2 樓

電話：（0757）3361005

傳真：（0757）3367717

郵編：528000

副主任：陳紫蕓

律師們研討案例

江門市資產評估事務所

地址：廣東省江門市勝利路43號

電話：(0750)3325315

郵編：529000

聯系人：李燕蓮

事務所工作人員研究工作計劃　事務所辦公處

廣東省江門市資產評估事務所為適應企業轉換經營機制，加快經濟改革步伐，于1992年3月經廣東省國有資產管理局批準成立。并于1994年3月獲得國家國有資產管理局頒發的正式資產評估資格證書。本所配備多名機械高級工程、電氣工程師、建築工程師、會計師等評估技術人員，評估技術力量雄厚，具有豐富的評估經驗，先后為150多家工商企業進行資產評估，評估資產總值達110多億元，深受委托單位的好評。

本所主要業務：承辦企業委托的整體資產評估，單項資產評估，包括房地產、機器設備、流動資產、無形資產等。

歡迎客戶來人來函來電委托辦理有關資產評估工作。

順德市審計師事務所

順德市審計師事務所成立于1992年10月，本所開業以來，秉承“客觀公正，優質服務”的宗旨，熱忱爲社會各單位提供中介服務，深得廣大客户的支持和信賴。所内設業務一部、業務二部、基建部、綜合部。組織結構嚴密，工作程序科學化、規範化、法制化。

本所提供以下服務：

1. 審計查證業務。包括資産負債、財務收支、年度決算報表、承包經營責任和離任、經濟效益、清産核資、企業清算和查證業務以及企業資産、合并、移交的專項查證等。

2. 資産評估業務。爲企業進行資産拍賣、轉讓、企業合并、收購、聯營、清算等有關産權變動的經濟事項提供依據。

3. 驗資業務。包括新辦企業、合資企業的注册資本驗證，以及年度的工商年檢及變更的注册資本驗證。

4. 基建開工前資金驗證業務。

5. 基建工程預決算驗證業務。爲客户的土建、水電、市政、裝飾、通訊設備等工程預決算出具報告，提供決算依據。

6. 銀行貸款的抵押資産評估業務。

7. 受聘擔任常年財務會計、審計顧問、提供經濟管理咨詢和建帳立帳代理記帳業務，對于專項經濟事項的咨詢，我所可根據客户所需成立專項調查小組，提供可靠信息。

8. 爲經濟案件提供鑒證業務。

9. 審計、會計人員的培訓業務。

10. 其他經濟事項的委托業務。

公司宗旨：客觀公正　優質服務

副所長：陳引有

地址：廣東省順德市大良鎮新路翠怡閣四樓3—4號
電話：(0765)2232919　2238835
郵編：528300

汕頭市
資產評估公司

工作人員認真研討評估案例

法人代表：林漢標

公司成立于1992年9月，是行政隸屬汕頭市財政局管理的全民所有制事業單位。公司已獲得國家國有資產管理局批準的資產評估資格及由國家國資局、中國證監會確認頒發的《從事證券業務資產評估許可證》。公司設置評估業務一部、二部、三部和綜合信息部等職能部門，并擁有一批政策水平較高，業務熟練，實踐經驗豐富的工程師、會計師、經濟師。

公司業務範圍：企業股份制改造、公衆股、法人股上市的資產評估；企業整體資產評估；房地產、機器設備、流動資產、無形資產評估以及承辦企業清產核資、資金查驗、財務年檢、產權登記、咨詢評估、設計財務、會計、資金管理制度，培訓評估及財務管理人員。

地址： 廣東省汕頭市中平街5號
電話： 8441258　8441257
傳真： 8443100　**郵編：** 515041

汕頭產權交易市場

地址： 汕頭市中平街5號
電話：（0754）8547511　**郵編：** 515041

法人代表、總經理：徐振杰

汕頭市產權交易市場是經汕頭市政府批準成立，直屬汕頭市財政局領導，經汕頭市工商行政管理局登記注冊，注冊資金600萬元，是具有獨立法人資格的綜合性資產（產權、股權）交易服務機構。是目前汕頭市企業整體或部分產權交易的唯一合法場所。

市場的宗旨：按照國家的法律、法規、政策和國際慣例及“公開、公平、公正”的交易原則，為國内外法人以及自然人資產的交易提供合法場所和優質服務。主要經營範圍：辦理國内外不同所有制法人以及自然人資產（包括有形資產、無形資產和其他資產等）的拍賣、轉讓、兼并、出租、抵押、調劑、收購、銷售等交易業務；參與各類資產的協作加工、改造利用、投資建設；資信評估及相關業務；資產市場信息發布和信息技術工程咨詢服務；物資租賃及報價業務。

廣東審計師事務所

法人代表、所長：廖蔭環　高級審計師

審計小組認真工作

廣東審計師事務所于 1985 年 8 月，經廣東省編制委員會和廣東省審計局批準，廣東省工商行政管理局登記注冊成立。廣東審計師事務所 1993 年被評為全國百強審計師事務所。

服務項目：承辦審計查證和咨詢；經濟案件的鑒證；注冊資金的驗證和年檢；清產核資、資產評估和破產清算；代理稅務申報；基建工程預、決算的驗證；擔任審計、會計咨詢顧問；協助建立電算化系統，編制、銷售會計、審計軟件，開展電腦代理記帳；培訓審計、財務、會計和其他經濟管理人員。

地址：廣州市廣州大道北 390 號三樓

傳真：(020) 5514550　郵編：510075

長沙會計師事務所

所長、法人代表：李定華

中國注冊會計師

事務所是依法設立并獨立承辦注冊會計師業務的社會公正機構，成立于 1984 年。分別經國家財政部、國家國有資產管理局和中國證監會批準確認，取得了從事證券業務的財務審計與資產評估"雙重資格"。現有從事證券業務的注冊會計師 10 余人。并多次派人去美國、加拿大、新加坡、泰國和香港等國家和地區學習、考察。

該所所長、中國注冊會計師李定華先生智商超群，才思敏捷，精明能干，富有開拓進取精神，為長沙會計師事務所的發展壯大嘔心瀝血，付出了辛勤的勞動。他曾先后兩次就會計師事務所的建設與證券業務的規範化問題上書朱鎔基副總理。朱副總理非常重視，在他的書信上親筆批示：對這些問題"應有明確規定"。1992 年 10 月 16 日和今年 9 月 8 日財政部副部長張佑才同志兩次親切接見了李定華所長。

該所在執業中，堅持獨立，恪守公正、客觀和實事求是的原則，奉行"服務第一、質量第一、信譽第一"的宗旨，深受廣大客戶與社會各界的信賴與好評！

事務所本部：長沙市都正街 85 號

電話：4432841　4432411

涉外業務部：長沙市城南路 68 號

電話：5503356

證券業務部：長沙湘春路陋園賓館 6 樓

電話：4411258－607

資產評估部：長沙市五一西路 5 號

電話：4411373

財政部副部長
國家國有資產管理局局長　張佑才同志
中國注冊會計師協會會長
在北京聽取李定華所長匯報工作后合影

廣東百靈律師事務所

事務所是廣東省司法廳的一家合伙制律師事務所，現有一支包括一級律師、資深律師、大學副教授在內的律師隊伍，具有良好的業務素質和職業道德。其作風嚴謹、務實、誠懇、負責，服務上乘。百靈所服務範圍主要有代理經濟、民事、行政案件以及國際貿易、國際投資、海商糾紛等案件的訴訟或仲裁及非訴訟代理；爲國内外客户提供投資辦企業、公司的申報、企業股份制的改造、房産交易、贈與、繼承和房産立契等非訴訟服務；爲中外法人、公民擔任常年法律顧問及重大項目的專項法律顧問。

百靈所每月第一個星期一義務向社會提供咨詢服務；逢星期二在廣東珠江經濟電臺的“律師熱綫”節目擔任常任特邀嘉賓，解答法律疑難問題。

地址：廣州市先烈南路華泰賓館迎賓附樓西1號

電話：7789888—81367、81369

傳真：7789888—81369　郵編：510060

主任：曾小靈

一級律師：徐名準

廣州市對外經濟律師事務所

總部地址：廣州東風中路503號東建大廈五樓

電話：0086－20－3181211　3350001

傳真：0086－20－3350001

洽談室：廣州市流花路120號東方賓館1245房

電話：0086—20—6677846　6669900轉1245

電挂：廣州4817　郵編：510016

事務所是目前我國大型的專門從事涉外法律服務的機構之一。現有專職律師21人，中高級律師占百分之八十以上，兼職律師31人。并有一批民事、經濟、海事海商、對外貿易、金融保險、知識産權、工商、房地産等方面專家擔任本所的特邀律師或單項顧問。

主要業務範圍：擔任常年及專項法律顧問；辦理企業的股份制改組，股票發行及上市，各類公司的設立、重組、終止、合并及收購等法律業務；代理房地産開發法律服務；代辦或代理工商登記、商標、專利注册及其它知識産權登記的法律事務；擔任民事、經濟、海事和行政等各類訴訟當事人的代理人和各類仲裁當事人的代理人；草擬、審查、修改合同、章程等法律文件、出具法律意見書等法律文書；見證法律文書等法律行爲、代辦公證和承接翻譯業務等；辦理其他國内與境外法律事務。

主任：馬輝

事務所接待前臺

誠坦律師事務所

事務所主任:陳洪娟

精誠團結的集體

主要業務範圍:受聘擔任法律顧問;提供法律咨詢;代理工商登記、保險、技術轉讓、商標注冊、專利申請等中介服務,參與調處相關爭議;參與境內外企業重大項目的談判,起草法律文書、見證、出具法律意見書;代理土地批租、抵押貸款、房產買賣、金融證券等法律事務,參與調處相關糾紛;代理經濟、民事、行政案件的調解、仲裁和訴

事務所是經海南省司法廳批準成立的合伙制事務所。誠坦所與有關部門有着廣泛的聯系和協作,此外還與國外律師事務所建立了業務協作關系。"誠實服務,坦蕩執業"是誠坦所的服務宗旨。

誠坦所律師有:陳洪娟、湯堅、黃華均、曹新友、王川、郭渝麗、許振國、黄玫、王秀波、晏良劍。

訟;為刑事被告人出庭辯護;代理各類非訴事務以及其他法律事務。

地址:海口市機場東路工商公寓 242 室

電話:5353451　5353876

地址:海口市濱海大道南洋大廈 15 層內

電話:8513488　8510300 轉 104

海南省資産評估事務所

事務所是于 1991 年 4 月經海南省財稅廳批準成立,具有獨立法人地位的社會中介服務機構。它是海南省目前唯一一家專門從事資產評估業務的事務所。具有國家國有資產管理局認證的資產評估資格并有國家國有資產管理局和中國證監會頒發的證券評估資格。是中國資產評估協會團體會員。內設機構有評估部、財務部、行政部等。現有員工 17 人,其中專職人員 12 人。具有高、中級職稱人員 11 人。已接受 70 多位客戶的委托,辦理各種資產評估業務 78 項,評估價值 90 億元人民幣。與海南省衆多集團公司、股份企業有良好合作關系。其中已評估的上市公司和基金有:深交所的瓊能源、瓊港澳、瓊海虹、瓊民源、瓊海藥和富島基金。

主營業務:各類經濟組織的綜合性資產評估,各類單項資產評估(包括房地產、機器設備、流動資產和無形資產)。兼營業務:各類經濟組織的驗資、財務咨詢及項目可行性評估。

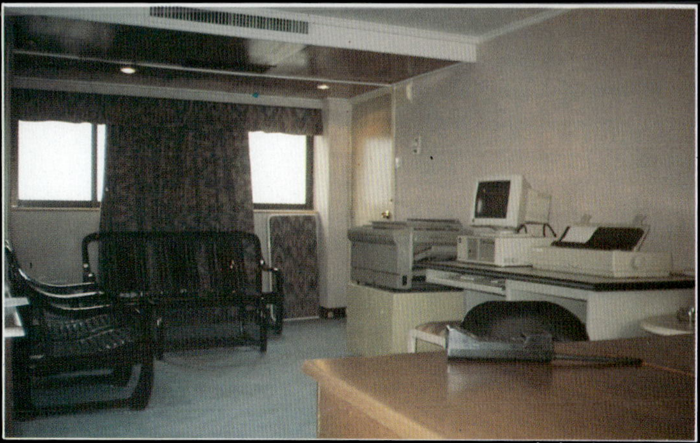

事務所辦公室一角

地址:海南省海口市解放西路 12 號 1105 室

郵編:570102

電話:(0898)6223503　6226545

BB 機:99142563　6212121—3086　127860686

地處廣州市金融一條街

廣州市中興律師事務所

業務範圍：金融、銀行、證券、公司、債務、期貨、外匯、保險、信托、專利、商標、版權、房地產開發經營、債權債務、民刑事代理、刑事辨護、常年或專項法律顧問。

地址：廣州市沿江西路 113 號愛群大廈 2 樓

電話：8866668－225、226、247、277

地址：廣州市江南西路青鳳大街 4 號之二

電話：4489721

君合律師事務所

君合律師事務所成立于 1987 年，宗旨是集合高素質的法律人才，建立現代化的管理體系，運用科學化的服務手段，整體化、綜合化、深層化地爲國内外客户提供法律咨詢服務，逐步確立律師行業在我國法律及經濟生活中的信譽和地位。除設在北京的君合總部外，還在海口、三亞、上海設立了分所。1993 年君合又設立了美國紐約君合。此外，君合還與香港、臺灣、英國、法國、德國、美國、加拿大、澳大利亞、日本、韓國等地區和國家的律師事務所建立了業務協作關系，從而構成了君合國際化的法律服務體系。

事務所律師：肖微先生

北京
地址：北京王府井大街金魚胡同 3 號和平賓館 19 層
電話：(01)5128833－1909　傳真：(01)5134570
電報：5131　郵編：100004

上海
地址：上海太原路 160 號 2 號樓
電話：(021)4375450－61
傳真：(021)4314986　郵編：200031

海南
地址：海南省海口市濱海大道南洋大廈 1107 室
電話：(0898)8512544　8512065
傳真：(0898)8513514　郵編：570125
地址：海南省三亞市河東路東方實業大廈 702 室
電話：(0899)277057
傳真：(0899)277054　郵編：572000

New York Office
Add：Suite 704 36 W. 44 Street, New York, NY 10036, U. S. A
Tel：(001)212－354－5823
Fax：(001)212－354－5831

[redacted]

廣東廣信會計師事務所

專業人員認真處理公務

事務所是經廣東省財政廳批準成立，并經廣東省工商行政管理局注冊登記。在業務活動中，依法執業，堅持客觀公正、實事求是的原則，信守合同、保守秘密，維護委托人合法權益。

承辦下列業務：審查會計帳目、會計報表和其他財務資料，出具查帳報告；驗證企業投入資本，出具驗證報告書；參與調解經濟糾紛，協助鑒別經濟案件證據；參與辦理企業解散、破產的清算事項；其他會計查帳驗證事項；擔任會計顧問，提供會計、財務、稅務和經濟管理的咨詢；代理納稅申報；培訓財務會計人員；審查基建工程預決算；其他會計、財務管理、經營決策等咨詢業務。

地址：廣州市天河南一路 18 號 2 樓
電話：7508354　5519013

電腦處理工作室

佛山會計師事務所

事務所成立于 1985 年，現有 64 名專職人員，其中：研究生畢業、經濟學碩士 6 人，本科畢業、經濟學學士 23 人，大專畢業生 15 人；具有高級專業技術職稱的 10 人，中級職稱的 20 人；經國家批準的注册會計師 28 人，及機械、電器、建築工程師、英語翻譯人員多人。全所人員平均年齡 40 歲，老中青結合。

本所各項資格證文號及業務範圍：

1. 企業法人營業執照：注册號 19352967－1 經營範圍：主營接受企業驗資、查帳、財務咨詢，受理資產評估，單項資產（包括房地產、機器設備、流動資產、無形資產）評估，兼營培訓財會人員。

2. 中華人民共和國會計師事務所批準證書：廣東省財政廳批準文號（85）粵財外字第 20 號，證書編號粵財注字 005 號。

3. 資產評估資格證書：發證機關：國家國有資產管理局、廣東省國有資產管理局；證書編號：01881 號；評估範圍：企業整體資產評估、單項資產評估，包括：房地產、機器設備、流動資產、無形資產等。

4. 農業部鄉鎮企業資產評估資格證書：批準文號：農鄉企資第 002 號

5. 廣東省財政廳、廣東省證券監督管理委員會批準佛山會計師事務所等 15 個會計師事務所從事非上市股份制企業查帳驗證業務的文件號：粵財會[1995]2 號。

法定代表人：郭方
地址：佛山市同濟路
40 號之 1 二樓
電話：(0757)3326634
3326503
郵編：528000

[redacted]

深圳國際商務律師事務所

主任:崔玉祥　高級律師

事務所于1989年5月2日經廣東省司法廳批準正式成立,1994年改制成為股份合作制律師事務所。1993年經司法部、中國證監會核準從事證券法律業務資格,現有專職、兼職律師30余人。

委托承辦業務有:為各類企業在股份制改組中,提出改組方案,策劃上市,并出具法律審查意見書,為境外企業的上市出具涉及在中國投資的權益狀況的法律意見書;為房地產市場提供法律服務;有關中外經濟、技術、合作、勞務、貿易、運輸、金融、稅務、保險及公司組建等方面的法律咨詢;為境外公司提供投資指導,擔任常年法律顧問;擔任涉外民事和國內民事法律事務代理;擔任訴訟代理、仲裁代理或參與協商調解;審查、草擬、修訂有關協議、合同、章程等法律文件及其他法律服務。事務所先后為深能源、深桑達等9家公司股票上市,深中信、深華樂等6家定向募集公司及香港的3家上市公司出具有關法律意見書。

地址:深圳市深南東路粵海酒店11樓
電話:2257600　2257601
傳真:2257602　**郵編**:518001

汕頭市 經濟貿易律師事務所

主任:王述之

事務所是以受理經濟貿易方面的法律事務為主的綜合性律師事務所。現有專職、兼職、特邀律師共20名,已受聘擔任100余家企事業單位的常年法律顧問,受理各類經濟、民事、刑事案件和非訴訟事務,是汕頭經濟特區最具規模的律師事務所。

事務所業務範圍廣泛,律師工作認真細致,堅持以事實為依據,以法律為準繩的原則;以維護法律的正確實施為宗旨,維護當事人的合法權益為職責,竭誠為當事人提供及時、有效、可靠的法律服務,深受社會各界人士的推崇和贊譽。

全體專職執業律師

主任:王述之　副主任:許利雄
地址:廣東省汕頭市金砂中路金山賓館5樓
電話:(0751)8252118　傳真:8625099
郵編:515011

汕尾會計師事務所

SHANWEI CERTIFIED PUBLIC ACCOUNTANTS

簡　　介

我所經廣東省財政廳批準，報財政部備案成立，具有法人資格。擁有一批財會理論水平高、經驗豐富的中國注冊會計師，接受中外合資、中外合作、外資企業及國家機關、人民團體、企事業單位和私營企業的委托，依法獨立承辦查帳驗證、會計咨詢等業務。

所長、法人代表：雷仲夏

服務宗旨

嚴格遵守國家法律、法規，依據有效的協議、合同、章程，依法執行委托業務，恪守公正客觀，實事求是的原則，對所出具報告書內容的正確性、合法性負責。

竭誠為社會各界提供財務會計專業的優質服務。歡迎洽談業務。

地址：汕尾市汕尾大道財政大樓二層

電話：(0660)3322167

郵編：516600

深圳市深港律師事務所

主任律師：利頌章

事務所成立于 1987 年，業務涉及刑事辯護、經濟民事糾紛、行政復議和訴訟、爲企業股份制改組和境内外股票上市出具法律意見書、房地産投資和買賣、商標專利爭議、證券期貨交易、國際經貿與投資、技術轉讓、資信調查、抵押、擔保、借貸合同見證等方面。代理各類訴訟和非訴訟業務 2000 多宗，擔任了深圳龍飛紡織工業公司等 70 多家企業的法律顧問，擔任深圳市南山區人民政府的法律顧問。專、兼職律師 18 名，物質裝備也有很大改善。

地址：深圳市南山區政府第二辦公大樓 4 樓 402、407 室

電話：6662167　6662519　**郵編**：518051

湖北省法律事務中心第七律師事務所

湖北省第七律師事務所(擬更名為珞珈律師事務所)是經湖北省司法廳批準的律師服務機構。該所是由武漢大學主辦,由武漢大學法學院一批中、青年法學博士、碩士、學士組成該所的骨干力量。國際著名法學家韓德培、馬克昌、何華輝等擔任本所顧問。該所現有執業律師23人,其中博士導師3人,教授、副教授8人。具有博士、碩士學位的10人,具有學士學位的9人。該所擁有精通英、德、日、俄、法等專業外語人才。與美國凱曼克和加拿大懷特及香港中國法律服務中心互為代理機構。該所由年輕的副教授陳曉楓博士任主任。下設綜合服務部、房地產法律服務部、金融法律服務部、產權交易及企業兼并服務部、涉外法律服務部、證券業務部、非訴訟法律服務部等機構。本所成立以來,已承辦各項法律業務2000余起,為當事人挽回上億元的經濟損失。取得了良好的社會效益和經濟效益,本所宗旨是以一流的人才為當事人提供一流的法律服務。

法人代表、主任:陳曉楓
副主任:任華哲　王映輝
辦公地址:武漢大學校門右側
通訊地址:武漢大學法學院
郵編:430012　**傳真**:7875991
電話:7877624　7882712—6391

海南中外民營企業法律事務中心

主任:李天相

海南中外民營企業法律事務中心是由原海南省人民檢察院檢察長李天相先生發起,并由多名有業務專長的離退休領導干部和業務精良、社會信譽好的律師參與組建的,專門為中外民營企業提供高質量、多功能、全方位法律咨詢和服務的機構。

本中心的宗旨在于堅持求實、公正、進取、高效的方針,以扎實的奉獻精神、深厚的法律理論和豐富的實踐經驗,為海南中外民營企業提供優質、高效的法律咨詢和服務。

寬敞的辦公環境

地址:海口市海甸島海達路金達小區海達大廈3樓
電話:(0898)6255997　6264025
傳真:(0898)6254850　**郵編**:570208

深圳市
具有證券業務資格的
會計師事務所

序號	名　　稱	地　　址	電　　話	負責人
1	蛇口中華會計師事務所	蛇口招商大廈103—203室	6692365	劉天璞
2	蛇口信德會計師事務所	蛇口海濱花園海濱中心商場A座3樓	6686079	朱祺珩
3	深圳中華會計師事務所	深南中路愛華大廈16層	3210034—121	朱振昌
4	深圳市金鵬會計師事務所	上步工業區505棟2樓218號	3234379	李焯輝
5	深圳市會計師事務所	深南中路統建樓東一棟11樓	3366212	謝建鴻
6	深圳大華會計師事務所	華强北路3號深紡大廈C座4樓	3209002	李秉心
7	深圳中誠會計師事務所	華富路5號南光大廈3樓	3210863	劉繼忠

上述7家會計師事務所經財政部和中國證監會批準，具有證券業務資格，依法承擔除法律規定的注册會計師的審計業務和會計咨詢及會計服務業務外，還獲準從事證券業務，包括上市公司改組的審計和上市后的年度審計及中期審計，未經批準的其他會計師事務所不得從事證券業務

汕頭市審計師事務所

事務所門牌

法定代表人、所長：翁水木

地址：廣東省汕頭市外馬路261號6樓

電話：(0754)8554950　8543018

郵編：515031

所長：翁水木

事務所是經廣東省審計廳1987年批準成立的全民所有制事業單位。現有工作人員50人，其中：高級職稱3人，注冊審計師20人。內設機構有辦公室、審計業務一至三部、資產評估部、基建工程審計部、稅務代理部、代理記帳部、金風業務部，下設經委分所。具有資產評估資格；以及審計查證中央企業資格和外債年檢審計資格。依法承辦下列業務：財務收支、經濟效益、經濟責任的審計查證和會計報告審簽事項；企業注冊資金的驗證和年檢；清產核資、資產評估；基建工程預、結算及其審計驗證；經濟案件的鑒定事項；建帳建制、代理記帳、稅務代理；擔任審計、會計咨詢顧問和經濟管理咨詢服務；培訓審計、財務和其他經濟管理人員；外匯及外債年檢審計；其他查證驗證和咨詢服務。

廣州通達律師事務所

主任律師:張佐民

地址:廣州市廣州大道中 183 號粵康閣 1908 室

電話:7391753　傳真:7391753　郵編:510063

事務所是由廣州市司法局領導,廣州市社科院主管的律師事務所,其律師是由一批具有高度責任感,強烈的事業心,優秀的業務素質的人才組成。他們中間既有法學界的教授、研究員,又有一批諳熟法律,通曉外語的博士、碩士,還有原政法界的資深領導,主任律師張佐民,畢業于北京政法學院,曾在高級法院、司法廳擔任領導職務,現為廣州市立法委員。

律師事務所的業務重點主要集中于金融證券、涉外投資、房地產法律等領域,現業務已普及國內許多地區,并與國外的相關機構建立了長期的聯系。積極熱忱認真負責地向客戶提供高質量、高效率的法律服務是通達律師事務所堅定不移的宗旨。現在廣州通達律師事務所正向國內一流的律師事務所邁進。

忠誠為客戶服務　提供法律保障

吳少鵬律師事務所

主任律師:吳少鵬

吳少鵬律師事務所于 1984 年在香港成立,迄今,已擁有十多位精通各類業務、具有豐富的法律知識和多年社會服務經驗的律師。經中華人民共和國司法部批準,于 1992 年首批獲準在廣州設立辦事處。主任律師吳少鵬曾爲香港基本法咨詢委員,現任香港區事顧問,中山大學法政學院和廣東省法學會港澳法律研究會顧問,亦是中國委托公證人和國際公證師,與美、英、加、澳及其他國家的律師行都有聯系,法律事務遍及世界各地。港、穗兩地辦事處實行電腦化管理,職員 140 多人。業務範圍包括:房地産、融資、移民、追債、公司商務、股票債券、民事法律、知識産權、引進投資、資信調查、國際商事法律及訴訟等,并建立了專門的"中國法律事務部",爲各界提供優質的法律服務。

香港辦事處地址:香港中環德輔道中 21 號歐陸貿易中心 22 樓

電話(TEL):(852)25239155

傳真(FAX):(852)28106511

廣州辦事處地址:廣州市環市東路 339 號廣東國際大廈 A 附樓 8 樓

電話(TEL):(8620)3311863　3311320　3311331

傳真(FAX):(8620)3312238

郵編(Post Code):510098

廣州永森律師事務所

事務所于 1994 年 7 月 28 日正式成立開業,是全省第一家由個人申辦設立的律師事務所。"永森所"由原廣州市對外經濟律師事務所副主任、高級律師胡永森以個人名義申請設立。業務將以涉外非訴訟業務為主,重點開拓國際投資、國際金融和國際民事法律業務,并接辦其他各類法律業務。

"永森所"創辦人胡永森律師大學中文、英文、法律專業畢業,并曾到英國進修英國法律,分別在英國和香港律師行實習過律師業務。自 82 年從事律師工作以來,曾為廣東核電站、廣州波音飛機維修基地等多項重大國際經濟技術合作項目提供法律服務;曾參與廣州浪奇實業、珠江房產、東方賓館、恒運電力等公司公開發行股票和公司上市法律服務工作,備受中外當事人的好評和信任。"永森所"現有執業律師 10 名,其中高級律師 3 名,法學碩士 2 名。

法人代表:胡永森

律師們與合作者澳洲律師阿來提朱先生留影

地址:廣州市倉邊路 27—33 號富豪酒店 815、809 房

電話:(020)3370284　3338238 轉 815、809 分機

傳真:(020)6670284　郵編:510030

肖明德律師事務所

律師事務所是三亞市第一家合作制律師事務所。本所現有專兼職律師 7 人，具有較高的理論水平和實踐經驗。本所堅持公正、求實、進取、開拓的原則，願為客戶提供以金融、房地產經濟為重點的全方位法律服務。

只要您今天相求，我們絕不會推到明天

三亞地址：三亞市鹽場招待所（市委對過）

電話：（0899）277550

海口地址：海口市白龍北路 19 號

電話：（0898）5356158

主任律師：肖明德

事務所辦公大樓外景

英樂律師事務所

英樂律師事務所經海南省司法廳批準成立。其宗旨是聚集高素質法律志士，逐步建立現代化管理體系，運用科學的服務手段，整體化、綜合化、深層化、全方位地爲客户提供法律服務。全所律師都受過系統的法學教育與培訓，具有較高的法律素質，同時有着多年的各方面實際工作的經驗與法律事務操作技巧，能夠憑借整體的廣泛的經驗、知識和能力爲客户提供包括投資、金融、證券、房地產、貿易、知識產權等領域的各類法律服務。

主任：符英

辦公室一角

惠州市會計師事務所

事務所是1988年8月經廣東省財政廳批準，同年10月辦理工商注冊登記成立的具有獨立法人資格的咨詢服務機構。主要由具有高、中級專業技術職稱的會計、經濟、工程、法律等專業人員組成，從業人員45人，其中注冊會計師19人。機構設置有主任會計師辦公室、審計一、二、三部、資產評估部、業務咨詢部、培訓部、電腦開發部，和下設惠陽、惠東、龍門等三個分所。

七年多來，本所堅持獨立、客觀、公正原則向社會提供查帳驗證、財務會計咨詢、資產評估等服務，以良好的信譽和優質服務贏得了熊貓汽車、信華精機、惠信精機、中歐電子、唐德電子、廣陵電子、三星電子、金星電子、奇勝電器、樂庭電綫工業、王氏電路、惠州啤酒、東升鞋業等有限公司和TCL集團、長城集團、金山集團、康力、科美思、隆生集團等屬下大中型企業以及惠州港業、嘉富、實力等股份有限公司的信賴和常年委托。目前，本所已具有從事非上市股份公司的查帳驗證業務資格和資產評估資格，與普華、柏德豪、深圳蛇口信德等國內外著名會計公司有一定業務聯系和合作關系。

本所講信譽、重質量、求效率，有良好的職業道德記錄和聲譽，願竭誠為客戶及時提供優質有效服務。

法定代表人：黃廣賢

所長、法定代表人：黃廣賢
地址：廣東省惠州市下埔路24號7樓
電話：(0752)2105443　2105640　2105471
電傳：2105572　　郵編：516001

番禺市資產評估公司

公司是依法設立、國家國有資產管理局頒發資產評估資格證書的中介機構。1993年11月開展業務以來，已為一批企業轉換經營機制、抵押貸款、合作經營、清算轉讓、增資注資等進行了整體和部分資產的評估。遵循"真實性、科學性、可行性"的評估原則，以優質的服務，贏得社會各界和客戶的信賴和好評。公司擁有一支包括會計、經濟、建築、機械等專業的、實踐經驗豐富的評估隊伍，業務範圍逐步遍及珠江三角洲地區。為促進市場經濟的發展、建立現代企業制度作出積極的貢獻。

地址：廣東省番禺市市橋鎮東涌路131號2樓
電話：(020)4881922　4885996
郵編：511400

經理：張熾鵬

業務辦公室一角

康達律師事務所

事務所主任：傅洋

事務所是總部設在北京的一個大型綜合性律師事務所，建立于1988年，下設海南、深圳、上海、西安等分所，擁有專職律師、會計師、經濟師、專利代理人等專業人員40余名。事務所主要業務是爲客户提供經濟商事方面的訴訟與非訴訟法律服務。

本所業務覆蓋内地各省份和香港、臺灣地區，并爲新加坡、日本、法國、挪威、德國、英國、韓國、美國等國家的公司提供了大量的法律服務，力求確保本所的客户在復雜、多變的商業環境中獲得及時有效的幫助。本所經批準承辦證券業務，擁有6名證券律師，曾承辦北京人機和佛山陶瓷集團到香港上市業務和内地多家公司股份制改造及A股上市業務。

地址：中國北京工人體育館
電話：(01)5060851
傳真：(01)5060852
郵編：100027
海南分所
地址：海口市海甸島沿江四路頤和花園7－121
電話：6255242　**郵編**：570208

湖北公明律師事務所
湖北省第一律師事務所

湖北公明律師事務所又名湖北省第一律師事務所，作爲湖北省第一家省屬綜合性律師事務所，成立于1984年10月，下設金融證券部、知識産權部、商貿法律事務部、税務代理部、涉外法律事務部、綜合法律事務部等6個業務部。現有律師20人，其中2名高級律師，3名中級律師，5名初級律師，專職律師9人均系經全國律師資格考試取得律師資格的法律本科畢業生，還有11名長期從事司法工作、法學教育和法學研究的兼職、特邀律師。本所已被司法部、中國證監會批準爲具有從事證券法律業務資格的律師事務所。

事務所創辦10多年來，堅持以事實爲根據，以法律爲準繩，經濟效益和社會效益并重，努力做到公正、廉明、高效、優質。本所律師參加國家重點建設項目清江隔河岩水利樞紐導流隧洞及大壩工程的招標投標工程承包合同的談判簽約。本所律師作爲中南航空企業集團的代理人，參與了湖北省最大一起企業破産案的處理，參與了全國最大的盜竊鐵路物資案的辯護。爲湖北三環股份有限公司定向募集法人股出具了法律意見書。先后受聘擔任過空軍武漢企業管理局、武警湖北總隊、湖北省清江開發公司、湖北省税務局、湖北省財政廳、湖北省商業廳、太平洋保險公司、湖北省保險公司、湖北省冶金進出口公司、中國農科院油料作物研究所、中國抽紗湖北進出口公司、湖北日報、湖北省中藥材公司、鐵道部大橋工程局、建行湖北分行等逾百家省内外、中央在漢大中型企業事業單位、省級政府機關、軍事、科研單位的常年法律顧問，辦理各類案件累計達3000多件，出具訴訟法律文書達1.6萬多件。爲企事業單位和公民個人挽回或避免經濟損失近10億元。1990年在全省司法行政系統榮立集體三等功。

法定代表人：秦前坤　高級律師
地址：武漢武昌首義新村6棟51號
電話：8877352　8877353
傳真：8849101　**郵編**：430060

廣東正大
律師事務所

事務所主任:吴雲南

事務所是經廣東省司法廳批準成立的合伙制事務所。執業人員以受過高等教育的律師為骨干,聘用長期從事司法、經濟業務工作具有豐富經驗的專家、學者組成。宗旨是:竭誠為中外客戶提供優質、高效的法律服務,依法維護委托人的合法權益。

執業律師辦理以下業務:接受聘請,擔任機關、事業、法人單位和其他組織的法律顧問;擔任刑事訴訟案件中的辯護人或者代理人;擔任民事、經濟、行政訴訟案件或者調解、仲裁、行政復議事件當事人的代理人;擔任申訴代理人;代理房屋買賣、抵押、租賃以及土地轉讓、出讓、抵押等法律事務;代理税務、金融或者非金融機構的信貸、銀行按揭、投資、監督基金運作等法律事務;代理各種投資、貿易、知識產權、海商、海事以及其他民商事活動中的法律事務;依照規定代理企業、公司股份制改建、擴建、股權轉讓、股票發行、上市以及證券等法律事務;依照有關規定接受委托擔任法律行為或者法律事實的見證人;代寫法律文書,提供法律咨詢;接受委托,依法辦理其他法律事務。

地址:廣州市麓苑路 31 號 9 棟
電話:3331529 3358902
郵編:510060

事務所是經湖北省司法廳批準成立的第一家以金融、商務法律服務為主要業務的律師事務所。本所薈萃了一批通曉法律和具有豐富律師業務經驗的高、中級律師,擁有一支擅長處理金融、國際經貿等方面法律事務律師隊伍,還特聘了金融、法律、商務等社會各界權威、專家、教授擔任本所的專業顧問。事務所維護法律尊嚴,維護當事人的合法權益。

本所開展的主要律師業務:擔任常年法律顧問和專項法律事務特聘法律顧問;擔任民事、經濟、行政案件中當事人的代理人,參與訴訟、仲裁;為公司設立、改組、股票上市、債券發行、合并、分立等事務提供法律服務;辦理有關投資、貿易、工商登記、證券、信托、保險、貸款、擔保、拍賣、專利、商標注册、版權、房地產經營等業務活動中的非訴訟法律事務;為客戶的項目出發,開展可行性研究,資信調查項目法律論證;接受委托,辦理企業解散、破產、清算、終止等法律事務;擔任刑事案件方辯護人或代理人參與刑事訴訟。

事務所主任:劉元耀

武漢市金融
商務律師事務所

地址:湖北省武漢市天津路 51—1 號(江漢二路 12 號)
電話:2835883 2793437
傳真:2803254 郵編:430041

海南大正會計師事務所

事務所是1992年6月經海南省財政税務廳批準成立，并隸屬于海南省財政税務廳的全民事業單位。自開業以來，本所以優質、高效、方便、快捷的服務，贏得了廣泛的社會信譽。擁有一批年輕化、專業化的從業隊伍，現有39名從業人員中，注册會計師11人，6人具有碩士學位，能夠依法獨立承辦《中華人民共和國注册會計師法》規定的驗資、審計、資產評估、税務代理以及擔任常年財務顧問、推廣會計電算化等業務。經海南省財税廳核準，本所具有資產評估正式資格；經國家國有資產管理局、中國證券監督管理委員會核準，本所具有證券業務資產評估資格，可以從事上市公司評估業務。目前，主要客戶有海南匯通國際信托投資公司、海南賽格國際信托投資公司、海南高速公路股份有限公司、青海三普藥業股份有限公司、海南吴氏集團公司、海南飲料食品（可口可樂）有限公司等。

本所主要服務範圍有：

1、審查會計帳目、會計報表、出具審計報告書；

2、驗證企業投入資本，出具驗資報告書；

3、承辦各類資産評估，出具資産評估報告書；

4、辦理税務代理業務，擬定税收計劃；

5、開展會計電算化推廣，設計財務軟件。

本所從事業務恪守客觀、公正、實事求是的原則，以質量求生存，以信譽求發展，竭誠爲廣大客戶提供優質服務。

地址：海南省海口市金貿區海南世界貿易中心C幢1501號

電話：本部：8520868　8520531　8520068

税務代理部：6781139

會計電算化推廣中心：8520573

郵編：570125

南寧會計師事務所是于1985年12月經廣西區財政廳批準成立，是一家從事注册會計師業務，具有獨立法人資格的全民所有制事業單位。下設驗資部、查帳部、税務代辦部、資產評估部、辦公室、江南辦事處、朝陽辦事處。本所現有注册會計師15人，高級經濟師1人，高級會計師3人，高級工程師3人，副教授1人，律師1人，并聘請有關專家當顧問。

本所的業務範圍除注册會計師法定業務外，還辦理企業合并、分立、清算事宜中的審計業務，出具有關報告；參與調解經濟糾紛、協助鑒别經濟案件證據；代企業設置財務會計制度、擔任會計顧問，培訓財務會計以及其他會計咨詢業務。

本所熱忱為社會各界提供咨詢服務，歡迎各單位和個人前來委托業務

所長：蘇志權

地址：廣西南寧市建政路3號

電話：(0771)586829

傳真：(0771)5868297

郵編：530023

所長蘇志權和注册會計師們在研討工作

南寧會計師事務所

法人代表、所長:施青軍

海南敬業會計師事務所

事務所系由海口市税務代理服務中心發展而來。海口市税務代理服務中心是全國首家税務代理的法人機構,于1992年7月成立。中心堅持以服務為宗旨,注重信譽,講求效率,2年多來業務發展迅猛,成績斐然,贏得社會各界的一致好評。1994年6月,經海南省財税廳批準轉為會計師事務所,業務領域由原來的單一税務代理服務拓展到了會計驗帳、資產評估領域。敬業會計師事務所秉承敬業求實精神,繼續一如既往為社會各界提供優質、高效服務。當您有需要時,請不妨再到敬業會計師事務所來!

地址:海口市濱海大道花園新村11號税務大廈3樓
電話:6780705 6750761

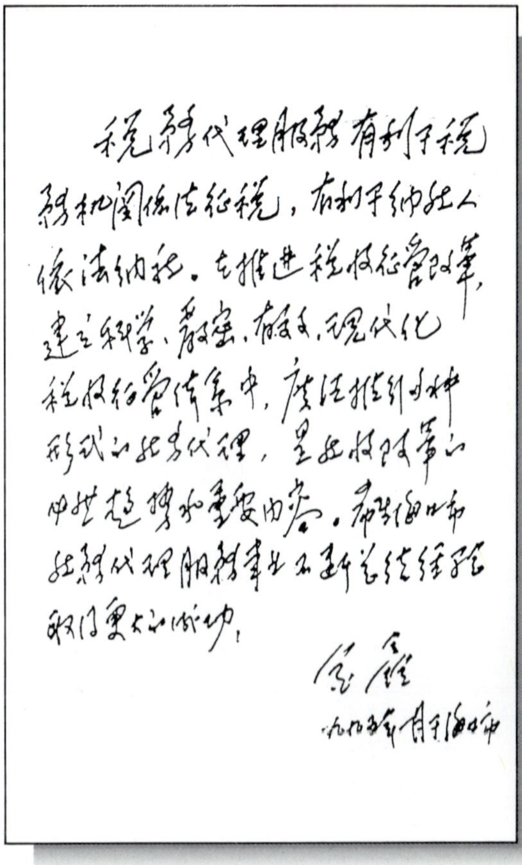

全國人大財經委員會副主任、原國家税務局局長金鑫
爲海南敬業會計師事務所(海口税務代理服務中心)題詞

桂林第二會計師事務所

事務所董事長:柯錫柱

事務所經廣西區財政廳批準,報財政部、中國注册會計師協會備案并取得資產評估資格。承辦下列業務:一、法定審計業務:審計會計報表;驗證資本;辦理合并、分立、清算事宜中的審計業務,并出具有關報告。二、資產評估:承辦企業兼并、出售、租賃、破産、結業、産權轉讓和資産出售、轉讓、出資、抵押等的資産評估。三、會計咨詢服務:設計會計制度、設計會計電算化軟件、擔任會計顧問、代理記帳、代擬合同章程、代培財會人員、其他會計咨詢業務等。

事務所領導一起研究工作規劃

精誠團結的集體

董事長:柯錫柱　　所長:王懷瑾
地址:桂林市西城路7號后3樓
電話:(0773)2823029 2826784
郵編:541002

廣東誠信審計師事務所

事務所隸屬廣東省司法廳，其特點善于協同律師、公證及經濟檢察部門完成審計工作。事務所依據有關規定，主要從事下列業務：

一、會計資料查證。真實和完整地確認企業經營狀況，為經營者決策和經濟糾紛的解決，經濟案件的裁決提供可靠依據。

二、清產核資。核實企業資產，掌握企業經濟實力，為企業資產轉讓、抵押擔保、租憑、兼并、保險理賠提供依據。

三、基建及投資項目預決算。對基建及投資項目預決算的審核，剔除不合理的因素，節省工程費用，保護投資者的利益。

四、建帳建制，兼任常年會計、審計顧問。為企業建立會計核算體系，制訂財務管理制度，解答企業財稅難題，客觀評價企業財務管理狀況，協助加強企業管理。

五、驗資及其他專項審計。查證企業注冊資本，調查某一經濟事項，為銀行、工商、稅務、保險、財政、政法及企業主管部門有關工作的開展提供保障。

六、離任審計。全面查證、公正評價企業經營者在職期間經營實績，為業主及企業主管部門正確評價經營者提供客觀依據。

事務所將充分發揮自己的優勢，以獨立、客觀、公正、嚴謹、廉潔和保密的原則，服務于社會。

法人代表：李建強　會計師　所長

地址：廣州市下塘西路5號省司法廳7樓

電話：總機3358811轉538　郵編：510091

廣西南寧市資產評估事務所

所長：吴雙

電腦工作室

事務所是于1990年7月經南寧市人民政府批準成立的專業資產評估機構。設有流動資產評估部、固定資產評估部、無形資產評估部、綜合管理部、價格信息部、微機操作室等内部管理機構。業務範圍有：企、事業單位的股份制改造、兼并、聯營、租賃、中外合資、固定資產、無形資產的評估；股份公司公開發行股票和上市的證券業務資產評估；企業破産清算、抵押貸款、資產出售、拍賣、資產保險、經濟擔保等的資產評估。

本所于1993年10月經國家國有資產管理局和中國證券監督管理委員會聯合確認具有從事證券業務資產評估資格，爲中國資產評估協會正式會員。本所恪守：客觀、公正、誠信的服務宗旨，熱情地爲社會各界提供優質的服務。

所長：吴雙

地址：廣西南寧市新竹路19號

電話：(0771)5860846　5850363

傳真：5860846　郵編：530022

法人代表 [illegible]明所長

海口資產評估事務所

地址：海口市沿江一西路 2 號市財政大樓
電話：6257013　　郵編：570208

海口資產評估事務所是經國家國有資產管理局于1994年9月批準設立的，具有獨立法人資格的資產評估事務所。該所資產評估範圍包括：固定資產、流動資產、專項資產、無形資產、綜合評估及財務咨詢、代理服務等評估業務。

海口資產評估事務所竭誠為客戶服務，以高標準、嚴要求、客觀公正的工作態度視為公司的生存基礎。本所熱誠歡迎客戶垂詢。

玉林會計師事務所

事務所成立于 1991 年 3 月，當時爲廣西會計師事務所玉林分所，是具有法人資格的中介機構。1993 年 5 月，經廣西區財政廳批準，更名爲玉林會計師事務所。1994 年 12 月又經上級批準在容縣、平南設立分所。事務所依法受托承辦審查企業會計報表，出具審計報告；驗證企業資本，出具驗資報告；辦理企業合并、分立、清算事宜中的審計業務，出具有關報告；承接法律、行政法規規定的其他審計業務、會計咨詢、會計服務和資產評估業務。目前正在籌備開展税務代理和代理記帳業務。幾年來，依法接受了 523 家客户委托，承辦各類業務共 587 項。現有工作人員 30 余人，其中：注册會計師 9 人，聘用具有高、中級職稱的工程師、經濟師 7 人。

本所幾年來在承辦業務中，嚴格遵守國家法律、行政法規，恪守獨立、客觀、公正、實事求是的原則，堅持以質量求信譽，以信譽求發展，竭誠爲廣大客户提供優質服務，并衷心感謝各界同仁的支持與合作。

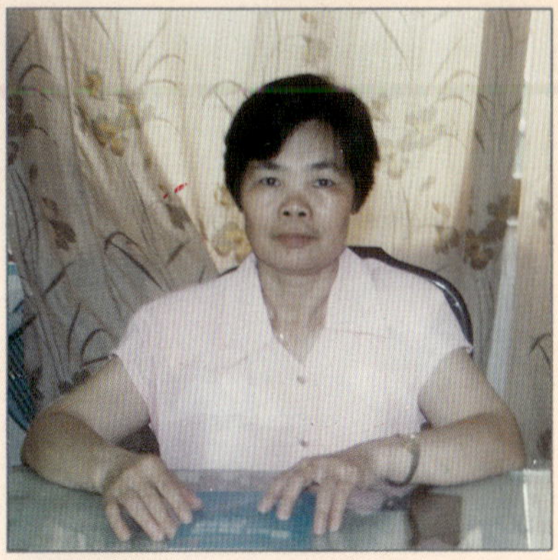

所長：梁素娟
高級會計師　中國注册會計師

工作人員學習國家政策法規

地址：廣西玉林市東門路 274 號
電話：(0775)2838092　2829939
郵編：537000

事務所是經廣西財政廳批準于 1992 年 9 月 28 日成立，具有法人資格的社會中介機構，内設國内部、涉外部、管理部、評估部及各縣辦事處。現有從業人員共計 10 余人，其中注冊會計師 5 人。

開展業務範圍：

一、承辦會計查帳鑒證業務。審查財務資料，出具查帳報告書；驗證資本金，出具驗資報告書；參與企業合并、解散、破產的清算事項及產權交易的有關事項；參與調解經濟糾紛；開展資產評估及其他會計查帳驗證事項。

二、承辦會計咨詢服務業務。設計企業財務會計制度；提供常年會計顧問；代理納税申報；協助擬訂有關經濟文件；管理經濟業務分析報告；培訓財務會計管理人員。

所長：姚讓和

法人代表：姚讓和

地址：廣西梧州市阜民路 6 號

電話：(0774)2824249

郵編：543000

梧州桂東會計師事務所

南海會計師事務所

地址：南海市桂城南海大道南新五路南糧大廈 2 樓

辦公電話：6226360　6220905

住宅電話：(0757)6337895

事務所法人代表：葉錦棠

公司門牌

會計師們討論發展計劃

第十四编

证券业科技教育

386/390

证券业科技

国债期货交易风险控制系统

【概况】 武汉证券交易中心国债期货交易的风险控制体系是建立在完善的计算机管理基础之上，通过计算机国债期货交易系统的监控功能，实现了自动实时的风险控制。

【业务范围】 国债期货交易风险控制系统从10个方面进行风险控制。

1.对会员动态清算，逐笔盯市。对于每一笔交易，动态生成新的清算价，准确计算所有交易会员的盯市盈亏和新的保证金占用数据。能够及时监测到行情变化时，保证金占用的变化，从而把很多扰乱市场的违规行为拒绝在交易系统之外。2.涨跌停板自动控制机制。电脑系统只能在涨跌停板上下限的范围之内，形成有效的成交价，系统可以根据市场的变化和风险程度，动态地改变涨跌停板上下限，当缩小上下限范围时，超限的委托单将被冻结，若超过涨跌停板的委托超过一定数量，系统将报警。3.多重保证金率的电脑控制。系统将保证金率分成五类：基本保证金率、会员保证金率、品种保证金率、持仓保证金率、交割保证金率。除了基本保证金率外，其它四种保证金制度是针对特定的风险而设的。会员保证金率反映了特定会员的资信程度，对资信程度低的会员收取较高的保证金。品种保证金率反映了品种内在的风险程度，对风险较大的品种收取较高的保证金。持仓保证金率对大户实行更强的风险控制，会员达到一定的持仓限度，则实行保证金非线性几何级数增加的制度。交割保证金率是指进入交割以后，电脑系统自动逐日增加保证金，以保证交割的顺利进行。4.扣亏不补盈的机制。在逐笔盯市中采用了扣亏不补盈的算法。对于亏损者，从资金余额中扣除新增的保证金占用，对于盈利者不将动态盈利的金额追加到资金余额中。避免产生正反馈效应，避免产生更大的冲击波，达到控制风险的目的。5.最大持仓量的控制。主机可按不同品种设定不同资信级别的会员的最大持仓量，系统控制不允许超过这一特定的持仓量，从而使会员个别持仓和市场整体持仓量都控制在一个规模内，大大降低了市场的风险。6.每笔报单的限量控制。计算机系统事先设定每一笔报单量不得高于一万口，从而大大限制了大户操纵市场的可能性。7.强行平仓的低损失机制。在某些特定条件下，对会员执行强制平仓时，电脑系统提供了较合理的机制，既保证强行平仓得以实现，又尽量减少被平仓会员的损失。本系统强制平仓的算法采用本部位的动态最优价作为平仓委托价，并不断动态更新以执行强行平仓，减少强行平仓的损失。8.保证金率与涨跌停板率平衡比例控制。电脑系统中保证金率与涨停板率的设定是在维持保证金的前提下，当出现三天单方向连续涨跌停板价位的情况下也不会出现资金风险，实际上，管理制度要求当低于维持保证金时，两天内必须追加保证金，否则强行平仓。在这种情况下，平仓后资金不可能出现负值。9.大户交易的电脑动态监控。系统可以实时地对大户交易情况进行分析、归纳、统计、排序，从而更加有效地监控大户的持仓量、保证金占用、资金余额、交易状况，便于及时发现问题，及时采取相应的管理措施。10.资金三级监控制度。系统对所有会员实行资金监控，打印资金告警通知单，实行后备的资金风险控制。系统将保证金不足的状况分为三级，对每一级采用不同措施，对第一级要求会员在规定时限内追加保证金；对第二级要求会员应自行平仓；对第三级实行主机强制平仓。

世华国际金融信息有限公司

【概况】 公司是1993年8月由中信集团国安电气总公司与台湾建功电脑股份有限公司共同创建，开展国际国内金融信息服务、系统软件开发销售和卫星通讯等业务。公司下设通信控制部、工程技术部、业务部、系统开发部、信息工程部、财务部、器材部、办公室及总经理室，并在上海、广州设有分公司。公司能同时用一套卫星信息发布系统提供准确及时的中文信息，包括国际现货外汇、贵金属、美日盘期货、国际股市指数、国内主要期货交易所的行情、走势图和实时技术分析，国内外财经新闻、各交易所的快讯要闻、评议分析等。

【业务范围】 公司主要推出的产品有金融家国际金融信息实时系统、金融家盘后技术分析系统。实时系统有单机工作站和网络版系统。系统功能包括即时报价、技术分析、走势图、查价、预警等30余种，可自动循环播报，功能图形自动接续，线上中英文切换，存储历史资料和线图，设立分、时、日、周、月线走势图，网络版可任意扩充工作站。盘后技术分析系统的功能有人工智慧功能、行情模拟分析、画面多图变化、系统参数自设、资料转挡、线上操作指示等。

中国外汇交易中心外汇交易系统

【概况】 中国人民银行中国外汇交易中心的中国外汇交易系统是国家外汇管理局信息中心开发的，于1994年4月4日正式运作。并在全国19个城市实现了联网交易，初步形成了以上海为中心的辐射全国的外汇市场网络。通过了由中国人民银行组织的技术鉴定。

【业务范围】 中国外汇交易系统标志外汇交易市场运作电子化，是一个全国范围的实时交易的计算机通信应用系统，系统设计采用了异地（上海、北京）双中心体系结构，在金融行业首次采用公用分组交换网、卫星通信网双网互为备份和分流的技术，这样使得外汇交易系统实现了全国主要城市的统一的外汇市场网络，为实现外汇汇率机制改革、执行以市场供求为基础的单一的有管理的浮动汇率制度提供了先进的技术手段。已加入中国外汇交易中心系统运作网络的有北京、上海、天津、大连、广州、深圳、海口等19个城市。

上海证券交易所卫星数字广播系统

【概况】 卫星数字广播系统是由上海证券交易所、上海高智科技开发公司、上海新华电脑电子信息公司联合研制的，于1994年全面推广应用。

【业务范围】 系统是一种单向计算机通信网，它利用计算机产生的数据通过卫星实现一点发送多址接受，辐射到各地的用户小站，进入到用户的计算机系统，并具有将数字化立体声音频节目传送到各音频接受用户站的功能。主要特点有：在计算机和卫星设备之间采用自行研制的高速通讯卡，发送速率128kbps，且传递速率可用软件调整，采用计算机编码寻址传递技术可实现远距离智能广播通信，且安全可靠，整个系统数据发送误码率小于10—7，各种数据可实行实时、多址、多用途传输。

国家信息中心SIC实时金融系统

【概况】 国家信息中心1994年底推出了SIC实时金融系统，并逐步进行版本更新。SIC实时金融系统是国家信息中心的金融市场行情卫星实时发布系统。

【业务范围】 系统汇集了中国证监会正式批准的所有证券与期货交易所的实时行情，以统一标准的格式通过卫星数据广播技术向政府部门和证券期货业的专业用户提供。系统先后推出了第一版、第二版软件，完善了用户远程维护的功能，使SIC实时金融系统的控制中心可通过点对点的数据广播为用户更新表码，增添交易所新增加的栏目及更新用户的程序。另外系统的发送速率也由9.6kbps升高为19.2kbps，减少接收延时，同时进一步改善了用户使用界面，由单组合窗变为多组合窗，具有屏幕自动记忆功能。系统将逐步推出把图形分析和行情显示同屏幕自由组合的单机和网络系统。

汇金公司汇金证券分析智能平台系统

【概况】 公司是一家从事投资咨询、服务、软件开发、网络工程的专业公司。成功地研制了汇金第一代、第二代系统、智能分析系统等。

【业务范围】 公司在汇金第一代、第二代系统的基础上开发了证券通用智能分析系统。该系统的特点是采用平台结构、用户自由组合、自由搭配，是一个多任务、多窗口、分时智能的平台系统。系统的功能有：可以配接任何一个柜台交易系统（股票、商品期货、外汇等），提供开放的接口功能（函数调用、命令调用）、多种组合拼接功能，可将行情揭示、技术分析、新闻资讯等同屏显示。并具有信息含量高、占用硬盘空间小、四度空间、江波分析等国际上最新分析方法。

深圳安信证券服务中心

【概况】 中心是由深圳安信财务顾问有限公司、深圳电信发展公司等单位发起设立的证券咨询机构。开发出电脑软件"大陆证券综合数据库"。

【业务范围】 中心主要是以上市公司、内部股份制企业为主要服务对象，开展信息咨询服务、软件开发等业务。主要产品有大陆证券综合数据库。库的内容包括证券法律、法规、深圳、上海证券交易所的A股上市公司、B股上市公司的基本情况、经营业绩、财务状况、发展预测等资料，法人股上市公司、基金、证券商、会计师事务所、律师事务所、资产评估机构等。

珠海市西部电脑网络技术公司

【概况】 公司是国内较早从事证券电脑系统开发的公司之一，公司研制了二种新型的液晶显示磁卡终端LDMC—100和LDMC—200，开发了相应的多用户操作系统，使一台电脑可带30个终端。

【业务范围】 公司从事证券交易软件、网络工程的开发等业务。推出了威士特液晶显示磁卡自助委托查询系统。系统的构成有：LDMC磁卡自助委托查询终端，包括中央处理器、大屏幕液晶显示屏、磁卡读卡器、专用小键盘、操作系统等；前端接收机；监控机；接口系统。系统主要功能有：自动读取磁卡信息，检测股民的股东代码和密码；委托证券交易；撤消委托；各种查询及自动成交清算、交割等。系统具有技术先进、安全性好、速度快、兼容性好等特点。

上海农襄投资资讯有限公司

【概况】 公司是一家专门从事金融证券投资咨询服务及网络系统工程顾问型的高新技术企业。公司拥有丰富经验的证券投资分析专家、电脑人才、信息采编和研究人员。

【业务范围】 公司主要开展咨询、服务、研究、开发、生产等业务。研制的软件系统有金汇投资资讯系统（网络版、单机版、普及版）、证券期货技术分析系统、证券交易综合管理系统、国债期货交易管理系统等投资分析和管理软件。其中金汇投资资讯系统以数据库的形式存放证券财经资料，可在普通家用电脑上进行基本面分析。

独丽世家图文信息中心

【概况】 世家图文信息中心是一家开发图文信息、远程交易网络等有关业务的专业机构。借鉴国内外的各种股票交易的方式和特点，并利用远程通信技术推出了DOLLY SHP系统即独丽世家图文信息中SHP股票远程交易网络系统。

【业务范围】 DOLLY SHP系统要求的计算机设备有：286挡次以上的微机、VGA显示器、调制解调器（MODEM）；股票行情接收器，电话及操作系统和汉字系统、SHP股票远程交易软件等。利用市话网即可实时接收深、沪股市行情，进行各种动态、静态的技术分析，随时对深、沪两地股票进行买卖委托和成交查询系统，利用系统可管理个人股票。系统具有委托及时、传输安全、操作简单、运行稳定可靠等特点。

上海万得资讯有限公司

【概况】 公司是一家高科技企业，在资讯开发、软件研究、系统推广方面具有较强的实力。

【业务范围】 公司主要开发的产品有Wind证券资讯系统。是一套集证券基本面分析与消息面报道于一体的资讯系统。在基本分析方面，系统以宏观经济指标分析为基础，以财务报告分析为核心，包括各地上市公司及经济指标背景资料。具体的有所有上市公司完整的招股说明书、上市公告书、历年中期报告、年度报告、分红分配及其他重要公告，公司历年主要背景资料，历次股本变化情况及最新股本结构。上市公司介绍细化至公司简介、业务展望、管理层、关联企业、风险因素、职工持股、资金运用等，并建有股本结构数据库、财务报表数据库、财务指标数据库。在宏观经济信息方面主要包括总体经济、金融指标、物价指标、工业生产统计、货币金融统计等各方面的指标数据。在消息报道方面系统提供了海外财经、股市评论、债市期货、新闻集锦、政策法规等栏目，系统还提供了按关键词检索的搜索功能。系统采用 Novell 网上的 Foxpro 数据库和 C 语言混合编程，具有自动检索、排序、组合查询、打印、图形技术功能及用户定义扳块功能，具有数据与图形随意切换、连动互补，实现二维表格的项目随意变换功能。

钱隆电脑软件公司

【概况】 公司是由台湾著名证券、金融方面的电脑专家投资，在大陆成立的中外合作高科技公司。并聘请有世界著名的证券金融技术分析专家为高级顾问。公司下设业务部、维护部和开发部，并在国内各主要城市设有经销服务网点。

【业务范围】 公司主要从事证券、金融方面的电脑软件系统的开发和生产，为证券商和投资者提供服务和咨询。开发的软件有：钱龙上海深圳动态技术分析系统软件；钱龙上海深圳静态技术分析系统软件；钱龙上海深圳电视墙系统软件；钱龙上海深圳个人动态单机扳系统—即图文电视 PC 卡；钱龙成交回报系统。

新利三金电子(深圳)有限公司

【概况】 新利公司是一家从事科技开发、软件设计、应用研究的专业技术公司，在开发出"新利证券交易软件系统"后，又在有关期货公司的指导下，研制了商品期货管理系统。

【业务范围】 公司开发的商品期货管理系统能够应用于不同规模的期货经纪公司及其业务交易、风险管理方面。系统采用 C＋＋语言，Novell 网络下的 Btrieve 作为数据库工具，能运行于单机模式或服务器模式(Client/Server)，系统的界面为 DOS 下的仿 Windows 风格，增加了鼠标驱动功能。在期货业务设计上，系统分为两大模块：日终结算和风险管理。日终结算又有资金管理、结算管理、系统维护、报表打印四个子系统。资金管理包括资金帐户、期货帐户、资金入出、经纪人管理等。日终结算管理考虑到数据安全性及结算方式的灵活性，结算前系统自动提醒数据备份，结算后发现错误可以迅速恢复数据，结算的参数可以灵活设置，增加品种和结算价录入采用智能方式。风险管理模块包括客户委托和实时风险控制两大子系统。具有动态实时清算功能，可以根据动态的行情或输入模拟结算价进行清算，根据清算结果及具体的管理经验，控制资金和下单。客户委托子系统主要有下单、撤单、资金、合约、委托和查询，下单后系统进行审单。

上海维赛特网络系统公司

【概况】 公司成立于 1993 年 10 月，由上海科技投资股份有限公司、金桥出口加工区开发总公司、上海陆家嘴发展总公司、外高桥联合发展公司等 7 家单位共同投资兴办的一家高科技企业。

【业务范围】 公司主要从事 VSAT 卫星通信及其它通信网络业务和相应工程技术咨询服务，以及提供相关的电子配套设备。公司建立了浦东卫星地球中心站，通过定位东经 115 度的太平洋上空的"中星五号"上的 C 波段转发器，与各远端站用户连接成一个通信网。中心站对各端站进行全过程监控，通过中心站网内各端站可以进行数据、语言、电传、数字图象等传输，第一批入网的有新民晚报的版面传输系统、上海粮油商品交易所的行情显示和成交回报系统二个小专用网。

卓诚数据系统有限公司

【概况】 公司是由香港卓诚(中国)有限公司与海德—哈佛国际投资有限公司联合在中国注册的外商独资企业，在北京、上海、广州、武汉、成都、沈阳等地设立有分支服务机构。

【业务范围】 开展对外经济、技术、贸易和信息交易与合作等业务。在计算机工程方面，完成了中国航空服务公司、西郊机场等中大型计算机网络工程；在金融信息领域，完成了各类系列产品：无线即时行情技术分析系统、证券财经资料库、国内期货/国债期货即时分析系统、股票即时行情分析系统、电视墙系统；在通信领域开发了公众网络资料库应用系统。并推出了卓诚股票(信息)无线版，包含上交所、深交所的股市及国债信息的即时信息和盘后信息，并与有关单位合作推出 E-MAIL 系统，用户随时可以得到最新的信息资料。与国内电视台合作推出有线信息频道，包括股市信息、外汇信息、综合评述等。

无线证券期货行情系统：系统采用先进的 FM 调频副信道数据传播技术，传播股市、期市的即时行情，其中包括上海证交所、深圳证交所，还包括各期货交易所的多种商品期货行情。无线行情网络版可使券商扩大信息容量，网络版的一个派生产品写库版，为券商利用标准行情库提供良好的兼容环境。

深圳黎明电脑网络公司

【概况】 公司是专门从事计算机网络系统及通信技术的研究开发和推广应用的。

【业务范围】 公司开展网络设计、设备选择、进口、安装、调试，系统设计、软件开发、系统调试、技术培训、系统维护和硬件维修等。公司 1991 年推出了基于网络环境的第一代券商交易软件，1993 年底推出了新一代的证券交易软件系统(LM—3S)，具有设计新、功能全、安全高效的特点。同时公司还为政府机构、公安、交通、电信、商检和信息服务等行业开发了电脑网络和应用软件系统。并与国际知名厂商建立了良好的合作关系。

上海雷硕高科技发展公司

【概况】 公司是一家从事金融证券科技及相关高科技的专业公司，开发了系列证券管理软件。主要包括沪股交易系统、深股交易系统、磁卡自助管理系统、股票交易电话自助系统、国债期货管理系统、大户管理系统、后台监控系统、全天候自助系统。

【业务范围】 沪股交易系统：具有客户管理、柜台交易、财务管理、系统管理等功能。回转交易增加了散户的交易量，多功能申报解决了多点委托。可集中打印和实时交割打印，自动计帐，可以接受异地委托，设置客户业绩管理等系统。

深股交易系统：具有资金管理系统、柜台交易、查询系统、财务管理、日终处理、系统管理等功能。与沪股共用一个资金库，通过柜台—磁卡—电话进行委托，对资金帐户进行调帐、冲帐、转帐，可通过各类报表的打印进行对帐，为客户设置不同的佣金额度，自动合并多个席位，自动进行数据库备份，同时具有备份恢复等功能。

磁卡自助管理系统：客户只需将磁卡在读卡机上轻划一下，即可打开资金管理系统，输入密码进行操作，客户可随时更换密码，自行进行交割和查询。

国债期货管理系统：自行进行国债期货的委托、申报、即时成交回报、清算等，有独立的资金库，又能与深、沪股及国债现货的资金库通过划帐的方式相连，自动计算买卖盈亏、浮动盈亏、自动追加保证金、自动归还盈余保证金，可控制客户进行强行平仓，能与各种证券交易系统软件共用。

大户管理系统：具有筹码统计、盈亏分析、错帐显示等功能。为大户设立一个股票托管库，记载股民拥有证券的情况，有丰富的查询、统计、报表等功能。

福州海天计算机网络技术公司

【概况】 公司创办于1993年3月，主要开展计算机网络技术研究、服务、软件开发、产品销售、网络技术培训等业务。公司下设网络事业部、软件事业部、PDS&WAN事业部，并在厦门、上海设有分公司，在长沙、沈阳设有办事处。

【业务范围】 公司是美国Intel公司和Novell公司的授权代表，开发了网络路由器、中西文无盘工作站等。海天证券交易系统采用客户—服务器模式，选用先进的数据库管理系统Sybase SQIServer，并从事AT&TSCS结构化布线业务，是香港电话AT&T SYSTIMAXTMSCS产品在福建地区的系统集成商，

海天证券交易系统：系统可运行并根据上海证交所券商的业务需要，提供相应的自助委托与电话委托系统，主要功能有各营业部之间资金通存通取，股票通买通卖，并有规范的资金管理制度、交易处理制度与财务报表设计。

上海申银现代网络公司

【概况】 公司是一家以开发网络、研制软件系统为主的专业公司。成功完成了证券商多用柜面系统。最主要的产品有SYBASE数据库系统。

【业务范围】 SYBASE数据库系统：系统分为前台和后台两个系统。前台系统的主要功能是处理股民投资的各种业务，包括开户、存取资金、委托买卖各种证券、人工和自动报单、自助委托和查询、资金帐户管理等。后台系统的功能是面向管理和工作人员的。包括的子系统有系统操作员管理、参数管理、清算与打印、领导人员查询、实时回报处理，主要功能有行情及实时回报处理、清算及会计报表打印、股票管理、系统操作及参数管理、业务查询等。

深圳执创电子有限公司

【概况】 潜龙自助委托系统是由深圳执创电子有限公司研制开发的，可以配合钱龙、建功和其他行情分析系统使用的悬挂式自助委托系统。

【业务范围】 系统针对普通存在的电脑网络负荷过重现象，采用最先进的客户/服务器软件结构，利用NOVELL网络上的底层通讯协议，通过对网卡的读写操作，替代对服务器磁盘的读写操作，用信息包在网络上的传递取代了写盘传递信息方式，降低了磁盘的操作拥挤程度。系统还设计了与各类券商系统的标准化通用接口，能自动适应资金、柜台系统的变化。

杭州新利电子有限公司

【概况】 新利电子有限公司是我国致力于计算机语言技术方面的专业研究公司，在高质量语言压缩编码技术方面处于领先水平。并在引进先进技术的基础上开发了新一代多功能电话语音系统。

【业务范围】 新利多功能语音系统：系统适用于银行查询、证券交易、信用卡查询、邮电民航查询等领域。主要功能有：1，电话银行，用电话查询帐户信息、转帐、汇款、挂失止付等业务。2，信用卡查询。用电话查询卡户余额、止付、转帐及收付等信息，办理挂失业务。3，股票交易。通过电话办理股票委托买卖，查询资金（股票）、行情、成交等。4，其它应用。电话收费、外汇汇率查询、电话订票、税务查询等。同时系统还有优越的特点：独特的电话接口设计，先进的消侧音电路设计、采用MOTOROLA公司最新大规模数字信号处理集成电路，采用双帧缓冲、完美的驱动程序设计等。

北京长天计算机系统有限公司

【概况】 公司是一家创办于1994年致力于大型计算机系统集成和网络应用的中外合资企业。公司总经理：彭晓林。

【业务范围】 公司主要开发的产品有中文合作式处理应用软件包、全系列银行应用系统、证券交易中心、结算公司、证券商软件系统等。与天津证券交易中心电脑部合作开发的计算机证券交易系统，运行稳定，日处理交易能力达2000多万笔。为STAQ系统改造的新系统除可进行自动撮合外，还能够进行即时登记、清算和统计。与深圳证券登记公司合作开发的B股中央结算系统于1994年9月15日正式启动。中央结算系统是一个在IBM、AS/400小型机上实现的全面综合的结算管理信息系统，分为主机结算系统和客户终端系统两部分。

上海新天翔高科技公司

【概况】 公司是一家民办的高科技股份制企业，成立于1994年1月。公司成员由复旦大学计算机系有关方面组成。

【业务范围】 公司主要业务有计算机软硬件的设计与开发、计算机网络、通讯系统的研制、安装与维护，兼营电子、化工、五金交电、房地产咨询等。还参加科研教学活动，国家863计划、国家自然科学基金以及上海市科委的科研项目。公司开发的金融、企事业等单位的信息管理系统包括：证券综合管理系统、国债期货管理系统、地方企业债券管理系统、人工智能和模式识别方面的目标跟踪与识别系统以及高炉操作指导专家系统。

证券业教育研究

北京物资学院

【概况】 北京物资学院期货贸易专业由学院、中国国际期货经纪有限公司、北洋(天津)钢材批发市场、深圳宏昌实业有限公司共同主办,创立于1993年7月。

【业务范围】 主要课程有英语、计量经济学、国际贸易、国际金融、外汇实务、期货贸易概论、金融期货、技术分析、期权、国际经纪人等,还组织专题讲座:关贸总协定、北美自由贸易区协定等。

上海证券期货学院

【概况】 学院是由上海证券交易所和上海财经大学联合创办的,成立于1994年6月8日,是一所专门培养证券、期货投资人才的高等学校。学院实行董事会领导下的院长负责制,教师实行聘任制,重点培养硕士研究生和本科生。办学宗旨是培养和造就跨世纪的有献身并有证券职业道德责任的、适应社会主义市场经济需要、具备四有素质的一流管理人才。学院院长:龚浩成。

【业务范围】 学院1994年招收了第一批证券期货本科生,并决定每年选派少量优秀学生赴国外考察或培训,与上海证券交易所联合举办了多期国债期货交易员培训班,2200多名交易员参加学习。学院还开办了"证券期货副修专业"学习班,为114名具有大专以上学历的从业人员提供了进修场所,此外还与长春一汽集团等大型企业举办了为期一年的企业管理干部培训班。学院已形成的专业教材有《证券投资学》、《证券投资分析》、《金融期权与期货》、《商品期货学》、《基金管理》等。

广东期货经纪培训中心

【概况】 培训中心是经广东省人民政府批准,于1993年5月设立的。属广东省期货市场管理领导小组直接领导的事业法人机构。

【业务范围】 主要任务是:普及期货市场知识;宣传政府对期货市场的有关政策、法规制度;组织协调对期货经纪的培训;对广东省从事期货经纪业务的人员组织统一考试,并受广东省期货市场管理领导小组的委托制发期货经纪资格证书。

上海期货期权交易研究中心

【概况】 研究中心是由上海社会科学院远东资信评估公司组建的,于1991年8月12日成立,宗旨是研究期货、期权交易的理论,传播专业知识,培养专业人才。

【业务范围】 研究中心的主要工作是:开展学术研究,收集国内外有关期货期权交易的资料,研究期货期权交易的基本理论和原理,研究对比各国的期货期权交易法规、机构、品种等;培养人才,举办学术讲座,传播有关知识,翻译有关专业书籍;开展国内外的学术交流与合作;编辑出版有关刊物,反映国内外有关的研究和发展的信息和资料。

上海申一期货市场研究所

【概况】 研究所是经上海市工商行政管理局核准登记的,具有独立的企业法人资格,成立于1994年2月16日,是由上海工业大学期货期权研究中心与上海综合开发研究所共同组建的。研究所董事长:贺镐圣,所长:蒋明德。

【业务范围】 研究所的主要宗旨是:以国内外期货市场为依托,组织社会各界的研究力量,以研究国内外期货期权市场为主要任务,实行理论研究与实践相结合、战略选择与政策制定相结合、市场开发与咨询服务相结合,为企业和社会服务,为政府决策服务。主营期货市场的研究、期货市场的技术服务培训以及销售与期货相关的产品。

上海申银证券研究所

【概况】 上海申银证券研究所是上海申银证券公司属下的证券投资咨询服务机构,具有较好的通讯网络和研究基础。法人代表:缪恒生。

【业务范围】 主要服务范围有证券市场行情评析、走势研判、预测,企业股份制规范化改造方案设计、上市策划,宏观经济形势、金融、证券市场各类信息咨询和服务,筹划有关证券学术研讨、组织证券从业人员和证券投资者业务培训,提供计算机网络设立配置咨询和交易管理、技术分析软件等服务。

君安证券研究开发中心

【概况】 开发中心是君安证券公司的下属机构之一,主要开展证券市场方面的基础研究和开发性研究,包括二级市场解盘、上市公司研究、行业分析、金融品种创新、衍生工具运用等内容。建立了国内各行业、上市公司、专业资本市场、宏观经济、境外信息、国际金融等专业档案资料。

【业务范围】 开发中心在北京设立了君安研究分中心,负责收集政策信息及各行业的最新动态、国家宏观经济形势及行业最新报告,还定期与各有关院校、研究机构开展交流与合作。开发中心内设二级市场、上市公司、金融创新三个研究分析室。二级市场研究室除每日定时对股市、债市、B股进行技术解盘外,还密切关注港股及亚太地区邻近市场的表现;上市公司研究室定期走访上市公司、了解经营业绩等,及时完成上市公司投资价值研究报告和行业分析报告。金融创新研究室主要研究金融衍生品种,设计公司业务发展方案。同时编辑了《君安财经快讯》。另外中心还开发咨询服务网,网络采用会员制方式,除向会员及时提供日常信息服务外,可提供资产委托管理、公司债务重组、股权投资决策、产品市场分析、金融新产品推介等专项服务。

廣東揭陽榕江會計師事務所

法定代表人:許俊明

地址:揭陽市區新興北路5號

電話:(0663)8624164　郵編:522000

本所成立于1992年12月4日,是經廣東省財政廳、廣東省國資局批準核發注冊會計師業務資格和資產評估資格的會計公證機構,具有承辦法定會計業務和資產評估業務資格的單位。本所依照中華人民共和國的法律、法規和制度,依照一般公認的審計準則和資產評估規範,獨立、公正、客觀地為經營中國或國際性業務的外商、港、澳、臺投資企業,國內企業、事業單位、國家機關、團體提供會計查證、驗證、鑒證、資產評估和會計管理咨詢的最佳專業服務。

我所的宗旨:以發展經濟,促進會計專業技術進步,恪守公正、客觀和實事求是的原則,保守秘密,維護國家和委托人的合法權益。

本所主要業務:1.審查會計帳目,會計報表和其它財務資料;2.驗證企業投入資本;3.參與辦理企業解散、破產的清算事項;4.參與調解經濟糾紛,協助鑒別經濟案件證據;5.資產評估;6.審核內部會計控制制度;7.其它會計查帳、驗證事項;8.提供會計管理的各種咨詢業務。

珠海市怡安律師事務所

主任:陳偉輝

珠海市怡安律師事務所成立于1994年,是珠海律師制度改革后首批成立的合作律師事務所之一。該所以辦理房地產、金融證券、商貿交易等經濟法律事務爲主要業務範圍,目前擁有從業人員10多名,具有豐富律師工作經驗,實力雄厚。在同行中脫穎而出,現已成爲珠海特區著名的法律服務機構之一,并與港澳海外地區多家法律機構建立了密切的合作關系。

業務範圍主要包括:金融、房地產、貿易、借貸等經濟活動中各類型糾紛的訴訟代理、仲裁代理;擔任企業常年法律顧問;參加項目投資和其它商務活動的論證、顧問、談判、起草等工作;接受國內外當事人委托,辦理有關投資、貿易、公司登記、清算、擔保、招標、企業上市及內部改造、專利、版權、商標注册等各種商業活動中的非訴訟代理;辦理境內外律師見證業務。

地址:珠海經濟特區拱北迎賓大道中建商業大廈8樓

電話:(0756)8884088(6綫)

傳真:8884033　郵編:519020

法人代表、所長:陳學存

廣東
江南會計師事務所

事務所業經廣東省編委和廣東省財政廳批準,并經廣東省工商行政管理局登記注册,注册號:19037177—6

地址:廣州市江南大道中穗花南街4號103室

郵編:510245　電話:4416074　7399898—8316

業務範圍

(一)審查會計報表,出具審計報告書;

(二)驗證注册資本,出具驗資報告書;

(三)協助企業清產核資和資產評估;

(四)提供財務會計咨詢,擔任常年顧問;

(五)設計財務會計制度,培訓財會人員;

(六)提供税務和經濟管理咨詢;

(七)接受委托辦理離任審計和企業合并、解散或破產清算的以及債權債務清算;

(八)代理記帳和納税申報;

(九)其他財務會計、管理咨詢服務事項。

法人代表、所長:王志新

海南
華新審計師事務所

事務所是經海南省審計廳批準,于1994年7月份成立的社會審計中介組織,具有法人資格。現有工作人員20人,其中:高級審計師1人,高級工程師1人,經濟師1人,中國注册審計師8人(内7人已認定具有注册會計師資格),工程師2人,助理會計師1人。内部機構設置有辦公室、審計查證部、基建工程部、驗資部、税務代理部、咨詢服務部。

獨立承辦業務:財務收支、經濟效益、經濟責任的審計查證;注册資金的驗證和年檢;建帳建制、資產評估、清理債權債務;基建工程預算、決算的編審和查證;經濟案件鑒定;税務代理;企業合并、分立、清算的審計業務;經濟咨詢管理服務;培訓審計、財務會計人員;擔任審計、會計咨詢顧問;法律、法規規定可以審計查證的其他事項。

董事長:羅扳(經濟師)

所長:王志新(法人代表)高級審計師、中國注册審計師(已認定具有注册會計師資格)

地址:海南省海口市白龍南路省干部培訓中心綜合樓205、206室

電話:5335793　郵編:570203

廣東信瑞會計師事務所

事務所是經廣東省財政廳批準的社會中介性事業機構，具有獨立法人資格。其宗旨是恪守中華人民共和國一切法律、法規，本着客觀、公正、實事求是的原則發揮注冊會計師在社會經濟活動中的鑒證和服務作用。維護社會公共利益和投資者的合法權益，遵守職業道德，加強同仁之間的協作，起到政府有關部門與咨詢代理單位之間的橋梁與紐帶作用，促進社會主義市場經濟的健康發展。薈集了包括一批學識資深的財稅顧問和具有高中級職稱、年富力強的注冊會計師隊伍。并在香港設立廣源投資顧問有限公司，為中外客戶了解國家有關投資經營法規、稅收政策，提供方便服務，同時承擔稅務、財務、會計常年顧問。

執業範圍：有會計與審計、資產評估、咨詢與顧問、稅務與會計代理、培訓業務等。

法人代表：歐漢洲
地址：廣州市五羊新城寺右二馬路16號愉景大廈2樓B座
開戶銀行：交通銀行廣州分行五羊支行
帳號：239—0141013993
電話：7398022　7380576　7398027
傳真：7380552　**郵編**：510600

海南椰城會計師事務所

地址：海口市大同一橫路老干部活動中心7樓
電話：6721384　**郵編**：570201

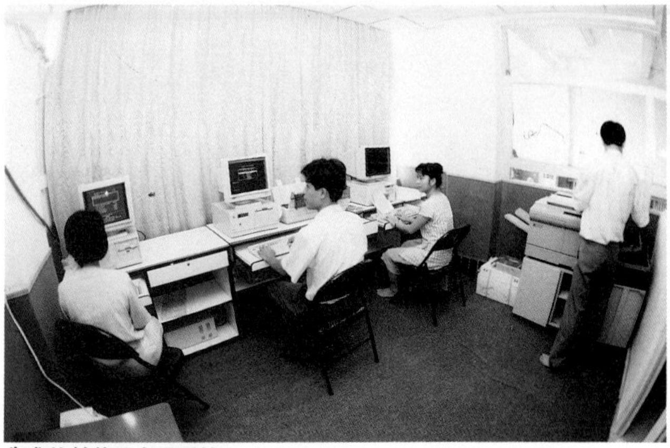

寬敞的辦公室　先進的計算機處理系統

事務所是經海南省財政稅務廳批準，報財政部備案，實行有償服務，具有法人資格的全民所有制單位。事務所設有驗資部、審計部、評估部、稅務代理部、會計代理部、業務咨詢培訓部、資料檔案室等。椰城會計師事務所恪守獨立、客觀、公正的原則。在遵守國家政策、法令的前提下，努力為客戶提供優質服務。并嚴格為客戶保密，維護客戶合法權益，收費合理，有較高信譽。

GUANGDONG HUA NAN CERTIFIED PUBLIC ACCOUNTANTS

廣東華南會計師事務所

事務所成立于1987年4月，又于1991年經廣東省國有資產管理辦公室批準開展資產評估業務。接受國有企業、集體企業、私營企業、外商投資企業以及機關團體、事業單位和個人的委托，跨越行業和行政區域承辦下列各項業務：

1、檢查驗證會計報表和其它財務資料，出具報告書；

2、驗證企業的投入資本，出具驗資報告書；

3、檢查驗證企業解散、破產的清算事項；

4、參與調解經濟糾紛，協助鑒別經濟案件證據；

5、設計財務會計制度，擔任會計顧問，提供會計、財務、稅務、投資項目、股票債券和經濟管理咨詢；

6、代理納稅申報；

7、代理申請注冊登記，協助擬計、審查經濟合同、章程、投資項目經濟效益可行性研究報告和其它經濟事件；

8、培訓財務會計人員；

9、辦理資產評估業務；

10、其它會計查帳驗證和會計咨詢業務。

事務所擁有一批具有豐富實踐經驗的會計師、經濟師、工程師，恪守公正、客觀、實事求是的原則，積極維護中外當事人的合法權益，竭誠為國内外單位提供優質高效服務，收費合理，手續簡便，歡迎各界人士光臨洽談。

地址：廣州市起義路1號廣東貿易中心904室

電話：3355984　3338293轉1912、1908

傳真：3355984　郵編：510120

海南
瓊僑會計師事務所

事務所干部職工在一起

事務所是經國家批準依法承辦注册會計師業務的全民所有制單位。執業人員由注册會計師、高級會計師、客座副教授、會計師、經濟師、工程師等專業技術人員組成。本事務所創辦的宗旨是：以質量求信譽，以信譽求發展。遵守國家法律、行政法規和方針政策，恪守獨立、客觀、公正、廉潔的原則，熱誠爲社會各界提供符合規定要求的服務。事務所承辦的業務範圍：查帳、審計、驗資、資産評估、税務代理、財務顧問、培訓財務人員、經濟咨詢等。

熱忱歡迎各單位、企業、個人委托業務。

法人代表：蒙以福

地址：海口市龍華路36號海聯大廈3樓

電話：6714559　6775098　郵編：570102

第十五编

证券业社会团体

396/398

证券业社会团体

中国证券业协会

【概况】 协会是经中国人民银行批准，民政部核准设立的具有独立法人社团资格的证券行业自律性管理组织，于1991年8月28日成立，采取会员制的组织形式，最高权力机构是会员大会，执行机构是理事会和常务理事会。秘书长负责主持日常工作。协会的主要宗旨是贯彻执行国家的有关政策和法规，发挥政府和证券经营机构之间的桥梁和纽带作用，加强证券业的自律管理，维护投资者和会员的合法权益，建立和完善社会主义证券市场体系。

【业务范围】 主要办事机构有办公室、业务开发部、培训部、对外联络部。主要职能是根据国家有关政策，拟定自律性管理规则，监督会员遵守证券法律、法规，加强行业管理；树立"三公"原则，维护行业信誉；统一会员的交易行为，调解会员间的纠纷，沟通与各方面的关系；接受国家有关主管部门的授权，调解或仲裁会员与顾客之间的争议；监督、审查会员的营运及财务状况，并对会员进行奖励和处罚；组织证券行业人员的专业培训；推广普及证券新业务、新知识，搜集整理国内外证券业信息，编辑有关专业书刊；负责行业的对外交流及联络。

中国注册会计师协会

【概况】 中国注册会计师协会成立于1988年，是由全国注册会计师组成的全国性职业团体，受财政部的监督、指导，依法对我国的注册会计师和会计师事务所进行行业监督管理。

【业务范围】 协会的主要职责是负责审批注册会计师的注册事宜，办理审批会计师事务所的有关事项及监督其执业情况，拟订注册会计师执业准则、规则及职业道德守则，组织全国注册会计师统一考试，培训注册会计师及组织业务交流，协调各会计师事务所的关系，维护注册会计师的合法权益及其他对外交流，编辑有关专业书刊资料等。协会分别于1992年、1993年、1994年举办全国注册会计师统一考试，共约20万人参加考试。并取消了以往考核的办法，规定申请注册会计师资格人员一律必须通过严格的考试，并具有两年以上在会计师事务所工作的经验。在培训方面，协会与国际上著名的安达信、普华等会计师公司联合举办了多期专业培训，举办了主任会计师班、上岗班、上市班。协会每年都组织检查组对各个会计师事务所的业务进行抽查指导。

中国资产评估协会

【概况】 中国资产评估协会是全国性资产评估行业组织，具有社团法人资格。协会的最高权力机关为会员代表大会，同时设有协会理事会、协会常务理事会、协会秘书处。协会秘书处负责日常工作。

【业务范围】 协会的基本职责是：引导会员遵守政府的政策法规，反映会员对评估工作的意见和建议；对评估人员进行业务培训、考试；组织评估理论、准则、标准的研究；制定评估行业职业道德准则；宣传评估知识和评估法规，促进会员之间的交流，创办协会刊物；开展国际交流，研究介绍国外评估行业状况和经验，同国外评估行业组织建立业务联系；收集业务信息，开展信息服务；协调会员关系、维护会员的合法权益；承办国家国有资产管理部门委托或授权工作以及其他有关工作。

中国国债协会

【概况】 中国国债协会是经财政部和民政部批准，成立于1991年8月1日，主要会员有财政证券公司、国债服务部及经营国债业务机构。国债协会的组织机构有会员大会、理事会、常务理事会。会员大会是协会的最高权力机构，确定协会的活动方针和工作任务，制定和修改协会章程，听取和审议理事会的工作报告，选择或撤换理事会理事、常务理事等。理事会是会员大会闭会期间的常设领导机构，执行会员大会的决议，制定协会的工作计划，选举会长、副会长、常务理事和秘书长，决定协会内部的机构设置。常务理事会是由理事会选举产生，是协会的常设机构，负责理事会闭会期间的日常工作，负责筹备召开会员大会和理事会，审查批准新会员。

【业务范围】 中国国债协会的主要职能有：开展会员之间的业务和信息交流；协助、配合政府部门做好国债的发行、交易、兑付等工作；研究我国债券投资的理论、政策、方法及国家债券业发展中的问题；维护会员的合法权益，监督会员执行国家政策和法规及合法经营；开展国内外证券机构的交流与合作；组织实施国家债券业的行业管理；组织学术交流、业务培训及其他有关活动等。

全国期货交易所联席会

【概况】 全国期货交易所联席会是由北京商品交易所、上海金属交易所、郑州商品交易所、深圳有色金属期货交易所和苏州商品交易所倡议发起的，全国15家试点交易所参加的全国性期货行业自律组织，于1994年9月成立。

【业务范围】 联席会主要宗旨是在中国证监会的指导下，宣传贯彻政府关于期货行业的法律、法规和政策，加强期货交易所的自律管理、合作与交易，维护期货交易所及其会员的正当、合法利益，促进期货市场的健康发展。

中国财务公司协会

【概况】 协会是经有关部门批准和注册，是中国企业集团财务公司的行业自律性管理组织，具有社团法人资格，由全国50家企业集团财务公司联合组成。由中国人民银行总行领导和主管。协会的主要活动宗旨：是适应社会主义市场经济要求，接受主管机关委托，组织财务公司贯彻执行国家的金融政策和法律法规，对财务公司进行行业自律管理，发挥财务公司与主管机关之间的桥梁纽带作用，维护财务公司的合法利益，促进财务公司的健康发展。协会理事长：党五喜。

【业务范围】 协会的主要任务是制定财务公司业务经营规则；调查研究财务公司业务经营情况，委托有关机构对会员进行资信评级，定期向主管机关报告工作，协调财务公司业务活动中的关系，组织协调财务公司间的资金融通业务等。协会的同业管理范围包括依据主管机关的授权范围，制定行业的利率执行办法；依据国家的有关规定，制定同业的各项业务手续费率标准；依据主管机关的有关规定，制定同业的存款、贷款、投资、证券、结算、担保、财务、会计等业务管理办法；规定禁止同业从事某一特定类型的业务或使用某一特定类型的金融工具和制定同业之间业务间纠纷的仲裁办法等。

北京证券业协会

【概况】 北京证券业协会是经中国人民银行北京市分行、北京市民政局批准的，是北京地区证券行业自律性组织，具有社团法人资格。

【业务范围】 协会的宗旨是：贯彻执行国家有关金融证券的方针、政策和法规，搞好北京地区证券行业的自律管理，加强会员之间的信息交流与合作，维护会员和投资者的合法权益，促进北京证券市场健康发展。主要业务有：开展金融证券信息咨询服务，协调管理证券商之间及券商与其他方面的关系，保护券商的权益。普及证券知识，编辑有关资料。开展国内外同行之间的合作与交流。

海南省注册会计师协会

【概况】 海南省注册会计师协会成立于1988年，是由注册会计师组成的社会团体法人。负有对会计师事务所注册会计师进行自我教育和自我管理的责任，并依法拟订注册会计师执业准则、规则，维护职业权益、解决同业纠纷、保持和提高专业水平等。同时在各级财政部门的领导下，对注册会计师、会计师事务所进行具体的指导和监督。协会下设注册部、业务标准部、培训部、财务部、办公室。协会会长：周元友。

【业务范围】 注册会计师的业务范围主要包括审计、会计咨询、会计业务，具体为审查企业会计报表，出具审计报告；验证企业资本，出具验资报告；办理企业合并、分立、清算事宜中的审计业务、出具有关报告；法律、行政法规规定的其他审计业务，办理财务会计咨询、会计事务处理等业务。会计师事务所是依法设立并承办会计师业务的机构，实行自收自支、独立核算、依法纳税，是注册会计师的工作机构，注册会计师只有加入会计师事务所才能执业。会计师事务所分为合伙会计师事务所和有限责任会计师事务所两种类型。会计师事务所由财政部和各省直辖市财政厅(局)审批和管理。

广州证券业协会

【概况】 广州证券业协会是广州证券业行业性社会团体，会员由经依法批准在广州设立的证券商及证券经营机构组成。协会的宗旨是：加强证券商的自律管理，维护证券商的权益，竭诚为证券商服务，促进广州证券市场的健康发展。协会会长：黄子励，秘书长：劳建光

【业务范围】 协会成立以来在加强证券经营机构与政府，证券经营机构之间的联系和沟通，从业人员培训，加强券商自律管理以及维护券商合法权益方面做了大量工作。本协会接受中国人民银行广州市分行和广州证券委的指导和监督。协会的常设机构是协会秘书处。

深圳市注册会计师协会

【概况】 深圳市注册会计师协会是根据市委、市政府的指示，于4月21日由原深圳注册会计师协会和深圳市社会审计协会联合成立的，是财政局直属的一家事业单位，主要负责深圳市注册会计师行业的服务、协调、监督和管理，内设注册部、监察部、专业标准部、培训部和办公室。全市现有注册会计师600余人，会计师、审计师事务所79家，从业人员近3000人。

【业务范围】 协会的主要职责是：审查批准会计师事务所的设立，审查批准注册会计师注册，对注册会计师、会计师事务所进行年度检验；拟订注册会计师执业规则和制度；反映注册会计师的意见和要求，维护注册会计师的合法权益；实施业务检查，对违法违规的注册会计师和会计师事务所实行处罚；组织注册会计师资格考试和培训；调解行业内部的争议；组织业务交流，发展同香港、澳门、台湾和外国同行的联系。

深圳证券商协会

【概况】 证券商协会是深圳证券商的行业性社会团体，成立于1994年7月2日。会员由经依法批准在深圳设立的证券商及其证券经营机构组成，是证券经纪行业的自律性组织。接受中国人民银行深圳经济特区分行和深圳市证券管理办公室的指导和监督。协会的宗旨是：加强证券商的自律管理，维护证券商的权益，为证券商服务，促进深圳证券市场的健康发展。协会会长：廖熙文

【业务范围】 协会的主要任务有：配合证券管理部门加强行业管理，制定行业行为守则和职业道德规范，制定、执行自律性管理规章；负责主管机关与会员之间的信息沟通，增进证券商与主管机关及相关业务部门的相互了解和合作，为会员的业务开拓提供积极的帮助；代表会员的共同利益，向政府及有关管理部门集中反映会员的意见和建议，对会员的投诉进行调查和处理，维护会员的合法权益；开展有关证券市场方面的学术报告会、市场考察活动及中外合作交流等，对券商的发展提出意见及建议；向会员提供咨询服务，编辑出版有关证券业务书籍和内部资料；组织人才培训、行业内专业和从业人员资格认定、出境考察和业务交流，提高从业人员的业务技能和管理水平；负责本行业的对外联络及国际间的交往和合作等。

上海股份制公司联合会

【概况】 联合会是股份制企业的自律性组织，共有103家会员，其中包括上海全部上市公司89家，异地上市公司8家及3家未上市公司

【业务范围】 1994年，联合会利用政府与企业的桥梁作用，通过各种形式帮助会员单位了解国家改革方向、宣传政策法规、交流具体操作规范、帮助政府及有关部门及时了解和解决股份公司的实际问题和困难，为政府制定有关政策方针时参考。联合会还为《公司法》配套法规的起草工作给予了很多帮助和咨询。还针对股份制企业试点工作的热点问题展开研讨，拓宽了改革的思路，并就社会公众关心的国有资产人格化问

题、内部职工持股问题、股份公司集团化问题、企业管理等方面举办大型研讨会和专题调研。

上海保险同业公会

【概况】 上海保险同业公会是由上海开业的保险公司创办的自律性管理组织，成立于1994年2月4日。公会主要担负行业自律，维护被保险人及同业权益、沟通与社会各界联系、为管理部门提供信息咨询并协助保险管理部门加强保险行业管理。公会成立了寿险、非寿险、公共关系三个专业委员会，专业委员会根据同业公会的任务要求受理事会委托，对于保险市场存在的问题进行磋商，提出解决方法，由理事会讨论决定。

【业务范围】 1994年公会进行规章制度建设，制定了《上海市保险同业公会职责》、《上海市保险同业公会议事规则》等，对理事会的职权范围、工作任务、议事方式作了规定。并对保险市场中出现的业务宣传不规范、代理营业员多家代理、团体人身保险业务中受益人指定上存在的一些问题等情况，寿险专业委员会进行研究讨论、提出自律管理意见。

社会团体名录

湖南证券业协会	海南省证券业协会
上海股份制公司联合会	北京股份制企业研究会
广州证券业协会	武汉证券协会
北京证券业协会	山东省证券业协会
中国注册会计师协会	中国总会计师研究会
中国预算会计研究会	深圳注册会计师协会
珠海注册会计师协会	

廣東南訊會計師事務所

GUANGDONG NANXUN CERTIFIED PUBLIC ACCOUNTANTS

事務所按照《中華人民共和國注冊會計師法》的規定，承辦業務：年度財務結算審計，出具查帳報告；驗證資本，出具驗資證明；設計會計制度；擔任常年顧問；審閱編制項目可行性報告；解散、清算審計；專項查帳；整理帳目、清理亂帳、重新建帳；代理記帳；培訓財務會計人員；清產核資及其他。

地址：廣州市天河路 101 號(省郵電)1803 室

電話：(020)7188952　7188953

傳真：(020)7775610　郵編：510081

廣東南僑財經咨詢服務公司

法人代表：張　偉

公司是經廣東省工商行政管理局批準注册登記的企業法人。擁有高、中級財經和工程技術職稱的專業人士 20 余人。公司設資産評估部、企業財會管理咨詢部、財會人員培訓部、財務部和辦公室。公司的宗旨是爲企業提供財經管理咨詢和信息服務。提高企業管理水平和經濟效益。

主要業務範圍：

1. 接受委托，承辦企業聯營、轉制、抵押貸款等資産評估業務；
2. 承辦企業管理、財會管理的咨詢服務，擔任企業常年顧問；
3. 接受企業委托，設計財務會計管理制度，輔導建帳、建制；
4. 接受委托，為企業進行財產清查、帳目清理及審計業務；
5. 為企業培訓財會人員，推介財務人才。

地址：廣州市東華東路菜園東街 15 號首層

電話：7786736　7789212

珠海注册會計師協會

會長:李國欽

珠海注册會計師協會(ZhuHai Institute or Certified Public Accountants 簡稱 ZHICPA)是由珠海地區執業的和非執業的中國注册會計師組成的職業團體,是廣東省注册會計師協會的地方組織,業務上接受省注册會計師協會的領導,同時接受珠海市財政局指導、監督。

珠海注協依據國家法律、法規對珠海的注册會計師和會計師事務所實行行業管理,引導注册會計師在工作中正確執行國家法律、法規,加强對注册會計師的培訓、教育,檢查、監督執業質量和職業道德,維護合法的職業權益,交流工作經驗,溝通業務信息,增進國内外交流,促進注册會計師事業的發展,更好地爲珠海特區經濟建設服務。

地址:廣東省珠海市香洲東風路 5 **號** 203 **室**
電話:(0756)2255643 **郵編:**519000

珠海注協團體會員有:

珠海會計師事務所(有證券從業資格)
地址:珠海市香洲康寧路中心里 100 號之六
電話:2227513
珠海特區會計師事務所
地址:珠海市香洲胡灣路 252 號之一
電話:2216599
珠海立信會計師事務所
地址:珠海市拱北北嶺花園大廈 B 座 302 室
電話:8874650
香洲會計師事務所
地址:珠海市香洲教育路 36 號
電話:2251205
斗門會計師事務所
地址:斗門縣井岸鎮東風街 16 號
電話:5521509

珠海市資産評估事務所

法人代表、所長:黃發南

事務所是 1990 年 11 月經珠海市政府批準設立的從事資産評估的法人機構,并經國家國有資産管理局、中國證監會確認具有從事證券業務資産評估資格,中國資産評估協會團體會員單位。分設評估一、二、三部、綜合信息部、斗門辦事處、香洲辦事處,

承辦業務:接受企業聯營、租賃、拍賣、兼并及産權轉讓變動時的資産評估;接受企業抵押貸款、破産清算、經濟擔保、保險等資産評估;辦理無形資産轉讓及預期效益的評估;依照國家有關規定需要進行資産評估的其他業務和專業咨詢。本所執業以來,已承擔了珠海賓館、長沙華天大酒店、珠海百貨廣場、麗珠醫藥(集團)股份有限公司、洪灣發電廠、巨人集團公司、岳陽制冷設備總廠、華豐食品(集團)股份有限公司、灣仔工業(集團)總公司以及澳門鋭光電子廠、澳門永新公司、中山火炬高新技術實業股份有限公司發行股票的資産評估等。

地址:廣東省珠海市香洲康寧路中心里 100 **號之一**
電話:2257274 2238441 2238404
傳真:(0756)2237088 **郵編:**519000

第十六编

市场统计资料

402/424

证券市场行情

表 1—1　上海证券交易所 A 股行情周报表

单位：元

券种	1.7	1.14	1.21	1.28	2.4	2.18	2.25	3.4	3.11	3.18	3.25	4.1	4.8	4.15	4.22	4.29	5.6
	收盘	收盘	收盘	收盘	收盘	收盘	收盘	收盘	收盘	收盘	收盘	收盘	收盘	收盘	收盘	收盘	收盘
青岛啤酒	7.99	7.59	7.35	7.30	7.46	7.27	7.27	6.75	6.81	7.21	6.64	6.41	6.25	5.56	4.83	5.68	5.7
延中实业	13.45	12.85	12.42	11.94	12.40	11.98	12.30	12.29	13.07	13.32	12.85	12.80	12.48	11.50	10.35	10.84	10.72
真空电子	6.23	5.90	5.60	5.54	5.55	5.39	5.35	5.47	5.10	5.40	5.07	4.45	4.45	3.81	3.38	3.72	3.54
兴业房产	22.05	20.84	20.28	19.62	19.45	18.92	19.00	17.55	17.30	18.35	17.95	17.09	16.78	15.20	13.00	13.44	13.30
二纺机	8.88	8.20	7.65	7.48	7.52	7.15	7.09	5.88	5.75	6.17	5.68	5.51	5.32	5.01	4.63	4.8	4.64
轻工机械	6.16	6.04	5.79	5.81	5.81	5.65	5.56	5.08	4.95	5.46	5.10	5.28	5.35	5.15	4.70	4.85	4.85
嘉丰股份	6.59	5.98	5.72	5.72	5.67	5.45	5.46	4.92	4.60	5.37	4.98	5.07	5.20	5.16	4.60	4.65	4.51
联合实业	11.80	10.81	11.75	11.89	12.25	11.70	12.50	11.20	10.90	11.05	10.88	10.51	10.43	9.56	8.81	9.2	10
异型钢管	11.75	10.88	10.45	10.30	10.56	10.08	10.11	9.03	9.58	10.30	9.79	9.80	9.51	8.76	7.67	8.02	7.85
沈阳金杯	5.20	4.90	4.40	4.41	4.45	4.26	4.18	4.08	3.88	3.78	3.44	3.13	3.01	2.65	2.40	2.79	2.63
中纺机	7.22	6.65	6.25	6.30	6.64	6.28	6.30	5.34	4.88	5.58	5.05	5.30	6.05	7.44	5.88	6.12	6.30
大众出租	19.75	18.50	18.35	18.05	18.25	17.22	17.68	15.88	15.60	16.60	15.10	14.75	14.44	13.05	11.42	11.70	12.79
第一铅笔	9.92	10.74	10.75	10.23	10.20	9.55	9.28	8.17	8.10	9.50	8.58	8.79	8.80	7.50	7.11	7.48	7.40
永生制笔	13.30	13.02	12.56	12.35	12.66	12.24	12.20	10.40	10.35	11.20	10.80	10.94	11.19	14.95	12.70	13.93	15.35
胶带股份	12.00	11.70	11.16	10.98	11.20	10.70	10.67	9.29	9.00	11.18	12.40	11.78	10.87	10.00	9.20	9.70	10.30
丰华园珠	11.28	10.41	10.13	9.90	10.40	9.75	9.71	8.70	8.40	9.28	8.80	9.06	9.35	8.88	8.18	7.04	7.22
第一食品	20.45	19.40	18.90	18.60	18.45	17.70	17.49	15.60	15.30	15.58	15.10	14.83	14.00	12.88	9.00	9.39	9.51
联华合纤	17.90	16.35	16.03	15.98	16.12	15.68	15.68	13.95	13.10	14.20	12.90	12.90	13.29	13.00	10.53	11.02	10.67
氯碱化工	8.99	8.79	8.10	7.75	7.45	7.13	6.90	5.81	5.60	7.25	6.60	6.80	6.69	6.59	6.09	6.35	6.00
冰箱压缩	12.09	11.40	11.14	10.85	10.58	10.20	9.74	8.65	8.25	9.45	8.58	8.71	9.19	8.30	8.20	8.80	8.70
联农股份	23.05	21.80	21.35	20.75	21.30	20.35	20.95	19.02	18.72	19.70	18.51	17.10	16.99	15.15	13.32	13.46	13.16
金陵股份	13.46	12.59	12.30	12.05	21.10	11.87	12.05	10.46	10.38	11.75	10.90	10.91	10.82	10.10	9.00	9.5	9.78
嘉宝实业	17.60	16.36	15.80	15.40	15.55	14.74	15.28	13.89	13.60	15.08	15.75	14.63	15.10	14.20	12.40	12.45	12.06
轮胎橡胶	12.16	11.65	11.38	11.27	11.28	10.82	10.80	9.35	8.94	10.00	8.94	9.45	9.50	9.20	9.20	8.8	8.6
复华实业	15.19	14.40	13.96	13.83	14.00	13.45	13.86	13.74	14.15	15.98	15.34	14.60	13.98	13.28	11.15	11.69	11.15
水仙电器	9.95	9.50	9.14	9.03	9.24	8.87	8.84	7.75	7.50	8.52	7.90	8.00	7.80	7.47	6.70	7.00	6.75
申达实业	8.52	7.66	7.32	7.30	7.40	7.15	7.30	6.40	6.28	6.83	6.58	7.12	6.95	6.70	5.98	6.20	6.25
电器股份	7.25	6.69	6.45	6.28	6.26	6.05	6.02	5.26	5.08	5.65	5.33	5.40	5.30	5.10	4.65	4.59	4.39
新世界	30.35	28.50	28.61	27.40	27.10	26.13	25.50	23.84	22.90	24.40	23.08	22.39	22.00	21.50	19.48	19.98	19.70
棱光实业	13.20	12.23	12.69	12.49	12.25	11.73	11.80	11.25	11.88	14.48	13.50	13.45	12.68	12.20	12.09	12.11	11.40
龙头股份	6.01	5.58	5.25	5.24	5.25	5.06	5.05	4.45	4.27	5.30	4.96	5.05	5.05	4.68	4.55	4.59	4.18
中百一店	20.98	19.75	19.30	18.92	18.90	18.31	18.30	16.32	15.75	16.60	16.81	16.05	15.60	14.30	12.25	12.38	13.00
华联商厦	21.25	20.00	19.44	19.15	19.10	18.62	18.50	16.60	15.89	16.54	16.00	15.50	14.98	14.33	12.01	12.47	13.05
双鹿电器	12.00	11.38	10.97	10.71	11.10	10.60	10.80	9.65	9.20	11.49	11.52	10.40	10.30	9.29	8.38	8.64	8.32
海鸟电子	18.10	16.90	17.05	16.40	16.63	15.85	15.79	14.42	14.75	15.35	15.18	14.58	14.65	13.70	12.50	13.10	12.90
浦东大众	23.45	22.61	23.75	22.97	23.40	22.76	23.30	13.97	13.80	15.45	14.70	12.81	12.98	12.21	10.55	11.03	10.60
三爱富	13.75	12.90	12.63	12.30	12.41	11.99	12.20	12.00	12.39	12.00	12.00	11.80	11.46	10.05	6.96	7.70	7.63
广电股份	5.91	5.75	5.38	5.43	5.35	5.35	5.40	4.89	5.40	5.10	5.05	5.34	5.40	4.78	4.02	4.13	3.95
黄浦房产	22.20	21.89	21.30	21.00	21.15	20.75	21.20	19.62	19.11	21.98	21.00	20.22	19.94	18.35	16.78	11.83	11.65
浦东金桥	21.82	22.80	22.40	21.88	22.15	21.62	23.70	22.25	22.50	23.92	25.20	24.18	24.72	22.40	20.35	21.78	22.98
国脉实业	25.83	24.30	23.80	23.61	26.00	24.86	25.95	27.00	29.05	19.61	17.00	17.95	16.29	15.20	14.20	14.05	14.15
众城实业	24.71	23.89	24.48	24.30	24.41	23.89	24.26	22.25	22.62	23.61	23.87	23.06	22.56	22.38	18.31	19.78	22.01
申能股份	8.31	8.20	7.91	7.76	7.58	7.10	7.00	5.95	5.50	5.70	5.00	4.66	4.45	4.10	3.54	4.59	4.7
爱建股份	22.95	21.89	21.53	20.80	21.00	20.10	20.40	18.60	15.47	17.46	16.85	16.00	14.61	13.25	11.45	9.91	9.80
乐山电力	7.96	7.50	6.95	7.30	7.60	7.21	7.25	6.78	6.39	6.86	6.58	6.90	7.22	6.60	5.86	5.60	5.39
望春花	17.42	16.15	15.92	15.70	15.75	15.18	15.69	14.30	14.60	15.11	15.30	15.77	15.45	14.40	13.92	9.43	11.08
国嘉实业	13.61	12.87	12.29	12.16	12.39	11.92	12.00	11.16	12.00	11.95	11.80	11.87	12.48	10.00	9.04	8.64	8.90
新亚快餐	19.50	18.10	18.68	18.19	17.95	17.20	17.40	15.46	15.70	16.46	15.68	16.00	16.30	15.00	14.45	16.00	14.90
外高桥	28.00	28.00	27.05	26.30	26.25	25.42	26.22	24.65	23.95	28.08	27.80	27.10	28.05	25.85	22.77	23.25	25.20
原水股份	6.16	6.50	6.13	6.20	6.20	5.99	6.03	5.53	5.50	5.68	5.30	5.15	5.01	4.39	4.29	4.35	4.35
新锦江	16.50	17.02	17.19	16.56	16.56	15.98	16.65	15.30	14.95	16.00	14.70	14.55	14.34	12.70	10.60	12.01	10.92
飞乐音响	45.02	42.88	45.80	42.82	43.25	41.45	41.00	39.80	43.30	46.90	44.58	44.50	47.45	10.20	9.61	10	9.81
爱使股份	44.40	42.06	44.25	41.75	41.45	39.00	39.85	38.25	41.00	46.28	44.56	44.90	47.99	10.29	9.80	10.29	10.67
申华实业	35.11	34.40	34.58	34.45	17.30	16.30	16.85	16.10	16.83	17.94	17.00	16.56	15.93	14.20	11.10	11.01	10.85
飞乐股份	16.53	15.61	15.05	14.13	14.24	13.60	13.50	12.59	13.10	13.61	14.20	13.20	13.08	11.77	10.80	11.07	11.25
豫园商场	21.55	20.49	19.95	19.70	19.68	18.90	18.88	16.70	16.10	16.50	16.00	15.46	15.00	13.73	11.95	12.30	12.20
浙江凤凰	9.38	8.72	8.60	8.30	8.48	8.15	8.25	7.20	6.80	7.80	7.30	7.41	7.18	6.65	6.20	6.15	5.12
北京天桥	9.14	8.50	8.35	8.10	5.30	5.06	5.12	4.55	5.26	6.30	7.69	6.74	6.45	6.67	6.49	6.16	6.15
北京天龙	6.66	6.52	6.22	6.06	6.11	5.76	5.96	5.20	6.26	7.78	9.98	9.17	8.40	8.80	8.37	7.8	7.38
福建福联	11.45	10.50	10.19	9.98	10.10	9.65	9.70	8.60	8.50	9.38	8.55	8.60	8.48	7.17	5.60	6.00	5.61
福建耀华	16.80	15.90	15.58	15.15	15.32	14.93	14.74	12.95	12.25	14.05	12.90	12.76	12.85	11.25	11.06	7.50	7.19
南洋实业	13.20	13.20	13.22	13.09	13.30	12.73	13.08	12.25	13.30	13.30	13.50	12.67	12.45	10.40	9.29	9.50	9.13
浦东强生	25.68	24.20	23.30	23.00	23.10	22.25	23.09	21.41	20.90	22.75	22.00	21.11	21.22	19.52	16.60	17.55	18.46
陆家嘴	23.45	23.85	23.01	22.95	22.69	21.94	23.05	21.40	20.80	22.65	20.95	20.49	19.10	18.05	16.37	16.6	16.08
哈滨药	7.40	7.49	7.20	7.20	7.60	7.56	7.69	6.94	6.16	6.38	6.32	6.07	5.73	4.85	4.08	4.41	4.16
沪昌特钢	7.89	7.25	6.65	6.78	6.64	6.44	6.35	5.52	5.39	6.49	5.80	6.25	6.15	5.55	4.50	4.80	4.43
重庆药业	7.00	7.63	7.96	7.83	8.17	8.01	8.40	8.89	10.30	11.00	16.88	22.55	11.30	9.52	8.35	9.59	9.90
无锡太极	5.94	5.47	5.03	5.10	5.18	5.02	5.00	4.45	4.08	5.10	4.99	4.59	4.39	4.05	3.02	3.09	3.03
浙江尖峰	10.99	10.15	9.03	9.40	9.28	9.01	9.18	8.88	9.08	9.65	9.25	9.60	9.82	7.80	7.23	4.26	4.13
鞍山合成	4.40	4.48	4.14	3.97	4.03	3.88	3.85	3.47	3.33	3.85	3.47	3.45	3.38	3.20	2.73	2.90	2.68
长春华联	6.90	6.70	6.04	5.90	5.97	5.69	6.84	6.06	5.63	6.18	5.99	5.89	5.72	4.98	4.25	4.23	4.09
杭州天目	10.68	9.99	9.05	9.07	8.99	8.42	8.54	8.00	7.15	8.90	9.30	9.20	8.93	7.97	7.39	8.25	8.08
四川广华	5.69	5.00	3.89	3.83	4.02	3.89	3.85	3.47	3.27	3.89	3.65	3.66	3.54	3.35	3.04	3.05	2.92
成都量具	5.74	5.48	4.85	4.82	5.34	5.09	5.18	4.69	4.50	4.82	4.49	5.04	4.73	4.44	3.90	4.05	3.88
四川峨铁	7.29	6.00	4.43	4.31	4.37	4.18	4.13	3.81	3.88	4.25	3.98	4.07	3.94	3.70	3.05	3.09	2.9
中华企业	19.98	18.80	18.59	18.30	18.45	17.95	18.28	16.35	16.15	17.40	16.55	16.35	15.88	14.45	12.48	12.80	12.60
钢运股份	13.20	12.12	11.79	11.46	11.76	11.23	10.01	8.80	10.00	10.98	10.10	10.25	10.05	9.20	8.33	8.81	8.80
浙江中汇	7.45	7.74	7.29	7.06	7.40	7.05	7.32	6.63	6.41	6.95	6.78	6.80	6.76	6.35	5.33	5.20	4.98
四川金顶	20.50	17.90	9.75	9.70	9.95	9.28	9.35	9.04	9.00	9.08	8.80	9.25	9.02	8.55	6.70	7.04	6.80

续表 1—1

单位:元

券种	1.7	1.14	1.21	1.28	2.4	2.18	2.25	3.4	3.11	3.18	3.25	4.1	4.8	4.15	4.22	4.29	5.6
	收盘	收盘	收盘	收盘	收盘	收盘	收盘	收盘	收盘	收盘	收盘	收盘	收盘	收盘	收盘	收盘	收盘
上海凤凰	12.54	11.74	11.94	12.18	11.98	11.85	11.87	10.75	10.20	11.50	10.80	10.40	10.77	10.00	9.74	9.75	9.44
邮通设备	22.31	21.76	21.52	21.00	21.30	20.83	21.60	20.15	20.28	20.90	19.64	19.08	18.70	16.70	14.00	14.68	14.95
武汉长印	10.20	9.59	9.42	9.00	9.48	9.65	9.74	9.55	10.28	11.90	11.30	11.20	10.45	9.37	8.40	9.00	8.71
南京新百	13.00	12.12	12.09	11.70	11.70	11.19	11.47	10.43	9.95	10.80	11.71	11.10	10.60	9.60	8.80	9.42	9.90
宁波华联	11.20	10.50	10.02	9.70	9.63	9.30	9.30	8.00	7.98	9.00	8.65	8.66	8.57	8.07	9.20	9.20	8.10
广州珠江	18.76	17.70	17.00	16.80	17.17	16.43	16.50	15.89	15.95	17.05	16.70	16.71	16.78	9.50	8.55	8.60	8.25
广州广船	7.30	7.02	6.69	6.33	6.39	6.12	6.10	5.56	5.16	5.43	5.15	4.70	4.08	3.48	3.12	3.61	3.30
厦门汽车	11.65	10.90	10.56	10.20	10.34	10.00	9.81	8.55	7.99	10.30	9.32	9.71	8.59	7.84	7.40	7.19	7.10
厦门国泰	12.92	11.90	11.27	11.41	11.63	11.20	11.30	9.98	9.45	10.81	10.05	11.80	10.48	10.06	9.42	10.04	11.28
上海石化	4.13	4.00	4.05	4.42	4.22	4.04	3.98	3.72	3.40	3.54	3.32	2.53	2.53	2.58	2.43	2.5	2.44
上海三毛	10.99	10.00	9.80	9.55	9.60	9.30	9.26	8.50	8.70	10.56	9.58	9.79	9.98	9.55	8.69	8.79	8.61
青岛海尔	9.48	9.25	9.10	8.76	8.86	8.96	8.65	7.95	7.50	8.88	7.83	6.06	5.72	4.98	4.30	4.55	4.39
自贡东碳	9.10	8.70	7.80	7.52	7.50	7.22	7.25	6.87	6.54	7.52	7.02	8.00	7.73	7.38	7.90	6.42	6.68
亚通股份	11.15	10.60	10.35	10.10	10.30	9.87	10.25	9.20	10.92	11.64	10.80	10.91	10.64	9.90	8.90	9.30	9.10
福州东百	9.69	9.10	8.60	8.25	8.35	8.20	8.15	7.16	6.60	8.03	7.38	7.55	7.60	6.99	7.10	6.90	6.51
大连商场	10.54	10.62	10.45	9.97	10.17	9.73	10.30	10.15	10.50	11.45	11.65	11.65	11.57	5.45	5.05	5.10	5.34
大江股份	13.00	12.10	11.70	11.47	11.60	11.15	11.20	10.05	15.82	12.60	12.08	12.60	12.25	11.12	9.93	10.63	10.16
福建豪盛	14.50	13.60	12.70	12.48	12.50	12.15	10.71	9.30	8.40	10.50	9.20	9.32	9.40	9.15	8.25	8.38	8.02
长春车百	7.12	6.68	5.88	5.80	5.85	5.55	5.61	4.98	4.65	5.70	5.50	5.70	5.87	5.41	5.36	5.20	5.09
济南轻骑	11.70	10.75	10.18	9.78	10.24	9.82	9.95	8.94	8.22	8.91	8.50	8.51	8.55	7.80	6.80	7.47	7.10
辽源得亨	5.31	5.05	4.47	4.42	4.41	4.22	4.36	4.16	4.58	4.72	4.85	4.99	4.96	4.82	4.30	4.30	4.10
天津磁卡	9.30	9.08	8.70	8.40	8.28	7.96	8.00	7.22	6.90	8.08	7.80	8.24	7.80	7.60	6.84	7.11	7.15
湖北华新	9.05	8.45	8.45	7.89	8.08	8.10	8.17	7.53	6.75	8.00	7.99	8.68	8.80	7.50	5.08	5.10	5.00
福建水泥	9.08	8.47	7.81	7.46	7.60	7.35	7.38	6.58	5.85	7.10	6.30	6.36	6.39	5.80	5.20	5.30	5.18
河北威远	6.83	6.20	5.66	5.46	5.50	5.58	5.66	5.22	5.10	5.60	5.70	5.58	5.60	5.11	4.60	4.59	4.35
成都工益	6.58	6.09	5.64	5.48	5.85	5.50	5.41	5.13	5.20	5.15	5.10	5.29	5.17	5.30	5.00	4.85	4.82
江苏悦达	15.20	14.55	13.25	12.85	13.40	12.78	13.00	11.76	11.79	12.44	11.68	11.45	11.18	10.25	9.60	9.90	9.58
昆明机床	4.93	5.04	4.82	4.80	4.75	4.51	4.44	3.93	3.78	4.01	3.73	3.67	3.51	3.50	3.11	3.29	3.14
济南百货	7.35	7.15	7.40	7.12	7.20	7.12	7.01	5.97	6.09	7.28	6.93	5.19	4.63	4.22	3.97	4.07	4.10
安徽马钢	3.88	3.88	3.76	3.84	3.83	3.73	3.68	3.56	3.19	3.36	3.40	3.08	2.72	2.45	2.10	2.25	2.26
山西汾酒	7.27	6.69	6.20	5.94	6.31	6.40	6.40	5.80	5.40	6.18	5.75	5.63	5.72	5.25	5.00	4.77	4.41
河南神马	6.10	6.58	6.30	6.16	6.12	5.94	6.00	5.30	5.02	5.59	5.26	5.33	5.24	5.07	4.40	4.45	4.40
东方集团	9.86	11.15	10.50	10.52	11.18	10.55	11.90	11.65	11.80	11.95	11.44	11.50	11.06	10.32	9.66	9.59	9.00
河北华药		5.52	4.91	4.60	4.40	4.33	4.30	3.83	3.58	4.26	4.81	4.62	4.64	4.26	3.83	2.95	2.69
鞍山一工		5.50	4.86	4.74	4.68	4.61	4.82	4.57	4.27	4.37	4.17	4.14	4.04	3.52	3.03	3.09	3.86
杭州解百		13.00	12.22	11.61	11.38	10.60	10.71	9.59	9.82	10.30	10.18	10.68	10.21	9.30	9.10	9.38	9.38
厦门厦工				13.45	14.10	13.54	13.95	12.73	11.98	12.30	11.85	11.60	11.41	6.58	5.98	6.00	5.77
鞍山信托				9.05	10.22	10.58	13.77	9.38	12.35	12.40	11.38	11.45	11.15	10.60	9.90	9.76	9.45
良华实业				15.94	16.03	15.00	17.18	16.00	18.35	18.88	17.68	17.20	17.00	15.80	11.90	11.71	11.60
上海永久				10.30	10.00	9.29	9.26	9.02	9.25	10.70	10.15	9.82	9.55	8.70	8.55	8.9	8.92
耀皮玻璃				14.70	14.45	13.20	13.80	12.90	13.10	14.35	13.60	13.45	13.10	11.49	9.90	10.06	9.70
隧道股份				10.38	10.87	10.20	12.24	11.30	11.60	12.94	12.70	12.44	12.26	10.65	10.00	10.20	9.98
天津劝业				6.88	6.68	6.23	6.20	5.50	5.23	6.06	6.10	6.10	5.79	5.65	5.05	5.05	5.11
物贸中心					14.01	14.40	18.55	19.65	18.89	18.52	17.00	16.88	16.10	14.10	13.50	12.80	12.32
万象集团					12.77	11.35	11.47	11.75	14.99	14.40	13.00	12.80	13.19	12.10	10.40	11.00	10.93
益民百货					16.31	14.90	18.40	13.98	14.20	15.59	14.00	14.08	14.00	12.20	11.09	11.98	11.80
时装股份					12.32	11.07	10.96	11.01	11.14	11.76	11.12	10.75	10.22	9.10	7.75	8.08	7.91
兰生股份					13.45	12.88	14.32	13.82	14.20	14.32	13.30	13.80	13.10	11.49	10.03	10.40	10.08
友谊华侨					12.70	11.09	11.80	11.15	12.20	12.58	11.60	11.25	10.75	9.8	8.55	8.65	8.75
成都商场							6.80	5.85	5.80	6.24	6.10	6.32	6.55	6.07	5.64	5.79	6.18
哈天鹅							8.20	7.25	6.55	7.92	7.68	7.80	8.08	8.09	8.00	8.15	7.97
甬城隍庙							8.50	7.70	7.14	7.71	7.66	7.50	7.28	8.80	13.50	15.40	15.23
西安黄河							12.82	11.28	12.50	11.90	11.15	11.16	11.09	10.64	9.19	9.19	8.79
东方明珠							27.80	28.58	28.68	28.69	27.56	26.47	27.45	23.50	20.71	21.30	22.59
商业网点							24.20	24.48	24.00	24.32	24.00	22.26	22.60	19.90	17.98	12.14	12.88
凌桥股份							11.90	11.12	11.10	12.30	11.60	11.43	11.10	9.59	8.92	9.28	9.28
上菱电器								10.67	10.25	11.68	11.12	10.75	10.35	9.20	8.10	8.40	8.10
界龙实业								15.50	23.80	23.09	21.00	19.80	19.97	17.80	18.85	21.44	25.36
农垦商社								15.60	16.05	16.15	15.35	15.10	14.52	13.00	12.02	12.11	12.04
第九百货								11.60	11.31	11.90	11.15	10.82	10.36	9.00	7.90	8.16	8.61
四川长虹										17.70	15.39	15.48	15.65	14.65	12.82	12.91	13.10
绍兴百大										7.80	7.20	7.10	6.86	6.61	6.40	6.90	6.58
上柴股份										14.88	13.30	13.00	12.06	10.80	9.03	9.16	8.85
中西药业										16.79	14.51	13.70	13.20	11.30	9.78	10.1	9.40
工缝股份										14.75	12.70	12.30	11.00	9.90	9.31	9.25	8.85
英雄股份										14.80	12.73	12.25	11.00	9.90	8.85	9.00	8.82
钢管股份										19.09	14.24	13.70	12.15	11.20	9.62	10.39	9.79
同济科技										24.37	20.00	20.30	18.12	16.90	13.81	14.07	14.23
重庆万里											11.88	12.20	10.50	9.00	7.54	8.34	10.28
自仪股份											15.40	14.20	12.15	10.90	9.68	9.65	9.18
四药股份											15.25	14.39	13.26	11.20	9.18	11.15	9.89
华东电脑											18.50	17.00	15.13	13.00	12.30	12.39	11.78
海欣股份												0.00	17.40	16.60	15.78	15.7	14.97
中川国际												0.00	12.90	12.30	11.00	11.10	10.79
北满特钢												0.00	5.28	4.90	3.88	3.92	3.71
江苏春兰																12.08	11.30
北京北旅																5.75	5.25
长春百货																5.15	5.25
宁波中百																9.09	8.00
山东渤海																0	8.58
王府井																0	10.98
北人股份																0	6.83

表 1—2　上海证券交易所 A 股行情周报表　　　　单位:元

券种	5.13	5.20	5.27	6.3	6.10	6.17	6.24	7.1	7.8	7.15	7.22	7.29	8.5	8.12	8.19	8.26	9.2
	收盘	收盘	收盘	收盘	收盘	收盘	收盘	收盘	收盘	收盘	收盘	收盘	收盘	收盘	收盘	收盘	收盘
青岛啤酒	5.40	5.34	5.38	5.01	4.70	5.08	4.64	4.20	4.09	3.99	3.50	3.08	6.81	6.70	6.65	6.30	6.80
延中实业	8.86	9.00	8.82	8.50	8.12	8.50	7.83	6.90	6.65	6.10	4.86	4.80	10.50	10.32	10.51	10.38	12.12
真空电子	3.12	3.13	3.02	2.89	2.71	2.79	2.53	2.38	2.34	2.23	2.15	1.87	4.46	4.65	4.72	4.42	5.09
兴业房产	13.17	13.83	12.73	11.80	11.05	10.90	10.86	10.12	6.18	5.63	4.90	4.38	10.40	10.12	11.10	10.80	13.38
二纺机	4.63	4.56	4.40	4.60	4.38	4.35	4.04	3.85	3.71	3.82	3.50	3.06	6.40	6.00	5.78	5.38	6.11
轻工机械	4.75	4.50	4.95	4.05	3.49	3.64	3.35	3.28	3.12	2.84	2.31	2.03	5.60	5.41	5.30	5.40	6.23
嘉丰股份	4.45	4.29	4.16	3.92	3.32	3.44	3.10	2.82	2.76	2.58	2.18	1.98	5.63	5.98	5.88	5.58	6.74
联合实业	7.51	7.36	7.08	6.60	5.80	6.09	5.45	5.02	5.04	4.65	3.90	3.25	7.77	7.51	7.99	8.20	9.60
异型钢管	6.35	6.35	5.98	5.41	4.90	5.05	4.48	4.05	4.02	3.64	2.90	2.60	6.99	7.00	7.00	6.96	8.37
沈阳金杯	2.72	2.26	2.11	2.00	1.93	2.06	1.92	1.88	1.96	1.90	1.78	1.59	3.42	4.11	3.89	3.10	3.26
中纺机	6.70	4.80	4.66	4.83	4.47	4.67	4.33	4.02	4.08	3.74	3.00	2.86	6.41	6.58	6.26	6.13	6.80
大众出租	12.00	12.06	11.20	11.17	10.19	10.50	9.75	9.40	8.68	7.94	7.70	6.63	14.29	12.50	13.60	13.11	16.50
第一铅笔	7.50	7.43	7.10	6.68	6.07	6.30	5.70	5.15	5.13	4.76	3.98	3.45	8.25	7.80	8.25	8.59	9.48
永生制笔	15.01	13.43	12.03	11.91	11.98	12.55	12.45	12.39	12.70	12.32	12.00	11.86	13.97	11.91	12.16	12.61	13.35
胶带股份	10.55	9.71	9.52	9.17	8.60	8.79	8.05	7.35	7.25	6.55	5.21	4.59	10.21	9.30	9.40	9.17	10.18
丰华园珠	7.25	7.26	6.96	6.93	6.49	6.48	6.10	5.30	5.15	4.90	4.38	3.50	7.90	7.45	8.68	8.70	9.50
第一食品	9.55	9.38	9.09	8.65	8.38	9.07	9.05	7.28	7.05	6.70	5.58	4.80	10.20	9.83	10.69	10.30	13.00
联华合纤	11.29	11.20	11.16	11.19	9.35	9.33	8.40	7.30	7.06	6.48	5.18	4.45	11.33	11.28	11.42	11.15	12.60
氯碱化工	5.90	5.81	5.57	5.15	4.79	4.95	4.45	4.01	3.85	3.51	3.00	2.74	6.60	7.00	7.00	6.52	8.50
冰箱压缩	8.65	8.92	8.30	7.41	6.90	7.24	6.85	6.66	6.28	5.84	4.62	3.85	8.64	8.30	8.20	9.26	12.38
联农股份	13.90	13.85	13.60	12.95	12.23	11.14	8.68	8.01	7.65	6.90	5.82	5.05	12.30	11.40	12.11	11.85	14.98
金陵股份	7.50	7.46	7.00	6.40	5.70	6.08	5.34	5.10	5.10	5.15	4.37	3.80	8.60	8.07	8.25	8.35	10.38
嘉宝实业	10.69	10.57	9.99	9.34	9.12	9.30	8.52	7.66	7.63	7.05	5.37	4.53	10.30	10.70	10.90	10.48	12.69
轮胎橡胶	8.89	9.11	8.09	7.20	6.72	6.60	6.07	5.45	5.14	4.71	4.00	3.60	8.36	7.90	8.13	7.70	9.29
复华实业	11.08	11.12	10.40	9.50	8.99	9.65	8.79	8.20	7.91	7.30	5.86	5.60	11.80	10.20	10.65	10.26	12.48
水仙电器	6.45	6.83	6.28	6.17	6.00	6.50	6.20	6.14	6.18	5.89	5.25	4.65	11.00	9.85	10.80	9.98	11.78
申达实业	4.90	4.76	4.48	4.12	3.73	3.92	3.48	3.30	3.36	3.12	2.58	2.27	5.65	6.05	7.50	7.15	7.70
电器股份	4.40	3.52	3.24	3.10	2.75	2.94	2.63	2.55	2.59	2.49	2.10	1.86	5.00	4.85	5.12	4.95	5.42
新世界	20.00	20.30	20.03	11.41	9.52	10.10	9.35	8.91	8.74	8.18	6.88	6.10	12.60	14.76	15.60	15.28	18.00
棱光实业	11.92	8.13	7.76	7.32	6.73	7.25	6.52	6.04	6.12	5.60	4.35	3.71	8.88	8.60	8.60	8.60	10.30
龙头股份	3.50	3.45	3.22	2.97	2.65	2.76	2.49	2.30	2.27	2.25	2.03	1.95	5.32	5.15	5.07	4.71	5.90
中百一店	12.35	9.42	8.45	7.94	7.12	7.70	7.30	7.02	7.15	6.80	6.16	5.52	10.20	10.95	11.60	11.10	12.80
华联商厦	12.79	9.07	8.18	7.75	7.02	7.38	7.17	6.83	6.90	6.65	5.88	5.08	10.00	10.90	11.39	11.05	13.08
双鹿电器	8.38	8.62	8.05	7.61	7.28	6.04	5.51	4.96	4.92	4.76	4.21	3.66	9.50	8.51	8.85	8.80	10.98
海鸟电子	9.60	9.60	9.00	8.35	7.79	8.16	7.56	7.08	6.51	6.00	4.66	4.14	9.94	10.25	12.08	12.00	11.17
浦东大众	10.80	10.95	10.56	10.26	9.71	9.90	9.07	8.25	8.09	7.42	6.38	5.43	12.01	12.20	13.76	13.80	18.69
三爱富	7.55	7.56	7.21	6.69	6.14	6.57	6.00	5.21	5.05	4.65	3.83	2.30	8.70	8.19	8.38	8.10	9.30
广电股份	3.95	3.90	3.92	4.08	3.93	3.90	3.70	3.38	3.40	3.32	2.77	2.40	5.20	5.06	5.07	4.88	5.50
黄浦房产	11.49	11.46	11.05	10.59	9.90	10.05	9.35	8.45	7.90	7.30	6.10	5.26	11.70	12.68	13.71	13.25	16.35
浦东金桥	23.84	12.56	12.05	11.47	11.15	11.55	10.80	10.09	9.87	9.19	8.71	7.84	15.19	17.20	18.10	17.65	22.08
国脉实业	14.15	14.39	13.80	13.22	12.15	12.50	11.95	11.40	10.74	10.00	8.11	7.35	13.90	14.67	16.20	15.74	18.80
众城实业	12.44	12.50	11.74	10.91	10.18	10.62	9.55	8.68	8.30	7.78	6.45	5.40	12.30	12.90	14.15	13.78	16.85
申能股份	5.10	5.31	5.25	5.17	4.91	4.91	4.52	4.20	3.90	3.71	3.42	3.26	6.70	6.40	6.51	6.60	6.85
爱建股份	9.80	9.74	8.95	8.21	7.51	7.70	6.98	6.48	6.28	5.80	5.57	4.87	10.10	10.70	11.50	11.18	14.41
乐山电力	5.40	5.42	5.17	4.85	4.26	4.50	4.16	4.02	4.04	3.82	3.08	2.85	6.50	7.30	7.34	7.00	7.65
望春花	11.33	10.90	10.30	9.83	9.30	10.26	9.57	9.14	9.70	8.73	7.20	6.19	12.20	11.80	12.27	12.00	14.48
国嘉实业	9.56	9.98	9.50	8.85	8.85	8.86	7.98	6.99	6.80	6.14	4.80	4.08	9.51	9.90	9.32	9.00	10.45
新亚快餐	15.20	15.00	14.56	14.03	13.56	15.18	15.33	4.6	4.40	4.56	4.21	3.68	9.45	9.10	9.57	9.26	11.27
外高桥	16.66	18.00	15.10	17.96	17.70	18.56	18.00	17.71	15.21	15.15	13.88	12.20	19.80	23.66	28.60	34.90	26.90
原水股份	4.18	4.24	4.16	3.98	3.78	3.82	3.56	3.20	3.15	2.84	2.54	2.38	5.30	5.40	5.30	5.07	5.70
新锦江	8.70	8.45	8.10	7.45	6.90	7.10	6.43	6.01	6.08	5.85	5.02	4.45	11.00	10.00	11.29	11.25	15.60
飞乐音响	9.79	9.80	9.61	9.82	9.70	9.85	9.36	8.38	7.65	7.18	6.01	5.45	11.90	10.90	11.25	11.01	12.55
爱使股份	10.60	11.30	11.77	12.01	11.60	11.55	11.25	10.05	8.99	8.88	7.30	6.77	12.58	12.03	11.96	11.81	13.22
中华实业	10.90	11.06	10.70	10.40	9.78	10.06	9.33	8.60	8.10	7.63	6.41	5.64	12.49	11.42	12.95	12.80	15.40
飞乐股份	11.40	11.67	11.30	10.86	10.17	10.55	5.29	4.66	4.72	4.40	3.90	3.37	9.04	8.08	9.20	9.00	10.85
豫园商场	12.39	9.38	8.88	8.26	7.35	8.65	8.25	7.80	8.30	7.78	6.92	6.20	11.95	13.50	15.70	15.40	17.90
浙江凤凰	5.05	5.06	5.47	5.47	5.05	5.26	5.30	4.50	4.08	3.61	3.18	2.68	6.40	5.70	5.79	5.45	7.19
北京天桥	6.28	6.04	5.36	5.10	4.75	5.16	4.76	4.56	4.56	4.27	3.65	3.40	7.05	6.29	6.60	6.35	7.14
北京天龙	7.41	7.15	6.52	6.09	5.30	6.05	5.72	5.56	5.75	5.59	5.00	4.53	8.60	7.90	8.01	7.70	8.67
福建福联	5.67	5.93	5.52	5.24	4.77	4.89	4.38	3.85	3.79	3.40	2.95	2.48	6.90	6.95	7.00	7.00	7.90
福建耀华	7.18	7.15	8.88	6.25	5.52	5.87	5.32	5.10	5.25	4.81	4.10	3.59	8.48	8.34	8.50	8.90	10.25
南洋实业	8.40	8.56	8.00	7.25	6.55	6.96	6.20	5.71	5.68	5.15	4.10	3.69	9.80	8.80	9.05	9.10	11.00
浦东强生	11.95	12.50	11.89	11.70	11.40	11.79	10.98	10.00	9.57	8.86	7.50	6.65	13.70	13.80	15.58	15.70	22.28
陆家嘴	15.90	15.80	15.07	14.86	14.50	14.99	14.18	14.08	12.70	11.50	9.79	8.69	16.11	17.00	19.45	21.98	29.50
哈医药	4.12	4.17	4.04	3.88	3.48	3.62	3.33	3.11	3.15	3.06	3.03	2.55	5.40	6.99	7.10	5.85	6.18
沪昌特钢	4.65	3.07	2.74	2.49	2.26	2.46	2.24	2.09	2.13	2.06	1.95	1.70	4.10	4.70	4.57	4.32	5.07
重庆药业	10.30	2.99	9.30	9.03	8.35	8.76	7.98	7.18	6.96	6.58	5.05	5.23	11.85	11.70	12.06	11.30	12.85
无锡太极	2.98	2.92	2.71	2.55	2.26	2.40	2.21	2.18	2.22	2.10	1.90	1.68	4.00	4.00	4.04	4.00	4.20
浙江尖峰	4.02	3.93	3.67	3.30	3.02	3.21	2.91	2.83	2.86	2.65	2.30	2.03	5.10	5.70	5.55	5.20	5.80
鞍山合成	2.64	2.54	2.38	2.23	2.05	2.20	1.98	1.88	1.88	1.76	1.48	1.34	3.65	3.90	3.82	3.35	3.68
长春华联	4.08	3.95	3.75	3.48	3.00	3.20	2.98	2.92	2.98	2.89	2.60	2.37	5.49	4.88	4.78	4.54	5.10
杭州天目	8.65	8.30	7.72	4.71	4.24	4.48	4.05	3.50	3.50	3.20	2.85	2.47	6.27	7.80	8.05	7.20	7.65
四川广华	2.92	2.87	2.72	2.49	2.16	2.33	2.22	1.97	1.98	1.84	1.62	1.46	3.82	3.93	3.90	3.54	4.00
成都量具	3.90	3.81	3.71	3.45	3.00	3.17	2.85	2.68	2.68	2.47	2.05	1.85	4.60	4.60	4.60	4.27	4.59
四川峨铁	2.88	2.87	2.85	2.70	2.42	2.60	2.38	2.27	2.30	2.18	1.92	1.66	4.18	4.90	4.70	4.42	4.88
中华企业	12.45	12.61	12.05	11.66	10.55	10.44	9.60	9.11	8.83	8.65	7.18	6.50	13.20	14.75	15.64	15.90	21.05
钢运股份	8.68	8.78	8.40	7.85	7.55	7.75	7.00	6.29	6.10	5.36	4.43	3.75	8.60	8.30	8.63	9.05	11.72
浙江中汇	4.97	4.94	4.79	4.46	3.98	4.25	3.83	3.62	3.55	3.20	2.84	2.67	6.19	5.80	5.96	6.00	6.80
四川金顶	6.65	6.78	6.72	6.74	6.64	6.77	6.66	6.30	6.38	6.28	5.41	5.10	9.30	7.95	8.65	6.46	7.30
上海凤凰	9.10	9.16	8.75	8.10	7.80	7.85	7.18	6.23	5.82	5.85	4.91	4.18	10.00	8.70	8.60	8.28	10.20
邮通设备	15.33	11.70	11.26	10.70	9.80	10.14	9.31	8.80	8.65	8.07	6.85	6.10	12.40	13.10	14.90	14.80	18.50
武汉长印	8.88	6.21	5.85	5.47	4.97	5.24	4.63	4.10	4.25	3.90	3.50	3.12	7.39	6.79	7.25	6.48	7.30
南京新百	6.10	6.06	5.69	5.22	4.60	4.85	4.42	4.14	4.16	3.92	3.45	3.01	6.98	6.90	6.95	6.60	7.50
宁波华联	8.14	7.99	7.45	4.88	4.20	4.20	3.97	3.65	3.60	3.38	2.90	2.59	6.45	6.28	6.21	5.88	7.45

续表 1—2

单位：元

券种	5.13	5.20	5.27	6.3	6.10	6.17	6.24	7.1	7.8	7.15	7.22	7.29	8.5	8.12	8.19	8.26	9.2
	收盘	收盘	收盘	收盘	收盘	收盘	收盘	收盘	收盘	收盘	收盘	收盘	收盘	收盘	收盘	收盘	收盘
广州珠江	8.10	8.06	8.02	6.54	6.22	6.47	5.88	5.38	5.20	5.05	4.34	3.90	9.78	9.71	10.49	9.81	11.45
广州广船	3.31	3.30	3.15	2.93	2.58	2.63	2.44	2.33	2.29	2.20	2.00	1.92	4.54	5.50	5.50	4.88	5.28
厦门汽车	7.05	8.89	7.70	7.49	7.07	7.34	6.80	6.45	6.35	5.83	4.50	4.34	8.90	7.80	8.15	7.90	9.25
厦门国泰	12.43	12.08	11.18	11.09	10.05	10.57	9.97	9.00	8.50	7.68	6.61	5.71	10.86	9.95	9.88	9.41	10.23
上海石化	2.40	2.43	2.35	2.21	2.05	2.02	1.86	1.74	1.53	1.51	1.35	1.25	2.84	3.04	2.97	2.80	3.17
上海三毛	8.74	8.40	8.08	7.49	6.69	6.95	6.11	5.50	5.34	4.92	4.00	3.45	8.50	7.55	8.08	8.98	10.41
青岛海尔	4.58	4.53	4.28	4.08	3.39	3.79	3.42	3.26	3.30	3.16	2.80	2.75	6.19	5.76	5.95	6.15	7.03
自贡东碳	7.05	7.00	6.70	6.32	5.70	5.92	5.28	4.80	4.63	4.36	3.48	3.18	7.80	7.25	7.30	7.00	7.65
亚通股份	9.30	9.26	8.80	8.45	8.00	8.28	7.89	6.95	7.10	6.51	5.30	4.50	9.26	9.90	10.22	10.10	12.60
福州东百	6.55	6.48	5.79	4.64	4.03	4.16	3.74	3.55	3.45	3.15	2.71	2.41	6.15	5.80	5.82	5.46	6.18
大连商场	5.20	5.20	4.90	4.80	4.31	4.56	4.23	4.03	4.08	3.86	3.36	3.04	6.96	6.40	6.77	6.62	7.57
大江股份	10.58	10.50	10.07	9.70	8.80	9.34	8.32	7.55	7.35	6.50	5.30	4.95	10.50	10.00	10.40	10.58	13.80
福建豪盛	8.58	8.99	8.22	5.21	4.41	4.55	4.13	3.90	3.75	3.57	3.10	2.76	6.80	6.60	7.30	6.91	7.70
长春车百	5.00	4.65	4.30	3.93	3.30	3.54	3.15	3.10	3.06	2.80	2.45	2.27	5.36	5.52	5.65	5.45	6.15
济南轻骑	7.34	6.70	6.42	6.02	5.28	5.52	5.22	4.96	4.93	4.61	4.11	3.91	7.41	7.30	7.43	7.15	8.75
辽源得亨	4.80	4.32	4.00	4.48	4.41	4.67	4.65	4.72	4.89	5.11	5.10	5.63	8.20	7.06	6.76	6.55	7.11
天津磁卡	7.20	7.18	6.98	6.50	5.80	6.18	5.41	5.03	4.91	4.37	3.60	3.37	9.50	7.70	8.00	7.85	9.01
湖北华新	5.09	5.00	4.65	4.18	3.85	4.05	3.74	3.29	3.20	2.98	2.65	2.51	5.60	5.46	5.88	5.18	5.78
福建水泥	5.18	5.15	4.97	4.60	4.01	4.12	3.77	3.45	3.39	3.10	2.59	2.37	5.68	5.59	5.50	5.20	5.97
河北威远	4.44	4.40	4.26	3.98	3.42	3.68	3.32	3.08	3.13	3.00	2.60	2.45	5.25	5.15	5.05	4.75	5.70
成都工益	4.68	4.88	4.73	4.60	4.35	4.47	3.01	2.66	2.75	2.50	2.12	1.86	4.95	4.47	4.60	4.16	4.70
江苏悦达	9.87	10.18	9.50	9.00	8.50	8.70	8.90	9.35	9.05	8.65	7.71	6.95	11.60	10.60	11.00	10.70	14.10
昆明机床	3.41	3.53	3.29	3.13	2.93	2.97	2.70	2.44	2.34	2.22	2.00	1.77	4.25	5.00	4.61	4.10	4.78
济南百货	4.06	4.05	3.85	3.58	3.09	3.30	3.03	2.92	2.97	2.81	2.68	2.37	5.00	4.80	4.79	4.60	7.35
安徽马钢	2.21	2.19	2.16	2.09	2.03	1.95	1.86	1.68	1.58	1.52	1.31	1.23	3.10	3.10	3.02	2.98	3.36
山西汾酒	4.55	4.54	4.45	4.11	3.94	3.92	3.59	3.37	3.38	3.15	2.58	2.41	5.65	5.38	5.27	5.05	5.76
河南神马	4.54	2.26	5.30	5.45	5.40	5.50	5.19	4.65	4.50	4.45	4.18	3.89	6.67	7.05	5.35	5.07	5.55
东方集团	8.95	9.09	8.90	8.13	7.52	7.69	7.02	6.35	6.02	5.59	4.68	4.04	9.90	8.58	9.18	8.80	10.73
河北华药	2.70	2.63	2.45	2.28	2.10	2.23	2.05	1.93	1.95	1.90	1.84	1.59	3.69	5.30	5.69	4.80	5.18
鞍山一工	2.92	2.90	2.80	2.60	2.25	2.42	2.18	2.14	2.22	2.10	1.86	1.74	3.98	4.35	4.10	3.58	3.80
杭州解百	6.58	6.56	6.80	5.80	5.20	5.50	5.66	5.30	4.74	4.30	4.08	3.80	7.69	7.85	7.92	7.55	8.47
厦门厦工	6.20	6.35	5.98	5.72	5.10	5.50	4.95	4.54	4.45	4.08	3.35	3.00	7.38	7.30	7.34	6.90	7.66
鞍山信托	9.55	9.44	8.88	8.20	7.74	8.43	7.67	7.18	7.02	6.66	5.81	5.20	10.80	9.90	11.00	10.83	12.60
良华实业	11.95	12.00	11.39	10.52	9.96	10.64	9.70	8.63	8.40	7.61	6.20	4.85	11.20	10.70	10.98	11.08	14.20
上海永久	9.18	9.38	9.30	9.24	9.15	8.57	7.80	7.07	6.80	6.30	5.59	5.00	8.89	9.20	8.98	8.40	9.46
耀皮玻璃	9.70	10.08	9.59	9.03	9.03	9.65	8.87	8.30	7.95	7.30	6.52	6.80	12.20	10.80	11.51	11.60	14.20
隧道股份	10.00	10.29	9.72	9.22	8.51	8.80	7.90	7.16	6.86	6.16	5.10	4.36	9.95	9.73	10.80	11.02	14.85
天津劝业	5.14	3.79	3.65	3.35	2.98	3.24	2.99	2.89	2.98	2.85	2.64	2.21	5.15	4.98	5.10	4.83	5.42
物贸中心	13.70	13.23	12.60	12.11	11.49	11.90	11.05	10.03	9.44	8.61	6.21	6.20	13.11	12.62	13.20	13.40	16.77
万象集团	11.40	11.98	13.00	11.89	9.87	10.56	9.78	8.89	8.35	7.80	6.20	5.55	11.79	10.50	10.74	12.20	13.56
益民百货	11.80	12.04	11.89	11.91	11.98	12.47	13.00	13.70	12.49	12.40	11.60	10.05	13.30	13.04	13.09	18.03	18.50
时装股份	8.30	8.28	8.04	7.75	6.95	7.32	6.72	6.32	6.22	5.76	4.90	4.20	9.24	8.63	9.10	9.99	12.30
益生股份	10.35	10.38	0.00	0.33	8.56	8.81	7.03	7.10	7.16	6.53	5.60	1.68	10.70	10.05	11.15	11.40	13.30
友谊华侨	9.15	8.88	8.43	8.00	7.31	7.48	6.87	6.30	6.18	5.69	4.61	4.17	13.00	10.00	11.05	11.12	12.80
成都商场	6.23	6.10	6.18	6.02	5.58	5.80	5.51	5.20	5.09	4.74	4.00	3.50	6.88	6.16	6.15	6.07	7.28
哈天鹅	8.15	7.98	7.56	6.97	6.30	6.65	6.05	6.25	5.90	5.53	4.86	4.09	8.30	7.58	7.64	7.55	8.45
甬城隍庙	11.76	12.05	12.16	12.32	13.61	9.35	8.66	7.40	7.41	6.80	5.35	5.13	10.40	9.05	9.55	9.30	10.51
西安黄河	8.90	9.24	8.60	7.62	6.81	6.88	6.32	6.15	5.85	5.38	4.65	4.07	9.03	10.17	10.50	9.48	9.68
东方明珠	22.87	23.00	23.65	24.00	22.80	22.85	21.56	19.51	9.97	11.49	10.67	9.41	18.17	19.70	22.88	22.30	30.00
商业网点	12.87	12.97	12.26	11.80	11.18	11.54	10.43	9.36	9.79	8.75	7.32	6.62	13.50	14.15	15.20	14.70	17.90
凌桥股份	9.44	9.58	9.07	8.57	8.23	8.63	7.92	7.18	7.04	6.45	5.53	5.21	10.10	9.95	10.75	11.81	17.80
上菱电器	8.00	8.00	7.60	7.61	7.65	8.24	7.96	7.55	7.18	6.60	5.61	5.54	10.50	10.00	10.06	10.18	14.00
界龙实业	23.60	25.06	26.19	26.98	28.50	30.61	32.59	20.01	20.21	22.00	21.35	20.08	24.20	26.05	25.39	24.30	28.49
农垦商社	12.40	13.16	12.10	11.76	11.60	11.82	11.55	9.85	9.10	8.20	6.61	5.60	11.94	11.17	11.79	12.15	14.34
第九百货	8.55	8.50	8.12	7.75	6.98	7.17	6.66	6.22	6.13	5.68	4.86	4.15	9.25	8.30	8.60	8.96	11.88
四川长虹	14.59	14.92	14.38	14.10	13.98	10.20	9.62	9.10	8.84	8.43	7.53	7.33	12.40	12.40	13.30	13.15	15.70
绍兴百大	6.64	6.78	6.53	3.89	4.53	4.25	4.01	3.46	3.54	3.31	2.80	2.56	6.16	6.25	6.38	6.09	7.08
上柴股份	9.07	9.10	8.85	8.25	7.50	7.91	7.10	6.49	6.60	6.24	5.70	4.92	10.50	9.45	10.55	10.70	13.80
中西药业	9.67	9.65	9.13	8.25	7.55	7.90	7.16	6.55	6.52	5.98	5.03	4.30	9.70	10.40	10.50	10.10	11.70
工缝股份	9.25	9.00	8.93	8.32	7.60	7.86	7.15	6.60	6.65	6.11	5.13	4.33	9.31	9.35	9.60	9.51	12.00
英雄股份	10.40	9.35	8.90	8.37	7.68	8.08	7.32	6.80	6.82	6.33	5.03	4.50	9.89	9.50	9.80	9.82	12.00
钢管股份	10.18	10.15	9.65	8.95	8.10	8.47	7.62	6.85	6.80	6.10	5.01	4.06	10.55	10.00	10.10	10.27	12.70
同济科技	14.00	14.05	13.25	12.15	10.75	11.45	10.28	9.23	8.90	8.16	7.13	6.65	13.10	14.26	14.54	13.90	15.88
重庆万里	11.17	11.59	10.40	9.97	8.60	9.31	8.70	8.18	8.03	7.82	7.01	6.05	11.38	10.90	10.70	10.45	11.35
自仪股份	9.30	9.20	8.89	8.06	7.16	7.73	6.95	6.59	6.78	6.12	4.80	4.20	9.55	9.15	9.20	8.72	10.29
四药股份	9.70	9.86	9.50	8.70	7.75	8.10	7.32	6.80	6.78	6.05	5.01	4.49	9.70	10.80	11.00	11.00	13.00
华东电脑	12.00	11.93	11.30	10.42	9.45	10.03	8.93	8.15	8.11	7.30	6.00	4.90	10.99	12.00	12.00	11.74	15.00
海欣股份	14.80	14.71	13.88	13.00	11.91	12.60	12.00	11.50	11.00	10.20	8.77	7.88	13.50	14.00	14.70	14.00	17.50
中川国际	11.40	11.20	10.71	10.10	9.01	9.45	8.60	7.45	7.17	6.55	5.40	5.02	11.20	11.35	13.01	13.91	16.50
北满特钢	3.59	3.56	3.63	3.45	3.29	3.01	2.78	2.70	2.71	2.58	2.40	2.18	4.70	4.82	4.70	4.88	5.55
江苏春兰	11.90	12.20	11.45	11.23	11.00	11.35	10.90	10.89	10.55	10.20	7.90	7.60	13.10	12.32	13.09	13.26	17.08
北京北旅	5.21	5.03	4.32	4.11	3.60	3.78	3.39	3.21	3.20	2.97	2.40	2.23	5.50	5.08	5.15	4.70	5.28
长春百货	5.04	4.86	4.54	4.02	3.31	3.58	3.18	3.16	3.14	2.89	2.48	2.20	5.18	5.20	5.10	4.78	5.39
宁波中百	8.43	8.21	7.55	6.82	5.90	6.58	6.52	6.20	6.30	6.34	6.06	5.85	8.70	7.60	7.70	7.55	8.60
山东渤海	7.33	6.80	6.36	5.65	4.98	5.28	5.02	3.90	3.57	3.07	3.03	3.11	6.26	5.75	6.60	10.24	10.70
王府井	11.10	10.78	9.26	8.31	7.15	7.56	7.0	6.60	6.50	6.35	6.23	6.05	10.10	8.90	9.20	8.85	10.15
北人股份	7.48	7.04	6.29	6.10	5.71	6.21	5.66	5.15	5.05	4.62	3.72	3.45	7.60	6.80	7.05	6.48	7.36
北京城乡		9.06	7.72	7.13	6.10	6.54	5.86	5.51	5.21	4.79	4.24	3.98	8.12	7.39	7.38	7.08	8.37
南通机床		7.00	6.07	5.48	4.63	5.09	4.45	4.15	4.09	3.56	2.96	2.60	6.90	6.95	7.60	6.95	7.45
内蒙华电		4.90	4.29	3.92	3.19	3.58	3.45	3.22	3.32	3.22	2.76	2.32	7.11	7.12	7.01	6.95	7.40
哈岁宝													0.00	10.10	9.58	9.00	10.20
杭百集团													0.00	9.01	4.85	8.04	9.00
广东星湖															14.38	13.60	14.80
通化东宝																15.85	13.35

表 1—3　上海证券交易所 A 股行情周报表　　单位:元

券种	9.9	9.16	9.23	9.30	10.7	10.14	10.21	10.28	11.4	11.11	11.18	11.25	12.2	12.9	12.16	12.23	12.30
	收盘	收盘	收盘	收盘	收盘	收盘	收盘	收盘	收盘	收盘	收盘	收盘	收盘	收盘	收盘	收盘	收盘
青岛啤酒	6.61	7.21	5.90	5.45	4.90	4.30	4.56	4.47	4.42	4.51	4.37	4.35			4.38	4.08	4.08
延中实业	13.75	13.45	12.96	11.89	11.19	9.40	10.10	9.60	9.64	10.45	10.18	10.00	9.94	9.50	10.22	9.70	9.60
真空电子	5.47	5.90	5.10	4.50	4.20	3.55	3.75	3.64	3.62	3.75	3.60	3.53	3.50	3.33	3.48	3.30	3.11
兴业房产	17.01	16.50	14.99	13.29	12.90	11.30	12.10	11.45	11.20	12.32	12.01	11.80	11.90	11.44	12.02	12.03	11.36
二纺机	7.74	8.50	7.80	6.64	6.45	5.50	5.76	5.55	5.39	5.70	5.50	5.40	5.30	5.01	5.35	5.70	5.05
轻工机械	7.89	8.85	8.10	7.07	7.20	6.45	6.96	6.89	6.69	7.29	6.95	6.77	6.70	6.20	6.95	6.90	6.70
嘉丰股份	9.21	12.10	11.00	10.05	9.50	9.15	9.28	8.90	8.78	9.50	9.09	8.75	8.65	8.11	8.98	8.86	8.30
联合实业	12.60	13.25	12.05	10.50	9.50	8.50	9.29	8.95	8.84	10.32	9.98	9.88	9.89	9.53	10.35	9.75	9.21
异型钢管	10.35	10.41	9.15	7.95	7.50	6.60	7.10	7.10	7.08	7.70	7.32	7.23	7.18	6.80	7.30	7.47	7.30
沈阳金杯	2.99	2.88	2.60	2.49	2.27	2.07	2.07	2.07	2.03	2.08	2.02	2.00	1.99	1.90	1.97	1.92	1.88
中纺机	8.04	8.21	7.95	6.69	6.20	5.50	5.90	5.59	5.50	5.88	5.68	5.55	5.40	5.08	5.60	5.36	5.08
大众出租	26.99	26.00	24.03	21.68	18.82	16.80	20.30	20.00	19.50	25.48	24.98	24.55	25.42	25.30	27.35	32.70	29.85
第一铅笔	12.83	13.70	12.14	11.11	10.15	8.88	9.60	9.25	9.12	10.15	9.65	9.50	9.39	8.93	9.60	9.38	8.75
永生制笔	14.93	14.95	13.25	12.00	11.00	10.20	10.95	10.90	10.45	11.80	11.26	11.00	10.90	10.25	11.28	11.83	11.20
胶带股份	13.19	15.28	11.95	10.98	10.50	9.10	9.81	9.51	9.20	10.08	9.75	9.60	9.48	9.00	9.70	9.46	8.98
丰华园珠	13.40	13.45	11.85	10.35	9.70	9.48	9.69	9.15	9.15	10.05	9.72	9.56	9.41	8.84	9.62	9.55	8.80
第一食品	16.60	16.90	14.95	13.48	12.50	14.25	15.26	15.00	14.21	15.09	15.05	14.40	14.25	13.75	14.20	14.38	13.70
联华合纤	16.45	16.00	14.35	13.00	12.50	10.70	11.79	11.59	11.15	12.58	11.95	11.81	11.60	10.85	11.64	11.50	11.08
氯碱化工	12.51	15.60	14.00	11.90	10.99	9.18	11.70	11.00	10.99	13.10	12.49	12.40	12.25	11.40	12.40	11.90	11.16
冰箱压缩	14.70	19.00	17.48	16.08	12.46	11.31	13.55	12.90	12.72	13.91	13.70	13.16	13.05	12.10	13.30	14.30	12.60
联农股份	18.00	17.91	15.52	14.40	13.80	11.90	13.50	13.34	12.88	14.05	13.24	13.15	13.03	12.05	12.86	13.00	12.25
金陵股份	5.19	15.30	14.00	12.95	12.00	10.85	11.79	11.15	11.10	12.55	11.76	11.70	11.55	10.92	11.80	12.51	11.60
嘉宝实业	14.99	15.60	13.59	12.06	10.80	9.99	10.80	10.47	10.34	11.54	11.12	11.11	11.00	10.30	10.94	11.16	10.45
轮胎橡胶	13.29	14.80	13.46	13.30	12.30	10.40	11.40	10.40	10.57	11.70	11.18	10.85	10.80	10.22	11.07	12.30	10.69
复华实业	14.87	15.40	13.50	11.98	10.60	10.30	10.83	10.21	10.20	11.65	11.02	10.75	10.76	10.10	10.80	10.71	10.45
水仙电器	14.89	15.40	13.90	12.03	11.90	10.54	11.58	11.34	11.95	13.18	12.15	12.01	11.98	11.10	11.96	11.88	11.50
申达实业	8.85	10.20	9.60	9.00	8.78	7.50	7.90	7.38	7.31	8.30	7.85	7.75	7.71	7.23	8.02	7.66	7.33
电器股份	6.08	7.16	6.70	5.85	5.40	4.73	5.15	5.15	5.08	5.49	5.22	5.14	5.05	4.72	5.05	4.82	4.58
新世界	23.10	23.10	20.32	18.90	17.00	15.90	16.80	15.65	15.15	16.79	16.38	16.16	15.90	15.03	16.10	19.80	17.90
棱光实业	11.67	12.76	11.20	9.70	8.79	7.53	8.00	8.18	8.38	9.25	8.95	8.70	8.64	8.10	8.71	8.35	7.93
龙头股份	8.26	9.75	8.65	8.05	7.78	6.68	7.30	7.15	7.08	7.60	7.22	7.02	6.98	6.55	7.18	6.85	6.40
中百一店	16.72	16.60	14.80	12.70	11.88	10.80	11.48	11.08	10.95	12.45	11.89	11.91	11.70	10.95	11.88	11.35	10.85
华联商厦	16.85	16.70	14.55	12.88	12.20	10.75	11.40	10.68	10.70	12.40	11.88	11.74	11.58	10.82	11.55	11.15	10.70
双鹿电器	14.50	14.70	12.90	11.50	11.00	10.20	11.80	10.85	10.95	12.42	11.55	11.40	11.10	10.25	11.11	11.10	10.28
海鸟电子	14.60	14.25	12.65	11.33	10.60	10.00	10.52	10.01	10.08	11.00	10.59	10.40	10.29	9.70	10.20	9.80	9.22
浦东大众	24.80	24.88	21.60	19.60	18.35	17.00	18.15	16.55	16.01	18.41	17.30	17.12	16.90	15.90	16.90	16.20	15.79
三爱富	12.44	12.65	11.30	10.00	9.01	8.00	8.60	8.64	8.45	9.10	8.81	8.60	8.53	8.02	8.58	8.30	7.98
广电股份	6.35	7.07	6.39	5.45	5.10	4.63	4.81	4.66	4.67	4.94	4.68	4.65	4.54	4.35	4.52	4.27	4.10
黄浦房产	19.80	19.75	16.88	15.80	15.00	13.00	14.18	13.35	13.02	14.39	13.70	13.70	13.55	12.95	13.50	15.58	14.43
浦东金桥	25.30	26.86	24.00	22.90	21.30	20.15	21.50	19.14	19.00	21.88	20.50	20.20	19.85	18.70	19.95	19.18	18.18
国脉实业	23.50	23.00	19.99	17.70	17.19	14.90	16.30	15.45	15.32	16.65	15.97	15.90	16.05	15.17	16.04	16.39	15.45
众城实业	20.90	21.30	18.18	16.41	15.02	13.50	14.90	13.99	13.76	15.23	14.44	14.32	14.10	13.45	14.09	14.40	13.69
申能股份	7.08	7.20	6.32	5.56	5.00	4.35	4.65	4.68	4.50	4.90	4.65	4.54	4.46	4.25	4.45	4.38	4.20
爱建股份	18.01	17.98	15.25	13.80	13.00	11.50	12.40	12.00	11.61	13.60	12.66	12.41	12.32	11.66	12.38	12.00	11.40
乐山电力	9.08	8.68	8.00	6.66	6.40	5.45	5.72	5.92	5.78	6.11	5.85	5.74	5.72	5.32	5.70	5.50	5.31
望春花	18.48	18.18	15.38	14.50	14.80	13.00	14.95	13.60	13.39	14.35	13.95	13.75	13.85	12.90	13.90	18.32	16.71
国嘉实业	13.05	13.80	12.46	12.75	13.90	12.18	12.40	11.50	10.99	12.00	11.50	11.40	11.20	10.49	11.12	11.15	10.63
新亚快餐	14.82	15.01	13.40	11.91	11.20	10.52	11.31	10.56	10.45	11.70	11.02	10.92	10.99	10.28	10.90	10.60	10.12
外高桥	32.79	30.46	26.60	25.24	23.49	20.90	22.79	20.30	20.10	22.55	21.10	20.70	20.40	19.61	20.80	19.80	19.05
原水股份	6.64	7.31	6.86	5.96	5.39	4.85	5.80	5.53	5.63	6.20	5.88	5.80	5.74	5.44	5.80	5.60	5.27
新锦江	22.00	20.94	17.60	16.90	16.90	15.10	16.52	15.28	14.99	17.10	16.10	15.80	15.70	14.70	15.71	16.30	15.10
飞乐音响	14.62	14.15	13.00	11.20	10.80	9.20	9.79	9.30	9.24	10.12	10.00	9.85	10.04	9.50	10.00	9.43	9.10
爱使股份	14.50	14.17	12.76	11.00	10.49	8.80	9.59	9.00	8.87	10.20	10.19	10.10	10.24	9.78	10.20	9.65	9.30
申华实业	17.50	16.30	14.70	13.88	12.48	10.66	11.60	10.75	10.63	13.15	12.30	12.73	12.88	12.45	13.20	12.70	12.81
飞乐股份	12.48	12.25	11.10	9.97	9.60	8.39	9.15	8.48	8.33	9.17	8.92	8.71	8.66	8.16	8.68	8.21	7.82
豫园商场	27.90	28.30	25.45	24.50	21.80	20.40	21.20	19.25	18.51	22.03	30.65	20.18	19.85	18.85	20.20	19.83	18.70
浙江凤凰	7.50	8.45	8.55	7.50	6.68	4.00	4.30	4.23	4.20	4.33	4.20	4.12	4.03	3.74	4.01	3.73	3.65
北京天桥	7.29	7.60	6.70	5.75	5.40	4.75	4.90	4.80	4.69	4.82	4.70	4.69	4.62	4.40	4.60	4.38	4.22
北京天龙	9.10	9.40	8.26	7.20	6.40	5.65	6.05	5.98	5.68	6.00	5.88	5.82	5.76	5.49	5.81	5.50	5.36
福建福联	8.20	8.90	8.00	7.00	6.30	5.48	5.70	5.61	5.40	5.70	5.55	5.40	5.34	5.00	5.30	5.08	4.96
福建耀华	13.73	13.92	12.20	11.90	10.40	8.40	8.99	8.55	8.40	9.05	8.59	8.40	8.32	7.75	8.20	7.85	7.61
南洋实业	14.10	15.30	13.70	12.05	11.00	10.09	10.88	10.21	10.00	11.30	10.75	10.55	10.50	9.80	10.50	10.35	9.85
浦东强生	24.90	24.80	22.08	23.38	20.70	15.68	16.70	15.30	15.05	17.18	16.08	15.85	15.69	14.90	15.85	15.25	14.59
陆家嘴	34.37	33.73	29.80	29.17	27.00	25.10	26.70	23.30	22.25	25.85	24.10	23.20	22.75	21.20	22.70	21.20	20.70
哈医药	6.28	6.08	5.15	4.50	4.00	3.45	3.75	3.70	3.78	3.90	3.78	3.80	3.79	3.76	3.42	3.20	3.08
沪昌特钢	4.92	5.45	4.75	4.05	3.90	3.31	3.43	3.44	3.37	3.50	3.38	3.28	3.28	3.08	3.26	3.08	3.01
重庆药业	13.16	12.76	11.30	9.70	9.02	8.09	9.51	8.65	8.35	8.92	8.65	8.55	8.42	7.93	8.40	8.74	8.20
无锡太极	3.90	4.05	3.45	3.26	3.08	2.67	2.99	3.88	3.54	3.77	3.65	3.60	3.50	3.19	3.35	3.33	3.10
浙江尖峰	6.10	6.37	5.50	4.60	4.20	3.68	3.75	3.82	3.75	3.91	3.71	3.70	3.63	3.36	3.60	3.31	3.28
鞍山合成	3.50	3.55	3.01	2.65	2.48	2.14	2.17	2.28	2.18	2.27	2.19	2.16	2.13	2.02	2.12	1.96	2.03
长春华联	5.20	5.83	5.47	4.55	4.00	3.74	3.71	3.73	3.68	3.71	3.62	3.50	3.45	3.23	3.38	3.10	3.09
杭州天目	8.00	8.10	7.18	6.04	5.99	5.11	5.57	5.48	5.40	5.59	5.36	5.20	5.13	4.80	5.07	4.83	4.66
四川广华	3.75	3.90	3.37	2.92	2.80	2.34	2.30	2.41	2.36	2.41	2.32	2.27	2.25	2.14	2.31	2.11	2.17
成都量具	4.63	5.10	4.55	3.95	3.59	3.15	3.18	3.14	3.07	3.18	3.10	3.06	3.03	2.86	3.04	2.85	2.83
四川峨铁	4.74	5.15	4.49	3.81	3.81	3.13	3.19	3.10	3.03	3.10	3.02	2.94	2.95	2.73	2.90	2.73	2.73
中华企业	28.28	28.90	25.30	23.60	22.50	20.20	22.80	20.44	20.35	23.40	23.27	23.07	23.00	21.60	22.82	26.61	25.80
钢运股份	15.88	15.68	14.35	13.26	12.51	10.95	12.00	10.81	11.71	13.00	12.40	12.30	12.28	11.63	12.52	13.45	12.30
浙江中汇	8.18	8.25	7.35	6.23	5.60	4.89	5.31	5.05	4.93	5.32	5.00	4.98	4.90	4.62	4.90	4.72	4.50
四川金顶	8.39	8.25	7.07	6.20	6.00	5.32	5.47	5.41	5.30	5.55	5.38	5.36	5.30	5.03	5.29	5.00	4.94
上海凤凰	14.00	13.15	11.30	10.19	9.30	8.05	8.95	8.55	8.45	9.70	8.94	8.88	8.85	8.30	8.88	9.43	8.85
邮通设备	22.10	21.40	18.35	17.09	15.50	14.42	15.60	15.57	15.01	16.57	15.80	15.50	15.35	14.56	15.50	16.00	14.90
武汉长印	8.00	8.57	8.00	5.38	4.60	4.62	4.94	5.20	5.08	5.55	5.30	5.11	5.03	4.74	4.98	4.60	4.48
南京新百	8.30	9.88	8.09	5.39	4.80	4.40	4.60	4.64	4.54	4.72	4.56	4.50	4.50	4.27	4.45	4.18	4.17
宁波华联	8.32	9.08	8.02	7.20	5.80	4.70	4.99	5.04	4.84	5.06	4.81	4.68	4.63	4.36	4.51	4.22	4.17

续表 1—3

单位:元

券种	9.9	9.16	9.23	9.30	10.7	10.14	10.21	10.28	11.4	11.11	11.18	11.25	12.2	12.9	12.16	12.23	12.30
	收盘	收盘	收盘	收盘	收盘	收盘	收盘	收盘	收盘	收盘	收盘	收盘	收盘	收盘	收盘	收盘	收盘
广州珠江	15.86	14.64	12.50	11.00	10.00	8.40	9.60	8.85	8.70	9.40	9.00	8.88	8.76	8.12	8.67	8.41	8.00
广州广船	5.38	5.08	4.50	3.95	3.87	3.35	3.45	3.45	3.41	3.54	3.47	3.35	3.37	3.17	3.36	3.09	3.05
厦门汽车	10.80	10.60	10.05	8.60	7.69	7.49	9.90	8.90	8.33	8.80	8.26	8.05	7.90	7.42	7.98	8.09	7.56
厦门国泰	11.69	10.96	10.09	8.51	7.61	7.48	8.10	8.00	7.85	8.50	8.35	8.15	7.95	7.69	7.95	9.94	8.60
上海石化	3.02	2.92	2.60	2.34	2.21	1.94	1.97	1.90	1.88	1.90	1.90	1.89	1.90	1.82	1.89	1.79	1.84
上海三毛	14.25	14.50	12.88	11.75	11.00	9.60	10.50	10.11	9.82	11.00	10.48	10.29	10.28	9.61	10.45	10.64	10.00
青岛海尔	7.87	8.30	7.20	6.05	5.48	5.10	5.15	5.00	5.00	5.14	5.19	5.13	5.09	4.95	5.17	4.80	4.77
自贡东碳	8.04	8.58	7.55	6.95	6.97	8.00	7.93	7.88	7.77	8.15	8.56	8.57	8.92	8.67	9.30	11.06	9.40
亚通股份	18.20	17.48	15.68	15.35	14.80	13.49	14.49	13.64	13.40	14.50	14.29	14.20	13.99	13.41	14.16	16.40	14.70
福州东百	6.91	9.90	11.38	9.30	7.51	8.11	8.47	8.80	8.40	9.36	9.15	8.81	8.65	8.05	8.88	10.40	6.42
大连商场	7.89	8.20	7.20	6.51	5.65	5.19	5.70	5.75	5.68	6.02	5.80	5.68	5.68	5.50	5.65	5.89	5.68
大江股份	17.20	16.78	14.60	14.50	13.60	12.77	13.90	12.68	12.50	14.06	13.30	13.06	12.98	12.21	13.48	15.20	13.85
福建豪盛	8.65	9.30	8.40	7.30	6.70	6.24	6.41	6.10	5.95	6.25	5.89	5.80	5.70	5.18	5.59	5.15	5.13
长春车百	7.38	7.41	6.40	5.20	5.47	4.56	4.42	4.35	4.20	4.33	4.18	4.10	4.05	3.82	4.00	3.68	3.62
济南轻骑	10.58	10.52	9.04	7.80	6.73	6.40	6.75	6.55	6.48	6.73	6.50	6.40	6.37	6.03	6.32	6.15	6.04
辽源得亨	6.30	6.60	5.69	5.42	5.00	4.18	4.70	4.40	4.35	4.48	4.41	4.29	4.23	4.01	4.23	4.15	3.92
天津磁卡	9.30	10.15	8.38	7.36	6.90	6.28	6.66	6.35	6.25	6.58	6.45	6.33	6.34	5.95	6.40	7.19	6.49
湖北华新	5.70	7.78	6.40	5.45	5.30	5.40	6.10	5.78	5.33	5.80	5.58	5.25	5.25	4.76	4.94	4.68	4.34
福建水泥	6.70	7.20	6.31	5.85	5.80	4.92	5.11	4.90	4.80	5.00	4.81	4.76	4.71	4.40	4.62	4.52	4.52
河北威远	6.16	6.48	6.05	4.40	4.35	3.66	3.83	3.66	3.55	3.76	3.55	3.44	3.45	3.20	3.40	3.22	3.19
成都工益	4.65	5.03	4.42	3.74	3.60	3.39	3.20	3.22	3.25	3.36	3.25	3.18	3.20	3.05	3.12	2.95	2.91
江苏悦达	19.00	16.86	13.50	12.30	11.25	9.70	11.00	10.33	10.23	11.10	10.59	10.40	10.29	9.50	11.26	19.00	8.30
昆明机床	5.00	4.88	4.10	3.65	3.30	2.80	2.90	3.02	2.91	3.04	2.91	2.84	2.81	2.65	2.85	2.58	2.56
济南百货	7.80	8.10	7.50	6.66	6.90	5.55	5.60	6.03	5.62	5.78	5.47	5.28	5.15	4.70	5.08	4.80	5.03
安徽马钢	3.03	2.91	2.50	2.40	2.17	1.95	1.93	1.89	1.88	1.94	1.90	1.89	1.87	1.79	1.84	1.76	1.75
山西汾酒	5.58	7.01	6.30	5.60	5.25	4.35	4.58	4.48	4.30	4.48	4.40	4.26	4.20	3.93	4.15	4.06	3.90
河南神马	5.78	7.42	7.48	6.88	6.09	5.68	6.50	5.90	5.90	6.07	6.04	5.98	5.93	5.67	5.82	5.79	5.50
东方集团	11.70	12.60	11.66	10.50	10.40	8.80	8.99	8.70	8.26	8.67	8.32	8.30	8.21	7.72	8.22	9.60	8.38
河北华药	4.95	5.02	4.06	3.50	3.30	2.83	2.75	2.96	2.92	3.04	2.95	2.88	2.85	2.73	2.89	2.78	2.72
鞍山一工	3.70	3.65	3.16	2.86	2.69	2.22	2.35	2.50	2.38	2.40	2.41	2.36	2.37	2.20	2.34	2.26	2.29
杭州解百	12.22	10.57	9.50	8.00	7.90	6.35	7.02	6.60	6.40	6.85	6.53	6.46	6.30	6.17	6.45	6.05	6.00
厦门厦工	8.03	8.95	7.92	7.00	6.45	5.76	5.98	5.65	5.46	5.74	5.55	5.42	5.38	5.02	5.29	5.08	4.90
鞍山信托	13.13	13.05	11.50	10.40	9.50	8.08	8.66	8.85	8.60	9.20	8.49	8.26	8.28	7.68	8.30	8.04	7.68
良华实业	16.48	15.98	13.75	12.25	11.20	10.20	11.47	11.00	11.10	12.40	11.70	11.52	11.54	10.88	11.75	11.84	11.45
上海永久	12.10	12.05	10.70	9.00	8.80	7.80	8.15	8.07	8.09	9.10	8.46	8.32	8.30	7.77	8.35	8.28	7.69
耀皮玻璃	19.00	19.00	15.90	15.10	14.98	13.10	14.21	13.30	13.20	15.24	14.46	14.23	14.10	13.20	14.35	14.45	13.49
隧道股份	22.24	21.30	18.60	18.30	17.80	16.10	17.90	16.60	16.30	18.42	18.02	17.90	17.66	16.67	18.10	19.04	17.70
天津劝业	5.46	5.65	5.18	4.38	4.15	3.60	3.65	3.60	3.55	3.65	3.52	3.54	3.53	3.31	3.50	3.31	7.38
物贸中心	19.10	18.60	16.29	15.08	14.78	13.00	14.30	13.44	13.10	14.40	13.75	13.60	13.60	12.85	13.76	13.99	13.15
万象集团	19.25	18.30	16.20	15.07	13.80	12.55	13.40	12.66	12.50	13.76	13.05	12.98	12.90	12.31	13.20	14.13	14.00
益民百货	20.00	19.88	17.70	15.60	14.60	13.80	14.70	13.80	13.55	14.55	13.99	13.80	13.80	12.86	13.65	13.91	13.35
时装股份	16.20	16.20	15.00	13.30	12.40	11.38	12.50	12.99	12.20	13.58	13.15	13.10	12.95	12.13	13.01	13.58	12.84
兰生股份	17.26	16.07	14.21	13.10	13.00	11.00	11.80	11.30	11.00	10.00	11.09	11.50	11.51	10.79	11.55	12.08	11.25
友谊华侨	16.95	16.95	15.94	13.90	12.52	11.55	12.90	12.62	12.30	13.45	12.75	12.55	12.56	11.85	12.70	12.88	12.22
成都商场	8.60	9.20	8.40	6.92	6.40	5.68	6.00	5.90	5.79	6.20	6.04	5.94	5.88	5.75	6.00	5.85	5.80
哈天鹅	8.98	9.43	8.00	6.93	6.28	5.69	5.97	5.83	5.60	6.16	5.84	5.72	5.68	5.45	5.75	5.75	5.49
甬城隍庙	11.59	11.95	10.15	8.05	8.00	7.77	8.15	7.80	8.00	8.60	8.25	8.78	8.58	8.30	8.54	8.37	8.15
西安黄河	10.74	10.78	9.66	8.20	7.90	7.92	5.59	5.10	5.07	5.13	4.97	4.86	4.82	4.45	4.60	4.30	4.17
东方明珠	36.20	35.70	31.18	28.50	25.90	21.88	24.22	21.70	21.00	23.68	22.29	21.81	21.60	20.58	21.86	21.10	21.10
商业网点	21.70	21.18	18.90	16.80	15.60	13.80	15.35	14.58	14.10	15.80	14.95	14.80	14.75	13.88	14.82	14.69	14.00
凌桥股份	26.60	25.00	22.20	21.20	19.50	18.50	22.10	19.30	19.20	23.00	23.20	22.87	22.46	20.80	23.30	23.89	21.95
上菱电器	19.40	18.50	16.02	14.50	13.72	12.94	13.98	13.10	12.81	14.66	13.88	13.68	13.56	12.80	13.60	13.30	12.90
界龙实业	27.10	26.70	23.58	20.80	18.80	17.90	18.21	17.22	17.05	17.79	17.15	16.95	16.83	15.85	16.55	19.00	17.40
农垦商社	17.30	16.60	14.28	13.48	11.99	11.00	11.81	11.35	11.22	12.70	11.85	11.80	11.72	11.15	11.98	12.63	11.85
第九百货	15.10	15.39	13.55	12.00	11.90	10.50	11.38	11.00	10.95	12.10	11.57	11.38	11.36	10.66	11.54	11.85	11.18
四川长虹	16.55	16.16	14.40	12.99	11.90	10.60	11.10	11.00	11.07	12.00	11.45	11.31	11.38	10.88	11.30	11.30	11.05
绍兴百大	7.10	8.15	7.90	6.30	5.90	5.50	5.80	5.65	5.50	5.89	5.53	5.41	5.35	5.10	5.31	5.00	4.88
上柴股份	19.74	18.75	16.10	15.30	14.50	13.10	14.30	13.24	13.15	14.94	14.15	13.98	13.75	12.98	14.20	14.05	13.21
中西药业	16.30	16.81	14.42	12.53	11.99	10.70	11.31	10.70	10.50	11.88	11.40	11.20	11.05	10.25	11.27	11.45	10.67
工缝股份	17.05	16.50	14.40	12.64	12.50	11.25	12.20	11.40	11.10	12.75	12.05	11.84	11.68	10.90	11.90	11.80	10.96
英雄股份	17.40	16.60	14.80	13.08	12.50	11.30	12.10	11.59	11.40	12.83	12.16	12.00	11.84	11.08	11.92	12.10	11.25
钢管股份	16.54	15.98	14.01	12.00	11.20	10.10	11.25	11.78	11.50	13.04	12.15	11.95	11.75	10.98	11.93	12.16	11.13
同济科技	19.00	18.59	16.00	14.40	13.21	11.98	13.10	13.50	12.25	13.45	12.76	12.55	12.96	12.40	13.20	13.37	12.70
重庆万里	12.05	12.82	10.45	9.03	8.58	7.45	7.75	7.71	7.30	7.75	7.46	7.28	7.16	6.80	7.15	7.10	6.74
自仪股份	14.17	13.76	12.06	10.08	9.70	8.40	9.20	8.90	8.95	10.90	10.25	10.23	10.05	9.36	10.40	10.10	9.40
四药股份	14.30	13.70	11.73	10.09	9.75	11.01	11.45	11.40	11.30	13.20	12.10	11.90	11.95	11.21	12.30	12.36	11.49
华东电脑	16.33	16.08	13.92	12.05	11.50	9.99	11.00	10.60	10.40	11.70	11.09	10.85	10.80	10.18	10.94	11.15	10.30
海欣股份	22.40	22.70	20.40	16.10	14.50	13.25	15.08	14.80	14.77	16.18	15.35	15.00	15.28	14.40	15.44	16.00	15.50
中川国际	17.00	16.50	14.95	13.00	11.90	10.60	11.70	11.05	10.80	11.88	11.28	11.10	10.95	10.18	11.20	11.40	10.55
北满特钢	5.18	6.98	5.60	5.00	4.46	3.87	4.00	3.98	3.84	3.99	3.80	3.81	3.73	3.50	3.64	3.35	3.25
江苏春兰	19.78	19.32	16.50	16.20	15.60	13.80	15.40	13.90	14.45	15.58	14.91	14.55	14.50	13.49	14.50	14.90	14.16
北京北旅	5.25	6.00	5.80	4.62	4.45	3.76	3.91	3.76	3.59	3.83	3.66	3.55	3.55	3.28	3.50	3.36	3.14
长春百货	5.79	6.06	6.54	4.81	4.70	3.96	4.00	3.95	3.80	3.98	3.89	3.79	3.73	3.44	3.66	3.39	3.33
宁波中百	10.91	10.58	10.01	8.90	8.25	7.13	8.30	8.00	7.80	8.30	8.05	7.90	7.71	7.15	7.62	7.45	7.10
山东渤海	12.35	12.88	11.15	9.69	9.80	8.80	9.30	8.68	8.78	9.20	8.85	8.68	8.75	8.06	8.84	8.55	8.00
王府井	12.20	12.70	11.20	9.40	8.70	7.80	8.20	7.85	7.61	7.95	7.80	7.79	7.70	7.30	7.57	7.23	7.09
北人股份	7.10	7.50	6.72	5.57	4.99	4.49	4.55	4.46	4.37	4.49	4.50	4.40	4.33	4.03	4.29	3.96	3.83
北京城乡	9.60	9.85	8.50	7.40	7.30	6.29	6.48	6.15	6.12	6.26	6.08	6.08	6.04	5.80	5.80	5.50	5.40
南通机床	7.80	7.85	7.08	6.09	5.50	5.65	5.69	5.40	5.27	5.59	5.32	5.22	5.20	5.15	5.78	5.55	5.28
内蒙华电	7.70	7.35	6.58	5.60	5.48	4.61	4.85	4.84	4.75	4.99	4.72	4.64	4.55	4.31	4.56	4.35	4.24
哈岁宝	12.31	10.88	10.00	8.48	8.30	7.00	7.40	7.15	6.94	7.26	6.97	6.74	6.74	6.23	6.73	6.34	6.38
杭百集团	11.57	10.50	9.15	7.88	7.30	6.30	7.25	6.79	6.58	7.31	7.20	6.84	6.82	6.40	6.80	6.36	6.23
广东星湖	17.20	16.01	13.90	12.39	11.00	12.00	9.71	9.10	9.17	10.39	9.65	9.49	9.38	8.98	9.42	9.70	9.00
通化东宝	18.80	18.00	15.94	13.70	14.00	13.67	15.30	15.40	14.95	15.18	14.60	14.10	13.99	12.92	13.37	12.40	11.80
广东梅雁	0.00	18.01	16.30	14.81	14.20	11.72	12.70	11.70	11.68	12.88	11.94	11.99	11.85	11.30	11.95	11.82	11.58

表 2　上海证券交易所 B 股行情周报表　　　　单位:美元

券种	1.7	1.14	1.21	1.28	2.4	2.18	2.25	3.4	3.11	3.18	3.25	4.1	4.8	4.15	4.22	4.29	5.6
	收盘	收盘	收盘	收盘	收盘	收盘	收盘	收盘	收盘	收盘	收盘	收盘	收盘	收盘	收盘	收盘	收盘
真空	0.234	0.232	0.21	0.204	0.218	0.210	0.202	0.202	0.200	0.200	0.180	0.166	0.150	0.156	0.156	0.154	0.178
二纺	0.750	0.700	0.65	0.638	0.596	0.680	0.650	0.490	0.500	0.380	0.360	0.360	0.340	0.330	0.304	0.300	0.300
大众	1.580	1.420	1.30	1.30	1.310	1.62	1.498	1.330	1.250	1.200	1.100	1.100	1.020	0.846	0.800	0.93	0.95
永生	0.510	0.452	0.47	0.40	0.40	0.378	0.388	0.350	0.350	0.332	0.320	0.320	0.300	0.318	0.304	0.300	0.286
中铅	0.480	0.440	0.00	0.400	0.360	0.330	0.332	0.332	0.350	0.380	0.310	0.366	0.350	0.250	0.250	0.222	0.222
中纺	0.350	0.340	0.350	0.310	0.300	0.310	0.302	0.290	0.300	0.290	0.310	0.284	0.248	0.226	0.214	0.184	0.218
胶带	0.280	0.274	0.250	0.260	0.262	0.276	0.250	0.246	0.244	0.242	0.242	0.190	0.184	0.182	0.182	0.180	0.204
氯碱	0.430	0.408	0.370	0.360	0.304	0.244	0.256	0.246	0.246	0.240	0.232	0.232	0.228	0.220	0.222	0.220	0.220
轮胎	0.992	0.980	0.840	0.860	0.800	0.876	0.850	0.810	0.780	0.750	0.600	0.560	0.550	0.530	0.506	0.560	0.602
冰箱	0.402	0.422	0.420	0.420	0.400	0.402	0.382	0.350	0.300	0.300	0.284	0.280	0.270	0.250	0.250	0.280	0.270
金桥	1.360	1.164	1.080	1.060	1.050	0.990	0.962	0.900	0.860	0.830	0.710	0.710	0.700	0.760	0.742	0.720	0.790
外高	1.346	1.154	1.10	1.100	1.050	1.014	1.000	0.930	0.900	0.850	0.760	0.736	0.730	0.788	0.818	0.902	0.970
联华	0.560	0.588	0.510	0.510	0.536	0.542	0.526	0.526	0.520	0.560	0.440	0.440	0.430	0.420	0.422	0.430	0.422
新锦	0.990	0.914	0.84	0.840	0.860	0.860	0.840	0.824	0.800	0.790	0.724	0.720	0.680	0.672	0.630	0.670	0.642
永久	0.636	0.540	0.520	0.510	0.492	0.516	0.520	0.454	0.450	0.450	0.410	0.460	0.402	0.420	0.430	0.420	0.370
凤凰	0.878	0.772	0.690	0.700	0.720	0.720	0.652	0.640	0.640	0.680	0.610	0.616	0.590	0.564	0.564	0.580	0.570
海欣	0.820	0.774	0.740	0.770	0.730	0.720	0.700	0.650	0.660	0.672	0.600	0.604	0.600	0.700	0.600	0.566	0.570
耀皮	1.400	1.280	1.230	1.180	1.184	1.186	1.100	0.972	0.940	0.960	0.890	0.870	0.846	0.880	0.888	0.896	0.896
大江	0.676	0.610	0.580	0.564	0.610	0.636	0.600	0.570	0.580	0.550	0.520	0.550	0.520	0.520	0.520	0.490	0.480
上柴	0.990	0.910	0.860	0.790	0.860	0.920	0.908	0.878	0.878	0.910	0.870	0.898	0.880	0.900	0.888	0.900	0.890
英雄	0.549	0.520	0.460	0.440	0.434	0.410	0.410	0.400	0.408	0.386	0.350	0.340	0.360	0.350	0.370	0.354	0.354
三毛	0.496	0.440	0.450	0.440	0.448	0.480	0.470	0.450	0.440	0.450	0.448	0.400	0.400	0.432	0.442	0.442	0.440
友谊	0.800	0.742	0.740	0.682	0.694	0.690	0.654	0.604	0.600	0.600	0.540	0.540	0.500	0.560	0.536	0.550	0.530
工缝			0.580	0.590	0.580	0.560	0.540	0.500	0.520	0.538	0.496	0.498	0.498	0.510	0.530	0.508	0.510
上菱					0.752	0.740	0.666	0.630	0.668	0.650	0.600	0.560	0.560	0.550	0.580	0.598	0.630
钢管										0.370	0.320	0.318	0.320	0.342	0.330	0.330	0.338
物贸												0.286	0.272	0.272	0.270	0.266	0.264
自仪																0.250	0.236

券种	5.13	5.20	5.27	6.3	6.10	6.17	6.24	7.1	7.8	7.15	7.22	7.29	8.5	8.12	8.19	8.26	9.2
	收盘	收盘	收盘	收盘	收盘	收盘	收盘	收盘	收盘	收盘	收盘	收盘	收盘	收盘	收盘	收盘	收盘
真空	0.154	0.156	0.160	0.156	0.144	0.150	0.142	0.142	0.142	0.140	0.134	0.150	0.150	0.160	0.188	0.188	0.220
二纺	0.260	0.304	0.380	0.380	0.374	0.350	0.336	0.288	0.262	0.260	0.258	0.290	0.342	0.392	0.350	0.362	0.360
大众	0.950	1.088	1.302	1.18	1.234	1.17	1.19	1.080	1.010	0.992	1.010	1.100			1.050	1.066	1.090
永生	0.284	0.272	0.280	0.290	0.300	0.300	0.300	0.300	0.300	0.318	0.300	0.300	0.300	0.312	0.336	0.362	0.382
中铅	0.250	0.240	0.246	0.250	0.260	0.260	0.260	0.252	0.252	0.256	0.254	0.260	0.260	0.308	0.320	0.322	0.340
中纺	0.214	0.170	0.200	0.212	0.198	0.190	0.190	0.176	0.170	0.172	0.174	0.200	0.196	0.230	0.230	0.228	0.238
胶带	0.186	0.160	0.188	0.174	0.170	0.170	0.170	0.170	0.166	0.158	0.152	0.150	0.160	0.178	0.182	0.180	0.192
氯碱	0.220	0.200	0.256	0.250	0.240	0.230	0.240	0.230	0.230	0.240	0.246	0.270	0.310	0.338	0.334	0.328	0.330
轮胎	0.506	0.512	0.610	0.592	0.580	0.580	0.580	0.520	0.520	0.520	0.520	0.560	0.620	0.630	0.618	0.540	0.554
冰箱	0.300	0.332	0.378	0.352	0.350	0.340	0.340	0.310	0.280	0.284	0.280	0.300	0.308	0.360	0.348	0.428	0.436
金桥	0.828	0.880	0.916	0.880	0.870	0.860	0.850	0.830	0.684	0.716	0.694	0.750			0.840	0.842	0.868
外高	0.698	0.764	0.808	0.810	0.760	0.720	0.718	0.678	0.618	0.650	0.620	0.700			0.768	0.780	0.758
联华	0.422	0.420	0.470	0.441	0.450	0.450	0.450	0.450	0.450	0.450	0.450	0.450	0.450	0.450	0.482	0.484	0.488
新锦	0.656	0.698	0.756	0.750	0.734	0.710	0.696	0.696	0.618	0.648	0.630	0.690			0.700	0.722	0.720
永久	0.390	0.390	0.424	0.408	0.400	0.400	0.400	0.386	0.380	0.386	0.386	0.410	0.410	0.462	0.338	0.322	0.338
凤凰	0.524	0.534	0.698	0.614	0.566	0.570	0.580	0.570	0.560	0.520	0.538	0.590	0.598	0.706	0.670	0.612	0.678
海欣	0.580	0.600	0.626	0.698	0.690	0.680	0.684	0.690	0.690	0.660	0.696	0.690	0.706	0.712	0.732	0.738	0.750
耀皮	0.888	1.014	1.088	1.120	1.100	1.030	1.062	1.058	1.046	1.040	1.046	1.10	1.096	1.150	1.162	1.210	1.000
大江	0.480	0.510	0.580	0.566	0.570	0.560	0.566	0.554	0.550	0.550	0.550	0.560	0.550	0.560	0.560	0.560	0.564
上柴	0.878	0.916	1.022	1.034	1.020	1.010	0.940	0.920	0.890	0.910	0.920	1.050	1.072	1.120	1.020	1.136	1.230
英雄	0.330	0.330	0.346	0.346	0.358	0.340	0.358	0.350	0.354	0.342	0.354	0.360	0.390	0.402	0.440	0.440	0.424
三毛	0.430	0.440	0.444	0.476	0.476	0.480	0.480	0.480	0.480	0.480	0.476	0.440	0.460	0.496	0.492	0.494	0.492
友谊	0.520	0.560	0.620	0.560	0.550	0.540	0.538	0.512	0.480	0.488	0.490	0.510			0.524	0.540	0.540
工缝	0.500	0.520	0.544	0.524	0.500	0.480	0.470	0.460	0.420	0.448	0.454	0.470	0.484	0.530	0.520	0.522	0.528
上菱	0.630	0.622	0.758	0.700	0.680	0.680	0.700	0.680	0.674	0.620	0.668	0.720	0.750	0.840	0.818	0.816	0.800
钢管	0.350	0.374	0.432	0.430	0.400	0.400	0.404	0.410	0.400	0.400	0.400	0.420	0.430	0.440	0.440	0.440	0.444
物贸	0.262	0.274	0.284	0.280	0.282	0.280	0.282	0.280	0.268	0.270	0.270	0.270	0.278	0.285	0.338	0.346	0.340
自仪	0.230	0.210	0.250	0.248	0.226	0.22	0.216	0.208	0.210	0.208	0.212	0.210	0.220	0.242	0.254	0.246	0.254

券种	9.9	9.16	9.23	9.30	10.7	10.14	10.21	10.28	11.4	11.11	11.18	11.25	12.2	12.9	12.16	12.23	12.30
	收盘	收盘	收盘	收盘	收盘	收盘	收盘	收盘	收盘	收盘	收盘	收盘	收盘	收盘	收盘	收盘	收盘
真空	0.240	0.230	0.228	0.220	0.228	0.226	0.226	0.224	0.21	0.226	0.228	0.224	0.210	0.200	0.208	0.208	0.206
二纺	0.364	0.364	0.368	0.364	0.346	0.360	0.350	0.362	0.332	0.320	0.300	0.256	0.250	0.250	0.210	0.200	0.200
大众	1.116	1.090	1.096	1.088	1.000	1.056	1.040	1.074	1.120	1.126	1.044	1.000	1.000	1.004	1.000	0.974	0.980
永生	0.382	0.384	0.380	0.380	0.380	0.382	0.380	0.358	0.342	0.340	0.340	0.270	0.270	0.220	0.220	0.240	0.450
中铅	0.384	0.330	0.386	0.376	0.364	0.360	0.362	0.370	0.378	0.378	0.378	0.350	0.348	0.346	0.318	0.320	0.338
中纺	0.234	0.230	0.236	0.248	0.228	0.242	0.222	0.210	0.220	0.200	0.200	0.186	0.150	0.150	0.162	0.158	0.152
胶带	0.196	0.194	0.196	0.196	0.194	0.196	0.192	0.192	0.186	0.190	0.190	0.170	0.152	0.142	0.148	0.148	0.150
氯碱	0.354	0.348	0.344	0.346	0.320	0.322	0.316	0.320	0.310	0.320	0.296	0.266	0.256	0.274	0.260	0.250	0.270
轮胎	0.606	0.564	0.576	0.572	0.572	0.558	0.570	0.580	0.580	0.556	0.540	0.524	0.490	0.500	0.466	0.402	0.380
冰箱	0.466	0.446	0.440	0.424	0.420	0.434	0.430	0.418	0.400	0.410	0.410	0.340	0.358	0.360	0.360	0.352	0.350
金桥	0.940	0.918	0.940	0.908	0.860	0.866	0.866	0.866	0.890	0.858	0.848	0.768	0.728	0.726	0.718	0.690	0.700
外高	0.866	0.838	0.856	0.830	0.776	0.760	0.730	0.720	0.734	0.728	0.740	0.690	0.620	0.598	0.598	0.590	0.590
联华	0.524	0.558	0.558	0.558	0.540	0.562	0.550	0.550	0.550	0.550	0.550	0.550	0.500	0.500	0.380	0.380	0.380
新锦江	0.752	0.714	0.710	0.688	0.620	0.632	0.590	0.600	0.590	0.530	0.522	0.480	0.446	0.438	0.390	0.392	0.520
永久	0.340	0.338	0.338	0.338	0.336	0.334	0.334	0.306	0.314	0.310	0.310	0.252	0.280	0.230	0.206	0.232	0.210
凤凰	0.740	0.708	0.700	0.700	0.660	0.670	0.678	0.662	0.660	0.600	0.578	0.500	0.478	0.434	0.398	0.390	0.388
海欣	0.820	0.840	0.840	0.742	0.700	0.700	0.700	0.726	0.738	0.728	0.728	0.728	0.670	0.650	0.702	0.680	0.702
耀皮	1.290	1.300	1.290	1.288	1.270	1.250	1.240	1.230	1.250	1.220	1.190	1.002	1.020	0.950	0.940	0.960	0.980
大江	0.540	0.500	0.520	0.510	0.496	0.500	0.544	0.552	0.550	0.562	0.560	0.480	0.480	0.480	0.478	0.478	0.480
上柴	1.154	1.120	1.098	1.090	1.100	1.102	1.060	1.100	1.090	1.050	1.030	0.926	0.862	0.848	0.812	0.816	0.800
英雄	0.454	0.450	0.416	0.410	0.410	0.410	0.370	0.380	0.390	0.370	0.370	0.360	0.360	0.350	0.292	0.362	0.350
三毛	0.486	0.486	0.486	0.462	0.462	0.430	0.430	0.410	0.420	0.428	0.420	0.420	0.420	0.420	0.418	0.410	0.410
友谊	0.560	0.544	0.540	0.530	0.508	0.500	0.498	0.472	0.470	0.470	0.462	0.430	0.418	0.400	0.390	0.384	0.380
工缝	0.524	0.530	0.522	0.524	0.520	0.524	0.524	0.526	0.524	0.524	0.510	0.520	0.524	0.460	0.440	0.440	0.400
上菱	0.880	0.850	0.818	0.808	0.770	0.782	0.794	0.800	0.810	0.808	0.780	0.798	0.790	0.770	0.740	0.750	0.860
钢管	0.480	0.440	0.442	0.440	0.440	0.438	0.460	0.420	0.398	0.380	0.362	0.310	0.302	0.300	0.304	0.290	0.290
物贸	0.382	0.366	0.364	0.344	0.332	0.322	0.348	0.330	0.318	0.314	0.300	0.280	0.264	0.262	0.278	0.262	0.266
自仪	0.278	0.280	0.280	0.740	0.260	0.250	0.250	0.250	0.250	0.240	0.230	.0220	0.206	0.200	0.200	0.230	0.220
国旅				0.492	0.450	0.440	0.446	0.440	0.438	0.408	0.262	0.378	0.360	0.356	0.358	0.350	0.360
邮通							0.608		0.576	0.572	0.590	0.576	0.588	0.586	0.556	0.570	0.558
水仙										0.260	0.264	0.246	0.226	0.224	0.230	0.240	0.228
陆家												0.792	0.748	0.702	0.732	0.746	0.810
华新														0.190			0.200
新亚															0.338	0.334	0.334

表 3—1 深圳证券交易所 A 股行情周报表

单位:元

券种	1.7	1.14	1.21	1.28	2.4	2.18	2.25	3.4	3.11	3.18	3.25	4.1	4.8	4.15	4.22	4.29	5.6
	收盘	收盘	收盘	收盘	收盘	收盘	收盘	收盘	收盘	收盘	收盘	收盘	收盘	收盘	收盘	收盘	收盘
深发展	22.00	21.10	20.10	19.00	20.80	18.55	18.60	17.40	16.60	16.95	15.30	14.90	14.30	12.75	12.10	15.99	17.01
深万科	17.95	16.85	16.10	14.85	16.15	14.20	14.40	13.40	12.80	12.85	12.00	13.60	11.55	10.70	8.55	10.00	10.17
深金田	19.65	18.65	18.05	16.50	17.80	15.55	16.10	14.80	14.30	14.30	12.90	12.45	11.95	10.55	8.40	10.30	10.45
深安达	19.35	18.65	18.35	16.80	18.05	15.80	16.40	14.80	14.40	14.10	12.85	12.40	11.90	10.90	9.40	10.80	10.50
深星源	10.15	8.70	8.60	7.80	8.90	7.80	9.05	8.45	8.55	8.60	7.90	7.50	7.20	6.65	5.30	6.20	4.72
深振业	25.25	24.30	22.80	21.25	22.80	20.00	20.70	19.45	18.40	19.40	18.00	17.25	16.35	14.70	12.55	15.25	15.60
深达声	16.05	15.05	14.00	13.25	14.90	13.30	13.80	12.85	12.55	13.00	11.65	11.15	10.95	9.85	8.00	9.00	9.23
深锦兴	14.60	13.80	12.95	12.10	13.80	12.25	13.15	12.05	11.85	12.20	11.05	10.45	10.30	9.45	7.35	8.81	8.58
深宝安	17.55	17.05	16.30	14.90	16.15	13.65	13.45	12.40	11.75	12.00	10.60	10.00	9.95	8.90	7.15	8.40	10.61
深物业	14.45	13.50	12.75	11.75	13.45	11.70	12.10	11.20	10.90	10.20	9.70	9.35	0.00	8.15	6.70	7.90	6.45
南玻	15.35	14.45	13.80	12.80	14.50	12.70	13.10	12.30	12.05	12.30	10.45	10.00	9.70	8.65	7.05	8.39	8.35
石化	11.70	11.20	10.50	9.90	11.30	9.95	10.40	9.55	9.30	9.25	8.30	7.55	7.25	6.75	5.45	6.30	6.61
华源	18.05	17.20	16.35	15.20	17.00	14.95	15.75	14.60	14.45	14.85	13.35	12.90	12.75	11.90	9.80	11.39	11.15
中厨	15.25	14.35	13.55	12.50	14.25	12.45	13.00	12.20	11.95	12.15	10.75	10.20	9.95	8.85	6.90	8.60	7.56
康佳	16.40	15.95	15.25	13.85	15.40	13.55	13.95	13.05	12.75	13.00	11.55	11.30	11.15	10.20	8.85	10.30	10.22
中华	11.50	10.65	10.05	9.55	11.20	9.70	10.00	9.50	9.30	9.35	8.55	7.65	7.50	6.95	5.75	7.50	7.96
中冠	8.80	8.15	7.55	7.00	8.10	7.15	7.50	7.10	6.95	7.25	6.70	6.10	5.85	5.40	4.70	5.00	5.45
深宝	8.75	8.10	7.55	7.10	8.10	7.15	7.40	7.15	6.85	7.25	6.55	6.05	5.80	5.25	4.40	5.18	5.08
华发	7.68	7.15	7.00	6.60	7.60	6.60	7.05	6.85	6.65	6.85	6.30	5.60	5.30	5.00	4.15	4.82	5.25
科技					11.15	10.00	11.75	11.40	11.50	12.05	11.25	10.50	10.30	9.60	8.05	9.00	8.09
赤湾	8.05	7.65	7.25	6.85	8.30	7.20	7.70	7.10	7.10	7.25	6.65	6.10	5.40	5.05	4.15	5.41	5.81
天地	11.20	10.60	10.10	9.35	11.00	9.75	10.35	9.55	9.20	8.50	7.95	7.10	6.95	6.60	5.20	6.40	6.06
招港	10.65	10.00	9.45	8.75	10.25	8.90	9.60	8.90	8.80	9.05	8.20	7.35	7.10	6.45	5.20	6.25	6.22
特力	10.40	9.70	9.25	8.50	10.40	8.95	9.75	9.05	8.95	9.00	8.10	7.10	6.95	6.30	5.35	6.68	5.79
飞亚达	14.40	13.80	13.35	12.55	13.75	12.40	13.00	12.25	11.90	12.25	11.25	10.65	10.80	10.40	8.85	11.60	11.35
能源	7.10	6.75	6.60	6.30	7.10	6.35	6.70	6.30	6.15	6.10	5.50	4.80	4.85	4.70	4.00	4.08	5.41
益力	8.40	7.95	7.65	7.45	8.55	7.65	8.75	8.20	8.20	8.40	7.65	7.10	6.90	6.70	6.15	6.65	5.93
深房	8.00	7.70	7.50	6.90	8.10	7.05	7.25	6.80	6.60	6.60	5.90	5.30	5.25	4.95	4.10	4.88	5.15
莱英达	11.10	10.50	10.05	0.00	10.05	9.80	10.30	9.55	9.25	9.30	8.45	7.55	7.25	6.75	5.30	6.27	6.95
宝恒	9.00	8.40	8.15	7.70	9.00	7.80	8.60	8.05	7.80	8.05	7.30	6.60	6.25	6.05	4.90	5.31	5.20
桑达	9.20	8.70	8.35	8.00	9.90	8.90	9.70	9.05	8.95	9.15	8.35	7.65	7.40	6.80	5.55	6.00	5.83
新都	7.20	6.35	6.30	6.00	6.80	6.10	6.85	6.40	6.35	6.45	5.95	5.50	5.40	4.80	4.25	4.67	4.47
中科建												3.90	10.25	10.00	8.50	8.79	7.95
中集												8.50	13.00	11.45	9.70	10.50	10.15
鄂武商	11.05	10.55	10.15	9.70	10.45	9.15	9.40	8.75	8.40	8.45	7.75	6.90	6.65	6.00	4.80	5.65	6.31
琼能源	16.50	15.80	15.10	13.80	15.80	13.50	14.00	12.90	12.50	12.60	10.65	10.10	9.85	8.95	7.10	7.19	6.30
琼化纤	8.10	7.70	7.35	6.70	7.55	6.80	7.10	6.65	6.50	6.70	6.05	5.60	5.50	4.95	4.10	4.95	4.85
琼港澳	13.20	12.45	11.85	10.90	12.60	11.10	11.45	10.55	10.20	10.20	9.00	8.55	8.35	7.40	6.10	7.00	7.20
琼珠江	20.65	20.55	20.10	18.65	20.05	17.50	17.80	16.45	15.80	15.90	14.50	14.35	14.25	14.20	12.05	14.20	14.50
川盐化	6.55	6.15	6.00	5.65	6.40	5.70	6.00	5.65	5.50	5.55	5.10	4.90	4.75	4.35	3.65	4.10	4.06

续表 3—1

单位：元

券种	1.7	1.14	1.21	1.28	2.4	2.18	2.25	3.4	3.11	3.18	3.25	4.1	4.8	4.15	4.22	4.29	5.6
	收盘	收盘	收盘	收盘	收盘	收盘	收盘	收盘	收盘	收盘	收盘	收盘	收盘	收盘	收盘	收盘	收盘
粤富华	11.70	11.45	10.95	10.00	11.40	10.05	10.60	9.95	9.50	9.60	8.55	7.55	7.15	6.45	5.25	5.90	6.48
琼民源	12.75	12.00	11.30	10.40	12.15	10.50	11.40	10.45	10.20	10.15	9.10	8.35	7.95	7.00	5.70	6.96	8.05
川天歌	8.50	7.95	7.65	7.40	8.20	7.30	7.40	7.05	6.80	7.00	6.35	5.80	5.55	5.15	4.15	5.04	5.25
川金路	8.30	7.75	7.55	7.20	8.10	7.30	7.40	6.90	6.70	6.90	6.25	5.80	5.55	5.10	4.15	5.20	5.18
辽物资	8.85	8.35	8.10	7.60	8.60	7.65	8.05	7.40	7.45	7.20	6.60	6.05	6.15	5.75	3.90	4.25	4.19
粤丽珠	13.40	12.80	12.25	11.95	18.05	12.30	12.50	11.45	11.20	11.60	10.50	9.35	8.65	7.90	6.10	8.20	7.95
渝开发	7.55	7.05	7.00	6.70	7.55	6.75	7.05	6.70	6.65	6.95	7.05	7.00	6.70	5.90	4.85	5.20	5.18
渝钛白	6.15	5.85	5.70	5.65	6.10	5.50	5.80	5.55	5.50	5.65	5.45	5.30	5.20	4.40	3.70	4.05	4.15
陕解放	9.45	9.30	9.10	8.50	9.40	8.60	9.00	8.45	8.30	8.30	7.55	6.80	6.50	6.05	4.70	5.16	5.12
甬中元	8.65	8.00	7.70	7.65	10.00	8.80	9.30	8.70	9.05	6.10	5.60	5.25	5.00	4.75	4.10	4.38	4.26
苏三山	7.50	7.15	7.05	6.70	7.40	6.85	7.15	6.55	6.40	6.65	6.05	5.50	5.20	4.75	3.95	4.40	4.33
蓉动力	11.50	11.30	10.90	10.35	11.55	10.10	10.50	9.85	9.55	10.20	9.20	6.90	7.10	7.00	5.60	6.60	6.35
武凤凰	11.50	11.50	11.10	10.65	11.70	10.20	10.95	10.20	10.00	10.20	10.20	9.30	8.70	5.20	4.85	5.15	5.33
皖美菱	12.40	12.80	12.40	12.10	18.25	11.80	12.45	11.70	11.55	11.85	9.60	8.80	8.85	8.45	6.05	6.35	6.43
白云山	16.00	15.65	15.45	14.90	15.85	15.10	15.70	15.00	15.10	15.60	15.35	14.35	13.60	12.55	10.20	6.20	6.02
穗浪奇	13.25	12.35	11.85	11.85	12.90	12.30	12.45	11.70	11.80	12.60	12.15	11.10	10.60	9.60	7.75	10.20	6.05
穗东方	13.15	12.45	11.95	12.45	18.45	12.20	11.90	11.15	10.80	11.30	10.65	9.60	9.20	8.85	6.70	8.45	8.80
宁天龙	7.90	7.50	7.25	6.90	7.60	7.00	7.30	6.90	6.85	7.35	6.85	6.15	6.10	5.25	5.05	5.25	4.99
厦海发	10.80	10.15	9.80	9.20	10.25	9.10	9.50	8.80	8.60	9.40	8.85	8.35	8.25	7.00	5.95	6.75	6.31
粤美的	21.20	20.15	19.80	19.55	21.05	18.85	19.50	18.30	17.80	19.45	19.95	17.85	8.60	8.40	7.55	8.05	8.23
桂柳工	16.25	15.35	15.00	14.55	15.65	13.85	14.10	13.20	12.40	12.95	11.85	10.50	10.95	10.20	7.75	7.70	8.17
粤美雅	22.10	21.05	21.00	20.50	21.45	19.00	20.10	18.70	18.10	19.95	19.85	8.55	8.30	8.10	6.80	7.25	7.55
连大冷	6.70	6.30	6.10	5.90	6.85	5.85	6.00	5.60	5.55	5.90	5.55	5.20	0.00	4.75	4.15	3.88	3.88
穗恒运	9.45	8.85	8.50	8.65	10.80	10.15	11.00	10.45	10.40	11.30	10.95	10.15	9.80	8.95	7.25	9.10	8.65
粤华电	13.45	12.90	12.35	12.25	18.80	12.80	12.95	12.25	11.65	12.40	11.70	11.30	0.00	10.35	8.65	9.15	9.20
万家乐	8.55	8.00	7.75	7.35	8.20	7.40	7.65	7.25	7.10	7.65	7.30	6.45	0.00	5.35	4.40	5.60	5.40
汕电力		11.20	10.50	10.25	11.90	10.55	11.20	10.50	10.40	10.85	10.35	9.30	8.85	7.85	6.75	5.45	5.12
猴王	10.35	9.70	9.35	9.25	10.35	9.35	9.90	9.30	9.20	9.70	9.25	8.85	8.80	7.60	6.50	8.02	8.95
闽闽东	6.60	6.10	5.85	5.60	6.20	5.50	5.75	5.40	5.25	5.80	5.50	5.20	5.15	4.65	3.85	4.34	4.03
津国商	6.70	6.10	5.90	5.65	6.15	5.50	5.85	5.40	5.35	5.80	5.30	5.00	5.00	5.00	4.10	4.20	4.10
云白药	9.05	8.50	8.05	7.50	8.20	7.10	7.35	6.65	6.25	6.60	6.70	5.90	5.85	4.85	4.50	4.82	4.70
粤电力	15.25	15.10	15.45	14.70	15.25	13.90	14.10	13.70	13.50	14.20	14.00	6.50	6.50	6.55	5.70	6.05	6.01
黔中天					7.70	7.00	7.55	7.15	7.15	7.65	7.10	6.35	6.30	5.90	4.95	5.18	4.50
粤照明	24.65	23.65	22.90	20.00	22.80	19.75	20.60	19.55	19.10	19.85	19.75	17.70	17.10	16.60	13.50	15.60	10.62
粤 TCL	15.15	14.70	14.95	15.50	16.50	15.10	15.25	14.65	14.50	15.25	14.80	13.65	13.60	6.30	5.35	5.97	6.01
皖皖能	6.15	5.90	5.80	5.80	6.20	5.55	5.80	5.45	5.35	5.40	4.95	4.60	4.50	4.25	3.65	3.93	4.35
豫白鸽	7.20	7.20	6.90	6.75	7.20	7.15	7.25	6.70	6.65	7.15	6.70	6.20	5.95	5.30	4.90	6.10	4.35
吉制药	6.45	6.05	5.80	5.65	6.20	5.45	5.70	5.40	5.25	5.45	5.10	4.55	4.50	0.00	3.60	4.00	3.80
吉轻工	6.45	6.05	5.85	5.65	6.20	5.55	5.85	5.50	5.40	5.60	5.15	4.60	4.80	4.55	3.85	4.35	4.28
闽福发	6.90	6.40	6.20	6.00	6.55	5.80	6.00	5.65	5.35	6.10	5.75	5.70	5.75	5.75	4.90	6.16	6.25
湘中意	6.25	6.10	6.00	5.90	6.35	5.70	6.10	5.80	5.65	5.75	5.35	4.75	4.65	4.50	3.50	3.66	4.12
湘火炬	6.30	6.00	5.85	5.60	6.15	5.50	5.85	5.45	5.25	5.45	5.05	4.60	4.50	4.35	3.55	3.85	3.77
赣江铃	7.60	7.20	7.20	6.85	7.55	6.60	6.95	6.50	6.40	6.45	5.75	5.05	0.00	4.65	3.55	3.55	4.04
苏物贸	9.05	7.90	7.75	7.35	8.25	7.70	7.85	7.50	8.10	9.70	8.55	8.40	7.80	7.20	6.35	7.10	7.24
甘长风	6.75	6.10	6.00	5.60	6.10	5.45	5.75	5.45	5.20	5.40	5.00	4.55	4.60	4.40	3.60	3.83	3.72
沙隆达	7.45	6.80	6.70	6.50	7.10	6.40	6.75	6.35	6.20	6.60	6.35	5.75	0.00	4.70	4.10	4.10	3.95
鲁石化	11.45	11.30	10.95	6.35	6.80	6.10	6.35	5.85	5.60	5.55	5.15	4.80	4.65	4.45	3.85	4.00	4.35
黔凯涤												3.00	6.20	6.15	5.15	5.18	4.60
万向潮		7.55	7.30	6.75	7.35	6.45	7.05	6.50	6.50	7.60	6.80	6.15	6.05	5.50	4.65	5.20	4.83
昆百大					7.15	6.35	7.05	6.70	6.65	6.45	5.80	4.80	5.20	5.00	4.35	4.45	4.20
新宏信					7.05	6.30	7.45	7.00	7.30	7.60	7.10	6.60	6.25	5.80	4.90	5.00	4.68
陕国投		10.50	9.80	9.00	9.85	8.30	9.05	8.75	8.70	8.95	8.15	7.45	7.15	6.80	6.10	6.33	6.51
陕民生		9.90	9.20	8.20	8.80	8.10	8.55	8.05	7.95	8.15	7.40	6.40	6.80	6.40	4.30	4.28	4.10
渝三峡												3.70	7.25	6.75	5.30	6.10	5.71
川长钢																3.60	3.58

表 3—2　深圳证券交易所 A 股行情周报表

单位：元

券种	5.13	5.20	5.27	6.3	6.10	6.17	6.24	7.1	7.8	7.15	7.22	7.29	8.5	8.12	8.19	8.26	9.2
	收盘	收盘	收盘	收盘	收盘	收盘	收盘	收盘	收盘	收盘	收盘	收盘	收盘	收盘	收盘	收盘	收盘
深发展	16.88	16.50	15.01	14.23	14.05	14.50	13.89	13.30	8.63	8.63	8.14	8.00	11.45	11.33	11.90	11.51	16.09
深万科	11.16	10.80	9.12	8.15	8.05	8.36	5.65	5.13	5.10	4.75	4.56	4.75	7.36	7.28	7.16	6.68	8.85
深金田	11.10	7.82	7.19	6.62	6.25	6.52	6.00	5.48	5.48	5.04	4.47	4.52	7.50	7.39	7.25	6.82	9.27
深安达	11.89	7.75	7.06	6.32	6.20	6.45	5.95	5.41	5.40	5.08	4.58	4.50	7.42	7.31	7.29	7.03	8.45
深星源	5.41	5.10	4.67	4.24	3.71	3.66	3.31	3.01	2.90	2.61	2.12	2.15	4.93	6.01	5.74	5.60	11.69
深振业	16.01	15.60	14.61	13.55	13.24	13.52	12.93	7.68	7.49	7.07	6.60	6.30	10.50	10.23	10.65	10.55	12.54
深达声	10.22	10.10	9.39	8.85	9.18	8.86	8.50	5.16	4.92	4.47	4.20	4.08	6.70	6.40	6.45	6.02	8.78
深锦兴	9.06	8.65	8.10	7.14	6.86	5.30	4.85	4.40	4.33	3.66	3.30	3.12	6.38	6.45	6.37	6.02	8.90
深宝安	11.28	11.20	10.28	9.74	9.62	5.76	5.36	5.19	5.20	5.03	4.66	4.61	7.29	6.85	6.80	6.27	8.35
深物业	7.08	6.75	6.30	5.98	5.62	5.81	5.43	5.35	5.26	5.15	5.00	4.98	7.20	7.03	6.83	6.37	9.20
南玻	7.28	6.90	6.36	6.01	5.65	5.87	5.41	5.18	5.26	5.19	5.00	4.73	8.30	7.88	7.73	7.69	10.55
石化	7.13	6.90	6.65	6.05	6.08	6.35	5.82	4.07	4.05	3.67	3.21	3.04	5.65	5.50	5.37	4.90	7.70
华源	11.73	11.50	11.12	6.62	6.27	6.45	5.97	5.50	5.32	5.08	4.80	4.65	7.93	7.65	7.67	7.40	10.10
中厨	7.85	7.45	6.95	6.00	5.40	5.60	5.10	3.52	3.40	3.01	2.99	2.88	5.46	5.55	5.45	4.70	7.18
康佳	11.00	10.68	10.15	9.04	9.14	6.46	6.01	5.73	5.86	5.71	5.50	5.34	8.19	8.00	7.83	7.27	9.90
中华	8.52	8.17	7.75	6.66	6.28	6.14	5.56	5.02	5.04	4.68	4.42	4.30	7.30	7.17	7.19	6.63	9.28
中冠	5.88	5.54	5.08	4.70	4.09	4.20	3.72	3.21	2.84	2.66	2.42	2.30	4.80	5.15	5.93	5.46	7.62
深宝	5.38	5.22	4.80	4.11	3.88	3.84	3.45	3.08	3.07	2.82	2.42	2.32	4.50	5.11	4.94	4.42	5.60
华发	5.29	5.06	4.58	4.12	4.10	4.00	3.48	3.23	2.93	2.66	2.40	2.19	4.50	4.75	4.62	4.42	5.95
科技	8.42	8.18	7.53	6.55	5.95	5.87	5.22	4.64	4.48	3.90	3.41	3.31	7.15	7.38	7.16	6.77	7.90
赤湾	6.20	6.00	5.35	4.95	4.70	4.54	4.02	3.80	3.80	3.38	3.01	2.85	5.00	5.35	5.27	4.76	6.68
天地	6.50	6.22	5.76	5.22	4.07	4.22	3.84	3.49	3.34	3.10	2.80	2.69	5.47	5.40	5.20	4.88	7.35
招港	6.75	6.37	6.00	5.43	5.07	5.28	4.90	4.47	3.64	3.39	3.10	3.09	5.48	5.75	5.55	5.02	7.00
特力	6.39	5.22	4.60	4.14	4.05	4.14	3.76	3.32	3.25	2.97	2.70	2.60	5.05	5.06	4.91	4.23	5.73
飞亚达	12.20	11.70	11.05	10.35	10.16	10.33	9.70	8.82	5.47	5.33	4.94	4.79	7.90	7.73	8.45	8.20	11.32
能源	5.35	5.25	4.63	4.33	4.07	4.30	3.89	3.18	3.10	2.97	2.70	2.80	5.10	4.88	4.82	4.29	5.70
益力	6.27	6.07	5.61	5.07	4.69	4.85	4.23	3.88	3.60	3.03	2.70	2.65	5.20	5.36	5.18	4.91	7.01
深房	5.50	5.28	5.02	4.66	4.53	4.85	4.51	3.81	3.81	3.70	3.46	3.57	5.38	5.00	5.45	4.91	6.60
莱英达	7.34	6.79	6.02	5.39	5.27	5.42	4.98	3.60	3.51	3.28	3.30	3.10	5.90	5.75	5.62	5.20	7.02
宝恒	5.66	5.52	5.12	4.77	4.02	4.12	3.77	3.41	3.38	3.15	2.98	2.81	5.55	5.38	5.40	5.03	8.00
桑达	6.45	6.20	5.74	5.18	4.11	4.19	3.81	3.42	3.38	3.06	2.79	2.62	5.20	5.13	5.11	4.46	7.15
新都	4.96	4.58	4.23	3.66	3.35	3.53	3.19	3.05	3.07	2.86	2.54	2.38	4.30	4.24	4.22	3.79	5.05
深华宝	8.00	7.62	7.14	6.48	6.20	6.25	5.60	4.91	4.74	4.26	3.89	3.70	6.82	6.45	6.55	6.20	9.62
中科建	8.70	8.21	7.82	5.88	5.31	5.36	4.75	4.20	4.33	4.31	4.09	4.02	6.55	6.27	6.51	6.35	7.55
深惠中						3.92	3.28	2.96	2.78	2.29	2.07	2.21	4.35	4.24	4.12	3.21	4.72
南电								4.81	4.70	4.51	4.32	4.20	7.70	7.25	7.00	6.96	10.70
大通													3.68	7.90	7.51	7.00	8.90
中集	11.30	10.75	10.22	9.50	8.95	9.01	8.35	7.95	7.89	7.53	6.99	6.50	10.10	10.45	12.21	13.60	18.00
鸿基													6.00	7.83	7.70	6.48	9.58
纺织															6.59	6.01	9.65
鄂武商	6.95	6.18	5.80	5.25	5.12	5.40	3.87	3.58	3.48	3.08	2.84	2.82	5.20	5.03	4.87	4.50	6.40
琼能源	6.78	6.50	6.17	5.57	4.91	4.91	4.41	3.90	3.73	3.25	3.26	3.33	4.95	4.86	4.67	3.77	4.62
琼化纤	5.17	5.14	4.98	4.46	4.24	3.22	2.96	2.68	2.57	2.30	1.99	1.97	3.99	4.10	4.00	3.42	4.75
琼港澳	7.66	7.66	7.06	6.26	5.95	6.06	5.58	3.52	3.44	3.08	2.95	2.92	5.55	5.36	5.25	4.10	5.83
琼珠江	15.10	15.14	14.50	6.99	6.40	6.50	6.06	5.46	5.17	4.67	4.35	4.22	7.35	6.90	7.00	6.58	10.50
川盐化	4.40	4.20	4.07	3.78	3.53	3.58	3.25	2.91	2.85	2.52	2.22	2.07	4.30	4.75	4.80	3.40	4.55
粤富华	6.75	6.46	6.18	5.53	5.26	5.27	4.72	4.20	4.16	2.80	2.34	2.56	4.90	4.68	4.82	4.34	5.94
琼民源	8.30	8.00	7.85	7.24	6.65	6.64	6.14	5.51	5.20	4.87	4.30	4.10	7.60	8.09	7.90	6.94	9.35
川天歌	5.68	5.64	5.30	4.81	4.55	4.55	4.16	3.80	3.75	3.40	3.04	2.81	5.45	6.45	4.75	4.38	6.00
川金路	5.80	5.60	5.28	4.80	4.53	4.55	4.14	3.76	3.70	3.31	2.99	2.73	5.45	6.12	6.20	3.93	5.95
辽物资	4.88	4.69	4.41	4.07	3.83	3.92	3.57	3.31	3.24	3.00	2.64	2.43	4.55	4.58	4.49	3.95	6.15
粤丽珠	8.68	8.98	6.70	5.80	5.85	6.00	5.66	5.15	4.93	3.95	3.70	3.79	7.26	7.22	6.80	6.45	8.38
渝开发	5.30	5.13	4.88	4.27	3.95	3.90	3.52	3.05	3.10	2.31	2.02	2.03	4.30	4.40	4.27	4.42	6.42
渝钛白	4.47	4.45	4.15	3.80	3.52	3.50	3.05	2.73	2.61	2.28	1.99	1.97	3.91	4.14	4.06	3.60	4.70
陕解放	5.45	5.40	4.33	3.95	3.52	3.76	3.36	3.06	3.10	2.83	2.71	2.35	4.26	4.45	4.33	3.80	5.85
甬中元	4.59	4.39	4.24	4.04	3.77	3.85	3.45	3.14	3.14	2.84	2.40	2.31	4.40	4.27	4.20	3.48	4.65
苏三山	4.90	4.60	4.34	3.41	3.12	3.30	3.01	2.79	2.75	2.60	2.20	2.03	4.10	4.11	4.10	3.53	4.57
蓉动力	7.40	6.27	5.66	5.16	4.72	4.75	4.54	4.33	4.36	4.23	3.99	4.20	6.25	5.87	5.75	4.80	6.05
武凤凰	5.66	5.39	5.12	4.60	4.38	4.40	4.00	3.58	3.46	3.22	2.92	2.85	5.15	5.10	5.10	4.75	6.93
皖美菱	7.22	6.95	6.58	6.15	5.98	6.13	5.64	5.30	5.30	5.15	4.76	4.54	7.20	6.85	6.83	6.85	12.00
白云山	6.89	6.66	6.35	6.09	5.90	6.01	5.61	5.13	4.98	4.47	3.99	4.02	6.78	6.20	6.47	6.04	6.27
穗浪奇	6.57	6.31	6.09	5.62	5.15	5.28	4.80	4.30	4.18	4.02	3.86	3.80	6.42	6.10	6.10	5.96	7.00
穗东方	9.59	9.48	5.72	5.10	4.85	5.08	4.65	4.32	4.12	3.91	3.50	3.51	6.15	5.80	5.71	5.71	7.93
宁天龙	5.38	5.20	4.90	4.50	4.12	3.55	3.12	2.90	2.82	2.49	2.15	2.06	4.40	4.60	4.42	3.90	4.60
厦海发	6.79	6.67	5.35	4.85	4.35	4.60	4.12	3.78	3.59	3.04	2.75	2.61	5.40	6.05	6.12	5.43	7.50
粤美的	8.80	8.50	8.24	7.84	7.61	7.80	7.32	6.79	6.52	5.91	5.28	4.90	8.30	8.04	7.98	7.15	8.68
桂柳工	8.70	9.03	8.15	7.54	7.45	7.45	6.78	6.10	4.51	3.31	3.18	3.21	5.80	6.01	5.70	4.00	5.11
粤美雅	8.42	8.10	7.77	7.35	7.07	7.43	6.83	6.35	6.20	5.77	5.07	4.78	7.80	7.40	7.08	6.65	8.74
连大冷	4.14	4.04	3.80	3.38	3.24	3.36	3.06	2.96	2.93	2.62	2.26	2.38	4.15	4.16	4.75	4.11	5.85
穗恒运	9.22	9.40	9.17	4.50	4.30	4.43	4.05	3.45	3.32	3.10	2.75	2.72	5.17	4.87	4.75	4.48	5.60
粤华电	9.70	9.42	9.05	8.50	7.90	7.82	7.29	6.58	6.35	3.29	3.07	3.05	5.43	5.35	5.23	5.13	7.20
万家乐	5.79	5.67	5.52	5.15	4.88	4.86	4.45	4.01	3.82	3.40	2.95	2.85	5.45	6.05	6.50	6.15	5.15
汕电力	6.00	5.74	5.52	5.20	5.02	5.13	4.71	4.28	4.10	3.70	3.31	3.18	5.56	5.30	5.18	4.92	6.15
猴王	8.85	8.60	8.07	7.48	7.40	7.70	3.78	3.48	3.40	3.31	3.37	3.55	5.50	5.30	5.67	5.20	6.84
闽闽东	4.28	4.19	3.97	3.55	3.14	3.24	3.03	2.87	2.89	2.65	2.31	2.60	4.21	4.16	4.20	3.83	5.77
津国商	4.38	4.17	3.98	3.45	3.15	3.37	3.09	2.70	2.66	2.38	2.05	1.99	3.99	4.15	4.08	3.52	4.83
云白药	5.26	5.16	4.90	4.58	4.23	4.40	3.93	3.38	3.14	2.96	2.59	2.40	5.05	5.13	4.98	6.20	7.80
粤电力	6.50	6.22	6.09	5.81	5.63	5.83	5.45	5.12	5.03	4.81	4.45	4.48	6.55	6.20	6.35	5.80	7.14

续表 3—2

单位:元

券种	5.13	5.20	5.27	6.3	6.10	6.17	6.24	7.1	7.8	7.15	7.22	7.29	8.5	8.12	8.19	8.26	9.2
	收盘	收盘	收盘	收盘	收盘	收盘	收盘	收盘	收盘	收盘	收盘	收盘	收盘	收盘	收盘	收盘	收盘
黔中天	4.90	4.71	4.44	3.85	3.59	3.95	3.65	3.33	3.32	3.08	2.82	2.97	6.10	5.80	5.78	4.95	6.70
粤照明	11.77	11.29	10.91	10.49	10.34	10.66	10.24	10.01	10.04	9.49	8.26	7.88	11.96	11.45	11.90	11.53	16.10
粤 TCL	7.05	6.70	6.46	6.15	6.03	6.23	5.76	5.25	5.08	4.74	4.15	4.06	6.80	6.45	6.38	6.10	8.20
皖皖能	4.95	5.03	4.53	4.06	3.96	4.18	3.72	3.47	3.49	3.40	3.14	3.17	5.10	4.87	5.10	4.97	6.73
豫白鸽	4.28	4.60	3.83	3.50	3.34	3.43	3.13	3.02	3.05	2.87	2.60	2.40	4.34	4.22	4.33	3.86	5.75
吉制药	3.86	3.69	3.49	3.18	2.98	3.18	2.98	2.70	2.60	2.34	2.01	1.98	3.90	4.00	4.14	4.08	4.45
吉轻工	3.90	3.74	3.55	3.38	3.10	3.25	2.98	2.72	2.63	2.30	2.00	1.95	3.95	3.99	4.30	4.00	5.30
闽福发	5.80	5.67	5.21	4.82	4.36	4.20	3.62	3.14	3.03	2.82	2.50	2.26	4.42	4.30	4.45	4.14	6.01
湘中意	4.18	3.97	3.80	3.51	3.33	3.40	3.09	2.95	2.96	2.75	2.45	2.27	4.15	4.15	4.12	3.77	5.75
湘火炬	4.08	3.95	3.82	3.50	3.13	3.24	2.98	2.80	2.74	2.55	2.17	2.00	3.95	4.05	4.02	3.51	6.03
赣江铃	4.08	3.89	3.70	3.41	3.26	3.32	3.03	2.83	2.78	2.57	2.31	2.14	4.15	4.20	4.13	3.62	4.59
苏物贸	6.95	6.50	6.12	5.62	5.15	5.42	5.02	4.58	4.58	4.20	3.75	3.33	5.82	5.80	5.73	5.23	7.32
甘长风	4.02	3.89	3.71	3.07	3.06	3.15	2.95	2.73	2.60	2.30	1.99	1.96	3.90	4.10	4.05	3.51	4.56
沙隆达	4.26	4.09	3.91	3.54	3.39	3.64	3.35	3.18	3.28	3.15	2.99	2.92	4.75	4.68	4.50	4.00	5.12
鲁石化	4.65	4.47	4.22	3.95	3.86	3.94	3.62	3.39	3.33	3.12	2.90	2.71	4.95	4.85	4.76	4.67	6.89
黔凯涤	5.40	5.10	4.89	4.60	4.22	4.14	3.66	3.27	3.18	2.80	2.39	2.18	4.95	4.90	4.66	3.61	5.05
琼南洋	6.16	5.50	7.19	6.37	5.91	5.78	5.15	4.90	4.36	3.88	2.85	2.73	5.45	5.30	5.25	4.73	8.20
银广厦						5.14	4.40	3.90	3.72	3.28	2.98	2.81	5.18	5.20	5.42	4.29	6.34
辽房天		5.76	5.31	4.69	4.20	4.30	3.89	3.49	3.38	2.99	2.58	2.39	4.90	4.90	4.76	4.30	6.45
万向潮	5.11	4.97	4.88	4.18	3.83	3.89	3.58	3.22	3.12	2.80	2.46	2.35	4.59	4.76	5.21	4.90	7.45
昆百大	4.49	4.53	4.30	3.65	3.40	3.39	3.03	2.78	2.72	2.44	2.15	2.03	4.10	4.43	4.38	3.69	4.96
陕长岭	5.73	5.53	5.23	4.82	4.45	4.48	4.04	3.55	3.42	3.10	2.82	2.67	5.00	5.27	5.32	4.86	6.73
新宏信	4.99	4.98	4.65	4.26	3.90	3.90	3.50	3.31	3.29	3.05	2.63	2.44	5.08	6.38	6.38	6.10	8.00
陕国投	6.65	6.30	5.98	5.28	4.70	4.55	4.11	3.77	3.07	2.96	2.82	2.80	5.72	6.38	6.44	6.30	8.65
陕民生	4.30	4.11	3.88	3.40	3.11	3.27	3.01	2.85	2.78	2.60	2.26	2.11	4.32	4.30	4.19	3.85	5.46
渝三峡	6.20	6.10	5.67	5.40	5.08	5.23	4.70	4.13	3.96	3.32	2.88	2.76	5.52	5.62	5.50	5.21	7.35
琼海药		5.80	7.25	6.32	6.06	5.90	5.50	4.90	4.44	3.70	3.25	3.04	5.95	6.63	5.16	6.20	8.20
琼海德		5.95	7.45	6.82	6.57	6.40	5.76	4.96	3.28	2.86	2.56	2.65	5.69	5.73	5.50	5.31	8.28
川老窖	11.31	10.66	10.07	9.10	8.70	8.61	8.01	7.04	6.83	6.56	6.10	6.01	10.10	9.83	11.28	11.62	17.29
川长钢	3.91	3.96	3.80	3.57	3.39	3.30	3.06	2.84	2.79	2.51	2.15	2.11	4.00	4.20	4.09	3.70	5.20
苏常柴								3.51	3.22	2.81	2.39	2.26	4.54	4.60	4.45	4.01	6.95
新大洲		6.00	8.25	7.68	7.36	7.25	6.60	5.98	5.57	4.92	3.23	3.11	6.03	5.88	6.68	6.08	9.50
琼金盘													6.68	8.89	10.55	7.16	13.85
粤宏远															10.82	11.23	16.00

表 3—3　深圳证券交易所 A 股行情周报表　　　　单位:元

券种	9.9	9.16	9.23	9.30	10.7	10.14	10.21	10.28	11.4	11.11	11.18	11.25	12.2	12.9	12.16	12.23	12.30
	收盘	收盘	收盘	收盘	收盘	收盘	收盘	收盘	收盘	收盘	收盘	收盘	收盘	收盘	收盘	收盘	收盘
深发展	15.80	16.50	16.51	14.40	12.00	11.08	11.58	11.38	11.26	11.62	11.28	11.23	11.19	10.47	11.12	10.43	10.48
深万科	10.60	10.02	9.70	8.67	7.60	6.73	6.70	6.54	6.29	6.41	6.30	6.22	6.22	5.88	6.20	5.90	6.00
深金田	9.88	10.20	9.60	8.15	7.20	6.51	6.45	6.50	6.28	6.42	6.33	6.26	6.31	5.84	6.15	5.90	6.05
深安达	9.00	9.07	8.75	7.70	6.70	6.33	6.60	6.49	6.30	6.60	6.34	6.29	6.25	5.98	6.40	5.96	6.11
深星源	11.20	12.36	6.86	6.49	7.18	6.50	6.40	6.34	5.98	5.97	5.78	5.62	5.50	4.89	6.30	6.04	6.11
深振业	12.40	12.55	12.24	10.55	9.35	8.40	8.20	3.37	8.05	8.30	8.09	8.08	8.01	7.48	8.25	8.20	7.31
深达声	9.35	9.33	9.15	7.65	6.99	6.38	6.10	6.35	6.06	6.21	6.06	6.03	6.01	5.56	5.85	5.54	5.63
深锦兴	10.10	9.57	9.03	7.30	6.50	6.70	6.66	6.65	6.24	6.48	6.22	6.18	6.12	5.69	6.20	5.92	5.94
深宝安	8.35	8.30	8.14	6.89	6.18	5.52	5.44	5.58	5.39	5.52	5.34	5.24	5.20	4.92	5.20	4.85	4.98
深物业	9.08	8.95	8.63	7.40	6.45	5.89	5.78	5.80	6.67	5.90	5.70	5.67	5.66	5.25	5.57	5.22	5.38
南玻	10.30	10.50	9.98	8.45	7.90	7.30	7.22	7.18	6.88	7.20	7.00	6.93	6.90	6.34	6.80	6.43	6.53
石化	7.05	7.27	7.25	6.14	5.50	4.93	4.86	4.95	4.69	4.87	4.77	4.65	4.63	4.30	4.50	4.27	4.44
华源	10.72	12.26	12.40	11.36	10.70	10.05	10.25	10.20	10.15	10.35	9.96	9.90	9.88	9.10	8.90	8.40	8.05
中厨	6.60	6.73	6.68	5.99	5.18	5.37	5.04	4.95	4.63	4.80	4.69	4.59	4.56	4.16	4.48	4.20	4.28
康佳	9.83	9.76	9.38	8.10	7.25	6.55	6.52	6.69	6.38	6.58	6.45	6.37	6.31	5.93	6.26	6.05	6.18
中华	9.60	9.80	7.38	6.27	5.50	5.10	4.94	5.09	4.95	5.10	5.05	4.92	4.95	4.62	4.94	4.68	4.74
中冠	8.65	8.80	8.30	7.40	7.15	6.70	6.85	7.15	6.94	7.80	7.33	7.04	6.98	6.48	6.89	6.45	6.47
深宝	6.60	6.50	6.45	5.76	4.80	4.30	4.32	4.62	4.25	4.38	4.28	4.20	4.21	3.90	4.50	4.94	4.85
华发	6.43	6.35	6.14	5.28	4.70	4.25	4.20	4.30	4.07	4.13	4.08	3.98	3.92	3.60	3.96	3.85	3.89
科技	8.18	8.24	8.07	6.90	6.45	6.05	6.11	6.20	5.92	6.15	5.97	5.83	5.74	5.17	5.58	5.24	5.25
赤湾	6.20	6.55	6.21	5.40	4.86	4.25	4.18	4.26	4.18	4.33	4.22	4.20	4.17	3.96	4.22	4.02	4.06
天地	7.55	7.75	7.80	6.62	5.90	5.30	5.33	5.36	5.15	5.51	5.35	5.28	5.26	4.94	5.20	5.01	5.10
招港	7.10	7.30	7.10	6.25	5.60	5.07	5.02	5.15	4.94	5.32	5.18	5.07	5.05	4.80	4.85	4.84	4.87
特力	6.25	7.38	6.90	6.15	5.40	5.00	4.85	4.91	4.82	6.20	5.42	5.20	5.19	4.71	5.12	4.99	4.96
飞亚达	13.90	13.79	13.55	12.65	11.30	10.30	10.18	10.40	10.10	10.55	10.16	10.08	10.00	9.20	9.75	9.18	9.19
能源	5.54	6.05	5.74	4.99	4.40	4.05	3.93	3.91	3.83	3.89	3.83	3.71	3.75	3.54	3.74	3.59	3.67
益力	6.90	7.20	7.40	6.15	6.10	5.55	5.33	5.41	5.06	5.30	5.11	5.04	5.00	4.57	4.90	4.70	4.81
深房	6.03	5.96	6.00	5.15	4.50	4.25	4.07	4.07	4.01	4.10	3.96	3.88	3.90	3.69	3.83	3.68	3.76
莱英达	7.35	7.96	8.10	6.90	6.15	5.58	5.51	5.66	5.45	5.69	5.47	5.37	5.35	4.90	5.40	5.08	5.13
宝恒	7.77	7.75	7.55	6.40	5.59	5.23	5.38	5.40	5.20	5.37	5.22	5.13	5.12	4.81	5.05	4.79	4.90
桑达	6.30	6.71	6.49	5.62	5.05	5.07	4.85	4.90	4.63	4.85	4.71	4.55	4.49	4.09	4.45	4.14	4.32
新都	5.65	5.75	5.45	4.90	4.42	4.00	4.02	4.00	3.92	3.98	3.83	3.76	3.68	3.36	3.74	3.55	3.55
华宝	12.50	11.43	10.63	8.83	8.00	7.58	7.39	7.86	7.15	7.65	7.14	7.08	6.96	6.43	7.14	6.72	6.80
中科建	8.70	9.20	9.30	8.10	7.38	7.15	7.10	7.45	6.90	7.20	6.99	6.85	6.80	6.29	6.58	6.20	6.30
惠中	5.00	5.11	4.92	5.05	5.00		4.29	4.29	4.13	4.19	4.05	3.94	3.93	3.60	3.97	3.71	3.78
南电	12.50	13.75	13.58	12.70	10.75		9.60	10.15	9.91	10.90	10.69	10.70	10.88	10.10	11.10	10.30	10.05
大通	11.08	11.15	10.68	9.55	8.30		8.50	8.70	8.27	9.79	9.05	9.91	10.11	9.50	10.00	9.85	9.65
中集	17.06	16.88	15.78	14.30	12.30	11.50	11.95	11.85	11.64	12.26	12.02	12.11	11.97	11.50	12.00	11.50	11.39
鸿基	12.69	11.60	11.28	10.25	8.50		8.88	8.96	8.90	9.45	9.11	8.95	8.95	8.15	8.35	7.80	8.10
长城		10.80	22.10	21.00	19.50		117.96	17.99	18.11	19.98	19.30	18.92	19.10	18.82	19.19	18.80	18.99
南光				10.45	9.82		9.08	9.75	9.30	10.60	10.18	9.97	9.85	9.06	9.65	9.20	9.00
纺织	10.40	10.17	9.74	8.25	7.45		7.15	7.85	7.35	8.20	8.13	7.96	8.14	7.70	8.10	7.72	7.75
南物		16.56	15.70	13.40	11.00		11.90	9.40	8.57	9.48	9.07	8.97	9.00	8.26	8.90	8.23	8.29
中侨							10.40	11.20	10.12	10.95	10.42	10.30	10.22	9.35	9.90	9.08	9.10
康达尔									9.03	10.15	9.75	9.62	9.56	8.86	9.55	8.85	8.99
鄂武商	6.35	6.40	6.16	5.33	4.80	4.20	4.10	4.09	3.97	4.11	3.98	3.99	3.97	3.74	4.02	3.83	3.87
琼能源	4.92	6.19	5.90	5.05	4.24	3.90	3.94	3.75	3.61	3.70	3.78	3.62	3.53	3.27	4.10	3.61	3.64
琼化纤	5.02	5.10	4.85	4.60	4.23	3.71	3.65	3.69	3.51	3.58	3.58	3.45	3.42	3.09	3.45	3.21	3.18
琼港澳	5.75	6.31	5.86	5.08	4.60	4.15	4.34	4.28	4.06	4.35	4.19	4.09	4.03	3.71	4.12	3.92	3.91
琼珠江	9.90	10.23	9.72	7.97	7.05	6.43	6.40	6.65	6.43	6.68	6.55	6.39	6.30	5.92	6.19	5.78	5.85
川盐化	4.88	4.92	4.80	4.36	4.10	3.54	3.40	3.45	3.28	3.33	3.22	3.10	3.09	2.91	3.36	3.25	3.36
粤富华	6.00	5.93	5.65	4.78	4.26	3.90	3.81	3.81	3.70	3.78	3.70	3.66	3.71	3.54	3.72	3.65	3.61
琼民源	10.25	11.00	11.34	5.23	4.68	4.29	4.11	4.01	3.81	3.86	3.77	3.73	3.72	3.35	3.72	3.42	3.43
川天歌	6.10	6.26	6.09	5.20	4.66	4.22	4.17	4.32	4.10	4.22	4.12	4.07	4.03	3.74	4.02	3.78	3.90
川金路	6.68	6.62	6.48	5.56	4.92	4.42	4.32	4.38	4.15	4.25	4.16	4.14	4.04	3.80	4.08	3.86	3.98
辽物资	6.20	6.33	6.12	6.25	5.34	5.00	4.96	5.04	4.60	4.82	4.79	4.63	4.58	4.32	4.81	5.10	3.84
粤丽珠	8.28	8.48	7.97	7.12	6.25	5.65	5.47	5.50	5.15	5.25	5.16	5.11	5.05	4.85	5.19	4.99	5.04
渝开发	6.39	6.55	6.47	5.60	5.50	4.95	4.81	4.93	4.66	4.85	4.69	4.58	4.52	4.24	4.60	4.34	4.33
渝钛白	4.80	5.04	5.18	4.54	4.20	3.80	3.70	3.62	3.48	3.82	3.66	3.57	3.50	3.23	3.45	3.37	3.20
陕解放	6.04	6.40	6.74	6.30	5.60	5.38	5.25	5.30	5.15	5.30	5.30	5.10	5.06	4.65	5.62	6.50	7.10
甬中元	5.00	5.36	6.05	5.40	5.60	5.20	5.12	5.09	4.72	4.80	4.75	4.58	4.47	4.03	4.58	4.57	4.58
苏三山	5.20	5.26	5.05	4.93	4.50	4.00	3.95	3.88	3.85	3.90	3.76	3.68	3.66	3.35	3.66	3.43	3.41
蓉动力	5.90	6.60	6.97	7.35	6.61	7.02	6.86	7.05	5.88	6.25	6.06	5.91	5.77	5.22	5.95	5.78	5.82
武凤凰	6.55	6.40	6.28	5.60	4.90	4.13	3.96	3.92	3.80	3.92	3.78	3.78	3.81	3.58	3.97	3.74	3.73
皖美菱	11.20	11.20	10.94	9.46	8.18	7.30	7.70	7.80	7.60	8.00	7.78	7.70	7.63	6.84	7.80	7.61	6.36
白云山	6.20	6.18	5.91	6.20	5.42	4.82	4.72	4.82	4.49	4.66	4.49	4.46	4.44	4.16	4.45	4.35	4.30
穗浪奇	7.10	7.00	6.72	6.13	5.50	5.15	4.97	4.88	4.73	4.80	4.60	4.58	4.57	4.34	4.60	4.46	4.45
穗东方	7.93	7.78	7.60	6.85	6.27	6.10	5.75	5.65	5.52	5.62	5.48	5.41	5.36	4.98	5.10	4.99	5.02
宁天龙	4.85	5.77	5.70	5.20	4.92	4.58	4.48	4.45	4.20	4.22	4.15	4.02	3.93	3.59	4.23	4.01	3.95
厦海发	7.41	10.15	12.15	8.85	7.35	6.53	7.60	7.60	7.14	7.30	7.01	6.87	6.80	6.10	7.35	6.63	6.65
粤美的	10.15	9.53	9.12	7.75	6.85	6.30	6.24	6.48	6.16	6.29	6.19	6.17	6.10	5.75	5.92	5.72	5.81
桂柳工	6.58	5.98	6.02	6.35	5.56	5.65	4.18	3.89	3.70	3.73	3.62	3.55	3.55	3.35	3.62	3.41	3.40
粤美雅	9.50	9.25	8.92	8.00	6.98	6.32	6.42	6.50	6.39	6.52	6.38	6.23	6.22	5.80	6.05	5.80	5.92
连大冷	5.85	6.20	6.02	6.10	5.50	4.90	5.06	5.43	4.56	4.88	4.75	4.66	4.62	4.22	4.94	5.11	3.76
穗恒运	5.60	5.86	5.62	5.06	4.55	4.15	4.00	4.03	3.89	3.96	3.85	3.76	3.81	3.50	3.78	3.66	3.68
粤华电	7.50	7.83	7.90	7.08	7.15	4.90	4.78	4.91	4.76	4.90	4.68	4.52	4.41	4.04	4.35	4.06	4.03
万家乐	5.38	5.35	5.14	4.45	4.04	3.70	3.57	3.48	3.33	3.35	3.28	3.19	3.21	3.02	3.28	3.11	3.11
汕电力	6.10	6.53	6.00	5.39	4.75	4.32	4.28	4.31	4.16	4.26	4.12	4.06	4.06	3.78	4.07	3.95	3.91
猴王	7.03	6.82	5.56	6.01	6.08	6.85	6.76	6.78	6.50	6.55	6.60	6.46	6.33	6.08	6.36	6.15	5.34
闽闽东	6.03	6.75	6.38	7.13	7.40	7.37	5.85	5.46	5.04	5.12	5.03	4.83	4.82	4.22	5.25	4.68	4.56
津国商	5.03	5.43	5.30	4.70	4.53	4.08	4.11	4.03	3.98	4.15	3.99	3.95	3.85	3.55	3.95	3.60	3.68
云白药	7.90	7.30	7.60	6.56	5.80	5.20	5.12	5.22	5.07	5.28	5.10	5.05	5.03	4.70	5.18	4.91	5.03
粤电力	7.80	8.20	7.62	6.38	5.55	5.20	5.18	5.14	5.17	5.36	5.19	5.13	5.10	4.88	5.07	4.80	4.89

续表 3—3

单位:元

券种	9.9	9.16	9.23	9.30	10.7	10.14	10.21	10.28	11.4	11.11	11.18	11.25	12.2	12.9	12.16	12.23	12.30
	收盘	收盘	收盘	收盘	收盘	收盘	收盘	收盘	收盘	收盘	收盘	收盘	收盘	收盘	收盘	收盘	收盘
黔中天	7.10	9.10	9.35	7.90	7.15	6.60	6.26	6.40	5.97	6.17	6.46	6.30	6.48	6.05	6.69	6.10	6.39
粤照明	15.97	16.20	15.35	14.12	11.55	10.86	10.95	11.05	10.85	11.26	11.08	10.80	10.80	10.08	10.40	10.50	10.12
粤 TCL	8.80	8.40	8.20	7.09	6.10	5.75	5.70	5.75	5.63	5.75	5.61	5.72	5.69	5.33	5.62	5.94	
皖皖能	6.25	7.29	6.46	6.10	5.50	5.00	4.95	4.93	4.58	4.75	4.70	4.61	4.57	4.25	4.40	4.49	4.39
豫白鸽	5.29	6.00	5.73	5.45	5.00	5.06	4.99	5.13	4.39	4.58	4.40	4.28	4.27	3.89	4.21	4.18	4.10
吉制药	4.75	4.94	4.79	5.08	4.76	4.08	4.15	4.41	3.66	4.08	3.88	3.76	3.74	3.39	3.86	3.66	3.72
吉轻工	6.40	6.60	6.80	5.47	5.65	4.00	3.83	3.73	3.45	3.60	3.55	3.52	3.52	3.04	3.73	3.42	3.40
闽福发	6.15	7.18	7.05	7.15	6.51	6.45	6.82	7.16	6.55	7.06	7.00	6.98	6.95	6.80	7.58	5.55	5.16
湘中意	5.63	5.80	5.80	5.05	4.79	4.00	3.78	3.70	3.69	3.78	3.67	3.65	3.79	3.63	3.95	3.61	3.61
湘火炬	5.98	6.12	6.39	5.43	5.70	3.62	3.39	3.38	3.26	3.34	3.25	3.11	3.16	2.98	3.35	3.10	3.13
赣江铃	4.58	4.71	4.55	4.16	3.95	3.40	3.28	3.26	3.14	3.18	3.11	3.03	3.02	2.85	3.12	3.07	3.10
苏物贸	6.85	7.15	6.95	6.35	5.60	5.15	5.07	5.18	5.07	5.26	5.11	5.06	5.04	4.75	4.96	5.16	4.85
甘长风	4.65	4.88	4.70	4.41	4.30	3.86	3.80	3.75	3.55	3.60	3.55	3.52	3.47	3.22	3.40	3.21	3.18
沙隆达	5.39	5.45	5.28	4.80	4.35	4.15	4.24	4.24	4.06	4.15	4.00	3.90	3.85	3.60	3.86	3.61	3.63
鲁石化	6.83	6.90	6.75	5.80	5.30	4.58	4.51	4.73	4.50	4.75	4.65	4.52	4.55	4.32	4.50	4.27	4.33
黔凯涤	5.38	6.30	6.00	5.60	5.55	5.30	5.25	5.70	5.40	5.68	5.68	5.50	5.48	5.00	5.48	5.08	5.16
琼南洋	8.10	8.22	7.72	6.50	5.62		5.15	5.27	5.08	5.63	5.50	5.37	5.37	5.00	5.30	5.03	5.02
银广厦	6.05	6.77	6.48	6.24	5.75		5.24	5.27	5.04	5.60	5.45	5.32	5.26	4.85	5.20	5.03	5.05
辽房天	6.60	6.90	6.90	6.22	6.00	5.57	5.38	5.52	5.16	5.63	5.34	5.20	5.15	4.70	5.15	4.93	5.00
万向潮	8.41	8.47	8.00	7.00	5.90	5.25	5.48	5.46	5.17	5.41	5.29	5.21	5.16	4.83	5.19	5.05	5.04
昆百大	7.08	6.80	6.45	5.39	4.88	4.36	4.30	4.30	4.08	4.23	4.12	4.01	3.97	3.68	4.07	3.68	3.95
陕长岭	7.10	8.13	7.71	6.50	5.65	4.96	4.45	4.40	3.94	4.14	4.03	4.00	3.98	3.74	4.02	3.75	3.65
新宏信	8.80	9.00	8.89	7.47	6.50	5.82	6.40	6.49	6.28	6.70	6.48	6.40	6.34	5.74	6.40	6.05	6.01
陕国投	8.70	9.40	9.15	7.65	6.70	6.25	6.62	6.75	6.52	6.95	6.66	6.73	6.68	6.16	6.55	6.22	6.25
陕民生	5.55	5.71	5.47	5.03	4.67	4.15	4.20	4.26	4.22	4.33	4.19	4.09	4.08	3.83	4.15	3.90	3.95
渝三峡	9.01	10.75	9.80	8.50	7.65	7.80	5.90	5.30	5.04	5.23	5.06	5.06	4.98	4.57	5.47	5.10	5.12
琼海药	8.65	8.75	8.49	7.11	6.25		5.85	5.93	5.64	6.41	6.14	6.00	6.00	5.53	5.93	5.60	3.36
琼海德	8.55	8.74	8.45	7.50	6.55		6.02	6.15	5.88	6.41	6.28	6.15	6.10	5.71	6.05	5.78	5.89
川老窖	18.20	17.40	16.48	15.05	13.20	12.15	12.72	12.81	12.60	13.15	12.74	12.72	12.70	11.88	12.20	11.80	11.90
川长钢	5.22	5.16	5.39	4.77	4.50	3.42	3.35	3.30	3.18	3.23	3.18	3.09	3.09	2.93	3.23	3.06	3.07
苏常柴	8.08	8.15	8.00	7.32	6.82		6.35	6.16	5.80	6.02	5.83	5.79	5.80	5.20	5.53	5.20	5.84
新大洲	9.58	9.50	9.05	7.85	6.95	6.30	6.40	6.50	6.21	7.40	7.02	6.86	6.92	6.30	3.76	6.70	6.23
琼金盘	15.79	15.60	14.33	13.38	11.15		10.90	11.07	10.41	11.30	10.80	10.63	10.58	9.86	10.25	9.70	9.80
粤宏远	16.20	19.20	13.50	11.65	10.45		9.90	10.48	10.26	10.97	10.61	10.48	10.38	9.73	10.16	9.72	9.80
粤甘化	15.84	16.41	16.20	13.80	11.02		10.70	11.10	10.35	11.30	10.74	10.70	10.65	9.93	10.26	9.80	9.90

表 4　深圳证券交易所 B 股行情周报表　　　单位:港元

券种	1.7	1.14	1.21	1.28	2.4	2.18	2.25	3.4	3.11	3.18	3.25	4.1	4.8	4.15	4.22	4.29	5.6
	收盘	收盘	收盘	收盘	收盘	收盘	收盘	收盘	收盘	收盘	收盘	收盘	收盘	收盘	收盘	收盘	收盘
深万科	11.00	10.80	10.50	0.00	9.60	9.60	9.60	9.60	0.00	9.55	9.00	8.40	0.00	0.00	8.40	8.40	8.40
金田	10.35	9.75	9.55	9.00	9.00	9.05	8.80	8.70	0.00	7.00	7.00	6.70	6.30	6.60	6.00	5.50	5.70
物业	7.50	7.45	0.00	0.00	6.80	6.90	6.65	6.65	0.00	6.20	0.00	5.30	0.00	5.00	5.00	4.80	3.50
南玻	14.40	13.30	13.30	0.00	13.35	12.80	13.10	13.75	13.20	12.50	0.00	12.20	0.00	0.00	11.80	11.50	11.29
石化	5.50	5.45	5.65	5.45	5.45	5.40	5.40	5.40	5.40	5.40	0.00	5.40	5.10	5.10	5.10	5.10	5.10
中厨	6.15	6.10	0.00	5.55	5.50	5.20	5.20	5.00	5.00	4.85	0.00	3.50	0.00	3.65	3.70	3.85	3.50
康佳	8.50	8.60	8.30	8.40	8.40	8.40	8.50	8.60	0.00	8.60	8.20	8.20	0.00	0.00	7.90	7.90	7.80
中华	9.00	8.80	0.00	8.30	7.85	7.20	6.25	6.15	6.25	6.30	6.20	6.20	6.20	6.10	6.10	6.10	6.10
中冠	3.35	3.30	0.00	0.00	2.90	2.85	2.85	2.70	0.00	2.70	0.00	2.50	0.00	0.00	2.50	2.50	2.50
深宝	3.10	3.20	2.90	3.00	2.85	2.80	2.70	2.65	0.00	2.60	0.00	2.60	0.00	0.00	2.55	2.55	2.10
华发	3.10	2.80	0.00	0.00	2.80	2.80	2.70	2.65	0.00	2.66	0.00	2.65	2.50	0.00	2.35	2.35	2.35
赤湾	5.45		5.0	5.00	4.80	4.50	4.55	4.60	4.10	3.90	0.00	4.00	4.00	0.00	3.90	3.50	3.52
招港	7.25	7.40	6.50	6.30	6.30	6.35	6.40	7.00	6.35	6.00	0.00	5.95	0.00	0.00	3.90	4.20	4.25
特力	4.35	4.20	3.85	3.90	3.80	3.90	3.90	4.00	3.85	3.80	3.60	3.40	0.00	3.30	3.30	3.45	3.40
飞亚达	5.85	5.70	5.30	5.45	5.30	5.30	5.20	5.20	0.00	5.10	4.80	4.30	0.00	0.00	3.80	4.10	4.60
益力	4.50	4.65	4.45	0.00	4.70	4.10	4.00	3.80	0.00	3.70	0.00	3.70	0.00	0.00	3.65	3.85	3.70
深房			3.85	4.00	3.85	3.75	3.65	3.60	3.65	3.75	3.50	3.45	3.40	3.20	3.30	3.00	3.20
莱英达	4.90	4.60	0.00	4.30	4.25	4.50	4.50	4.60	0.00	4.40	0.00	3.80	0.00	0.00	3.80	3.75	3.94
中集										7.55	6.80	6.50	7.75	0.00	6.80	6.85	6.74
闽灿坤	6.05	5.90	5.05	5.10	5.50	5.30	5.30	5.35	0.00	5.30	5.00	4.90	4.75	4.65	4.50	4.50	4.50
粤丽珠	5.60	5.50	5.60	5.50	5.55	5.50	5.40	5.35	0.00	5.30	5.10	5.00	5.05	5.00	4.90	4.90	4.90

券种	5.13	5.20	5.27	6.3	6.10	6.17	6.24	7.1	7.8	7.15	7.22	7.29	8.5	8.12	8.19	8.26	9.2
	收盘	收盘	收盘	收盘	收盘	收盘	收盘	收盘	收盘	收盘	收盘	收盘	收盘	收盘	收盘	收盘	收盘
深万科	8.40	8.40	8.60	8.60	8.60	8.60	8.60	6.85	6.85	6.85	6.85	6.00	5.68	5.60	5.60	5.60	5.20
金田	5.80	4.62	4.70	4.70	4.70	4.10	3.60	3.40	3.50	3.50	3.30	3.30	3.90	4.25	4.40	4.40	4.65
物业	3.50	3.50	5.00	4.50	3.50	3.50	3.50	3.50	3.50	3.45	3.45	3.45	4.10	4.20	4.05	4.05	4.10
南玻	8.45	7.95	7.88	7.80	7.80	8.02	8.30	8.30	8.20	7.80	7.00	7.33	8.00	8.45	8.50	8.50	9.00
石化	5.10	4.80	4.80	4.80	4.80	4.80	4.80	3.62	3.62	3.62	3.62	3.62	3.60	3.70	3.70	3.68	3.65
中厨	3.10	3.09	3.05	3.20	3.20	3.15	3.10	3.09	2.32	2.32	2.32	2.20	2.70	2.55	2.20	2.25	2.20
康佳	7.80	7.80	8.00	8.80	8.00	5.11	5.00	5.10	5.05	5.00	5.00	5.10	5.10	5.70	6.50	6.60	7.00
中华	6.20	6.24	6.20	6.31	6.30	6.20	6.20	6.20	6.20	6.01	6.00	5.95	6.40	6.50	6.50	6.60	6.71
中冠	2.50	2.50	2.50	2.48	2.48	2.48	2.48	2.48	2.21	2.21	2.21	2.21	2.50	2.40	2.30	2.30	
深宝	1.80	1.90	2.00	2.00	2.10	2.10	2.00	2.10	2.10	1.90	1.90	1.90	1.90	2.05	2.20	2.10	2.10
华发	2.35	2.35	2.35	2.35	1.95	1.95	1.95	1.95	1.84	1.50	1.50	1.50	1.60	2.02		2.10	2.10
赤湾	3.60	3.50	4.00	4.30	4.20	4.20	3.90	3.57	3.55	3.57	3.50	3.20	3.95	4.40	4.50	4.50	4.60
招港	4.30	4.20	4.75	5.20	5.28	5.15	5.20	5.25	4.30	4.10	4.00	4.20	5.00	5.60	5.50	5.30	5.40
特力	3.40	2.59	3.00	3.00	2.60	2.60	2.60	2.60	2.60	2.60	2.60	2.55	2.55	2.50	2.50	2.50	2.50
飞亚达	4.60	4.70	5.30	5.00	4.80	4.10	4.20	4.25	2.77	2.80	2.60	2.60	3.70	3.60	3.60	3.35	3.75
益力	3.90	3.90	3.90	3.90	3.70	3.70	3.70	3.70	3.40	3.40	3.40	3.40	3.40	3.45	3.45	3.50	3.20
深房	3.50	3.50	3.40	3.00	3.30	3.20	3.05	3.00	3.00	2.80	2.90	2.90	3.40	3.20	3.40	3.30	3.30
莱英达	3.95	3.80	3.85	3.80	3.80	3.70	3.70	3.70	3.00	3.00	3.00	3.00	3.30	3.40	2.80	2.70	2.99
中集	6.68	6.68	6.68	7.00	7.00	7.00	7.00	7.00	7.00	6.50	6.40	6.50	6.75	7.20	7.50	7.50	7.80
本实				3.20	3.26	3.26	3.26	3.26	4.00	4.00	4.00	4.00	3.27	3.31	3.05	3.05	3.00
纺织															2.55	2.55	2.55
闽灿坤	4.15	4.45	4.80	4.80	4.70	4.68	4.70	4.59	4.13	4.13	4.13	4.13	4.20	4.84	4.50	4.46	4.50
粤丽珠	4.90	5.00	4.75	4.85	4.70	4.70	4.70	4.50	4.50	4.40	4.40	4.40	4.40	4.40	4.40	4.40	4.40

券种	9.9	9.16	9.23	9.30	10.7	10.14	10.21	10.28	11.4	11.11	11.18	11.25	12.2	12.9	12.16	12.23	12.30
	收盘	收盘	收盘	收盘	收盘	收盘	收盘	收盘	收盘	收盘	收盘	收盘	收盘	收盘	收盘	收盘	收盘
深万科	5.10	5.30	5.30	5.30	5.00	5.00	5.00	5.00	5.00	5.00	5.00	4.98	4.94	4.60	4.45	3.90	3.65
金田	5.00	4.79	4.80	4.65	4.55	4.50	4.65	4.65	4.50	4.50	4.50	4.51	4.00	3.70	3.70	4.00	3.50
物业	4.40	4.30	4.40	4.50	4.50	4.50	4.50	4.50	4.25	4.25	4.25	4.00	3.50	3.00	2.95	2.95	2.95
南玻	9.20	9.38	9.50	9.50	9.50	9.20	9.20	9.20	9.00	9.00	8.50	8.50	8.50	8.50	8.20	8.20	7.60
石化	3.68	3.80	3.80	3.80	3.80	3.80	3.80	3.75	3.75	3.75	3.75	3.75	3.40	3.40	2.50	2.60	2.95
中厨	2.70	2.52	2.60	2.50	2.44	2.44	2.25	2.05	2.05	1.90	2.00	1.94	2.00	1.80	1.70	1.68	1.68
康佳	7.30	7.30	7.30	7.10	7.10	6.99	7.00	6.50	6.50	6.00	6.00	5.50	5.50	5.50	5.00	4.30	3.90
中华	6.65	6.70	5.34	5.34	5.36	5.34	5.70	5.85	5.80	5.81	5.75	5.33	4.60	4.59	4.00	3.58	3.40
中冠						3.00	2.50	2.60	2.60	2.60	2.50	2.20	2.20	2.00	2.00	2.00	2.00
深宝	2.40	2.14	2.00	2.10	2.10	1.90	1.88	1.70	1.45	1.46	1.74	1.54	1.45	1.50	1.52	1.50	1.60
华发	2.30	2.60	2.35	2.35	2.35	2.35	2.35	2.35	2.00	2.00	2.00	2.00	1.80	1.40	1.30	1.30	1.30
赤湾	4.50	4.90	4.90	4.65	4.70	4.50	4.20	4.05	4.00	4.10	4.15	4.04	3.70	2.89	2.86	3.70	3.00
招港	5.60	6.00	5.50	5.80	5.45	5.50	5.30	5.20	5.15	4.60	4.99	4.99	4.99	4.99	4.35	4.24	4.25
特力	2.60	2.55	2.62	2.60	2.57	2.60	2.60	2.60	2.60	2.66	2.70	2.55	2.56	2.56	2.56	2.56	2.56
飞亚达	4.80	4.80	4.60	4.30	4.15	4.02	3.70	3.70	3.75	3.80	3.80	3.60	3.80	3.40	3.42	3.30	3.31
益力	3.20	3.00	3.00	3.00	3.00	3.00	3.00	3.00	3.00	3.00	2.83	2.50	2.50	2.50	2.50	2.50	2.50
深房	3.50	3.60	3.55	3.30	3.00	3.05	3.00	3.10	3.00	2.95	2.95	2.80	2.80	2.80	2.50	2.50	2.50
莱英达	3.40	3.54	3.40	3.30	2.80	2.78	2.70	2.70	2.70	2.70	2.70	2.70	2.50	2.78	2.50	2.40	3.90
南电													3.60	3.10	3.05	3.00	3.00
中集	8.10	8.50	8.50	8.50	8.10	8.30	8.06	8.00	7.95	7.90	7.90	7.90	7.90	7.90	7.90	7.90	7.90
本实	3.00	3.00	3.00	2.90	2.90	2.90	2.80	2.70	2.30	1.90	1.90	1.64	1.60	1.60	1.60	1.60	1.60
纺织	3.30	3.50	3.50	3.50	3.50	3.50	3.50	3.50	3.30	3.30	3.30	3.30	3.30	3.30	3.30	3.30	3.30
闽灿坤	4.70	4.75	3.75	4.00	4.10	4.00	4.00	4.00	3.50	3.20	3.50	3.03	3.00	3.18	3.10	3.10	3.85
粤丽珠	4.45	4.40	4.40	4.30	4.28	4.40	4.30	4.30	4.30	4.30	4.13	4.13	4.10	3.70	3.70	4.00	4.00

表 5—1 STAQ 系统行情周报表

单位:元

券种	1.7	1.14	1.21	1.28	2.4	2.18	2.25	3.4	3.11	3.18	3.25	4.1	4.8	4.15	4.22	4.29	5.6
	收盘	收盘	收盘	收盘	收盘	收盘	收盘	收盘	收盘	收盘	收盘	收盘	收盘	收盘	收盘	收盘	收盘
恒通	4.14	4.15	4.00	3.91	3.90	3.80	3.57	3.65	3.58	3.55	3.42	3.43	3.60	3.45	2.90	3.22	2.95
玉柴	4.12	4.10	4.02	3.90	4.04	3.85	3.62	3.40	3.40	3.33	3.17	3.80	6.70	6.10	6.29	6.50	6.00
蜀都	3.98	4.29	4.00	3.93	4.00	3.70	3.50	3.19	3.18	3.00	2.98	2.80	3.10	2.75		2.30	2.25
华凯	3.65	3.64	3.60	3.52	3.47	3.32	3.28	3.08	2.98	2.87	2.56	2.56	2.80	2.74	2.38	2.38	2.40
大自然	2.21	2.17	2.15	2.10	2.10	1.94	1.90	1.68	1.65	1.65	1.60	1.67	1.72	1.73	1.40	1.45	1.34
海国实	2.59	2.57	2.50	2.46	2.44	2.32	2.27	2.04	1.94	1.81	1.65	1.71	2.05	2.31	1.79	1.75	1.69
长白	2.74	2.72	2.66	2.64	2.65	2.63	2.72	2.56	2.59	2.50	2.41	2.35	2.65	2.54	2.23	2.23	2.21
五星	2.10	2.11	2.03	1.95	1.91	1.89	1.83	1.63	1.54	1.50	1.50	1.50	1.61	1.58	1.20	1.13	1.18
中商	4.10	4.10	3.95	3.87	3.28	3.05	3.06	2.80	2.61	2.55	2.49	2.35	2.53	2.78	2.26	2.26	2.20
海航	2.14	2.10	2.06	1.99	2.02	2.04	1.98	1.85	1.80	1.72	1.62	1.68	1.95	1.74	1.62	1.64	1.62

券种	5.13	5.20	5.27	6.3	6.10	6.17	6.24	7.1	7.8	7.15	7.22	7.29	8.5	8.12	8.19	8.26	9.2
	收盘	收盘	收盘	收盘	收盘	收盘	收盘	收盘	收盘	收盘	收盘	收盘	收盘	收盘	收盘	收盘	收盘
恒通	2.60	2.60	2.57	2.55	2.55	2.30	2.06	1.83	2.00	1.98	1.95	1.91	2.79	2.61	2.60	2.50	2.60
玉柴	5.80	5.60	5.02	5.02	6.26	5.49	5.62	5.70	5.41	5.41	4.20	4.55					
蜀都	2.30	2.60	2.39	2.38	2.79	2.41	2.01	1.42									
华凯	2.50	1.86	1.80	1.76	1.75	1.68	1.51	1.25	1.19	1.18	1.20	1.15	2.00	1.74	1.64	1.38	1.50
大自然	1.36	1.35	1.35	1.35	1.34	1.33	1.22	1.11	1.07	1.06	1.02	1.00	1.70	1.58	1.52	1.38	1.52
海国实	1.72	1.39	1.29	1.29	1.29	1.26	1.20	1.08	1.04	1.03	1.07	1.01	1.69	1.55	1.46	1.36	1.48
长白	2.20	2.16	2.20	1.59	1.57	1.49	1.39	1.23	1.19	1.20	1.21	1.19	2.00	1.81	1.74	1.58	1.72
五星	1.19	1.19	1.15	1.19	1.22	1.30	1.20	1.06	1.05	1.06	1.09	1.06	1.68	1.51	1.46	1.34	1.54
中商	2.20	2.22	2.38	2.22	2.20	2.13	2.01	1.60	1.57	1.50	1.57	1.57	2.64	2.48	2.46	2.31	2.49
海航	1.65	1.65	1.70	1.75	1.72	1.68	1.67	1.51	1.59	1.66	1.75	1.74	2.05	1.82	1.72	1.68	1.75

券种	9.9	9.16	9.23	9.30	10.7	10.14	10.21	10.28	11.4	11.11	11.18	11.25	12.2	12.9	12.16	12.23	12.30
	收盘	收盘	收盘	收盘	收盘	收盘	收盘	收盘	收盘	收盘	收盘	收盘	收盘	收盘	收盘	收盘	收盘
恒通	2.78	3.03	2.86	2.64	2.48	2.30	2.44	2.41	2.31	2.31	2.28	2.26	2.30	2.30	2.28	2.15	
华凯	1.59	2.09	1.89	1.66	1.52	1.47	1.49	1.53	1.51	1.50	1.50	1.48	1.50	1.35	1.36	1.22	
大自然	1.62	2.12	1.91	1.73	1.65	1.59	1.57	1.55	1.53	1.53	1.50	1.47	1.35	1.39	1.33	1.40	
海国实	1.50	1.93	1.76	1.56	1.48	1.40	1.41	1.41	1.40	1.40	1.36	1.32	1.33	1.29	1.28	1.21	
长白	1.78	2.26	2.09	1.95	1.84	2.14	2.03	2.00	2.04	2.01	1.94	1.94	1.90	1.88	1.83	1.79	
五星	1.67	2.25	2.02	1.88	1.79	1.77	1.79	1.76	1.68	1.68	1.60	1.50	1.58	1.53	1.51	1.45	
中商	2.65	3.09	2.82	2.64	2.50	2.35	2.38	2.35	2.33	2.48	2.40	2.31	2.31	2.20	2.30	2.25	
海航	1.74	1.99	1.85	1.72	1.67	1.70	1.70	1.70	1.71	1.71	1.67	1.66	1.70	1.69	1.65	1.64	

表 5—2 NET 系统行情周报表

单位:元

券种	1.7	1.14	1.21	1.28	2.4	2.18	2.25	3.4	3.11	3.18	3.25	4.1	4.8	4.15	4.22	4.29	5.6
	收盘	收盘	收盘	收盘	收盘	收盘	收盘	收盘	收盘	收盘	收盘	收盘	收盘	收盘	收盘	收盘	收盘
中兴实业	3.66	3.54	3.28	3.04	3.31	3.22	3.28	3.10	2.99	2.71	2.40	2.06	2.22	2.22	1.95		
东方实业	4.92	4.84	4.38	3.92	4.14	4.08	4.10	4.00	3.95	3.82	3.41	3.08	3.18	3.04	2.80		
建北集团	2.01	1.95	1.85	1.78	2.08	2.00	2.01	1.93	1.85	1.76	1.65	1.47	1.60	1.58	1.54		
广州电力	1.79	1.81	1.76	1.80	1.81	1.80	1.80	1.76	1.73	1.75	1.73	1.40	1.65	1.55	1.50		
湛江供销	2.30	2.30	2.17	2.00	2.20	2.09	2.06	1.98	1.91	1.79	1.59	1.50	1.66	1.68	1.53		
广东广建	1.88	1.82	1.70	1.65	1.91	1.78	1.77	1.67	1.59	1.48	1.38	1.21	1.35	1.25	1.13		
南海发展	2.50	2.48	2.29	2.14	2.22	2.14	2.14	2.07	1.92	1.80	1.67	1.57	1.60	1.60	1.60		

券种	5.13	5.20	5.27	6.3	6.10	6.17	6.24	7.1	7.8	7.15	7.22	7.29	8.5	8.12	8.19	8.26	9.2
	收盘	收盘	收盘	收盘	收盘	收盘	收盘	收盘	收盘	收盘	收盘	收盘	收盘	收盘	收盘	收盘	收盘
中兴实业	1.89	1.80	1.59	1.54	1.54	1.53	1.09	1.18	1.15	1.16	1.12	1.11	2.20	1.68	1.54	1.35	1.45
东方实业	2.82	2.75	2.35	1.54	1.54	1.39	1.29	1.41	1.43	1.50	1.38	1.35	2.15	2.16	2.03	1.71	1.76
建北集团	1.15	1.10	1.04	2.30	2.22	0.94	0.90	0.90	0.90	0.90	0.86	0.84	1.60	1.32	1.25	1.04	1.13
广州电力	1.49	1.48	1.48	1.02	1.00	1.32	1.24	1.26	1.27	1.25	1.26	1.22	1.79	1.45	1.41	1.33	1.38
湛江供销	1.60	1.60	1.59	1.44	1.40	1.22	1.25	1.24	1.23	1.23	1.23	1.21	1.80	1.65	1.56	1.40	1.47
广东广建	1.19	1.05	1.03	1.60	1.28	0.92	0.85	0.85	0.84	0.83	0.77	0.73	1.59	1.25	1.18	1.00	1.14
南海发展	1.60	1.27	1.20	1.01	0.97	1.10	1.07	1.07	1.07	1.06	1.02	1.00	1.99	1.47	1.42	1.28	1.42

券种	9.9	9.16	9.23	9.30	10.7	10.14	10.21	10.28	11.4	11.11	11.18	11.25	12.2	12.9	12.16	12.23	12.30
	收盘	收盘	收盘	收盘	收盘	收盘	收盘	收盘	收盘	收盘	收盘	收盘	收盘	收盘	收盘	收盘	收盘
中兴实业	1.41	1.63	1.64	1.55	1.35	1.42	1.36	1.32	1.31	1.32		1.21	1.24	1.19	1.25	1.21	
东方实业	1.81	2.09	2.30	2.16	1.80	1.75	1.77	1.80	1.76	1.81		1.65	1.68	1.59	1.68	1.62	
建北集团	1.13	1.32	1.38	1.31	1.13	1.10	1.06	1.05	1.03	1.03		0.94	0.96	0.93	0.96	0.92	
广州电力	1.37	1.55	1.51	1.52	1.40	1.40	1.39	1.33	1.32	1.34		1.31	1.32	1.28	1.32	1.31	
湛江供销	1.51	1.71	1.80	1.66	1.38	1.41	1.42	1.33	1.36	1.35		1.32	1.31	1.30	1.32	1.28	
广东广建	1.16	1.39	1.43	1.32	1.15	1.13	1.09	1.07	1.04	1.05		0.97	1.00	0.96	0.99	0.91	
南海发展	1.53	1.78	1.83	1.70	1.50	1.50	1.50	1.48	1.48	1.48		1.38	1.42	1.39	1.42	1.37	

表6　武汉证券交易中心国债行情周报表　　单位：元

券种	1.7	1.14	1.21	1.28	2.4	2.18	2.25	3.4	3.11	3.18	3.25	4.1	4.8
	收盘	收盘	收盘	收盘	收盘	收盘	收盘	收盘	收盘	收盘	收盘	收盘	收盘
91券	115.90	121.60	122.30	122.50	122.90	121.00	125.00	125.00	123.30	126.85	129.80	129.50	130.05
92券(三)	100.08	100.00	103.70	103.40	105.55	105.64	106.00	106.90	107.00	107.60	108.30	108.40	108.65
92券(五)	94.40	94.10	98.40	98.50	97.00	100.00	100.00	100.00	101.50	101.40	101.69	101.00	101.50
93券(三)	100.08	103.00	103.00	103.60	103.50	105.50	107.50	105.80	107.80	108.10	108.20	108.40	108.65
93券(五)	102.00	103.00			103.20	103.50	102.50	106.00	107.70	107.50	108.30	108.10	108.40

券种	4.15	4.22	4.29	5.6	5.13	5.20	5.27	6.3	6.10	6.17	6.24	7.1	7.8
	收盘	收盘	收盘	收盘	收盘	收盘	收盘	收盘	收盘	收盘	收盘	收盘	收盘
91券	130.22	130.50	130.00	130.30	130.40	131.40	131.00	131.50	130.50	130.00	131.00	131.00	
92券(三)	108.60	108.60	110.10	110.65	111.60	112.60	116.80	115.46	115.50	114.47	116.90	113.50	114.85
92券(五)	101.40	101.40	103.30	101.90	102.40	103.00	103.50	107.99	108.50	108.00	108.46	105.70	107.00
93券(三)	108.50	109.10	110.10	109.80	110.70	112.00	113.90	113.80	114.10	113.20	112.00	114.52	114.63
93券(五)	108.50	109.60	108.55	108.55	110.20	112.50	113.00	113.65	113.65	114.00	110.85	113.75	

券种	7.15	7.22	7.29	8.5	8.12	8.19	8.26	9.2	9.9	9.16	9.23	9.30	10.7
	收盘	收盘	收盘	收盘	收盘	收盘	收盘	收盘	收盘	收盘	收盘	收盘	收盘
91券													
92券(三)	116.60	116.00	117.10	117.04	118.00	118.60	120.50	120.50	120.10	120.10	121.50		112.15
92券(五)	109.50	108.00	110.16	110.30	111.10	111.80	113.20	113.04	113.70	114.00	114.50		114.20
93券(三)	114.70	112.60	115.60	115.90	116.65		118.50	119.00	119.00	121.30	121.40		119.70
93券(五)		112.00	114.60	114.60	115.88	117.00	118.50	118.80	118.70	118.90	119.50		119.55
94券(二)				101.90	101.99	102.35	103.60	103.22	103.70	103.91	104.30		104.50

券种	10.14	10.21	10.28	11.4	11.11	11.18	11.25	12.2	12.9	12.16	12.23	12.30
	收盘	收盘	收盘	收盘	收盘	收盘	收盘	收盘	收盘	收盘	收盘	收盘
92券(三)	122.10	123.00	124.85	126.60	127.45	129.00	133.20	133.50	133.40	134.20	134.60	136.90
92券(五)	115.35	115.40	116.30	117.75	118.80	121.00	125.00	125.30	125.40	125.50	125.00	128.25
93券(三)	120.05	121.00	121.60	123.00	123.50	125.00	124.40	125.90	126.10	125.80	126.00	127.35
93券(五)	119.60	120.50	120.50	122.60	122.80	124.95	127.00	126.20	126.00	126.00	126.15	127.80
94券(二)	105.20	105.63	106.10	106.50	106.55	107.00	106.80	107.60	107.40	107.60	107.60	108.50

基金市场行情

表7—1　武汉证券交易中心基金行情周报表　　单位：元

券种	1.7	1.14	1.21	1.28	2.4	2.18	2.25	3.4	3.11	3.18	3.25	4.1	4.8
	收盘	收盘	收盘	收盘	收盘	收盘	收盘	收盘	收盘	收盘	收盘	收盘	收盘
金信			1.25	1.26	1.23	1.46	1.24	1.23	0.00	1.20	1.10	1.08	1.07
长江			1.42	1.38	1.38	1.40	1.40	1.30	1.31	1.30	1.22	1.21	1.28
武汉			1.29	1.29	1.30	1.29	1.30	1.30	1.24	1.26	0.00	1.17	1.17
昌久			1.27	1.26	1.27	1.25	1.26	1.24	1.21	1.21	1.17	1.15	1.16
西北			1.31	1.29	1.30	1.30	1.31	1.28	1.28	1.29	1.27	0.00	1.05
中盛			1.36	1.36	1.37	1.37	1.31	1.32	1.12	1.11	1.09	1.06	1.07
盐信			1.46	1.45	1.44	1.43	1.43	1.41	0.00	1.12	1.08	0.00	0.00
珠信				1.04	1.04	1.04	1.04	1.03	1.03	1.02	1.03	1.02	1.01
通信						1.06	1.04	1.23	1.22	1.22	1.22	1.08	0.97
常信								1.02	1.00	1.01	1.00	0.99	0.99

券种	4.15	4.22	4.29	5.6	5.13	5.20	5.27	6.3	6.10	6.17	6.24	7.1	7.8
	收盘	收盘	收盘	收盘	收盘	收盘	收盘	收盘	收盘	收盘	收盘	收盘	收盘
金信	1.04	1.08	1.03	1.03	0.95	0.96	0.95	0.96	0.94	0.85	0.87		0.88
长江	1.20	1.17	1.13	1.13	1.13	1.10	1.10	0.00	0.85	0.87	0.00		0.00
武汉	1.15	1.09	1.07	1.08	0.00	1.06	1.07	1.05	0.00	0.00	0.96		0.93
昌久	1.14	1.13	1.13	1.13	1.08	1.11	1.11	1.10	1.07	1.05	1.06		1.07
西北	1.07	0.84	1.05	0.00	0.00	0.00	0.00	0.00	1.03	1.03	1.03		0.00
中盛	1.07	1.04	1.03	1.02	1.01	1.00	0.00	0.96	0.96	0.95	0.95		0.94
盐信	1.06	1.00	0.00	0.00	1.00	0.95	0.00	0.00	1.00	0.96	0.00		0.00
珠信	1.01	1.00	1.00	0.97	0.94	0.93	0.93	0.92	0.90	0.88	0.87		0.87
通信	0.96	0.95	0.95	0.93	0.92	0.00	0.92	0.95	0.96	0.94	0.00		0.94
常信	0.98	0.97	0.97	0.96	0.96	0.96	0.98	0.98	0.96	0.96	0.98		1.00

券种	7.15	7.22	7.29	8.5	8.12	8.19	8.26	9.2	9.9	9.16	9.23	9.30	10.7
	收盘	收盘	收盘	收盘	收盘	收盘	收盘	收盘	收盘	收盘	收盘	收盘	收盘
金信	0.00	0.89	0.00	0.88	0.95	0.96	0.96	0.97	0.94	0.99	1.16	1.10	1.05
长江	0.86	0.85	0.85	0.84	0.92	0.00	0.89	0.89	0.89	0.90	1.04	1.00	0.94
武汉	0.92	0.95	0.93	0.97	0.87	0.99	0.91	0.89	0.87	0.89	1.05	0.95	0.91
昌久	1.08	1.10	0.88	0.93	0.94	0.96	0.95	0.96	0.93	0.94	1.04	1.00	0.95
西北	0.00	0.00	0.00	1.03	0.95	0.00	0.95	1.02	1.02	0.90	1.00	0.94	0.97
中盛	0.95	0.00	0.93	0.97	0.99	1.01	1.00	1.00	0.99	1.01	1.08	1.02	0.99
盐信	1.00	0.00	0.00	0.95	0.00	0.00	1.00	1.00	1.00	1.02	1.12	1.02	1.01
珠信	0.84	0.00	0.87	0.85	0.87	0.92	0.93	0.92	0.91	0.93	1.08	0.95	0.95
通信	0.95	0.96	0.93	0.93	0.95	0.94	0.95	0.95	0.96	0.95	1.05	1.04	1.01
常信	0.99	0.97	0.99	0.97	0.98	0.98	0.99	0.99	0.99	0.99	1.07	1.04	1.03
南京				0.92	0.95	0.93	0.93	0.93	0.94	0.94	1.06	1.01	0.95

券种	10.14	10.21	10.28	11.4	11.11	11.18	11.25	12.2	12.9	12.16	12.23	12.30
	收盘	收盘	收盘	收盘	收盘	收盘	收盘	收盘	收盘	收盘	收盘	收盘
金信	1.09	1.11	1.13	1.13	1.17	1.16	1.17	0.98	0.96	0.96	0.96	0.96
长江	0.97	0.98	0.97	0.97	0.98	0.98	1.00	1.02	1.01	1.01	1.00	1.01
武汉	0.95	0.95	0.95	0.94	0.97	0.97	0.99	1.00	0.98	0.98	0.98	0.99
昌久	0.97	0.99	0.99	0.98	1.00	1.00	1.01	1.03	1.02	1.02	1.03	1.02
西北	0.96	0.95	0.96	0.95	0.99	1.02	1.03	1.05	1.06	1.05	1.06	1.05
中盛	1.02	1.02	1.02	1.02	1.04	1.04	1.08	1.09	1.08	1.08	1.08	1.09
盐信	1.03	1.04	1.04	1.04		1.04	1.04	1.07	1.08	1.09	1.10	1.08
珠信	0.98	1.05	1.07	1.08	1.11	1.10	1.11	1.12	1.13	1.15	1.17	1.07
通信	1.02	1.02	1.02	1.02	1.05	1.06	1.10	1.08	1.07	1.10	1.08	1.05
常信	1.04	1.03	1.05	1.06	1.09	1.10	1.09	1.10	1.10	1.09	1.10	1.10
南京		0.99	0.99	1.00	1.02	1.03	1.03	1.05	1.05	1.04	1.04	1.05

表 7—2 沈阳证券交易中心基金行情周报表

单位：元

券种	1.7	1.14	1.21	1.28	2.4	2.18	2.25	3.4	3.11	3.18	3.25	4.1	4.8
	收盘	收盘	收盘	收盘	收盘	收盘	收盘	收盘	收盘	收盘	收盘	收盘	收盘
沈阳农信	1.88	1.84	1.76	1.64	1.60	1.54	1.54	1.68	1.64	1.54	1.51	1.47	1.43
沈阳富民	1.85	1.74	1.70	1.73	1.74	1.72	1.72	1.88	1.82	1.73	1.68	1.73	1.63
沈阳通发	1.86	1.78	1.72	1.74	1.74	1.70	1.76	1.88	1.80	1.69	1.59	1.66	1.59
沈阳公众	1.88	1.80	1.80	1.84	1.84	1.78	1.80	1.98	1.85	1.75	1.64	1.74	1.63
沈阳兴沈	1.84	1.76	1.70	1.74	1.70	1.68	1.70	1.82	1.78	1.70	1.62	1.70	1.60
沈阳万利	2.00	1.96	1.86	1.90	1.88	1.86	1.86	2.00	1.92	1.80	1.72	1.77	1.69
沈阳银海	1.88	1.94	1.88	1.68	1.66	1.66	1.68	1.76	1.71	1.56	1.48	1.48	1.43
沈阳久盛	1.74	1.74	1.65	1.70	1.72	1.66	1.68	1.80	1.72	1.58	1.55	1.66	1.56

券种	4.15	4.22	4.29	5.6	5.13	5.20	5.27	6.3	6.10	6.17	6.24	7.1	7.8
	收盘	收盘	收盘	收盘	收盘	收盘	收盘	收盘	收盘	收盘	收盘	收盘	收盘
沈阳农信	1.39	1.31	1.29	1.27	1.25	1.19	1.21	1.21	1.16	1.18	1.14	1.08	1.00
沈阳富民	1.70	1.73	1.78	2.04	1.69	1.52	1.45	1.30	1.11	1.15	1.12	1.08	1.08
沈阳通发	1.59	1.52	1.52	1.49	1.48	1.42	1.40	1.38	1.31	1.28	1.28	1.25	1.06
沈阳公众	1.63	1.53	1.54	1.51	1.51	1.47	1.42	1.38	1.32	1.32	1.29	1.24	1.24
沈阳兴沈	1.60	1.53	1.53	1.50	1.51	1.44	1.43	1.41	1.34	1.29	1.28	1.24	1.06
沈阳万利	1.68	1.62	1.62	1.59	1.61	1.57	1.48	1.48	1.39	1.38	1.35	1.32	1.13
沈阳银海	1.38	1.27	1.30	1.29	1.27	1.24	1.23	1.22	1.19	1.18	1.15	1.12	1.16
沈阳久盛	1.54	1.50	1.48	1.46	1.46	1.42	1.41	1.40	1.36	1.32	1.29	1.22	1.25

券种	7.15	7.22	7.29	8.5	8.12	8.19	8.26	9.2	9.9	9.16	9.23	9.30	10.7
	收盘	收盘	收盘	收盘	收盘	收盘	收盘	收盘	收盘	收盘	收盘	收盘	收盘
沈阳农信	1.08	1.06	1.07	1.58	1.73	1.78	1.69	1.73	1.93	1.91	1.82	1.62	1.55
沈阳富民	1.05	1.04	1.03	1.55	1.88	1.84	1.74	1.78	1.95	1.97	1.82	1.72	1.69
沈阳通发	1.04	1.04	1.02	1.50	1.72	1.78	1.68	1.72	1.90	1.91	1.80	1.60	1.52
沈阳公众	1.27	1.05	1.02	1.51	1.71	1.75	1.67	1.69	1.88	1.90	1.77	1.59	1.57
沈阳兴沈	1.04	1.04	1.02	1.45	1.75	1.75	1.69	1.72	1.92	2.04	1.32	1.57	1.55
沈阳万利	1.10	1.08	1.08	1.49	1.73	1.84	1.75	1.78	1.92	1.92	1.80	1.61	1.55
沈阳银海	1.16	1.16	1.16	1.49	1.71	1.76	1.70	1.74	1.91	1.94	1.86	1.71	1.67
沈阳久盛	1.24	1.24	1.23	1.62	1.80	1.81	1.75	1.78	2.15	2.00	1.81	1.60	1.53

券种	10.14	10.21	10.28	11.4	11.11	11.18	11.25	12.2	12.9	12.16	12.23	12.30
	收盘	收盘	收盘	收盘	收盘	收盘	收盘	收盘	收盘	收盘	收盘	收盘
沈阳农信	1.33	1.45	1.46	1.44	1.54	1.51	1.51	1.52	1.51	1.52	1.59	1.60
沈阳富民	1.55	1.56	1.49	1.47	1.58	1.52	1.51	1.52	1.50	1.57	1.53	1.52
沈阳通发	1.38	1.43	1.39	1.40	1.50	1.45	1.45	1.45	1.43	1.50	1.45	1.45
沈阳公众	1.37	1.43	1.41	1.40	1.50	1.45	1.44	1.45	1.43	1.50	1.45	1.44
沈阳兴沈	1.38	1.43	1.42	1.40	1.53	1.46	1.45	1.44	1.43	1.53	1.51	1.51
沈阳万利	1.42	1.44	1.43	1.48	1.59	1.52	1.51	1.51	1.49	1.53	1.51	1.51
沈阳银海	1.57	1.60	1.52	1.58	1.64	1.63	1.64	1.68	1.66	1.77	1.77	1.43
沈阳久盛	1.33	1.43	1.40	1.39	1.54	1.46	1.46	1.48	1.50	1.61	1.52	1.51

表7—3 天津证券交易中心基金行情周报表

单位：元

券种	1.7	1.14	1.21	1.28	2.4	2.18	2.25	3.4	3.11	3.18	3.25	4.1	4.8
	收盘	收盘	收盘	收盘	收盘	收盘	收盘	收盘	收盘	收盘	收盘	收盘	收盘
开信基金	2.39	2.41	2.33	1.56	1.57	1.54	1.54	1.58	1.66	1.65	1.60	1.58	1.55
创业基金	1.77	1.77	1.75	1.69	1.74	1.74	1.72	1.72	1.48	1.46	1.42	1.30	1.36
银城基金	1.43	1.44	1.40	1.38	1.39	1.34	1.29	1.34	1.38	1.35	1.32	1.29	1.28
金星基金	1.48	1.50	1.50	1.47	1.50	1.47	1.46	1.45	1.46	1.46	1.42	1.40	1.12
赣农受益	1.39	1.38	1.35	1.32	1.33	1.31	1.30	1.29	1.33	1.33	1.31	1.30	1.20
赣中受益	1.46	1.48	1.43	1.43	1.42	1.44	1.39	1.42	1.19	1.17	1.16	1.14	1.11
苏建受益				1.30	1.28	1.24	1.22	1.22	1.26	1.20	1.23	1.24	1.23
龙江基金												1.27	1.22
海湾基金													

券种	4.15	4.22	4.29	5.6	5.13	5.20	5.27	6.3	6.10	6.17	6.24	7.1	7.8
	收盘	收盘	收盘	收盘	收盘	收盘	收盘	收盘	收盘	收盘	收盘	收盘	收盘
开信基金	1.49	1.35	1.36	1.33	1.32	1.29	1.33	1.30	1.24	1.22	1.21	1.20	1.22
创业基金	1.32	1.27	1.25	1.23	1.21	1.21	1.21	1.21	1.15	1.10	1.10	1.09	1.10
银城基金	1.23	1.17	1.15	1.13	1.10	1.10	1.11	1.09	1.07	1.07	1.07	1.06	1.05
金星基金	1.11	1.02	1.02	1.01	1.00	1.00	1.00	1.00	1.01	1.00	1.00	1.00	1.01
赣农受益	1.26	1.18	1.21	1.28	1.21	1.21	1.20	1.20	1.10	1.18	1.18	1.14	1.14
赣中受益	1.10	1.03	1.04	1.03	1.02	1.03	1.03	1.03	1.01	1.01	1.00	0.99	1.00
苏建受益	1.22	1.17	1.19	1.19	1.20	1.16	1.16	1.16	1.16	1.17	1.18	1.16	1.17
龙江基金	1.17	1.10	1.09	1.04	1.04	1.04	1.04	1.05	1.04	1.05	1.03	1.02	1.02
海湾基金		1.08	1.08	1.06	1.07	1.07	1.11	1.09	1.08		1.07	1.07	1.08

券种	7.15	7.22	7.29	8.5	8.12	8.19	8.26	9.2	9.9	9.16	9.23	9.30	10.7
	收盘	收盘	收盘	收盘	收盘	收盘	收盘	收盘	收盘	收盘	收盘	收盘	收盘
开信基金	1.21	1.19	1.16	1.30	1.41	1.46	1.47	1.55	1.66	1.56	1.59	1.55	1.46
创业基金	1.09	1.07	1.04	1.20	1.25	1.24	1.16	1.18	1.23	1.21	1.21	1.19	1.13
银城基金	1.04	1.04	1.02	1.17	1.16	1.17	1.17	1.20	1.25	1.21	1.20	1.19	1.15
金星基金	1.02	1.00	1.01	1.04	1.03	1.03	1.02	1.03	1.05	1.05	1.05	1.06	1.04
赣农受益	1.12	0.90	0.86	0.90	0.98	0.98	0.98	0.99	1.00	0.98	1.01	1.00	1.96
赣中受益	1.0	0.97	0.94	1.00	1.01	1.04	1.03	1.04	1.04	1.04	1.04	1.04	1.01
苏建受益	1.16	0.97	1.00	1.03	1.04	1.04	1.04	1.04	1.05	1.04	1.07	1.05	1.05
龙江基金	1.02	1.02	0.99	1.06	1.05	1.07	1.05	1.08	1.12	1.10	1.13	1.12	1.08
海湾基金	1.07	1.06		1.12	1.20	1.19	1.18	1.23	1.29	1.25	1.24	1.22	1.18

券种	10.14	10.21	10.28	11.4	11.11	11.18	11.25	12.2	12.9	12.16	12.23	12.30
	收盘	收盘	收盘	收盘	收盘	收盘	收盘	收盘	收盘	收盘	收盘	收盘
开信基金	1.45	1.45	1.43	1.42	1.45	1.46	1.50	1.52	1.53	1.52	1.52	1.52
创业基金	1.13	1.15	1.13	1.12	1.14	1.16	1.20	1.23	1.24	1.23	1.22	1.23
银城基金	1.16	1.16	1.17	1.17	1.21	1.22	1.27	1.29	1.30	1.30	1.05	1.05
金星基金	1.02	1.03	1.03	1.03	1.05	1.05	1.08	1.09	1.11	1.11	1.12	1.13
赣农受益	0.95	0.96	0.95	0.96	0.97	0.97	1.01	1.02	1.04	1.06	1.03	1.04
赣中受益	1.01	1.02	1.02	1.02	1.04	1.05	1.08	1.09	1.11	1.11	1.11	1.11
苏建受益	1.06	1.07	1.07	1.08	1.10	1.10	1.09	1.08	1.09	1.09	1.10	1.09
龙江基金	1.08	1.11	1.11	1.13	1.14	1.15	1.17	1.18	1.20	1.20	1.19	1.20
海湾基金	1.20	1.20	1.18	1.18	1.21	1.22	1.29	1.30	1.31	1.29	1.30	1.32

其他统计资料

表 8—1 1994 年上海股市每日收市综合指数

日\月	一	二	三	四	五	六	七	八	九	十	十一	十二
1		755.15	757.29	698.84		545.05	458.37	445.64	790.19		673.79	682.29
2		772.20	742.06			546.58		432.61	830.18		667.86	677.91
3	833.90	780.17	734.45		605.77	548.75		522.98			717.36	
4	832.69	797.86	726.30	694.38	619.58		438.58	562.77			666.77	
5	846.98			682.75	590.87		443.61	683.04	940.61	706.42		663.13
6	869.33			679.74	585.80	542.97	431.71		1004.92	660.50		653.98
7	879.64		718.40	677.31		529.76	425.98		931.57	738.03	674.67	652.85
8			711.27	678.85		533.56	437.75	711.80	972.84		709.69	643.85
9			716.11		581.70	523.00		621.58	962.52		723.91	640.67
10	900.30		698.89		595.38	514.54		739.66		698.93	711.68	
11	891.79		717.38	659.05	591.18		428.15	689.31		705.07	731.16	
12	888.04			665.61	582.16		429.21	689.66	1019.97	711.01		620.46
13	897.46			656.79	590.39	492.03	437.62		1033.47	635.38		636.66
14	849.23	779.91	788.42	636.08		490.75	431.80		974.86	663.75	733.39	625.21
15		772.76	772.76	626.79		496.11	413.93	665.88	972.54		705.43	666.67
16		776.10	793.87		592.57	506.36		693.01	978.99		706.63	680.22
17	859.28	768.57	776.04		592.02	527.85		725.04		616.34	697.17	
18	835.06	769.18	765.22	604.15	583.32		398.96	748.56		624.52	698.81	
19	807.50			572.73	590.54		400.48	713.85	927.62	652.89		653.37
20	802.61			540.24	594.22	502.43	393.87		914.39	718.99		667.94
21	812.88	754.41	731.62	582.43		498.07	380.90		969.03	712.71	699.10	672.47
22		768.17	739.31	566.07		505.18	363.73	681.80	918.44		692.39	673.47
23		759.71	725.21		587.65	500.39		714.61	867.65		679.61	677.84
24	839.20	758.84	724.30		590.46	492.33		705.71		785.85	678.02	
25	815.89	787.42	719.05	560.80	586.76		375.39	722.23		744.52	685.32	
26	812.41			579.72	577.46		388.75	707.41	880.60	686.31		675.87
27	818.60			598.50	573.36	472.10	371.10		870.15	703.62		660.87
28	799.26	770.98	702.23	599.63		469.95	339.81		912.38	677.45	681.48	649.59
29			706.91	592.56		468.20	333.92	710.68	839.37		687.55	645.05
30			706.34		544.26	469.29		756.20	791.15		683.59	647.87
31	770.25		704.46		556.26			785.33		654.98		

表 8—2 1995 年上海股市每日成交量

单位：手

日\月	一	二	三	四	五	六	七	八	九	十	十一	十二
1		491702	1227367	1654987		2250024	528995	6203991	8635737		1199615	286121
2		582879	1291178			1835763		9188949	6685557		1008649	372865
3	1010056	1066853	1002258		1400761	1757666		8344837			3411274	
4	652743	1419538	1135285	2181421	2380003		519699	17575995			2777741	
5	894121			1503539	1907679		438989	17730586	18384264	3261098		392172
6	1845117			1097687	1776204	1169550	562537		14313953	2837029		452241
7	1686884		307824	1188220		586253	441382		11867308	6343069	1213088	285388
8			1712448	914266		805043	596502	15876782	7921545		4271396	306052
9			2695066		1749043	931669		9620500	8833818		2510967	430136
10	1875951		2940279		1716041	784703		14283870		5216786	2914388	
11	1368500		3169069	1173086	2548720		660753	16929738		2284055	1982480	
12	1274299			1078185	1844336		322477	7254857	8087496	2136533		375713
13	807921			1548426	1466810	707644	461652		10204500	3638977		481701
14	2429254	1149078	4827181	1630720		751739	790636		8062620	3270027	2434357	327546
15		643441	4687746	2369345		829897	696118	4551259	4641504		1813599	1259101
16		539845	3699463		2653974	797724		7200028	5237974		1135136	2811285
17	1083501	514818	3455372		1637435	1842022		5418758		1350710	912134	
18	952694	492712	2566185	1587921	1945166		450040	13240724		898639	706662	
19	961660			1710162	1231949		388639	8427972	4141982	1934321		1136198
20	897650			1814450	2057304	1858213	334605		3326539	4762116		1369720
21	831843	449855	1679037	2191990		636656	519747		3536784	6549281	345825	2727602
22		647103	1309988	3213060		556087	782751	4689260	4560400		724103	1749881
23		402096	1986507		1585670	624638		4099113	4166424		690297	3023717
24	1252907	1472418	2825216		1047124	599505		5104219		6031524	625165	
25	1397286	2347516	2314904	1931556	1076634		940691	4022221		5659518	746642	
26	854492			1423889	1099491		1693893	4949756	2765866	3347931		1905523
27	387437			2916956	1299107	661367	1834646		2366061	1905228		1877883
28	968163	2850034	1986218	3579686		387833	1280774		3719895	2598664	334998	1220811
29			2201980	2604835		343038	1183388	3753917	3624128		432559	1103639
30			2023568		6412940	475173		8119895	3668769		425500	677709
31	812960		2496753		3108228			10734819		1551624		

表 9—1　1994 年深圳股市每日收市综合指数

日＼月	一	二	三	四	五	六	七	八	九	十	十一	十二
1		199.21	211.20	174.40		139.49	117.08	126.77	165.84		150.59	148.71
2		204.91	209.22			138.91		124.72	173.65		150.12	147.86
3	233.1	220.42	206.27		161.86	139.66		143.79			154.55	
4	230.2	233.28	203.92	172.29	157.12		113.85	147.50			149.86	
5	230.8			173.46	152.56			162.26	206.04	164.43		144.68
6	241.6			175.75	153.98	136.47			223.17	155.90		141.94
7	242.1		202.57	175.82		135.57			207.79	170.43	149.30	141.96
8			201.28	170.27		136.07	115.14	160.39	225.32		153.03	139.76
9			200.70		162.85	134.41		148.46	212.77		154.51	138.04
10	242.04		197.40		166.95	133.50		165.72		161.02	151.87	
11	237.34		199.18	164.17	160.34		111.89	160.32		162.88	155.90	
12	236.58			164.09	155.78		111.17	161.29	225.63	163.97		134.53
13	236.32			160.77	164.90	128.48	112.63		225.13	152.02		137.60
14	230.45	212.35	208.68	152.14		125.46	111.39		220.02	156.42	155.95	135.57
15		212.37	201.65	157.84		126.46	107.11	157.02	212.48		153.32	149.07
16		210.44	200.85		166.03	131.13		158.88	218.35		153.63	147.18
17	226.83	207.00	202.11		160.61	136.38		162.46		148.09	151.48	
18	230.69	208.41	204.03	147.61	158.90		102.71	167.65		149.38	151.55	
19	224.48			137.16	163.00		102.70	162.58	215.03	152.90		142.81
20	222.33			130.33	159.95	128.46	100.31		210.18	162.00		144.74
21	222.67	201.93	199.41	138.70		127.09	99.01		219.87	155.05	150.37	143.22
22		209.73	197.09	133.08		129.03	98.52	158.00	215.89		149.86	141.34
23		210.02	191.48		157.41	127.83		160.64	211.98		148.43	140.61
24	222.83	218.46	188.32		158.85	125.90		158.04		164.87	147.60	
25	218.29	216.97	189.02	136.07	155.66		102.84	153.95		159.41	148.90	
26	214.43			141.62	151.73		107.44	151.10	213.77	157.04		138.4
27	217.55			150.44	150.82	120.41	101.69		217.76	159.65		137.93
28	210.80	211.89	183.39	146.24		118.99	96.63		225.71	156.09	148.25	138.64
29			187.17	150.34		118.21	96.56	147.46	205.25		149.97	138.46
30			183.61		142.66	119.89		152.38	188.26		149.02	140.63
31	199.98		177.84		145.05			159.46		149.58		

表 9—2　1994 年深圳股市每日成交量　　单位:百股

日＼月	一	二	三	四	五	六	七	八	九	十	十一	十二
1		502330	374496	338406		405664	406676	3297082	5298984		647431	1654040
2		446927	312049			306371		4280269	4605814		444138	215079
3	372431	1170358	447764		2168501	454677		4231303			1093843	
4	292074	1697586	373928	293526	2871021		292868	6873465			1055447	
5	351339			340232	1137599		19280	5313292	9234785	3042849		250251
6	933243			248352	1337556	221437	8960		9400681	2892958		327269
7	1386945		344887	635163		88939	4880		8072446	5071909	537547	170716
8			211226	636739		305887	455982	6270833	7810837		1397571	196067
9			184424		2080978	277809		3109469	8579016		1129796	296847
10	1267662		299647		2735900	259458		4951490		4366602	1568565	
11	589541		406498	377935	2582274		332231	7290076		2173743	792541	
12	468142			498171	1395784		168341	3059691	6009337	2273935		262938
13	331381			368912	1456795	240129	216091		6647618	2097721		572606
14	649691	979609	926490	480478		370036	265903		3735929	2894084	1130859	562754
15		621070	664964	1013778		255835	343282	1991705	2482631		652693	2082067
16		622434	356322		1978351	516937		2407527	2993288		343215	3643847
17	328024	313595	458873		1098328	1189837		1643635		1045416	349824	
18	397287	245668	873452	839878	756466		243243	4530961		850923	367934	
19	315635			597306	72152		250397	3494966	2061371	1880618		1544139
20	324991			904346	696199	1003110	241341		2332306	2851835		1061616
21	282604	299599	695017	1469330		347656	291082		2691591	3659854	196701	1125228
22		1130133	309142	1234381		331002	306683	2411492	2623414		190463	648094
23		505005	308063		331641	211239		1727992	2322217		235665	626156
24	292559	828599	349019		227865	292325		2012002		242951	246451	
25	247047	1670258	343970	536953	541438		564525	1537114		3595013	318854	
26	298917			952041	477879		1311416	1706463	1584083	1595609		457650
27	318689			1717395	405672	370553	1215568		4239551	906511		406214
28	308009	599916	283279	2005590		203382	746082		7696569	818618	178230	329126
29			352054	1226067		201471	578238	1688766	6491328		224069	369643
30			588081		512606	281282		2250780	4431657		242787	684640
31	370099		380251		558295			3616405		956802		

表10 国内基金概况统计表

地区	基金名称	发行日期	基金规模（千万）	批准机关	发起人	基金类型	上市		期限
							时间	地点	
沈阳	沈阳富民基金	92.4.20	3	沈阳人行	沈阳北方证券	封闭/契约	92.7.30	沈阳证交	无期限
	沈阳通发基金	92.5.20	5	沈阳人行	沈阳证券公司	封闭/契约	92.9.8	沈阳证交	无期限
	沈阳公众基金	92.5.20	5	沈阳人行	建行沈阳信托	封闭/契约	92.10.28	沈阳证交	无期限
	沈阳兴沈基金	92.5.20	3	沈阳人行	沈阳市信投	封闭/契约	92.10.23	沈阳证交	无期限
	沈阳万利基金	92.5.28	6	沈阳人行	工行沈阳信托	封闭/契约	92.10.30	沈阳证交	无期限
	农信受益债券	92.4.1	3	沈阳人行	农行沈阳信投	封闭/契约	92.6.29	沈阳证交	15年
大连	利民基金	92.10.27	3	大连人行	大连证券	封闭/契约	92.10.27	大连证交	无期限
	大信受益	92.5.31	3	大连人行	大连信投	封闭/契约	92.10.27	大连证交	无期限
	农信受益	92.5.29	3	大连人行	农行大连信投	封闭/契约	92.10.27	大连证交	10年
	建信基金	92.5.31	5	大连人行	建行大连信投	封闭/契约	92.10.27	大连证交	5年
	工信可转	92.4	6	大连人行	工行大连信投	封闭/契约	92.10.27	大连证交	无期限
武汉	武汉基金1	91.10.4	1	武汉人行	武汉证券公司	封闭/契约	—	武汉证交	2年
	武汉基金2	92.6.8	5	武汉人行	武汉证券公司	封闭/契约	93.7.28	武汉证交	5年
	金信基金	92.10	4	汕头人行	汕头国投	封闭	93.6.22	武汉证交	
	长江基金	92.4	2	湖北人行	湖北证券公司	封闭/契约	93.7.28	武汉证交	
新疆	西北基金	93.4	10	新疆人行	新疆证券公司君安证券公司	封闭/公司	93.10	武汉证交	5年
黑	龙江基金	92.1	8	黑龙江人行	黑龙江省证券公司	封闭/契约	94.3.30	天津证交	
天津	开信基金	92.9	28	天津人行	天津开发区信投	封闭/公司	92.12.31	天津证交	无期限
	创业基金	91.12.24	10		天津信投	封闭/公司	93.1.28	天津证交	无期限
山东	淄博乡镇企业投资基金	92.12.1	10	人总行	中农信等5家	封闭/公司	93.8.20	上海证交	8年
锦州	金星受益	92.5	4	辽宁人行	锦州金星信投	封闭	93.11	天津证交	15年
深圳	天骥基金	92.11.18	58.15	深圳人行	工行信托深圳投资基金管理公司	封闭/契约	94.3.21	深圳证交	10年
	蓝天基金	93.4.15	37.92	深圳人行	深圳建行	封闭/公司	94.3.21	深交所	10年
	君安受益	93.12	20	深圳人行	君安证券有限公司	封闭/契约	94.3.21	深圳证交	5年
广东	广发1期	92.5.29	5	广东人行	发展银行	封闭/契约		南方证交	
	海欧基金	93.11.26	5	珠海人行	珠海国投	封闭/契约	94.3.3	南方证交	10年
	广发2期	93.4.10	5	广东人行	发展银行	封闭/契约		南方证交	
	南方基金	93.4.10	20	广东人行	南方金融服务总公司	封闭/契约	94.3.3	南方证交	8年
	广证基金	93.4.17	10	广东人行	广东证券公司	封闭/契约	94.3.3	南方证交	
	广信基金	93.4.17	10	广东人行	广东国投	封闭/契约	94.3.3	南方证交	10年
	华信基金	93.4.25	10	广东人行	广东华侨信投	封闭/契约	94.3.3	南方证交	15年
海南	富岛基金	92.5.21	6	海南人行	海南证券公司	封闭/契约	92.8.3 94.3.21	海南证交 深圳证交	20年
汕头	银城基金	92.10.24	7	汕头人行	工行汕头信托	封闭	93.6.15	天津证交	无期限
	银海基金	92.11	5	汕头人行	工行汕头信托	开放	93.5.24	沈阳证交	无期限
	金券基金		5	汕头人行	汕头证券公司	封闭	93.7	大连证交	无期限
重庆	三峡投资基金	92.12.11	40	重庆人行	重庆有价证券公司/交行/工行、建行信托/国投	封闭/公司	93.11	重庆证交	10年
浙江	金信投资基金	92.5	3	金华市人行	金信投公司	封闭/契约		浙江证交	8年
	温信投资基金	92.6.8	1	浙江人行	温州国投	封闭/契约		浙江证交	5年
江苏	江苏受益	92.8	3	江苏人行	建行江苏信托	封闭/契约	94.1.28	天津证交	12年
	常信基金	92.8	5	江苏人行	常州市信投	封闭/契约	94.2.18	武汉证交	12年
	通信基金		5	江苏人行	南通市信投	封闭/契约	94.1.26	武汉证交	
	盐信基金	92.3	1.5	江苏人行	盐城市信投	封闭	93.12.28	武汉证交	10年
	南京基金							武汉证交	
江西	久盛基金	92.5.11	2.9	江西人行	江西证券公司	封闭/契约	93.9.17	沈阳证交	无期限
	昌久基金	92.5	6	江西人行	建行江西信投	封闭	93.8.18	武汉证交	无期限
	中盛基金	92.5	3	江西人行	江西中国银行	封闭/契约	93.12.20	武汉证交	无期限
	赣农受益		3.6	江西人行	农行江西信投	封闭/契约	93.12.30	天津证交	无期限
	赣中受益		4.45	江西人行	中行江西信托咨询	封闭	93.12.30	天津证交	无期限
陕西	陕建基金		5	陕西人行	陕西建行信托投资公司	封闭	94.1.28	大连证交	无期限
珠海	珠信基金	91.8	6.93	珠海人行	珠海国投	封闭	94.1.12	武汉证交	5年
河北	海湾基金		3.8	河北人行	秦皇岛市信投		94.4.18	天津证交	8年

表11　1994年上海B股上市公司一览表

代码	公司名称	主营	总股本	B股	B股%	发行日	发行价	上市日	94税后利润	93税后利润	94每股净利	每股净资产
901	上海真空	电子	40234	12100	30.08%	1/21/92	0.71	2/21/92	9112.08	9000	0.23	2.41
902	二纺机	纺织机械	42558	17500	41.12%	5/26/92	0.61	7/1/92	8915.9	15300	0.21	2.56
903	大众出租	出租汽车	12599	6000	47.62%	6/6/92	0.65	7/22/93	8219.4	5200	0.65	3.46
904	永生制笔	制笔	9725	3000	30.85%	6/4/92	0.83	7/28/92	2952.9	3320	0.30	3.32
905	第一铅笔	制笔	11535	5500	47.70%	6/28/92	0.52	7/28/92	3862	2635	0.34	2.53
906	中纺机	织机	32463	10920	33.63%	6/18/92	0.61	7/28/92	3105.26	6800	0.095	1.84
907	胶带股份	胶带	9101.5	3300	36.20%	6/8/92	0.53	7/28/92	826	1650	0.091	2.10
908	氯碱化工	化工	96238.3	33600	34.91%	6/27/92	0.8	8/20/92	20068.6	18000	0.21	2.81
909	轮胎橡胶	轮胎	80860	22100	27.33%	7/6/92	1.1	8/28/92	10975.57	31000	0.136	2.73
910	冰箱压缩	压缩机	16991	5000	29.43%	12/17/92	0.46	1/18/93	5601	5355	0.331	3.18
911	上海金桥	城市开发	48800	14300	29.30%	5/7/93	0.344	5/31/93	20726.75	6803	0.425	2.34
912	外高桥	城市开发	36500	8500	23.29%	6/29/93	0.38	7/26/93	22106.45	5213	0.359	2.00
913	联华纺织	纺织	13933	3000	21.53%	9/18/93	0.38	9/28/93	4242.3	4900	0.305	2.04
914	新锦江	酒店	31658.1	9243	29.20%	10/11/93	0.379	10/18/93	6924.1	7150	0.22	4.48
915	上海永久	自行车	23100	6000	25.97%	10/27/93	0.355	11/15/93	2906.15	7000	0.130	2.49
916	上海凤凰	自行车	35176	10000	28.43%	11/5/93	0.405	11/18/93	11766	12000	0.33	3.41
917	海欣股份	纺织	12834	3500	27.27%	11/27/93	0.7	12/8/93	7376.5	7050	0.523	3.13
918	耀华玻璃	玻璃	39000	16512	42%	11/23/93	0.72	12/10/93	25324.65	17000	0.65	3.470
919	上海大江	农牧	49435	3500	7.08%	11/30/93	0.402	12/15/93	18134.2	12900	0.37	2.15
920	上柴股份	柴油机	32942	10000	30.40%	12/10/93	0.523	12/28/93	18703.9	11500	0.568	3.77
921	英雄股份	制笔	11001	3500	31.82%	12/8/93	0.439	12/28/93	5109.51	4000	0.44	3.03
922	三毛纺织	呢绒面料	9959	3300	33.24%	12/13/93	0.343	12/31/93	3306	2180	0.33	2.76
923	友谊商店	商业零售	8500	4000	47.06%	12/15/93	0.44	1/5/94	2607.04	1867	0.31	3.98
924	上海工缝	缝纫机	19420	7500	38.62%	1/8/94	0.42	1/18/94	5114.9	7225	0.260	3.38
925	上菱电器	家用电器	27365	7000	25.60%	1/20/94	0.75	1/31/94	15858.7	10500	0.58	3.95
926	钢管股份	钢管	23840	8000	33.56%	3/4/94	0.398	3/15/94	1673.7	6112	0.086	2.59
927	物贸中心	综合产业	18987	5000	26.33%	3/14/94	0.258	3/30/94	3201.7	3100	0.170	1.92
928	自仪	仪器仪表	26086	7000	26.84%	4/11/94	0.248	4/29/94	5594.5	3490	0.21	2.29
929	国旅	旅游	12050.6	6000	49.8%	9/8/94	0.36	9/28/94	3879.9	3253	0.13	2.62
930	邮通	通讯设备	14660	6000	40.93%	9/30/94	0.396	10/20/94	4900	4223	0.490	2.96
931	水仙	家用电器	21491	10000	46.53%	10/25/94	0.265	11/10/94	5694.4	2925.7	0.27	2.35
932	陆家嘴	城市开发	73300	20000	27.29%	11/8/94	0.668	11/22/94	41654.5	19516	0.35	2.640
933	华新	水泥	25140	8700	34.62%	11/26/94	0.233	12/9/94	6025	5510.6	0.37	2.03
934	新亚	饮食服务	33564	10000	29.79%	12/1/94	0.35	12/15/94	6061.6	6542.8	0.24	2.24

海南
華夏審計師事務所

事務所是經海南省審計廳批準具有法人資格的社會中介組織。法人代表、所長黃循明(注册審計師),副所長3人(高級職稱2人,中級職稱1人)。海南省會計學會副會長、海南省審計學會副會長唐南椿高級會計師任本所董事長。本所擁有專業人員共計21人。

可依法承辦注册會計師法定的審計業務:審查企業會計報表,出具審計報告;驗證企業資本,出具驗資報告;辦理企業合并、分立、清算事宜中的審計業務,出具有關的報告;法律、行政法規規定的其他審計業務。此外還承辦:基建工程預、決算的驗證;清理債權債務及其他財務、税務和經濟管理咨詢服務;根據批準,辦理資産評估;擔任審計、會計常年顧問;培訓審計、會計財務人員;經海口市税務局批準,代理税務事項。

熱烈歡迎客户來電來函聯系業務,派員上門服務。

地址:海口市海府路32號

電話:5335414　**郵編**:570203

所長:黃循明　注册審計師

廣州工商會計師事務所

本所成立于1988年,是經國家批準依法獨立承辦注册會計師業務的法人單位,是由廣州市工商業聯合會主辦的全民所有制事業單位。1995年2月經省財政廳、省證券監督管理委員會批準,從事非上市股份制企業查帳驗證業務。

業務範圍:

一、會計查帳驗證業務:驗證企業的投入資本,審查會計財務資料,出具查帳報告書;參與辦理企業解散、破産的清算事項;參與調解經濟糾紛,協助鑒别經濟案件證據;其他會計查帳、驗證事項;會計電算化驗證。

二、會計咨詢業務:設計財務會計制度,提供會計、財務、税務和經濟管理咨詢;擔任常年會計顧問;投資項目可行性研究,出具報告書;代辦納税申報;代辦申請注册登記,協助擬定合同、章程和其他經濟文件;培訓財務會計人員;編制、翻譯財務會計資料;其他財務、税務、會計咨詢等有關業務。

經理:黎鳳玲
地址:廣州市朝天路2號省工商大廈辦公樓首層
電話:3391660　3390096　3390016
傳真:3390016　**郵編**:510180

白雲辦事處:
地址:廣州市機場路118號
郵編:510400　電話:6553374
芳村辦事處:
地址:廣州市芳村大道356號126室
郵編:510360　電話:8892369
番禺辦事處:
地址:番禺市市橋鎮海傍后街50號
郵編:511400　電話:4823402
增城辦事處:
地址:增城市荔城鎮荔園路12號305室
郵編:511300　電話:2755837
駐梅辦事處:
地址:梅州市梅南路4號
郵編:514021　電話:2235175
南沙業務部:
地址:番禺市南沙人民路16號
郵編:511458　電話:4987744
廣州化工城業務部:
地址:廣州市天河區東圃廣州化工城B3111室
郵編:510660　電話:2303792

SHENZHEN
CREDIT RATING

深圳市資信評估公司

深圳市資信評估公司是一家經深圳市政府批準成立的專門從事工商企業、金融機構資信評估的中介機構，受中國人民銀行深圳經濟特區分行領導。資信評估在深圳不僅是銀行業加強資產風險監管的重要措施，也是廣大投資者指導投資行為、降低投資風險、取得最大投資效益的有效依據之一。

做為深圳市唯一的資信評估專業機構，本公司恪守“科學、客觀、公正、獨立”的評估原則，熱忱為投資者和籌資者服務，并向各企業提供下列評估形式：

●一級評估：參評企業直接在本公司進行評估定級；

●二級評估：參評企業在相關金融機構進行初評，再由我公司復評定級。

法人代表、總經理：劉　晨

地址：深圳市深南東路金融中心北座25層

電話：2246287　傳真：(0755)2248096

郵編：518015

海口中聯證券投資咨詢公司

公司成立三年多來，始終奉行“團結、開拓、務實、高效”的創業精神，堅持“恪守信用、真誠服務、學術為本、科學至上”的原則，為廣大投資者提供投資顧問、學術研究、證券咨詢服務。

願在您的個人理財，實現資本的保值、增值中奉獻我們的努力。

法人代表:陳昌華

地址:海口市大同一横路 1 號

電話:(0898)6783152

天河會計師事務所

法人代表:湯建善

本所是 1988 年 9 月經廣東省財政廳批準成立的法人單位。所内設有國内業務部、涉外業務部、會計服務部、會計電算部、人材培訓部等部門。業務範圍:驗證企業資本，出具驗資報告書;審查會計帳表，出具查帳報告書;辦理債務清理，出具解散、清算說明書;承辦會計電算化軟件及應用系統的測試評審工作;擔任常年顧問，提供咨詢服務;代辦財會培訓班、輔導建帳、編表、代理記帳。

地址:廣州市黃埔大道西德埔街 1 號

電傳:7507350

廣州暨南資產評估公司

法人代表:曹伯蘭

公司是經廣州市國有資產管理辦公室 1991 年首批批準的具有獨立法人資格的評估機構。設有會計部、工程部、電腦室等。業務範圍:承辦企業固定資產、流動資產、無形資產及其他資產評估業務。對中外合資企業、股份制企業、轉換機制企業進行資產評估。以優質服務取得良好信譽。

地址:廣州市黃埔大道西德埔街 1 號

電話:7503462

電傳:7507350

華天律師事務所

主任:李小平　　寬敞的辦公室一角

事務所是由海南省司法廳批準設立的,由專職律師組成的合伙制律師機構。執業律師以從事司法審判工作實踐多年及從事法學專業理論研究、教學實踐多年的資深律師組成。主要從事金融、證券、投資、貿易、房地產及知識產權等方面的法律事務。側重于金融、房地產及知識產權領域。參加過全國性的部分立法工作,并代理過在全國及全省範圍内有重大影響的案件的代理活動。

竭誠為委托人提供全方位、高質量的法律服務,切實維護委托人的合法權益是本所的服務宗旨;整體素質高、專業基礎知識雄厚,司法實踐經驗豐富是本所的特色。

地址:海口市金貿區匯通大廈6樓海口市金貿區國安大廈9樓

電話:(0898)8530391　6700600　8531881－6177　6666

第十七编

证券业大事记

432/442

特邀编委：冯国良　朱永平　刘燕荃　利颂章
罗荣生　张清泉　崔玉祥

证券业十大新闻

中国经济十大新闻

由新华通讯社等12家新闻单位及郑州商品交易所共同评选的1994年中国经济十大新闻是：

一、1994年中国国民经济继续快速发展。国内生产总值达43800亿元，按可比价格计算比上年增长11.8%。

二、我国财税、金融、外汇、外贸等体制改革取得重大进展，社会主义市场经济体制框架初步形成。

三、中央经济工作会议11月28日在北京召开。

四、我国农业战胜南方洪涝灾害获得好收成，同时农业基础脆弱、发展滞后的问题引起全党全国的高度重视。

五、举世瞩目的长江三峡枢纽工程12月14日正式动工。

六、消费品价格涨幅过大，全年零售价格预计比上年上涨21.7%，国家确定1995年宏观调控的首要任务是抑制通货膨胀。

七、外汇现汇结存大幅度上升，城镇居民储蓄存款大幅度增加，全年新增储蓄存款6315亿元。截至12月未，居民储蓄存款余额达21518.8亿元。

八、关贸总协定中国工作组第19次会议12月20日结束。中国复关协议未能达成。

九、1月14日，财政部代表中国政府正式向美国证券交易委员会注册登记发行10亿美元全球债券。这是中国政府发行的第一笔全球债券。

十、我国整顿期货市场。经国务院批准，11家期货交易所为我国试点期货交易所。

中国证券市场十大新闻

由中国证券报编辑部评出的1994年中国证券市场十大新闻是：

一、国务院顺利出台财税、金融、投资等五大改革措施。

二、《公司法》7月1日正式实施，定向募集公司停止审批，配套措施陆续出台。

三、7月底，中国证监会同国务院有关部门首次明确股票市场是社会主义市场经济体制的组成部分，提出有必要在限制供给和培育需求方面采取四项措施，沪深股市因此强烈反弹，成交额连创天量。

四、中国发行10亿美元金融债券，这是我国政府发行的第一笔全球债券。

五、1020亿元国债发行顺利，二级市场交投活跃，沪、深证交所先后推出国债期货。

六、国务院整顿期货市场的盲目发展，授权中国证监会监管期货，钢材、食糖、煤炭等品种暂停期货交易。

七、国务院证券委第四次会议决定建立上市公司辅导制，同时从1995年1月1日起沪、深证交所实行T+1交易制度。

八、确定22家企业赴境外上市，中国企业首次正式在纽约证券交易所上市。

九、国家税务总局宣布今明两年不征收股票转让所得税。

十、4月28日，中美签署证券合作监管谅解备记录，标志着中国证券市场国际化进入了新的里程。

中国期货市场十大新闻

由期货导报编辑部评选的 1994 年中国期货市场十大新闻是：

一、年初中国证监会期货部完成组建，开始行使监管职能。

二、4 月 6 日和 9 月 29 日，国务院办公厅先后转发中国证监会文件，停止钢材、食糖、煤炭、粳米和菜籽油期货交易。

三、4 月 28 日，中国第一部地方性期货监管法规《河南省期货市场监管条例》(试行)由河南省人大常委会审议通过，8 月 1 日起正式实施。

四、5 月 30 日，国务院重申暂停审批新的期货经纪机构，规定期货经纪公司均不得从事境外期货经纪业务。

五、《中国期货》杂志 3 月底正式创刊，《期货导报》于 9 月 26 日正式创刊。

六、9 月 20 日至 22 日，全国人大财经委召开《期货交易法》(草案)征求意见座谈会。

七、10 月 6 日由上海财经大学与上海证券交易所联合创办的上海证券期货学院正式开学。

八、10 月 10 日，经国务院同意，中国证监会批准北京商品交易所和郑州商品交易所等 11 家期货交易所为我国试点期货交易所。

九、中共中央政治局委员姜春云同志于 12 月 14 日视察郑州商品交易所，国务委员李贵鲜同志 11 月 30 日视察深圳有色金属联合期货交易所。

十、11 月 8 日，中国证监会发布《期货经营机构从业人员管理暂行办法》。

中国国有资产管理十大新闻

由国家国有资产管理局、国家建材局、经济日报、金融时报、中国工商时报等单位联合评出的 1994 年中国国有资产管理十大新闻是：

一、1994 年 7 月 24 日，李鹏总理签署国务院令发布《国有企业财产监督条例》。

二、中国第一次摸清自己的家底，截止到 1993 年底，中国国有资产总量已达 34950 亿元。

三、海外国有资产流失问题引起社会关注。中国境外国有资产所有权管理滞后，企业内部财务管理制度不健全，投资决策失误，造成国有资产流失。

四、国有资产管理局查处湖南某公司外方投资者非法转移利润并无偿占用我国国有资产问题。

五、1994 年 11 月 3 日《股份有限公司国有股权管理暂行办法》出台。

六、全国 16 万户大中型国有企业基本完成清产核资工作，完成面约占全国国有企业总数的 70%。

七、1994 年 11 月，国家国有资产管理局下发《关于做好企业破产过程中国有资产管理工作的通知》，破产企业需以资产评估价作为财产处置变卖的底价。

八、1994 年 11 月 25 日，国家国有资产管理局发布《集体企业国有资产产权界定暂行办法》。

九、1994 年 12 月，中国国有资产管理学会第二届理事会暨全国国有资产管理理论研讨会召开。

十、1994 年 12 月，中国国有资产管理学会建材分会成立。这是我国国有资产管理方面的第一家行业性分会。

证券业要事

南京金中富期货交易纠纷案件

南京河海大学国际合作处赵小妹因与被告南京金中富国际期货交易有限公司期货交易纠纷一案，向江苏省南京市中级人民法院提起诉讼。

原告诉称：原告在被告南京金中富期货公司开户，并委托该公司经纪人王勇代为办理美盘咖啡期货交易有关手续。1993年1月6日凌晨，金中富期货公司盘房通知原告经纪人，声称原告仓内咖啡买单帐上保证金不足。经纪人未经原告同意便下了四口平仓单和两口新单（卖单）。1月6日下午，原告即要求金中富期货公司将经纪人当日凌晨所下四口平仓单予以改正。公司同意将其改为新单后，原告补交了保证金1500美元。3月12日最后交易日，原告帐上保证金全部亏损，被金中富期货公司砍仓出场。被告强行平仓的行为违反了美盘交易规则。而且1月6日的做法不符合期货交易的国际惯例，要求判令被告赔偿经济损失35000美元。

被告辩称：在1993年1月6日凌晨的交易中，被告盘房工作人员根据原告帐上实存保证金不足100%必须保证金的情况，在收盘前提醒原告的经纪人采取相应措施并无不当。平仓四口是经纪人独立操作的行为，不是被告强行平仓。经纪人在委托人授权范围内操作的风险后果，不应由期货交易公司承担。1月6日，被告将平仓单改为新单，是根据客户要求而采取的帐务上暂时不结算的习惯做法，原告在以后的交易中所造成的损失应自行承担。被告要求法院驳回原告的诉讼请求。

南京市中级人民法院经公开审理，查明：1992年12月22日，原告与被告金中富期货公司签订《顾客契约》，由原告在金中富期货公司开户从事美盘咖啡交易，帐号为U8139，并交纳期货交易保证金20000美元。同时原告与金中富期货公司的经纪人签订《客户授权委托书》，由原告授权经纪人代办填写、递送交易单据、签收帐单、签收保证金催缴通知书等手续。1993年1月5日，原告U8139帐上结存保证金为24280美元，仓内有咖啡买单六口。1月6日凌晨，金中富期货公司盘房工作人员以原告帐上保证金不足必须保证金的100%，不能过夜为由，电话通知原告的经纪人采取措施。经纪人在未计算帐上保证金数额，也未征得原告同意的情况下，于2时5分下了两口平仓单。之后，盘房工作人员认为原告帐上实存保证金仍不足必须保证金的100%，再次电话通知经纪人采取补救措施。经纪人又于2时37分下了两口平仓单。2时39分，经纪人又下了两口新单（卖单），原告得知这一情况后，当即表示异议。当天下午原告与金中富期货公司交涉，认为凌晨经纪人下平仓单时，帐上实存保证金虽低于100%，但高于必须保证金的50%，根据美盘交易规则可以维持过夜，由客户在1月6日晚开盘前20分钟内补足差额。金中富期货公司及经纪人采取平仓措施违反了交易规则。为此要求被告将经纪人凌晨所下的四口平仓单予以改正。金中富期货公司盘房经理赵志明答复称，经与香港安家富顾问管理有限公司（金中富期货公司的外资方）联系后，同意将原告的四口平仓单改为新单，保留了已平仓的四口买单。原告遂于当日16时14分，补交了保证金5820美元，22时42分又交了保证金9180美元，合计15000美元，截止到1月6日开盘前原告帐上为“六口买单、六口卖单”。嗣后原告的帐上以此十二单进行运作并承担此十二口单的交易保证金和浮动亏损。原告于1993年3月12日美盘最后交易日时，被金中富期货公司强行砍仓出场，其帐上结存保证金全部亏损。根据金中富期货公司公布的美盘交易规则规定，客户帐上实存保证金低于100%，高于50%时，符合过夜要求，但公司应向客户发出书面保证金催缴通知书，客户可在第二日开盘前20分钟补足差额，否则公司可以开盘价代为平仓。1月6日凌晨，金中富期货公司盘房通知经纪人U8139帐上保证金不足时，原告仓内有六口买单，以每口2000美元单边计算保证金，100%必须保证金应为12000美元，原告帐上当时实存保证金为7442.50美元，超过必须保证金的50%，可以过夜，金中富期货公司未按规定发出书面保证金催缴通知书。

在审理期间，被告辩称，为原告平的四口买单已在国际市场交易。法院曾两次书面通知被告对1月6日凌晨平仓四口买单进入国际交易市场成交及改单的有关情况进行举证，被告未能提供证明案件事实和符合法律规范的证据。

南京市中级人民法院认为，原告与被告金中富期货公司进行期货交易活动，是一种合同关系。被告代理客户从事期货交易的行为必须符合有关国际期货交易的规则，必须遵守法律和遵循“自愿、公平、等价有偿、诚实信用”的原则。但是，被告违反美盘交易规则，在原告帐上保证金高于50%的情况下，口头通知经纪人采取措施。经纪人在未征得原告同意下擅自平仓。对此，金中富期货公司和经纪人均有过错；经纪人作为金中富期货公司的雇员，接受委托代理客户进行期货交易，不得超越代理权限，其超越授权范围的行为产生的后果应由金中富期货公司承担。金中富期货公司明知已成交的交易单据不能予以改正，却同意将原告提出的四口平仓单予以保留，并收取原告补交的15000美元保证金，让其继续进行交易。实际上金中富期货公司将平仓单改为新单是一种在本公司帐务上暂不结算的保留。对于金中富期货公司改单的真实性、合法性本院不予认可。原告承担了不能证明存在的十二口交易单的保证金和浮动亏损，导致最后交易日被砍仓出场，其帐上结存保证金全部亏损。依照《中华人民共和国民法通则》第一百一十一条关于“当事人一方不履行合同义务或者履行合同义务不符合约定条件的，另一方有权要求履行或者采取补救措施，并有权要求赔偿损失”的规定，金中富期货公司应承担赔偿责任，赔偿原告1月6日凌晨帐上实存保证金7442.50美元和补交的保证金15000美元的经济损失及承担同期银行利息。据此法院于1993年12月25日判决如下：

被告金中富期货公司赔偿原告经济损失23142.00美元，于本判决生效之日起十日内付清。本案诉讼费人民币5868元，由被告金中富期货公司承担。

第一审宣判后，被告金中富期货公司不服，并向江苏省高级人民法院提出上诉。江苏省高级人民法院于1994年4月

29日依照有关法律规定判决:驳回上诉人金中富期货公司的上诉,维持原审判决。第二审受理费人民币5868元,由金中富期货公司负担。

太原小商品批发市场国有资产流失案

太原小商品批发市场是中国兵器工业总公司所属晋安化工厂为贯彻兵器工业军转民战略方针,解决企业生存与发展问题,经太原市人民政府规划、中国兵器工业总公司、山西省国防科工办批准立项,由工厂兴办的第三产业单位,是由山西晋安化工厂委托劳动服务公司于1992年4月创办的市场经营管理机构,1993年太原市工商局为市场颁发了《市场登记证》(非企业法人)。山西晋安化工厂劳动服务公司成立于1982年,是工厂管理属下劳服企业和集体企业的职能部门,不具备法人资格。市场筹建期间,由于资金紧张,山西晋安化工厂决定由厂劳动服务公司牵头,通过本厂自筹、职工集资、向当地银行、财政及有关单位借贷、向摊主预收定金、租金等方式筹集建设资金。截止1994年8月,其筹集资金840.02万元,其来源主要有以下四部分构成:山西晋安化工厂委托厂劳动服务公司牵头向本厂职工借款性集资189.65万元(三年内还清,年利息为30%);由厂劳动服务公司向省国防科工办劳动服务公司、北城区劳动服务公司、厂属劳服企业、北城区财政局和北城区信用社共借贷173.25万元;山西晋安化工厂以建筑材料向市场投入41.84万元;市场收取摊主预交的定金、租金共计435.28万元。1994年8月30日太原市中信资产评估公司将市场的资产评估为1246万元。经调查,市场没有集体和个体投资。

1993年12月,山西晋安化工厂原厂劳动服务公司经理兼市场经理张升、厂劳动服务公司原党支部书记刘谓初等瞒着工厂,擅自将市场申办为劳服企业,取得了由太原市和北城区两级劳动服务公司共同签发的《劳动就业服务企业证书》,但未取得企业法人营业执照。1994年10月又瞒着山西晋安化工厂在未进行产权界定的情况下,将市场改组为股份有限公司(也未领取企业法人营业执照),并将市场的部分资产215万余元无偿量化给个人。山西晋安化工厂和太原市体改委发现后,在制止无效的情况下,为彻底解决问题,1994年10月6日厂党委会和党政领导联席会下文免去张升、刘谓初等人厂劳动服务公司及小商品市场领导职务。10月7日太原市体改委主持召开协调会议,议定市场暂缓进行股份制改造,但已被免职的张升、刘谓初等人仍于10月8日召开了市场股份合作制创立暨第一次股东大会,并借口自己是股份制企业董事会和股东大会选任的董事长、副董事长和由董事会聘任的总经理、副总经理为由,拒不执行厂党委和厂党政领导联席会议决定,致使山西晋安化工厂任命的厂劳动服务公司和市场新领导班子无法到位工作。

根据国家国有资产管理局的委托,山西省国有资产管理局对小商品市场的产权归属及国有资产流失问题进行调查,并对产权进行界定,并作出相应的处理。山西省国资局确认:市场是由山西晋安化工厂委托厂劳动服务公司主要以借款性集资、借贷等形式筹措资金建成的。厂劳动服务公司是山西晋安化工厂的一个职能部门,没有领取营业执照 ,不具有法人资格,不能独立承担民事责任。因而厂劳动服务公司的集资、借贷行为均是代表山西晋安化工厂的法人行为,其集资、借贷均为山西晋安化工厂的债务,并完全由山西晋安化工厂承担风险。市场预收的摊位定金、租金是属于山西晋安化工厂投资的预收经营收益。根据国家国有资产管理局《国有资产产权界定和产权纠纷处理暂行办法》第八条第三款"以全民所有制企业和行政事业单位担保,完全用国内外借入资金投资创办的全民所有制企业,其收益积累的净资产,界定为国有资产"和第九条第一款"全民单位以货币、实物和所有权属于国家的土地使用权、知识产权等独资创办的以集体所有制名义注册登记的企业单位,其资产所有权界定按照本办法第八条的规定办理"的规定,对市场的资产产权界定提出如下意见:第一,市场的全部资产属于国有资产;第二,市场的全部资产属于山西晋安化工厂的法人财产。并对市场的有关问题提出如下处理意见:1、造成国有资产的严重流失,必须限期予以纠正,追回无偿量化给个人的股权和收益,并对主要责任人追究责任。同时要对市场原经营者进行离任审计。2、市场经营者瞒着出资者,将市场办成劳服企业是错误的,应予以纠正。3、鉴于市场全部产权属于山西晋安化工厂,山西晋安化工厂于1994年10月6日调整市场领导班子是合法的。4、山西晋安化工厂要切实加强对国有资产产权的管理,建立严格的国有资产管理规章制度。5、山西晋安化工厂在处理此问题时要做好市场的安全稳定工作,并将执行情况及时报国家国有资产管理局和山西省国有资产管理局。

深圳君万事件

1994年3月30日15:30,君安证券有限公司代表部分万科企业股份有限公司的主要股东在深圳举行新闻发布会,向万科全体股东倡议:对万科的产业结构和董事会进行重大改组。万科主要负责人亦到场作简短发言并回答有关问题。君安证券有限公司负责人说:君安证券公司受深圳新一代实业有限公司、海南省证券公司、香港俊山投资有限公司和创益投资有限公司等四家万科的发起人股东委托并授权君安向全体股东倡议:为加强万科的经营管理,促进万科业务的健康发展,为了维护和改善万科及其全体股东的根本利益,向全体万科股东倡议进行重大改组。四家发起人股东共持有1950万股万科股份,占万科总股份的10.73%。君安发言人称万科公司在经营管理中主要存在四个方面的问题:万科是一家业务多元化的公司,从而分散了公司的资源和管理决策层的经营重心;参股申华既非战略型投资又非财务型投资;万科房地产业背离了以大众城市住宅为主的战略,影响到公司1994年的经营业绩;股权投资作为一项主营业务日益显示出随机色彩和不确定性,并提出五点改革倡议:收缩贸易和商业业务;收缩工业经营;保留文化经营公司,使其独立经营;收缩股权投资业务;全力发展和充实房地产业务。发言人宣布,为了使即将改造的董事会能充分代表发起股东和赞同改革股东的长远利益,四家发起人股东将推荐8—10位董事候选人,负责大型项目审批。随后君安证券有限公司总裁办公室主任简要介绍了《改革倡议》的主要内容。

对改革倡议毫无防备的万科董事长兼总经理王石在得到许可后的发言中对四家股东提出的改革倡议表示感谢,并对报告中提及的一些诸如主业不明、参股申华劳民伤财、房地产投资导向问题进行了解释。而后君安证券有限公司总裁张国庆补充说,原来四家委托发出倡议的股东中,中国新技术创业投资有限公司在新闻发布会之前已退出,海南省证券公司是后来加入。君安方面的律师称,与海南省证券公司的书面委托书正在办理之中,因而口头授权在法律上亦有效。在宣布散会后,万科董事会秘书郁亮宣读了深圳新一代实业有限公司法人代表张西甫退出改革倡议的声明，对此，君安方面表示，没有收到新一代公司的撤消授权通知，只是说不参加新闻发布会。万科公司董事长兼总经理王石表示在3月29日董事会上不了解这次新闻发布会，并希望本次事件不要给市场造成万科会被收购的印象，以免使中小投资者在股价波动中造成损失。3月30日傍晚，深圳证券交易所发布信息：万科公司董事会已向深圳证券交易所申请万科A股、B股3月31日停牌一天。并决定于3月31日14:00在公司总部举行情况说明会。

1994年3月31日14:00，万科公司召开情况说明会。首先万科董事会秘书郁亮宣读了深圳新一代实业有限公司法人代表张西甫授权王石代表新一代股权的声明和新一代公司退出君安授权委托的声明。声明称：张西甫参加了万科3月29日第4届董事会第6次会议，就万科经营管理等方面进行了广泛的讨论，并达成共识，委托君安证券公司作为财务顾问的预期目的已达到。故由张西甫于3月30日中午发表书面声明认为没有必要召开当日下午举行的新闻发布会，并再次声明取消君安作为财务顾问的授权，并保留进一步追究法律责任的权利。而后万科董事长王石说：我们感到君安的作法已超出建议的范围，实际上可以理解为对万科的全面接管，因为公司董事会目前共有14名董事，现在君安提出要推荐8—10名进入董事会。并指出，改革倡议中提出质询所依据的资料，有一部分是出自万科公司的一份内部刊物，如公司职工对工程管理者的采访录等内容，其中的观点是很缺乏常识也很偏颇。君安的报告中没有核实过的材料在报纸上刊登显然是误导股民。王石同时表示，万科欢迎有人收购万科，也在寻找国内外愿持万科股份的大股东，按程序加入万科董事会，参与万科的经营管理。3月31日万科公司公告，公司董事会已向深圳证券交易所申请万科A股4月1日停牌一天。

1994年4月1日15:30，深圳新一代实业有限公司举行新闻发布会，就君安证券有限公司公开散发《告万科公司全体股东书》和《改革倡议》一事作出解释。并称公司在君安公开发布《改革倡议》前已退出该项活动，并撤消了对君安证券有限公司委托授权。新一代公司总经理张西甫解释说：新一代公司在1994年3月28日委托君安证券有限公司作财务顾问，对万科的发展提出专业化建议。3月29日参加万科董事会对万科发展方向和B股股东代表参加董事会等事宜正式提出建议。董事会对这些建议经过讨论并形成共识。新一代公司认为再继续聘请君安证券有限公司作财务顾问，从其他途径向万科公司提出建议已没必要。而后万科董事长以新一代公司代言人的身份，解释了新一代公司授权及撤消授权的过程。并称，已接到海南省证券公司总经理的委托，代表海南省证券公司向社会声明，海南省证券公司并没有授权委托君安参与此次活动。并指出，查阅过股东资料，发现有些户头在没有任何存货的情况下，突然大量进货。4月1日15:00，君安证券有限公司邀请多家券商代表就万科公司发起股东委托君安作为财务顾问，向万科股东提出改革倡议进行董事会改组一事交换意见。君安公司的有关负责人向与会者介绍了此次活动的背景。与会代表向君安提出有关征集委托、收购股权等方面的建议。

1994年4月4日上午，深圳证券交易所副总经理柯伟祥约见君安证券有限公司总裁张国庆和万科董事长王石，希望双方就近日所发生的事情本着友好合作的态度，尽量将事态向积极的方向推进。双方均表示接受这一建议。

在君万事件过程中，万科公司的股票也有反映和波动。3月30日中午君安证券等四家公司要改组万科管理层的消息传入股市，后市开盘首先是万科股价迅速上跳，在其带动下深圳大盘逐渐上扬，但尾市上冲无力。万科股价由周二收盘12.25升到周三收盘13.6元，涨幅11.02%。周四、周五停牌。4月4日(周一)万科股价由13.6元降到12.35元，跌幅9.191%，说明君万事件已告一段落。

绍兴百大法人股转让事件

绍兴市百货大楼股份有限公司是于1994年3月11日在上海上市，公司总股本5100.12万股，其中国家股359.81万股，占总股份的7.06%，法人股3413.35万股，占总股份66.92%，个人股1326.96万股，占总股份的26.02%。公司股票分5次发行，前4次发行价1元，第5次发行价1.3元，法人股大部分属第5次发行。上海中桥投资股份有限公司创立于1994年4月，是由上海市体改委正式批准设立的一家以股权投资为主的新型投资公司，主要发起者为四通集团公司、中国安泰经济发展公司、中国青少年基金会、中国华能浙江公司、浙江省物资开发总公司、中国青春宝集团公司、上海南都期货经纪公司等。上海中桥公司获得了绍兴百大公司6.27%的股权。中桥公司受让的绍兴百大320万股法人股，每股价格为1.6元，并于1994年6月3日在浙江证券登记中心办理了过户手续。法人股的出让方为绍兴百大公司的3家法人股东：绍兴县供销社200万股，嘉兴市效区财政信用公司60万股，建行浙江省信托投资公司100万股。转让完毕，中桥公司成为绍兴百大公司的第四大股东。由于有关传谋刊登绍兴百大股权置换消息，致使公司股票价格不正常波动，经绍兴百大公司提出申请，上海证券交易所同意，6月10日，绍兴百大公司股票停牌1天。

然而就在1994年6月10日(星期五)，绍兴百货大楼有限公司董事会作出决定并公告：绍兴百大法人股转让不能生效。上海中桥公司于6月13日，同时向社会发布公告和召开新闻发布会。中桥公司董事长兼总经理周庆治在会上称：中桥公司通过协议转让绍兴百大部分法人股是严格按《股份有限公司规范意见》、《股票发行与交易管理暂行条例》、浙江省证券委[1993]18号文件及绍兴百大公司章程进行的，并在浙江省证券登记中心办理过户手续，因此完全具有合法性。并表示，中桥之所以在浙江省证券登记中心办理过户手续，是因为绍兴百大法人股是在该中心登记托管的，能证明法人股股东身份的两个有效法律凭证“证券存折”、“证券帐户卡”是由该中心发给的。这样中桥只有在该中心办妥手续，才能表明过户完毕。并声明，中桥公司持有绍兴百大法人股一直都是在绍兴百大公司的全面支持配合下完成。尽管目前绍兴百大董事会改变初衷，否定自己为双方办妥的转让过户手续，还是希望双方通过合作的方式来处理双方之间的分歧。绍兴百大公司负责人则表示，董事会之所以宣布转让不能生效，主要原因在于，转让未按股权转让上报规定程序办理，没有及时报告上海证券交易所和中国证监会。此外根据董事会对《浙江省证券登记中心法人股非交易过户业务暂行规则》的重新理解，上市公司股权转让不应在浙江省证券登记中心办理过户。与此同时，浙江省证券登记中心总经理柯伯杰介绍，绍兴百大股票上市时，浙江证券登记中心将个人股东名册移交给上海证券交易所，但其他部分没有移交，上海证交所也从来没有要求移交，浙江省证券登记中心是浙江省政府指定的法定登记机构，主要职责是对上市股票的发行和交易进行登记和统计，对省内股份公司或企业内部股权证的发行转让进行登记、统计和托管，登记包括开户和过户两个含义。

管理层八月救市举措

1994 年 7 月底，中国证券监督管理委员会会同国务院有关部门及上海、深圳两市负责人在北京召开会议，分析了股市形势，共商稳定、规范、培育和发展股市的系列措施。会议指出：党中央、国务院采取的宏观调控措施取得明显成效，多项经济体制改革顺利出台，运行正常，国民经济发展保持良好的势头，为股票市场的健康发展提供了广阔前景，当前股市中遇到的问题是前进中的问题。目前我国股市处于周期性盘整阶段，过去股市一度过热，股价较高，在市场容量扩大后股价自然向下调整，这是股市成熟的表现，同时大型企业上市虽然改善了上市公司的构成，但在我国投资者以个人散户为主的情况下，出现了供求结构失衡的新情况。

会议认为要采取必要措施：在股票供应方面，要进一步放慢股票发行和上市节奏，实行辅导制度。今年内，除已发行尚未上市的股票外，暂停各种新股（包括 1994 年计划发行的额度、1993 年已批准而未发行的剩余额度）的发行和上市，明年也要根据市场情况决定新股发行和上市的时间，同时要制定具体办法，严格控制上市公司配股的规模。在资金投入方面，要组织力量研究采取三方面的措施：一是发展我国的投资共同基金，培育机构投资者；二是试办中外合资的基金管理公司，逐步地吸收外国基金投入国内 A 股市场；三是有选择地对资信和管理好的证券机构进行融资，活跃市场。会议并强调：要采取有力措施促进上市公司的规范化，严格信息披露制度，提高公司的管理水平和经济效益等。会议指出，股票市场是社会主义市场经济体制的组成部分，这项改革要坚定地进行下去，我国的证券市场一定会健康地成长。

1995 年 8 月 1 日，中国证券监督管理委员会发布重要公告：证监会同国务院有关部门及上海、深圳两市负责人已商定进一步放慢股票发行和上市的节奏，明确今年内除已发行尚未上市的股票外，暂停各种新股的发行和上市，包括 1994 年计划发行的额度和 1993 年已批准而未发行的剩余额度，以及有历史遗留问题企业的股票，并于 7 月 30 日通过新闻媒介向全国公布。自 7 月 30 日起，已在有关报纸刊登招股说明书公告的股份有限公司，其发行与上市工作一律推迟。

在市场方面，1994 年 7 月 29 日（星期五）上海股市跳低 4 点开盘于 335.6 点，收盘报 333.91 点，跌幅 1.73%。成交金额 4.4 亿元。深圳股市开盘为 96.63 点，尾市收在 96.56 点，再创新底，日成交量为 2.05 亿元。8 月 1 日，在证监会等有关部门稳定和发展股市新政策的重大利好刺激下，上海股市跳空 60 点高开，并以 445.6 点报收，涨升 111.69 点，涨幅达 33.45%，成交金额放大至 29.82 亿元。深圳股市开盘跳空 20 点，尾市收于 126.77 点，上涨了 30 点，日成交量为 14.6 亿元。8 月 2 日上海股市冲高 500 点受阻，走出合理回挡的调整行情，报收 432.61 点，跌去 13.02 点，跌幅 2.92%，成交 53 亿元。深圳股市开盘跳至 130 点，收盘 124.72 点，日成交金额 20.8 亿元。此段上涨行情持续，8 月 5 日（星期五）指数上升 120.27 点，幅度达到 21.37%，以全天最高点 683 点报收，成交量 104.36 亿元，深圳股市，收市 162.26 点，比前日涨 14.76 点，涨幅达 10.01%，全日成交 30 亿元。

大事记

一月

1 日　□由英国《银行家》杂志社按资本金排出的世界500家大银行，中国工商银行名列第13位。

□中国人民银行发出通知，外汇券照常使用，不受时间限制。

3 日　□世纪星源股票在深圳证交所复牌交易。

□香港联合交易所开始实施股份抛空试验计划，为期6个月。

4 日　□港股交投活跃，创151.16亿港元的历史记录

5 日　□北京国际信托投资公司与英国柏克莱银行等10家国外金融机构4000万美元中长期贷款融资签约。

□《金融时报》社《新金融》专版创刊。

6 日　□财政部决定，今年全国清产核资工作主要围绕转换企业经营机制，实行国有资产监管制度和建立现代企业制度试点等中心工作进行。

8 日　□我国首家外汇交易中心—深圳外汇交易中心成立。

10日　□深圳深房集团1亿B股在深交所上市交易。

12日　□《中华人民共和国国债一级自营商管理办法》、《国债一级自营商资格审查与确认实施办法》颁布试行。

□国内首家物业信托投资基金——号珠信物业信托投资基金在武汉证券交易中心上市。

□《中国改革报》在北京创刊。

14日　□《深圳上市证券转托管暂行办法》颁布，从1月18日起试行。

□财政部代表中国政府正式向美国证券交易委员会注册登记发行10亿美元全球债券。

16日　□中国特殊钢生产基地北满特殊钢股份有限公司在齐齐哈尔公开发行。

17日　□由美国纽约银行和中国证监会国际业务部举办的进入美国资本市场研讨会在京召开。

24日　□非实物国库券在上交所挂牌，当时成交两笔。

□中国证监会颁布《年度报告的内容与格式(试行)》，就年度报告的编制、呈报等作出了规定。

26日　□南通市信托投资公司受益证券基金在武汉证券交易中心正式挂牌交易，基金总规模5000万元。

二月

1 日　□财政部向社会发行100亿元一年期非实物国库券，年利率为11.98%，比银行同期存款利率高一个百分点。

4 日　□国务院批准94年股票发行额度为55亿元。

□中国证监会表示，暂停审批历史遗留问题企业的上市申请。

5 日　□国务院决定暂停定向募集股份有限公司内部职工股的发行工作，要求有关部门抓紧制定内部职工股规范化管理办法。

14日　□国务院证券委、中国证监会证实股票所得税暂缓执行。

□氯碱B股配股权证在沪挂牌，这是上海B股市场首次上市的一只B股权证。

22日　□深交所宣布新股暂停上市。

25日　□国家体改委就《关于社会募集股份有限公司向职工配售股份的补充规定》作出说明，定向募集公司转为公众公司后职工股满三年方可上市。

28日　□94年首次通过上海证交所电脑网络系统向全国发行的本年度第一号半年期无纸化国债共50亿元上市。

三月

1 日　□3月份人民币长期储蓄存款保值贴补率为年率1.19%。

□《中国金融专线》周刊在美国华尔街试刊。

2 日　□《中华人民共和国外资金融机构管理条例》发布。

□武汉证券交易中心首创基金上市推荐人制度，并规定，投资基金管理人为中心会员并符合上市推荐人条件的，可直接向中心申请其基金上市，否则均须由上市推荐人推荐。

4 日　□中国证监会紧急通知深圳证管办有关配股流通通知暂缓执行。

5 日　□上海证券交易所与沈阳证券交易中心电脑联网成功，并于3月7日投入试运行。

6 日　□国务院六部委会议商定尽快建立粮食风险基金。

12日　□上交所与南方证券交易中心实现电脑联网，于3月14日投入试运行。

□中国证监会宣布"四不"政策：即55亿元新股上半年不上市，今年不征股票转让所得税，公股个人股年内不并轨，上市公司不得乱配股。

15日　□《国有股权管理实施意见》颁布实施。

□中国证券业代表向中国青少年基金会交付150万元的捐款。

26日　□CMEC中国工业投资基金设立。

□中国经济技术投资担保公司在京成立。

27日　□中国人民银行发布《结汇、售汇及付汇管理暂行规定》。

□北京首次公开发行新股，北人、北旅、百货大

楼和城乡贸易中心4家公司采用存单方式共发行社会公众股1.75亿元。

30日 □君安证券公司代表部分万科企业股份有限公司的股东发起倡议，要求重组万科公司的董事会和公司业务结构，揭开“君万事件”序幕。

四月

1日 □1994年国库券开始发行，品种有二年期和三年期。

5日 □国家商检局、财政部发布《外商投资财产鉴定管理办法》。

8日 □中国证监会新闻发言人发表谈话指出，要制止期货市场盲目发展，保证试点工作健康发展。

9日 □国家国有资产管理局发出紧急通知，规定国家股不得随意放弃配股权，上市公司不得以任何理由，任何方式单方面缩小国家股的比例。

11日 □上海证券交易所与青岛、湖南证券交易中心联网成功，投入试运行。

12日 □武汉证交中心独家推出期券交易。

□国家税务总局负责人宣布，今明两年不征股票转让所得税。

□首家股份制农业科技研究实体—江汉平原高科技农业技术研究发展中心在湖北荆州成立。

13日 □国务院批准成立国家开发银行，并将在年内发行650亿元金融债券。

16日 □北京首家以律师个人名字命名的律师事务所—张涌涛律师事务所正式开业。

18日 □中国证监会、国家外汇管理局发出《关于境外上市企业外汇管理有关问题的通知》。

□中国外汇交易中心在上海正式开业。

□秦皇岛市信托投资公司和秦皇岛开发区投资开发公司发行的“海湾基金”在天津证交中心上市，总规模为3800万元。

20日 □日本证券业协会决定认定深圳证券交易所为日本指定外国有价证券市场。

□上海城乡产权交易所成立。

21日 □中国光大国际信托投资公司采取“协议标购”的方式，完成了对广西玉柴流通法人股的收购。

22日 □国务院决定停止钢材、食糖、煤炭期货交易。

28日 □中国证券监督管理委员会和美国证券与交易管理委员会在京签订中美合作监管谅解备忘录。

□珠海恒通置业股份有限公司协议受让上海棱光实业股份有限公司百分之三十五的股权。

□国务院决定组建中国进出口银行。

五月

7日 □上海证交所决定开通异地国债期货交易。

12日 □国家税务局发出《征收个人所得税若干规定》，确定股份制企业以股票形式向股东个人支付应得的股息红利，应以派发红股的股票票面金额为收入额，计征个人所得税。

□中国证监会发出通知，要求各地证管办加强对股东大会的指导，以提高股东大会的规范化水平。证监会同时转发了《关于股东大会议事规定的指导意见》。

□河南省颁布实施《河南省期货市场管理条例(试行)》。

14日 □国务院证券委在京召开第四次全体会议。会议提出，今年实行的股票发行前半年辅导期，明年后实行发行前后各半年辅导期。适当的时候在国内设立开放式投资基金。

17日 □ 国务院办公厅发出通知，要求加强国有企业产权交易管理，国有企业的产权交易活动必须报国务院审批。

20日 □上交所公布广州珠江法人股红股转配个人并可上市的方案引起中国证监会的注意，后经有关部门协商，转配方案推迟。

21日 □上海证交所决定从6月6日起实行股票中央集中托管下的可选择性指定交易制度，投资者可选择指定地点买卖股票，也可依然通买通卖。

23日 □财政部和国家税务总局联合发出《企业所得税若干政策问题的规定》。

26日 □公安部、中国人民银行和国务院证券委目前联合发出通知，要求加强股票市场的治安管理工作。

□财政部和国家税务总局发出通知，明确了对外籍个人从外商投资企业取得股息红利暂免征收所得税的优惠政策。

六月

1日 □1994年中国物资流通500强排定，上海汽车工业供销公司名列第一。

□首次经济运行综合协调会议在京召开。

2日 □纽约银行上海代表处成立。

3日 □国务院召开第二十次常务会议，李鹏主持审议中国人民银行法(草案)和审计法(草案)。

□浙江康恩贝集团股份有限公司受让浙江凤凰化工股份有限公司国家股2934.615万股中的2660万股，占凤凰公司总股本51.01%

6日 □东方电机股份有限公司在香港联合交易所正式挂牌上市，至此，中国内地第一批到香港招股的9家国有企业全部成功上市。

□中国人民银行公布7月份三年期以上的定期储蓄存款保值贴补率为年率4.58%。

□亚太经贸法律事务中心开业。

9日 □上海爱使股份有限公司5.2%股权为辽宁国发(集团)股份有限公司及其关联公司所有，上交所决定爱使股票停牌1天。

10日 □绍兴百大首开法人股转让先例，上海中桥投资股份有限公司受让其320万股法人股，获得了6.27%的股权。

11日 □深圳进行国有资产授权经营试点，深圳市建设集团公司改建为国有资产经营公司。

12日 □总数约2亿美元的中国企业发展基金由中国企业基金管理有限公司投入运作。公司由30家国有企业与香港嘉银国际集团等11家国际金融机构及跨国公司共同组建。

15日 □全国期货市场监管工作座谈会在天津召开，会议要求制止期货市场盲目发展。

□国务院办公厅发出通知，要求坚决制止期货市场的盲目发展，坚决打击非法期货交易活动。

16日 □中共中央办公厅、国务院办公厅就严格彩票市场管理，禁止擅自批准发行彩票问题发出通知。

17日 □国家税务总局发出《关于大型企业集团征收所得税问题的通知》。

22日 □四川省项目投资交易中心在成都成立。

□北京会计专修学院成立。

25日 □上海市第一家无形资产评估机构—上海科华无形资产评估事务所成立。

□我国新股竞价发行首战告捷。各为2500万股的"哈岁宝"和"琼金盘"分别以4.6元和6.68元的最后发行价格全部发售完毕。

□国务院有关部门发出通知，要求立即停止审批定向募集公司，并重申停止审批和发行内部职工股。

30日 □全国共发行国库券1025亿元，到此全部完成。

七月

1日 □财政部、中国人民银行和中国证监会联合发布的《关于坚决制止国债卖空行为的通知》正式生效。

□中国进出口银行正式开业。

□《公司法》正式实施，它标志着中国的企业改革正在进入由法律来规定的主要阶段。

2日 □中国证券业协会统计表明，今年通过送配股方式新增总股本达77亿元。

6日 □深圳成立中国首家证券商协会。

8日 □中国政府首次在日本成功地发行了600亿日元武士债券。

□中国人民银行公布8月份三年期以上定期储蓄存款的保值贴补率为年率4.2%。

□招商银行北京分行正式开业。

□德利国际有限公司在上海设立代表处，成为第一家进入中国金融市场的外国货币经纪公司。

11日 □国家土地管理局发出加强土地资产管理的通知。

16日 □中国人民银行决定在全国范围内逐步推广实行商业汇票的结算办法。

□交通银行实行统一法人、分级经营、单独核算、严格考核的管理体制。

17日 □国务院办公厅转发意见，要切实加强个人所得税征管。

18日 □国务院证券委作出决定，由证监会配合中国人民银行共同审批、监管证券经营机构。

21日 □国务院召开扭亏增盈工作会议。

22日 □经国务院批准，山东华能发电、华能国际电力、山东国际电源和北京大唐四家电力企业股票将陆续在美国纽约和香港上市。

23日 □由中国证监会主办的《中国证券监督管理委员会公告》问世。

25日 □中国人民银行颁布《中华人民共和国外资金融机构管理条例》。

□中信实业银行北京分行正式开业。

29日 □四川省司法厅改革律师管理制度，将收取律师事务所管理费转变为注册年检费。

□由国务院颁布的《国有企业财产监督管理条例》正式实施。

30日 □中国证监会会同国务院等有关部门推出一系列新措施：(1)在股票供应方面，进一步放慢发行和上市节凑，年内除已发行尚未上市的股票外，暂停各地新股发行和上市，并严格控制配股规模。(2)在资金投入方面，发展国内投资共同基金，培育机构投资者；试办中外合作基金管理公司，逐步吸引外国基金投入A股市场；有选择地对资信和管理好的证券机构进行融资。

八月

1日 □中国证监会负责人诱露，今年B股发行规模扩大到10亿美元。

□在重大利好消息刺激下，沪、深两市场急升30%以上。

5日 □中国证监会表示，H股公司今年不准发行A股。

8日 □香港联合交易所即日起正式公布恒生中国企业指数。

9日 □深圳天极光电技术实业股份有限公司发布公告，减少对上海飞乐音响股份有限公司的持股数，持股比例由7.23%降至4.41%。

15日 □《股份有限公司发行境内上市的外资股的规定(草案)》作出新规定，股份公司发行外资股的股本总额不得超过公司所有股本总额的35%。

17日 □由中国专利局创办的首家全国性知识产权评估机构连城资产评估事务所成立。

19日 □《国务院关于股份有限公司境外募集股份及上市的特别规定》正式实施。

20日 □深圳市建设集团等18家公司获得国有资产授权经营。

22日 □中国人民银行发布《关于向金融机构投资入股的暂行规定》。

23日 □中国人民银行制定的《金融机构管理规定》正式发布实施。

26日 □全国十八个城市开展优化资本结构试点。

31日 □瑞士信贷银行在沪设立分行。

□海南两家公司宣称通过受让国家股配股权有偿协议转让方式持有厦门汽车15.3%股权。这是首例国家股配股权置换给法人。

九月

2日 □中国人民银行颁布《关于设置银行及其分支

机构的暂行规定》,明确要求全国性的银行资本金须达 20 亿元以上。

5 日 □深股指数闯过 200 点大关,成交额达 70 亿元,沪股指数越过 900 点,成交金额近 150 亿元。

6 日 □沪指跃过 1000 点大关,日成交创天量 163.8 亿元,深股高达 223.19 点,创历史天量 82.7 亿元。

7 日 □深圳万科企业股份有限公司卖出中华 2%的股权,该公司所持中华股份减至 3%。

□国务院召开电视电话会议,强调抓好稳定物价工作。

9 日 □中国人民银行公布 1994 年 10 月份 3 年期以上定期储蓄存款保值贴补率为年率 5.62%。

□上海证券交易所发出《关于调整国债回购业务的通知》。

12日 □深圳证交所发出公告,将于 9 月 17 日开设 A 股零股交易专场。

13日 □国家副主席荣毅仁会见美国纽约股票交易所董事长兼首席行政执行官威廉·唐纳森。

15日 □大陆首例股票著作侵权案在京了结。北京中自公司金融部擅自将台湾证券出版社股份有限公司出版发行的《股票操作学》和《短线法宝》印刷出售,违反了著作权法的有关规定,原告获得 27 万多元的赔偿费。

16日 □中国人民建设银行总行营业部在京成立。

□全国省级国家地方税务机构分设完成。

17日 □国务院发出关于开展 1994 年税收财务物价大检查的通知。

20日 □中国进出口银行首次发行金融债券 17 亿元人民币,由中国银行独家认购。

□上海证交所发出关于加强国债期货交易风险管理的紧急通知,对从事国债期货交易的会员和客户的持仓数额及保证金比例作出规定。

23日 □四川天府长江旅游轮船股份有限公司近日宣布,9 月 26 日将向境内外法人和自然人公开转让发售 2000 万国有股。国家国有资产管理局和中国证监会着手调查此事,四川省有关部门于 23 日下午作出停止发售准备工作的决定。

□深圳推出"内部员工持股制度"。其特点是,由企业内部职工认购本企业的股份,委托工会作为社团法人托管运作。

25日 □经国务院批准,今年我国注册会计师考试首次对外开放。

30日 □上海、深圳证交所同时宣布,明年取消 T+0 回转交易方式,实行 T+1 交收制度。

十月

5 日 □第二届中信国际经济论坛在京举行。

6 日 □中国华能电力国际公司股票在纽约股票交易所上市。

7 日 □深沪股市震荡剧烈,沪市股指最低点为 546.88,最高点为 761.38 点,深指最低探到 146.2 点,尾市反弹至 174.63 点

10日 □中国人民银行公布 1994 年 11 月份人民币三年期以上储蓄存款的保值贴补为年率 6.57%。

12日 □深圳证交所开设场内国债回购业务。

21日 □国务院授权中国证监会强化期货市场监管,内容包括选择部分交易所进行运行试点,未列入试点的原则改为批发市场,暂停粳米、菜籽油期货交易等。

□上交所决定从 10 月 24 日起实行信息即时披露制度,同时取消现行的每周五信息通报例会。

25日 □中国国际金融有限公司在京成立,这是我国第一家投资银行公司。

26日 □中国国际信托投资公司受中国海洋石油公司的委托,在美国发行金额 2 亿美元,期限为 12 年的扬基债券。

28日 □国务院批转中国人民银行意见,加强金融机构监管工作。

□中国证监会发出通知指出,公股流通尚不具备条件,在未作出新规定之前,国家股东和法人股东出让的股份、配股权和红股明年仍不得上市流通。

□中国证监会颁布《上市公司办理配股申请和信息披露的具体规定》。

31日 □中国人民银行向社会公布了今年前三个季度的货币供应量增长情况。

□由美林资产管理公司举办的资产管理中国研讨会在京召开。

十一月

1 日 □由国家国有资产管理局主办的 94 中国海外企业国有资产管理国际研讨会在京召开。

□由国务院发展研究中心主办的《中国经济时报》创刊。

2 日 □国家国有资产管理局负责人公布,到 1993 年底,全国国有资产总量为 34950 亿元。

3 日 □由中国经济体制改革研究会主办的中国证券投资国际研讨会召开。

□中国证监会、国家外汇管理局、国家工商局、公安部发出《关于严厉查处非法外汇期货和外汇按金交易活动的通知》。

4 日 □国家国有资产管理局发布《国有资产产权纠纷调处工作试行规则》。

□国务院确定并公布 100 户进行现代企业制度试点的国有大中型企业名单。

7 日 □中国人民银行举办的全球金融决策主管研讨年会在京召开。

11日 □中国人民银行公告 1994 年 12 月份 3 年期以上定期储蓄存款的保值贴补率为年率 8.79%,

12日 □深交所决定从 12 月 10 日起实行《深圳证券交易所席位管理暂行规则》,席位费降至 60 万元,每个席位日委托量限 3000 笔以内。

17日 □产权交易管理暂行办法出台。

19日 □中国农业发展银行正式成立。

21日 □中国人民银行公告决定外汇兑换券停止流通和限期兑换。

□交通银行在日本发行 120 亿日元五年期武士

债券。

28日 □财政部、劳动部联合发出《关于加强企业职工社会保险基金投资管理的暂行规定》，强调指出该基金只能专项专用，任何单位和个人都无权自行决定该基金的其他用途。

十二月

1 日 □中央经济工作会议于 11 月 28 日至 12 月 1 日在京举行。会议强调进一步处理好改革、发展、稳定的关系，实现国民经济持续、快速、健康发展和社会全面进步。

13日 □财政部长刘仲黎在全国财政工作会议上指出，明年将实行适度从紧的财政政策，坚决抑制通货膨胀。

15日 □国家国有资产管理局发出通知强调配股权转让须由国家国资局复审，审核材料为证监会复审必备文件。

22日 □国家国有资产管理局发出通知，强调破产企业需向国资部门提交关于破产原因分析的详实报告，破产企业必须以资产评估价作为财产处置变卖的底价。

□国内贸易部发布《批发市场管理办法》，提出加大对批发市场管理力度，严格控制中远期合同竟价交易，促进批发市场有序发展。

□中国人民银行明确投资银行为中国人民建设银行全资附属的商业银行，在业务上接受中国人民银行的领导和监督。

□由中国社会科学院经济学博士发展研究中心举办的中国期货市场展望高级研讨会在北京召开。

27日 □君合律师人才奖学金在京颁奖，这是国内首家律师奖学金。

28日 □中国证监会、国家外汇管理局、国家工商局、公安部重申，严禁非法外汇期货和外汇按金交易。

湖南省
第一律師事務所

主任:康篤華

事務所成立于 1983 年,是湖南省成立最早的一家省級律師事務所。專職律師均為法律專業本科畢業生,且分別接受過涉外法律英語、關稅與貿易總協定、著作權保護、證券法律業務及高級律師培訓班等專業培訓,全部取得勞動仲裁員和從事涉外律師業務資格。1993 年 6 月,司法部、中國證監會授予從事證券法律業務資格,該所現為湖南省證券業協會會員。兼職律師、特邀律師中有工程師、經濟師、會計師、審計師等高級專業人才,能滿足社會各界對律師業務的需求。

該所目前設有知識產權部、證券事務部、國際招商法律事務部、僑務商務部、新聞法律事務部等專業部室,側重為市場經濟下各類新型經濟主體提供優質高效的法律服務。

地址:湖南省長沙市韶山路 2 **號**
電話:4461168　4461587　4407221
郵編:410011

廣東海印
律師事務所

廣東海印律師事務所的前身是 1984 年成立的廣東第一律師事務所,開辦單位是負責全省政法干部培訓工作的廣東省公安司法管理干部學院,負責業務領導是廣東省司法廳。事務所堅持尊重事實和法律,勇于維護當事人的合法權益,在社會上贏得了一定的信譽。目前擁有專兼職律師 80 余人,其中高級律師、副教授以上職稱的 40 多人;為保證辦案質量和效率,事務所充分發揮院校辦所、擁有大批法學人材的優勢,在國內外貿易、知識產權、證券期貨、房地產、外貿投資、以及刑事辯護方面都有一批有較深造詣的律師。

歡迎廣大客戶來洽談業務,廣東海印律師事務所將竭誠提供優質高效的法律服務。

地址:廣州市濱江東路 500 **號**
電話:4436605

事務所部分律師研討證券案例

主任:張　宇

怡光律師事務所

怡光律師事務所(YIGUANG LAW OFFICE)創建于1994年,系經海南省司法廳批準設立的專業律師機構,現在北京設有事務所,共有各類專業律師15名,在全國範圍內向各類客戶提供法律服務,并積極開展向外國客戶提供法律服務業務。怡光律師事務所設訴訟/仲裁部、資産/項目部、房地産/金融部、公司/商貿部、海事/航空部。各部門均有專業資深律師主持。

怡光律師事務所由知名律師張宇先生主持并任主任,所有律師均取得較高的專業文憑或學位證書,并且都有豐富的律師工作經驗。隨着各項律師業務的拓展及北京事務所的開業,怡光律師事務所將成為提供全方位法律服務的綜合性律師事務所。

地址:海口市濱海大道珠江廣場帝豪大廈12B—02室
電話:(0898)6717969　6717968
傳真:(0898)6717968　**郵編**:570125

廣東環球律師事務所

事務所是廣東省較大的綜合性律師事務所之一,有一批精通投資、金融貿易、房地産、保險、海事、海商、刑事、民事法律的律師和法律專家。强勁實力和高質素的服務,使廣東環球律師事務所贏得了良好聲譽。

受聘擔任法人和個人的常年法律顧問;提供以下專項法律服務:法律咨詢;資産和信用調查;草擬、審查、修改合同等法律文件;出具法律意見書;律師見證;代表客户參與商務談判;參與招標、投票;爲項目投資、房地産開發等提供統籌和配套服務;代理訴訟和仲裁;爲無力支付律師費,符合申請條件的客户提供法律援助;其他法律事務。

地址:廣州市倉邊路33號富豪酒店613至615室
電話:3338238—1613　1614　1615
傳眞:3338968　郵編:510030

康達律師事務所

康達律師事務所是總部設在北京，隸屬于司法部的大型綜合性律師機構，建立于1988年。擁有專職律師、會計師、經濟師、專利代理人等各類專業人士40余名。1993年3月22日獲得司法部、中國證監會確認具有從事證券法律業務資格(證書編號003)

事務所以集體協作相互配合、專人聯絡、全所服務的方式，承辦了大量的訴訟、仲裁業務，辦理了包括國内外貿易、金融、證券、保險、房地産、投資、知識産權等方面大量的非訴訟法律事務。康達律師事務所爲適應法律業務不斷擴展的需要，在海南、深圳、西安設立了分所，正在籌辦上海、東北分所，并與香港、臺灣、日本、新加坡、美國、英國等國家和地區的著名律師事務所建立了合作關系和密切聯系。

事務所總部地址：
北京工人體育館
電話：(010)5060851　5085840　5085841　5085842
傳真：(010)5060852　**郵编：**100027
深圳分所地址：
深圳市笋崗路華通大廈1305**號**
電話：(0755)5593579　9003851
傳真：(0755)5589186　**郵编：**518008
海南分所地址：
海口市海甸島沿江四路頤和花園7**號樓**121**號**
電話：(0898)6255242　6254181
傳真：(0898)6255316　**郵编：**570003
西安分所地址：
西安市東新街319**號西安人民大廈**3325**號**
電話：(029)7234855　7151111－3325
傳真：(029)7218152－3325　**郵编：**710004

廣州市越秀律師事務所

事務所成立于1982年，在中國進入改革高潮，大、中型企業進入股份改制時期，越秀律師事務所經考核，率先取得司法部、中國證監會批準從事證券法律業務資格。事務所已有律師42人，涌現了一批能言善辯，經驗豐富，邏輯思維慎密，反應敏捷，理論水平較高的律師，他們之中有法律、經濟碩士、學士，有的多年來專門從事證券、商務、金融、知識産權等法律事務，諳熟法律，在運用到實際操作時，能駕輕就熟。本所曾擔任政府的法律顧問，接辦過如廣州市地下城有限公司破産案，參與日本株式會社與廣東順德合資談判等在社會有一定影響的案件。事務所以保證辦案高質量、高水平而享譽社會，在充滿激烈競爭的法律服務市場中處于不敗之地。越秀律師事務所具有無可限量的光明前途。

君子成人之美，我們將竭盡全力成全順應時代潮流的企業股份體制改革的美好事業。

地址： **廣州市惠福東路**485**號四樓**
電話： 3325870　**傳眞：** 3326252
郵編： 510115

廣東珠江律師事務所

主任:張育泉

事務所是1988年9月經批準成立的省直綜合性律師所。除每年擔任40多家企事業單位、國家機關的法律顧問外,還承辦了近2000件(宗)的各類訴訟和非訴訟法律業務,為當事人避免或挽回經濟損失2000多萬元,業務涉及刑事辯護、民事糾紛、行政復議和訴訟、合同糾紛、房地產投資和買賣、商標專利爭議、税務爭議、證券期貨交易、國際經貿與投資、技術轉讓、資信調查、律師見證等方面。目前,該所經批準被國家授予從事證券法律業務的資格和許可證,并成功地為部分企業進行股份制改組或股票上市提供策劃,出具法律意見書。

該所目前擁有專職律師和工作人員18人,兼職、特邀律師60多人,其中,具有高級職稱3人,中級職稱6人,形成一支老、中、青相結合的律師隊伍,年創收達到100多萬元。該所目前擁有現代化辦公和交通、通訊設備,自有房屋面積約180平方米,設有綜合法律業務部、金融房產法律業務部、經濟貿易法律業務部、辦公室和5個辦事處等機構并與香港等地律師建立了業務協作關系。

地址:廣州市解放北路783號401室

電話:3365304　3362101

深圳市寶安律師事務所

本所以承辦經濟法律事務為主,是一支具備多種業務知識和豐富辦案經驗的律師隊伍,本所律師以維護當事人的合法權益為天職,竭誠為當事人提供高質量的法律服務,多年來備受社會各屆人士的信賴和贊揚。

業務範圍:

一、擔任常年法律顧問。提供公司股份制改組和內部管理方面的法律服務。

二、提供與貿易、金融、財產、海事、保險、專利、證券、税務、繼承、房地產開發、企業注冊、知識產權、資產清算等方面的法律服務。

三、參與境內外商務談判。辦理調解、仲裁、訴訟、資信調查,出具法律意見書。

四、草擬、審查、見證合同、協議、章程。

五、辦理律師信用業務。

主任律師: 劉燕奎

地址: 深圳市寶安區前進路律師大樓

電話: (0755) 7759337　7782246

傳真: 7757575　郵編: 518101

大特區的年輕律師——韓傳華

1992 年，31 歲的韓傳華被司法部譽爲全國 38 位優秀律師之一。亦正是在這一年，國際經濟法研究生畢業已有 7 年的韓傳華從安徽省經濟律師事務所來到海南大學法學院任教。次年，韓傳華在原海大法律服務咨詢公司基礎上創辦了海南時代律師事務所。幾年來，韓傳華憑借自己良好信譽，贏得了衆多當事人的信賴。至今委托韓傳華代理業務或案件的當事人已遍及香港、日本、美國、西歐等。在海南，業績最佳的股份制公司珠江實業股份公司，負責整個金貿區開發的最大房地產公司海口市城市建設開發總公司，及擁有三個大型企業固定資産數十億元的海南省紡織工業總公司等均是韓傳華的常年法律顧問單位。

律師實踐之余，韓傳華又撰寫了數十篇涉外經濟法律論文，“海南特區立法與研究”一文在美國夏威夷州 94 年律師年會上進行交流。此外，韓傳華作爲第一撰稿人的“國際海事法”著作不僅已正式出版，而且收入了“中國法學專著簡介”一書中。年輕的韓傳華律師，同時兼任海南律師協會理事及海南律師協會金融證券專業委員會委員。但願韓傳華律師在大特區的經濟建設中，發揮出更大的作用。

1994 年 11 月，韓傳華(左二)隨同“廣東、海南兩省法官律師代表團”赴美交流考察，部分代表與美國夏威夷地區法院大法官合影

廣州新正律師事務所

廣州新正律師事務所是按照“四自”原則組建的一家合伙律師事務所，在高級商業大廈里擁有寬敞的辦公樓和先進的辦公設備。事務所的宗旨是建立一家具有先進管理水平，一流服務質量的現代的綜合性的法律服務機構，以提供這樣高標準服務為自己刻意追求的境界。現有執業律師6人，其中有長期從事涉外經濟業務、經驗豐富、社會知名度頗高的高級律師；有在政法戰綫工作幾十年的資深律師；有具備良好政治素質和業務素質的中青年律師。

事務所誠懇踏實、精益求精、優質高效的服務已得到廣大客戶的信賴，已有多家國內和海外的公司、企業聘請擔任常年法律顧問，并與海外多家著名律師機構建立長期、穩定的業務合作關系。

負責人：梁劭文

地址：廣州市麓景路7號發展大廈18樓

電話：3504005　郵編：510091

——廣州金鵬律師事務所——

事務所系廣東省首批合作制律師事務所，成立于1993年元月，現有執業律師24人，其中法學博士2人，法學碩士12人，有多名律師曾留學國外及赴國外和港澳地區考察和短期工作，于1993年6月獲得司法部、中國證監會批準，具有從事證券法律業務資格，并有4名執業律師具有從事證券法律業務資格。“高層次、高質量、高效率、全方位”是事務所的服務準則，以嚴謹務實的作風和高效優質的服務，擔任了多家金融機構、上市公司、期貨經紀公司、大型集團公司以及外資企業的法律顧問，積極參與了多項公司股份制改組、股票發行與上市、期貨經紀公司的組建與運作、境内外項目投資、國際商務談判等法律事務。

該所下設六個法律事務部：證券、期貨事務部；房地產事務部；知識産權事務部；國際商務事務部；海事海商事務部；訴訟仲裁事務部。

法定代表人：易民勝

地址：廣州市東風西路197—199號廣州國際金融大廈東樓10樓1039—1040室

電話：3329282　3321688—71059　71060

傳真：3329282　郵編：510180

南海市海通期貨經紀公司

董事長：駱敏剛

先進的交易設備

南海市海通期貨經紀公司在南海市人民政府的大力支持下，經國家工商行政管理局核準登記注冊(注冊登記號：10002118－3)，于1993年12月29日正式成立。海通積極開拓國內期貨市場，現已取得上海金屬交易所(交易席位78號)、上海糧油交易所(交易席位82號)、上海商品交易所(交易席位78號)、廣東聯合商品期貨交易所(交易席位1021號)、天津聯合商品期貨交易所(交易席位45號)、深圳有色金屬期貨聯合交易所(交易席位74號)、南方有色金屬交易市場(交易席位77號)等國內主要期貨交易所(市場)的全權會員資格，成為多家交易所的遠程交易中心。公司擁有國際最先進的路透社和美聯資訊系統，衛星和光纖通信設備，構成了準確而迅捷的信息網絡。加上嚴格規範的交易管理和一支敬業樂業的經紀隊伍，為海通公司的發展打下了堅實的基礎。除秉承"公平、公正、公開"的經營宗旨外，海通更信守"服務至上，客戶第一"的格言，所有的經紀人和出市代表均取得期貨從業人員資格證書。最近，公司更被選為全國經紀公司聯席會議首屆十二家執行主席成員單位之一，這是海通人奮斗成績的體現，也是海通人踏上新的期貨事業之路的起點。

地址：廣東省南海市桂城南興三路聯合交易大樓二、三樓
電話：(0757)6222212
郵編：528200

認真處理業務

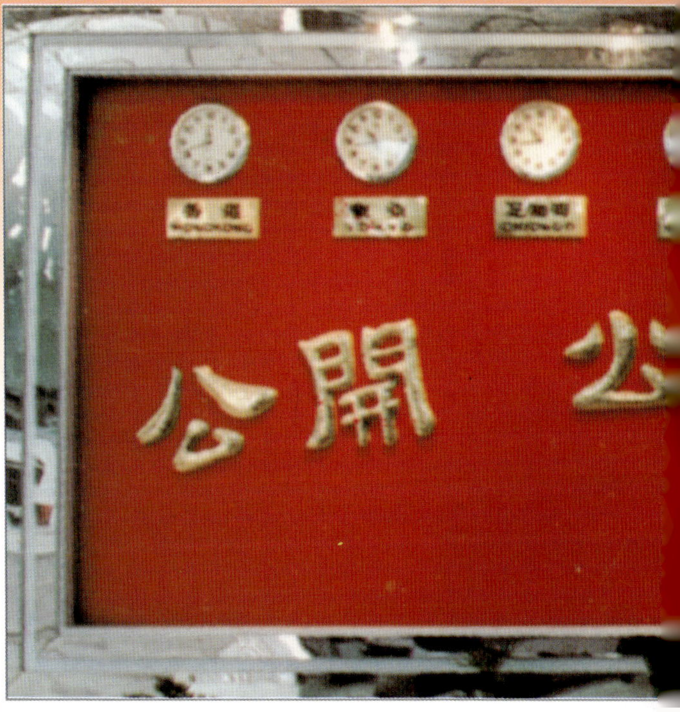

了英國路透通訊社、中國廣播衛星網、「錢龍」和國家信息中心的「SIC」等電腦報價系統，與各交易所直接聯網，並配置了臺灣「建功」等技術分析系統。瑞奇公司已是北京商品交易所、鄭州商品交易所、蘇州商品交易所、海南中商交易所、廣東聯合期貨交易所、上海商品交易所、上海糧油交易所、上海金屬交易所、深圳有色金屬聯合期貨交易所、大連商品交易所、成都聯合期貨交易所的會員，取得了所有國內主要期貨交易所的席位，是國內覆蓋面最廣，交易品種最多的期貨公司之一。瑞奇公司視人才為根本，采用現代企業管理機制，制定嚴格科學的管理制度。

瑞奇公司下設交易信息部、財務結算部、發展部、綜合管理部、總經理辦公室及證券營業部，公司還成立了工貿公司，承擔起交割部和現貨部的職責。至 1994 年底，交易額近 600 億元，代理業務收入 1300 余萬元，實現利稅 400 余萬元。

地址：江西省南昌市叠山路 19 號
電話：6267599　6264852
傳真：(0791)6264901
郵編：330006

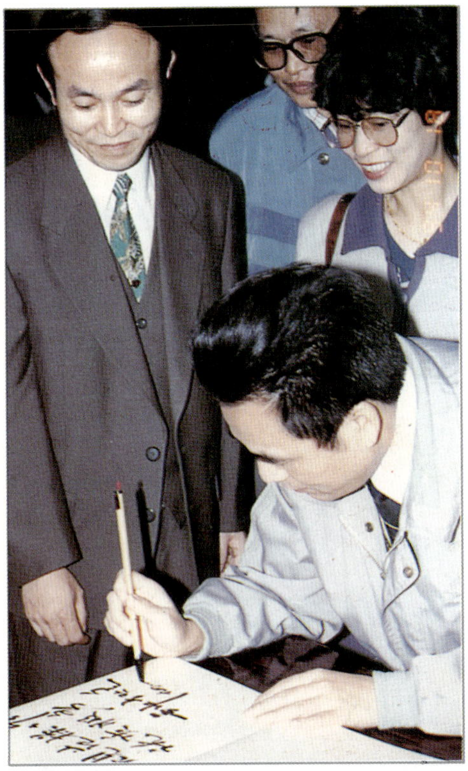
江西省委常委、宣傳部長鐘起煌參觀瑞奇公司

江西省副省長鄭良玉為瑞奇公司題詞

江西瑞奇期貨經紀有限公司

江西瑞奇期貨經紀有限公司是經江西省股份制改革聯審小組辦公室批準成立的股份制有限責任公司。1993年8月在國家工商行政管理局重新注册登記，1994年10月經中國證監會批準並發給《國内期貨經紀業務許可證》。瑞奇公司由江西省新余鋼鐵責任有限公司、江西省銅業公司、江西省國際信托投資公司、江西財經學院、江西省遠洋運輸公司、中國銀行江西信托咨詢公司、江西五豐貿易公司和江西冶金開發公司等共同組建，注册資本1600萬元人民幣。瑞奇公司堅持公開、公平、公正的原則，並本着客戶至上的宗旨，只代理不自營，向客戶提供結算、交割、咨詢、信息、培訓等全方位的服務。

瑞奇公司現有近2000平方米交易大廳，信息終端100余臺，擁有60多條國際、國内程控電話通訊綫路和100多門内部程控電話，裝備

公司董事長：候殿祖

公司總經理：李漢國　教授

公司領導一起研究工作計劃

董事長與公司員工探討業務

50多種商品期貨合約的交易，并提供市場分析、結算、交割、信息、咨詢、培訓等全方位服務。財經公司是上海商品交易所、上海糧油交易所、海南中商交易所、廣州聯合交易所等國內大型交易所的重要會員，公司本着「信譽第一、服務第一、效率第一」的企業精神，以其健全的專業管理機制、代理繁多的業務品種，并以其直接、快捷的交易渠道、完善的技術分析及結算軟件系統、迅速的成交回報、公道合理的收費、綜合及時的信息服務、員工標準專業的服務水準，成為深圳乃至整個華南地區最具吸引力的期貨經紀公司。

財經公司租用美聯社的上百臺衛星終端、圖表機、信息機與國內各交易所進行計算機聯網，實現异地信息傳遞同步化。公司擁有一批精通期貨業務的專業人才，幫助客戶控制投資風險，以投資組合形式赢得最大利潤。財經公司實行董事會領導下的總經理負責制。機構設置有：期貨交易部、期貨市場部、結算部、信息部、金融部、投資管理部、證券

公司大戶室

公司交易大廳

深圳財經期貨經紀有限公司

董事長:石澤銳

法人代表：石澤銳
地址：深圳市人民南路發展中心大廈12層
電話：2207119　2283024
傳真：2207083　郵編：518001

深圳財經期貨經紀有限公司是中檢實業發展總公司的下屬企業，于1993年3月在深圳注冊成立，并完成了中國證監會和國家工商局的重新登記手續，獲得中國工商銀行深圳分行頒發的AAA信用企業榮譽證書。財經公司一貫倡導期貨業務必須遵循「規範化和專業化」相結合的原則，以國際化的標準管理，代理客戶在國內10多家期貨交易所從事

部、上海營業部、技術工程部、總經理辦公室、財務部、行政人事部。

財經公司以其卓著信譽和完善的服務，贏得了廣大客戶的贊譽和支持。公司已購置羅湖區和平路金田大廈三層樓物業。財經公司正以其雄厚的資金，強勁的實力，跨入全國第一流期貨經紀公司的行列。

南方有色金屬交易

總裁:林德保

南方有色金屬交易市場是經廣東省人民政府同意,由中國有色金屬工業廣州公司和南海市人民政府共同發起,聯合16個單位共同組建的現代化專業生産資料現貨批發市場,是非盈利性的企業法人。其宗旨是竭誠爲廣大的有色金屬生産廠、加工企業和經營商服務,促進有色金屬交易的規範化和國際化,其任務是爲交易者提供現代化交易場所和先進的交易手段,提供全方位的交易信息,組織有色金屬産品集中規範化的現貨交易。

南方有色金屬交易市場上市的商品有鋁、銅、鉛、鋅、錫、鎳、鈷等有色金屬冶煉産品,并將陸續推出鋅精礦、銅精礦、氧化鋁、無氧銅杆和普通純鋁板等品種上市交易。交易時間爲每周一至周五。自1993年9月20日開業以來,在各級政府和社會各界人士大力支持下,1994年交易額突破1000億元大關,居全國同類生産資料現貨批發市場之首,也是同類現貨批發市場中交易額突破1000億元的唯一一家。并于1994年9月正式被國内貿易部批準爲全國生産資料批發市場試點單位,納入全國商品市場建設規劃,進行歸口管理和指導。

董事長:馮秋明
總裁:林德保(法人代表)
地址:廣東省南海市黃岐鎮廣佛一路154號
電話:(0757)5003088　5003939
傳真:(0757)5003089　5008999
電挂:7680(南海)
郵編:528248

市場

葉選平題

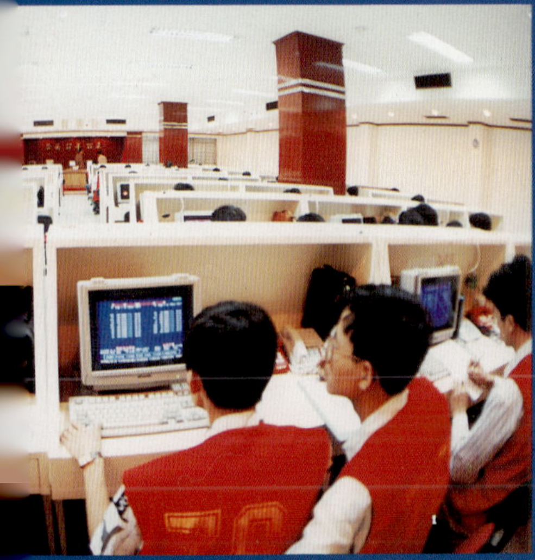

交易一廳

交易二廳

交易市場夜景

廣州珠江期貨經紀有限公司

公司總經理:李健青

廣州珠江期貨經紀有限公司是經廣州市政府批準成立,獲得國家工商局核準注冊,并通過上報中國證監會登記的具有獨立法人資格的全民所有制期貨專業公司。

廣州珠江期貨經紀有限公司具有雄厚的經濟實力,配備先進的市場瞬時報價系統和市場資訊分析系統。并擁有一批經國家工商局統一考試合格的持證期貨經紀,及市場技術專門人才。公司堅持“誠招天下客”的服務宗旨,全盤交易運作嚴格按照國際規範化管理,遵循國際標準化期貨交易規則,熱情、優質、快捷地為客戶提供國內商品期貨交易服務。

地址:廣州市起義路 175 號

電話:(020)3395901

明亮整潔的交易廳一角

廣州銀通
期貨經紀有限公司

公司是一家經國家工商局和中國證監會審核批準成立的大型期貨經紀公司。公司實行董事會領導下的總經理負責制，設立市場部、動作部、研究發展部、財務部、辦公室等職能部門。公司以“規範管理、高質服務”為宗旨，開展期貨交易代理業務。目前，開通了深圳有色金屬交易所、上海金屬交易所、鄭州商品交易所、海南中商期貨交易所、廣東聯合期貨交易所等交易渠道，并以有色金屬期貨交易業務為主，全面開展有色金屬、農副產品、建材等交易業務，本公司一直因交易渠道暢順，成交反饋快捷而得到廣大客戶的贊譽。

公司擁有大批經驗豐富的資深經紀人，取得了國家頒發的經紀人牌照。同時，營業交易廳寬敞，有獨立大戶室，配置了包括路透社資訊終端在內的多種高科技報價及圖表信息參考系統。

地址：廣州市東風西路197號廣州國際金融大廈裙樓3D

電話：(020)338050轉各部門　郵編：510180

公司前臺

公司領導共建宏圖

總經理：寇南南

交易大廳一角

珠海市鑫光期貨經紀有限公司

地址:珠海市吉大九洲大道東九洲花園小區　電話:(0756)3354019　3330068(總機)　傳真:(0756)3352778　3353808

總經理:徐成勇

珠海市鑫光期貨經紀有限公司由中國有色金屬工業總公司控股的內部股份制企業—珠海鑫光集團股份有限公司獨資興辦。公司實行總經理負責制,下設營業部、結算部、交易部、技術信息部、財務部、總經辦等部門。交易廳面積約300平方米。目前租用了一套路透社商品報價系統、四套路透社國內商品服務系統和三套路透社圖表分析系統,接通了十幾門IDD電話和幾十門內綫及分機電話。公司經紀業務骨干人員均獲得國家工商行政管理局頒發的期貨經紀人資格證書。所有員工均為大專以上學歷。另一方面,詳細制定了公司制度、交易制度、結算制度、經紀人制度,對各部門職能、行為標準、交易程序、風險控制等作了嚴格的規定。目前公司已是深圳有色金屬期貨聯合交易所、廣東聯合期貨交易所、海南中商期貨交易所的全權會員,并通過异地交易系統直接參與鄭州商品交易所和北京商品交易所的期貨交易,能為客戶代理全國所有上市商品的期貨交易業務。

公司辦公大樓外景

汕頭億峰期貨經紀有限公司

董事長、總經理:李智

寬敞明亮的期貨交易大廳

汕頭億峰期貨經紀有限公司(YFCO)成立于1993年2月,經中國證監會審核獲得期貨經紀業務許可證。公司下設市場部、交易部、結算部、交割部、信息部、業務發展部、財務部、行政部八個部門,為客戶提供開户、入市、交易、結算、交割、咨詢、信息、培訓等全方位系列標準服務。

公司營業面積達600平方米,采用美聯衛星接收系統和上海衛星接收系統,霸才即時系統,同步反映交易所最新價格動態,并以聯機實時方式獲取世界政治、經濟的最新消息,為客戶提供快速準確的信息。公司現已取得上海金屬交易所、上海商品交易所、上海證券交易所、上海糧油交易所、海南中商期貨交易所和廣東聯合交易所的席位,可直接代理客户進場下單交易。

法人代表:李　智

地址:汕頭經濟特區華山路金龍苑西區2樓

電話:(0754)8368368

傳真:(0754)8365259　8367017

郵編:515041

廣東國際信托投資公司期貨部
廣東廣信期貨經紀有限公司

廣東廣信期貨經紀有限公司是廣東國際信托投資公司屬下的全資獨立核算企業,是廣東與廣東國際信托投資公司的期貨業務部合署辦公。廣信期貨總部擁有1300平方米寬敞的自有營業場地,運用衛星、信息高速公路等通訊設備和路透社、美聯社等財經信息專綫,及時反饋客省最早獲得國家工商行政管理局批準成立的期貨經紀公司之一,也是首批獲得中國證監會頒發期貨許可證的期貨經紀公司。公司注册資金1000萬元人民幣,總投資達3000萬元人民幣。于1994年10月正式對外營業。公司實行管理委員會領導下的總經理負責制,下設交易部、市場拓展部、業務部、財務部及綜合部5個部門,戶下單憑證及相關信息,保證了客戶的利益和嚴格控制了風險的發生。已開通廣東、深圳、上海、北京、鄭州、海南、武漢、香港交易所的證券和期貨業務,除經營國內商品期貨外,還兼營代理買賣外幣有價證券,上市交易品種近百種。

總經理:徐耀煒

寬敞明亮的交易大廳

總經理: 徐耀煒

副總經理: 何平

地　址: 廣州市環市中路301—303號怡東大廈11樓

電　話: (020)3500733

傳　真: (020)3500732

郵　編: 510091

佛山
金通期貨經紀有限公司

董事長兼總經理：楊貴森

公司領導一起研究工作計劃

公司經中國證監會及國家工商局批準成立，取得中國證監會頒發的期貨經紀業務許可證，注册資金1000萬元。公司的經營範圍是國内期貨代理、培訓、咨詢等業務。公司經營宗旨是嚴肅認真、實事求是、客户至上、信譽第一。公司是深圳有色金屬交易所及廣東聯合交易所等多家交易所全權會員，可代理多家交易所的期貨交易，代理品種有：金屬類、農産品類、能源類、金融類、化工類。

公司安裝了路透社衛星信息系統，能夠同步接收國内外金融、商品期貨報價和國際政治、經濟、軍事、科技方面的新聞信息。公司配備了30多臺終端，48門交換機和多臺計算機。公司擁有一套完整嚴密的管理體系，聘有經驗豐富的期貨專業人才。

一流的人才是投資的幫手，先進的設施是投資的保障。

熱忱歡迎各行英杰咨詢、投資！

公司交易大廳

公司接待前臺

地址：佛山市江灣路19號2樓
電話： 2260648　2260086
傳真： 2260371　**郵編：** 528000

上海糧油商品交易所

交易所交易大廳

上海糧油商品交易所是中國證監會批準的國家試點期貨交易所，于1993年6月30日在上海市南蘇州路1455號開業，現有會員102家，涉及糧油、金融、商貿等各個行業，遍布全國19個省、市、自治區，覆蓋全國糧油農產品的主產區和銷區。

經中國證監會審核批準，上市的期貨品種有9個，即籼米、白小麥、玉米、大豆、紅小豆、綠豆、啤酒大麥、黄麻和紅麻。交易所采用計算機自動撮合配對成交。在江蘇、浙江、上海設有10余家交割倉庫。信息傳送系統包括：有綫通訊網絡、國際衛星、國内衛星廣播系統，衛星异地遠端接收站100多家，圖文電視傳輸和其他新聞媒介方式。正在浦東興建的交易大樓—良友商廈已于1994年10月封頂，内部裝修及通訊設施配套工程正在抓緊實施。交易所堅持規範化運行并不斷强化自律管理。本所制定的《上海糧油商品交易所章程》和《上海糧油商品交易所交易規則》已得到中國證監會的審核批準。

汕頭經濟特區證券報價交易中心

交易中心是1993年2月10日根據汕頭市政府决定成立的局級事業單位，并經中國人民銀行廣東省分行批準。中心的主要業務範圍是：提供證券集中交易的場地和設備；對集中交易的證券進行監管；為有價證券交易提供報價、清算、交割服務；提供有價證券托管服務；提供證券市場的投資咨詢和信息服務；以及證券機構主管機關批準的其它業務。中心實行理事會領導下的主任（總經理）負責制，下設人事秘書部、交易部、市場部、投資咨詢部、電腦工程部。交易中心場内交易采用集中競價、連續競價方式，電腦工作站申報，撮合成交。實行"價格優先、時間優先"的原則。對證券商的清算交割統一按"淨額交收"的原則辦理，實行當天委托成交、當天清算交割。目前已經同深圳證券交易所實現聯網，并即將同其它證券交易所和中心聯網。交易中心目前有交易場所1023平方米，交易大廳設電子大屏幕顯示屏，會員席位配有行情顯示工作站、委托工作站。目前已有28個省内外證券商在中心擁有33個交易席位。

地址：廣東省汕頭市練江路工業大廈F3首層
電話：（0754）8368187　8367001—3288
傳真：（0754）8366220　**郵編：**515041

主任：林海智

交易大廳

广东省广发期货清算公司

朱森林题

公司是 1993 年 3 月經廣東省人民政府批準，中國人民銀行廣東省分行同意從事商品期貨清算業務。注册資金 1 億元人民幣，由廣東發展銀行、廣東華僑信托投資公司、中國銀行廣州分行等和廣東聯合期貨交易所聯合組建，是目前全國唯一獨立的期貨清算公司。公司實行董事會領導下的總經理負責制。下設清算部、稽核部、電腦部、財務部和辦公室等職能部門。

公司對期貨交易及交割交收負責清算，提供有價證券的集中保管和代保管、期貨市場清算價格和市場信息、咨詢、培訓及清算技術開發和推廣、清算業務範圍的抵押擔保等服務。公司確保期貨交易履約率達到了 100%。

總經理：吴蓬生

地址：廣州市林和西路 91 號景星酒店副樓

電話：(020)7589107　**傳真**：7500295

郵編：510610

公司與中國社會科學院金融研究中心聯合舉辦的高級研討會

公司會議室

海南中亞期貨經紀有限公司

海南中亞期貨經紀有限公司成立于 1991 年 12 月，1994 年 1 月正式成為實力雄厚的三亞中亞信托投資公司的全資子公司，并且獲得中國證監會頒發的期貨經紀業務許可證，主要從事國内期貨業務，注册資金為 1200 萬元人民幣。公司已成為北京、鄭州、蘇州、大連、廣東、深圳、上海和海南等商品期貨交易所的會員單位，并擁有以上各交易所的 9 個交易席位。是海南省目前唯一一家直接擁有 8 大交易所席位的期貨經紀公司。公司于年初成為全國期貨行業聯席會的 12 名主席團成員之一，并在海南省期貨行業内率先組織行業自律協會，并擔任行業協會的首屆理事長，成為海南期貨行業的楷模。

公司設置機構：總裁室、事業拓展部、營業部、信息資料研究部、電腦結算部、財務部和辦公室 7 個部門，員工 110 名，其中專業經紀人 80 名。公司擁有面積達 800 多平方米的交易大廳和 8 個大戶室，200 多部終端顯示器和内部信息管理網絡系統（包括路透社信息資訊系統、中廣衛信息資訊系統和 SIC 信息系統），50 余部程控電話可直撥海内外。公司于 1994 年 8 月開展國内期貨代理業務，目前代理客戶 200 多個，資金近億元，月成交額達 30 多億，無論從成交金額、成交速度已在海南期貨行業首屈一指，公司以其雄厚的實力，規範的交易和優質的服務，為廣大客戶提供一個安全可靠的投資場所。

地址：海口市金貿區國貿大道匯通大廈 10 層

電話：(0898)8530695　8532722

傳真：(0898)8533139　**郵編**：570125

寬敞豪華的交易大廳

廣東星漢期貨經紀有限公司

公司是經國家工商行政管理局首批核準登記注冊的專業期貨經紀公司，并于 1994 年 12 月取得中國證監會頒發的期貨經紀業務許可證，公司注冊資金 2800 萬元人民幣，于 1992 年 11 月正式開業。

公司接待前臺

公司是中國廣東國際合作(集團)公司直屬的全民所有制企業。公司遵循“公開、公平、公正”的原則，嚴格實施風險控制。公司擁有先進的路透社及美聯社財經資訊系統。目前，公司已直接參與北京商品交易所、鄭州商品交易所、廣東聯合交易所、深圳有色金屬交易所、海南中商期貨交易所、蘇州商品交易所等國內主要試點交易所各品種的代理交易。

交易大廳一角

星漢將助您一“幣”之力，伴您登上事業成功的金字塔！

地址：廣州市環市東路 371～375 號世貿中心北塔 17 樓

電話：7783183　7786282

傳真：7786189　郵編：510095

江西瑞奇期貨海南營業部

江西瑞奇期貨海南營業部是江西瑞奇期貨經紀有限公司的分支機構。瑞奇公司是經江西省股份制改革聯審小組辦公室批準成立，在江西工商行政管理局和國家工商行政管理局核準登記注册的股份制有限責任公司，由江西新余鋼鐵總廠、江西銅業公司、江西省國際信托投資公司、中國銀行江西信托咨詢公司、江西遠洋運輸公司、江西華財實業總公司、江西五豐貿易公司、江西冶金經營開發公司等單位共同投資入股，于 1993 年 4 月正式在南昌成立。

瑞奇公司在南昌、成都、北京、蘇州、鄭州、海口等地建有營業部。瑞奇公司是鄭州商品交易所、北京商品交易所、海南中商期貨交易所、上海證券交易所、蘇州商品交易所、上海糧油交易所、上海金屬交易所、天津商品交易所、四川商品交易所等 9 家國內主要期貨交易所的正式會員，并且是海南目前爲數不多的一級代理資格的國内期貨公司。瑞奇公司海口營業部位于海口金融證券期貨業的中心地理位置華能大廈 13 層，安裝了先進的衛星接收系統，能夠即時傳輸交易行情，爲客户提供一流的電訊設施、系統完整的行情分析資料以及一批訓練有素的投資顧問。

“江山代有才人出，各領風騷數百年。”竭誠歡迎每一位期貨投資者、管理者、經紀人加盟本公司。竭誠爲每一位客户服務，幫助客户實現投資理想是瑞奇公司最大的願望！

公司地址：海南省海口市大同路 36 號華能大廈 13 層

江西瑞奇期貨經紀有限公司海南營業部

開戶銀行：中國農業銀行海南省分行中商專櫃

帳號：13－07－801002709

電話：6722561　6722557　6722564　6722563

傳真：(0898)6708495　**郵編：**570102

广东省寰球国际期货经纪有限公司

公司是全國首批經國家工商行政管理局重新核準登記的規範化期貨經紀公司，注册資金1000萬元。公司由廣東省商業企業集團公司投資組建，是獨立的全民所有制法人企業。公司專營期貨經紀業務代理，不做自營。主營芝加哥、紐約、倫敦、香港、新加坡等國際期貨和國内期貨業務代理，兼營期貨咨詢、服務和業務培訓等。

總部地址：廣州市東山東華北路50號廣東商業大廈5樓

地址：廣州市東風西路197號廣州國際金融大廈東座7樓

電話：3378931　3379005　3379000　3379995　3321688—7737、7739

傳真：3379003　郵編：510180

總經理：張紹薈

公司門牌

廣州天鑫期貨經紀公司

總經理：甄華山

廣州天鑫期貨經紀公司，是廣州軍區后勤部天河企業管理局屬下的經中國證監會批準的企業。注册資金1000萬元人民幣。公司自1993年9月正式營業以來，首期投入資金已達2000萬元人民幣，具有雄厚的經濟實力。

公司主要從事國内期貨業務。本着"客户至上，信譽第一"的宗旨，以先進的設備、優良的專業技術水平爲顧客提供準確的信息、完善的手續、迅捷公開的交易而著稱。公司營業面積有430平方米，開辟有多條中繼綫、國際直拔綫，使通訊暢通無阻。公司除擁有一批高素質的管理人員和經紀人員外，還有縝密嚴緊的管理運作系統，是顧客進行交易活動的理想場所。

總經理：甄華山

地址：廣州市沿江中路298號廣信江灣大酒店A座13樓

電話：7580316　9115626

郵編：510010

第十八编

政策与法规

466/549

国家政策法规

中华人民共和国中国人民银行法

第一章　总　则

第一条　为了确立中国人民银行的地位和职责，保证国家货币政策的正确制定和执行，建立和完善中央银行宏观调控体系，加强对金融业的监督管理，制定本法。

第二条　中国人民银行是中华人民共和国的中央银行。

中国人民银行在国务院领导下，制定和实施货币政策，对金融业实施监督管理。

第三条　货币政策目标是保持货币币值的稳定，并以此促进经济增长。

第四条　中国人民银行履行下列职责：

（一）依法制定和执行货币政策；

（二）发行人民币，管理人民币流通；

（三）按照规定审批、监督管理金融机构；

（四）按照规定监督管理金融市场；

（五）发布有关金融监督管理和业务的命令和规章；

（六）持有、管理、经营国家外汇储备、黄金储备；

（七）经理国库；

（八）维护支付、清算系统的正常运行；

（九）负责金融业的统计、调查、分析和预测；

（十）作为国家的中央银行。从事有关的国际金融活动；

（十一）国务院规定的其他职责。

中国人民银行为执行货币政策，可以依照本法第四章的有关规定从事金融业务活动。

第五条　中国人民银行就年度货币供应量、利率、汇率和国务院规定的其他重要事项作出的决定，报国务院批准后执行。

中国人民银行就前款规定以外的其他有关货币政策事项作出决定后，即予执行，并报国务院备案。

第六条　中国人民银行应当向全国人民代表大会常务委员会提出有关货币政策情况和金融监督管理情况的工作报告。

第七条　中国人民银行在国务院领导下依法独立执行货币政策，履行职责，开展业务，不受地方政府、各级政府部门、社会团体和个人的干涉。

第八条　中国人民银行的全部资本由国家出资，属于国家所有。

第二章　组织机构

第九条　中国人民银行设行长一人，副行长若干人。

中国人民银行行长的人选，根据国务院总理的提名，由全国人民代表大会决定；全国人民代表大会闭会期间，由全国人民代表大会常务委员会决定，由中华人民共和国主席任免。中国人民银行副行长由国务院总理任免。

第十条　中国人民银行实行行长负责制。行长领导中国人民银行的工作，副行长协助行长工作。

第十一条　中国人民银行设立货币政策委员会。货币政策委员会的职责、组成和工作程序，由国务院规定，报全国人民代表大会常务委员会备案。

第十二条　中国人民银行根据履行职责的需要设立分支机构，作为中国人民银行的派出机构。中国人民银行对分支机构实行集中统一领导和管理。

中国人民银行的分支机构根据中国人民银行的授权，负责本辖区的金融监督管理，承办有关业务。

第十三条　中国人民银行的行长、副行长及其他工作人员应当恪尽职守，不得滥用职权、徇私舞弊，不得在任何金融机构、企业、基金会兼职。

第十四条　中国人民银行的行长、副行长及其他工作人员。应当依法保守国家秘密，并有责任为其监督管理的金融机构及有关当事人保守秘密。

第三章　人民币

第十五条　中华人民共和国的法定货币是人民币。以人民币支付中华人民共和国境内的一切公共的和私人的债务，任何单位和个人不得拒收。

第十六条　人民币的单位为元。人民币辅助单位为角、分。

第十七条　人民币由中国人民银行统一印制、发行。中国人民银行发行新版人民币，应当将发行时间、面额、图案、式样、规格予以公告。

第十八条　禁止伪造、变造人民币。禁止出售、购买伪造、变造人民币。禁止运输、持有、使用伪造、变造的人民币。禁止故意毁损人民币。禁止在宣传品、出版物或者其他商品上非法使用人民币图样。

第十九条　任何单位和个人不得印制、发售代币票券，以代替人民币在市场上流通。

第二十条　残缺、污损的人民币，按照中国人民银行的规定兑换，并由中国人民银行负责收回、销毁。

第二十一条　中国人民银行设立人民币发行库，在其分支机构设立分支库。分支库调拨人民币发行基金，应当按照上级库的调拨命令办理。任何单位和个人不得违反规定，动用发行基金。

第四章　业　务

第二十二条　中国人民银行为执行货币政策，可以运用下列货币政策工具：

（一）要求金融机构按照规定的比例交存存款准备金；

（二）确定中央银行基准利率；

（三）为在中国人民银行开立帐户的金融机构办理再贴现；

（四）向商业银行提供贷款；

（五）在公开市场上买卖国债和其他政府债券及外汇；

（六）国务院确定的其他货币政策工具；

中国人民银行为执行货币政策，运用前款所列货币政策工具时，可以规定具体的条件和程序。

第二十三条 中国人民银行依照法律、行政法规的规定经理国库。

第二十四条 中国人民银行可以代理国务院财政部门向各金融机构组织发行、兑付国债和其他政府债券。

第二十五条 中国人民银行可以根据需要，为金融机构开立帐户，但不得对金融机构的帐户透支。

第二十六条 中国人民银行应当组织或者协助组织金融机构相互之间的清算系统，协调金融机构相互之间的清算事项，提供清算服务。具体办法由中国人民银行规定。

第二十七条 中国人民银行根据执行货币政策的需要，可以决定对商业银行贷款的数额、期限、利率和方式，但贷款的期限不得超过一年。

第二十八条 中国人民银行不得对政府财政透支，不得直接认购、包销国债和其他政府债券。

第二十九条 中国人民银行不得向地方政府、各级政府部门提供贷款，不得向非银行金融机构以及其他单位和个人提供贷款，但国务院决定中国人民银行可以向特定的非银行金融机构提供贷款的除外。

中国人民银行不得向任何单位和个人提供担保。

第五章 金融监督管理

第三十条 中国人民银行依法对金融机构及其业务实施监督管理，维护金融业的合法、稳健运行。

第三十一条 中国人民银行按照规定审批金融机构的设立、变更、终止及其业务范围。

第三十二条 中国人民银行有权对金融机构的存款、贷款、结算、呆帐等情况随时进行稽核、检查监督。

中国人民银行有权对金融机构违反规定提高或者降低存款利率、贷款利率的行为进行检查监督。

第三十三条 中国人民银行有权要求金融机构按照规定报送资产负债表、损益表以及其他财务会计报表和资料。

第三十四条 中国人民银行负责统一编制全国金融统计数据、报表，并按照国家有关规定予以公布。

第三十五条 中国人民银行对国家政策性银行的金融业务，进行指导和监督。

第三十六条 中国人民银行应当建立、健全本系统的稽核、检查制度，加强内部的监督管理。

第六章 财务会计

第三十七条 中国人民银行实行独立的财务预算管理制度。

中国人民银行的预算经国务院财政部门审核后，纳入中央预算，接受国务院财政部门的预算执行监督。

第三十八条 中国人民银行每一会计年度的收入减除该年度支出，并按照国务院财政部门核定的比例提取总准备金后的净利润，全部上缴中央财政。

中国人民银行的亏损由中央财政拨款弥补。

第三十九条 中国人民银行的财务收支和会计事务，应当执行法律、行政法规和国家统一的财务会计制度，接受国务院审计机关和财政部门依法分别进行的审计和监督。

第四十条 中国人民银行应当于每一会计年度结束后的三个月内，编制资产负债表、损益表和相关的财务会计报表，并编制年度报告，按照国家有关规定予以公布。

中国人民银行的会计年度自公历1月1日起至12月31日止。

第七章 法律责任

第四十一条 伪造人民币、出售伪造的人民币或明知是伪造的人民币而运输的，依法追究刑事责任。

变造人发币、出售变造的人民币或者明知是变造的人民币而运输，构成犯罪的，依法追究刑事责任；情节轻微的，由公安机关处十五日以下拘留、五千元以下罚款。

第四十二条 购买伪造、变造的人民币或者明知是伪造、变造的人民币而持有、使用，构成犯罪的，依法追究刑事责任、情节轻微的，由公安机关处十五日以下拘留、五千元以下罚款。

第四十三条 在宣传品、出版物或者其他商品上非法使用人民币图样的，中国人民银行应当责令改正，并销毁非法使用的人民币图样，没收违法所得，并处五万元以下罚款。

第四十四条 印制、发售代币票券，以代替人民币在市场上流通的，中国人民银行应当责令停止违法行为，并处二十万元以下罚款。

第四十五条 违反法律、行政法规有关金融监督管理规定的，中国人民银行应当责令停止违法行为，并依法给予行政处罚；构成犯罪的，依法追究刑事责任。

第四十六条 当事人对行政处罚不服的，可以依照《中华人民共和国行政诉讼法》的规定提起行政诉讼。

第四十七条 中国人民银行有下列行为之一的，对负有直接责任的主管人员和其他直接责任人员，依法给予行政处分；构成犯罪的，依法追究刑事责任、

（一）违反本法第二十九条第一款的规定提供货款的；

（二）对单位和个人提供提保的；

（三）擅自动用发行基金的；

有前款所列行为之一，造成损失的，负有直接责任的主管人员和其他直接责任人员应当承担部分或者全部赔偿责任。

第四十八条 地方政府、各级政府部门、社会团体和个人强令中国人民银行及其工作人员违反本法第二十九条的规定提供贷款或者担保的，对负有直接责任的主管人员和其他直接责任人员，依法给予行政处分；构成犯罪的，依法追究刑事责任；造成损失的，应当承担部分或者全部赔偿责任。

第四十九条 中国人民银行的工作人员泄露国家秘密，构成犯罪的，依法追究刑事责任；情节轻微的，依法给予行政处分。

第五十条 中国人民银行的工作人员贪污受贿、徇私舞弊、滥用职权、玩忽职守，构成犯罪的，依法追究刑事责任；情节轻微的，依法给予行政处分。

第八章 附 则

第五十一条 本法自公布之日起施行。

中华人民共和国主席令第四十六号

一九九五年三月十八日

中华人民共和国商业银行法

目　录

第一章　总　则

第一条　为了保护商业银行、存款人和其他客户的合法权益，规范商业银行的行为，提高信贷资产质量，加强监督管理，保障商业银行的稳健运行，维护金融秩序，促进社会主义市场经济的发展，制定本法。

第二条　本法所称的商业银行是指依照本法和《中华人民共和国公司法》设立的吸收公众存款、发放贷款、办理结算等业务的企业法人。

第三条　商业银行可以经营下列部分或者全部业务：

（一）吸收公众存款；

（二）发放短期、中期和长期贷款；

（三）办理国内外结算；

（四）办理票据贴现；

（五）发行金融债券；

（六）代理发行、代理兑付、承销政府债券；

（七）买卖政府债券；

（八）从事同业拆借；

（九）买卖、代理买卖外汇；

（十）提供信用证服务及担保；

（十一）代理收付款项及代理保险业务；

（十二）提供保管箱服务；

（十三）经中国人民银行批准的其他业务；

第四条　商业银行以效益性、安全性、流动性为经营原则，实行自主经营，自担风险，自负盈亏，自我约束。

商业银行依法开展业务，不受任何单位和个人的干涉。

商业银行以其全部法人财产独立承担民事责任。

第五条　商业银行与客户的业务往来，应当遵循平等、自愿、公平和诚实信用的原则。

第六条　商业银行应当保障存款人的合法权益不受任何单位和个人的侵犯。

第七条　商业银行开展信贷业务，应当严格审查借款人的资信，实行担保，保障按期收回贷款。

商业银行依法向借款人收回到期贷款的本金和利息，受法律保护。

第八条　商业银行开展业务，应当遵守法律、行政法规的有关规定，不得损害国家利益、社会公共利益。

第九条　商业银行开展业务，应当遵守公平竞争的原则，不得从事不正当竞争。

第十条　商业银行依法接受中国人民银行的监督管理。

第二章　商业银行的设立和组织机构

第十一条　设立商业银行，应当经中国人民银行审查批准。

未经中国人民银行批准，任何单位和个人不得从事吸收公众存款等商业银行业务，任何单位不得在名称中使用“银行”字样。

第十二条　设立商业银行，应当具备下列条件：

（一）有符合本法和《中华人民共和国公司法》规定的章程；

（二）有符合本法规定的注册资本最低限额；

（三）有具备任职专业知识和业务工作经验的董事长（行长）、总经理和其他高级管理人员；

（四）有健全的组织机构和管理制度；

（五）有符合要求的营业场所、安全防范措施和与业务有关的其他设施。

中国人民银行审查设立申请时，应当考虑经济发展的需要和银行业竞争的状况。

第十三条　设立商业银行的注册资本最低限额为十亿元人民币，城市合作商业银行的注册资本最低限额为一亿元人民币，农村合作商业银行的注册资本最低限额为五千万元人民币。注册资本应当是实缴资本。

中国人民银行根据经济发展可以调整注册资本最低限额，但不得少于前款规定的限额。

第十四条　设立商业银行，申请人应当向中国人民银行提交下列文件、资料：

（一）申请书，申请书应当载明拟设立的商业银行名称、所在地、注册资本、业务范围等；

（二）可行性研究报告；

（三）中国人民银行规定提交的其他文件、资料。

第十五条　设立商业银行的申请经审查符合本法第十四条规定的，申请人应当填写正式申请表，并提交下列文件、资料：

（一）章程草案；

（二）拟任职的高级管理人员的资格证明；

（三）法定验资机构出具的验资证明；

（四）股东名册及其出资额、股份；

（五）持有注册资本百分之十以上的股东的资信证明和有关资料；

（六）经营方针和计划；

（七）营业场所、安全防范措施和业务有关的其他设施的资料；

（八）中国人民银行规定的其他文件、资料。

第十六条　经批准设立的商业银行，由中国人民银行颁发经营许可证，并凭该许可证向工商行政管理部门办理登记，领取营业执照。

第十七条　商业银行的组织形式、组织机构适用《中华人民共和国公司法》的规定。

本法施行前设立的商业银行，其组织形式、组织机构不完全符合《中华人民共和国公司法》规定的，可以继续沿用原有的规定，适用前款规定的日期由国务院规定。

第十八条 国有独资商业银行设立监事会。监事会由中国人民银行、政府有关部门的代表、有关专家和本行工作人员的代表组成。监事会的产生办法由国务院规定。

监事会对国有独资商业银行的信贷资产质量、资产负债比例、国有资产保值增值等情况以及高级管理人员违反法律、行政法规或者章程的行为和损害银行利益的行为进行监督。

第十九条 商业银行根据业务需要可以在中华人民共和国境内外设立分支机构。设立分支机构必须经中国人民银行审查批准。在中华人民共和国境内的分支机构,不按行政区划设立。

商业银行在中华人民共和国境内设立分支机构,应当按照规定拨付与其经营规模相适应的营运资金额。拨付各分支机构营运金额的总和,不得超过总行资本金总额的百分之六十。

第二十条 设立商业银行分支机构,申请人应当向中国人民银行提交下列文件、资料:

(一)申请书,申请书应当载明拟设立的分支机构的名称、营运资金额、业务范围、总行及分支机构所在地等;

(二)申请人最近二年的财务会计报告;

(三)拟任职的高级管理人员的资格证明;

(四)经营方针和计划;

(五)营业场所、安全防范措施和与业务有关的其他设施的资料;

(六)中国人民银行规定的其他文件、资料。

第二十一条 经批准设立的商业银行分支机构,由中国人民银行颁发经营许可证,并凭该许可证向工商行政管理部门办理登记,领取营业执照。

第二十二条 商业银行对其分支机构实行全行统一核算,统一调度资金,分级管理的财务制度。

商业银行分支机构不具有法人资格,在总行授权范围内依法开展业务,其民事责任由总行承担。

第二十三条 经批准设立的商业银行及其分支机构,由中国人民银行予以公告。

商业银行及其分支机构自取得营执照之日起无正当理由超过六个月未开业的,或者开业后自行停业连续六个月以上的,由中国人民银行吊销其经营许可证,并予以公告。

第二十四条 商业银行有下列变更事项之一的,应当经中国人民银行批准;

(一)变更名称;

(二)变更注册资本;

(三)变更总行或者分支行所在地;

(四)调整业务范围;

(五)变更持有资本总额或者股份总额百分之十以上的股东;

(六)修改章程;

(七)中国人民银行规定的其他变更事项。

更换董事长(行长)、总经理时,应当报经中国人民银行审查其任职条件。

第二十五条 商业银行的分立、合并,适用《中华人民共和国公司法》的规定。

商业银行的分立、合并,应当经中国人民银行审查批准。

第二十六条 商业银行应当依照法律、行政法规的规定使用经营许可证。禁止伪造、变造、转让、出租、出借经营许可证。

第二十七条 有下列情形之一的,不得担任商业银行的高级管理人员:

(一)因犯有贪污、贿赂、侵占财产、挪用财产罪或者破坏社会经济秩序罪,被判处刑罚,或者因犯罪被剥夺政治权利的;

(二)担任因经营不善破产清算的公司、企业的董事或者厂长、经理,并对该公司、企业的破产负有个人责任的;

(三)担任因违法被吊销营业执照的公司、企业的法定代表人,并负有个人责任的;

(四)个人所负数额较大的债务到期未清偿的。

第二十八条 任何单位和个人购买商业银行股份总额百分之十以上的,应当事先经中国人民银行批准。

第三章　对存款人的保护

第二十九条 商业银行办理个人储蓄存款业务,应当遵循存款自愿,取款自由、存款有息,为存款人保密的原则。

对个人储蓄存款,商业银行有权拒绝任何单位或者个人查询、冻结、扣划,但法律另有规定的除外。

第三十条 对单位存款,商业银行有权拒绝任何单位或者个人查询,但法律、行政法规另有规定的除外;有权拒绝任何单位或者个人冻结、扣划,但法律另有规定的除外。

第三十一条 商业银行应当按照中国人民银行规定的存款利率的上下限,确定存款利率,并予以公告。

第三十二条 商业银行应当按照中国人民银行的规定,向中国人民银行交存存款准备金,留足备付金。

第三十三条 商业银行应当保证存款本金和利息的支付,不得拖延、拒绝支付存款本金和利息。

第四章　贷款和其他业务的基本规则

第三十四条 商业银行根据国民经济和社会发展的需要,在国家产业政策指导下开展贷款业务。

第三十五条 商业银行贷款,应当对借款人的借款用途,偿还能力,还款方式等情况进行严格审查。

商业银行贷款,应当实行审贷分离,分级审批的制度。

第三十六条 商业银行贷款,借款人应当提供担保。商业银行应当对保证人的偿还能力,抵押物、质物的可行性进行严格审查。

经商业银行审查、评估,确认借款人资信良好,确能偿还贷款的,可以不提供担保。

第三十七条 商业银行贷款,应当与借款人订立书面合同。合同应当约定贷款种类、借款用途、金额、利率、还款期限、还款方式、违约责任和双方认为需要约定的其他事项。

第三十八条 商业银行应当按照中国人民银行规定的贷款利率的上下限,确定贷款利率。

第三十九条 商业银行贷款,应当遵守下列资产负债比例管理的规定:

(一)资本充足率不得低于百分之八;

(二)贷款余额与存款余额的比例不得超过百分之七十五;

(三)流动性资产余额与流动性负债余额的比例不得低于百分之二十五;

(四)对同一借款人的贷款余额与商业银行资本余额的比例不得超过百分之十;

(五)中国人民银行对资产负债比例管理的其他规定。

本法施行前设立的商业银行,在本法施行后,其资产负债比例不符合前款规定的,应当在一定的期限内符合前款规定。

具体办法由国务院规定。

第四十条 商业银行不得向关系人发放信用贷款;向关系人发放担保贷款的条件不得优于其他借款人同类贷款的条件。

前款所称关系人是指:

(一)商业银行的董事、监事、管理人员、信贷业务人员及其近亲属;

(二)前项所列人员投资或者担任高级管理职务的公司、企业和其他经济组织。

第四十一条 任何单位和个人不得强令商业银行发放贷款或者提供担保。商业银行有权拒绝任何单位和个人强令要求其发放贷款或者提供担保。

经国务院批准的特定贷款项目,国有独资商业银行应当发放贷款。因贷款造成的损失,由国务院采取相应补救措施。具体办法由国务院规定。

第四十二条 借款人应当按期归还贷款的本金和利息。

借款人到期不归还担保贷款的,商业银行依法享有要求保证人归还贷款本金和利息或者就该担保物优先受偿的权利。商业银行因行使抵押权、质权而取得的不动产或者股票,应当自取得之日起一年内予以处分。

借款人到期不归还信用贷款的,应当按照合同约定承担责任。

第四十三条 商业银行在中华人民共和国境内不得从事信托投资和股票业务,不得投资于非自用不动产。

商业银行在中华人民共和国境内不得向非银行金融机构和企业投资。本法施行前,商业银行已向非银行金融机构和企业投资的,由国务院另行规定实施办法。

第四十四条 商业银行办理票据承兑、汇兑、委托收款等结算业务,应当按照规定的期限兑现,收付入帐,不得压单、压票或者违反规定退票。有关兑现、收付入帐期限的规定应当公布。

第四十五条 商业银行发行金融债券或者到境外借款,应当依照法律、行政法规的规定报经批准。

第四十六条 同业拆借,应当遵守中国人民银行规定的期限,拆借的期限最长不得超过四个月。禁止利用拆入资金发放固定资产贷款或者用于投资。

拆出资金限于交足存款准备金、留足备付金和归还中国人民银行到期贷款之后的闲置资金。拆入资金用于弥补票据结算、联行汇差头寸的不足和解决临时性周转资金的需要。

第四十七条 商业银行不得违反规定提高或者降低利率以及采用其他不正当手段,吸收存款,发放贷款。

第四十八条 企业事业单位可以自主选择一家商业银行的营业场所开立一个办理日常转帐结算和现金收付的基本帐户,不得开立两个以上基本帐户。

任何单位和个人不得将单位的资金以个人名义开立帐户存储。

第四十九条 商业银行的营业时间应当方便客户,并予以公告。商业银行应当在公告的营业时间内营业,不得擅自停止营业或者缩短营业时间。

第五十条 商业银行办理业务,提供服务,按照中国人民银行的规定收取手续费。

第五十一条 商业银行应当按照国家有关规定保存财务会计报表、业务合同以及其他资料。

第五十二条 商业银行的工作人员应当遵守法律、行政法规和其他各项业务管理的规定,不得有下列行为:

(一)利用职务上的便利,索取、收受贿赂或者违反国家规定收受各种名义的回扣、手续费;

(二)利用职务上的便利,贪污、挪用、侵占本行或者客户的资金;

(三)违反规定徇私向亲属、朋友发放贷款或者提供担保;

(四)在其他经济组织兼职;

(五)违反法律、行政法规和业务管理规定的其他行为。

第五十三条 商业银行的工作人员不得泄露其在任职期间知悉的国家秘密、商业秘密。

第五章 财务会计

第五十四条 商业银行应当依照法律和国家统一的会计制度以及中国人民银行的有关规定,建立、健全本行的财务会计制度。

第五十五条 商业银行应当按照国家有关规定,真实记录并全面反映其业务活动和财务状况,编制年度财务会计报告,及时向中国人民银行和财政部门报送会计报表。商业银行不得在法定的会计帐册外另立会计帐册。

第五十六条 商业银行应当于每一会计年度终了三个月内,按照中国人民银行的规定,公布其上一年度的经营业绩和审计报告。

第五十七条 商业银行应当按照国家有关规定,提取呆帐准备金,冲销呆帐。

第五十八条 商业银行的会计年度自公历 1 月 1 日起至 12 月 31 日止。

第六章 监督管理

第五十九条 商业银行应当按照中国人民银行的规定,制定本行的业务规则,建立、健全本行的业务管理、现金管理和安全防范制度。

第六十条 商业银行应当建立、健全本行对存款、贷款、结算、呆帐等各项情况的稽核、检查制度。

商业银行对分支机构应当进行经常性的稽核和检查监督。

第六十一条 商业银行应当定期向中国人民银行报送资产负债表、损益表以及其他财务会计报表和资料。

第六十二条 中国人民银行有权依照本法第三章、第四章、第五章的规定。随时对商业银行的存款、贷款、结算、呆帐等情况进行检查监督。检查监督时,检查监督人员应当出示合法的证件。商业银行应当按照中国人民银行的要求,提供财务会计资料、业务合同和有关经营管理方面的其他信息。

第六十三条 商业银行应当依法接受审计机关的审计监督。

第七章 接管和终止

第六十四条 商业银行已经或者可能发生信用危机,严重影响存款人的利益时,中国人民银行可以对该银行实行接管。

接管的目的对被接管的商业银行采取必要措施,以保护存款人的利益,恢复商业银行的正常经营能力。被接管的商业银行的债权债务关系不因接管而变化。

第六十五条 接管由中国人民银行决定,并组织实施。中国人民银行的接管决定应当载明下列内容:

(一)被接管的商业银行名称;

(二)接管理由;

（三）接管组织；

（四）接管期限；

接管决定由中国人民银行予以公告。

第六十六条 接管自接管决定实施之日起开始。

自接管开始之日起，由接管组织行使商业银行的经营管理权力。

第六十七条 接管期限届满，中国人民银行可以决定延期，但接管期限最长不得超过二年。

第六十八条 有下列情形之一的，接管终止：

（一）接管决定规定的期限届满或者中国人民银行决定的接管延期届满；

（二）接管期限届满前，该商业银行已恢复正常经营能力；

（三）接管期限届满前，该商业银行被合并或者被依法宣告破产。

第六十九条 商业银行因分立、合并或者出现公司章程规定的解散事由需要解散的，应当向中国人民银行提出申请，并附解散的理由和支付存款的本金和利息等债务清偿计划。经中国人民银行批准后解散。

商业银行解散的，应当依法成立清算组，进行清算，按照清偿计划及时偿还存款本金和利息等债务。中国人民银行监督清算过程。

第七十条 商业银行因吊销经营许可证被撤销的，中国人民银行应当依法及时组织成立清算组，进行清算，按照清偿计划及时偿还存款本金和利息等债务。

第七十一条 商业银行不能支付到期债务，经中国人民银行同意，由人民法院依法宣告其破产。商业银行被宣告破产的，由人民法院组织中国人民银行等有关部门和有关人员成立清算组，进行清算。

商业银行破产清算时，在支付清算费用、所欠职工工资和劳动保险费用后，应当优先支付个人储蓄存款的本金和利息。

第七十二条 商业银行因解散、被撤销和被宣告破产而终止。

第八章 法律责任

第七十三条 商业银行有下列情形之一，对存款或者其他客户造成财产损害的，应当承担支付迟延履行的利息以及其他民事责任：

（一）无故拖延、拒绝支付存款本金和利息的；

（二）违反票据承兑等结算业务规定，不予兑现，不予收付入帐，压单、压票或者违反规定退票的；

（三）非法查询、冻结、扣划个人储蓄存款或者单位存款的；

（四）违反本法规定对存款人或者其他客户造成损害的其他行为。

第七十四条 商业银行有下列情形之一，由中国人民银行责令改正，有违法所得的，没收违法所得，并处以违法所得一倍以上五倍以下罚款，没有违法所得的，处以十万元以上五十万元以下罚款；情节特别严重或者逾期不改正的，中国人民银行可以责令停业整顿或者吊销其经营许可证；构成犯罪的，依法追究刑事责任：

（一）未经批准发行金融债券或者到境外借款的；

（二）未经批准买卖政府债券或者买卖、代理买卖外汇的；

（三）在境内从事信托投资和股票业务或者投资于非自用不动产的；

（四）向境内非银行金融机构和企业投资的；

（五）向关系人发放信用贷款或者发放担保贷款的条件优于其他借款人同类贷款的条件的；

（六）提供虚假的或者隐瞒重要事实的财务会计报表的；

（七）拒绝中国人民银行稽核、检查监督的；

（八）出租、出借经营许可证的。

第七十五条 商业银行有本法第七十三条规定的情形之一的或者有下列情形之一，由中国人民银行责令改正，有违法所得的，没收违法所得，并处以违法所得一倍以上三倍以下罚款，没有违法所得的，处以五万元以上三十万元以下罚款：

（一）未按照中国人民银行规定的比例交存存款准备金的；

（二）未遵守资本充足率、存贷比例、资产流动性比例、同一借款人贷款比例和中国人民银行有关资产负债比例管理的其他规定的；

（三）未经批准设立分支机构的；

（四）未经批准分立、合并的；

（五）同业拆借超过规定的期限或者利用拆入资金发放固定资产贷款的；

（六）违反规定提高或者降低利率以及采用其他不正当手段，吸收存款，发放贷款的。

第七十六条 商业银行有本法第七十三条至第七十五条规定的情形的，对直接负责的主管人员和其他直接责任人员，应当给予纪律处分；构成犯罪的，依法追究刑事责任。

第七十七条 有下列情形之一，由中国人民银行责令改正，有违法所得的，没收违法所得，可以处以违法所得一倍以上三倍以下罚款，没有违法所得的，可以处以五万元以上三十万元以下罚款：

（一）未经批准在名称中使用“银行”字样的；

（二）未经批准购买商业银行股份总额百分之十以上的；

（三）将单位的资金以个人名义开立帐户存储的。

第七十八条 不按照规定向中国人民银行报送有关文件、资料或者违反本法第二十四条规定对变更事项不报批的，由中国人民银行责令改正，逾期不改正的，可以处以一万元以上十万元以下罚款。

第七十九条 未经中国人民银行批准，擅自设立商业银行，或者非法吸收公众存款、变相吸收公众存款的，依法追究刑事责任；并由中国人民银行予以取缔。

伪造、变造、转让商业银行经营许可证的，依法追究刑事责任。

第八十条 借款人采取欺诈手段骗取贷款，构成犯罪的，依法追究刑事责任。

第八十一条 商业银行工作人员利用职务上的便利，索取、收受贿赂或者违反国家规定收受各种名义的回扣、手续费的，依法追究刑事责任。

有前款行为，发放贷款或者提供担保造成损失的，应当承担全部或者部分赔偿责任。

第八十二条 商业银行工作人员利用职务上的便利，贪污、挪用、侵占本行或者客户资金，构成犯罪的，依法追究刑事责任；未构成犯罪的，应当给予纪律处分。

第八十三条 商业银行工作人员违反本法规定玩忽职守造成损失的，应当给予纪律处分；构成犯罪的，依法追究刑事责任。

违反规定徇私向亲属、朋友发放贷款或者提供担保造成损失的，应当承担全部或者部分赔偿责任。

第八十四条 商业银行工作人员泄露在任职期间知悉的

国家秘密、商业秘密的，应当给予纪律必分；构成犯罪的，依法追究刑事责任。

第八十五条 单位或者个人强令商业银行发放贷款或者提供担保的，应当对直接负责的主管人员和其他直接责任人员或者个人给予纪律处分；造成损失的，应当承担全部或者部分赔偿责任。

商业银行的工作人员对单位或者个人强令其发放贷款或者提供担保未予拒绝的，应当给 予纪律处分；造成损失的，应当承担相应的赔偿责任。

第八十六条 商业银行及其工作人员对中国人民银行的处罚决定不服的，可以依照《中华人民共和国行政诉讼法》的规定向人民法院提起诉讼。

第九章 附 则

第八十七条 本法施行前，按照国务院的规定经批准设立的商业银行不再办理审批手续。

第八十八条 外资商业银行、中外合资商业银行、外国商业银行分行适用本法规定，法律、行政法规另有规定的，适用其规定。

第八十九条 城市信用合作社、农村信用合作社办理存款、贷款和结算等业务，适用本法有关规定。

第九十条 邮政企业办理邮政储蓄、汇款业务，适用本法有关规定。

第九十一条 本法自1995年7月1日起施行。

中华人民共和国主席令第四十七号
一九九五年五月十日

中华人民共和国票据法

目 录

第一章 总 则

第一条 为了规范票据行为，保障票据活动中当事人的合法权益，维护社会经济秩序，促进社会主义市场经济的发展，制定本法。

第二条 在中华人民共和国境内的票据活动，适用本法。

本法所称票据，是指汇票、本票和支票。

第三条 票据活动应当遵守法律、行政法规，不得损害社会公共利益。

第四条 票据出票人制作票据，应当按照法定条件在票据上签章，并按照所记载的事项承担票据责任。

持票人行使票据权利，应当按照法定程序在票据上签章，并出示票据。

其他票据债务人在票据上签章的，按照票据所记载的事项承担票据责任。

本法所称票据权利，是指持票人向票据债务人请求支付票据金额的权利，包括付款请求权和追索权。

本法所称票据责任，是指票据债务人向持票人支付票据金额的义务。

第五条 票据当事人可以委托其代理人在票据上签章，并应当在票据上表明其代理关系。

没有代理权而以代理人名义在票据上签章的，应当由签章人承担票据责任；代理人超越代理权限的，应当就其超越权限的部分承担票据责任。

第六条 无民事行为能力人或者限制民事行为能力人在票据上签章的，其签章无效，但是不影响其他签章的效力。

第七条 票据上的签章，为签名、盖章或者签名加盖章。

法人和其他使用票据的单位在票据上的签章，为该法人或者该单位的盖章加其法定代表人或者其授权的代理人的签章。

在票据上的签名，应当为该当事人的本名。

第八条 票据金额以中文大写和数码同时记载，二者必须一致，二者不一致的，票据无效。

第九条 票据上的记载事项必须符合本法的规定。

票据金额、日期、收款人名称不得更改，更改的票据无效。

对票据上的其他记载事项，原记载人可以更改，更改时应当由原记载人签章证明。

第十条 票据的签发、取得和转让，应当遵循诚实信用的原则，具有真实的交易关系和债权债务关系。

票据的取得，必须给付对价，即应当给付票据双方当事人认可的相对应的代价。

第十一条 因税收、继承、赠与可以依法无偿取得票据的，不受给付对价的限制。但是，所享有的票据权利不得优于其前手的权利。

前手是指在票据签章或者持票人之前签章的其他票据债务人。

第十二条 以欺诈、偷盗或者胁迫等手段取得票据的，或者明知有前列情形，出于恶意取得票据的，不得享有票据权利。

持票人因重大过失取得不符合本法规定的票据的，也不得享有票据权利。

第十三条 票据债务人不得以自己与出票人或者与持票人的前手之间的抗辩事由，对抗持票人。但是，持票人明知存在抗辩事由而取得票据的除外。

票据债务人可以对不履行约定义务的与自己有直接债权债务关系的持票人，进行抗辩。本法所称抗辩，是指票据债务人根据本法规定对票据债权人拒绝履行义务的行为。

第十四条 票据上的记载事项应当真实，不得伪造、变造。

伪造、变造票据上的签章和其他记载事项的，应当承担法律责任。

票据上有伪造、变造的签章的，不影响票据上其他真实签章的效力。

票据上其他记载事项被变造的，在变造之前签章的人，对原记载事项负责；在变造之后签章的人，对变造之后的记载事项负责；不能辨别是在票据被变造之前或者之后的签章的，视同在变造之前签章。

第十五条 票据丧失，失票人可以及时通知票据的付款人挂失止付，但是，未记载付款人或者无法确定付款人及其代理付款人的票据除外。

收到挂失止付通知的付款人，应当暂停支付。

失票人应当在通知挂失止付后3日内，也可以在票据丧失后，依法向人民法院申请公示催告，或者向人民法院提起诉讼。

第十六条 持票人对票据债务人行使票据权利，或者保全票据权利，应当在票据当事人的营业场所和营业时间内进行，票据当事人无营业场所的，应当在其住所进行。

第十七条 票据权利在下列期限内不行使而消灭：

(一)持票人对票据的出票人和承兑人的权利，自票据到期日起2年。见票即付的汇票、本票，自出票日起2年；

(二)持票人对支票出票人的权利，自出票日起6个月；

(三)持票人对前手的追索权，自清偿日或者被拒绝付款之日起6个月；

(四)持票人对前手的再追索权，自清偿日或者被提起诉讼之日起3个月。

票据的出票日、到期日由票据当事人依法确定。

第十八条 持票人因超过票据权利时效或者因票据记载事项欠缺而丧失票据权利的，仍享有民事权利，可以请求出票人或者承兑人返还其与未支付的票据金额相当的利益。

第二章 汇 票

第一节 出票

第十九条 汇票是出票人签发的，委托付款人在见票时或者在指定日期无条件支付确定的金额给收款人或者持票人的票据。

汇票分为银行汇票和商业汇票。

第二十条 出票是指出票人签发票据并将其交付给收款人的票据行为。

第二十一条 汇票的出票人必须与付款人具有真实的委托付款关系，并且具有支付汇票金额的可靠资金来源。

不得签发无对价的汇票用以骗取银行或者其他票据当事人的资金。

第二十二条 汇票必须记载下列事项：

(一)表明“汇票”的字样；

(二)无条件支付的委托；

(三)确定的金额；

(四)付款人名称；

(五)收款人名称；

(六)出票日期；

(七)出票人签章；

汇票上未记载前款规定事项之一的，汇票无效。

第二十三条 汇票上记载付款日期、付款地、出票地等事项的，应当清楚、明确。

汇票上未记载付款日期的，为见票即付。

汇票上未记载付款地的，付款人的营业场所、住所或者经常居住地为付款地。

汇票上未记载出票地的，出票人的营业场所、住所或者经常居住地为出票地。

第二十四条 汇票上可以记载本法规定事项以外的其他出票事项，但是该记载事项不具有汇票上的效力。

第二十五条 付款日期可以按照下列形式之一记载：

(一)见票即付；

(二)定日付款；

(三)出票后定期付款；

(四)见票后定期付款。

前款规定的付款日期为汇票到期日。

第二十六条 出票人签发汇票后，即承担保证该汇票承兑和付款的责任。出票人在汇票得不到承兑或者付款时，应当向持票人清偿本法第七十条、第七十一条规定的金额和费用。

第二节 背书

第二十七条 持票人可以将汇票权利转让给他人或者将一定的汇票权利授予他人行使。

出票人在汇票上记载“不得转让”字样的，汇票不得转让。

持票人行使第一款规定的权利时，应当背书并交付汇票。

背书是指在票据背面或者粘单上记载有关事项并签章的票据行为。

第二十八条 票据凭证不能满足背书人记载事项的需要，可以加附粘单，粘附于票据凭证上。

粘单上的第一记载人，应当在汇票和粘单的粘接处签章。

第二十九条 背书由背书人签章并记载背书日期。

背书未记载日期的，视为在汇票到期日前背书。

第三十条 汇票以背书转让或者以背书将一定的汇票权利授予他人行使时，必须记载被背书人名称。

第三十一条 以背书转让的汇票，背书应当连续。持票人以背书的连续，证明其汇票权利；非经背书转让，而以其他合法方式取得汇票的，依法举证，证明其汇票权利。

前款所称背书连续，是指在票据转让中，转让汇票的背书人与受让汇票的被背书人在汇票上的签章依次前后衔接。

第三十二条 以背书转让的汇票，后手应当对其直接前手背书的真实性负责。

后手是指在票据签章人之后签章的其他票据债务人。

第三十三条 背书不得附有条件。背书时附有条件的，所附条件不具有汇票上的效力。

将汇票金额的一部分转让的背书或者将汇票金额分别转让给二人以上的背书无效。

第三十四条 背书人在汇票上记载“不得转让”字样，其后手再背书转让的，原背书人对后手的被背书人有承担保证责任。

第三十五条 背书记载“委托收款”字样的，被背书人有权代背书人行使被委托的汇票权利。但是，被背书人不得再以背书转让汇票权利。

汇票可以设定质押，质押时应当以背书记载“质押”字样。被背书人依法实现其质权时，可以行使汇票权利。

第三十六条 汇票被拒绝承兑、被拒绝付款或者超过付款提示期限的，不得背书转让；背书转让的，背书人应当承担汇票责任。

第三十七条 背书人以背书转让汇票后，即承担保证其后手所持汇票承兑和付款的责任。背书人在汇票得不到承兑或者付款时，应当向持票人清偿本法第七十条、第七十一条规定的金额和费用。

第三节 承兑

第三十八条 承兑是指汇票付款人承诺在汇票到期日支付汇票金额的票据行为。

第三十九条 定日付款或者出票后定期付款的汇票，持票人应当在汇票到期日前向付款人提示承兑。

提示承兑是指持票人向付款人出示汇票，并要求付款人承诺付款的行为。

第四十条 见票后定期付款的汇票，持票人应当自出票日起1个月内向付款人提示承兑。

汇票未按照规定期限提示承兑的，持票人丧失对其前手的追索权。

见票即付的汇票无需提示承兑。

第四十一条 付款人对向其提示承兑的汇票，应当自收到提示承兑的汇票之日起3日内承兑或者拒绝承兑。

付款人收到持票人提示承兑的汇票，应当向持票人签发收到汇票的回单。回单上应当记明汇票提示承兑日期并签章。

第四十二条 付款人承兑汇票的，应当在汇票正面记载"承兑"字样和承兑日期并签章；见票后定期付款的汇票，应当在承兑时记载付款日期。

汇票上未记载承兑日期的，以前条第一款规定期限的最后一日为承兑日期。

第四十三条 付款人承兑汇票，不得附有条件；承兑附有条件的，视为拒绝承兑。

第四十四条 付款人承兑汇票后，应当承担到期付款的责任。

第四节 保证

第四十五条 汇票的债务可以由保证人承担保证责任。

保证人由汇票债务人以外的他人担当。

第四十六条 保证人必须在汇票或者粘单上记载下列事项：

(一)表明"保证"的字样；

(二)保证人名称和住所；

(三)被保证人的名称；

(四)保证日期；

(五)保证人签章。

第四十七条 保证人在汇票或者粘单上未记载前条第(三)项的，已承兑的汇票，承兑人为被保证人；未承兑的汇票，出票人为被保证人。

保证人在汇票或者粘单上未记载前条第(四)项的，出票日期为保证日期。

第四十八条 保证不得附有条件；附有条件的，不影响对汇票的保证责任。

第四十九条 保证人对合法取得汇票的持票人所享有的汇票权利，承担保证责任。但是，被保证人的债务因汇票记载事项欠缺而无效的除外。

第五十条 被保证的汇票，保证人应当与被保证人对持票人承担连带责任。汇票到期后得不到付款的，持票人有权向保证人请求付款，保证人应当足额付款。

第五十一条 保证人为二人以上的，保证人之间承担连带责任。

第五十二条 保证人清偿汇票债务后，可以行使持票人对被保证人及其前手的追索权。

第五节 付款

第五十三条 持票人应当按照下列期限提示付款：

(一)见票即付的汇票，自出票日起1个月内向付款人提示付款；(二)定日付款、出票后定期付款或者见票后定期付款的汇票，自到期日起10日内向承兑人提示付款。

持票人未按照前款规定期限提示付款的，在作出说明后，承兑人或者付款人仍应当继续对持票承担付款责任。

通过委托收款银行或者通过票据交换系统向付款人提示付款的，视同持票人提示付款。

第五十四条 持票人依照前条规定提示付款的，付款人必须在当日足额付款。

第五十五条 持票人获得付款的，应当在汇票上签收，并将汇票交给付款人。持票人委托银行收款的，受委托的银行将代收的汇票金额转帐收入持票人帐户，视同签收。

第五十六条 持票人委托的收款银行的责任，限于按照汇票上记载事项将汇票金额转入持票人帐户。

付款人委托的付款银行的责任，限于按照汇票上记载事项从付款人帐户支付汇票金额。

第五十七条 付款人及其代理付款人付款时，应当审查汇票背书的连续，并审查提示付款人的合法身份证明或者有效证件。

付款人及其代理付款人以恶意或者有重大过失付款的，应当自行承担责任。

第五十八条 对定日付款、出票后定期付款或者见票后定期付款的汇票，付款人在到期日前付款的，由付款自行承担所产生的责任。

第五十九条 汇票金额为外币的，按照付款日的市场汇价，以人民币支付。

汇票当事人对汇票支付的货币种类另有约定的，从其约定。

第六十条 付款人依法足额付款后，全体汇票债务人的责任解除。

第六节 追索权

第六十一条 汇票到期被拒绝付款的，持票人可以对背书人、出票人以及汇票的其他债务人行使追索权。

汇票到期日前，有下列情形之一的，持票人也可以行使追索权：

(一)汇票被拒绝承兑的；

(二)承兑人或者付款人死亡、逃匿的；

(三)承兑人或者付款人被依法宣告破产的或者因违法被责令终止业务活动的。

第六十二条 持票人行使追索权时，应当提供被拒绝承兑或者被拒绝付款的有关证明。

持票人提示承兑或者提示付款被拒绝的，承兑人或者付款人必须出具拒绝证明，或者出具退票理由书。未出具拒绝证明或者退票理由书的，应当承担由此产生的民事责任。

第六十三条 持票人因承兑人或者付款人死亡、逃匿或者其他原因，不能取得拒绝证明的，可以依法取得其他有关证明。

第六十四条 承兑人或者付款人被人民法院依法宣告破产的，人民法院的有关司法文书具有拒绝证明的效力。

承兑人或者付款人因违法被责令终止业务活动的，有关行政主管部门的处罚决定具有拒绝证明的效力。

第六十五条 持票人不能出示拒绝证明、退票理由书或者未按照规定期限提供其他合法证明的，丧失对其前手的追索权。但是，承兑人或者付款人仍应当对持票人承担责任。

第六十六条 持票人应当自收到被拒绝承兑或者被拒绝付款的有关证明之日起3日内，将被拒绝事由书面通知其前手；其前手应当自收到通知之日起3日内书面通知其再前手。持票人也可以同时向各汇票债务人发出书面通知。

未按照前款规定期限通知的，持票人仍可以行使追索权。因延期通知给其前手或者出票人造成损失的，由没有按照规定期限通知的汇票当事人，承担对该损失的赔偿责任，但是所赔偿的金额以汇票金额为限。

在规定期限内将通知按照法定地址或者约定的地址邮寄的，视为已经发出通知。

第六十七条 依照前条第一款所作的书面通知，应当记明汇票的主要记载事项，并说明该汇票已被退票。

第六十八条 汇票的出票人、背书人、承兑人和保证人对持票人承担连带责任。

持票人可以不按照汇票债务人的先后顺序，对其中任何一人、数人和或者全体行使追索权。

持票人对汇票债务人中的一人或者数人已经进行追索的，对其他汇票债务人仍可以行使追索权。被追索人清偿债务后，与持票人享有同一权利。

第六十九条 持票人为出票人的，对其前手无追索权。持票人为背书人的，对其后手无追索权。

第七十条 持票人行使追索权，可以请求被追索人支付下列金额和费用：

（一）被拒绝付款的汇票金额；

（二）汇票金额自到期日或者提示付款日起至清偿日止，按照中国人民银行规定的利率计算的利息；

（三）取得有前拒绝证明和发出通知书的费用。

被追索人清偿债务时，持票人应当交出汇票和有关拒绝证明，并出具所收到利息和费用的收据。

第七十一条 被追索人依照前条规定清偿后，可以向其他汇票债务人行使再追索权，请求其他汇票债务人支付下列金额和费用：

（一）已清偿的全部金额；

（二）前项金额自清偿日起至再追索清偿日止，按照中国人民银行规定的利率计算的利息；

（三）发出通知书的费用；

行使再追索权的被追索人获得清偿时，应当交出汇票和有关拒绝证明，并出具所收到利息和费用的收据。

第七十二条 被追索人依照前二条规定清偿债务后，其责任解除。

第三章　本　票

第七十三条 本票是出票人签发的，承诺自己在见票时无条件支付确定的金额给收款人或者持票人的票据。

本法所称本票，是指银行本票。

第七十四条 本票的出票人必须具有支付本票金额的可靠资金来源，并保证支付。

第七十五条 本票出票人的资格由中国人民银行审定，具体管理办法由中国人民银行规定。

第七十六条 本票必须记载下列事项：

（一）表明"本票"的字样；

（二）无条件支付的承诺；

（三）确定的金额；

（四）收款人的名称；

（五）出票日期；

（六）出票人签章。

本票上未记载前款规定事项之一的，本票无效。

第七十七条 本票上记载付款地、出票地等事项的，应当清楚、明确。

本票上未记载付款地的，出票人的营业场所为付款地。

本票上未记载出票地的，出票人的营业场所为出票地。

第七十八条 本票的出票人在持票人提示见票时，必须承担付款的责任。

第七十九条 本票自出票日起，付款期限最长不得超过2个月。

第八十条 本票的持票人未按照规定期限提示见票的，丧失对出票人以外的前手的追索权。

第八十一条 本票的背书、保证、付款行为和追索权的行使，除本章规定外，适用本法第二章有关汇票的规定。

本票的出票行为，除本章规定外，适用本法第二十四条关于汇票的规定。

第四章　支　票

第八十二条 支票是出票人签发的，委托办理支票存款业务的银行或者其他金融机构在见票时无条件支付确定的金额给收款人或者持票人的票据。

第八十三条 开立支票存款帐户，申请人必须使用其本名，并提交证明其身份的合法证件。

开立支票存款帐户和领用支票，应当有可靠的资信，并存入一定的资金。

开立支票存款帐户，申请人应当预留其本名的签名式样和印鉴。

第八十四条 支票可以支取现金，也可以转帐，用于转帐时，应当在支票正面注明。

支票中专门用于支取现金的，可以另行制作现金支票，现金支票只能用于支取现金。

支票中专门用于转帐的，可以另行制作转帐支票，转帐支票只能用于转帐，不得支取现金。

第八十五条 支票必须记载下列事项：

（一）表明"支票"的字样；

（二）无条件支付的委托；

（三）确定的金额；

（四）付款人名称；

（五）出票日期；

（六）出票人签章。

支票上未记载前款规定事项之一的，支票无效。

第八十六条 支票上的金额可以由出票人授权补记，未补记前的支票，不得使用。

第八十七条 支票上未记载收款人名称的，经出票人授权，可以补记。

支票上未记载付款地的，付款人的营业场所为付款地。

支票上未记载出票地的，出票人的营业场所、住所或者经常居住地为出票地。

出票人可以在支票上记载自己为收款人。

第八十八条 支票的出票人所签发的支票金额不得超过其付款时在付款人处实有的存款金额。

出票人签发的支票金额超过其付款时在付款人处实有的存款金额的，为空头支票。禁止签发空头支票。

第八十九条 支票的出票人不得签发与其预留本名的签名式样或者印鉴不符的支票。

第九十条 出票人必须按照签发的支票金额承担保证向该持票人付款的责任。

出票人在付款人处的存款足以支付支票金额时，付款人应当在当日足额付款。

第九十一条 支票限于见票即付，不得另行记载付款日期。另行记载付款日期的，该记载无效。

第九十二条 支票的持票人应当自出票日起 10 日内提示付款；异地使用的支票，其提示付款的期限由中国人民银行另行规定。

超过提示付款期限的，付款人可以不予付款；付款人不予付款的，出票人仍应当对持票人承担票据责任。

第九十三条 付款人依法支付支票金额的，对出票人不再承担受委托付款的责任，对持票人不再承担付款的责任。但是，付款人以恶意或者有重大过失付款的除外。

第九十四条 支票的背书、付款行为和追索权的行使，除本章规定外，适用本法第二章有关汇票的规定。

支票的出票行为，除本章规定外，适用本法第二十四条、第二十六条关于汇票的规定。

第五章　涉外票据的法律适用

第九十五条 涉外票据的法律适用，依照本章的规定确定。

前款所称涉外票据，是指出票、背书、承兑、保证、付款等行为中，既有发生在中华人民共和国境内又有发生在中华人民共和国境外的票据。

第九十六条 中华人民共和国缔结或者参加的国际条约同本法有不同规定的，适用国际条约的规定。但是，中华人民共和国声明保留的条款除外。

本法和中华人民共和国缔结或者参加的国际条约没有规定的，可以适用国际惯例。

第九十七条 票据债务人的民事行为能力，适用其本国法律。

票据债务人的民事行为能力，依照其本国法律为无民事行为能力或者为限制民事行为能力而依照行为地法律为完全民事行为能力的，适用行为地法律。

第九十八条 汇票、本票出票时的记载事项，适用出票地法律。

支票出票时的记载事项，适用出票地法律，经当事人协议，也可以适用付款地法律。

第九十九第　票据的背书、承兑、付款和保证行为，适用行为地法律。

第一百条 票据追索权的行使期限，适用出票地法律。

第一百零一条 票据的提示期限、有关拒绝证明的方式、出具拒绝证明的期限，适用付款地法律。

第一百零二条 票据丧失时，失票人请求保全票据权利的程序，适用付款地法律。

第六章　法律责任

第一百零三条 有下列票据基金欺诈行为之一的，依法追究刑事责任：

（一）伪造、变造票据的；

（二）故意使用伪造、变造的票据的；

（三）签发空头支票或者故意签发与其预留的本名签名式样或者印鉴不符的支票，骗取财物的；

（四）签发无可靠资金来源的汇票、本票，骗取资金的；

（五）汇票、本票的出票人在出票时作虚假记载，骗取财物的；

（六）冒用他人的票据，或者故意使用过期或者作废的票据，骗取财物的；

（七）付款人同出票人、持票人恶意串通，实施前六项所列行为之一的。

第一百零四条 有前条所列行为之一，情节轻微，不构成犯罪的，依照国家有关规定给予行政处罚。

第一百零五条 金融机构工作人员在票据业务中玩忽职守，对违反本法规定的票据予以承兑、付款或者保证的，给予处分；造成重大损失，构成犯罪的，依法追究刑事责任。

由于金融机构工作人员因前款行为给当事人造成损失的，由该金融机构和直接责任人员依法承担赔偿责任。

第一百零六条 票据的付款人对见票即付或者到期的票据，故意压票，拖延支付的，由金融行政管理部门处以罚款，对直接责任人员给予处分。

票据的付款人故意压票，拖延支付，给持票人造成损失的，依法承担赔偿责任。

第一百零七条 依照本法规定承担赔偿责任以外的其他违反本法规定的行为，给他人造成损失的，应当依法承担民事责任。

第七章　附　则

第一百零八条 本法规定的各项期限的计算，适用民法通则关于计算期间的规定。

按月计算期限的，按到期月的对日计算；无对日的，月末日为到期日。

第一百零九条 汇票、本票、支票的格式应当统一。

票据凭证的格式和印制管理办法，由中国人民银行规定。

第一百一十条 票据管理的具体实施办法，由中国人民银行依照本法制定，报国务院批准后施行。

第一百一十一条 本法自 1996 年 1 月 1 日起施行。

一九九五年五月十日

中华人民共和国保险法

目　录

第一章　总　则

第一条　为了规范保险活动，保护保险活动当事人的合法权益，加强对保险业的监督管理，促进保险事业的健康发展，制定本法。

第二条　本法所称保险，是指投保人根据合同约定，向保险人支付保险费，保险人对于合同约定的可能发生的事故因其发生所造成的财产损失承担赔偿保险金责任，或者当被保险人死亡、伤残、疾病或者达到合同约定的年龄、期限时承担给付保险金责任的商业保险行为。

第三条　在中华人民共和国境内从事保险活动，适用本法。

第四条　从事保险活动必须遵守法律、行政法规，遵循自愿和诚实信用的原则。

第五条　经营商业保险业务，必须是依照本法设立的保险公司。其他单位和个人不得经营商业保险业务。

第六条　在中华人民共和国境内的法人和其他组织需要办理境内保险的，应当向中华人民共和国境内的保险公司投保。

第七条　保险公司开展业务，应当遵循公平竞争的原则，不得从事不正当竞争。

第八条　国务院金融监督管理部门依照本法负责对保险业实施监督管理。

第二章　保险合同

第一节　一般规定

第九条　保险合同是投保人与保险人约定保险权利义务关系的协议。

投保人是指与保险人订立保险合同，并按照合同负有支付保险费义务的人。

保险人是指与投保人订立保险合同，并承担赔偿或者给付保险金责任的保险公司。

第十条　投保人和保险人订立保险合同，应当遵循公平互利、协商一致、自愿订立的原则，不得损害社会公共利益。

除法律、行政法规规定必须保险的以外，保险公司和其他单位不得强制他人订立保险合同。

第十一条　投保人对保险标的应当具有保险利益。

投保人对保险标的不具有保险利益的，保险合同无效。

保险利益是指投保人对保险标的具上的法律有承认的利益。

保险标的是指作为保险对象的财产及其有关利益或者人的寿命和身体。

第十二条　投保人提出保险要求，经保险人同意承保，并就合同的条款达成协议，保险合同成立。保险人应当及时向投保人签发保险单或者其他保险凭证，并在保险单或者其他保险凭证中载明当事人双方约定的合同内容。

经投保人和保险人协商同意，也可以采取前款规定以外的其他书面协议形式订立保险合同。

第十三条　保险合同成立后，投保人按照约定交付保险费；保险人按照约定的时间开始承担保险责任。

第十四条　除本法另有规定或者保险合同另有约定外，保险合同成立后，投保人可以解除保险合同。

第十五条　除本法另有规定或者保险合同另有约定外，保险合同成立后，保险人不得解除保险合同。

第十六条　订立保险合同，保险人应当向投保人说明保险合同的条款内容，并可以就保险标的或者被保险人的有关情况提出询问，投保人应当如实告知。

投保人故意隐瞒事实，不履行如实告知义务的，或者因过失未履行如实告知义务，足以影响保险人决定是否同意承保或者提高保险费率的，保险人有权解除保险合同。

投保人故意不履行如实告知义务的，保险人对于保险合同解除前发生的保险事故，不承担赔偿或者给付保险金的责任，并不退还保险费。

投保人因过失未履行如实告知义务，对保险事故的发生有严重影响的，保险人对于保险合同解除前发生的保险事故，不承担赔偿或者给付保险金的责任，但可以退还保险费。

保险事故是指保险合同约定的保险责任范围内的事故。

第十七条　保险合同中规定有关于保险人责任免除条款的，保险人在订立保险合同时应当向投保人明确说明，未明确说明的，该条款不产生效力。

第十八条　保险合同应当包括下列事项：

（一）保险人名称和住所；

（二）投保人、被保险人名称和住所，以及人身保险的受益人的名称和住所；

（三）保险标的；

（四）保险责任和责任免除；

（五）保险期间和保险责任开始时间；

（六）保险价值；

（七）保险金额；

（八）保险费以及支付办法；

（九）保险金赔偿或者给付办法；

（十）违约责任和争议处理；

（十一）订立合同的年、月、日。

第十九条　投保人和保险人在前条规定的保险合同事项外，可以就与保险有关的其他事项作出约定。

第二十条　在保险合同有效期内，投保人和保险人经协商同意，可以变更保险合同的有关内容。

变更保险合同的，应当由保险人在原保险单或者其他保险凭证上批注或者附贴批单，或者由投保人和保险人订立变更的书面协议。

第二十一条　投保人、被保险人或者受益人知道保险事故发生后，应当及时通知保险人。

被保险人是指其财产或者人身受保险合同保障，享有保险金请求权的人，投保人可以为被 保险人。

受益人是指人身保险合同中由被保险人或者投保人指定的享有保险金请求权的人，投保人、被保险人可以为受益人。

第二十二条　保险事故发生后，依照保险合同请求保险人赔偿或者给付保险金时，投保人、被保险人或者受益人应当向保险人提供其所能提供的与确认保险事故的性质、原因、损失程度等有关的证明和资料。

保险人依照保险合同的约定，认为有关的证明和资料不完整的，应当通知投保人、被保险人或者受益人补充提供有关的证明和资料。

第二十三条　保险人收到被保险人或者受益人的赔偿或者给付保险金的请求后，应当及时作出核定，对属于保险责任的，在与被保险人或者受益人达成有关赔偿或者给付保险金额的协议后十日内,履行赔偿或者给付保险金义务。保险合同对保险金额及赔偿或者给付期限有约定的,保险人应当依照保险合同的约定,履行赔偿或者给付保险金义务。

保险人未及时履行前款规定义务的,除支付保险金外,应当赔偿被保险人或者受益人因此受到的损失。

任何单位或者个人都不得非法干预保险人履行赔偿或者给付保险金的义务,也不得限制被保险人或者受益人取得保险金的权利。

保险金额是指保险人承担赔偿或者给付保险金责任的最高限额。

第二十四条 保险人收到被保险人或者受益人的赔偿或者给付保险金的请求后,对不属于保险责任的,应当向被保险人或者受益人发出拒绝赔偿或者拒绝给付保险金通知书。

第二十五条 保险人自收到赔偿或者给付保险金的请求和有关证明、资料之日起六十日内,对其赔偿或者给付保险金的数额不能确定的,应当根据已有证明和资料可以确定的最低数额先予支付;保险人最终确定赔偿或者给付保险金的数额后,应当支付相应的差额。

第二十六条 人寿保险以外的其他保险的被保险人或者受益人,对保险人请求赔偿或者给付保险金的权利,自其知道保险事故发生之日起二年不行使而消灭。

人寿保险的被保险人或者受益人对保险人请求给付保险金的权利,自其知道保险事故发生之日起五年不行使而消灭。

第二十七条 被保险人或者受益人在未发生保险事故的情况下,谎称发生了保险事故,向保险人提出赔偿或者给付保险金的请求的,保险人有权解除保险合同,并不退还保险费。

投保人、被保险人或者受益人故意制造保险事故的,保险人有权解除保险合同,不承担赔偿或者给付保险金的责任,除本法第六十四条第一款另有规定外,也不退还保险费。

保险事故发生后,投保人、被保险人或者受益人以伪造、变造的有关证明、资料或者其他证据,编造虚假的事故原因或者夸大损失程度的,保险人对其虚报的部分不承担赔偿或者给付保险金的责任。

投保人、被保险人或者受益人有前三款所列行为之一,致使保险人支付保险金或者支出费用的,应当退回或者赔偿。

第二十八条 保险人将其承担的保险业务,以承保形式,部分转移给其他保险人的,为再保险。

应再保险接受人的要求,再保险分出人应当将其自负责任及原保险的有关情况告知再保险接受人。

第二十九条 再保险接受人不得向原保险的投保人要求支付保险费。

原保险的被保险人或者受益人,不得向再保险接受人提出赔偿或者给付保险金的请求。

再保险分出人不得以再保险接受人未履行再保险责任为由,拒绝履行或者迟延履行其原保险责任。

第三十条 对于保险合同的条款,保险人与投保人、被保险人或者受益人有争议时,人民法院或者仲裁机关应当作有利于被保险人和受益人的解释。

第三十一条 保险人或者再保险接受人对在办理保险业务中知道的投保人、被保险人或者保险分出人的业务和财产情况,负有保密的义务。

第二节 财产保险合同

第三十二条 财产保险合同是以财产及其有关利益为保险标的的保险合同。

本节中的财产保险合同,除特别指明的外,简称合同。

第三十三条 保险标的的转让应当通知保险人,经保险人同意继续承保后,依法变更合同。但是,货物运输保险合同和另有约定的合同除外。

第三十四条 货物运输保险合同和运输工具航程保险合同,保险责任开始后,合同当事人不得解除合同。

第三十五条 被保险人应当遵守国家有关消防、安全、生产操作、劳动保护等方面的规定,维护保险标的的安全。

根据合同的约定,保险人可以对保险标的的安全状况进行检查,及时向投保人、被保险人提出消除不安全因素和隐患的书面建议。

保险人为维护保险标的的安全,经被保险人同意,可以采取安全预防措施。

第三十六条 在合同有效期内,保险标的危险程度增加的,被保险人按照合同约定应当及时通知保险人,保险人有权要求增加保险费或者解除合同。

被保险人未履行前款规定的通知义务的,因保险标的危险程度增加而发生的保险事故,保险人不承担赔偿责任。

第三十七条 有下列情形之一的,除合同另有约定外,保险人应当降低保险费,并按日计算退还相应的保险费。

(一)据以确定保险费率的有关情况发生变化,保险标的危险程度明显减少;

(二)保险标的的保险价值明显减少。

第三十八条 保险责任开始前,投保人要求解除合同的,应当向保险人支付手续费,保险人应当退还保险费。保险责任开始后,投保人要求解除合同的,保险人可以收取自保险责任开始之日起至合同解除之日止期间的保险费,剩余部分退还投保人。

第三十九条 保险标的的保险价值,可以由投保人和保险人约定并在合同中载明,也可以按照保险事故发生时保险标的的实际价值确定。

保险金额不得超过保险价值;超过保险价值的,超过的部分无效。

保险金额低于保险价值的,除合同另有约定外,保险人按照保险金额与保险价值的比例承担赔偿责任。

第四十条 重复保险的投保人应当将重复保险的有关情况通知各保险人。

重复保险的保险金额总和超过保险价值的,各保险人的赔偿金额的总和不得超过保险价值。除合同另有约定外,各保险人按照其保险金额与保险金额总和的比例承担赔偿责任。

重复保险是指投保人对同一保险标的、同一保险利益、同一保险事故分别向二个以上保险人订立保险合同的保险。

第四十一条 保险事故发生时,被保险人有责任尽力采取必要的措施,防止或者减少损失。保险事故发生后,被保险人为防止或者减少保险标的的损失所支付的必要的、合理的费用,由保险人承担;保险人所承担的数额在保险标的损失赔偿金额以外另行计算,最高不超过保险金额的数额。

第四十二条 保险标的发生部分损失的,在保险人赔偿后三十日内,投保人可以终止合同;除合同约定不得终止合同的以外,保险人也可以终止合同。保险人终止合同的,应当提前十五天通知投保人,并将保险标的未受损失部分的保险费,扣除自保险责任开始之日起至终止合同之日止期间的应收部分后,退还投保人。

第四十三条 保险事故发生后,保险人已支付了全部保险金额,并且保险金额相等于保险价值的,受损保险标的的全部权利归于保险人;保险金额低于保险价值的,保险人按照保险金额与保险价值的比例取得受损保险标的的部分权利。

第四十四条 因第三者对保险标的的损害而造成保险事故的，保险人自向被保险人赔偿保险金之日起，在赔偿金额范围内代位行使被保险人对第三者请求赔偿的权利。

前款规定的保险事故发生后，被保险人已经从第三者取得损害赔偿的，保险人赔偿保险金时，可以相应扣减被保险人从第三者已取得的赔偿金额。

保险人依照第一款行使代位请求赔偿的权利，不影响被保险人就未取得赔偿的部分向第三者请求赔偿的权利。

第四十五条 保险事故发生后，保险人未赔偿保险金之前，被保险人放弃对第三者的请求赔偿的权利的，保险人不承担赔偿保险金的责任。

保险人向被保险人赔偿保险金后，被保险人未经保险人同意放弃对第三者请求赔偿的权利的，该行为无效。

由于被保险人的过错致使保险人不能行使代位请求赔偿的权利的，保险人可以相应扣减保险赔偿金。

第四十六条 除被保险人的家庭成员或者其组成人员故意造成本法第四十四条第一款规定的保险事故以外，保险人不得对被保险人的家庭成员或者其组成人员行使代位请求赔偿的权利。

第四十七条 在保险人向第三者行使代位请求赔偿权利时，被保险人应当向保险人提供必要的文件和其所知道的有关情况。

第四十八条 保险人、被保险人为查明和确定保险事故的性质、原因和保险标的的损失程度所支付的必要的、合理的费用，由保险人承担。

第四十九条 保险人对责任保险的被保险人给第三者造成的损害，可以依照法律的规定或者合同的约定，直接向该第三者赔偿保险金。

责任保险是指以被保险人对第三者依法应负的赔偿责任为保险标的的保险。

第五十条 责任保险的被保险人因给第三者造成损害的保险事故而被提起仲裁或者诉讼的，除合同另有约定外，由被保险人支付的仲裁或者诉讼费用以及其他必要的、合理的费用，由保险人承担。

第三节 人身保险合同

第五十一条 人身保险合同是以人的寿命和身体为保险标的的保险合同。

本节中的人身保险合同，除特别指明的外，简称合同。

第五十二条 投保人对下列人员具有保险利益：

（一）本人；

（二）配偶、子女、父母；

（三）前项以外与投保人有抚养、赡养或者扶养关系的家庭其他成员、近亲属。

除前款规定外，被保险人同意投保人为其订立合同的，视为投保人对被保险人具有保险利益。

第五十三条 投保人申报的被保险人的年龄不真实，并且其真实年龄不符合合同约定的年龄限制的，保险人可以解除合同，并在扣除手续费后向投保人退还保险费，但是自合同成立之日起逾二年的除外。

投保人申报的被保险人年龄不真实，致使投保人支付的保险费少于应付保险费的，保险人有权更正并要求投保人补交保险费，或者在给付保险金时按照实付保险费与应付保险费的比例支付。

投保人申报的被保险人年龄不真实，致使投保人实付保险费多于应付保险费的，保险人应当将多收的保险费退还投保人。

第五十四条 投保人不得为无民事行为能力人投保以死亡为给付保险金条件的人身保险，保险人也不得承保。

父母为其未成年子女投保的人身保险，不受前款规定限制，但是死亡给付保险金额总和不得超过金融监督管理部门规定的限额。

第五十五条 以死亡为给付保险金条件的合同，未经被保险人书面同意并认可保险金额的，合同无效。

依照以死亡为给 付保险金条件的合同所签发的保险单，未经被保险人书面同意，不得转让或者质押。

父母为其未成年子女投保的人身保险，不受第一款规定限制。

第五十六条 投保人于合同成立后，可以向保险人一次支付全部保险费，也可以按照合同约定分期支付保险费。

合同约定分期支付保险费的，投保人应当于合同成立时支付首期保险费，并应当按期支付其余各期的保险费。

第五十七条 合同约定分期支付保险费，投保人支付首期保险费后，除合同另有约定外，投保人超过规定的期限六十日未支付当期保险费的，合同效力中止，或者由保险人按照合同约定的条件减少保险金额。

第五十八条 依照前条规定合同效力中止的，经保险人与投保人协商并达成协议，在投保人补交保险费后，合同效力恢复。但是，自合同效力中止之日起二年内双方未达成协议的，保险人有权解除合同。

保险人依照前款规定解除合同，投保人已交足二年以上保险费的，保险人应当按照合同约定退还保险单的现金价值；投保人未交足二年保险费的，保险人应当在扣除手续费后，退还保险费。

第五十九条 保险人对人身保险的保险费，不得用诉讼方式要求投保人支付。

第六十条 人身保险的受益人由被保险人或者投保人指定。

投保人指定受益人时须经被保险人同意。

被保险人为无民事行为能力人或者限制民事行为能力的，可以由其监护人指定受益人。

第六十一条 被保险人或者投保人可以指定一人或者数人为受益人。

受益人为数人的，被保险人或者投保人可以确定受益顺序和受益份额；未确定受益份额的，受益人按照相等份额享有受益权。

第六十二条 被保险人或者投保人可以变更受益人并书面通知保险人。保险人收到变更受益人的书面通知后，应当在保险单上批注。

投保人变更受益人时须经被保险人同意。

第六十三条 被保险人死亡后，遇有下列情形之一的，保险金作为被保险人的遗产，由保险人向被保险人的继承人履行给付保险金的义务：

（一）没有指定受益人的；

（二）受益人先于被保险人死亡，没有其他受益人的；

（三）受益人依法丧失受益权或者放弃受益权，没有其他受益人的。

第六十四条 投保人、受益人故意造成被保险人死亡、伤残或者疾病的，保险人不承担给付保险金的责任。投保人已交足二年以上保险费的，保险人应当按照合同约定向其他享有权利的受益人退还保险单的现金价值。

受益人故意造成被保险人死亡或者伤残的，或者故意杀害被保险人未遂的，丧失受益权。

第六十五条 以死亡为给付保险金条件的合同，被保险人自杀的，除本条第二款规定外，保险人不承担给付保险金的责任，但对投保人已支付的保险费，保险人应按照保险单退还其现金价值。

以死亡为给付保险金条件的合同，自成立之日起满二年后，如果被保险人自杀的，保险人可以按照合同给付保险金。

第六十六条 被保险人故意犯罪导致其自身伤残或者死亡的，保险人不承担给付保险金的责任。投保人已交足二年以上保险费的，保险人应当按照保险单退还其现金价值。

第六十七条 人身保险的被保险人因第三者的行为而发生死亡、伤残或者疾病等保险事故的，保险人向被保险人或者受益人给付保险金后，不得享有向第三者追偿的权利。

第六十八条 投保人解除合同，已交足二年以上保险费的，保险人应当自接到解除合同通知之日起三十日内，退还保险单的现金价值；未交足二年保险费的，保险人按照合同约定在扣除手续费后，退还保险费。

第三章 保险公司

第六十九条 保险公司应当采取下列组织形式：

（一）股份有限公司；

（二）国有独资公司。

第七十条 设立保险公司，必须经金融监督管理部门批准。

第七十一条 设立保险公司，应当具备下列条件：

（一）有符合本法和公司法规定的章程；

（二）有符合本法规定的注册资本最低限额；

（三）有具备任职专业知识和业务工作经验的高级管理人员；

（四）有健全的组织机构和管理制度；

（五）有符合要求的营业场所和与业务有关的其他设施。

金融监督管理部门审查设立申请时，应当考虑保险业的发展和公平竞争的需要。

第七十二条 设立保险公司，其注册资本的最低限额为人民币二亿元。

保险公司注册资本最低限额必须为实缴货币资本。

金融监督管理部门根据保险公司业务范围、经营规模，可以调整其注册资本的最低限额。但是，不得低于第一款规定的限额。

第七十三条 申请设立保险公司，应当提交下列文件、资料：

（一）设立申请书，申请书应当载明拟设立的保险公司名称、注册资本、业务范围等；

（二）可行性研究报告；

（三）金融监督管理部门规定的其他文件，资料。

第七十四条 设立保险公司的申请经初步审查合格后，申请人应当依照本法和公司法的规定进行保险公司的筹建。具备本法第七十一条规定的设立条件的，向金融监督管理部门提交正式申请表和下列有关文件、资料：

（一）保险公司的章程；

（二）股东名册及其股份或者出资人及其资额；

（三）持有公司股份百分之十以上的股东的资信证明和有关资料；

（四）法定验资机构出具的验资证明；

（五）拟任职的高级管理人员的简历和资格证明；

（六）经营方针和计划；

（七）营业场所和与业务有关的其他设施的资料；

（八）金融监督管理部门规定的其他文件、资料。

第七十五条 金融监督管理部门自收到设立保险公司的正式申请文件之日起六个月内，应当作出批准或者不批准的决定。

第七十六条 经批准设立的保险公司，由批准部门颁发经营保险业务许可证，并凭经营保险业务许可证向工商行政管理机关办理登记，领取营业执照。

第七十七条 保险公司自取得经营保险业务许可证之日起六个月内无正当理由未办理公司设立登记的，其经营保险业务许可证自动失效。

第七十八条 保险公司成立后应当按照其注册资本总额的百分之二十提取保证金，存入金融监督管理部门指定的银行，除保险公司清算时用于清偿债务外，不得动用。

第七十九条 保险公司在中华人民共和国境内外设立代表机构，须经金融监督管理部门批准，取得分支机构经营保险业务许可证。

保险公司分支机构不具有法人资格，其民事责任由保险公司承担。

第八十条 保险公司在中华人民共和国境内外设立代表机构，须经金融监督管理部门批准。

第八十一条 保险公司有下列变更事项之一的，须经金融监督管理部门批准：

（一）变更名称；

（二）变更注册资本；

（三）变更公司或者分支机构的营业场所；

（四）调整业务范围；

（五）公司分立或者合并；

（六）修改公司章程；

（七）变更出资人或者持有公司股份百分之十以上的股东；

（八）金融监督管理部门规定的其他变更事项。

保险公司更换董事长、总经理。应当报经金融监督管理部门审查其任职资格。

第八十二条 保险公司的组织机构，适用公司法的规定。

第八十三条 国有独资保险公司设立监事会。监事会由金融监督管理部门、有关专家和保险公司工作人员的代表组成，对国有独资保险公司提取各项准备金、最低偿付能力和国有资产保值增值等情况以及商级管理人员违反法律、行政法规或者章程的行为和损害公司利益的行为进行监督。

第八十四条 保险公司因分立、合并或者公司章程规定的解散事由出现，经金融监督管理部门批准后解散。保险公司应当依法成立清算组，进行清算。

经营有人寿保险业务的保险公司，除分立、合并外，不得解散。

第八十五条 保险公司违反法律、行政法规，被金融监督管理部门吊销经营保险业务许可证的，依法撤销。由金融监督管理部门依法及时组织清算组，进行清算。

第八十六条 保险公司不能支付到期债务，经金融监督管理部门同意，由人民法院依法宣告破产的。保险公司被宣告破产的，由人民法院组织金融监督管理部门等有关部门和有关人员成立清算组，进行清算。

第八十七条 经营有人寿保险业务的保险公司被依法撤销的或者被依法宣告破产的，其持有的人寿保险合同及准备金，必须转移给其他经营有人寿保险业务的保险公司；不能同其他保险公司达成转让协议的，由金融监督管理部门指定经营有人寿保险业务的保险公司接受。

第八十八条 保险公司依法破产的，破产财产优先支付其破产费用后，按照下列顺序清偿：

（一）所欠职工工资和劳动保险费用；

（二）赔偿或者给付保险金；

（三）所欠税款；

（四）清偿公司债务。

破产财产不足清偿同一顺序清偿要求的，按照比例分配。

第八十九条 保险公司依法终止其业务活动，应当注销其经营保险业务许可证。

第九十条 保险公司的设立、变更、解散和清算事项，本法未作规定的，适用公司法和其他有关法律、行政法规的规定。

第四章　保险经营规则

第九十一条 保险公司的业务范围：

（一）财产保险业务，包括财产损失保险、责任保险、信用保险等保险业务；

（二）人身保险业务，包括人寿保险、健康保险、意外伤害保险等保险业务；

同一保险人不得同时兼营财产保险业务和人寿保险业务。

保险公司的业务范围由金融监督管理部门核定。保险公司只能在被核定的业务范围内从事保险经营活动。本法施行前已设立的保险公司，按照第二款实行分业经营的办法，由国务院规定。

第九十二条 经金融监督管理部门核定，保险公司可以经营前条规定的保险业务的下列再保险业务：

（一）分出保险；

（二）分入保险。

第九十三条 除人寿保险业务外，经营其他保险业务，应当从当年自留保险费中提取未到期责任准备金；提取和结转的数额，应当相当于当年自留保险费的百分之五十。

经营有人寿保险业务的保险公司，应当按照有效的人寿保险单的合部净值提取款到期责任准备金。

第九十四条 保险公司应当按照已经提出的保险赔偿或者给 付金额，以及已经发生保险事故但尚未提出的保险赔偿或者给付金额，提取未决赔款准备金。

第九十五条 除依照前二条规定提取准备金外，保险公司应当依照有关法律、行政法规及国家财务会计制度的规定提取公积金。

第九十六条 为了保障被保险人的利益，支持保险公司稳健经营，保险公司应当按照金融监督管理部门的规定提存保险保障基金。

保险保障基金应当集中管理，统筹使用。

第九十七条 保险公司应当具有与其业务规模相适应的最低偿付能力。保险公司的实际资产减去实际负债的差额不得低于金融监督管理部门规定的数额；低于规定数额的，应当增加资本金，补足差额。

第九十八条 经营财产保险业务的保险公司当年自留保险费，不得超过其实有资本金加公积金总和的四倍。

第九十九条 保险公司对每一危险单位，即对一次保险事故可能造成的最大损失范围所承担的责任，不得超过其实有资本金加公积金总和的百分之十；超过的部分，应当办理再保险。

第一百条 保险公司对危险单位的计算办法和巨灾风险安排计划，应当报经金融监督管理部门核准。

第一百零一条 除人寿保险业务外，保险公司应当将其承保的每笔保险业务的百分之二十按照国家有关规定办理再保险。

第一百零二条 保险公司需要办理再保险分出业务的，应当优先向中国境内的保险公司办理。

第一百零三条 金融监督管理部门有权限制或者禁止保险公司向中国境外的保险公司办理再保险分出业务或者接受中国境外再保险分入业务。

第一百零四条 保险公司的资金运用必须稳健，遵循安全性原则，并保证资产的保值增值。

保险公司的资金运用，限于在银行存款、买卖政府债券、金融债券和国务院规定的其他资金的运用形式。

保险公司的资金不得用于设立证券经营机构和向企业投资。

保险公司运用的资金和具体项目的资金占其资金总额的具体比例，由金融监督管理部门规定。

第一百零五条 保险公司及其工作人员在保险业务活动中不得有下列行为：

（一）欺骗投保人、被保险人或者受益人；

（二）对投保人隐瞒与保险合同有关的重要情况；

（三）阻碍投保人履行本法规定的如实告知义务，或者诱导其不履行本法规定的如实告知义务；

（四）承诺向投保人、被保险人或者受益人给予保险合同规定以外的保险费回扣或者其他利益。

第五章　保险业的监督管理

第一百零六条 商业保险的主要险种的基本保险条款和保险费率，由金融监督管理部门制订。

保险公司拟订的其他险种的保险条款和保险费率，应当报金融监督管理部门备案。

第一百零七条 金融监督管理部门有权检查保险公司的业务状况、财务状况及资金运用状况，有权要求保险公司在规定的期限内提供有关的书面报告和资料。

第一百零八条 保险公司未按照本法规定提取或者结转各项准备金，或者未按照本法规定办理再保险，或者严重违反本法关于资金运用的规定的，由金融监督管理部门责令该保险公司采取下列措施限期改正：

（一）依法提取或者结转各项准备金；

（二）依法办理再保险；

（三）纠正违法运用资金的行为；

（四）调整负责人及有关管理人员。

第一百零九条 依照前条规定，金融监督管理部门作出限期改正的决定后，保险公司在限期内未予改正的，由金融监督管理部门决定选派保险专业人员和指定该保险公司的有关人员，组成整顿组织，对该保险公司进行整顿。

整顿决定应当载明被整顿保险公司的名称、整顿理由、整顿组织和整顿期限，并予以公告。

第一百一十条 整顿组织在整顿过程中，有权监督该保险公司的日常业务。该保险公司的负责人及有关管理人员，应当在整顿组织的监督下行使自己的职权。

第一百一十一条 在整顿过程中，保险公司的原有业务继续进行，但金融监督管理部门有权停止开展新的业务或者停止部分业务，调整资金运用。

第一百一十二条 被整顿的保险公司经整顿已纠正其违反本法规定的行为，恢复正常经营状况的，由整顿组织提出报告，经金融监督管理部门批准，整顿结束。

第一百一十三条 保险公司违反本法规定，损害社会公共利益，可能严重危及或者已经危及保险公司的偿付能力的，金融监督管理部门可以对该保险公司实行接管。

接管的目的是对被接管的保险公司采取必要的措施，以保护被保险人的利益，恢复保险公司的正常经营，被接管的保险公司的债权债务关系不因接管而变化。

第一百一十四条 接管组织的组成和接管的实施办法，由金融监督管理部门决定，并予公告。

第一百一十五条 接管期限届满，金融监督管理部门可以决定延期，但接管期限最长不得超过二年。

第一百一十六条 接管期限届满，被接管的保险公司已恢复正常经营能力的，金融监督管理部门可以决定接管终止。

接管组织认为被接管的保险公司的财产已不足以清偿所负债务的，经金融监督管理部门批准，依法向人民法院申请宣告该保险公司破产。

第一百一十七条 保险公司应当于每一会计年度终了后三个月内，将上一年度的营业报告、财务会计报告及有关报表报送金融监督管理部门，并依法公布。

第一百一十八条 保险公司应当于每月月底前将上一月的营业统计报表报送金融监督管理部门。

第一百一十九条 经营人身保险业务的保险公司，必须聘用经金融监督管理部门认可的精算专业人员，建立精算报告制度。

第一百二十条 保险人和被保险人可以聘请依法设立的独立的评估机构或者具有法定资格的专家，对保险事故进行评估和鉴定。

第一百二十一条 保险公司应当妥善保管有关业务经营活动的完整帐簿、原始凭证及有关资料。

前款规定的帐簿、原始凭证及有关资料的保管期限，自保险合同终止之日起计算，不得少于十年。

第六章　保险代理人和保险经纪人

第一百二十二条 保险代理人是根据保险人的委托，向保险人收取代理手续费，并在保险人授权的范围内代为办理保险业务的单位或者个人。

第一百二十三条 保险经纪人是基于投保人的利益，为投保人与保险人订立保险合同提供中介服务，并依法收取佣金的单位。

第一百二十四条 保险代理人根据保险人的授权代为办理保险业务的行为，由保险人承担责任。

经营人寿保险代理业务的保险代理人，不得同时接受两个以上保险人的委托。

第一百二十五条 因保险经纪人在办理保险业务中的过错，给投保人、被保险人造成损失的，由保险经纪人承担赔偿责任。

第一百二十六条 保险代理人、保险经纪人办理保险业务时，不得利用行政权力、职务或者职业便利以及其他不正当手段强迫引诱或者限制投保人订立保险合同。

第一百二十七条 保险代理人、保险经纪人应当具备金融监督管理部门规定的资格条件，并取得金融监督管理部门颁发的经营保险代理业务许可证或者经纪业务许可证，向工商行政管理机关办理登记，领取营业执照，并缴存保证金或者投保职业责任保险。

第一百二十八条 保险代理人、保险经纪人应当有自己的经营场所，设立专门帐簿记载保险代理业务或者经纪业务的收支情况，并接受金融监督管理部门的监督。

第一百二十九条 保险公司应当设立本公司保险代理人登记簿。

第一百三十条 本法第一百零五条、第一百零七条、第一百一十七条的规定，适用于保险代理人和保险经纪人。

第七章　法律责任

第一百三十一条 投保人、被保险人或者受益人有下列行为之一，进行保险欺诈活动，构成犯罪的，依法追究刑事责任：

（一）投保人故意虚构保险标的，骗取保险金的；

（二）未发生保险事故而谎称发生保险事故，骗取保险金的；

（三）故意造成财产损失的保险事故，骗取保险金的；

（四）故意造成被保险人死亡、伤残或者疾病等人身保险事故，骗取保险金的；

（五）伪造、变造与保险事故有关的证明、资料和其他证据，或者指使、唆使、收买他人提供虚假证明、资料或者其他证据，编造虚假的事故原因或者夸大损失程度，骗取保险金的。

有前款所列行为之一，情节轻微，不构成犯罪的，依照国家有关规定给予行政处罚。

第一百三十二条 保险公司及其工作人员在保险业务中隐瞒与保险合同有关的重要情况，欺骗投保人、被保险人或者受益人，或者拒不履行保险合同约定的赔偿或者给付保险金的义务，构成犯罪的，依法追究刑事责任；不构成犯罪的，由金融监督管理部门对保险公司处以一万元以上五万元以下的罚款；对有违法行为的工作人员给予处分，并处以一万元以下的罚款。

保险公司及其工作人员阻碍投保人履行如实告知义务，或者诱导其不履行如实告知义务的，或者承诺向投保人、被保险人或者受益人给予非法的保险费回扣或者其他利益的，由金融监督管理部门责令改正，对保险公司处以一万元以上五万元以下的罚款；对有违法行为的工作人员，给予处分，并处以一万元以下的罚款。

第一百三十三条 保险代理人或者保险经纪人在其业务中欺骗投保人、被保险人或者受益人的，由金融监督管理部门责令改正，并处以一万元以上五万元以下的罚款；情节严重的，吊销经营保险代理业务许可证或者经纪业务许可证。构成犯罪的，依法追究刑事责任。

第一百三十四条 保险公司的工作人员利用职务上的便利，故意编造未曾发生的保险事故进行虚假理赔，骗取保险金的，依法追究刑事责任。

第一百三十五条 违反本法规定，擅自设立保险公司或者非法从事商业保险业务活动的，依法追究刑事责任，并由金融监督管理部门予以取缔。情节轻微，不构成犯罪的，给予行政处罚。

第一百三十六条 违反本法规定。超出核定的业务范围从事保险业务的，由金融监督管理部门责令改正，责令退还收取的保险费，有违法所得的，没收违法所得，并处以违法所得一倍以上五倍以下的罚款；没有违法所得的，处以十万元以上五十万元以下的罚款；逾期不改正或者造成严重后果的，责令停业整顿或者吊销经营保险业务许可证。

第一百三十七条 违反本法规定，未经批准，擅自变更保险公司的名称、章程、注册资本、公司或者分支机构的营业场所等事项的，由金融监督管理部门责令改正，并处以一万元以上十万元以下的罚款。

第一百三十八条 违反本法规定，有下列行为之一的，由金融监督管理部门责令改正，并处以五万元以上三十万元以下的罚款；情节严重的，可以限制业务范围、责令停止接受新业务或者吊销经营保险业务许可证：

（一）未按照规定提存保证金或者违反规定动用保证金的；

（二）未按照规定提取或者结转未到期责任准备金或者未按照规定提取未决赔款准备金的；

（三）未按照规定提取保险保障基金、公积金的；

（四）未按照规定办理再保险分出业务的；

（五）违反规定运用保险公司资金的；

（六）未经批准设立分支机构或者代表机构的；

（七）未经批准分立、合并的。

第一百三十九条 违反本法规定，有下列行为之一的，由金融监督管理部门责令改正，逾期不改正的，处以一万元以上十万元以下的罚款：

（一）未按照规定报送有关报告、报表、文件和资料的；

（二）未按照规定将拟定险种的保险条款和保险费率报送备案的。

第一百四十条 违反本法规定，有下列行为之一的，由金融监督管理部门责令改正，处以十万元以上五十万元以下的罚款：

（一）提供虚假的报告、报表、文件和资料的；

（二）拒绝或者妨碍依法检查监督的。

第一百四十一条 违反本法规定，有下列行为之一的，由金融监督管理部门责令改正，处以五万元以上三十万元以下的罚款：

（一）超额承保，情节严重的；

（二）为无民事行为能力人承保以死亡为给付保险金条件的保险的。

第一百四十二条 违反本法规定，未取得经营保险代理业务许可证或者经纪业务许可证，非法从事保险代理业务或者经纪业务活动的，由金融监督管理部门予以取缔，没收违法所得，处以违法所得五倍以上十倍以下的罚款。构成犯罪的，依法追究刑事责任。

第一百四十三条 对违反本法规定尚未构成犯罪的行为负有直接责任的保险公司高级管理人员和其他直接责任人员，金融监督管理部门可以区别下同情况予以警告，责令予以撤换，处以五千元以上三万元以下的罚款。

第一百四十四条 违反本法规定，给他人造成损害的，应当依法承担民事责任。

第一百四十五条 对不符合本法规定条件的设立保险公司的申请予以批准的，或者对不符合保险代理人、保险经纪人条件的申请予以批准的，给予行政处分；情节严重，构成犯罪的，依法追究刑事责任。

第一百四十六条 金融监督管理部门工作人员在对保险业的监督管理工作中滥用职权、徇私舞弊、玩忽职守，构成犯罪的，依法追究刑事责任；不构成犯罪的，给予行政处分。

第八章 附 则

第一百四十七条 海上保险适用海商法的有关规定；海商法未作规定的，适用本法的有关规定。

第一百四十八条 设立外资参股的保险公司，或者外国保险公司在中国境内设立分公司，适用本法规定，法律、行政法规加有规定的，适用其规定。

第一百四十九条 国家支持发展为农业生产服务的保险事业，农业保险由法律、行政法规另行规定。

第一百五十条 本法规定的保险公司以外的其他性质的保险组织，由法律、行政法规另行规定。

第一百五十一条 本法施行前按照国务院规定经批准设立的保险公司继续保留，其中不完全具备本法规定的条件的，应当在规定的期限内达到本法规定的条件。具体办法由国务院规定。

第一百五十二条 本法自1995年10月1日起施行。

中华人民共和国主席令第五十一号

一九九五年六月三十日

中华人民共和国担保法

目 录

第一章 总 则

第一条 为促进资金融通和商品流通，保障债权的实现，发展社会主义市场经济，制定本法。

第二条 在借贷、买卖、货物运输、加工承揽等经济活动中，债权人需要以担保方式保障其债权实现的，可以依照本法规定设定担保。

本法规定的担保方式为保证、抵押、质押、留置和定金。

第三条 担保活动应当遵循平等、自愿、公平、诚实信用的原则。

第四条 第三人为债务人向债权人提供担保时，可以要求债务人提供反担保。

反担保适用本法担保的规定。

第五条 担保合同是主合同的从合同，主合同无效，担保合同无效。担保合同另有约定的，按照约定。

担保合同被确认无效后，债务人、担保人、债权人有过错的，应当根据其过错各自承担相应的民事责任。

第二章 保 证

第一节 保证和保证人

第六条 本法所称保证，是指保证人和债权人约定，当债务人不履行债务时，保证人按照约定履行债务或者承担责任的行为。

第七条 具有代为清偿债务能力的法人、其他组织或者公民，可以作保证人。

第八条 国家机关不得为保证人，但经国务院批准为使用外国政府或者国际经济组织贷款进行转贷的除外。

第九条 学校、幼儿园、医院等以公益为目的的事业单位、社会团体不得为保证人。

第十条 企业法人的分支机构、职能部门不得为保证人。

企业法人的分支机构有法人书面授权的，可以在授权范围内提供保证。

第十一条 任何单位和个人不得强令银行等金融机构或者企业为他人提供保证；银行等金融机构或者企业对强令其为他人提供保证的行为，有权拒绝。

第十二条 同一债务有两个以上保证人的，保证人应当按照保证合同约定的保证份额，承担保证责任。没有约定保证份额的，保证人承担连带责任。债权人可以要求任何一个保证人承担全部保证责任，保证人都负有担保全部债权实现的义务。已经承担保证责任的保证人，有权向债务人追偿，或者要求承担连带责任的其他保证人清偿其应当承担的份额。

第二节 保证合同和保证方式

第十三条 保证人与债权人应当以书面形式订立保证合同。

第十四条 保证人与债权人可以就单个主合同分别订立保证合同，也可以协议在最高债权额限度内就一定期间连续发生的借款合同或者某项商品交易合同订立一个保证合同。

第十五条 保证合同应当包括以下内容：

(一)被保证的主债权种类、数额；

(二)债务人履行债务的期限；

(三)保证的方式；

(四)保证担保的范围；

(五)保证的期间；

(六)双方认为需要约定的其他事项。

第十六条 保证的方式有：

(一)一般保证；

(二)连带责任保证。

第十七条 当事人在保证合同中约定，债务人不能履行债务时，由保证人承担保证责任的，为一般保证。

一般保证的保证人在主合同纠纷未经审判或者仲裁，并就债务人财产依法强制执行仍不能履行债务前，对债权人可以拒绝承担保证责任。

有下列情形之一的，保证人不得行使前款规定的权利：

(一)债务人住所变更，致使债权人要求其履行债务发生重大困难；

(二)人民法院受理债务人破产案件，中止执行程序的；

(三)保证人以书面形式放弃前款规定的权利的。

第十八条 当事人在保证合同中约定保证人与债务人对债务承担连带责任的，为连带责任保证。

连带责任保证的债务人在主合同规定的债务履行期届满没有履行债务的，债权人可以要求债务人履行债务，也可以要求保证人在其保证范围内承担保证责任。

第十九条 当事人对保证方式没有约定或者约定不明确的，按照连带责任保证承担保证责任。

第二十条 一般保证和连带责任保证的保证人享有债务人的抗辩权。债务人放弃对债务的抗辩权的，保证人仍有权抗辩。

抗辩权是指债权人行使债权时，债务人根据法定事由，对抗债权人行使请求权的权利。

第三节 保证责任

第二十一条 保证担保的范围包括主债权及利息、违约金、损害赔偿金和实现债权的费用。保证合同另有约定的，按照约定。

当事人对保证担保的范围没有约定或者约定不明确的，保证人应当对全部债务承担责任。

第二十二条 保证期间，债权人依法将主债权转让给第三人的，保证人在原保证担保的范围内继续承担保证责任。保证合同另有约定的，按照约定。

第二十三条 保证期间，债权人许可债务人转让债务的，应当取得保证人书面同意，保证人对未经其同意转让的债务，不再承担保证责任。

第二十四条 债权人与债务人协议变更主合同的。应当取得保证人书面同意，未经保证人书面同意的，保证人不再承担保证责任。保证合同另有约定的，按照约定。

第二十五条 一般保证的保证人与债权人未约定保证期间的，保证期间为主债务履行期届满之日起六个月。

在合同约定的保证期间和前款规定的保证期间，债权人未对债务人提起诉讼或者申请仲裁的，保证人免除保证责任；债权人已提起诉讼或者申请仲裁的，保证期间适用诉讼时效中断的规定。

第二十六条 连带责任保证的保证人与债权人未约定保证期间的，债权人有权自主债务履行期届满之日起六个月内要求保证人承担保证责任。

在合同约定的保证期间和前款规定的保证期间，债权人未要求保证人承担保证责任的，保证人免除保证责任。

第二十七条 保证人依照本法第十四条规定就连续发生的债权作保证，未约定保证期间的，保证人可以随时书面通知债权人终止保证合同，但保证人对于通知到债权人前所发生的债权，承担保证责任。

第二十八条 同一债权既有保证又有物的担保，保证人对物的担保以外的债权承担保证责任。

债权人放弃物的担保的，保证人在债权人放弃权利的范围内免除保证责任。

第二十九条 企业法人的分支机构未经法人书面授权或者超出授权范围与债权人订立保证合同的，该合同无效或者超出授权范围的部分无效，债权人和企业法人有过错的，应当根据其过错各自承担相应的民事责任；债权人无过错的，由企业法人承担民事责任。

第三十条 有下列情形之一的，保证人不承担民事责任：

（一）主合同当事人双方串通，骗取保证人提供保证的；

（二）主合同债权人采取欺诈、胁迫等手段，使保证人在违背真实意思的情况下提供保证的。

第三十一条 保证人承担保证责任后，有权向债务人追偿。

第三十二条 人民法院受理债务人破产案件后，债权人未申报债权的，保证人可以参加破产财产分配，预先行使追偿权。

第三章 抵 押

第一节 抵押和抵押物

第三十三条 本法所称抵押，是指债务人或者第三人不转移对本法第三十四条所列财产的占有，将该财产作为债权的担保。债务人不履行债务时，债权人有权依照本法规定以该财产折价或者以拍卖、变卖该财产的价款优先受偿。

前款规定的债务人或者第三人为抵押人，债权人为抵押权人，提供担保的财产为抵押物。

第三十四条 下列财产可以抵押：

（一）抵押人所有的房屋和其他地上定着物；

（二）抵押人所有的机器、交通运输工具和其他财产；

（三）抵押人依法有权处分的国有的土地使用权、房屋和其他地上定着物；

（四）抵押人依法有权处分的国有的机器、交能运输工具和其他财产；

（五）抵押人依法承包并经发包方同意抵押的荒山、荒沟、荒丘、荒滩等荒地的土地使用权；

（六）依法可以抵押的其他财产。

抵押人可以将前款所列财产一并抵押。

第三十五条 抵押人所担保的债权不得超出其抵押物的价值。

财产抵押后，该财产的价值大于所担保债权的余额部分，可以再次抵押，但不得超出其余额部分。

第三十六条 以依法取得的国有土地上的房屋抵押的，该房屋占用范围内的国有土地使用权同时抵押。

以出让方式取得的国有土地使用权抵押的，应当将抵押时该国有土地上的房屋同时抵押。

乡（镇）、村企业的土地使用权不得单独抵押。以乡（镇）、村企业的厂房等建筑物抵押的，其占用范围内的土地使用权同时抵押。

第三十七条 下列财产不得抵押：

（一）土地所有权；

（二）耕地、宅基地、自留地、自留山等集体所有的土地使用权，但本法第三十四条第（五）项、第三十六条第二款规定的除外；

（三）学校、幼儿园、医院等以公益为目的的事业单位、社会团体的教育设施、医疗卫生设施和其他社会公益设施；

（四）所有权、使用权不明或者有争议的财产；

（五）依法被查封、扣押、监管的财产；

（六）依法有不得抵押的其他财产。

第二节 抵押合同和抵押物登记

第三十八条 抵押人和抵押权人应当以书面形式订立抵押合同。

第三十九条 抵押合同应当包括以下内容：

（一）被担保的主债权种类、数额；

（二）债务人履行债务的期限；

（三）抵押物名称、数量、质量、状况、所在地、所有权权属或者使用权权属；

（四）抵押担保的范围；

（五）当事人认为需要约定的其他事项。

抵押合同不完全具备前款规定内容的，可以补正。

第四十条 订立抵押合同时，抵押权人和抵押人在合同中不得约定在债务履行期届满抵押权人未受清偿时，抵押物的所有权转移为债权人所有。

第四十一条 当事人以本法第四十二条规定的财产抵押的，应当办理抵押物登记，抵押合同自登记之日起生效。

第四十二条 办理抵押物登记的部门如下：

（一）以无地上定着物的土地使用权抵押的，为核发土地使用权证书的土地管理部门；

（二）以城市房地产或者乡（镇）、村企业的厂房等建筑物抵押的，为县级以上地方人民政府规定的部门；

（三）以林木抵押的，为县级以上林木主管部门；

（四）以航空器、船舶、车辆抵押的，为运输工具的登记部门；

（五）以企业的设备和其他动产抵押的，为财产所在地的工商行政管理部门。

第四十三条 当事人以其他财产抵押的，可以自愿办理抵押物登记，抵押合同自签订之日起生效。

当事人未办理抵押物登记的，不得对抗第三人。当事人办理抵押物登记的，登记部门为抵押人所在地的公证部门。

第四十四条 办理抵押物登记，应当向登记部门提供下列文件或者其复印件：

（一）主合同和抵押合同；

（二）抵押物的所有权或者使用权证书。

第四十五条 登记部门登记的资料，应当允许查阅、抄录或者复印。

第三节 抵押的效力

第四十六条 抵押担保的范围包括主债权及利息、违约金、损害赔偿金和实现抵押权的费用。抵押合同另有约定的，按照约定。

第四十七条 债务履行期届满，债务人不履行债务致使抵押物被人民法院依法扣押的，自扣押之日起抵押权人有权收取由抵押物分离的天然孳息以及抵押人就抵押物可以收取的法定孳息。抵押权人未将扣押抵押物的事实通知应当清偿法定孳息的义务人的，抵押权的效力不及于该孳息。

前款孳息应当先充抵收取孳息的费用。

第四十八条 抵押人将已出租的财产抵押的，应当书面告知承租人，原租赁合同继续有效。

第四十九条 抵押期间，抵押人转让已办理登记的抵押物的，应当通知抵押权人并告知受让人转让物已经抵押的情况；抵押人未通知抵押权人或者未告知受让人的，转让行为无效。

转让抵押物的价款明显低于其价值的，抵押权人可以要求抵押人提供相应的担保；抵押人不提供的，不得转让抵押物。

抵押人转让抵押物所得的价款，应当向抵押权人提前清偿所担保的债权或者向与抵押权人约定的第三人提存。超过债权数额的部分，归抵押人所有，不足部分由债务人清偿。

第五十条 抵押权不得与债权分离而单独转让或者作为

其他债权的担保。

第五十一条 抵押人的行为足以使抵押物价值减少的，抵押权人有权要求抵押人停止其行为。抵押物价值减少时，抵押权人有权要求抵押人恢复抵押物的价值，或者提供与减少的价值相当的担保。

抵押人对抵押物价值减少无过错的，抵押权人只能在抵押人因损害而得到的赔偿范围内要求提供担保。抵押物价值未减少的部分，仍作为债权的担保。

第五十二条 抵押权与其担保的债权同时存在，债权消灭的，抵押权也消灭。

第四节 抵押权的实现

第五十三条 债务履行期届满抵押权人未受清偿的，可以与抵押人协议以抵押物折价或者以拍卖、变卖该抵押物所得的价款受偿；协议不成的，抵押权人可以向人民法院提起诉讼。

抵押物折价或者拍卖、变卖后，其价款超过债权数额的部分归抵押人所有，不足部分由债务人清偿。

第五十四条 同一财产向两个以上债权人抵押的，拍卖、变卖抵押物所得的价款按照以下规定清偿：

(一)抵押合同以登记生效的，按照抵押物登记的先后顺序清偿；顺序相同的，按照债权比例清偿；

(二)抵押合同自签订之日起生效的，该抵押物已登记的，按照本条第(一)项规定清偿；未登记的，按照合同生效时间的先后顺序清偿，顺序相同的，按照债权比例清偿。抵押物已登记的先于未登记的受偿。

第五十五条 城市房地产抵押合同签订后，土地上新增的房屋不属于抵押物。需要拍卖该抵押的房地产时，可以依法将该土地上新增的房屋与抵押物一同拍卖，但对拍卖新增房屋所得，抵押权人无权优先受偿。

依照本法规定以承包的荒地的土地使用权抵押的，或者以乡(镇)、村企业的厂房等建筑物 占用范围内的土地使用权抵押的，在实现抵押权后，未经法定程序不得改变土地集体所有和土地用途。

第五十六条 拍卖划拨的国有土地使用权所得的价款，在依法缴纳相当于应缴纳的土地使用权出让金的款额后，抵押权人有优先受偿权。

第五十七条 为债务人抵押担保的第三人，在抵押权人实现抵押权后，有权向债务人追偿。

第五十八条 抵押权因抵押物灭失而消灭。因灭失所得的赔偿金，应当作为抵押财产。

第五节 最高额抵押

第五十九条 本法所称最高额抵押，是指抵押人与抵押权人协议，在最高债权额限度内，以抵押物对一定期间内连续发生的债权作担保。

第六十条 借款合同可以附最高额抵押合同。

债权人与债务人就某项商品在一定期间内连续发生交易而签订的合同，可以附最高额抵押合同。

第六十一条 最高额抵押的主合同债权不得转让。

第六十二条 最高额抵押除适用本节规定外，适用本章其他规定。

第四章 质 押

第一节 动产质押

第六十三条 本法所称动产质押，是指债务人或者第三人将其动产移交债权人占有，将该动产作为债权的担保。债务人不履行债务时，债权人有权依照本法规定以该动产折价或者以拍卖、变卖该动产的价款优先受偿。

前款规定的债务人或者第三人为出质人，债权人为质权人，移交动产为质物。

第六十四条 出质人和质权人应当以书面形式订立质押合同。

质押合同自质物移交于质权人占有时生效。

第六十五条 质押合同应当包括以下内容：

(一)被担保的主债权种类、数额；

(二)债务人履行债务的期限；

(三)质物的名称、数量、质量、状况；

(四)质押担保的范围；

(五)质物移交的时间；

(六)当事人认为需要约定的其他事项。

质押合同不完全具备前款规定内容的，可以补正。

第六十六条 出质人和质权人在合同中不得约定在债务履行期届满质权人未受清偿时，质物的所有权转移为质权人所有。

第六十七条 质押担保的范围包括主债权及利息、违约金、损害赔偿金、质物保管费用和实现质权的费用。质押合同另有约定的，按照约定。

第六十八条 质权人有权收取质物所生的孳息。质押合同另有约定的，按照约定。

前款孳息应当先充抵收取孳息的费用。

第六十九条 质权人负有妥善保管质物的义务。因保管不善致使质物灭失或者毁损的，质权人应当承担民事责任。

质权人不能妥善保管质物可能致使其灭失或者毁损的，出质人可以要求质权人将质物提存，或者要求提前清偿债权而返还质物。

第七十条 质物有损坏或者价值明显减少的可能，足以危害质权人权利的，质权人可以要求出质人提供相应的担保。出质人不提供的，质权人可以拍卖或者变卖质物，并与出质人协议将拍卖或者变卖所得的价款用于提前清偿所担保的债权或者向与出质人约定的第三人提存。

第七十一条 债务履行期届满债务人履行债务的，或者出质人提前清偿所担保的债权的，质权人应当返还质物。

债务履行期届满质权人未受清偿的，可以与出质人协议以质物折价，也可以依法拍卖、变卖质物。

质物折价或者拍卖变卖后，其价款超过债权数额的部分归出质人所有，不足部分由债务人清偿。

第七十二条 为债务人质押担保的第三人，在质权人实现质权后，有权向债务人追偿。

第七十三条 质权因质物灭失而消灭。因灭失所得的赔偿金，应当作为出质财产。

第七十四条 质权与其担保的债权同时存在，债权消灭的，质权也消灭。

第二节 权利质押

第七十五条 下列权利可以质押：

(一)汇票、支票、本票、债券、存款单、仓单、提单；

(二)依法可以转让的股份、股票；

(三)依法可以转让的商标专用权，专利权、著作权中的财产权；

(四)依法可以质押的其他权利。

第七十六条 以汇票、支票、本票、债券、存款单、仓单、提单出质的，应当在合同约定的期限内将权利凭证交付质权人。

质押合同自权利凭证交付之日起生效。

第七十七条 以载明兑现或者提货日期的汇票、支票、本票、债券、存款单、仓单、提单兑现或者提货日期先于债务履行期的，质权人可以在债务履行期届满前兑现或者提货，并与出质人协议将兑现的价款或者提取的货物用于提前清偿所担保的债权或者同与出质人约定的第三人提存。

第七十八条 以依法可能转让的股票出质的，出质人与质权人应当订立书面合同，并向证券登记机构办理出质登记。质押合同自登记之日起生效。

股票出质后，不得转让，但经出质人与质权人协商同意的可以转让。出质人转让股票所得的价款应当向质权人提前清偿所担保的债权或者向与质权人约定的第三人提存。

以有限责任公司的股份出质的，适用公司法股份转让的有关规定。质押合同自股份出质记载于股东名册之日起生效。

第七十九条 以依法可以转让的商标专用权，专利权、著作权中的财产权出质的，出质人与质权人应当订立书面合同，并向其管理部门办理出质登记。质押合同自登记之日起生效。

第八十条 本法第七十九条规定的权利出质后，出质人不得转让或者许可他人使用，但经出质人与质权人协商同意的可以转让或者许可他人使用。出质人所得的转让费、许可费应当向质权人提前清偿所担保的债权或者向与质权人约定的第三人提存。

第八十一条 权利质押除适用本节规定外，适用本章第一节的规定。

第五章 留 置

第八十二条 本法所称留置，是指依照本法第八十四条的规定，债权人按照合同约定占有债务人的动产，债务人不按照合同约定的期限履行债务的，债权人有权依照本法规定留置该财产，以该财产折价或者以拍卖、变卖该财产的价款优先受偿。

第八十三条 留置担保的范围包括主债权及利息、违约金、损害赔偿金，留置物保管费用和实现留置权的费用。

第八十四条 因保管合同、运输合同、加工承揽合同发生的债权，债务人不履行债务的，债权人有留置权。

法律规定可以留置的其他合同，适用前款规定。

当事人可以在合同中约定不得留置的物。

第八十五条 留置的财产为可分物的，留置物的价值应当相当于债务的金额。

第八十六条 留置权人负有妥善保管留置物的义务。因保管不善致使留置物灭失或者毁损的，留置权人应当承担民事责任。

第八十七条 债权人与债务人应当在合同中约定，债权人留置财产后，债务人应当在不少于两个月期限内履行债务。债权人与债务人有合同中未约定的，债权人留置债务人财产后，应当确定两个月以上的期限，通知债务人在该期限内履行债务。

债务人逾期仍不履行的，债权人可以与债务人协议以留置物折价，也可以依法拍卖、变卖留置物。

留置物折价或者拍卖、变卖后，期价款超过债权数额的部分归债务人所有，不足部分由债务人清偿。

第八十八条 留置权因下列原因消灭：

（一）债权消灭的；

（二）债务人另行提供担保并被债权人接受的。

第六章 定 金

第八十九条 当事人可以约定一方向对方给付定金作为债权的担保。债务人履行债务后，定金应当抵作价款或者收回。付定金的一方不履行约定的债务的，无权要求返还定金；收受定金的一方不履行约定的债务的，应当双倍返还定金。

第九十条 定金应当以书面形式约定。当事人在定金合同中应当约定交付定金的期限。定金合同从实际交付定金之日起生效。

第九十一条 定金的数额由当事人约定，但不得超过主合标的额的百分之二十。

第七章 附 则

第九十二条 本法所称不动产是指土地以及房屋、林木等地上定着物。

本法所称动产是指不动产以外的物。

第九十三条 本法所称保证合同、抵押合同、质押合同、定金合同可以是单独订立的书面合同，包括当事人之间的具有担保性质的信函、传真等，也可以是主合同中担保条款。

第九十四条 抵押物、质物、留置物折价或者变卖，应当参照市场价格。

第九十五条 海商法等法律对担保有特别规定的，依照其规定。

第九十六条 本法自 1995 年 10 月 1 日起施行。

第八届全国人民代表大会常务委员会第十四次会议

一九九五年六月三十日

中华人民共和国审计法

第一章 总 则

第一条 为了加强国家的审计监督，维护国家财政经济秩序，促进廉政建设，保障国民经济健康发展，根据宪法，制定本法。

第二条 国家实行审计监督制度。国务院和县级以上地方人民政府设立审计机关。

国务院各部门和地方各级人民政府及其各部门的财政收支，国有的金融机构和企业事业组织的财务收支，以及其他依照本法规定应当接受审计的财政收支、财务收支，依照本法规定接受审计监督。

审计机关对前款所列财政收支或者财务收支的真实、合法和效益，依法进行审计监督。

第三条 审计机关依照法律规定的职权和程序，进行审计监督。

第四条 国务院和县级以上地方人民政府应当每年向本级人民代表大会常务委员会提出审计机关对预算执行和其他财政收支的审计工作报告。

第五条 审计机关依照法律规定独立行使审计监督权，不受其他行政机关、社会团体和个人的干涉。

第六条 审计机关和审计人员办理审计事项,应当客观公正,实事求是,廉洁奉公,保守秘密。

第二章 审计机关和审计人员

第七条 国务院设立审计署,在国务院总理领导下,主管全国的审计工作。审计长是审计署的行政首长。

第八条 省、自治区、直辖市、设区的市、自治洲、县、自治县、不设区的市、市辖区的人民政府的审计机关,分别在省长、自治区主席、市长、州长、县长、区长和上一级审计机关 的领导下,负责本行政区域内的审计工作。

第九条 地方各级审计机关对本级人民政府和上一级审计机关负责并报告工作,审计业务以上级审计机关领导为主。

第十条 审计机关根据工作需要,可以在其审计管辖范围内派出审计特派员。

审计特派员根据审计机关的授权,依法进行审计工作。

第十一条 审计机关履行职责所必需的经费,应当列入财政预算,由本级人民政府予以保证。

第十二条 审计人员应当具备与其从事的审计工作相适应的专业知识和业务能力。

第十三条 审计人员办理审计事项,与被审计单位或者审计事项有利害关系的,应当回避。

第十四条 审计人员对其在执行职务中知悉的国家秘密和被审计单位的商业秘密,负有保密的义务。

第十五条 审计人员依法执行职务,受法律保护。

任何组织和个人不得拒绝、阻碍审计人员依法执行职务,不得打击报复审计人员。

审计机关负责人依照法定程序任免。审计机关负责人没有违法失职或者其他不符合任职条件的情况的,不得随意撤换。

第三章 审计机关职责

第十六条 审计机关对本级各部门(含直属单位)和下级政府预算的执行情况和决算,以及预算外资金的管理和使用情况,进行审计监督。

第十七条 审计署在国务院总理领导下,对中央预算执行情况进行审计监督,向国务院总理提出审计结果报告。

地方各级审计机关分别在省长、自治区主席、市长、州长、县长、区长和上一级审计机关的领导下,对本级预算执行情况进行审计监督,向本级人民政府和上一级审计机关提出审计结果报告。

第十八条 审计署对中央银行的财务收支,进行审计监督。

审坟机关对国有金融机构的资产、负债、损益,进行审计监督。

第十九条 审计机关对国家的事业组织的财务收支,进行审计监督。

第二十条 审计机关对国有企业的资产、负债、损益,进行审计监督。

第二十一条 审计机关对与国计民生有重大关系的国有企业、接受财政补贴较多或者亏损数额较大的国有企业,以及国务院和本级地方人民政府指定的其他国有企业,应当有计划地定期进行审计。

第二十二条 对国有资产占控股地位或者主导地位的企业的审计监督,由国务院规定。

第二十三条 审计机关对国家建设项目预算的执行情况和决算,进行审计监督。

第二十四条 审计机关对政府部门管理的和社会团体受政府委托管理的社会保障基金、社会捐赠资金以及其他有关基金、资金的财务收支,进行审计监督。

第二十五条 审计机关对国际组织和外国政府援助、贷款项目的财务收支,进行审计监督。

第二十六条 除本法规定的审计事项外,审计机关对其他法律、行政法规规定应当由审计机关进行审计的事项,依照本法和有关法律、行政法规的规定进行审计监督。

第二十七条 审计机关有权对与国家财政收支有关的特定事项,向有关地方、部门、单位进行专项审计调查,并向本级人民政府和上一级审计机关报告审计调查结果。

第二十八条 审计机关根据被审计单位的财政、财务隶属关系或者国有资产监督管理关系,确定审计管辖范围。

审计机关之间对审计管辖范围有争议的,由其共同的上级审计机关确定。

上级审计机关可以将其审计管辖范围内的本法第十八条第二款至第二十五条规定的审计事项,授权下级审计机关进行审计;上级审计机关对下级审计机关审计管辖范围内的重大审计事项,可以直接进行审计,但是应当防止不必要的重复审计。

第二十九条 国务院各部门和地方人民政府各部门、国有的金融机构和企业事业组织,应当按照国家有关规定建立健全内部审计制度。各部门、国有的金融机构和企业事业组织的内部审计,应当接受审计机关的业务指导和监督。

第三十条 对依法独立进行社会审计的机构的指导、监督、管理,依照有关法律和国务院的规定执行。

第四章 审计机关权限

第三十一条 审计机关有权要求被审计单位按照规定报送预算或者财务收支计划、预算执行情况、决算、财务报告,社会审计机构出具的审计报告,以及其他与财政收支或者财务收支有关的资料,被审计单位不得拒绝、拖延、谎报。

第三十二条 审计机关进行审计时,有权检查被审计单位的会计凭证、会计帐簿、会计报表以及其他与财政收支或者财务收支有关的资料和资产,被审计单位不得拒绝。

第三十三条 审计机关进行审计时,有权就审计事项的有关问题向有关单位和个人进行调查,并取得有关证明材料。有关单位和个人应当支持、协助审计机关工作,如实向审计机关反映情况,提供有关证明材料。

第三十四条 审计机关进行审计时,被审计单位不得转移、隐匿、篡改、毁弃会计凭证、会计帐簿、会计报表以及其他与财政收支或者财务收支有关的资料,不得转移、隐匿所持有的违反国家规定取得的资产。

审计机关对被审计单位正在进行的违反国家规定的财政收支、财务收支行为,有权予以制止;制止无效的,经县级以上审计机关负责人批准,通知财政部门和有关主管部门暂停拨付与违反国家规定的财政收支、财务收支行为直接有关的款项,已经拨付的,暂停使用。采取该项措施不得影响被审计单位合法业务活动和生产经营活动。

第三十五条 审计机关认为被审计单位所执行的上级主管部门有关财政收支、财务收支的规定与法律、行政法规相抵触的,应当建议有关主管部门纠正;有关主管部门不予纠正的,审计机关应当提请有权处理的机关依法处理。

第三十六条 审计机关可以向政府有关部门通报或者向

社会公布审计结果。

审计机关通报或者公布审计结果，应当依法保守国家秘密和被审计单位的商业秘密，遵守国务院的有关规定。

第五章　审计程序

第三十七条　审计机关根据审计项目计划确定的审计事项组成审计组，并应当在实施审计三日前，向被审计单位送达审计通知书。

被审计单位应当配合审计机关的工作，并提供必要的工作条件。

第三十八条　审计人员通过审查会计凭证、会计帐簿、会计报表，查阅与审计事项有关的文件、资料，检查现金、实物、有价证券，向有关单位和个人调查等方式进行审计，并取得证明材料。

审计人员向有关单位和个人进行调查时，应当出示审计人员的工作证件和审计通知书副本。

第三十九条　审计组对审计事项实施审计后，应当向审计机关提出审计报告。审计报告报送审计机关前，应当征求被审计单位的意见。被审计单位应当接到审计报告之日起十日内，将其书面意见送交审计组或者审计机关。

第四十条　审计机关审定审计报告，对审计事项作出评价，出具审计意见书；对违反国家规定的财政收支、财务收支行为，需要依法给予处理、处罚的，在法定职权范围内作出审计决定或者 向有关主管机关提出处理、处罚意见。

审计机关应当自收到审计报告之日起三十日内，将审计意见书和审计决定送达被审计单位和有关单位。

审计决定自送达之日起生效。

第六章　法律责任

第四十一条　被审计单位违反本法规定，拒绝或者拖延提供与审计事项有关的资料的，或者拒绝、阻碍检查的，审计机关责令改正，可以通报批评，给予警告；拒不改正的，依法追究责任。

第四十二条　审计机关发现被审计单位违反本法规定，转移、隐匿、篡改、毁弃会计凭证、会计帐簿、会计报表以及其他与财政收支或者财务收支有关的资料的，有权予以制止。

被审计单位有前款所列行为，审计机关认为对负有直接责任的主管人员和其他直接责任人员依法应当给予行政处分的，应当提出给予行政处分的建议，被审计单位或者其上级机关、监察机关应当依法及时作出决定；构成犯罪的，由司法机关依法追究刑事责任。

第四十三条　被审计单位违反本法规定，转移、隐匿违法取得的资产的，审计机关、人民政府或者有关主管部门在法定职权范围内有权予以制止，或者申请法院采取保全措施。

被审计单位有前款所列行为，审计机关认为对负有直接责任的主管人员和其他直接责任人员依法应当给予行政处分的，应当提出给予行政处分的建议，被审计单位或者其上级机关、监察机关应当依法及进作出决定；构成犯罪的，由司法机关依法追究刑事责任。

第四十四条　对本级各部门（含直属单位）和下级政府违反预算的行为或者其他违反国家规定的财政收支行为，审计机关、人民政府或者有关主管部门在法定职权范围内，依照法律、行政法规的规定作出处理。

第四十五条　对被审计单位违反国家规定的财务收支行为，审计机关、人民政府或者有关主管部门在法定职权范围内，依照法律、行政法规的规定，责令限期缴纳应当上缴的收入，限期退还违法所得，限期退还被侵占的国有资产，以及采取其他纠正措施，并可依法给予处罚。

第四十六条　对被审计单位违反国家规定的财政收支、财务收支行为负有直接责任的主管人员和其他直接责任人员，审计机关认为依法应当给予行政处分的，应当提出给予行政处分的建议，被审计单位或者其上级机关、监察机关应当依法及时作出决定。

第四十七条　被审计单位的财政收支、财务收支违反法律、行政法规的规定，构成犯罪的，依法追究刑事责任。

第四十八条　报复陷害审计人员，构成犯罪的，依法追究刑事责任；不构成犯罪的，给予行政处分。

第四十九条　审计人员滥用职权、徇私舞弊、玩忽职守，构成犯罪的，依法追究刑事责任；不构成犯罪的，给予行政处分。

第七章　附　则

第五十条　中国人民解放军审计工作的规定，由中央军事委员会根据本法制定。

第五十一条　本法自 1995 年 1 月 1 日起施行。1988 年 11 月 30 日国务院发布的《中华人民共和国审计条例》同时废止。

中华人民共和国主席令第三十二号

一九九四年八月三十一日

关于惩治违反公司法的犯罪的决定

为了维护社会经济秩序，保护公司的合法权益，惩治违反公司法的犯罪行为，对刑法作如下补充规定：

一、申请公司登记的人使用虚假证明文件或者采取其他欺诈手段虚报注册资本，欺骗公司登记主管部门，取得公司登记，虚报注册资本数额巨大、后果严重或者有其他严重情节的，处三年以下有期徒刑或者拘役，可以并处虚报注册资本金额百分之十以下罚金。

申请公司登记的单位犯前款罪的，对单位判处虚报注册资本金额百分之十以下罚金，并对直接负责的主管人员和其他直接责任人员，依照前款的规定，处三年以下有期徒刑或者拘役。

二、公司发起人、股东违反公司法的规定未交付货币、实物或者未转移财产权，虚假出资，或者在公司成立后又抽逃其出资，数额巨大、后果严重或者有其他严重情节的，处五年以下有期徒刑或者拘役，可以并处虚假出资金额或者抽逃出资金额百分之十以下罚金。

单位犯前款罪的，对单位判处虚假出资金额或者抽逃出资金额百分之十以下罚金，并对直接负责的主管人员和其他直接责任人员，依照前款的规定，处五年以下有期徒刑或者拘役。

三、制作虚假的招股说明书、认股书、公司债券募集办法发行股票或者公司债券，数额巨大、后果严重或者有其他严重情节的，处五年以下有期徒刑或者拘役，可以并处非法募集资金额百分之五以一罚金。

单位犯前款罪的，对单位判处非法募集资金金额百分之五以下罚金，并对直接负责的主管人员和其他直接责任人员，依照前款的规定，处五年以下有期徒刑或者拘役。

四、公司向股东和社会公众提供虚假的或者隐瞒重要事实的财务会计报告，严重损害股东或者其他人利益的，对直接负责的主管人员和其他直接责任人员，处三年以下有期徒刑或者拘役，可以并处二十万元以下罚金。

五、公司进行清算时，隐匿财产，对资产负债表或者财产清单作虚伪记载或者在未清偿债务前分配公司财产，严重损害债权人或者其他人利益的，对直接负责的主管人员和其他直接责任人员处五年以下有期徒刑或者拘役，可以并处二十万元以下罚金。

六、承担资产评估、验资、验证、审计职责的人员故意提供虚假证明文件，情节严重的，处五年以下有期徒刑或者拘役，可以并处二十万元以下罚金。

单位犯前款罪的，对单位判处违法所得五倍以下罚金，并对直接负责的主管人员和其他直接责任人员，依照前款的规定，处五年以下有期徒刑或者拘役。

七、未经公司法规定的有关主管部门批准，擅自发行股票、公司债券，数额巨大、后果严重或者有其他严重情节的，处五年以下有期徒刑或者拘役，可以并处非法募集资金金额百分之五以下罚金。

单位犯前款罪的，对单位判处非法募集资金金额百分之五以下罚金，并对直接负责的主管人员，依照前款的规定，判处五年以下有期徒刑或者拘役。

八、国家有关主管部门的国家工作人员，对不符合法律规定条件的公司设立、登记申请或者股票、债券发行、上市申请，予以批准或者登记，致使公共财产、国家和人民利益遭受重大损失的，依照刑法第一百八十七条的规定处罚。

上级部门强令登记机关及其工作人员实施前款行为的，对直接负责的主管人员依照前款规定处罚。

九、公司董事、监事或者职工利用职务上的便利，索取或者收受贿赂，数额较大的，处五年以下有期徒刑或者拘役；数额巨大的，处五年以上有期徒刑，可以并处没收财产。

十、公司董事、监事或者职工利用职务或者工作上的便利，侵占本公司财物，数额较大的同，处五年以下有期徒刑或者拘役；数额巨大的，处五年以上有期徒刑，可以并处没收财产。

十一、公司董事、监事或者职工利用职务上的便利，挪用本单位资金归个人使用或者借贷给 他人，数额校大、超过三个月未还的，或者虽未超过三个月，但数额较大、进行营利活动的，或者进行非法活动的，处三年以下有期徒刑或者拘役。挪用本单位资金数额较大不退还的，依照本决定第十条规定的侵占罪论处。

十二、国家工作人员犯本决定第九条、第十条、第十一条规定之罪的，依照《关于惩法贪污罪贿赂罪的补充规定》的规定处罚。

十三、犯本决定规定之罪有违法所得的，应当予以没收。

犯本决定规定之罪，被没收违法所得，判处罚金、没收财产，承担民事赔偿责任的，其财产不足以支付时，先承担民事赔偿责任。

十四、有限责任公司、股份有限公司以外的企业职工有本决定第九条、第十条、第十一条规定的犯罪行为的，适用本决定。

十五、本决定自公布之日起施行。

全国人民代表大会常务委员会
一九九五年二月二十八日

关于惩治破坏金融秩序犯罪的决定

为了惩治伪造货币和金融票据诈骗、信用证诈骗、非法集资诈骗等破坏金融秩序的犯罪，特作如下决定：

一、伪造货币的，处三年以上十年以下有期徒刑，并处五万元以上五十万元以下罚金。有下列情形之一的，处以十年以上有期徒刑、无期徒刑或者死刑，并处没收财产：

（一）伪造货币集团的首要分子；

（二）伪造货币数额特别巨大的；

（三）有其他特别严重情节的。

二、出售、购买伪造的货币或者明知是伪造的货币而运输，数额较大的，处三年以下有期徒刑或者拘役，并处二万元以上二十万元以下罚金；数额巨大的，处三年以上十年以下有期徒刑，并处五万元以上五十万元以下罚金；数额特别巨大的，处十年以上有期徒刑或者无期徒刑，并处没收财产。

银行或者其他金融机构的工作人员购买伪造的货币或者利用职务上的便利，以伪造的货币换取货币的，处三年以上十年以下有期徒刑，并处二万元以上二十万元以下罚金；数额巨大或者有其他严重情节的，处十年以上有期徒刑或者无期徒刑，并处没收财产；情节较轻的，处三年以下有期徒刑或者拘役，并处或者单处一万元以上十万元以下罚金。

伪造货币并出售或者运输伪造的货币的，依照第一条的规定从重处罚。

三、走私伪造的货币的，依照全国人民代表大会常务委员会《关于惩治走私罪的补充规定》的有关规定处罚。

四、明知是伪造的货币而持有、使用，数额较大的，处三年以下有期徒刑或者拘役，并处一万元以上十万元以下罚金；数额巨大的，处三年以上十年以下有期徒刑，并处二万元以上二十万元以下罚金；数额特别巨大的，处十年以上有期徒刑，并处五万元以上五十万元以下罚金或者没收财产。

五、变造货币，数额较大的，处三年以下有期徒刑或者拘役，并处一万元以上十万元以下罚金；数额巨大的，处三年以上十年以下有期徒刑，并处二万元以上二十万元以下罚金。

六、未经中国人民银行批准，擅自设立商业银行或者其他金融机构的，处三年以下有期徒刑或者拘役，并处或者单处二万元以上二十万元以下罚金；情节严重的，处三年以上十年以下有期徒刑，并处五万元以上五十万元以下罚金。

伪造、变造、转让商业银行或者其他金融机构经营许可证的，依照前款的规定处罚。

单位犯前两款罪的，对单位判处罚金，并对直接负责的主管人员和其他直接责任人员，依照第一款的规定处罚。

七、非法吸收公众存款或者变相吸收公众存款，扰乱金融秩序的，处三年以下有期徒刑或者拘役，并处或者单处二万元以上二十万元以下罚金；数额巨大或者有其他严重情节的，处三年以上十年以下有期徒刑，并处五万元以上五十万元以下罚金。

单位犯前款罪的，对单位判处罚金，并对直接负责的主管人员和其他直接责任人员，依照前款的规定处罚。

八、以非法占有为目的，使用诈骗方法非法集资的，处三年以下有期徒刑或者拘役，并处二万元以上二十万元以下罚金；数额巨大或者有其他严重情节的，处三年以上十年以下有期徒刑，并处五万元以上五十万元以下罚金；数额特别巨大或者有其他特别严重情节的，处十年以上有期徒刑、无期徒刑或者死刑，并处没收财产。

单位犯前款罪的，对单位判处罚金，并对直接负责的主管人员和其他直接责任人员，依照前款的规定处罚。

九、银行或者其他金融机构的工作人员违反法律、行政法规规定，向关系人发放信用货款或者发放担保货款的条件优于其他借款人同类贷款条件，造成较大损失的，处五年以下有期徒刑或者拘役，并处一万元以上十万元以下罚金；造成重大损失的，处五年以上有期徒刑，并处二万元以上二十万元以下罚金。

银行或者其他金融机构的工作人员违反法律、行政法规规定，玩忽职守或者滥用职权，向关系人以外的其他人发放贷款，造成重大损失的，处五年以下有期徒刑或者拘役，并处一万元以上十万元以下罚金；造成特别重大损失的，处五年以上有期徒刑，并处二万元以上二十万元以下罚金。

单位犯前两款罪的，对单位判处罚金，并对直接负责的主管人员和其他直接责任人员，依照前两款的规定处罚。

十、有下列情形之一，以非法占有为目的，诈骗银行或者其他金融机构的贷款，数额较大的，处五年以下有期徒刑或者拘役，并处二万元以上二十万元以下罚金；数额巨大或者其他严重情节的，处五年以上十年以下有期徒刑，并处五万元以上五十万元以下罚金；数额特别巨大或者有其他特别严重情节的，处十年以上有期徒刑或者无期徒刑，并处没收财产：(一)编造引进资金、项目等虚假理由的；

(二)使用虚假的经济合同的；

(三)使用虚假的证明文件的；

(四)使用虚假的产权证明作担保的；

(五)以其他方法诈骗贷款。

十一、有下列情形之一的，伪造、变造金融票证的，处五年以下有期徒刑或者拘役，并处二万元以上二十万元以下罚金；情节严重的，处五年以上十年以下有期徒刑，并处五万元以上五十万元以下罚金；情节特别严重的，处十年以上有期徒刑或者无期徒刑，并处没收财产：

(一)伪造、变造汇票、本票、支票的；

(二)伪造、变造委托收款凭证、汇款凭证、银行存单等其他银行结算凭证的；

(三)伪造、变造信用证或者附随的单据、文件的；

(四)伪造信用卡的。

单位犯前款罪的，对单位判处罚金，并对直接负责的主管人员和其他责任人员，依照前款的规定处罚。

十二、有下列情形之一，进行金融票据诈骗活动，数额较大的，处五年以下有期徒刑或者拘役，并处二万元以上二十万元以下罚金；数额巨大或者有其他严重情节的，处五年以上十年以下有期徒刑，并处五万元以上五十万元以下罚金；数额特别巨大或者有其他特别严重情节的，处十年以上有期徒刑、无期徒刑或者死刑，并处没收财产。

(一)明知是伪造、变造的汇票、本票、支票而使用的；

(二)明知是作废的汇票、支票、支票而使用的；

(三)冒用他人的汇票、本票、支票的；

(四)签发空头支票或者与其预留印鉴不符的支票，骗取财物的；

(五)汇票、本票的出票人签发无资金保证的汇票、本票或者在出票时作虚假记载，骗取财物的。

使用伪造、变造的委托收款凭证、汇款凭证、银行存单等其他银行结算凭证的，依照前款的规定处罚。

单位犯前两款罪的，对单位判处罚金，并对直接负责的主管人员和其他直接责任人员，依照第一款的规定处罚。

十三、有下列情形之一，进行信用证诈骗活动的，处五年以下有期徒刑或者拘役，并处二万元以上二十万元以下罚金；数额巨大或者有其他严重情节的，处五年以上十年以下有期徒刑，并处五万元以上五十万元以下罚金；数额特别巨大或者有其他特别严重情节的，处十年以上有期徒刑、无期徒刑或者死刑，并处没收财产：

(一)使用伪造、变造的信用证或者附随的单据、文件的；

(二)使用作废的信用证的；

(三)骗取信用证的；

(四)以其他方法进行信用证诈骗活动的。

单位犯前款罪的，对单位判处罚金，并对直接负责的主管人员和其他直接责任人员依照前款的规定处罚。

十四、有下列情形之一，进行信用卡诈骗活动，数额较大的，处五年以下有期徒刑或者拘役，并处二万元以上二十万元以下罚金；数额巨大或者有其他严重情节的，处五年以上十年以下有期徒刑，并处五万元以上五十万元以下罚金；数额特别巨大或者有其他特别严重情节的，处十年以上有期徒刑或者无期徒刑，并处没收财产：

(一)使用伪造的信用卡的；

(二)使用作废的信用卡的；

(三)冒用他人信用卡的；

(四)恶意透支的。

盗窃信用卡并使用的，依照刑法关于盗窃罪的规定处罚。

十五、银行或者其他金融机构的工作人员违反规定为他人出具信用证或者其他保函、票据、资信证明，造成较大损失的，处五年以下有期徒刑或者拘役，造成重大损失的，处五年以上有期徒刑。

单位犯前款罪的，对单位判处罚金，并对直接负责的主管人员和其他直接负责人员，依照前款的规定处罚。

十六、有下列情形之一，进行保险诈骗活动，数额较大的，处五年以下有期徒刑或者拘役，并处一万元以上十万元以下罚金；数额巨大或者有其他严重情节的，处五年以上十年以下有期徒刑，并处二万元以上二十万元以下罚金；数额特别巨大或者有其他特别严重情节的，处十年以上有期徒刑，并处没收财产：

(一)投保人故意虚构保险标的，骗取保险金的；

(二)投保人、被保险人或者受益人对发生的保险事故编造虚假的原因或者夸大损失的程度，骗取保险金的；

(三)投保人、被保险人或者受益人编造未曾发生的保险事故，骗取保险金的；

(四)投保人、被保险人故意造成财产损失的保险事故，骗取保险金的；

(五)投保人、受益人故意造成被保险人死亡、伤残或者疾病，骗取保险金的。

有前款第(四)项、第(五)项所列行为，同时构成其他犯罪的，依照刑法数罪并罚的规定处罚。

保险事故的鉴定人、证明人、财产评估人故意提供虚假的证明文件，为他人诈骗提供条件的，以保险诈骗的共犯论处。

单位犯第一款罪的，对单位判处罚金，并对直接负责的主管人员和其他直接责任人员，依照第一款的规定处罚。

十七、保险公司的工作人员利用职务上的便利，故意编造未曾发生的保险事故进行虚假理赔，骗取保险金的，分别依照全国人民代表大会常务委员会《关于惩治贪污罪贿赂罪的补充规定》和《关于惩治违反公司法的犯罪的决定》的有关规定处罚。

十八、银行或者其他金融机构的工作人员在金融业务活动中索取、收受贿赂，或者违反国家规定收受各种名义的回扣、手续费的，分别依照合国人民代表大会常务委员会《关于惩治贪污罪贿赂罪的补充规定》和《关于惩治违反公司法的犯罪的决定》的有关规定处罚。

十九、银行或者其他金融机构的工作人员利用职务上的便利，挪用单位或者额户资金的，分别依照全国人民代表大会常务委员会《关于惩治贪污罪贿赂罪的补充规定》和《关于惩治违反公司法的犯罪的决定》的有关规定处罚。

二十、银行或者其他金融机构的工作人员，与本决定规定的进行金融诈骗活动的犯罪分子串通，为其诈骗活动提供帮助的，以共犯论处。

二十一、有本决定第二条、第四条、第五条、第十一条、第十二条、第十四条、第十六条规定的行为，情节轻微不构成犯罪的，可以由公安机关处十五日以下拘留、五千元以下罚款。

二十二、犯本决定规定之罪的违法所得应当予以追缴或者责令退赔被害人；供犯罪使用的财物一律没收。

伪造、变造的货币，伪造、变造、作废的票据、信用证、信用卡或者其他银行结算凭证一律收缴，上交中国人民银行统一销毁。

收缴伪造、变造的货币的具体办法由中国人民银行制定。

二十三、本决定所称的货币是指人民币和外币。

二十四、本决定自公布之日起施行。

中中华人民共和国主席令第五十二号

一九九五年六月三十日

证券业从业人员资格管理暂行规定

第一章　总　则

第一条　为提高证券业从业人员专业素质，促进我国证券市场健康发展，维护投资者合法权益，根据《股票发行与交易管理暂行条例》以及国家其他有关法规，制定本规定。

第二条　中国证券监督管理委员会(以下简称证监会)依照本规定，负责证券业从业人员(以下简称从业人员)从事证券业务资格的确认、撤销及有关事宜。

第三条　证监会可授权中国证券业协会和地方证券管理部门依照本规定办理从业人员资格管理的有关工作。

第四条　本规定所称证券中介机构，指有关部门依据有关法规批准设立的可经营证券业务或证券相关业务的下列法人：

1、证券公司；

2、信托投资公司；

3、证券清算、登记机构；

4、证券投资咨询机构；

5、证监会或证监会会同有关部门共同认定的其他可经营证券业务或证券相关业务的机构。

本规定所称证券专营机构，系指前款第1项所列证券公司；证券兼营机构，系指前款第2项所列信托投资公司和证监会会同有关部门共同认定的其他可经营证券业务的金融机构；证券经营机构是指证券专营机构和证券兼营机构。

第五条　本规定所称从业人员系指下列人员：

1、本规定第四条第一款各项所列证券中介机构的正副总经理，但证券兼营机构和该款第五项规定的机构中不负责证券业务的副总经理除外；

2、证券经营机构中内设各证券业务部门的正、副经理人员；

3、证券经营机构下设的证券营业部的正、副经理人员；

4、证券经营机构中从事证券代理发行业务的专业人员；

5、证券经营机构中从事证券自营业务的专业人员；

6、证券经营机构和证券投资咨询机构中从事为客户提供投资咨询服务的专业人员；

7、证券经营机构在证券交易所内的出市代表；

8、证券清算、登记机构内设各业务部门的正、副经理人员；

9、证券投资咨询机构内设各业务部门的正、副经理人员；

10、各类证券中介机构的电脑管理人员；

11、证监会认为需要进行资格确认的其他从业人员。

第六条　从业人员必须按照本规定取得证券从业人员资格证书后方可在第五条所列各项证券专业岗位上工作。

本规定第五条第1项所列高级管理人中至少应有三分之二以上应获得证券从业资格证书。

未取得证券业从业资格，除符合前款豁免规定的人员外，任何人不得在第五条所列各项证券专业岗位上工作。

第二章　申请条件

第七条　申请从业人员资格者应同时具备下列条件：

1、具有中华人民共和国国籍；

2、年满21周岁且具有完全的民事行为能力；

3、品行良好、正直诚实，具有良好的职业道德；

4、在申请从事证券从来资格前五年未受过刑事处罚或严重的行政处罚；

5、具有证券相关专业大学专科以上学历，或高中毕业并有从事两年以上证券业务或三年以上其它金融业务经验，或四年以上证监会认可的其他与证券业务相关的工作经历；

6、按本规定第九条规定，经过证监会指定培训机构举办的证券从业资格培训或通过其它学习方式达到相应水平，并通过证监会统一组织的资格考试；

7、自愿并承诺遵守国家有关法规以及行业自律性组织的行业规范，接受证监会的监督与管理；

8、证监会规定的其他条件。

第三章　资格培训与资格考试

第八条　除本规定第四十六条规定可免予资格考试的人

员外，申请取得证券业从业人员资格者须通过资格考试。

第九条 资格考试由证监会统一组织，资格培训和资格考试由证监会指定的培训机构举办。

第十条 申请成为指定培训机构的机构应具备下列条件：

1、培训规划及考试办法符合证监会制定的从业人员资格培训及考试大纲要求；

2、使用证监会认可的教材；

3、授课人中的数量、结构和专业水平符合证监会规定的审核确认标准和从业人员资格培训及考试大纲的要求；

4、教学设施和组织规划经证监会审查符合要求；

5、证监会规定的其他条件。

从业人员资格培训及考试大纲、授课人员审核确认标准和前款各项规定的其它未尽事宜由证监会另行规定。

第十一条 拟申请成为指定培训机构者，应按第十条规定的有关内容向证监会报送有关材料。

第十二条 证监会依据第十条所列各项条件和全国证券业的分布情况指定证券业从业人员培训机构，并向社会公告。

第十三条 对通过资格考试的人员，由指定培训机构发给结业证书。

第十四条 证监会依据本规定及资格培训和资格考试的有关文件对指定培训机构进行监督和指导，指定培训机构应当严格执行证监会的有关规定，认真组织资格培训和资格考试。对教学不负责任、培训质量低劣、以及在培训和考试中弄虚作假者，证监会可撤销其指定培训机构资格，并追究其有关责任。

第四章　申请程序

第十五条 申请从业资格者，需向证监会提供下列申请材料：

1、证监会统一印制的申请表；

2、身份证；

3、学历证书；

4、指定培训机构开具的资格考试成绩单及结业证书；

5、所在单位或户口所在地街道办事处以上的政府机关开具的以往行为说明材料；

6、证监会要求报送的其他材料。

第十六条 各证券中介机构应负责统一报送本机构申请人的申请材料。

未在证券机构中任职者的申请材料可由指定培训机构统一转报。

第十七条 证监会接到完整的申请材料后，对申请人的材料做出审查，并对符合条件者发给资格证书。

前款所称资格证书，由证监会根据从业人员的情况分为下列类别：

1、证券代理发行从业资格；

2、证券经纪从业资格；

3、投资顾问从业资格；

4、证券中介机构电脑管理从业资格；

5、证监会认为需要认定的其他类别。

第十八条 本规定第五条第1项所列人员至少应获得第十七条规定类别资格证书中的两种；

第五条第2项所列人员应获得第十七条所列资格证书种类中与其所从事专业相对应的资格证书；

第五条第3项所列人员应获得证券经纪资格证书；

第五条第4项所列人员应获得证券代理发行资格证书；

第五条第5项、第6项和第9项所列人员应获得投资顾问资格证书；

第五条第8项所列人员应获得证券经纪、投资顾问、证券中介电脑管理三种证书中的一种；

第五条第10项所列人员应获得证券中介机构电脑管理资格证书。

第十九条 证监会对获得资格证书的人员予以注册登记并向社会公布。

第二十条 证监会发放资格证书时，可按国家有关标准向申请人收取登记费用。

第五章　资格的维持

第二十一条 获取资格证书后超过十八个月而未在证券专业岗位上就职，资格证书自动失效。

第二十二条 取得资格证书的人员连续未从事证券业务活动达十八个月的，若要重新成为第五条所列各类人员，须按照本规定要求的程序重新申请。

第二十三条 证券中介机构不得聘用无资格证书或资格证书失效者成为第五条所列各类人员。

第二十四条 证券中介机构应将其聘任的所有从事第五条所列各类人员的有关情况向证监会备案。

第二十五条 从业人员在工作中有违反《股票发行与交易管理暂行条例》、《禁止证券欺诈行为暂行办法》和国家其它有关法规之行为时，所在机构应立即向证监会报告。

第二十六条 从业人员在工作期间因涉嫌参与重大经济案件而被有关部门调查，或因触犯我国刑法而被检察机关起诉，或在工作期间因触犯我国刑法而被法院判刑，所在机构应立即向证监会报告。

第二十七条 从业人员发生死亡、辞职、解雇、解任或退休等变动，所在机构应于变动发生后三个月内向证监会报告。

第二十八条 同一从业人员在同一时期内，只能受聘于一家证券中介机构。

第二十九条 从业人员改变受聘机构，原聘用机构应当在该从业人员辞职调离后三个月内，向证监会申报备案；新聘用机构应当在该从业人员就职后三个月内向证监会申报备案。

第三十条 从业人员应当保持正直诚实、公正廉洁、勤勉尽责的品质和遵守国家有关法规的意识。

第三十一条 从业人员应当不断学习，保持和更新专业知识，充实和提高业务技能。

第三十二条 从业人员应当定期或不定期参加有关的业务培训。

第三十三条 证监会可依据本规定所列各项条件，对已获得资格证书并上岗工作的从业人员从事证券业务活动的情况进行定期或不定期的检查。

经检查仍然具备条件者，可维持其从业资格；对未能符合相应条件者，证监会将依照本规定有关条款予以相应处理。

第六章　罚　则

第三十四条 从业人员取得资格证书并上岗工作后，如违反国家有关法规或本规定，除按该有关法规进行处罚外，证监会可视情节轻重处以下列一项或多项处罚：

1、警告；

2、暂停从业资格六个月到十二个月；

3、撤销资格证书，此后三年内拒绝受理其从业资格申请；

4、撤销资格证书并永久性地拒绝受理其从业资格申请。

对受到前款第1项处罚的从业人员，证监会将视情况决定是否向社会公告；

对受到本条第一款第2项、第3项、第4项处罚的从业人员，证监会将向社会公告。

第三十五条 在本规定第四十五条规定的时间内未按要求取得资格证书而擅自成为第五条各项所列人员的，证监会可责令其所在证券机构停止该人员的从业活动，并在此后一年之内拒绝受理该人员的从业资格申请。同时，对所在机构的有关负责人按照第三十四条第一款第1项、第2项予以处罚。

第三十六条 申请人在申请过程中提供虚假或误导性的材料，一经发现，证监会可视情况在三年内或永久性拒绝其从业资格的申请。

第三十七条 已取得资格证书者如在申请过程中提供虚假或误导性的材料，一经发现，证监会将视情况按照第三十四条第一款第3项或第4项予以处罚。

已取得资格证书者如在第四条第一款所列之外的非依法定程序设立的证券中介机构中成为第五条各项所列人员，证监会将视情况按照第三十四条第一款第3项或第4项予以处罚。

第三十八条 从业人员在任职期间因涉嫌参与重大经济案件而被有关部门调查期间，或在任职期间因涉嫌违反我国刑法而被检察机关起诉期间，证监会可视情况暂停其从业资格，并要求有关机构在工人安排上做出相应配合。

第三十九条 从业人员如对其任职的证券中介机构的破产或遭受重大损失负有直接责任，证监会将视情况按照第三十四条第一款第2项、第3项、第4项予以处罚。

第四十条 从业人员在工作期间因违反有关业务规定导致客户发生重大经济损失时，证监会可视情节按照第三十四条第一款第1项、第2项、第3项予以处罚。

第四十二条 对严重违反国家有关法规或受到第三十四条第一款第1项或第2项处罚两次以上的从业人员，证监会可视情节按第三十四条第一款规定从重处罚，直至撤销资格证书。

第四十三条 从业人员因违反本规定，受到第三十四条第一款第2项、第3项处罚的，处罚期间，任何证券中介机构不得将其录用在证券专业岗位上工作。

第四十四条 从业人员受到第三十四条第一款第4项处罚的，任何证券中介机构永远不得再以任何形式予以录用。

第七章 附 则

第四十五条 在本规定公布之前已成为第五条各项所列人员者，如欲继续从事证券业务，须在本规定实施之日起的两年内取得资格证书。

第四十六条 在部门经理或部门经理以上的岗位上专职从事证券业务管理工作达五年以上者，可豁免资格培训与资格考试。

第四十七条 第五条第7项所列人员的从业资格管理，由证监会委托证券交易所负责实施，有关办法由证监会另行制定。

第四十八条 对从事证券投资基金业务的管理及操作人员，其从业资格管理比照本规定执行。

第四十九条 对从事证券相关业务的律师事务所、会计师事务所、审计师事务所和资产评估机构从业人员的资格管理办法，由证监会会同有关部门另行制定。

第五十条 本规定由证监会负责解释。

第五十一条 本规定自1995年7月1日起实施。

国务院证券委员会

期货经营机构从业人员管理暂行办法

第一章 总 则

第一条 为了规范期货经营机构从业人员（以下简称“从业人员”）的行为，维护期货交易秩序，促进期货市场健康发展，制定本办法。

第二条 中国证券监督管理委员会（以下简称“证监会”）依照本办法负责期货经营机构从业人员资格的确认、检查、变更和注销等事宜。

第三条 本办法所称从业人员包括期货经营机构管理人员和业务人员：

（一）期货经营机构管理人员（以下简称“管理人员”）包括：

1.期货经纪公司的正、副总经理及相当于副总经理以上职务者；

2.期货经纪公司业务部门的正、副经理；

3.期货兼营机构中期货营业部门的正、副经理。

（二）期货经营机构业务人员（以下简称“业务人员”）包括：

1.从事期货交易的劝诱、开户、受托、执行、保证金收付、结算及交割业务的人员；

2.从事期货交易投资分析、咨询或期货经营机构内部财务、业务稽核及其他相关业务的人员。

第二章 从业人员资格的取得

第四条 业务人员应当同时具备下列条件：

（一）具有中华人民共和国国籍；

（二）具有完全的民事行为能力；

（三）品行良好、正直诚实、具有良好的职业道德；

（四）未受过刑事处罚，并在申请从事期货业务前连续三年无经济违法纪录；

（五）接受过本办法第六条规定的专业培训，并在证监会授权统一组织的从业人员资格考试（以下简称“资格考试”）中合格，且获得证监会授权统一颁发的从业人员资格证书（以下简称“资格证书”）。

第五条 管理人员除应当具备第四条规定的条件外，还应具备大专以上学历，并符合下列条件之一：

（一）在证券或金融机构工作三年以上，并曾担任证券或金融机构部门经理以上或同等职务；

（二）在证券或金融机构工作五年以上，并曾担任证券或金融机构部门副经理以上或同等职务；

（三）从事与期货交易上市品种相同商品的经营工作三年以上，并曾担任部门经理以上或同等职务；

（四）在期货、证券、金融行政管理部门工作五年以上，并曾任科长以上或同等职务；

（五）有充分事实证明其具备期货专业知识或期货经营经验，并能有效经营期货业务。

第六条 申请取得从业人员资格者，应当参加专业培训，并取得培训机构颁发的结业证书。

证监会授权机构对上述培训机构进行监督和指导。

第七条 资格考试在证监会授权机构组织下统一进行。

第八条 资格考试合格者，可向证监会授权机构申请取得资格证书并须提交证监会授权机构认为必要的资料。

第九条 申请人需向证监会授权机构呈报以下资料：

（一）申请表；

（二）从业人员专业培训结业证书；

（三）从业人员资格考试合格证书；

（四）期货经营机构拟聘任意向书；

（五）证监会授权机构需要的其他资料。

第十条 凡取得培训机构颁发的结业证书者，应当于发证之日起十二个月内通过证监会授权机构统一组织的资格考试。超过此时限者，如欲参加资格考试，应当重新接受培训机构举办的专业培训并取得结业证书。

第十一条 证监会授权机构需在接到申请后三十天内，对申请人的资料做出审查，对符合条件者统一颁发资格证书，予以注册登记，并在证监会指定的有关报刊上公布。

第三章　从业人员资格的检查、变更和注销

第十二条 证监会授机构对从业人员资格实行两年一次的检查制度。从业人员应当按要求在规定的时间向证监会授权机构办理资格证书验证手续。

资格证书经验证合格者，证监会授权机构予以办理资格重新确认手续。

第十三条 从业人员有下列行为之一者，证监会授权机构可不予办理资格重新确认手续：

（一）对其任职的期货经纪公司的破产负有直接责任；

（二）发生本办法第二十一条所列行为之一；

（三）在申请取得资格证书、资格证书验证和注册登记时提交虚假材料。

第十四条 从业人员发生变动，期货经营机构应于变动发生后三十天内依下列规定向证监会授权机构登记：

（一）对发生职务调动、升迁的机构从业人员，进行变更登记；

（二）对发生死亡、辞职、解雇、解任和退休情况的从业人员，进行注销登记；

（三）对经证监会依本办法第二十一条被中止资格和注销资格的从业人员，进行中止或注销登记。

第十五条 从业人员改变受聘期货经营机构，原聘用机构应当在该从业人员辞职或调离后三十天内，向证监会授权机构申报备案；新聘用机构应当在该从业人员就职后三十天内，向证监会授权机构申报备案。

第十六条 具有从业人员资格但一年以上未被任何期货经营机构聘用者，视为自动放弃从业人员资格，证监会授权机构可注销其从业人员资格。如欲继续从事期货经营机构业务，应当按本办法规定的程序重新取得从业人员资格。

第四章　从业规则

第十七条 取得资格证书者可以在期货经营机构从事期货业务。

第十八条 同一从业人员在同一聘期内，只能受聘为一家期货经营机构服务。期货经营机构应将其聘任的所有从业人员的有关情况向证监会授权机构备案。

第十九条 从业人员从事期货经纪活动时，应当代表其所属的期货经营机构与客户签订书面委托协议。双方当事人应当在书面委托协议中就各自的权利、义务作出明确规定。

第二十条 从业人员不得接受客户的期货交易全权委托。

第五章　罚　则

第二十一条 从业人员在从业期间如有下述行为，证监会可根据情节轻重对其单处或并处警告、通报、没收非法所得、处以一万元以上十万元以下的罚款、中止从业人员资格三个月以上十二个月以下，注销期货人员资格；构成犯罪的，依法移交司法部门追究刑事责任：

（一）不如实向客户说明期货交易的风险，或者对客户作出获利保证；

（二）不按照规定把代理业务与自营业务分开；

（三）擅自挪用客户保证金或套用不同帐户资金；

（四）与客户私下约定分享赢利或者共担风险损失；

（五）利用客户帐户或者名义为自已从事交易；

（六）用假名进行交易；

（七）伪造、涂改、买卖各种审批文件和各种业务凭证；

（八）故意制造和提供虚假信息；

（九）为未开办开户手续的当事人从事交易；

（十）泄露客户的委托事项或者与之有关的信息；

（十一）私下对冲；

（十二）不按客户的委托事项进行交易；

（十三）违反本办法第四章规定的行为；

（十四）国家法律、法规禁止的其他行为。

第二十二条 未依本办法规定的程序取得资格证书而擅自从事期货业务者，一经发现，证监会授权机构可责令其所属期货经营机构停止该人员的业务活动，并在三年内不予受理该人员申请从业人员资格。

证监会授权机构如发现已取得从业人员资格者在申请过程中向证监会授权机构提供虚假或误导性材料的，注销其从业人员资格。

第二十三条 从业人员受到中止资格处罚的，处罚期间任何期货经营机构不得录用其从事期货业务；凡被注销从业人员资格者，期货经营机构必须予以除名，任何期货经营机构不得再以任何形式予以录用。

第六章　附　则

第二十四条 本办法公布之前已经从事期货业务者，如继续从事期货业务，应当在一九九六年六月底之前按本办法规定的程序申请取得从业人员资格，并在证监会授权机构注册登记。

第二十五条 对非中国公民在中国取得从业人员资格的办法，另行规定。

第二十六条 本办法所称“以上”“以下”含本数。

第二十七条 本办法由证监会负责解释。

第二十八条 本办法自公布之日起生效。

国务院证券委员会

一九九四年十一月八日

国债期货交易管理暂行办法

第一章 总 则

第一条 为加强国债期货市场的管理，规范国债期货交易行为，保护国债期货交易当事人的合法权益，制定本办法。

第二条 本办法所称国债是指财政部代表中央政府依照法定程序发行的、约定在一定期限还本付息的有价证券。

第三条 本办法所称国债期货交易是指以国债为合约标的物的期货合约买卖。

在中华人民共和国境内从事的国债期货交易和相关活动以及对其的监督管理，适用本办法。

第四条 国债期货交易及其相关活动必须遵守有关期货交易法律、行政法规，遵循公开、公平、公正和诚实信用的原则。

第五条 中国证券监督管理委员会(简称“中国证监会”，下同)是国债期货交易的主管机构。中国证监会会同财政部依照法律、行政法规对全国国债期货市场实施监督管理。

第二章 国债期货交易场所和国债期货经纪机构的资格条件

第六条 本办法所称国债交易场所是指中国证监会会同财政部批准进行国债期货交易的交易场所。

未经中国证监会会同财政部批准，任何交易场所不得开展国债期货交易。

第七条 申请上市国债期货的交易场所必须向中国证监会和财政部提交下列文件：

(一)申请报告；

(二)交易场所章程；

(三)国债期货交易管理规则及其实施细则；

(四)拟参加国债期货交易的会员名单；

(五)拟聘任国债期货交易管理人员的名单及简历；

(六)中国证监会和财政部要求的其他文件；

第八条 前条第(三)项所述国债期货交易管理规则应当载明下列事项：

(一)有关国债期货合约的说明；

(二)交易地点和时间；

(三)交易的中止；

(四)交易程序和交易方式；

(五)结算和交割方法；

(六)保证金的交纳和管理方法；

(七)交易手续费的收取比率；

(八)会员收支帐户的审计办法；

(九)对可进行国债期货交易的会员资格的规定；

(十)出市代表管理的规定；

(十一)交易中的禁止行为；

(十二) 违约处理及罚则；

(十三)其他需要说明的事项。

第九条 国债期货交易场所制定和修改国债期货交易管理规则必须报中国证监会会同财政部审核批准。

第十条 国债期货交易场所设计国债期货合约必须经中国证监会会同财政部批准后方可上市交易。

第十一条 国债期货交易场所不得设立分支交易场所。

未经中国证监会会同财政部批准，国债期货交易场所不得通过与未经批准进行国债期货交易的交易所或者交易中心联网直接接受其会员的交易指令和直接与其会员进行资金清算。

第十二条 国债期货经纪机构是指经中国证监会批准的、主要接受客户委托进行国债期货交易并提供相关服务的期货经纪公司和有证券经营权的金融机构。

未经中国证监会批准，任何机构不得从事国债期货经纪业务。

第十三条 国债期货经纪机构必须同时具备下列条件：

(一)有中国证监会核发的《国内期货经纪业务许可证》或者有中国人民银行核发的授予证券经营权的《经营金融业务许可证》；

(二)注册资本金在人民币 1000 万元以上；

(三)有国债期货交易场所的会员资格；

(四)有三名以上取得中国证监会授权机构颁发的《期货经营机构从业人员资格证书》的从业人员；

(五)无违法和重大违章经营记录，信誉良好；

(六)中国证监会要求的其他条件。

第三章 国债期货交易、结算及交割业务管理

第十四条 国债期货交易必须在国债期货交易场所内通过集中竞价的方式进行。

第十五条 国债期货交易场所应当建立国债期货交易的涨跌停板制度，确定国债期货的每日价格最大波动幅度，设定客户投机头寸的最大持仓限量和交割月份持仓量限额，并报中国证监会核准。

客户因保值需求持仓量超过国债期货交易场所规定的持仓限额时，必须向该交易场所提出报告，得到该交易场所的许可。否则，该交易场所有权根据事先制定的规则对会员的超额持仓进行强制平仓，由此造成的损失由会员承担。

第十六条 国债期货交易场所有权了解其会员代理交易的客户的帐户情况。同一客户在同一交易所的不同会员处分别设立帐户才，其总持仓量以各帐户持仓量总和为准。

第十七条 国债期货交易场所应当向会员公布即时行情，并制作国债期货日交易行情表，向社会公布国债期货的成交量、持仓量、最高和最低价、开盘和收盘价、结算价等交易信息。

第十八条 国债期货交易场所因不可预料的偶发事件导致停市、或者为维护国债期货交易的正常秩序采取技术性停市措施，必须立即向中国证监 会和财政部报告。

第十九条 国债期货交易实行保证金制度，对有经营国债期货业务资格的会员设立国债期货交易保证金专项帐户。从事国债期货交易的会员必须按照规定交纳保证金。

前款所称保证金包括会员为开户进行交易必须支付的基础保证金、按每笔交易金额的一定比例必须支付的初始保证金和为维持国债期货交易场所规定的一定的保证金水平所必须支付的追加保证金。

第二十条 国债期货交易场所向会员收取的交易保证金不得低于交易金额的 10%，进入交割月后，应将保证金比率提高到 20%以上。在最后交易日前的第三个营业日，空方应

交纳价值不低于其空头净持仓额85%的国债券，多方应交纳不低于其多头净持仓额85%的现金。

中国证监会有权根据市场情况对前款所列保证金比率作出调整。

第二十一条 国债期货交易场所的结算机构应对会员的国债期货交易实行每日结算制度，并承担交易履约的责任和风险，保证期货合约的履行。当日成交合约的结算和资金划转必须在下一个交易日开市前完成，并将结算情况通知会员。

会员保证金不足时，国债期货交易场所应当要求其及时补足保证金，否则有权将其所持合约强行平仓，由此造成的损失由会员负责。

第二十二条 国债期货交易场所不得以任何方式允许会员透支进行期货交易。

第二十三条 国债期货合约的每日结算价应为当日全天交易加权平均价。

第二十四条 国债期货交易场所应当收取相当于交易手续费20%以上的金额建立风险基金。风险基金由国债期货交易场所统一管理，专款专用。

第二十五条 国债期货的交割为国债券所有权的转移，交割的具体程序由交易场所的结算机构制定。

第二十六条 国债期货的交割可实行有纸国债券交割和无纸国债券转帐交割可两种交割方式，不得实行现金交割。

实行有纸国债券交割的，可以交割国债券实物和财政部确认的托管机构开具的国债代保管凭证。实行无纸国债券转帐交割的，国债期货交易场所的结算机构必须向财政部授权的记帐系统确认交易当事者确实存有相应数量的无纸国债券，并通过财政部授权的记帐系统进行无纸国债券的转帐，券款的具体划转程序和时限由国债期货交易场所规定。

第二十七条 国债期货交易场所对进行有纸国债券交割的国债实物必须设专门库房保管；对无纸国债券的交割必须通过财政部指定的国债记帐系统进行。

第二十八条 国债期货交易场所应当建立符合期货监督管理和实际监控要求的信息系统，并根据中国证监会和财政部的要求向其提供国债期货市场信息。

第二十九条 中国证监会有权随时派员检查国债期货交易场所及其会员单位的有关国债期货交易的业务、财务状况、各种交易所记录、文件以及会计帐簿等有关资料。

第三十条 国债期货交易场所应当在每一财政年度终了后三个月内，将经会计事务所或者审计事务所审计的资产负债表和损益表报送中国证监会和财政部备案。

第四章 国债期货经纪业务管理

第三十一条 国债期货经纪机构从事国债期货经纪业务应当履行下列职责：

(一)建立和保管帐簿、交易记录和其他业务记录；

(二)将自营业务与经纪业务严格分开；

(三)未经客户允许不得擅自挪用、出借客户保证金；

(四)及时客观地向客户披露信息，为客户保守商业秘密；

(五)在营业场所向客户提供风险说明书；

(六)如实记录、及时执行客户指令并通知成交结果；

(七)中国证监会规定的其他职责。

第三十二条 国债期货经纪机构应当为客户开设"国债期货交易专项帐户"。国债期货经纪机构在接受客户办理开户手续时，应当提供国债期货风险说明书，在国债期货经纪机构从业人员对国债期货的风险和交易程序进行充分解说后，交客户签字并注明签字日期。国债期货风险说明书的格式由国债期货经纪机构制定，报中国证监会备案。

国债期货经纪机构应当就其营业范围内的国债期货交易场所的交易规则规定的有关事项准备说明书，供顾客参考。

第三十三条 国债期货经纪机构接受客户委托从事期货交易前，应当先与客户签订交易委托书，并对其填写的事项进行详细核对，检查是否有错误或遗漏。在签定交易委托书以前，不得接受客户委托。

第三十四条 交易委托书至少应当包括以下内容：

(一)开户日期；

(二)委托人姓名、年龄、性别、出生地、职业、地址、电话、身份证号码(法人应当载明企业名称、法人代表、企业所在地)；

(三)委托人委托国债期货经纪机构从事期货交易的方式及双方联系方法；

(四)国债期货经纪机构执行委托方式；

(五)国债期货经纪机构因故无法开展业务时客户帐户处理办法；

(六)保证金或者其他款项的收付方式；

(七)保证金专户存款利息归属；

(八)国债期货交易手续费及其他相关费用的规定事项；

(九)通知追加保证金的方式及时间；

(十)国债期货经纪机构应当提供咨询及服务事项的范围；

(十一)纠纷处理方式；

(十二)解除委托契约的手续；

(十三)其他与当事人权利义务有关的必要记载事项。

第三十五条 国债期货交易的委托人是自然人的，应当由本人持身份证原件办理开户手续，并当场签字；国债期货交易委托人是法人的，被授权开户者应当出具法人登记证明文件复印件、法人授权书及被授权人身份证原件办理开户手续，开户手续完成以前，不得接受委托。

第三十六条 国债期货经纪机构不得为有下列情况之一者开设帐户：

(一)不具有完全民事行为能力的；

(二)法人开户未能提出法人授权开户证明书的；

(三)期货监管人员和国债期货从业人员；

(四)违反有关证券、期货、外汇交易等的法律、行政法规，受到主管机构处罚未满三年的；

(五)中国证监会规定的其他情况。

国债期货经纪机构对于已经开户而有上述情况之一者，应当立即停止接受其新的交易指令，但为清理原有持仓所下的指令除外。

国债期货经纪机构在上述客户结清其债权债务后，应当立即撤销其国债期货交易帐户。

第三十七条 国债期货经纪机构可以通过下列方式接受客户委托：

(一)客户当面委托；

(二)书信方式委托；

(三)传真方式委托；

(四)电话方式委托；

以前款(一)、(二)、(三)项规定的方式接受委托，应当有客户签字；以前款(四)项规定的方式接受委托，应当予以录音，并事后补办书面委托手续。

第三十八条 国债期货经纪机构接受客户委托从事国债

期货交易，应当根据客户的资信情况和投资经验等评估其从事国债期货交易的能力，如果判定客户的信用状况和财力不具有从事国债期货交易的能力，有权拒绝其委托。

第三十九条 对于开户后连续六个月未从事国债期货交易的客户，如欲继续进行国债期货交易，必须按照本办法第三十二条和第三十三条的规定的程序重新在风险说明书和交易委托书上签字。

第四十条 国债期货经纪机构接受客户委托进行国债期货交易，应当向客户收取交易保证金。国债期货经纪机构对客户收取的交易保证金不得低于本办法第二十条规定的比例。

第四十一条 除下列情况外，国债期货经纪机构不得从客户保证金帐户中提取款项：

(一)按照客户的指示交付结余保证金；

(二)客户应当支付的实际交易亏损；

(三)客户应当支付给期货经营机构的手续费和其他费用；

(四)经与客户协商达成书面协议的可提取款项。

第四十二条 国债期货经纪机构不得允许客户透支从事国债期货交易。

第四十三条 国债期货经纪机构接受客户委托进行交易时，应当由客户逐项明确授权，不得接受客户全权委托。

第四十四条 国债期货经纪机构不得出借自己的名称供他人从事国债期货经纪业务。

第四十五条 国债期货经纪机构应当对客户资金来源进行严格审查，不得允许法人客户以自然人名义或者自然人客户以法人名义开户。

第四十六条 国债期货经纪机构及其从业人员不得以任何方式向客户保证盈利或者分担交易中的损失，不得以任何方式与客户分享期货交易中所得的利润，因期货经营机构操作失误导致客户损失而给予赔偿的除外。

第四十七条 国债期货经纪机构受托从事国债期货业务，应当在成交后立即将结果通知委托方，并在闭市后向委托方提供交易报告书，交易报告书应当列明下列事项：

(一)帐号及户名；

(二)成交日期及时间；

(三)交易所名称；

(四)成交合约、数量及交割月份；

(五)成交价格；

(六)买入或卖出；

(七)开仓或平仓；

(八)所需保证金数额；

(九)交易手续费；

(十)税款；

(十一)其他需要载明的事项。

第四十八条 国债期货经纪机构应当按月编制客户交易月报，交客户确认。客户交易月报应当至少保存五年以上。客户交易月报应当列明下列事项：

(一)委托人的姓名(或名称)及帐号；

(二)当月所有成交的国债合约、买卖、数量、价格和交割月份；

(三)月底未平仓国债期货合约总量；

(四)当月保证金存款的提存情况和余额；

(五)交易盈亏数额；

(六)交易手续费和税款数额；

(七)其他需要载明的事项。

第四十九条 国债期货经纪机构的所有国债期货成交情况应当有完整记录，并至少保存至合约到期日后五年。国债期货经纪机构对客户委托买卖的帐目至少保存五年。

第五十条 在国债期货经纪机构任职，从事国债期货交易的开户、受托、执行交易指令、咨询、保证金收付、结算、业务稽核等的从业人员必须取得中国证监会授权机构颁发的《期货经营机构从业人员资格证书》。未取得资格证书者不得从事国债期货交易的经纪业务及其相关业务。

国债期货经纪机构应对其所聘用的从业人员的经纪行为承担全部民事法律责任。

第五十一条 国债期货经纪机构应当从人员、帐目、执行交易指令的通道等方面严格将自营业务和经纪业务分开。

第五十二条 证监会有权随时派员检查国债期货经纪机构有关国债期货交易的业、财务状况、各种交易记录、文件以及会计帐簿和其他有关材料。

第五十三条 国债期货经纪机构应当按照中国证监会和财政部的规定，按时报送有关国债期货交易的业务报表，并在每个会计年度结束后的三个月内提交营业报告书和下列由会计事务所或者审计事务所审计的财务报告：

(一)资产负债表；

(二)损益表；

(三)财务状况变动表。

第五章　法律责任

第五十四条 对违反本办法的单位和个人，由中国证监会进行调查和处罚，必要时会同有关部门进行调查和处罚。

第五十五条 国债期货交易场所违反本办法规定，有下列行为之一的，根据不同情况，单处或并处警告、通报、没收非法所得，人民币十万元以上三百万元以下的罚款、暂停或停止其从事国债期货交易的资格。

(一)不依照本办法第八条的规定制定国债期货交易规则，或者不将制定或修改的上述文件报送中国证监会核准的；

(二)不按规定公布市场信息，或者故意公布虚假信息，对市场产生误导并造成不良后果的；

(三)不按规定提取风险基金或者擅自使用风险基金的；

(四)不按制定的有关规章管理会员的国债期货交易行为的；

(五)擅自挪用会员交纳的保证金的；

(六)不按规定保存有关交易记录的；

(七)拒绝协助中国证监会、财政部及有关部门查处国债期货交易违法行为的；

(八)泄露会员的交易秘密的；

(九)涂改、伪造交易记录、财务报表、帐册或者其他有关期货结算、担保的文件、资料的；

(十)组织虚假交易或者内幕交易的；

(十一)允许会员透支进行国债期货交易的；

(十二)使用不正当手段诱导会员或者其出市代表过量下单的；

(十三)其他违反本办法的行为。

对前款所列行为负有直接责任的主管人员和其他责任人员，根据不同情况，单处或并处警告、通报、处以一万元以上十万元以下的罚款；情节严重的，责令国债期货交易所解除其职务。

第五十六条 国债期货经纪机构有下列行为之一的，根据不同情况，单处或者并处警告、通报、没收非法所得、人民币五万元以上一百万元以下罚款、责令停业整顿、暂停或取消其国债期货经纪业务资格：

(一)违反本办法第四十一条规定，擅自挪用客户保证金或套用不同帐户之间的资金的；

(二)私下对冲的；

(三)与客户私下约定分享利益或者共同承担风险的；

(四)未按照规定将经纪业务与自营业务分开的；

(五)利用客户帐户或者名义为自己从事交易的；

(六)故意制造、散布虚假信息的；

(七)伪造、涂改、买卖各种交易凭证和文件的；

(八)泄露客户的委托事项或者与之有关的信息的；

(九)接收客户的全权委托的；

(十)不按客户交易指令从事交易的；

(十一)制造虚假交易或者进行场外交易的；

(十二)通过合谋，集中资金优势，联合买卖，操纵国债期货交易价格，获取不正当利益或者转嫁风险的；

(十三)拒绝协助中国证监会查处期货交易违法行为的；

(十四)允许客户透支参与国债期货交易的；

(十五)允许以自然人名义为法人开户或者以法人名义为自然人开户进行国债期货交易的；

(十六)为未办理开户手续的人从事交易的；

(十七)其他违反本办法的行为。

对前款所列行为负有直接责任的主管人员和直接责任人员，单处或者并处警告、通报、没收非法所得、人民币一万元以上十万元以下的罚款；情节严重的，责令国债期货经纪机构予以除名，并吊销其《期货机构从业人员资格证书》。

第五十七条 对未经中国证监会同财政部批准，擅自上市国债期货合约的交易场所限期停止国债期货交易，没收全部非法所得、处以十万元以上三百万元以下的罚款。

对前款所列行为负有直接责任的主管人员和其他直接责任人员，根据不同情况，单处或并处警告、通报、处以一万元以上十万元以下的罚款；情节严重的，责令上述机构解除其职务。

第五十八条 对未经中国证监会批准，擅自开展国债期货经纪业务的机构，限期停止国债期货经纪业务，没收全部非法所得、处以十万元以上一百万元以下的罚款。

对前款所列行为负有直接责任的主管人员和其他直接责任人员，根据不同情况，单处或并处警告、通报、处以一万元以上十万元以下的罚款；情节严重的，责令上述机构解除其职务。

第五十九条 国债期货交易场所的会员单位及其出市代表违反国债期货交易规则，国债期货交易场所可以依据章程、业务规则及会员管理办法予以处分。

第六十条 违反本办法规定，给他人造成损失的，应当依法承担民事赔偿责任。

第六十一条 违反本办法规定，构成犯罪的，移交司法部门追究刑事责任。

第六章　附　则

第六十二条 本办法实施后，现行的有关国债期货交易的规定和管理办法与本办法不一致的，以本办法为准。

第六十三条 关于中华人民共和国境内的外资企业参加中国国债期货交易的管理办法，由中国证监会会同有关部门另行制定。

第六十四条 本办法由中国证监会负责解释。

第六十五条 本办法中规定的国债期货交易场所和国债期货经纪机构除接受本办法管理以外，还必须遵循国家有关期货市场、证券市场的法律、行政法规的规定。

第六十六条 本办法自下发之日实施。

中国证券监督管理委员会　财政部
一九九五年二月二十三日

股份有限公司土地使用权管理暂行规定

第一条 为深化企业改革，优化配置土地资源，规范股份有限公司(以下简称公司)设立中的土地使用权管理，根据《中华人民共和国公司法》和国家关于土地法律、法规有关规定，制定本规定。

第二条 办理地价评估，必须依法进行土地使用权登记，取得《国有土地使用证》。尚未登记的，应向土地管理部门申请登记，领取土地使用权证书。

第三条 改建或新设公司使用的国有土地使用权必须评估。地价评估结果经县级或市级人民政府土地管理部门初审后，按本规定第六条规定的审批权限报批确认。

第四条 改建或新设为上市公司的，必须选择具有A级土地估价资格的评估机构进行地价评估；其他的应选择具有A级或B级土地估价资格的评估机构进行地价评估。

第五条 接受委托的评估机构，应与土地使用权持有者订立委托评估协议，按国家土地管理局颁布的《城镇土地估价规程》要求进行地价评估，并向土地使用权持有者和相应的土地管理部门提交土地估价报告。

第六条 由国务院授权部门批准设立的公司，其地价评估结果，向国家土地管理局申请确认；由省级人民政府批准设立的公司，其地价评估结果，向省级人民政府土地管理部门申请确认。

第七条 改建或新设公司应由土地使用权持有者拟订土地使用权处置方案。由国务院授权部门批准设立的公司，其土地使用权的处置方案，报国家土地管理局批准；由省级人民政府批准设立的公司，其土地使用权的处置方案报省级人民政府土地管理部门批准。

第八条 企业可依法以出让方式取得土地使用权。在签订土地使用权出让合同、缴纳土地使用权出让金后，企业以出让方式取得的土地使用权，可以转让、出租或作价入股。持有土地使用权的公司，在土地使用权出让期限内，须承担土地使用权出让合同和土地登记文件所载明的权利和义务。

土地使用权转让、出租或入股的最高期限为土地使用权出让年期减去原企业以出让方式获取土地使用权后已使用的年期。

第九条 国家以租赁方式将土地使用权租给公司的，定期收取租金。公司以租赁方式使用土地，必须签订租赁合同。以租赁方式使用的土地不得转让、转租、抵押。

第十条 国家根据需要，可以一定年期的国有土地使用权作价入股，经评估作价后，界定为国家股，由土地管理部门委托国有股权持股单位统一持有。土地管理部门应与国有股权持股单位签订委托持股合同。

第十一条 国家以国有土地使用权作价入股的，其土地使用权作价折算的股本额不得低于审核确认的土地使用权作价总额除以股票的溢价倍数；土地使用权作价入股占国有资产总股本的比例也不得低于土地使用权作价总额占进入股份制企业的国有资产总额的比例。

土地使用权折股及土地使用权出让金、租金数额的确定，均应以经审查确认的土地评估结果为基础。

第十二条 改建或新设的公司，凭公司审批机关的批准文件、土地使用权变更登记申请、土地使用权处置方案批准文件、土地使用权出让（租赁）合同、土地使用权出让金缴纳凭证及其他有关文件，按国家有关法律规定和《土地登记规则》的要求，向县级以上人民政府土地管理部门申请变更土地登记。

县级以上人民政府土地管理部门根据以上文件，并对用地情况进行复核后，办理变更土地登记，更换国有土地使用证。

第十三条 已经改建为公司的，没有进行土地使用权价格评估、处置方案审批和土地变更登记的，应当按本规定重新补办。

凡未按上述要求补办手续的公司，土地管理部门不予办理变更土地登记。

第十四条 改建或新设公司使用集体所有土地的，必须持公司审批机关的批准文件，向县级以上人民政府土地管理部门提出申请，按国家规定，经批准征为国有土地后，方可按本规定办理土地使用权评估、处置和变更登记手续。

第十五条 改建或新设有限责任公司的土地使用权管理，参照本规定执行。

第十六条 本规定自发布之日起施行。1992 年 7 月 9 日国家土地管理局、国家体改委联合发布的《股份制试点企业土地资产管理暂行规定》、1993 年 10 月 9 日发布的《关于到境外上市的股份制试点企业土地资产管理若干问题的通知》同时废止。

第十七条 本规定由国家土地管理局负责解释。

国家土地管理局

国家经济体制改革委员会

制止牟取暴利的暂行规定

第一条 为了维护社会主义市场经济秩序，制止牟取暴利，保护消费者的合法权益，制定本规定。

第二条 本规定适用于对国民经济和社会发展有重大影响的和与居民生活有密切关系的商品和服务（以下简称商品和服务）。

前款规定的商品和服务的项目，由国务院价格主管部门按照国务院的有关规定公布、调整；其中实行国家定价的，按照国家定价和国务院有关价格管理的规定执行。

省、自治区、直辖市人民政府可以根据本地方的实际情况，在国务院价格主管部门公布的商品和服务的项目的基础上，决定适当增加与本地方居民生活有密切关系的商品和服务的项目，予以公布，并报国务院价格主管部门备案。

第三条 在中华人民共和国境内从事生产经营和提供有偿服务的公民、法人和其他组织（以下简称生产经营者）必须遵守本规定。

第四条 生产经营者的价格行为应当遵循公开、公平和诚实信用的原则，执行国家关于商品和服务实行明码标价的规定。

第五条 商品的价格和服务的收费标准（以下统称价格），应当符合下列要求：

（一）某一商品或者服务的价格水平不超过同一地区、同一期间、同一档次、同种商品或者服务的市场平均价格的合理幅度；根据当地国民生产情况、按当地市场价格水平，根据不同行业不同商品来确定合理幅度。

（二）某一商品或者服务的差价率不超过同一地区、同一期间、同一档次、同种商品或者服务的平均差价率的合理幅度。

（三）某一商品或者服务的利润率不超过同一地区、同一期间、同一档次、同种商品或者服务的平均利润率的合理幅度。但是，生产经营者通过改善经营管理，运用新技术，降低成本，提高效益而实现的利润率除外。

第六条 商品或者服务的市场平均价格、平均差价率、平均利润率以其社会平均成本为基础测定。

商品或者服务的市场平均价格、平均差价率、平均利润率的合理幅度，按照其与国民经济和社会发展的关系或者与居民生活的密切程度，市场供求状况和不同行业、不同环节、不同商品或者服务的特点规定。

第七条 商品和服务的市场平均价格、平均差价率、平均利润率及其合理幅度，由省、自治区、直辖市的人民政府价格管理部门会同有关业务主管部门，按照国务院价格主管部门的规定测定和规定，并予以公布；省、自治区、直辖市人民政府价格管理部门也可以根据需要，授权市、县人民政府价格管理部门测定和规定与居民生活有密切关系的部分商品和服务的市场平均价格、平均差价率、平均利润率及其合理幅度，并予以公布。

有关业务主管部门和生产经营者应当配合价格管理部门的测定工作。

第八条 生产经营者不得违反本规定，以下列手段非法牟利：

（一）不按照规定明码标价或者在明码标示的价格之外索要高价；

（二）谎称削价让利，或者以虚假的优惠价、折扣价、处理价、最低价以及其他虚假的价格信息，进行价格欺诈；

（三）生产经营者之间或者行业组织之间相互串通，哄抬价格；

（四）违反公平、自愿原则，强迫交易对方接受高价；

（五）采取其他价格欺诈手段。

第九条 价格监督检查人员依法执行职务，生产经营者不得拒绝、阻碍。

第十条 对生产经营者牟取暴利的行为，任何单位和个人者有权向价格监督检查机构投诉或者举报。

价格监督检查机构受理投诉或者收到举报后，应当及时调查核实情况，依照本规定予以处理，并根据情况对举报者给予奖励。

第十一条 违反本规定第五条规定的，由价格监督检查机构责令改正；拒不改正的，予以警告、没收违法所得，可以并处违法所得5倍以下的罚款。

第十二条 违反本规定第八条规定的，由价格监督检查机构予以警告，责令其向遭受损害的一方退还违法所得，违法所得不能退还的，予以没收，可以并处违法所得5倍以下的罚款；情节严重，构成犯罪的，依法追究刑事责任。

第十三条 以暴力、威胁方法阻碍价格监督检查人员依法执行职务的，依法追究刑事责任；拒绝、阻碍价格监督检查人员依法执行职务，未使用暴力、威胁方法的，由公安机关依照治安管理处罚条例的有关规定处罚。

第十四条 价格监督检查人员玩忽职守、徇私舞弊，或者包庇、纵容牟取暴利的行为的，依法给予行政处分；构成犯罪的，依法追究刑事责任。

第十五条 工商行政管理、审计、财政、税务、公安、技术监督等部门，应当在各自的职责范围内，配合价格监督检查机构查处牟取暴利的行为。

第十六条 省、自治区、直辖市人民政府，可以结合本地方的实际情况，根据本规定制定实施办法。

第十七条 本规定由国务院价格主管部门组织实施。

第十八条 本规定自发布之日起施行。

中华人民共和国国家计划委员会

个人所得税代扣代缴暂行办法

第一条 为加强个人所得税的征收管理，完善代扣代缴制度，强化代扣代缴手段，根据《中华人民共和国个人所得税法》(以下简称税法)及实施条例、《中华人民共和国税收征收管理法》(以下简称征管法)及实施细则和有关行政法规的规定，特制定本办法。

第二条 凡支付个人应纳税所得的企业(公司)、事业单位、机关、社团组织、军队、驻华机构、个体户等单位或者个人，为个人所得税的扣缴义务人。

上款所说的驻华机构，不包括外国驻华使领馆和联合国及其他依法享有外交特权和豁免的国际组织驻华机构。

第三条 按照税法规定代扣代缴个人所得税是扣缴义务人的法定义务，必须依法履行。

第四条 扣缴义务人向个人支付下列所得，应代扣代缴个人所得税：

(一)工资、薪金所得；

(二)对企事业单位的承包经营、承租经营所得；

(三)劳务报酬所得；

(四)稿酬所得；

(五)特许权使用费所得；

(六)利息、股息、红利所得；

(七)财产租赁所得；

(八)财产转让所得；

(九)偶然所得；

(十)经国务院财政部门确定征税的其他所得。

第五条 扣缴义务人向个人支付应纳税所得(包括现金、实物和有价证券)时，不论纳税人是否属于本单位人员，均应代扣代缴其应纳的个人所得税税款。

前款所说支付，包括现金支付、汇拨支付、转帐支付和以有价证券、实物以及其他形式的支付。

第六条 扣缴义务人应指定支付应纳税所得的财务会计部门或其他有关部门的人员为办税人员，由办税人员具体办理个人所得税的代扣代缴工作。

代扣代缴义务人的有关领导要对代扣代缴工作提供便利，支持办税人员履行义务；确定办税人员或办税人员发生变动时，应将名单及时报告主管税务机关。

第七条 扣缴义务人的法人代表(或单位主要负责人)、财会部门的负责人及具体办理代扣代缴税款的有关人员，共同对依法履行代扣代缴义务负法律责任。

第八条 同一扣缴义务人的不同部门支付应纳税所得时，应报办税人员汇总。

第九条 扣缴义务人在代扣税款时，必须向纳税人开具税务机关统一印制的代扣代收税款凭证，并详细注明纳税人姓名、工作单位、家庭住址和居民身份证或护照号码(无上述证件的，可用其他能有效证明身份的证件)等个人情况。对工资、奖金所得和利息、股息、红利所得等，因纳税人数众多、不便一一开具代扣代收税款凭证的，经主管税务机关同意，可不开具代扣代收税款凭证的，但应通过一定形式告知纳税人已扣缴税款。纳税人为持有完税依据而向扣缴义务人索取代扣代收税款凭证的，扣缴义务人不得拒绝。

扣缴义务人应主动向税务机关申领代扣代收税款凭证，据以向纳税人扣税。非正式扣税凭证，纳税人可以拒收。

第十条 扣缴义务人依法履行代扣代缴税款义务时，纳税人不得拒绝。纳税人拒绝的，扣缴义务人应及时报告税务机关处理，并暂时停止支付其应纳税所得。否则，纳税人应缴纳的税款由扣缴义务人负担。

第十一条 扣缴义务人应扣未扣、应收未收税款的，由扣缴义务人缴纳应扣未扣、应收未收税款以及相应的滞纳金或罚款。其应纳税款按下列公式计算：

应纳税所得额＝(支付的收入额－费用扣除标准－速算扣除数)÷(1－税率)

应纳税额＝应纳税所得额×适用税率－速算扣除数

扣缴义务人已将纳税人拒绝代扣代缴的情况及时报告税务机关的除外。

第十二条 扣缴义务人应设立代扣代缴税款帐簿，正确反映个人所得税的扣缴情况，并如实填写《扣缴个人所得税报告表》及其他有关资料。

第十三条 扣缴义务人每月所扣的税款，应当在次月七日内缴入国库，并向主管税务机关报送《扣缴个人所得税报告表》、代扣代收税款凭证和包括每一纳税人姓名、单位、职务、收入、税款等内容的支付个人收入明细表以及税务机关要求报送的其他有关资料。

扣缴义务人违反上述规定不报送或者报送虚假纳税资料的，一经查实，其未在支付个人收入明细表中反映的向个人支付的款项，在计算扣缴义务人应纳税所得额时不得作为成本费用扣除。

第十四条 扣缴义务人因有特殊困难不能按期报送《扣缴个人所得税报告表》及其他有关资料的，经县级税务机关批准，可以延期申报。

第十五条 扣缴义务人必须依法接受税务机关检查，如实反映情况，提供有关资料，不得拒绝和隐瞒。

第十六条 扣缴义务人同税务机关在纳税上发生争议时,必须先依照税务机关根据法律、行政法规确定的税款解缴税款及滞纳金,然后可以在收到税务机关填发的缴款凭证之日起60日内向上一级税务机关申请复议。

第十七条 对扣缴义务人按照所扣缴和税款,付给百分之二的手续费。扣缴义务人可将其用于代扣代缴费用开支和奖励代扣代缴工作做得较好的办税人员。但由税务机关查出,扣缴义务人补扣的个人所得税税款,不向扣缴义务人支付手续费。

第十八条 扣缴义务人为纳税人隐瞒应纳税所得,不扣或少扣缴税款的,按偷税处理。

第十九条 扣缴义务人以暴力、威胁方式拒不履行扣缴义务的,按抗税处理。

第二十条 扣缴义务人违反以上各条规定,或者有偷税、抗税行为的,依照征管法和《全国人民代表大会常务委员会关于惩治偷税抗税犯罪的补充规定》的有关规定进行处理。

第二十一条 为了便于税务机关加强管理,主管税务机关应对扣缴义务人建档登记,定期联系。对于经常发生代扣代缴义务的扣缴义务人,主管税务机关可以发给扣缴义务人证书。扣缴义务人应主动与税务机关联系。

第二十二条 税务机关应对办税人员加强业务辅导和培训,帮助解决代扣代缴工作中出现的问题。对故意刁难办税人员或阻挠其工作的,税务机关应配合有关部门,做出严肃处理。

第二十三条 各省、自治区、直辖市国家税务局、地方税务局可以根据本办法规定的原则,结合本地实际,制定有关的代扣代缴办法,并报国家税务总局备案。

第二十四条 本办法由国家税务总局备案。

第二十五条 本办法从1995年4月1日起执行。

国家税务总局

个人所得税自行申报纳税暂行办法

第一条 根据《中华人民共和国个人所得税法》(以下简称税法)及其实施条例、《中华人民共和国税收征收管理法》(以下简称征管法)及其实施细则和有关行政法规的规定制定本办法。

第二条 凡符合税法第一条规定的纳税义务人(以下简称纳税人),有下列情形之一的,必须自行向税务机关申报所得并缴纳税款:

(一)从两处或两处以上取得工资、薪金所得的;

(二)取得应纳税所得,没有扣缴义务人的;

(三)分笔取得属于一次劳务报酬所得、稿酬所得、特许权使用费所得、财产租赁所得的;

(四)取得应纳税所得,扣缴义务人未按规定扣缴税款的;

(五)税收主管部门规定必须自行申报纳税的。

第三条 申报地点一般应为收入来源地的主管税务机关。纳税人从两处或两处以上取得工资、薪金所得的,可选择并固定在其中一地税务机关申报纳税;从境外取得所得的,应向境内户籍所在地或经常居住地税务机关申报纳税。纳税人要求变更申报纳税地点的,须经原主管税务机关批准。

第四条 纳税人在申报纳税时,其在中国境内、境外已纳的个人所得税税款,准予按照有关规定从应纳税额中扣除。

第五条 除特殊情况外,纳税人应在取得应纳税所得的次月七日内向主管税务机关申报所得并缴纳税款。

帐册健全的个体工商户的生产、经营所得应纳的税款,按年计算、分月预缴,由纳税人在次月七日内申报预缴,年度终了后三个月内汇算清缴,多退少补。帐册不健全的个体工商户的生产、经营所得应纳的税款,由各地税务机关依据征管法及其实施细则的有关规定,自行确定征收方式。

纳税人年终一次取得承包经营、承租经营所得的,自取得收入之日起三日内申报纳税;在一年内分次取得承包经营、承租经营所得的,应在取得每次所得后的七日内申报预缴,年度终了后三个月内汇算清缴,多退少补。

从中国境外取得所得的纳税人,其来源于中国境外的应纳税所得,如在境外以纳税年度计算缴纳个人所得税的,应在所得来源国的纳税年度终了、结算税款后的三十日内,向中国主管税务机关申报纳税;如在取得境外所得时结清税款的,或者在境外按所得来源国税法规定免予缴纳个人所得税的,应在次年一月一日起三十日内向中国主管税务机关申报纳税。

第六条 纳税人可以由本人或委托他人或采用邮寄方式在规定的申报期限内申报纳税。邮寄申报纳税的,以寄出地的邮戳日期为实际申报日期。

纳税期限的最后一日是法定休假日的,以休假日的次日为期限的最后一日。

第七条 纳税人确有困难,不能按期办理纳税申报的,经主管税务机关核准,可以延期申报。

纳税人因有特殊困难,不能按期缴纳税款的,经县以上税务局(分局)批准,可以延期缴纳税款,但最长不得超过三个月。

第八条 纳税人在申报纳税时,应分别不同应纳税所得项目,正确填写纳税申报表,并必须按税务机关规定报送有关资料。

第九条 税务机关依法对纳税人的收入和纳税情况进行检查,纳税人必须据实报告,并提供有关资料,不得拒绝和隐瞒。税务人员进行检查时,应当出示税务检查证件,并有责任为被检查人保守秘密。

第十条 税务机关应对自行申报纳税人建立纳税档案,并经常进行跟踪、监督和检查。

第十一条 纳税人不按规定申报纳税,任何人都有权检举、揭发。税务机关为检举者保密,并按照规定给予奖励。

第十二条 纳税人违反本办法有关规定偷税抗税的,依照征管法和《全国人民代表大会常务委员会关于惩治偷税抗税犯罪的补充规定》进行处罚。

第十三条 本办法未尽事宜,按照有关税收法律、行政法规的规定执行。

第十四条 各省、自治区、直辖市国家税务局、地方税务局可以根据本办法规定的原则,结合当地实际,按照各自征收管理范围,制定具体实施办法,并报国家税务总局备案。

第十五条 本办法由国家税务总局负责解释。

第十六条 本办法从1995年5月1日起执行。

国家税务总局

股份有限公司国有股权管理暂行办法

第一章　总　则

第一条　为贯彻《公司法》，规范股份有限公司（以下简称“股份公司”）国有股权管理，维护国有资产权益，制定本办法。

第二条　组建股份公司，视投资主体和产权管理主体的不同情况，分别构成“国家股”和“国有法人股”。

国家股是指有权代表国家投资的机构或部门向股份公司出资形成或依法定程序取得的股份。在股份公司股权登记上记名为该机构或部门持有的股份。

国有法人股是指具有法人资格的国有企业、事业及其他单位以其依法占用的法人资产向独立于自己的股份公司出资形成或依法定程序取得的股份。在股份公司股权登记上记名为该国有企业或事业及其他单位持有的股份。

国家股和国有法人股统称为国有股权。

第三条　股份公司国有股权管理应遵循以下原则：

一、贯彻以公有制为主体的方针，保证国有股权依国家产业政策在股份公司中的控股地位。

二坚持政企职责分开，维护国有资产权益，依法落实股份公司法人财产权。

三、促进国有资产合理配置，优化国有资产投资结构，提高国有资产运营效益。

四、保障国有股权益，做到与其他股权同股、同权、同利。

第四条　国有资产管理部门是国有股权行政管理的专职机构。

第二章　股份公司设立时国有股权的界定

第五条　国有企业改建为股份公司时，可整体改组，也可根据实际情况对企业资产进行重组。

企业资产重组必须有利于企业自身发展，有利于提高企业盈利能力和水平，有利于发展专业化分工和社会化服务，资产重组中对原企业实行分立的，必须明确分立后独立于股份公司之外的经济实体的产权管理主体和管理体制，明确其与股份公司的产权关系和经济关系。

第六条　设立股份公司，必须按照国务院发布的《国有资产评估管理办法》的有关规定，委托有资格的评估机构进行资产评估。

第七条　国有企业改建为股份公司，要按国家有关规定进行产权界定。

第八条　股份公司设立时，股权界定应区分改组设立和新设立两种不同情况。

一、国有企业改建为股份公司的股权界定：

1、有权代表国家投资的机构或部门直接设立的国有企业以其全部资产改建为股份公司的，原企业应予撤销，原企业的国家净资产折成的股份界定为国家股。

2、有权代表国家投资的机构或部门直接设立的国有企业以其部分资产（连同部分负债）改建为股份公司的，如进入股份公司的净资产（指评估前净资产，下同）累计高于原国有企业净资产50%（含50%），或主营生产部分全部或大部分资产进入股份制企业，其净资产折成的股份界定为国家股；进入股份公司的净资产低于50%（不含50%），其净资产折成的股份界定国有法人股。国家另有规定的从其规定。

3、国有法人单位（行业性总公司和具有政府行政管理职能的公司除外）所拥有的企业，包括产权关系经过界定和确认的国有企业（集团公司）的全资子企业（全资子公司）和控股子企业（控股子公司）及其下属企业，以全部或部分资产改建为股份公司，进入股份公司的净资产折成的股份界定国有法人股。

二、新建设立股份公司的股权界定：

1、国家授权投资的机构或部门直接向新设成立的股份公司投资形成的股份界定国家股。

2、国有企业（行业性总公司和具有政府行政管理职能的公司除外）或国有企业（集团公司）的全资子企业（全资子公司）和控股子企业（控股子公司）以其依法占用的法人资产直接向新设立的股份公司投资入股形成的股份界定为国有法人股。

第九条　按本《办法》应界定为国家股的不得界定为国有法人股。

第十条　国有企业（指单一投资主体的企业）改组设立股份公司时，其占有使用的资产经评估确认后，须将净资产一并折股，股权性质不得分设；其股权要按本《办法》确定的国有股持股单位统一持有，不得由不同部门或机构分割持有。

第十一条　国有企业进行股份制改组，要按《在股份制试点工作中贯彻国家产业政策若干问题的暂行规定》，保证国家股或国有法人股（该国有法人单位应为国有独资企业或国有独资公司）的控股地位。

国有股权控股分为绝对控股和相对控股。绝对控股是指国有股权持股比例占50%以上（不含50%）；相对控股是指国有股权持股比例高于30%低于50%，但因股权分散，国家对股份公司具有控制性影响。

计算持股比例一般应以同一持股单位的股份为准，不得将两个或两个以上国有股权持股单位的股份加和计总。

第十二条　国有资产严禁低估作价折股，一般应以评估确认后净资产折为国有股的股本。如不全部折股，则折股方案须与募股方案和预计发行价格一并考虑，但折股比率（国有股股本/发行前国有净资产）不得低于65%。股票发行溢价倍率（股票发行价格/股票面值）应不低于折股倍数（发行前国有净资产/国有股股本）。净资产未全部折股的差额部分应计入资本公积金，不得以任何形式将资本（净资产）转为负债。净资产折股后，股东权益应等于净资产。

第十三条　国有企业改建为股份公司必须明确国家股或国有法人股持股单位。

第十四条　资产评估结束后，有关单位要提出国有股权管理方案的申请并附送有关材料，报国有资产管理部门审核、批复。国有资产管理部门的批复是审批设立股份公司的必备文件。国有股权管理方案的申请，凡需国务院授权部门审批设立公司的，报国家国有资产管理局审批；凡需地方省、自治区、直辖市人民政府批准设立公司的，报省级人民政府国有资产管理部门审批。

第十五条　国有资产管理部门要建立股份公司国家股档案，包括国家股持股单位名称、国家股数额占总股本的比例、国家股股利收缴、国家股权变动等情况，对国家股股权及收益实施动态管理。

第三章　国有股持股单位和股权行使方式

第十六条　国家股权应由国家授权投资的机构持有，在国家授权投资的机构未明确前，也可同国有资产管理部门持有或由国有资产管理部门代政府委托其他机构或部门持有。

国家股权委托持有的，国有资产管理部门应与被委托单位办理委托手续，订立委托协议，明确双方在行使股权、股利收缴、股权转让等方面的权利和义务。国家授权投资的机构持有国家股权的，国有资产管理部门代授权方拟定有关协议。

国有法人股应由作为投资主体的国有法人单位持有并行使股权。

第十七条　国有股持股单位须依法行使股份公司的国有股权，维护国有股的权益，对国有股权益的安全完整负责。

第十八条　国有股持股单位须妥善保管股票或其他股权凭证。

第十九条　国有股持股单位可委派法定代表人或其指定的代理人出席股东大会，审议和表决股东大会议程上的事项。国有股持股单位通过出席股东大会的代表提名董事、监事候选人或提出罢免董事、监事的动议，并依持股比例参加投票、表决。

第二十条　受国有股持股单位委派出席股东大会的代表人或代理人，应按持股单位的利益和意志行使股东权利。

第二十一条　国有股持股单位不得委托任何自然人作为国有股股东，并以个人名义行使国有股股权。

第二十二条　明确为某一持股单位持有的国有股股权，不得分割为若干部分委派一个以上的股东代理人分别行使。

第二十三条　非经法定程序，国有股持股单位不得直接指定任何人担任公司董事，也不得要求任何董事只代表国有股持股单位的利益行事或事先单方面向国有股持股单位报告应当向全体股东同时披露的重要信息。

公司的全体当选董事，不论是否由国家股持股单位提名，均应代表全体股东的利益，对全体股东负责。

第四章　国有股股权的收入、增购、转让及转让收入的管理

第二十四条　经股东大会决议采取分配现金股利方式的，国有股持股单位应按时足额收缴国有股应分得的股利，不得以任何方式放弃国有股的收益权。

第二十五条　国家股股利收入由国有资产管理部门监督收缴，依法纳入国有资产经营预算并根据国家有关规定安排使用。

国有法人股股利由国有法人单位依法收取，按《企业财务通则》有关规定核算。

第二十六条　国有股持股单位不得将国有股应分得的股利单方面留归股份公司使用。

第二十七条　国有股持股单位在股东大会决定送配股等事宜时，须从维护国有股利益出发，不得盲目赞成配股或放弃配股权；不得同意国有股权分派现金股利而其他股权分派等值红股及其他不规范、不公正的分配方案。

国有股持股单位不得以任何理由、任何方式同意单方面缩小国有股权比例。

第二十八条　国有股持股单位可根据国家产业政策、经营策略及有关法规增购股份。

完成增购股份并增加国家股权后，须报国有资产管理部门备案。

第二十九条　国有股权可以依法转让。

国家股权转让应符合以下规定：

一、转让国有股权应以调整投资结构为主要目的。

二、转让国家股权须遵从国家有关转让国家股的规定，由国家股持股单位提出申请，说明转让目的、转让收入的投向、转让数额、转让对象、转让方式和条件、转让定价、转让时间以及其他具体安排。

三、转让国家股权的申请报国家国有资产管理局和省级人民政府国有资产管理部门审批；向境外转让国有股权的（包括配股权转让）报国家国有资产管理局审批；国家股转让数额较大，涉及绝对控股权及相对控股权变动的，须经国家国有资产管理局会同国家体改委及有关部门审批。

四、非国有资产管理部门持股的股东单位转让国家股权后，须向国有资产管理部门报告转让收入的金额、转让收入的使用计划及实施结果。

国有股权转让的具体办法另行制定。

第三十条　国家股配股权转让须遵从证券监管的有关规定。

第三十一条　国家股权转让收入应纳入国有资产经营预算收入，用于购买须同国家控股的股份制企业的配股或购入其他股权等国有资产经营性投资。

第三十二条　股份公司破产或终止清算后，国有股持股单位应按股权比例收回剩余资产。

第五章　监督和制裁

第三十三条　国有资产管理部门应考核、监督国家股持股单位正确行使权利和履行义务，维护国有股的权益。

第三十四条　国有资产管理部门有权对国家股权的管理经营情况进行检查，被检查单位不得弄虚作假或以任何方式拒绝和逃避。

第三十五条　国有资产管理部门前权单独或会同有关部门对违反本《办法》，导致国有资产权益受到侵害的单位和人员给予经济、行政的处分，包括终止授权或解除其被委托行使国家股股权的资格。对触犯刑律的责任人，由司法机关依法追究其刑事责任。

第三十六条　国有资产管理部门及授权机构的工作人员，利用职权营私舞弊或玩忽职守，造成国有资产权益损失的，国有资产管理部门或其授权机构应对有关责任人员给予经济、行政的处分；触犯刑律的，由司法机关依法追究其刑事责任。

第六章　附　则

第三十七条　本《办法》原则适用于有限责任公司。

第三十八条　本《办法》发布后，《股份制试点企业国有资产管理暂行规定》同时废止。其他有关规定与本《办法》的规定不符的，以本《办法》为准执行。

第三十九条　各地可根据本《办法》制订具体操作规定，报国家国有资产管理局和国家体改委备案。

第四十条　本《办法》由国家国有资产局负责解释。

第四十一条　本办法自发布之日起施行。

国家国有资产管理局

国家经济体制改革委员会

一九九四年十一月三日

国有资产保值增值考核试行办法

第一条 为了确保国有资产安全、完整和不断增值，提高国有资产的运营效益，增加资本积累，发展国有经济，根据《国有企业财产监督管理条例》和国家有关规定，制定本办法。

第二条 本办法所称的国有资产是指国家对国有企业（以下简称企业）的各种形式的投资以及投资收益形成的，或者依法认定取得的国家所有者权益，具体包括资本金、资本公积金、盈余公积金和未分配利润等。用公式表示为：

国有资产（国家所有者权益）＝国家资本＋专用拨款及各项建设基金形成的资本公积＋（资本公积－专用拨款及各项建设基金形成的资本公积＋盈余公积＋未分配利润）×国家资本÷实收资本。

第三条 本办法所称的国有资产保值，是指企业在考核期内期末国家所有者权益大于期初国家所有者权益。

第四条 本办法所称的国有资产增值，是指企业在考核期内期末国家所有者权益大于期初国家所有者权益。

第五条 国有资产保值增值考核，以考核期企业财务报告中的所有者权益价值为依据，暂不考虑货币时间价值以及物价变动因素的影响。

第六条 国有资产保值增值指标为：

国有资产保值增值率＝（期末国家所有者权益÷期初国家所有者权益）×100％

企业国有资产保值增值率等于100％，为国有资产保值；国有资产保值增值率大于100％为国有资产增值。

亏损企业暂用减亏额作为保值增值指标。

第七条 为了准确考核企业国有资产保值增值状况，国家在考核企业国有资产保值增值的同时，还应参考国有资产的经营效益指标。具体包括：

净资产收益率＝（税后净利÷所有者权益）×100％

总资产收益率＝（税后净利÷资产总额）×100％

成本费用利润率＝（利润总额÷成本费用总额）×100％

第八条 企业国有资产保值增值考核一般以年度作为考核期。由于特殊原因需要缩短或延长的，由国有资产管理部门决定。

第九条 国有资产保值增值指标考核值由国有资产管理部门核定，会同财政部门下达。

第十条 国有资产保值指标考核值按下列程序核定：企业提出国有资产保值增值指标考核值申报方案和达到考核标准的具体实施方案，连同必要的说明材料，在考核年度开始之后两个月内报送国务院授权的监督机构（以下简称监督机构）和国有资产管理部门；监督机构对企业提出的国有资产保值增值指标值中报方案以及具体实施方案进行审查汇总后，在一个月内报同级国有资产管理部门核定。

第十一条 考核年度终了，企业按照批准的保值增值指标考核值和具体实施方案对实际执行情况和结果进行检查、总结，总结分析报告连同财务报告及时报送监督机构和国有资产管理部门。

监督机构对企业总结分析报告及监事会提交的工作报告汇总后提出处理意见，报同级国有资产管理部门会同财政部门核定。

第十二条 企业总结分析报告应包括以下内容：

一、考核期扣除客观因素后，企业国有资产保值增值指标的完成情况及因素分析；

二、具体客观因素；

三、其他需要说明的情况和问题；

四、进一步做好国有资产保值增值工作的措施、意见；

五、企业国有资产保值增值指标考核情况表（另行下发）。

第十三条 本办法第十二条中所称的客观因素至少主要包括：

一、在考核期内因国家对企业的各种投资增加的资本金；

二、在考核期内因国家专项拨款、各项建设基金增加的资本公积金；

三、在考核期内企业由于国家对企业实行先征收后返还办法增加的资本金或者资本公积金；

四、在考核期内企业按国家规定进行资产重估、评估增加或减少的资本公积金；

五、在考核期内企业按国家规定进行清产核资增加或减少的所有者权益；

六、在考核期内企业接受捐赠增加的资本公积金；

七、在考核期内国有资产管理部门确认的其他增减所有者权益的因素。

第十四条 国有资产管理部门要从总体上对企业或监督机构监管范围内的国有资产保值增值状况进行检查、监督。必要时委托会计师事务所等机构，对企业国有资产保值增值增值指标考核值和保值增值实施方案的完成情况进行抽查。国家与各省、自治区、直辖市国有资产管理部门应定期向社会公布国有资产保值增值情况。

第十五条 厂长（经理）作为企业的法定代表人，对企业国有资产保值增值承担经营责任，并与其个人收入挂钩。

一、完成核定的国有资产保值增值指标和其他有关指标考核值的厂长（经理），可按《国有企业厂长（经理）奖惩办法》和国家关于国有企业经营者年薪制的规定，取得基本收入，并视保值增值指标及有关考核指标的完成情况获取风险收入；没有完成核定的保值增值及有关考核指标考核值的，不得获取风险收入，并适当扣减基本收入。

二、对连续超额完成国有资产保值增值指标考核值的厂长（经理），可适当增加其风险收入，对无特殊原因连续二年未完成核定的国有资产保值增值指标考核值的企业厂长（经理），按有关规定予以经济和行政处罚。具体奖惩办法由国家国有资产管理局会同有关部门根据《国有企业厂长（经理）奖惩办法》和国有企业经营者年薪制办法另行作出具体规定。

三、由于经营管理不善和决策失误或其他主观原因，使企业国有资产遭受损失的，依情节轻重或损失大小按有关规定对企业厂长（经理）和责任人予以核减基本收入、免职，并追究其经济、行政直至法律责任。

四、企业在上报保值增值指标完成情况时，有弄虚作假行为的，要追究厂长（经理）和责任者的经济、行政直至法律责任。

第十六条 本办法适用于工业、交通运输业、邮电通讯业、金融保险业、商品流通业、旅游饮服业、农业、林业等各类行业中的国有企业，包括国有独资公司。

第十七条 各省、自治区、直辖市国有资产管理部门可根据本地区具体情况依照本办法制定补充规定，并报国家国有资产管理局备案。

第十八条 本办法颁布前有关企业国有资产保值增值指标和考核办法的规定，凡与本办法有抵触的，以本办法为准。

第十九条 本办法由国家国有资产管理局负责解释。

第二十条 本办法自一九九五年一月一日起执行。

国家国有资产管理局
财政部 劳动部
一九九四年十一月十二日

国有资产产权界定和产权纠纷处理暂行办法

第一章 总 则

第一条 为了维护国有资产所有者和其他产权主体的合法权益，明确产权归属，促进社会主义市场经济的发展，制定本办法。

第二条 本办法下列用语的含义：

国有资产。系指国家依法取得和认定的，或者国家以各种形式对企业投资和投资收益、国家向行政事业单位拨款等形成的资产。

产权。系指财产所有权以及与财产所有权有关的经营权、使用权等财产权。不包括债权。

产权界定。系指国家依法划分财产所有权和经营权、使用权等产权归属，明确各类产权主体行使权利的财产范围及管理权限的一种法律行为。

产权纠纷。系指由于财产所有权及经营权、使用权等产权归属不清而发生的争议。

第三条 本办法适用于全部或部分占用国有资产单位的产权界定，全民所有制单位与其他所有制单位之间以及全民所有制单位之间的国有资产产权的界定及产权纠纷的处理。

第四条 产权界定应遵循“谁投资，谁拥有产权”的原则进行。在界定过程中，既要维护国有资产所有者及经营使用者的合法权益，又不得侵犯其他财产所有者的合法权益。

第五条 产权纠纷的处理应本着实事求是、公正、公平的原则依法进行。

第二章 国有资产所有权界定

第六条 中华人民共和国是国有资产所有权的唯一主体，国务院代表国家行使国有资产的所有权，国家对国有资产实行分级分工管理，国有资产分级分工管理主体的区分和变动不是国有资产所有权的分割和转移。

第七条 国家机关及其所属事业单位占有、使用的资产以及政党、人民团体中由国家拨款等形成的资产，界定为国有资产。

第八条 全民所有制企业中的产权界定依下列办法处理：

1.有权代表国家投资的部门和机构以货币、实物和所有权属于国家的土地使用权、知识产权等向企业投资，形成的国家资本金，界定为国有资产；

2.全民所有制企业运用国家资本金及在经营中借入的资金等所形成的税后利润经国家批准留给企业作为增加投资的部分以及从税后利润中提取的盈余公积金、公益金和未分配利润等，界定为国有资产；

3.以全民所有制企业和行政事业单位（以下统称全民单位）担保，完全用国内外借入资金投资创办的或完全由其他单位借款创办的全民所有制企业，其收益积累的净资产，界定为国有资产；

4.全民所有制企业接受馈赠形成的资产，界定为国有资产；

5.在实行《企业财务通则》、《企业会计准则》以前，全民所有制企业从留利中提取的职工福利基金、职工奖励基金和“两则”实行后用公益金购建的集体福利设施而相应增加的所有者权益，界定为国有资产；

6.全民所有制企业中党、团、工会组织等占用企业的财产，不包括以个人缴纳党费、团费、会费以及按国家规定由企业拨付的活动经费等结余购建的资产，界定为国有资产。

第九条 集体所有制企业中国有资产所有权界定依下列办法处理：

1.全民单位以货币、实物和所有权属于国家的土地使用权、知识产权等独资（包括几个全民单位合资，下同）创办的以集体所有制名义注册登记的企业单位，其资产所有权界定按照本办法第八条的规定办理。但依国家法律、法规规定或协议约定并经国有资产管理部门认定的属于无偿资助的除外；

2.全民单位用国有资产在非全民单位独资创办的集体企业（以下简称集体企业）中的投资以及按照投资份额应取得的资产收益留给集体企业发展生产的资本金及其权益，界定为国有资产；

3.集体企业依据国家规定享受税前还贷形成的资产，其中属于国家税收应收未收的税款部分，界定为国有资产；集体企业依据国家规定享受减免税形成的资产，其中列为“国家扶持基金”等投资性的减免税部分界定为国有资产。经国有资产管理部门会同有关部门核定数额后，继续留给集体企业使用，由国家收取资产占用费。上述国有资产的增值部分由于历史原因无法核定的，可以不再追溯产权。

集体企业改组为股份制企业时，改组前税前还贷形成的资产中国家税收应收未收的税款部分和各种减免税形成的资产中列为“国家扶持基金”等投资性的减免税部分界定为国家股，其他减免税部分界定为资本公积金；

4.集体企业使用银行贷款、国家借款等借贷资金形成的资产，全民单位只提供担保的，不界定为国有资产；但履行了连带责任的，全民单位应予追索清偿或经协商转为投资。

第十条 供销、手工业、信用等合作社中由国家拨入的资本金（含资金或者实物）界定为国有资产，经国有资产管理部门会同有关部门核定数额后，继续留给合作社使用，由国家收取资产占用费。上述国有资产的增值部分由于历史原因无法核定的，可以不再追溯产权。

第十一条 集体企业和合作社无偿占用国有土地的，应由国有资产管理部门会同土地管理部门核定其占用土地的面积和价值量，并依法收取土地占用费。

集体企业和合作社改组为股份制企业时，国有土地折价部分，形成的国家股份或其他所有者权益，界定为国家资产。

第十二条 中外合资经营企业中国有资产所有权界定依下列办法处理：

1.中方以国有资产出资投入的资本总额,包括现金、厂房建筑物、机器设备、场地使用权、无形资产等形成的资产,界定为国有资产;

2.企业注册资本增加,按双方协议,中方以分得利润向企业再投资或优先购买另一方股份的投资活动中形成的资产,界定为国有资产;

3.可分配利润及从税后利润中提取的各项基金中中方按投资比例所占的相应份额,不包括已提取用于职工奖励、福利等分配给个人消费的基金,界定为国有资产;

4.中方职工的工资差额,界定为国有资产;

5.企业根据中国法律和有关规定按中方工资总额一定比例提取的中方职工的住房补贴基金,界定为国有资产;

6.企业清算或完全解散时,馈赠或无偿留给中方继续使用的各项资产,界定为国有资产。

第十三条 中外合作经营企业中国有资产所有权界定参照第十二条规定的原则办理。

第十四条 股份制企业中国有资产所有权界定依下列办法处理:

1.国家机关或其授权单位向股份制企业投资形成的股份,包括现有已投入企业的国有资产折成的股份,构成股份制企业中的国家股,界定为国有资产;

2.全民所有制企业向股份制企业投资形成的股份,构成国有法人股,界定为国有资产;

3.股份制企业公积金、公益金中,全民单位按照投资应占有的份额,界定为国有资产;

4.股份制企业未分配利润中,全民单位按照投资比例所占的相应份额,界定为国有资产。

第十五条 联营企业中国有资产所有权界定参照第十四条规定的原则办理。

第三章 全民单位之间产权界定

第十六条 各个单位占用的国有资产,应按分级分工管理的原则,分别明确其与中央、地方、部门之间的管理关系,非经有权管理其所有权的人民政府批准或双方约定,并办理产权划转手续,不得变更资产的管理关系。

第十七条 全民单位对国家授予其使用或经营的资产拥有使用权或经营权。除法律、法规另有规定者外,不得在全民单位之间无偿调拨其资产。

第十八条 全民所有制企业之间是平等竞争的法人实体,相互之间可以投资入股,按照"谁投资、谁拥有产权"的原则,企业法人的对外长期投资或入股,属于企业法人的权益,不受非法干预或侵占。

第十九条 依据国家有关规定,企业之间可以实行联营,并享有联营合同规定范围内的财产权利。

第二十条 国家机关投资创办的企业和其他经济实体,应与国家机关脱钩,其产权由国有资产管理部门会同有关部门委托有关机构管理。

第二十一条 国家机关所属事业单位经批准以其占用的国有资产出资创办的企业和其他经济这体,其产权归该单位拥有。

第二十二条 对全民单位由于历史原因或管理问题造成的有关房屋产权和土地使用权关系不清或有争议的,依下列办法处理:

1.全民单位租用房产管理部门的房产,因各种历史原因全民单位实际上长期占用,并进行过多次投入、改造或翻新,房产结构和面积发生较大变化的,可由双方协商共同拥有产权;

2.对数家全民单位共同出资或由上级主管部门集资修建的职工宿舍、办公楼等,应在核定各自出资份额的基础上,由出资单位按份共或共同共有其产权;

3.对有关全民单位已办理征用手续的土地,但被另一些单位或个人占用,应由原征用土地一方进行产权登记,办理相应法律手续。已被其他单位或个人占用的,按规定实行有偿使用;

4.全民单位按国家规定以优惠价向职工个人出售住房,凡由于分期付款,或者在产权限制期内,或者由于保留溢值分配权等原因,产权没有完全让渡到个人之前,全民单位对这部分房产应视为共有财产。

第二十三条 对电力、邮电、铁路和城市市政公用事业等部门,按国家规定由行业统一经营管理,可由国有资产管理部门委托行业主管部门根据历史因素及其行业管理特点,对使用单位投入资金形成的资产,依下列办法处理:

1.使用单位投入资金形成的资产交付这些行业进行统一管理,凡已办理资产划转手续的,均作为管理单位法人资产;凡没有办理资产划转手续的,可根据使用单位与管理单位双方自愿的原则,协商办理资产划转手续或资产代管手续;

2.对使用单位投入资金形成的资产,未交付这些行业统一管理而归使用单位自己管理的,产权由使用单位拥有;

3.对由电力部门代管的农电资产,凡已按规定办理有关手续,并经过多次更新改造,技术等级已发生变化,均作为电力企业法人资产;

4.凡属于上述部门的企业代管其他企业、单位的各项资产,在产权界定或清产核资过程中找不到有关单位协商或办理手续的,经通告在一定期限后,可以视同为无主资产,归国家所有,其产权归代管企业;

5.对于地方政府以征收电力建设资金或集资、筹资等用于电力建设形成的资产,凡属于直接投资实行按资分利的,在产权界定中均按投资比例划分投入资本份额;属于有偿使用已经或者将要还本付息的,其产权划归电力企业。

第四章 产权界定的组织实施

第二十四条 国有资产产权界定工作,按照资产的现行分级分工管理关系,由各级国有资产管理部门会同有关部门进行。

第二十五条 省级以上国有资产管理部门应当成立产权界定和产权纠纷调处委员会,具体负责产权界定及纠纷处理事宜。

第二十六条 全国性的产权界定工作,可结合清产核资,逐步进行。

第二十七条 占有、使用国有资产的单位,发生下列情形的,应当进行产权界定:

1.与外方合资、合作的;

2.实行股份制改造和与其他企业联营的;

3.发生兼并、拍卖等产权变动的;

4.国家机关及其所属事业单位创办企业和其他经济实体的;

5.国有资产管理部门认为需要界定的其他情形。

第二十八条 产权界定依下列程序进行:

1.全民单位的各项资产及对外投资,由全民单位首先进行清理和界定,其上级主管部门负责督促和检查。必要时也可以由上级主管部门或国有资产管理部门直接进行清理和界定；

2.全民单位经清理、界定已清楚属于国有资产的部分，按财务隶属关系报同级国有资产管理部门认定；

3.经认定的国有资产，须按规定办理产权登记等有关手续。

占用国有资产的其他单位的产权界定，可以参照上述程序办理。

第五章　产权的纠纷处理程序

第二十九条　全民所有制单位之间因对国有资产的经营权、使用权等发生争议而产生的纠纷，应在维护国有资产权益的前提下，由当事人协商解决。协商不能解决的，应向同级或共同上一级国有资产管理部门申请调解和裁定，必要时报有权管辖的人民政府裁定，国务院拥有最终裁定权。

第三十条　上述全民单位对国有资产管理部门的裁定不服的，可以在收到裁定书之日起十五日内，向上一级国有资产管理部门申请复议，上一级国有资产管理部门应当自收到复议申请之日起六十日内作出复议决定。

第三十一条　全民所有制单位与其他经济成份之间发生的产权纠纷，由全民单位提出处理意见，经同级国有资产管理部门同意后，与对方当事人协商解决。协商不能解决的，依司法程序处理。

第六章　法律责任

第三十二条　对违反本办法规定，导致国有资产流失的，由国有资产管理部门会同有关部门（以下简称产权界定主管机关）根据情节轻重，分别给予直接责任人员行政经济的处罚，触犯刑律的，由司法部门予以惩处。

第三十三条　产权界定主管机关的工作人员违反本办法，利用职权谋取私利或者玩忽职守，造成国有资产损失的，国有资产管理部门和有关部门应按照干部管理权限，给予责任人员行政处分，触犯刑律的，提交司法机关处理。

第三十四条　发生属于产权界定范围的情形，国有资产占用单位隐瞒不报或串通作弊，导致国有资产权益受损的，产权界定主管机关可以根据情节轻重，对占用单位的主管人员和直接责任人员给予通报批评、罚款等处罚。

发生上款情形，还需补办产权界定手续。

第三十五条　对于违反产权界定及纠纷处理程序，国有资产管理部门可以单独或会同有关部门给予责任人员行政、经济的处罚。

第七章　附　则

第三十六条　本办法由国家国有资产管理局负责解释。

第三十七条　本办法自公布之日起施行。

国家国有资产管理局

一九九三年十二月二十一日

国有资产产权登记管理试行办法实施细则

第一条　根据国家国有资产管理局、财政部、国家工商行政管理局联合发布的《国有资产产权登记管理试行办法》（以下简称《试行办法》），制定本实施细则。

第二条　占有、使用国有资产、并已取得企业法人资格或申请取得企业法人资格的全民所有制企业和实行企业化管理的事业单位（以下统称“企业单位”），必须按照《试行办法》和本实施细则的规定，申办国有资产产权登记（以下简称“产权登记”）。

第三条　产权登记按照统一政策、分级管理的原则，由各级国有资产管理部门按企业单位财务隶属关系组织实施。

按财务隶属关系不便组织实施的，可结合行政隶属关系组织实施。

按财务和行政隶属关系均不便组织实施的，可结合属地关系组织实施。

不论按上述何种关系组织实施，都要贯彻国有资产产权登记不重不漏的原则。

第四条　国家国有资产管理局负责以下企业单位的产权登记管理：

一、国务院批准设立的全国性公司和在国家计划单列的企业集团公司。

二、国务院授权部门批准，由国务院各部门、各直属机构、各事业单位及全国性社会团体设立的直属公司和企业单位。

三、专业银行总行、保险总公司、国家级非银行金融机构。

第五条　第四条所述公司、企业单位下属的各级企业单位的产权登记，国家国有资产管理局可根据具体情况，依据产权关系，委托其主管单位办理，也可委托地方国有资产管理部门办理。具体委托事宜，由国家国有资产管理局商其主管单位或地方国有资产管理部门另行规定。

第六条　在国家计划单列的企业集团的核心企业，由国家国有资产管理局办理产权登记。通过资产纽带与核心企业形成母子公司关系的紧密层成员企业，不另进行产权登记，其办理工商登记所需的资信证明，由核心企业审查并经国有资产管理部门审定后出具。企业集团核心企业进行产权登记时应以汇总或合并的财务会计报表为依据。与核心企业无资产纽带关系，或资产纽带关系不能确认的成员企业，按本实施细则第三条的规定办理产权登记。

第七条　省、自治区、直辖市及计划单列市国有资产管理部门负责以下企业单位的产权登记管理：

一、省、自治区、直辖市及计划单列市人民政府批准设立的直属企业单位、企业集团公司。

二、省、自治区、直辖市及计划单列市人民政府授权部门批准，由政府部门、事业单位及社会团体设立的直属企业单位。

三、国家国有资产管理局委托办理产权登记的企业单位。

四、省级公司、企业单位下属各级企业单位的产权登记，可参照本实施细则第五、六条的精神，由省级国有资产管理部门具体规定。

第八条　省、自治区、直辖市及计划单列市以下各级国有资产管理部门，负责办理本级企业单位和上级国有资产管理部门委托的企业单位的产权登记。

第九条 产权登记分为开办产权登记、变动产权登记、注销产权登记和产权登记年度检查。《国有资产产权登记表》分为开办登记表、变动登记表、注销登记表和年度检查表。

企业单位申办产权登记，必须如实填报相应的《国有资产产权登记表》。

第十条 开办产权登记，适用于新开办企业单位。占有、使用国有资产的新开办企业单位，应在向工商行政管理机关申办工商注册登记前，申报开办产权登记。

申办开办产权登记时，应填报开办登记表，并提交以下文件资料：

一、批准设立的文件；

二、企业单位章程副本；

三、国有资产总额及来源证明；

四、其他需要提交的文件、资料；

第十一条 变动产权登记，适用于名称、地址、法定代表人、经济性质、主管单位发生变化，以及国有资产总额增减超过 20%的企业单位。申办时，应填变动登记表。

名称、地址、法定代表人变更的企业单位，在工商行政管理机关核准变更登记后 30 日内，应携带换领的《企业法人营业执照》副本，到国有资产管理部门申办相应的变动产权登记。其中，名称变更的，应换领《国有资产授权占用证书》及其副本；地址和法定代表人变更的，应换领《国有资产授权占用证书》副本。

经济性质、主管单位需要变更的企业单位，应在向工商行政管理机关申办变更登记前，申办变动产权登记。申办时，应提交有关部门批准文件、资料。

企业单位(不含专业银行、保险公司)国有资产总额增减变动超过上次产权登记数额 20%的，应在向工商行政管理机关申办变更登记前，申办变动产权登记。申办时，企业单位应提交变动当期的会计报表及其他有关文件、资料。

第十二条 注销产权登记，适用于撤销、被合并、被兼并等需要终止的企业单位。申办时，应填报注销登记表，并提交下列文件、证件及有关资料：

一、有关部门或单位的批准文件；

二、终止财务决算报告及编制说明；

三、财产清理报告书；

四、国有资产管理部门下达的资产评估结果确认通知书；

五、资产处置请示及国有资产管理部门的批复；

六、资产处置结果报告；

七、原《国有资产产权登记表》、《国有资产授权占用证书》及其副本；

八、其他有关文件、资料。

第十三条 由不同全民所有制企业单位投资设立的联营企业，凡联营各方法人资格没有终止的，按产权关系，由投资各方分别进行登记。

以全民所有制企业单位为基础，吸收其他企业单位投资设立联营企业，凡联营各方原法人资格终止、组成新的经济实体、具备法人条件的，应在申办工商注册登记前申办开办产权登记，原全民所有制企业法人还应在此以前办理注销产权登记。此类联营企业占有、使用的国有资产总额及国有资本金，按参加联营的原全民所有制企业单位的国有资产总额、国有资本金如数登记。

第十四条 全民所有制企业单位改组设立股份制企业，应先在设立前申办变动产权登记。原全民所有制企业单位占有、使用的国有资产总额，应转为国家股股本，由国家股股权代表申办相应的产权登记。国家股股本在国有资本金总额栏目中反映；由企业所属的非经营性单位占有、使用的国有资产，如未转为国家股股本，仍在国有资产总额栏目中反映。

全民所有制企业单位在向股份制企业参股投资的股本及其权益，在该全民所有制企业单位的国有资本金和国有资产总额中单独反映。

有权代表国家投资的部门或机构投资设立股份制企业，由其委派的国家股股权代表申办相应的产权登记。

第十五条 全民所有制企业单位和行政、事业单位用国有资产在其它经济性质企业单位的投资，参照第十三、十四条规定的原则办理产权登记。

第十六条 国有资产管理部门按年度对企业单位进行产权登记检查，检查企业单位占有、使用国有资产情况，主要是：

一、是否按规定申办国有资产开办产权登记、变动产权登记；

二、国有资产的增减变动审批手续关否完备；

三、国有资产保值增值情况；

四、国有资产的合法权益是否受到侵害。

第十七条 产权登记年度检查时，企业单位应填报年度检查表；提交产权登记检查年度会计决算报表、国有资产增减变动审批文件及其它有关资料；提交《国有资产授权占用证书》副本。

第十八条 产权登记年度检查事宜，各级国有资产管理部门一般在每年五月底前办理完毕。企业单位应在工商年检前申办产权登记年度检查。

第十九条 凡在境外设有分支机构的企业单位，在办理产权登记和产权登记年度检查时，同时附送境外分支机构的产权登记表(复印件)及有关资料。

第二十条 产权登记按以下程序办理：

一、需申办产权登记的企业单位，向国有资产管理部门申报。经确认受理后，填写《国有资产产权登记表》。

二、申办的企业单位将产权登记表报主管单位审查并签署意见。

三、申办的企业单位携带有关文件、证件、资料及经主管单位审查后的产权登记表到国有资产管理部门办理审定手续。

四、国有资产管理部门对审查合格的企业单位，办理有关核发《国有资产授权占用证书》事宜。《国有资产授权占用证书》依据审定的开办登记表予以核发，依据审定的变动登记表予以换发，依据注销登记表予以收回。依据年度检查表签署产权登记年度检查意见。企业单位的法定代表人应在《国有资产授权占用证书》副本上签字。

《国有资产授权占用证书》由国家国有资产管理局统一印制。其管理办法另行制发。

第二十一条 国有资产管理部门应监督检查企业单位申办产权登记和产权登记年度检查的情况。对不按《试行办法》规定申办产权和产权登记年度检查的企业单位和责任人员，由国有资产管理部门或由其会同主管单位依照国家有关法律、法规、规章等进行必要的经济和行政处罚。

第二十二条 国有资产管理部门对其有关人员不按《试行办法》及本实施细则的规定办理产权登记，及在产权登记工作中严重失职或营私舞弊的，根据情节轻重给予相应的处分。

第二十三条 各级国有资产管理部门应妥善保管审定后的产权登记表及有关资料，并建立专门档案。

第二十四条 各省、自治区、直辖市及计划单列市国有资产管理部门,每年应于产权登记年度检查结束后两个月内,将产权登记检查情况报国家国有资产管理局。

第二十五条 中外合资、合作经营企业中的中方国有资产产权登记管理实施细则,由国家国有资产管理局另行制定。

第二十六条 本实施细则由国家国有资产管理局负责解释。

第二十七条 本实施细则自发布之日起施行。

国家国有资产管理局
一九九二年六月十日

关于在上市公司送配股时维护国家股权益的紧急通知

国务院各部委、各直属机构,各省、自治区、直辖市和计划单列市国有资产管理局(办公室、处):

最近一时期,某些上市公司在决定送配股和分红事宜时,对国家股、法人股和个人股采取不同做法,区别对待,实际上损害了国家股的利益,如:国家股放弃配股权并自动转归个人股东享用,国家股分派现金红利而其他股分派等值红股,国家股不享受送股,等等。

为保障国家股正当权益不受侵犯,推动股份制试点企业和股市健康发展,经商中国证监会,特作如下通知。

一、国家股持单位(含受托行使国家股权单位,下同)应正确、有效的行使股权,在股东会决定送配股事宜时维护国家股利益,不得盲目赞成配股。在同时具备下列条件时,国家股持股单位可以同意上市公司采用配股方式发行新股:股份公司确需筹集资金;筹资最佳途径为增加股本;股东要求保持现有股权比例不被稀释;国家股东有能力追加股本投资。

如果筹资目的不明确,或采用非配股方式筹资更为有利,或国家股东无意追加投资,则国家股持股单位应在股东会上运用表决权阻止配股;无力阻止的,应设法购买配股或有偿转让配股权;任何情况下不得随意放弃配股权。

如系国家有控股要求的上市公司,转让国家股配股权造成的股权结构变化应以不影响国家控股地位(绝对控股或相对控股)为限。

目前,国家股配股权宜采用协议方式转让;证券监管机构另有规定的,从其规定。国家股不由国有资产管理部门直接持有的,持股单位须将预计的配股权转让数额、方式、对象、时间和价格,事前向国有资产管理部门备案,事后报告办理结果。是否需要审批,由省级以上国有资产管理部门决定或报请同级人民政府决定。

转让国家股配股权的具体方式、交易手续、委托代理、税费缴纳、登记过户和信息披露范围,对配股权再次转让的限制,以及通过购买配股权认购的股份的转让办法,均按照证券监管机构和证券交易所的规定执行。

二、国家股分派现金股利而其他股分派等值红股,相当于以面值作价向部分股东发行新股。鉴于股票面值一般低于市价、配股价格、股票投资价值和每股净资产值,这种做法直接损害国家股利益,造成国家股权比例下降和国有资产流失。上市公司国家股持单位应在股东会上明确反对这种做法,坚持按照同等条件向全体股东分派现金红利或分派红股。

三、上市公司股东会决定将全体股东共享的公积金转增股本,应按持股比例向全体股东派送新股。不向国家股东送股侵害了国家股对公积金享有的权益,导致国家股比单方面缩小。国家股持股单位应在股东会上明确反对这种做法,不得以任何理由、任何方式同意单方面缩小国家股比。

四、各地方国有资产管理部门和国务院各行业主管部门不得擅自批准国家股持股单位放弃配股权,接受不平等送配股和分红方案,或单方面缩股。

五、近期内,各省、自治区、直辖市、计划单列市国有资产管理部门和国务院各行业主管部门应就本通知所涉内容对上市公司的国有股权管理状况进行一次检查。发现有本通知所列问题的,请查明情况后于1994年5月20日前具文报告国家国有资产管理局,同时抄报国家体改委、国家经贸委、财政部、国务院证券委、中国证监会。

本通知各项规定,原则上适用于上市公司国有法人股以及非上市股份公司国家股和国有法人股。

国家国有资产管理局
一九九四年四月五日

境外国有资产产权登记管理暂行办法

第一条 为加强对境外国有资产的管理、监督、维护国家对境外国有资产的合法权益,根据国务院关于加强海外投资项目登记与管理的规定和国家国有资产管理局、财政部、国家工商行政管理局联合发布的《国有资产产权登记管理试行办法》的要求,制定本办法。

第二条 本办法所称境外国有资产,是指各级人民政府、各部门和全民所有制企业及其他行政、事业单位向境外投资(包括现金及有价证券;机器;设备;无形资产,如技术专利、商标商誉等)所形成的归中方所有的资产和按国家规定批准留用的资产收益,境外企业、行政、事业单位(下称境外机构)接受馈赠、赞助及用贷款(包括境内、境外贷款)投资创办的境外机构内部积累等形成的应归中方所有的资产。境外国有资产包括动产、不动产、有形资产和无形资产。

第三条 境外国有资产产权登记,是指国有资产管理部门依法代表国家对境外国有资产进行登记,取得国家对境外国有资产的所有权的法律凭证,确认境外机构占有、使用境外国有资产的法律行为。

第四条 凡占有、使用境外国有资产的企业、公司、其它经济组织、行政事业单位,都必须按照本办法的规定向国有资产管理部门申报、办理产权登记手续。

第五条 境外国有资产产权登记主管机关是国家国有资产管理局和地方各级国有资产管理部门。

各级国有资产管理部门负责本级境外机构的国有资产产权登记。

尚无国有资产管理部门的地方,暂由财政部门办理境外机构产权登记手续。

国有资产管理部门可以委托其他机关和单位办理境外国有资产产权登记手续。

产权登记按照统一政策、分级管理的原则组织实施。

第六条 经国务院及国务院部委、直属机构批准的境外投资项目、设立的境外行政事业单位及其在驻在国(地区)内、外设立子公司、分公司或分支机构,由投资或派出单位的主管单位组织审查并提出意见后,由投资或派出单位负责到国家国有资产管理局办理产权登记手续。

经省、自治区、直辖市和计划单列市以下政府或部门批准的境外投资项目、设立的境外行政事业单位及其在驻在国(地区)内、外设立的子公司、分公司或分支机构,由投资或派出单位所属的省、自治区、直辖市和计划单列市主管单位组织审查并提出意见后,由投资或派出单位到所属省、自治区、直辖市和计划单列市国有资产管理部门办理产权登记手续。

由多个单位共同在境外建立机构或投资的,分别到各投资或派出单位所属的国有资产管理部门登记各自占有、使用的国有资产。

第七条 各级国有资产管理部门将本级境外机构占有、使用的国有资产产权登记情况定期报告上级国有资产管理部门,并抄送同级财政部门。

第八条 以下境外国有资产必须进行产权登记:

(1)国内企业、公司及其它经济组织到境外投资(合资、合作、独资等)设厂形成的国有资产;

(2)在境外注册的各类贸易公司中的国有资产;

(3)对外承包工程的企业在境外的国有资产;

(4)境外行政,事业单位及其分支机构中的国有资产;

(5)其他应属国有的境外资产。

第九条 国家国有资产管理局负责统一制定《境外国有资产产权登记表》,《境外国有资产授权占用证书》。

境外机构办理产权登记,应按期限如实填报《境外国有资产产权登记表》,并由法定代表人(或中方代表人、负责人)签字。国有资产管理部门审查合格的《境外国有资产产权登记表》是核发《境外国有资产授权占用证书》的依据和国家对该境外机构占有、使用的境外国有资产拥有所有权的法律凭证。

国有资产管理部门核发的《境外国有资产授权占有证书》是境外机构对授予其经营管理的境外国有资产享有占有、使用和依法进行处分的权力的法律凭证。

《境外国有资产产权登记表》一式四份,分别由国有资产管理部门,境外机构及境外机构的上级主管单位各保存一份。一份抄送同级财政部门。

第十条 境外国有资产产权登记的主要内容为:

(一)境外机构名称;

(二)境外机构地址;

(三)法定代表人姓名,或中方代表人和负责人姓名;

(四)主营范围,或业务范围;

(五)机构注册形式;

(六)投资或派出单位;

(七)企业(或单位)资产总额;

(八)注册资本总额;

(九)国有资本金总额;

(十)国有资产总额。

第十一条 境外国有资产产权登记分为开办产权登记、变动产权登记、注销产权登记和产权登记年度检查。

第十二条 国有资产管理部门对于在境内注册登记并在境外拥有国有资产产权的公司、企业或其他经济组织,在对其进行境国有资产产权登记时,要以其是否掌握并安全保管为当地法律承认的境外国有资产的所有权证书或具有所有楷法律凭证的证书为必要条件,在其办理境内产权登记时,要求提供业经办理的境外国有资产产权登记表及有关资料。

第十三条 国有资产管理部门对于行政事业单位境外的国有资产,可以委托其主管部门负责组织产权登记的审核工作,并责成其主管单位掌握并安全保管为当地法律承认的境外国有资产所有权证书或具有所有权法律凭证效力的证书,然后到国有资产管理部门办理产权登记。

第十四条 各级国有资产管理部门应妥善保管境外国有资产产权登记表,并建立产权登记档案,掌握境外国有资产的存量和变动情况。

第十五条 本办法颁发后到境外办理机构注册和项目投资的,经国务院和各地方政府授权的审批单位批准后,在授权部门审核颁发批准证书及相应的批准文件、外汇管理部门申报立案手续。境外机构正式注册设立后 60 日内,按本办法规定正式办理开办产权登记手续。

本办法颁发前已在境外的机构和国有资产拥有单位,应一律补办境外国有资产产权登记手续。

第十六条 凡新批准的项目在办理开办产权登记申报手续时,应向国有资产管理部门提交下列文件:

(1)项目可行性研究报告的批复文件;

(2)有关政府主管单位或上级投资单位的批准文件;

(3)公司章程和建立公司的协议、合同;

(4)国有资本金的来源凭证;

(5)国有资产管理部门要求提供的其他文件。

第十七条 境外机构正式办理境外国有资产开办产权登记时,应向国有资产管理部门提交下列文件:

(一)《境外国有资产产权(立案)登记表》;

(2)在驻在国(地区)进行项目投资和机构注册的法律文件,境外为当地法律承认的所有权证书和公司物业登记证;

(3)本机构开办期初经境外会计师事务所验证并经主管单位审核的有关文件;

(4)对确需以个人名义办理注册登记的,必须持有在当地具有所有权法律凭证效力的"股份声明书"、"委托代理声明书"、"股权转让书"和在国内办理委托协议书公证的文件等;

(5)国有资产管理部门要求提供的其他文件。

第十八条 本办法颁发时已在境外的国有资产,其境外机构在补办产权登记手续时,除应按本办法第十七条的规定提交文件外,还应提交当时规定的对境外机构审批设立的文件和上一年度经当地会计师事务所验证并经主管单位审核的资产负债表、损益表和利润分配的有关文件。

第十九条 境外机构经办理产权登记后,如机构的名称法定代表人、股权、国有资产负责人、投资或派出单位等发生变化,以及国有资产总额发生超过一定比例的变化时,应在六十天内按规定程序向原负责办理产权登记手续的国有资产管理部门申办变动产权登记手续。境外机构名称变更,须换领《境外国有资产授权占用证书》。

境外机构发生分立、兼并、迁移和撤销等事项,应按当地法律规定进行清算,做出价值评估,登记造册,并按上级投资或派出单位批准的文件严格执行机构内、外资产和工作的交接,防止境外国有资产被侵占、流失或被变相侵占。资产和工作职责交拉结束后 60 日内,也应按规定程序向原办理产权登记的国有资产管理部门申办变动产权登记或注销产权登记。

第二十条 境外机构在办理变动产权登记时,应向国有资产管理部门提交下列文件：

(1)变更事项的上级有关部门的批件和当地的有关法律文件；

(2)最近一次的产权登记表；

(3)变更当年或上一年按第十八条所要求的资产负债表、损益表和利润分配的有关文件；

(4)以个人名义持股或拥有物业产权的有关法律文件；

(5)国有资产管理部门要求提交的其他文件；

第二十一条 境外机构在办理注销产权登记时，应向国有资产管理部门提交下列文件：

(1)注销产权的审批单位的批准文件；

(2)当地的有关法律文件和资产评估报告；

(3)境外机构财产清理报告书；

(4)产权注销当期经当地会计师事务所确认的并经主管单位审核的资产负债表及编制说明；

(5)最近一次产权登记表及《境外国有资产授权占用证书》及其副本；

(6)国有资产管理部门要求提交的其他有关文件。

第二十二条 境外机构在每年4月30日以前应到国有资产管理部门申办产权登记年度检查。境外机构在办理产权登记年度检查时，应向国有资产管理部门提交下列文件：

(1)上一年度的产权登记表和《境外国有资产授权占用证书》；

(2)上一年度按第十八条所要求的资产负债表、损益表和利润分配有关文件；

(3)以个人名义持股或拥有物业产权的有关法律文件；

(4)国有资产的增减变化情况和原因说明；

(5)国有资产管理部门要求提交的其他有关文件。

第二十三条 境外国有资产的主管单位有责任督促所属投资和派出单位按规定办理产权登记和产权登记年度检查手续，并向同级国有资产管理部门提交年度报告，综合说明当年本部门所属境外国有资产产权的变动情况。

第二十四条 境外机构办理产权登记时，应按国家有关规定向国有资产管理部门交纳产权登记手续费和证书工本费。

第二十五条 凡不按本规定办理境外国有资产产权登记的单位，对其境内的投资或派出单位不予办理产权登记；国有资产管理部门有权依照《国务院关于违反财政法规处罚的暂行规定》，对境外机构和责任人员予以处罚、处理。

国有资产管理部门发现登记单位填报的内容与实际不符的有权要求予以更正、或重新登记。

第二十六条 军队和特定部门的境外国有资产产权登记管理办法，由相应部门参照本办法另行制定，并报送国家国有资产管理局备案。

第二十七条 本办法由国家国有资产管理局负责解释。

第二十八条 本办法自颁发之日起施行。

国家国有资产管理局

财政部　国家外汇管理局

一九九二年六月二十五日

境外国有资产产权登记管理暂行办法实施细则

第一条 根据国家国有资产管理局、财政部、国家外汇管理局联合制发的《境外国有资产产权登记管理暂行办法》(以下简称《暂行办法》)，制定本实施细则。

第二条 凡占有、使用国有资产，并已在中华人民共和国国境以外的国家或地区登记、注册或申请到境外登记、注册的企业、公司、其他经济组织、行政、事业单位(以下统称境外机构)，都必须按照《暂行办法》和本实施细则的规定，申办境外国有资产产权登记(以下简称“境外产权登记”)。

第三条 境外行政单位，是指国内行政单位派驻境外，执行与国内单位相同职能的机构。如驻外使、领馆、文化代表处、商务处等。

境外事业单位，是指国内行政、事业单位或其他组织派驻境外，在当地设立的不具有公司法人资格的机构。如新华社派驻境外的分社、公司派驻境外的代表处、办事处、卫生部门派驻境外的医疗队等。

第四条 境外产权登记按照统一政策、分级管理的原则，由各级国有资产管理部门，按境外机构的财务隶属关系组织实施。

第五条 由多个部门和不同的全民所有制单位共同到境外建立机构或投资的，其境外产权登记分别由各投资或派出单位到同级国有资产管理部门办理产权登记。

由一个或多个占用国有资产的企业(单位)和其他经济成份的企业单位共同到境外投资的，国有资产占用单位必须根据上款要求到同级国有资产管理部门办理境外产权登记。

共同投资分别登记有困难的，可按以下办法进行登记：

(1)按经各方原有协议，由企业现行财务隶关系所在部门或单位负责办理登记；

(2)由占控股地位或占股份比例大的中方国有资产占用单位负责办理登记；

(3)由负责该境外机构投资立项的单位负责办理登记；

(4)股份相等的，可经各方协商，委托某一方国有资产占用单位负责办理登记。

由境内不同单位共同投资组成新的境内企业法人到境外设立机构或投资办企业的，所属境外机构中的国有资产的产权登记由新企业法人申办登记。

第六条 国家国有资产管理局负责以下境外机构的产权登记管理：

一、国务院批准设立的，财务关系直接隶属于财政部的境外一级企业。

二、国务院批准设立的全国性公司直属的境外机构。

三、国务院授权部门批准，由国务院各部门、各直属机构、各事业单位及全国性社会团体设立的直属公司、企业和行政、事业单位所属的境外机构。

四、专业银行总行、保险总公司、国家级非银行金融机构在境外设立的机构。

五、国家在各国的外交机构。

六、其他财务关系隶属中央的境外一级机构。

境外一级机构是指凡是境内单位直接投资到境外创办的企业或设立的分支机构。

第七条 对于一些特殊行业和部门的境外一级机构和境

内二级(含二级)以下企业设立的境外一级机构的产权登记,国家国有资产管理局可根据具体情况,依据产权关系,委托投资或派出单位负责审定。受托单位要按照产权登记的统一的要求进行办理。受托单位要将产权登记情况汇总报国家国有资产管理局备案。必要时,上述登记也可同国家国有资产管理局受理、审定。

第六条所述境外一级机构下属的各级公司、企业、行政、事业单位的产权登记,国家国有资产管理局可根据具体情况,依据产权关系,委托投资或派出单位负责审定,同时报国家国有资 产管理局备案。

第八条 省、自治区、直辖市、计划单列市国有资产管理部门负责以下境外机构的产权登记管理:

一、省、自治区、直辖市及计划单列市人民政府批准设立的直属企业、行政、事业单位、企业集团公司直属的境外机构。

二、省、自治区、直辖市及计划单列市人民政府授权部门批准,由政府部门、行业公司、事业单位及社会团体设立的直属企业、行政、事业单位所属的境外机构。

三、财务关系隶属省、自治区、直辖市计划单列市的其他境外一级机构。

四、省属境外一级机构创办的境外分支机构以及省级公司、企业、事业单位下属各级企业、事业单位设立的境外机构的产权登记,可参照本实施细则第七条的精神,由省级国有资产管理部门具体规定。

第九条 省、自治区、直辖市和计划单列市以下各级国有资产管理部门、负责办理本级企业、行政、事业单位直属的境外机构的产权登记。

第十条 产权登记按以下程序办理:

一、需申办产权登记的境外机构,由境外机构或其投资、派出单位向国有资产管理部门申报。经确认受理后,发给《境外国有资产产权登记表》,由境外机构填写,并由该机构法定代表人、中方代表人或国有资产负责人签字。

二、申办登记的境外机构将产权登记表报投资或派出单位审查并签署意见。必要时可报投资单位上一级主管部门审查并签署意见。

三、由境外机构或其投资、派出单位持经主管单位审查同意并加盖公章的产权登记表(境外行政、事业单位由派出部门审核后即可)及有关文件、证件、资料到同级国有资产管理部门办理审定手续。

四、受国有资产管理部门委托办理境外机构产权登记的主管单位,由境外机构填写产权登记表,并由该机构法定代表人、中方代表人或国有资产负责人签字后,经投资或派出单位审查产权登记表后,受托单位负责办理所属境外机构产权登记审定手续,受托单位负责将产权登记结果汇总后报同级国有资产管理部门备案。

五、在境内注册登记并在境外设有分支机构的公司、企业单位,在办理产权登记时,必须先办理境外产权登记后,再办理境内产权登记。

第十一条 产权登记分为开办产权登记、变动产权登记、注销产权登记和产权登记年度检查。《境外国有资产产权登记表》分为开办登记表、变动登记表、注销登记表、年度检查表。新批准的境外投资项目出境前应办理产权(立案)登记,填写产权(立案)登记表。

境外机构申办产权登记,必须如实填报相应的《境外国有资产产权登记表》。

第十二条 产权(立案)登记为备案登记,适用于新批准在境外进行机构注册和项目投资的单位。经国务院和各地方人民政府及经国务院和各地方人民政府授权的审批单位,批准在境外设立机构和项目投资后,在国家授权的部门审核颁发批准证书及相应的批准文件、外汇管理部门批准汇出资金之前,必须到国有资产管理部门办理产权(立案)登记。凡是用实物投入境外的,必须由投资单位或境外机构组建单位向同级国有资产管理行政主管部门申报评估立项,并聘请经国有资产管理行政主管部门授予资格的资产评估机构进行资产评估,后由投资单位持经同级国有资产管理行政主管部门确认的评估证明到同级国有资产管理部门办理产权(立案)登记。否则,外汇管理部门不予汇出资金;有关部门不予办理出境手续。

由国务院和各地方人民政府授权的专业主管单位(如中国人民银行、民航总局等)批准的各类专业性境外分支机构和办事机构,经授权的审批单位批准项目立案后,在未办理正式出境手续前,必须到同级国有资产管理部门办理产权(立案)登记。

第十三条 开办产权登记,适用于新批准设立的境外机构在境外正式注册后的规定期限内,按照《暂行办法》的要求,正式办理开办产权登记。申办时,应填写开办登记表,并按要求提交有关文件、证件、资料。

境外行政、事业单位办理开办产权登记时,可根据实际情况提交以下材料:(1)境外机构成立的批准文件;(2)资金来源证明;(3)有关财产的产权证明文件(影印件);(4)其他有关资料。

第十四条 变动产权登记,适用于机构名称、法定代表人、中方代表人或国有资产负责人、股权、投资或派出单位的变动,以及境外企业单位国有资本金总额增减超过20%的情况。申办时,应填写变动登记表,并按要求提交有关文件、资料。

境外机构名称发生变更,并要求在当地重新办理注册登记的,该机构在当地核准变更注册后60天内,应携带在驻在国(地区)进行重新注册的法律文件(影印件),到原负责办理产权登记的国有资产管理部门申办相应的变动产权登记。同时换领《境外国有资产授权占用证书》及其副本。

法定代表人、中方代表人、国有资产负责人、投资或派出单位以及地址发生变更,60天内回国内办理变动产权登记有一定困难的;可在办理产权登记年度检查时逐一予以说明。如发生法定代表人或负责人变更的,应换领《境外国有资产授权占用证书》副本。

境外企业(含专业银行、保险公司)国有资本金总额增减变动超过上次产权登记数额20%的,应在主管单位批准变动之后60日内,向原负责产权登记的国有资产管理部门申办变动产权登记。申办时,境外企业应提交主管单位的批准文件及有关文件、资料。境外行政、事业单位国有资产总额发生变动的情况可以结合产权登记年度检查一并进行。并对变动情况及原因作出说明。

境外企业股权发生变化引起股权结构和中方持股比例变化时,应在主管单位批准之后,申办产权变动登记。当境外股份有限公司申请股票上市时,应在主管单位和证券管理机构批准之后,申办产权变动登记。申办时,须提交经有关单位审查批准的公司章程,在当地进行资产价值评估的资产评估报告及有关文件、资料。对拟上市的企业原国有资产进行登记时,可把原占用的国有资产按国有股股本进行登记,在国有资本金栏目中反映,如原单位使用的国有资产总额未全部转为国有股股本,其余部分在产权登记表的国有资产总额栏目中反映。

第十五条 境外机构在向驻在国(地区)内、外设立分支机构,由投资或派出单位的主管单位组织审查并提出意见后,由境外企业回国办理或由投资、派出单位负责到同级国有资产管理部门办理产权登记手续。新设立的境外分支机构要按照开办产权登记的要求,在规定期限内,办理产权登记手续。

境外机构在向其他单位投资参股的资产、股本及其权益,应在年度检查表和变动登记表中的“向其他单位投资简况”栏目中反映。

第十六条 注销产权登记,适用于撤销、被兼并、被合并等需要终止的境外机构。在境外机构的资产和工作交接后 60 日内,在对原境外机构资产进行处置前,应按规定向原办理产权登记的国有资产管理部门申办注销产权登记,申办时,应填报注销登记表,并按《暂行办法》要求提交有关文件、证件、资料。

第十七条 国有资产管理部门按规定年度对境外机构进行产权登记检查,检查境外机构占有、使用境外国有资产情况,主要是:

一、是否按规定申办境外国有资产开办产权登记、变动产权登记;

二、境外国有资产增减变动情况及其审批手续是否完备;

三、境外国有资产的安全、保值增值情况;

四、境外国有资产的合法权益是否受到侵害。

第十八条 产权登记年度检查事宜,要求应在每年 4 月 30 日以前申办完毕。境外机构的年度检查可以由其投资或派出单位组织审查,由投资或派出单位统一到同级国有资产管理部门办理审定手续。

境外企业申办产权登记年度检查时,应填报年度检查表,并根据驻在国(地区)的会计年度,提交产权登记检查年度(本年 5 月 1 日至次年 4 月 30 日前,下同)的上一年度的资产负债表、损益表和利润分配的文件和产权登记上一检查年度的产权登记表,境外国有资产增减变动审批文件及其他有关文件,以及《境外国有资产授权占用证书》副本。

境外行政、事业单位产权登记年度检查,可根据实际情况,由国家国有资产管理局与其主管单位商定,也可两年进行一次。申办时,应填写年度检查表,并提交产权登记检查年度上一年按实际资产编制并经主管单位审核的会计决算报表及其他有关文件。

第十九条 境外企业属于一套人马、两个机构,其内部财务分别实行独立核算的单位,申办产权登记时,应分别进行登记,其法人公司的国有资产按境外企业的登记要求办理,其代表处(办事处)的国有资产按境外行政、事业单位的登记要求办理。

第二十条 境外产权登记表原则上一式四份,分别由国有资产管理部门、境外机构、境外机构的上一级投资或派出单位、财政部门保存。若经主管部门审查的产权登记表,由负责办理登记的投资或派出单位向其上级主管部门提供境外产权登记表复印件,加盖主管部门保存的戳记。

受国有资产管理部门委托负责办理产权登记审定手续的单位,将产权登记情况汇总报国有资产管理部门备案时,随附各境外机构产权登记表。

多个单位共同投资的境外机构的产权登记表,规定由投资或派出单位保存的登记表,由负责办理登记的单位保存,其他占用国有资产的中方投资单位需要掌握情况,由负责办理登记的单位提供产权登记表复印件,并要求同等密级,妥善保管。

规定由境外机构保存的登记表,若该境外机构具条件,登记表可由其保存,若条件不具备,登记表可以委托国内投资或派出单位代保管。

第二十一条 国有资产管理部门对审查合格后的境外机构,办理有关核发《境外国有资产授权占用证书》事宜。

《境外国有资产授权占用证书》依据审定的开办登记表予以核发;依据审定的变动登记表予以换发;依据注销登记表予以收回;依据年度检查表签署产权登记年度检查意见。境外机构的法定代表人或负责人应在《境外国有资产授权占用证书》副本上签字。

《境外国有资产授权占用证书》同国家国有资产管理局统一印制。其适用范围及管理办法另行制定。

第二十二条 在办理产权登记时,将境外国有资产以个人名义持股或拥有物业产权在境外进行产权注册的境外机构,必须先按照国家国有资产管理局、司法部、对外经济贸易部联合发布的《关于〈境外国有资产以个人名义进行产权注册办理委托协议书公证的规定〉的通知》(国资境外发[1991]73 号)的要求,先办理以个人名义进行产权注册委托协议书的公证手续,再进行办理产权登记。

第二十三条 在《暂行办法》公布前已在境外的机构和国有资产占用单位,应一律补办产权登记手续,补办产权登记为首次登记按产权登记年度检查手续办理,申办时,要填写产权登记年度检查表,并按《暂行办法》第十八条的要求提交有关文件、证件、资料。

第二十四条 国有资产管理部门应监督检查境外机构申办产权登记和产权登记年度检查的情况。

境外国有资产的主管单位有责任督促其境外机构的投资和派出单位按规定到国有资产管理部门办理产权登记和产权登记年度检查审定手续,并向同级国有资产管理部门提交年度报告资料,综合说明当年本部门所属境外国有资产产权的变动情况。对不按《暂行办法》规定申办产权登记和产权登记年度检查的境外机构和责任人员,由国有资产管理部门或由其会同主管单位依照国家有关法律、法规、规章等进行必要的经济和行政处罚。

第二十五条 境外国有资产产权登记表和有关资料属国家机密的经济情报,各级国有资产管理部门和有关单位应妥善保管审定后的产权登记表及有关资料,并建立专门档案。

第二十六条 各省、自治区、直辖市、计划单列市国有资产管理部门,每年应于产权登记年度检查结束后两个月内,将产权登记检查情况报国家国有资产管理局。

第二十七条 境内中外合资、合作经营企业向境外投资中的中方国有资产产权登记管理办法,由国家国有资产管理局另行制定。

第二十八条 本实施细则由国家国有资产管理局负责解释。

第二十九条 本实施细则自颁发之日起施行。

国家国有资产管理局

一九九二年十月十三日

国有资产评估管理办法施行细则

第一章 总 则

第一条 根据国务院发布的《国有资产评估管理办法》(以下简称《办法》),第三十八条的规定,制定本施行细则。

第二条 《办法》第二条所说的法律、法规另有规定,是指全国人民代表大会及其常务委员会发布的有关资产评估的法律和国务院发布的有关资产评估的行政法规。

第三条 《办法》所说的国有资产是指国家依据法律取得的,国家以各种形式的投资和投资收益形成的或接受捐赠而取得的固定资产、流动资产、无形资产和其它形态的资产。

第四条 《办法》第三条所说的国有资产占有单位包括:

(一)国家机关、军队、社会团体及其他占有国有资产的社会组织;

(二)国营企业、事业单位;

(三)各种形式的国内联营和股份经营单位;

(四)中外合资、合作经营企业;

(五)占有国有资产的集体所有制单位;

(六)其他占有国有资产的单位。

第五条 《办法》第三条规定的应当进行资产评估,是指发生该条款所说的经济情形时,除经国有资产管理行政主管部门批准可以不予评估外,都必须进行资产评估。

第六条 《办法》第三条所说的情形中:

(一)资产转让是指国有资产占有单位有偿转让超过百万元或占全部固定资产原值20%以上的非整体性资产的经济行为。

(二)企业兼并是指一个企业以承担债务、购买、股份化和控股等形式有偿接收其他企业的产权,使被兼并方丧失法人资格或改变法人实体。

(三)企业出售是指独立核算的企业或企业内部的分厂、车间及其它整体性资产的出售。

(四)企业联营是指国内企业、单位之间以固定资产、流动资产、无形资产和其他资产投入组成的各种形式的联合经营。

(五)股份经营是指企业实行股份制,包括法人持股企业、内部职工持股企业,向社会公开发行股票(不上市)企业和股票上市交易的企业。

联营、股份经营的企业进行资产评估时,应对联营及合股各方投入的资产进行全面评估。

(六)企业清算是指依据中华人民共和国企业破产法的规定,宣告企业破产,并进行清算;或依照国家有关规定对改组、合并、撤销法人资格的企业资产进行的清算;或企业按照合同、契约、协议规定终止经济活动的结业清算。

第七条 《办法》第四条中所说的情形中:

(一)抵押是指国有资产占有单位以本单位的资产作为物质保证进行抵押而获得贷款的经济行为。

(二)担保是指国有资产占有单位以本单位的资产为其他单位的经济行为担保,并承担连带责任的行为。

(三)企业租赁是指资产占有单位或上级主管单位在一定期限内,以收取租金的形式,将企业全部或部分资产的经营使用权转让给其他经营使用者的行为。

第八条 《办法》第四条规定可以进行资产评估,是指发生该条款所说的情形时,根据实际情况可以对资产进行评估或者不评估。但属于以下行为必须进行资产评估:

(一)企业整体资产的租赁;

(二)国有资产租赁给外商或非国营单位;

(三)国家行政事业单位占有的非经营性资产转为经营性资产;

(四)国有资产管理行政主管部门认为应当评估的其他情形。

第九条 《办法》第四条所说的当事人是指与上述经济情形有关的国有资产占有单位、行业主管部门、国有资产管理行政主管部门以及其他单位。

第十条 对于应当进行资产评估的情形没有进行评估,或者没有按照《办法》及本细则的规定立项、确认,该经济行为无效。

第十一条 依照《办法》第五条规定对全国或者特定行业的国有资产进行评估,其评估办法由国务院另行规定。

第十二条 《办法》第七条所说的国家规定的标准是指国家和地方人民政府以及中央各部门颁布的有关技术、经济标准。

第二章 组织管理

第十三条 《办法》第八条所说的国有资产管理行政主管部门是指各级政府专门负责国有资产管理的职能部门。中央是指国家国有资产管理局,地方是指各级国有资产管理局或国有资产管理专门机构。

第十四条 国家对资产评估工作实行统一领导、分级管理的原则。国家国有资产管理局负责组织、管理、指导和监督全国的资产评估工作。

地方各级国有资产管理行政主管部门按照国家政策法规和上级国有资产管理行政主管部门的规定,负责管理本级的资产评估工作。

上级国有资产管理行政主管部门对下级国有资产管理行政主管部门在资产评估管理工作中不符合《办法》和本细则规定的做法,有权进行纠正。

《办法》第八条第二款所说的国有资产评估组织工作由行业主管部门负责,是指各级政府的行业主管部门对所属单位的资产评估立项和评估结果进行初审、签署意见,并对本行业的资产评估工作负责督促和指导。

第十五条 《办法》第九条所说的资产评估公司、会计师事务所、审计事务所、财务咨询公司等资产评估机构,必须是经工商行政管理部门注册登记、具有法人资格、并持有国务院或省、自治区、直辖市(含计划单列市)国有资产管理行政主管部门颁发的资产评估资格证书的单位。只有同时具备上述条件的单位才能从事国有资产评估业务。

在发生《办法》第三条、第四条和本细则规定的应进行资的评估情形时,必须委托上述具有资产评估资格的评估机构进行评估。当事人自行评估占有的国有资产或者评估对方占有资产的行为,不具有法律效力。

第十六条 凡需从事资产评估业务的单位,必需按隶属关系向国务院或省、自治区、直辖市国有资产管理行政主管部门申请资产评估资格,经审查批准,取得资产评估资格或临时评估资格后方能从事国有资产的评估业务,也可以从事非国有资产的评估业务。

计划单列市从事资产评估业务的单位，由省国有资产管理行政主管部门委托计划单列市国有资产管理行政主管部门审核其资产评估资格并颁发资格证书。

（一）资产评估资格证书由国家国有资产管理局统一印制、盖章、编号。

（二）中央管理的资产评估机构（包括在各地的资产评估机构）的评估资格证书由国家国有资产管理局审核颁发。

（三）地方管理的资产评估机构（包括驻外地的资产评估机构）的评估资格证书，由省、自治区、直辖市国有资产管理行政主管部门审核颁发，并报国家国有资产管理局备案。由计划单列市国有资产管理行政主管部门颁发的资产评估资格证书，除报国家国有资产管理局备案外，还要报省国有资产管理行政主管部门备案。

（四）国务院和省、自治区、直辖市以及计划单列市国有资产管理行政主管部门负责对已取得资产评估资格的评估机构每年进行一次年检（具体办法另定）。

第十七条 委托评估机构进行资产评估的委托方，一般是国有资产占有单位，也可以是经占有单位同意、与被评估资产有关的其他当事人，原则上由申请立项的一方委托。特殊情况由国有资产管理行政主管部门委托。

委托方被委托方应签订资产评估协议书，协议书的主要内容包括：被评估项目名称、评估内容、评估期限、收费办法和金额、违约责任等。

第十八条 经济行为有关各方对委托资产评估机构有争议时，由国有资产管理行政主管部门指定双方可以接受的资产评估机构进行评估。

凡属重大的亿元以上资产评估项目和经国家计委批准立项的中外合资、合作项目的资产评估（含地方），必要时，国家国有资产管理局可以直接组织资产评估机构进行评估。

第十九条 取得资产评估资格证书的资产评估机构，承担评估业务不受地区和行业限制，既可以承接本地和本行业的资产评估业务，也可以承接外地、境外和其他行业的资产评估业务。资产评估机构与被评估单位有直接经济利益关系的，不得委托该评估机构进行评估。

第二十条 凡经批准进行资产评估，资产占有单位必须如实提供评估所需的各种资料。资产评估机构对所提供的资料保守秘密，不得向外泄露。

对资产评估中涉及的国家机密，有关各方均应严格按照国家保密法规的各项规定执行，必要时同国家国有资产管理局直接组织资产评估机构进行评估。

第二十一条 国有土地使用权价值的评估和国有房产价值的评估，都应纳入《国有资产评估管理办法》的管理范围。

从事国有土地使用权和国有房产价值评估的专业性资产评估机构，要依照《办法》和本细则的规定，向国家国有资产管理局或省、自治区、直辖市国有资产管理行政主管部门申请并取得资产评估资格证书后，才能从事资产评估业务。

第二十二条 按照《办法》第十一条规定，资产评估实行有偿服务。资产评估机构接受委托进行评估时，应依照国家规定的收费办法向委托单位收费，并与委托单位在评估合同中明确具体收费办法。

第二十三条 资产评估机构的评估收费办法，由国家国有资产管理局会同国家物价局另行制定。

第三章 评估程序

第二十四条 国有资产占有单位发生《办法》第三条、第四条所说的经济情形时，应于该经济行为发生之前，按隶属关系申请评估立项。按照统一领导、分级管理的原则，中央管辖的国有资产的评估立项审批，由国家国有资产管理局负责办理；地方各级管辖的国有资产的评估立项审批，原则上由同级国有资产管理行政主管部门负责办理；尚不具备立项审批条件的地、县，可由上级国有资产管理行政主管部门根据《办法》和本细则作出具体规定。

重大的亿元以上资产评估项目和经国家计委批准立项的中外合资、合作项目的评估（含中央、地方国营企业和集体企业占有的国有资产），除报同级国有资产管理行政主管部门立项审批外，还须报国家国有资产管理局备案，必要时由国家国有资产管理局直接审批。

第二十五条 资产评估立项原则上应由被评估国有资产占有单位申报。

第二十六条 国有资产占有单位资产评估立项申请书，应经其主管部门签署意见后，报国有资产管理行政主管部门。在国家和地方计划单列的单位以及没有上级主管部门的单位，资产评估立项申请书直接报同级国有资产管理行政主管部门。

评估立项申请书包括以下内容：

（一）资产占有单位名称、隶属关系、所在地址；

（二）评估目的；

（三）评估资产的范围；

（四）申报日期；

（五）其他内容。

资产评估立项申请书，应由申报单位和上级主管部门盖章，并附该项经济行为审批机关的批准文件和国有资产管理行政主管部门颁发的产权证明文件。

国有资产管理行政主管部门收到立项申请书后，应在十日内下达是否准予评估立项的通知书，超过十日不批复自动生效，并由国有资产管理行政主管部门补办批准手续。

第二十七条 资产评估机构依据批准的评估立项通知书，接受评估委托，按其规定的范围进行评估，对占有单位整体资产评估时，应在资产占有单位全面进行资产和债权、债务清查的基础上，对其资产、财务和经营状况进行核实。

第二十八条 资产评估机构对委托评估的资产，在核实的基础上，根据不同的评估目的和对象，依照国家的法律、法规和政策规定，考虑影响资产价值的各种因素，运用科学的评估方法，选择适当的评估参数，独立、公正、合理的评估出资产的价值。

第二十九条 资产评估机构在评估后应向委托单位提交资产评估结果报告书，其内容包括：正文和附件两部分。

正文的主要内容：

（一）评估机构名称；

（二）委托单位名称；

（三）评估资产的范围、名称和简单说明；

（四）评估基准日期；

（五）评估原则；

（六）评估所依据的法律、法规和政策；

（七）评估方法和计价标准；

（八）对具体资产评估的说明；

（九）评估结论：包括评估价值和有关文字说明；

（十）附件名称；

（十一）评估起止日期和评估报告提出日期；

（十二）评估机构负责人、评估项目负责人签名，并加盖评估机构公章；

（十三）其他。

附件：

（一）资产评估汇总表、明细表；

（二）评估方法说明和计算过程；

（三）与评估基准日有关的会计报表；

（四）资产评估机构评估资格证明文件复印件；

（五）被评估单位占有资产的证明文件复印件；

（六）其他与评估有关的文件资料。

第三十条 国有资产占有单位收到资产评估报告书后提出资产评估结果确认申请报告，连同评估报告书及有关资料，经上级主管部门签署意见后，报批准立项的国有资产管理行政主管部门确认。

第三十一条 国有资产管理行政主管部门对评估结果的确认工作，分为审核验证和确认两个步骤，先对资产评估是否独立公正、科学合理进行审核验证，然后提出审核意见，并下达资产评估结果确认通知书。

第三十二条 国有资产管理行政主管部门从以下方面审核验证资产评估报告：

（一）资产评估工作过程是否符合政策规定；

（二）资产评估机构是否有评估资格；

（三）实际评估范围与规定评估范围是否一致；被评估资产有无漏评和重评；

（四）影响资产价值的因素是否考虑周全；

（五）引用的法律、法规和国家政策是否适当；

（六）引用的资料、数据是否真实、合理、可靠；

（七）运用的评估方法是否科学；

（八）评估价值是否合理；

（九）其他。

第三十三条 资产评估报告凡符合本细则第二十九、三十和第三十二条要求的，应予以确认，由负责审批的国有资产管理行政主管部门下达确认通知书，不符合要求的，分别情况做出修改、重评或不予确认的决定。

经国有资产管理行政主管部门确认的资产评估价值，作为资产经营和产权变动的底价或作价的依据。

第三十四条 资产占有单位对确认通知书有异议，或与经济情形有关的当事人以及资产评估有关各方因评估问题发生纠纷，经同级国有资产管理行政主管部门协调无效，可以向上级国有资产管理行政主管部门申请复议或仲裁。

第三十五条 资产评估的立项审批和评估结果确认一般应按本细则第二十六条，第三十三条规定办理。国有资产管理行政主管部门认为有必要时，也可以委托国有资产占有单位的主管部门或下级国有资产管理行政主管部门进行。被委托的部门应依照《办法》和本细则的规定，办理资产评估的立项审批和结果确认工作，并将办理结果报委托的国有资产管理行政主管部门备案。

第三十六条 经国有资产管理行政主管部门确认的资产评估结果，除国家经济政策发生重大变动或经济行为当事人另有协议规定之外，自评估基准日起一年内有效。在有效期内，资产数量发生变化时，根据不同情况可由原评估机构或资产占有单位，按原评估方法做相应调整。

第四章 评估方法

第三十七条 资产评估机构进行资产评估时，应根据不同的评估目的和对象，选用《办法》第二十三条所规定的一种或几种方法进行评定估算。选用几种方法评估，应对各种方法评出的结果进行比较和调整，得出合理的资产重估价值。

第三十八条 收益现值法是将评估对象剩余寿命期间每年（或每月）的预期收益，用适当的折现率折现，累加得出评估基准日的现值，以此估算资产价值的方法。

第三十九条 重置成本法是现时条件下被评估资产全新状态的重置成本减去该项资产的实体性贬值、功能性贬值和经济性贬值，估算资产价值的方法。

实体性贬值是由于使用磨损和自然损耗造成的贬值。功能性贬值是由于技术相对落后造成的贬值。经济性贬值是由于外部经济环境变化引起的贬值。

第四十条 现行市价法是通过市场调查，选择一个或几个与评估对象相同或类似的资产作为比较对象，分析比较对象的成交价格和交易条件，进行对比调整，估算出资产价值的方法。

第四十一条 清算价格法适用于依照中华人民共和国企业破产法规定，经人民法院宣告破产的企业资产评估。评估时应当根据企业清算时其资产可变现的价值，评定重估价值。

第四十二条 资产评估机构接受委托进行资产评估时，选用的价格标准应遵守国家法律法规，并维护经济行为各方的正当权益。

在资产评估时，应根据不同的评估目的、对象，选用不同的价格标准。可以采用国家计划价、也可以采用国家指导价、国内市场价和国际市场价。

汇率、利率应执行国家规定的牌价。自由外汇或以自由外汇购入的资产也可以用外汇调剂价格。

国内各种形式联营（包括集团公司）、股份经营的资产评估，对联营各方投入的同类资产应该采用同一价格标准评估。

第五章 中外合资、合作资产评估

第四十三条 凡在中华人民共和国境内与外国公司、企业和其他经济组织或个人，开办中外合资、合作经营的企业，对中方投入的资产必须按规定进行评估，以确认的评估价值作为投资作价的基础。对外方投入的资产，必要时经外方同意也可进行评估。

第四十四条 中外合资、合作的评估原则上应在大项目建议书批准后可行性研究报告批准前进行，特殊情况下也可以在项目建议书审批以前或正式签订合同、协议前进行。

经国有资产管理行政主管部门确认的资产评估报告，作为计划部门批准可行性研究报告、经贸部门审批合同的必备文件；经国有资产管理行政主管部门确认的资产评估报告和出具的产权登记表（包括变更登记或开办登记）作为工商行政管理部门办理登记注册的必备文件。

第四十五条 已开办的中外合资、合作企业中方投资比例占50%以上（含50%），发生《办法》第三条、第四条和本细则第八条的情形时，必须按规定要求进行资产评估。

第四十六条 开办前的中外合资、合作项目，中方资产的评估，原则上应委托中国有评估资格的资产评估机构评估。特殊情况下，经国有资产管理行政主管部门同意，也可以委托国外评估机构或中国评估机构和国外评估机构联合评估，其评估报告，须报同级国有资产管理行政主管部门确认。

第四十七条 国有资产占有单位与香港、澳门、台湾地区进行合资、合作经营，其资产评估比照本细则本章有关规定办理。

第六章　股份制企业资产评估

第四十八条　国有资产占有单位改组为股份制企业(包括法人持股、内部职工持股、向社会发行股票不上市交易和向社会发行股票并上市交易)前，应按《办法》和本细则规定，委托具有资产评估资格的机构进行资产评估。

第四十九条　国有资产占有单位改组为股份制企业的资产评估结果，须按规定报国有资产管理行政主管部门审核确认。未经资产评估或资产评估结果未经确认的单位，政府授权部门不办理股份制企业设立审批手续。

第五十条　国有资产管理行政主管理部门确认的净资产价值应作国有资产折股和确定各方股权比例的依据。

注册会计师对准备实行股份制企业的财务和财产状况进行验证后，其验证结果与国有资产管理行政主管部门确认的资产评估结果不一致需要调整时，必须经原资产评估结果确认机关同意。

国有资产占有单位改组的股份公司发行B种股票，若由外方注册会计师 查验帐目，其查验结果与国有资产管理行政主管部门确认的资产评估结果不一致需要调整时，也要由原资产评估结果确认机关审核同意。

第五十一条　含有国家股权的股份制企业在经营进程中，发生《办法》第三条、第四条和本细则第八条的情形时，应按规定要求进行资产评估。

国家控股的股份制企业的资产评估，应按规定向国有资产管理行政主管部门办理资产评估立项和评估结果确认手续；非国家控股的股份制企业的资产评估，由董事会批准资产评估申报和对评估结果的确认。

第七章　法律责任

第五十二条　违反《办法》第三条本细则的规定，对应当进行资产评估的情形而未进行评估的，应按《办法》三十一条规定对有关当事人给与处罚，造成国有资产重大损失的，应追究有关当事人的法律责任。

第五十三条　国有资产占有单位、资产评估机构违反《办法》和本细则规定，弄虚作假，造成评估结果失实的，国有资产管理行政主管部门有权宣布资产评估结果无效，并根据失实的程序，责令限期改正重新进行评估。重新评估的费用则由违法单位支付。

第五十四条　资产评估机构就其评估结果的客观、公正、真实性承担法律责任。

资产评估机构违反《办法》及本细则规定，除按《办法》三十二条规定处罚外，还没收违法收入，并视违法行为的情节轻重，对单位处以评估费用两倍以内、对个人处以三个月基本工资以内的罚款。也可给予通报批评或建议有关单位给予相应的行政处分。以上处罚可以并处。

第五十五条　被处以停业整顿的资产评估机构，在停业整顿期间不得承接资产评估业务。停业整顿期限不得少于三个月。停业整顿的资产评估机构经原颁发资产评估资格证书的国有资产管理行政主管部门审查合格后方可重新开展资产评估业务。

被吊销资产评估资格证书的资产评估机构，两年内不得重新发给资产评估资格证书。两年期满后，需按审批程序重新申请。

第五十六条　对国有资产占有单位及其责任人的罚款，由同级国有资产管理行政主管部门执行。对责任人的行政处分由同级国有资产管理行政主管部门提出建议，提请有关单位或其上级主管部门处理。

对资产评估机构的警告、停业整顿、吊销资产评估资格证书以及罚款，由颁发资产评估资格证书的国有资产管理行政主管部门执行。对直接责任人的处分，由发证机关提出建议，提请有关部门处理。

第五十七条　国有资产管理行政主管部门及受委托的部门对所办理的资产评估立项审批和结果确认负有行政责任。对违反《办法》及本细则规定的工作人员，按《办法》第三十四条规定处理。

第五十八条　国有资产管理行政主管部门收缴的罚款收入按国家有关规定上交国库。单位支付的罚款在企业留利、预算包干结余和预算外资金中列支，个人支付的罚款由本人负担。

第八章　附　则

第五十九条　国有自然资源资产价值评估，应在国有资产管理行政主管部门管理下进行。其评估办法及实施细则由国家国有资产管理局会同有关部门共同制定，报国务院批准执行。

第六十条　资产评估涉及到企业、单位资金增减变动帐务处理和评估费用的开支渠道，按财政部有关规定执行。

第六十一条　各地可根据《办法》和本细则制定具体实施办法，过去发布的有关资产评估的规定与《办法》和本细则相抵触的，均以《办法》和本细则规定为准。

第六十二条　集体企业资产评估可参照《办法》和本细则规定办理。

第六十三条　本细则由国家国有资产管理局负责解释。

第六十四条　本细则自发布之日起执行。

国家国有资产管理局

一九九二年七月十八日

资产评估机构管理暂行办法

第一条　为加强资产评估机构的管理，根据国务院第91号令发布的《国有资产评估管理办法》和国家国有资产管理局发布的《国有资产评估管理办法施行细则》(国资办发〔1992〕第36号文，以下简称《细则》)的有关规定，制定本办法。

第二条　凡从事资产评估业务的资产评估公司(事务所)、会计师事务所、审计事务所、财务咨询公司等(以下简称资产评估机构)及其人员均应执行本办法。

第三条　国家对资产评估机构实行统一领导、分级管理的原则。国家国有资产管理局负责组织、管理、指导和监督全国资产评估机构的工作，并直接管理中央级的资产评估机构。省、自治区、直辖市国有资产管理行政主管部门或经省国有资产管理行政主管部门授权的计划单列市国有资产管理行政主管部门管理和监督本级的资产评估机构。

国家国有资产管理局对地方国有资产管理行政主管部门

在资产评估机构管理工作中不符合《细则》和本办法规定的做法，有权进行纠正。

第四条 凡持有国家或省、自治区、直辖市和受委托的计划单列市国有资产管理行政主管部门颁发的资产评估资格证书的资产评估机构，均可从事资产评估业务。

第五条 资产评估机构是社会公正性服务机构，实行自主经营、自负盈亏，独立承担法律责任。资产评估机构从事资产评估业务不受地区、行业限制，实行有偿服务。

第六条 欲从事资产评估业务的机构必须具备以下条件方可申请资产评估资格：

1.经工商行政管理部门核准注册登记，具有独立法人资格，有与开展评估业务相适应的资金和固定的办公地点；

2.具备一定数量能胜任工作的专业评估专职人员，其中会计经济人员、工程技术人员共不少于10人(其中工地建筑、机电设备、会计、经济人员分别不少于2人)；具有中级以上专业技术资格的应占50%以上；专职的职龄人员不得少于40%，最低不得少于8人；

资产评估专职人员只能在一家评估机构专职从业；

3.经省以上国有资产管理行政主管部门认可的专业培训的人员比例，要达到30%以上；

4.会计师事务所、审计事务所、财务咨询公司等机构从事资产评估业务，应在机构内设立专职的资产评估部门，配备专职评估人员；

5.国有资产管理行政主管部门规定的其他条件。

第七条 凡具备本办法第六条要求，申请资产评估资格，需向国有资产管理行政主管部门提交以下文件资料：

1.资产评估资格申请书和资产评估机构资格申请表；

2.资产评估机构的组织章程；

3.评估人员名单。注明评估人员中有关专职和外聘兼职的情况；同时，附送评估人员专业技术资格证件的复印件；

4.法人代表和评估部门负责人简历；

5.国有资产管理行政主管部门认可的评估专业培训证明或大专院校评估专业毕业证书；

6.两个以上资产评估试评或模拟案例；

7.工商行政管理部门核发的营业执照副本；

8.国有资产管理行政主管部门要求的其他材料。

以上文件资料需使用中文书写。

第八条 新建独立的资产评估公司(事务所)，应向国有资产管理行政 主管部门报送有关申请文件、初组人员名单、章程等，经国有资产管理行政主管部门审查同意，出具同意设立该资产评估公司(事务所)的证明，到工商行政管理部门注册登记，获得法人资格后，再按第六条、第七条规定向国有资产管理行政主管部门申请资产评估资格。

第九条 非独立法人资格的分支机构(分所、分公司)用总所(公司)名义从事资产评估业务的，由总所(公司)负法律责任。总所(公司)应制定严格的监督管理和复审签 章制度。具有独立法人资格的分支机构，欲从事资产评估业务，必须单独申请资产评估资格，独立承担法律责任，不得使用总所(公司)的资格从事资产评估业务。

第十条 国家国有资产管理局负责审查中央级的资产评估机构的评估资格，颁发资产评估资格证书。省、自治区、直辖市和受托的计划单列市国有资产管理行政主管部门负责审查地方各级资产评估机构的评估资格，颁发资格证书，并报国家国有资产管理局备案。

第十一条 资产评估资格证书由国家国有资产管理局统一印制、盖章、编号。地方和其他部门印制的资产评估资格证书无效。

第十二条 国家及省、自治区、直辖市和受托的计划单列市国有资产管理行政主管部门，在审批本级资产评估机构过程中，对基本具备从事资产评估业务能力的机构，可以给予临时资产评估资格，并在临时资格证书上注明“临时资格”字样及有效期限，有效期最多不超过一年。

评估机构在临时资格到期前，可向授予其资格的国有资产管理行政主管部门申请转为正式资格，并按照本《办法》第七条要求重新报送材料。

第十三条 房地产评估事务所、地价评估事务所等专业性评估机构从事国有土地使用权和国有房产等资产评估业务，应按本办法第六条、第七条、第八条、第九条、第十条的规定向国有资产管理行政主管部门申请评估资格并领取资产评估资格证书。

第十四条 外国及港、澳、台地区的资产评估机构与我国境内评估机构共同设立合资、合作资产评估机构时，中方是中央级的评估机构，由国家国有资产管理局审批；中方是地方级的评估机构，由省、自治区、直辖市和受托的计划单列市国有资产管理行政主管部门初审同意后，报国家国有资产管理局批准。

第十五条 资产评估机构开展资产评估业务，应遵守以下规则：

1.严格遵守国家有关法律、法规、政策和制度。

2.资产评估机构在评估工作中必须坚持独立、客观、公正。

3.应按委托单位和资产评估机构签订的协议中确定的期限完成评估工作。

4.资产评估机构对委托单位所提供的数据资料以及评估结果，应严格保守秘密，并应有完善的评估档案保管制度。

5.评估机构及评估人员如与委托单位或者其他当事人有利害关系的，应当回避。委托单位或者其他当事人也有权要求其回避。

6.资产评估机构在资产评估中发现当事人和有关单位有弄虚作假、营私舞弊等违反国家法律、行政法规行为的，应当及时向国有资产管理行政主管部门反映。否则，视同评估机构弄虚作假或营私舞弊。

7.资产评估机构应以良好的服务质量赢得客户，不得采用不正当的手段承揽业务，一经发现，从严处理。

8.国有资产管理行政主管部门规定的其他规则。

第十六条 资产评估机构接受资产评估委托后，委托方和被委托方应签订资产评估协议(合同)，内容包括被评估资产项目名称、评估目的、评估范围、评估期限、收费办法和金额、双方权利和义务、违约责任等。

第十七条 资产评估机构在评估工作结束后，应按协议规定期限向委托方提交资产评估报告书。资产评估报告书，必须经直接从事该项资产评估工作的项目负责人、评估部门负责人及评估机构法人代表或其委托人签字，并加盖资产评估机构印章后方可生效。资产评估机构对出具的资产评估报告的客观性、真实性、公正性承担法律责任。

第十八条 资产评估机构凡发生违纪违规行为的，一般由国有资产管理行政主管部门进行处理。具体处理办法按《细则》和《违返财经法规处罚办法》的有关规定执行。情节严重并触犯刑律的，应提交司法机关处理。

第十九条 国有资产管理行政主管部门应定期对评估机

构进行年检。每年年检的内容和要求由国家国有资产管理局规定。

年检由审批资产评估资格的国有资产管理行政主管部门对授予资产评估资格的评估机构进行检查。对年检合格的资产评估机构，在其评估资格证书上加盖国家国有资产管理局统一规定的年检专用章，方可继续从事资产评估业务。

第二十条 资产评估机构的名称、法人代表、评估部门负责人、通信地址等有变动的，应在15天内通知原发证的国有资产管理行政主管部门，并申请办理变更手续。

第二十一条 本办法由国家国有资产管理局负责解释。

第二十二条 本办法自发布之日起执行。

国家国有资产管理局

一九九三年十月二十七日

清产核资办法

第一章 总 则

第一条 为贯彻《中共中央关于建立社会主义市场经济体制若干问题的决定》，有步骤地开展清产核资工作，特制定本办法。

第二条 清产核资是指在全国范围内进行清查资产，核实国有资金，摸清国有资产"家底"的工作。

第三条 清产核资的目的，是为了解决国有资产状况不清、管理混乱，资产闲置浪费和被侵占流失等问题，促进国有企业转换经营机制，增强活力，为改革国有资产产权管理体制，建立与社会主义市场经济相适应的现代企业制度和国有资产管理体制、管理方法奠立基础。

第四条 清产核资的范围包括：国有企业、实行企业管理的事业单位；军队、武警部队等，以及未参加1993年全国行政事业单位财产清查登记的国家机关、政党机关、社会团体和事业单位(以下简称"企业、单位")。

上述各企业、单位投资或举办的国内合营、联营、股份制、集体和其他经济形式的企业、单位，要清查其投资形成的资本金数额及其增值部分。

城镇集体企业、乡镇企业、供销社、农村信用社、只进行资产清查登记，有关所有权界定和国有资产所有者权益核实等工作，放在清产核资在后，由国有资产管理部门组织进行。

对境外企业先进行试点，取得经验后再逐步进行。一九九四年可先由国内参加清产核资有对外投资的单位负责填报投资形成的资本金数额及其增值部分。

对中外合资、合作企业要由中方投资单位清查中方投入的国家股份或国家资本金数额及其增值部分。

第五条 清产核资的内容是：清查资产、负债状况，界定资产所有权，重估资产价值，核定国家资本金总额和登记国有资产产权。

第二章 资产负债清查

第六条 资产、负债清查是指对企业、单位占有的各类资产〔包括流动资产、固定资产、长期投资(含境外投资)、无形资产、递延资产和其他资产〕和各种负债进行全面清理、登记、核对和查实。

第七条 流动资产清查核实的范围和内容包括现金、各种存款、短期投资、应收及预付款项和存货等。

流动资产要按其占用形态分别进行清查，其内容包括：

1.现金。要清查企业、单位帐面余额与库存现金是否相符；

2.各种存款。要清查企业、单位在开户银行及其他金融机构各种存款帐面余额与银行及其他金融机构中该企业、单位的帐面余额是否相符；

3.应收及预付款项。清查的内容包括，应收票据、应收帐款、其他应收款、预付货款和待摊费用。

清查应收票据时，企业、单位要按其种类逐笔与购货单位或银行核对查实。

清查应收帐款、其他应收款和预付货款时，企业、单位要逐一与对方单位核对，以双方一致的金额记帐。对有争议的债权要认真清理、查证、核实、重新明确债权关系。对长期拖欠，要查明原因，积极催收，确认无法收回的款项，明确责任，依照国家有关规定进行处理。

个人借款要认真清理收回。

4.存货。清查内容包括：原材料、辅助材料、燃料、修理用备件、包装物、低值易耗品、在产品、半成品、产成品、外购商品、协作件以及代保管、在途、外存、外借、委托加工的物资(商品)等。

各企业、单位都要认真组织清仓查库，全面清查盘点。对清查出的积压，已毁损或需报废的存货，要查明原因，组织相应的技术鉴定，提出意见，经批准后按国家有关规定处理。

对长期外借未收回的存货，要查明原因，积极收回或按规定作价转让。

代保管理物资由代保管单位负责清查，并将清查结果报托管理单位，进行核对后，列入托管单位资产总值中。

对在港口、码头、车站、机场等地存放的超过规定领取期限的无法交付货物，由保管单位进行清查，并按国家有关规定处理。

第八条 固定资产清查的范围包括房屋、构筑物、机器设备、运输设备、仪器仪表和工具用具等。

对固定资产要查清固定资产原值、净值、已提折旧额；已提足折旧的固定资产、待报废和提前报废固定资产的数额；以及损失、待核销数额等。

租出的固定资产由租出方负责清查，没有登记入帐的要将清查结果与租入方进行核对后，登记入帐。

对借出和未按规定手续批准转让出去的资产，要认真清理收回或补办手续。

对清查出的各项盘盈(含帐外)、盘亏固定资产，要认真查明原因，分清责任，提出处理意见。

经过清查后的各项固定资产，要按固定资产目录并区别固定资产的用途(指生产性或非生产性)和使用情况(指在用、未使用或不需用等)进行重新登记，建立健全实物帐卡。

对清查出的各项未使用、不需用的固定资产，要查明购建日期、使用时间、技术状况和主要参数等，按调拨(其价值转入受拨单位)、转生产用、出售、待报废等提出处理意见。

对清查出的由于改变固定资产和低值易耗品划分标准，原固定资产转为低值易耗品，其净值部分已按低值易耗品摊销办法摊入成本费用，但实物仍在使用的，在清查中要单独列表反映。

第九条 长期投资清查的范围和内容包括以流动资产、固定资产、无形资产等各种资产对其他单位的投资。对长期投资要认真查明管理情况和投资效益，明确产权关系。

第十条 境外投资清查的范围和内容包括以资金、股票、债券、及其他各类实物资产、无形资产投资在境外举办各类独资、合资、联营、参股公司等企业中的各项资产。境外投资的清查要由中方投资企业、单位认真查明管理情况和投资效益，明确产权关系。

第十一条 在建工程清查的范围和内容是在建或停缓建的国家基本建设、技术改造项目，包括完工未交付使用(包括试车)、交付使用未验收入帐等工程项目。在建工程要由建设单位负责查清项目、投资总额和管理状况。

第十二条 无形资产清查的范围和内容包括各项专利权、商标权、特许权、版权、商誉、土地使用权等。

第十三条 递延资产及其他资产清查的范围和内容包括开办费、租入固定资产改良支出及特种储备物资等。清查时要逐一清理，认真核查摊销余额。

第十四条 企业、单位使用的土地，凡已领取土地证的，按土地证上的土地数量上报。没有领取土地证的企业、单位，可向当地土地管理部门申报，办理领取土地证的手续。来不及办理手续的，可先自行对土地面积丈量上报，以后再申报办理领取土地证的手续。土地归属关系不清、有争议的，列为"待界定"。

土地估价工作采取逐步进行的办法。企业、单位经过清查、核实先按原帐面价值上报。清产核资中发生产权变动企业、单位，可委托有评估资格的机构进行估价，并按规定入帐。

第十五条 各种负债清查的范围和内容包括短期负债和长期负债。短期负债要清查各种短期借款、应付及预收款项、预提费用及应付福利费等。长期负债要清查各种长期借款、应付债券、长期应付款、住房周转金等。清查时企业、单位要与债权单位逐一核对帐目，达到双方帐面余额一致。

第十六条 资产清查工作的基本要求：

(一)清查工作要依靠群众，发动广大职工、干部，对全部资产，包括帐内外、库内外、地上地下、车间内外、厂(公司、店)区内外、本埠，都进行全面、彻底的清查。在清查中要把实物盘点同核查帐务结合起来，把清理资产同核查负债和所有者权益结合起来。即全面清点品种、规格、型号、数量，以物对帐，以帐查物，查清资产来源、去向和管理情况，做到见物就点，是帐就清，对帐物不清的资产要进行追忆、查找，不留死角，不打埋伏，不重不漏。

(二)企业、单位由于各种原因造成的财产关系不清或有争议的问题，按国家国有资产管理局、财政部、国务院清产核资领导小组办公室(国资法规发[1992]52号)联合下发的《关于清产核资中全民所有制企业资产清查登记有关问题的暂行规定》认真进行清查。

(三)清查工作在企业、单位自查的基础上，由上级清产核资机构组织抽查。国务院所属各部门和省、地市、县各级人民政府清产核资机构要对所属的重点企业、单位组织抽查。

(四)企业、单位要将资产清查结果按照国家统一制定的清产核资报表格式及《固定资产分类与代码》填报报表，并按规定时间上报主管部门。

第三章　所有权界定

第十七条 所有权界定是指对企业、单位占有、使用应属国有的净资产依法确认所有权的法律行为。

通过所有权界定，划清资产所有权的归属关系，把应属国家所有的净资产，都纳入国有资产管理范围。

第十八条 各类企业及实行企业化管理的事业单位的所有权界定，要按照国家有关法律、法规和制度进行。

没有法律依据归集体、个人或外国政府、法人、公民所有的资产均属国有资产。

第十九条 对于界限不清或有争议的问题，按照国家国有资产管理局国资法规发〔1993〕68号通知印发的《国有资产产权界定和产权纠纷处理暂行办法》进行处理。

第二十条 在所有权界定中，对于情况复杂，一时难以确定其所有权关系的资产，可作为"待界定资本"单独登记。"待界定资本"在未依法明确所有权归属之前，任何部门、单位和个人均不得擅自处置和转移。

第二十一条 所有权界定工作，由企业、单位的清产核资机构具体组织进行。按财务隶属关系对已界定清楚的国有资产经上级主管部门认定，按统一制定的清产核资报表格式汇总后，报本级政府清产核资机构批准。

第二十二条 在所有权界定工作中，如对界定结果有争议或发生纠纷，由同级国有资产管理部门会同有关部门依据国家有关法律、法规和政策进行裁定。

第四章　资产价值重估

第二十三条 资产价值重估是指企业、单位对帐面价值与实际价值背离较大的主要固定资产进行价值重新估价。

第二十四条 在清产核资中，企业和经同级财政部门批准实行企业管理的事业单位要进行资产价值重估工作。拟实行股份制改造和合资、合营、兼并等产权发生变动的全民所有制企业、单位，可将资产价值重估和资产评估结合进行。

凡属下列企业、单位不进行资产价值重估：

(一)行政、事业单位(非企业化管理)；

(二)中外合资、合作企业，已实行股份制并已经过资产评估的全民所有制企业；

(三)非全民所有制为主的国内合资、合作、联营、股份、集体和其它企业，也暂不进行资产价值重估。

第二十五条 清产核资中企业、单位的资产价值重估范围：

(一)1992年年末以前购建形成的主要固定资产要进行价值重估。

(二)下列资产除另有规定外不进行价值重估：

1.1993年以后(含1993年)购建或形成的固定资产；

2.按国家有关规定属于限制使用、淘汰和待处理、待报废的固定资产；

3.租入的固定资产(含融资租赁)；

4.已提足折旧逾龄的固定资产；

5.进口设备(含购进的二手进口设备)形成的固定资产原则上不进行价值重估；

6.由于产权变动按国家规定已进行评估的资产；

7.在建工程和已完工未交付使用(包括试车)的固定资产；

8.按规定购置费已列入成本的固定资产；

9.进行职工住房改革的房屋；

10 长期投资、无形资产、流动资产、递延资产和其他资产。

第二十六条 固定资产价值重估，由企业、单位根据财政部清产核资办公室组织有关部门制定的《清产核资价值重估统一标准目录》进行。重估的方法：

（一）对购买实行价格多轨制和价格已经放开的产品形成的固定资产，采用“物价指数法”，即以各类产品（设备）1992年价格分别较不同年份（1984～1991）价格指数为基础，确定主要固定资产重估价值的增长幅度。1984年以前（含1984年）购建的资产，以原帐面价值乘1992年双1984年的价格指数。

（二）对购买国家定价产品形成的固定资产，采用“国家定价法”。根据1984年、1992年国家物价局、有关部门和省、自治区、直辖市、计划单列市人民政府规定的价格，确定资产的重估价格。

（三）对少量特殊的、价值量较大的非标准设备或企业自制无市场价的非标准设备和经过多次技术改造后的设备，可采用“重置成本法”进行估价。

第二十七条 资产价值重估工作由各企业、单位的清产核资机构组织有关专业技术、设备管理和财会人员参加的专门重估小组进行。对资产价值重估工作，要本着实事求是的精神按照有关规定政策执行，不得任意多估少估。

第二十八条 资产价值重估工作结束后，各企业、单位要提出“资价值重估工作报告”，填报固定资产价值重估申报表，由法定代表人（企业法人）审查签字后，地方企业、单位上报主管部门清产核资机构，主管部门清产核资机构按照国家规定的政策和方法，对所属企业、单位的资产价值重估结果认真审查，审查不合格或有疑问的，退回原企业、单位限期更正。审查合格的，将所属企业、单位的资产价值重估结果和审查意见汇总后报同级清产核资办公室确认批准。中央企业经二级主管单位审查合格后报财政部驻当地中央企业财政驻厂员管理处确认（没有二级主管单位的，可直接报中企处），确认盖章后报主管上级部门审核盖章，上报财政部清产核资办公室批准，同时报财政部、国有资产管理局备案。中央地质勘探、建筑施工和房地产开发企业财务隶属关系在建设银行的，由建设银行经办行确认，盖章后报主管上级部门审核盖章，报财政部清产核资办公室批准，抄送建设银行总行。

第五章 资金核实

第二十九条 国有资金核实是指对企业、单位资产清查、所有权界定、资产价值重估后实际占用的全部国有资产价值总量进行重新核实。

第三十条 企业、单位在这次清产核资中查出的各项资产盘盈（包括帐外资产）、盘亏、资金损失或潜亏挂帐等，按照国务院办公厅《关于扩大清产核资试点工作有关政策的通知》（国办发〔1993〕29号）进行处理。申报核销呆帐贷款的条件和程序，按财政部、人民银行的规定办理。

原已列入固定资产清理和待处理财产损益的各项资产盘盈、盘亏、报废毁损等应按新的企业财务制度规定处理。

由于政策性或历史性原因造成的各项资金损失或挂帐，按现行规定企业、单位难以处理的，报同级财政部门和银行、国有资产管理部门审查后，待清产核资后期再同国家制定统一政策进行处理。

第三十一条 国有资产价值总量界定经批准以后，对于新入帐或因所有权关系改变，需增加或减少的国有资产，要相应增加或调减有关帐户。

第三十二条 资产价值重估经批准后，企业、单位对固定资产重估后增加的价值，依据国家有关规定调整固定资产帐面价值（包括原值、净值）和计提折旧。

第三十三条 资金核实工作由企业、单位的清产核资机构组织进行。各企业、单位对国有资金核实的结果，要按统一要求写出书面报告，填制资金核实有关的报表，由企业、单位法定代表人签字经主管部门清产核资机构审查同意。地方企业报同级财政、国有资产管理部门、开户银行确认，同级清产核资办公室批复。中央企业按财务隶属关系先送当地开户银行、中央企业财政驻厂员管理处（科、组）审核盖章，并经上级主管部门审核后，报财政部，由财政部会同国家国有资产管理局、有关银行批复。中央地质勘探、建筑施工和房地产开发企业经建设银行经办行审核，报上级主管部门审核汇总，上报建设银行总行、国家国有资产管理局确认，报财政部清产核资办公室批复。

第三十四条 企业和实行企业管理的事业单位的国家资金经核准后，按财政部、国家国有资产管理局的有关规定，核定企业的国家资本金。

企业和实行企业管理的事业单位国家资本金以及其他国家资金占用情况经重新核实后，即作为国家评价和考核企业经营国有资产成果的基数，由企业、单位向同级国有资产管理部门办理国有资产产权登记。

第六章 国有资产产权登记

第三十五条 国有资产产权登记是指国家对应属全民所有的国有资产进行产权登记，取得所有权凭证和确认企业、单位占有、使用国有资产经营权的法律行为。

第三十六条 清产核资中的国有资产产权登记工作由各级清产核资机构会同国有资产管理部门具体组织实施。

第三十七条 进行清产核资的企业、单位，对经核实的国有资产所有者权益和核定的国家资本金，在本级政府清产核资机构审查批准后，应按照国家国有资产管理局、财政部、国家工商行政管理局联合发出的《国有资产产权登记管理试行办法》和国家国有资产管理局下发的《国有资产产权登记管理试行办法实施细则》中的规定，在一个月内向同级国有资产管理部门申办产权登记。

第三十八条 企业、单位进行产权登记，由国有资产管理部门审定“产权登记年度检查表”后，确定产权关系。

第七章 检查验收与总结

第三十九条 企业、单位在国有资产产权登记之后，对本企业、单位的清产核资工作，要按统一要求进行全面检查、总结，并将总结报告报送上级清产核资机构。各级清产核资机构要对所属企业、单位的各项清产核资工作进行严格审查验收。

审查验收的内容是：

（一）已认真完成清产核资的各项工作内容，各有关部门的审批手续齐备。

（二）对各种闲置资产和积压物资进行登记填卡并采取了处理措施。

（三）认真进行了国有资产所有权界定，对“待界定资本”已单独记帐，妥善管理；对没有法律依据归集体、个人和外国政府、法人、公民所有的资产，已收归国有；对擅自将国有资产转移为集体资产或化公为私的，已查清责任并收归国有；对有争议的所有权纠纷已进行处理或已移交有关部门处理。

（四）对资产盘盈、盘亏、资金损失和潜亏、挂帐，按国家规定经财政、国有资产管理部门批准进行了相应处理或制定了批准同意的处理方案。

(五)按照国家统一制定的清产核资报表格式及资产目录填制各类报表,要求数据准确,内容完整,报送及时。

(六)建立健全了相应的国有资产管理责任制度。

第四十条 企业、单位的清产核资工作经审查验收通过后,由主管部门清产核资机构办理审批手续。对审查不合格的企业、单位要针对问题限期纠正。

第四十一条 各级清产核资机构在所属企业、单位的清产核资工作结束后,要对本部门的清产核资工作进行全面总结,总结报告报送同级政府清产核资机构。省、自治区、直辖市、计划单列市和中央部门的总结,报送财政部清产核资办公室。由财政部对全国清产核资工作进行总结后,上报国务院。

第八章 组织领导与工作纪律

第四十二条 清产核资工作在国务院统一领导下,由财政部清产核资办公室负责日常工作。各地区、各部门都要设置专职机构,切实加强对清产核资工作的领导。各企业、单位的清产核资工作由本企业、单位的法人代表负责领导和组织。

第四十三条 清产核资工作按照"统一部署,充分准备,集中力量,分步实施"的工作原则,分为前期准备、全面实施和总结验收三个阶段进行。

前期准备阶段。主要任务是组织发动,健全办事机构,拟定实施方案、办法,培训人员;进行各项基础准备工作。

全面实施阶段。主要任务是组织完成清产核资规定的全部工作内容。

总结验收阶段。主要任务是建立、健全各项国有资产基础管理制度,并对各企业、单位和各地区、部门的清产核资工作进行全面的检查验收和总结。

第四十四条 在开展清产核资工作中,各企业、单位、主管部门和各级政府清产核资机构要切实加强领导,严格执行国家有关清产核资的各项规定。

第四十五条 各级审计、监察、纪检部门要加强对清产核资工作的法律监督和纪律检查,特别是要对国有资产损失、所有权界定进行监督,以防止国有资产的流失。

第四十六条 对于在清产核资工作中积极努力,成绩显著,为维护国有资产作出突出贡献的企业、单位和个人要给予表彰。

第四十七条 对清产核资中发现的由于失职、渎职,造成管理混乱,帐物不符,帐帐不符,"家底"和财产关系严重不清,丢失浪费严重的,要查明原因,根据情节轻重追究有关领导和当事者的行政责任。对于化大公为小公,化公为私,逃避产权管理和监督,低价变卖、转移国家资产以及贪污盗窃等,要由国有资产管理部门、审计、监察、纪检部门查处,触犯法律的要依法进行惩处。

第四十八条 在清产核资中,有意隐瞒不报、弄虚作假,损害国家和人民利益,给国家财产造成各各损失的,必须追究有关领导和当事者的行政责任;触犯刑律的,由司法部门依法惩处。

第四十九条 在清产核资工作中,违反工作纪律的单位和个人,根据情节由同级政府或有关部门给予行政纪律处分。

第九章 附 则

第五十条 各部门、各地区的清产核资工作均须遵照本办法的规定执行。

第五十一条 在这次清产核资工作中涉及的有关问题,除本办法有特殊规定外,均按现行的国家规定执行。

第五十二条 这次清产核资的经费,按财政体制由中央和地方分别负担;企业的清产核资费用在管理费用中列支。

第五十三条 各省、自治区、直辖市、计划单列市和国务院各部门可依据本办法制定地方实施办法和部门实施细则,地方实施办法和部门实施细则,报财政部清产核资办公室备案。

第五十四条 军队、武警部队(内卫、边防、消防)的清产核资办法由中央军委参照本办法另行制定。水利、林业、电力、冶金、交通等部门的武警部队按财务隶属关系由其主管部门组织进行清产核资。

第五十五条 本办法由财政部清产核资办公室负责解释。

第五十六条 本办法自发布之日起执行。

国家财政部

一九九四年二月四日

关于外商投资举办投资性公司的暂行规定

为了促进外国投资者来华投资,引进国外先进技术和管理经验,允许外国投资者根据中国有关外国投资的法律、法规及本规定,在中国设立投资性公司(以下简称投资公司)。

第一条 本规定中投资公司系指外国投资者在中国以独资或与中国投资者合资的形式设立的从事直接投资的公司。公司形式为有限责任公司。

第二条 申请设立投资公司应符合下列条件:

(一)1、外国投资者资信良好,拥有举办投资公司所必需的经济实力,申请前一年该投资者的资产总额不低于 4 亿美元,且该投资者在中国境内已设立了外商投资企业,其实际缴付的注册资本的出资额超过 1000 万美元,并有三个以上拟投资项目的项目建设书已获得批准,或者:2、外国投资者资信良好,拥有举办投资公司所必需的经济实力,该投资者在中国境内已设立了 10 个以上从事生产或基础设施建设的外商投资企业,其实际缴付的注册资本的出资额超过 3000 万美元:

(二)以合资方式设立投资公司的,中国投资者应为资信良好,拥有举办投资公司所必需的经济实力,其资产总额不低于 1 亿元人民币;

(三)投资公司的注册资本不低于 3000 万美元。

第三条 申请设立投资公司,投资者应将下列文件经拟设立投资公司所在地的省、自治区、直辖市、计划单列市外经贸部门审核同意后,报对外贸易经济合作部(以下简称外经贸部)审查批准。

(一)设立合资的投资公司的项目建议书、投资各方签署的可行性研究报告、合同、章程;

设立独资的投资公司外国投资者签署的项目建议书、外资企业申请表、可行性研究报告、章程;

(二)投资各方的资信证明文件、注册登记证明文件(复印件)和法人代表证明文件(复印件);

(三)外国投资者已投资企业的批准证书(复印件)、营业

执照(复印件)和中国注册会计师出具的验资报告(复印件);

(四)投资各方近三年的资产负债表;

(五)外经贸部要求的其他文件。

上述文件除已注明为复印件的,一律应为正式文件。

非法定代表人签署文件的,应出具法定代表人的委托授权书。

委托依法设立的中介机构代为办理申请手续的,应出具由投资者法定代表人签署的委托授权书。

第四条 外国投资者须以可自由兑换的货币作为投资公司注册资本的出资,中国投资者可以人民币出资。出资应在营业执照签发之日起两年内全部缴清。

第五条 投资公司经批准可以经营以下部分或全部业务:

(一)在国家鼓励和允许外商投资的工业、农业、基础设施、能源等领域进行投资;

(二)投资公司可受其所投资企业的书面委托(经董事会一致通过),向其提供下列服务:

1、协助或代理其所投资的企业从国内外采购该企业自用的机器设备、办公设备和生产所需的原材料、元器件、零部件和国内外销售其所投资企业生产的产品,并提供售后服务;

2、在外汇管理部门的同意和监督下,在其所投资企业之间平衡外汇;

3、协助其所投资企业招聘人员并提供技术培训、市场开发及咨询;

4、协助其所投资企业寻求贷款及提供担保。

(三)投资公司为其投资者提供咨询服务。

第六条 本规定第五条第二款所述投资公司所投资企业系指:

(一)投资公司直接投资或与其他外国投资者和/或中国投资者共同投资,投资公司或与其他外国投资者的出资占所投资设立企业注册资本25%以上的企业;

(二)投资公司将其投资者或其关联公司及其他外国投资者在中国境内已投资设立的企业的股权部分或全部收购,而使投资公司以及其他外国投资者的出资额占该已设立企业注册资本25%以上的企业。

除经外经贸部特殊批准,投资公司只能为以上所述的其所投资设立的企业提供第五条第二款所规定的服务。

投资公司不能代替其投资者在中国从事贸易中介服务。

第七条 经中国人民银行批准,投资公司可向其所投资设立的企业提供财务支持。

第八条 根据投资公司拟设立的项目性质,按照国家有关外商投资企业经营期限的规定核定投资公司的期限。

第九条 投资公司投资设立企业,按外商投资企业的审批权限及审批程序另行报批。

第十条 投资公司投资设立企业,投资公司或与其他外国投资者的外汇投资比例不低于其所投资设立企业的注册资本的25%的,其所投资的企业享受外商投资企业待遇,发给外商投资企业批准证书和外商投资企业营业执照。

第十一条 符合本规定第二条第(一)款第1项所规定条件的外国投资者可以其全资拥有的子公司的名义出资设立投资公司。

第十二条 申请设立投资公司的投资者须向审批机关出具担保函,保证其所设立的投资公司在中国境内投资时的注册资本的出资和技术转让。

以全资拥有的子公司的名义设立投资公司的,其母公司须向审批机关出具担保函,保证其子公司按审批机关批准的条件完成对其所设立投资公司注册资本的出资并保证该投资公司在中国境 内所投资时的注册资本的出资和技术转让。

第十三条 投资公司在中国境内的投资活动不受公司注册地点的限制。

第十四条 投资公司的税收按中国有关法律、法规办理。

第十五条 投资公司应切实履行项目投资计划,并将每一年度的投资情况于下一年度的前三个月内报外经贸部备案。

第十六条 投资公司与其投资设立的企业是彼此独立的法人或实体,其业务往来应按独立企业之间业务往来关系处理。

第十七条 投资公司与其投资设立的企业应遵守中国的法律、法规,不得采用任何手段逃避管理和纳税。

第十八条 台湾、香港和澳门地区的投资者在大陆投资举办投资公司的,准用本规定。

第十九条 本规定由对外贸易经济合作部负责解释。

第二十条 本规定自发布之日起施行。

中华人民共和国对外贸易经济合作部

一九九五年四月四日

关于设立外商投资股份有限公司若干问题的暂行规定

第一条 为进一步扩大国际经济技术合作和交流,引进外资,促进社会主义商品经济的发展,外国的公司、企业和其他经济组织或个人(以下简称外国股东),按照平等互利的原则,可与中国的公司、企业或其他经济组织(以下简称中国股东)在中国境内,共同举办外商投资股份有限公司(以下简称公司)。

第二条 本规定所称的外商投资股份有限公司是指依本规定设立的,全部资本由等额股份构成,股东以其所认购的股份对公司承担责任,公司以全部财产对公司债务承担责任,中外股东共同持有公司股份。外国股东购买并持有的股份占有公司注册资本25%以上的企业法人。

第三条 公司为外商投资企业的一种形式,适用国家法律、法规对于外商投资企业的有关规定。

第四条 设立公司应符合国家有关外商投资企业产业政策的规定。国家鼓励设立技术先进的生产型公司。

第五条 公司可采取发起方式或者募集方式设立。

第六条 以发起方式设立的公司,除应符合《公司法》规定的发起人的条件外,其中至少有一个发起人应为外国股东。

以募集方式设立的公司,除应符合前款条件外,其中至少有一个发起人还应有募集股份前3年连续盈利的记录,该发起人为中国股东时,应提供其近3年经过中国注册会计师审计的财务会计报告;该发起人为外国股东时,应提供该外国股东居所所在地注册会计师审计的财务报告。

第七条 公司的注册资本应为在登记注册机关登记注册的实收股本总额,公司注册资本的最低限额为人民币3千万元,其中外国股东购买并持有的股份应不低于公司注册资本的25%。

第八条 股东认购的股份的转让应符合本规定第七条所规定的条件。发起人股份的转让，须在公司设立登记3年后进行，并经公司原审批机关批准。

第九条 发起人达成设立公司协议后，可共同委托一发起人办理设立公司的申请手续。具体程序是：

（一）申请人向其省、自治区、直辖市及计划单列市政府主管部门（以下称主管部门）提交设立公司的申请书、可行性研究报告、资产评估报告等文件。

以募集方式设立公司的，申请（还须提交招股说明书）。

（二）上述文件经主管部门审查同意后，由主管部门转报省、自治区、直辖市及计划单列市对外经贸部门。上述文件经省、自治区、直辖市及计划单列市对外经贸部门核准后，发起人正式签定设立公司的协议、章程。

（三）发起人签定设立公司的协议、章程。报省、自治区、直辖市对外经贸部门审查同意后，报对外贸易经济合作部审查批准。对外贸易经济合作部在45日内决定批准或不批准。

第十条 发起人提交的各项文件必须用外文书写。在发起人各方认为需要时，可商定再用一种外文书写，但以审批生效的中文文本为准。

第十一条 设立公司的申请书应概要说明：

（一）发起人的名称、住所、法定代表人；

（二）组建公司的名称、住所及宗旨；

（三）公司设立方式、股本总额、类别、每股面值、发起人认购比例、股份募集范围和途径；

（四）发起人的生产经营情况，包括近3年生产经营、资产与负债、利润等情况，（限于以募集方式设立公司的发起人）；

（五）公司的资金投向及经营范围；

（六）提出申请的时间，发起人的法定代表签名并加盖发起人单位公章；

（七）其他需要说明的事项。

第十二条 发起人协议应包括以下主要内容：

（一）发起人的名称、住所、法定代表人的姓名、国籍、住所、职务；

（二）组建公司的名称、住所；

（三）公司的宗旨，经营范围；

（四）公司设立的方式、组织形式；

（五）公司注册资本、股份总额、类别、发起人认购股份的数额、形式及期限；

（六）发起人的权利和义务；

（七）违约责任；

（八）适用法律及争议的解决；

（九）协议的生效与终止；

（十）订立协议的时间、地点、发起人签字；

（十一）其他需要载明的事项。

第十三条 发起人设立公司的协议、章程经对外贸易经济合作部批准后，发起人应在30日内凭对外贸易经济合作部颁发的批准证书到银行开立专用帐户。发起人应自批准证书签发之日起90日内一次缴足其认购的股份。发起人在公司发行的股份缴足之前应承担连带认缴责任。公司不能设立时，发起人为设立行为所发生的费用和债务负连带责任。

第十四条 以发起方式设立公司的，发起人按本规定第十一条的规定缴足其认购的股份后，应当选举董事会和监事会，由董事会向公司登记机关报送设立公司的批准文件、公司章程、验资证明等文件，申请设立登记。

以募集方式设立公司的，发行股份的股数缴足后，必须经法定的验资机构验资并出具证明，发起人应当在30日内主持召开公司创立大会，并选举董事会、监事会，董事会应于创立大会结束后30日内，向公司登记机关报送设立公司的批准文件、公司章程、验资证明、创立大会的会议记录等文件，申请设立登记。

公司登记机关自接到全部登记文件之日起30天内完成登记注册手续，并颁发营业执照。

第十五条 已设立中外合资经营企业、中外合作经营企业、外资企业（以下简称外商投资企业），如申请转变为公司的，应有最近连续3年的盈利记录，由原外商投资企业的投资者作为公司的发起人（或与其他发起人）签字设立公司的协议、章程，报原外商投资企业所在地的审批机关初审同意后转报对外贸易经济合作部审批。

申请转变应报送下列文件：

（一）原外商投资企业的合同、章程；

（二）原外商投资企业董事会关于企业改组的决议；

（三）原外商投资企业投资者关于终止原合同、章程的决议；

（四）原外商投资企业资产评估报告；

（五）发起人（包括但不限于原外商投资企业投资者）协议；

（六）公司章程；

（七）原外商投资企业的营业执照、批准证书，最近连续3年的财务报告；

（八）设立公司的申请书；

（九）发起人的资信证明；

（十）可行性研究报告。

第十六条 上述申请经对外贸易经济合作部批准后，发起人应自批准证书签发并缴足其认购的股本金后向公司登记机关办理变更登记手续。

第十七条 外商投资企业变更登记为公司后，原外商投资企业的一切权利、义务全部转由公司承担。

外商投资企业的中外投资者在原外商投资企业合同、章程中承诺的义务，应列入发起人协议及章程，同样适用所设立的公司。

第十八条 国有企业、集体所有制企业如申请转变为公司的，除符合本规定其他条款的规定外，还须符合以下条件：

（一）该企业至少营业5年并有最近连续3年盈利记录；

（二）外国股东以可自由兑换的外币购买并持有该企业的股份占该企业注册资本的25%以上；

（三）企业的经营范围符合外商投资企业产业政策。

中外股东作为发起人签定设立公司的协议、章程，报企业所在地审批机关初审同意后转报对外贸易经济合作部审批。

申请转变应报送下列文件：

（一）原企业资产评估报告；

（二）设立公司的申请书；

（三）可行性研究报告；

（四）发起人协议；

（五）公司章程；

（六）原企业的营业执照、最近连续3年的资产负债表；

（七）发起人的资信证明；

（八）其他必要的文件。

第十九条 上述申请经对外贸易经济合作部批准后，发起人应自批准证书签发并缴足其认购的股本金后向公司登记机关办理变更登记手续。

第二十条　股份有限公司申请转变为公司的，除符合本规定其他条款的规定外，还须符合以下条件：

（一）该股份有限公司是经国家正式批准设立的；

（二）外国股东以可自由兑换的外币购买并持有该股份有限公司的股份占公司注册资本的25%以上；

（三）股份有限公司的经营范围符合外商投资企业产业政策。

第二十一条　股份有限公司通过向社会公开发行人民币持特种股票（B股）。申请转变为公司的，应报送如下文件：

（一）股东大会对转变为公司的决议；

（二）原股份有限公司资产评估报告；

（三）申请转变为公司的报告；

（四）原股份有限公司章程的补充、修改协议；

（五）证券管理部门批准公开发行人民币特种股票（B股）的文件；

（六）其它必要的文件。

第二十二条　股份有限公司通过增资扩股或转股发行外国股东持有的股份，申请转变为公司的，除报送前条第（一）、（二）、（三）、（四）款规定的文件外，还应报送股份有限公司与定向购股人的购股协议等其他必要的文件。

第二十三条　股份有限公司在境外发行境外上市外资股（包括但不限于H股和N股）并在境外上市申请变为公司的，除报送第二十一条第（一）、（二）、（三）、（四）款规定的文件外还应报送如下文件：

（一）证券管理部门批准境外上市的文件；

（二）境外证券机构批准原股份有限公司股票上市的文件；

（三）境外上市的原股份有限公司股票交易情况。

第二十四条　上述申请经对外贸易经济合作部批准后，原股份有限公司应持批准证书和公司的募股证明向工商行政管理机关办理变更登记手续。

第二十五条　本暂行规定未规定的公司的其他事宜，按《公司法》，"国务院关于股份有限公司境外募集股份及上市的特别规定"及有关规定办理。

第二十六条　凡属外商投资企业改组成公司的，其减免税等优惠期限，不再重新计算。

第二十七条　香港、澳门、台湾地区的公司、企业、其他经济组织或个人，在大陆投资设立公司的，准用此暂行规定。

第二十八条　本暂行规定由对外贸易经济合作部负责解释。

中华人民共和国对外贸易经济合作部

一九九五年一月十日

中国外汇交易中心市场交易规则（暂行）

第一章　总　则

第一条　为维护国内银行间外汇交易市场正常秩序，保护交易双方的合法权益，根据《银行间外汇交易市场管理办法》和《中国外汇交易中心章程》，特制定本规则。

第二条　本规则所称外汇交易市场（以下简称交易市场）是指中国外汇交易中心（以下简称交易中心）为经营外汇业务的金融机构（以下简称金融机构）之间进行外汇买卖提供交易和清算的系统。它由银行间外汇市场和外汇调剂市场组成。

（一）银行间外汇市场：是由中国人民银行批准设立、国家外汇管理局准许经营外汇业务的国内商业银行组成，为其办理外汇业务提供交易和清算的体系。

（二）外汇调剂市场：是由国内商业银行分行、外资银行及国家外汇管理局批准经营外汇业务的金融机构组成，为国内外商投资企业外汇余缺提供交易及清算服务的交易体系。

凡在中国境内注册的金融机构之间的外汇交易，均应通过交易市场进行。

第三条　本规则所称会员是指经交易中心核定，允许在交易系统内从事外汇交易的金融机构及经其授权从事外汇交易的分支机构。

第四条　按本规则办理的外汇交易限于人民币与外汇之间的买卖行为。

第五条　交易市场实行分别报价、计算机撮合成交、交易中心集中清算的市场运行原则。

第六条　会员在交易市场买卖的外汇应符合我国外汇管理的有关规定。会员在交易市场进行的所有交易行为应该遵照本规则进行。

第二章　会员管理

第七条　凡在中国境内注册、经主管机关批准设立、并允许经营外汇业务的金融机构，均可向交易中心提出会员资格申请，经交易中心审核批准后，可成为交易中心会员。

第八条　会员享有《中国外汇交易中心章程》中列明的会员权利，承担《中国外汇交易中心章程》中列明的会员义务。

第九条　会员经交易中心批准，可进行下列形式的交易活动：

（一）自营买卖，是指国内商业银行会员为维持其结售汇业务的正常进行，在银行间市场进行的外汇交易行为。

（二）代理买卖，是指专业银行分行、外资银行及非银行金融机构为国内外商投资企业外汇调剂及国内企业大额外汇买卖（100万美元以上）提供经纪服务、而在外汇调剂市场进行的外汇交易。

中国外汇交易中心对自营买卖和代理买卖实行区别管理的原则。每场交易前，进行自营买卖的会员可根据中央银行给其核定的结售汇周转外汇金额在交易系统内报价。进行代理买卖的会员必须向交易中心申报其每笔代理业务的价格和金额，并只能在申报金额内在市场上报价。

第十条　会员应指派固定的交易员代表会员从事交易活动，会员的外汇买卖应通过交易员进行。会员应对其交易员在交易市场内的交易行为负责。

第三章　交易市场

第十一条　交易市场每周一至周五开市，开市时间为9：00—11：00。国内法定节假日不开市。

第十二条　交易中心认为确有必要，可变更开市和闭市时间，并报交易市场主管机关备案。

第十三条　交易市场开市后，如遇不可抗力因素，交易中心可以宣布全部或部分暂停交易，在宣布暂停交易之前成交的交易仍然有效。上述因素消除后，交易中心应宣布恢复交易。

第十四条 会员入市可通过下述两种方式进行：

1、现场交易：会员指派其交易员进入交易中心固定的交易场所，通过交易中心为其设置的专用交易台进行交易。

2、远程交易：会员通过其与交易中心交易系统的计算机联网，在其自己设置的交易台进行交易。

会员可以自主选择以上一种或两种入市方式。

会员通过以上两种入市方式在交易市场内进行符合本交易规则的买卖行为，均为有效交易行为。

第十五条 会员指派或更换的交易人员，应经交易中心培训考试合格并获得由交易中心颁发的交易员证书，方可取得交易员资格。

第十六条 交易员进行交易前应向其交易台输入其代码，经过交易中心计算机确认后，方可进行市场交易行为。交易员应对其代码保密承担全部责任。

第十七条 交易员应遵守交易市场的一切规定，自觉维护市场秩序。对违反规定情节严重的交易员，交易中心可以给予口头警告、书面通报、直至取消其交易员资格的处理。

第十八条 在交易市场从事交易活动的人员及场务执行人员，在交易过程中一律使用普通话。

第四章　报价成交

第十九条 交易市场实行分别报价、计算机撮合成交的交易原则。

第二十条 交易市场采用直接标价方式，即每一单位外币等于若干元人民币，人民币元以后保留四位小数。

第二十一条 交易中心实行公开价格制度。在每场开市前报出前场交易开盘价、收盘价和加权平均价，前场成交的加权平均价为当日交易市场的中心汇率；在每场交易进行中报出当日交易的最高、最低和最新成交价。

第二十二条 交易员应在中心公布的当日中心汇率上下各2%（含2%）的价格浮动范围内进行报价。报价时应输入交易员代码，买入或卖出外汇的币种、价格、金额。

第二十三条 交易员可在开场期间的任何时点进行报价，交易员每次报价均视为有效报价。

第二十四条 交易员报价后，由交易市场计算机系统按照价格优先、时间优先的原则排出外汇买入顺序和卖出顺序，进而按照最低外汇卖出价和最高外汇买入价的顺序撮合成交。价格优先是指在交易过程中，在规定的时间内较高的外汇买入价优先于较低的外汇买入价；较低的外汇卖出价优先于较高的外汇卖出价。时间优先是指在交易过程中，当不同的交易员报出相同的买入价或相同的卖出价时，在规定时间内较早提出的报价优先于较晚提出的报价。

计算机撮合成交的价格为：当买入报价和卖出报价相同时，成交价为相等的买入报价和卖出报价。当买入报价高于卖出报价时，成交价为买入报价与卖出报价的算术平均数。计算机撮合成交的金额为：当买卖双方报价金额相等时，买卖双方所报金额全部成交；当买卖双方报价金额不等时，成交金额为买卖双方报出金额较少的一方的金额，未成交部分可保留、更改或取消原报价。

第二十五条 交易员可在其确认后的报价进入总中心计算机撮合状态前，随时对其原报价进行更改或取消报价，也可提出新的报价。更改报价或提出新的报价超出当日中心汇率上下各2%的浮动范围的报价为无效报价。更改后的报价仍然由计算机按照价格优先、时间优先的原则统一排列外汇买入顺序和卖出顺序。

第二十六条 交易市场实行集中清算的清算原则，即会员在交易市场进行的外汇交易通过交易中心统一清算。

第二十七条 交易市场实行清算基金制度。清算基金由会员按交易中心规定交纳的专项用于交易中心清算周转的人民币及外汇资金构成。会员应按照交易中心的规定向交易中心交纳清算基金。

第二十八条 每一会员交纳的清算基金标准为：

人民币120万元，外汇20万美元。

第二十九条 清算基金用于清算不平时差额的垫付，以维持清算的连续性和安全性，保证交易市场清算体系的正常运行。

第三十条 会员交纳的清算基金只有在其会员资格终止后才可予以退还，交易中心对清算基金不支付利息。

第三十一条 交易市场的交易在当日进行清算。外汇和人民币清算资金应于交易日后的第一个营业日内入帐。

第三十二条 交易中心在境外开立外汇帐户，在中国人民银行开立人民币帐户。

第三十三条 每场交易结束后一小时内，交易中心根据会员成交轧差表向交易员传送成交通知书，成交通知书即为人民币和外汇的付款通知书。会员凭此按规定期限划付资金。

第三十四条 会员将应付的人民币资金划入交易中心在人民银行开立的人民币清算帐户；将应付的外汇资金划入交易中心指定的境外代理行帐户。同时，交易中心将应付的人民币和外汇资金划入会员指定的帐户。

第三十五条 交易各方在办理清算手续的同时，应按成交通知清单标明的成交人民币金额向交易中心交纳人民币手续费。

第三十六条 会员清算资金迟延到位的，交易中心提出警告或通知，如果仍不到位，交易中心有权暂停其交易，直至清算资金全部到位并缴足罚息。

第三十七条 对会员单位违规行为的处罚，由交易中心另行制定实施细则。对在此之前会员发生的违规行为，交易中心有按实施细则追索处理权。

第六章　附　则

第三十八条 本规则未尽事宜由中国外汇交易中心补充修订。

第三十九条 本规则解释权属于中国外汇交易中心。

第四十条 本规则自一九九四年四月四日起试行。

地方政策法规

上海市期货市场管理规定

第一章　总　则

第一条　（目的和依据）

为了加强期货市场管理，规范期货交易行为，保护期货交易当事人的合法权益，根据法律、法规的有关规定，结合本市实际情况，制定本规定。

第二条　（期货交易的准则）

期货交易必须遵守公开、公正、公平和诚实信用的原则，禁止任何形式的欺诈和违法交易行为。

第三条　（管理体制）

期货市场的管理，实行政府监督管理与期货行业自律性管理相结合的制度。

第四条　（适用范围）

本规定适用于在本市范围内进行的期货交易活动以及与期货交易活动有关的机构、组织和个人。

第二章　管理机构

第五条　（监管部门）

上海市计划委员会是本市期货市场的监督管理部门（以下简称监管部门），负责期货市场的统一规划和管理。

第六条　（监管部门的职责）

监管部门履行下列职责：

（一）对期货市场的发展进行统筹规划，并负责规划的实施；

（二）对期货交易所、期货经纪机构及其他有关机构的设立、变更和终止进行审核，并按国家有关规定办理审批手续；

（三）对上市的期货商品及其期货合约样式进行审核，并按国家有关规定办理审批手续；

（四）对期货交易所、期货经纪机构及其他有关机构的业务活动进行监督、检查，对违法行为进行处理；

（五）对影响或者可能影响期货市场正常秩序的事件或者情况采取必要措施。

第七条　（工商行政管理部门的职责）

工商行政管理部门依照法律、法规规定的职责，协助监管部门对期货市场进行管理。

第八条　（联席会议）

本市实行期货市场监督管理联席会议制度。联席会议负责研究、审议有关期货市场发展的重大问题和措施。

联席会议由监管部门和其他有关行政部门组成。

第三章　期货交易所

第九条　（期货交易所的定义）

期货交易所是为期货交易提供场所、设施和其他必要条件，并根据法律、法规、规章以及期货交易规则履行相关职责，实行自律性管理的非营利的法人机构。

期货交易所以其全部的财产独立承担民事责任。

第十条　（期货交易所的设立）

设立期货交易所，应向监管部门提出申请，经审核同意后报国家期货市场主管部门审批；获批准的，应向工商行政管理部门申请办理登记注册。

申请设立期货交易所应提交的文件，由监管部门规定。

第十一条　（期货交易所的职责）

期货交易所履行下列职责：

（一）提供进行期货交易的场所、设施和其他必要条件；

（二）制订、修改期货交易规则，报监管部门审核；

（三）设计期货合约的样式；

（四）对会员及其出市代表进行管理；

（五）为期货交易提供或者组织提供结算服务和履约保证；

（六）整理并发布期货交易的行情和其他有关信息；

（七）对会员之间和会员、期货经纪机构、客户之间因期货交易而发生的争议进行仲裁、处理；

（八）根据法律、法规、规章以及期货交易规则应当履行的其他职责。

第十二条　（主要机构设置）

期货交易所设置会员大会、理事会和监事会。

第十三条　（会员大会）

会员大会是期货交易所的权力机构。会员大会每年至少召开一次会议。会员大会须有三分之二以上的会员出席方可召开，其决议须经出席会议的半数以上会员表决通过方可生效。

第十四条　（会员大会的职权）

会员大会行使下列职权：

（一）制订、修改期货交易所章程；

（二）选举和罢免理事；

（三）审议、通过理事会和总经理的工作报告；

（四）审议、通过期货交易所的财务预算和决算报告；

（五）审议、通过其他需要由会员大会决定的事项。

期货交易所章程经会员大会通过后，由期货交易所报监管部门批准。

第十五条　（理事会）

理事会是期货交易所的决策机构。理事会成员应不少于七人，其中会员理事应不少于理事会成员总数的三分之一。

会员理事由会员提名，非会员理事由政府有关部门提名，经会员大会选举产生。

理事每届任期三年，可以连任，但连续任职不得超过两届。

第十六条　（理事长）

理事会设理事长一人、副理事长一至二人。理事长由监管部门提名，经理事会选举产行；副理事长由理事会选举产生。理事长为期货交易所的法定代表人。

理事会会议由理事长召集。理事长因故不能履行职责时，由副理事长代为履行。理事会的决议须经理事会三分之二以上成员表决通过方可生效。

会员大会召开会议时，由理事长担任会议主席。

第十七条 （理事会的职责）

理事会履行下列职责：

（一）具体负责制订、修改期货交易规则；

（二）聘任期货交易所总经理，根据总经理提名聘任其他主管人员；

（三）决定接纳会员和取消会员资格；

（四）审定期货交易所总经理提交的工作计划；

（五）会员大会授予的其他职责。

第十八条 （总经理及其他主管人员）

期货交易所设总经理一人，副总经理若干人，总经济师、总会计师、总工程师各一人。

总经理由监管部门提名，经理事会聘任，对理事会负责。总经理任期为三年。

副总经理、总经济师、总会计师、总工程师由总经理提名，经理事会聘任。

第十九条 （总经理的职责）

总经理主持期货交易所的日常工作。总经理因故不能履行职责时，由副总经理代为履行。

总经理为理事会当然理事。

第二十条 （监事会）

会员大会下设监事会。监事会由七至九名监事组成，其成员构成是：

（一）期货交易所所在地的会员代表二至三人，外地会员代表三至四人，由会员大会选举产生；

（二）律师、注册会计师各一人，由期货交易所提名，经会员大会选举产生。

第二十一条 （监事会主席）

监事会设主席一名，由会员大会在监事会成员中选举产生。

第二十二条 （监事会的主要职责）

监事会的主要职责是：

（一）监察理事会、总经理执行会员大会和理事会决议的情况；

（二）监察理事、总经理、副总经理及其他工作人员执行法律、法规、规章以及期货交易所章程、期货交易规则的情况。

监事会应当制定监事会规则，由期货交易所报监管部门核准。

第二十三条 （专业委员会的设立）

期货交易所可以根据需要设立专业委员会。

专业委员会的组成、任期、职责，由期货交易所规定。

第二十四条 （期货交易所的变更）

期货交易所需要解散或者合并，变更名称或者地址，设立或者撤销分支机构的，应报监管部门审核。

第二十五条 （接纳或者处分会员的备案）

期货交易所接纳或者处分会员应报监管部门备案。

第四章　期货交易所会员

第二十六条 （会员）

期货交易所实行会员制。

会员可以是期货交易所上市期货商品的生产、使用或者贸易企业，也可以是期货经纪机构。

第二十七条 （会员的条件）

申请成为会员应当符合下列条件：

（一）经工商行政管理部门登记注册，具有法人资格；

（二）有符合期货交易所规定数额的注册资本；

（三）有开展业务所需的资金、专业人员和各项管理制度；

（四）承认并遵守期货交易所章程；

（五）有良好的商业信誉，近三年内没有严重违法的纪录。

第二十八条 （会员资格的取得）

具备本规定第二十七条各项条件的单位，要求取得会员资格的，按下列程序办理：

（一）向期货交易所提出书面申请，并提交有关文件；

（二）期货交易所对申请单位进行审查，按择优吸收的原则确定是否授予其会员的资格；

（三）期货交易所向取得会员资格的单位颁发会员证和交易证。

第二十九条 （会员的权利）

会员有下列权利：

（一）参加会员大会，选举理事和被选举为理事；

（二）使用期货交易所提供的场所、设施，享受有关服务；

（三）委派出市代表进场交易；

（四）对期货交易所的工作提出建议；

（五）退出期货交易所。

第三十条 （会员的义务）

会员有下列义务：

（一）遵守本规定及期货交易规则；

（二）按期货交易所章程缴纳有关费用；

（三）对其名下的交易帐户承担责任；

（四）如实向客户揭示期货交易的风险，妥善保管客户存入的资金，保守客户帐户的秘密；

（五）按时向期货交易所报告业务情况。

第三十一条 （会员的代理和自营业务）

会员可以从事期货交易代理业务或者自营业务。

从事代理业务的会员需要兼营自营业务或者从事自营业务的会员需要兼营代理业务的，应当经期货交易所批准。

第三十二条 （业务人员的资格）

会员的出市代表及其经纪、结算人员须经期货交易所审核、培训，取得合格证书并登记注册后，方可从事交易业务。

第三十三条 （会员及其出市代表资格的复审）

会员及其出市代表资格应每年接受期货交易所的复审。

第三十四条 （会员的退出）

会员需要退出期货交易所的，应在三个月以前向期货交易所提出报告，并及时结清其名下的全部交易帐目，经期货交易所同意后方可退出。

第五章　期货经纪机构

第三十五条 （期货经纪机构的定义）

期货经纪机构是以营利为目的，接受客户的委托，从事期货交易代理业务的企业法人。

第三十六条 （期货经纪机构的设立）

申请设立期货经纪机构，必须符合国家和本市的有关规定，并向监管部门提出申请，经审核同意后报国家期货市场主管部门审批；获批准的，应向工商行政管理部门申请办理登记注册。

第三十七条 （期货经纪机构的会员资格）

期货经纪机构可以成为一个期货交易所的会员，也可以成为若干个期货交易所的会员。

期货经纪机构同时成为若干个期货交易所的会员时，应按规定相应增加注册资本。

第三十八条 （非会员的期货经纪机构）

非会员的期货经纪机构必须在会员处开立帐户，办妥有关手续后方可从事期货交易代理业务。

非会员的期货经纪机构应接受其帐户所在处会员的监督。

第三十九条 （期货经纪机构的自营业务）

期货经纪机构需要兼营期货交易自营业务的，应当经期货交易所批准。

第四十条 （期货经纪机构的责任）

期货经纪机构必须对其名下的客户帐户负责。

第四十一条 （期货经纪机构的资金限额）

期货经纪机构的实际自有流动资金不得低于其客户资金的百分之五。低于该比例的，应停止接受新的代理委托，并按规定期限补充资金。逾期仍未达到规定比例的，期货交易所有权停止其业务活动。

第四十二条 （变更及终止的批准）

期货经纪机构变更法定代表人、经营范围，以及停业或者破产，应向监管部门提出申请，经批准后方可办理有关手续。

第六章　结算机构

第四十三条 （结算机构的定义）

结算机构是指办理期货交易结算，期货合约标的物交割以及管理保证金、风险基金等业务，以保障期货交易顺利进行，期货合约切实履行的机构。

第四十四条 （结算机构的设立）

结算机构可以是隶属于期货交易所的结算部或者结算中心，也可以是由期货交易所、会员以及金融机构出资设立的独立的结算公司。

第四十五条 （交易帐户的结算）

会员必须在结算机构设立交易帐户。

在期货交易所内发生的所有交易和交割，必须由结算机构统一进行结算。

第四十六条 （结算监督与履约监督）

结算机构承担期货交易的结算监督和期货合约的履约监督责任。

结算机构应按照期货交易所规定的数额，向会员收取保证金。

第四十七条 （对违反结算规则的处置）

结算机构对违反结算规则的会员，有权要求期货交易所停止其进场交易。

第四十八条 （风险基金的操扣除）

由于市场的不可抗拒因素造成结算机构损失的，结算机构有权从会员的风险基金中扣除部分或者全部资金作为补偿。

第七章　交易和结算

第四十九条 （交易场所和期货合约的约束力）

期货交易必须在期货交易所内进行。

在期货交易所内成交的期货合约具有法律约束力。

第五十条 （客户的委托代理）

客户从事期货交易，必须委托会员或者期货经纪机构代理。

第五十一条 （代理和自营）

会员、期货经纪机构经批准兼营期货交易代理业务或者自营业务的，必须分别设立代理交易帐户和自营交易帐户。

会员或者期货经纪机构的代理业务和自营业务，必须分别由本机构中不同的业务部门办理。

第五十二条 （代理业务的优先）

兼营期货交易代理业务和自营业务的会员或者期货经纪机构，必须优先执行客户委托代理交易的指令。

第五十三条 （代理业务的委托形式）

会员或者期货经纪机构从事委托代理业务时，只能接受具体的委托指令，不得接受全权委托。

第五十四条 （期货交易的方式和原则）

期货交易采用自由报价和集中竞价的方式。

期货交易按照价格优先和时间优先的原则成交。

第五十五条 （期货交易的持仓限额）

期货交易实行持仓限额制度。期货交易所对超出限额的持仓量，有权采取强制平仓措施。

第五十六条 （交易价格的限制）

期货交易实行交易价格涨、跌停板制度。

期货交易所可以根据交易行情变化，确定或者调整交易价格的最大波动限额。

第五十七条 （每日结算制度）

期货交易实行每日结算制度。结算机构对每一交易日的全部交易帐目必须在下一交易日开盘前结清，并将结算情况通知期货交易所及其会员。

会员的保证金不足规定数额的应当予以补充。未补足的，期货交易所有权采取强制平仓措施。

第五十八条 （交易行情的公布）

期货交易所应将每一交易日的交易行情及时向社会公布。

第八章　交　割

第五十九条 （交割的时限）

进入交割月份的期货合约，在最后交易日未对冲或者平仓的，必须进行实物交割。

第六十条 （交割的方式）

交割采用票据交换方式进行。期货合约的卖出方须提交期货合约标的物的仓单、发票；买入方须提交付款凭证。交割的具体办法由期货交易所规定。

交割工作应当在结算机构的监督下完成。

第六十一条 （交割商品的等级）

交割时提交的仓单所代表的商品等级，必须符合期货交易所确定的品质标准；允许以替代品质进行交割的，实行升、贴水计价。

第六十二条 （定点他库）

期货交易所应当确认或者设置定点仓库，为交割提供仓储、开单等服务。

定点仓库对由其所开具的仓单负有即时兑现的责任。

第九章　争议的处理

第六十三条 （仲裁）

会员之间，会员、期货经纪机构、客户之间，或者会员、期货交易所之间的期货交易过程中发生的争议，双方协商无效的，可以依法提请仲裁机构仲裁。

提请仲裁的各方当事人应当达成仲裁协议，并向仲裁机构提出书面申请。

第六十四条 （诉讼）

发生期货交易争议时，各方当事人未能达成仲裁协议的，可以依法向人民法院起诉。

第六十五条 （与争议有关的处置措施）

为了保障期货交易的正常进行，在争议得到解决之前，期货交易所和监管部门有权采取有利于维护期货市场秩序的处置措施。

第十章　监管和处罚

第六十六条 （监督和管理）

监管部门依据本规定，对期货交易所、会员、期货经纪机构、结算机构的业务活动进行监督和管理。

期货交易所、结算机构依据本规定和期货交易所章程、期货交易规则，对会员、期货经纪机构的业务活动进行监督和管理。

第六十七条 （对期货交易所的行政处罚）

监管部门对管理不力、交易秩序混乱的期货交易所，可以采取警告、限期整顿、责令停止交易直至责令关闭的行政处罚。

第六十八条 （对会员、期货经纪机构、结算机构的处罚）

监管部门对有违法、违规行为的会员、期货经纪机构和结算机构，可给予没收违法、违规所得，罚款，责令停止整顿直至取消其业务资格的处罚。

第六十九条 （对从业人员的处理）

监管部门对有违法、违规行为的期货交易所、会员、期货经纪机构、结算机构的工作人员，有权要求其所在单位或者机构予以撤换、开除。

第七十条 （赔偿责任）

期货交易所、会员、期货经纪机构、结算机构因违法、违规或者其他不正当行为而给他人造成经济损失的，应负赔偿责任。

第七十一条 （刑事责任）

期货交易所、会员、期货经纪机构、结算机构的工作人员利用职务上的便利，营私舞弊或者诈骗公、私财物，情节严重构成犯罪的，由司法机关依法追究其刑事责任。

第七十二条 （对擅自从事期货业务的处理）

未经审核、批准和登记注册，擅自从事期货业务的机构或者个人，由工商行政管理部门依法处理。

第十一章　附　则

第七十三条 （期货行业协会）

期货交易所、会员、期货经纪机构、结算机构及其他有关机构可以组织期货行业协会。期货行业协会是实行自律性管理的社会团体。

第七十四条 （对原有规则、制度的规范）

自本规定发布之日起六个月内，各期货交易所、会员、期货经纪机构、结算机构应根据本规定规范其各项规则和制度。

第七十五条 （应用解释部门）

本规定的具体应用问题，由上海市计划委员会负责解释。

第七十六条 （实施日期）

本规定自一九九五年一月一日起施行。本市过去有关期货市场管理的规定与本规定有不一致的，以本规定为准。

上海市人民政府第八十七号令

一九九四年十二月五日

上海市投资基金管理公司管理暂行规定

第一条　本规定是根据《上海市人民币证券投资信托基金暂行管理办法》及国家有关规定而制定。

第二条　本规定所称投资基金管理公司（以下简称公司）是指依本规定成立的受托管理基金的公司（此基金可以投资于证券、实业等）。

第三条　公司应由经中国人民银行批准的可以从事证券或信托业务的金融机构（专业银行除外）组建。

第四条　公司可以是有限责任公司；也可以是全资子公司。其资本金不得少于壹仟万元人民币。

第五条　公司的主管机关是中国人民银行上海市分行（以下简称主管机关）。日常的管理工作由中国人民银行上海市分行金融行政管理处负责。

第六条　公司的组建必须报主管机关批准。未经批准任何法人和自然人都不得发起组建。

第七条　申请组建公司须向主管机关提供：

1. 公司章程；
2. 公司运作的可行性报告；
3. 发起人名单及其经营金融业务许可证；
4. 资本金来源；
5. 公司法人代表资历；
6. 公司自律管理规章；
7. 主管机关要求提供的其他有关文件。

第八条　公司候经主管机关批准差半年内须办妥公司登记，并向主管机关申领经营金融业务许可证，半年内无正当理由未开业者原批准自动撤销。

第九条　公司的业务范围限于：

1. 发起和受托管理基金；
2. 投资咨询业务；
3. 经主管机关批准的其他业务。

第十条　公司不得以其资本金和自有资金从事上市公司的股票买卖。

第十一条　公司不得以资本金和自有资金从事信贷业务；不得以基金资产从事抵押、担保业务；不得以任何方式进行买空卖空。

第十二条　公司如有下列行为须报主管机关批准：

1. 变更公司章程；
2. 停止营业及恢复营业；
3. 公司合并或解散；
4. 改选或解聘高级管理人员；
5. 其他需要说明的重大事项。

第十三条　公司的高级管理人员不得担任基金投资对象的高级管理人员。

第十四条 公司应根据《上海市人民币证券投资信托基金暂行管理办法》的规定，协助基金发起人将投资信托契约于发行受益凭证前三十天报主管机关批准。

第十五条 投资信托契约批准后，公司须在发行受益凭证至少七天前在主管机关指定的报纸上刊登招募书。

第十六条 公司须将其管理的基金资产交由经主管机关核准的基金托管银行托管。

第十七条 公司所管理的基金资产须与本公司的自有资产分别列帐核算，并分别基金的名称，实行分帐管理，分别核算。

第十八条 公司不得以其自有基金购买任何一种本公司管理的基金。

第十九条 公司每月10日前应向主管机关报送其管理的各基金资产净值上一个月的投资组合，并同时在主管机关指定的报纸上向投资者公布。

第二十条 公司每半月须向投资受益人公布基金资产净值半月报。所公布内容须经基金托管人的确认。

第二十一条 主管机关可以要求基金管理公司随时提供财务报表、业务报告或其他业务资料。

第二十二条 凡违反本规定第六条者处10万—100万元人民币罚款并责令其停止营业；凡违反本规定第九条者除没收全部营业收入外，同时处以50万—100万元人民币罚款，并视情节轻重撤销法人，吊销经营金融业务许可证；凡违反第十条、十一条者除给予100万元人民币以下罚款外，还限其一星期内纠正违规行为，并给予主要责任者以警告处分；凡违反第十三条规定者，除撤销其职务外，还须将其调出公司；凡违反其他条款者，应比照《上海证券交易管理办法》的有关规定给予处罚。

第二十三条 本规定自文到之日起执行。

第二十四条 本规定解释权属中国人民银行上海市分行。

中国人民银行上海市分行
一九九三年五月三十一日

上海市人民币证券投资信托基金暂行管理办法

第一章 总 则

第一条 为进一步深化金融体制改革，促进上海证券市场的发展，保护投资者的合法权益，根据《上海市证券交易管理办法》及其他有关法律、法规的规定，制定本办法。

第二条 所有在上海市行政区域（以下简称“本市”）内从事与证券投资信托基金相关的业务及其与该业务相关的公众与机构，都须遵守本办法。

第三条 本办法所称证券投资信托基金（以下简称“基金”），是指由基金发起人或由其委任的基金管理人根据投资信托契约并通过一定的方式向社会公开发行基金的信托受益凭证（以下简称“受益凭证”）所募集的专门买卖或投资于各种有价证券的专项资金以及由上述资金所形成的各项资产。

第四条 本办法所述名词具有以下意义：

（一）基金发起人，是指一家或一家以上证券经营机构为募集基金而发起或联合发起并委任一家证券经营机构为基金管理人的组织形式。

（二）基金管理人，是指运用专门的证券分析，买卖及投资知识，依据本办法的各项规定，运用所募集或管理的基金，对各种有价证券进行投资或买卖，使其所管理的基金资产不断增值，并使投资受益人获取收益的本市各证券经营机构。

（三）信托受益凭证，是指由基金发起人或由其委任的基金管理人为募集基金而公开发行的含有基金若干单位份额的有价证券。

（四）投资受益人，是指受益凭证的持有者。

（五）基金托管人，是指受基金发起人或基金管理人的委托，保管各项基金资产、确保投资受益人的权益不受侵犯的银行、投资信托公司及经特许的其他金融机构。

（六）投资信托计划，是指基金管理人的基金投资管理计划。

（七）投资信托契约，是指由基金管理人，基金托管理人订立的规范基金管理人、基金托管人及投资受益人权利、义务的法律文件。

（八）证券经营机构，是指依《上海市证券交易管理办法》第四十一条规定设立的证券经营机构。

（九）主管机关，是指《上海市证券交易管理办法》第四条规定的证券主管机关。

第五条 受益凭证的买卖对象，为中华人民共和国境内的法人和自然人。

第六条 基金的投资对象，限于境内公开发行的各种上市证券及本市公开发行的各种未上市证券。

第二章 基金发起人

第七条 未经批准，任何法人和自然人不得发起并募集基金。

第八条 经主管机关批准，下列机构可成为基金发起人：

（一）持有“经营金融业务许可证”的本市各证券公司；

（二）持有“经营金融业许条可证”的本市各信托投资公司；

（三）持有“经营金融业务许可证”的异地各证券经营机构；

第九条 基金可由本市一家证券经营机构单独发起，也可在本市各证券经营机构之间或由本市证券经营机构与异地证券经营机构联合发起。

由本市一家证券经营机构单独发起时，基金发起人可为基金管理人。

采用联合发起方式时，发起人必须委任本市一家证券经营机构为基金管理人。

第三章 基金的设立

第十条 基金可以封闭型和开放型两种方式设立。

前款所称封闭型基金是指发行总额事先确定，发行期满后不再随意增减基金单位份额，投资受益人能通过证券经营机构在证券交易所竞价买卖其单位份额的一种基金存在形式。

前款所称开放型基金是指发行总额不予规定，可随时增减基金单位份额，投资受益人可按基金的资产净值在基金管理人指定的营业场所申购或赎回其单位份额的基金存在形式。

第十一条 封闭型基金必须在投资信托契约中规定基金存续的起迄时间，基金存续期不得少于五年，但基金管理人因管理不善而经准许提前终止投资信托契约者除外。

第十二条 封闭型基金在发行结束后经批准可在上海证券交易所挂牌上市。

第十三条 封闭型基金追加募集单位份额须经主管机关批准。

第十四条 开放型基金的存续时间为基金设立日起至基金终止日止。

第十五条 开放型基金在首次募集结束并办妥有关手续后，即可提出上市申请及办理基金份额赎回的申请。

第十六条 开放型基金经主管机关批准可在基金管理人指定的营业场所办理基金单位份额的申购及赎回，也可在上海证券交易所挂牌上市。

第十七条 开放型基金的基金管理人必须于每日营业终了时，计算基金每一单位份额的资产净值，并以适当方式公布。

第四章　基金的募集

第十八条 基金一经批准设立，即可进行募集。基金的募集，必须以发行受益凭证的方式进行。

第十九条 受益凭证可由基金发起人或基金管理人单独发行，也可委托其他证券经营机构发行。

第二十条 封闭型基金的募集可采用无券发行方式。开放型基金的募集必须发行现实的记名式受益凭证。受益凭证必经载明下列事项：

(一)基金的名称、批准文号及批准日期。

(二)受益凭证的持有人栏目和每一受益权单位份额及其受益权单位份额总数。

(三)基金管理人及基金托管人的名称、地址。

(四)基金的投资目标、原则及投资限制。

第二十一条 基金的募集期限亦即受益凭证的发行期限为自该基金批准之日起三个月。基金募集期间，基金的发起人及其委任的基金管理人不得随意动用该基金进行证券买卖。

第二十二条 封闭型基金的募集期限结束后，其募集的基金小于信托契约规定的基金总量的80%，或开放型基金的募集期限结束后，其基金总数小于5000万元时，基金募集即告失败。其募集基金所需的费用由基金发起人承担。

第二十三条 基金募集一旦失败，基金发起人必须在一个月内将募集的基金加计银行利息退还给受益凭证的购买者。

第五章　基金管理人

第二十四条 未经批准，任何法人和自然人不得从事基金管理业务或以各种方式行使基金管理人的职能。

第二十五条 经主管机关批准，本市的各证券经营机构可成为基金管理人。

第二十六条 申请成为基金管理人必符合下列条件：

(一)有连续三年以上经营金融业务的经验并有前两年连续盈利的记录；

(二)自申请之日前连续二年内，未受到证券主管机关的任何书面形式的处罚；

(三)必须设置专门的基金管理部门，该部门的帐户须单独设置，独立核算；

(四)基金管理部门的负责人必须是专职的，其资格必须经主管机关核准。

第二十七条 申请成为基金管理人，必须向主管机关提交下列文件：

(一)基金管理人申请报告；

(二)基金发起人的委托书；

(三)投资信托计划；

(四)投资信托契约；

(五)发行基金受益凭证的公开说明书；

(六)基金管理部门负责人的简历；

(七)经会计师 事务所签证的连续两年以上盈利的会计报告；

(八)主管机关要求的其他文件。

第二十八条 前条第二款投资信托计划，必须载明以下内容：

(一)基金的名称及基金发起人的名称、地址及法人代表；

(二)基金管理人及基金托管人的名称、地址及法人代表；

(三)基金的发行日期发行规模及存续时间；

(四)基金投资、收益目标及投资限制；

(五)基金管理人从投资受益处或基金资产中得到的各项费用及这些费用的计算标准与计算方法；

(六)基金管理人和基金托管人之间相互发生的各项费用及这些费用的计算标准及计算方法；

(七)基金的募集期限及逾期未募足的处理方法；

(八)基金资产净值的计算方法及支付投资受益人红利的方法与时间；

(九)基金存续期满或投资信托契约中止后基金的清算方法及基金净资产的处分方法；

开放型基金的投资信托计划除须载明以上内容外，还须载明基金申购赎回的程序、方法、时间、地点及其价格的计算方法与给付方法。

第二十九条 第二十条第三款所述投资信托契约，除须载明第二十八条规定的全部内容 外，还须载明基金管理人、基金托管人与投资受益人的权利与义务及其他须载明的事项。

第三十条 第二十条第四款所述公开说明书，除须载明第二十八条、第二十九条规定的全部内容外，还须载明发行受益凭证的承销机构、承销地点，受益凭证的销售价格(含销售费用)、有关的管理费用及其他须载明的事项。

第三十一条 基金投资于一上市公司的股票，其市价总额不得超过该基金资产净值的10%。

第三十二条 基金投资于一上市公司的股票，其股票面值不得超过该上市公司股本总额的5%。

第三十三条 基金管理人运用募集的基金投资于未上市证券的市价总额，不得超过该基金资产净值的30%。

第三十四条 基金不得购买任何基金的受益凭证。基金管理人不得以基金的名义，在基金所管理的基金之外用其他各项资金，买卖各种证券。

第三十五条 基金管理人不得以基金资产从事抵押、担保及经营贷款业务，不得从事信用交易，不得以任何方式进行买空卖空。

第三十六条 具有证券交易所会员资格的各证券经营机构获准成为基金管理人时，不得自营或代理买卖由其管理的各项基金。该证券经营机构以其管理的基金买卖上市证券时，必须委托其他证券商进行。上款所称证券商，是指第四十八条规定的证券商。

第三十七条 基金管理人必须将管理的基金与基金管理人的营运资金分别列帐核算，并应分别基金的名称，实行分帐管理，分别核算。

第三十八条 基金管理人应于每月五日前向主管机关呈报其所管理的各基金的资产净值上一个月的动态月报及月末投资组合，并于每周在主管机关指定的报纸上向投资受益人公布基金的资产净值动态周报。

上述动态月报及动态周报须经基金托管人确认并出具书面确认书。

第六章 基金托管人

第三十九条 未经批准，任何法人和自然人不得经营基金的托管业务。

第四十条 本市的各银行、各投资信托公司及其他经特许的金融机构，可申请基金托管人资格。申请基金托管人资格必须符合下列条件：

(一)有连续五年以上经营金融业务的业绩和前两年连续盈利的记录；

(二)自申请之日前连续两年内，未受到主管机关的任何书面形式的处罚；

(三)必须设置专门的基金托管部门，该部门的帐户须单独设置，独立核算。

第四十一条 申请基金托管人业务，必须向主管机关呈报下列文件：

(一)基金托管人的申请报告；

(二)投资信托契约；

(三)主管机关认为必要的其他文件。

第四十二条 基金托管人必须履行下列义务：

(一)受基金管理人的委托，保管基金管理人所委托的某一基金或多个基金的所有资产；

(二)根据证券投资信托契约，执行基金管理人的投资指令，并负责与有关的证券经营机构及证券交易所进行清算和交割；

(三)根据信托投资契约，复核、审查基金管理公司计算的基金资产净值及该基金在发行、注销或申购、赎回时每一单位份额的价格是否合理，准确，其计算方法是否符合信托投资契约的规定；

(四)分别在每年年中及年终出具报告，陈述基金管理人对信托契约的执行情况、基金的净资产增值情况及基金的申购、赎回情况或基金上市后的交投及价格情况等。

第四十三条 基金托管人必须将受托管的基金与自己的营运资金分别列帐核算，并应分别基金管理人的名称及基金的名称、性质分别设置帐户，实行分帐管理，分别核算。

第四十四条 基金托管人不得以自身的名义或基金管理人名义，将受托管的基金用于经营各种委托(信托)存贷款业务或挪作他用。

第四十五条 具有基金管理人资格 的信托投资公司获准成为基金托管人时，不得托管由其自行发起或管理的各项基金资产。

第四十六条 本市各银行获准成为基金托管人时，不得托管其下属的信托投资公司所管理的各项基金资产。

第四十七条 基金托管人应履行为基金保密的义务，未经基金管理人同意，不得随意将与该基金管理人名义下的有关基金的信息向外泄漏。但主管机关需获取上述信息时，不受此限。

第七章 基金的运作

第四十八条 基金管理人运用基金买卖各种证券，必须委托证券商进行。

前款所称证券商是指经上海证券交易所同意、主管机关核准的上海证券交易所会员。

第四十九条 基金管理人买卖上市证券，必须向其委托的证券商发出买卖指令，证券商必须按基金管理人的指令进行各种买卖。

第五十条 证券商根据基金管理人的买卖指令，作成买卖成交后，应及时将成交单传送基金管理人，经基金管理人确认后传送基金托管人。

第五十一条 基金托管人根据投资信托契约对买卖成交单审核无误后，按规定办理清算，交割手续。

第五十二条 基金管理人发现成交单与委托指令不一致或基金托管人发现委托指令不符合投资信托契约规定时，应视同正常业务积极为其办理清算、交割手续。

基金托管人在办妥前款清算、交割手续后，应迅速核查原因，并责成责任方赔偿清算损失。

如属委托指令与成交单不一致，由证券商负责赔偿。

如属委托指令不符合投资信托契约，则由基金管理人以基金以外的资金负责赔偿。

第八章 基金资产净值的计算

第五十三条 基金的资产净值由基金管理人在每日营业终了时计算，并按第三十八条规定定期公布。

第五十四条 基金的资产净值以基金资产总值扣除各有关管理费用计算。

基金每一受益权单位份额的资产净值，以计算日基金的资产净值除以计算日受益权单位总数计算。

第五十五条 基金的资产总值应包括以基金购买的各类有价证券及银行存款。基金的资产总值以以下标准计算：

(一)上市证券：以计算日上海证券交易所的收盘价为准。该日无交易的证券，以最近一日收盘价为准；

(二)未上市股票：以股票发行价为准；

(三)未上市债券：以债券发生价加计至计算日止应收利息为准；

(四)银行存款：以存款本金加计至计算日止应收利息为准。

第五十六条 基金管理过程中所涉基金管理费、基金托管费、证券交易所上市月费、投资受益人会议费等各有关管理费用，应从基金资产中扣除。但为发行、销售受益凭证所涉各有关发行费用，由应从受益凭证的发行销售费中扣除。

第五十七条 基金管理人委托证券商买卖证券，在计算日当天已成交但尚未办妥交割手续的，视同完成交割，并相应增加或减少其资产价值。其应付税金及应付证券商的其他有关费用，应从基金资产中扣除。

第九章 投资受益人大会

第五十八条 发生下列情况之一时，必须召开投资受益人大会。

(一)修改信托投资契约内容；

(二)提前终止信托投资契约；

(三)更换基金管理人；

（四）更换基金托管人；

（五）50%以上的投资受益人提出书面申请，要求召开投资受益人大会。

第五十九条 投资受益人大会的决议，在符合下列条件的情况下具有法律效应，即举手表决的单位份额超过基金净资产的75%以上。

第六十条 投资受益人享有以下权利：

（一）出席或委派代表出席投资受益人大会；

（二）监督基金合法经营并定期获取基金经营及财务状况；

（三）享有转让、申购、及赎回基金单位份额的权利；

（四）享有按期获取基金收益分配及基金清算后处分基金剩余资产的权利。

第六十一条 投资受益人必须履行下列义务：

（一）遵守与基金有关的各项法律、法规；

（二）交纳必须的基金认购金额；

（三）承担基金亏损或破产的有限经济责任；

（四）不从事危害基金利益的活动。

第十章 附 则

第六十二条 受益凭证发行的有关事宜，按《上海市证券交易管理办法》的有关规定办理。

第六十三条 受益凭证运作的未尽事宜及上市交易的具体事宜，按上海证券交易所的有关规定办理。

第六十四条 基金运作过程中所涉税收问题，按税务管理部门的有关规定办理。

第六十五条 违反本办法规定者，比照《上海市证券交易管理办法》处罚。

第六十六条 本办法解释权属中国人民银行上海市分行。

第六十七条 本办法自颁布之日起施行。

中国人民银行上海市分行

一九九三年五月三十一日

河南省期货市场管理条例（试行）

第一章 总 则

第一条 为了适应社会主义市场经济和社会发展的需要，贯彻国家宏观调控措施，加强期货市场管理，规范期货交易行为，保护期货交易当事人的合法权益，维护期货市场秩序，促进期货市场发展，依据国家有关法律、法规的规定，制定本条例。

第二条 凡在本省行政区域内的期货交易所、从事期货交易活动的单位和个人，必须遵守本条例。

第三条 本条例所称期货交易，是指在期货交易所内进行的期货及其期权标准化合约的买卖。

第四条 期货交易必须遵守公开、公平、公正、平等竞争和诚实信用的原则。

第五条 省期货市场行政管理部门负责本省期货市场的统一管理。

省期货行业协会实行行业自律管理。

期货交易活动实行期货交易所自我管理。

第六条 期货交易所、期货经纪机构应制定措施，完善工作制度，加强期货交易风险管理。

第七条 省期货市场行政管理部门、期货交易所及其工作人员不得参与期货交易。

各级国家行政机关、司法机关及其所属单位和工作人员不得参与期货交易。

第二章 期货市场管理机构

第八条 省期货市场行政管理部门依照法律、法规和本条例负责全省期货市场管理，其办事机构负责日常工作。

第九条 省期货市场行政管理部门的职责是：

（一）贯彻、实施国家期货市场管理的法律、法规和本条例；

（二）监督、管理期货交易所和期货行业协会的工作；

（三）审查期货交易所、期货经纪机构的设立、变更和终止；

（四）审查期货交易所的章程、规则；

（五）调解、处理会员与期货交易所、期货结算机构之间发生的纠纷；

（六）查处或参与查处违反期货市场管理法律、法规的行为；

（七）决定采取紧急措施，保障期货市场正常运行；

（八）其他职责。

第三章 期货交易所的设立、变更和终止

第十条 期货交易所是指依法成立、组织期货交易的非营利性机构。

期货交易所是独立法人，以其财产承担有限责任。

第十一条 设立期货交易所应符合下列条件：

（一）地点要符合期货市场发展规划，具备较好的流通、金融、信息条件；

（二）有确定的符合期货交易要求的上市品种；

（三）具有符合规定的资金和专业人员；

（四）有与交易规模和上市品种相适应的场地、设施、通讯和交通条件；

（五）制定有交易规则和管理办法；

（六）法律、法规规定的其他条件。

第十二条 申请开办期货交易所，应当向省期货市场行政管理部门提交以下文件：

（一）申请报告；

（二）期货交易所章程；

（三）期货交易规则；

（四）省期货市场行政管理部门要求提供的其他文件。

第十三条 期货交易所章程应当载明以下事项：

（一）名称；

（二）宗旨、职能；

（三）设立方式；

（四）办公、交易场所和其他设施所在地；

（五）会员资格和加入、退出程序；

（六）会员大会的权力和职责；

（七）会员权利、义务；

(八)机构设置、职权和议事规则;
(九)财务与结算管理;
(十)劳动人事管理;
(十一)收入分配使用办法;
(十二)开设年限;
(十三)会计、审计制度;
(十四)变更、终止的条件和程序;
(十五)章程、规则修订办法;
(十六)其他需要在章程中说明的事项。

第十四条 期货交易规则应当载明以下事项:
(一)上市品种;
(二)交易时间;
(三)交易方式;
(四)交易的中止;
(五)标准化合约的规定;
(六)结算及交割;
(七)保证金、风险基金的交纳和管理;
(八)手续费的收取;
(九)会员帐户的审计办法;
(十)交易中禁止行为;
(十一)违反交易规则的处罚方法;
(十二)期货交易纠纷的解决;
(十三)其他需要在规则中规定的事项。

第十五条 省期货市场行政管理部门应在收到设立申请报告及其他规定文件之日起三十日内完成审查工作,并按国家有关规定报批。

任何单位和个人不得擅自设立期货交易所。

第十六条 经批准设立的期货交易所,应按国家有关规定办理注册登记手续。

第十七条 期货交易所遇有下列变更事项之一的,应向省期货市场行政管理部门提出申请:
(一)名称;
(二)地址;
(三)法定代表人;
(四)章程;
(五)上市品种;

省期货市场行政管理部门同意后,期货交易所按有关规定办理变更手续;交易规则和其他重要事项的变更应向省期货市场行政管理部门备案。

第十八条 期货交易所自行决定解散的,应向省期货市场行政管理部门提出申请,由省期货市场行政管理部门向原批准机关报批。

第十九条 批准解散的期货交易所,由理事会或董事会提出清算原则和程序,组成清算委员会,对期货交易所的财产、债权、债务进行全面清查结算;清算结束后到原登记机关办理注销手续。

国家决定关闭或因破产而解散的,按国家有关规定处理。

第二十条 期货交易所提供服务,可以收取一定费用。

期货交易所收益的管理、使用,接受省期货市场行政管理部门的监督。

第四章 期货交易所的机构

第二十一条 期货交易所设会员大会、理事会。

第二十二条 会员大会由全体会员组成。会员大会的职权由期货交易所章程规定。

会员大会每年召开一次;会员大会闭会期间,由理事会行使其职权。

第二十三条 理事会由非会员理事和会员理事组成,非会员理事由省期货市场行政管理部门与有关部门、单位协商确定,会员理事由会员大会选举产生。

理事会成员不少于七人,理事会员中会员理事人数不超过理事会成员总数的三分之一。

理事会设理事长一人,副理事长若干人。

理事长由省期货市场行政管理部门在理事中提名,理事会通过。副理事长由理事长提名,理事会通过。

第二十四条 理事会的职责是:
(一)确定期货交易所的工作方针和发展规划;
(二)根据理事长的提名,决定任命总裁,并报省期货市场行政管理部门批准;根据总裁的提名,决定任命副总裁、总经济师、总会计师、总工程师等高级管理工作人员;
(三)决定专业委员会的设置和专业委员会主任人选;
(四)听取期货交易所工作报告,审定期货交易所年度工作计划;
(五)通过期货交易所财务预算、决算方案;
(六)决定会员的接纳、变更和会员资格的取消;
(七)修订期货交易规则;
(八)决定对总裁、副总裁和其他高级管理人员的奖惩;
(九)应由理事会行使的其他职责。

第二十五条 总裁为期货交易所的法定代表人,总裁对理事会负责,其主要职责是:
(一)组织实施理事会决议,主持期货交易所的日常工作;
(二)提出期货交易所发展规划、年度工作计划和财务预、决算方案草案;
(三)决定期货交易所工作机构设置;
(四)决定对期货交易所工作人员的奖惩;
(五)期货交易所章程和理事会授予的其他职责。

第二十六条 按照《中华人民共和国公司法》组建的期货交易所,其董事会的组成、职责以及总裁的产生、职责依据国家有关法律规定执行。

第二十七条 理事会(董事会)接受省期货市场行政管理部门的领导。

第二十八条 期货交易所根据工作需要,可以设立资格审查委员会、交易委员会、价格委员会、财务委员会、监察委员会、仲裁委员会等专业委员会。

专业委员会在总裁领导下开展工作,对理事会负责。

专业委员会的组成、任期、职责,由期货交易所章程规定。

第五章 期货交易会员

第二十九条 期货交易实行会员制。

期货交易会员是有权派出出市代表,在期货交易所开设的交易厅内进行期货交易的企业法人。

第三十条 会员应具备以下资格条件:
(一)具有企业法人资格;
(二)注册资本符合期货交易所规定数额;
(三)商业信誉良好,近三年内没有严重违法纪录;
(四)具有良好的交易设施和通讯条件。

国家明令规定不得参与期货交易的企业不得成为会员。

第三十一条 期货交易所实行会员资格保证金制,批准接纳为会员后,资格保证金应按期货交易所规定时限汇入期货交易所帐户。逾期不汇的,视为自动放弃会员资格。

第三十二条 理事会批准接纳为会员的，期货交易所应发给《会员证》，核定交易席位，并予以公告。

第三十三条 会员享有以下基本权利：

（一）参加会员大会，具有选举权、被选举权、表决权；

（二）参与期货交易所有关专业委员会的组成和活动；

（三）派出出市代表直接进场交易；

（四）使用期货交易所内的公共设施，享受期货交易所提供的各项服务和优惠待遇；

（五）申请开展期货经纪业务；

（六）对期货交易规则、管理制度提出修改补充意见；

（七）对省期货市场行政管理部门、期货交易所的工作提出批评、建议；

（八）对违反期货管理法律、法规的行为进行控告、申诉；

（九）其他权利。

第三十四条 会员应当履行下列义务：

（一）严格遵守期货管理法律、法规；

（二）执行会员大会、理事会（董事会）的决议；

（三）接受期货交易所的管理；

（四）按规定向期货交易所缴付各种费用；

（五）定期向期货交易所提供企业情况和财务报表；

（六）接受期货交易所对交易活动和财务情况的审查。

第三十五条 会员资格可以放弃。放弃会员资格的，应向期货交易所提出申请，并经期货交易所批准。

会员资格可以转让。转让会员资格的，转让方和受让方应分别向期货交易所提出申请和相关文件，并经批准。

期货交易所对严重违法、违规的会员，可以中止、取消其会员资格。

放弃、转让会员资格的或被期货交易所取消会员资格的，应在规定期限内清理持仓期货合约，清偿期货债务。

第三十六条 会员如遇下列情况，应当在十日内向期货交易所提交报告书：

（一）法定代表人变更；

（二）注册资本总额变更；

（三）法定地址及营业场所变更；

（四）经济状况发生重大变化；

（五）发生经济、刑事诉讼案件；

（六）停止经营期货业务；

（七）取得其他期货交易所会员资格。

第六章　期货经纪机构

第三十七条 期货经纪机构是指依法成立的期货经纪公司以及经过批准可以从事期货经纪业务的会员。

任何单位和个人不得擅自成立期货经纪机构。

第三十八条 期货经纪公司应当具备以下基本条件：

（一）有符合规定的公司名称；

（二）有规范的公司章程；

（三）有固定的场所、合格的通讯设施和良好的同步报价系统；

（四）注册资本符合国家规定；

（五）有与经纪业务相适应的从业人员；

（六）有完善的组织机构和健全的财会制度；

（七）法律、法规规定的其他条件。

第三十九条 期货经纪人是期货经纪机构为客户从事期货经纪业务的人员。

期货经纪人从事期货经纪业务，必须取得国家授权部门颁发的资格证书。

第四十条 期货经纪机构的所有期货经纪人应当报所在期货交易所备案；期货经纪机构应当加强对期货经纪人的管理；对在期货交易活动中因采取非法手段损害他人和社会公共利益的期货经纪人，期货经纪机构应予以处理，并先行承担赔偿责任，处理结果应及时告知期货交易所和期货行业协会，期货交易所或期货行业协会应予以公布；情节严重的，期货交易所可以提请有关部门取消其期货经纪人资格。

第七章　期货经纪业务

第四十一条 期货经纪机构的经纪业务应当遵守期货交易规则，接受期货交易所的监督检查。

第四十二条 期货经纪业务应当遵守以下规定：

（一）期货经纪机构必须如实向客户提供自己的资信和业务状况；

（二）客户具有自由选择期货经纪机构的权利，不得强迫客户委托；

（三）自营业务与经纪业务必须分开，自营业务与经纪业务同时发生时，必须优先办理经纪业务；

（四）经纪业务之间、自营业务与经纪业务之间的交易，必须通过期货交易所进行，不得私下对冲；

（五）期货经纪机构接受客户委托前，必须向客户提供《期货交易风险揭示书》，如实阐明期货交易的风险。客户明确其含义后，必须在《期货交易风险揭示书》上签字认可；

（六）期货经纪机构在接受客户委托前，应对客户的资信情况进行审查，决定是否接受委托；

（七）客户和期货经纪机构在确定委托和接受委托时，双方必须签订《委托交易协议书》，明确双方权利、义务和面临的风险。

第四十三条 从事期货经纪业务不得有下列行为：

（一）泄露客户的委托事项或与之有关的信息；

（二）对客户作获利的保证；

（三）利用客户帐户、名义为自己或他人从事交易或擅自动用客户资金；

（四）夸大宣传或故意提供不实信息；

（五）为未办开户手续或手续不全的客户从事交易；

（六）未按客户的委托事项或条件从事交易；

（七）有损于公正交易和客户利益的其他行为。

第四十四条 期货交易由客户向期货经纪机构下达指令而发生，通过出市代表在交易厅执行指令而完成。

客户下达指令应当明确、具体，并使用能够存查的方式。

客户、期货经纪机构下达、接受、执行、反馈指令，应当记明月、日、时、分。

第四十五条 期货经纪机构应在客户授权范围内进行交易，超出授权范围的，由期货经纪机构承担法律责任。

第四十六条 期货经纪机构与客户达成委托交易协议后，客户应按协议规定交纳一定数额的开户资金。

期货经纪机构收取客户的所有资金必须存入期货交易所指定的银行，并应与其自有资金分设帐户。

第四十七条 期货经纪机构为客户从事经纪业务达成交易的，可以收取佣金。

第四十八条 期货经纪机构应对客户进行期货业务培训，并向客户提供交易情况、有关信息、市场分析和有关期货交易的咨询。

第四十九条 期货经纪机构所有经纪业务，必须保存完整的档案资料，与交易有关的档案资料至少保存二年。

第八章　期货结算机构

第五十条　期货结算机构是通过办理期货交易结算、期货合约标的物交割、管理保证金、风险基金等业务，保障期货合约履行的机构。

第五十一条　期货结算机构的设立，可以组建独立的结算公司，也可以由期货交易所与金融机构共同组建隶属于期货交易所的结算中心，经批准也可以由期货交易所组建。

第五十二条　会员必须在结算机构设立帐户。期货交易所内的所有期货交易和期货合约标的物交割，由结算机构统一对会员进行结算。

第五十三条　结算机构的主要职能：

（一）为买卖双方办理结算；

（二）一方未履约时，先行履约，保证期货合约全部完整履行。结算机构履约后，取得追偿权；

（三）及时准确的登录和编制交易会员的财务活动帐表，监督其财务和经营状况；

（四）管理结算资金，办理资金汇划和联行汇划业务；

（五）统计、登记和报告每日的交易情况；

（六）评估会员的资信状况。

第五十四条　结算机构实行每日结算制。当日成交合约的结算和资金划转应当在下一个交易日开市前完成，并将结算结果通知有关会员。

第五十五条　结算机构应对会员交易、财务情况保守秘密；不得非法向他人提供会员的交易情况与帐表资料。

第五十六条　期货交易实行结算准备金制度。结算准备金是指会员在开始交易之前存入结算机构可以随时进行结算划转的资金。

第五十七条　期货交易实行保证金制度，保证金分为：初始保证金和追加保证金。

第五十八条　会员不能按时交存足够的追加保证金时，期货交易所或结算机构有权采取下列交易保障措施。

（一）暂停该会员交易；

（二）对该会员持仓合约强行平仓；

（三）动用该会员的结算准备金、会员资格金或其他资金履行赔偿责任。

第五十九条　期货交易所或独立的结算公司设立特别风险基金，用于在特殊情况下的交易风险担保。

特别风险基金的提取方法和比例，由期货交易规则规定。

第六十条　期货经纪机构对客户的结算办法参照结算机构的结算办法制定，并报结算机构认可。

第六十一条　结算机构应建立完整的结算档案，并至少保存五年。

第九章　期货交易管理

第六十二条　期货交易活动必须在期货交易所开设的交易厅内进行，在交易厅内按照期货交易规则成交的期货合约具有法律效力。

第六十三条　交易厅的开市、闭市时间由期货交易所规定。

第六十四条　期货交易所向交易厅派出交易主持人和交易监督员，主持、监督交易活动，维持交易秩序。

第六十五条　开市期间，如遇不可抗力的情况，期货交易所可宣布暂停交易；在此之前成交的合约仍属有效。

第六十六条　期货交易可以采取公开竞价交易的方式，也可以采取计算机竞价交易的方式。

第六十七条　期货交易实行头寸限额制度。期货交易所应规定每个会员分品种最多可持有的期货合约数量；并有权根据交易情况对持仓数量过大的会员限期平仓。

第六十八条　期货交易实行每日价格停板额制，每一个交易商品的每日最大价格波动限制，由期货交易规则制定。

第六十九条　结算价的计算方法，由期货交易规则确定。

第七十条　期货交易所应及时将每个交易日的成交情况向国内外发布。

第十章　期货交割

第七十一条　期货交割为期货合约标的物所有权的转移，交割的具体工作由结算机构监督完成。

第七十二条　进入交割月份的期货合约，在交割月的每一个交易日均可进行交割；在最后交易日未平仓的期货合约，必须进行交割。

期货交割实行仓单交割、差价交割、协商交割等形式。交割的具体程序和办法，由期货交易规则规定。

第七十三条　实物交割实行定点仓库仓单交割制。

定点仓库是存放商品期货合约标的物的场所。

仓单是定点仓库开具的货物所有权的凭证，也是从定点仓库提取实物的凭证。定点仓库对其开具的仓单负有即时兑现责任。

第七十四条　卖方会员提交的仓单所代表的商品等级，必须符合期货交易所确定的品质标准品级；替代品级价格差距，实行升、贴水计价。

第七十五条　仓单可以买卖。仓单持有者可以将拥有的仓单，在期货交易所开设的仓单交易场所进行买卖。具体买卖办法由期货交易所制定。

第十一章　境外期货交易管理

第七十六条　省内期货经纪公司从事境外期货业务，应经省期货市场行政管理部门审查，并报国家有关部门批准。

第七十七条　省内期货经纪公司从事境外期货业务的，必须选择由国家专门管理机构指定的境外期货交易所和期货经纪公司，并上报拟选为其代理业务的境外期货经纪公司和期货交易所的基本情况。

第七十八条　省内期货经纪公司从事境外期货业务，必须留存全部单据和凭证，并在规定期限内如实向客户提交，不得私下对冲。

第十二章　期货行业协会

第七十九条　省期货行业协会是期货行业自我教育、自我管理、反映会员意见、维护会员权益的自律性组织。期货行来协会由期货交易所、期货经纪机构、期货行业从业人员和其他有关人员组成。

省期货行业协会实行会员制。会员享受协会章程赋予的权利，承担会员应尽的义务。

第八十条　省期货行业协会以"管理、指导、协调"为宗旨开展工作。

第八十一条　省期货行业协会的组织机构、工作制度等由期货行业协会章程规定。

第十三章　仲　裁

第八十二条　期货交易所的仲裁委员会，受理期货交易中会员之间、会员与客户之间发生的纠纷。

对发生的纠纷，当事人根据事前订立的仲裁条款或事后达成的仲裁协议，向期货交易所的仲裁委员会申请仲裁。事前未订立仲裁条款或事后未达成仲裁协议或不属于仲裁范围的，当事人一方可以直接向人民法院起诉。

第八十三条 仲裁委员会审理案件应成立仲裁庭。仲裁庭由仲裁员三人组成，当事人双方分别选定仲裁员一人，仲裁委员会指定仲裁员一人担任首席仲裁员。

第八十四条 仲裁庭依据国家法律、法规和本条例以及期货交易规则对纠纷进行裁决。

仲裁规则由期货交易所制定，报省期货市场行政管理部门批准。

第八十五条 期货交易所仲裁委员会的裁决为终局裁决。

对发生法律效力的仲裁决定书，当事人应当履行，一方在规定期限内不履行的，另一方可依法申请人民法院强制执行。

人民法院裁定不予执行的，当事人可以根据双方达成的书面仲裁协议重新申请仲裁，也可以向人民法院起诉。

第十四章 法律责任

第八十六条 期货交易所违反本条例规定的，由省期货市场行政管理部门根据不同情况，责令改正，单处或者并处警告、没收违法所得、罚款、停业整顿，责令解散。

期货交易所工作人员违反本条例规定的，由期货交易所或省期货市场行政管理部门给予行政处分；构成犯罪的，依法究刑事责任。

第八十七条 期货经纪机构、从事自营业务的期货交易会员有下列行为之一的，由省期货市场行政管理部门根据不同情况，责令改正，单处或并处警告、没收违法所得、罚款；情节严重的，责令停业整顿，或者取消其经营业务资格：

(一)未经批准，擅自从事期货业务；

(二)虚假宣传，故意提供不实信息，诱迫客户参与期货交易；

(三)不按规定将经纪业务与自营业务的帐户分开；

(四)在与客户相同价格条件下，先为自己进行交易；

(五)擅自挪用客户结算准备金和保证金；

(六)泄露客户的委托事项或与之有关的信息；

(七)利用客户帐户或名义为自己做交易；

(八)私下对冲；

(九)虚假交易；

(十)私下串通交易；

(十一)向期货交易所提供假报告、假资料；

(十二)散布谣言，制造市场假象；

(十三)操纵市场；

(十四)违反本条例的其他行为；

对前款行为负有直接责任的人员，由省期货市场行政管理部门单处或并处警告、没收违法所得、罚款；情节严重的，责令期货经纪机构予以除名；构成犯罪的，依法追究刑事责任。

第八十八条 有下列行为之一的，由有关部门依照法律、法规处理：

(一)破坏期货交易所的各种设施；

(二)严重排扰乱期货交易秩序；

(三)妨碍期货交易所工作人员履行职责；

(四)窃取、破坏期货交易所计算机数据、程序；

(五)伪造、涂改仓单；

(六)其他违反法律、法规的行为；

第八十九条 期货经纪机构、从事自营业务的期货交易会员、期货经纪人违反本条例第八十七条规定，同时违反期货交易所章程、规则的，由期货交易所依照章程、规则的规定给予处分，并将查处情况及时向省期货市场行政管理部门报告。

第九十条 由于期货交易所、期货经纪机构的责任给他人造成经济损失的，应当承担赔偿责任。

第九十一条 当事人对省期货市场行政管理部门作出的处罚决定不服的，可以在接到处罚决定书之日起十五日内向省人民政府申请复议，对复议决定不服的，可以从自接到复议决定书之日起十五日内向人民法院起诉，当事人也可以直接向人民法院起诉。期满不申请复议、也不向人民法院起诉、又不履行处罚决定的，由省期货市场行政管理部门申请人民法院强制执行。

第十五章 附 则

第九十二条 本条例执行中的具体应用问题由省期货市场行政管理部门负责解释。

第九十三条 本条例自一九九四年八月一日起施行。

一九九四年四月二十八日

广东省期货市场管理规定

第一条 为加强我省期货市场的协调和管理，规范期货交易的运作，保证期货交易的公正性，保护期货交易参与者的合法权益，保障期货市场的健康发展，根据我省实际情况，制定本规定。

第二条 本规定所称的"期货市场"是指根据有关规定进行期货合约交易(含不以实物交割为目的的远期合约交易)的市场；"期货交易"是指买卖期货合约的交易行为；"期货交易所"是指为期货交易提供场所及管理服务而依法成立的机构；"期货经纪公司"是指以代理客户进行期货合约的交易并提供有关服务为主要业务的中介机构；"结算机构"是指为期货交易提供清算等服务并管理其风险基金、保证金的专门机构；"结算会员"是指经期货交易所和结算机构审查批准的交易所会员。

第三条 本省范围内，凡采用会员制、期货合约竞价交易制和中央结算制等交易制度的期货交易所(含交易中心，下同)、期货交易结算机构、期货经纪公司，主要从事期货代理业务的独立企业法人和由独立企业法人设立的专门机构以及期货交易经纪人(包括从事期货业务的投资公司、咨询公司)等的审查、管理和监督，适用本规定。

第四条 对期货市场实行由省期货市场管理领导小组统一管理，工商行政管理机关、金融管理机关监督管理，期货交易所自律管理的管理体制。

(一)省期货市场管理领导小组对全省期货市场进行统一规划、协调管理。其主要职责是：组织起草有关期货市场的地方性法规和行政规章，报省人大常委会或省人民政府批准后监督执行；审查期货交易所、期货经纪公司的设立资格及变更申请；审核期货交易所拟订的章程和交易规则；审定期货交易所的上市商品品种；审查期货交易所主要负责人的资格；处理期货交易中出现的重大事件。

（二）工商行政管理机关根据工商管理有关规定对期货交易活动、期货交易所及其会员、期货经纪公司实施监督管理。国家金融管理机关对期货交易所内的金融期货交易和期货经纪公司开展境外商品、金融期货业务实施监督管理。

第五条 期货交易所的设立和变更审查程序：

（一）期货交易所的设立，由发起人向省期货市场管理领导小组递交申请书、交易所章程（草案）、交易规则（草案）等申请材料，经省期货市场管理领导小组审查同意后，按有关规定向省工商行政管理机关申请办理工商登记注册手续。

（二）商品期货交易所下列事项的变更，必须向省期货市场管理领导小组提出申请：交易所的名称、住所；交易所章程、交易规则和上市品种；经批准后，方可到原登记机关办理变更手续，否则变更无效。其他重要事项的变更，应向省期货市场管理领导小组备案。

（三）未经省期货市场管理领导小组审查同意，任何单位和个人不得擅自设立期货交易所或变更有关事项，工商行政管理机关不予受理登记注册或变更登记。

第六条 期货交易所的设立和经营应有利于保障期货交易参与者的合法权益及社会公众的利益。

第七条 期货交易所可以采取会员制方式设立，由会员交纳会费组建。也可以采取有限责任公司方式设立，由股东出资组建。设立期货交易所必须符合下列条件：

（一）交易所具备较好的商品流通和金融服务条件。

（二）上市商品应是可确定统一质量，易于储运，具有一定的价格波动，已有远期合约交易和众多交易者的大宗商品。

（三）具有与交易规模相适应的通讯、交通和仓储设施。

（四）有相应数量的具有专业知识的期货交易管理人员。

（五）符合工商登记要求的有关条件。

第八条 期货交易所必须接受政府有关部门的指导和监督，按照“平等、公开、公平”的原则组织交易，并及时向社会公布其交易商品的成交量、最高与最低价、开盘与收盘价等交易信息。

第九条 期货交易所应建立和健全各项管理制度，加强对会员和工作人员的监督和管理；建立监事会和各种专业委员会，监督检查交易运行的情况，防止会员的不正当交易行为；根据交易品种和市场情况决定每日价格波动幅度和投机合约最大交易量；完善结算保证体系，建立风险基金，保证交易顺利进行；对违反有关规定的会员和工作人员进行处理。

第十条 期货交易所应加强财务管理，其年度财务报告，须经当地中国注册会计师验证。

第十一条 根据期货交易有关法规和期货交易所有关制度，经期货交易所审查批准，能够派出交易代表在期货交易所的交易场进行期货合约买卖的法人，可获得期货交易所会员（以下简称会员）资格。

会员可以是上市商品的生产、加工、贸易商，也可以是非银行金融机构、期货经纪公司。因严重违法经营而受过处分的企业，从受处分之日起三年内不得成为会员；曾被期货交易所除名的企业，从被除名之日起三年内不得再成为会员。

第十二条 会员应履行期货交易所章程规定的义务，享有期货交易所章程赋予的权力。会员派出的交易代表必须具有良好的业务素质，无刑事处罚记录。会员的交易代表为本企业或代理客户进行期货交易时，必须遵循客户优先的原则。

第十三条 各级人民政府的有关监管机构不得成为期货交易所的会员或股东，不得参与期货交易所的内部管理。

第十四条 在期货交易所内发生的所有期货交易必须由结算机构进行统一结算。境外期货交易结算必须通过由国家外汇管理部门批准设立的外汇结算中心进行。

第十五条 结算机构的服务对象是结算会员。结算会员为本身及其代理客户进行期货交易结算。非结算会员的期货交易结算通过结算会员进行。

第十六条 结算机构可以两种方式组建：隶属于期货交易所的结算中心；由期货交易所、会员、非银行金融机构共同出资组建的独立结算公司。结算机构必须经省期货市场管理领导小组和国家金融管理部门审查认可方可组建开业，并接受国家金融管理部门的业务指导和监督。

第十七条 结算机构实行风险基金、保证金制度，并制定相应的管理办法。结算会员必须按规定交纳保证金。结算机构必须从收取客户手续费中提取风险基金。

第十八条 结算机构负有依法申报纳税和接受税务部门委托代扣、代缴期货交易者有关税款的义务。

第十九条 设立期货经纪公司必须经省期货市场管理领导小组审查批准，持有批准文件才能按照国家工商行政管理局的有关规定向工商行政机关申请登记注册。

第二十条 以中外合作、合资方式组建期货经纪公司，合作的外方必须具有三个以上境外期货交易所会员资格。中外合作、合资的期货经纪公司必须同时办理中外合作、合资企业审批手续。

第二十一条 期货经纪公司以代理客户业务为主，同时也可以自营，代理业务应优先于自营业务。期货经纪公司从事的境内期货业务必须在期货交易所内进行，禁止一切场外交易。

第二十二条 期货经纪公司必须将向客户收取的保证金与自有资金分立帐户。禁止期货经纪公司与客户之间帐户资金的转移，禁止期货经纪公司挪用客户资金。当客户有确定的买卖意图并书面授权期货经纪公司操作时，期货经纪公司才能替客户执行交易。

第二十三条 境内期货经纪公司从事境外期货业务必须经省期货市场管理领导小组和国家金融管理机关批准，并向当地外汇结算中心交纳保证金。期货经纪公司不得为无进出口经营权的国内企业、事业单位或团体代理境外商品期货业务，不得为国内非金融机构的企业、事业单位或团体代理境外金融期货业务，但在外汇现货市场上以某一笔交易为基础的以套期保值为目的的对冲交易除外。国内期货经纪公司不得委托没有获得境外期货交易所会员资格的境外期货经纪商代理境外业务。

第二十四条 期货经纪公司必须加强对经纪人的培训和管理。期货经纪公司对有欺诈、损害客户和公共利益或违法行为的经纪人必须及时除名，并以适当形式公布。任何期货经纪公司对因上述原因而被除名的经纪人，不得再以任何方式录用。

第二十五条 期货经纪人必须经过统一考试，取得省期货市场管理领导小组颁发的《期货经纪资格证书》，方可在我省境内从事期货经纪业务。统一考试的具体工作由省期货市场管理领导小组任命的考试委员会和广东期货经纪培训中心负责。

第二十六条 期货经纪公司必须接受有关监督机关的监督和管理。违反有关规定，给客户造成损失的，应负赔偿责任；

从事违法交易,破坏正常的市场秩序,不服从监管机关的监督、管理的,由有关部门给予必要的行政处罚和经济处罚,直至吊销营业执照。

第二十七条 未经国家金融管理机关的批准,期货交易所不得开展金融期货交易,期货经纪公司不得开展境外商品、金融期货业务。对违反国家有关金融期货交易管理规定的期货经纪公司,国家金融管理机关会同工商行政管理机关给予经济处罚和行政处罚;期货交易所内发生违反金融期货交易规则的重大事件时,国家金融管理机关有权责成期货交易所及时作出处理 ,直至提请省期货市场管理领导小组要求期货交易所暂停交易,进行整顿。

第二十八条 本规定自1993年8月10日起施行。

广东省人民政府

一九九三年七月二十三日

台湾《国外期货交易法》

第一章 总 则

第一条 为适应经济国际化需要,健全期货业之管理与发展,特制定本法;本法未规定者,依其它有关法律之规定。

第二条 依本法为之期货交易,以期货交易人委托期货经纪商向国外期货交易所进行交易之方式为之。

第三条 本法所称主管机关为财政部证券管理委员会。其业务涉及其它目的事业主管机关者,应会商该目的事业主管机关办理。

第四条 本法专用名词定义如下:

一、期货交易:指从事期货契约与期货选择契约买卖之行为。

二、期货契约:指依国外期货交易所之交易规则所订定,约定双方当事人同意于未来特定时间依特定价格及数量等交易条件买卖期货商品,或于到期前结算差价之契约。

三、期货选择权契约:指依国外期货交易所之交易规则所制订,期货选择权买方支付权利金,限得购入选择权或售出选择权,于特定期限内,依特定价格及数量等交易条件买卖期货之契约;或期货选择权卖方,于买方要求履约时,有依选择权约定履行义务之契约。

四、期货交易人:指委托期货经纪商从事期货交易之人。

五、国外期货交易所:指经主管机关认可之国外期货交易所。

六、期货经纪商:指受期货交易人委托向国外期货交易所为期货交易之行纪或居间者。

七、交易保证金:指期货交易人为期货交易缴存期货经纪商之保证金额。

八、营业保证金:指期货经纪商依主管机关之规定,为履行赔偿责任,所提存一定比率之保证金。

九、对作:指期货经纪商接受期货交易委托后,未至国外期货交易所进行交易,而径予直接或间接和自承受或居间与其他期货交易人、期货经纪商为交易之行为。

第五条 期货经纪商得受委托进行期货交易之种类,以行政院公告者为限。

期货经纪商得受托从事期货交易之国外期货交易所,以主管机关公告者为限。

第二章 期货商

第六条 期货经纪商须经主管机关之许可并发给许可证照,始得营业。

期货经纪商之分支机构,非经主管机关许可,并发给许可证照,不得设立或营业。

外国期货经纪商限在台湾境内设立分公司,且须经主管机关许可并发给许可证照,始得营业。

非期货经纪商不得受托从事期货交易。

第七条 期货经纪商之组织应为段份有限公司。组合营事业、金融机构或外国期货经纪商主管机关核准者,不在此限。

期货经纪商设置标准及管理规划,由主管机关定之。

第八条 期货经纪商不得由他业兼营亦不得兼营他业。但公营事商、金融机构经其目的事业主管机关核准或外国期货经纪商主管机关核准者,不在此限。

期货经纪商之董事、监察人或经理人不得兼任其他期货经纪商之董事、监察人或经理人。

第九条 期货经纪商名称应标明期货经纪字样。但公营事业及金融机构兼营期货经纪业务者,不在此限。

期货经纪商营业项目应订明受委托期货交易种类及国外期货交易所;其委托外国期货经纪商进行交易者,并应订明该外国期货经纪商之名称。

第十条 期货经纪商最低实收资本额,由主管机关定之。

期货经纪商之业主权益,于最低实收资本额之一定成数时,或少于所收客户保证金总额之一定比例时,应即停止收受期货交易人订位,并向主管机关提出改善计划。期货经纪商未向主管机关提出改善计划,或经限期改善而未改善者,主管机关得撤销其许可。前项一定成数及一定比例,由主管机关定之。

第十一条 有下列条款情事之一者,不得充任期货经纪商之发起人、董事、监察人、经理人或业务员;其已充任者,解任之。

一、有《公司法》第三十条各款情事之一者。

二、曾任法人宣告破产时之董事、监察人、经理人或与其地位相等之人,其破产终结未满三年或调协未履行者。

三、最近三年内在金融机构使用票据有拒绝往来之记录者。

四、违反条八条第二项之规定者。

五、受第二十三条第二款或《证券交易法》第五十六条、第六十六条第二款解除职务之处分,未满五年者。

六、违反本法、《公司法》、《证券交易法》、《银行法》或《管理外汇条例》规定,经受罚以上刑之宣告,执行完毕、缓刑期满或赦免后未满五年者。

发起人、董事或监察人,前项之规定,对于该公司代表人或指定代表行使职务者,准用之。

第十二条 期货经纪商于接受委托后,应直接于国外期货交易所进行交易。本国期货经纪商得委托许可之外国期货经纪商或本国期货经纪商直接于国外期货交易所进行交易,并应以客户名义逐笔委托。

外国期货经纪商不得复委托其他期货经纪商进行交易。

第十三条 违反第六条规定者，由主管机关及目的事业主管机关会同司法警察机关取缔，并移送法办。

第十四条 期货经纪商受委托进行交易时，应向期货交易人收受交易保证金或权利金。

期货经纪商受委托从事期货交易，于办理开户时，应与期货交易人签订受委托契约。受委托契约之主要内容，由主管机关定之。

第十五条 期货交易保证金，包括原始保证金及追加保证金；其额度，由主管机关定之。

期货选择权契约之权利金数额，依往来国外期货交易所之规定办理，非经期货选择权买方同意，不得动支。

期货经纪商应于主管机关指定之金融机构开设专户存放期货交易保证金、权利金；并与自有资金分离存放。

期货经纪商之债权人，不得对期货交易保证金、权利金专户之存款请求扣押或行使其他权利。

期货交易保证金、权利金专户存款余额之最商额度，得由主管机关定之。

第十六条 期货经纪商除有以下情形之一者外，不得自期货交易保证金、权利金专户内提取款项：

一、依期货交易人之指示支付剩余保证金、权利金。

二、为期货交易人支付国外期货交易所必须支付之保证金、权利金或清算差额。

三、为期货交易人支付期货经纪商之佣金、利息或其他手续费。

期货交易人因期货经纪商违反前项规定致受有损害者，得请求赔偿。

第十七条 期货经纪商应于开始营业前向主管机关指定之金融机构缴存营业保证金；其额度由主管机关定之。

期货交易人因委托期货经纪商进行交易所生之债权，对于营业保证金有优先受偿之权。

期货经纪商因履行赔偿责任，致营业保证金低于第一项所定之额度时，应予补足。

第十五条第三项之规定，于营业保证金准用之。

第十八条 期货经纪商应依诚实信用原则提供交易资讯及执行交易。

期货经纪商不得有对作、虚伪诈欺或其他足致期货交易人或第三人误信之行为。

期货交易之行为，应由期货交易人逐项明确授权，不得开立概括授权之帐户。

违反前三项规定致期货交易人受有损害者，期货经纪商应负赔偿之责。

第十九条 期货经纪商不得雇用非业务员与期货交易人接洽、商谈委托进行期货交易事宜或代其进行期货交易。

违反前项规定致期货交易人受有损害者，期货经纪商应负赔偿之责。

期货经纪商应雇用业务员之最低人数，由主管机关定之。

第二十条 业务员与期货交易人接洽或商谈期货交易时，应出示业务员工作证，在开户前应告知各种期货商品性质、交易条件及可能发生之风险，并应将可明显阅读之风险预告书交付期货交易人签名存执。

期货经纪商之风险预告书应记载事项及格式，由主管机关定之。

期货交易人因业务员违反第一项规定致受有损害者，得向其所属期货经纪商请求赔偿。

第二十一条 期货经纪商之负责人、业务员或其他从业人员，不得有下列行为：

一、泄露期货交易人委托事项及其他职务上所获悉之秘密。

二、对期货交易人作获利之保证。

三、与期货交易人约定分享利益或共同承担损失。

四、利用期货交易人帐户或名义为自己从事交易。

五、利用他人或自己之名义供期货交易人从事交易。

六、为夸大之宣传或散布不实资讯。

七、为未经办妥开户手续之人从事交易。

八、未依据期货交易人委托事项及条件从事交易。

第二十二条 主管机关得随时派员检查期货经纪商之营业、财产、帐簿、书类、电讯设备及其它有关物件，或令其提出帐务、业务之报告资料，期货经纪商不得拒绝。

前项检查如发现有违反法令之嫌疑者，主管机关并得封存、影响或调取其有关证件。

第二十三条 期货经纪商违反本法或依本法所发布之命令者，除依本法处罚外，主管机关并得视情节轻重，为下列处分：

一、限期改正。

二、命令该期货经纪商解除其董事、监察人、在台湾境内诉讼及非诉讼代理人、经理人或业务员之职务。

三、命令六个月以内之停业。

四、撤销营业许可。

第二十四条 期货经纪商主管机关依本法之规定撤销其营业许可或命令停业者，应了结或被撤销前、停业前所为期货契约、期货选择权契约之买卖或委托之事务。

第二十五条 经撤销营业许可之期货经纪商，于了结受托事务时，就其了结目的之范围内，仍视为期货经纪商；因命令停业之期货经纪商，于了结受托事务之范围内，视为尚未停业。

第二十六条 期货经纪商于解散或自行停业营业时，准用前两条规定。

第二十七条 业务员违反本法或依本法所发布之命令者，除依本法处罚外，主管机关并得视情节轻重命令停止执行业务六个月以下或撤销其资格。

第二十八条 本法规定之损害赔偿请求权，自请求权人知有得受赔偿之原因时起二年间不行使而消灭，自事实发生之日起逾五年者亦同。

第二十九条 期货经纪商负责人及业务员之管理事项，由主管机关定之。

第三十条 经营期货交易顾问事业，应经主管机关之核准。

前项事业之管理、监督事项，由主管机关以命令定之。

第十条第一项、第十一条、第二十一条、第二十二条、第二十三条、第二十七条于本条前项之事业暨期人员准用之。

第三章 期货经纪商同业公会

第三十一条 期货经纪商应组织同业公会。

第三十二条 期货经纪商同业公会之主管机关为社会行政主管机关。但其目的事业应受期货经纪商主管机关之指导、监督。

第三十三条 期货经纪商主管机关为保障期货交易之公正，必要时得命令公会提供参考、报告之资料，成为其他一定之行为。

第四章 仲 裁

第三十四条 依本法所为期货交易发生之争议，当事人如约定进行仲裁者，其仲裁处所应在台湾境内。

前项仲裁，除本法另有规定外，依《商务仲裁条例》之规定。

争议当事人选定之仲裁人不能依协议推定另一种仲裁人时，得由主管机关依申请或以职权指定之。

第三十五条 期货经纪商对于仲裁之判断，或依《商务仲裁条例》第二十八条成立之和解，延不履行期，除有《商务仲裁条例》第二十三条情形，经提起撤销仲裁判断之诉者外，在其未履行前，主管机关得命令其停业。

第五章 罚 则

第三十六条 违反第六条第四项或第十八条第二项规定者，处一年以上七年以下有期徒刑，得并课新台币 90 万元以下罚金。

第三十七条 违反第十六条第一项规定者，处六个月以上五年以下有期徒刑，得并课新台币 60 万元以下罚金。

第三十八条 违反第五条第一项行政院所为之公告或第二项主管机关所为之公告或第二十一条者，处三年以下有期徒刑、拘役或课或并课新台币 30 万元以下罚金。

第三十九条 法人之代表人、代理人、业务员或其他从业人员，因执行业务犯第三十六条至三十八条之罪者，除处罚其行为人外，对该法人亦课以各该条之罚金。

第四十条 违反第六条第二项、第十二条第一项、第十五条第三项、第十七条第四项、第十八条第三项、第十九条第一项、第二十一条第一项规定者，处新台币 9 万元以上 45 万元以下罚款。

第四十一条 违反第十四条或第十五条第一项后段规定者，处新台币 6 万元以上 30 万元以下罚款。

第四十二条 违反第八条第一项、第九条、第十条第二项、第二十二条第一项规定，或依第七条、第二十九条所发布之命令者，处新台币 3 万元以上 15 万元以下罚款。

第四十三条 依本法所处之罚款，经通知而逾期不缴纳者，移送法院强制执行。

第六章 附 则

第四十四条 本法自公布后六个月施行。

海南经济特区企业国有资产条例

第一章 总 则

第一条 为了建立与社会主义市场经济相适应的企业国有资产管理和运营体制，促进国有资产合理流动和优化配置，提高国有资产经营效益，维护企业国有资产所有者、运营者和经营者的合法权益，根据宪法和有关法律、行政法规的原则，结合海南经济特区的实际，制定本条例。

第二条 本条例所称的企业国有资产，是指国家以各种形式对企业投资和投资收益形成的财产，以及依据法律、法规、规章认定的企业其他国有财产。

第三条 海南省各级人民政府所管辖的企业国有资产的管理、运营、经营、收益和监督、均适用本条例。

第四条 企业国有资产管理应当遵循以下原则：

（一）国家统一所有，省、市、县（区）人民政府分级管理；

（二）政府的社会经济管理职能与国有资产管理职能分开；

（三）政府的国有资产管理职能与企业国有资产运营、经营分开；

（四）企业国有资产的投资、受益和监督相统一；

（五）防止企业国有资产的流失，维护所有者权益；

（六）企业国有资产投资者管理权与企业法人财产权相分离。

第五条 企业国有资产由省、市、县（区）人民政府的国有资产管理部门分别代表本级政府统一管理。

第六条 海南经济特区内的国有企业，应当按照建立现代企业制度的要求，改组为有限责任公司（含国有独资公司）或股份有限公司。

公司中的国有股份，包括政府直接投资和国有企业的自主投资，与其他股份同股同权、同股同利。

第七条 企业国有资产应当依照本条例的规定采取委托方式运营或授权方式管理。

经营业绩好的大中型公司，可以直接受国有资产管理部门的委托授权管理该公司的国有资产。

受托企业、被授权企业中的国有资产，由有管理权的国有资产管理部门依照公司法的规定行使股东的权利。

第八条 小型国有企业以及其他适宜产权转让的企业国有资产，可按照海南省的有关规定进行部分产权或整体产权转让，以实现国有资产的合理流动和优化配置。

第二章 企业国有资产管理部门职责

第九条 省、市、县（区）人民政府的国有资产管理部门行使下列管理职责：

（一）贯彻执行国家有关企业国有资产的法律、法规和规章；

（二）汇总和整理企业国有资产的运营和经营信息，建立企业国有资产统计报告制度；

（三）组织清产核资、产权登记、产权界定、资产评估和确认等基础工作；

（四）制定企业国有资产的保值增值指标体系，考核企业国有资产运营和经营状况；

（五）会同有关部门对国有企业进行公司制改造；

（六）委托有关企业对企业国有资产进行运营；

（七）授权有关机构对企业国有资产进行管理；

（八）依照本条例的规定审批被委托运营和被授权管理的国有资产所在企业的合并、分立、解散、破产申请、发行公司债（企业债）、境外投资、公司改制（或变更组织形式）、增减注册资本、产权转让以及重要资产的抵押或有偿转让；

（九）收缴企业国有资产的收益，编制国有资产的收益和收益使用计划；

（十）监督受托方对企业国有资产的运营和被授权机构对

企业国有资产的管理；

（十一）处理有关国有资产产权纠纷；

（十二）法律、法规、规章规定的其他职责。

第十条 省国有资产管理部门除前条职责外，还行使下列管理职责：

（一）草拟企业国有资产管理的法规、规章；

（二）负责全省资产评估机构的资格审查，颁发评估资格证书，审查限额以上的评估立项并负责确认评估结果，管理全省资产评估市场；

（三）指导各市、县（区）国有资产管理部门的企业国有资产管理工作；

（四）承办省政府交办的其他事项。

第十一条 企业中有关资源性国有资产的评估、确认及权属争议处理，国家法律、法规另有规定的，从其规定。

企业中的国有土地使用权需要评估和确认的，应当由具有资产评估资格的中介机构进行评估，评估结果先由国有土地管理部门作初步确认，再由国有资产管理部门作终极确认。

第三章 企业国有资产的委托运营

第十二条 企业国有资产委托运营，是指国有资产管理部门将公司制企业的国有资产通过合同方式委托给其他企业进行运营，并由受托企业承担保值增值责任。

国有资产管理部门为委托方，接受委托的企业为受托方。

第十三条 企业国有资产实行委托运营的，受托方必须对委托目标提供财产抵押，或者第三人担保，或者交纳保证金。

受托方提供的抵押物的价值应当高于委托运营合同所约定的资产增值和收益或减亏指标的价值。

受托方提供第三人担保的，担保人可以是一个，也可以是多个。担保人的资本金应当大于被担保的受托运营的企业国有资产价值。担保人应有良好的企业形象和信誉。

受托方交纳保证金（包括有价证券）的，其金额可以低于提供抵押财产的价值。

第十四条 受托方有权要求委托方依照合同的约定支付报酬。

为受托方委托运营提供担保的担保人，有权要求受托方依照约定支付报酬。

第十五条 受托方代表委托方依照公司法的规定行使股东权利。但涉及股东会议拟决定公司合并、分立、解散、增减注册资本、境外投资、变更组织形式、发行公司债等事项，受托方必须事先向委托方报告，取得委托方同意。

受托方在接到股东会议拟决定前款所列事项的会议通知之后起三日内，必须报告委托方。委托方应当在决定这些事项的股东会议召开前作出答复。逾期不作答复的，视为同意受托方的意见。

受托方拟转让受托股权的，必须事先向委托方报告，取得委托方同意。委托方在接到受托方报告之日起十五日内，应当作出答复。逾期有作答复的，视为同意受托方的意见。

国有独资公司经理（厂长）的作用，应当按照海南省的有关规定办理。

第十六条 企业国有资产可以全部委托给受托方，也可以部分委托给受托方。

受托方可以是 1 个企业，也可以是数个企业。

国有大中型企业改制的公司应当委托 2 个以上受托方共同运营。

第十七条 受托方必须具备下列条件：

（一）有由国有资产管理部门认可的可供抵押的资产；

（二）有合理的资产负债比例；

（三）有适应市场变化的经营能力和经营效益；

（四）有良好的企业形象和信誉。

第十八条 企业国有资产实行委托运营，应当遵循下列程序：

（一）国有资产管理部门对拟实行委托运营的企业国有资产进行评估，并以评估后的净资产值作为委托资产价值总额；

（二）国有资产管理部门公布拟实行委托运营的企业国有资产名单和其基本情况以及受托方必须具备的基本条件；

（三）国有资产管理部门进行招标登记、对招标登记者进行资格审查；

（四）国有资产管理部门组织有关专家对投标书进行评审，择优确定受托方；

（五）国有资产管理部门或其委托的社会中介机构查证核实抵押物或者担保人资产状况或者保证金交纳情况；

（六）国有资产管理部门与受托方订立委托运营合同。

第十九条 委托运营合同应当包括下列必要条款：

（一）被委托企业国有资产价值总额；

（二）被委托企业国有资产所在企业的名称、住所；

（三）委托运营期限、委托目标及考核方式；

（四）受托报酬和支付方式；

（五）担保条款；

（六）合同双方的权利和义务；

（七）违约责任；

（八）委托运营终止后委托资产的返还和验收。

合同格式范本由省国有资产管理部门根据不同情况分类，统一印制，供合同双方参考使用。

第二十条 委托运营合同订立后，委托方应当向受托方出具授权运营委托书，其有效期限应当与委托运营合同的期限一致；委托方还应当立即书面通知被委托的国有资产所在的公司。

第二十一条 委托方认为需要转让被委托的公司股权的，应与受托方协商；协商不成的，委托方可以直接决定股权转让。由此造成受托方损失的，应当负赔偿责任。

被委托公司股权的转让，在同等条件下，受托方有优先受让权。国家法律、行政法规另有规定的，从其规定。

第二十二条 受托方不得侵害委托方的合法权益，不得以被委托的国有资产清偿被委托国有资产以外的债务或者为自己设立抵押。

第二十三条 委托运营因下列事项终止：

（一）委托运营合同期满；

（二）合同双方协议或单方依法解除合同；

（三）受托方依法解散或者依法被宣告破产；

（四）被委托国有资产所在企业依法解散或者依法被宣告破产。

委托运营终止，委托方有权收回被委托的企业国有资产。收回时的被委托国有资产不足合同规定值的部分，由受托方补足；超出部分，由委托方和受托方按合同约定的比例分成。

第二十四条 受托方有下列情况之一的，委托方有权单方解除合同，受托方应当按合同的约定承担违约责任，并赔偿委托方的损失：

（一）连续两年不能实现委托目标的；

（二）非法转移、处置抵押物或者重复设置抵押的；

(三)虚报财务报表,侵吞委托收益的;

(四)拒不提供委托方要求的财务报表,经现令限期改正,逾期仍不改正的;

(五)侵吞被委托国有资产的。

因国家利益的需要,经同级政府批准,委托方可以解除合同。由此造成受托方损失的,委托方应当给 予适当的补偿。

第二十五条 委托方违反委托运营合同,干涉受托方的委托运营权和的,受托方有权单方解除合同,并可要求赔偿损失。

第二十六条 受托方因经营不善被宣告破产的,委托方作为抵押权人,从抵押财产中优先受偿。

第二十七条 委托方有权了解受托方的运营情况,受托方应当定期向委托方提供被委托企业国有资产所在公司的资产负债表、损益表、收益分配表、财务状况变动表。

受托方应当经会计中介机构认定被委托企业国有资产的年终决算,并将情况报告委托方。

第四章 企业国有资产的授权管理

第二十八条 非公司制企业的国有资产以及不宜受取或者尚未采取委托方式运营的公司制企业的国有资产,由国有资产管理部门授权有关机构管理。被授权机构可以是一个,也可以是多个。

不宜采取委托方式运营的企业国有资产是指公益性企业的国有资产和国有资产管理部门认为暂时不宜委托的其他企业国有资产。

尚未采取委托方式运营的企业国有资产是指不属前款情形,应当采取委托方式运营,但暂时未被市场接受实现委托的企业国有资产。

尚未采取委托方式运营的企业国有资产授权管理期限一般不超过二年,期限届满时仍需授权管理的,可以视情况续签授权资产管理责任书,或者另外选择其他机构。

第二十九条 非公司制国有企业的国有资产和尚未采取委托方式运营的公司的国有资产,可由国有资产管理部门授权一家或数家经营效益好、管理水平高的国有资产占控制地位的公司进行整顿和重组。在整顿重组期间,被授权公司有征得国有资产管理部门同意后可以对授权范围内的国有独资企业采取合并、分立、解散、产权转让等措施。

第三十条 非公司制国有企业的国有资产授权管理的,被授权机构享有下列权利:

(一)按照法规聘任或解聘企业经理(厂长)、决定其奖惩;

(二)根据经理(厂长)的提议聘任或解聘副经理(厂长)、决定其奖惩;

(三)依法决定企业的经营方针和投资计划;

(四)决定企业采取承包、租赁等经营形式;

(五)决定企业与境内外其他企业事业单位或个人合资、合作经营。

被授权管理的企业的合并、分立、解散、破产申请、发行企业债、公司改制、境外投资、产权转让以及重要资产的抵押或有偿转让,被授权机构应当事先向授权方报告,取得授权方同意。授权方应当在接到报告之日起十五日内作出答复;授权方逾期不作答复的,视为同意被授权机构的意见。

第三十一条 被授权管理的国有企业经理(厂长)的任用,应当按照海南省的有关规定办理。

第三十二条 公司制企业的国有资产实行授权管理的,被授权机构代表授权方依照公司法的规定行使股东的权利,其权利限制以及报告和答复程序适用本条例第十五条的规定。

第三十三条 企业国有资产实行授权管理,应由国有资产管理部门与被授权机构订立授权资产管理责任书,明确管理责任。

第三十四条 授权资产管理责任书应当包括下列主要内容:

(一)授权管理国有资产价值总额;

(二)被授权管理国有资产所在企业的名称、住所;

(三)授权管理目标及考核方式;

(四)授权方、被授权方的权利和义务;

(五)授权管理的报酬或奖励;

(六)授权期限;

(七)被授权方达不到授权管理的目标应当承担的责任;

(八)授权管理终止后授权管理资产的返还和验收。

授权资产管理责任书格式范本由省国有资产管理部门根据被授权方不同性质分类,统一印制,供责任书双方参考使用。

第三十五条 被授权机构应当接受国有资产管理部门的监督,定期报告被授权管理的企业国有资产的保值、增值情况,提交被授权管理的企业国有资产的资产负债表等财务报表。

第三十六条 当不宜委托运营或尚未委托运营的情形消失时,国有资产管理部门应当按本条例第三章的规定,将被授权管理的企业国有资产交由委托运营机构进行运营。

第五章 企业国有资产的收益和收益使用

第三十七条 企业国有资产收益,是指国有资产的出资者凭借其产权取得的收益。

第三十八条 企业国有资产收益包括:

(一)被委托运营的企业国有资产按合同上缴的委托收益;

(二)被授权管理的企业国有资产按核定上缴的资产经营收益;

(三)受托企业、被授权企业以及由国有资产管理部门直接管理的企业的国有资产按核定上缴的资产经营收益;

(四)有限责任公司、股份有限公司的国家股权收益;

(五)企业国有资产产权交易收入(含有限责任公司、股份有限公司的国有股权转让收入);

(六)有关企业占用国有资产应上缴的收益;

(七)其他按法律、法规、规章应上缴的国有资产收益。

第三十九条 企业国有资产的收益和收益使用计划,由国有资产管理部门编制,经本级政府审查批准后,报同级人民代表大会常务委员会备案。

企业国有资产的收益不得作为消费基金支出。

第四十条 受托方和被授权机构必须按委托合同或者授权管理责任书的规定缴交企业国有资产收益。

国有股权收益应当按国家有关规定直接缴入资产经营收益帐户。

第六章 企业国有资产监督

第四十一条 省、市、县(区)人民代表大会及其常务委员会对同级政府国有资产管理工作实施监督。

第四十二条 省、市、县(区)国有资产管理部门代表同级政府对所管辖的企业国有资产的委托运营、担保、授权管理、经营、收益、资产处分等实施下列监督：

（一）委托运营的受托方、授权管理的被授权机构是否按委托合同或者授权管理责任书的规定行使权利和履行义务；

（二）受托方提供抵押的资产是否被非法转移或处置；

（三）被授权管理的企业国有资产是否受到侵占和非法处置；

（四）企业国有资产统计和财会报表数字是否真实、完整、准确；

（五）法律、法规、规章规定的其他监督事项。

第四十三条 上级国有资产管理部门有权监督指导下级国有资产管理部门的业务活动。

第四十四条 各级人民政府的审计部门在其职权范围内依法对企业国有资产的管理、运营、经营实施审计监督。

第四十五条 受托运营或者经营国有资产的企业，必须接受国有资产管理部门的监督，按照国有资产报告制度的要求，报告有关事项，提供财务资料，不得弄虚作假，不得以任何方式拒绝和逃避监督。

第七章 法律责任

第四十六条 国有资产管理部门有下列行为之一的，由同级政府责令改正；造成严重后果的，其主管领导人员和直接责任人员由所在单位或者上级机关给予行政处分：

（一）未按照规定履行监督职责，工作失职，致使企业国有资产遭受损失的；

（二）在组织开展清产核资、产权登记、产权界定和资产评估、确认中，滥用职权、造成严重后果的；

（三）超越本条例规定的权限干预企业运营、经营，侵犯企业合法权益的。

第四十七条 被授权机构有下列行为之一的，由国有资产管理部门向被授权机构或者同级政府或其他有关部门提出对被授权机构主管理领导和直接责任人员的行政处分建议，被授权机构为商会、企业的，还应承担授权管理责任书中规定的经济责任：

（一）未按照规定履行管理职责，致使企业国有资产遭受损失的；

（二）不按本条例规定履行报告义务或作虚假报告的；

（三）超越本条例规定的权限干预企业经营，侵犯企业合法权益的。

第四十八条 国有资产管理部门或被授权机构委任的股权代表不履行报告义务或作虚假报告，致使国有股权遭受损失的，委任部门有权予以解任，并追究其相应的责任。

因违反前款规定被解任的股权代表，自解任之日起三年内，不得出任国有股权代表。

第四十九条 委托运营期间，受托方不按期上缴委托运营收益的，委托方有权按照合同的约定追究受托方违约责任，并收取逾期滞纳金。

第五十条 资产评估、会计事务、审计事务等中介机构弄虚作假，致使国有资产遭受损失的，由国有资产管理部门或其他有关部门依照有关规定给予处理。

第五十一条 受托运营或者经营国有资产的企业，违反本条例第四十五条规定的，由国有资产管理部门责令限期纠正。

第五十二条 当事人对行政处罚不服的，可依照《中华人民共和国行政复议条例》的规定向上一级国有资产管理部门申请复议，对省国有资产管理部门的处罚不服的，应向同级政府申请复议；当事人也可以依照《中华人民共和国行政诉讼法》的规定直接向人民法院起诉。

第五十三条 受托运营或者经营国有资产的企业、被授权机构，有下列行为之一，情节严重构成犯罪的，由司法机关追究其直接责任人刑事责任：

（一）非法转移或处置抵押物的；

（二）侵吞国有资产产权收益的；

（三）其他侵吞国有资产的行为。

第五十四条 委托方与授托方因履行委托运营合同发生纠纷，应当协商解决。协商不成的，可直接向人民法院起诉。

第五十五条 对企业国有资产管理、运营、经营做出突出贡献的单位和个人，应当给予奖励。

第八章 附 则

第五十六条 企业化管理的事业单位国有资产的管理、运营、经营、收益和监督，参照本条例执行。

第五十七条 省政府可以根据本条例制定实施细则。

第五十八条 本条例自公布之日起施行。

本条例生效后，有关地方性法规、规章的规定与本条例相抵触的，以本条例为准。

海南省人民代表大会常务委员会

一九九五年四月二十一日

武汉证券交易中心关于加强交易风险管理的通知

各会员单位：

中心前一段时间年终对帐和交易清理的结果表明，绝大部分会员均能遵守国家和中心的有关规章制度，业务发展比较稳健，并取得了较好的经济效益。但在对帐和清理过程中，也发现存在个别单位将席位转包其它单位、超过自身实力过度融资、将资金投入房地产等高风险企业、个别交易员自主权力过大且没有一定的约束监督机制等问题，这些问题如不及时加以解决，必将对中心的交易和今后的发展产生不良影响。为此，为了规范会员的交易行为决定从会员、交易员、资金、帐务、交易等五个方面入手，加强管理。

一、会员管理

（一）成立会员清理小组，首先着重对席位转包进行清理。凡已将席位转包的单位应主动于 2 月 15 日前向中心报告，接受中心的清查和处理，凡不主动报告而由中心清查出来的，中心一律取消该席位并追究有关单位和人员的责任。

（二）根据会员单位的级别、实力、信誉及交易情况等因素对会员进行分类，对不同类别分别进行管理。城市信用社、金融市场、证券业务代理处、代办处、县（市）级以下的机构可以通过回购交易融出资金，也可在融出的前提下融进资金，但其融进资金总额不得超过融出资金总额。对于银企合办的证券机构的交易要进行特别控制。

（三）对会员的席位进行统一管理。凡一个会员单位有若干席位（包括以不同名义申请的席位），其融进资金归口到其总部的席位，由该席位统一管理。

（四）会员单位应选派德才兼备的业务骨干担任交易员，并加强对交易员在场内交易和资金划拨的管理和监督。

二、交易员管理

（一）每个席位的授权交易员不得超过3人，自授权之日起，三个月内不得更换交易员。

（二）会员单位更换或增加交易员时，应重新办理授权手续，载明所有授权交易员的名单，原授权书自动失效。

（三）会员单位对每个席位至少应派一名公司本部的正式职工为首席交易员，首席交易员必须有当地的身份证和公司签发的工作证。

（四）一个交易员在一年之内最多只能接受两个会员单位的授权。

（五）交易员应严格按照公司授权开展交易活动，并随时向公司汇报交易及资金情况，定期与公司本部进行对帐。

（六）严禁交易员以任何形式或借口与商贸公司、房地产公司和工商企业发生业务往来关系；严禁交易员以任何形式收受贿赂、回扣、好处费；严禁交易员参与赌博等违法活动，一经查出，中心将予以永久除名，并向其它证券集中交易市场发出通报，凡触犯刑律的一律提交司法部门处理。

三、资金管理

（一）现券回购交易必须有足额资金作保证，凡中心清算帐户余额不足的，一律不得交易。

（二）会员单位在中心帐户上的资金只能划回公司本部，如确需划往其它非会员金融机构的，应由公司逐笔出具授权划款证明。

（三）通过回购交易融进的资金，只能投向证券市场，严禁转入房地产公司及其它不符合规定的高风险企业。

四、帐务管理

（一）会员单位的首席交易员从95年开始，均应建立完整的交易台帐，并及时、准确地对交易情况进行记录，中心将随时进行抽样检查，凡帐务不清的中心将暂停其场内交易。

（二）中心从95年2月份开始按月在次月的第一周内将各席位的现券、回购交易明细记录，期货交易持仓状况以快件形式发送各会员单位主要负责人，以便公司主要负责人了解交易情况。

（三）各会员单位在对帐过程中，如发现与本部的记录有出入，以书面形式（包括信函、电函、传真等）通知中心，否则，中心即视作对帐无误。

五、交易管理

（一）对现券交易，为切实防止卖空，对卖券方限定在七日内，必须将所卖现券送交中心托管库及托管分库。另外，中心将根据会员单位的类别确定一个额度以便对现券的自行交割进行控制，凡达到中心确定的控制额度后现券交易则必须通过中心集中交割。

（二）对回购交易，中心将采取如下控制办法：

1、融资规模控制。除会员管理第二条限定的单位外，其它单位回购交易的最高融资限额仍按武证交[1994]第46号文件的规定执行。

2、实物比例控制。在最高限额下，将回购净额与铺底券按10%的比例挂钩，即卖出回购净额不得超过其缴存铺底券的10倍。

3、融资期限控制。回购交易的最长期限不得超过4个月，原有的6个月、9个月的回购品种予以取消。

4、风险基金控制。为提高中心的抗风险能力，中心仍按武证交[1994]第46号文件规定的比例提取风险金。

本通知自一九九五年二月六日起实施。凡以前颁布的规定与本通知规定不符的，均以本通知为准，凡已超过本通知规定的控制额度、比例的，应一律停止发生新的业务。

一九九五年元月二十三日

关于上海证券市场信息传播管理的若干规定

一、为了加强对本市证券市场信息传播的管理，保障广大投资者的利益，根据有关法律、法规和规章的规定，结合本市证券市场信息传播的实际情况，制定本规定。

二、凡在本市范围内从事证券市场信息传播的有关单位和个人，必须遵守国家的有关法律、法规和规章以及本规定，坚持客观、准确和公正的原则。禁止任何单位和个人以散布虚假信息等手段影响证券发行、交易，扰乱证券市场秩序。

二、本规定所称证券市场信息，是指证券主管部门、证券交易所、上市公司或其他法定机构按照法定程度发布的有关证券的发行、交易及其相关活动的信息；证券经营机构、证券咨询服务机构以及股评人员预测证券市场行情走势等作出的可能影响证券市场价格的分析报告、评论等。

四、证券市场信息传播的媒体，包括：

（一）电台、电视台、通讯社、综合性报刊、经济类报刊；

（二）经新闻出版部门批准的专门从事证券市场信息传播并公开发行的证券专业出版物；

（三）声讯服务电话、信息传呼台、可视图文系统、计算机信息系统；

（四）各类证券讲座或股市沙龙。

五、本市证券、新闻出版、广播电视、邮电、公安、工商等行政管理部门，依照各自的职责，负责对证券市场信息传播的监管。

六、各类传播媒体的主办单位，应加强对本单位的证券市场信息传播工作及其人员的管理。

七、电台、电视台、通讯社和综合性报刊，经济类报刊传播证券市场信息，应该根据主管部门批准的宣传、报导宗旨，严格限定在其主管部门确定的范围以内，不得随意扩大。

八、声讯服务电话、信息传呼台、可视图文系统、计算机信息系统在传播证券市场信息时，只得传播法定机构按照法定程序已经公开的信息。

九、任何单位和个人，不得擅自印刷、出版、销售未经新闻出版部门批准的证券专业出版物。

经批准非公开发行的证券专业出版物，只得在本单位、本系统内部发行，不得在社会上公开陈列、张贴、销售。

经外省市新闻出版部门批准的非公开发行的证券专业出版物，不得在本市印刷、出版，不得在市场上陈列、张贴、销售。

十、从事图书报刊经营业务的单位和个人，直接从外省市出版社或发行单位购进证券专业出版物的，必须在销售前向本市书刊市场管理部门申报并交验有关出版、发行的证明及证券专业出版物的样本，经批准后方能在本市销售。

十一、各证券经营机构、证券咨询服务机构编印的内部证券信息简报、快讯、动态等，只得限于本机构范围内，不得通过各种渠道向社会传播。

编印单位对编印工作应有严格的管理措施。管理措施应报上海市证券管理办公室备案。

十二、非证券经营机构、证券咨询服务机构，不得编印内部证券信息简报、快报、动态等，已经编印的，一律停止。

十三、各类社会性证券讲座或股市沙龙，只能由证券经营机构、证券咨询服务机构举办，举办单位应在举办前报其上级单位备案。

举办单位应在举办活动3日前，就活动举办的地点、时间、人数、规模以及安全保卫工作措施等情况，向举办活动所在地的区、县公安部门报备。如规模较大、可能影响社会秩序的，应按有关举办大型活动的规定，于7日前到上述公安部门办理申办手续。

证券业从业人员不得在此类活动中从事股评活动。

十四、股评人员在向公众进行股票行情分析时，只能传播已经公开的证券市场信息，不得传播虚假信息，不得对本人买卖的股票进行评论。

十五、凡违反本规定的单位和个人，由有关行政管理部门根据有关法律、法规和规章，予以处罚。

十六、本规定已报中国证券监督管理委员会备案。

十七、本规定自公布之日起实施。

上海市证券管理办公室　上海市新闻出版局
上海市广播电视局　上海市工商行政管理局
上海市邮电管理局　上海市公安局

深圳证券交易所基金上市规则

第一章　总　则

第一条　为维护证券市场秩序、保护投资者的合法权益，规范基金上市行为，根据法律、法规的有关规定，依照《证券交易所管理暂行办法》和《深圳市投资信托基金管理暂行规定》(以下简称"《规定》")制定本规则。

第二条　本规则是《深圳证券交易所上市规则》的组成部分，适用于申请在深圳证券交易所(以下简称"本所")上市的基金。

境外基金申请上市由本所另行规定。

第三条　本规则所称"基金"指封闭式基金，"主管机关"指中国人民银行深圳经济特区分行。

第二章　上市申请和审查

第四条　基金申请在本所交易应当具备下列条件：

1.基金募集总额不得少于5,000万元；

2.基金的期限不得少于3年；

3.经理人必须是经中国人民银行批准设立的主要业务为基金管理的机构；

4.经理人的净资产不少于1,000万元；

5.经理人的主要从业人员应当具有相当程度的专业学识水平，具备良好职业道德，无违法违纪记录；

6.基金的信托人(托管人)应当是完全独立于基金管理公司的金融机构，且其净资产不少于1亿元；

7.基金的投资方向与投资比例符合有关规定和信托契约的要求。

第五条　基金申请上市应当由上市推荐人推荐，上市推荐人应当向本所提交由法定代表人或其授权的委托代理人签字的推荐报告，该报告的撰写提纲由本所规定。

第六条　基金经理人应经主管机关核准后方可向本所提出上市申请文件。

第七条　本所在收到全部上市申请文件后20日内由上市委员会作出是否批准该基金在本所上市的决定。

第八条　基金经理人在提交上市文件后，如有修改，应征得本所的同意，未经本所同意，上市文件的最后定稿不得作出任何重大修订，基金经理人至迟应在本所上市委员会对该基金上市申请的审查期限届满前5日提交上市文件的最后定稿，以备核准。

第九条　在上市委员会批准基金的上市申请后3日内，获准上市基金的有关当事人应与本所签订上市协议，并依据协议及有关规定缴纳上市费用。

第十条　经上市委员会审查不具备上市条件的基金，本所退回其上市申请，自前一次申请提交之日起半年内不再接受其上市申请。

第十一条　本所在签订上市协议后3个工作日内向获准上市的基金签发上市通知书，确定上市日期。

第三章　信息的披露

第十二条　获准上市的基金应当在上市日前3日登载上市公告书。其登载日距上市日不得超过1个月。

第十三条　本所有权审查基金上市公告书的内容，对其内容无进一步修改意见后方可登载于指定报刊。

第十四条　上市基金应定期在本所指定的报刊上公布其资产净值，每个会计年度至少应公布中期报告及年度报告，中期报告须在每一会计年度的前6个月后的30日内公布。年度报告须在会计年度结束后100日内公布。

第十五条　上市基金有关信息的披露应依照《规定》和《基金上市协议》执行，《规定》和协议中没有规定的，参照《深圳证券交易所上市公司信息披露管理暂行规定》执行。

第十六条　基金经理人应委托两名授权代表，负责与本所联络有关事宜，授权代表应书面通知本所与其本人联络的方法，并确保其本人不在深圳市时有经委任并为本所知悉的合适替代的任何人负责与本所联络。

授权代表的更换应提前3日通知本所。

第四章　停牌与除牌

第十七条　上市基金发生下列情况，本所有权对其受益凭证实行停牌，直至除牌，如停牌事由消除，符合上市条件，可以给予复牌。

1.未按本所要求通知或披露有关消息；

2.发生收购事项；

3.其他基于正当理由应予停牌的事项。

第十八条　上市基金期限届满清算前30日或受益人大会决定将其转为开放式基金后30日内，本所对其受益凭证实行除牌。

第十九条　如发生异常情况或确有必要，经理人可自行向本所申请停牌或除牌，经本所批准后方可实行。

第五章　附　则

第二十条　违反本规则的规定，本所视情节轻重给予下列处分：

1.警告；

2.10万元以下的罚款；

3.责令改正；

4.停牌或除牌。

第二十一条　基金的当事人对本所依照本规定作出的处理决定不服的，可以自接到处理决定通知之日起15日内，向主管机关申请裁定。

第二十二条　本规则由本所负责解释。

第二十三条　本规则经主管机关批准后实施。

主任:吴振偉

律師們在工作

廣州市羊城律師事務所

事務所是經廣東省司法行政機關批準于1985年3月成立的國辦律師事務所,律師全是由一批法學理論扎實,實踐經驗豐富,從事多年法學教學的教師組成。熱情地爲國内外法人、個人提供了各項法律服務,擔任多家企業的法律顧問,深得當事人信賴。近年來本所率先推出與效益挂鉤的追債業務,并是全國性的追債網絡—新華律師業務網絡的廣州獨家代理律師行,專門爲全國各地顧客提供追債代理業務,本所與香港多家律師行有律師業務協作關系,爲涉外追償債務提供了方便,深受當事人歡迎。

地址:廣州市中山三路11號東山工商聯大廈9樓
電話:3841094　3841095　3841096
傳真:3841096

珠海市精誠律師事務所

事務所是經廣東省司法廳批準由原珠海市對外經濟律師事務所3位專職律師組成的合伙制律師事務所。經過本所律師的共同努力,使其成為珠海市頗具規模的律師事務所之一。1994年度業務收費總額及人均收費額均位居前列。現有注冊律師8人,律師助理及其他職員6人,并聘請了多位省、市級專家擔任本所專業顧問。本所的3位合伙人是國内首批經考試獲得司法部、中國證監會批準從事證券法律業務的律師,本所也是珠海市律師體制改革后首家取得從事證券法律業務資格的合伙制律師事務所,并已為多家企業提供股份制改組及股票上市的法律服務。

本所以"精益求精,誠實信用"為宗旨,堅持社會效益與經濟效益并重的原則,在鞏固刑事、民事、經濟、行政訴訟及涉外仲裁等固有法律服務領域的同時,不斷開拓金融、證券、房地產、高科技等法律服務新領域,受到了社會各界客戶的好評,積累了一定的經驗與成果,為此原司法部部長,現全國人大常委會法律委員會副主任蔡誠同志欣然為本所題寫了所名。

主任:黃海波
地址:珠海市海濱南路光大國際貿易中心2511室
電話:(0756)3330560　**傳真**:(0756)3332023
郵編:519015

中山市翔宇律師事務所

合伙律師：

宋治勇　張天國　趙瓊　利永波

事務所是經廣東省司法廳批準成立的合伙制律師事務所，部分合伙律師獲得司法部、國家證券監督管理委員會頒發從事證券法律業務資格證書，另有3名律師被中山市司法局評爲金牌律師。

主要業務：擔任常年法律顧問；受托參與國内外工商事務談判，草擬、審查經濟合同、協議，并進行見證；接受委托，擔任代理人，參與案件的協商、調解、仲裁或訴訟；承辦企業股份制改組和股票上市發行的法律事務工作；代辦商標、專利事務，代辦企業登記、税務代理；接受刑事被告的委托，爲其出庭辯護。

地址：**廣東省中山市孫文東路雅致街**3**號**

Add：No. 3 YaZhi Street Sun Wen Dong Road ShiQi ZhongShan City GuangDong.

電話(Tel)：(0760)3323129(**三綫**)

傳真(Fax)：(0760)3313311

郵編(Post Code)：528403

廣東省江門市律師事務所

江門市律師事務所是1980年經廣東省司法廳批準成立的綜合性律師事務所，40%的律師具有中高級職稱，在五邑地區具有較高知名度。事務所具有從事證券法律業務的資格，現有專職律師8名，兼職和特邀律師10名，并聘請了一批精通金融、外語、對外貿易、海關、商檢、房地產、機械設計制造、證券期貨等方面的專家為特別顧問。事務所主任：李志斗。

業務範圍：擔任法律顧問；參與企業境内外商務談判、草擬、審查、見證有關合同，翻譯法律及商務文件；為來華投資的港、澳、臺、僑胞及外商提供法律和信息咨詢；代辦企業的設立、合并、分立、變更、租賃、承包或清算業務，代辦工商注冊、商標專利申請、公證、房屋買賣、轉讓、抵押、樓宇按揭、申請破產或土地轉讓、出讓等法律業務；參與企業的股份制改組等法律業務；代理各種經濟、民事、商事、刑事、行政訴訟案件及仲裁以及各種非訴訟代理業務；接受委托，依法辦理其它法律事務。

地址：**江門市西區大道**1**號**3**樓**

電話：(0750)3557324　3536067　3512886

郵編：529000

江門市對外經濟律師事務所

江門市對外經濟律師事務所經廣東省司法廳于1988年7月18日批準成立,1993年6月30日司法部和中國證監會批準本所承辦證券法律事務。本所現有專職律師5人,主任甄錦寧,副主任陳策興,專職律師鄭雪亮、馮健平、鄧岳倫,兼職律師3人;特邀律師1人;律師助理1人。

業務範圍包括:擔任常年法律顧問和專項法律顧問;參加訂立合同的協商談判;起草或審查、修訂各種類型的協議、合同、章程;代理經濟、民事、行政糾紛的協商、調解、仲裁或訴訟;代理國內外進出口貿易公司對內、對外的索賠案件;代辦房産和其他大宗財産的購置、轉讓、贈送和遺産繼承等法律事務;代理保存、解付經貿活動中的定金、預付款等款項;代辦商標注册、工商登記和公證事務;代寫各種法律文書;解答法律詢問;承辦外國和港、澳、臺律師委托或推薦的法律事務;代辦委托外國和港、澳、臺律師辦理有關法律事務。

地址:江門市西區大道華園路18號
(西區郵電分局路口直入)
電話:3552719　3538522
傳真:3559099　**郵編**:529000

珠海市斗門縣律師事務所

事務所是廣東省司法廳批準成立的國辦所,成立于1985年,現有執業律師12名,主任許興章律師被載入《中華名律師》辭典。

該所專長于經濟、民事、商事(包括涉外)法律業務,各項非訴訟事務,對處理各類疑難復雜案件有獨到之處。該所自創建以來,以維護法律的正確實施為宗旨,以海內外當事人排憂解難為己任,堅持實事求是、依法辦事,以一流的服務態度贏得社會各界及海外當事人的一致好評和愛戴。

該所律師願再接再勵,和廣大同仁,攜手聯心,共創美好的明天。

主任:許興章
地址:珠海市斗門縣律師事務所
電話:(**辦公**)5523004　(**住宅**)5523227
手提機:9017805　BP**機**:983－37245
郵編:519100

麗珠集團
LIVZON

麗珠世界
生命常青

地址:珠海市拱北挂花北路
電話:(0756)8886713(**總機**)
傳真:(0756)8886002
郵編:519020

新落成辦公大樓

珠海經濟特區麗珠醫藥集團有限公司創建于1985年,1992年經珠海及廣東省政府批準,由中外合資企業改制為股份制企業。1993年成為全國醫藥行業首家A、B股均挂牌交易的上市公司。公司自1989年起連年躋身中國500家最大工業企業和500家最大三資企業行列;1994年被列為全國88家重點化學制藥工業企業綜合經濟效益第二名。注冊資本19942.24萬股。

麗珠集團自1990年"麗珠得樂"投放市場以來,已形成生物工程藥品、生化藥品、化學藥品、中成藥、生物化學診斷試劑、生物活性材料、醫用電子等產品系列。現生產的產品有130多種,特別是"麗珠得樂"、"麗珠腸樂"、"麗珠賽樂"、"麗珠感樂"、"麗珠欣樂"等產品有一定的市場占有率。麗珠集團現有11個全資企業,6個合資企業和海外企業。在現有員工1500多人中,高中級職稱近300人。麗珠集團現已形成覆蓋華東、華北、東北、西南、西北及中南六大區的銷售網絡,擁有400多個分銷點,近500名銷售人員。麗珠品牌也發揮着名牌效應。

在未來幾年,麗珠集團確定以藥物制劑為發展方向,加速科研開發,加快其國際化進程,同時通過聯合并購形式與國內醫藥制藥企業合作,從而形成新的企業規模優勢。

金泰

飛速發展的清遠工業支柱

清遠市副市長、金泰集團黨委書記：崔河

1988 年，爲建設清遠的需要，崔河、李爲德帶領王喜民、馬炳焰等 9 人創建了全泰集團的前身—清遠市紡織工業總公司。金泰已擁有工業企業 15 家，海內外貿易公司 20 多家。形成了紡紗、織布、印染、制衣、制襪、包裝一條龍的紡織生産綫，并向疏浚、石材、房地産、金融、高新科技等領域拓展，到 1994 年底集團公司總資産已達 15 億元，年工業總産值達 5.2 億元，綜合經濟效益 4100 萬元，職工人數達 5000 人。屬下的泰和棉紡廠是廣東省棉紡行業 1994 年度中不停産并盈利的兩個企業之一；清遠市染織廠已名列于全國 500 家最大紡織工業企業，在全省工業 200 强中排第 27 位。多次獲得省、市“文明單位”稱號。如今，崔河同志榮升爲清遠市副市長兼金泰黨委書記。金泰集團一個以崔河爲黨委書記、蘇銘爲董事長，王喜民爲總經理，馬炳焰、劉定雄爲副總經理，楊土安爲紀檢書記，鄧汝平爲工會主席的新的領導班子決心繼續發揚“團結奉獻、堅韌不拔、勇爭一流”的企業精神，把金泰辦成一個具有國際影響的現代企業集團。

金泰企業集團新的工作班子。董事長蘇銘（左三）、總經理王喜民（右三）、副總經理馬炳焰（左二）、劉定雄（右二）、紀檢書記楊土安（左一）、工會主席鄧汝平（右一）。

金泰集團生産的部分産品

金泰集團紡織工業開發區一角

第十九编

中国企业单位选介

556/574

中国企业单位选介

股份制企业

广州人造革股份有限公司

公司由原广州人造革厂转制而来，于1994年8月26日创立，同年10月28日挂牌正式运作。现有员工350人，其中各类高、中、初级专业人员37人，固定资产22266524元，注册资本1600万元，年生产能力800万米人造革。业务范围：加工人造革及塑料薄膜，兼营国内商业及物资供销业。

1991年，广州人造革厂累计亏损额达1447万元，频临倒闭。当年10月份，新的领导班子接管了该厂。新领导锐意改革，努力转换经营机制，调整管理机构，从根本上转变人的思想观念，创造了适应外部环境的内部条件。次年已扭亏为盈。三年后于股份制公司成立之前全部填平1447万元的亏损。三年来的工业总产值、产量、销售收入的年平均增长与91年相比分别为：154%、136%、122%。该公司在1994年度中国500家最大工业企业及行业50家企业评价中，位于中国塑料制品最大企业第77位；中国塑料制品业最佳经济效益企业第24位。通过治理整顿，转换机制，公司进一步拓展市场，促进生产，创高效益。采取措施完善各项内部规章制度，努力降低成本，精简机构，提高工作效率。先后对生产设备进行检修和配置，增添一部分配套设备。对工艺技术进行攻关，调整工艺配方，选用新材料，开发新产品。公司生产的“红菱牌”聚氯乙烯人造革花式品种不断增加，质量稳定。其产品色泽鲜艳，花纹新颖，手感柔软，耐磨耐折。最近研制开发的新产品有耐苯革，仿皮革、揉纹革、磨皮革、洒金革、擦色革、高泡压纹革等。各类产品可提供各种颜色、花纹、光泽、用途、厚度给客户选择。产品适用于加工服装、鞋帽、手套、提包、手袋、皮箱、座垫、沙发、帐蓬等。并有良好的售后服务。

董事长兼总经理：卢瑞芝
副总经理：何自强　金应伟
地址：广州市黄石路株木岭
电话：6628103　6639278　6627017
传真：6628103　**邮编：**510420

广州市华声通信股份有限公司

广州市华声通信股份有限公司是经广州市经济体制改革委员会批准设立的广州市第一家通信行业的股份制企业，创立于1993年3月18日，注册资金6500万元人民币。主要经营地域性通信（含无线）业务、组网与扩容工程，通信、计算机与机电一体化设备，器材销售，生产与加工、维修，数字、数据信息通信业务；公司宗旨为：充分利用发起人的优势，以向社会各界提供优质通信服务为己任，广辟社会融资渠道，引进、消化国内外先进通信技术；采用先进通信技术和管理手段，大力发展第三产业，特别是高科技和地方通信业务，有效地保障股东获得投资回报。1993年5月华声公司被广州市高新技术产业区认定为新办高新技术企业，并于1994年6月被广州市科学技术委员会认定为高新技术企业。

在全体股东的大力支持和董事会的正确领导下，公司坚持“以人为本”的原则，经过全体员工的共同努力，公司实现了超常规、跳跃式发展。公司现有全资附属企业2家，控股企业1家，参股企业4家。1993年全年技工贸收入达1.3亿元，被天河区人民政府评为“发展经济突出贡献单位”。1994年10月经中国高技术企业发展评价中心评定为首届（93年度）中国高新技术企业百强之一，且为广州被评上的两家企业之一。公司现在主要的通信业务是经营广州“天地通”（CT2—第二代无绳电话）和联合经营广州地区无线寻呼业务。短短数月时间，广州市的CT2通信网已成为国内已开通的CT2通信网中的姣姣者。1995年准备再扩大到3000个基地站，成为全国大网。为逐步向PCN（个人通信网）过渡打下坚实基础。公司科技实验室开发研制的具有国际先进水平的顶视式扫描探针显微镜已于94年8月份在马来西亚举行的国际科技博览会上取得了较好的招商效应，现已进入实用性生产阶段。该项目还获得了国家科委和广州市政府联合举办的第六届中国新技术新产品博览会金奖。公司1995年调整产业结构和发展方向，以经营无线通信业务（天地通、无线寻呼、无线数据通信）为立足点，以二十一世纪三大支柱—信息科学、生命科学和材料科学为主攻方向，研制、开发新一代无线通信设备、生物工程和材料力学精密检测仪器，并主动承担一些填补国家空白的攻关项目，逐步将公司实验室建成国家级实验室，以创造良好的社会效应和经济效益。

法定代表人、董事长：钟灼鹏　**总经理：**陆宁
地址：广州市天河路525号电信大楼六楼
电话：7509816　**传真：**7509816
邮编：510630　**电挂：**07193

广西桂能电力股份有限公司

广西桂能电力股份有限公司经广西区股份制联审小组审查同意，自治区体改委批准设立，以定向募集方式设立的股份有限公司。公司是由广西梧州地区电业公司、国家能源投资公司、广西龙水金矿、广西建设投资开发公司、广西水利电力实业开发公司、广西建设信托投资有限公司共计6家实力雄厚的企业组成，公司总股本金为1.6亿元，股权结构为：发起人股12200万股，占总额76.25%；定向募集法人股600万股，占总额的3.75%；内部职工股3200万股，占总额20%。主营投

资开发建设和经营管理水电站、火电厂、输变电工程、兼营与本公司主营有关的项目、兴办高新科技项目、宾馆、饮食、娱乐业、电力、金融方面的经济技术咨询;批发、零售百货、通用机械、电子电工产品。

本公司将以投资开发建设和经营管理电业为主,同时多方位地、灵活地投资科、工、商、贸、第三产业等领域,以控股和参股形式,把单一的投资主体转变为多元投资主体并存的复合经济结构,通过股份制运作,引进外资和国外技术,实现"股份化、多元化、国际化"的发展目标。公司项目安排遵循长期、中期、短期并举的原则,以短养长;以电业的投资效益作为支柱利润来源,并通过投资市场上看好的"短、平、快"项目,采取短时期内实现较好经济效益回报股民。

总经理:金沈瑜

地　址:广西梧州市大学路24号金信大厦十一楼

电　话:(0774)3820365　3824928　**邮编**:543002

广西时华房地产建设股份有限公司

广西时华房地产建设股份有限公司是经广西区经济体制改革委员会批准,采取定向募集方式于1993年3月5日设立的。公司注册资本为人民币500万元,总股本为500万股。公司主要经营房地产开发。

公司全体员工在董事会的领导和全体股东的大力支持下,坚持邓小平同志建设有中国特色的社会主义理论和党的基本路线,发扬自信求实,艰苦创业精神,努力按"产权清晰、政企分开、权责明确、管理科学"的现代企业制度要求不断完善公司的经营管理。实行以房地产为龙头,集实业、经贸为一体的多元化、多层次、高效益的经营体制。经过近两年的辛勤劳作,目前已开发了位于南宁市安吉大道两侧,总投资8000万元人民币,建筑面积6万平方米的"怡和园"小区;我司与南宁市郊金龙水泥厂,美国侯直宁先生共同组建经营的南宁金龙实业有限公司,注册资本4300万元人民币。我司占实业公司40%的股权,该公司以年产20万吨水泥的水泥厂为主导产业,集房地产、建筑施工、建材设备制造、商贸、采矿等经营业务于一体。我司1994年度实现利税1300万元,公司股东权益达2000万元,可望1995年再创佳绩。

法人代表:黄超香

地　　址:广西南宁市安吉路3—1号怡和园小区

电　　话:3135096　3139672　3139750

邮　　编:530001

广西南宁市机电设备股份有限公司

南宁市机电设备股份有限公司是1993年6月由南宁市机电设备总公司改组创立的,始建于1978年。主要经营小轿车、汽车、摩托车和各类机电产品及其配件;兼营金属材料、建筑材料、煤炭、五金交电、塑料、橡胶原料及制品、进出口贸易、饮食服务等。现有基础设施比较完备的商品库房10座、建筑面积10500平方米,营业用房500平方米,露天商场3000平方米,占地面积23858平方米,现有固定职工165人,是一个具有相当经营实力、业务技术力量强、企业管理好、信誉高的大型物资流通企业。

改革开放以来,公司始终坚持以经济建设为中心,在企业内部进行卓有成效的改革,自觉地按照发展社会主义市场经济的要求,主动走向市场、开拓市场,闯出了一条"有机遇就抓,能上就上,即使是下,也要力争比别人下得少,效益比别人好"的发展路子。1990年以来,公司加大改革的力度,在人事、分配、用工制度等方面进行了大胆尝试,使企业竞争能力和市场应变能力不断加强,经济效益连年跃上新台阶,公司先后获"自治区先进企业"、"自治区物资系统先进单位"、"自治区重合同守信用企业"、"国家内贸部优秀企业"等荣誉称号。成为全区深化改革搞得活、变化大、充满生机和活力的先进物资流通企业。

欢迎国内外客户与朋友光临惠顾,携手共进 。

董事长兼总经理:左玉华

地址:广西南宁市北大北路11—3号

电话:3833788　**邮编**:530003

传真:3830021　**电挂**:0554

海南海虹企业股份有限公司

海南海虹企业股份有限公司前身为海南化纤工业股份有限公司。是1991年9月在海南化学纤维厂的基础上经过规范化改组成立的,为海南省首批上市公司之一,于1992年11月在深圳证券交易所挂牌交易。公司由海南省开发建设总公司、中国纺织工业对外经济技术合作公司、海南省开发建设总公司工业公司、海南富南国际信托投资公司、海南省国际信托投资公司、建行海南省分行信托投资公司等法人股东和社会公众共同持股,总股本1.95亿股,总资产7.2亿元,净资产3.75亿元。

公司全属企业海南化学纤维厂1988年建成投产,该厂主要产品为56dtex—333dtex的低弹丝、牵伸丝、网络丝、有色丝,其中100D/48F、150D/36F荣获1989年省优质产品称号,1990年荣获海南省工业物资交易会优质产品"金马奖"。曾被评为"1992—1993中国100家最大化学纤维企业"。该厂生产的"海虹牌"涤纶长丝以品质优良深受广大客户欢迎,主要销售市场为广东、浙江、江苏、贵州、云南、新疆、山东、安徽等省区,生产能力为5000吨/年。经过几年的发展,公司确定了"以工业为基础,以高科技为先导,多业并举,全面发展"的经营方针。公司充分发挥其在化纤工业技术和管理上的优势,93年投资2.5亿元人民币对化纤工业进行技术改造,开发了年产5000吨的超细旦差别化涤纶长丝新产品,使公司的涤纶丝生产能力提高到10000吨/年。94年公司又向建材行业拓进,以股权置换形式兼并了湖南省洞庭水泥厂,为方兴未艾的中国产权交易市场提供了一个成功的范例。此外,公司还广泛涉足了房地产、金融证券、贸易、旅游资源开发、高科技等领域。目前公司拥有下属全资企业9家,控股和参股企业12家。海虹公司坚持以人为本,以"厚德、敬业、自强、超群"的企业精神营造丰富多彩的企业文化体系。

海南海药实业股份有限公司

海南海药实业股份有限公司是以原海口市制药厂作为发起人成立的规范化股份公司。原企业是1965年登记注册的全民所有制企业,主要从事化学原料药、中西成药的生产。经过员工的艰若奋斗,企业发展成为海南省的重点工业企业。产品遍销全国各地并出口到西欧和东南亚等国家与地区。目前新建成的药厂座落在海口市秀英区海药工业园内,占地183亩,是一个现代化的新型的园林式工厂。新药厂于1993年2月开始规划设计,按国际GMP标准设计的4万平方米的巨型厂房，可生产粉针、水针、胶囊、软胶囊、颗粒剂、片剂、糖浆剂等剂型，并有8000平方米预留厂房，可满足今后的发展之用。

1992年8月原企业进行改组，以定向募集方式改组设立了规范化股份公司，1992年11月20日公司正式成立。1994年5月25日公司股票在深圳证券交易所上市，1994年12月8日内部职工股上市。公司1994年实现利润7016万元，税后利润6382万元。每10股派1.79元人民币。

法人代表：韩宇东
地　　址：海南省海口市海秀大道51号
电　　话：6780141　6712325　**电挂**：5143
传　　真：6784797　**邮编**：570206

海南威豪实业股份有限公司

公司是1994年6月经海南省政府批准设立的，发起股东有：涟源钢铁总厂、湖南金湘信用发展股份有限公司、海南大豪房地产开发有限公司、中国有色金属（深圳）财务有限公司和深圳莱英达集团公司，总股本金3610万元人民币。

公司以"开拓、信誉、协力、共荣"为宗旨，坚持走发展实业的道路，积极向旅游、房地产、贸易等领域拓展，使之逐步成为多元化、集团化公司。

董理长：宋焕威
地　址：海南省海口市龙昆北路15号中航大厦11楼
电　话：(0898)6714040　**传真**：(0898)6714020
邮　编：570105

海南银泰置业股份有限公司

海南银泰置业股份有限公司是1993年底经海南省人民政府批准成立，由9家省级以上银行直属公司发起，43家省、自治区、直辖市和计划单列市银行直属公司参股的大型股份制企业，公司注册资金（实收）3.1亿元人民币，是目前海南及全国资本金较大的专营房地产的股份公司之一。

公司立足海南，以房地产综合开发经营为主，集实业、旅游、租赁、咨询服务和国、内外商贸于一身，积极参与收购工业企业产权，高新技术开发，并从事股票、债券、期货经营，所从事的各种行业，均取得了较为卓越的成果。公司同时致力于岛内外的开发与建设，在北京、佛山、香港、三亚、成都、洋浦等地设有子公司，在北海、上海、武汉等地拥有参股、控制公司，公司创立三年多来，合作与独立开发建设的高级写字楼，高档公寓，普通居民住宅共计数十万平方米。目前公司资产总规模超过10亿元人民币，已形成一个跨地区的综合性企业集团。

锐意创新，不断进取是公司的经营宗旨，灵活、高效的决策运作机制是公司经营作风。公司正努力利用海南特有的政策优势，塑造着"海南银泰"的良好形象，公司总经理携全体员工竭诚欢迎世界各地、各界朋友携手合作，共创世界美好明天。

总经理：车国成
地址：海口市大同路36号华能大厦15层
电话：6767753　6767748
传真：(0898)6767750　**邮编**：570102

海南远东招商股份有限公司

公司系经海南省证券委批准设立，1994年11月18日注册成立的股份有限公司，属定向募集性质。公司注册资金3385万元人民币，董事长兼总经理：胡万福。

公司主要业务范围为高新技术产品开发，热带生物资源及制品的研制开发，旅游资源及房地产开发经营，物业管理及贸易等等。目前主要上马项目为酒店系列用品的生产，包装及供应，高新科技产品及专家资源开发，旅游资源开发等等；由公司在北京牵头发起设立"中国乡镇发展投资有限公司"暨兴建"中国乡镇发展大厦"的工作也已展开。

地址：海南海口市海府大道12号亚希大厦1802室
电话：(0898)5357084　**传真**：(0898)5357166
邮编：570203

海南龙华股份有限公司

海南龙华股份有限公司是经海南省证券委批准，由中国牧工商联合总公司、中国饲料工业技术开发总公司、中国农垦海南公司、黑龙江省粮油进出口公司、中国兴南（集团）公司等共同发起创立，公司总股本金1.5亿元人民币。

公司主要经营项目：龙华禽蛋饲料一条龙基地。项目构成：年产6万吨（双班）配合饲料厂一座，年孵化100万羽鸡苗孵化场一座，存栏15万只鸡场一座（种鸡、蛋鸡、肉鸡）。项目地址：文昌县华侨农场中国兴南（集团）公司兴侨开发区内。饲料厂设备引自美国伊伯森公司。饲料生产采用科学配方，生产过程由计算机控制，全部为自动化生产工艺。孵化器引自美国鸡王公司，项目于1992年10月全部投产。公司还围绕饲料生产开展饲料原料贸易。公司计划在一条龙基地兴建一条年屠宰300万只肉鸡的生产线，生产线包括屠宰、分割、包装及一定面积的冷冻冷藏库，同时可以进行热带菜果的储藏、保鲜。公司现有土地195亩可供新的生产线建设使用，欢迎有条件的客商与我公司一道为发展海南、振兴侨乡。

董事长：王刚　**总经理**：曹文廷
地　址：海口市人民大道22号中兴大楼5层
电　话：6258917　**传　真**：(0898)6258917
邮　编：570208

海南国际假日旅业股份有限公司

公司是由海南集源物业发展有限公司、宝山钢铁（集团）公司、中国长城铝业公司、中国扬子石油化工公司、胜利油田、华北制药股份公司、广西钢铁（集团）公司、上海建材（集团）公司、上海制皂厂等单位共同发起，经海南省证券委批准设立的大型规范化股份公司，注册资本1亿元人民币。

公司经营范围为酒店投资管理、旅游业开发、农业开发与加工、高新技术产业投资、房地产开发、运输业、产权租赁和文化娱乐业等。公司经营主体是与世界著名的国际假日酒店集团合作在海口建设并经营海口皇冠国际假日酒店。海口皇冠国际假日酒店选址在海口市黄金地段和平大道，濒临蓝色的大海，风光奇特，景色优美，是度假休闲的理想栖息地。国际假日酒店集团目前在全世界已有1700多家、在中国已有15家假日酒店通过卫星预订房系统联网经营。公司将充分利用海口假日酒店优越的地理位置，发挥假日酒店网全方位优良服务系统及经营管理方面优势，以假日酒店经营为主，大力开发旅游资源，为海南得天独厚的热带旅游高水准服务。同时开展包括绿色农业开发、国际国内贸易和高科技服务在内的多元化经营，使公司成为跨地区、跨行业、依托国内、拓展海外的集团化股份公司。

法定代表人(董事长兼总经理):李斌

地址:海口市滨海大道南洋大厦902室

电话:8535188　8530901　8530902

传真:8530900　**邮编**:570105

花都市新东华道路发展有限公司

公司于1992年3月经花都市人民政府批准成立。拥有花都市境内自建的128公里收费公路的产权,公路工程造价达6.5亿元人民币。现公司在全市境内设有经广东省有关部门批准设立的8个路(桥)收费站,月收费额16万元人民币。公司主营公路、桥梁的投资开发及路桥的勘察、设计、施工,并受花都市人民政府领导,从事自办公路的路桥收费管理工作。公司兼营石场开采、停车场、加油站、汽车维修等业务,预计95年实现利润7500万元。1995年6月,经澳大利亚证监委批准,公司股票在澳大利亚联合交易所挂牌上市,公开招股2600万澳币,成为中国在澳大利亚发行股票的第一家县级市企业。

公司董事长兼总经理:罗宝麟

贵州凯涤股份有限公司

公司是贵州省凯里涤纶厂以其拥有的一条涤纶长丝生产线固定资产评估折价,邀集广东、深圳、贵州13家法人企业,共同发起组建的。1993年12月向社会公众公开发行2000万股股票后,于1994年1月29日注册成立。公司股本总额为7438.88万股,其中国有法人股占43.57%,法人股占29.54%,社会公众股占26.89%。股票于1994年4月8日在深交所上市交易,已流通股本为1982.78万股。

"一业为主多元运作"为本公司的经营战略。公司创立一年多来,已发展为拥有一个涤纶化纤厂,一个涤纶仿毛差别化纤维公司、一个化纤织物染整公司、一个拥有50%股权的贸易发展公司、一个拥有45%股份的中外合资塑料发泡化工公司和一个矿冶钎具制造控股公司。目前正在筹备创建一个以贵州中药材资源为依托、具有中等规模的中成药制药公司。

吉林制药股份有限公司

公司由原吉林市制药厂、深圳投资基金管理公司、深圳房地产开发集团公司3家共同发起创立,于93年12月15日在深圳正式挂牌交易。公司股本总额11046万股,其中国有股2605万股,社会法人股3535万股,社会公众流通股4906万股。公司董事长兼总经理马井田。1994年公司实现产值16379万元比上年增长27%,实现利润2764万元比上年增长34%,实现出口创汇4046万元比上年增长22%。自89年起连续6年实现利税超千万元。自1992年起,实现利润平均保持48%的增长势头。1992、93、94年经国务院发展研究中心、国家统计局评价,公司分别位居中国最大医药工业企业的66位,第49位和中国吉林经济效益的第19位。国家批准的《化学合成原料药生产基地》建设项目,公司将在"八五"末建成。

94年公司资产总额34102万元,比上年增长1.13%。主营业务收入14318万元比上年增长3%,税后利润2349万元,比上年增长34%,股东权益26396万元比上年增长4%,每股收益比上年增长29%,每股净资产2.39元。

厦门工程机械股份有限公司

公司系由原厦门工程机械厂于1993年12月以社会募集方式设立。厦工是机械部定点生产轮式装载机、推土机系列产品的大型骨干企业。自1988年以来,历年被评为"全国500家最大工业企业"和"全国500家最佳经济效益企业"之一,1994年度在中国500家最大工业企业及行业50家企业评价中,厦工获专用设备制造最佳经济效益企业第1位,销售收入、利润总额、人均创利等各项指标均居全国同行之首。厦工厂区占地面积36万平方米,现有员工2400多人,各类专业科技人员478名,其中中高级人员174人。目前,厦工正抓紧实施"八五""九五"技改扩建规划,计划总投资近4亿元,项目完成后将形成年产5000台装载机、推土机的生产能力,产品性能和质量指标达到国际先进同类产品的水平。

社会公众股上市交易日1994年1月28日,1994年底总股本21963.2万股,其中国家股16363.2万股,社会公众股5600万股。流通股为5600万股。公司现任法人代表:李荣玉,董事长:熊光敏,总经理:李荣玉。

公司1994年经营业绩:完成工业总产值(按90年不变价)3.89亿元;实现销售收入7.05亿元(含税);实现利润总额1.036亿元;全员劳动生产率(按现价计算)人均达33.39万元;1994年每股收益0.4元,每股净资产2.73元,每股红利0.28元,净资产收益率15.94%。10股送1.4股派1.4元。

深圳市华宝(集团)股份有限公司

公司创立于1982年,1993年12月由深圳市华宝牧工商联合公司改组为深圳市华宝(集团)股份有限公司。1994年5月9日"深华宝A"股票获准在深交所上市。主要股东有深圳市宝安区投资管理公司、中国牧工商总公司和深圳经济特区汇华集团有限公司。公司总股本19780万股,其中国家股8490.5万股,法人股5907.499万股,社会公众股5351.96万股。公司董事长兼总经理:麦汉波

公司主营畜牧业、种植业、饲料工业、食品工业、房地产业、进出口贸易。1994年完成税后利润5667万元,完成计划的58.47%。食品、饲料、电子三大系列和支柱工业正在形成,饲料创出品牌优势,产销创历史新高,"春客"牌绿色营养保健系列饮品已经面市,中美合资ITO导电玻璃项目进展顺利;商贸业务由出口单一的鲜活产品发展到轻工、粮油、陶瓷、百货等领域,出口地区由港澳市场拓展到东南亚、中东、欧美等市场,全年创汇1900万美元,增长86.98%。本集团总资产155133万元。1995年预测实现利润6885万元,税后利润5732万元。资产负债率59.10%,流动比率1.16倍,应收帐款周转率4次/年,资本报酬率5.28%,纯利率85.48%。1994年10送1派1元。

广州对外经济建设股份有限公司

广州对外经济建设股份有限公司成立于1993年9月13日,主要股东:广州对外经济发展总公司、广州发展集团公司、广州市国际信托投资公司、广州现代出版印刷有限公司、广州对外经济发展总公司、广州天河高新技术产业开发区建设电

子公司、广州海外投资咨询事务所等单位参资，注册资本为1000万元，其中：法人股占800万元，个人股占200万元，下属企业有：广州泰森皮件制品有限公司、广州安莉印染厂有限公司等和广州市肇美皮革厂、广州华圃橡胶制品厂等全资企业，主要从事进出口贸易、制鞋、印染、皮革制品等生产贸易业务，产品以外销为主，远销美国、加拿大等地。经营范围：批发、零售、代购、代销、百货、针纺织品、家用电器、五金、化工原料、仪器仪表、电子产品及通信设备，普能机械、橡胶制品、皮革制品、汽车配件及钢材。

执行董事总经理：邵忠

联系人：钟远红

地　址：广州市寺右新马路93号金桥大厦一号门一楼

电　话：6558021　6578049

传　真：6571613　**邮编**：510600

武汉东西湖啤酒(集团)股份有限公司

公司是1993年3月进行股份制改造，以名优产品为龙头，以全民所有制企业为主体，具有法人资格的股份有限公司。经过14年奋力拼搏，由创建之初年产仅万吨啤酒的小规模发展壮大到目前拥有核心层企业—东西湖啤酒厂、东啤二厂、中外合资东啤盛亿矿泉水有限公司、龙峰饮品实业有限公司、天然空调公司及运输公司、彩印厂等单位，企业总资产5.9亿元，注册资本11887万元，员工2500人，其中各类专业技术人员576人，包括国家级啤酒评比委员和一批高素质的啤酒酿造、企业管理专业人才。占地面积71万平方米，年产啤酒25万吨、高级滋补酒150吨，优质矿泉水3000吨等系列产品和多元化发展的大型一档企业。公司经济效益连续11年雄踞湖北省同行业榜首，在全国800余家啤酒企业中排名第6名，连续荣获全国"500家最佳经济效益企业"称号。此外，公司还有半紧密型和松散联营企业—应城分厂、蒲圻分厂、天门分厂等啤酒专业化生产企业和皇冠制盖厂。

公司董事长兼总经理陈尔程(高级经济师、工程师)，担任中国啤酒专业协会副会长，湖北省啤酒协会副理事长，武汉市质量管理协会副理事长等职务，荣获武汉市特等劳动模范、优秀企业家、湖北省劳动模范、全国劳动模范、全国企业思想政治工作先进工作者等称号，被国家统计局、中国技术进步评价中心授予"中国经营管理大师"称号。

地址：武汉市东西湖严家渡

电话：3892579　**邮编**：430047

武汉石油(集团)股份有限公司

公司是以社会募集方式设立的集工贸于一体的企业集团，从1988年试行股份制改造起，现已形成总股本5700万股，其中国家股3900万股，法人股373万股，个人股1427万股，总资产达3.2亿元。现有职工1409人，中高级技术人员120名；下设10个全资子公司，5座油库，1个炼油厂和148个零售经营网点(含54座加油站)。公司董事长：季银生，总经理：戢治成。

该公司主要从事石油成品油、石油化工产品的储存、运输、销售，润滑油的炼制加工，石油设备制造安装、客货运输、酒店管理、房地产经营、金融投资。现拥有4条铁路专用线和2座油码头，水陆运输能力达2500余吨，储存容量近10万立方米，并在全国率先采用磁卡自动加油技术。公司通过在浦东、深圳、珠海、海南、三峡等地扩充经营网络并成功地开发酒店管理，房地产经营，石油设备制造等经营业务。被授予湖北省优秀企业和武汉市20强企业的称号。

公司经营业绩：1994年主营业务收入96340万元，税后利润2089万元，资产总额32417万元，每股净资产2.19元。主要股东有武汉市国有资产经营公司、江汉石油管理局、武汉石油化工厂、武汉市信托投资公司、交通银行武汉市分行、武汉市国际经营贸易公司、武汉市税务咨询公司。公司下属及参股企业有：武石集团石化产品销售公司、汉口公司、武昌公司、运输公司、工贸公司、武汉实友房地产公司、武石集团开发公司、武汉石油设备工程公司、武石集团海南鑫磊石油物贸公司、武石集团深圳江城石化公司。以及武汉石油大厦服务有限公司、武汉三福磁卡有限公司、武汉商业发展集团有限公司、武汉市商业房地产开发总公司、南京水上实业股份有限公司、武汉九通实业股份有限公司。

海南兴业聚酯股份有限公司

海南兴业聚酯股份有限公司是由海南省纺织工业总公司、海南国际(海外)投资有限公司、中国银行海口信托咨询公司、交通银行海南分行和中技海南公司作为发起人，按股份制规范化要求，实行定向募集组建的大型股份制企业。

公司主体项目为年产6万吨聚酯切片，该项目总投资4.9亿元，现即将投产，投产后将有良好的市场前景，同时，公司正在积极筹划年产2万吨熔体直接纺长丝项目和二期年产十四万吨聚酯切片项目，以适应国际市场的要求。在保证聚酯产品为主体的前提下，公司还扩大经营领域，进行全方位立体经营。目前，已注册成立了下属海南兴鑫房地产开发公司和海南兴业贸易公司，积极开拓商贸、进出口、旅游、房地产等领域的业务。

地址：海南省海口市秀英港澳工业开发区

电话：(0898)8664042　**传真**：(0898)8664045

邮编：570314

信海(集团)股份有限公司

公司是一个集科技、工贸、房地产置业，多功能、国际化、系列化的全方位集团公司，有进出口经营及转口贸易权，建有珠海较早的"信海工业大厦"，拥有明星企业"珠海市江海电子股份有限公司"。属下有10多家企业，主要的产品有各种型号的机芯和愉快教育器材系列产品以及电子、电讯、木制工艺、高级照相机、公共天线等名优产品。年产值6亿元。公司属下的"珠海经济特区信海股份有限公司"是经市政府批准的股份制企业，有金斗湾开发土地630亩和待改造为综合商贸大楼的信海大厦。我们诚意邀请各界朋友共同合作，编织一个更灿烂的希望，信海集团，鹏程万里。

法人代表：张建荣

地　　址：珠海市吉大园林路信海商业大厦8楼

电　　话：3333209　**传真**：3333207

电　　挂：3138　　**邮编**：519015

中介机构

南方会计师事务所

南方会计师事务所经广东省财政厅1985年12月13日批准成立，并经广州市工商行政管理局注册登记，具有法人资格，受国家法律保护。本所由经国家考试、考核批准取得注册会计师资格的注册会计师组成，现拥有40多名具有财务、会计、税务、审计专业知识的专业人士，其中注册会计师20人。是一个专门承办各类会计公证、会计咨询、担任企、事业单位常年会计、税务顾问和培训财务会计人员等业务的独立核算单位。现为400多家中外客户提供优质服务。

本所办理各项业务，严格遵守国家有关法律、法规和制度，恪守公正、客观、实事求是的原则，保障委托人的合法权益，竭诚为各界人士服务。

地址：广州市麓景路7号6楼（即在广州市老干部活动中心东边）

电话：经理室 3502902　办公室 3502873
评估部 3326495　业务一部 3321094
业务二部 3502887　业务三部 3324458
档案电脑室 3502861

邮编：510050

广东省华粤会计师事务所

事务所是广东省较早成立的一间大型会计师事务所，业务上由省财政厅管理，行政上由省审计厅管理，具有独立法人资格。事务所承办项目有：审查会计帐目、会计报表和其它财务资料，出具查帐报告书；验证企业的投入资本，出具验资报告书；参与办理股东退股、企业中途歇业、解散、破产的清算事项；参与调解经济纠纷进行仲裁帐目清核、协助签别经济案件证据；办理承包经营责任制的审计业务，包括承包前、期中、终结、兑现以及厂长（经理）离任审计；接受对资产进行评估和上市股票的资信鉴证；设计财务会计制度，担任会计、审计顾问，提供会计、财务、税务和经济管理咨询；代理纳税申报和群众团体、私人企业、个体户的会计核算；对投资项目、合同、协议进行审阅修订，编制可行性研究报告的经济部份；参加投资项目谈判，担任项目顾问；代办申请注册登记，协助拟订合同、章程和其它经济文件及翻译文件、资料；清理乱帐，清理债权债务，整理会计帐目，重新建帐；培训财务会计、审计人员；接受海关、工商、税务、财政、金融、保险等职能部门的委办业务。

服务对象有：国营、联营、集体、乡镇和私人企业、个体户；中外合资、合作、外资、侨资及港、澳、台独资经营企业；各级政府部门、机关、部队、事业单位、人民团体、各种办事和代表代理机构；其他经济组织和个人。本所人员在执行业务中，对委托人或其他当事人有利害关系的，实行回避。对取得和了解到客户的资料、文件、信息、投资情况等，严格保守秘密。本所承担办理的业务收费，按国家和地方有关部门规定颁发的收费标准执行。

法定代表：胡连云

地　　址：广州市合群二马路3号
电　　话：7750570　7766282　7766111
邮　　编：510080

广东环球会计师事务所

广东环球会计师事务所系经广东省人民政府财贸办公室组建，广东省财政厅批准，广东省工商行政管理局登记注册，依法独立承办中外合资、中外合作、外商独资企业以及国内企、事业单位的查帐验证和各类咨询业务。本着"信誉至上，质量第一，服务至诚"的宗旨，为客户提供各项优良的专业化服务。

机构设置：事务所下设五部一室。审计部：开展年度会计报表审计；资本验证；专项审计；经济案件、经济纠纷鉴证事项；企业解散、破产清算事项；企业经理离任审计。资产评估部：开展资产盘查、清点；银行贷款资产抵押评估；集体、私营企业资产评估；其他资产评估；基建工程预决算验证；工程进度验证。咨询部：开展担任企业常年财务顾问；财务会计制度及各项管理制度设计；投资项目可行性研究报告；财会人员专业培训；外文资料翻译；财务及其他管理电脑程序设计；一般的法律咨询。理财部：开展代客理旧帐、建新帐；为中、小型企业提供代理记帐；为客代理纳税；为客代理结汇；为客代理审查信用证；客户委托的其他事项。市场部：开展代理起草公司章程；代客申请办理工商登记、法人代码卡；代客办理税务登记和刻制印鉴；代客开设银行帐户，申领贷款证；代客办理海关注册；代客办理进口设备商检估值。

广州地址：广州市东华北168号（金城宾馆）银珠楼2508
电　　话：7754888—2508
传　　真：7654092　**邮编**：510080
深圳地址：深圳市南油海晖大厦银波阁四层
电　　话：6401540　6401542　6401544
传　　真：6401541　**邮编**：518054

广州市白云会计师事务所

事务所是经广东省财政厅批准并在财政部备案，依法独立承办注册会计师业务的全民所有制事业单位。拥有一批资深注册会计师和专业技术人员，竭诚为客户提供验资、查帐等会计公证和财会税务咨询顾问、代理记帐、培训财会人员等服务。恪守国家法律，履行协议，维护客户的合法权益。欢迎联系业务。

地址：广州市先烈南路青龙坊195号
电话：7750707　**邮编**：510060

韶关会计师事务所

韶关会计师事务所经市编委批准，报经广东省财政厅批准成立，除执行注册会计师法规定的业务外，具有资产评估资格和股份制企业柜台交易查帐验资资格。内设机构有业务一部、业务二部、资产评估部，拥有中国注册会计师、经济师、中高级会计师、中高级机械师、建筑工程师等。依法承办以下业务：验证国有、集体、三资、联营、私营和股份制等企业投入的资本和审查企业会计报表，出具验资报告书或审计报告书。受理国有资产整体评估，单项资产（房地产、机械设备、流动资产、无形资产等）评估，出具资产评估结果报告书。接受部门委托，承担企业常年会计顾问，参与办理企业建帐、清帐、分立、合并、破产、清算，协助鉴定经济案件和离任审计等事项。接受企业部门委托，代理记帐、设计财务管理、会计核算和各项管理制度，、培训财会人员和提供财务、税务咨询。欢迎来人、来函联系业务。

法人代表：郭忠龙
地　　址：广东省韶关市惠民路 6 号
电　　话：(0751)8757540　8758711
邮　　编：512026
开户银行：韶关市工商银行西河支行
帐　　号：021—02490157—216

韶关市粤北会计师事务所

事务所是经广东省财政厅批准成立的事业单位，挂靠韶关市外经委，现有专业人员 15 人。其中中国注册会计师 5 人、工程师 2 人、讲师 1 人，内设业务一、二部、财务、审计部、办公室。依法承办业务有：1. 承办外资企业（含中外合资（合作）侨资）和国内企业验证投入资本，出具验资报告书；2. 审查会计帐目、会计报表和其他财务资料、出具查帐报告书；3. 参与办理企业解散、破产清算事项；4. 参与调解经济纠纷、协助鉴别经济案件证据；5. 其他会计查帐、验证事项；6. 担任会计顾问、提供会计、财务和经济管理咨询；7. 代办理纳税申报；8. 代办申请注册登记、协助拟订合同、章程和其他经济文件；9. 代办基建工程预算、决算的查证出具证明；10. 接受委托代办财会人员专业培训。

法人代表：梁毓焜
地　　址：韶关市解放路 170 号外贸大楼 7 楼
电　　话：(0751)8883649　8881143
邮　　编：512000

广西国泰会计师事务所

广西国泰会计师事务所是经广西区财政厅批准成立的，专门从事注册会计师业务的社会公证机构。拥有一支年轻化、专业化的从业队伍，现有执业注册会计师 8 人。

事务所的业务范围有：法定财务报表审计、投入资本验证、企业债权债务清理、会计咨询和代理会计、工程预决算审查等。本所成立后，以高信誉、高质量、高效率的优势赢得较高的声誉，在全区各会计师事务所中崭露头角。拥有的客户中包括目前广西最大的股份公司—广西桂冠电力股份有限公司及广西贵糖（集团）股份有限公司、南宁建设股份有限公司、北海建联股份有限公司等 100 多家公司，业务已经拓展到全区各地。

热忱欢迎社会各界、各行业委托业务。本所将竭诚地提供客观、公正、高效、优质的服务。

所长：黎作森
地址：广西南宁市桃源路 82 号区建行原办公楼
电话：2804238　2801691—239
邮编：530021

柳州会计师事务所

事务所是经自治区财政厅批准于 1985 年 12 月成立，1986 年 1 月 15 日正式开业，所内设有涉外业务部、国内业务部、国内验资部、资产评估部，从业人员 25 人，其中注册会计师 21 人。

业务范围：主要业务包括审查企业会计报表，出具审计报告；验证企业资本，出具验资报告；办理企业合并、分立、清算中的审计，出具有关的报告；法律、法规规定的其他业务；会计咨询和会计服务业务。

所长：江琨
地址：广西柳州市文惠路 80 号文惠大厦四楼
电话：(0772)2826641　2820661　2820660
邮编：545001

北海大通会计师事务所

北海大通会计师事务所是经批准从事审计、验资、资产评估、会计咨询等业务，具有法人地位的社会中介机构，具有国家颁发的"会计师事务所批准证书"和"资产评估资格证书"。目前有注册会计师 9 名，并已发展成为拥有会计学教授以及经济、技术、法律等方面专家的综合性会计师事务所。在执业中严格遵循国际审计准则和我国有关法律、法规及工作规则，恪守客观、公正、独立的原则，坚持质量第一，信誉至上，在社会上树立了良好的信誉。执业地点除北海市外，还有南宁、钦州、防城及海南、广东、北京、武汉等省市。

所内设有涉外业务部、国内业务部、资产评估部、税务代理部、培训部。现任所长李贵斌，系中国注册会计师协会理事、注册会计师、高级会计师；主任会计师施裕安，系中南财经大学兼职教授、注册会计师、高级审计师。

地址：广西北海市解放南路城建大厦四楼
电话：(0779)3058294　3058979
邮编：536000

广西河池会计师事务所

所长：周瑞芳
地址：河池市新建路 103 号
电话：(0778)2285774
邮编：547000
电挂：0603

武陵会计师事务所北海分所

武陵会计师事务所具有财政部颁发的"会计师事务所批准证书"和国家国有资产管理局颁发的资产评估资格证书，于 1994 年 8 月 9 日经广西区财政厅批准成立，并经北海市工商行政管理局登记注册，面向北海各界承办注册会计师业务：验证企业投入资本；审查企业会计报表；办理资产评估（已经北海市国有资产局同意）；企业转制方案，论证；效益预测审计，设计会计制度；担任会计顾问；提供各种财政、税收政策咨询；企业投资项目可行性论证；基建项目预、决算审查；经济案件鉴定;代办工商注册登记,代理纳税申报;培训财会人员等。

本所主要由全国统一考试合格的年轻中国注册会计师组成,执业重质量、信誉。主要客户有北海银建投资股份有限公司、北海百货股份有限公司、北海长江实业股份有限公司等500多户单位。

所长:谢泽敏

地址:北部湾西路(中航)科技大厦四楼

电话:3035837　9018341

邮编:536000

海南中山会计师事务所

海南中山会计师事务所是一所具有独立法人资格的全民所有制事业单位。1992年3月经海南省财政税务厅批准成立,地处海口市金贸区国贸大道汇通大厦的繁华地带,交通便利。拥有一批高素质的从业队伍,从业人员年轻化、专业化、技术化融为一体,全体从业人员恪守客观、公平、实事求是的原则,以质量为基石,求生存;以信誉取胜,求发展;竭诚为广大客户提供优质、高效、方便、快捷的服务,为海南经济的发展,发挥着自身所应有的公证作用。

承办业务有承办会计查帐鉴证业务:审查财务资料出具查帐审计报告书;验证资本金出具验资报告书;参与企业解散、破产的清算及产权交易的有关事项;参与调解经济纠纷出具鉴证书;其他会计查帐验证事项。承办会计咨询服务业务:设计企业财务会计制度;提供常年会计顾问;代理纳税审报;协助拟订有关经济文件;管理经济业务分析报告;培训财务会计管理人员。

地址:海口市国贸大道汇通大厦8楼813室

电话:8537853　8531881—1200

邮编:570125

湖南省会计师事务所

湖南省会计师事务所成立于1985年2月,十年来,恪守"独立、客观、公正"的执业原则,相继为6000多家客户提供了服务,深得客户的信赖。1992年12月和1993年6月,经财政部、中国证监会、国家国有资产管理局批准确认,成为湖南省第一家从事证券业务中财务审计与资产评估双重资格的会计师事务所。1995年5月获得湖南省财会工作先进集体的光荣称号。现有中国注册会计师、高级会计师、高级经济师、高级工程师、会计师、工程师及其他助理人员80余人,其中注册会计师38人,具有从事证券业务特准资格的注册会计师8人。内设审计一部、审计二部、审计三部、管理咨询部、资产评估部、综合部等6个部及5个业务分部。执业范围除外商投资企业、股份制企业、国内企事业单位的查帐验证、会计咨询、资产评估外,还拓展了企业的破产清算,企业收购、兼并,境外发行B股等评估与审计业务。承担了湖南省第一批公开发行上市股票的长沙中意电器股份有限公司、株洲火炬火花塞股份有限公司和以法人股上市交易的广东广建集团股份有限公司等17家股份制企业财务审计、盈利预测和股本验证工作。1994年还与安达信国际会计公司合作,对湖南省首家在境外发行B股的涟源钢铁股份有限公司进行了财务审计。事务所坚持"服务第一、质量第一、信誉第一"的宗旨,以创建"技术一流。最具权威"会计师事务所为宏伟目标,与广大客户共同携手,不断进取,昂首迈进光辉灿烂的二十一世纪。

地址:长沙市黄兴南路182号

电话:(0731)4445215

湖北建达会计师事务所

湖北建达会计师事务所,经湖北省财政厅批准成立,并经湖北省工商行政管理局注册登记,具有法人地位实行独立执业的全民所有制的事业单位。事务所原名"湖北会计师事务所第六分所"是由财政部考核和批准的中国注册会计师组成,并拥有一批具有建筑施工、房地产开发、流通企业、工业企业、城市公用事业和行政事业单位的富有丰富理论知识和实践经验的高级会计师、高级工程师、高级经济师和其他经济专业人材,并聘请有关财经专家学者,担任高级顾问。

湖北建达会计师事务所坚持独立、客观、公证和实事求是的精神,以讲求服务质量为最高工作准则。注册会计师对所出报告书内容的正确性,合法性负责。报告书具有法律作用,并承担法律责任。严格履行与委托单位签订的协议书的规定,维护委托单位正当权益,并对委托单位的经营、财务情况遵守保密要求。热诚欢迎与各经济单位发展业务联系,热情为中外客户服务。

业务范围:

一、审查企业会计报表,出具审计报告。

二、验证企业资本,出具验资报告。

三、承办项目的可行性研究,并出具报告。

四、承办企业合并、分立、清算、离任等帐目的审计业务,出具审计报告。

五、参与经济纠纷的调解,协助鉴别经济案件证据。

六、担任常年会计顾问,提供会计、财务、税务和经营管理咨询。

七、培训财务会计人员。

八、其他财务会计咨询工作。

所长:刘师茂

地址:武昌中南路14号省建设厅大院新三栋楼下

电话:7823713转229或7824424转229

邮编:430071

深圳市福田审计师事务所

事务所是报经广东省审计局和深圳市政府批准,工商行政管理局核准注册的面向社会依法独立承办审计查证、咨询服务和中介服务机构。接受国营企事业单位、外商投资企业、集体企业、私营(个体)企业、股份制企业和其它具有法人资格的单位和个人的委托,承办下列业务:

●财务收支、经济效益、经济责任的查证事项;

●经济案件的鉴定事项;

●注册资金的验证和年检;

●基建工程预、决算的验证;

●建帐建制、资产评估、清理债权债务;

●经济管理咨询服务;

●培训审计、财务、会计和其它经济管理人员;

●担任审计、会计咨询顾问。

本所特聘顾问:

李锐弟(审计署行政国防审计司副司长、教授)

肖灼基(北京大学博士生导师、教授)

事务所由广东省注册审计师协会理事、深圳市社会审计协会副会长、中国注册审计师周可添任所长。属下有9个办事处共辖60多人,其中有32人已获国家审计署批准为注册审计师,能够胜任各种会计审计查证和咨询的业务。已获国家国有资产管理局批准为具有资产评估资格,可为各类企业进行资产评估。

本所坚持客观、公正、独立的原则,信守合同,注重质量,讲求效率,为委托人保守秘密,热情地为社会各界服务,竭诚欢迎各界惠顾。

地址:深圳市福华路18号福田商贸大厦西座5楼

电话:3331371 3608232 3603024

广州天河审计师事务所

事务所成立于1988年8月,具有国家国有资产管理局颁发的资产评估资格。内设机构有资产评估部、审计查证部、企业验资部、咨询服务部、行政管理部。现有工作人员25人,其中专职人员10人。在专职人员中,建筑工程技术人员3人,机械、电气、轮机工程技术人员3人,会计经济管理人员4人,其中高、中级职称人员8人。从业半年多来,接受各客户委托,已承办各种资产评估业务九项,评估值42136万元。

主营业务:企业、事业单位固定资产、流动资产、专项资产、无形资产及其他资产的评估。兼营业务:审计咨询、财会咨询,财务收支的审计查证,经济案件的鉴定,注册资金的验证,建立帐薄,建立财务制度以及提供会计财务,税务和经济管理咨询的有偿服务。

法人代表(所长):苏慕平(中国注册会计师)

地址:广州市天河路天河区政府办公楼221室

电话:(020)5512734 **邮编**:510630

广州经济技术开发区审计师事务所

事务所于1989年9月经广东省审计厅批准成立,具有法人资格,是广州经济技术开发区管委会的直属事业单位,独立承办审计、验资、顾问咨询等业务。事务所承办委托业务,坚持依法审计、客观公正、实事求是的原则,维护委托者的合法利益。1994年底,经市审计局检查认定我所业务质量优秀,并被广州企业评价协会评为广州地区十强审计师事务所。

具体承办业务有:1.政府和审计机关委托的审计事项;2.厂长(经理)离任经济责任审计;3.承包经营目标责任审计;4.资产负债损益审计;基建工程预决算审计;5.财务收支、财政法纪、经济效益、盈亏核实审计以及财务建帐,代理记帐,查帐,清理帐目;6.年度决算报表审查;7.资产评估;8.企业注册资金验证及年检;9.担任常年审计会计财务咨询顾问;10.培训审计、财务会计人员。

法人代表:范演强

地　址:广州经济技术开发区管委会大楼中座301室

电　话:2213066 2213062 **邮编**:510730

佛山市审计事务所

佛山市审计事务所是经省审计厅和市编委批准成立,并在市工商、税务部门办理登记,实行有偿服务、自收自支、独立核算,依法纳税的全民所有制事业单位,自1992年7月成立以来,取得了较好的社会效益和经济效益。1994年度完成审计业务近200项,还开展了注册资本验证、基建资金来源查证、国有企业报表签证等业务,实现业务收入近200万元。

1994年度,审计事务所在巩固注册资本的验证和年检,承包和离任经济责任审计、经济案件鉴定、会计审计咨询等业务的基础上,开拓了自筹基建资金来源查证、国有企业年度会计报表签证等业务,为了适应社会主义市场经济的发展,还拟在今后开拓代理税务申报和代理建帐等业务。始终坚持客观公正的原则,把审计工作质量视为生存之本,以政策法规为准绳,力求作出实事求是、客观公正的审计查证结论。一手抓业务拓展,一手抓内部管理制度、各类业务监控制度的建立和职业道德教育。并坚持依法办事、客观公正、诚实信用、保守秘密的原则。自觉接受审计机关的监督和管理。

地址:佛山市同华西一路三号二、三楼

电话:(0757)3355098

邮编:528000

惠来县审计师事务所

本所成立于1989年11月,具有国家国有资产管理局颁发的资产评估资格。内设审计、验证、咨询和资产评估部,现有员工19人,计有注册审计师、注册会计师、经济师6人,工程师3人,高级工程师1人。

主营业务有审计、验证、咨询;企业整体评估,单项资产评估,包括:房地产、机器设备、流动资产、无形资产等各类资产。承办业务项目有:国内企业和“三资”企业验资、银行抵押贷款资产验证、工会经费缴拨审计、口岸管理费缴拨审计、退休养老基金统筹缴拨审计、财务收支审计、厂长(经理)离任经济责任审计、“三资”企业的常年会计业务及顾问、挂钩服务审计查证、资产评估等19项业务,至1995年6月底止,已承办业务2022(项)户。也是省内唯一一家获得资产评估正式资格的县级审计师事务所。

法人代表:陈隽淡

地　址:广东省惠州市惠来县审计师事务所

电　话:686851 **邮编**:515200

广西审计师事务所

广西审计师事务所成立于1987年,是经国家批准和登记注册的社会审计组织,具有法人资格,依法独立承办审计查证和咨询服务业务。事务所拥有固定执业人员20多人,全部具有高中级职称,经国家审计署批准,百分之九十的专业人员获取中国注册审计师执业证书,业务拓展及全区各地、各行业。

事务所设有六部一室,即工交部、商贸部、基建部、验资部、评估部、税务代理咨询部、办公室。事务所接受客户委托,承办下列审计业务:企业财务年度收支审计、年度报表审计查证、经济纠纷案件鉴定、债权债务清理、注册资金验证和年检、资产评估、税务代理咨询、投资项目预决算审计、辅导建帐、建制、担任常年会计顾问、培训审计、财务、会计人员等。

事务所以独立、客观、公正、严谨、廉洁、保密的原则服务于社会。坚持服务第一、质量第一,信誉第一的服务宗旨竭诚为社会各界、各行业服务。

所长:黄英　陈圣党

地址:广西南宁市星湖路北二里

电话:(0771)5856850 5854755

邮编:530022

南宁市审计师事务所

南宁市审计师事务所于1985年5月9日成立，是经广西审计署和南宁市编制局批准并在南宁市工商行政管理局登记、独立依法承办审计查证的咨询服务的事业单位。行政上由南宁市审计局直接管理和指导，经济上实行有偿服务，自收自支，独立核算，依法纳税。拥有高级审计师、审计师、工程师、注册审计师及其他专业人员30余人，专业人员绝大部分是从事多年会计、审计的专业技术人员，具有承办审计查帐和提供税务、财务、会计和经济管理咨询服务的能力，并热情上门提供优质的服务。

建所十年来，积极开展审计咨询服务业务，得到社会各界的支持，积累了丰富的经验，除接受一般的审计查证、验证注册资本的业务外，还取得了国家审计署批准的中央和地方国有企业审计查证资格。依法承办下列业务：财务收支、经济效益、经济责任的查证事项；经济案件的鉴定事项；注册资金的验证和年检；基建工程预、决算的验证；建帐建制、资产评估、清理债权债务；提供税务、财务、会计和经济管理咨询服务。

本所根据国家法律、法规和规章制度，客观公正、实事求是地维护委托方的权益。坚持"质量第一"、"信誉第一"、"服务第一"，收费合理，帮助企业改善经营管理，提高经济效益和社会效益。为发展社会主义市场经济、振兴南宁市服务。

所长：李庭槐（注册审计师）

地址：广西南宁市民生路2—5号（民生电影院对面）

电话：2822941 **邮编：**530012

广西北海市审计师事务所

北海市审计师事务所是经广西区审计署批准，于1988年2月8日成立的全民所有制事业单位，直属北海市审计局。现有从业人员75人，其中注册审计师10人，高级会计师、审计师、会计师、经济师、工程师等高、中级职称以上的人员15人，注册资金108万元，拥有建筑面积775平方米的六层办公楼壹幢。北海市审计师事务所是广西唯一进入全国百强审计师事务所的单位，也是北海市唯一荣获对中央及地方国有企业审计查证资格的审计师事务所，在1994年度又入选北海市事业单位十强之列。

主要业务范围：承办各级政府和各部门委托的审计事项，接受司法机关委托的经济案件鉴定，为国内各类、各种经济成份的企业和中外合资企业、外商投资企业办理验证资本的审计公证，对含国家控股的股份制企业和其他国有资产的企业进行审计查证，决算审计公证。为各类企事业单位进行检查会计帐目，清理债权和债务，经济效益研究、预测、培训审计人员及受聘担任企业的审计顾问，基建预算决算审计，固定资产评估，基建咨询、设计，投资可行性研究。

北海市审计师事务所热忱欢迎社会各界委托承办审计、查帐、验证、咨询服务等业务。

所长（法人代表）：刘绍伟

地址：北海市北海大道旁注册审计师楼。

电话：（0779）3052861 **传真：**（0779）3052913

邮编：536000

广西梧州市审计师事务所

事务所成立于1988年1月5日，经广西区审计局批准。系全民所有制事业单位，自主经营，依法纳税，自收自支，独立核算。所内设审计查证部、资产评估部、咨询服务部、办公室和验资部等职能机构，有高、中级职称人员23人，其中注册师16人，员工36人。

依法承办：审查会计帐目、会计报表和其它它财务会计资料。出具审计查证报告书；验证企业的投入资本数额，出具验资报告书；办理企业合并、分立、解散、破产结算事项的审计业务，出具有关的报告；资产评估、股份制企业的审计查证，出具评估或审计报告；基建工程预、决算的验证等；设计财务会计制度，担任会计、审计顾问，提供会计、财务、税务和经济管理咨询服务；代理纳税申报、企业申请注册登记，拟订合同、章程和其它经济文件；计算机会计系统设计、人员培训等业务；法律、行政法规规定的其它审计业务。

所　　长：何先涛（中国注册审计师）

总审计师：黎荫聪（高级审计师，中国注册审计师）

地　　址：广西梧州市九坊路38号（三楼）

电　　话：（0774）2826720　2834364

广东明大律师事务所

事务所是广东省司法厅批准成立和管理的律师事务所，1993年获司法部和国家证监会联合授予从事证券法律业务资格（资格证编号：129）。

律师所的主要业务有：办理公司成立、注册、上市、改组、合并及收购、股权转让、企业融资、破产清盘等公司法律事务并就有关事项出具法律意见书；为商业合同、合资（合伙）经营、经销（代销）及分销协议出让条件及协议、特许权与专利权、商标、著作权等商业事务提供法律服务；为房地产的发展规划、融资、工业、商业及住宅楼宇的出售、购入、租赁及相关的合同提供法律建议，协助办理房地产预售、抵押等法律事务；为公司证券、债券和基金的发行、上市，股票及期货的交易提供法律服务并出具法律意见书；担任公司、个人的常年法律顾问；担任民事、经济、行政等诉讼或仲裁案件的代理人；担任刑事案件的辩护人；办理各类公证（见证）业务；其他法律业务。

主任：郭锦凯

地址：广东省广州市环市东路360号珠江大厦东10楼

电话：（020）3332490 **传真：**（020）3355864

邮编：510060

广州市荔湾律师事务所

广州市荔湾律师事务所系我国十年动乱后恢复律师制度中广州市最早成立的法律服务机构之一，十年多年来，坚持服务第一，质量第一的宗旨，一直以良好的职业道德称誉广州市律师行业。该所注重搞好管理，提高律师队伍的整体素质，积极开拓业务。1994年度，全所共有律师和工作人员43人，办理各项法律业务1783件，律师费收入比1993年增加60%，被评为1993年至1994年度广州市司法系统先进集体。荔湾律师事务所系综合性的律师事务所，办理各类型的法律事务，尤其在办理民事、经济诉讼，房地产法律事务方面有丰富的经验，近年来，又在办理涉外法律事务、金融、劳务法律事务方面有新的突破。在新的一年中该所又提出新的目标"创造优美环境，保持优良秩序，提供优质服务"，努力争取为当事人提供全面的法律服务。

主任：姚伟鸣

地址	邮编	电话
广州市光复北路516号三楼	510180	(020)8882601
广州市人民中路475号三楼	510180	(020)8863525
广州市宝源路116号二楼	510150	(020)8821502
广州市荔湾路111号	510170	(020)8836620

华合律师事务所

华合律师事务所于1992年被批准成立，具有在全国从事证券法律业务的资格。华合所的律师均受过良好的高等法学教育，在执业多年的实践中积累了承办各类案件的丰富经验，具良好的职业道德。华合所具有良好办公环境，配有现代化的办公设备，查阅国内外法律法规及国际惯例和国际公约已采用电脑和资料两种方式进行，可为当事人提供完善的法律信息服务。华合所全面开展国内法律业务的同时，正积极参与国际上的法律业务活动，已同美国、日本、香港地区的律师建立了业务合作关系。华合所的成立时间虽不长，可成立以来在社会各界大力支持和帮助下，以对当事人的高度负责的精神和自己的业务实力，迅速拓展自己的服务领域。华合所现有法律顾问单位80余家，承办了大量的诉讼和非诉案件，参与了新大洲摩托车股份有限公司等五家股份公司股票公开发行上市和配股策划，并成功地出具法律意见书和工作报告。在办理证券，股份制改造法律事务方面已取得丰富的经验，并赢得了委托人的充分信赖。

业务范围：担任企事业单位的常年和专项法律顾问；担任民事、经济、行政案件的代理人参加诉讼和仲裁；代理公司组建、投资证券股票、信托贷款、房地产经营活动中非诉讼法律事务；办理其他法律事务。

怡光律师事务所

怡光律师事务所(YIGUANG LAW OFFICE)创建于1994年，系经海南省司法厅批准设立的专业律师机构，现在北京设有事务所，共有各类专业律师15名，在全国范围内向各类客户提供法律服务，并积极开展向外国客户提供法律服务业务。怡光律师事务所设诉讼/仲裁部、资产/项目部、房地产/金融部、公司/商贸部、海事/航空部。各部门均有专业资深律师主持。

怡光律师事务所由知名律师张宇先生主持并任主任，所有律师均取得较高的专业文凭或学位证书，并且都有丰富的律师工作经验。随着各项律师业务的拓展及北京事务所的开业，怡光律师事务所将成为提供全方位法律服务的综合性律师事务所。

地址：海口市滨海大道珠江广场帝豪大厦12B－02室

电话：(0898)6717969　6717968

传真：(0898)6717968　**邮编**：570125

广州市金融海商律师事务所

广州市金融海商律师事务所是以原广州市第三律师事务所为基础，经调整、充实力量，报经广州市机构编制委员会和广东省司法厅批准，易名成立的专业性律师事务所，隶属于广州市司法局。

事务所素以优质高效，公正廉洁，依法求实，仗法执言，刚直不阿，依法维护法律的正确实施，维护当事人合法权益为宗旨，重质量，讲信誉，工作热情，作风严谨，全心全意地为当事人提供法律服务。事务所采取一专多能的发展方针，在重点拓展金融保险、海事海商业务的同时，全面开展律师的各项业务，包括商务房产、经济贸易、信托投资、债券发行、股票上市、企业经营机制转换、股份制改造、知识产权、工商税务、涉外纠纷、项目引进、招标投标、技术转让、合同见证、代办工商、房产登记、资信调查、翻译涉外资料、担任法律顾问、办理民、刑案件以及法律咨询、代书等业务。

事务所为逐步向专业化方向发展，根据每个律师的专长进行分工组合，下设了金融保险法律事务部、海事海商法律事务部、商贸房产法律事务部、国际贸易法律事务部、综合事务部等五个部门。根据本所的实际情况和律师的业务素质，1993年6月被司法部和国家证监会授予从事证券法律业务资格证书。事务所现有300多平方米装修一流的办公楼，配备有电脑、传真、复印、打字、程控电话、无线电寻呼机、汽车、摩托车等现代化办公、通讯设备和交通工具。

主任：孙丙申(高级律师)　**副主任**：程滨涛(律师)。

地址：广州市仓边路38号地下

电话：3370000　3370001　3370002　3370003　3370004　3370005

传真：3833171　**邮编**：510030

深圳市蛇口律师事务所

1983年7月1日，经司法部特批，深圳市蛇口律师事务所打破律师工作机构“法律顾问处”命名的模式，在全国首家以“律师事务所”这一符合国际惯例的名称挂牌开业，从而揭开了我国律师工作发展历史新的一页。

借助于地处经济特区的优势，深圳市蛇口律师事务所成立伊始就在法律服务领域大胆探索，率先开展法无明文规定的非诉讼业务，如律师见证、担任“三资”企业常年法律顾问、参与“三资”企业劳资纠纷调解、为股票上市公司出具法律意见书等等，其成功经验为我国律师业务的成型化和规范化提供了借鉴和示范作用。事务所成立10年多来共担任近160家机关、企事业单位的常年法律顾问，办理诉讼案件1200多宗，各类非诉讼法律事务2000多件。

经过将近11年的艰苦创业，深圳市蛇口律师事务所从3名律师、2万元人民币开办费起步，到今天已发展成为拥有包括中、高级律师在内的11名律师，业务门类齐全，具有一定规模和影响的多功能综合型律师机构。该所十分重视并致力于对外交流与合作，目前已同香港何李罗林律师事务所及美国Larry律师签订了合作协议。

主任：任湘清

深圳君联律师事务所

君联律师事务所是深圳市最早一批经广东省司法厅批准，报中华人民共和国司法部备案，按国际惯例成立的合伙制律师事务所之一。除3位资深合伙律师外，拥有一批受过高等法律教育、执业多年、办案经验丰富的专职律师，并有多名现在其他行业任职、知识渊博具备多项专长的兼职律师。本所律师团结协作，各展所长形成一个高效率高质量，业务广泛的法律服务机构整体。

本所自成立以来，在刑事辩护、民事代理、金融房地产、知识产权方面的案件颇有建树，在维护当事人权益上取得了显著效果，受到社会各方的赞誉和好评，此外，本所在科技、涉外案件方面亦有专门人才，随着业务的不断拓展，在国内外和港澳地区建立了广泛的联系和业务协作。本所律师力求以完备的法律知识和技能以及优良的专业精神竭成为当事人服务。

地址：深圳市红荔路四川大厦603室

电话：3325407　3352400－3603

邮编：518028

中山市对外经济律师事务所

事务所是一家八十年代成立的国有律师事务所，多年来，已培养了一批从业经验丰富，职业道德高尚，专业素质优秀的律师队伍，以诚恳踏实、精益求精的敬业精神，为客户提供高素质的法律服务，得到了广大客户的信赖。

主要业务：

（一）接受聘请，担任法人单位，公民和其他组织的法律顾问；

（二）担任刑事诉讼案件中的辩护人或者代理人；

（三）担任民事、经济、行政诉讼案件或者调解、仲裁、行政复议事件当事人的代理人；

（四）担任申诉代理人；

（五）代理房屋买卖、抵押、租赁以及土地转让、出让、抵押等法律事务；

（六）代理税务、金融或者非金融机构的信贷、银行按揭、投资、监督基金运作等法律事务；

（七）代理各种投资、贸易、知识产权、海商海事以及其他民商事活动中的法律事务；

（八）依照规定代理企业、公司股份制改建、扩建、股权转让、股票发行、上市以及证券等法律事务；

（九）依照有关规定接受委托担任法律行为或者法律事实的见证人；

（十）代写法律文书，提供法律咨询；

（十一）接受委托，依法办理其他法律事务。

主任：黎璎

地址：广东省中山市东区拍苑新村水仙阁第三幢

电话：(0760)3321980　3321981　3321983

传真：3322148

惠州市对外经济律师事务所

黄尉龙，注册律师，男，1964年出生，法学硕士，毕业于广州中山大学法律系，现为广东省惠州市对外经济律师事务所副主任律师，负责律师事务所全面工作。该律师基础扎实、知识面广，思维敏捷，业务上勇于开拓、进取，精益求精，办案质量高，除有较丰富的律师工作经验外，还有五年在广东省高级人民法院工作的经历，公正廉洁，并取得了广东省律师从事证券、股份制改组法律业务资格。该律师竭诚为您提供全方位优质的法律服务。

张文健，注册专职律师，出生于1967年11月。于1985年开始从事律师工作，1989年成立该惠州市对外经济律师事务所至今一直在该所执业。该律师取得了律师从事证券法律业务资格。该律师从事律师工作时间长，经验比较丰富，受到社会有关部门及企业界一致好评。该律师愿竭诚为社会提供优质的法律服务。

曾学智，男，法学学士，1971年1月出生，1993年7月毕业于中山大学法律学系后即在惠州市对外经济律师事务所工作，同年10月通过全国律师资格考试。1994年获广东省律师从事证券法律业务资格，同年在惠州市司法局律师考核中被评为优秀律师。该律师知识面广，思维敏捷，工作踏实，勇于开拓，有较强的理论基础和思辩能力，曾发表多篇法律文章，擅长房产、证券、股份制改组的法律业务。

叶碧波，注册律师，女，出生于1964年10月，1983年考入广州市中山大学法律系，通过四年的寒窗苦读，掌握了丰富的法学专业知识，并获取了法学学士学位。1987年被分配到惠州市司法局公证律师科工作，88年初借用于惠州市公证处，同年，参加了全国律师资格统考，并一举考取。89年3月正式调入惠州市对外经济律师事务所从事专职律师工作至今，其间能把所学的丰富法学专业知识灵活运用经济、民事、刑事、房地产等各项司法实践当中。办案认真负责，自觉是个非常称职的律师。1994年取得了律师从事证券法律业务资格。1995年3月被选为惠州市政协委员。

电话：(0752)2230176　2217807

邮编：516001

肇庆市国际经济贸易律师事务所

法律服务范围：一、办理涉外或国内民事、经济案件的诉讼、非诉讼以及行政案件诉讼的代理；二、刑事辩护；三、担任政府、大中型企业以及“三资”企业的常年或专项法律顾问；四、代办“三资”企业的开办手续，代理引进境外资金、技术、境外企业资信调查、国际贸易、商标注册、专利、出国移民等业务；五、为房地产贸易、金融、保险、土地有偿转让、证券市场提供法律服务；六、法律见证、法律咨询等业务。

地址：肇庆市和平路八号二楼

电话：0785－2223338

广州市国际工程咨询公司
广州市国企资产评估公司

广州市国际工程咨询公司是经广州市人民政府批准，为经济建设和工程项目提供咨询服务的经济实体，具有独立法人资格。公司属中国工程咨询协会成员单位，经全国工程咨询单位资格评审委员会评审获得综合类甲级资格，公司业务归口广州市计划委员会管理。公司接受市政府和各级经济主管部门，建设单位（业主）委托进行工程咨询业务。业务范围包括：行业规划、专题调研、投资机会研究、项目建议书，可行性研究报告编制和评估论证，为建设项目编制合同、标书等投资咨询服务，为工程项目提供技术谈判、商务谈判和设备采购咨询服务，为外商投资项目提供推介合资对象，投资方案，协助落实建设条件项目报批等一条龙服务。公司坚持“一业为主、多种经营”方针，走多元化、集团化、国际化道路。公司下属设立了设计事务所、国企资产评估公司、资信石油化工公司和技术服务公司三个子公司，为项目建设提供工程设计，资产评估和投资咨询服务。广州市国际工程咨询公司成立九年多来，已完成各类工程咨询项目共83项，其中属工业性大型项目48

项，非工业性大中型项目 15 项，其它小型项目 20 项，总投资为 400 多亿元。

广州市国企资产评估公司是为适应改革开放，配合经济体制改革进程，维护国有资产的合理权益。经广州市国有资产办公室确认具有资产评估资格的资产评估机构。具有独立法人资格。国企资产评估公司拥有一支由机械、设备、建筑、经济、会计、企业管理等专业的中、高级职称人员组成的专业队伍，聘请有经验的专家，学者组成顾问委员会作业务支持，保证高质量完成有关资产评估和工程咨询业务。

公司的业务范围有：资产评估；企业股权经营和联营；产权转让、租赁、拍卖及抵押；企业兼并、清算；企业与外商合资、合作；依照国家有关规定需进行的其它资产评估；工程咨询；工程项目财务分析；产品市场调查与研究；工程项目信息和设备价格咨询；为企业培训产品市场研究、可行性研究及财务分析人才。

广州市国际工程咨询公司

总经理(法人代表)：黄建宁

副总经理：李景荣　郑承德　黄京城

地址：广州市麓景路一号

电话：(020)3502993

传真：(020)333606

广州市国企资产评估公司

经理(法人代表)：李景荣

常务副经理：马华舜

副经理：龚可焯　徐志成

地址：广州市东风西路 142 号 12 楼

电话：(020)6663427

传真：(020)6677411

广州白云资产评估公司

评估公司是经广州市国资办批准，具有资产评估正式资格和独立法人资格，依法独立承办跨地区、行业的综合性资产评估机构，拥有一批高中级机械工程、建筑工程师、会计师、经济师等组成的专业人员。

该公司坚持公正、客观、科学的原则，牢固树立"客户至上"的经营信念，以开拓的精神和优质的服务在社会各界树立了良好的形象。先后为市内外各企事业、公司、工商团体及个体工商业等客户承办了资产评估、清产核资，产权验证，资产交易等服务项目。评估的资产形态包括企业整体资产及房地产、机械设备、流动资产、无形资产等单项资产，受到省市有关部门及社会各界的好评。

负责人：黄平

地　址：广州市中山二路 80 号 4 楼

电　话：3830347　3839834

邮　编：510080　**传真**：3806291

广西北海市资产评估事务所

北海市资产评估事务所成立于 1990 年，是北海市唯一持有国家国有资产管理局颁发的评估资格证的专业评估机构，为中国资产评估协会会员，拥有建筑、机械、经济、财务等多个专业的高中级专职评估人员 40 多人。注册资金 33 万元人民币，在以往的服务中，完成了我市各大工业、商业、港务等企业股份制改造的评估，北海市唯一的三星级宾馆—富丽华大酒店以合资为目的的资产评估以及在产权变动中的资产评估 400 多项，为企业转换经营机制、吸引外资、建设"大北海"作出努力。在评估中，积累了较丰富的实践经验，她将以客观、公正、科学的原则为广大投资者、企业提供最优质的服务。

法人代表：叶洪坤

地址：广西北海市贵州路 11 号有色金属大厦五楼(总部)
广西北海市北部湾西路财政大楼一楼(分部)

电话：(总部)3057347　3057342　(分部)3034294

厦门资产评估事务所

事务所经国家国有资产管理局和中国证券监督管理委员会确认为具有从事证券业务资产评估资格的评估机构。按照国家有关规定，该所接受委托承办包括企业股份改造和股票上市、合资、合作、拍卖、兼并、联营、清算等各类整体和单项资产评估业务及相关的经济咨询服务。

该所是由具有高、中级职称的专业技术人员组成。包括高级会计师、高级土建、设备、电脑工程师、教授以及税务、财会金融、律师、翻译等各类专家、学者。在评估实务中积累了丰富经验。自从该所于 1993 年 5 月正式成立以来，业务迅速发展，已完成评估业务数百项，资产评估价值达到数十亿元，1993 年厦门特区实行股份改制企业有 18 家，其中 13 家是由该所进行资产评估的，尤其是上市公司的资产评估项目，如厦工、厦华、厦汽、厦门灿坤、福发等都由该所承办，已经全部通过上市。

地址：厦门市美湖路 43 号 4 楼

电话：(0592)2029313　2029717

海南中诚信证券评估有限公司

海南中诚信证券评估有限公司由首家全国性证券评估机构—中国诚信证券评估有限公司与海南港澳国际信托投资有限公司、海南华侨投资股份有限公司、海南证券交易中心等单位联合发起，吸收了海南富南国际信托投资公司、海南赛格国际信托投资公司、海南省证券公司等 25 家金融、证券经营机构和相关企业入股，经海南省人民银行批准设立的股份制非银行金融机构。公司于 1993 年 7 月 7 日登记成立，注册资本金为人民币 1800 万元。公司主要从事以证券投资风险评估为主的证券投资咨询业务，以及企业改组、融资等咨询业务。公司的宗旨是维护投资者利益，促进证券市场管理与发展的规范化、国际化。具体业务范围：

· 企业资信评级；

· 金融机构资信评级；

· 有价证券信用等级评定；

· 股票发行与上市公司的可行性报告、资产评估报告及有关材料的验查和评估；

· 对企业股份制改组、股票发行与上市和规范化管理提供专业咨询和方案设计；

· 各种金融工具的研究、设计；

· 开展相关的人员培训、国际交流；

· 国内外融资咨询业务；

· 经人民银行批准的其他业务。

公司实行董事会领导下的总经理负责制，施行严格规范的内部管理。

董事长：王志刚　副董事长：毛振华　黄向农　赵　锴

总经理：于力杰　副总经理：陈跃波

公司成立后，结合海南省证券业发展和股份制改造的需要，开展了对海南证券商、信托、金融机构及股份制企业的信用评级；结合海南省经济建设的需要，作为海南指定的债券信用等级评定机构，承担了海南省企业债券发行的评级任务。此外，公司还开展了企业股份制改组及上市推荐业务，主要有：成功地完成了海南中兴实业股份有限公司、三亚东方实业股份有限公司法人股在中证交(NETS)系统的上市推荐工作，承担了海口椰岛饮料股份有限公司、海南天涯海角股份有限公司的股份制改组及推荐在海南证券交易中心进行法人股流通试点工作。公司在国际融资和组织金融、证券领域的科研活动等方面也有所建树。

地址：海口市海秀大道 74 号顺发新村 13 幢二、三层

电话：8666516　8660073　8660075

传真：8660078　**邮编**：570206

海口市税务咨询事务所

业务范围：受理税务、财务、经济方面的咨询。受托清帐建制、纳税检查及税务代理事项。

地址：海口市滨海大道新村 11 号楼

电话：6750760

珠海天证投资咨询有限公司

珠海天证投资咨询有限公司是经珠海市工商行政管理局审核批准设立的投资咨询专业机构。内设办公室、财务部、投资咨询部、市场研究部、业务拓展部。公司业务立足珠海，面向全国，为企业、机构投资者和政府部门，提供系统、高效、优质的服务。公司成立以来，与企业、金融证券机构等建立了广泛的业务联系，为促进珠海市乃至全国股份经济和证券市场的成长、发展作出应有的贡献。

公司主营业务：1. 企业股份制改造辅导；2. 理财服务、投资咨询，包括对企业经营情况进行专业分析，提供分析报告、为企业日常重大理财活动提供分析策划，为企业进行收购、兼并、产权转让提供咨询策划，帮助企业制定收购策略；3. 证券咨询，包括为投资者提供热线咨询，《天证咨询报告》每日传真咨询，接受各类机构委托，提供股份经济及证券市场方面的研究报告和策划分析的咨询，接受企业及证券经营机构的委托，担任其证券事务顾问，为投资者提供证券咨询服务；4. 投资分析培训；5. 其他服务，包括举办各类型研讨活动，提供证券分析软件及设备，为传媒撰写评论及论文，为海外基金进入中国市场进行项目选择及策划咨询服务。

总经理：匡朝良

地　址：珠海市凤凰路广发证券大厦三楼

电　话：0756－2256889

邮　编：519000

金融证券机构

上海万国证券公司广州营业部

上海万国证券公司是全国第一批股份制证券经营机构之一，成立于 1988 年 7 月，是一家总部设在上海，实行跨地区经营，并与国际证券界接轨的大型证券公司。在中国证券业协会对我国证券商 1993 年经营业绩的排名中，以其资产总额 50 亿、交易额 626 亿、净盈利 4.23 亿的骄人业绩荣获三项第一，是最早一家获得 AAA 级信用的证券公司。今年 7 月，万国证券公司投资银行部的创建，开创了国内券商二次创业的先河，在国内同行引起强烈的示范效应；今年 11 月在北美、欧洲又相继设立分公司，成为率先进军国际资本市场的中国证券公司，拉开了中国证券高国际化的序幕。

上海万国证券公司开设在南方的重要窗口—上海万国证券公司广州营业部，自 1994 年 1 月 28 日开业以来为羊城股民提供了一个投资新天地。于 94 年 11 月中旬开始扩建超大户室、大户室以及中户厅，广大股民将拥有更为宽敞、舒适的投资环境，快捷畅通的跑道。营业部得益于上海总部，资讯来源广泛、及时、准确，股民落户我部，近水楼台先得月。营业部分析人员紧密跟踪市场动态，每日开市之前为股民分析行情走势，推荐活跃板块及个股，并定期举办股市沙龙活动，及技术分析讲座。

地址：广州市环市东路邮电中三街 9 号

电话：(020)3850258　7675790

传真：(020)7675757

广东证券公司基金部

广东证券公司基金部是经中国人民银行广东省分行批准设立经营金融业务的非银行金融机构。该部是独立核算，自负盈亏的一级法人。现在主要负责经营和管理广证投资基金和广证 93 国库券受益券两个品种。

法人代表：胡学光

地　址：广州市东风东路 703 号 14 楼

电　话：(020)7784508　**传真**：(020)7784506

邮　编：510080

深圳国际证券投资基金部

深圳国际证券投资基金部是经人行深圳特区分行批准成立的以促进境内外证券市场联系与衔接为主旨的非银行金融机构，成立于 1990 年 11 月，是由深业(集团)有限公司、深圳市投资管理公司、深圳发展银行和深圳国际信托投资公司共同投资设立的证券经营机构，并以 B 股等国际业务著称。主要经营范围：境内证券投资基金与管理；证券投资咨询业务；有价证券转让、承销，国库券自营业务；B 股承销、经纪；国债

期货的代理及自营等业务。在深圳、上海、武汉三大证交中心均设有席位。1994年深圳B股境内券商总交易额再度蝉联第1名。在1994年深圳证券商(机构类)总交易额排行榜中我部名列第19名,1994年深圳证券商(机构类)资产总额排行榜第18名。1994年深圳证券商(网点类)总交易排名第62名。

高效安全的先进设备:采用性能卓越的Sun Sparc Ⅱ工作站主机及安全先进的Oracle数据库管理系统,同时提供钱龙、汇金、建功等多种盘中及盘后技术分析系统,配置了先进的宏汇自助工作站和分析系统,装修舒适优雅、宽敞明亮的投资环境,使您有宾至如归之感。

独具优势的投资服务:实行客户经理制,提供专人专室交易服务,同时提供及时市场信息、每日证券动态信息,每周提供一份《每周简报》,一份《B股每周简报》,定期举办专家座谈、股市沙龙、债市专题讲座。

优越的地理位置:环宇营业部面对景色宜人的荔枝公园,东门南营业部地处罗湖商业中心区。

我们的宗旨:开拓进取、优质诚信、高效安全、顾客第一。

我们期待着您的到来,为您提供优质、完善的服务。

环宇营业部:

地址:深圳市红岭中路1号环宇大酒店1楼

电话:5587024　5599927　5561207　5561214　5599931

传真:5599946

东门南营业部:

地址:深圳市东门南路土畜产大厦23楼

电话:2285702　2285704　2285705　2285709　2285700

传真:2285703　2285706

中国银行深圳国际信托咨询公司

公司证券业务部创始于1989年7月,是中国大陆首批证券商之一,证券业务一向以稳健、开拓、求实为经营发展方针,在国内券商中享有较高的信誉。在国内首创发行外汇优先股(发展银行)和可转换债券(宝安集团),对中国企业A、B股承销发行积累了相当的经验,曾先后承销或推荐上市的企业有金田、万科、发展、世纪、星源、安达、宝安、华发、桑达、甬中元、渝开发、中侨、南光等20多家。

二级市场以主营上海、深圳两大证券交易所的上市品种为主,在上海、深圳共拥有7个营业部,证券交易业务以"诚信、规范"著称,1994年交易量在深圳市场上列第11位。

地址:深圳市宝安路宝丽大厦首层

电话:(0755)5588333(总机)　**邮编**:518001

广东粤财信托投资公司

广东粤财信托投资公司,于1984年12月19日成立,领有《经营金融许可证》、《经营外汇业务许可证》,是具有独立法人资格的国有金融企业,注册资金为人民币5亿元。公司经营金融业务范围有信托存款、贷款、投资;委托存款、贷款、投资;有价证券的发行和代理发行、自营和委托买卖、委托代保管及证券投资等;融资性租赁;代理收付;经济担保,信用见证;经济咨询;中国人民银行及国家外汇管理局批准经营的其他金融业务。

公司以金融业务为主干,逐步拓展非金融性的资产投资与金融中介等业务,形成多层次的经营体系。下属企业有广东粤财实业发展公司、广东粤财物业发展公司、广东地产公司、产权交易中心、香港飞龙国际投资公司、香港安财投资有限公司等。公司注重开展证券业务,在广州、上海、深圳设有证券营业部。目前,公司与樱花银行、拓殖银行、兴业银行等多家外国银行建立起良好的资金融通往来关系,为广东省的经济建设积极引进外资。1994年公司实现利润9500万元,资产规模达到40多亿元,荣登全国最大服务业信托投资业第47位,按效益比较,排在全国同行业第8位。

在新的发展时期,作为广东省四大地方金融机构之一的粤财信托投资公司将以国际金融业标准来规范业务行为,加快经营管理体制的改革,力争建成多元化、国际化、高效益的社会主义大型信托业集团。

法人代表:孙亚余

地址:广州市环市中路316号金鹰大厦东楼15、16楼

电话:(020)3540025　3540400

传真:3540303　**电挂**:3552

电传:44240　GDFDC　CN

中国农业银行深圳信托投资公司沙头角证券部

中国农业银行深圳信托投资公司沙头角证券部,是1990年12月经中国人民银行深圳分行批准成立的证券经营机构,是深圳证券交易所和上海证券交易所的会员,拥有独立交易席位。

经营范围有:代理股票买卖,代理和自营债券(包括国库券),有价证券的代理鉴证业务,接受客户委托代收证券本息、红利及代客办理过户手续,证券咨询业务。本部奉行"诚信、高效、创新、奉献"的服务宗旨,在深圳东部地区,赢得了一系列的"第一":第一家开业的证券经营机构;第一家推出中继线全自动电话委托业务;第一家开通深沪两地股票T+0交易;第一家实现"点对点"通讯;第一家开辟无柜台"自动交易厅",推出小键盘自动委托系统。并在每月第三周的星期六下午,邀请香港中国证券研究协会会长刘耀荣先生演讲股市未来走势预测。

本部拥有功能齐全的电脑设备,配有2套发光二级管大屏幕行情显示,实时揭示深沪两地股市行情。交易大厅设有柜台当面委托、电话委托、小键盘自动终端委托、磁卡自动查询系统。开设了营业大厅、第二交易厅及大户室,配有多套软件分析系统,设立上市公司个股资料库供投资者随时查询;聘请名家解盘,组织股市沙龙活动。累计成交额达42亿。

经理:庄俊娴

地址:深圳市沙头角沙盐路鹏湾工业区四栋102号

电话:(0755)5554000　**传真**:(0755)5555840

邮编:518081

吉林省国际信托投资公司深圳证券业务部

业务部是吉林省在深圳经济特区设立的首家证券业务部。有营业面积36平方米,其中大户室近200平方米,装璜考究、典雅。业务部设备先进,全部选用美国康柏486电脑主机系统,委托、查询、撤单功能齐全、迅速,有电话委托、触摸屏自动委托,"小精灵"自助委托、柜台人工委托等多种委托交易方式,安全、方便、快捷。特别是拥有40条中继线的电话委托系统更丰富了我们的服务内涵;最新版的路尤器传输方式,确认

委托后直接进入交易所撮合主机，迅速高效，成交回报传递及时；本部采用"钱龙"软件分析系统，提供动态信息，并聘请专业人士分析、讲解，综合各方面的信息，做您的参谋、助手。

全体员工弘扬"开拓进取，竭诚奉献"的吉信精神，将以服务第一，股民至上的宗旨，热情、周到、耐心、细致地为广大股民服务。

总经理：丁直
地址：深圳市红桂路1号(天池大厦)
电话：(0755)5591794　5591795
邮编：518001

海通证券有限公司深圳业务部

海通证券有限公司深圳业务部经中国人民银行深圳特区分行批准，于1993年6月成立，是原上海海通证券公司全额投资，实行独立经济核算的金融企业。上海海通证券公司隶属于交通银行，经中国人民银行批准，现已改制成拥有10亿资本金的全国性股份制证券公司—海通证券有限公司。本部为海通证券在南方开设的窗口，现已取得深圳证券交易所、上海证券交易所会员资格，拥有深交所席位2个，上交所A股席位4个，B股席位1个，同时还是STAQ的甲级会员，并拥有法人股专用席位，于1994年初已开通B股代理业务。业务部拥有1300多平方米的营业面积，配有先进、完善的分析和操作专业人员。

业务范围：经销和代理发行各类有价证券；承办各有价证券的代保管、过户、还本付息业务、证券业务咨询、办理证券的代理投资业务和自营证券业务。

经营业绩：从1993年6月试业至12月，总成交金额达28亿元。本着一流的服务质量、一流的工作效率、一流的公司信誉的宗旨视股民为"衣食父母"。股民开户人数逾万户，累计成交金额达84亿，在深圳首次的证券商评比中，获"十佳证券商提名奖"，在深圳首届证券商协会大会上被推选为协会理事。

负 责 人：穆可意
地　　址：深圳市蛇口太子路59号华达一、二层
电　　话：6675480　6673439　6673432
委托电话：6678168　**券商代码**：2402

中国信息信托投资公司深圳证券业务部

深圳证券业务部是经人民银行深圳分行批准设立的证券经营机构，注册资本1000万元，主要从事代理股票买卖，代理买卖和自营各类债券、有价证券的代保管和鉴证业务。代理有价证券还本付息，分红派息及代客办理过户手续及证券咨询业务。拥有宽敞的营业大厅及各类专户室，设备齐全，技术手段先进，能够提供最优质的服务。

负责人：王勇
地　址：深圳蛇口工业区工业三路振兴大厦一层
电　话：(0755)6675959　6675961　**邮　编**：518067

江西省证券公司

公司于1990年10月经中国人民银行总行批准成立，是江西省唯一的专业性证券公司，并为上交所的发起会员。目前，公司在上交所和深交所分别拥有6个和2个交易席位，并在上海、深圳、南昌开设了证券业务部和营业部。公司于1992年独立发行"久盛投资基金券"，先后在沈阳证券交易中心和上交所上市交易，1993年又作为"赣江铃"股票的承销商之一和发行团的骨干成员，承担了大量发行工作。公司自成立以来，累计代理发行国库券2.28亿元，发行企业债券5.896亿元，实现交易额262.3亿元。在董事长兼总经理施军迈同志的领导下，江西省证券公司将一如继往，与广大客户及证券业同仁精诚合作，以促进我国证券的蓬勃发展。

江西省证券公司深圳营业部

江西证券公司深圳营业部是江西省金融界在深圳设立的第一个"窗口"，是江西第一个取得深圳证券交易所异地会员、上市推荐、承销资格和进场交易的证券商。营业部由江西省证券公司全额投资，注册资金1400万元，为深圳首批获准二级法人注册的异地非银行金融机构。

业务部位于深圳市爱华南路锦绣新居一、二楼，场地面积800多平方米，交易大厅布局合理，整洁宽敞，大户室华丽、典雅、设备齐全。首层大厅装有"深圳第一"的2×5M超大彩电电子显示屏；二层大厅备有彩色多屏电视墙，提供股市行情、走势分析图表、即时成交回报；台湾"建功"股市分析系统和业务部的盘后分析，柜台交易，触摸屏，小键盘个人工作站，交易方法任随选择；交易大厅设内线电话40部、中继线100条、电话自动委托，成交查询快捷、便利。在深圳证券同行业中名列前茅。近期将开通深沪联网，代理上海证券买卖和北京法人股交易业务，该部使用工行、中行、发展银行通存、通兑存折，并代理发展银行储蓄业务以及其它银行业务。该部还设有大功率不间断电源，更是投资者信心的保证，方便、快捷代理和托管，使投资者不出户便可交易自如，江西证券公司深圳营业部，将以一流的服务欢迎每一位投资者！

法人代表、总经理：谢小非
地址：深圳市爱华南路锦绣新居
电话：3207820　传真：3207823
邮编：518031

中山证券公司

公司成立于1993年4月20日，是经中国人民银行总行批准设立，面向全国经营的股份制证券专营机构。公司经营范围为证券业务及相关的投资业务，主要包括：承销和代理发行有价证券，自营和代理证券买卖，开展投资基金业务，办理有价证券的转让、贴现、抵押、担保业务，代理有价证券还本付息、分红和保管业务，接受委托办理证券的登记和过户，提供有价证券的金融咨询服务。同时兼营与证券业务有关的投资业务，以及经中国人民银行总行批准的其他业务。

公司现设部门是：办公室、财务部、资金计划部、投资银行部、上海业务部、深圳业务部、北京营业部和中山营业部。公司目前总资产已逾十亿元人民币，并将业务拓展到全国各地。在一级市场，公司在成立之初便参与了珠海丽珠得乐、佛山电器及广东电力的承销发行，1993年12月参与广东省五家投资基金的发行工作，随后又参与了中山高科技、江苏仪征化纤、东方电机及洛阳玻璃的承销发行，在一级市场积累了宝贵的经验，为公司继续拓展一级市场奠定了基础。在二级市场，公司在上交所、深交所拥有独立席位，并开通了STAQ、NET系

统、北京证券交易中心、武汉证券交易中心、天津证券交易中心及南方证券交易中心的交易业务。并在广州、武汉、天津等地设立办事处。

地址:广东省中山市中山三路47号

电话:(0760)8325067　8322688转81001

邮编:528403

中国银行韶关分行

为突破单一的银行信用体制,多渠道筹集资金,促进资源重新组合,以适应粤北山区地方经济发展的需要,中国银行韶关分行证券业务从此应运而生。在社会各界的支持下,1987年,发行中行金融债券470万;1988至1994年四年间分别发行中行金融债券1500万、4350万、3502万、3100万,合共14470万元;分别代理市电力债券800万、1713万、3815万、2050万,合共8378万元。1992年3月14日,经中国人民银行广东省分行批准,中国银行广州信托咨询公司韶关代办处正试挂牌营业,1992至1994年间,共代理收购国库券、金融债券、企业有价证券1000万元;代理韶能股份集团公司、粤北开发区房地产公司、韶关冶炼厂等企业债券12450万元;代理韶关供电局、韶关石油公司、韶关冶炼厂,韶能股份集团公司等单位集资款3000万元。8年间,我行通过证券融资业务共筹集了3.7亿元的建设资金,有力地支持了国家重点建设项目和能源、交通、通讯等基础设施项目的建设。

地址:广东省韶关市解放路158号

广州市合兴城市信用社

广州市合兴城市信用社经中国人民银行广州市分行批准和广州市工商行政管理局登记注册具有独立法人地位的经济实体,经营金融业。

经营范围有办理国内小企业、集体企业、私营企业和个体工商业户存款,贷款和结算业务;办理城镇居民储蓄存款业务;代理经中国人民银行批准的证券业务;代办保险及其它代收代付业务;办理中国人民银行批准的其它金融业务。

我社全体员工本着“恪守信誉、方便快捷、优质服务”的办社宗旨,竭诚为广大客户服务。

主任:刘越

地址:广州市东湖路39号海印康乐城首层

电话:3806194　**邮编**:510100

广东证券公司韶关营业处

营业处成立于1992年11月18日,在广东证券公司及人民银行韶关分行的领导和监管下,从开始单一的法人股交易发展到现在的多种股票交易系统,其中包括:深、沪、京、穗等主要证券交易系统的股票以及国债期货交易;经营各种有价证券的发行、承购包销及买卖业务;办理有价证券转让、保管及提供证券的金融咨询服务。深证交、沪证交的股市行情分别采用大屏幕显示,设置了7间大户室,采用了双向卫星通讯系统,配备了近200多台电脑,开辟了电话委托系统,采用最新的语音中断技术,使系统的查询与委托买卖并在一起。有员工30多人,其中具有大专以上学历的占80%以上。同时积极与当地的报刊、电视、电台、邮电通讯等新闻及信息服务部门合作,为投资者提供最新股市信息。还聘请了投资咨询顾问,每天举行解盘。开通了“新广信”信息台;AIM股评分析;新兰德股评分析,以及“钱龙”股票行情动态分析系统。

总经理:阳振明

地址:广东省韶关市风采路128号证券大厦

电话:(0751)8887328　**传真**:8891676　**邮编**:512000

韶关证券登记公司

公司经中国人民银行批准于1993年4月13日正式成立。公司现为深圳证券登记有限公司的异地会员和上海中央登记结算公司的结算会员。公司设登记部、清算部、财务部、综合部、电脑部。现有工作人员21人。

公司主要业务有经批准公开发行及非公开发行的证券登记;记名证券的转让登记;代理有价证券的还本付息或分红派息;证券登记咨询业务;中国人民银行批准的其它业务。公司从成立起,就积极为本地的内部股份公司办理股份登记、托管、分红派息,热心为广大投资者服务;同时密切配合深、沪两交易系统,做好开户、查询、挂失及股份清算工作。截止1995年6月30日,在我公司办理深、沪两系统开户的投资者人数达6.28万户,仅上半年就为我市两家券商完成股份清算31400万股,为本地6家内部股份公司办理登记、托管和分红派息。针对我市股份公司异地股民多,地域分布广的特点,为异地股民代领红利,方便了3万多户异地股民。

法人代表、总经理:李关明

地址:广东省韶关市园前东路15号

电话:(0751)8892198

广东证券公司茂名营业处

广东证券公司茂名营业处是经中国人民银行广东省分行批准,于1993年7月成立,是茂名市唯一的证券商,现已取得深圳证券交易所、南方证券交易中心会员资格,拥有深交所席位1个,南方证券交易中心席位1个,主要经营深沪股票交易业务,营业面积1500多平方米,设有河东、河西两个A股交易大厅和两个大户室,配置大型显示屏、自助终端、电话委托、自动终端即时动态分析系统。柜台人员配备齐全,操作经验丰富,能为客户提供迅捷准确的服务。

业务范围:发行和代理发行有价证券业务;自营、承购、包销和代理有价证券买卖业务;办理有价证券的转让、兑现和抵押贷款业务;代理有价证券还本付息、分红和保管鉴证业务;代客设计和印刷各种有价证券;受托办理证券的登记和过户,提供有价证券的金融咨询服务;代办广东证券公司委托的其他业务;经广东证券公司同意,中国人民银行批准的其他业务。

总 经 理:陈锦　**副总经理**:陈苏文

地　　址:广东省茂名市油城六路40号大院

委托电话:(0668)2279671

联系电话:2274368　**传真**:2276524

惠州市东江城市信用社

东江城市信用社是经中国人民银行惠州市分行批准,于1994年9月成立的股份制金融机构,下设营业部、信贷部、资金计划部、综合部。在理事会的直接领导下，在上级各有关单位的关怀支持下，不断开拓进取，竭诚为客户服务，在业务规模、人员素质、创知名度方面，已迈向新的层次。

东江城市信用社全体员工，在深化金融改革的形势下，将本着“信誉、服务、创新、务实”的宗旨，致力为客户提供更完善的金融服务，同时，进一步加强与金融界同仁的学习与交流，殷切地期待朋友们的支持与合作。

地址：广东省惠州市下埔南三街 6 号一楼

电话：(0752)2107841　**邮编**：516001

广州市城市信用合作社联合社

广州市城市信用合作社联合社(简称市联社)经中国人民银行总行和广州市人民政府批准经营金融业务，具有独立法人地位的市一级金融机构。市联社直属市联社营业部、小北路营业部、体育东路营业部、广州大道营业部、联社全体职工弘扬“效率、开拓、求实”的精神，以顾客至上、质量第一为宗旨，竭诚为广大客户提供各种优质的金融服务。

业务范围：1. 办理国营、集体、私营、个体及其与外商合资、合作企业的存款、贷款和结算业务。2. 办理人民币、港币、美元定期、活期储蓄存款和个人支票存款。3. 办理和组织城市信用社银团联合贷款。4. 办理代收、代保管现金、代开支票和代办保险业务。5. 办理代售、买卖和免费代保管各种有价证券。办理中国人民银行批准的其他金融业务。

地址：广州市天河南二路 24 号侨辉大厦

电话：7543069　7548693　**邮编**：510620

直属营业部

1. 市联社营业部

地址：天河南 2 路 24 号 1—2 层

电话：7543065　7543071

2. 小北路营业部

地址：小北路 138 号

电话：3308139　3308331

3. 体育东路营业部

地址：体育东路 31 号首层

电话：7586665　7586666

4. 广州大道营业部

地址：广州大道中 123 号一楼、二楼

电话：7396103　7396106

其他企事业单位

广州市芳村区财政局

广州市芳村区财政局是芳村区政府属下一个重要的经济管理综合部门，主要职责是：1. 负责全区财政管理工作；2. 负责全区企事行单位、“三资”企业和区属境外企业的财务管理及监督；3. 负责监督区属各部门执行国家和省、市政府以及上级财政部门制订的财政法规、财会制度；4. 负责全区国有资产管理和经营工作，制定区属国有资产管理制度，并监督有关单位执行；5. 负责全区事行单位预算外资金管理工作；6. 负责各项国债任务的分配、推销、兑付及财政信用工作；7. 负责管理全区会计工作和财会人员的培训管理工作；8. 负责区社会集团购买力的审核、审批及管理工作。

局长：李作照

地址：广州市芳村区白花路 9—11 号

电话：(020)8895111　**传真**：(020)8893381

邮编：510370

深圳市龙岗区龙岗镇投资管理公司

公司成立于 1994 年 6 月，注册资本 1000 万元，具有独立法人资格，是深圳市龙岗镇政府的镇属资产产权管理机构。公司的主要任务是管理、监督镇属企业经营的资产，并保证其安全和增值。公司的业务范围是负责镇属资产产权管理，投资经营、投资收益的征收和资产处理，代表镇政府对镇属资产产权参与股份制的改造和重组，负责镇属企业投资项目的可行性论证及立项后的跟踪管理。

公司目前管理的镇属一级企业 15 家，拥有总资产 9.6 亿元人民币。镇属企业经营范围有：房地产开发、工业区开发、道路及市政工程建设，建筑工程及监理，高新技术产业开发，“三高”农业开发，兴办自营工业、外引内联、“三来一补”，第三产业等。

总经理(法人代表)：张行忠　**副总经理**：丘文芳

地址：深圳市龙岗区龙岗镇政府大院 5 栋

电话：(0755)4803007　4805948　**邮编**：518116

海南省海信(集团)公司

海南省海信(集团)公司是海南省人民政府直属的，经中华人民共和国对外经贸部批准享有全国报关权的国有对外贸易企业。本公司是中国食品土畜、五矿化工、纺织品、医药保健品、机电产品进出口商会的会员单位，是中国轻工工艺品进出口商会的理事单位。

公司主要经营：粮油食品、轻工工艺品、纺织品、五金矿产品、化工产品、机电产品、医药保健品、土牧畜产品的进出口贸易业务和易货贸易、兴办合资合作实业；房地产开发和经营，国内商业，旅游运输业，物资建材，装修装璜材料，租赁、咨询、仓储，商品展销等业务。

本公司在对外经济贸易活动中，始终坚持“信誉第一，客户第一、质量第一、服务第一”的贸易宗旨和“重合同、守信用”、“互惠互利”的贸易原则。采取自营、联营、代理等灵活多样的形式发展对外贸易。

海南省电子计算机公司

海南省电子计算机公司是省级电脑行业技工贸有机结合的国有企业，直属海南省电子工业管理局领导，具备企业法人资格，具有电子电脑产品进出口经营权。“技术为托、实业为

主、客户至上”是本公司的经营宗旨。公司技术力量雄厚，拥有数10名从中国科学院、国家部级电脑科研所调来的高级工程师、电脑专家。本司尚是海南省科技厅确认的电脑科技开发企业，是海南省计算机学会的挂靠单位，是获国内外发行许可证的《电脑开发与应用》专刊的主办单位之一，是美国AST、COMPAQ电脑、理光复印机、大松油印机、自动包装机、飞龙牌负离子发生器、东港压感复写打印纸、ST1741抗扰防雷参数稳压器、四通电脑打字机、航天牌电话程控交换机在海南地区的代理，是香港路透社期货通讯电脑管理系统海南总代理。公司已同中国计算机软件与技术服务总公司等几十家国内外电脑厂商建立稳固的经济技术合作关系，已为社会各界广大用户举办了10多期各类电脑技术培训班，已为省市政府各厅局及企事业单位开发了十几个电脑网络管理系统。为电脑用户修复了几百部电脑设备。公司已建起一条微电脑生产线，生产南宝系列微电脑，投放市场后深受广大用户欢迎。凡公司经销的商品原则上免费保修一年，免费培训，欢迎惠顾。

经营方式：电脑技术开发、生产、销售、维修、培训、咨询服务。经营范围有电脑整机类：美国原装COMPAQ、AST、IBM系列电脑、南宝系列电脑、联想系列电脑、电脑终端机、彩色显示器、单色显示器、网络工程、多媒体系统、CAD工程。打字机类：四通2406F、2411、2401、2403电脑打字机、LQ1600K、CR3240、KXT1121；办公设备类：理光复印机4495、4490、佳能复印机1215、传真机、大松油印机、包装机、日立牌100兆双踪示波器、航天牌电话程控交换机系列、抗干扰防雷击参数稳压电源系列、不间断UPS电源、交流稳压电源；飞龙牌负离子发生器。电脑配件类：软硬盘驱动器、机内电源、电脑各类接口板、电脑元件、进口电脑维修工具、各类电脑键盘、软磁盘片、清洁盘、防辐射滤光罩、电脑工作台、椅、复印机台、电脑打印纸、多层压感纸、电传纸、传真纸、各类电脑资料、防静电活动电板等。

公司机构：下设办公室、生产管理科、财务科、软件开发中心、电脑维修服务中心、电脑培训中心、公关信息部、经营销售部、技术工程部、综合服务部等。

总工程师：颜大河（高级工程师）
经　　理：林道兴（法人代表）
地　　址：海口市南宝路57号省计算机公司办公楼
电　　话：6791484　6723202　**传真**：(0898)6778975
电　　挂：2863　**邮编**：570206

海南省农垦金环实业橡胶公司

海南农垦金环实业橡胶公司系海南省农垦局下属企业。本着“解放思想，更新观念，拓展市场，顾客至上，信誉第一”的企业宗旨。1989年以来连续三次获得海口市工商局每两年度评选的“重合同，守信用单位”荣誉称号。公司主要经营范围为橡胶及制品、编织袋、化工原料、金属材料等。

法人代表：冯学桂
地　　址：海口市海秀大道64号
电　　话：6798673　6723100　6718745
传　　真：6713565

宝隆洋行（香港）有限公司

宝隆洋行是一个有着悠久历史的跨国集团公司，质量一效率一人才是宝隆中国业务日新月异，稳步发展的总结。质量是宝隆的宗旨，无论是其经营方式，产品和服务，宝隆的追求都是让客户的满意程度达到百分之百；效率是宝隆的力量，效率来自全体员工对公司整体目标的认同，宝隆的效率公式为团结＋合作；人才是宝隆的后盾，宝隆把人才视为公司的第一财富，不断挖掘人才，不断培训员工，不断激发潜能，使公司永保活力。宝隆始终坚守这样的信念：只要质量，效率和人才三位一体，必将在竞争日趋激烈的国际市场上屹立不摇，宝隆具备了这一切，宝隆也必将给合作者带来这一切。

宝隆在中国已经设立了多个公司和办事处，分布在国内的几个重要城市：

宝隆洋行北京办事处/宝隆洋行（中国）有限公司
地址：中国北京市东直门外大街35号东湖别墅
电话：(86)010－4678888　**邮编**：100027
传真：(86)010－4672100　**电传**：210418EACPK CN
电报：ASIATICO BEIJING

宝隆洋行上海办事处/宝隆洋行（上海）有限公司
地址：中国上海岳阳路58号凯悦大楼2楼
电话：(86)021－4746500　**邮编**：200031
传真：(86)021－4748500　**电传**：33071EACSH CN
电报：ASIATICO SHANGHAI

宝隆洋行广州办事处
地址：中国广州流花路1号东方宾馆五楼西翼
电话：(86)020－6529888　**邮编**：510016
传真：(86)020－6665757

宝隆洋行深圳办事处/宝隆洋行印刷设备（深圳）有限公司
地址：中国深圳市莲塘工业区710号楼
电话：(86)0755－5737888　**邮编**：518004
传真：(86)0755－5736900

宝隆洋行大连办事处
地址：中国大连市中山区汉城饭店900室
电话：(86)0411－2647666　2648888转900
传真：(86)0411－2647663　**邮编**：116001

宝隆洋行成都办事处
地址：中国成都市东桂街78号
电话：(86)028－6695900　**邮编**：610041
传真：(86)028－6695899

珠海經濟特區
神馳實業股份有限公司

SHEN CHI

珠海經濟特區神馳實業股份有限公司是由國內22家大中型企業爲股東共同投資創辦的，由珠海市政府批準，于1992年10月設立的大型股份制企業。公司注册資金爲人民幣5800萬元。

公司現正以雄厚的實力、穩健的作風，飛速在如下領域拓展：石油化工、機械、輕工、能源、交通、旅游、娛樂、進出口貿易、期貨證券、商務咨詢以及房地産業。公司現有全資及合資企業近20家。

董事長：劉承運
副董事長：鈕心榮　劉雲德　賈思恭　王德昌　孫源平
總經理：劉承運
副總經理：鈕心榮　劉雲德
地址：珠海市拱北僑光西路西南大廈六樓
電話：8876000－2681、2668、2686、2683、2687
傳真：8894264　**郵編**：519020

公司決策層正在運籌

大浦縣
三河鎮

大埔縣三河鎮位于大埔縣城西南部，是"八一"起義軍三河壩戰役所在地，朱德等老一輩無産階级革命家戰斗過的地方，全鎮有12個管理區，1個街道辦事處，2萬多人口。梅江、汀江、梅潭可在這里匯成韓江，梅埔公路横貫全鎮，距縣城18公里，水陸交通方便，素有大埔的水陸交通要冲。全鎮電力充足，通訊發達，交通便利，1994年經國務院批準的立項的梅坎鐵路在這里設立大埔車站，這將爲三河的發展注入新的活力。三河鎮盛産竹、木，瓷土資源十分豐富。幾年來，鎮黨委、政府先后辦起了衛生紙廠、瓷廠、竹器廠等鎮辦企業，産品遠銷國内福建、潮汕及東南亞國家。三河鎮旅游景點較多，有觀音閣、龍文閣、天子岌、鳳西亭等。是一個經商、興辦實業、興建住宅、旅游的理想寶地。

鎮委書記：孫偉成
地址：大埔縣三河鎮
電話：0753－5403083
傳真：0753－5403013
郵編：514265

三河鎮的山河秀色

下屬證券交易部開業典禮

中國平安保險公司證券業務部

中國平安保險公司證券業務部于 1991 年 9 月正式營業，已成爲深圳、上海證券交易所、天津、武漢、重慶、海南交易中心、STAQ 和 NET 系統會員。1993 年被《證券時報》評爲"深圳十大證券商"第 4 名，1994 年在深圳證券交易所、深圳證券商協會主辦的"深圳十佳證券商"評選活動中榮膺第 3 名。

平安證券在深圳、香港、上海、天津、武漢、廣州、海口、大連、青島、珠海、重慶、烏魯木齊等城市設立了分支機構。平安證券經營企業融資、股票經紀、證券交易服務等業務，已獲取深圳證券交易所首批上市公司推薦人資格，承銷 A、B 股。投放運行的平安證券衛星系統全國聯網，爲投資者提供更爲靈活高效優質的服務。

地址：深圳市八卦三路平安大廈
電話：(0755)2262888 轉
郵編：518026 **傳真**：2436252

順德市會計師事務所

順德市會計師事務所于 1990 年 1 月經廣東省財政廳批準成立。取得工商行政管理部門批準注册，現有工作人員 37 人，其中注册會計師 12 人，工程師 3 人。

本所取得國有資産評估和從事非上市股份制企業查帳驗證業務資格，内設國内業務部、涉外業務部、資産評估部、會計咨詢服務部、辦公室和容奇辦事處、容奇港辦事處兩個分支機構。承辦國内企業、外商投資企業的資本驗證，年度會計報表審計、資産評估、企業結業(破産)清算、幫助企業擬訂會計制度、財務管理制度、培訓財務人員、擔任財務顧問等業務。

本所自開業以來，恪守職業道德、謁誠爲客户服務，取得客户的信賴，享有較高的聲譽，我們將一如既往、熱情服務，歡迎惠顧垂詢。

業務大廳

海南省國家稅務局

海南省國家稅務局是海南省主管國家稅務工作的職能機構，是國家稅務總局在海南省的派出機構。其主要職責是：貫徹執行國家稅收工作的方針、政策，以及有關的稅收法律、法規及其實施細則；根據中央和地方的稅收管理權限及改革稅收管理體制，制定征收管理制度，建立科學、嚴密、有效的稅收征管體系，强化稅收執法職能。對地

辦公大樓全景

局長：孫利軍

方稅務局在稅收政策、業務上進行指導和協調，在貫徹執行稅收政策、法規方面進行監督檢查；負責中央稅、共享稅及國家指定的稅種、基金和其他項目的征收管理，根據海南省國民經濟發展計劃和地方財政預算安排的要求，編制稅收長遠規劃和年度稅收計劃，努力完成稅收任務；貫徹執行涉外稅收的政策、法規和有關稅收的協定；管理進出口商品的稅收及出口退稅工作；統一管理全省國家稅務系統的機構、編制和經費。管理市縣級國家稅務局正、副局長，對市縣級地方稅務局局長任免提出意見。制訂本系統的人事、勞動、工資管理制度和辦法；負責稅務隊伍的教育培訓工作、思想政治工作、精神文明建設、廉政建設工作以及全省國家稅務局系統的監察、審計工作；研究稅收理論和稅收政策，分析經濟信息，掌握稅收動態，組織稅收宣傳工作，開展稅務咨詢工作；承辦國家稅務總局和省委、省政府交辦的其他事項。

海南省國家稅務局下設10個處室：辦公室、人事處、教育處、監察處、流轉稅處、所得稅處、涉外稅處、征管處、進出口退稅處、計財處。4個直屬單位：稅務稽查分局、出口退稅分局、機關服務中心、國稅稅收研究發展中心。

辦公大樓全景

的指示，使全市的財政總收入保持在比較理想的水平上，并實現收支平衡，略有結余。

1994年是實行分稅制財政管理體制的頭一年，全市面臨許多增支減收的因素，為了發展經濟，確保財政收支平衡，海口市財政局做了大量有效的工作。對經常性支出實行「經費包干，超支不補，結余留用」的管理辦法，在大力組織財政收入的同時，加強了財政管理和監督。依照規定，將罰沒收入和部分行政性收費納入了預算管理，并實行收支兩條綫。組織開展財稅大檢查，查出違紀金額20067萬元。擬訂了《海口市國有資產管理暫行辦法》和《海口市國有資產產權交易暫行規定》，積極開展各項國有資產基礎管理工作。加強調查研究，幫助企業發展生產。推銷國債2800萬元，為支援國家重點建設做出了貢獻。推行目標管理，加強制度建設，深入開展反腐敗斗爭，使干部職工的政治素質和業務水平不斷提高，機關作風也有了進一步的改進。

現代化的辦公設備

局機關干部認真處理公務

局長:高榮瑞

海口市財政局

1994年，在海口市委、市政府的領導和海南省財稅廳的指導下，海口市財政局認真貫徹黨的十四大和十四屆三中、四中全會精神，具體落實各項財稅改革措施，大力組織收入，合理分配資金，加強財政管理監督，有力地支持了海口市的改革開放和各項建設事業。

1994年，海口市財政收入161196萬元，比上年增長21%，其中地方收入130159萬元，比上年增長6.5%。全年財政支出93832萬元，比上年下降2.5%。從執行的情況來看，由于國家加強宏觀調控，全年經濟增長速度減慢，至使財政收入增長放慢。但是，廣大財稅干部堅決貫徹執行關于「狠抓財政收入

財政支持的重點項目

局長：陳作武

海口市工商行政管理局

椰潤商城全景

改革開放以來，在海口市市委、市政府的直接領導和支持下，我市各類市場有了很大的發展，初步形成了以城市為中心，以鄉鎮為依托，大中小結合，綜合與專業配套，批發與零售兼有，消費品市場較為完善，生產資料市場初具雛形，生產要素市場開始萌芽的市場網絡到1994年底，全市集貿市場發展到65個，集市貿易年成交額15億元人民幣。1994年，我市龍華、文明東、東門、沿江三路、大英山、秀英市場等6個市場被評為“全省文明市場”。舌坡、DC城商業中心、鹽竈、西廟、農墾、流市場等6個市場達到市級文明市場。為解海口市900多戶特困戶就業問題興建椰潤商于1995年9月落成開業。1992年龍華市場評為“全國文明集貿市場”之后，象沿江三路秀英等市場創造了良好的經營環境，爭取步“全國文明市場”行列。

今后，海口市工商局要增強監督管理的度，拓寬監督管理的廣度，實現監督管理大場職能到位，把國家賦予管理生產資料、生產要素市場的職能真正落實到位。在行政執法方面，市工商局將把重點放在嚴厲打擊嚴重破壞工農業生產，損害人民群衆利益、擾亂社會經濟秩序的違法行為上，將查處不正當競爭行為作為行政執法和查處案件的工作重點，特別是飲料市場專項治理和假冒商標、虛假廣告的治理工作要抓緊抓好。參與證券、勞動力、房地產等生產要素市場的管理和執法，監督市場的準入和運行，還要做好市場登記管理，促進市場宏觀調控。

地址：**海口市濱海新村** 49 **號**
電話：6774376　6767094
傳真：6721401　**郵編**：570105

市場繁榮景象

集貿市場外貌

龍華市場外景

海口市國有

局長:黃行光

海口市國有資產管理局成立于 1995 年 8 月 8 日,是國有資產所有權的代表者,行使國有資產所有者的代表權、國有資產監督管理權、國家投資和收益權、資產處置權。

海口市國有資產管理工作過去在海口市財政局統一部署下,進行了大量的基礎性工作;一是 1992 年就擬定了《海口市國有資產管理暫行辦法》,初步形成海口市國有資產管理的地方性法規。二是 1994 年對全市 157 家企業進行清產核資,完成了產權登記、財產清查、資產確認等管理工作。三是參與我市股份制企業的改組工作,組織資產評估,確認國有股權。

海口市國有資產管理局今后主要抓好以下幾個方面的工作:

1. 抓好內設機構的完善。明確內設機構的工作職責、管理範圍、任務分工和工作準則,建立健全各項工作制度。

2. 認真貫徹《海南經濟特區企業國有資產條例》,抓緊修訂和完善《海口市國有資產管理暫行辦法》、《海口市行政事業單位國有資產管理暫行規定》等地方性法規和配套措施,使我市國資管理步上法制化、規範化的管理軌道。同時充分利用各種宣傳媒介加大國有資產管理宣傳力度,強化國有資產意識。

3. 強化國有資產的基礎管理工作,着重抓緊建立和完善產權登記制度,國有資產統計報告制度,產權收益監督收繳管理制度,資產評估管理制度以及清產核資企業資本金制度等一整套國有資產基礎管理制度。在去年完成 157 家企業清產核資的基礎上,今年要完成全市國有企業的清產核資,真正摸清國有資產的"家底"為促進企業轉換機制和建立現代企業制度打好

資產管理局

基礎。

4.深化產權制度改革，探索建立適合我市實際的產權經營管理體制。要依據國務院和省政府有關條例，研究制定海口市產權制度改革的暫行辦法和海口市產權交易管理暫行辦法，推動建立一套符合市場經濟要求的產權轉讓市場體系，培育和發展產權交易中介機構，規範產權交易行為。組織國有資產參與市場運營，不斷優化國有資產配置和合理流動，確保國有資產保值增值。

5.建立國有資產效益監管與考核制度。抓緊制訂國有資產保值增值指標考核評價體系和具體操作辦法，規範國有資產經營管理效益的考核監督，同時逐步建立企業國有資產保值增值基金。

電腦處理室一角

吳亞明所長

寬敞的辦公環境

中　山　市

中山市財政局辦公大樓

中山市財政局是中山市政府專責全市財政收支和財務會計管理工作的國民經濟綜合管理部門。在市委、市政府的正確領導下，中山市財政局堅持改革開放的方針，創造性地開展工作，爲我市國民經濟的持續、高速、高效增長、社會各項事業的迅猛發展、投資環境的優化作出了積極的貢獻。1994年，全市財政收入達13.23億元(其中：地方財政收入6.74億元)，比上年增長39.56%，是1979年的16.5倍。連續17年超額完成上級下達的收入任務。

十多年來，財政部門以市場爲導向，從政策、資金上積極扶持國有、市屬企業調整產品結構，加快技術改造步伐，形成威力、凱達精細化工、包裝印刷等十五大企業集團。大力加强國有、市屬集體資産管理，努力做好清産核資等項工作，配合有關部門積極推進企業轉換經營機制工作。改革市對鎮區財政體制。在資金安排上向農業重點傾斜，并不斷向"三高"方向發展。近年來，市財政每年安排的支農資金均占全市預算支出的12%以上；高度重視教育、文化、衛生、體育等項事業的發展，建成中山孫文學院等。近年每年安排的文教等方面的支出年增長均在30%以上。其中，僅教育經費支出就占全市預算支出的四分之一；大力加强基礎設施和市政建設，積極支持搞好城市規劃，美化城市環境。

財 政 局

與此同時，中山市財政局十分重視財政中介業務的發展。目前市財政局屬下已設立中山會計師事務所、中山香山會計師事務所、中山市資產評估事務所、中山市國債服務部等中介服務機構，爲中山經濟建設起着日益重要的作用。

1、1992 年下半年成立了中山市第一家具備正式資格的評估機構—中山市資產評估事務所，已完成了中山市高新科技開發區、精細集團、威力集團、玻璃集團等大型國有企業和今日集團、六福廣場的評估工作。僅今年就完成評估項目 85 項，營業收入近 100 萬元。

2、1995 年 8 月成立了中山市會計師事務所，竭誠爲中山市的各企事業單位和三資企業提供驗資、審計、咨詢項目評估等會計和財務方面的服務。成立僅僅兩個多月以來，就完成驗資和查帳項目近 50 項，營業收入約 40 萬元。

3、中山市國債服務部：在市財局綜合科的領導下，肩負起日常國庫券的兑付工作和承銷每年中山市的全部國庫券，在今年國庫券的承銷工作中，還適時推出“套期保值”、“匯差抵任務”等兩種促銷措施，深受企業歡迎，使社會認購國庫券更爲踴躍，使我市成爲全省第一個完成國庫券任務的市。1994 年下半年，該部成立了具備法人資格的中山市國債有限公司，并在全國最大的國債和資金市場—武漢證券交易中心取得了特别席位，同時以此爲基礎成立了廣東省粵財證券有限公司中山營業部。自成立以來，該部已爲中山的建設籌集資金 1 億多元。

4、今年 10 月，在廣東省財政廳世界銀行貸款業務辦公室的大力支持下，我局成立了中山市利用世界銀行貸款業務辦公室。目前，中山市財政局在局黨組書記劉嵐敏同志的帶領下，以更加高昂的斗志，信心百倍地向着更高的目標，爲進一步開創財政工作的新局面邁進。

地址：中山市華柏路 49 號

郵編：528403

中山市財政局

中山市資產評估事務所營業大堂

中山市國債服務部營業廳

中山市國有資產管理辦公室舉辦的“中山市企業產權知識競賽”場景

華申律師事務所

事務所主任:吳萬進

辦公大樓外景

寬敞舒適的辦公環境

華申律師事務所是經海南省司法廳批準成立的省級合伙制律師事務所。

華申律師一群均具有法學碩士、學士學位和中級技術職稱的,具有金融證券、國際投資、國際經貿和現代企業管理等多學科的專業學歷,著有二十余部法學專著的學者律師;一群均有十年以上律師執業經驗的老練的年青律師。

華申律師曾經以嫻熟豐富的法律知識和干練求實的辦案風格而名聞滬上。辦理了全國首起證券法人之間侵權糾紛案,企業名譽權和名稱權糾紛案,中國公民訴日本醫院侵權賠償案等著名案件;代理了美國豪普基金會、Leader 公司、日本 GETTI 株式會社,臺灣承益股份集團,香港華晨投資集團等跨國公司的國際投資項目及上海浦東開發,南外灘基地開發,淮海路和余姚路基地開發等大量房地產開發項目;參與了國家和上海地方立法工作,并擔任多家上市公司法律顧問。

華申特色結合上海人的精明和特區人的效率,以本所全體律師的智能、經驗和信譽,竭誠爲您提供各類經濟、民事、行政、刑事案件和非訴訟法律事務的優質服務;尤以代理各類投資項目及專項辦理金融、證券、房地產、知識產權及工程建設等方面訴訟和非訴訟法律事務見長。

華申宗旨:當事人至上、當事人權益至上。

華申律師　您忠實的法律衛士和斗士!

地址:海南省海口市海府大道 12 號亞希大厦 1211 室

電話:(0898)5352857　　**傳真:**(0898)5357542

汕頭市財政局局長，汕頭注冊會計師協會會長：吳鑾珍

汕頭市財政局

1994年，汕頭財政在市委、市政府的正確領導下，圍繞建立新的財稅運行機制轉變觀念抓收入，依法治稅抓征管，培植財源抓促產，優化結構抓支出，全市地方財政收入達18.99億元，比上年增長37.9%。

一、圍繞改革抓收入。加強增值稅專用發票的管理，全年增值稅收入增長25.01%；加強第三產業、個人所得稅、農業四稅等重點稅種的征管。全年來自第三產業的稅收收入增幅達63%，個人所得稅收入增長94.83%，農業四稅收入增長1.25倍。嚴格行政、事業單位收費、專項基金管理。

二、服務改革抓支出。在公共財政方面具體做到：優化結構，有保有壓。全年財政支出18.08萬元，比上年增27.2%，其中：行政事業支出增長50.63%；農業、科技支出增長68.90%；能源交通基礎設施建設投入增長29.35%；企業虧損補貼比上年下降23%；對工業發展基金，改變無償使用的方式。

三、深化改革抓轉制。汕頭財政一方面推進財政監督的社會化進程，規範管理。一方面開展清產核資和資產評估工作。市財政直屬的產權交易市場于今年3月份正式成立以來，各種資產交易量達1706萬元。全市已擁有15家會計師事務所，資產評估機構9家。

財政局領導在一起研究工作

汕頭注册會計師協會

一、注册會計師的業務範圍：主要包括審計、會計咨詢、會計業務。具體爲：審查企業會計報表，出具審計報告；驗證企業資本，出具驗資報告；代理企業納税申報，出具税務報告；辦理企業改組、合并、分立、整頓、解散、破産清算的審計業務，出具有關報告；法律、法規規定的其它審計事項。注册會計師依法出具的上述報告，具有法律證明效力。

二、會計師事務所：會計師事務所是依法設立并承辦注册會計師業務的機構。會計師事務所由注册會計師發起設立。注册會計師只有加入會計師事務所才能執業。注册會計師可單獨或合伙設立會計師事務所，也可設立負有限責任的會計師事務所。

三、注册會計師協會：協會是由注册會計師組成的社會團體。其主要職責是：審查批準注册會計師注册，對注册會計師，會計師事務所進行年度檢查，制定和補充注册會計師的執業規則和制度；反映注册會計師行業意見和要求，維護注册會計師的合法權益；實施業務檢查，對違法違規的注册會計師和會計師事務所實行處罰；組織注册會計師資格考試和培訓；調解行業内部的爭議；組織業務交流，發展同港、澳、臺和國外同行的聯系。

四、汕頭市注册會計師事業概况：我市注册會計師事業于1985年恢復，至1995年，全市已發展有15家會計師事務所，執業注册會計師95名，非執業注册會計師44名。協會下設有辦公室、注册部、標準部、檢查部和培訓部。

會長：吴鑾珍（汕頭市財政局局長、注册會計師）
地址：汕頭市中平街5號財政局5樓
電話：8547403　**郵編**：515041

汕頭會計師事務所

法人代表：俞俊雄　中國注册會計師

事務所系經財政部、廣東省財政廳批準，于1985年8月20日在汕頭市設立的會計公證機構。現設有審計一部、審計二部、資産評估部、咨詢部和行政部五個部門。主要經營的查帳驗證業務範圍是：驗證資本；審查會計帳目、會計報表和其他財務資料；参與企業解散、破產的清算；参與調解經濟糾紛、協助鑒别經濟案件證據；審核内部會計控制制度；對企業資產和項目進行評定估算；其他各種會計特定查證。管理咨詢業務範圍是：協同内部管理，擔任常年會計、管理顧問；設計財務會計制度，提供會計、財務、税務和管理咨詢；代辦企業登記、注册、納税申報；代擬會計、財務核算；培訓會計、財務人員、編譯會計等經濟資料；其他各項會計、財務咨詢業務。

汕頭會計師事務所建所10年來"以法為準，客觀公正，質量第一，開拓進取"，堅持以"信譽求發展"的執業信條。已成為一家能夠高效和優質地為廣大企業單位在財務會計和經濟管理方面提供全方位服務的企業。

地址：**廣東省汕頭市長平路18號**
電話：（0754）8550791
傳真：（0754）8550785
郵編：515041

江門市注册會計師協會

江門市注册會計師協會集體合影

廣東省江門市注册會計師協會是按照財政機關和廣東省注册會計師協會授予的權限，行使管理在江門市設立的會計師事務所和注册會計師的行政職能。協會的宗旨是：引導注册會計師在工作中正確執行國家的法律、法規；加強和完善注册會計師隊伍自身建設，維護其合法的職業權益；交流工作經驗，溝通業務信息，協調同業間的關系；增進國內外交往，促進注册會計師事業的發展，為江門市經濟建設服務。協會現有6個會計師事務所為團體會員，個人會員83名。各會計師事務所技術力量雄厚，均可接受委托承辦如下業務：審查會計帳目、辦理決算簽證、驗證投入資本、承辦解散清算、協助經濟仲裁、接受經濟咨詢、設計會計制度、擔任會計顧問、培訓會計人才、代理納稅申報、參加投資談判、參與可行性研究，歡迎客戶來人、來函、來電委托辦理有關業務。

協會及各會計師事務所分別是:

●注門注冊會計師協會

地址:江門市勝利路 43 號

電話:(0750)3339416　3306426

郵編:529000

聯系人:譚葆英

●江門會計師事務所

地址:江門市勝利路 43 號

電話:(0750)3356113　3330573　3335251

郵編:529000

所長:洪向前

●新會會計師事務所

地址:新會市會城鎮尚書街 4 號

電話:(0750)6666646

郵編:529100

所長:劉洪舟

●臺山會計師事務所

地址:臺山市臺城鎮南門路 167 之 2 號

電話:(0750)5529074

郵編:529200

所長:陳國舜

●開平會計師事務所

地址:開半長沙沿江西路 36 號

電話:(0750)2327256

郵編:529300

所長:何盛蔭

●恩平會計師事務所

地址:恩平市恩城鎮沿江路 11 號

電話:(0750)7713428

郵編:529400

所長:馮德倫

●鶴山會計師事務所

地址:鶴山市沙坪鎮東升路 68 號

電話:(0750)8890688

郵編:529700

所長:陳靈

文昌縣
國家稅務局

局長:林師授

1994 年,文昌縣國稅局在縣委、縣政府和省國稅局的正確領導下,組織全體干部職工學習十四屆四中全會精神,進一步解放思想,爲適應和完善社會主義市場經濟體制的需要,認真貫徹落實中央關于稅制改革和機構分設的指示精神,把貫徹實施新稅制和機構分設工作當作首等大事來抓。扎扎實實做好新稅制的宣傳工作,加强新稅制各項政策的培訓、輔導;切實抓好稅收征管,加强稅收征管力度,嚴格增值稅專用發票的使用和管理,做好一般納稅人的認定和管理工作;嚴格執行新稅法,搞好評稅定稅;認真抓好稅收計劃的落實和執行情況的督促檢查,確保稅收征管同新稅制保持同步。

1994 年機構分設后,新的領導班子上任后的第一件事就是着手抓征管,發揮一班人的戰斗堡壘作用,團結一致狠抓隊伍的組織紀律和作風,想方設法改善干部職工的辦公條件和交通、通訊設備,增强凝聚力和向心力,調動了大家的積極性。同時,采取措施,全面清理欠稅,堵塞漏洞,組織人力深入企業爲其排憂解難,抓好稅務稽查工作,實現了實施新稅制和機構分設后稅收收入的大幅度增長。全年共組織各項工商稅收收入 5471.8 萬元,比上年收入增收 894.7 萬元,增長 20%。其中:中央庫收入 1617.7 萬元,增長 7.1%;省庫收入 554 萬元,增長 38%;縣庫收入 3282.5 萬元,增長 20%,爲文昌縣的財政收入和經濟發展做出了積極的貢獻。

局機關干部參加政策學習與討論

稅務局機關開展社會咨詢活動

瓊海市長坡鎮

——投資者的最佳選擇

長坡鎮位于瓊海市東北部沿海，且處正在開發建設的海南天然良港—龍灣港之腹地，海榆東綫靈文加二級硬板化公路貫通全鎮。總面積134平方公里，海岸綫長18公里，人口28640人，有華僑、港、澳、臺同胞1500多人。1994年全鎮國民生産總值達1.9億元，工農業總産值達1.5億元，人均生産性純收入達1465元。去年該鎮被評定爲"全國造林綠化百佳鄉鎮"、"全省鄉鎮企業總産值超億元鄉鎮"，該鎮的小城鎮建設規劃被評爲全省一等獎。現已有國營彬村山華僑農場，市海水養殖場，市農科所，泰國正人蝦苗孵化場等。

長坡鎮東部沿海具有漁鄉特色的青葛、龍灣港灣及海域，漁場廣闊，港灣良好，魚汛期長，盛産馬鮫魚、石斑魚、烏鯧魚、尤魚、龍蝦、螃蟹和麒麟菜、海特産資源質優量高。廣闊的海岸綫，具有熱帶風光的椰林沙灘。濱海内陸，礦産資源質優量大，尤以鈦礦，花崗岩石資源爲主，品位30度以上的鈦礦儲量200萬噸以上，花崗岩石儲量1500萬立方米。全鎮現利用灘涂養蝦養蟹面積達220畝，年産蝦14噸。

本鎮農業基礎條件好，擁有宜農面積5萬多畝，其中水旱田23000多畝，宜熱作面積35000多畝，灘涂1000余畝，宜林面積5萬多畝，是市里重要商品糧基地，熱作産地之一。糧食生産以水稻爲主，産有大量的番茨、玉米等。熱作生産主要有橡膠7000多畝，年産干膠100噸，胡椒5000多畝，擁有人工營林面積5萬多畝，蓄積着15500立方米的小葉按，木麻黄等木材，每年可生産出小葉按5500立方米，近年來，廣大農民利用林蔭大養其鷄，年出欄活鷄300萬只以上。發展農副産品深加工、肉類加工和開發林木加工具有雄厚的資源基礎。現擁有各類企業176家，去年鄉鎮企業總産值達1.17億元。鄉鎮企業生産的椰子産品和"海燕"牌瓊脂遠銷全國。

鎮黨委書記：黃德芹

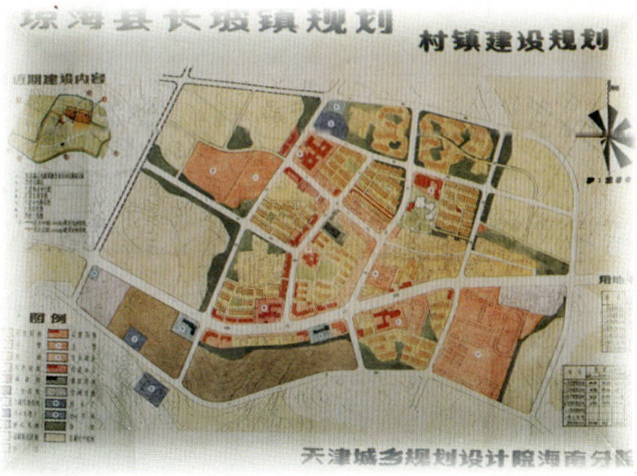

鎮規劃圖

鎮黨委書記：黃德芹
鎮長：韋裕平
地址：海南省瓊海市長坡鎮
電話：(0898)2711641
郵編：571429

鎮領導研討發展規劃

楓溪新街景

南國瓷鄉楓溪鎮

楓溪鎮位于潮州市正西面，是全國八大陶瓷產區之一。全鎮現存面積17．7平方公里，其中，耕地面積11184畝，山地面積740畝，總人口82986人，有21個管理區，下設60個村委會，4個街道辦事處，農村人口51025人，鎮區人口31961人。工業以陶瓷、服裝、塑膠、建築建材行業為主，與陶瓷生產相配套的化工原料、燃料、瓷土、包裝等行業也形成規模，省陶瓷學校和陶瓷研究所也設在楓溪，整個楓溪的陶瓷生產形成了教育、科研、生產、服務配套一條龍。農業主要圍繞服務城市，大力發展蔬菜、塘魚、鰻魚等高值種養業。1994年，鄉鎮企業營業收入達到8．23億元，增長34．9%；工農業總產值7．3億元，增長33．6%。稅收2980．26萬元，增長41．78%；93年鎮黨委又榮獲“全省模範鄉鎮黨委”的稱號。

鏈帶式烤花梭式窰

目前共有鎮辦企業30家，聯營企業40家，村辦企業651家，其他各類企業2000家。鎮成立了潮州市首家鎮辦集團公司—潮州楓溪陶瓷工貿集團公司，并獲得自營進出口權。目前全鎮程控電話容量達到16000門，裝機超過10000門，日供水能力3萬噸，日供電量突破20萬千瓦時，日供氣量達到200噸。目前全鎮共有“三資”企業52家，引進海外以石油氣為燃料的梭式窰562條。

前進管理區生產的大花瓶

鎮委書記：林升鵬
地址：潮安縣楓溪鎮南郊安揭路北側
電話：（0768）6872225　6873382
郵編：515648

臨江工業開發區

紫金縣臨江工業開發區地處與河源市區東部接壤，距市區5公里，創辦于92年10月，總體規劃面積5平方公里，是以發展化工、五金、建材、陶瓷、造紙、食品加工等，二、三產業相配套的綜合開發區。開發區的建立，得到省、市、縣領導的充分肯定。目前，開發區建設已初具規模，水、電、路、通訊、排污等基礎設施建設已基本形成，已與香港、澳門、臺灣等地區建立了業務往來和項目洽談關系，共簽訂外引内聯投資合同118宗，合同資金8億多元人民幣，已建成投產開業及在建項目近50個。特别是科貿城落户開發區以來，其用地面積12平方公里，是目前河源市起點最高、規模最大的集科、工、貿于一體的高科技新城，它的引進大大推動了開發區多項建設的發展。

鎮委、鎮政府、人才、政協、紀委領導班子成員在一起研究開發區規劃

開發區概貌

中國名校

海南省農墾中學

希望杯邀請賽頒獎大會

全國教育系統勞動模範、海南省先進工作者、十佳校長、中國中學校長工作研究會理事、海南省農墾中學校長賴瑞光(左二)與中國數學奧林匹克委員會主席王壽仁(右二)、希望杯組委會顧問龔升(右一)、梅向明(左一)在一起交流。

海南省農墾中學創建于1972年10月。現有37個教學班,學生2100余人,教職工226人(其中在任教師125人)。1984年以來,學校新的領導班子帶領全體教職工,艱苦創業,取得了顯著的成績。學校陸續建起了教學大樓、科學館、體育館、學生宿舍樓和126套教工宿舍,教職工住房面積人均(含家屬和小孩)達24.5平方米。擁有較現代化的物理、化學、生物實驗室和電腦室、語音室和一個標準化田徑運動場。同時,學校引入競爭機制,在分配上適當向骨干教師傾斜。現在,學校教師隊伍穩定、積極性高,政治業務素質有了明顯的提高,高、中級職務的教師已分別占教師總數的29%和33%。

教育教學質量明顯提高:1991年以來,每年都有200多名學生被全國大中專學校錄取,升學率在81%以上;1989年以來,參加全國中學生數、理、化三個學科競爭,獲全國三等獎2人,獲海南賽區一等獎18人,二等獎26人,三等獎41人;體育成績尤爲突出,1989年以來參加省級以上田徑比賽,僅金牌數就有29枚,1991年李衛國同學赴匈牙利參加世界中學生"田徑杯"比賽,勇奪三級跳遠金牌、標槍銀牌,1995年鄒政同學赴斯洛伐克參加世界中學生"學校杯"田徑比賽,一舉奪得300米跨欄和1000米接力兩項冠軍,這是我校學生第二次闖入世界中學生體壇,并取得優异的成績。學校已被國家教委首批選入"中國名校"。

海南省農墾中學鄒政同學(右二)參加在斯洛伐克舉行的世界中學生"學校杯"田徑比賽,一人獲得300米跨欄和1000米接力賽兩項冠軍,圖為校長賴瑞光(左二)、黨委書記林尤鎗與教練員盧志方老師向他表示祝賀。

地址:海南省海口市海秀大道農墾路
電話:(0898)6790408　6790441　6790401
郵編:570226

珠江股市臺
財經快報

地址：廣州市人民北路 686 號廣播大樓
電話：(020)6689611　6660481
傳真：(020)6660482　郵編：510012

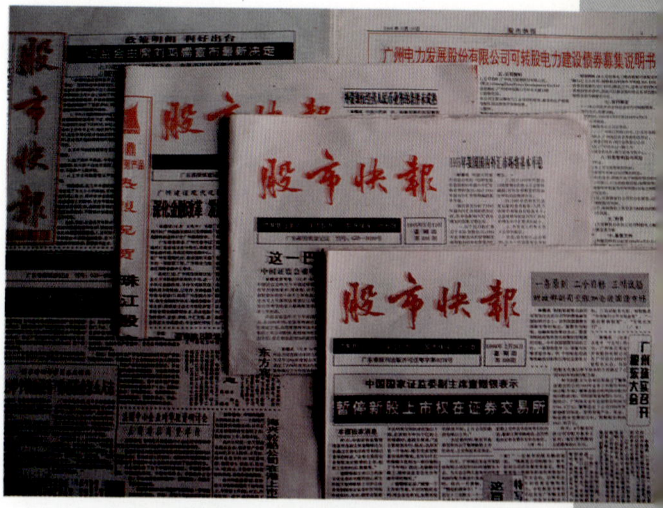

股市快報是廣東省一級證券專業報紙，創刊于 1993 年 12 月 28 日，并將改名為《財經快報》

與省中行舉行證券多空大辯論

與上交所、南方證交中心舉行國債現貨期貨交易知識講座

快報與深交所在廣州共同舉行證券業新春懇談會。圖為快報總編李鎮祥在會上發言

珠江股市臺是利用 FM 副訊道技術開辦的以提供證券信息服務為主的專業性電臺，于 1993 年 4 月正式開播。圖為設在潮信證券部的股市臺進行股市直播

尖峰嶺風光

天涯第一園

尖峯嶺國家森林公園

局長:林鐘順

尖峰嶺國家森林公園位于海南島西南部,面積663平方公里。它是我國最南端的國家級森林公園,并且是我國唯一的山海相連的熱帶原始雨林森林公園。其植被的完整性和生物的多樣性在世界上占有重要地位,爲中外專家所關注。

尖峰嶺國家森林公園是海南省旅游規劃的六大旅游系統中心之一。它與三亞、五指山兩大系統中心構成海南旅游"金三角"。這里保護完好的熱帶原始雨林可供游人探險、探奇、探幽,爲人們提供科普園地。游覽尖峰嶺,舉目眺望,大海、林海、雲海、霧海一四海齊觀,渾然一體,堪稱一絶。尖峰嶺雖地處亞熱帶,但由于它臨海拔地而起,地勢高,森林密,因而終日涼風習習,空氣沁人。年均氣溫在20℃左右,最高氣溫30℃左右。夏可避暑,冬可避寒,是不可多得的度假休閑地。

尖峰嶺國家森林公園已由清華大學作出總體規劃,海南省旅游規劃研究院作出旅游項目策劃。爲開發建設尖峰嶺,省政府給予了諸多優惠政策,歡迎國內外客商進園投資。

地址:海南省樂東縣尖峰嶺
電話:(08004)720122　720117
郵編:572542

局有關領導商討工作計劃

法定代表人:葉關育

本所是1992年11月經廣東省財政廳批準,廣州市工商行政管理局核準登記注册,依法承辨注册會計師業務和資産評估業務的法人單位。現設有業務部、資産評估部、辦公室三個職能部室,擁有衆多專業人才,其中高中級會計師、經濟師、建築師、機械師和電腦專業人員近30名。本所自開業以來,一貫堅持獨立、公正、客觀和保密的原則嚴格履行委托協議,維護委托者的合法權益,熱誠爲委托者提供優質服務,業務迅速發展,職得了良好社會效益和經濟效益,深得社會各界好評。

廣州華穗會計師事務所

事務所中層干部

事務所員工

業務範圍:

●審查會計帳目、會計報表和其財務資料,出具審計報告;

●驗證企業投入資本,出具驗資報告;

●提供會計、財務、税務和經濟管理咨詢;

●設計財務會計制度,擔任常年會計税務顧問;

●接受投資項目的可行性研究,出具評價報告;

●接受納税人委托,辦理税務登記、納税申報、繳納税款、工商注冊登記、制作涉税文書、審查納税情况、申請税務行政復議或税務行政訴訟等;

●接受委托、代理企業記帳和辦理有關會計業務;

●培訓財務會計人員、企業辦税人員;

●評估企業固定資產、流動資產、無形資產,出具資產評估報告;協助企業清產核資;

●依照國家有關規定需要進行資產評估的其它事項。

法定代表人:葉關育
地址:廣州市東川路80號4—5樓
電話:(020)3874811　3874801　3874799
傳真:(020)3874807　郵編:510100

廣東商品交易市場

總裁:傅杰

廣東商品交易市場(即廣東鋼材交易市場)(GSJS)是由冶金工業部、廣東省人民政府共同組建的大型綜合性的商品交易市場。1993 年 8 月 8 日正式開張營業。市場現有會員 68 家,分布在全國 30 多個城市和地區。市場技術裝備、管理手段先進,使用了美國 DEC 進口的兩臺小型計算機系統對交易過程進行控制和管理,配備 IDD 電話百部,交易實時行情通過"亞太 1 號"廣播通信衛星向全國傳遞。現已建立數十個衛星地面接收小站。并在廣州、上海、天津、武漢等城市建立了交收倉庫,交收履約率達 100%。

市場設有交易部、結算部、交割部、信息部、研究發展部和辦公室。市場經營的範圍有:金屬類、輕化能源類、農副產品類、金融類。目前,市場除進行即期現貨交易外,還上市綫材、冷軋薄鋼板、中板、膠合板等品種的遠期合同交易。兩年多來的交易實踐,市場在風險控制方面,建立了資金保障系統、交易監督和交收保障系統、會員資信評價和客戶保護系統,維護了廣大投資者的合法權益。

歡迎全國各地用戶加入 GSJS,GSJS 願與大家共創輝煌!

寬敞的交易大廳

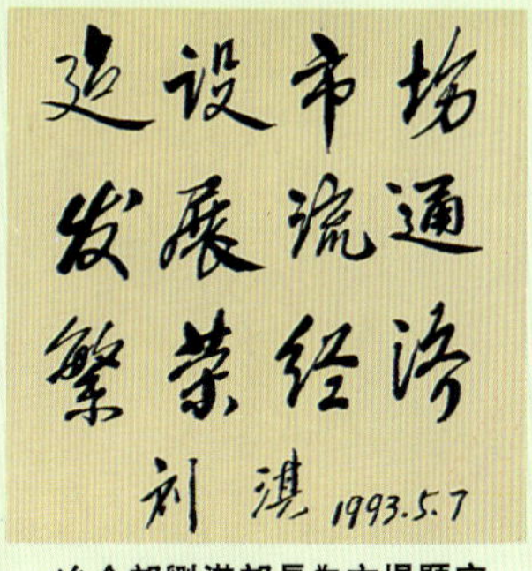

冶金部劉淇部長為市場題字

廣東省副省長
劉維明的題詞

地址:廣東省南海市廣佛一路 169 號

電話:(020)8809286 (0757)500388—2204

傳真:(0757)5003800 郵編:528248

公司法人代表、總經理、賈才俊

廣州鐵路水電段
晨光科技開發公司

晨光科技開發公司自成立以來，主要前期業績有：1. 更新廣州火車站 10KV 高壓配電所集控、保護裝置，成功地采用晶體管及電子元件與集成元件在集控與保護上的運用，并定期地對其設備進行技術參數的測定，為提高系統保護的可靠性提供有利的條件。2. 成功地引進了英國 BICC 公司先進的電纜故障探測儀，大大縮短了尋找故障的時間。3. 在技術開發上，設計并研究了衡廣復綫大瑶山長大隧道自閉供電綫路開關運動裝置，從而以達到快速切除故障以及縮小停電範圍上創造了可行性價值，同時針對遂道中大型電氣設備的防塵、防水以及通風等均作技術上的改進，另外晨光公司完成了很多電力與給水的設計及安裝工程，并開展電子、計算機、醫療等方面技術研究及開發，也同時在尋求聯營共同開發。

公司主要經營範圍有：新技術開發及推廣、承接水電安裝工程及技術咨詢、電子設備及計算機安裝及維修、技術成果轉讓、培訓服務，兼營批發零售、代銷代購、汽車零配件、建設材料、五金、交電、化工、高壓洗車服務、文化娱樂設施服務。設計及安裝羊城鐵路總公司主樓高、低壓配電室及供電系統。對自閉供電、低壓聯絡箱主、備電源快速切換進行設計及改造，并應用于實際，取得良好效果。完成了廣州、韶關、英德等八個變電所的電氣試驗及調試工作，對各種保護裝置以及保護整定值進行了調整，從而達到故障情况下的電源快速切換，提高供電可靠性。完成坪石水廠消毒機改造及更新部分設備工程。完成廣州水電段調度微機控制及模擬屏的設計及安裝工程。

公司應用電子計算機進行處理和分析

法學院院長：文生浩

海南大學法學院

法學院現設法學、經濟法、國際經濟法三個專業。在校普教生400人，成教生440人。學院現有教師28人，其中教授2人，副教授5人，講師15人，助教6人。

教師堅持以教學為中心，積極開展科研和學術活動，共有10位教師參加法學全書的編寫工作，其中3人分別擔任主編、副主編；94年教師共有14篇論文發表，其中一篇論文被選入全國“學習《鄧小平文選》和建設有中國特色的社會主義理論研討會”，是我省唯一入選的論文。有6部專著出版，現正在承擔兩項國家重點科研課題的研究，三個科研項目繼續順利進行，五個科研項目獲準立項，學院積極參與“國際慣例理論及其應用研討會”等學術會議，先后接待泰國法政大學代表團，澳大利亞北方省大法官和芬蘭瓦沙市商學院代表來訪，并先后派遣教師到日本、美國、香港等國家和地區訪問、學習、研究，促進學院對外交流。

石灣會計師事務所

所長：梁轉好

事務所是經省財政廳批準成立，具有獨立法人資格的社會中介服務機構。內設審計、驗資業務部、資産評估部、代理記帳部、培訓咨詢部、辦公室、電腦室、所長室等，從業人員 26 人，其中注册會計師 13 人，已取得注册會計師資格 3 人，取得高級職稱 5 人。所長：梁轉好。

事務所以“以誠爲本、客觀公正、熱情服務、信譽取勝”的服務宗旨爲客户承辦查帳驗證，出具查帳報告；驗證投入資本，出具驗資報告；辦理資産評估，出具評估報告；爲談判商訂各項經濟合同、協議等文件提供專業咨詢；擔任常年財務會計顧問；提供税務咨詢服務；代理納税申報等有關税務事項；設計財務制度；參與企業清算及産權交易等事項；培訓財務會計專業人員。

地址：廣東省佛山市江灣一路 19 號 6 樓
電話：（0757） 2267244　2272182
郵編：528000

事務所門牌

寬敞辦公環境

廣東省東莞市審計師事務所

法人代表：朱旭基

法人代表：朱旭基（中國注册審計師）
地址：東莞市莞城馬齒巷60號之一
電話：（0769）2215352　傳真：2217127
郵編：511700

事務所是1989年經廣東省審計廳批準成立，報中華人民共和國審計署備案，具有法人資格，依法獨立承辦驗資、查帳、資產評估等業務的事業單位。

服務項目：驗證企業的投入資本，出具驗資報告書；審查會計財務資料，出具查帳報告書；辦理資產評估業務；基建工程預決算的驗證；企業解散、破産的清算，清理債權債務；經濟案件的鑒定事項；建帳建制，擔任審計、會計顧問；稅務代理；培訓審計、會計和其他管理人員。

評估範圍：固定資産、流動資産、專項資産、無形資産、綜合評估。

設置機構：業務部、評估部、咨詢部、綜合部、拓展部、東江分所、道滘分所、樟木頭分所、麻涌分所、横瀝分所、沙田分所。

廣東大同律師事務所

事務所20余名律師秉承"高層次、高質量、高效率"之服務綱領，以嚴謹務實的態度、剛直不阿的作風，為中外當事人辦理了各類經濟、民事、刑事、行政等案件千余起，參與了多項投資項目的引進、國際商務談判及金融房地產等方面的法律服務。此外，本所還與《粵港信息日報》開辟"律師樓熱綫"，定期向社會各界人士、企業解答復雜、疑難之法律問題，特別是證券法律問題，并取得了良好的社會效益。

近年來本所的工作側重于：為企業股份制改組提供完善的法律服務，并較早獲得從事證券法律業務資格。本所律師從事證券法律業務主要工作內容是：依法對改組企業及上市公司進行資格審核；審核企業投資主體、資本、股份設置和股權分配、公司資產物產狀況的真實性、合法性；審核企業在成立、分立、合并、改組等重大經濟活動中的文件是否完善合法并預測經濟、行政訴訟的勝訴或敗訴給企業帶來債權、債務的后果，提出影響企業資本構成的意見等；最后，依照規定向證券主管部門出具法律意見書。

證券法律部朱永平、馬岩松、譚黔英等律師願成為企業的參謀，與您攜手共進。

主任律師 朱永平

律師們認真處理公務

地址：廣州市環市東路328號廣安大廈716、718房
電話：3851847　3802999—716
傳真：3851847　郵編：510060

湖北省國有資産管理局

局長:陶德雄

舉行國有資產營運狀況新聞發布會

地址:湖北省武漢市武昌區中北路8號
電話:7844986—31517　郵編:430071
傳真:7813814

局領導班子成員在研究工作

武漢紹新通用機電設備有限公司

武漢紹新通用機電設備有限公司爲中美合資企業,下屬2大骨干廠:武漢特種變壓器廠和武漢電工設備廠。擁有科技管理人員及職工300余人,廠區占地面積8000余平方米。

公司科技力量雄厚,與華中理工大學、長江流域規劃辦公室等科研單位進行長期的科研合作。擁有完備的測試手段,儀表儀器齊全,調試技術先進,并有一套嚴格的生產管理制度和質量保證體系,產品被西安高壓電器研究所、武漢高壓研究所、葛洲壩水力發電廠、北京、昆明、貴陽供電局及其它重點電力生產企業選用。生產的發電機中性點接地變壓器櫃配套出口到印尼、孟加拉等國,開發的YD(CQ)系列超輕型試驗變壓器榮獲國家專利,專利號44426,各種產品深受用戶歡迎。

總經理:金瑋
地址:武漢市武昌區堤東街286號
電話:(020)8874329　8842981
電挂:6423　郵編:430064

總經理金瑋(右二)與公司領導成員研究工作

總經理金瑋(左一)陪同國外客商參觀

中國工商銀行清遠分行

行長:羅大星

地址:清遠市先鋒東路工商銀行大廈
電話:3318601　傳真:3315667
郵編:511500

辦公大樓外景

中國工商銀行清遠分行自1988年成立以來,勇于開拓、銳意進取,實行多種經營,全面發展。該行在積極發展存款、貸款、結算、匯兑等傳統業務的同時,努力開拓國際金融、房地產、信息咨詢、信用卡等新的業務領域,并在清遠市率先實現全科目通存通兑電腦聯網服務,擁有的145個營業網點已實現業務處理電腦化、網絡化,服務功能齊全。目前該行轄五個縣支行、二個市支行、二個區支行及五個科級辦事處,有員工1183人,其中獲經濟師(會計師)以上職稱者一百多人,各項存款達22.5億元,各項貸款18.5億元,累計發放貸款55億元,是清遠市具有舉足輕重地位,實力雄厚、信譽卓著綜合型多功能國家專業銀行。

清遠市審計師事務所

法人代表、所長:傅作東　中國注册審計師

廣東省清遠市審計師事務所于1988年登記注册成立。七年來,在上級主管部門的正確領導和各方面的關懷支持下,堅持"服務第一、質量第一、信譽第一"的宗旨,積極發揮社會中介組織的服務、公證和監督作用,抓住機遇,勇于開拓,不斷向全方面地發展社會審計,取得可喜的成績,已發展成爲水平較高,質量較優,聲譽良好的審計師事務所。

本所現有20多名從業人員中,有注册審計師12人,中級職稱的專業人員12人;內設兩部一處,擁有較先進的辦公設備。本所正朝着上規模、上檔次、上水平的目標發展,爲發展市場經濟發揮更大的作用。

地址:清遠市北門街西七座三樓一號
電話:(0763)3333917
郵編:511500

審計師們認真處理公務

海南聯通新技術電子有限公司

總經理羅俊人向泰國總理川.立派等客人及工商人士介紹產品

工場

測試室一角

生產的先進通訊產品

公司是海南省首家專業生產有綫、無繩電話機的中外合資企業，產電話機 200 萬部，公司擁有現代化標準廠房 5400 平方米，先進流水生產綫 9 條，高科技檢測設備 300 多臺(套)，500 多名管理人員及工人。公司具有獨立的產品開發與生產能力，自 1993 年至今，已取得國家郵電部頒發的 HA830 系列 7 種型號的入網證書，并批準進入公用網絡。

公司本着"服務社會，服務大眾"的宗旨，提供完善的質量保證體系和售后服務體系。現公司產品暢銷國內 7 大區、30 個省、直轄市，遠銷歐美、東南亞等國家和地區。

董事長、法人代表：唐蘇寧
總經理：羅俊人
地址：海南省海口市金盤工業區美國工業村 1 號廠房
廣州經營部
地址：廣東省廣州市沙河梅花園
電話：(020)7706014
郵編：510510
海口維修中心
地址：海口市大同一橫路 3 號
電話：(0898)6723520
Hong Kong Officc
Rm 403 Shun Fat Ind Bldg 17 Wang Hoi Rd,
Kowloon Bay, Kowloon, Hong Kong
Tel:(852)23050809 Fax:(852)23050024
電話：(0898)6750294 6792466 6761013
傳真：(0898)6750314 郵編：570216